LES
PETITS BOLLANDISTES
VIES DES SAINTS

D'APRÈS LES BOLLANDISTES, LE PÈRE GIRY, SURIUS, RIBADENEIRA,
GODESCARD, LES PROPRES DES DIOCÈSES ET TOUS LES TRAVAUX HAGIOGRAPHIQUES
PUBLIÉS JUSQU'A CE JOUR

PAR Mgr PAUL GUÉRIN
CAMÉRIER DE SA SAINTETÉ PIE IX

SEPTIÈME ÉDITION
REVUE ET CORRIGÉE AVEC LE PLUS GRAND SOIN ET CONSIDÉRABLEMENT AUGMENTÉE

(Troisième tirage)

TOME DIXIÈME
DU 18 AOUT AU 9 SEPTEMBRE

Etiam defunctus adhuc loquitur. (Heb., XI, 4.)
La vie des Saints est une prédication perpétuelle.

Vita sanctorum cæteris norma vivendi est. AMBROSIUS.
La vie des Saints doit être la règle de la nôtre.

BAR-LE-DUC. — TYPOGRAPHIE DES CÉLESTINS — BERTRAND
36, RUE DE LA BANQUE, 36

PARIS — BLOUD ET BARRAL, LIBRAIRES
30, RUE CASSETTE, 30

1876

LES PETITS BOLLANDISTES

VIES DES SAINTS

TOME DIXIÈME

Cet Ouvrage, aussi bien pour le plan d'après lequel il est conçu que pour les matières qu'il contient, et qui sont le résultat des recherches de l'Auteur, est la propriété de l'Editeur qui, ayant rempli les formalités légales, poursuivra toute contrefaçon, sous quelque forme qu'elle se produise. L'Editeur se réserve également le droit de reproduction et de traduction.

LES
PETITS BOLLANDISTES
VIES DES SAINTS
de l'Ancien et du Nouveau Testament
des Martyrs, des Pères, des Auteurs sacrés et ecclésiastiques
DES VÉNÉRABLES ET AUTRES PERSONNES MORTES EN ODEUR DE SAINTETÉ
NOTICES SUR LES CONGRÉGATIONS ET LES ORDRES RELIGIEUX
Histoire des Reliques, des Pèlerinages, des Dévotions populaires, des Monuments dus à la piété
depuis le commencement du monde jusqu'aujourd'hui
D'APRÈS LE PÈRE GIRY
dont le travail, pour les Vies qu'il a traitées, forme le fond de cet Ouvrage
LES GRANDS BOLLANDISTES QUI ONT ÉTÉ DE NOUVEAU INTÉGRALEMENT ANALYSÉS
SURIUS, RIBADENEIRA, GODESCARD, BAILLET, LES HAGIOLOGIES ET LES PROPRES DE CHAQUE DIOCÈSE
tant de France que de l'Étranger
ET LES TRAVAUX, SOIT ARCHÉOLOGIQUES, SOIT HAGIOGRAPHIQUES, LES PLUS RÉCENTS

Avec l'histoire de Notre-Seigneur Jésus-Christ et de la Sainte Vierge, des Discours sur les Mystères et les Fêtes
une Année chrétienne
le Martyrologe romain, le Martyrologe français et les Martyrologes de tous les Ordres religieux
une Table alphabétique de tous les Saints connus, une autre selon l'ordre chronologique
une autre de toutes les Matières contenues dans l'Ouvrage, destinée aux Catéchistes, aux Prédicateurs, etc.

Par Mgr Paul GUÉRIN
CAMÉRIER DE SA SAINTETÉ PIE IX

SEPTIÈME ÉDITION, REVUE, CORRIGÉE ET CONSIDÉRABLEMENT AUGMENTÉE
(Troisième tirage)

TOME DIXIÈME
DU 18 AOUT AU 9 SEPTEMBRE

BAR-LE-DUC — TYPOGRAPHIE DES CÉLESTINS — BERTRAND

PARIS. — BLOUD ET BARRAL, LIBRAIRES
30, RUE CASSETTE, 30

1876

VIES DES SAINTS

XVIIIe JOUR D'AOUT

MARTYROLOGE ROMAIN.

A Palestrina, ville des Etats ecclésiastiques, la naissance au ciel de saint AGAPET ou AGAPIT,
A Palestrina, ville des Etats ecclésiastiques, la naissance au ciel de saint AGAPET ou AGAPIT, martyr, qui, n'ayant encore que quinze ans, et déjà tout brûlant d'amour pour Jésus-Christ, fut arrêté par ordre de l'empereur Aurélien, et d'abord battu très-longtemps avec des nerfs de bœufs; après quoi il souffrit encore de plus cruels tourments sous le préfet Antiochus. Il fut ensuite exposé, par ordre de l'empereur, aux lions dont il ne reçut aucune atteinte ; frappé enfin par le glaive des exécuteurs, il obtint la couronne immortelle. Vers 274. — A Rome, les bienheureux Jean et Crispe, prêtres, qui, durant la persécution de Dioclétien, ensevelirent avec soin le corps de plusieurs martyrs, aux mérites desquels s'étant associés eux-mêmes, ils goûtèrent les joies de la vie éternelle. Vers 303. — Dans la même ville, les saints martyrs Hermas, Sérapion et Polyène, qui furent traînés violemment par des défilés étroits, raboteux et remplis de pierres, et rendirent leurs âmes à Dieu dans ce supplice. — En Illyrie, les saints martyrs Flore et Laure, tailleurs de pierres, qui, après le martyre de Procule et de Maxime, leurs maîtres, furent tourmentés de diverses façons et enfin jetés dans un puits très-profond, sous le président Lycion. IIe s. — A Myre, en Lycie, saint Léon et sainte Julienne, martyrs. — A Metz, saint Firmin ou Fremin, évêque et confesseur [1]. IVe s. — A Rome, sur la voie Lavicane, sainte HÉLÈNE, mère de Constantin le Grand, empereur très-pieux, qui le premier a donné aux autres princes l'exemple de défendre et d'étendre l'Eglise. 328. — A Montefalcone, en Ombrie, sainte CLAIRE, vierge, religieuse, de l'Ordre des Ermites de Saint-Augustin ; on vénère avec une très-grande dévotion son cœur, dans lequel on trouva renouvelés les mystères de la Passion du Sauveur. 1308

MARTYROLOGE DE FRANCE, REVU ET AUGMENTÉ.

A Paris, fondation, par le roi Robert II (996-1031), d'une chapelle en l'honneur de Notre-Dame, dans la cour du palais, au lieu même où est aujourd'hui la Sainte-Chapelle. 1022. — A Anvers, procession solennelle de la Vierge avec la statue miraculeuse qui passe pour avoir donné naissance à sa fameuse basilique. Cette procession date de 1398. — A Troyes, translation d'une partie des reliques de saint Eugène, premier évêque de Tolède et martyr, dont nous donnerons la vie au 15 novembre. — A Poitiers, saint Agon, quatrième évêque connu de ce siège et successeur de Tupianus. Il est nommé dans les anciennes litanies de Poitiers : son nom indique une origine

---

1. Saint Firmin, onzième évêque de l'Eglise de Metz, Grec de nation, succéda à saint Adelphe. Il brillait par sa science autant que par sa vertu. Après avoir donné de grandes preuves de sainteté dont la relation n'est pas venue jusqu'à nous, il se reposa doucement dans Notre-Seigneur, et fut enseveli dans la crypte de Saint-Clément. Plus tard ses reliques furent tirées de cette crypte et placées dans la partie supérieure de l'édifice. Elles y furent conservées dans une châsse avec d'autres saintes reliques jusqu'à la fin du XVIIIe siècle où elles furent détruites. — *Propre de Metz.*

grecque. Une chapelle avait le vocable de Saint-Agon, dans le cimetière de l'église Sainte-Triaise, à Poitiers, et ne permet pas de douter du culte immémorial qui lui fut rendu. Sa fête était autrefois marquée au 18 août, mais son culte est tombé en désuétude. L'Eglise de Poitiers, pour ne pas laisser périr sa mémoire, non plus que celle de plusieurs autres de ses Saints aussi peu connus, mais toujours chers à ses souvenirs, en fait une commémoraison particulière dans son office du 20 janvier, qui est l'Octave de saint Hilaire et la fête de tous les saints évêques [1]. — Au diocèse de Rouen, saint Milon, religieux à Fontenelle, et reclus à Caudebecquet, hameau de Saint-Wandrille (arrondissement d'Yvetot). Il était fils de sainte Wisse ou Wisle, abbesse de l'ancien monastère de *Logium*, fondé en 654 par Bathilde, épouse de Clovis II. A l'entrée du hameau de Caudebecquet, on voit, au bord de l'ancienne grande route, deux grottes abandonnées, dont l'une est entièrement rebouchée, tandis que l'autre est encore ouverte. Cette grotte, taillée dans le roc, a 2 mètres de haut, 15 mètres de profondeur et 4 mètres de largeur; on la nomme *la grotte de Milon* et l'on prétend qu'il l'a habitée. L'histoire assure que le pieux anachorète avait été enterré devant la porte de l'église des religieuses du monastère dont sa mère était abbesse [2]. Vers 730. — A Evreux, fête de tous les saints évêques de ce siège. — Au diocèse de Soissons, anniversaire du couronnement de NOTRE-DAME DE LIESSE, un des plus anciens et des plus célèbres pèlerinages de France. 1857. — Dans le Limousin, le Père Pierre de Labesse, docteur en théologie, religieux franciscain aussi pieux qu'érudit. 1603.

MARTYROLOGES DES ORDRES RELIGIEUX.

Martyrologe des Chanoines réguliers. — A Rome, sur la voie Lavicane, sainte Hélène, mère de Constantin le Grand, très-pieux empereur, qui le premier donna l'exemple aux princes en protégeant l'Eglise et en l'étendant. 328.

Martyrologe des Camaldules. — Saint Hyacinthe, confesseur, dont la fête arrive le 16 de ce mois [3]. 1257.

Martyrologe de Vallombreuse. — Saint Hyacinthe, confesseur, etc.

Martyrologe des Dominicains. — Dans la Gaule Narbonnaise, à Montpellier, le décès de saint Roch, confesseur, qui, par le signe de la croix, délivra de la peste plusieurs villes d'Italie; son corps fut dans la suite transporté à Venise, et très-honorablement enseveli dans l'église qui porte son nom [4]. 1327.

Martyrologe des Franciscains. — A Rome, sur la voie Lavicane, sainte Hélène, mère de Constantin le grand, très-pieux empereur, qui le premier donna l'exemple aux princes en protégeant l'Eglise et en l'étendant. 328.

Martyrologe de l'Ordre des Frères Mineurs. — A Montefalcone, en Ombrie, sainte Claire, vierge, du Tiers Ordre de Saint-François, religieuse de l'Ordre des Ermites de Saint-Augustin, dans le cœur de laquelle on vénère avec dévotion le symbole de la sainte Trinité et les mystères de la Passion de Notre-Seigneur. 1308.

Martyrologe de l'Ordre des Ermites de Saint-Augustin. — A Montefalcone, en Ombrie, sainte Claire, etc.

Martyrologe des Mineurs Capucins de Saint-François. — A Montefalcone, en Ombrie, sainte Claire, etc.

Martyrologe des Carmes chaussés et déchaussés. — Saint Vincent de Paul, dont la fête se célèbre le 19 juillet [5]. 1660.

ADDITIONS FAITES D'APRÈS LES BOLLANDISTES ET AUTRES HAGIOGRAPHES.

A Bergame, ville de Lombardie, saint Projectice, martyr. Né de parents chrétiens qui l'élevèrent dans les principes de la religion et l'étude des lettres divines, il y fit en peu de temps de tels progrès qu'il mérita d'être élevé à la dignité d'archidiacre de l'église cathédrale. Mais les temps étaient mauvais et bientôt il fut victime des édits de persécution lancés contre tous les chrétiens par Dioclétien et Maximien. Il était dans sa cinquante-sixième année. On découvrit son corps en 1290 dans l'église de Saint-Alexandre : en 1561 et en 1704, il se fit des translations solennelles de ses précieuses reliques. Commencement du IVe s. — A Amasée, aujourd'hui Amasieh, ville de la Turquie d'Asie, dans le pachalik de Sivas, saint Pontème, martyr, et les saintes Pilence, Tatienne, Marcienne, Hélienne, Lauce ou Laucienne, vierges et martyres. — A Constantinople, les saints patriarches Jean et Georges, qui travaillèrent généreusement à l'unité de la foi catholique. 520 et 683. — En Irlande, saint Dagée Maccayrill (c'est-à-dire *fils de Cayrill*), évêque d'Inis-

---

1. Cf. *Origines de l'Eglise de Poitiers*, par M. l'abbé Auber. Poitiers, 1866.
2. Cf. *La Seine-Inférieure historique et archéologique*, par l'abbé Cochet. Paris, 1866.
3. Voir sa vie à ce jour. — 4. Voir sa vie au 16 août. — 5. Voir sa vie au 19 juillet.

coïndègne et confesseur. Ses parents prirent soin de l'élever chrétiennement, et quand ils virent ses dispositions à la vertu, ils confièrent son éducation à un diacre d'une haute sainteté. Un jour que l'enfant se trouvait en voyage avec son précepteur, celui-ci le laissa quelques moments dans une hôtellerie pour vaquer à des affaires importantes. Quelle ne fut pas sa surprise, à son retour, de voir la chambre où était l'enfant tout étincelante de lumière ! Un saint évêque lui expliqua la merveille, disant au diacre que son jeune élève serait un jour comme un soleil ardent qui dissiperait les ténèbres de l'idolâtrie et remuerait la face du monde. Les événements confirmèrent cette prédiction : Dagée devint évêque, et l'Irlande lui est redevable en partie d'être chrétienne aujourd'hui. Notre Saint parvint à une extrême vieillesse et s'endormit dans Notre-Seigneur à l'âge de cent quarante ans. 586. — En Écosse, saint Inan ou Evan, confesseur. IXe s. — A Ravenne, en Italie, le bienheureux Rainald ou Raynaud, archevêque de ce siége et confesseur. Il naquit à Milan, et ses vertus le faisant bientôt paraître aux yeux de tous comme un vase d'élection, il fut admis de bonne heure dans le clergé de cette ville. Ordonné prêtre, il fut pour ses ouailles un pasteur généreux, vigilant, désintéressé. L'évêché de Ravenne étant devenu vacant, d'une voix unanime le clergé et le peuple le choisirent pour occuper ce poste important. Longtemps il refusa cette dignité qui lui semblait un fardeau trop pesant ; mais la voix de Dieu s'était fait entendre, et il accepta. Sa vie ne fut qu'un tissu de bonnes œuvres, et, après sa mort précieuse, les miracles qui se firent à son tombeau témoignèrent de sa haute sainteté. 1321.

SAINT AGAPET OU AGAPIT DE ROME,

MARTYR A PALESTRINA, DANS LES ÉTATS DE L'ÉGLISE.

274. — Pape : Saint Félix Ier. — Empereur romain : Aurélien.

> Le royaume des cieux souffre violence, et si vous ne savez vous faire violence, vous n'y parviendrez pas.
> *Saint Jérôme.*

Né à Rome, d'une famille noble, saint Agapet avait renoncé au monde pour mener la vie ascétique, sous la conduite de Porphyrius, dans la ville de Préneste, aujourd'hui Palestrina, tout près de Rome. C'était l'époque où l'empereur Aurélien persécutait les chrétiens. Un des ministres de sa cruauté, Antiochus, donna l'ordre d'arrêter le jeune Agapet qui avait osé lui faire de justes remontrances en faveur des chrétiens. Après un long interrogatoire il le fit frapper avec des scorpions et des balles de plomb. La constance du jeune Martyr, et une prière qu'il adressa à Dieu, convertirent cinq cents païens : ils se déclarèrent chrétiens et furent exécutés immédiatement. Agapet fut renfermé dans une horrible prison où une vision céleste le fortifia ; on lui fit ensuite subir un second interrogatoire, on le frappa de verges, puis on l'étendit sur un chevalet, on lui déchira le corps avec des ongles de fer, et on le traîna dans le temple d'Apollon ; comme il refusait de sacrifier, ceux qui le conduisaient frappèrent ses membres avec des pierres, et lacérèrent tout son corps avec des cordes de fer. Il serait trop long d'énumérer tous les supplices dont les bourreaux tourmentèrent son corps innocent ; il endura plusieurs fois le chevalet, la prison, les charbons ardents sur la tête, la flagellation, une épaisse fumée au-dessus de laquelle on le suspendit la tête en bas, l'eau bouillante répandue sur son corps. Agapet déploya un courage héroïque, surhumain, fit aux juges et aux bourreaux des réponses admirables ; beaucoup de païens se convertirent. Amas, un de ses juges, par un juste jugement de Dieu, tomba de son siége à demi mort et peu après rendit le dernier soupir. Alors Antiochus fit exposer Agapet aux bêtes féroces dans l'amphithéâtre : on lança sur lui deux lions, dont les yeux étincelaient de fureur ; mais à la vue d'Agapet ils se calment, se couchent à ses pieds, le lèchent doucement et lui font mille caresses, jusqu'à ce que le saint enfant leur ordonne de rentrer dans leurs loges. A la vue de ce prodige, le peuple s'écrie que le vrai Dieu est celui d'Agapet. Enfin, par l'ordre d'Antiochus, deux bourreaux le conduisent hors de la ville de Préneste, et l'ayant placé entre deux colonnes, ils lui tranchent la tête avec le glaive. Les chrétiens enlevèrent son corps et l'enterrèrent la nuit, à un kilomètre de la même ville, dans un champ où ils trouvèrent un tombeau tout neuf, qui semblait avoir été préparé par miracle pour rendre la sépulture de cet enfant martyr plus glorieuse. Sa constance, au milieu de tant de supplices, toucha un soldat qui le conduisait ; il se nommait Anastase. Le martyrologe romain lui donne le titre honorable de *corniculaire*, c'est-à-dire lieutenant du tribun militaire. Il quitta le paganisme et embrassa la religion chrétienne. Saisi au plus tôt, on le mit à mort le 20 août suivant.

Les reliques de saint Agapet se sont conservées jusqu'à présent dans la ville de Palestrina, qui est maintenant épiscopale, à l'option des premiers cardinaux ; quelques ossements ont été transportés à l'abbaye bénédictine de Liessies ou Liessies, près d'Avesnes, au diocèse actuel de Cambrai. Chélidoine, évêque de Besançon, rapporta de Rome, en 443, le chef de ce saint Martyr, et le déposa dans l'église de Saint-Etienne. Il est aujourd'hui dans celle de Saint-Jean, où Hugues Ier le transféra vers le milieu du XIe siècle. Le martyrologe romain fait mention de lui, ainsi que ceux de Bède, d'Usuard, d'Adon. Baronius en parle aussi dans ses *Notes* et dans ses *Annales*.

<small>Nous avons presque entièrement refait le récit de ce martyre, inexact dans le Père Giry, à l'aide des Bollandistes.</small>

SAINTE HÉLÈNE, VEUVE, IMPÉRATRICE D'OCCIDENT

323. — Pape : Saint Sylvestre Ier. — Empereur romain : Constantin.

> *Maria fecit ut Deus inter homines videretur, Helena ad remedium peccatorum divinum de ruinis elevavit vexillum.* Saint Ambroise.
>
> A cette impératrice chrétienne la couronne de Jésus sert de diadème, les clous de Jésus servent de sceptre, la croix de Jésus sert de trône.
> Durand, *Caractères des Saints*.

Sainte Hélène est très-célèbre pour avoir découvert la vraie croix où Notre-Seigneur a été attaché, et avoir contribué puissamment à l'établissement du christianisme. D'après l'opinion la plus probable, la Grande-Bretagne fut sa patrie : elle naquit à York, selon les uns, et, suivant les autres, à Colchester dans le comté d'Essex. C'était la fille unique du roi Coïlus ou Coël ; elle épousa le général romain Constance Chlore, dont elle eut un fils qui fut plus tard Constantin le Grand.

Le monde romain avait alors pour empereurs Dioclétien et Maximien, qui portaient le nom d'Auguste. En 293, ils s'associèrent deux empereurs d'un rang inférieur, sous le titre de Césars ; Dioclétien donna ce titre à

Galère, et Maximien à Constance Chlore. Mais un des articles de cette association fut que Constance répudierait Hélène, pour épouser Théodore, belle-fille de Maximien. Constance mourut en 306, recommandant à l'armée, comme son successeur, Constantin, fils d'Hélène. D'après Eusèbe, il déclara qu'il croyait au vrai Dieu. On ignore à quelle époque Hélène se fit chrétienne ; mais saint Paulin nous apprend qu'elle contribua à la conversion de Constantin. Voici à quelle occasion ce prince embrassa publiquement la vraie religion. Maxence, un de ses collègues dans l'empire, lui avait déclaré la guerre. Constantin marcha contre lui, et campa vis-à-vis du pont Milvius (aujourd'hui Ponte-Mole), à deux milles de Rome. Son armée était inférieure en nombre, mais il implora la protection du vrai Dieu. Sa prière finie, comme il s'avançait avec une partie de ses troupes, un peu après midi, il vit dans le ciel une croix lumineuse avec cette inscription : « Vous vaincrez par ce signe ». La nuit suivante, il eut une vision dans laquelle Jésus-Christ lui ordonna de faire représenter cette croix et de s'en servir pour bannière dans le combat. Il obéit, et fit la célèbre bannière connue sous le nom de *Labarum*. Maxence fut défait, et le pont de bateaux, qu'il avait jeté sur le Tibre, s'étant rompu pendant qu'il fuyait, il se noya dans ce fleuve. Le sénat fit élever, en l'honneur de Constantin, un arc de triomphe que l'on voit encore à Rome. On lui érigea aussi dans une des places de la ville une statue où il était représenté tenant en main une croix au lieu de lance, et il ordonna de graver sur le piédestal l'inscription suivante : « Par ce signe salutaire, la vraie marque du courage, j'ai délivré votre ville du joug de la tyrannie, et j'ai rendu au sénat et au peuple de Rome leur ancienne gloire ».

Hélène partagea ce triomphe : son fils l'aimait et la respectait ; il oubliait qu'il était maître du monde, et semblait n'avoir de pouvoir que pour prévenir ses désirs. Il la fit proclamer Auguste dans toutes ses armées et dans toutes les provinces de l'empire, et voulut que l'on frappât en son honneur des médailles où elle est appelée *Flavia Julia Helena*. Elle partagea surtout avec Constantin la gloire d'établir solidement le règne du christianisme par tout l'empire. Rufin dit, en parlant de son zèle et de sa foi, que l'un et l'autre étaient « incomparables » ; et saint Grégoire le Grand assure qu'elle allumait dans le cœur des Romains le feu dont elle était embrasée. Oubliant sa dignité, elle aimait à être confondue parmi le peuple dans les églises, et son plus grand plaisir était d'assister à l'office divin. Maîtresse des trésors de l'empire, elle ne s'en servait que pour faire des bonnes œuvres : tous les lieux où elle passait ressentaient les effets de ses libéralités ; elle était la mère de tous les malheureux. Elle faisait bâtir des églises, qu'elle enrichissait d'ornements et de vases d'un grand prix.

Après le concile de Nicée (325), Constantin envoya du monde à Jérusalem, pour découvrir le sépulcre où Notre-Seigneur a été déposé, et où il a si glorieusement triomphé de la mort. On enleva donc une montagne de décombres, que les païens avaient entassés dessus, pour en abolir entièrement la mémoire ; et ce tombeau, qui avait été si longtemps enseveli, sembla ressusciter lui-même, pour rendre, par sa résurrection, un témoignage éclatant de la résurrection du Sauveur. A la nouvelle de cette heureuse découverte, l'empereur écrivit à Macaire, évêque de Jérusalem, pour élever sur ce sépulcre une église qui disputât en magnificence aux plus superbes édifices de l'empire. Sainte Hélène, quoique âgée de quatre-vingts ans, se chargea de l'exécution de ce pieux ouvrage. Elle avait en même temps un désir extrême de découvrir la croix sur laquelle le Sauveur du monde était mort ; et ses vœux furent exaucés, comme nous l'avons rapporté dans l'histoire de l'Invention de la Croix[1]. Elle visita les lieux saints avec une dévotion extraordinaire et les orna d'édifices somptueux ; elle rappela plusieurs personnes exilées et rendit la liberté à ceux qui étaient détenus dans les prisons ou travaillaient aux mines ; elle fit des présents aux communautés, et répandit des aumônes considérables dans tous les lieux qu'elle honora de sa présence. Les églises ressentirent aussi les effets de sa libéralité. Avant de quitter la Palestine, elle fit assembler les vierges consacrées au Seigneur, et leur donna un repas où elle les servit de ses propres mains. De retour à Rome, elle sentit que sa dernière heure approchait. Lorsqu'elle se vit sur le point de sortir de ce monde, elle entretint son fils des moyens de gouverner l'empire d'une manière conforme à la loi divine. Constantin lui tenait la main lorsqu'elle expira : avant de rendre le dernier soupir, elle donna sa bénédiction à ce cher fils, l'an 328.

Les funérailles de l'impératrice Hélène furent célébrées avec la plus grande pompe. On fit faire, pour renfermer son corps, un mausolée de briques, en forme de tour ronde, dans l'intérieur duquel on plaça son tombeau, qui est une urne de Porphyre ; et Constantin érigea au milieu de la grande place de Constantinople une croix avec des statues, dont l'une le représentait, et l'autre sa bienheureuse mère[2].

On la représente avec la croix qu'elle semble arborer en la tenant droite ; ce fait rappelle que nous lui devons la découverte de la vraie croix. Aussi recourt-on à la pieuse impératrice, en certains pays, pour retrouver les choses perdues. — Cependant les anciens préféraient peindre sainte Hélène agenouillée avec bonheur devant la sainte croix, après qu'on eut réussi à reconnaître ce bois sacré par les miracles qu'il produisit dès sa découverte.

CULTE ET RELIQUES.

Les reliques de sainte Hélène furent portées, en 849, de Rome à l'abbaye de Hautvilliers, dans le diocèse de Reims. Alman, moine de la même abbaye, donna en 1095 l'histoire de cette translation, qui se fit avec beaucoup de pompe. Il parle de plusieurs miracles par l'intercession de sainte Hélène ; il ajoute qu'il fut témoin oculaire de quelques-uns, et qu'il tenait les autres des personnes mêmes sur lesquelles ils avaient été opérés.

L'urne de porphyre qui contenait le corps de la Sainte fut transportée dans le cloître de Saint-Jean de Latran en 1627, sous le pontificat d'Urbain VIII. Le Chapitre de cette église patriarcale en a fait présent au pape Pie VI, qui l'a placée dans le cabinet du Vatican. Les deux lions qui sont en relief sur le couvercle, les hommes à pied et à cheval sculptés autour de l'urne, n'annoncent aucune superstition, mais bien la décadence de l'art. Ces figures, aujourd'hui fort mutilées, sont en effet d'une sculpture lourde et grossière.

Le mausolée de sainte Hélène était sur la voie Lavicane, dite présentement le chemin de Palestrina, et l'on en voit encore plus de la moitié, environ à un mille de Rome.

Les cendres de la sainte Impératrice sont aujourd'hui renfermées dans une grande baignoire antique de porphyre, dans l'église d'*Ara Cœli*.

A l'époque de la destruction des monastères en France, quelques religieux de l'abbaye de Hautvilliers mirent en sûreté les reliques de sainte Hélène. Ils les donnèrent en 1821 à la confrérie du Saint-Sépulcre alors établie à Paris et y joignirent tous les actes qui en constataient l'authenticité. Ces reliques, après avoir été examinées avec soin, ainsi que les actes qui y étaient joints, furent placées dans une châsse de bois doré et déposées dans la chapelle basse de l'église de Saint-Leu à Paris, où elles sont encore vénérées. Quelques années plus tard, M. Tresvaux, vicaire général de Paris, ayant été chargé d'en extraire une partie pour le diocèse de Reims, à la demande de l'archevêque, Mgr le cardinal de Latil, examina lui-même avec beaucoup d'attention ces saintes

---

1. Voir au 3 mai, tome V, p. 276-289.

2. Constantin n'est point compté parmi les Saints par le rédacteur du martyrologe romain ; mais il est nommé dans les synaxaires des Grecs, sous le 21 mai. On lit aussi son nom dans plusieurs calendriers d'Angleterre, de Sicile, de Calabre, de Bohême, de Moscovie et de Syrie.

reliques et reconnut avec les autres assistants qu'il ne s'y trouvait que les chairs embaumées et couvertes de bandelettes ; qu'on n'y découvrait aucun ossement, et que la tête y manquait, ainsi que les bras et les jambes ; ce qui explique et confirme l'assertion des auteurs italiens, qui assurent que les cendres de cette Sainte sont sous un autel de l'église d'*Ara Cœli*, à Rome.

Acta Sanctorum ; Continuateurs de Godescard ; D. Mabillon.

SAINTE CLAIRE DE MONTEFALCONE, VIERGE,

DE L'ORDRE DES ERMITES DE SAINT-AUGUSTIN.

1308. — Pape : Clément V. — Empereur d'Allemagne : Albert Ier.

> Ne cessons pas de prier : celui qui doit nous exaucer peut différer, mais il ne saurait frustrer notre attente ; sûrs de sa promesse, n'abandonnons jamais la prière. *Saint Augustin.*

Claire naquit à Montefalcone, près de Spolète, en Italie, vers l'an 1275. Son père s'appelait Damien, et sa mère Jacqueline ; ils marchaient l'un et l'autre dans l'observance des Commandements de Dieu, sans donner sujet de mécontentement ni de plainte à personne. Ils eurent une fille aînée nommée Jeanne : dès qu'elle fut en état de pratiquer solidement la dévotion, elle se retira, du consentement de ses parents, dans un petit lieu appelé Saint-Léonard, y assembla une compagnie de vierges, et vécut avec elles, sans se faire encore religieuse d'aucun Ordre, dans une innocence, une piété et une ferveur incroyables. Claire était la plus jeune ; dès l'âge de cinq ans, fort adonnée à l'oraison, elle affligeait son corps par des mortifications que les hommes les plus robustes auraient de la peine à supporter. Le démon usa de toutes sortes de violences et d'artifices pour étouffer cette dévotion naissante, mais ce fut inutilement ; Claire le chassa toujours par la vertu de Jésus-Christ, qui lui apparut pour l'encourager, et, bien loin de rien diminuer de ses exercices de piété, elle fit tant, par ses prières et par ses larmes, qu'elle fut reçue à l'âge de six ans dans la communauté de sa sœur. Elle en ressentit une si grande joie, que, pour remercier Dieu, elle jeûna huit jours de suite, sans manger chaque jour autre chose que du pain et une pomme. Plus elle avançait en âge, plus elle redoublait son austérité et ses pénitences. Sa sobriété était tout à fait au-dessus des forces de la nature : un pain d'un denier et un peu d'eau faisaient ordinairement toute sa nourriture ; elle passait même assez souvent des jours sans manger. Si les fêtes et les dimanches, et surtout les jours solennels, elle ajoutait quelques mets à ce pauvre repas, ce n'étaient que des herbes sauvages ou des fèves sèches trempées dans l'eau. Elle était si détachée du plaisir du goût que, si du foin ou de la paille eussent été suffisants pour la nourrir, elle se fût contentée de foin et de paille. Ses autres mortifications répondaient à une abstinence si prodigieuse : elle n'avait point d'autre lit que la terre ou une planche ; elle se mettait souvent le corps en sang, et, au lieu de toiles fines, elle ne portait que des chemises rudes et quelquefois même la haire ou le cilice. Pendant qu'elle amaigrissait son corps par des austérités si surprenantes dans un enfant, elle engraissait son âme du festin délicieux de l'oraison.

Sa sœur lui donna un oratoire secret, où elle pût s'y occuper sans empêchement ; et il est arrivé plusieurs fois qu'elle y demeurait immobile, l'esprit et le cœur unis à Dieu, depuis Matines jusqu'à Tierce, et même jusqu'à None. Dans l'un de ces divins entretiens, la sainte Vierge lui présenta son Fils, sous la forme d'un petit enfant. Claire n'en osa approcher par respect ; mais la Vierge lui dit : « Tenez, Claire, embrassez votre Epoux ». Elle vint pour l'embrasser, et ce divin Enfant, pour enflammer davantage son cœur et lui donner un désir insatiable de sa possession, se cacha alors sous le manteau de sa mère et disparut. Quelles furent après cela les ardeurs de cette épouse, et que ne fit-elle pas pour trouver ce bien-aimé, dont elle avait aperçu la beauté ? Il lui apparut encore sous la forme d'un agneau d'une blancheur incomparable, qui se mit entre ses bras et se coucha sur son sein. C'était à cause de ces admirables caresses qu'elle était quelquefois la nuit, dans sa cellule, brillante comme un astre, et que le matin, afin qu'elle ne fût point troublée par le jour naturel, il se formait autour d'elle de petits nuages, qui lui cachaient la lumière du soleil. Plusieurs choses fort secrètes lui furent dès lors révélées. Elle connut l'état d'une femme qui était décédée ; elle la vit en purgatoire, abîmée dans une mer de douleurs qui ne se peuvent exprimer.

Lorsque notre Bienheureuse fut un peu plus âgée, Dieu inspira à sa sœur Jeanne, supérieure de la communauté, de quitter la maison où elle était, trop petite et trop incommode pour le nombre de ses filles, et de bâtir un couvent sur une colline voisine, dans un lieu où elle verrait une croix. Toutes les sœurs se mirent en prières pour l'accomplissement de cet ordre, et elles virent, en effet, sur le haut de la colline de Sainte-Catherine, une croix de lumière qui semblait être suivie en procession par plusieurs femmes. Elles ne doutèrent point que ce ne fût là le lieu que la divine Providence leur avait destiné. Ainsi elles en firent l'acquisition et y bâtirent un petit monastère ; s'y étant transportées après une infinité de contradictions et d'obstacles qui leur furent suscités par la malice du démon, elles supplièrent l'évêque de Spolète, leur diocésain, de leur donner les Règles d'une congrégation reçue et approuvée de l'Eglise, pour être leur propre Règle, afin de devenir de véritables religieuses. L'évêque leur donna la Règle de Saint-Augustin qu'elles reçurent avec une joie sans pareille, et sur laquelle elles formèrent parfaitement toute leur conduite. Claire fut celle qui témoigna le plus de zèle et d'ardeur dans toute cette affaire, et elle mérita aussi de recevoir de son époux une couronne de fleurs, en attendant qu'il la couronnât d'épines et qu'il lui fît part de toutes les amertumes de sa Passion.

Cependant, comme la construction du couvent avait épuisé tout le bien de ces pauvres filles, elles furent réduites à quêter pour vivre. Claire s'offrit de bon cœur pour cette action d'humilité, et elle la fit quelque temps avec une édification merveilleuse ; jamais elle n'entrait dans aucune maison, de peur d'y rompre le silence, ou d'être regardée en face. Dans les pluies même les plus violentes elle demeurait dans la rue, se contentant de l'abri qu'elle y pouvait trouver. Lorsqu'on lui donnait l'aumône, elle la recevait à genoux pour en remercier l'auteur de tous les biens, et ensuite ses bienfaiteurs. Elle ne laissait pas d'observer rigoureusement son jeûne et ses autres austérités : ainsi, elle se consumait peu à peu, et il fallut nécessairement, pour conserver sa vie, la retirer de cet emploi. Mais quand l'esprit de pénitence a pris une fois possession d'un cœur, rien n'est capable de l'arrêter. Claire n'avait plus la fatigue de la quête, mais elle remplaça cette fatigue par des traitements bien plus rigoureux. Son corps était comme une victime qu'elle immolait tous les jours pour les péchés que l'on commettait dans le monde : le sang en coulait souvent sous les coups qu'elle se donnait. Le crin de cheval, qu'elle appliquait sur ses plaies, lui renouvelait perpétuellement cette douleur : elle ne se donnait aucun soulagement, ni par un sommeil tranquille, ni par une nourriture suffisante. Le silence était le compagnon inséparable de sa pénitence, et un jour qu'elle le rompit sans nécessité, elle se tint, par punition, les pieds nus dans l'eau glacée, l'espace de cent *Pater noster* qu'elle récita avec une humilité et une ferveur incroyables. Elle évitait le parloir autant qu'il lui était possible, et lorsque l'obéissance l'obligeait d'y aller, elle s'y tenait toujours fort couverte, sans voir ni être vue, et ne parlait que fort bas et presque en monosyllabes. Sa sœur se plaignit de ce qu'elle gardait cette rigueur envers son propre frère, qui souhaitait de la voir ; mais elle lui répondit avec beaucoup de sagesse que, puisqu'on ne parlait pas des yeux, mais de la langue, il était tout à fait inutile de se voir dans ces entretiens, et qu'il suffisait de s'entendre.

Il n'y avait point d'emploi dans la maison, quelque vil qu'il fût, auquel elle ne s'appliquât avec joie. Elle était le soulagement de toutes les autres sœurs, et, lorsqu'elle en voyait une un peu trop chargée de travail, elle se mettait aussitôt en devoir de l'aider. Sa sœur, la supérieure, étant tombée malade, elle lui mérita la guérison par ses prières, mais d'une manière toute surnaturelle : des anges, étant descendus dans sa chambre, y firent un concert si charmant, qu'il dissipa toute sa maladie, et la remit entièrement en santé. Ce ne fut, néanmoins que pour peu de temps. Elle mourut au bout de huit ans de son supériorat du monastère de Sainte-Croix, et notre Bienheureuse, après avoir eu révélation de sa gloire, fut élue supérieure et abbesse en sa place. Son humilité lui fit faire beaucoup de résistance à son élection ; mais Dieu voulait qu'elle fût supérieure, afin de donner la dernière perfection à cette maison naissante, et il fallut, malgré elle, qu'elle ployât sous ce joug et qu'elle prît le soin de la conduite de ses sœurs. Elle le prit en effet, mais d'une manière toute sainte. Son exemple était une règle vivante qui apprenait à chacune ce qu'elle devait faire. Elle était toujours la première, non-seulement aux exercices de piété et de dévotion, mais aussi aux emplois les plus humiliants. Elle s'appliquait diligemment à l'avancement spirituel et au soulagement de ses filles. Elle les encourageait dans leurs peines avec des paroles de feu. Elle les reprenait de leurs fautes avec une douceur incroyable ; et, si elle était obligée de les punir, c'était toujours avec tant d'amour, qu'elles l'en remerciaient. Pour le temporel, elle faisait son possible pour que les choses nécessaires ne leur manquassent point, de peur que le chagrin et l'inquiétude ne les détournassent de l'oraison, et ne leur rendissent la vie religieuse insupportable. Il arriva un jour que le bourg de Montefalcone, et ensuite le monastère de Sainte-Catherine, furent dans une disette extrême, jusqu'à n'avoir point de pain. Ces pauvres filles en furent un peu troublées ; mais leur trouble ne dura pas longtemps, car la sainte Mère, ayant imploré le secours du ciel, les anges apparurent visiblement, apportant dans des corbeilles une grande quantité de pains, qui servirent plusieurs jours à leur subsistance, et ne finirent point que la disette ne fût passée. Elle leur fit là-dessus une exhortation admirable, pour les porter à la confiance en Dieu, à la mortification de leurs sens, à l'amour de la croix et de la pénitence, à l'humilité d'esprit et de cœur, et à toutes les autres vertus religieuses.

Pour les avancer dans la perfection, elle leur donna des règlements admirables; entre autres de fléchir le genou mille fois le jour, pour adorer la souveraine majesté de Dieu; de bannir de leur parloir ces dames, grandes causeuses, qui apportent le monde dans le cloître; de garder inviolablement leur clôture, de ne parler à des hommes que par nécessité, le rideau tiré et jamais seules; d'avoir continuellement devant les yeux la pensée de la Passion du Fils de Dieu, et de se mettre souvent dans la posture gênante de ce divin Rédempteur étendu sur la croix. Elle ne souffrait point que les religieuses eussent aucun argent en particulier; mais elle faisait mettre tous les présents et toutes les aumônes en commun. Elle ordonna qu'après la subsistance de la communauté, ce qui resterait d'argent fût distribué aux pauvres; qu'à chaque fois que l'on cuirait, on leur donnât douze des plus beaux pains, en l'honneur des douze Apôtres, et que, pour le secours des âmes du purgatoire, on dît tous les jours l'office des morts après les heures canoniales. Quant à elle, elle était tellement embrasée de l'amour divin, qu'elle ne pouvait se lasser de pleurer ni de se châtier pour les offenses et l'ingratitude des pécheurs. Elle souhaitait quelquefois d'avoir cent corps ou un corps aussi grand qu'une montagne, pour se faire souffrir en même temps en cent endroits différents, tant pour ses propres péchés, qui furent toujours très-légers, que pour les péchés de tous les hommes.

Son humilité était si profonde, qu'elle ne se regardait et ne se traitait que comme la plus imparfaite et la plus misérable de toutes les créatures. Elle n'endurait qu'avec beaucoup de peine qu'on lui rendît les honneurs et les déférences que les inférieures doivent à leurs supérieures. Il lui semblait que tout le monde se devait armer pour la persécuter et pour l'écraser, et elle s'étonnait même de ce qu'on la souffrait un moment sur la terre, et qu'on ne la chargeait pas de mépris, d'injures et d'opprobres. Après avoir tenu le premier rang au chœur, au chapitre et au réfectoire, par une nécessité indispensable attachée à son office, elle prenait le dernier pour laver la vaisselle, pour balayer, pour faire les lits des malades et pour servir les moindres novices. Elle se décriait elle-même autant qu'elle pouvait, ne croyant pas qu'elle pût rien dire à son désavantage qui ne fût beaucoup moindre que ce que méritait son indignité. Les meubles les plus pauvres, les habits les plus déchirés, les voiles les plus grossiers lui étaient les plus agréables. On ne saurait dignement exprimer sa charité et sa miséricorde, non-seulement envers ses filles, mais aussi envers toutes sortes de misérables. Son dîner et son souper étaient ordinairement pour eux, parce que, se contentant de pain et d'eau, ou de quelques bouchées de légumes, elle consacrait le reste à Jésus-Christ, souffrant et affamé dans ses membres. Elle avait un soin particulier des malades et des ulcérés. Elle préparait des remèdes qu'elle leur envoyait; et, si c'étaient des femmes, elle découvrait leurs plaies, les lavait et les pansait avec une application et une bonté merveilleuses. Bien loin que l'infection la détournât de leur rendre ces devoirs, elle en faisait ses plus chères délices: un jour qu'un ulcère, extrêmement sale et horrible à voir, lui fit bondir le cœur et la fit presque tomber en défaillance, elle eut, pour surmonter cette répugnance naturelle, après s'être un peu remise, le courage non-seulement de regarder fixement cette hideuse plaie, mais aussi d'en approcher sa bouche, de la baiser avec affection. Quand on se surmonte de cette manière, il n'y a plus rien qui coûte dans la vie spirituelle, et l'on est capable des plus fortes impressions de la grâce et des actions les plus héroïques du christianisme.

Que n'a-t-elle pas fait pour convertir les pécheurs, pour leur obtenir miséricorde auprès de Dieu, pour réconcilier les familles et les villes armées et acharnées les unes contre les autres, et pour rendre la paix aux provinces ? Ses prières, accompagnées d'humiliation et de pénitence, étaient si efficaces, qu'elle a remporté en cela une infinité de victoires. Elle entreprit un jour la conversion d'un impie, qui, plongé dans toutes sortes de crimes, désespérait du pardon et de son salut. L'affaire était bien difficile, et elle ne trouva d'abord que de grands rebuts aux pieds de son Époux ; mais elle fit tant, par ses jeûnes, ses veilles, ses disciplines sanglantes, ses gémissements et ses larmes, qu'elle fléchit enfin sa justice et en obtint la grâce de ce désespéré. En effet, il vint la trouver lorsqu'elle était encore en prières pour lui, mais avec un esprit si humilié et un cœur si contrit, qu'il était aisé de voir que le doigt de Dieu, qui est le Saint-Esprit, avait opéré de grandes choses en son âme. C'est par le secours de son oraison que les habitants de Montefalcone, de Florence, d'Arezzo, de Pérouse, de Spolète et de Réate, aujourd'hui Rieti, étant partis en campagne pour se détruire les uns les autres par d'horribles massacres, mirent bas les armes et s'en retournèrent chez eux. Ajoutons encore ici, pour faire voir la charité de notre Bienheureuse, qu'elle était une colombe sans fiel : non-seulement elle pardonnait aisément les injures, mais elle procurait aussi toute sorte de bien aux personnes qui l'avaient outragée ou avaient offensé sa communauté. Témoin, un certain notaire, qui avait soustrait tous les titres de son couvent, et deux jeunes hommes qui y étaient entrés à main armée, pour en enlever leur sœur : elle employa tout ce qu'elle avait de crédit auprès de Dieu et auprès des hommes, afin de les délivrer d'une mort violente que leurs crimes avaient justement méritée.

Des maladies très-violentes éprouvèrent souvent sa patience et en firent paraître l'éminence et la perfection ; mais la médisance et les faux témoignages des impies contre son innocence furent encore des épreuves bien plus rudes. Elle était au milieu de ces traverses comme un rocher qui, au milieu des flots et des tempêtes, ne branle point et ne perd rien de sa fermeté. Elle aimait ceux qui la haïssaient, et priait pour ceux qui la persécutaient. Elle n'était jamais plus gaie que lorsqu'elle savait qu'on l'avait décriée ; et on l'a vue accablée, d'un côté de douleurs corporelles très-violentes, et de l'autre d'horribles calomnies, sans que rien de tout cela affaiblît sa constance ni lui donnât un moment de chagrin et d'inquiétude. Sa pureté était plus angélique qu'humaine, et elle vivait dans la chair comme si elle n'avait point eu de chair. N'ayant encore que onze ans, elle se découvrit un peu en dormant par mégarde et sans y avoir contribué de sa volonté ; sa sœur l'en reprit comme d'une grande faute, et elle en fit une longue et rude pénitence, comme d'un péché très-énorme. Depuis ce temps-là, elle s'arrangeait, pour dormir, de façon qu'elle ne pouvait se découvrir, et qu'aucun de ses membres ne pouvait toucher l'autre nu. Elle ne souffrait point non plus que personne, pas même ses filles, la touchassent dans la moindre partie de son corps. Enfin, c'était pour la conservation d'une vertu qui lui était si chère, qu'elle était si rude à son propre corps et qu'elle s'accabla de tant d'austérités et de pénitences.

Elle était pour ainsi dire toujours en oraison. Outre les heures canoniales et l'office des morts, auxquels elle assistait avec une attention et une révérence merveilleuse, elle avait encore plusieurs autres prières vocales dont elle s'acquittait très-exactement. Tout le reste du temps, après les devoirs indispensables de sa charge, elle l'employait à l'oraison mentale et à s'unir d'esprit et de cœur à son Bien-Aimé. Le mystère adorable de la très-sainte Trinité était le plus fréquent sujet de sa méditation, et Dieu lui fit un jour la grâce de le lui représenter avec une clarté merveilleuse, bien que beaucoup inférieure à celle de la vision béatifique. Sa tendresse pour le mystère du saint Sacrement de l'autel, où elle trouvait son Epoux caché sous les voiles du pain et du vin, était incroyable. Elle le mangeait corporellement le plus souvent qu'il lui était possible ; mais on peut dire qu'elle le mangeait toujours spirituellement : sa faim pour ce divin aliment ne se rassasiait jamais, et elle avait toujours l'entendement, la mémoire, la volonté et le cœur ouverts pour le recevoir. C'est ce qui lui a mérité deux fois d'être communiée de la main de Notre-Seigneur : une fois que sa sœur, pour la mortifier, lui avait interdit la sainte table, et une autre fois, qu'ayant oublié son manteau, elle n'osa approcher de la grille, parce qu'elle ne se croyait pas en habits décents. Ses soupirs et ses larmes, dans ces deux occasions, furent extrêmes ; mais son Epoux les changea bientôt en une indicible consolation, lorsqu'il lui mit dans la bouche celui que son cœur désirait, afin qu'elle pût dire avec l'Epouse : « J'ai trouvé le Bien-Aimé de mon cœur, je le tiens et je ne le quitterai jamais ».

La Passion de Notre-Seigneur était aussi un des plus doux objets de sa contemplation et de ses affections. Elle ne pouvait y penser sans que son cœur ne se fendît de regret, et que ses yeux ne se fondissent en des torrents de pleurs. Elle souhaita de voir en esprit tout ce qui s'était passé dans la suite de cette sanglante tragédie, afin de prendre part aux douleurs que son Epoux y avait endurées : elle le demanda, et elle fut exaucée. Toute la Passion lui fut aussi distinctement représentée que si elle se fût passée devant ses yeux, et elle en ressentit toutes les peines l'une après l'autre, avec des souffrances qui ne se peuvent exprimer. Sa tête sentit des piqûres vives et pénétrantes, comme si elle eût été couronnée de longues épines. Ses pieds et ses mains furent aussi sensiblement percés de douleurs, que si de gros clous y eussent passé d'outre en outre avec la violence d'un marteau. Sa salive n'avait pas moins d'aigreur et d'amertume que si c'eût été du fiel, de l'absinthe ou du vinaigre, et son corps était aussi moulu que si quatre ou cinq puissants bourreaux eussent déchargé sur elle, à tour de bras, des fouets et des escourgées jusqu'à s'en lasser. La honte de la nudité, quoiqu'elle fût vêtue, l'angoisse du cœur capable de faire suer le sang et l'eau, la frayeur de la mort et les autres détresses de la Passion lui furent imprimées, de sorte qu'elle devint une image vivante de son Sauveur souffrant et crucifié.

Elle invitait toutes ses filles à la pratique de ces aimables dévotions, dont elle tirait de si grands fruits ; et, lorsqu'elle leur en parlait, elle le faisait avec tant d'onction, qu'elles en étaient toutes sensiblement touchées. Dans une de ses conférences, comme elle s'étendit un peu sur la douceur que l'on ressent dans la méditation des souffrances de Jésus-Christ, une sœur de la compagnie répondit qu'elle les méditait assidûment, et qu'elle n'éprouvait néanmoins aucune de ces consolations qu'elle leur faisait espérer. Cette parole émut notre Sainte et lui donna nous ne savons quel sentiment de vanité ou d'impatience. Elle n'y consentit pas, mais elle ne l'arrêta pas avec toute la promptitude et le soin que demandait la fidélité d'une épouse bien-aimée. Son Epoux s'en fâcha, et par un jugement terrible, il l'abandonna, pour une faute si légère et si imperceptible, à onze ans de sécheresse, de langueurs, de délaissements intérieurs, d'ennuis, de scrupules, de tentations et de maladies, sans qu'un redoublement continuel de jeûnes, de haires, de disciplines, de soupirs et de larmes, et une infinité d'humiliations et d'anéantissements intérieurs pussent adoucir sa justice. Il fallut en passer par là : plus de visions ni de révélations pour elle, plus de colloques tendres et amoureux avec son Bien-Aimé, plus de goût dans le service de Dieu, plus d'ouverture dans l'oraison, plus d'assurance pieuse et morale d'être en grâce ; enfin, plus que des froideurs et des rebuts de la part de Celui qu'elle chérissait si tendrement, et, au lieu des douces pensées de nos saints Mystères, dont son âme avait coutume d'être remplie, plus que des imaginations déshonnêtes, des mouvements de blasphème, des sentiments de désespoir et mille autres impressions abominables que l'enfer est capable de produire ou de suggérer. Ce fut là le purgatoire de Claire, où, sans qu'elle s'en aperçût, ses passions et ses moindres imperfections se détruisirent, ses vertus se perfectionnèrent, son humilité se consomma, et son amour pour Dieu reçut un accroissement merveilleux ; car, ce qui est admirable dans un abandon de si longue durée, cette fidèle Amante demeura constante et inébranlable dans le service de son Sauveur ; tant de tentations et de maux ne purent jamais arracher de son cœur, ni un demi-consentement au péché, ni une impatience de se voir si maltraitée, ni un découragement dans ses exercices, ni une diminution de ferveur, ni un instant d'ennui et de mélancolie ; elle portait sa peine avec douleur, déplorait son état avec des larmes intarissables, demandait le secours des prières de toutes les personnes pieuses, pour fléchir la colère de son Amant irrité ; elle lui faisait dire, comme l'Epouse, par les gardiens de la ville, c'est-à-dire par ses confesseurs et ses directeurs, qu'elle languissait d'amour ; mais ce n'était point par plainte, c'était avec un amour anéanti et un anéantissement amoureux qui blessait le cœur de Celui qu'elle cherchait sans qu'il lui en fît rien connaître.

Enfin, après ce long temps d'abandon, il revint à elle, et la fit rentrer avec plus de douceur et de familiarité que jamais dans ses divins celliers. Elle fut avertie de ce retour par quelques visions, et y fut disposée par des commencements de caresses, qui lui semblèrent d'autant plus douces et plus charmantes qu'il y avait onze ans que les délices du ciel, aussi bien que celles de la terre, lui étaient entièrement inconnues. Ensuite, ce ne furent qu'extases, que ravissements, que visions et que révélations, qui furent suivis de grands miracles et d'une vie déjà toute céleste et toute semblable à celle de l'éternité. Il y a dans le procès de sa canonisation un livre entier qui ne parle que de ces faveurs extraordinaires ; mais nous serions trop long si nous en voulions rapporter ici la moindre partie. Nous dirons seulement qu'une nuit de Noël elle vit distinctement tout le mystère de la naissance humble et glorieuse du Fils de Dieu ; et que, depuis les Rois jusqu'à la Purification, elle fut dans une extase continuelle où Jésus-Christ se fit voir à elle dans la gloire qu'il a dans le siége de sa justice, avec une infinité d'âmes, dont fort peu montaient au ciel sans passer par les flammes du purgatoire ; les unes y étaient plongées pour payer la peine de leurs lâchetés, et d'autres étaient précipitées par les démons dans l'étang de soufre et de feu, avec un bruit si terrible, qu'il semblait que l'univers entier y tombât avec elles. Elle apprit, dans ce ravissement de vingt-sept jours, qu'elle avait encore quinze ans à vivre, comme en effet elle vécut tout ce temps. Ce fut dans ce même temps que Notre-Seigneur lui apparut encore portant sa croix sur ses épaules, et qu'il lui dit : « Il y a longtemps, ma fille, que je cherche sur la terre un lieu ferme et solide où je puisse planter ma croix, et je n'en ai point trouvé de plus propre que ton cœur ; il faut donc que tu la reçoives, et que tu souffres qu'elle y prenne racine ». On ne pouvait lui faire une proposition plus charmante et plus aimable. Elle ouvrit tout son cœur pour recevoir une plante si précieuse, et qui ne peut porter que des fruits de salut : l'on croit que dès lors les marques de la Passion y furent imprimées comme on les y trouva après sa mort, ainsi que nous le dirons à la fin de cet éloge. Depuis ce temps, la bienheureuse Claire passait les semaines et les mois entiers sans manger. Elle était douée d'un si excellent don de prophétie, qu'elle connaissait et prédisait distinctement les choses qui devaient arriver ; ainsi, elle prédit au cardinal Jacques Colonne sa déposition du cardinalat et son rétablissement. Ce cardinal, après avoir été rétabli, lui fit présent d'un doigt de sainte Anne, dont la chair était toute vermeille. Elle prédit de même à l'évêque de Spolète, son diocésain, qu'il serait élevé à un plus haut degré ; en effet, il fut promu à la dignité de cardinal et d'évêque d'Ostie. Elle avait aussi quelquefois le don des langues, parlant avec des étrangers dans leur langue maternelle, bien qu'elle n'eût appris que l'italien. Les secrets des consciences lui étaient connus, et elle y lisait les péchés les plus cachés que des sacriléges avaient célés en confession. Elle le fit bien voir à une de ses religieuses qui avait retenu un crime honteux et ne pouvait se résoudre à le déclarer. Enfin, cette excellente abbesse avait une science infuse qui lui découvrait les plus sublimes raisons de nos mystères, et la rendait capable de résoudre les plus fortes objections des hérétiques.

Par cette science, elle confondit et désarma un prêtre hérétique de la secte des Frérots. Sous une belle apparence de piété qui le faisait regarder comme un saint et comme un apôtre, il vint à la grille de son monastère pour corrompre sa foi et celle de toutes ses filles, en leur persuadant que la liberté de l'Evangile leur permettait de tout faire et même de se plonger dans les vices les plus infâmes. Elle l'attaqua avec une vigueur digne d'un docteur de l'Eglise, et réfuta si savamment ses blasphèmes, qu'il fut contraint de se retirer avec la honte d'avoir été vaincu par une femme. Elle surmonta avec la même facilité le démon qui lui apparut pour lui inspirer les mêmes erreurs ; mais, quoiqu'elle versât continuellement des larmes et fît de très-grandes pénitences pour obtenir la destruction de cette hérésie, elle n'eut pas néanmoins la consolation d'en venir à bout, et elle ne finit que quelques années après sa mort.

Ces actions admirables la mettaient en grande réputation : on ne parlait partout que de la sainteté de Claire de Montefalcone. Ses miracles relevèrent encore cette estime : car elle ressuscita deux morts, et guérit des malades de fièvre, d'écrouelles, d'épilepsie et d'autres sortes d'infirmités ; enfin, elle chassa le démon des personnes qui en étaient tourmentées. Le temps de sa mort étant proche, Notre-Seigneur l'avertit qu'elle recevrait bientôt la récompense de ses travaux ; qu'elle n'avait point commis de fautes qui ne fussent entièrement effacées par la pénitence, et que son abandon de onze ans avait tiré mille personnes de la damnation éternelle. Depuis ce moment, elle fut comblée de tant de délices, qu'elle était déjà à moitié dans le ciel. On lui administra les sacrements de l'Eucharistie et de l'Extrême-Onction, qu'elle reçut avec l'ardeur d'un séraphin. Les anges et le Souverain même des anges la visitèrent, et le démon, qui eut l'effronterie de se présenter devant elle, n'en reçut qu'une éternelle confusion. Elle protesta à ses filles que la croix de Jésus était au fond de son cœur, et qu'elles l'y trouveraient gravée : elle s'écria, dans un espèce de ravissement que la récompense qu'on lui préparait était trop grande. Enfin, après avoir encore exhorté sa communauté, elle rendit son très-pur esprit à Notre-Seigneur, pour jouir éternellement de sa présence. À la même heure, plusieurs personnes la virent monter au ciel toute rayonnante de gloire et accompagnée d'une troupe d'esprits bienheureux. Son visage demeura aussi frais et vermeil qu'il l'était durant sa vie. Comme elle avait dit à ses filles qu'elles trouveraient la croix de Jésus dans son cœur, elles se résolurent à l'ouvrir pour se rendre témoins de cette vérité. C'était une action assez hardie pour des filles, à qui la tendresse naturelle ne permet guère ces sortes d'opérations. Elles l'exécutèrent néanmoins, et, ayant ouvert sa poitrine, elles y trouvèrent un cœur presque aussi gros que la tête d'un petit enfant. Le respect pour ce cœur vénérable les fit délibérer si elles le fendraient; mais une sainte curiosité l'emporta sur ce respect. Elles coupèrent ce cœur par le milieu, en deux parties égales, et alors elles y aperçurent, d'une part la figure de Jésus-Christ crucifié et percé d'une lance au côté droit, avec celle de sa couronne d'épines, de ses clous, de sa lance et de l'éponge avec laquelle on l'a abreuvé de vinaigre; de l'autre, la figure de la colonne et du fouet, composé de cinq branches, qui ont servi à sa flagellation : ce qui était formé d'une manière admirable des fibres et des petits nerfs du cœur. Une merveille si surprenante ne put demeurer renfermée dans ce couvent : les religieuses en donnèrent elles-mêmes avis à leur évêque, lequel, n'y ajoutant guère foi, envoya chez elles son grand vicaire pour en examiner la vérité. Le grand vicaire n'y alla que dans un esprit de contradiction, se persuadant que ce n'était qu'une imagination de filles, et son humeur altière et bizarre le porta même, lorsqu'il vit ces marques de la Passion si bien gravées, à les couper avec un rasoir afin qu'on n'y pensât plus. Mais il fut bien surpris de les trouver imprimées de la même manière dans la nouvelle surface que son rasoir fit à un cœur si précieux. Il se rendit à ce coup et reconnut le miracle de la puissance amoureuse de Dieu. Les religieuses, qui avaient aussi trouvé à notre Sainte la bourse du fiel extrêmement grosse et dure, prièrent encore ce grand vicaire de souffrir que les médecins qu'il avait amenés en fissent l'ouverture. Elle fut faite, et il parut trois petites boules grosses comme des noisettes de couleur de cendre et extrêmement dures. Dieu inspira de les peser, et on trouva que ces boules, si semblables, qu'on ne pouvait pas distinguer l'une de l'autre, étaient aussi d'égale pesanteur, et, néanmoins, chacune pesait autant que les deux autres, et toutes les trois mises ensemble, sans qu'on pût reconnaître d'où venait cette égalité; ce qui était une figure admirable du mystère de la très-sainte Trinité, que notre Bienheureuse avait profondément imprimée dans son esprit. Enfin, troisième merveille, le sang qui coula dans les incisions du cœur de cette incomparable vierge, est demeuré sans corruption et dans la forme de sang, et même on l'a vu depuis bouillir, lorsque l'Eglise a été menacée de quelque grand malheur, comme Bollandus témoigne qu'il arriva avant que l'île de Chypre fût prise par les Turcs. On voit encore à présent, à Montefalcone, ce cœur enrichi des signes de la Passion; ces trois boules d'égale pesanteur, dont une, néanmoins, se fendit par le milieu dans l'année que l'hérésie entra dans le royaume de France; et ce sang caillé, avec le corps tout entier. Plusieurs miracles se sont faits par son intercession depuis son décès; on en trouve le récit dans les auteurs de sa vie qui sont en grand nombre, tant de l'Ordre de Saint-Augustin que de celui de Saint-François.

Ce décès arriva le 17 août 1308, sous le pontificat de Clément V, successeur de Boniface VIII. Huit ans après, le pape Jean XXII donna deux bulles pour procéder aux informations nécessaires pour sa canonisation. Ces deux Bulles portent que la Sainte était de l'Ordre de Saint-Augustin. Le pape Urbain VIII a permis à tous les religieux et religieuses de cet Ordre d'en célébrer la messe et l'office. Abraham Bzovius parle amplement d'elle dans ses *Annales*.

Le pape Clément X approuva les leçons propres de son office et fit inscrire son nom au martyrologe romain. La cause de la bienheureuse fut reprise sous le pape Clément XII. Enfin, le 7 septembre 1850, la S. Congrégation des Rites déclara qu'il constait des vertus théologales et cardinales de la bienheureuse Claire au degré héroïque. Sa Sainteté le pape Pie IX confirma cette sentence le 13 du même mois. Le procès apostolique des miracles de la bienheureuse Claire, commencé le 22 octobre 1850, fut achevé le 21 novembre 1851, et approuvé par la S. Congrégation des Rites le 25 septembre 1852. Le pape Pie IX confirma ce décret le 30 du même mois.

Dans ses images, sainte Claire tient à la main une balance, dont l'un des plateaux contient un globule et l'autre deux. Quand elle fut morte, rapporte la tradition, on trouva dans son cœur trois petits globes solides. On regarda cela, nous venons de le voir, comme une image de sa dévotion à la sainte Trinité, et, en effet, un de ces globules, n'importe lequel, placé dans un des plateaux de la balance, faisait exactement contre-poids aux deux autres.

Nous avons complété le récit du P. Giry avec les *Analecta Juris Pontificii*.

NOTRE-DAME DE LIESSE, AU DIOCÈSE DE SOISSONS.

Ce sanctuaire de Marie fut fondé au XIIe siècle par trois chevaliers de Saint-Jean de Jérusalem, originaires des environs de Laon, pour s'acquitter d'un vœu qu'ils avaient fait à la Mère de Dieu, à la suite d'un bienfait signalé dont elle fut pour eux la dispensatrice. La foule des pèlerins fut bientôt si considérable, qu'il fallut, vers la fin du XIVe siècle, démolir le sanctuaire primitif devenu trop étroit. Ce fut alors que le chapitre de Laon fit construire, en grande partie à ses frais, l'église actuelle, sauf l'élégant portail en style ogival flamboyant qui ne fut bâti que cent ans plus tard.

Depuis ce moment, Notre-Dame de Liesse ne cessa de voir agenouillées sur ses dalles des multitudes de pèlerins, non-seulement du diocèse, mais des pays étrangers. Les rois de France ne se laissèrent point surpasser par leurs peuples en dévotion pour la Mère de Dieu. En 1146, Louis VII, avant de partir pour la croisade prêchée par saint Bernard, y vint en pèlerinage; de 1422 à 1461, Charles VII y vint plusieurs fois recommander à la Vierge son royaume envahi par les Anglais; de 1461 à 1483, Louis XI s'y rendit quatre fois et y fonda une messe pour chaque samedi. René, roi de Sicile, y envoya une offrande considérable; de 1515 à 1547, François Ier y fit plusieurs pèlerinages pour remercier Marie, tant de sa délivrance de la prison d'Espagne que de ses victoires sur ses ennemis. Henri II et la reine Catherine de Médicis, François II, Charles IX, Henri III, suivirent l'exemple de leurs prédécesseurs. Le 14 octobre 1618, Anne d'Autriche et Louis XIII y demandèrent à Marie un héritier du trône; pendant vingt-deux ans, ils continuèrent de venir y solliciter la même grâce; et enfin ils furent exaucés. Ils eurent un fils qui fut Louis XIV. Le grand roi n'oublia jamais la Vierge, à qui il devait sa naissance. Lui-même vint s'agenouiller à ses pieds en 1652, 1654, 1673 et 1680. La pieuse reine Marie Leckzinska fit prier à son tour Notre-Dame de Liesse, pour la bénédiction de son mariage, plus tard pour son heureuse délivrance; et, le 4 septembre 1729, elle donna un Dauphin à la France.

Pendant les troubles de la Révolution, le pèlerinage fut quelque temps suspendu, mais la paix une fois rendue à l'Église, il ne tarda pas à reprendre faveur. On y vit, en 1821, la duchesse de Berry, et en 1826 la duchesse d'Angoulême; en 1856, Napoléon III, *en exécution d'un vœu par-*

ticulier, y fit don de cinq mille francs, qui furent employés à l'achat d'une cloche ; et on évalue à cinquante mille le nombre des pèlerins qui y vont chaque année.

Il était bien juste qu'une Vierge aussi célèbre reçût les honneurs du couronnement. Pie IX fut heureux de les lui accorder ; et le 18 août 1857, la grande cérémonie eut lieu en présence d'au moins cinquante mille personnes, de neuf prélats, de plus de huit cents prêtres et de trois cents membres des conférences de Saint-Vincent de Paul.

Notre-Dame de France, par M. le curé de Saint-Sulpice

XIXᵉ JOUR D'AOUT

MARTYROLOGE ROMAIN.

A Rome, saint Jules, sénateur [1] et martyr, qui, livré au juge Vitellius, et jeté par lui en prison, fut, par l'ordre de l'empereur Commode, frappé à coups de bâton jusqu'à ce qu'il rendît l'esprit. Son corps fut enseveli au cimetière de Calépode, sur la voie Aurélienne. 192. — En Cilicie, la naissance au ciel de saint André, tribun, et de plusieurs soldats ses compagnons, qui, après avoir remporté sur les Perses une victoire due à un miracle, se convertirent à la foi de Jésus-Christ ; accusés comme chrétiens, ils furent massacrés dans les défilés du mont Taurus par l'armée du président Séleucus, sous l'empereur Maximien [2]. Vers 300. — En Palestine, saint Timothée, martyr, qui, après avoir surmonté plusieurs supplices, fut brûlé à petit feu, durant la persécution de Dioclétien, sous le président Urbain. Sainte Thècle et saint Agape souffrirent dans le même pays : Thècle fut exposée aux bêtes, et mise en pièces par leurs morsures, elle alla rejoindre l'Époux céleste ; Agape, après avoir enduré plusieurs tourments, fut réservé pour de plus grands combats [3]. 304. — A Anagni, saint Magne, évêque et martyr, mis à mort durant la persécution de Dèce. Vers 250. — A Brignoles, en Provence, le décès de saint Louis, évêque de Toulouse, de l'Ordre des Frères Mineurs, célèbre par sa sainteté et par ses miracles. Son corps, transporté à Marseille, fut enseveli honorablement dans l'église des Cordeliers. 1297. — Au diocèse de Sisteron, saint Donat, prêtre et confesseur, qui, dès son enfance, reçut de Dieu des grâces admirables, mena la vie anachorétique durant de longues années, et, tout éclatant de la gloire des miracles,

---

1. Un sénateur qui devenait chrétien était obligé de renoncer à faire partie du sénat. Auguste avait porté une loi qui obligeait tout sénateur, avant de prendre séance, d'offrir de l'encens et du vin à l'autel du dieu dans le temple duquel le sénat était assemblé. (Suétone, *Vie d'Octave*, chap. xxxv.) Or, le sénat ne se rassemblait que dans les temples ; au commencement de la séance, on offrait un sacrifice, on parlait des choses divines avant de s'occuper des choses humaines. — Baronius.

2. Le Taurus (*Djebel-Kurin* en turc) est une chaîne de montagnes de l'Asie-Mineure qui commence vers 38ᵉ latitude Nord, près de l'Euphrate, traverse de l'Est à l'Ouest le pachalik de Marach, puis court toujours à l'Ouest parallèlement à la côte Sud de l'Asie-Mineure qu'elle serre de très-près, et finit par se bifurquer en deux petits rameaux qui se terminent aux golfes de Satalich et de Cos. On nomme *Anti-Taurus* une autre chaîne qui traverse aussi de l'Est à l'Ouest l'Asie-Mineure dans sa partie centrale. — Quelques reliques de ces athlètes du Christ, apportées autrefois à Saint-Flour furent gardées avec grande vénération dans la cathédrale jusqu'à la fin néfaste du xviiiᵉ siècle. L'église de Saint-Vincent de Brioude, autrefois dans le diocèse de Saint-Flour, conservait anciennement une quantité considérable des ossements des Martyrs de cette légion sainte. Un grand concours de pèlerins malades surtout de fièvreux, venaient les visiter et les honorer chaque année. — *Propre de Saint-Flour*.

3. Voici ces « plus grands combats » auxquels fait allusion le martyrologe romain. Après que sainte Thècle eut été mise en pièces dans l'amphithéâtre, Agape, épargné par les bêtes, fut jeté en prison où il resta encore deux ans. Enfin le césar Maximien Daïa donna des ordres pour qu'on le fît mourir s'il refusait toujours d'abjurer le christianisme. Les longues souffrances n'avaient point abattu son courage et, en différant sa couronne, on n'avait fait qu'augmenter le désir qu'il avait de rejoindre ses compagnons dans la gloire. On l'exposa de nouveau dans l'amphithéâtre, où un ours se jeta sur lui, sans toutefois lui ôter la vie : le lendemain on le jeta à la mer. — Godescard.

s'envola vers le Christ. 522. — En Berry, saint Marien, confesseur [1]. — A Mantoue, saint Rufin, confesseur.

MARTYROLOGE DE FRANCE, REVU ET AUGMENTÉ.

Au Mans, saint Hadouin ou Chadouin, évêque, nommé au jour suivant. — A Châlons-sur-Marne, saint ELAPHE, dix-septième évêque de ce siège et confesseur. 587. — Aux environs de Tulle, dans l'église de la Guène, saint CALMINIUS ou CALMINE, duc d'Auvergne et confesseur, fondateur de l'abbaye de Saint-Chaffre, au diocèse du Puy. VIᵉ s. — A Avignon, saint Magne, évêque de ce siège et confesseur. Natif d'Avignon, il fut d'abord gouverneur de cette ville qu'il quitta après la mort de sa femme Gondaltrude pour se rendre au monastère de Lérins, près d'Agricole, son fils : il y fut ordonné prêtre. Peu après, le siège d'Avignon étant venu à vaquer (656), il fut promu à ce poste, à cause de ses vertus. Sa patience était admirable ainsi que sa charité pour les pauvres. Il rétablit la discipline ecclésiastique dans son diocèse, souscrivit au concile de Châlon-sur-Saône (650) et donna tous ses biens à son Église. Son corps fut déposé dans la cathédrale d'Avignon ; le pape Jean XXII le transféra (1321) dans l'église de Saint-Agricole où il est encore aujourd'hui. 660. — A Coutances, fête de saint Joachim, époux de sainte Anne, père de la très-sainte Vierge, et dont nous avons donné la vie au 26 juillet. — Au diocèse de Montpellier, saint Vénuste, évêque d'Agde et martyr. — Au diocèse de Cahors, saint Rustique, évêque de ce siège et martyr. Né à Albi, il eut pour père Salve, pour mère Archènefrède, et fut d'abord chapelain du roi Lothaire, puis archidiacre de Rodez. Comme il remplissait avec fermeté ses devoirs d'évêque et ne se faisait pas scrupule de stigmatiser les méchants dès que l'occasion s'en présentait, il se fit des ennemis qui soudoyèrent des malfaiteurs, le firent mourir, et jetèrent son corps dans le Lot. Il avait occupé le siège épiscopal de Cahors pendant sept ans et quelques mois. — A Alger, saint Alype, évêque de Tagaste, en Afrique, dont nous avons donné la vie au 15 août. 431. — A Orléans, l'apparition de la sainte Croix à l'empereur Constantin. Nous en avons parlé amplement au 3 mai. — Au diocèse de Soissons, saint Arnoul, évêque et confesseur, dont nous avons donné la vie au 15 août. 1087. — A Meaux, mémoire de sainte Philomène, vierge à San-Severino, dans la Marche d'Ancône, citée par le martyrologe romain au 5 juillet. VIᵉ s. — Au diocèse d'Arles, saint BERTULFE ou BERTOUL, moine de Luxeuil et troisième abbé de Bobbio. 640. — A Vienne, en Dauphiné, le bienheureux Burchard ou Burcard, archevêque de ce siège et confesseur. Il gouverna saintement son troupeau, se fit remarquer pour sa grande humilité, et assista (1025) au concile d'Auch. Rodolphe III, roi de Bourgogne, qui l'aimait beaucoup, donna en sa considération aux archevêques de Vienne le titre de comte que le bienheureux Burchard porta le premier et qui passa à plusieurs de ses successeurs. 1025. — A Vannes, saint Guennin, appelé aussi Guinnin et Guin, évêque de ce siège et confesseur, dont le corps fut déposé dans l'église cathédrale, à côté de celui de saint Vincent. Vers 622. — Dans l'ancienne abbaye cistercienne d'Igny (Igniacum), au diocèse de Châlons, le bienheureux GUERRIC, abbé. Vers 1157. — Au diocèse de Laval, saint Fraimbaud, confesseur, dont nous avons donné la vie au 16 août. 532. — Au diocèse de Verdun, saint Arnoult ou Arnould, évêque de Metz et confesseur, dont nous avons donné la vie au 18 juillet. 641. — A Lyon, mémoire de saint Badulphe ou Badour, abbé d'Ainay (Athanacum, Ordre de Saint-Benoît) et confesseur. Vers 900. — A Paris, sainte Crescence, vierge, louée par saint Grégoire de Tours. — A Toulon, les saints Mandrien et Flavien, martyrs. Vers le VIᵉ s.

MARTYROLOGES DES ORDRES RELIGIEUX.

Martyrologe des Basiliens. — Près de Messine, saint Barthélemy, abbé, de l'Ordre de Saint-Basile, fondateur du grand monastère de Saint-Sauveur, célèbre par son admirable pénitence et par sa sainteté. XIIᵉ s.

Martyrologe des Chanoines réguliers. — Chez les Chanoines de Latran, saint Rufin, évêque des Marses, qui reçut la couronne du martyre sous l'empereur Maximien, le 11 de ce mois. Vers 286.

Martyrologe des Camaldules. — Au monastère du Très-Saint-Sauveur d'Aguapagana, diocèse

---

1. Saint Marien, appelé aussi Marein et Margeain, florissait dans le VIᵉ siècle, et menait dans la solitude une vie fort austère. Il ne se nourrissait que de fruits sauvages et du miel qu'il trouvait dans les bois, permettait aux personnes de piété de le visiter dans certains temps de l'année ; mais dans d'autres, il se cachait, et il était impossible de le découvrir. Comme il arriva qu'on ne le voyait point dans un temps où il avait coutume de se montrer, on le chercha de tous côtés, et à la fin on le trouva mort sous un arbre au fond d'un bois. On porta son corps au bourg d'Évaux (Creuse, arrondissement d'Aubusson), dans la baronnie de Combrailles, pays de la Basse-Auvergne compris aujourd'hui dans les départements de la Creuse et du Puy-de-Dôme. Les miracles opérés à son tombeau firent instituer une fête en son honneur. Elle est marquée au 19 septembre dans quelques anciens bréviaires de Bourges. — Godescard.

de Camerino, le bienheureux Ange, confesseur, Camaldule, qui, épuisé par une douloureuse maladie et par ses macérations, mourut d'une mort précieuse devant le Seigneur [1]. 1313.

Martyrologe des trois Ordres de Saint-François. — A Brignoles, en Provence, saint Louis, évêque de Toulouse, confesseur, fils de Charles II, roi de Sicile et de Jérusalem, de l'Ordre des Frères Mineurs, célèbre par la sainteté de sa vie et ses miracles, dont le corps fut porté de là à Marseille, et bientôt après à Valence, où il est honoré avec une grande vénération dans l'église métropolitaine. 1297. — Le même jour, l'Octave de sainte Claire, vierge [2]. 1308. — Le samedi avant le dimanche qui suit l'octave de l'Assomption de la bienheureuse Vierge Marie, la fête du Sacré Cœur de la bienheureuse Vierge Marie.

Martyrologe de l'Ordre des Frères Mineurs. — A Brignoles, dans la Provence, saint Louis, évêque, etc.

Martyrologe des Mineurs Capucins de Saint-François. — A Brignoles, en Provence, saint Louis, etc.

Martyrologe de l'Ordre de la Bienheureuse Vierge Marie du Mont-Carmel. — Saint Camille de Lellis, dont la fête est le 18 de juillet [3]. 1614.

Martyrologe des Ermites de Saint-Augustin. — A Cracovie, en Pologne, saint Hyacinthe, confesseur, de l'Ordre des Frères Prêcheurs, mis au rang des Saints par Clément VIII. Son décès est marqué le 16 de ce mois [4]. 1257.

ADDITIONS FAITES D'APRÈS LES BOLLANDISTES ET AUTRES HAGIOGRAPHES.

Près de Nuremberg, en Bavière, saint Sébald, solitaire, dont on ne sait rien de certain, sinon qu'avant la prétendue Réforme il était en grande vénération parmi les habitants de Nuremberg qui le regardaient comme un des premiers apôtres de cette contrée. L'église Saint-Sébald de Nuremberg est fort célèbre, et le tombeau du Saint, que l'artiste Pierre Fleischer a représenté en bronze, pèse, dit-on, 137 quintaux. Il existe une messe particulière en l'honneur de saint Sébald, approuvée par le pape Martin V. VIIIe s. — Près de Monte-Corvo, en Portugal, dédicace de Notre-Dame de Jérusalem, église bâtie à l'imitation de celle de Jérusalem, et dont on dit que la sainte Vierge donna elle-même le plan. — A Amasée, aujourd'hui Amasieh, ville de la Turquie d'Asie, dans le pachalik de Sivas, les saints martyrs Filion, Rufin, Léonce, Théodole, Cyrille, Zélat, Timothée, Gaddas ou Gadde, Romole et Sylve, cités par saint Jérôme. — Chez les Grecs, saint Eutychien, soldat, et saint Stratège, martyrs, qui périrent dans les flammes — Au monastère de Saint-Pierre de Besalve (*Monasterium S. Petri Besaluensis*), diocèse de Girone, en Catalogne, saint Marin, évêque et confesseur. — A Arezzo, ville de Toscane, saint Satyre, évêque et martyr, et ses compagnons, dont les corps reposent dans l'église cathédrale. Vers le milieu du IVe s. — En Angleterre, saint Clinctance ou Clitanbe, roi et martyr. Une jeune personne, recherchée en mariage par des seigneurs du pays, répondit à leurs instances qu'elle n'épouserait que le très-pieux roi Clinctance. Déçus dans leur attente, les seigneurs résolurent de se défaire d'un compétiteur importun. Ils se cachèrent donc dans une forêt que devait traverser le roi dans une partie de chasse, et le massacrèrent. Une église fut construite sur le lieu de son martyre. Vers le Ve s. — En Irlande, saint Moctée ou Mochtée, évêque de Lugmad et confesseur, natif de la Grande-Bretagne. On raconte qu'un ange lui enseigna les premiers éléments des sciences, qu'il alla perfectionner ses études à Rome où il fut consacré évêque, qu'il revint ensuite en Irlande avec douze compagnons qui jetèrent avec lui les fondements d'un monastère. Cette maison devint fort célèbre · Moctée y réunit un nombre considérable de religieux et leur donna lui-même une Règle. Notre Saint parvint à une très-grande vieillesse : quelques hagiographes lui donnent trois cents ans d'existence. les Bollandistes pensent qu'il faut la réduire à deux cents années dues aux exercices de la plus austère mortification. Vers 535. — A Bobbio, ville du royaume d'Italie, sur la Trebbia, saint Bertulfe ou Bertoul, nommé au martyrologe de France de ce jour. — Dans la Marche d'Ancône, le bienheureux Pierre de Gualdo, solitaire, du Tiers Ordre de Saint-François. 1367.

---

1. Le bienheureux Ange prit, à l'âge de vingt-quatre ans, l'habit de Camaldule au monastère de Saint-Sauveur. Il y passa quelque temps en qualité de frère convers ; puis il obtint de son prieur la permission de vivre dans la solitude. Il choisit pour retraite une caverne peu éloignée de la forêt de ce monastère ; et là il s'adonna à tout ce qu'une vive ardeur pour la pénitence pouvait lui inspirer de plus rigoureux. Son oraison était continuelle ; et comme il ne laissait pas de vivre sous la dépendance de son supérieur, il se rendait à des heures fixes au monastère pour assister à l'office divin. Ses austérités lui causèrent une grave maladie dont il supporta les douleurs avec une patience admirable. S'étant mis à genoux devant un crucifix, le seul trésor qu'il possédait dans son ermitage, il mourut paisiblement dans cette posture le 19 août 1313, jour auquel son Ordre célèbre sa fête. Son culte a été approuvé par le pape Grégoire XVI, le 24 juillet 1845.

2. Voir sa vie au 18 août. — 3. Voir sa vie au 18 juillet. — 4. Voir sa vie à ce jour.

SAINT CALMINIUS OU CALMINE,

DUC D'AQUITAINE ET ERMITE,

FONDATEUR DE L'ABBAYE DE SAINT-CHAFFRE, AU DIOCÈSE DU PUY

VIe siècle.

> Fuyez le monde, il n'enfante que ténèbres ; cherchez la lumière dans la solitude, la vraie lumière brille au désert. — *Saint Pierre Damien.*

Saint Calminius ou Calmelius, vulgairement saint Calmine, patron de l'église de la Guène, près de Tulle, en Bas-Limousin, sortait d'une famille sénatoriale d'Auvergne. Son père et sa mère, qui savaient que de la bonne ou de la mauvaise éducation qu'on a reçue dans la jeunesse, dépend presque toute la suite de la vie, ne manquèrent pas de lui donner d'excellents maîtres, qui lui inspirèrent à la fois, et le goût des belles-lettres et celui de la vertu. Il perdit trop tôt des parents si religieux : toutefois il n'oublia jamais leurs salutaires instructions, ni leurs bons exemples, encore plus efficaces que leurs instructions. Aussi fit-il, quoique fort jeune, un excellent usage des biens très-considérables dont leur mort l'avait mis en possession. Il les employa bien moins à satisfaire ses goûts, ou ses besoins particuliers, qu'à procurer la gloire de Dieu, de qui il les tenait, et à subvenir aux besoins des pauvres, pour qui il pensait les avoir reçus. Ainsi passa-t-il non-seulement dans l'innocence, mais dans la pratique de toutes sortes de vertus et de bonnes œuvres, l'âge le plus critique de la vie, qui devient presque toujours l'écueil d'une jeunesse imprévoyante et inconsidérée. C'était un heureux présage pour la suite de sa vie : aussi, à peine fut-il parvenu à la maturité de l'âge, qu'il fut fait, non par droit de succession, mais par le choix libre, et motivé sur son mérite, d'un de nos Rois de la première race, duc ou gouverneur d'une partie considérable de l'Aquitaine, c'est-à-dire, à ce qu'il paraît, de l'Auvergne et du Velay. Il fixa dès lors sa résidence à Clermont, capitale de la première de ces provinces, et donna à cette ville, ou plutôt à la France entière, l'exemple si rare d'un gouverneur uniquement occupé du bien des peuples auxquels il est préposé; d'un homme plein de religion et de zèle pour la gloire de Dieu; enfin d'un riche extrèmement sensible à la misère des indigents, et n'omettant rien pour la soulager. Calminius, en effet, fut dès lors, comme autrefois le saint homme Job, l'œil de l'aveugle, le pied du boiteux, le père des pauvres, le soutien de la veuve et de l'orphelin. Très-éloigné d'attacher son cœur à ses richesses, et de s'en rendre l'esclave, il en usait au contraire en maître sage et avisé, qui sait les dispenser à propos, à tous ceux qui en ont besoin, et les faire tourner à sa propre sanctification.

Cependant, malgré tant de vertus et de bonnes œuvres, ce saint homme trouvait qu'il ne faisait pas assez pour Dieu. Son cœur n'était pas pleinement satisfait, et il aspirait en secret à une vie plus retirée et plus parfaite. Enfin, l'attrait pour la solitude, et l'inspiration du Saint-Esprit, croissant de jour en jour, il n'hésita plus à quitter son pays et ses proches, pour se retirer au désert. Le bréviaire manuscrit de la Guène, qui nous apprend ce fait dans l'office de saint Calminius, n'exprime pas le nom de ce désert; mais la tradition commune des habitants de cette paroisse, qui avait autrefois le titre de ville, et des peuples d'alentour, tradition qui doit d'autant moins être méprisée qu'elle est fondée sur des monuments qui subsistaient encore avant la Révolution, cette tradition, disons-nous, nous apprend que notre Saint vint mener la vie érémitique dans une grotte fort retirée et peu spacieuse, creusée, du côté du levant, au milieu d'une montagne stérile et escarpée, qui se trouve sur la route de Tulle à la Guène, à peu près à égale distance de l'une et de l'autre, et dont le pied est arrosé, de tous côtés, par la Valouse et la Montane, deux petits ruisseaux qui vont se jeter, assez près de là, dans la Corrèze. Cette grotte porte encore aujourd'hui le nom de Saint-Calmine; et l'on y voyait autrefois l'image de ce grand serviteur de Dieu, en habit d'ermite. Au devant était une chapelle où l'on disait la messe, surtout le jour de sa fête, auquel on se rendait en foule de la Guène et des environs. Cette chapelle avait été bâtie, il y a près de deux cents ans, par M. Melon de Tulle, à qui la montagne appartenait, sur les ruines d'une autre plus ancienne et plus petite, construite dès l'an 1621, par les soins d'un prêtre nommé Léonard Lafon, dit de Vincens, qui en fut nommé chapelain.

Ce fut, selon toutes les apparences, dans cette grotte, qui, au temps de saint Calminius, devait être très-solitaire, et fort éloignée de l'abord des hommes, que notre Saint, qui ne cherchait qu'à se dérober à leurs regards, alla se cacher, ou plutôt s'ensevelir tout vivant, et qu'il commença de mener une vie aussi méritoire et aussi douce à l'homme de la grâce, qu'elle devait paraître dure et pénible à celui de la nature. Nous disons qu'il commença d'y mener la vie érémitique, parce qu'en effet il paraît que, soit pour fuir, par humilité, un pays où la réputation de sa sainteté commençait à se répandre, soit pour obéir à une nouvelle inspiration de la grâce, qui, après l'avoir appliqué tout entier au soin de sa propre sanctification, le disposait de loin, sans qu'il le soupçonnât, à travailler au salut du prochain, il quitta le Bas-Limousin, et se retira dans la province du Velay qu'il connaissait parfaitement, comme en ayant été gouverneur. Là il eut pour compagnon de sa solitude un vénérable et sage vieillard, de qui il voulut sans doute se faire le disciple et apprendre plus parfaitement les secrets de la vie intérieure; et se livrant sans réserve à l'attrait de la grâce, il accomplit à la lettre ce que dit le prophète Jérémie du vrai solitaire, que tenant son âme dans le repos et le silence, il s'élèvera au-dessus de lui-même, par la contemplation assidue et un ardent amour des choses célestes.

Après avoir travaillé à sa propre sanctification, il entreprit de procurer, par de saints établissements, celle de ses frères. Dans cette vue il fonda, au diocèse du Puy, sur un fonds qui lui appartenait, au pied d'une montagne fort élevée, appelée *Monsencius*, et près du lieu nommé *Villars*, un fort beau monastère, qu'il appela *Calminiac*, de son nom [1]. Non content de l'avoir bâti avec une grande magnificence, il en enrichit l'église d'ornements pour

---

1. Dans la suite on le nomma *Saint-Théophrède* (par abréviation *Saint-Théoffre*, et par corruption *Saint-Chaffre*), du nom de son second abbé, venu, comme le premier, du célèbre monastère de Lérins, et mis à mort, en 642 ou 645, par les Gascons, dans une irruption qu'ils firent dans l'Aquitaine : ce qui lui a valu d'être honoré dans l'Église comme Martyr. Ce monastère s'appelait aussi quelquefois *Monestier*. L'abbaye de Saint-Théophrède devint dans la suite une des plus considérables abbayes de France, soit à cause des priviléges qu'elle avait reçus des souverains Pontifes et de nos rois, dont un, Louis le Débonnaire, la fit rebâtir après que les Sarrasins l'eurent pillée et détruite, vers l'an 732; soit à raison de son

le service divin, et de précieuses reliques des Saints, et la fit consacrer sous l'invocation de l'apôtre saint Pierre. Ensuite, tout brûlant de zèle pour la gloire de Dieu et pour le salut des âmes, il parcourut tous les lieux circonvoisins, et attira dans son monastère tout ce qu'il put de serviteurs de Dieu, pour en faire de fervents religieux ; et, afin qu'ils ne fussent pas forcés de rentrer dans le commerce du monde, et dans l'embarras des affaires, il leur donna de grandes possessions pour fournir à tous leurs besoins : il fixa même momentanément son domicile parmi eux, toutefois sans changer d'habit, ni abandonner l'administration de ses biens.

Mais la piété et la ferveur de Calminius prenant chaque jour de nouveaux accroissements dans ce tranquille séjour, à la faveur du recueillement et de la régularité qui y régnaient, il se sentit pressé d'un ardent désir d'aller en pèlerinage à Rome, pour visiter les tombeaux des Apôtres, et surtout celui de l'apôtre saint Pierre, pour qui il eut toute sa vie une dévotion très-particulière. Il est plus facile de conjecturer que d'exprimer tout ce que ressentit une âme si pure et si embrasée d'amour pour Dieu, dans une pareille ville, et à la vue des innombrables monuments religieux qu'elle renferme. A son retour, il visita le monastère de Lérins, et obtint du saint Abbé qui le gouvernait, un certain nombre de fervents religieux pour sa communauté de Calminiac, un entre autres nommé Eudon, qui était destiné à la gouverner en qualité d'Abbé, et qui a mérité d'être mis au nombre des Saints.

Saint Calminius, après avoir joui quelque temps de l'innocente satisfaction de voir prospérer son monastère, résolut de faire ailleurs un bien semblable, et jeta ses vues de préférence sur sa patrie, nous voulons dire sur l'Auvergne, qu'il avait, aussi bien que le Velay, gouvernée en qualité de duc ; car il voulait pourvoir au bien spirituel de ces deux provinces, comme il avait autrefois travaillé à leur félicité temporelle. Pour cet effet, il se retira dans la Basse-Auvergne, qui est la partie de cette province la plus fertile à la fois et la plus agréable, et choisit le bourg de Mauzac à deux lieues de Clermont, et plus proche encore de Riom, pour y établir son second monastère, qu'il fit bâtir noblement et à grands frais. Y ayant rassemblé, comme dans le premier, un nombre considérable de sujets appelés à l'état religieux, il fit venir pour les former à la vie monastique, d'anciens moines qui en avaient longtemps pratiqué les exercices, soit qu'il les tirât de son premier monastère, ou de celui de Saint-Cyrique, vulgairement Saint-Cirgue, qui observait les statuts de Lérins, ou de quelque autre maison religieuse d'Auvergne ; car il y en avait déjà un assez grand nombre dans cette province. Et, pour que rien ne vînt troubler le saint repos de ces enfants du cloître, il leur fit présent de nombreux domaines, et leur assigna d'amples revenus qui les mirent à l'abri du besoin. Il embellit aussi leur église et la pourvut de tout ce qui était nécessaire pour le culte divin, sans négliger pour cela le soin et le soulagement des pauvres, ses anciens amis : faisant ainsi éclater à la fois son zèle pour la gloire de Dieu, et son dévouement au service du prochain, c'est-à-dire cette double charité dans laquelle consiste la plénitude de la loi.

Quoique notre Saint eût tant fait pour son monastère de Mauzac, il lui semblait qu'il manquerait toujours quelque chose à son ouvrage favori, tant qu'il n'enrichirait pas cette maison de reliques des Saints. Il entreprit

---

ancienneté, et de l'abbaye de Saint-Pierre du Puy qu'elle eut sous elle, ainsi qu'un assez grand nombre de prévôtés ou prieurés, répandus en diverses provinces de France, et même en Savoie et dans la Lombardie.

donc une seconde fois le voyage de Rome, pour s'en procurer, et exposa au pape Jean III, qui gouvernait alors l'Eglise universelle, qu'il se proposait de faire dédier le temple de Mauzac en l'honneur du chef des Apôtres. Le Pape, surpris autant qu'édifié du zèle extraordinaire qui avait fait entreprendre à un homme de ce rang, à un simple laïque, un si long et si pénible voyage, par le seul motif d'acquérir de tels trésors, dont le monde d'ordinaire sent peu le prix; et charmé de sa candeur et de sa piété, il lui accorda volontiers des saintes reliques. Muni de ce trésor qu'il estimait mille fois plus que l'or et les pierreries, le Saint revint en France, et passa par l'Agenois, où il avait sans doute quelques possessions. Ayant appris dans la capitale de cette province qu'on y possédait le corps de l'illustre saint Caprais, qui y avait autrefois souffert le martyre pour le nom de Jésus-Christ, il témoigna un si vif désir d'obtenir quelqu'une de ses reliques, que l'on ne put se refuser à ses instances. On lui accorda un bras entier du saint Martyr. Pour lors, au comble de ses vœux, il part en toute hâte pour Mauzac, et y est reçu avec une joie extrême, tant du peuple que des religieux. A sa sollicitation, l'évêque de Clermont consacre la nouvelle église, et dédie le maître-autel sous l'invocation de saint Pierre, et sous celle de saint Caprais[1].

Après de si heureux succès, il ne restait à saint Calminius qu'à se préparer prochainement à la mort qui, vu son âge, ses macérations, et les travaux dont tout le cours de sa vie avait été rempli, ne pouvait être fort éloignée. Aussi fut-ce à cette préparation immédiate qu'il employa le temps qu'il vécut encore. Il ne sortit plus de Mauzac, et se livra tout entier à la prière, à la contemplation et à tous les autres exercices de la piété chrétienne, sollicitant avec instance la grâce de la persévérance finale. Enfin le moment que le Seigneur avait marqué de toute éternité, pour décerner à son serviteur la couronne de justice, étant arrivé, il tomba dangereusement malade, et, bientôt réduit à l'extrémité, il mourut le 19 août, plein de mérites et de bonnes œuvres, après avoir reçu les derniers sacrements avec toute la ferveur qu'on pouvait attendre d'un Saint qui en avait tant fait paraître depuis son enfance.

Son corps fut inhumé derrière le maître-autel de Mauzac, où il resta de longues années, pendant lesquelles le Saint fit souvent ressentir à ceux qui l'invoquèrent avec confiance et dévotion, l'effet de son crédit auprès de Dieu.

CULTE ET RELIQUES.

La châsse qui recélait le corps de saint Calminius ayant été brisée et pillée en 1126, pour prévenir les nouveaux outrages auxquels il pouvait être exposé en Auvergne, dans ces temps de guerre, on le transporta tout entier ou en partie, dans la petite ville de la Guène, sur la paroisse de laquelle était la grotte qui avait servi de retraite au Saint, lorsque se donnant à Dieu entièrement, il commença de vivre en ermite. Il paraît aussi qu'on le déposa sous le pavé de l'église, dans une crypte ou espèce de tombeau. Ce qu'il y a de certain, c'est qu'on l'y trouva quarante-six ans après, c'est-à-dire en 1172, comme il conste par l'inscription suivante, écrite sur du parchemin, et gardée dans la châsse de saint Calminius, qui est à côté du maître-autel de l'église de la Guène : « Ici est le corps du bienheureux Calminius, confesseur, qui fut trouvé dans son

---

1. Le monastère de Mauzac ayant été ruiné dans le VIIIe siècle, et ses biens pillés ou envahis par suite de la guerre de Pépin le Bref contre Vaïfre, duc d'Aquitaine, ce grand prince le rétablit, et lui rendit ses possessions, auxquelles même il en ajouta de nouvelles, de sa propre libéralité, en considération de saint Austremoine, apôtre d'Auvergne, dont il avait fait transférer le corps, en sa présence, du monastère de Volvic à celui de Mauzac qui en était peu éloigné. Le monastère de Mauzac fut donné dans la suite aux moines de Cluny.

tombeau, lequel est au-dessous de l'église de la Guène, auprès du grand-autel, l'an de l'Incarnation de N.-S. J.-C. 1172 ».

Deux cent quatre-vingt-dix ans après l'invention de son corps que nous venons de rapporter, la crypte où on l'avait remis ayant eu besoin d'être réparée, on en tira de nouveau ce précieux dépôt, et on l'y replaça presque aussitôt, avec beaucoup de pompe et de solennité. Dans la suite on fit faire une assez belle châsse, couverte de cuivre doré, dans laquelle on renferma les reliques du Saint, et on la plaça honorablement derrière le maître-autel. C'était de là qu'on la descendait autrefois, dans les temps d'extrême sécheresse, pour la porter processionnellement à une fontaine appelée de *Saint-Calmine*, laquelle n'est pas fort éloignée de la grotte du Saint, et dans laquelle on plongeait ladite châsse : ce qui attirait un grand concours de peuple qui priait avec ferveur, et réussissait parfois à fléchir la colère du ciel et à obtenir de la pluie. Depuis, on a jugé à propos de l'en ôter, et on l'a mise au côté droit du même autel, vis-à-vis une châsse qui contient d'autres reliques, laquelle se trouve du côté de l'Evangile.

Extrait des *Saints du Limousin*, par Labiche de Reignefort.

SAINT DONAT D'ORLÉANS,

PRÊTRE ET SOLITAIRE AUX ENVIRONS DE SISTERON.

522. — Pape : Hormisdas. — Roi de France : Childebert Ier.

Ama solitudinem, fuge multitudinem, ne comprehendaris in verbo, ne confundaris in facto.
Aimez la solitude et fuyez le contact des hommes, de peur de pécher en paroles ou en action.
Saint Augustin.

Saint Donat naquit à Orléans, vers la fin du ve siècle. Son intelligence fut si précoce, que, à peine âgé de trois ans, ses parents lui donnèrent un maître pour l'initier aux sciences humaines. Il sut bientôt le psautier par cœur, et, à douze ans, il aurait pu, disent les légendaires, réciter la Bible en entier, tant sa mémoire était prodigieuse.

Cette vive inclination, cette merveilleuse facilité pour l'étude, jointes à l'amour de la vertu, développèrent rapidement en lui les germes féconds de la sainteté et de la science. L'évêque d'Orléans, frappé des dispositions étonnantes du jeune Donat et plus encore de la douceur de son caractère qui lui avait fait donner le surnom d'*Enfant de Dieu*, le plaça parmi ses clercs, puis, en considération de son rare mérite, il lui conféra, avant l'âge, le diaconat, et peu de temps après l'ordre de la prêtrise. Le saint jeune homme se montra digne, par sa maturité, de la haute confiance que lui accordait alors son évêque ; mais, tandis qu'il se livrait aux fonctions du sacré ministère avec ce zèle et cet élan que la charité sacerdotale met au cœur du saint prêtre, il entendit au fond de son âme la voix du Seigneur, qui lui disait, comme autrefois à Abraham : « Sortez de votre patrie, quittez votre famille, et passez dans la terre que je vous montrerai ».

Donat crut à cette parole, et, après être allé prier sur le tombeau glorieux de saint Martin de Tours, fortifié dans son héroïque résolution, il s'arrache aux embrassements de sa famille, à la paternelle affection de son évêque, dit adieu à la ville d'Orléans, et va sans inquiétude et sans crainte à la recherche de cette autre patrie que le doigt de Dieu lui indiquera ; magnifique exemple de l'abandon total entre les mains de la Providence d'une âme qui poursuit le royaume des cieux à travers les larmes d'une tendre mère et les étreintes d'un père affligé.

Donat, appelé au désert, en prit le chemin, et, s'enfonçant dans les forêts immenses qui couvraient le pays, il parvint jusqu'à la montagne de *Lure*. Le jeune solitaire avait trouvé sa Thébaïde : c'était un site sauvage, entouré de bois épais, où nul bruit humain ne pouvait interrompre le recueillement de l'âme contemplative. Heureux et plein de reconnaissance, il prend possession, au nom de son Dieu, de cette profonde solitude et y dresse sa tente. Mais l'isolement n'épargne pas à l'homme les tentations et les épreuves : c'est même lorsqu'il se trouve seul qu'il est exposé aux combats les plus terribles. Le démon l'apprit bien vite à Donat ; à peine avait-il fixé ses pas au milieu de ce désert, qu'un dragon, d'une prodigieuse grandeur, s'avance, poussant des sifflements horribles et vomissant des tourbillons de fumée ; autour de lui se dressent une multitude innombrable d'énormes serpents, de hideux reptiles ; la forêt entière semble se mouvoir. En présence de cet étrange spectacle, le nouvel Antoine demeure calme, se prosterne, élève ses prières vers Dieu, implore l'assistance du ciel contre les puissances de l'enfer, et l'ange des ténèbres, vaincu par la simplicité de la foi du pieux solitaire, cesse de l'épouvanter ; les sinistres fantômes qui l'obsédaient tout à l'heure s'évanouissent, et il peut en paix goûter le calme et le repos de sa mystérieuse retraite dans l'antre même du monstre dont il fit sa cellule.

Donat partageait son temps entre la psalmodie, la lecture, la contemplation, et les actes d'une rigoureuse pénitence ; il avait pour lit la terre nue ; pour vêtement, un rude cilice ; pour apaiser sa faim, les fruits sauvages, et pour étancher sa soif, l'eau du torrent ; aussi la bonne odeur de cette vie et des vertus du Saint se répandit bientôt au loin, comme le doux parfum des humbles plantes des montagnes.

Mais la voix qui avait appelé le jeune prêtre dans le désert allait pour quelque temps le rejeter au milieu des fatigues et des périls du ministère apostolique ; elle se fit entendre, lui prescrivant de quitter les joies de sa chère solitude et de voler au secours des brebis perdues de la maison d'Israël. Il ne sait qu'obéir : il sort donc de sa retraite ; il se montre avec cet extérieur recueilli et mortifié qui' impressionne et il communique au dehors le feu céleste qui le consume. Une abondante moisson s'offrait à son zèle. Les populations des contrées voisines étaient, quelques-unes ensevelies encore dans les ténèbres de l'idolâtrie, d'autres chrétiennes de nom seulement et tombées dans un matérialisme abject ou une mortelle indifférence. Le jeune Apôtre se met à l'œuvre : avec une douce et mâle éloquence qui porte dans les cœurs la conviction, le repentir et l'amour, il prêche la vérité de la croix, le mensonge de l'idolâtrie, les miséricordes du Sauveur, les mystères de sa douloureuse passion, ses plaies sacrées, ses bras étendus, ses pieds ensanglantés, sa tête couronnée d'épines, son cœur percé ; il rappelle la beauté de la vertu, la brièveté des plaisirs, l'éternité de la gloire céleste, et il parle avec une onction si pénétrante, Dieu donne tant de vertu aux efforts de son zèle, que les restes de l'idolâtrie disparaissent, et que la vigueur du christianisme refleurit sur une terre aride et désolée. Ces conversions éclatantes excitèrent la haine de Celse, proconsul des Alpes maritimes, qui, indigné des pertes qu'avait essuyées le culte des idoles à la suite des prédications de Donat, le fit battre de verges, et lui défendit, sous peine de mort, de sortir jamais plus de son désert.

Heureux d'avoir pu souffrir persécution pour le nom de Jésus-Christ, notre Saint reprit le chemin de sa solitude. Mais à peine y fut-il rentré, que la fille de Celse perdit subitement la vue. Dans ses cruelles souffrances, elle appelait sans cesse Donat à son secours, soit à cause du bruit de ses miracles, soit qu'elle fût inspirée de Dieu. Celse, qui aimait sa fille, fit chercher le saint solitaire et le fit chercher longtemps sans résultat, lorsqu'un paysan, courant après un bœuf qui s'était égaré, aperçut Donat au fond de sa grotte, chantant les louanges de Dieu. Il s'empresse d'en donner avis à Celse. Le sénateur partit sur-le-champ, accompagné de la mère de la jeune aveugle. Ils employèrent en leur faveur plusieurs personnes de distinction, entre autres l'évêque de Sisteron, pour les réconcilier avec celui qu'ils croyaient irrité contre eux. Ce prélat se laissa persuader. Il alla voir le pieux solitaire et le pria d'intercéder auprès de Dieu pour la guérison de cette fille et le salut de toute la famille de Celse.

Donat reçut ces ordres avec joie ; il suivit Celse jusqu'en sa maison ; il rendit la vue à la jeune fille et opéra la conversion de toute cette famille. La nouvelle s'en répandit bientôt et la foi s'accrut dans les âmes. Ce miracle fut cause qu'une multitude de malades se pressa autour de lui ; tous y trouvèrent leur parfaite et entière guérison.

Enfin, à force d'instances, Donat obtint de l'évêque de Sisteron la liberté de rentrer dans son ermitage. Seul dans sa profonde retraite, le pieux ermite ne put pendant longtemps joindre à la prière le sacrifice ; personne n'était là pour l'aider à monter au saint autel et à offrir l'hostie de louanges ; il souffrait cruellement d'être ainsi privé de cette immense consolation du prêtre, lorsqu'un jeune homme d'Embrun, nommé Florent, vint se mettre sous sa conduite. Florent avait ouï parler du saint anachorète ; épris de ses vertus, de sa vie cachée et pénitente, il voulut s'attacher à ses pas et vivre avec lui au désert. Il monte donc à cheval, et telle était, nous dit la tradition populaire, l'ardeur qui l'emportait vers saint Donat, qu'il parcourut en quatre heures l'espace de quinze lieues qui séparent Embrun de la montagne de Lure. Il se jette aux pieds du solitaire, lui fait part de ses pieux désirs, le conjure de le recevoir et de lui permettre de construire une cellule auprès de la sienne. Le saint Confesseur l'écoute avec admiration, le relève avec bonté, l'embrasse avec tendresse, et, ayant éprouvé pendant quelque temps sa vocation qui sut résister à l'inconstance de la jeunesse et à la fougue des passions, si violentes à cet âge, il le regarda dès lors comme son fils.

Mais le père de Florent s'était mis à sa poursuite. Après bien des recherches, il arrive enfin dans l'ermitage du solitaire. Prières, menaces, promesses, tout fut employé pour toucher le cœur du jeune novice, et tout fut inutile. La grâce triompha de la nature, et le père attendri n'insista pas davantage. Donat, assuré plus que jamais de la droiture et de la ferveur de son disciple, lui permit de vivre d'une vie plus intime encore avec lui. Florent méritait bien cette sainte affection. Il assistait Donat à l'autel avec un recueillement extatique, priait avec lui, travaillait à ses côtés, et apprenait, en le voyant et en l'écoutant, à servir Dieu dans la simplicité d'un cœur parfait.

Tout près de leur solitude, Donat et Florent avaient choisi une terre propice et y avaient planté une petite vigne ; ils la cultivaient avec soin pour l'usage du sacrifice ; au temps de la maturité, ils en pressaient religieusement le raisin et conservaient, comme chose sainte, ce vin qui devait, chaque jour, être changé au sang de Jésus-Christ.

Cependant la vie angélique de Donat devait, une fois encore, édifier les hommes. Saint Gallican Ier, alors archevêque d'Embrun, l'appela de la solitude, dans sa ville épiscopale, et le pieux ermite, enfant d'obéissance, s'empressa à la voix de son supérieur et de son père, se rendit auprès de lui à Embrun et y demeura quelque temps. Il y fut assiégé des respects et de la vénération du peuple. La réputation de sa sainteté se répandit au loin, et l'éclat de ses prodiges lui acquit une telle confiance, que, après sa mort, on bâtit en son honneur, dans cette ville, une église qui porte son nom, comme le désert de Lure est appelé encore la *Combe-de-Saint-Donat*.

Notre Saint retourna ensuite dans sa chère solitude. Ce fut là que, déjà en possession de l'objet de son amour, il s'endormit en Dieu, du sommeil de paix, qui est pour le juste le terme de ses misères et le commencement de l'éternel bonheur. On entendit aussitôt les doux concerts des Anges, accompagnant de leurs joyeuses mélodies cette âme bienheureuse qui s'envolait vers les cieux. C'était le 16 août de l'année 522.

Il fut enseveli dans le lieu même où il venait de terminer son innocente vie ; ainsi l'antre qu'avait habité Donat lui servit de sépulcre ; telle était alors la coutume d'inhumer les solitaires.

Un monastère fut construit peu de temps après, proche de la cellule de Donat, convertie en une chapelle ; et les louanges de Dieu ne cessèrent de retentir dans ces lieux sauvages.

Plus tard, le corps de saint Donat fut transporté à Sisteron, d'où une partie de ces précieuses reliques fut distribuée à l'Eglise d'Avignon, qui, dès lors, célébra la fête de saint Donat sous le rit double majeur ; une autre partie fut cédée à l'église paroissiale de Saint-Donat d'Embrun, où l'on n'a pas cessé, jusqu'à ce jour, de célébrer la fête du Saint, le 18 août ; plusieurs autres parcelles furent aussi accordées à d'autres églises de Provence.

Extrait de l'*Histoire hagiologique du diocèse de Gap*, par Mgr Depéry.

SAINT BERTULFE OU BERTOUL [1],

MOINE DE LUXEUIL ET TROISIÈME ABBÉ DE BOBBIO, EN ITALIE.

640. — Papes : Séverin et Jean IV. — Roi d'Austrasie : Sigebert II. — Roi des Lombards : Rotharis.

> Il ne faut jamais prendre exemple sur les méchants, même dans les choses du siècle ; le mobile des vertus est toujours du côté des bons.
> *Saint Jérôme.*

Saint Bertulfe était issu d'une noble famille austrasienne, et parent de saint Arnould, évêque de Metz et trisaïeul de Charlemagne. Il avait eu le malheur de naître dans le paganisme ; mais, voyant son illustre parent et ami, saint Arnould, renoncer au monde et à une position brillante, pour embrasser le sacerdoce, il se sentit animé du désir de l'imiter. Il est probable que ce fut aux soins de ce prélat qu'il dut sa conversion. Depuis

---

1. Ce nom, suivant les pays et les époques, a encore été orthographié : Bertou, Berton, Berthou, Berthoud, Berchtold, Bertand.

longtemps déjà Arnould songeait à abdiquer sa charge épiscopale, afin de chercher Dieu plus librement dans la solitude. Il était cependant encore évêque, quand Bertulfe alla le trouver. Son exemple, ses instructions, les austérités qu'il pratiquait sous l'habit épiscopal, achevèrent dans l'âme de son élève l'œuvre que la grâce avait commencée. Bertulfe n'hésita plus : le peu de temps qu'il avait passé chez le saint évêque de Metz avait suffi pour le détacher de tous les biens terrestres, et lui inspirer la résolution de renoncer à tout pour suivre Jésus-Christ. Cédant donc à ce saint élan de ferveur qui, à cette époque, transportait souvent les nouveaux convertis, sans transition, sans intermédiaire, jusqu'au sommet de la perfection, il abandonna son père, sa patrie, ses biens, l'espoir des honneurs et des dignités, pour s'attacher au Dieu qui se révélait à lui. Saint Arnould ne pouvant encore, en ce moment, quitter sa charge, Bertulfe ne l'attendit pas, et partit pour la solitude.

Son choix s'était fixé sur Luxeuil, où les enfants des nobles familles venaient à l'envi puiser la science et la vertu. Saint Eustaise en était alors abbé. Il reçut à bras ouverts le nouveau disciple que la Providence lui envoyait, et lui donna, après les épreuves suffisantes, l'habit monastique. Bertulfe se montra bientôt digne de sa vocation. Ses qualités naturelles et ses vertus le rendirent cher à tous. Il fit de si grands et de si rapides progrès dans la perfection, qu'il prit un rang distingué parmi les membres de cette florissante école, la plus justement célèbre qu'il y eût alors dans les Gaules.

En effet, saint Attale étant venu de Bobbio à Luxeuil, et ayant demandé à saint Eustaise quelques-uns de ses moines, à charge de lui donner en retour quelques-uns des siens, l'abbé de Luxeuil ne crut pouvoir faire à son ami un meilleur présent qu'en lui cédant Bertulfe. Ces sortes d'échanges devenaient entre les communautés comme un lien d'amitié. Et il fallait tout l'amour que saint Eustaise portait à son ami Attale pour le décider à se défaire, en sa faveur, d'un religieux qui, depuis plusieurs années, était, au sein de son monastère, un modèle vivant de toutes les vertus. Bertulfe acquiesça par obéissance, et suivit l'abbé Attale à Bobbio, peu avant l'année 625. Le dessein de la Providence, dans cet événement, ne tarda pas à se manifester : car, Attale étant mort quelque temps après, Bertulfe fut désigné tout d'une voix pour lui succéder.

Il sut se montrer à la hauteur de sa dignité. Fidèle imitateur de son maître Eustaise, il ne négligea rien pour maintenir la bonne discipline, et soutenir l'œuvre de ses deux illustres prédécesseurs, Colomban et Attale. Il eut même à défendre au dehors les droits du monastère, et voici à quelle occasion. L'évêque de Tortone, Provus [1], prétendait avoir juridiction sur l'abbaye de Bobbio, et employait tous les moyens pour faire valoir ses droits. Il chercha d'abord à gagner par des présents les évêques voisins et les seigneurs de la cour d'Ariowald, roi des Lombards. Il recourut ensuite au prince lui-même. Mais celui-ci répondit sagement que c'était à l'autorité ecclésiastique, et non à l'autorité royale, de décider si les monastères placés à une grande distance des villes étaient ou non dépendants des évêques. Un des seigneurs fit savoir en secret à Bertulfe ce qui se tramait contre lui. Le saint députa à son tour des envoyés pour demander justice au roi. Ariowald, quoique à demi barbare et entaché d'arianisme, déclare de nouveau que c'est à un concile, et non à lui, de connaître de

---

1. Pinus, Penus ou Proculus, selon d'autres. *(Italia sacra, t. IV.)*

pareilles affaires. Et comme les députés lui demandent s'il soutient leurs adversaires, il répond qu'il ne prêtera jamais son appui à ceux qui suscitent des querelles aux serviteurs de Dieu. Bien plus, les députés l'ayant prié de leur procurer les moyens d'aller à Rome, il mit le plus grand empressement à seconder leurs désirs.

Bertulfe se rendit donc dans cette capitale du monde catholique, vers laquelle, depuis l'origine, tous les regards se tournaient comme vers la maîtresse des Eglises. Le pape Honorius Ier occupait alors le Saint-Siége. C'était, au rapport du biographe, un pontife instruit, prudent, zélé, remarquable par sa science, sa douceur et son humilité [1]. Il accueillit favorablement l'abbé de Bobbio, s'informa de l'état du monastère avec un tendre intérêt, et fut ravi d'apprendre combien la discipline y était florissante et les vertus monastiques en honneur. Quant au fond de la cause, il jugea qu'il fallait s'en rapporter à la coutume ; mais, sur les explications de Bertulfe, il lui délivra, le 11 janvier 628, une lettre par laquelle le monastère de Bobbio était déclaré exempt de toute juridiction épiscopale. Il garda encore quelque temps le saint près de lui, trouvant un charme particulier dans ses entretiens. Il lui recommanda de tenir ferme dans la voie où il était entré, et surtout de combattre, par tous les moyens possibles, la funeste hérésie arienne, qui infectait alors l'Italie. Heureux de rencontrer un homme à qui ouvrir son cœur, Honorius ne se sépara de Bertulfe qu'à regret.

En revenant au monastère, le saint fut saisi d'une fièvre brûlante, causée par l'excessive chaleur qui régnait cette année-là. Le mal était si violent qu'on craignit pour ses jours. On était dans les Apennins, dans un lieu sauvage ; il fallut dresser une tente pour abriter le malade contre un soleil ardent. Mais la veille de la fête de saint Pierre et de saint Paul, quand tous les compagnons de Bertulfe étaient dans la plus grande anxiété, saint Pierre lui apparut et lui dit : « Levez-vous, et allez rejoindre vos frères ». — « Qui êtes-vous ? » demande le saint étonné. — « Je suis l'apôtre Pierre, dont le monde entier célèbre demain la fête ». Bertulfe, ému, appelle Jonas, celui même qui a écrit sa vie, et lui demande l'explication de ce qui vient de se passer. Mais le moine, bien qu'il fût alors dans la tente, n'avait rien vu ni entendu. Les questions dont il pressa son père spirituel obligèrent celui-ci à révéler un miracle que son humilité aurait voulu cacher.

Bertulfe, rendu à son monastère, continua à y maintenir l'intégrité de la règle et la pratique des vertus, dont il était lui-même le modèle. Le Seigneur le favorisa du don des miracles. Etant un jour à Turin, et sortant de l'office de Prime, il rencontra un démoniaque nommé Victorinus, qu'il guérit sur-le-champ. Une autre fois, il délivra un enfant, aussi possédé du démon. Un homme, atteint d'une lèpre horrible, vint le trouver avec confiance ; le saint pria et jeûna deux jours ; puis, versant de l'huile sur ses membres, déjà putréfiés, il leur rendit aussitôt la vie et la santé. Un autre jour, un moine nommé Bandachaire, envoyé avec trente autres pour protéger une vigne contre les bêtes sauvages, et n'ayant pour tout aliment qu'un morceau de pain, obtint, par les prières du saint, un oiseau qui suffit miraculeusement à rassasier tout le monde.

L'histoire ne donne point d'autres détails sur la vie de saint Bertulfe. Il mourut en 640, trois jours après saint Arnould, son parent et son premier

---

[1]. Erat Honorius... sagax animo, vigens consilio, doctrina clarens, dulcedine et humilitate pollens. (Vita S. Bert., vi.)

maître. Son corps fut réuni à ceux de saint Colomban et de saint Attale, et ces trois restèrent inséparablement unis. Le culte de saint Bertulfe remonte à la plus haute antiquité. La plupart des martyrologes lui décernent le titre de saint.

<small>Extrait de la *Vie des Saints de Franche-Comté*.</small>

SAINT LOUIS, ÉVÊQUE DE TOULOUSE,

DE L'ORDRE DES FRÈRES MINEURS.

1297. — Pape : Boniface VIII. — Roi de France : Philippe IV, *le Bel.*

> Jésus-Christ est mon royaume : en le possédant seul j'aurai tout ; si au contraire je ne le possède point, je perds tout. *Maxime du Saint.*

Ce Saint est né dans la pourpre ; mais il n'y est né que pour la mépriser et pour donner un grand exemple aux princes et aux rois du peu d'estime qu'ils doivent avoir pour la naissance et le pouvoir. Il eut pour père Charles II, roi de Naples, de Sicile, de Jérusalem et de Hongrie, et neveu de saint Louis, roi de France ; et pour mère, Marie, fille d'Etienne V, roi de Hongrie. On l'appela Louis, au baptême, à cause du même saint Louis, son grand oncle, qui n'était pas encore canonisé. Cet enfant n'eut jamais rien d'enfant que la faiblesse des membres et la petitesse du corps. On vit reluire en lui, dès ses premières années, un jugement mûr, une piété solide, un mépris généreux des honneurs et des délicatesses qui étaient inséparables de sa condition, et une gravité modeste et honnête qui lui conciliait l'amour et le respect de tout le monde. Le jeu, sur lequel cet âge a tant d'inclination, ne lui inspirait que du dégoût, et souvent il se dérobait de la compagnie des petits seigneurs, qu'on élevait avec lui et qui ne pensaient qu'à se divertir, afin de suivre l'attrait du divin amour qui l'appelait à la retraite et à la solitude. La reine, sa mère, a déposé que, dès l'âge de sept ans, il sortait la nuit de son lit, qu'il trouvait trop doux, afin de se coucher sur le tapis de la chambre ou sur le parquet. Son plus grand plaisir était d'aller aux églises et aux monastères, qui sont comme des écoles du Saint-Esprit, et il y passait avec joie des heures entières, à réciter ses prières et à répandre son cœur en la présence de Dieu.

Dieu l'éprouva de bonne heure par des afflictions qui achevèrent de purifier son cœur. Dès l'âge de treize à quatorze ans, il fut envoyé, avec deux des princes ses frères, en Catalogne, pour y demeurer en ôtage à la place du roi son père, qu'Alphonse III, roi d'Aragon, y détenait prisonnier. Ainsi il fut cause de la liberté de celui de qui il avait reçu la vie. Sa constance fut admirable durant sa prison. Il y demeura sept ans et il y reçut de fort mauvais traitements de ses gardes ; ils le traitaient, non comme un prince, mais comme un captif vulgaire. Cependant rien ne put lasser sa patience, ni tirer de sa bouche un mot de colère et d'emportement. Il s'estimait, au contraire, extrêmement heureux de souffrir quelque chose à l'imitation de Jésus-Christ, son souverain Maître, et il disait souvent, à ses frères et aux gentilshommes qui étaient avec lui, que, selon l'esprit de l'Evangile, l'adversité étant meilleure que la prospérité, ils devaient chérir leur état et se réjouir de ce que Dieu leur donnait le moyen de lui témoigner de l'amour par leurs souffrances. Il augmentait encore les rigueurs de sa captivité par des pénitences volontaires; car il mangeait peu, jeûnait souvent, châtiait son corps jusqu'au sang avec des chaînes de fer, se ceignait les reins très-étroitement d'une corde garnie de plusieurs nœuds; enfin, il ne voulait porter que des chemises grossières pour mater sa chair. Cette austérité l'aida beaucoup à conserver sa chasteté intacte. On lui voyait toujours les yeux baissés; il ne parlait jamais aux femmes sans témoin. Il avait fait de sa chambre un cloître; il y avait avec lui deux religieux de Saint-François d'une sagesse et d'une probité à toute épreuve.

Il profita de ces sept ans de réclusion pour s'adonner à la méditation des choses divines et des mystères de Jésus-Christ, et à tous les autres exercices de piété. Il se confessait presque tous les jours avant d'entendre la messe, afin d'assister à cet auguste sacrifice avec une plus grande pureté de cœur. Il ne manquait jamais de dire tout l'office divin : ce qu'il ne faisait pas avec moins d'attention et de respect, que s'il eût vu Dieu même devant lui. Il récitait aussi chaque jour l'office de la croix, les bras étendus, et quantité d'autres prières en l'honneur de la sainte Vierge, à laquelle il était très-dévot, et de plusieurs Saints. S'il pouvait obtenir un peu de liberté, il l'employait à visiter les pauvres malades et à les secourir dans leurs misères; un jour même, il fit assembler tous les lépreux de Barcelone, pour leur laver les pieds et leur servir à manger : ce qu'il fit avec humilité et une ferveur incroyables. Il s'en trouva un, dont la lèpre paraissait si horrible, qu'elle fit bondir le cœur aux autres princes; mais lui le caressa plus que les autres, et s'appliqua particulièrement à le laver et à le servir. Le lendemain, on le chercha dans la ville, et il fut impossible de le trouver : ce qui fit croire que c'était Notre-Seigneur qui avait pris la forme de lépreux pour recevoir ces bons offices du jeune Louis, son fidèle serviteur. Lorsqu'il donnait un peu de repos à son corps, lassé des fatigues de la journée, il trempait son lit de ses larmes, aimant mieux être purifié par cette eau que par le feu. Ces pratiques de dévotion ne l'empêchèrent pas de s'appliquer sérieusement à l'étude, et, par ce moyen, il se rendit si habile dans la philosophie et dans les saintes lettres, sous la discipline des religieux de Saint-François, que, à la fin de sa captivité, il était capable de discuter les points les plus subtils de la théologie et de prêcher publiquement les vérités les plus hautes du Christianisme.

Dans une grande maladie, il fit vœu d'embrasser l'Ordre des Frères Mineurs, s'il revenait en convalescence. Ce vœu fut cause de sa guérison, et il le ratifia dans la chapelle du château, où il était prisonnier, aussitôt qu'il se vit rétabli en santé. Il fut encore confirmé dans son dessein, lorsque, dans un divertissement à cheval, qu'il prenait par complaisance pour les princes, ses frères, le cheval qu'il avait monté le jeta à terre et se roula trois fois sur lui sans le blesser; cet accident lui fit connaître la misère et l'instabilité de toutes les satisfactions de la terre, et que sa vocation n'était pas pour l'exercice des armes. Enfin, en 1291, les affaires s'accommodèrent entre le roi de Sicile, son père, et le roi d'Aragon, Jacques II, surnommé le Juste, à condition que Blanche, fille du premier et sœur de notre Saint, épouserait ce roi d'Aragon. Le roi de Sicile mena lui-même la princesse, sa fille, en Catalogne, pour l'exécution de ce traité, et délivra, par ce moyen, ses enfants prisonniers. On parla, en même temps, de marier notre Louis avec la princesse Majorque, sœur de l'Aragonais; mais, malgré les instances de son père et de tous les seigneurs des deux cours qui le pressaient de consentir à ce mariage, qui devait cimenter la parfaite réunion des deux Etats, il demeura inébranlable dans la résolution qu'il avait prise de garder perpétuellement la chasteté. Les splendeurs, la royauté n'étaient rien pour lui : « Jésus-Christ », dit-il alors, « est mon royaume : en le possédant seul j'aurai tout; si au contraire je ne le possède point, je perds tout ».

Il voulut exécuter son vœu en entrant chez les Franciscains de Montpellier ; mais on refusa de l'y recevoir dans la crainte de déplaire à sa famille. Louis fut donc obligé de suivre son père et ses frères en Italie. Mais à Rome, il renonça absolument à la couronne de Naples, qui passa ainsi au prince Robert, son cadet; puis, avec la permission de son père, il reçut les Ordres sacrés dans la ville de Naples. Il s'opposa à ce que, dans ses ordinations, on lui fît plus d'honneur qu'aux autres clercs. C'est pourquoi il remercia le Pape, qui voulait lui conférer lui-même l'Ordre de la prêtrise. Quelque temps après le souverain Pontife Boniface VIII le nomma à l'évêché de Toulouse, à la place de Hugues Mascaron, qui venait de décéder à Rome, et lui commanda de l'accepter. Il fallut se soumettre à ce commandement ; mais il fit néanmoins, avant son sacre, le voyage de Rome ; là, il prononça, chez les Frères Mineurs, dans le couvent d'*Ara Cœli*, les vœux qui engagent dans cet Ordre. C'était la veille de Noël de l'an 1296. Pour ménager d'abord les susceptibilités de sa famille et de ses amis, il avait caché l'habit religieux sous l'habit ecclésiastique. Mais il ne put résister longtemps au désir de revêtir publiquement la pauvreté de Jésus-Christ. Le jour de Sainte-Agathe, vêtu d'une mauvaise robe de Frère Mineur et d'une corde, il traversa nu-pieds les rues de Rome, depuis le Capitole jusqu'à l'église Saint-Pierre, où il devait prêcher : la foule le suivait avec respect.

Dès qu'il eut été sacré évêque, il partit pour Toulouse. En passant par Florence, il trouva que les religieux de son Ordre lui avaient préparé une chambre tendue de riches tapisseries, marquées aux armes mi-partie de France et de Sicile : « Qu'est-ce que cela, mes frères », leur dit-il, « est-ce ainsi qu'on loge un pauvre Frère Mineur ? Ne savez-vous pas que j'ai renoncé aux royautés de la terre, et que je n'ai plus d'autre héritage que la Croix de Jésus-Christ? » Il fit donc ôter tout cet appareil mondain pour être logé comme un simple religieux. Un des principaux Pères lui ayant dit qu'il avait extrêmement honoré leur Ordre, en voulant bien y entrer : « Ne parlez pas ainsi, mon frère », répliqua-t-il; « votre Ordre, au contraire, m'a fait beaucoup d'honneur de me donner son habit ».

On lui fit un accueil magnifique à son entrée dans Toulouse ; mais son cœur en était si détaché, qu'il ne le souffrait qu'avec beaucoup de répugnance. Ayant pris connaissance du revenu de son évêché, il n'en employait que la moindre partie pour la subsistance de sa maison, et distribuait libéralement le reste aux églises et aux pauvres. Il en traitait tous les jours vingt-cinq à sa table, qu'il servait les genoux en terre, avec autant de dévotion et d'humilité que s'il eût rendu ces offices à Jésus-Christ lui-même. Sa vigilance pour le salut de son peuple était admirable ; il s'y appliquait sans acception de qui que ce fût, et avec une charité que nulle difficulté ne pouvait arrêter. Passant un jour par une rue de Toulouse, il apprit qu'une pauvre femme malade demandait le sacrement de Pénitence : il descendit à l'heure même de sa mule et lui alla administrer ce Sacrement. Lorsqu'il sortit d'auprès de son lit, ceux qui l'accompagnaient l'avertirent qu'il était tout couvert de vermine : « Ce sont là », leur répondit-il sans s'émouvoir, « les perles des pauvres ».

Un an avant qu'il fut nommé à l'évêché de Toulouse, qui ne fut érigé en archevêché que vingt ans après sa mort, le pape Boniface VIII en avait détaché la ville et le territoire de Pamiers, pour en faire un nouveau diocèse. L'église du monastère des chanoines réguliers fut prise pour servir de cathédrale, et les chanoines y demeurèrent comme auparavant, sous la Règle de Saint-Augustin, pour en composer le chapitre. L'abbé Bernard de Saisset, que le Pape considérait, fut destiné à en être le premier évêque. Mais le roi Philippe le Bel, mécontent de cette érection, s'opposa à l'épiscopat de Bernard, et voulut que Pamiers demeurât sous l'évêque de Toulouse. Le Pape trouva un expédient pour tout concilier; ce fut de nommer au nouvel évêché saint Louis, qu'il avait déjà fait évêque de Toulouse, en lui donnant, sous deux titres différents, les deux diocèses à gouverner, et réservant l'abbé Bernard pour lui succéder dans celui de Pamiers, au cas qu'il lui survécût.

Louis prêchait partout avec un zèle apostolique qui touchait les pécheurs, éclairait les hérétiques et convertissait même les Juifs. Ce zèle le porta à faire divers voyages pour le bien du christianisme et pour la prédication de l'Evangile ; et l'on dit qu'il se rendit pour cela à Paris, en Espagne et en Italie, et qu'il retourna même une fois à Rome. Il y fit un sermon, dans lequel il montra, d'une manière très-persuasive que les prospérités de la terre ne sont que pures vanités, et qu'il ne faut chercher que le bonheur de la vie éternelle. Quoiqu'il fût un grand prélat et un grand prince qui aurait pu hériter des couronnes des Deux-Siciles, il n'était néanmoins, dans toutes ses manières qu'un pauvre frère de l'Ordre des Mineurs. Il en portait l'habit, il en gardait les austérités, il en observait la Règle autant que sa prélature le lui pouvait permettre. Il ne logeait point ailleurs, dans ses voyages, que dans leurs couvents ; il en avait toujours quelques-uns avec lui ; et surtout il en menait un à qui il avait donné la charge de le reprendre de ses défauts sans aucune crainte. Ce bon Père le fit un jour assez librement devant plusieurs personnes, qui le trouvèrent fort mauvais, et s'en fâchèrent contre lui ; mais l'évêque l'excusa, disant que c'était à sa prière qu'il l'avait fait, pour lui faire plaisir, parce qu'il n'y avait rien de plus nuisible que la flatterie, ni rien, au contraire, de plus profitable que la correction faite par des amis.

L'administration de ce saint prélat fut courte, mais très-fructueuse pour le diocèse de Toulouse : il le fournit de bons prêtres et de sages curés pour la conduite des âmes ; il en bannit beaucoup de vices et de dérèglements que les hérétiques y avaient introduits : il y répandit une si agréable odeur de sainteté, que plusieurs prirent la résolution d'embrasser l'étroit sentier de la vertu. Enfin, l'on était si surpris de voir l'héritier de deux beaux royaumes et le successeur de tant de prélats, mépriser tout ce que le monde a d'agréable, que chacun se sentait porté à le fouler aux pieds et à ne plus attacher son cœur qu'à Jésus-Christ. Cependant notre Saint, croyant n'avoir encore rien fait, forma le dessein de renoncer à toute dignité ecclésiastique pour se cacher dans une cellule, où inconnu aux hommes, il pût ne penser qu'à Dieu seul ; mais, tandis qu'il se disposait à aller à Rome, pour faire cette démission entre les mains du Pape, Notre-Seigneur lui révéla que la fin de sa vie était proche, et qu'il aurait bientôt le royaume du ciel pour celui de la terre, qu'il aurait cédé à son frère.

Il n'oublia rien pour se préparer à bien mourir ; il était sans cesse en contemplation et en prières, et entendait avec joie les exhortations des personnes de piété qui l'assistaient : il faisait tous les jours dire la messe dans sa chambre pour participer aux fruits inestimables de ce divin sacrifice. Le jour de l'Assomption de Notre-Dame, on lui apporta le Saint-Sacrement en viatique ; quoique sa maladie l'eût exténué, et qu'il n'eût plus que la peau collée sur les os, il ne laissa pas de sortir de son lit pour aller au-devant de Jésus-Christ, afin de lui rendre l'honneur que toutes les créatures lui doivent. Il le reçut donc à genoux devant l'autel de sa chambre, avec une dévotion qui tirait les larmes des yeux de tous les assistants. Il prédit le jour de sa mort trois jours avant qu'elle arrivât. Le quinzième jour de sa maladie, s'étant un peu haussé sur son lit, et ayant les yeux levés vers le ciel, il répétait souvent cette prière : « Nous vous adorons, Jésus-Christ, et nous vous rendons grâce de ce que vous avez bien voulu racheter le monde par votre sainte croix ». Il disait aussi ce verset du Psaume XXIV° : « Ne vous souvenez point, Seigneur, des péchés de ma jeunesse, ni de ceux que j'ai commis par ignorance ». Enfin, il récitait presque sans cesse la Salutation angélique, et, comme on lui demanda pourquoi il la récitait tant de fois, il répondit : « Je m'en vais mourir, et la bienheureuse Vierge m'assistera ». En achevant ces paroles, il rendit son très-pur esprit à Dieu, le 19 août 1297, à l'âge de vingt-trois ans. Il était alors à Brignoles, en Provence, où plusieurs croient qu'il était né. Son visage, après sa mort, parut aussi beau que durant sa vie, et on l'aurait plutôt pris pour une personne endormie que pour une personne morte. Un religieux vit son âme s'élever dans le ciel en compagnie de plusieurs esprits bienheureux qui chantaient : « C'est ainsi que sont traités ceux qui ont servi Dieu avec innocence et pureté ». On dit aussi qu'il sortit de sa bouche une rose parfaitement vermeille, pour marquer sa chasteté incomparable. Son corps fut porté solennellement aux Cordeliers de Marseille, où il avait ordonné de l'enterrer. Sur le chemin, des rayons de lumière furent vus autour de son cercueil, et les cierges, que le vent éteignit, se rallumèrent d'eux-mêmes par miracle. Quelque temps après, des personnes très-dignes de foi assurèrent l'avoir vu sur le haut du grand autel, revêtu pontificalement et avec un visage resplendissant, marque de sa félicité éternelle.

Il se fit une infinité de miracles à son sépulcre ; Henri Sédulius les a laissés par écrit. Plus de dix morts furent ressuscités, des boiteux et des estropiés recouvrèrent l'usage de leurs membres ; des goutteux perdirent leurs gouttes, des aveugles, des sourds et des muets furent délivrés de leurs incommodités ; des insensés revinrent à leur bon sens ; des personnes qui tombaient du haut mal furent guéries, et toutes sortes d'autres malades reçurent une parfaite santé. Tous ces prodiges portèrent le pape Jean XXII à canoniser notre Saint dès l'année 1317, quelques années seulement après son décès. Surius a transcrit la Bulle de ce Pape, et MM. de Sainte-Marthe, en parlant des évêques de Toulouse, rapportent, après Frison, la lettre qu'il écrivit à la reine de Sicile, mère du nouveau canonisé, pour la congratuler d'avoir donné au monde un fils de si grand mérite.

Le 11 novembre de l'année suivante, on leva son corps du milieu du chœur des Cordeliers de Marseille, pour le mettre dans une châsse d'argent sur le grand autel : ce qui fut fait en présence de Robert, roi de Naples et de Sicile, à qui il avait cédé son droit à la royauté. Enfin, en 1423, Alphonse le Grand, roi d'Aragon et de Naples, après avoir pris Marseille de force, emporta sur sa galère ces précieuses reliques qu'il fit mettre à Valence, en Espagne, où elles sont encore en très-grande vénération.

Le musée de Versailles possède un remarquable portrait de saint Louis de Toulouse. Les ornements de cette peinture sont en relief et rehaussés d'or. On le représente avec une rose à la main, parce que, dit-on, cette fleur sortit de sa bouche après sa mort.

Acta Sanctorum, Baillet, Godescard.

SAINT ÉLAPHE,

DIX-SEPTIÈME ÉVÊQUE DE CHALONS-SUR-MARNE ET CONFESSEUR (587).

Elaphe naquit à Limoges, et eut pour père Léon. Dès son enfance il s'adonna tout entier à la piété. Il observait les lois divines avec une fidélité rare, et se conduisait avec tant de sagesse, qu'on ne remarqua jamais rien dans ses discours et dans ses mœurs qui fût inconvenant, ni qui se ressentît de la jeunesse. Quand il fut monté sur le trône épiscopal de Châlons (572), il se montra un modèle parfait de toutes les vertus, donna l'exemple de toutes les bonnes œuvres, se fit chérir des princes par sa science et sa sainteté. Sa renommée se répandit au loin. Son père étant mort, il était devenu maître de son héritage. Il voulut en faire un saint usage. De concert avec son frère Lumier, déjà diacre, ils dotèrent l'église de Saint-Etienne de Châlons de *quatorze villages* avec tous leurs droits et appartenances. Gilles, archevêque de Reims, souscrivit à cette donation. Embrasé du zèle de la gloire de Dieu et du salut des âmes, Elaphe songea à élever un monument digne de sa ville épiscopale. Il consacra de grosses sommes d'argent à bâtir une cathédrale proche des Sibylles, au lieu où elle est à présent. Mais il ne lui fut pas donné de couronner son œuvre.

Pendant environ quatorze ans qu'Elaphe fut évêque de Châlons, il remplit parfaitement les devoirs de bon pasteur. Il prêchait de paroles et d'exemples, assistait libéralement les pauvres de ses grands biens, allait même chercher les malades pour les soulager dans leurs infirmités, les consolait par de douces paroles et leur administrait les sacrements.

Saint Elaphe fut honoré d'une mission de confiance, mais qui lui devint fatale. La reine Brunehaut l'envoya en Espagne pour avoir des reliques de la vierge sainte Eulalie, et les rapporter en France. Mais une fièvre violente, causée par les fatigues du voyage et par les grandes chaleurs, le surprit en chemin et l'enleva à l'amour de son peuple. Son corps fut rapporté dans sa ville. Son décès est marqué le 19 août de l'an 587.

On l'enterra dans la nef de l'église de Saint-Jean-Baptiste, au côté droit du crucifix. Mais les miracles ayant continué d'attester sa sainteté, on plaça ses reliques dans une belle châsse, que l'on déposa dans l'église de Saint-Pierre, où il fut toujours révéré comme saint. Ce fut Guidon II, cinquante-deuxième évêque, qui en fit la translation l'année 1145. Depuis la destruction de l'abbaye de Saint-Pierre, ces précieuses reliques furent transportées dans l'église du saint précurseur, et c'est encore là maintenant qu'on les présente à la vénération des fidèles.

On célèbre la fête de saint Elaphe le 19 août.

Extrait des *Beautés de l'histoire de la Champagne,* par l'abbé Boitel.

LE BIENHEUREUX GUERRIC DE TOURNAI, ABBÉ D'IGNY,

AU DIOCÈSE DE CHALONS (vers 1157).

Le bienheureux Guerric était de Tournai, ville forte de Belgique, dans le Hainaut ; il devint chanoine et écolâtre de cette ville. Entendant parler de saint Bernard et des merveilles de Clairvaux, il voulut voir par lui-même ce qui en était et partit en 1131 pour se rendre à ce monastère. Son dessein était de retourner ensuite dans sa patrie. Mais la parole de saint Bernard fit sur son cœur un effet merveilleux. Il embrassa la vie monastique et devint l'un des premiers disciples de l'abbé de Clairvaux. Humbert, abbé d'Igny, au diocèse de Châlons, s'étant démis de sa charge, ce fut Guerric qui vint le remplacer en 1138. Le nouvel abbé, à l'exemple de son maître, s'appliqua surtout à instruire ses frères par ses paroles et à les édifier par ses exemples. Il montra une patience admirable dans de longues et cruelles maladies qui vinrent l'assaillir. Quand il sentit sa fin approcher, il se fit apporter un recueil d'homélies qu'il avait composées et le mit au feu. Il craignait de transgresser la règle qui défend de rien publier sans l'assentiment du conseil général. Mais ses disciples en avaient des copies, et ces copies ont été imprimées et ont prouvé le talent du bienheureux Guerric. Ses œuvres offrent une morale solide, des pensées souvent neuves et des traits sublimes. Le bienheureux Guerric mourut le 19 août 1157.

Ses *Sermons* ont eu plusieurs éditions. Jean de Gaigny, chancelier de l'Eglise et de l'Université de Paris, donna, par ordre de François Ier, une de ces éditions, d'après un exemplaire de l'abbaye de Vaulaisant, sous ce titre : *Divi Guerrici abbatis Igniacensis sermones antiqui, eruditionis et consolationis pleni*, Paris, 1539, in-8° : elle fut reproduite en 1547, et suivie d'une traduction française par le même. Une autre édition de ces *Sermons*, corrigée sur d'anciens manuscrits, parut à Anvers en 1546 ; une troisième fut imprimée à Paris en 1563 ; une quatrième à Lyon en 1630. Le texte de celle d'Anvers a été inséré dans les grandes *Bibliothèques des Pères* de Cologne et de Lyon, et dans la *Bibliothèque des Prédicateurs* du Père Combefis. Trithème attribue au bienheureux Guerric un volume de *Lettres*, Sanderus des *Commentaires sur les Psaumes*, et le Père Lelong un *Commentaire sur saint Matthieu*.

Cf. Continuateurs de Godescard.

XXe JOUR D'AOUT

MARTYROLOGE ROMAIN.

Au diocèse de Langres, le décès de saint BERNARD, premier abbé de Clairvaux, très-illustre par la sainteté de sa vie, par sa science et par ses miracles. Le souverain pontife Pie VIII le déclara Docteur de l'Eglise universelle et lui confirma ce titre. 1153. — En Judée, le saint prophète SAMUEL, dont les ossements sacrés furent transportés, comme le rapporte saint Jérôme, à Constantinople, par les soins de l'empereur Arcadius, et déposés près de l'Hebdome. 1043 av. J.-C. — Le même jour, saint Luce, sénateur, qui, ayant été témoin de la constance de Théodore, évêque de Cyrène, pendant son martyre, se convertit à la foi chrétienne et y attira aussi le président Dignien, avec lequel il passa en Chypre ; voyant là d'autres chrétiens que l'on faisait mourir pour la confession du nom de Jésus-Christ, il se présenta de lui-même, et, ayant été décapité, il gagna aussi la couronne du martyre. IVe s. — En Thrace, trente-sept bienheureux Martyrs, qui, ayant eu les mains et les pieds coupés pour la foi de Jésus-Christ, sous le président Apellien, furent jetés dans une fournaise ardente. — De plus, les saints martyrs Sévère et Memnon, centurion, qui, ayant souffert les mêmes supplices, entrèrent victorieux dans le ciel. — A Cordoue, les saints martyrs Léovigilde et Christophe, moines, qui, durant la persécution des Arabes, ayant été mis en prison pour la défense de la foi chrétienne, puis décapités et jetés au feu, remportèrent la palme du martyre. 852. — A Rome, saint Porphyre, homme de Dieu, qui instruisit dans la foi chrétienne le saint martyr Agapit. IIIe s. — Dans l'île de Noirmoutiers, saint PHILIBERT, abbé. Vers 687. — A Chinon, saint MAXIME ou MAXE, confesseur, disciple de saint Martin, évêque de Tours. Vers 450. — Au mont Senario, dans le diocèse de Florence, le bienheureux Manetto, l'un des sept fondateurs de l'Ordre des Servites, qui expira en récitant des hymnes en l'honneur de la sainte Vierge. 1268.

MARTYROLOGE DE FRANCE, REVU ET AUGMENTÉ.

Aux diocèses d'Autun, Bayeux et Viviers, saint Filibert ou Philibert, premier abbé de Jumièges et de Noirmoutiers, cité au martyrologe romain de ce jour. Vers 687. — Au diocèse de

Saintes, saint Saloine ou Séroine *(Seronius)*, martyr [1]. Vers 250. — A Cahors, saint Amateur ou Amadour, qui paraît être le même que saint Zachée de l'Evangile, et dont nous parlerons au 26 août. — A Rodez, mémoire de saint Léonce Ier, l'Ancien, évêque de Bordeaux et confesseur, dont nous donnerons la vie au 21 août, jour où on l'honore à Bordeaux. — Au Mans, saint HADOUIN, évêque de ce siège et confesseur. 634. — A Villiers, en Brabant, le vénérable Gobert, de l'Ordre de Cîteaux. Issu des comtes d'Apremont, en Lorraine (diocèse de Verdun), il figura dans la guerre contre les Albigeois, accompagna Pierre de Castelnau (1204) et Louis VIII (1219) dans leurs croisades contre ces sectaires, et l'empereur Frédéric II (1228) dans celle qu'il dirigea contre les infidèles de l'Orient. Il tomba malade dans cette dernière expédition. Entré en convalescence, il fit le pèlerinage de Saint-Jacques de Compostelle où il s'affermit dans la résolution de donner ses biens aux pauvres et de devenir religieux. 1263. — Dans l'ancienne abbaye de Lobbes, aux Pays-Bas, et à Worms, ville du grand-duché de Hesse-Darmstadt, le bienheureux Burchard, moine de cette abbaye et archevêque de ce siège. Né dans la Hesse d'une famille riche et puissante, il étudia quelque temps à Coblentz, puis se rendit au monastère de Lobbes qui jouissait alors d'une grande réputation de régularité et de science. Framon, évêque de Worms, étant mort (1006), l'empereur Othon, qui connaissait la vertu et l'érudition de Burchard, le pressa vivement et le força d'accepter ce poste important où il pourrait rendre de grands services à l'Eglise. Le nouveau prélat fit en effet la gloire et le bonheur de son diocèse pendant les vingt années qu'il l'administra. Sa charité envers les pauvres, son esprit de douceur et de modération, ses austérités et ses travaux extraordinaires lui ont acquis une juste réputation de sainteté. Au milieu des sollicitudes et des occupations multipliées du ministère épiscopal, il composa un vaste recueil de *Canons* et de *Décrets* qui suppose dans son auteur une immense lecture et des recherches nombreuses. C'est une théologie morale et judiciaire dans laquelle tout se tient. Tous les Ordres de l'Eglise et de l'Empire y trouvent leurs droits et leurs devoirs, depuis le Pape jusqu'au moindre clerc, depuis l'empereur jusqu'au moindre chef de famille. Ce digne prélat, après une vie laborieuse et sainte, mourut paisiblement dans sa ville épiscopale de Worms. 1026.

MARTYROLOGES DES ORDRES RELIGIEUX.

Martyrologe de l'Ordre de Saint-Benoît. — Au diocèse de Langres, le décès de saint Bernard, premier abbé de Clairvaux, illustre par la sainteté de sa vie, par sa science et ses miracles. Le souverain pontife Pie VIII le déclara Docteur de l'Eglise universelle et lui confirma ce titre. 1153.

Martyrologe de l'Ordre des Cisterciens. — Au diocèse de Langres, le décès de notre Père, le bienheureux Bernard, premier abbé de Clairvaux, Docteur éloquent de l'Eglise, qui, après avoir soutenu le Saint-Siège apostolique contre les hérétiques et les schismatiques, comme une colonne très-ferme, et fait construire dans les différentes parties de l'univers de nombreux monastères de l'Ordre des Cisterciens, annobli par les dons nombreux de la grâce, glorieux par ses nombreux miracles, comblé abondamment de mérites et de vertus, s'envola au ciel. Le souverain Pontife, etc. 1153.

Martyrologe de l'Ordre des Déchaussés de la Très-Sainte-Trinité. — Au diocèse de Langres, le décès de saint Bernard, etc., comme au martyrologe romain. 1153.

Martyrologe de l'Ordre des Servites de la Bienheureuse Vierge Marie. — Dans le saint ermitage du mont Senario, de Florence, le bienheureux Manetto, confesseur, qui fut un des sept bienheureux Instituteurs de notre Ordre. Il brilla par ses éclatantes vertus, principalement par sa prudence, sa piété extraordinaire pour la Mère de Dieu, en l'honneur de laquelle il chantait des hymnes lorsqu'il s'endormit saintement dans le Seigneur. 1268.

ADDITIONS FAITES D'APRÈS LES BOLLANDISTES ET AUTRES HAGIOGRAPHES.

Dans la Grande-Bretagne, saint Oswin, roi de Déirie et martyr. Il était fils d'Osric et cousin germain du pieux roi Osfric, que Cadwallader et Penda laissèrent mort sur le champ de bataille en 634. Par suite d'une guerre malheureuse, Oswin passa dix ans en exil parmi les West-Saxons. En 644 il recouvra une partie du royaume de Déirie. Il se montra zélé pour la religion, humble,

---

1. Le sanctuaire de saint Saloine s'élevait jadis sur un coteau très-rapproché de celui où fut érigée plus tard l'église de Saint-Vivien. Il se trouvait sur l'emplacement d'un édifice romain qui dut être magnifique et d'une grande importance, à en juger par l'étendue de ses ruines et la beauté des marbres qu'on en extrait quelquefois. Si l'on en croit une tradition, Charlemagne, au retour de sa victorieuse expédition contre Aigoland, chef des Musulmans, qui avait envahi l'Aquitaine, se serait arrêté à Saintes avec son armée. Visitant les lieux saints de cette antique cité, il serait venu prier sur les reliques de saint Saloine; après quoi, il aurait pris lecture des actes de son martyre, et reconnu la vérité de ce qu'on racontait des vertus et des miracles de ce Saint. — L'abbé Grasilier.

charitable, rempli de douceur et de bonté pour tous. Cependant Oswi, roi de Bernicie, vint attaquer le royaume de Déirie. Trop faible pour lui résister, Oswin se retira avec un soldat qui lui était fort attaché dans la maison du comte Hunwald qu'il regardait comme son ami; mais celui-ci eut la lâcheté de le trahir et de le livrer à Oswi qui le fit massacrer. Il avait régné neuf ans. On met sa mort à Gilling, près de Richemond, au comté d'York. On fonda un monastère à l'endroit où il avait été massacré. Son corps fut porté à Tinmouth, et de nombreux miracles s'opérèrent à son tombeau. 651. — ♦ Beinwil, en Suisse, près de Muri, bourg du canton d'Argovie, le bienheureux Burchard, curé de cette paroisse. Beaucoup de fidèles se rendaient en pèlerinage à son tombeau que Dieu glorifia par un grand nombre de miracles. En 1586 il se forma une confrérie sous l'invocation du bienheureux curé, et le pape Paul V accorda en 1616 une indulgence à cette dévotion. Cet exemple fut suivi en 1622 par Grégoire XV, en 1629 par Urbain VIII, en 1657 par Alexandre VII. On le représente ayant près de lui une grue, ou une cigogne, ou un choucas, on un geai. C'est parce qu'il avait ressuscité un de ces oiseaux qu'une de ses servantes avait tué pour le punir d'avoir, par ses cris, révélé au Saint les scènes scandaleuses qui se passaient dans la maison de cure, par le fait de cette méchante femme. XIII° ou XIV° s. — A Aquila ou à Vicence, en Italie, les saints Léonce et Carpophore, martyrs. Ils étaient médecins, et guérissaient beaucoup plus de malades par la simple invocation du nom de Jésus-Christ que par les ressources de leur art. Dioclétien et Maximien les firent arrêter, et ils comparurent devant le président Lysias qui leur persuada de sacrifier aux dieux. Sur leur refus, ils eurent les mains et les pieds rompus et furent jetés dans la mer; mais un ange les ramena sains et saufs sur le rivage. On les reconduisit devant le juge qui les fit jeter dans un noir cachot, puis sur un bûcher ardent; mais les flammes les respectèrent. Alors les bourreaux les attachèrent à des croix, et la foule fut chargée de les lapider; mais les pierres retournaient sur ceux qui les lançaient. On voulut les percer de flèches : elles blessèrent les archers et ne firent aucun mal à nos généreux athlètes qu'on finit, de guerre lasse, par décapiter. Leurs corps furent transportés à Vicence. IV° s. — A Synnade, ville de Phrygie, les saints Pirice, Arc, Pamphile, Diomède, Agatique, Zèle, martyrs; et les saints Maxime et Colone, confesseurs. — A Alexandrie, saint Dioscore, martyr. — Dans la Lucanie, contrée d'Italie (aujourd'hui partie de la Calabre Citérieure, de la Principauté Citérieure et de la Basilicate), les saints Valentinien et Léonce, que l'on croit avoir souffert le martyre. — Chez les Grecs, saint Héliodore et saint Dosas, martyrs. Ils eurent les narines coupées et la tête brûlée sous Constantin Copronyme. VIII° s. — A Constantinople, saint Paul le Jeune, archevêque de ce siège et confesseur. 784. — A Conza *(Compsa)*, ville de l'ancien royaume de Naples (Principauté Ultérieure), saint Herbert, archevêque de ce siège et confesseur. Son corps repose dans son église cathédrale, sous un tombeau de marbre. Vers 1180.

SAINT SAMUEL, PROPHÈTE,

QUATORZIÈME ET DERNIER JUGE D'ISRAEL

1132-1043 avant Jésus-Christ. — Roi d'Israël : David.

Tertia post denam Samuele excellet, ab ipsis
Quem Domino cunis genitrix devota sacravit.

Quand s'éteint la treizième génération des juges d'Israël, elle nous lègue l'illustre Samuel que, dès le berceau, une mère chrétienne a voué au Seigneur.
Wandelbertus, *apud Acta Sanctorum*.

Au pays d'Éphraïm, dans la ville de Ramatha, il y avait un homme de la tribu sacerdotale qui se nommait Elcana. Cette ville de Ramatha est la même que l'Arimathie du Nouveau Testament et que la Ramla des temps modernes. Placée sur le chemin de Joppé à Jérusalem, elle vit passer sous ses murailles les nombreux pèlerins d'Occident qui allaient visiter le tombeau du Christ, et fut plus d'une fois témoin de leur courage. Les églises qu'ils y avaient bâties sont devenues des mosquées, et les minarets dominent, à la place de la croix, les bois des vieux oliviers et les palmiers au milieu desquels Ramla semble fleurir.

Selon le commun usage des Israélites, usage fondé plutôt sur l'exemple des patriarches que sur la loi mosaïque, qui ne prohibe ni ne permet expressément la pluralité des femmes, Elcana avait deux épouses : celle du premier ordre s'appelait Anne, c'est-à-dire *qui possède la grâce;* et véritablement elle mérita ce titre par l'esprit de foi et de prière dont elle fut animée; celle du second ordre s'appelait Phénenna. Anne était stérile comme Sara; Phénenna était féconde et insolente comme Agar.

Tous les ans, aux jours de fête, Elcana se rendait à Silo, ville du voisinage, où, depuis le temps de Josué, reposaient l'arche et le tabernacle : c'était là que tout Israël venait offrir ses sacrifices et sa prière, avant l'érection du temple de Jérusalem. Les femmes et les enfants n'étaient pas obligés de faire ce pèlerinage; mais ils ne s'en dispensaient guère dans les familles pieuses. Anne, triste et humiliée, et Phénenna, environnée de ses fils, suivaient leur mari à Silo. On sait les rites de ces sacrifices particuliers : le sang de la victime était répandu au pied de l'autel, ses chairs étaient en partie consumées par le feu et en partie distribuées tant aux prêtres qu'à la famille qui la présentait. Elcana donnait donc à Phénenna ce qui lui revenait du sacrifice pour elle et ses enfants; Anne, qui était seule, n'avait qu'une moindre portion, ce qui la faisait souvenir douloureusement de sa stérilité. De plus, sa rivale lui adressait des reproches outrageux, ne songeant pas qu'elle ne devait son titre d'épouse secondaire qu'à l'infirmité de l'épouse du premier ordre, et que les affligés trouvent un consolateur dans le ciel, quand la terre ne leur accorde plus que le dédain ou l'injure.

Un jour, Anne se mit à pleurer; elle ne mangeait pas. Elcana, qui l'aimait, lui dit : « D'où vient que tu pleures et que tu ne manges pas ? et pourquoi ton cœur est-il affligé ? Ne te suis-je pas meilleur que ne seraient dix enfants ? »

Anne prit quelque nourriture pour complaire à son mari. Ensuite elle vint, le cœur toujours rempli d'angoisses, prier à la porte du temple; là, elle répandit beaucoup de larmes, et, dans la ferveur de son désir, elle fit ce vœu au Seigneur : « Seigneur des armées, si vous abaissez un regard sur votre servante affligée, si vous daignez vous souvenir d'elle et lui donner un fils, je vous le dévouerai pour tous les jours de sa vie, et le rasoir ne passera point sur sa tête ».

En ce temps-là, Héli exerçait dans Israël la charge de grand prêtre. Son ministère l'avait appelé au temple lorsque Anne y vint prier. Il l'aperçut, et, observant le mouvement de ses lèvres sans entendre aucune parole, il pensa qu'elle avait pris du vin par excès. Sans doute le visage d'Anne éplorée, ses mouvements brusques et troublés comme les grandes passions nous en arrachent, la ferveur même de sa prière, tout autorisa un faux soupçon dans l'esprit du pontife : il réprimanda la pauvre femme. Elle fuyait l'orage domestique, elle fuyait sa propre affliction, autre tempête bien plus rude que les injures d'une rivale, et, au lieu d'un refuge et du calme, elle trouvait dans la maison sainte le reproche et la colère.

Anne répondit au pontife avec modération : « Pardonnez-moi, seigneur, je suis une femme bien infortunée; je n'ai bu ni vin, ni rien qui puisse enivrer; seulement j'ai répandu mon âme en la présence de Dieu. Ne traitez pas votre servante comme une femme impie et corrompue, car il n'y a que l'excès de ma douleur et de mon affliction qui m'ait fait parler jusqu'à cette heure ». « Retourne en paix, reprit le vieillard, et que le Dieu d'Israël t'accorde la demande que tu lui as faite ». Anne ajouta : « Puisse votre servante trouver grâce à vos yeux ! » Ensuite elle s'en alla, prit désormais de la nourriture, et, remplie de confiance en Dieu, cessa de porter un visage triste et abattu.

Le lendemain, après avoir adoré le Seigneur, Elcana, ses femmes et ses enfants revinrent en leur maison de Ramatha. Dieu avait écouté les vœux d'Anne et ratifié la bénédiction du grand prêtre. Dans l'année qui suivit sa prière, elle mit au monde un fils qu'elle appela Samuel, pour marquer qu'elle l'avait obtenu du Seigneur. Ce nom devait être pour les parents le mémorial d'une grâce longtemps désirée, et pour le jeune homme une perpétuelle leçon de bien vivre.

Quand Samuel fut né, son père se rendit à Silo avec toute sa maison pour offrir à Dieu des actions de grâces. Anne ne l'y suivit pas alors : « Je n'irai point au temple », dit-elle, « jusqu'à ce que l'enfant soit sevré et que je le conduise pour le consacrer au Seigneur et le laisser en sa présence ». Elle voulait le donner tout entier et sans retour, image de ces cœurs généreux qui, au nom du devoir, sacrifient les plus chères affections et achèvent sans arrière-pensée ce qu'ils ont commencé sans égoïsme. Elcana consentit à ce désir : « Fais ce qui te semble bon, et demeure jusqu'à ce que l'enfant soit sevré. Je prie Dieu d'accomplir sur nous sa parole ». Anne resta donc au logis. Elle nourrit elle-même Samuel de son lait, comme toutes les mères fidèles aux vues de la Providence et aux conseils d'une véritable tendresse.

Enfin, le temps étant venu, Anne conduisit Samuel à Silo, et le présenta au grand prêtre Héli. « C'est moi, seigneur », dit-elle en l'abordant; « je suis cette femme que vous vîtes ici prier le Seigneur. Je le conjurais de me donner cet enfant, et il a exaucé la demande que je lui ai faite. C'est pourquoi je viens lui rendre et lui laisser pour toujours le fils que j'en ai reçu ». Elle adora; puis, émue de reconnaissance et de joie, et saisie d'un esprit prophétique, elle prononça cette belle prière : « Mon cœur a tressailli dans le Seigneur, et ma gloire est exaltée par la force de mon Dieu; ma bouche s'est ouverte pour répondre à mes ennemis, parce que je me suis réjouie, ô Dieu ! dans votre faveur salutaire. Nul n'est saint comme le Seigneur; nul ne vous égale et n'est puissant comme vous, ô notre Dieu ! — Cessez de vous glorifier et de prononcer d'insolentes paroles; que votre bouche taise ses anciens discours; car le Seigneur est le Dieu de toute science, et toutes pensées sont à découvert devant lui ».

On s'en revint à Ramatha. Le jeune Samuel demeura dans Silo pour servir le Seigneur sous les ordres du grand prêtre. C'était pour Anne un grand acte de courage de quitter ainsi le fils unique qui lui avait coûté tant de prières et de larmes; aux angoisses de l'espérance allaient succéder maintenant les inquiétudes qui naissent d'une séparation douloureuse. Il est vrai qu'elle gardait pour Samuel ce tendre amour qui jouit jusque dans l'absence et se nourrit par l'éloignement même, comme une vigne fertile, en étendant ses rameaux, étend aussi les sucs nourriciers aux grappes les plus éloignées de sa racine. Puis elle visitait le jeune enfant aux jours de fête, en venant à Silo offrir les sacrifices accoutumés; elle lui apportait alors une tunique qu'elle avait faite de ses propres mains. La maternelle tendresse de cette femme fut récompensée par le ciel : le grand prêtre bénit Anne et Elcana, en leur souhaitant une prospérité nombreuse. Effectivement, trois fils et deux filles leur furent donnés, et leur vieillesse se couronna de gloire, comme le palmier déjà vieux s'entoure de rejetons qui verdissent à ses pieds.

Samuel, vêtu de la robe des lévites, s'occupait au service du Temple. Tous les Pères ont loué, sur la foi des traditions antiques, son enfance écoulée dans les exercices de la piété, ses mœurs pures, son doux caractère et ses belles qualités. Il croissait en âge et en sagesse, également agréable à Dieu et aux hommes; car les hommes ont le cœur plus juste que leur conduite n'est courageuse, et, tout en exilant parfois la vertu de leurs œuvres, ils lui accordent néanmoins l'hospitalité dans leur estime.

Cependant les fils du grand prêtre Héli, prêtres eux-mêmes, déshonoraient le sacerdoce par une conduite impie, et détournaient le peuple du culte divin par leur ignorance et leur mépris de la loi. C'était un grand crime; car qui résiste aux scandales sortis du sanctuaire? Et d'où viendra le secours lorsque la trahison s'assied au foyer domestique? Héli connut le désordre de ses fils; mais, au lieu de les en punir avec sévérité, il leur adressa seulement quelques reproches empreints d'une molle et excessive douceur. Il y a un temps pour la miséricorde sans doute; mais il n'y a jamais de temps pour la faiblesse. Aussi les enfants d'Héli ne tinrent nul compte de ses avertissements, et, d'un autre côté, Dieu, par la bouche d'un prophète, l'accusa de coupable condescendance et lui prédit de dures afflictions et la mort de ses fils. Ces menaces furent confirmées par le ministère de Samuel, qui allait, quoique bien jeune encore, entrer dans l'éclat de ses destinées.

Il avait alors douze ans. Une nuit, il fut réveillé par une voix qui prononçait son nom. Croyant qu'Héli le demandait, il alla trouver le vieillard, qui répondit: « Je ne t'ai point appelé, retourne et dors ». Peu après, la même voix se fit entendre; Samuel courut au grand prêtre, qui le renvoya comme précédemment. Le jeune lévite n'avait pas encore eu de commerce direct et immédiat avec le Seigneur, et il ne savait point, de science expérimentale, comme il l'apprit dans la suite, à quel signe on reconnaît l'inspiration divine. Il fut appelé de nouveau; cette fois, le grand prêtre lui dit: « Retourne et dors, et, si l'on appelle désormais, tu répondras: *Parlez, Seigneur; car votre serviteur écoute* ». La voix cria encore: « Samuel, Samuel! » Il répondit: « Parlez, Seigneur, car votre serviteur écoute ». C'était véritablement le Seigneur; et la voix ajouta: « Je vais faire, en Israël, une chose qu'on ne pourra entendre sans stupeur. En ce jour-là, j'accomplirai tout ce que j'ai dit contre Héli et sa maison, je commencerai et j'achèverai. Car je l'ai menacé de tirer de sa maison une vengeance sans remède, à cause de son crime, parce que, sachant l'indigne conduite de ses fils, il ne les a point punis. C'est pourquoi j'ai juré que l'iniquité de la maison d'Héli ne serait jamais expiée ni par des victimes ni par des présents ». Telle fut la parole du Seigneur, qui se servit d'un enfant et d'un lévite pour instruire un vieillard et un pontife; car il y a une maturité meilleure que celle de l'âge et un sacerdoce qui appartient à tous les hommes: c'est la maturité et le sacerdoce de la vertu.

Après avoir reçu la communication céleste, Samuel ne retourna point auprès d'Héli; même le lendemain, il n'osait lui faire connaître la terrible vision. Mais Héli l'appela: « Que t'a dit le Seigneur? ne dissimule pas, je te prie. Que le Seigneur te traite en toute sévérité, si tu me caches aucune des paroles qui te furent adressées ». Samuel obéit, et raconta tout ce qu'il avait entendu. Le grand prêtre répondit: « C'est le Seigneur; qu'il fasse ce qui lui semble bon ». On peut croire qu'Héli corrigea ainsi, par l'acceptation résignée de sa punition future, le vice de sa faiblesse paternelle ; mais les menaces du Seigneur n'en eurent pas moins leur accomplissement.

En effet, un peu plus de vingt ans après la prophétie de Samuel, les Israélites furent deux fois vaincus dans une guerre contre les Philistins, leurs implacables ennemis, ils perdirent trente mille hommes dans la seconde bataille. Quand on apprit ce désastre à Silo, la ville retentit de clameurs lamentables. Héli demanda la cause du tumulte public ; on lui répondit : « Israël a fui devant les Philistins ; une grande partie de l'armée a été taillée en pièces ; même vos deux fils sont tués, et l'arche de Dieu est prise ». En entendant nommer l'arche de Dieu, Héli tomba de son siége à la renverse et se brisa la tête. Telle fut la mort de ce malheureux père, qui semble n'avoir eu d'autres défauts qu'une molle condescendance envers ses fils.

Ces événements, annoncés à l'avance, et plusieurs autres prophéties également vérifiées, prouvèrent que Samuel était le fidèle interprète du Seigneur. Il avait près de quarante ans; on le proclama juge du peuple à la place d'Héli (1092 avant Jésus-Christ). Samuel devint donc le chef politique de la Judée, comme Jephté, Samson et d'autres l'étaient devenus. A l'autorité civile, il joignit l'autorité religieuse, comme lévite, peut-être même comme pontife ; car, bien qu'il ne fût point de la race d'Aaron, plusieurs ont pensé qu'il exerça, par mission extraordinaire, les fonctions de la souveraine sacrificature. Investi de ce double pouvoir, il défendit la cause de Dieu et de son pays. Il assembla le peuple en armes à Masphath, non loin de Ramatha et de Silo. Il rassura ses compatriotes, les exhortant à défendre leur liberté compromise par la victoire des Philistins ; il fit envisager les malheurs publics comme un châtiment de l'idolâtrie et des crimes de la nation, et ramena les esprits au culte du vrai Dieu.

De grands succès, où la main de Dieu se montra plus d'une fois, glorifièrent le gouvernement de Samuel : l'arche fut recouvrée, l'audace des Philistins abattue dans un combat sanglant, et la paix avec ses avantages acquise aux Israélites. Le péril passé, Samuel continua néanmoins de gouverner sa patrie. Il avait fixé à Ramatha son principal séjour ; de là, il allait visiter les villes environnantes, afin d'écouter les plaintes du peuple et de lui rendre justice. Galgala, Béthel et Masphath étaient les principaux endroits où il exerçait ses pacifiques fonctions.

Devenu vieux, Samuel délégua une portion de son autorité à ses fils pour juger Israël ; mais, par une fortune qui semble peser sur la plupart des grands hommes, il eut la douleur de voir ses fils infidèles à ses exemples et à sa réputation. Leurs sentences et leur conduite étaient si pleines d'iniquités, que les anciens du peuple vinrent s'en plaindre à Samuel et lui demander un roi. Samuel fut blessé de cette proposition, qui tendait à remplacer une œuvre toute divine par une œuvre de main d'homme. Il consulta Dieu dans la prière, et fit connaître à ses concitoyens l'avenir qui leur était réservé. Mais les Israélites se flattaient sans doute de n'être pas plus opprimés et d'être aussi courageux que les autres nations. Ils eurent donc un roi : Saül, de la tribu de Benjamin, fut élu et sacré (1080 avant Jésus-Christ). Mais il ne fut pas plus sage que son peuple ; il s'éloigna des volontés connues du Seigneur, et le Seigneur le rejeta comme il l'avait choisi.

Samuel reçut la mission d'annoncer à Saül que son règne était fini : « L'obéissance », lui dit-il, « est meilleure que les victimes ; comme vous avez rejeté la parole du Seigneur, le Seigneur vous rejette de la royauté ».

Il allait se retirer après ces paroles; mais le prince voulut le retenir en le saisissant par le manteau; le manteau se déchira. Samuel dit : « Aujourd'hui, le Seigneur déchire de vos mains le royaume d'Israël pour le donner à un autre qui vaut mieux que vous ». Depuis ce jour, Samuel cessa de voir Saül et de lui rendre publiquement hommage comme à son prince; mais il l'aima toujours, à cause de leur longue et ancienne intimité, et le pleura le reste de sa vie. Toutefois il dut se résigner : sur un ordre céleste, il choisit David pour second roi d'Israël, et lui donna en secret l'onction sainte. Diverses causes appelèrent la fureur de l'ancien monarque sur le nouveau; celui-ci n'échappa que par la fuite à des périls sans cesse renaissants. Samuel, qui partagea la mauvaise fortune de David, conserva néanmoins jusqu'à la fin de sa vie une grande influence sur les affaires publiques de son pays.

L'illustre prophète mourut fort avancé en âge (1043 avant Jésus-Christ). Il fut enterré à Ramatha, dans le sépulcre de sa famille; tout Israël porta son deuil. Enfant de la prière, et consacré à Dieu même avant de naître, il acheva dans la piété une vie commencée sous de si religieux auspices. Homme supérieur, il se montra modeste sans faiblesse et ferme sans dureté; les rois l'écoutèrent avec respect, et sa voix conserva de l'empire jusque sur le peuple agité par l'esprit d'innovation. Politique habile, il réforma l'Etat et fit fleurir la religion, première garantie de l'ordre; politique honnête, il ne chercha que dans la vertu un contre-poids à la licence, et put défier ses concitoyens de signaler dans sa vie et ses jugements rien de répréhensible. Ainsi parut Samuel; et, s'il doit être nommé l'exemple des princes à cause de ses belles qualités, sa mère doit être nommée l'exemple des mères à cause de sa religieuse tendresse; car nous oserons dire qu'il y aurait plus de fils comme Samuel s'il y avait plus de mères qui voulussent imiter la piété d'Anne.

CULTE ET RELIQUES. — ÉCRITS.

Nous avons dit que le corps du prophète Samuel fut déposé à Ramatha, dans le sépulcre de sa famille : son tombeau se conserva, malgré les révolutions du pays et les calamités du peuple juif, jusqu'au commencement du Ve siècle de l'Eglise. On institua dans la synagogue une espèce de fête de deuil, où l'on célébra publiquement, par un jeûne, le jour anniversaire de sa mort, principalement depuis le retour de la captivité de Babylone. Mais les chrétiens lui décernèrent d'autres honneurs qui méritent d'autant mieux le nom de fête, que c'étaient les mêmes que ceux que l'Eglise rend aux Saints. C'est ce que l'on vit établi, principalement après qu'on eut transporté ses reliques de Judée à Constantinople. Cette translation se fit par ordre de l'empereur Arcadius (19 mai 406). Elles furent mises en dépôt dans la grande église pour quelque temps. De là elles furent transportées (20 juin 407) dans la basilique qu'on avait bâtie en son honneur et sous son nom dans l'Hebdome, qui était la banlieue de Constantinople. Cette église de Saint-Samuel fut renversée par un tremblement de terre qui secoua la ville à deux reprises (16 avril et 19 octobre 557). Quelques auteurs ont prétendu que l'empereur Justinien avait fait rebâtir sur-le-champ la basilique de Saint-Samuel; mais l'historien grec Procope (500-565) dit seulement que Justinien fit faire un bassin de fontaine ou une citerne dans le monastère de Saint-Samuel, en Palestine, et apparemment au lieu d'où l'on avait tiré son corps. En effet, on a toujours continué, jusqu'à ces derniers siècles, de montrer en cet endroit un monument appelé le *Tombeau du prophète Samuel*, avec une grande fontaine d'une eau très-saine, à quelques pas de là.

Les Grecs et les autres peuples qui suivent leur rit, font la fête du prophète Samuel le 20 août. C'est ce qui s'est observé depuis parmi les Latins qui ont mis son nom dans leurs martyrologes, depuis celui du vénérable Bède, au commencement du VIIIe siècle, jusqu'au Romain moderne.

On attribue à Samuel le livre des *Juges*, celui de *Ruth*, et les vingt-quatre premiers chapitres du premier livre des *Rois*.

Nous avons tiré l'histoire de la vie de saint Samuel des *Femmes de la Bible*, par Mgr Darboy; et collé de son culte de la *Vie des Saints de l'Ancien Testament*, par Baillet. — Cf. *Acta Sanctorum*, et Dom Ceillier.

SAINT MAXE OU MAXIME, SOLITAIRE A CHINON,

ABBÉ DE L'ILE BARBE, PRÈS DE LYON

Vers 450. — Pape : Saint Léon Ier, *le Grand*. — Roi des Francs : Mérovée.

> *Sanctorum quo majora merita, eo tutiora sunt patrocinia.*
> Plus sont sublimes les mérites des saints, plus sûre est leur protection.
> S. Ambroise, *epist.* LXXXV *ad sororem*.

Saint Maxe ou Maxime vivait sur la fin du IVe siècle et au commencement du Ve. Nous trouvons dans plusieurs mémoires dignes de foi et respectables par leur antiquité, qu'il était originaire de la province d'Aquitaine, une des quatre grandes régions de la Gaule, et issu de parents distingués. Avant de quitter le monde pour se donner totalement à Dieu dans la solitude, il avait été élevé dans le faste et les grandeurs de la cour, à laquelle sa famille était attachée ; mais malgré les dangers qu'il ne manqua pas d'y rencontrer, il s'y distingua par sa probité, son innocence et sa piété. Beaucoup plus amateur de la véritable sagesse que de la faveur et de l'applaudissement des grands, il s'appliqua avec zèle à se perfectionner dans la pratique de la loi du Seigneur. Il avait souvent médité ces paroles : « Que celui qui veut venir après moi, renonce à soi-même, porte sa croix tous les jours et me suive » ; mais bientôt il se les appliqua comme si le Sauveur les eût adressées à lui-même ou à lui seul. Elles firent tant d'impression sur son esprit, qu'il prit la résolution de les mettre en pratique. Renonçant dès lors à tout ce qu'il possédait, il se dévoua entièrement au service de Dieu, quitta la cour et se retira dans un ermitage, emportant pour tout trésor un exemplaire des divines Ecritures.

Dans cette retraite, plus belle à ses yeux que le palais qu'il quittait, saint Maxe, n'ayant presque aucun vêtement pour se couvrir, commença à répandre des torrents de larmes avec le solitaire auquel il s'était associé. Dès cet instant, il s'appliqua sans relâche à mener une vie austère et retirée ; son abstinence était si extraordinaire, qu'il ne mangeait jamais ni œufs, ni viande, ni poisson, pas même de fruits. Pour toute nourriture, il se contentait de pain arrosé de larmes, auquel parfois il ajoutait un peu de sel. Il s'abstenait de tout ce qui était capable d'enivrer ; l'eau seule était sa boisson ; souvent même il s'en privait par mortification. La prière était son occupation ordinaire et chérie ; rien ne pouvait le distraire de l'oraison, et si quelquefois il s'arrachait à ce saint exercice, c'était pour employer une partie de son temps à la visite des malades. Jamais vous ne l'eussiez vu se rebuter dans l'exercice des œuvres de charité ; les maux les plus dégoûtants ranimaient son courage et l'embrasaient de zèle pour le soulagement des membres souffrants de Jésus-Christ.

Ce saint solitaire fut aussi doué d'une humilité si profonde, que le plus grand de ses soins était de ne pas se faire connaître pour ce qu'il était ; mais une vertu aussi éminente ne pouvait demeurer dans l'obscurité. Dieu ne permit pas que son serviteur fût longtemps inconnu dans sa solitude, quoiqu'il prît soin de se séquestrer du commerce des hommes. Aussi notre Saint, craignant de tirer vanité des éloges qui lui étaient adressés, quitta sa patrie et se transporta près de Lyon, dans un monastère célèbre par sa régularité et son étroite observance de toutes les règles monastiques : *In insula Barbarâ propè Lugdunum* [1]. Alors il avait déjà été ordonné prêtre. Là, bientôt ses vertus rares et solides brillèrent d'un nouvel éclat. Aussi Aigobert, abbé de ce monastère, étant mort quelque temps après, notre Saint fut élu à sa place ; tous le jugèrent digne de cette charge ; lui seul en ressentit un profond chagrin inspiré par son humilité.

Cette circonstance, qui était si opposée à ses pensées, à ses goûts, porta le Saint à prendre une seconde fois la fuite et à retourner immédiatement dans sa patrie pour y chercher un autre lieu de retraite où il pût demeurer caché aux yeux des hommes. Il se mit donc en marche dans ce dessein ; mais voulant traverser la Saône, la barque coula à fond ; le saint prêtre fut englouti dans les eaux avec le livre et le calice dont il se servait pour offrir les saints Mystères ; mais Dieu ne permit pas que son serviteur pérît alors ; le moment de la divine Providence n'était pas encore venu de le retirer de ce monde, et le Saint fut sauvé du naufrage, lui et tout ce qu'il portait.

De retour dans sa patrie, il chercha aussitôt les lieux les plus éloignés des hommes pour y vivre dans la retraite la plus obscure ; mais ses austérités et ses vertus le firent bientôt connaître plus que jamais. Plusieurs personnages de distinction, attirés par ses beaux exemples et ses solides vertus, résolurent de s'en faire les imitateurs, en renonçant, comme lui, à ce que le siècle leur offrait de brillant et en se joignant à ce saint personnage pour consacrer avec lui leurs jours à la retraite et au service de Dieu. Plusieurs même apportèrent à ses pieds les biens qu'ils possédaient ; avec eux et l'aide de la divine Providence, il fit construire un monastère dans le château de Chinon, sur le territoire de la ville de Tours [2]. Il s'y retira avec un grand nombre de serviteurs de Dieu dont il fut le père, pour les avoir engendrés à Jésus-Christ. Avec ceux qu'il regarda toujours comme ses frères, sous les yeux et sous la conduite du grand saint Martin, alors évêque de Tours, il mena une vie angélique. L'illustre métropolitain, si célèbre dans toute la chrétienté, fit bientôt de notre Saint son intime ami.

Tout le temps que le saint abbé fut à la tête de son monastère, il donna à ses frères les plus grands exemples de vertu et de sainteté. De plus, il procura aux peuples de ces contrées de signalés avantages. Dieu favorisa son fidèle serviteur du don des miracles, et les prodiges opérés par lui éclatèrent autant que ses vertus. A la parole du disciple, aussi bien qu'à celle du maître, la vue fut rendue aux aveugles, la santé aux malades ; des boiteux furent redressés, des morts ressuscités ; et plus d'une fois la patrie en danger fut sauvée des périls dont elle était menacée.

Saint Grégoire de Tours, auteur célèbre et accrédité pour l'histoire de ces temps éloignés, et l'un des successeurs de saint Martin sur le siége de cette ville, fait mention de notre Saint avec éloge ; il le nomme *grand* par son nom, par ses vertus et par les merveilles de sa vie, ainsi que par les miracles opérés après sa mort et par son intercession. Cet écrivain, digne de foi, assure les avoir lus dans le livre de sa *Vie*. Entre autres choses, il rapporte qu'en 446, le château de Chinon ayant été assiégé par Ægidius,

---

1. L'Île Barbe, dans la Saône, au nord de Lyon.
2. Ce monastère subsiste encore aujourd'hui, mais, depuis longtemps, il a été converti en une église collégiale.

tous les habitants s'étaient renfermés dans les souterrains de la forteresse. L'ennemi parvint à combler le seul puits qui servait aux assiégés. Le Saint passa la nuit en prières, demandant à Dieu avec confiance d'avoir pitié de ses enfants, de mettre les ennemis en fuite et de ne pas permettre que ce peuple périsse par la soif. Il priait encore quand tout à coup le ciel se couvrit de nuages épais; une pluie abondante, accompagnée d'éclairs et de tonnerre, tomba sur le château, et l'ennemi, épouvanté du prodige, leva le siège; en même temps tous les vases exposés à la pluie furent remplis, les assiégés purent étancher la soif qui les brûlait, et rendre grâces à Dieu et à leur libérateur. Ils recouvrèrent la liberté après la fuite précipitée de leurs ennemis.

En ce même temps, une femme stérile s'adressa au Saint pour obtenir, par ses prières, la naissance d'un enfant qu'elle consacrerait à Dieu sous sa direction. Ses vœux furent exaucés, elle devint mère d'un fils que notre Saint baptisa. Un jour que, devenu grand, il se rendait à Chinon, pour y entendre prêcher le saint abbé, ce jeune homme, traversant à la hâte une rivière, s'y noya. La mère court à l'église et prie le Saint de la secourir; celui-ci interrompt son sermon et enjoint à son auditoire de prier pour cette femme. Il se transporte ensuite sur le bord de la rivière, et, par une inspiration divine, il ordonne aux eaux de lui rendre le corps qu'elles venaient d'engloutir. Elles obéirent; mais notre Saint, voyant ce corps sans vie, s'écria : « Ah! mon fils, quoi! vous avez le malheur d'être mort sans avoir reçu le saint Viatique! » Il répéta trois fois ces paroles avec gémissement; le jeune homme ouvrit les yeux comme s'il se fût éveillé d'un profond sommeil, et lui dit : « C'est donc vous, saint prêtre, qui m'avez procuré la naissance et régénéré par les eaux salutaires du baptême; c'est vous encore, par l'efficacité de vos saintes prières, qui me rendez aux larmes d'une mère tendre et affligée qui glorifiera Dieu d'un tel prodige! »

Notre Saint, retournant à la ville, rencontra un aveugle de naissance qui, après avoir passé trois mois en jeûnes et en prières, vint au-devant de lui, réclamant son assistance. L'homme de Dieu lui demanda s'il désirait voir la lumière; l'infirme répondit qu'il serait heureux de pouvoir admirer ce qu'il n'avait jamais vu et ce dont chacun disait des choses si merveilleuses. Alors le saint abbé lui lava les yeux avec de l'huile bénite, et dit, en faisant le signe de la croix : « Que vos yeux soient ouverts », et à l'instant ils s'ouvrirent et il en rendit grâces au ciel.

Durant le reste de la vie de notre Saint, Dieu opéra bien d'autres miracles encore par l'intercession de son serviteur. Enfin, après plusieurs années d'exercices admirables dans les voies de la perfection et après un grand nombre de merveilles dont les peuples de la province d'Aquitaine furent témoins, notre solitaire-thaumaturge eut, par révélation, connaissance du moment de sa mort. Trois jours avant son arrivée, il s'abstint de toute nourriture, n'en voulant pas d'autre que la sainte Eucharistie, méditant les grandeurs de Dieu et chantant ses louanges. Il employa le peu de temps qui lui restait à exhorter ceux qui l'approchaient, à l'amour de Jésus, à l'humilité et la pratique de toutes les autres vertus.

L'heure de sa mort étant arrivée, ainsi qu'il le désirait depuis longtemps, afin d'être réuni à Jésus-Christ qu'il avait tant aimé, il leva les yeux et les mains au ciel, donna sa bénédiction à ses religieux, qui fondaient en larmes, et rendit sa belle âme à Dieu, expirant sur la cendre et le cilice.

Son corps fut enseveli honorablement dans l'église de son monastère, qui, dès ce moment, commença à le vénérer et à le reconnaître pour son patron et son protecteur auprès de Dieu. Sous le règne de Charlemagne (771-814), cette église fut convertie en célèbre collégiale ; le lieu de sa sépulture a toujours été en singulière vénération à cause des grandes merveilles que la bonté de Dieu y opère par les mérites et par l'intercession de son fondateur.

Saint Grégoire de Tours dit que de son temps le tombeau de saint Maxe était fameux par un nombre prodigieux de miracles bien évidents ; il rapporte, entre autres, qu'un jeune enfant de son diocèse, réduit à toute extrémité, ayant été porté sur le tombeau du Saint, fut à l'instant parfaitement guéri ; il en fut de même d'une jeune fille. Ces deux faits étant parvenus à la connaissance du même évêque de Tours, il fit admettre le jeune homme dans le monastère de Chinon, et la jeune fille dans un cloître de vierges, pour y être l'un et l'autre consacrés à Dieu en mémoire et en reconnaissance de tels bienfaits.

L'Eglise célèbre la fête de saint Maxe le 20 août, et celle de sa translation le 28 octobre.

CULTE ET RELIQUES.

La ville de Bar-le-Duc (Meuse) a le bonheur de posséder, depuis plus de huit cents ans, de précieuses reliques de saint Maxe. Sous le règne de Frédéric, duc de Lorraine-Mosellane, ayant fait construire le château de Bar (950), Hézeb, très-noble seigneur, édifia à ses frais, dans l'enceinte de ce château, un oratoire pour l'expiation de ses fautes. Il fit consacrer cette église par saint Gérard, évêque de Toul, en l'honneur de la sainte Vierge, du premier martyr saint Etienne et de tous les Saints. Après sa consécration, il la décora et l'enrichit des précieuses reliques de saint Maxe, transférées de la province de Touraine par une singulière disposition de la Providence, après avoir été miraculeusement sauvées des flammes, où la malice des hérétiques les avait précipitées [1]. Depuis ce moment, cette église castrale et collégiale a toujours porté et se fait gloire de porter le nom de son protecteur, le grand saint Maxe, et d'en conserver les reliques enfermées dans une châsse comme un précieux trésor.

Dans le dernier siècle, le Chapitre de Saint-Maxe de Bar, qui en était le dépositaire, ayant été supplié par celui de Chinon de lui en remettre telle partie qu'il jugerait à propos, cette juste demande lui fut accordée, et une portion considérable de ces saints ossements lui furent donnés ; reçus avec reconnaissance, ils furent en grande vénération dans la Touraine.

Souvent les peuples de Bar et des environs ont eu recours à saint Maxe et ont obtenu, par son intercession, l'effet de sa protection dans les calamités et les besoins publics. Ces prodiges sont en trop grand nombre pour les rapporter tous ; nous n'en citerons qu'un.

Le 7 mai 1679, une grande sécheresse durait depuis trois mois : le clergé et le peuple de Bar réclamèrent l'assistance de notre Saint, en accompagnant avec dévotion et avec confiance ses saintes reliques. Un hérétique se permit de dire d'un ton railleur et impie : « Ces bonnes gens s'attendent-ils que des ossements secs et arides auront le pouvoir de leur donner de la pluie, le ciel étant aussi serein ? » Mais ce fut à sa confusion qu'il proféra ce blasphème ; car la procession remontant de la ville basse à la ville haute, la pluie vint si subitement et si abondamment que la châsse fut déposée dans la maison de cet hérétique en attendant qu'il fût possible d'achever la procession. Cet hérétique s'appelait Cuny, et sa maison existe encore aujourd'hui dans la côte de l'Horloge, une des rues de Bar. En souvenir du miracle, on avait sculpté au-dessus de la porte la châsse de saint Maxe ; mais les révolutionnaires voulurent effacer ces précieux vestiges, et on pouvait encore voir, ces dernières années, les coups de hache qui détruisirent ce pieux témoignage.

Au moment de la Révolution, la châsse en argent qui contenait les précieux restes de saint

---

1. Cette opinion que les reliques de saint Maxe ont été apportées à Bar au x⁵ siècle est celle des rédacteurs de l'office du Saint. Toutefois elle n'est guère probable, et en s'appuyant sur les documents historiques du xvi⁵ siècle, on peut même dire qu'elle est plus que hasardée, car il est certain que les reliques de notre Saint furent conservées à Chinon jusqu'en 1563, époque à laquelle les Calvinistes essayèrent de les brûler. On ne sait comment elles furent arrachées à leur fureur, ajoutent les annotateurs de Grégoire de Tours, mais il est de fait que le Chapitre de Saint-Maxe prétend que ces précieux ossements, sauvés des flammes, furent apportés à Bar-le-Duc et que, dès lors, il le prit pour patron.

Maxe excita la convoitise des dévastateurs des églises ; les reliques en furent tirées et profanées ; cependant une portion a pu être sauvée, et, depuis la Révolution, elle a été reconnue comme authentique par l'autorité compétente et placée dans une nouvelle châsse qui, quoique bien différente de l'ancienne, est cependant convenable. De temps en temps, dans les calamités publiques, elle a été portée en procession ; les autorités, la population des environs et le clergé des trois paroisses y assistaient.

Nous avons sous les yeux une demande faite en 1815, adressée par Monsieur le Maire à Monsieur le Curé de Bar, laquelle fut transmise à Monseigneur l'évêque de Verdun, qui accorda l'autorisation de faire cette procession générale. En 1829, même demande et même autorisation. Les registres de la fabrique font foi d'autres cérémonies analogues ; en vertu de ces démonstrations publiques, les reliques exposées à la vénération des fidèles dans l'église Saint-Etienne de Bar, dite aussi de Saint-Pierre et de Saint-Maxe, sont l'objet d'une grande confiance et attirent bon nombre de visiteurs.

<small>Nous nous sommes servi, pour composer cette biographie, de l'*Office* de saint Maxe ; des *Historiens des Gaules*; des *Acta Sanctorum*; et de *Notes locales* dues à l'obligeance de M. l'abbé Dubuisson, du clergé de Saint-Etienne, de Bar.</small>

SAINT PHILIBERT OU FILIBERT, CONFESSEUR,

PREMIER ABBÉ DE JUMIÉGES ET DE NOIRMOUTIERS.

687. — Pape : Sergius Ier. — Roi de France : Thierry III.

Sed pater egregius aram Filibertus habebit
Plurima construxit qui loca sancta Deo.
Pour avoir élevé tant d'autels au Dieu vivant, l'illustre Filibert aura aussi le sien.
Alcuin, *Epigram.* cxxxv.

Saint Philibert était de Gascogne, et naquit, en 616, dans le territoire de la ville d'Eauze *(Elusa,* Gers), où il y avait alors un siége épiscopal, qui fut depuis transféré à Auch. Son père, qui se nommait Philibaud, reçut les ordres sacrés et devint évêque de Vic-Fezensac, dont on transporta le siége à Aire (Landes) peu de temps après. Philibert fut élevé à Vic, sous les yeux de son père, jusqu'à ce que, ayant achevé son éducation, il fut envoyé à la cour, sous le règne de Dagobert Ier. Les exemples et les instructions de saint Ouen firent sur lui la plus profonde impression ; il se dégoûta tellement du monde, que, à l'âge de vingt ans, il prit l'habit dans l'abbaye bénédictine de Rebais *(Resbacense monasterium),* au diocèse de Meaux, laquelle avait été fondée par saint Ouen (638). Il succéda à saint Aile, dans le gouvernement de ce monastère ; mais, ayant trouvé quelques moines indociles, il quitta Rebais. Après avoir visité, en France et en Italie, les plus célèbres maisons qui vivaient sous la Règle de Saint-Colomban, il se retira dans la Neustrie. Le roi Clovis II et la reine Bathilde lui ayant donné un emplacement dans la forêt de Jumiéges *(Gemeticum,* Seine-Inférieure), il y fonda, en 654, le monastère bénédictin de ce nom, qui n'était pas fort éloigné de celui de Fontenelle, où saint Vandrille avait sous sa conduite une communauté nombreuse. Il appliqua ses religieux à des travaux pénibles, leur fit arracher les ronces et dessécher les marais qui couvraient le pays. La communauté de Jumiéges s'accrut considérablement en peu de temps, et on y compta jusqu'à neuf cents moines.

Ce fut saint Philibert qui fit bâtir à Pavilly *(Pauliacum*, Seine-Inférieure) un monastère pour des filles (647) ; l'emplacement lui fut donné par Amalbert, seigneur du lieu, dont la fille, nommée Aurée, y prit le voile. Sainte Austreberte fut première abbesse de ce monastère.

En 674, la nécessité obligea saint Philibert de faire un voyage à la cour : il eut le courage de reprocher à Ebroïn, maire du palais, son ambition et ses crimes. Ce ministre, pour se venger, excita contre lui une sourde persécution. Il gagna quelques ecclésiastiques, du diocèse de Rouen, qui décrièrent le serviteur de Dieu, et firent entrer dans leurs vues saint Ouen, leur évêque. Les choses en vinrent au point qu'on mit saint Philibert en prison, dans un lieu de la ville qu'on appela depuis la *poterne*. Quelque temps après, saint Ouen reconnut son innocence et lui fit rendre sa liberté. Mais Philibert, ne se croyant point en sûreté dans la Neustrie, quitta Jumiéges. Il se retira à Poitiers, auprès de l'évêque Ansoald, qui venait de succéder à Didon, oncle de saint Léger, évêque d'Autun, victime de la cruauté d'Ebroïn. Ansoald le reçut avec bonté, et aurait bien voulu l'attacher à son Eglise. Mais l'amour de la vie solitaire l'emporta encore dans le cœur du religieux ; et l'évêque, n'espérant plus le gagner, lui céda généreusement, aux confins de son diocèse et de la Bretagne, une portion de l'île nommée Her ou Hério, pour y bâtir un monastère qui prit dès lors le nom de Hermoutier (monastère de Her), dont on fit plus tard Noirmoutiers (677). A ce premier don il ajouta d'autres libéralités, tant de son propre bien que de celui de l'Eglise de Poitiers, de sorte que la nouvelle maison devint en peu de temps florissante. Elle fut d'abord peuplée de quelques moines de Jumiéges. Philibert s'occupa aussi, à la prière d'Ansoald, de recomposer l'abbaye bénédictine de Saint-Benoît de Quinçay *(Quinciacum)*, au diocèse de Poitiers, qui avait souffert d'événements malheureux. Il y fit venir quelques religieux de Jumiéges, et mérita d'être regardé comme le restaurateur de ce monastère, qui avait commencé du temps de saint Hilaire.

A la mort d'Ebroïn, arrivée en 681, Philibert voulut revoir Jumiéges. Il y rencontra saint Ouen, qui lui demanda pardon de s'être laissé prévenir contre lui, et le conjura de rester en Normandie. Mais Philibert préféra retourner à Noirmoutiers, et consentit seulement à mettre à la tête de l'abbaye de Jumiéges saint Achard, l'un de ses plus fidèles disciples. De retour dans son île, il s'appliqua de plus en plus au bon gouvernement de son troupeau. Simultanément, il dirigeait encore les progrès du monastère de Notre-Dame de Luçon *(Sancta Maria Lucionensis)*, qui florissait depuis le IVe siècle, et les commencements de celui de Saint-Michel-en-l'Herm *(S. Michael in Eremo)*, qu'Ansoald venait de fonder, en 681. Occupé de tant de travaux, il n'en avait pas moins l'esprit de recueillement et de prière ; ce qu'il conseillait aux autres, on le lui voyait toujours accomplir le premier. S'il parlait, on croyait entendre Jésus-Christ ; l'Esprit semblait souffler sur son cœur et sur ses pensées. Il mourut le 20 août vers 687, au milieu de ses frères de Noirmoutiers.

On représente saint Philibert : 1° assis, en costume d'abbé, et caressant un cheval ou un âne : c'est probablement l'âne de sainte Austreberte, abbesse de Pavilly, qui transportait à Jumiéges le linge de la sacristie, que la sainte abbesse se chargeait de blanchir ; 2° sauvant les moines de Jumiéges d'un ouragan qui survint pendant la moisson.

CULTE ET RELIQUES.

Le corps du Saint, conservé jusqu'en 836 dans l'église de Noirmoutiers, en fut enlevé le 14 février de cette même année, par précaution contre les Normands qui menaçaient l'île, et transporté dans le monastère de Déas, petite ville du comté d'Herbauges, en bas Poitou. Pendant ce trajet, d'admirables prodiges éclatèrent aux yeux des populations qu'on traversa à Beauvoir-sur-Mer *(Ampermum)*, à Bois-de-Céné *(Varinna)* et à Paux *(Paulus)*, trois stations où s'arrêta successivement le pieux convoi. Plus tard, les religieux furent contraints de chercher un autre asile à Cunaud, en Anjou, où ils apportèrent le corps de leur saint Abbé, vers l'an 837. De là ils le transportèrent à Messay, en Poitou, en 862, puis à Saint-Pourçain, en Auvergne, vers la fin de l'an 871. Enfin, cette communauté si longtemps errante vint se fixer à Tournus, sous la conduite de l'abbé Geilon, l'an 875. Un monastère qui existait dans cette ville, sous l'invocation de saint Valérien, leur fut cédé.

Vers la fin du X° siècle, Gilbert, comte de Châlon, ayant voulu de sa propre autorité donner l'abbaye de Tournus à un religieux qu'il favorisait, ceux de Noirmoutiers retournèrent à Saint-Pourçain, emportant avec eux le corps de saint Philibert et les autres reliques dont ils avaient enrichi le monastère de Tournus. Ils n'en revinrent qu'au bout de trois ans, sur l'invitation des évêques de la province, et quand on eut chassé l'abbé intrus.

Depuis cette époque, la célèbre abbaye a toujours conservé le précieux dépôt des reliques de saint Philibert. Elles ont échappé à tous les dangers des guerres et des révolutions. Lorsque, en 1562, les Huguenots dévastèrent l'abbaye de Tournus, ils découvrirent malheureusement le lieu où l'on avait caché les châsses de saint Valérien, de saint Vital, et de quelques autres Saints. Mais le corps de saint Philibert échappa à leur fureur. Sauvé aussi pendant la Révolution de 1793, il est encore aujourd'hui honoré dans la première église de Tournus. Le 20 août 1841, Monseigneur l'évêque d'Autun a placé les reliques de notre Saint dans un nouveau reliquaire, en présence d'un nombreux concours de prêtres et de fidèles. En vérifiant les ossements de saint Philibert, on a constaté l'absence de quelques-uns ; mais on sait ce qu'ils sont devenus. Un acte en parchemin, trouvé dans l'ancienne châsse de cuivre, atteste que, le 19 mai 1493, à la prière de Jacques d'Amboise, abbé de Cluny et de Jumiéges, l'on ouvrit la châsse de saint Philibert, et que l'on en tira quelques reliques pour les envoyer à Jumiéges. Dans le XVII° siècle, on fit le même présent à d'autres grands personnages.

Outre la fête principale de saint Philibert, que l'on célèbre aujourd'hui, on en célébrait d'autres à l'abbaye de Tournus, à l'occasion de ses diverses translations, le 14 février, le 7 juin et le 15 octobre. Il y en avait une quatrième le 22 mai à Charlieu, ancien diocèse de Mâcon ; mais elle était propre à cette église.

Nous nous sommes servi, pour composer cette biographie, du *Propre de Poitiers* ; de Godescard ; des *Vies des Saints de l'Église de Poitiers*, par M. l'abbé Auber ; du *Légendaire d'Autun* ; et de la *Vie des Moines et des Évêques de Luçon*, par l'abbé Du Tressay, chanoine honoraire de Luçon.

SAINT BERNARD,

PREMIER ABBÉ DE CLAIRVAUX ET DOCTEUR DE L'ÉGLISE.

1153. — Pape : Anastase IV. — Roi de France : Louis VII.

> *Nemo poterat resistere spiritui qui loquebatur in eo.*
> Act., VI, 10.
>
> Saint Bernard est un solitaire qui rend toute sa famille religieuse ; un Docteur qui n'écrit et ne parle que l'Écriture sainte ; un homme vierge nourri du lait de la Mère de Dieu ; un pénitent attaché en croix par la main propre de Jésus-Christ.
> Durand, *Caractères des Saints*.

Saint Bernard, la gloire et l'oracle du XII° siècle, naquit en 1091, près de Dijon, au château de Fontaines. Ce lieu, devenu célèbre par la naissance d'un si grand homme, fut, au commencement du xviie siècle, changé en un monastère de Feuillants : ce monastère est aujourd'hui détruit, mais il s'y trouve encore une chapelle qu'on va visiter par dévotion [1]. Técelin, seigneur de Fontaines, père de notre Saint, joignait une insigne piété à une grande noblesse. Aleth ou Alix, sa mère, était fille de Bernard, seigneur de Montbar, et alliée aux ducs de Bourgogne. Cette bienheureuse passait ses jours dans les pratiques les plus austères de la discipline chrétienne. Pendant qu'elle portait cet enfant dans son sein, un songe l'avertit qu'il aurait une glorieuse destinée. Lorsqu'elle le mit au monde, Aleth ne se contenta pas de l'offrir à Dieu, comme elle avait fait de ses autres enfants ; mais, imitant le zèle et la piété d'Anne, mère de Samuel, elle le dédia au service de l'Eglise.

Dès qu'il fut en âge d'apprendre les lettres, elle eut soin de le donner aux prêtres de l'église de Châtillon-sur-Seine, pour l'instruire. Il fit de rapides progrès sous leur conduite ; et, comme il avait l'esprit naturellement vif et perçant, il surpassa bientôt tous ses compagnons dans l'étude. Il était d'ailleurs très-simple pour ce qui regarde les choses du monde ; il évitait de paraître en public ; la solitude avait pour lui des charmes inconcevables, il ne contredisait jamais son père ni sa mère ; il obéissait ponctuellement à ses maîtres. Le silence, la retraite, la modestie, l'humilité, la dévotion, étaient les ornements de son enfance.

Etant encore fort jeune, il eut un mal de tête extrêmement violent qui lui fit garder le lit ; les médecins ne pouvant le soulager, on lui amena (sans doute à l'insu de ses parents) une femme qui se mêlait de guérir les malades par enchantements. Dès que Bernard la vit, il entra dans une sainte colère contre elle, et la chassa de sa chambre avec indignation. Dieu, pour le récompenser de cet acte, lui rendit aussitôt une parfaite santé. Peu de temps après, il reçut une insigne faveur du ciel : la nuit de Noël, attendant avec beaucoup d'autres qu'on commençât les divins offices, il fut surpris par un léger assoupissement ; alors l'adorable Enfant Jésus se fit voir à lui dans une beauté sans pareille et dans l'état où il était au moment de sa naissance. Il eut toujours, depuis, une singulière dévotion pour le mystère de l'Incarnation, et on peut juger combien il était éclairé sur ce sujet, par ses admirables sermons sur l'Evangile *Missus est*. Il était, dès lors, extrêmement charitable envers les pauvres, et il leur donnait en secret tout l'argent qu'il pouvait avoir de ses parents.

Ses études étant terminées, il quitta Châtillon pour retourner au foyer paternel. Il avait alors dix-neuf ans. Brillant au dehors de tous les attraits de la jeunesse et du talent, il ne ressentait plus au dedans de lui-même les pulsations de son ancienne ferveur. Sa piété, dépourvue de consolations sensibles, et sevrée, pour ainsi dire, de toutes les suavités, semblait n'avoir plus ni sève ni chaleur. Le printemps était passé pour lui ; les ombres de la nuit enveloppaient son âme, et la voix de la tourterelle ne s'y faisait plus entendre. Ce fut le temps où commencèrent les épreuves.

Jusqu'alors la chasteté du jeune Bernard, protégée par la piété et la pudeur (deux gardiennes que la grâce et la nature donnent à cette vertu angélique), n'avait subi aucune atteinte ; mais les séductions du monde au milieu duquel il venait d'entrer, sollicitèrent vivement son cœur naïf et son imagination trop impressionnable. Il lui arriva, raconte son biographe, de porter un jour ses regards sur une femme dont la beauté l'avait frappé.

---

1. C'est actuellement le bourg de Fontaines-lès-Dijon, aux portes de ce chef-lieu de département.

Bernard éprouve un sentiment étrange ; sa conscience alarmée se réveille avec force ; il craint que le trait ne soit mortel. Aussitôt il s'enfuit sans savoir où il va, il court à un étang, s'y plonge avec hardiesse, et demeure obstinément dans ces eaux glacées jusqu'à ce qu'on vienne l'en retirer à demi mort. Un tel acte de vigueur eut pour Bernard des résultats salutaires ; sa vertu victorieuse redoubla d'énergie, et de ce moment elle s'éleva de plus en plus au-dessus des concupiscences de la nature.

A cette époque, une affliction immense, la plus poignante que puisse éprouver un fils, vint le frapper au cœur, et mit un terme à toutes les joies du foyer domestique. Six mois s'étaient à peine écoulés depuis son retour à Fontaines, quand sa mère, comme un fruit mûr pour le ciel, lui fut enlevée.

En proie à une intime tristesse, il trouvait à peine dans sa foi et dans les promesses éternelles quelques pensées de consolation. Il avait près de vingt ans. C'est l'âge où le fils commence seulement à comprendre le prix d'une mère : tant qu'il est enfant, il l'aime instinctivement, il l'aime enfantinement ; mais le jeune homme l'aime avec motif, avec conscience ; et à sa tendresse filiale se joint une estime singulière, une confiance et un respect qu'on ne saurait exprimer. Bernard, quoique entouré de ses frères, de sa sœur, de son vieux père, se croyait seul dans le monde ; son appui lui manquait ; sa consolation n'était plus ici-bas ; il n'entendait plus, il ne voyait plus sa mère ; il était en quelque sorte séparé de lui-même et privé des plus doux charmes de sa vie.

Mais ce qui augmentait chaque jour ses regrets et ses ennuis, ce fut son aridité intérieure, la sécheresse de sa dévotion et de ses prières, la froideur de son âme qui lui semblait couverte de glace.

Dans cet état d'obscurcissement, par où passent inévitablement les âmes destinées à une haute sanctification, Bernard dut subir toutes les épreuves de la voie purifiante ; car, ainsi que le témoigne l'Ecriture, le Seigneur éprouve ses serviteurs comme l'argent s'éprouve par le feu, et l'or dans le creuset.

Bernard eut à lutter contre les trois espèces de tentations qui s'attachent successivement au corps, à l'esprit et à l'âme, par la concupiscence de la chair, la concupiscence des yeux et l'orgueil de la vie.

La première de ces tentations fut d'autant plus violente, que déjà Bernard en avait triomphé dans une autre circonstance. Mais l'antique et rusé serpent attendit le moment le plus critique pour surprendre la jeunesse de Bernard et lui livrer de nouveaux assauts.

Bernard était remarquablement beau ; tout en lui respirait la distinction : son œil plein de feu éclairait un visage mâle et doux ; sa démarche, son attitude, son geste, le sourire de ses lèvres, étaient toujours modestes, simples et nobles ; sa parole, naturellement éloquente, était vive et persuasive. Il y avait dans sa personne quelque chose de si aimable, de si attrayant, que, selon l'expression de ses biographes, il était encore plus dangereux pour le monde que le monde ne l'était pour lui. On conçoit dès lors les périls qui durent environner le jeune homme, surtout quand on songe combien son cœur était ouvert, expansif et porté à aimer. Il en fit des expériences nombreuses et terribles.

Cependant la grâce divine, qui assiste les humbles, et fortifie ceux qui combattent, couvrit Bernard de son égide et le rendit invulnérable à tous les traits du démon de la chair.

Le tentateur prit alors une forme plus subtile, et voyant que le côté faible de Bernard était une passion excessive pour la science, il s'efforça de captiver son esprit par la concupiscence des yeux. Des amis imprudents, ses frères eux-mêmes, pour le distraire de ses rêveries, l'engagèrent à s'adonner aux sciences curieuses ; et ils lui représentèrent si vivement l'intérêt qui s'attache à ce genre d'études, que Bernard, déjà enclin par lui-même aux investigations de l'intelligence, ne trouvait d'abord aucune objection à ces conseils ; mais la voix de sa conscience lui en montrait les dangers. Il comprit que la science, sans but pratique et sans autre résultat que la satisfaction d'une vaine curiosité, n'est point digne du chrétien. Car, ainsi qu'il le disait lui-même dans la suite (et nous citerons ici ses propres paroles) : « Il y a des hommes qui ne veulent apprendre que pour savoir, et cette curiosité est blâmable ; d'autres ne veulent apprendre que pour être regardés comme savants, et c'est une vanité ridicule ; d'autres n'apprennent que pour trafiquer de leur science, et ce trafic est ignoble. Quand donc les connaissances sont-elles bonnes et salutaires ? Elles sont bonnes, répond le Psalmiste, quand on les met en pratique. Et celui-là est coupable, ajoute l'apôtre saint Jacques, qui, ayant la science du bien qu'il doit faire, ne le fait pas ».

De telles considérations, appuyées sur la foi chrétienne, contre-balancèrent les suggestions spécieuses de ses amis.

Il fallait cependant embrasser une carrière et déterminer une sphère d'activité : il fallait, en définitive, choisir entre Dieu et le monde. Dans cette alternative, où les secrètes dictées de la conscience combattent inexorablement toutes les réflexions et toutes les prévisions, Bernard éprouvait des perplexités douloureuses. Le tentateur profita de la crise pour lui livrer un assaut plus long et plus opiniâtre que les précédents : ce fut, cette fois, l'orgueil qu'il chercha à exalter par des insufflations perfides.

En effet, le monde ouvrait à Bernard des avenues séduisantes. L'influence de sa famille et les services personnels de son père lui assuraient dans les armées un avancement rapide et un rang distingué ; d'une autre part, son génie flexible, ses connaissances variées l'appelaient à la cour, où il entrevoyait les chances d'un succès brillant. La magistrature encore lui offrait une position conforme à ses habitudes graves et studieuses ; enfin il pouvait aspirer, et par son mérite, et par la noblesse de sa maison, aux plus éminentes dignités de l'Eglise.

Mais au milieu de tant d'avantages, Bernard demeura indécis ; et ni les pressantes sollicitations de sa famille, ni l'entraînement de ses amis, ni le poids de ses propres désirs et sa passion pour les grandes choses ne purent fixer sa volonté, ni arracher son consentement. Chaque fois que le monde lui souriait, le souvenir de sa mère le ramenait aux pensées de la vie future ; et tous ses projets semblaient se dissiper comme un songe, sous l'action d'une force invisible qui faisait son supplice ou sa joie, selon qu'il cédait ou résistait à cette mystérieuse impulsion.

Pendant qu'il était ainsi en proie à une lutte intérieure, où la nature avait peine à se rendre à la grâce, il alla voir ses frères qui étaient avec le duc de Bourgogne au siége du château de Grancey. Ses perplexités ayant augmenté sur la route, il entra dans une église où il pria Dieu avec beaucoup de larmes de lui faire connaître sa volonté et de lui donner le courage de la suivre. Sa prière finie, il se sentit une forte résolution d'embrasser l'institut de Cîteaux. Il plaida si bien sa cause auprès de sa famille, que ceux qui l'avaient désapprouvé suivirent son exemple. Tels furent ses frères Guido, Gérard, Barthélemy, André et Gauldry, son oncle, comte de Touillon, près d'Autun, célèbre par sa valeur guerrière.

André, engagé dans la profession des armes, hésitait à suivre son frère Bernard; mais sa mère, la bienheureuse Aleth, qui, comme nous l'avons dit, était morte, lui apparut et le détermina à quitter le monde. Guido était retenu par plusieurs obstacles : il était marié et avait deux filles. Sa femme lui rendit la liberté et entra elle-même au monastère de Juilly, près de Dijon. Gérard, second frère du Saint, était peu disposé à se faire religieux. C'était un officier très-distingué et qui aimait le monde. Il reçut un coup de lance au côté, comme Bernard le lui avait prédit, et fut fait prisonnier. Alors il promit de se joindre à ses frères; aussitôt il obtint sa guérison. Après quelque temps de captivité, dont Bernard fit d'inutiles efforts pour le tirer, il entendit, pendant son sommeil, une voix qui lui dit : « Tu seras délivré aujourd'hui ». Il prenait cela pour un songe; mais à l'heure des Vêpres (c'était en Carême), repassant ce qu'il avait entendu, il toucha les fers qui lui tenaient les pieds, et ils se détachèrent d'un côté. Il alla à la porte du cachot, et la serrure lui tomba dans les mains. Il sortit sans que personne l'arrêtât. Il monta à l'église ayant encore ses fers à un pied; mais, ou on ne le reconnut point, ou on ne put se saisir de lui. Ainsi il vint retrouver ses frères et se joignit à eux pour embrasser une plus noble milice que celle de ce siècle.

Après ces conquêtes domestiques, Bernard en fit d'autres hors de sa famille; car il était si puissant dans ses exhortations, que, lorsqu'il en faisait en public ou en particulier, les femmes retenaient leurs maris, les mères enfermaient leurs enfants, et les amis amusaient leurs amis, de peur qu'en allant l'entendre ils ne se laissassent persuader de se faire religieux. Il gagna cependant plus de trente personnes, parmi lesquelles fut le seigneur Hugues de Mâcon, gentilhomme très-noble, très-vertueux et très-riche, qui fut depuis fondateur et premier abbé de Pontigny et évêque d'Auxerre. On empêcha d'abord tout entretien entre lui et Bernard, mais ce dernier étant allé le trouver dans un champ où il était, un grand orage écarta si bien tout le monde qui l'environnait, qu'il eut le moyen de lui parler seul à seul. Il le fit au milieu de la campagne, sans que la pluie tombât sur eux; ce prodige, joint à l'onction de la parole du Saint, décida Hugues à embrasser la vie monastique. Ce grand nombre de personnes qu'il avait gagnées à Dieu se retirèrent ensemble dans une maison que l'un d'eux avait à Châtillon : là, avant d'être religieux, ils en firent tous les exercices avec une ferveur incroyable.

Avant de se retirer à Cîteaux, Bernard et ses frères allèrent au château de Fontaines, pour dire adieu à leur père et lui demander sa bénédiction. Ils laissèrent avec lui leur jeune frère Nivard, qui devait faire la consolation de sa vieillesse. L'ayant vu, en s'en retournant, jouer avec d'autres enfants, Guido, l'aîné de tous, lui dit : « Adieu, mon petit frère Nivard; vous aurez seul nos biens et nos terres ». — « Quoi! » répondit l'enfant avec une sagesse au-dessus de son âge, « vous prenez le ciel pour vous, et vous me laissez la terre? Le partage est trop inégal ». Ils s'en allèrent, laissant Nivard avec son père. Mais, quelque temps après il quitta le monde comme eux et les suivit. Ainsi, de toute la famille, il ne resta que le père, qui était fort âgé, avec une fille dont nous parlerons dans la suite.

Saint Etienne était alors abbé de Cîteaux après saint Robert et saint Albéric, qui en avaient été fondateurs. Bernard, qui avait environ vingt-trois ans, vint se jeter à ses pieds avec cette illustre compagnie de postulants, pour lui demander la faveur d'être admis dans son nouvel institut. Etienne les reçut avec d'autant plus de joie, qu'un religieux avait été averti par une vision de leur arrivée. Il commença son noviciat avec tant de ferveur et un désir si ardent de s'avancer dans la vertu, qu'on ne l'eût pas pris pour un néophyte, mais pour un vieillard déjà consommé dans les pratiques de la vie intérieure. Il pensait sans cesse aux motifs qu'il avait eus en quittant le monde, et, pour ne se point relâcher, il avait toujours dans le cœur et souvent aussi dans la bouche cette parole : *Bernarde, Bernarde, ad quid venisti ?* « Bernard, Bernard, qu'êtes-vous venu faire ici ? » Il se soumit avec une régularité parfaite aux exercices les plus humbles et les plus crucifiants de la discipline de Saint-Benoît ; et sa vertu se développait chaque jour avec une telle vigueur, qu'elle étonnait même le saint vieillard qui gouvernait cette nouvelle école de prophètes. Il avait pris la salutaire habitude de vivre au dedans de lui-même, uni à Dieu au fond de son cœur, toujours attentif à la voix de sa conscience : ce qui rendait son recueillement facile et continuel. Et comme les grâces qu'il puisait à cette source mystérieuse rejaillissaient sur son extérieur, il semblait toujours environné d'une auréole de joie céleste ; en sorte, dit un contemporain, qu'on l'eût pris pour un esprit plutôt que pour un homme mortel ; exprimant par toute son attitude la belle parole qu'il aimait souvent à redire aux novices : « Si vous désirez vivre dans cette maison, il faut laisser dehors les corps que vous apportez du monde ; car les âmes seules sont admises en ces lieux, et la chair ne sert de rien ».

Plus il goûtait les délices de l'amour divin qui l'échauffait intérieurement, plus il réduisait en servitude ses sens et sa vie naturelle, de peur que les communications avec les choses extérieures ne missent quelque obstacle à la jouissance de ces ineffables consolations. La pratique constante de la mortification finit par amortir sa nature à tel point, que, ne vivant plus que par l'esprit, il voyait sans voir, il entendait sans entendre, mangeait sans goûter, et à peine conservait-il quelque sentiment pour les choses du corps. On rapporte que plus d'une fois il lui arriva de boire, sans s'en apercevoir, de l'huile ou quelque autre breuvage pour de l'eau ; il ne savait pas, au bout d'un an de noviciat, si la pièce destinée au dortoir était plate ou voûtée ; il ignorait s'il y avait des fenêtres au bout de l'oratoire où il priait tous les jours. La chose uniquement nécessaire l'absorbait tout entier et concentrait toutes ses pensées. Sa conscience, devenue plus délicate à mesure qu'elle s'était épurée davantage, ne supportait plus aucune imperfection ; et la faute la plus légère donnait des angoisses au jeune novice.

Il gardait exactement le silence et ne parlait jamais que lorsqu'il voyait que parler valait mieux que se taire. Sa compagnie, néanmoins, n'était point à charge ; et il savait si bien accommoder sa modestie avec une charitable condescendance à l'infirmité de ses confrères, que nul ne sortait mécontent d'avec lui. Son plaisir était d'avoir des habits pauvres et usés, sans néanmoins être malpropre. Il n'allait au réfectoire que comme à un lieu de supplice, de sorte que la pensée qu'il fallait manger lui ôtait quelquefois tout l'appétit. Il fuyait le sommeil comme l'image de la mort, et, lorsque la nécessité l'obligeait à prendre du repos, il le faisait si légèrement, qu'on pouvait presque dire qu'il ne dormait point. Il affaiblit si fort son estomac par ces jeûnes, ces veilles et d'autres mortifications, qu'il ne pouvait plus supporter aucun aliment.

Après sa profession (1114), il pratiqua toujours exactement les mêmes exercices ; il disait que ceux qui sont saints et parfaits pouvaient bien se donner quelque relâche ; mais que pour lui, qui était rempli d'imperfections, il devait toujours se faire violence et marcher du même pas que ceux qui commencent. Quand ses frères étaient occupés à quelque ouvrage des mains, auquel il ne pouvait pas travailler, parce qu'il ne s'y était pas exercé, il compensait ce défaut par d'autres ouvrages aussi pénibles et moins agréables. Un jour, au temps de la moisson, les religieux coupaient les blés, on lui commanda de s'asseoir et de se reposer, parce qu'il n'avait ni la force ni l'expérience nécessaires pour cet emploi. Il s'assit par obéissance ; mais, élevant en même temps son cœur vers Dieu, il le pria avec beaucoup de larmes de lui faire la grâce de pouvoir travailler comme les frères. Son pieux désir fut exaucé, et, depuis ce jour-là, il était aussi habile que nul autre dans cet exercice. Pendant son travail, il n'était point sujet aux distractions dont se plaignent les plus spirituels ; mais, étant occupé tout entier aux fonctions extérieures, il ne laissait pas d'être encore occupé tout entier à la contemplation des choses divines.

Dans les intervalles, il priait sans cesse, ou lisait, ou méditait. Pour la prière, il la faisait en solitude autant qu'il lui était possible ; mais, lorsqu'il ne le pouvait pas, il se faisait une solitude de son cœur, d'où il envoyait des cris et des gémissements vers le ciel. Il lisait plus souvent et avec plus de plaisir le texte de l'Ecriture sainte, sans commentaire et de suite, qu'avec des explications, disant qu'il ne l'entendait jamais mieux que par elle-même, et que tout ce qu'il y découvrait des mystères et des vérités célestes lui paraissait plus clair et plus aimable dans cette première source que dans les ruisseaux des interprétations qu'on y ajoute. Il ne laissait pas toutefois de feuilleter avec humilité les ouvrages des Saints et des auteurs catholiques qui ont expliqué les Ecritures, et profitait de leurs lumières, qu'il préférait toujours aux siennes. Cette assiduité à la lecture du Texte sacré lui en rendit les sentences et les mots si familiers, que ses sermons, ses conférences et ses lettres en sont pleins. Enfin, pour la méditation, on peut dire qu'elle était sa vie, et il y trouvait tant de satisfaction et de délices, qu'il en était souvent comme enivré. C'est par cet exercice qu'il est devenu si savant dans la connaissance des vérités chrétiennes ; car il n'avait point étudié les lettres saintes dans le monde, et il n'eut dans le cloître d'autre école que de s'approcher par l'oraison de la source de toutes les lumières ; de manière qu'il disait quelquefois fort agréablement à ses amis, que les hêtres et les chênes avaient été ses maîtres.

Lorsque saint Bernard eut vécu dans Cîteaux, avec cette perfection, pendant deux ans, c'est-à-dire depuis l'année 1113 jusqu'à l'année 1115, saint Etienne, son abbé, fut sollicité d'établir un nouveau monastère à Clairvaux, vallée couverte de bois, près de l'Aube, alors du diocèse de Langres ; elle servait de retraite à beaucoup de voleurs, et s'appelait pour cela la *Vallée d'absinthe*, à moins qu'on ne lui eût donné ce nom parce que l'absinthe y croissait en abondance. Il choisit pour cette entreprise Bernard et ses frères, avec quelques autres religieux qu'il savait très-fervents ; en leur donnant sa bénédiction au moment du départ, il nomma pour leur supérieur Bernard, qui n'avait que vingt et un ans. Les commencements de cet établissement furent extrêmement rudes. La pauvreté y était extrême. La faim, le froid et la nudité étaient toute la richesse de ces nouveaux habitants. Ils ne faisaient souvent leur potage qu'avec des feuilles de hêtre. Leur pain, comme celui du Prophète, n'était que d'orge, de millet et de vesces; encore n'en avaient-ils pas pour se rassasier. Enfin, il était si noir et de si mauvais goût, qu'un religieux étranger, à qui l'on en servit, ne put le voir sans verser des larmes, et en emporta secrètement un morceau pour le montrer à tout le monde, comme un sujet d'admiration et une exhortation muette à la pénitence. Ils furent enfin réduits à une telle pénurie que l'économe, Gérard, frère du saint abbé, fut contraint de lui dire qu'il était dans l'impuissance de pourvoir aux besoins des religieux pour l'hiver qui approchait. Bernard lui demanda quelle somme il lui faudrait pour cela. Il lui répondit qu'il lui fallait bien onze livres. « Prions donc la bonté de Dieu », répliqua-t-il, « qu'il nous envoie cette somme ». Il se mit à l'heure même en oraison, et à peine eut-il levé ses mains pures vers le ciel, qu'une femme de Châtillon vint le demander et lui offrit douze livres, le suppliant d'ordonner des prières pour son mari qui était à l'extrémité. Le Saint remercia Dieu de cette aumône, et assura la femme qu'elle retrouverait son mari en parfaite santé. Elle le trouva effectivement levé et parfaitement guéri, et pour les douze livres, elles servirent à la subsistance de la communauté et à faire voir qu'il se faut confier, dans ses besoins, aux soins paternels de la divine Providence. Saint Bernard ne reçut pas une fois seulement ces secours extraordinaires et miraculeux ; car la main de Dieu était avec lui, et elle ne manquait pas de lui procurer, par des voies imprévues et inopinées, ce qui était nécessaire pour l'entretien de son couvent.

Lorsque Clairvaux eut pris la forme d'une maison régulière, l'évêché de Langres, dont elle relevait, étant alors vacant par la mort de Robert de Bourgogne, ce bienheureux supérieur reçut la bénédiction abbatiale de Guillaume de Champeaux, évêque de Châlons-sur-Marne, qui était un fameux docteur et un homme de grande piété. Cette bénédiction, qui fut faite aussi en 1115 ou au commencement de 1116, lia étroitement ensemble ces deux saints personnages, et fit que l'évêque prit autant à cœur les intérêts du nouvel abbé et ceux de son monastère, que les siens propres. Il l'aida donc de ses conseils et de ses moyens, et ayant reconnu l'éminence de sa sainteté et les riches talents dont la divine Bonté l'avait favorisé, il le mit en grande réputation, non-seulement dans tout son diocèse, mais aussi dans celui de Reims et par toute la France.

Bernard mettait tous ses soins à conduire ses religieux dans les voies de la perfection. Mais, comme il avait coutume de converser continuellement avec Dieu, et qu'il tirait de cette conversation une innocence et une pureté semblable à celle des anges, il avait bien de la peine à s'accommoder à la portée de ses inférieurs. Il ne leur parlait qu'un langage céleste qu'ils n'entendaient pas. Leurs moindres fautes lui semblaient intolérables, et lorsqu'il les entendait au confessionnal, les trouvant sujets, comme hommes, aux faiblesses et aux misères des hommes, il en était tout surpris et leur en faisait de sévères réprimandes capables de les décourager : il ne croyait pas qu'un religieux dût encore sentir les mouvements de la sensualité, ni se laisser aller à divers défauts que ceux qui vivent encore dans un corps mortel ne peuvent éviter entièrement. Cette manière d'agir étonna un peu ces saints religieux ; mais ils avaient tant de respect pour leur bienheureux supérieur, qu'ils aimaient mieux se taxer eux-mêmes de lâcheté et de nonchalance, que de l'accuser de trop grande sévérité ou d'imprudence. Une modestie et une simplicité si ravissante servirent d'instruction à notre Saint. Il reconnut que, s'il avait quelque connaissance spéculative des voies de Dieu, il n'avait pas encore toute l'expérience nécessaire pour le gouvernement : il s'accusa lui-même de zèle indiscret ; il condamna ses propres jugements dans lesquels il ne pesait pas assez l'infirmité de la nature, ni la différence des attraits et des grâces ; enfin, il entra dans un tel mépris et une telle défiance de sa conduite, que, s'imaginant que ses sermons étaient plus nuisibles que profitables à ses frères, parce qu'ils pouvaient, dans le silence et dans la retraite de leurs cellules, recevoir des pensées bien plus pieuses que celles qu'il tâchait de leur inspirer par ses discours, il prit la résolution de ne leur plus rien dire avant que Dieu lui eût fait connaître sa volonté sur ce point. Quelque temps après, un enfant, qui était tout environné d'une lumière divine, lui apparut et lui commanda avec une grande autorité de dire hardiment tout ce qui lui viendrait à la pensée, parce que ce serait le Saint-Esprit même qui parlerait par sa bouche. Et, en même temps, Dieu lui donna une grâce spéciale pour compatir aux faiblesses des autres et pour s'accommoder à la portée de l'esprit de chacun ; se trouvant tout changé, il commença à faire paraître une douceur et une condescendance extraordinaires pour ses frères, et à pourvoir avec un soin maternel à tous leurs besoins.

Au reste, cette grande douceur de saint Bernard, bien loin de nuire à l'observance régulière dans son abbaye, renouvela, au contraire, la ferveur de ses religieux ; car, par une sainte émulation, plus il se montrait indulgent en leur endroit, plus ils devenaient sévères et impitoyables à leurs propres corps ; et plus il les excusait et les consolait dans leurs chutes, plus ils en exigeaient d'eux-mêmes de rudes châtiments. Il avait pour maxime de ne point faire la correction, lorsqu'un religieux ne paraissait pas disposé à la bien recevoir : « car », disait-il, « lorsque celui qui reprend et celui qui est repris se mettent l'un et l'autre en colère, ce n'est plus une correction salutaire, mais un combat ». Cependant, il savait si bien prendre le temps et l'occasion favorable de dire à chacun ce que la charité lui inspirait de dire, que sa parole ne revenait jamais à vide, et qu'il remédiait aux plaies sans y faire de fâcheuses incisions.

En ce temps, comme il se promenait une nuit autour de son monastère, il vit en esprit une si grande quantité de personnes de différents habits et de différentes conditions, qui descendaient des montagnes d'alentour et venaient fondre dans la vallée où il était, qu'elle n'avait pas assez d'étendue pour les contenir tous. Il reconnut par là que Dieu le voulait faire, comme Abraham, père d'une grande postérité, et que ses enfants seraient comme les étoiles du ciel et les sables de la mer dont on ne peut pas compter le nombre. Técelin, son père, fut un des premiers qui voulut avoir part à ce bonheur. Il était demeuré seul dans sa maison depuis que Nivard, son dernier fils, l'avait quitté pour suivre l'exemple de ses frères ; mais étant touché de la sainteté de ses enfants, il ne rougit point de devenir leur frère, et même de se faire le fils spirituel de Bernard, qui était son fils selon la chair. Hombeline, sa fille, et sœur du saint abbé, demeura donc maîtresse de tous ses biens. Elle avait trouvé un parti fort avantageux, et dans l'abondance de ses richesses, elle s'abandonnait au luxe et aux divertissements auxquels son âge et sa naissance la portaient. Elle vint un jour, fort élégamment vêtue et avec une suite nombreuse de domestiques, pour voir ses frères. Saint Bernard, ne la regardant en cet état que comme un piége du démon pour perdre les âmes, refusa de lui parler ; ses autres frères firent de même, et André, qui se trouvait à la porte lorsqu'elle y arriva, l'appela « un sac d'ordures bien paré ». Ce refus la fit fondre en larmes ; elle fit dire à ces serviteurs de Dieu qu'elle avouait qu'elle était pécheresse et qu'elle ne se trouvait pas digne de leur conversation ; mais puisque Notre-Seigneur était mort pour les pécheurs, ils ne devaient pas pour cela la rebuter ; elle venait à eux comme une malade qui cherchait le remède à ses maux ; s'ils ne voulaient pas la voir comme ses frères selon la chair, ils devaient au moins la voir comme ses médecins selon l'esprit ; en un mot, elle était prête à faire tout ce qu'ils ordonneraient. Sur cette promesse, saint Bernard et tous ses frères sortirent pour lui parler. Le fruit de cet entretien fut merveilleux : Hombeline renonça dès lors à toutes les pompes et à toutes les vanités du monde, et régla sa vie sur celle de la bienheureuse Aleth, sa mère. Deux ans après, ayant obtenu congé de son mari, elle se retira dans le monastère de Billette, où elle vécut et est morte dans une grande sainteté.

La manière avec laquelle Dieu attirait les âmes à cette sainte Congrégation est fort admirable ; en voici un bel exemple : De jeunes gentilshommes vinrent, un jour de carnaval, voir l'abbaye de Clairvaux et le saint abbé dont ils entendaient partout faire l'éloge. Après avoir satisfait leur curiosité, ils voulurent prendre congé de lui pour aller continuer leurs jeux et leurs tournois. Bernard les pria de lui accorder, par grâce, de passer le reste du carnaval dans la retenue, et de s'abstenir de ces divertissements qui ne sauraient que corrompre l'âme et la remplir de passions criminelles. Ils ne purent jamais se résoudre à le lui promettre ; il fit donc venir un religieux à qui il ordonna de leur présenter de la bière pour se rafraîchir ; et, en même temps, il la bénit et les pria d'en boire à la santé de leurs âmes. Ils en burent tous, bien résolus de ne lui obéir qu'en cela seulement. Mais à peine furent-ils sortis du monastère, qu'il se fit un merveilleux changement dans leurs âmes : ils furent touchés d'une grâce si prompte et si efficace, qu'ils renoncèrent sur-le-champ à toutes les vanités du monde, et revenant sur leurs pas aux pieds du Saint, ils le supplièrent de les recevoir au nombre de ses disciples. Ils ont depuis été grands serviteurs de Dieu, et ils sont décédés dans la joie de s'être préparés à la mort par une vie austère et remplie de bonnes œuvres.

La conversion d'un ecclésiastique fort considérable, nommé Mascelin, n'est pas moins admirable. L'archevêque de Mayence l'envoya vers saint Bernard, lorsqu'il alla en Allemagne, pour l'accueillir de sa part, et lui témoigner la joie qu'il avait de sa venue. Mascelin s'acquitta avec honneur de sa commission ; mais le Saint, le regardant amoureusement, lui dit : « Un plus grand Maître que l'archevêque vous a envoyé vers nous ». Mascelin vit bien ce que cela voulait dire ; mais il l'assura qu'il était bien éloigné de penser à être religieux, et qu'il n'avait nulle tendance à le faire. Cependant, sans que Bernard fît plus d'instance, il se sentit aussitôt tellement pressé par les mouvements de la grâce, que, dans ce voyage même, il se joignit à Bernard avec plusieurs autres personnes illustres par leur noblesse et leur science.

Le changement de Henri de France, frère du roi Louis VII et fils du roi Louis VI et d'Adélaïde de Savoie, son épouse, fut encore plus éclatant. Ce prince, que l'on fit depuis évêque de Beauvais, et ensuite archevêque de Reins, était allé à Clairvaux pour traiter de quelque affaire importante avec le saint Abbé. Etant sur le point de partir, il demanda à voir tous les religieux pour les assurer de son affection et se recommander à leurs prières. Saint Bernard lui dit qu'il avait espérance qu'il ne mourrait pas dans l'état où il était, mais qu'il verrait, par expérience, combien les prières des religieux, auxquels il s'était recommandé, étaient efficaces. Cette prédiction, qui semblait obscure, fut éclaircie, dès le jour même, par un événement bien surprenant : car Henri, oubliant, pour ainsi dire, qu'étant l'aîné des frères du roi, il touchait immédiatement à la couronne, voulut demeurer à Clairvaux, où il y prit l'habit et fit profession. Cette résolution fit une peine incroyable à ses officiers, qui l'aimaient tendrement et appuyaient sur lui l'espérance de leur fortune. Ils ne le pleurèrent pas moins que s'ils l'eussent vu mort devant leurs yeux, et entre autres un nommé André, qui était de Paris, vomit pour cela beaucoup d'injures contre saint Bernard et contre son monastère, et s'attaquant même au prince, son maître, il lui répéta souvent qu'il fallait qu'il fût ivre ou insensé pour faire des coups de cette nature. Henri supplia son abbé de l'apaiser et d'avoir principalement soin de sa conversion. « Laissez-le maintenant », lui dit-il, « jeter tout son feu ; après cela, soyez assuré qu'il est à vous ». Sur de nouvelles instances du prince, Bernard lui répliqua : « Ne vous ai-je pas dit qu'il est à vous ? » Ceux qui étaient présents entendirent ces paroles, et même André, qui, plus furieux et plus obstiné que jamais, branlait la tête et disait en lui-même : « Je vois bien, à présent, que tu es un faux prophète, parce que tu dis une chose qui ne sera pas, et je ne manquerai pas de te le reprocher devant le roi et dans l'assemblée de tous les princes, afin qu'on te connaisse pour un fourbe que tu es ». Le lendemain, il recommença ses imprécations, et partit du monastère dans cette mauvaise disposition : ce qui ne donna pas peu à penser à ceux qui avaient ouï la prédiction du serviteur de Dieu. Mais la nuit suivante, André fut tellement pressé des remords de sa conscience et du désir de se convertir, que, sans attendre le jour, il se leva de grand matin et s'en retourna à Clairvaux, pour demander humblement d'y être reçu.

Ajoutons à ces trois exemples celui d'un jeune seigneur allemand, venant d'étudier à Paris, avec un précepteur ; il passa par l'abbaye de Clairvaux, seulement pour voir la maison. Son précepteur fut tellement touché de la dévotion des religieux, qu'il résolut de demeurer avec eux, et qu'il entra effectivement dans le noviciat. Il pria en même temps son écolier, qui n'avait que quatorze ans, de suivre son exemple ; mais ce jeune homme le rebuta, et, ne pouvant même souffrir l'entretien des frères, il sortit au plus tôt du monastère, pour continuer son voyage ; mais il n'alla pas bien loin ; il eut deux visions, les deux nuits suivantes : dans l'une, on lui dit que, s'il allait à Paris, il mourrait avant la Pentecôte, et dans l'autre il vit saint Bernard qui le tirait du fond d'un puits où il s'était précipité ; il retourna sur ses pas, pour se mettre sous la conduite du bienheureux Abbé. Son précepteur se découragea depuis, et tâcha de le déterminer à s'en aller ensemble ; mais ce fut inutilement : l'écolier fut plus sage que le maître, il le laissa sortir seul ; quant à lui, Notre-Seigneur le remplit d'une grâce si abondante, qu'il parvint à une sainteté très-éminente et reçut de Dieu de grandes faveurs. Toutes ces choses arrivèrent en divers temps, aussi bien que la conversion de plusieurs gentilshommes de Champagne et de Flandre, qui vinrent prendre l'habit à Clairvaux, et furent depuis les fondateurs des belles abbayes de l'Ordre de Cîteaux, en ces pays ; mais nous les avons jointes ensemble, à cause du rapport qu'elles ont entre elles. Revenons maintenant à la suite de notre histoire.

Si saint Bernard s'était revêtu d'un esprit de tendresse envers les autres, il n'avait retenu pour lui qu'un esprit de rigueur impitoyable. Bien loin de diminuer ses austérités, il les augmentait tous les jours, et, ne croyant pas que les fatigues de sa charge fussent pour lui un motif de se traiter avec plus d'indulgence, il refusait à son corps tout ce qui pouvait le soutenir, et lui faisait souffrir, au contraire, tout ce qui était capable de l'abattre et de ruiner entièrement ses forces. Cette austérité lui attira de grandes maladies, et ces maladies, qu'il négligeait, le réduisirent à une si grande défaillance, qu'on n'attendait plus que sa mort, ou une vie plus fâcheuse que la mort même.

L'évêque de Châlons, qui l'avait béni, l'étant venu visiter, le trouva en cet état, et, ne pouvant souffrir que l'Eglise perdît si tôt une grande lumière, il s'en alla du même pas à Cîteaux, se prosterna, avec une humilité surprenante, aux pieds d'un petit nombre d'abbés qui s'y étaient assemblés, les supplia de lui donner seulement un an l'abbé Bernard sous sa conduite pour le gouverner, assurant qu'il ferait si bien qu'il le rétablirait en santé. Les abbés n'eurent garde de rien refuser à un si grand prélat, qui montrait tant de simplicité et de charité; ainsi, ce bon évêque étant revenu à Clairvaux avec tout pouvoir, fit loger le Saint dans une maison à part, lui défendit toutes sortes de mortifications corporelles, et le mit entre les mains d'un médecin qui se faisait fort de le guérir en peu de temps. Jamais la soumission et la patience de Bernard ne parurent avec plus d'éclat que dans cette occasion. Le lieu où on le logea était si pauvre et si mal bâti, qu'on l'eût pris pour la cabane d'un lépreux. Le médecin à qui on le soumit était un homme rustique, présomptueux et extrêmement ignorant, qui lui faisait donner des choses toutes contraires à sa guérison. On lui servit quelquefois de la graisse pour du beurre, et de l'huile dans un vase pour de l'eau. Mais il prenait tout avec une entière indifférence; et, dans cette grande humiliation et dépendance, il était comblé de tant de joie, qu'il semblait déjà goûter les délices du paradis. Ceux qui avaient le bonheur d'entrer dans sa chambre y respiraient un air de sainteté, dont ils étaient tout embaumés; et, comme ils se sentaient remplis de consolation dans la compagnie de cet homme céleste, ils n'en sortaient qu'avec regret et avec un désir ardent d'y retourner au plus tôt.

Lorsque l'année que les abbés avaient accordée à l'évêque de Châlons fut expirée, Bernard sortit de cette honorable prison pour reprendre les fonctions de sa charge et les austérités communes de son Ordre (1118). Il ne regarda point qu'il n'était pas guéri; mais, comme un torrent qui a renversé ses digues, et un arc qui a rompu la corde qui le bandait, il se laissa emporter à toute l'impétuosité de sa première ferveur. Au lieu d'épargner son corps, il entreprit de l'abattre par des jeûnes, des veilles et des abstinences nouvelles. Il priait debout le jour et la nuit, et ne cessa point de le faire jusqu'à ce que ses genoux, affaiblis par le jeûne, et ses pieds, enflés par le travail, ne purent plus le soutenir. Il porta le cilice assez longtemps et tant qu'il le put cacher, mais il le quitta aussitôt qu'on s'en aperçut, de peur que ses frères ne voulussent imiter cette **rigueur** qui eût été trop nuisible à leur santé. Sa nourriture était du pain et de l'eau, ou du suc de quelques herbes cuites, et il ne pouvait ou ne voulait point prendre autre chose. S'il usait quelquefois de vin, ce qu'il faisait très-rarement, c'était en fort petite quantité, parce que l'eau, disait-il, lui était beaucoup meilleure. Il ne se dispensait que très-difficilement des travaux extérieurs, tant du couvent que de la campagne, bien qu'il s'y traînât au lieu d'y aller. Enfin, sa rigueur à son endroit était si grande, que son estomac fut réduit par faiblesse à ne pouvoir plus rien retenir et à rejeter tous les aliments qu'il prenait. Il avouait lui-même, étant plus vieux, qu'il y avait eu de l'excès, et il s'en reprenait comme coupable, parce qu'enfin il faut s'affaiblir et se châtier, et non pas se détruire, ni ruiner entièrement les forces que Dieu nous a données pour son service.

Ce fut cependant par cette sainte sévérité contre lui-même, que Dieu le prépara à être le digne instrument d'une infinité de merveilles qu'il voulait opérer par lui dans le monde; car il lui rendit assez de santé pour cela quand il lui plut; et, malgré le grand abattement qu'il s'était procuré par ses abstinences, il lui donna la force de prêcher sa parole devant les rois et les peuples ; de faire des voyages dans des pays fort éloignés pour la défense de l'Eglise ; de fonder, de son vivant, cent soixante maisons de son Ordre ; d'être l'arbitre de tous les grands différends de la chrétienté ; d'apaiser les schismes, de confondre les hérésies, de pacifier les royaumes, d'étouffer les guerres entre les souverains ; d'armer toute l'Europe contre les infidèles, et d'être sur la terre la terreur de tous les méchants et le puissant protecteur de la justice et de la vérité.

Le premier service important que Dieu voulut tirer de lui fut le renouvellement de l'esprit monastique et de l'ancienne ferveur qui se voyait, aux siècles précédents, dans les communautés religieuses. Son exemple contribua plus à cela que sa parole, et il lui aurait aussi été difficile de beaucoup avancer dans ce dessein, s'il n'avait été lui-même un excellent modèle de pénitence et de mortification. Mais qui pourrait décrire l'innocence, le recueillement et la sainteté de vie qu'il fit fleurir dans son monastère ? Les bâtiments étaient sans ornement, mais avec une simplicité champêtre qui faisait bien voir que ceux qui y logeaient ne croyaient pas avoir une demeure assurée sur la terre, mais qu'ils en attendaient une éternelle dans le ciel. Le silence y était si grand, qu'on n'y entendait jamais que l'harmonie du chant des psaumes, lorsqu'on était au chœur, et le bruit des ouvrages des mains, lorsqu'on était au travail. Malgré le nombre des religieux, qui était ordinairement de six à sept cents, chacun était aussi solitaire que s'il eût été seul. Les heures et les actions étaient si bien réglées, qu'on ne trouvait jamais personne oisif, et que tous étaient occupés sans confusion. Ils assistaient au chœur et aux autres assemblées de communauté avec une modestie angélique. Le feu de l'amour divin s'allumait promptement dans leur méditation, et ils ne s'éloignaient des pieds du sanctuaire que tout embrasés de cette flamme céleste, et résolus de travailler constamment à leur perfection. Le pain qu'ils mangeaient semblait plutôt une masse de terre qu'un pain pétri de farine ; et, de fait, il n'y entrait que du blé que la terre de ce désert produisait par leur travail, blé maigre, noir et sans goût. Leurs autres aliments n'étaient pas plus savoureux : il n'y avait que la faim ou l'amour de Dieu qui pût y faire trouver quelque satisfaction. Mais, ce qui est surprenant, ils croyaient néanmoins être nourris trop délicatement, parce que l'onction de la grâce leur adoucissait tellement ces austérités, qu'ils n'y sentaient aucune peine. C'est ce qui les jeta dans une dangereuse défiance de leur état et dans une crainte que leur saint abbé ne les conduisît pas bien et ne les traitât avec trop d'indulgence ; mais ils furent aussitôt relevés de cette inquiétude, tant par ses sages remontrances, que par celles du vénérable évêque de Châlons, dont nous avons déjà parlé, qui leur fit voir, par l'exemple de la farine qui adoucit l'amertume d'un potage du prophète Elisée, que Dieu tempère quelquefois, par l'abondance de sa grâce, la rigueur de l'austérité de ses serviteurs, auquel cas ils doivent remercier sa bonté, et non pas en tirer des sujets de crainte et de défiance.

Lorsque saint Bernard eut été quelque temps borné à la conduite de son abbaye, Notre-Seigneur s'en voulut servir au dehors à la conquête des âmes et à la ruine de l'empire du démon, selon qu'il avait été prédit à sa mère, dès le temps qu'elle le portait dans son sein. Il commença donc à le rendre illustre par l'opération de plusieurs miracles, car il rétablit en santé un seigneur nommé Josbert, son parent, qui était près de mourir sans les Sacrements ; après, néanmoins, que son fils fut assuré que tous les torts qu'il avait faits aux églises et aux pauvres durant sa vie, seraient entièrement réparés, et qu'on en eut effectivement réparé quelques-uns, auxquels on pouvait remédier sur-le-champ. Il donna l'usage du bras et de la main à un enfant qui les avait perclus dès le temps de sa naissance. Il délivra d'un abcès au pied un jeune homme qui en était extrêmement incommodé. Il rendit la santé à Gauldry, son oncle, dévoré d'une fièvre violente dont on croyait qu'il mourrait. Il guérit du mal caduc le bienheureux Humbert, son religieux, qui fut depuis fondateur de l'abbaye d'Igny, au diocèse de Reims. Il multiplia tellement, dans une famine, le blé de son monastère, que ce qui n'eût pas suffi jusqu'à Pâques pour sa communauté seule, fut suffisant jusqu'à la moisson, non-seulement pour sa communauté, mais aussi pour une infinité de pauvres qui abondaient continuellement aux portes de son abbaye. Un pauvre homme du voisinage eut recours à lui dans sa maladie ; le Saint lui fit appuyer la tête sur le saint ciboire où l'on gardait le corps de Notre-Seigneur : ce qui le remit en santé. Son oncle Gauldry et Guido, son frère aîné, furent d'abord surpris de l'opération de ces prodiges ; et, craignant qu'elle ne lui servît de sujet de présomption ou de vanité, ils l'en reprirent avec aigreur, et quelquefois même avec des reproches, sans épargner sa modestie et sa douceur ; mais, lorsque le même Gauldry eut été guéri par ses prières, ils modérèrent leur zèle et ne s'attachèrent plus tant à le mortifier : surtout parce qu'il ne disait jamais rien pour sa défense, et que, bien qu'il fût leur supérieur, il recevait leurs réprimandes avec l'humilité, la patience et la simplicité d'un novice.

Dans le même temps, un de ses religieux et de ses parents, nommé Robert, qui était encore fort jeune, s'étant échappé de son monastère pour passer dans celui de Cluny, à la persuasion de quelques-uns de cette abbaye, il lui écrivit, pour le faire revenir, la lettre admirable que l'on a mise à la tête de toutes ses lettres ; il parle avec une sainte liberté des déréglements qui s'étaient introduits dans l'Ordre de Cluny, après la mort de saint Mayeul. Le secrétaire, dont il se servit pour l'écrire, fut Godefroy, qui a assuré que, pendant qu'il la lui dictait, il survint en un moment une grosse pluie, qui devait tremper tout le papier, parce qu'ils étaient en pleine campagne ; mais il ne tomba pas une goutte d'eau dessus : Dieu voulant montrer, par ce miracle, que c'était par son esprit et dans le seul désir de sa gloire, qu'il écrivait cette lettre. Il priva un autre de ses religieux de la sainte communion pour une faute secrète. Celui-ci, craignant d'être remarqué, ne laissa pas d'approcher de la Table sainte, pour recevoir de sa main ce pain des Anges, et il le reçut, en effet, parce que le bienheureux Abbé savait bien qu'on ne doit pas refuser publiquement l'Eucharistie à ceux dont les crimes sont encore cachés. Mais, par un juste jugement de Dieu, et par la prière du Saint, il ne put jamais l'avaler ; il fut donc contraint de venir se jeter à ses pieds pour confesser son sacrilège, et alors, après qu'il eut reçu l'absolution, la sainte hostie passa sans difficulté dans son estomac. La parole, l'attouchement et le baiser du serviteur de Dieu firent encore d'autres prodiges. Par sa parole et son excommunication, il fit mourir une incroyable quantité de mouches qui étaient dans son église de Foigny avant qu'elle fût dédiée, ce qui a donné sujet au proverbe de la malédiction des mouches de Foigny. Par son attouchement et le signe de la croix, il fit marcher droit un enfant boiteux, et, par son baiser, il en guérit un autre qui pleurait et criait perpétuellement sans que rien pût l'apaiser. Enfin, Gautier de Montmirail lui ayant été présenté à l'âge de trois ans, pour recevoir sa bénédiction, on le vit étendre ses petites mains pour prendre et baiser celle du saint Abbé. Il la prit, en effet, la porta à sa bouche et la baisa plusieurs fois avec un respect et une affection qui ne pouvaient pas venir d'un instinct de la nature, mais d'un mouvement de la grâce.

Pendant que tant de merveilles portaient sa réputation par toute la France, il tomba dangereusement malade ; ses enfants et ses amis, qui étaient autour de son lit, n'attendaient presque plus que son dernier soupir ; alors il eut un ravissement où il lui sembla qu'on le présentait devant le tribunal de Dieu, et que le démon, ce cruel ennemi des hommes, proposait plusieurs chefs d'accusation contre lui. Il dit alors sans s'effrayer : « Je confesse que je ne suis pas digne de la béatitude éternelle, et que je ne la puis obtenir par mes propres actions ; mais, mon Seigneur et mon Maître la possédant à double titre : 1° par droit d'héritage comme le Fils de Dieu le Père ; 2° par le mérite de sa Passion comme Sauveur du monde, il se contente du premier titre, et il me donne part au second. Ainsi, j'ai grand sujet d'espoir et de confiance ». Il revint ensuite à lui et, peu de temps après, ayant connu par la vision d'un vaisseau où il ne fut pas possible de s'embarquer, que sa fin était encore éloignée, il fut miraculeusement guéri par l'attouchement des mains sacrées de la glorieuse Vierge, de saint Laurent et de saint Benoît, qui lui apparurent avec une sérénité de visage digne de cette souveraine paix qu'ils possèdent dans le ciel. L'abbé de Saint-Thierry de Reims, qui a écrit la vie de notre Saint, dit que, comme saint Bernard avait reçu la santé par les bienfaits de la Vierge et des Saints, ainsi lui, étant tombé dangereusement malade, fut guéri par la charité et par les prières de Bernard ; mais qu'il gagna beaucoup plus que cette guérison corporelle, parce que sa maladie lui ayant donné occasion de venir à Clairvaux, il y jouit longtemps des entretiens tout célestes de ce grand serviteur de Dieu, et l'entendit pluieurs fois expliquer le Cantique des cantiques, et développer toute l'économie que Dieu garde dans la conduite des âmes pour les faire arriver à la perfection ; il en tira un fruit merveilleux pour lui-même et pour les religieux de Saint-Thierry, dont il était le supérieur.

Bernard devint illustre, non-seulement par ses miracles, mais aussi par ses prédications toutes remplies de l'esprit de Dieu. Il commença cet exercice à Châlons-sur-Marne, et il fut si heureux dans ce premier jet du filet de la parole de Dieu, que plusieurs personnes nobles et savantes voulurent le suivre pour être de ses frères, ses enfants et ses disciples. Il prêcha ensuite en Flandre, et sa parole n'y fut pas moins efficace et n'y fit pas des conquêtes moins considérables qu'à Châlons. Il vint aussi à Paris, prêcha deux fois dans les écoles de philosophie, et gagna à Dieu et à son Ordre grand nombre de jeunes hommes qu'il emmena avec lui dans son abbaye. Il y vit en même temps six cents novices ; mais, comme il y en arrivait toujours de nouveaux, il fallut agrandir les lieux pour les recevoir, les loger plus à l'étroit, enfin en envoyer des essaims de tous côtés, selon les prières instantes des évêques et des seigneurs qui souhaitaient d'en avoir dans les lieux de leur ressort. En effet, l'abbaye de Clairvaux devint, en peu de temps, la mère et la source de cent soixante autres monastères, où l'on voyait briller le même esprit de silence et de dévotion, le même amour pour la pauvreté, le même dégagement de toutes les choses de la terre, la même ardeur pour la mortification et la pénitence, et la même observance de la Règle de Saint-Benoît dans toute sa rigueur. La France ne fut pas le seul royaume qui voulût avoir part à cette bénédiction : la Savoie, l'Italie, la Sicile, l'Espagne, le Portugal, l'Angleterre, l'Ecosse et l'Allemagne s'empressèrent de donner des maisons à saint Bernard ; et son nom vola si loin par-delà les mers, que même les nations barbares et infidèles demandaient de ses enfants, pour recevoir, par leur moyen, les lumières de la foi et les instructions nécessaires pour bien vivre. Au reste, lorsqu'il en envoyait pour faire quelque nouvel établissement, s'il ne les accompagnait pas de corps, il les accompagnait d'esprit, et Dieu, par un miracle de sa bonté, lui faisait connaître tout ce qui se passait entre eux, et le bien ou le mal qui leur arrivait : il leur mandait quelquefois de corriger certains défauts, qu'il ne pouvait connaître que par une lumière surnaturelle.

Il faut maintenant le voir paraître sur le grand théâtre de l'Eglise universelle, pour défendre les droits de son chef, attaqué par une faction ambitieuse de schismatiques. Innocent II, que l'on nommait auparavant Grégoire, avait été canoniquement élu souverain Pontife ; le cardinal Pierre de Léon, du titre de Sainte-Marie au-delà du Tibre, qui avait été légat avec lui en France, au temps du pape Calixte II, se fit élever, contre les Canons, sur la chaire de saint Pierre, sous le nom d'Anaclet II. La justice était du côté du premier ; mais la force fut, au commencement, du côté du second : le peuple, gagné par des sommes prodigieuses d'argent, était prêt à répandre son sang pour sa cause. Innocent fut contraint de sortir de Rome et de se réfugier premièrement à Pise, où il fut reçu avec beaucoup de respect, et puis en France, qui a toujours été l'asile des souverains Pontifes persécutés. Avant qu'il arrivât, on tint un conseil à Etampes, pour examiner son droit et voir si la procédure de son élection était canonique. Le roi Louis VI et les principaux évêques demandèrent que Bernard y fût appelé : car ils étaient tellement persuadés de sa sagesse et de sa sainteté, qu'ils ne doutaient point qu'il ne connût ce qu'il fallait faire en cette occasion, et qu'il ne le déclarât aussi avec une liberté apostolique. Il n'y vint néanmoins qu'avec frayeur, craignant que l'issue ne fût pas favorable à l'Eglise. Mais Dieu le consola en chemin par une vision. Il ne fut pas plus tôt arrivé, que le roi et les prélats, d'un commun consentement, remirent, après Dieu, toute l'affaire à son jugement. Il n'accepta qu'avec peine une commission de cette importance ; mais on l'obligea de s'y soumettre.

Après avoir souvent consulté l'oracle du Saint-Esprit dans l'oraison, et avoir mûrement pesé toutes les raisons d'Innocent et d'Anaclet, il déclara que le premier était Pape et que tous les fidèles étaient obligés de le reconnaître et de lui obéir : ce qui fut reçu, non-seulement de tout le Concile, mais aussi de tout le royaume de France. Notre Saint alla ensuite vers le roi d'Angleterre, et lui persuada, contre ses premières résolutions, de rendre obéissance à Innocent. Il l'amena même à Chartres, vers Sa Sainteté, qui venait d'y arriver, après avoir été reçu très-magnifiquement à Orléans par Louis VI et par les évêques qui avaient assisté au Synode d'Etampes. De là Innocent alla à Reims, où il tint un nouveau Concile pour les affaires de l'Eglise, et à Liége, où il conféra avec l'empereur Lothaire II. Dans toutes ces rencontres, il ne pouvait souffrir que saint Bernard s'éloignât un moment de lui, et il voulait qu'il assistât, avec les cardinaux, aux Consistoires. Aussi, il en reçut partout de grands services : car, à Reims, il fut l'âme de tout le Concile, où l'on ne régla rien que par son jugement ; et à Liége, l'empereur voulant prendre occasion du schisme pour se faire rendre les investitures des Eglises, il s'opposa comme un mur à une prétention si illégitime, et lui fit voir que de reconnaître le Pape n'était pas une soumission arbitraire, à laquelle il pût mettre des conditions à sa fantaisie, mais une obligation indispensable et une nécessité de salut.

Au retour de Liége, Sa Sainteté voulut elle-même visiter l'abbaye de Clairvaux. Les religieux n'allèrent pas au-devant d'elle avec des parements de pourpre et de soie, ni avec des croix, des châsses, des missels et des vases sacrés d'or. Ils ne la reçurent pas non plus au bruit des trompettes et des instruments de musique, ni avec des acclamations et des cris de joie ; mais ils étaient précédés d'une croix de bois mal polie ; leurs habits pauvres et usés faisaient tout leur ornement ; et, au lieu de cris tumultueux, ils chantaient modestement des psaumes et des hymnes à la louange de Jésus-Christ, pauvre et humble, dont le Pape n'est que le vicaire. La retenue avec laquelle ils marchaient, sans lever les yeux ni les détourner de côté et d'autre par curiosité, pour voir la pompe de l'Eglise romaine, tira les larmes des yeux de Sa Sainteté et de tous les prélats de sa suite. Ils ne pouvaient assez admirer que des hommes fussent tellement morts aux choses du monde, qu'ils ne se missent nullement en peine de regarder une compagnie si auguste qu'ils n'avaient jamais vue. Le Pape dîna dans le couvent avec toute sa cour. On servit un poisson pour le Saint-Père, mais pour les autres on ne leur servit que des légumes. On n'y présenta point de vins extraordinaires, mais seulement du petit vin de la maison, avec du pain bis où était tout le son. Un si pauvre repas, qui marquait la vertu de ces excellents religieux, satisfit plus cette sainte compagnie que les festins les plus magnifiques des grands princes ; et, quoiqu'elle n'eût vu dans Clairvaux que des murailles toutes nues, des meubles de bois et des autels sans or, elle fut obligée d'avouer, en sortant, que c'était là que se trouvaient les véritables richesses.

De Clairvaux, le Pape retourna à Rome, où il fut rétabli sur son siége par l'empereur même, qui se fit couronner de ses mains. Saint Bernard fut obligé de l'y suivre, et il travailla de toutes ses forces, mais en vain, avec saint Norbert, à gagner l'antipape qui occupait les lieux les plus forts et les mieux munis de la ville. Innocent II l'envoya à Gênes pour maintenir les Génois dans son obéissance et les réconcilier avec les Pisans, contre lesquels ils exerçaient une hostilité continuelle : ce qu'il fit avec un succès merveilleux. Il l'envoya ensuite en Allemagne pour réconcilier l'empereur avec Conrad et Frédéric, neveux de Henri, son prédécesseur : en quoi il ne réussit pas moins heureusement. Cependant le Pape ne se trouvant pas en sûreté dans Rome, où Anaclet était le plus fort, et où ses soldats faisaient souvent main-basse sur tout ce qu'ils rencontraient de véritables catholiques, il reprit le chemin de Pise qui lui était parfaitement fidèle. Lorsqu'il y fut arrivé, il assembla un concile très-célèbre des évêques de l'Occident et d'autres personnes savantes et pieuses, pour remédier aux maux de l'Eglise. Notre saint Abbé y fut mandé, et il assista à toutes les délibérations et décisions de cette assemblée. Il était en telle vénération que la porte de son logis était continuellement assiégée d'ecclésiastiques qui attendaient pour lui parler. On eût dit qu'il n'était pas seulement appelé à une partie du soin de l'Eglise, mais à une sollicitude et à une autorité universelles, ce qui ne diminuait rien de cette profonde humilité et de cette admirable modestie dont son âme était excellemment ornée.

Après le concile, le Pape l'envoya comme légat à Milan, avec Guy, évêque de Pise, et Matthieu, évêque d'Albano, cardinaux, pour faire revenir à l'obéissance de son Siége cette Eglise qu'Anselme, son archevêque, avait rendue schismatique. Bernard prit aussi avec lui Geoffroy, évêque de Chartres, son intime ami, dont il connaissait la prudence, pour donner plus de poids à une négociation de cette importance. On ne peut exprimer l'honneur avec lequel il fut reçu dans cette ville. Tout le peuple alla au-devant de lui. La noblesse sortit en plusieurs compagnies de cavalerie pour lui faire un accueil plus magnifique. On s'empressait pour le voir et l'entendre, on se prosternait devant lui pour lui baiser les pieds. Il faisait son possible pour empêcher ces témoignages de vénération, mais ses défenses aussi bien que ses prières étaient inutiles. On arrachait les fils de ses habits, on en coupait même des morceaux pour en faire des reliques. Sa négociation eut tout le succès qu'il pouvait prétendre. Les habitants, auparavant emportés et furieux, se rendirent doucement à toutes ses volontés, et abandonnèrent entièrement le parti de l'antipape pour se réconcilier avec Innocent.

Saint Bernard cimenta cette paix par de grands miracles. Il délivra publiquement plusieurs possédés. Il rendit la vue à plusieurs aveugles, guérit beaucoup de malades par de l'eau ou du pain bénit, et par la vertu du signe de la croix. Il redonna à un jeune homme l'usage de sa main qui s'était desséchée et paralysée. De l'eau, mise dans un plat où il avait mangé, chassa la fièvre dont le cardinal d'Albano, un de ses collègues, était grièvement tourmenté. Parmi les possédés qu'il délivra, se trouvait une dame de haute condition, qui était depuis longtemps tellement suffoquée par le démon, qu'elle avait perdu l'usage de la vue, de l'ouïe et de la parole, et que tirant la langue horriblement, elle paraissait plutôt un monstre qu'une femme. Le Saint se la fit amener dans l'église de Saint-Ambroise et, ayant fait mettre tout le monde en prières, il monta à l'autel pour dire la messe. Un coup de pied que cette malheureuse lui donna ne l'émut point et ne fit qu'augmenter la compassion qu'il avait pour elle. Pendant les cérémonies de la messe, à chaque signe de la croix qu'il faisait sur l'hostie, il se retournait et en faisait un semblable sur la possédée : ce qui tourmentait extrêmement le démon. Enfin, après l'Oraison dominicale, prenant le corps de Notre-Seigneur sur la patène, il le porta sur la tête de cette femme, et l'y tenant avec fermeté, il dit ces paroles au démon : « Esprit méchant, voici ton Juge, voici Celui qui a une puissance souveraine sur toi ; résiste maintenant si tu peux : voici Celui qui, prêt à endurer la mort pour notre salut, dit hautement : Le temps est venu auquel le prince de ce monde sera mis dehors. Le corps que je tiens dans mes mains est celui qui est formé du corps de la Vierge, qui a été étendu sur l'arbre de la Croix, qui a reposé dans le tombeau, qui est ressuscité des morts et qui est monté dans le ciel à la vue de ses disciples. C'est dans la puissance redoutable de cette majesté que je te commande, esprit malicieux, de sortir du corps de sa servante et de n'avoir jamais la hardiesse d'y rentrer ». Le démon ne put résister à un commandement si terrible ; à peine le Saint fut-il retourné à l'autel pour faire la fraction de l'hostie et donner la paix au diacre, qu'il s'enfuit honteusement et laissa la patiente entièrement guérie de tous ses maux. Tant de prodiges le mirent en une si haute estime dans Milan, qu'on ne lit point dans la Vie des Saints qu'on ait jamais fait plus d'honneur à un homme mortel. Sa maison était jour et nuit environnée de monde. Il ne pouvait sortir sans qu'un nombre infini de personnes le précédassent et le suivissent avec des acclamations publiques. La foule y était si nombreuse que, pour n'être point étouffé, il fut contraint de se tenir renfermé et de parler au peuple par sa fenêtre. Il leur donnait sa bénédiction, il les instruisait des vérités du salut, et il bénissait aussi le pain et l'eau qu'ils lui présentaient pour servir à la guérison des malades.

De Milan il alla à Pavie ; un paysan l'ayant suivi avec sa femme démoniaque, pour obtenir de lui sa délivrance, le démon traita injurieusement le bienheureux abbé : « Ce mangeur de poireaux et de choux », dit-il,

« ne me chassera pas de ma petite chienne ». Son dessein était de le faire tomber dans quelque impatience, mais il ne gagna rien ; le Saint, sans s'émouvoir, ordonna qu'on menât la possédée à l'église de Saint-Syr, pour y être guérie, voulant déférer l'honneur de ce miracle à cet illustre évêque et martyr. Saint Syr, au contraire, le renvoya à saint Bernard. Le démon, prenant avantage de cela, disait par moquerie : « Le petit Syr ne me chassera pas, le petit Bernard ne me mettra pas dehors ». Mais notre Saint le rendit confus, en lui répondant : « Ce ne sera pas Syr ni Bernard qui te chasseront, mais Jésus-Christ lui-même dont ils sont serviteurs ». Et de fait, après avoir prié, il le contraignit de sortir. Cette délivrance n'ayant été que pour un temps, on lui ramena la même possédée à Crémone, dans la continuation de sa route ; il passa pour elle la nuit en oraison et la délivra le matin pour toujours, lui faisant mettre au cou un billet où étaient écrits ces mots : « Je te défends, au nom de Jésus-Christ Notre-Seigneur, de toucher jamais cette femme ». Il guérit au même lieu un homme que le démon faisait aboyer comme un chien ; et, en repassant depuis par Milan, il fit aussi la même grâce à une vieille femme qui parlait en même temps italien et espagnol, comme si c'eût été deux personnes, et qui dépassait les chevaux à la course.

Voilà une partie des choses que saint Bernard fit au-delà des Alpes. Mais, quelque surprenantes qu'elles soient, son humilité était encore plus admirable ; car, au milieu de tant de respects et d'applaudissements, et lorsqu'il se voyait comme au-dessus des cardinaux et des évêques, et que le Pape même déférait entièrement à ses avis et lui donnait un pouvoir de légat pour toute la chrétienté, il était si petit à ses propres yeux et reconnaissait si bien qu'il n'avait rien de lui-même, qu'il ne se laissa jamais aller à une pensée de vanité. Tous les honneurs qui lui étaient déférés, il les renvoyait fidèlement à Dieu, comme à celui à qui ils appartenaient, et ne se réservait pour lui qu'un sentiment continuel de sa misère. Dans cet esprit, il refusa trois grands archevêchés et deux évêchés qui lui furent présentés, savoir : les archevêchés de Gênes, de Milan et de Reims, et les évêchés de Langres et de Châlons-sur-Marne, préférant la cucule à la mitre, et la bêche et le rateau à la crosse épiscopale.

A son retour dans Clairvaux, il fut reçu avec une joie qui ne se peut exprimer ; il eut la consolation de trouver toutes choses au même état qu'il les avait laissées, sans que ni les jeunes se plaignissent de l'autorité des anciens, ni que les anciens reprochassent aux jeunes aucun relâchement. Ils s'étaient tous maintenus dans leur première ferveur et dans une parfaite union d'esprit et de cœur, parce que leur saint Abbé, qui n'était pas de corps avec eux, y était toujours d'esprit, et leur méritait, par l'assistance de ses prières, l'abondance des grâces qui leur étaient nécessaires pour se conserver dans l'observance. En ce temps, on changea les édifices de place, on bâtit l'abbaye dans un lieu plus commode que celui où elle était auparavant. Le Saint eut d'abord un peu de peine à y consentir ; mais il se rendit enfin au désir de ses enfants. Dieu bénit ce dessein par les grandes aumônes que Thibault, comte de Champagne et plusieurs autres seigneurs firent au serviteur de Dieu, pour contribuer à ce nouvel édifice, qui était très-nécessaire.

Il faudrait, maintenant, rapporter ici ce que saint Bernard fit ensuite pour éteindre, en Guyenne et en Poitou, le schisme de l'antipape Anaclet, que le duc Guillaume et Gérard, évêque d'Angoulême, son confident, y maintenaient par toutes sortes de violences et de cruautés tant envers les laïques qu'envers les prêtres et les évêques. Notre Saint eut quatre conférences différentes avec ce prince, alors ambitieux et voluptueux. Dans les deux premières, avant son voyage en Italie, il ne gagna rien sur son esprit; mais dans les deux autres, après son retour en France, à Partenay, ville de Poitou, il l'effraya tellement par la force de ses paroles et surtout en lui présentant son souverain Juge, caché sous le voile de l'Eucharistie, qu'il le contraignit de renoncer entièrement au schisme, et de reconnaître Innocent II pour légitime successeur de saint Pierre. Depuis il acheva sa conversion par l'abondance des larmes qu'il versa pour lui, et lui obtint une componction si parfaite, qu'il en a fait un des plus excellents modèles de la pénitence chrétienne. Pour Gérard, évêque d'Angoulème, qui lui avait inspiré l'esprit de rébellion contre le vrai Pape, il mourut subitement sans viatique ni confession, et ruina, par sa mort, tout ce qui restait du parti schismatique en France, personne n'osant plus soutenir l'antipape, lorsque tous les princes et tous les évêques se furent soumis à Innocent. Après cette grande affaire, notre Saint retourna à Clairvaux, chargé de gloire et de mérites ; et, s'y voyant un peu en repos, il s'enferma dans une cellule faite de feuillages entrelacés, où à la prière d'un autre Bernard, son intime ami et prieur de la Chartreuse des Portes, il commença son admirable exposition sur le Cantique des cantiques, dans laquelle il fit bien voir qu'il était lui-même une des chastes épouses appelées aux embrassements, aux baisers et aux autres caressses les plus amoureuses du Bien-Aimé.

Cependant il ne jouit pas du bonheur que l'Epoux voulait procurer à son Epouse, lorsque, parlant aux filles de Jérusalem, il leur défendait de l'éveiller et de la faire lever avant qu'elle le voulût bien elle-même et qu'elle eût assez dormi ; car, au milieu de cette tranquillité divine, où son âme était tout inondée des délices du ciel, le Pape, avec tous les cardinaux qui étaient à sa suite, l'appelèrent à Viterbe, afin qu'il achevât de détruire en Italie le schisme dont nous avons parlé, et que l'autorité des parents et des amis de l'antipape, et surtout la puissance de Roger, prince de Naples et de Sicile, qui s'était fait son protecteur, maintenaient toujours. Ses religieux ne purent le voir partir sans verser des torrents de larmes ; le démon s'opposa aussi de toutes ses forces à son voyage, et l'on dit même qu'il rompit en chemin la roue du charriot sur lequel il était monté, pour le faire tomber dans un précipice ; mais comme il surmonta par son courage toute la tendresse que lui donnaient les pleurs et les gémissements de ses enfants, ainsi il fut délivré des embûches du démon par un secours miraculeux de la divine Providence. Son arrivée en Italie mit fin à ce grand schisme, qui avait duré plus de sept ans. Il fut arrêté à Viterbe, par la maladie de Gérard, son frère, qu'il avait amené avec lui ; mais, ayant obtenu de Dieu sa guérison, seulement jusqu'à son retour à Clairvaux, il se transporta à Rome, où il réunit à l'Eglise les plus considérables des schismatiques ; de là il passa au Mont-Cassin, où il procura ce même bonheur aux religieux de cette abbaye, qui avaient suivi le parti d'Anaclet. Il se rendit ensuite à Salerne, où il obtint à l'armée du Saint-Siège une insigne victoire contre le prince Roger, et, étant entré en conférence avec Pierre de Pise, excellent orateur et savant jurisconsulte, qu'Anaclet avait fait cardinal et son légat, il l'obligea par la force de ses raisons, de quitter sa défense qui faisait voir en lui ou beaucoup d'ignorance, ou beaucoup de méchanceté ; il y fit aussi un grand miracle pour confirmer le droit d'Innocent.

Enfin, après que Dieu eut enlevé de ce monde, par une mort précipitée, celui dont l'ambition et l'opiniâtreté troublaient tout le monde chrétien, étant déjà retourné à Rome, il y donna le dernier coup de massue à la division : car les schismatiques, ayant aussitôt élu un successeur à Anaclet, qu'ils nommèrent Victor III, celui-ci vint la nuit trouver notre Saint, qui lui fit comprendre combien il se rendrait abominable devant Dieu et devant les hommes s'il soutenait son élection qu'il savait bien être nulle ; puis il l'obligea sur-le-champ de quitter toutes les marques de son pontificat imaginaire, et l'amena aux pieds du Pape légitime ; celui-ci le reçut avec bonté et lui accorda le pardon. Ainsi, ce schisme déplorable, qui avait si longtemps déchiré la robe de Jésus-Christ, fut entièrement éteint par le zèle, la prudence et la piété de notre bienheureux Abbé : ce qui augmenta tellement l'estime et la vénération que l'on avait pour lui, qu'on ne le regardait plus partout autrement que comme le Père des fidèles, la Colonne de l'Eglise, l'appui du Saint-Siége, l'Ange tutélaire du peuple de Dieu, et l'Auteur de tous les biens qui étaient dans la chrétienté. Il ne put, après cela, demeurer que cinq jours à Rome, les louanges et les honneurs qu'il y recevait lui étant insupportables, et il revint au plus tôt dans sa chère solitude pour y continuer ses sermons sur le Cantique des Cantiques, qu'un voyage si long et des occupations si pressantes avaient nécessairement interrompus. Il apporta avec lui de fort belles reliques que le Pape lui donna par reconnaissance pour ses travaux, et entre autres, une dent de saint Césaire, martyr, qui se détacha de sa mâchoire à la prière du Saint, quoique auparavant on n'eût pu l'arracher ; mais il laissa aux Templiers de Rome une de ses tuniques, qui fit depuis de grands miracles.

Lorsqu'il fut de retour, il envoya à Rome un abbé et douze religieux de son Ordre pour y prendre possession d'un couvent que Sa Sainteté leur avait préparé près des eaux Salviennes, qu'on nommait aussi l'abbaye des Trois-Fontaines, et dont l'église était dédiée à saint Anastase, martyr. Cet édifice, un des plus anciens de la chrétienté, occupe l'endroit où saint Paul fut décapité. On le nommait Trois-Fontaines à cause de la tête de l'Apôtre, qui, en roulant à terre, fit trois bonds, d'où jaillirent trois sources qu'on voit encore aujourd'hui. Ce fut en 625 que l'abbaye se releva sous l'invocation de saint Anastase. Elle tomba de nouveau en ruine, et Innocent II la fit rebâtir par les religieux de Clairvaux en 1138. L'abbé fut Bernard de Pise, autrefois grand vicaire et official de l'église cathédrale de Pise, et alors religieux de Clairvaux, lequel, après la mort d'Innocent II et celles de Célestin et de Lucius, ses successeurs, fut élevé sur la chaire de saint Pierre, et prit le nom d'Eugène III. C'est à lui que saint Bernard adressa ses cinq livres de *la Considération*, dans lesquels il l'instruisit de tous les devoirs d'un souverain Pontife, et l'avertit de tous les déréglements qu'il devait retrancher dans sa cour et dans le gouvernement de l'Eglise. C'est un ouvrage admirable qui doit servir de leçon aux plus grands prélats, tant pour leur propre personne que pour la conduite du troupeau qui leur a été confié.

Outre l'affaire du schisme, il n'y en avait point de considérables dans l'Eglise auxquelles notre Saint ne fût employé. Si les Papes se laissaient surprendre par des plaintes mal fondées ; s'ils souffraient dans leur cour des abus préjudiciables au bien et à l'honneur de l'Eglise ; s'ils rendaient des jugements injustes pour n'avoir pas été informés de la vérité des choses ; si les rois et les princes s'éloignaient de leur devoir abusant de l'autorité souveraine que Dieu leur avait donnée dans leurs Etats ; s'il naissait des contestations dangereuses entre les évêques et leurs diocésains, et entre les abbés et les religieux ; si l'on tâchait d'élever sur le siége épiscopal des personnes indignes, et d'en exclure quelques excellents et fidèles sujets dont l'élection avait été canonique ; si la vérité se trouvait accablée par le mensonge, et la justice par l'iniquité et la perfidie ; si l'on attentait contre les droits légitimes des clercs, et que les ecclésiastiques fussent injustement opprimés ; si les prélats séculiers ou religieux vivaient avec scandale et déshonoraient leur caractère par le libertinage et la dépravation de leurs mœurs, Bernard était le médecin général de tous ces maux et celui qui travaillait le plus efficacement à les détruire. Il combattait le vice, soutenait la vertu, s'opposait au déréglement, maintenait le bon ordre, pacifiait les différends, réconciliait les parties échauffées les unes contre les autres, fortifiait les gens de bien, repoussait les impies, se faisait par ses exhortations, ses remontrances, ses réprimandes, ses prières instantes et réitérées, le mur et le contre-mur de la maison de Dieu.

On sait assez avec combien de liberté il a écrit aux papes Innocent II, Célestin II et Eugène III, près de quatre-vingts lettres pour les avertir, tantôt de l'abus des appellations qu'ils avaient reçues, tantôt de la surprise des jugements qu'ils avaient rendus, tantôt du peu de nécessité ou d'utilité des dispenses qu'ils avaient accordées, tantôt des maux que l'Eglise souffrait par la négligence, la condescendance, l'avarice ou le luxe de leurs officiers. Le roi Louis le Gros ayant chassé l'archevêque de Tours et l'évêque de Paris de leurs siéges, pour quelques mécontentements qu'il avait conçus contre eux, saint Bernard non-seulement l'en reprit sévèrement par ses lettres, mais il le menaça en sa propre personne des jugements de Dieu, s'il ne corrigeait ce qu'il avait fait ; il prit même la cause de ces évêques auprès du Pape contre Sa Majesté, sans que ni cette sainte hardiesse, ni l'accomplissement de ses menaces par la mort violente et précipitée du fils aîné de ce prince, fussent capables de lui attirer sa disgrâce et de le mettre mal dans son esprit, tant l'estime et la vénération que les plus grand monarques avaient pour ce saint abbé étaient au-dessus des changements ordinaires du caprice des hommes. On sait encore comment il en agit avec Thibault, comte de Champagne, prince très-pieux et son insigne bienfaiteur, lorsqu'il avait appris qu'il avait dépouillé un gentilhomme de ses biens par un jugement trop précipité. Il lui en écrivit de son style ordinaire, qui était vif et pressant, non-seulement une fois, mais deux et trois fois, et ne cessa point de lui écrire qu'il ne l'eût obligé de réparer le tort qu'il avait fait.

Ce fut lui qui réconcilia ce comte avec le roi Louis le Jeune, qui avait déjà mené une grosse armée en Champagne pour s'emparer de ses terres. Il fut arbitre de leurs différends : il en jugea comme souverainement, et il obligea le roi de retourner dans ses Etats et de laisser le comte dans la paisible possession de ce qui lui appartenait, quoique dépendamment de sa puissance royale. Ce fut lui qui convertit Alcide, femme du duc de Lorraine, en chassant sept démons de son corps, et en fit, comme de Madeleine, non-seulement une illustre pénitente, mais aussi une très-sainte femme digne des révélations célestes. Ce fut lui qui, conjointement avec Geoffroy, cardinal de Vendôme, réveilla par ses conseils l'ancienne ferveur d'Ermengarde, comtesse de Bretagne, qui s'était relâchée de ses anciennes dévotions. Enfin, sans répéter ici ce que nous avons dit de la réconciliation des Pisans avec les Génois, et de l'empereur Lothaire avec les neveux de son prédécesseur, effets de sa sagesse et de son industrie, nous voyons par ses épîtres qu'il n'y avait point d'affaires dans l'Eglise ni dans les Etats pour lesquelles on ne le consultât, et sur lesquelles il ne fût obligé de donner son avis, et souvent une dernière résolution.

Il se rendit encore le protecteur invincible de la foi contre toutes les erreurs qui osèrent paraître de son temps. Les premières furent celles de Pierre Abeilard et d'Arnold de Brescia, son disciple, qui, par de fausses subtilités, renouvelaient les dogmes d'Arius, de Nestorius et de Pélage. Le Saint, qui aimait Abeilard pour son esprit et pour quelques apparences de piété qu'on voyait en lui, l'avertit d'abord en particulier de corriger ses sentiments et de demeurer inviolablement attaché à la doctrine des saints Pères; mais, comme ce présomptueux méprisa ses remontrances et eut même la hardiesse de le provoquer à la discussion, il le fit condamner premièrement à Sens, par un Concile de trois provinces (1140), secondement à Rome, par le pape Innocent II, auquel il écrivit une lettre pour la réfutation de ses rêveries. Les secondes erreurs qu'il combattit furent celles de Gilbert de la Porée, évêque de Poitiers, prélat savant et subtil, mais qui, pour vouloir accommoder nos mystères aux principes de la nature, détruisait la simplicité de Dieu et mettait une composition infinie dans son être, ses attributs et ses personnes divines. Car il enseignait que la divinité par laquelle Dieu est Dieu, comme aussi la sagesse, la puissance et la bonté par lesquelles Dieu est puissant, sage et bon, ne sont pas Dieu, mais seulement en Dieu; et il disait que les relations des personnes divines étaient hors de ces personnes, de même que, dans les créatures, les rapports qu'elles ont entre elles sont hors de leur substance et de leur propre constitution. Arnault et Calon, ses deux archidiacres, reconnurent les premiers l'iniquité de sa doctrine, qui détruisait la nature divine. Ils l'en avertirent, et, sur le refus d'y renoncer, ils s'en allèrent à Rome en faire leur plainte au pape Eugène III, disciple de notre Saint. Sa Sainteté remit l'examen de cette affaire au Concile de Reims qu'il allait tenir en personne. Il y présida comme chef de l'Eglise; plusieurs cardinaux, dix archevêques et un grand nombre d'évêques y assistèrent; mais Bernard fut l'âme et l'esprit qui anima toute cette assemblée. Il discuta contre Gilbert; il lui fit découvrir son venin qu'il cachait sous les replis de ses raisonnements; il lui fit reconnaître son erreur; il l'obligea de la rétracter, de la censurer, de l'anathématiser, et d'avouer que l'essence divine, la forme divine, la bonté, la puissance, la vertu divine est Dieu. Il en fit faire le décret, et, quelque difficulté qu'y apportassent les cardinaux qui voulaient qu'on supprimât cette affaire pour épargner l honneur de Gilbert, surtout parce qu'il se soumettait, il porta le Pape et tout le Concile à condamner ses opinions, sans néanmoins faire tort à sa personne.

Enfin, la principale hérésie contre laquelle notre bienheureux Abbé employa son zèle, fut celle d'un moine apostat, nommé Henri, qui faisait dans le Languedoc une guerre cruelle à l'Eglise, en attaquant les Sacrements, qui sont ses trésors, et les prêtres, qui en sont les ministres; et, parce que cet hérésiarque était un grand parleur, il avait tellement séduit le monde, que, comme dit notre Saint, dans son Epître CCXL[e] et au Sermon LXVe sur les Cantiques, on trouvait déjà des Eglises sans peuples, des peuples sans prêtres, des prêtres sans le respect qui est dû à leur caractère, et, enfin, des chrétiens sans Jésus-Christ. On refusait le baptême aux petits enfants; on se moquait des prières et des sacrifices pour les morts, de l'invocation des Saints, des excommunications, des pèlerinages, des constructions des temples, de la consécration, du chrême et des saintes huiles, de la cessation du travail aux jours de fêtes et des autres cérémonies ecclésiastiques. Le Pape, étant averti de ces désordres, envoya, pour y remédier, son légat, qui prit avec lui Bernard comme le plus fort rempart de l'Eglise persécutée. Les Toulousains reçurent cet ange de la terre comme un ange venu du ciel ; il leur prêcha avec un zèle incroyable, et prêcha de même dans tous les lieux que l'hérésiarque avait infectés. Sa parole fut si efficace, qu'elle guérit toutes les plaies que cet ennemi public avait faites; ceux mêmes qu'il avait séduits le poursuivirent, l'attrapèrent et le mirent, chargé de chaînes, entre les mains de l'évêque de Toulouse.

Ce qui contribua beaucoup à ce succès, ce furent les grands miracles que fit ce Saint dans tous les endroits où il prêcha. Il était à Sarlat, ville épiscopale; après le sermon, le peuple lui apporta quantité de pains pour les bénir selon sa coutume, en faisant dessus le signe de la croix; il assura les assistants, pour marque de la vérité de ce qu'il leur disait, et de la fausseté de la doctrine des hérétiques, que tous les malades qui mangeraient de ces pains seraient guéris. Le vénérable Geoffroy, évêque de Chartres, qui était proche du Saint, croyant que cette proposition était trop générale, la voulut modifier, ajoutant qu'ils seraient guéris, pourvu qu'ils en mangeassent avec une ferme foi. Mais le Saint, dont la confiance en Dieu n'avait point de bornes, reprit la parole et dit : « Je ne dis pas cela, mais je dis absolument que tous les malades qui mangeront de ces pains seront guéris, afin que l'on connaisse, par ce grand nombre de prodiges, que ce que nous annonçons est véritable ». Une promesse si authentique fut suivie de l'exécution; une infinité de malades furent guéris en mangeant de ces pains, et personne n'en mangea qui ne reçût la guérison. Ce grand événement fut un coup de massue qui écrasa presque tous les restes de l'hérésie; il n'en demeura que quelques étincelles, qui devinrent depuis un grand incendie chez les Albigeois. On ne peut expliquer les honneurs qu'on rendit ensuite partout à cet humble religieux; les campagnes par où il passait étaient toutes pleines de monde ; dans l'entrée des bourgs et des villes la presse était si grande, qu'à peine pouvait-il avancer. Il alla encore une fois à Toulouse, où il fit un signalé miracle en la personne d'un chanoine régulier de l'église de Saint-Sernin, qui était paralytique et ne pouvait se remuer. Il demanda à Dieu sa guérison et il l'obtint ; de sorte qu'après lui avoir donné sa bénédiction, comme il sortait de sa chambre, pour ne point paraître auteur du miracle, le malade sauta de son lit, se jeta à ses pieds, et, se trouvant parfaitement guéri, il se présenta au légat et à l'évêque de Chartres, qui en firent chanter un cantique de louanges et d'actions de grâces dans l'église. Depuis, ce chanoine, qui s'appelait aussi Bernard, suivit son bienfaiteur et se fit religieux à Clairvaux, où il s'avança tellement dans la vertu, qu'il fut trouvé digne d'être abbé du monastère de Valdeau.

Après tant de combats et de victoires, on sera obligé d'avouer que notre Saint était le fléau et le persécuteur des méchants, comme, au contraire, il était l'ami et le fidèle coopérateur de tout ce qu'il y avait de son temps de grands prélats et de saints personnages dans l'Eglise. On ne peut exprimer l'amour, le respect et la joie avec lesquels il fut reçu par saint Hugues, évêque de Grenoble, et par les religieux de la Grande-Chartreuse, lorsqu'il leur rendit visite. Cet excellent prélat, qui fut depuis canonisé au concile de Pise, ne le regardant pas comme un homme, mais comme une image vivante de la sainteté de Dieu, ne fit point difficulté, tout évêque et vieux qu'il était, de se prosterner à terre pour le saluer. Bernard fut extrêmement surpris de cette action d'humilité, et se jeta lui-même aux pieds du saint évêque pour recevoir sa bénédiction ; depuis, ces deux enfants de lumière ne furent plus qu'un cœur et qu'une âme, étant liés et unis par une étroite charité en Jésus-Christ. Il avait déjà écrit aux Chartreux des lettres pleines d'une suavité divine, ce qui avait uni leur âme à la sienne ; mais cette dilection s'enflamma encore davantage par leur mutuel entretien. Tout ce qui fit peine à Guigues, prieur de la Chartreuse, fut de voir qu'il était venu sur un cheval dont la selle et le harnachement étaient trop magnifiques ; mais il fut bien surpris quand il reconnut que le saint Abbé, qui s'en était servi pendant tout son voyage, ne s'en était pas aperçu, ayant l'esprit si occupé de Dieu, et les sens si morts aux objets mêmes qui étaient à tous moments devant ses yeux, qu'il n'en faisait point le discernement. De même, ayant un jour voyagé au bord d'un lac, il ne savait pas le soir ce que ses compagnons voulaient dire, lorsqu'ils parlaient du lac qu'ils avaient longé. Geoffroy, évêque de Chartres ; Manassé, de Meaux ; Guillaume, de Châlons ; Gaudry, de Dol ; Hildebert, du Mans ; Aubry, de Bourges ; Josselin, de Soissons ; Hugues, de Mâcon ; Ouger, d'Anvers ; Milon, de Thérouanne ; Alvise, d'Arras ; Albéron, de Trèves ; Samson, de Reims ; Geoffroy de Bordeaux, et Arnoult, de Lisieux, dont quelques-uns sont au nombre des Saints, et qui étaient l'élite des évêques de la chrétienté, étaient aussi ses intimes ; il les respectait et les servait en ce qui lui était possible, et il en était aussi singulièrement aimé et révéré. Il ne faut pas non plus omettre saint Malachie, ce grand archevêque et apôtre d'Irlande, dont lui-même a écrit la vie, et qui était le plus bel ornement de son siècle. Cet homme incomparable, étant venu à Clairvaux dans un voyage qu'il faisait à Rome, fut tellement ravi de la ferveur de ce bienheureux Abbé et de ses religieux, qu'il voulut être revêtu de leur habit, et qu'il fit de grandes instances auprès du Pape pour être déchargé de son évêché, afin de passer le reste de ses jours avec eux ; mais Sa Sainteté, ne voulant pas priver l'Eglise d'Irlande d'une lumière qui lui était si nécessaire, le fit au contraire son légat dans toute cette île ; au lieu de demeurer à Clairvaux, il emmena pour ainsi dire Clairvaux avec lui, en faisant passer des religieux de saint Bernard dans son pays pour y établir des monastères.

Neuf ans après, sachant que l'heure de son décès était proche, il revint à Clairvaux pour y mourir au milieu de cette compagnie de Saints. Bernard lui administra les sacrements et reçut ses derniers soupirs ; puis, lorsqu'on lava son corps, il changea de tunique avec lui. Enfin, ayant commencé la messe pour le repos de son âme, il eut une révélation très-manifeste de sa gloire : par un mouvement extraordinaire du Saint-Esprit, il cessa la messe de *Requiem*, et acheva la messe d'un saint confesseur pontife.

Il faudrait maintenant parler exprès des prophéties, des miracles, des vertus, des souffrances et des écrits de ce bien-aimé de Dieu : mais comme ces grands sujets nous mèneraient trop loin, il suffira d'en toucher quelque chose, outre ce que nous avons dit jusqu'à présent. Pour les prophéties, sa vie nous en fournit une infinité d'exemples. Il voyait ce qui se passait dans les abbayes les plus éloignées dépendantes de la sienne, sans qu'on lui en donnât avis, et lorsque c'était quelque déréglement, il mandait qu'on eût à s'en corriger au plus tôt. Il savait qui, des postulants et des novices, persévérerait et ferait profession, et qui s'en retournerait au monde et abuserait de la grâce de sa vocation. Il prédisait aux uns le temps et le lieu de leur mort, à ceux-ci leur heureux retour de quelque voyage, à ceux-là la conversion de leurs parents, aux autres le châtiment dont ils seraient accablés par la justice de Dieu. Et ces prédictions avaient toujours leur effet. **Entre autres**, il prédit la mort du fils aîné de Louis le Gros, pour punition du mauvais traitement que son père avait fait à quelques bons évêques, comme nous l'avons dit, et celle du comte d'Anjou, pour châtiment du mépris qu'il avait fait de la sentence d'excommunication fulminée contre lui. Il prédit aussi la réconciliation du comte de Champagne avec le roi de France, au bout de cinq mois, réconciliation impossible sans un évident miracle ; cela arriva néanmoins justement au bout de ce temps.

Pour ses miracles, l'auteur du troisième livre de sa vie, qui était son secrétaire, et qui fut depuis son successeur dans l'abbaye de Clairvaux, assure que, lorsqu'il alla en Allemagne pour y prêcher la croisade, il guérit en un seul jour, à Doningen, près de Rheinfeld, neuf aveugles, dix sourds ou muets, dix-huit boiteux ou paralytiques. Il ajoute qu'il fit de semblables prodiges à Constance, à Bâle et à Spire, en présence de Conrad, roi des Romains. A Mayence, la foule des malades, qui venaient pour être touchés de ses mains, était si grande, que le roi, pour le tirer de la presse qui l'accablait, fut obligé de quitter son manteau royal et de le prendre entre ses bras, afin de l'emporter hors de l'église. Il ne fit pas de moindres prodiges à Cologne : dans l'espace de quatre jours qu'il y demeura, il redressa douze boiteux, donna l'ouïe à dix sourds, la vue à cinq aveugles et la parole à trois muets, enfin il y guérit deux manchots. Les habitants d'Aix-la-Chapelle eurent en même temps part à cette bénédiction et reçurent des faveurs et des assistances pareilles. Lorsque le Saint était dans son abbaye, il n'était pas moins pressé et importuné par les malades. Le pape Eugène III y étant venu à l'improviste, lorsqu'il disait la messe, fut témoin lui-même de la multitude de ces malheureux qui y accouraient pour obtenir de lui leur guérison ; de sorte qu'il en fut presque étouffé, et qu'il eut de la peine à sortir de cette presse par le secours de ses officiers. Le même Pape étant allé à Cîteaux, pour y assister à l'assemblée des abbés, comme un de leurs confrères, le Saint, qui y était aussi venu, y délivra de la surdité un petit enfant qui avait perdu l'ouïe par une frayeur subite. Enfin, de quelque côté que se tournât ce grand Serviteur de Dieu, il faisait tant de merveilles, qu'on ne se mettait plus en peine ni de les compter, ni même de les marquer en particulier.

Nous aurions maintenant un beau champ à parler de ses vertus, si nous ne savions que c'est une histoire que nous faisons et non pas un éloge. Nous en dirons seulement un mot. La grandeur de sa foi paraît admirablement par la guerre continuelle qu'il a faite aux hérétiques pour la soutenir, par les excellents traités qu'il a composés pour l'expliquer et la défendre, par son respect et sa dévotion pour nos Mystères, et surtout par le désir qu'il a toujours eu de répandre son sang pour sceller les vérités catholiques. On a vu sa confiance en Dieu, soit dans les nécessités de son abbaye, soit dans les persécutions qui ont été suscitées contre sa personne et contre celle de ses enfants, soit dans les calamités publiques de l'Eglise, soit enfin dans les misères particulières du prochain, pour lesquelles on lui demandait et il a fait tant de miracles. Il a montré son amour pour Dieu, en travaillant perpétuellement pour sa gloire, en lui acquérant tous les jours de nouveaux serviteurs, en cherchant à converser avec lui par l'oraison, et en lui faisant à tous moments de purs sacrifices de son honneur, de sa vie et de tout lui-même.

Sa dévotion envers Jésus-Christ et envers la sainte Vierge était incomparable : il suffit de lire les sermons et les traités qu'il a composés en leur honneur, pour voir que son cœur était tout consumé des ardeurs de leur dilection. Etant un jour dans l'église cathédrale de Spire, en Allemagne, au milieu de tout le clergé et d'une grande multitude de peuple, il se mit à genoux par trois fois différentes, disant à la première : *O clemens !* à la seconde : *O pia !* à la troisième : *O dulcis Virgo Maria !* Et l'Eglise a mis ces trois salutations à la fin de la célèbre antienne *Salve Regina*. Quelques auteurs disent même que saint Bernard est l'auteur de toute l'antienne. On voit encore dans cette cathédrale trois lames de cuivre où ces trois mots, prononcés par notre Saint, sont gravés, et on y chante aussi pour cela tous les jours le *Salve Regina* en musique. Il faudrait être animé de son esprit pour représenter dignement son affection, son zèle et son amour véritable et cordial pour le prochain. Il était le meilleur ami et le plus reconnaissant de son siècle, et ses lettres nous montrent qu'il n'a jamais rien épargné pour servir ceux qui lui avaient rendu quelque service. Tout le reste des hommes était aussi logé dans le fond de son cœur ; il les souhaitait tous dans les entrailles de Jésus-Christ, et il n'épargnait ni ses travaux ni ses veilles pour assurer leur salut et pour aider à leur avancement spirituel dans la vertu. Le refus constant qu'il a fait toute sa vie de toutes les dignités ecclésiastiques est une marque évidente de sa modestie et de son humilité ; mais elle paraît encore avec plus d'éclat par l'aversion qu'il avait pour les louanges et pour l'estime des hommes, et par le soin qu'il prenait de les détourner.

Jamais Saint n'a été plus loué, et l'on ne peut rien ajouter aux éloges que lui donnaient, de son vivant même, les personnes les plus distinguées et les plus saintes de l'Eglise. Mais il faut voir dans ses Épîtres XI°, XVIII°, LXXII°, LXXXVII° et CCLXV°, comment il prenait de là sujet de s'humilier, de déclarer ses faiblesses, de découvrir ses imperfections dont il croyait être rempli, et de se tenir fermement dans la connaissance et le sentiment de son néant. Pendant que tout le monde admirait la force, la beauté et l'onction de ses écrits, il les méprisait et les blâmait lui-même, ne pouvant s'attribuer que de l'ignorance et de l'indiscrétion. Ses propres avis lui étaient suspects, et comme il le dit lui-même dans l'Epître LXXXVIII°, il aimait mieux qu'on ne les suivît pas, parce qu'il craignait qu'ils ne fussent les effets d'une lumière aveugle, ou d'une faiblesse de jugement. Le démon fit ce qu'il put pour le faire tomber dans l'orgueil ou dans la vanité ; mais ce fut toujours inutilement. Un jour, pendant la prédication qu'il faisait devant un auditoire d'élite, cet esprit superbe lui suggéra cette pensée : « Te voilà bien glorieux d'être écouté et suivi avec tant d'applaudissements ». Le Saint lui dit généreusement : « Je n'ai pas commencé pour toi, je ne finirai pas non plus pour toi ». Il joignait à une douceur incomparable, qui lui a mérité le titre de *Doctor mellifluus* : « Docteur doux comme le miel », une liberté et un courage apostoliques qui n'ont presque point d'égaux dans les autres Saints. Nous en avons déjà donné des exemples dans sa manière d'agir avec les princes, les rois, les empereurs, les évêques, les cardinaux et les Papes même, à qui il savait dire et écrire des vérités qui ne leur pouvaient pas être agréables selon la nature, et qui, en effet, leur ont souvent déplu. Ceux qui prendront la peine de lire les Epîtres XLVIII° au cardinal Haimeric ; CLXXXII° à Henri, archevêque de Sens ; CLXXXV° à Eustache, évêque de Valence, en Dauphiné ; CC° à Ulger, évêque d'Angers, et CCXXIII° à Josselin, évêque de Soissons, y trouveront de nouvelles marques de cette fermeté digne d'un Basile, d'un Ambroise et d'un Chrysostome. Que dirons-nous de son désintéressement, et du mépris généreux qu'il faisait de toutes les faveurs et des commodités de ce monde ? Jamais l'amitié des grands ne lui a pu faire faire une recommandation contre son devoir. Lorsque le comte de Champagne, à qui il avait tant d'obligations, le pria de procurer des bénéfices à son fils Guillaume, qui était encore enfant, il le refusa absolument, tant parce qu'il condamnait la pluralité des bénéfices, sans nécessité pressante où il s'agît du bien de l'Eglise, que parce qu'il n'approuvait point qu'un enfant fût chargé d'office dont il ne pouvait pas faire les fonctions. On lui enleva une somme notable d'argent destinée à une fondation, et on lui fit perdre plusieurs monastères, sans qu'il s'en émût ni qu'il en voulût du mal à ceux qui lui avaient fait ce tort. Il céda souvent de ses droits aux religieux des autres Ordres; il n'y avait rien qui lui fût agréable que d'être pauvre et de voir ses religieux pauvres. La retraite et la solitude étaient tout ce qu'il souhaitait le plus sur la terre, et ce n'était qu'avec une violence extrême qu'on y voit qu'il était dans ces états comme un enfant que l'on tire de la mamelle de sa nourrice ; enfin, Bernard était un chef-d'œuvre dont la divine Sagesse se plaisait à faire comme le résumé de toutes les vertus.

Mais, comme il était homme, cela n'a pas empêché que, pour l'éprouver, le purifier et le consommer, il n'ait été sujet aux injures, aux calomnies et aux persécutions des hommes. Ce fut dans ces occasions que sa vertu parut dans tout son éclat, et qu'il fit voir qu'il avait une patience et une humilité à l'épreuve de tous les coups. Le pape Innocent II, qui lui était entièrement redevable de l'extinction du schisme d'Anaclet, oublia quelquefois ces obligations, et, étant prévenu par de mauvaises langues à qui le zèle et le courage de Bernard ne pouvaient être agréables, le traita en quelques occasions d'importun, d'indiscret, et même de traître. Il faut voir dans ses Epîtres ccxiii[e] et ccxviii[e], avec quelle sagesse et quelle modestie il se disculpa de ces accusations, et combien il sut, sans choquer la puissance souveraine de ce Pontife, lui faire voir que son importunité était celle que l'Apôtre demande à son disciple Timothée, lorsqu'il lui dit : *Prædica verbum, insta opportune, importune :* « Prêchez la parole, pressez la correction à temps et hors de temps » ; que son indiscrétion était celle que le même Apôtre s'attribue à lui-même quand il dit : *Factus sum insipiens; vos me coegistis :* « J'ai parlé comme un insensé, vous m'y avez contraint » ; et qu'enfin la trahison ne lui pouvait être imputée, puisque, dans toute l'affaire dont il s'agissait, il n'avait rien fait que par l'ordre de Sa Sainteté. Les cardinaux et les évêques eurent aussi quelquefois de la jalousie contre lui de le voir terminer avec tant d'autorité toutes les causes de la chrétienté, et il y en eut, tant à Rome qu'au Concile de Reims, qui dirent qu'étant religieux il devait se tenir dans son cloître et ne devait point se mêler des affaires ecclésiastiques. Mais, bien loin de s'offenser de ces plaintes contraires à toute sorte de justice, il supplia les évêques de ne plus l'employer à ce qui n'était pas de sa charge, de ne plus l'arracher de la retraite, de laisser la grenouille dans son marais, l'oiseau dans son nid, et la colombe dans les fentes de la pierre, sans interrompre davantage son repos pour des choses qui regardaient leur fonction, dont eux et non pas lui rendraient compte au jugement de Dieu. Dans les calomnies, il savait admirablement bien se donner le blâme, et cependant soutenir vigoureusement les intérêts de Dieu, sans que son humilité empêchât l'ardeur de son zèle, ni que son zèle préjudiciât aux véritables sentiments de son humilité.

Enfin la plus rude épreuve de sa constance fut la mauvaise issue de la Croisade qu'il avait prêchée dans une grande partie de l'Europe, et qu'il avait fait espérer devoir être si heureuse. Ce fut le pape Eugène III qui, par un bref public, l'obligea d'engager les princes et les peuples chrétiens dans cette guerre sainte ; il s'y employa avec toute l'ardeur que l'amour de Jésus-Christ et l'esprit d'obéissance lui purent inspirer. Il fit une infinité de merveilles pour confirmer ses prédications et pour faire voir qu'il parlait au nom de Dieu. Aussi, l'empereur, le roi de France, Louis le Jeune, et un grand nombre d'autres princes et seigneurs se croisèrent et passèrent en Orient pour combattre les infidèles. Mais le succès ne répondit pas aux espérances, car la plupart des troupes chrétiennes y périrent, soit par le fer des ennemis, soit par les mauvais traitements des Grecs et des chrétiens orientaux ; de sorte qu'il n'y avait presque point de familles en France, en Italie et en Allemagne, qui n'eût sujet de regretter la mort des siens et la perte de beaucoup de biens que l'on avait employés pour équiper cette armée. Cette disgrâce déchaîna les impies et les libertins contre la réputation de saint Bernard ; on le fit passer pour un faux prophète, on le chargea d'injures et de reproches, et, ni les grands prodiges qu'il avait faits en publiant les indulgences de cette Croisade, ni l'ordre exprès qu'il avait reçu de les publier même contre son gré, ne purent empêcher qu'on le traitât de trompeur, de séducteur et de peste publique de la chrétienté. Il fallait ce grand revers pour contre-balancer les louanges incomparables qu'on lui avait données, et pour achever de l'épurer comme l'or dans le creuset et comme les plus pures essences dans l'alambic. Il reçut ce coup si peu attendu avec une constance merveilleuse, sans s'émouvoir, et ce qu'il en a écrit au livre II de la Considération est si édifiant, qu'on ne peut rien lire de plus instructif. Il dit, entre autres choses : « S'il faut nécessairement que les hommes murmurent dans cette rencontre, il vaut mieux que ce soit contre moi que contre Dieu. Ce m'est un extrême bonheur que Dieu veuille se servir de moi comme d'un bouclier. Je reçois de bon cœur les médisances des langues qui m'attaquent et les dards empoisonnés des blasphémateurs qui me percent, afin qu'ils ne viennent pas jusqu'à la divine Majesté. Je souffrirai volontiers d'être déshonoré par eux, puisque l'honneur de Dieu demeure couvert par mon déshonneur ». Au reste, plusieurs hommes savants du même temps ont fait voir la véritable origine du désastre des chrétiens dans cette rencontre : c'était le débordement des vices qui se mit dans les armées et qui les rendit indignes des secours que la divine Providence leur avait préparés. D'ailleurs, plusieurs qui y étaient allés dans un véritable esprit de componction y trouvèrent leur salut éternel qu'ils n'eussent pas trouvé dans l'Europe, où l'abondance des biens et des commodités de la vie les efféminait et les faisait croupir dans l'impénitence. Enfin, saint Bernard, pour justifier ceux qui étaient les premiers auteurs de la Croisade, guérit publiquement un aveugle, et Dieu, pour ne pas rendre sa prédication tout à fait inutile, même pour le temporel, changea la face des choses et rendit les chrétiens maîtres de la ville d'Ascalon, qui était de grande importance pour la conservation de Jérusalem, et que l'on avait inutilement tenté de prendre durant cinquante ans : ce qui arriva la semaine même de la mort du bienheureux Abbé.

Nous avons dit beaucoup de choses de saint Bernard, mais nous en avons omis un bien plus grand nombre, qui demanderaient un volume entier. Ce fut lui qui assista perpétuellement les Papes durant leur séjour en France, et l'on dit que, lorsqu'Eugène célébra la messe dans l'église de Montmartre, à un quart de lieue de Paris, il l'y fit diacre, et le vénérable Pierre de Cluny, sous-diacre. Ce fut lui qui écrivit des lettres terribles au peuple romain, pour lui remontrer la faute qu'il commettait envers le

Pontife romain, en le forçant, par des outrages, de sortir de Rome et de se réfugier en France. Ce fut lui qui donna une Règle aux Templiers, par l'ordre du concile de Troyes, et qui forma les commencements du bienheureux Félix de Valois, qui, depuis, a été fondateur de l'Ordre de la Sainte-Trinité de la Rédemption des captifs. Enfin, le cardinal Baronius ne fait point difficulté de dire qu'il n'a pas seulement été un homme véritablement apostolique, mais aussi un vrai apôtre, et qu'il n'a été inférieur en rien aux grands Apôtres.

Après tant de travaux, étant épuisé des fatigues extraordinaires qu'il y avait endurées, outre ses pénitences et ses maladies continuelles, il tomba dans une telle défaillance, qu'il ne pouvait plus se soutenir (1152) ; son foie ne faisait plus ses fonctions, sa chaleur naturelle était presque éteinte, et ses jambes devinrent enflées comme aux hydropiques. Il reçut toutes ces incommodités comme de grandes faveurs du ciel et comme des avertissements que son vaisseau arriverait bientôt au port.

Néanmoins, toujours calme et souriant, son esprit plein de vigueur dominait ses membres affaiblis et les obligeait à se prêter encore, dans l'intérieur du monastère, aux fonctions sacrées. Il s'efforçait, malgré son épuisement, de célébrer chaque jour le saint sacrifice, disant à ceux qui l'assistaient et le soutenaient à l'autel, que nulle action n'était plus efficace, en ce dernier passage, que de s'offrir soi-même en holocauste, en union avec l'adorable Victime immolée pour le salut des hommes.

Ses paroles, plus rares, mais plus pénétrantes, semblaient imprégnées de la douce chaleur qui consumait son âme ; et souvent, après la célébration des divins mystères, le feu du ciel l'embrasait si ardemment, que nul ne pouvait l'approcher sans ressentir en soi-même des élans de ferveur. Les religieux, ses enfants bien-aimés, compatissaient tristement à ses douleurs, et le retenaient par toute la véhémence de leurs prières, par tous les liens de leur tendresse. Jour et nuit, la communauté à genoux demandait à Dieu, avec larmes, la conservation d'un père si aimé ; à chaque lueur d'amélioration, l'espérance éclatait en actions de grâces.

Mais le Saint réunit autour de lui sa grande famille, et, d'une voix touchante, il conjura qu'on le laissât mourir. « Pourquoi », leur dit-il, « pourquoi retenez-vous ici-bas un homme misérable ? Vos supplications l'emportent sur mes désirs. Usez envers moi de charité, je vous prie, et laissez-moi m'en aller à Dieu ».

Surmontant son extrême faiblesse, il voulut écrire à l'un de ses amis les plus chers ; et d'une main défaillante il écrivit une lettre d'ami à Arnault, abbé de Bonneval, de l'Ordre de Saint-Benoît, dans laquelle, après avoir décrit une partie de ses maux et de ses douleurs, qui étaient sans soulagement, il lui dit : « Priez le Sauveur, qui ne veut pas la mort du pécheur, de ne point différer davantage la fin de ma vie, mais de la munir de son assistance. Faites-moi aussi la grâce de couvrir la nudité de ma dernière heure par vos vœux et vos prières, afin que mon ennemi, qui est en embûche pour me surprendre, ne trouve aucun endroit pour y mettre la dent et causer des blessures ».

Bernard reçut, six semaines avant sa mort, la douloureuse nouvelle de la mort du pape Eugène. La mort inopinée de ce Pape, que saint Bernard aimait d'un amour si tendre et si dévoué, déchira son cœur et fit couler ses larmes. Il ne voulut recevoir aucune consolation, et semblait devenir de jour en jour plus étranger à ce qui se passait autour de lui. Godefroy, le pieux évêque de Langres, étant venu le voir, pour le consulter sur une affaire importante, s'étonna du peu d'attention que lui prêtait le serviteur de Dieu. Celui-ci devina sa pensée : « Ne m'en voulez pas », lui dit-il, « je ne suis plus de ce monde ». En effet, il ne s'appliquait qu'à dénouer les derniers fils qui l'attachaient à la vie terrestre ; tous les rayons de son âme se concentraient en Dieu, comme au foyer attractif de son amour ; et d'avance, sur les ailes des plus fervents soupirs, il s'élevait aux régions immortelles.

Cependant un prodige dut couronner la vie de ce grand homme.

Il était étendu sur sa couche et se disposait à clore virilement sa carrière terrestre, quand l'archevêque de Trèves vint le trouver à Clairvaux, le suppliant et le conjurant de secourir la province de Metz, où se passaient des scènes lamentables. Les bourgeois et les nobles, depuis longtemps en mésintelligence, se livraient une guerre acharnée : le sang coulait à grands flots ; déjà plus de deux mille insurgés avaient péri dans la lutte, et l'anxiété était au comble. L'archevêque de Trèves, en sa qualité de métropolitain du pays de Metz, était accouru avec la chaleureuse sollicitude du bon pasteur, pour séparer les combattants et empêcher de plus grands maux. Mais sa voix avait été méconnue, sa médiation repoussée ; et le prélat, déplorant son insuffisance, ne vit plus qu'une seule ressource : c'était d'appeler l'abbé de Clairvaux sur le champ de bataille.

Au récit de ces malheurs, que l'archevêque déplorait avec larmes, Bernard se sent profondément ému ; un zèle surnaturel le ranime ; et ses os semblent se raffermir au dedans de lui-même ; car Dieu tenait cette âme sainte entre ses mains, et en faisait tout ce qu'il voulait.

Il se lève donc de son lit de mort, et part pour Metz !

Les deux armées étaient campées sur les deux rives de la Moselle ; d'un côté les bourgeois, ne respirant que haine et vengeance ; de l'autre, les seigneurs et leurs soldats, ivres d'une première victoire, et prêts à recommencer le combat. Tout à coup, l'homme de paix, soutenu par quelques moines vénérables, se présente au milieu de la mêlée. Il est faible, il ne peut se faire entendre, il n'est pas même écouté ; mais il va d'un camp à l'autre, s'adressant tour à tour à différents chefs, cherche à calmer les passions en effervescence, mais sans entrevoir humainement aucune chance de succès. Sa présence n'a d'autre effet que de suspendre momentanément le choc des armes.

Le Saint ne se décourage pas ; il tranquillise l'inquiétude des religieux qui l'accompagnent : « Ne vous mettez point en peine », leur dit-il ; « car, nonobstant les difficultés qui s'accumulent, vous verrez, avec la grâce de Dieu, le bon ordre se rétablir ».

En effet, au point du jour, il reçoit une députation des principaux habitants de la ville, déclarant qu'ils acceptaient sa médiation. Dès le matin, il convoque les plus considérables des deux partis dans une petite île, sur la rivière, où viennent aborder de nombreuses nacelles, amenant les chefs des diverses troupes. Bernard écoute leurs griefs et les apaise ; il triomphe des esprits les plus obstinés ; les belligérants s'émeuvent et déposent les armes ; les cœurs s'ouvrent ; bientôt le baiser de paix circule à travers tous les rangs !

Une guérison miraculeuse signala cette mémorable journée. Il arriva, par l'ordre de la Providence, qu'une pauvre femme, tourmentée depuis huit ans d'une cruelle maladie, vint se prosterner devant le serviteur de Dieu pour lui demander sa bénédiction. Cette femme était sans cesse agitée **de tremblements convulsifs**, et son aspect causait autant d'horreur que de pitié. Bernard se recueille ; il fait le signe de la croix ; et à l'instant même, sous les yeux d'une multitude de spectateurs, les agitations de la malheureuse disparaissent, et la santé lui est rendue.

Le bruit de ce miracle achève de captiver les sympathies. Les assistants, en foule, même ceux qui jusqu'alors s'étaient montrés intraitables, se frappent la poitrine et bénissent à haute voix les œuvres de la puissance de Dieu. Cette scène édifiante se prolongea près d'une heure, pendant laquelle, ajoute l'historien, des larmes de componction, d'attendrissement et de reconnaissance coulèrent sans discontinuer.

Or, l'homme de Dieu, environné d'un immense concours de peuples, et visiblement accablé par l'affluence de ceux qui se jetaient à ses pieds, pour lui témoigner leur respect, faillit perdre, comme naguère en Allemagne, le peu de souffle qui animait sa frêle existence, en sorte que les religieux l'emportèrent sur leurs épaules ; et, l'ayant déposé dans une barque, ils quittèrent en toute hâte le rivage. Les seigneurs et les magistrats ne tardèrent point à le rejoindre : « Nous devons », lui dirent-ils, « écouter avec docilité celui que nous voyons être aimé et exaucé de Dieu ; et nous observerons ses recommandations, puisque Jésus-Christ, à sa prière, a fait de si grandes choses en notre présence ». Mais Bernard, n'acceptant aucune louange, leur répondit : « Ce n'est pas pour moi, c'est pour vous que Dieu a fait ces choses ».

Le Saint rentra ensuite à Metz, dans la maison épiscopale, où, par son ascendant et son heureuse médiation, le traité de paix fut conclu et signé. Cette œuvre était terminée !

Comme le nautonnier, au retour d'une laborieuse navigation, baisse et replie ses voiles, à la vue du port où il va jeter son ancre ; ainsi le disciple de Jésus, après avoir achevé sa course, revint humblement au saint asile de Clairvaux, où, s'étendant sur son lit de douleur, dernière station du pèlerinage de la terre, il attendit avec tranquillité l'heure du repos.

Bernard, comme un fruit mûr et parfait, ne semble plus tenir à l'arbre de l'humanité terrestre que par un fil que la plus légère secousse va rompre. Cependant ses facultés ne sont point affaiblies ; sa raison brille, ferme, pure et lucide. Les dons les plus beaux que l'on puisse admirer dans un homme, la sainteté, la sérénité, l'invincible ascendant sur lui-même, tous ces dons subsistent en lui. Il a reçu les onctions sacrées ; il écoute la voix de Dieu qui lui parle dans la solitude de son cœur ; ou bien, quand, oubliant ses propres souffrances, il compatit à celles de ses frères, il les console, il les réchauffe et les inonde de sublimes espérances.

Ses disciples, rangés autour de sa couche, les yeux baignés de larmes, fixaient avec une sainte terreur les derniers reflets de ce flambeau qui les avait guidés sur la route du ciel. Rangés autour de lui, ils le regardent avec anxiété, lui parlent sans paroles ; ils prient avec larmes ; ils espèrent encore ; ils espèrent contre toute espérance ; car tel est l'aveuglement de l'amour ! La tendresse filiale ne comprend pas la possibilité de certaines séparations : elle s'aveugle sur la tombe ouverte d'un père ou d'une mère, comme la mère s'aveugle sur le berceau d'un enfant. On dirait que les cœurs, enlacés les uns dans les autres, par une affection pure, ne peuvent ni vivre ni mourir les uns sans les autres.

Ainsi les pieux cénobites conservaient, et jusqu'au dernier moment, une vaine espérance qui leur cachait la trop réelle appréhension de perdre leur père. Celui-ci, compatissant jusqu'au fond de ses entrailles, s'efforçait de modérer leur peine et de fortifier leur courage. Il leur prodiguait les plus douces consolations, les exhortant à s'abandonner avec confiance à la bonté divine, à aimer la volonté de Dieu, à persévérer dans la céleste charité. Il leur promit que, même en partant, il ne les délaisserait point, et qu'il aurait soin d'eux après sa mort. Puis, avec une suavité que nulle expression ne saurait rendre, il leur recommanda de s'aimer les uns les autres, d'avancer dans les saintes voies de la perfection, et de rester fidèles à leur règle, dans la crainte et dans l'amour de Dieu...

Enfin, tout pénétré de l'esprit apostolique, il leur répéta les paroles solennelles de saint Paul : « Mes frères, nous vous supplions et vous conjurons, au nom de Notre-Seigneur Jésus-Christ, de vivre pour Dieu, selon que vous l'avez appris de nous, afin que le Seigneur vous comble de plus en plus de ses grâces...; car la volonté de Dieu est que vous soyez saints ».

Alors il fit approcher de sa couche le supérieur général de l'Ordre de Cîteaux, le vénérable abbé Gozevin, ainsi que plusieurs autres abbés et prélats qui étaient venus à Clairvaux pour lui rendre les derniers devoirs.

Gozevin fondait en larmes ; car, bien qu'il fût élevé au-dessus de saint Bernard dans la hiérarchie monastique, il l'aimait d'un amour filial et le reconnaissait hautement comme son maître et père. Le Saint les remercia tous, et d'une voix émue leur dit un dernier adieu...

Cette scène déchira le cœur des pauvres moines. « Oh ! père charitable, père bien-aimé », s'écrièrent-ils en sanglotant, « vous voulez donc abandonner votre famille ? Ayez pitié de nous qui sommes vos enfants ; ayez pitié de ceux que vous avez nourris de votre sein maternel, que vous avez élevés, formés, guidés, comme une tendre mère ! Que vont devenir les fruits de vos travaux ? Que vont devenir les enfants que vous avez tant aimés ?... »

Ces exclamations attendrirent le serviteur de Dieu, et il pleura... « Je ne sais », leur dit-il en levant vers le ciel un regard plein d'une angélique douceur, « je ne sais auquel des deux il faut me rendre, ou à l'amour de mes enfants, qui me presse de rester ici-bas, ou à l'amour de mon Dieu, qui m'attire en haut... » Il dit : et ce fut son dernier soupir !

Les chants funèbres, accompagnés du glas de la mort, entonnés par sept cents moines, interrompirent le silence du désert et annoncèrent au monde la mort de saint Bernard.

C'était le vingtième jour du mois d'août 1153, vers neuf heures du matin. Le Saint était âgé de soixante-trois ans. Depuis quarante ans il s'était consacré à Jésus-Christ dans le cloître, et depuis trente-huit ans il exerçait la dignité d'abbé. Il laissa cent soixante monastères, qu'il avait fondés dans diverses contrées de l'Europe et de l'Asie. Et dans la suite des temps, y compris les maisons détruites en Angleterre et dans les royaumes du Nord, on compta jusqu'à huit cents abbayes issues et dépendantes de Clairvaux ! Cette source féconde ne s'est jamais épuisée : elle coule encore de nos jours : les Cisterciens, les Bernardins, les Trappistes, perpétuent, sous diverses formes, la vie de leur Patriarche, et fertilisent de leurs mâles vertus les champs de l'Eglise.

Il n'y a presque plus rien maintenant qui rappelle à Clairvaux le souvenir de son illustre fondateur. Après avoir visité la chapelle des détenus, ancien réfectoire des moines et le réfectoire actuel, ancien cellier du monastère, on va dans la forêt à la *Fontaine de saint Bernard*. C'est là que, chaque année, le mardi d'après *Quasimodo*, les religieux se rendaient en procession, chantaient un répons à saint Bernard, le *Regina Cœli*, plantaient autour d'une grande croix, voisine de la source, plusieurs petites croix de bois qu'ils façonnaient eux-mêmes, et buvaient avec la main l'eau de la fontaine. « L'eau sort de terre par cinq ouvertures sous le mur d'enceinte de la maison ; elle remplit un petit bassin et forme un ruisseau qui descend dans la vallée et va se jeter dans l'Aube. La fontaine est abritée par un édicule adossé à la côte, en cet endroit couverte de mousse et de jeunes taillis. La façade du monument, élevé, en 1854, par les détenus en l'honneur de saint Bernard, présente une niche en plein cintre à assises de pierre de taille, recouverte d'un toit de pierre mouluré et surmonté d'une croix de pierre. Dans la niche est la statue de saint Bernard ; au pied de la croix est son écu : il est d'azur au chevron d'argent accompagné en chef de deux croissants aussi d'argent et en pointe d'un lion de même. Le timbre est une mitre et une crosse abbatiales, la mitre à dextre et la crosse à senestre ».

Il paraissait sur son visage une grâce et une douceur merveilleuses qui naissaient plutôt de l'onction dont son âme était perpétuellement pénétrée, que de la constitution de son corps. On voyait dans ses yeux une marque d'une pureté angélique et d'une simplicité de colombe. Ses austérités l'avaient tellement exténué, qu'il n'avait que la peau et les os, et qu'il était obligé d'être presque toujours assis. Sa taille était moyenne, mais plutôt grande que petite.

Il fut enseveli dans la tunique de saint Malachie ; il l'avait toujours portée aux jours solennels lorsqu'il célébrait les saints mystères à l'autel. Avant qu'on le mît en terre, un de ses religieux qui, depuis plusieurs années, tombait du haut mal, s'étant approché de lui avec une ferme foi, en fut tellement guéri, qu'il ne s'en est point du tout ressenti depuis. Le corps du Saint fut placé dans un sépulcre de pierre, devant l'autel de la Sainte-Vierge, à Clairvaux. Sur sa poitrine on plaça une boîte dans laquelle il y avait des reliques de saint Thaddée, apôtre, qui lui avaient été envoyées de Jérusalem l'année même de sa mort, et qu'il avait ordonné qu'on enterrât avec lui, afin de pouvoir être joint à ce grand Apôtre au jour de la résurrection générale. Il y eut plusieurs révélations de sa gloire, et il se fit tant de miracles par son intercession que, vingt et un ans après, l'an 1174, le pape Alexandre III le mit au nombre des Saints et lui décerna le titre de Docteur. Le pape Pie VIII confirma solennellement ce titre, et voulut que l'office de la fête de saint Bernard fût celui des Docteurs de l'Église.

On voit dans l'église de Ville-sous-la-Ferté (Aube), sur toile, un portrait en pied de saint Bernard. Le Saint est debout, la tête légèrement inclinée vers l'épaule gauche ; de la main gauche il soutient l'église de Clairvaux ; de la droite, il tient une croix gothique, d'un travail exquis. Au fond du tableau s'ouvre une large fenêtre, auprès de laquelle deux moines semblent s'entretenir, et l'on voit fuir jusqu'à l'horizon les lignes harmonieuses et les teintes bleuâtres de la Claire-Vallée. — On le représente non-seulement avec la croix, mais avec les divers instruments de la Passion, pour rappeler sa mortification continuelle poussée à de véritables excès. — On le voit aussi quelquefois avec un démon sous les pieds, pour marquer les triomphes qu'il a remportés sur l'ennemi du salut, soit en surmontant ses tentations, soit en renversant son empire dans les cœurs des hommes par ses travaux apostoliques, soit aussi par la délivrance de nombreux possédés.

CULTE ET RELIQUES. — SES ÉCRITS.

Les enfants de saint Bernard conservèrent religieusement son corps déposé à côté de saint Malachie, dans leur église conventuelle ; ils ne voulurent même pas le lever de terre, pour être en droit de refuser les innombrables demandes qu'on leur adressait de toutes parts au sujet de ses reliques.

En 1178, Henri de Haute-Combe, abbé de Clairvaux, envoya au roi d'Angleterre un doigt du Saint, canonisé depuis quatre ans ; puis les chartres ne nous mentionnent plus aucune soustraction jusqu'au XVIIe siècle.

En 1625, les Génois, qui avaient choisi saint Bernard pour leur patron, firent demander quelqu'un de ses ossements ; leurs députés, les premiers, purent contempler sa dépouille mortelle et s'en retournèrent emportant une de ses côtes. L'abbé qui leur avait fait ce présent, D. Largentier, envoya en 1643, à Anne d'Autriche, quelques fragments du chef, que D. Jean d'Aizanville avait renfermé dans un magnifique buste de vermeil, de même que celui de saint Malachie.

Voilà, d'après les catalogues de l'abbaye, tout ce qui fut distrait du saint corps jusqu'au XVIIIe siècle ; néanmoins, il est à croire que quelques donations moins importantes n'auront pas été mentionnées : car, en Espagne, l'Escurial possédait un fragment de côte et quelques reliques moins considérables ; en France, la cathédrale de Langres expose quelques ossements ; l'église Notre-Dame de Saint-Dizier montre encore aujourd'hui un os du bras de saint Bernard, qui lui est venu de l'ancienne abbaye de Saint-Pantaléon ; les églises de Chaumont, Saint-Mammès et Saint-Martin de Langres possèdent de ses reliques.

Le dernier abbé de Clairvaux, dom Rocourt (mort à Bar-sur-Aube en 1824), envoya à la monnaie de Paris, sur l'invitation du gouvernement, tous les objets d'or et d'argent qui composaient le trésor de la sacristie : seulement il conserva les bustes de vermeil renfermant les chefs de saint Bernard et de saint Malachie. Un an plus tard, en 1790, il lui fallut s'en dessaisir ; mais il garda le plus précieux, les deux chefs, et apposa son sceau à l'intérieur pour en garantir l'authenticité. Quand la tourmente fut passée, il les remit à M. Caffarelli, préfet de l'Aube, qui en fit don à la cathédrale de Troyes ; on les peut voir encore, sous le maître-autel, dans des châsses de bois argenté ; l'authentique porte la signature et le sceau de Mgr de Boulogne. Le 25 décembre 1862, Mgr Ravinet bénit une châsse magnifique, de style roman, entièrement couverte de lames de cuivre doré et y plaça, à côté d'autres reliques, sur des coussins de soie blancs, le chef de saint Bernard, qui est exposé à la vénération des fidèles.

Les restes des corps saints furent protégés, en 1793, par les populations environnantes contre la fureur des agents révolutionnaires qui les voulaient jeter au cimetière commun. On les transporta à la commune de Ville-sous-la-Ferté, à trois kilomètres sud-est de Clairvaux, et ils y sont encore, mais indignement confondus dans un misérable coffre de la sacristie. Les ossements de saint Bernard sont faciles à distinguer des autres ; ils sont, à l'intérieur et à l'extérieur, d'une teinte brune assez prononcée : il n'est pas un habitant de Ville qui ne s'accorde sur ce point. Espérons que l'on ne tardera pas, en renouvelant l'authentique, à rendre ces précieux restes à la vénération des fidèles.

Quelques familles de Ville-sous-la-Ferté (Aube), possèdent de leur glorieux patron des ossements qui furent dérobés lors de la translation faite en 1794.

Un grand nombre de paroisses du diocèse de Troyes tiennent à honneur de posséder quelques reliques de l'illustre abbé de Clairvaux. Jully-sur-Sarce conserve dans un médaillon d'argent quelques parcelles des côtes de saint Bernard et un fragment de sa natte de jonc. Ramerupt et Celles exposent aux hommages des fidèles un os du chef vénéré ; l'église Saint-Remi, de Troyes, un fragment d'os du crâne ; Bourguignons, une portion de côte et un fragment du suaire ; Bar-sur-Aube, la Maison-des-Champs, Dampierre-de-l'Aube, etc., ont renfermé dans de précieux reliquaires les restes vénérables de ce grand Saint, la gloire de nos contrées. En dehors du diocèse, la cathédrale de Châlons-sur-Marne possède une partie considérable de la natte sur laquelle est mort l'abbé de Clairvaux. La Bible dont se servait journellement saint Bernard est à la bibliothèque de Troyes ; on remarque que les feuillets qui contiennent le Cantique des Cantiques sont particulièrement usés.

L'église de Fontaines, au diocèse de Dijon, possède une parcelle de son chef, et une partie de sa ceinture qui paraît provenir du monastère des Feuillants : cette ceinture est placée dans un buste en terre cuite, très-beau et très-ressemblant. Le musée de Dijon a sa coupe ou tasse en buis : *Cyathus sancti Bernardi abbatis Clarevallis*.

Dès le commencement du XIVe siècle, on avait érigé à Fontaines une confrérie, sous le vocable de saint Bernard, et transformé en chapelle la chambre où il est né. En 1614, les Feuillants, protégés par Louis XIII, s'établirent dans le château, et, en 1619, ils bâtirent une église en l'honneur du saint patriarche. Anne d'Autriche, qui s'était vouée à saint Bernard pour obtenir de Dieu un fils, fournit aux dépenses. Louis XIV pria l'évêque de Langres d'obliger ses diocésains à célébrer la fête de saint Bernard « protecteur de sa couronne » comme une fête commandée, et il se fit inscrire, avec son frère et la reine-mère, en tête de la confrérie érigée à nouveau dans l'église des Feuillants par Mgr Sébastien Zamet, évêque de Langres, et enrichie d'indulgences par le pape Léon X.

Cette confrérie a été rétablie, en 1823, par Mgr de Boisville, évêque de Dijon, et transférée dans l'église paroissiale de Fontaines.

Ce que la Révolution a laissé de l'église des Feuillants a été pieusement restauré par des mains sacerdotales et ouvert à la dévotion des pèlerins.

Une souscription, présidée par Mgr l'évêque, a fait ériger, le 7 novembre 1847, à Dijon, une magnifique statue en bronze à l'illustre abbé de Clairvaux. Une autre, en pierre, embellit la cour d'honneur du petit séminaire de Plombières. A Châtillon, son image orne la chapelle de l'hôpital, et l'autel de Notre-Dame du château lui est maintenant dédié.

Nous suivrons, autant qu'il sera possible, l'ordre chronologique dans l'énumération des ouvrages du saint docteur.

1º Le *Traité des douze degrés d'humilité*, dont il est parlé dans la règle de Saint-Benoît. C'est le premier ouvrage que le Saint publia. Il est écrit d'une manière fort touchante, et contient d'excellentes choses.

2º Les Homélies sur l'Évangile *Missus est*, etc., qui sont de l'année 1120. L'auteur les composa pour satisfaire sa propre dévotion envers le mystère de l'Incarnation et envers la sainte Vierge.

3º Son *Apologie*. La congrégation de Cluny, qui était une réforme de l'Ordre de Saint-Benoît, était alors beaucoup déchue de cette régularité et de cette ferveur qui l'avaient rendue si célèbre pendant deux cents ans. Quelques-uns de ses membres, animés par une jalousie secrète, qui se déguise facilement sous le nom de zèle, blâmèrent hautement les austérités de Cîteaux, et en firent même le sujet de leurs déclamations. Guillaume, abbé de Saint-Thierry, près de Reims, qui était de cette congrégation, mais en même temps rempli d'estime pour le nouvel Ordre, pria saint Bernard de prendre la plume pour sa défense. Le Saint composa son Apologie. Il y justifie ses moines, et déclare que si quelques-uns d'entre eux s'ingéraient à médire des autres, leurs jeûnes, leurs veilles, leurs travaux ne leur serviraient de rien; ils seraient, dit-il, les plus misérables des hommes, de perdre par la distraction le fruit de toute leur pénitence. Ils seraient bien insensés de se donner tant de peines pour être damnés, tandis qu'ils pouvaient aller en enfer par une route plus facile et plus conforme à la nature. Après avoir montré que les exercices spirituels sont infiniment plus utiles que les corporels, il convient que l'Ordre de Cluny est l'ouvrage des Saints, quoique de son temps on y eût admis des mitigations, par ménagement pour les faibles. Mais pour qu'on ne s'imaginât pas qu'il approuvait les abus essentiels qui s'étaient glissés dans quelques monastères, il les reprend de la manière la plus forte. On voit, dit-il, chez certains moines, plusieurs vices autorisés, qui prennent même le nom de vertu; la profusion s'appelle libéralité; la démangeaison de parler, politesse; le rire immodéré, gaieté nécessaire; la superfluité et l'affectation dans les vêtements et le train sont décorés du titre spécieux de savoir-vivre. Il combat avec les armes de la raillerie l'excès et la délicatesse de ces moines dans le boire et dans le manger, leur amour pour la parure, pour la somptuosité de leurs bâtiments, pour la richesse de leurs ameublements. Comment, dit-il, passer toutes ces choses à des hommes qui font profession de n'être plus du monde, qui ont renoncé pour Jésus-Christ aux plaisirs et aux biens de cette vie, qui ont foulé aux pieds tout ce qui éblouit les yeux des mondains, qui ont fui tout ce qui flatte les sens ou peut porter à la vanité? Il se plaint de ce que quelques abbés, qui devaient être pour leurs moines des modèles de recueillement, d'humilité et de pénitence, leur inspiraient au contraire le goût des vanités mondaines, par la magnificence de leurs équipages, par la continuité de leur dissipation, par la délicatesse de leur table, par leur commerce avec les étrangers. Excuser, continue-t-il, de pareils désordres, ou les voir sans élever la voix, ce serait les autoriser et les encourager. Suivant Dom Rivet, le relâchement de la discipline monastique dans l'Ordre de Cluny commença après la mort de saint Hugues, et principalement sous l'abbé Ponce; mais Pierre le Vénérable rétablit pour quelque temps la régularité primitive.

4º Le *Livre de la conversion des clercs*, composé à Paris en 1122, et adressé aux jeunes ecclésiastiques de l'université de cette ville. C'est une exhortation à la pénitence, et une invective contre les clercs lâches, ambitieux et déréglés dans leurs mœurs.

5º L'*Exhortation aux Chevaliers du Temple*, adressée à Hugues de Paganis, premier grand-maître et prieur de Jérusalem, fut écrite en 1129. C'est un éloge de cet Ordre militaire qui avait été institué en 1118, et une exhortation aux chevaliers de se comporter avec courage dans les différents postes qui leur seraient confiés. Au lieu, dit-il, que les autres guerres commencent ordinairement par la colère, par l'ambition ou l'avarice, celles que vous entreprenez n'ont d'autre motif que la justice et la cause de Jésus-Christ; et quel que puisse être le succès de vos armes, il n'y a rien qu'à gagner pour vous. Il décrit ainsi leur genre de vie. Ils suivent en tout le commandement de leur prieur, et n'ont que ce qu'il leur donne. Leurs habillements n'ont rien de recherché ni de superflu. Ils observent exactement leur règle, et n'ont ni femme ni enfants. Ils ne prétendent à rien de ce qui est à eux, et ne désirent point plus qu'ils n'ont. Tous les divertissements profanes leur sont inconnus. Ils ne cherchent point à se faire une réputation, et n'attendent la victoire que du Seigneur. Tel fut l'institut primitif des Templiers Mais lorsque, dans la suite, cet Ordre fut devenu riche, il se corrompit, excita la cupidité des gens du monde et en devint la victime.

6° Le *Traité de l'Amour de Dieu*. Il y est dit que la manière d'aimer Dieu est de l'aimer sans mesure; que loin de mettre des bornes à notre amour, nous devons travailler sans cesse à l'augmenter; et que la raison d'aimer Dieu est parce qu'il est Dieu, et qu'il nous aime; que la récompense de l'amour est l'amour même qui nous rend heureux dans le temps et dans l'éternité; qu'il a pour principe la charité et la grâce que Dieu répand dans nos âmes. Le saint Docteur compte plusieurs degrés d'amour. « Nous pouvons », dit-il, « aimer Dieu pour notre propre bonheur, pour lui et pour nous-mêmes tout à la fois, et uniquement pour lui-même. La suprême pureté de cet amour n'aura lieu que dans le ciel. Le pur amour de Dieu s'appelle charité, et diffère de l'amour de désir, qui est intéressé et se rapporte à nous, mais qui est bon toutefois, quoique moins parfait que la charité.

7° Le *Livre des Commandements et des Dispenses*, écrit en 1131, contient des réponses à plusieurs questions sur certains points de la règle de Saint-Benoît, dont un abbé peut ou ne peut pas dispenser.

8° Le *Livre de la Grâce et du Libre arbitre*, où le dogme catholique relatif à ces deux objets est prouvé d'après les principes de saint Augustin.

9° La *Lettre* ou le *Traité* adressé à *Hugues de Saint-Victor* contient l'explication de plusieurs difficultés concernant l'Incarnation et divers autres points de théologie.

10° Son *Traité sur les Œuvres d'Abeilard*, et ses *cinq Livres de la Considération*, adressés au pape Eugène III, sont un chef-d'œuvre.

11° Le *Livre des Devoirs des Évêques*, écrit en 1127, et adressé à Henri, archevêque de Sens. Il y est traité de la chasteté, de l'humilité, de la sollicitude pastorale et des différentes obligations des évêques. Le Saint y condamne les abbés qui cherchaient à s'exempter de la juridiction épiscopale.

12° Les *Sermons* sur le psaume XC, *Qui habitat*, etc., furent composés vers l'an 1145.

13° Les *Sermons sur le Cantique des cantiques*, au nombre de quatre-vingt-six. Saint Bernard n'y explique pourtant que les deux premiers chapitres, et le premier verset du chapitre troisième de ce livre sacré. Mais, par le moyen des interprétations mystiques et allégoriques auxquelles il s'abandonne, il traite de la manière la plus intéressante un grand nombre de points de morale et de spiritualité. On ne peut lire sans admiration ce qu'il dit de l'humilité et de la componction, de l'amour divin et des voies intérieures de la contemplation. Guillaume, abbé de Saint-Thierry, a fait un abrégé des cinquante et un premiers sermons. Gilbert, moine de Hoiland, de l'abbaye de Cisterciens en Angleterre, laquelle dépendait de l'évêque de Lincoln, continua l'ouvrage de saint Bernard sur le Cantique des cantiques, et donna quarante-huit discours dans le même genre, vers l'an 1176. Il va jusqu'au dixième verset du cinquième chapitre.

14° Les *Sermons pour toute l'année* renferment d'excellentes maximes, et sont très-propres à inspirer la piété. L'auteur y fait éclater la plus grande dévotion pour le mystère de Jésus souffrant et pour sa sainte Mère. Le style de ces discours montre qu'ils étaient ordinairement prononcés en latin, langue que les moines entendaient. Mais ils étaient traduits en français pour les frères convers qui n'avaient point l'intelligence du latin, comme l'a prouvé Mabillon, t. 1er, p. 706, n. 8. Il est probable que saint Bernard faisait la traduction lui-même. Il y avait dans la bibliothèque des Feuillants, à Paris, un recueil de ces sermons, qui furent mis en français dans ce temps-là, ou du moins peu de temps après. Mabillon, *Præf. in Serm. sancti Bernardi*, p. 716, en a donné un échantillon.

Le style des sermons et des autres écrits de saint Bernard est plein de douceur et d'élégance, et passe cependant pour être fort fleuri; mais ce défaut, si c'en est un, plaît au lecteur, au lieu de le choquer, tant il y a de naturel, de beauté, de feu dans les figures et les images que le saint Docteur emploie. Son oraison funèbre de son frère Gérard, qui avait été son assistant dans le gouvernement de Clairvaux, est un chef-d'œuvre d'éloquence et de sentiment. Il se console en ce qu'il espère que son frère jouit du bonheur du ciel; et la manière tendre avec laquelle il exprime ses regrets sur la perte de celui qui était son conseil et son appui, montre que sa sensibilité est compatible avec une sainteté éminente. Gérard mourut en 1138. Dix ans après, le Saint fit l'oraison funèbre de saint Malachie. Il en prononça une seconde au jour de l'anniversaire de ce Saint. Les auteurs de l'*Hist. lit. de la Fr.*, t. X, *Præf.*, font observer que ces trois oraisons funèbres sont, depuis le siècle de saint Augustin, ce qui a paru de meilleur en latin.

15° Des *Lettres*, au nombre de 440, dans l'édition de Mabillon. Elles sont pour la plupart adressées à des Papes, à des rois, à des évêques, à des abbés, etc. Elles seront un monument éternel du savoir, de la prudence et du zèle infatigable de saint Bernard.

16° Le *Traité adressé à Hugues de Saint-Victor* est une réponse à diverses questions de théologie.

Nous donnerons de suite la liste des principaux ouvrages faussement attribués à saint Bernard:

1° L'*Echelle du Cloître*, qui est de Guigues, premier prieur de la Grande-Chartreuse et auteur de plusieurs lettres spirituelles ; 2° les *Méditations* qui furent composées par une personne de piété dont on ignore le nom, mais qui paraît avoir vécu plus tard que le saint Abbé de Clairvaux ; 3° le *Traité de l'Edification de la Maison intérieure*, écrit par quelque moine de Cîteaux, qui paraît avoir été contemporain de saint Bernard ; 4° le *Traité des Vertus*, qui a pour auteur quelque moine bénédictin. C'est une instruction pour les novices ; 5° le livre *aux Frères du Mont-Dieu*, et celui *de la Contemplation de Dieu*, quoique souvent cités sous le nom de saint Bernard, sont certainement de l'auteur du premier livre de la vie du Saint. C'est Guillaume, abbé de Saint-Thierry, près de Reims, qui depuis entra dans l'Ordre de Cîteaux, à Signy, où il mourut vers l'an 1150.

Saint Bernard, dans ses écrits, est tout à la fois insinuant, affectueux et véhément ; son style est animé, sublime et agréable. La charité lui fait tellement assaisonner les reproches, que l'on voit que le but qu'il se propose en les faisant est de corriger, et non d'insulter. Lors même qu'il emploie les expressions les plus fortes, il gagne le cœur et inspire le respect avec l'amour : le coupable qu'il avertit n'en veut qu'à lui-même ; il ne se fâche ni contre la réprimande, ni contre celui qui la fait. Il possédait si parfaitement l'Ecriture, qu'il en faisait passer le langage dans presque toutes ses périodes ; et, si l'on peut parler de la sorte, il répandait dans tous ses écrits la moelle du texte sacré dont son cœur était rempli. Il avait beaucoup lu les anciens Pères, surtout saint Ambroise et saint Augustin : souvent il emprunte leurs pensées ; mais il sait se les rendre propres par le tour nouveau qu'il leur donne. Quoiqu'il ait vécu après saint Anselme, le premier des scolastiques (et l'on range dans la même classe les contemporains), il a traité les matières de théologie à la manière des anciens. Cette raison, jointe à l'excellence de ses écrits, l'a fait compter parmi les Pères de l'Eglise. Tous ses ouvrages sont marqués au coin de l'humilité, de la dévotion et de la charité ; comme il parla toujours le langage du cœur, il touche singulièrement ses lecteurs.

Le savant Père Mabillon a dû le fondement de cette haute réputation dont il a joui dans le monde littéraire, à l'édition complète des Œuvres de saint Bernard, qu'il publia en 1667, 2 vol. in-fol. ou 9 vol. in-8°. En 1690, il en donna une seconde, enrichie de préfaces et de notes très-curieuses qui ne se trouvaient point dans la première. Il en avait préparé une troisième, lorsqu'il mourut en 1707. Elle fut publiée en 1719. La seconde est la plus recherchée.

Ces éditions ont été reproduites par M. Migne, par M. Périsse et par MM. Gaume.

M. L. Guérin, à Bar-le-Duc (Meuse), a publié une excellente traduction des *Œuvres complètes de saint Bernard*. Cette traduction est précédée de la vie du Saint par le Père Ratisbonne ; un chef-d'œuvre servant de portique à d'autres chefs-d'œuvres, 5 vol. in-8°.

Nous nous sommes servi, pour composer cette biographie, de la vie saint Bernard écrite en cinq livres par trois abbés différents, dont le premier est Guillaume, abbé de Saint-Thierry de Reims, de l'Ordre de Saint-Benoît ; le second, Bernard, abbé de Bonneval, de l'Ordre de Cîteaux, au diocèse de Vienne ; et le troisième, Geoffroy, secrétaire du Saint, et depuis abbé d'Igny, et quatrième abbé de Clairvaux ; celui-ci a composé les trois derniers livres, et les deux autres les deux premiers. Nous l'avons complétée avec Godescard, les *Annales* de Cîteaux, et surtout avec l'*Histoire de saint Bernard et de son siècle*, par le Père Ratisbonne, édit. Guérin, Bar-le-Duc (Meuse) ; la vie des *Saints de Troyes*, par l'abbé Defer, des *Notes locales* fournies par M. A. Fourot, et les *Saints de Dijon*, par l'abbé Duplus.

NOTICE SUR LA VIE ET LES ÉCRITS DE BOSSUET.

Nous croyons devoir placer, après la vie de saint Bernard, l'une des plus grandes gloires de l'Eglise de France, une notice sur Bossuet, l'un des hommes les plus illustres dont notre patrie s'honore, et qui, par son génie et par ses travaux, occupe un rang si distingué après les Pères et les Docteurs de l'Eglise.

Jacques-Bénigne Bossuet naquit à Dijon, le 27 septembre 1627, d'une famille distinguée dans la robe ; il commença ses études au collége des Jésuites, puis fut envoyé à Paris par ses parents pour les finir. Déjà il appartenait à l'Eglise par plus d'un titre. Il avait été tonsuré en 1635, et nommé en 1640, à l'âge de treize ans, chanoine de la cathédrale de Metz.

Ce fut en 1642 qu'il arriva à Paris. Il fut placé au collége de Navarre, dont le grand-maître était Nicolas Cornet, docteur célèbre par son savoir et par sa piété. Bossuet avait seize ans, lorsqu'en 1643 il soutint sa première thèse de philosophie ; elle eut un tel éclat que bientôt on ne parla plus à Paris du jeune élève que comme d'un prodige. On voulut le voir à l'hôtel de Rambouillet, et on l'y invita à composer sur-le-champ un sermon. Le jeune orateur se retira, et après quelques heures de recueillement et de réflexion, il reparut au milieu de l'assemblée, qui était composée des plus beaux esprits du royaume, et il étonna ce redoutable auditoire par un sermon qui fut couvert d'applaudissements et qui excita l'admiration générale.

Il reçut le sous-diaconat à Langres, et revint à Paris sur la fin de 1648. L'année suivante, il retourna à Metz et y reçut le diaconat. Bossuet revint de nouveau à Paris en 1650. Pendant les deux années que dura sa licence, il fit une étude approfondie de toutes les parties de la théologie. Sa science et sa réputation croissaient avec une extrême rapidité ; mais loin de se laisser éblouir par ses succès, il semblait ne les pas apercevoir ou même n'y pas songer, aimant de plus en plus la religion, la retraite et le travail, et il se livrait sans relâche aux études qu'il jugeait indispensables dans la carrière qu'il avait embrassée. L'Ecriture sainte et les Pères faisaient le fond de ses méditations et de ses travaux.

A peine avait-il achevé sa licence (en 1652), qu'il fut nommé archidiacre de Metz, sous le titre d'archidiacre de Sarrebourg; son seul mérite l'éleva deux ans après au grand archidiaconé de la même Eglise.

Il reçut aussi en 1652 le bonnet de docteur et l'ordre de prêtrise. Il voulut, pour se préparer à la prêtrise, passer quelque temps en retraite à Saint-Lazare. Là il fut connu de saint Vincent de Paul, fondateur de cette maison, et il obtint son amitié. Toute sa vie il se glorifia de l'appeler son maître, et il se trouva heureux de rendre à sa mémoire le tribut d'éloges et de vénération qu'il lui devait, lorsqu'au commencement du XVIIIe siècle on s'occupa à Rome de la béatification de ce saint prêtre.

Ses études théologiques terminées, Bossuet retourna à Metz, et là, dans le silence de la retraite, il reprit ses travaux avec une nouvelle activité. L'Ecriture sainte faisait toujours le principal objet de ses études. Il ne se passait pas de jour qu'il ne chargeât sa Bible de quelque note abrégée sur la doctrine ou sur la morale. Il continua aussi de lire fort assidûment les Pères.

Les protestants de Metz, qui désiraient sincèrement s'éclairer, allaient trouver Bossuet, qui les accueillait avec bonté et les aidait à secouer le joug de l'erreur. Ils avaient alors pour principal ministre Paul Ferry, homme fort estimé pour son savoir, ses talents et son affabilité. Ce ministre publia en 1654 un catéchisme qui parut fort dangereux par les propositions qu'il contenait. Bossuet, à la sollicitation de l'évêque d'Augusta, grand vicaire de l'évêque de Metz, entreprit la réfutation de ce catéchisme et s'en acquitta avec le succès le plus complet. Ce qui doit paraître le plus étonnant, c'est que cette réfutation ne fit qu'augmenter l'estime et l'amitié que Paul Ferry avait déjà pour son redoutable adversaire, tant Bossuet avait su, en combattant l'erreur, ménager la personne! La *Réfutation du catéchisme de Paul Ferry* eut un si grand effet que les protestants accoururent en foule auprès de Bossuet, dans le dessein de se faire instruire.

Le père de Bossuet, devenu veuf, s'était engagé dans l'état ecclésiastique et avait pris les ordres sacrés jusqu'au diaconat. Bossuet lui résigna le grand archidiaconé de Metz, dont il était titulaire, lorsqu'il fut lui-même nommé doyen de cette Eglise. On vit alors le père et le fils s'exercer à la pratique des mêmes vertus et montrer une égale assiduité et un même zèle dans l'accomplissement des mêmes devoirs.

Bossuet se vit obligé, vers la fin de 1666, de quitter Metz pour venir à Paris rendre à la mémoire de la reine mère, morte au commencement de cette année, un hommage dont la reconnaissance semblait lui faire un devoir. Il prononça l'oraison funèbre de cette princesse le 20 janvier 1667. Il ne tarda point à retourner à Metz, où il devait bientôt avoir à pleurer une perte plus sensible. Il perdit son père le 15 août suivant.

Bossuet, dans les années suivantes, parut encore avec plus d'éclat qu'on ne l'avait vu jusqu'alors. Ce fut surtout de 1660 à 1669 que sa vertu, son génie, son rare savoir et ses travaux apostoliques l'élevèrent à ce haut rang qu'il occupa dans l'Eglise.

Il ramena à la religion catholique le marquis de Dangeau et son frère, qui depuis prit l'habit ecclésiastique et fit connaître au public quelle marche avait suivie Bossuet pour le détromper de ses erreurs. Une conquête plus éclatante fut celle du maréchal de Turenne, dont l'exemple devait nécessairement influer sur un grand nombre d'autres personnes élevées dans les mêmes principes. C'est en travaillant à la conversion de ce grand homme que Bossuet composa le livre de l'*Exposition de la Doctrine catholique*. Livre justement célèbre, simple, plein de savoir, fort de preuves et de raison, et qui venge la religion de ceux qui la calomnient ou qui l'insultent sans la connaître. Trois ministres protestants essayèrent de le réfuter. Bossuet fit aux deux premiers une réponse qui demeura sans réplique; quant au troisième, qui était Brueys, Bossuet fit mieux que de lui répondre, il le convertit.

On s'étonnait de ne point voir Bossuet élevé à l'épiscopat, dont il semblait digne depuis si longtemps lorsqu'enfin il fut nommé évêque de Condom le 13 septembre 1669; mais il ne fut sacré que plus d'un an après.

Le roi le nomma, en 1670, précepteur du dauphin, en remplacement de Monsieur le Président de Périgny, qui venait de mourir après avoir rempli deux ans cet emploi important. Le duc de Montausier était gouverneur du jeune prince. Bossuet hésita à accepter une place qui ne lui paraissait pas compatible avec les devoirs de l'épiscopat, surtout avec l'obligation de la résidence, dont rien à ses yeux ne pouvait le dispenser; il se démit de son évêché, et n'accepta en dédommagement qu'un modeste bénéfice.

Bossuet composa pour son élève le *Traité de la connaissance de Dieu et de soi-même*, livre important qui peut passer pour un traité complet de métaphysique. Il voulut couronner l'éducation du dauphin par trois ouvrages non moins importants : 1° le *Discours sur l'Histoire universelle*; 2° la *Politique tirée de l'Ecriture sainte*; et 3° l'*Etat du royaume de France et de toute l'Europe*. On n'a rien trouvé de ce dernier écrit dans les papiers de Bossuet; c'est un travail précieux dont on ne peut que regretter la perte. Dans la *Politique de l'Ecriture sainte*, Bossuet prêche aux rois la modération, aux peuples l'obéissance, aux uns et aux autres la soumission à la volonté divine. Quant au *Discours sur l'histoire universelle*, c'est un chef-d'œuvre qui seul eût suffi pour porter le nom de Bossuet à l'immortalité. On ne saurait trop regretter qu'il n'eût pas eu le loisir de compléter cet ouvrage immortel, c'est-à-dire d'en donner la continuation depuis les temps de Charlemagne, jusqu'à ceux de Louis XIV.

L'éducation du dauphin étant terminée, Bossuet aurait bien désiré quitter Versailles, mais il avait été nommé aumônier de madame la dauphine en 1680, et ces nouvelles fonctions le retinrent malgré lui à la cour. Le roi le nomma en 1681 évêque de Meaux.

Louis XIV avait cru devoir convoquer en ce moment une assemblée générale du clergé de France, pour s'appuyer de son autorité contre le pape Innocent XI qui menaçait de réprimer l'extension abusive de la *régale*. Les évêques, esclaves du roi, paraissaient prêts à formuler d'une manière schismatique les prétendues libertés de l'Eglise gallicane. Bossuet prêcha le sermon d'ouverture, c'est son fameux sermon sur *l'Unité de l'Eglise*. Il y montra son attachement au Saint-Siége apostolique et son désir d'inspirer le même sentiment à tous les membres de son auditoire. Il représenta l'Eglise romaine avec tous les caractères qu'une institution divine lui a imprimés, et finit par exhorter les évêques de l'assemblée à y demeurer invariablement unis. On reproche néanmoins à Bossuet d'avoir rédigé les quatre articles de la déclaration du clergé de France : on l'excuse en disant qu'un autre eût fait une rédaction plus erronée, plus violente, plus hostile au Saint-Siége. On blâme aussi l'ouvrage latin qu'il fit pour défendre cette *déclaration*, quoi qu'il fût dans l'intention de l'illustre auteur de le compléter et de le corriger avant de le publier. Nos lecteurs trouveront la solution de ces questions historiques dans les avis des éditeurs qui précèdent les Œuvres de Bossuet (éd. Bar-le-Duc); ils y verront aussi ce que Bossuet fit pour combattre le Jansénisme.

Lorsque l'assemblée de 1682 se fut séparée, Bossuet se donna tout entier au gouvernement et au soin de son diocèse. Il exécuta, pour s'y préparer, le dessein depuis si longtemps formé d'une retraite à la Trappe. Là, dans les entretiens de son ancien ami l'abbé de Rancé, et par l'exemple des nombreux religieux qui y vivaient dans la plus austère pénitence, il ranima sa piété, et lui donna, pour ainsi dire, une nouvelle trempe. Bossuet aimait cette sainte solitude ; il y fit, à diverses époques, huit voyages pendant son épiscopat ; il disait que la Trappe était le lieu où il se plaisait le plus après son diocèse.

Le premier objet de sa sollicitude, lorsqu'il fut installé à Meaux, fut son séminaire épiscopal. Il y rétablit la discipline, l'ordre, le goût de l'étude, et par l'effet de sa surveillance assidue, non moins que par de sages règlements, tout respira dans cette maison la ferveur, la piété, l'amour des plus austères vertus, dont il donnait lui-même l'exemple.

Il établit des missions pour la conversion des protestants et pour l'instruction des peuples ; il ranima et perfectionna l'usage des conférences ecclésiastiques. Il assistait régulièrement à celles qui se tenaient à Meaux, et souvent à celles des autres principaux cantons de son diocèse. Il visitait jusqu'aux moindres paroisses, jusqu'aux oratoires des plus petits hameaux, et partout il adressait aux peuples des paroles de paix et de consolation. Son extérieur inspirait le respect et la confiance ; il laissa dans l'âme de ses diocésains une longue impression d'attachement et de vénération. Longtemps après sa mort, les vieillards aimaient à parler à leurs enfants de leur bon et digne évêque, et du plaisir qu'ils avaient eu à le voir et à l'entendre.

Non-seulement Bossuet visitait souvent l'hôpital général de Meaux, mais il y versait tous les ans d'abondantes aumônes. Il augmenta ses libéralités pour cette maison et pour les pauvres, dans une année de disette, avec tant de profusion que son intendant effrayé crut devoir l'engager à les modérer. La réponse de Bossuet fut : « Pour les diminuer, je n'en ferai rien ; et pour faire de l'argent, en cette occasion, je vendrai tout ce que j'ai ».

Bossuet était extrêmement sobre, ennemi de toute profusion, de tout luxe dans ses repas et de toute recherche dans les mets qu'on lui servait. Religieux observateur des lois de l'Eglise, il était un modèle d'austérité et d'abstinence les jours que l'Eglise a consacrés à la pénitence et à la mortification des sens. Il eut à l'âge de soixante-douze ans un érysipèle qui l'obligea de se relâcher de la sévérité habituelle de son régime, et ce fut la première fois qu'il se permit de se relâcher un peu de l'austérité du Carême. Aussitôt qu'il se sentit rétabli, il reprit sa manière de vivre accoutumée. Dans son intérieur, en famille, avec ses amis, c'était le plus simple des hommes. Ses domestiques trouvaient en lui un père plutôt qu'un maître, et le servaient par affection autant que par devoir. Il leur faisait aimer le travail et la vertu ; ils perdaient dans sa maison leurs mauvaises habitudes, et en prenaient de bonnes ; car il ne dédaignait pas de veiller sur leur conduite et de les instruire. Chaque jour il les réunissait pour la prière, et tous les soirs il les bénissait de sa main.

Toujours occupé des triomphes de l'Eglise, Bossuet ne cessa d'y consacrer toutes ses veilles jusqu'au dernier moment de sa vie. C'était en 1688 qu'il composait son *Histoire des variations des Eglises protestantes*, l'un des ouvrages les plus étonnants de l'homme qui excite le plus l'étonnement et l'admiration. Rien de plus vrai ni de plus fort n'a jamais été dit pour ramener les protestants. De tous les ouvrages de Bossuet, aucun ne montre plus de science, de franchise, de fermeté. On y voit une certitude de conscience, une autorité simple et imposante, qui étonnent et subjuguent ; nul livre ne comporte moins de réplique. On y répliqua néanmoins : Jacques Basnage de Beauval, ministre à Rotterdam, se montra un des plus empressés à lutter contre Bossuet. Cette attaque produisit la *Défense de l'Histoire des variations;* ouvrage dans lequel Bossuet repousse victorieusement les objections et les allégations du docteur protestant, avec un ton de décence et de modération dont ses adversaires étaient bien loin de lui fournir le modèle. Après Basnage, vint le ministre Jurieu, fanatique visionnaire, désavoué par les plus raisonnables de sa secte. Bossuet lui répondit par six *Avertissements aux protestants.* Le cinquième est surtout remarquable par le fond de la question qui y est agitée; c'est celle de la souveraineté du peuple, examinée dans les mêmes termes qu'elle l'a été depuis, ainsi que la théorie du contrat social. Bossuet appuie tous ses raisonnements par des faits; il prouve par l'autorité de l'histoire que lorsque les peuples ont été bien éclairés sur leurs vrais intérêts, ils ont eu horreur de l'anarchie, qui serait le véritable état de ce qu'on appelle un peuple souverain.

Jurieu se mêlait de prophétiser : il annonçait la ruine prochaine du catholicisme; il fixait l'époque de la destruction du Saint-Siége, et faisait imprimer que le Pape était véritablement l'Antechrist prédit dans l'Apocalypse. Bossuet indigné de cette profanation d'un texte sacré publia, en 1689, son *Explication de l'Apocalypse.* Son dessein, dans cet ouvrage, n'est pas d'approfondir les différents sens de cette célèbre prophétie, mais de montrer qu'elle a été accomplie dans une de ses parties importantes, par la chute de l'empire romain. Ses conjectures se renferment dans les justes bornes que l'intention de l'Église a toujours été de respecter, et qu'un génie aussi sage était incapable de franchir.

Le grand scandale qu'avaient causé dans toute l'Église les erreurs de Molinos, récemment condamnées par le Saint-Siége, n'était pas encore effacé, lorsque les ouvrages de Mme Guyon furent soumis à l'examen de Bossuet.

Accoutumé au langage simple et sévère des Écritures et à la précision d'une saine théologie, il ne put manquer de trouver dangereuse une doctrine qui comptait pour rien la conduite et même les sentiments positifs. Plusieurs évêques, par des ordonnances et des instructions pastorales, censurèrent et interdirent dans leurs diocèses les écrits de Mme Guyon, et Bossuet, dans son *Traité sur les états d'oraison,* entreprit une réfutation complète et directe de la doctrine des nouveaux mystiques. Il désirait que ce livre eût l'approbation de l'archevêque de Cambrai. Fénelon la refusa après quelques délais.

La lutte une fois engagée entre de tels hommes, forts de leur pureté et de leur conscience, devait être vive, et nulle part peut-être leur âme ne s'est montrée plus puissante. Pendant que Bossuet composait son livre contre les mystiques, Fénelon se crut obligé de les soutenir, et publia ses *Maximes des Saints,* qui furent déférées, et que lui-même soumit au jugement du Saint-Siége.

A peine le Pape eut-il nommé des examinateurs pour prononcer sur cette affaire, qu'il s'éleva entre l'archevêque de Cambrai et l'évêque de Meaux une guerre de plume, qui dura sans relâche pendant dix-huit mois. Aussitôt que Bossuet publiait un écrit, Fénelon répondait par un autre.

La *Relation du Quiétisme,* que Bossuet publia dans cet intervalle, fit la plus grande sensation dans le public et eut un succès prodigieux. Malheureusement Fénelon y était peu ménagé ; c'est ici l'époque la plus affligeante de la controverse du quiétisme. Ce fut aussi celle où Fénelon déploya le plus grand caractère. Rome, après de longues délibérations, prononça sur le livre des *Maximes des Saints;* le pape Innocent XII le condamna par un bref du 12 mars 1699. On sait avec quelle humilité et quelle résignation Fénelon se soumit à cette condamnation.

L'assemblée du clergé de 1700 se fit rendre compte de toute l'affaire du quiétisme. Bossuet fut chargé d'en faire le rapport, et ce choix fut bien justifié par la modération et l'impartialité qu'il y montra. Il déclara avec la plus noble franchise, devant tous les évêques assemblés, que la véhémence avec laquelle il avait combattu les erreurs de son collègue n'avait jamais altéré ses sentiments pour sa personne.

Lorsqu'il fut question, vers 1690, de la réunion des protestants d'Allemagne à l'Église catholique, Bossuet sembla chargé par la Providence de traiter cette importante négociation. Déjà des propositions avaient été faites par l'évêque de Neustadt et Molanus, abbé de Lokkum, sage et habile docteur. La cour de Brunswick, qui s'occupait de ce projet, engagea Leibnitz à entrer en relation avec Bossuet. Cette négociation, suivie avec une bonne foi bien rare dans ces sortes d'affaires, laissait espérer les plus heureux résultats, et n'échoua que par des circonstances indépendantes du fond même des discussions, et parmi lesquelles on doit compter la nouvelle situation politique où se trouve placé, en 1701, l'électeur de Hanovre, auquel Leibnitz était tout dévoué.

Bossuet pressentait le danger qui menaçait toutes les institutions politiques et religieuses ; il prévit tous les maux qui fondirent sur la France à la fin du xviiie siècle ; il s'en expliqua plusieurs fois assez ouvertement, et son zèle pour la religion recevait une nouvelle ardeur de la pensée même du peu de jours qui lui restait à combattre pour elle.

Au milieu de tous les soins et de tous les mouvements auxquels le livraient son zèle et sa sollicitude pastorale, Bossuet ressentait déjà les atteintes de la maladie qui devait mettre un terme à sa glorieuse carrière. Dès 1696, il avait éprouvé des douleurs qui pouvaient indiquer qu'il était menacé de la pierre ; mais il était alors loin de prévoir un si grave accident.

Il n'avait pas attendu la vieillesse et les infirmités pour se disposer sérieusement à sa fin. Au synode qu'il tint en 1702, il parla dans les termes les plus touchants de sa mort, que ses infirmités lui faisaient regarder comme très-prochaine. Bientôt, en effet, sa maladie, prenant un caractère plus grave, ne fut plus un secret; ses douleurs devinrent plus vives, et il s'y joignit, sur la fin de 1703, une fièvre qui ne le quitta plus jusqu'au 12 avril 1704, qui fut son dernier jour. Sa mort fut très-édifiante. Il reçut l'Extrême-Onction et le saint Viatique des mains du vicaire de Saint-Roch, répondant à tout avec fermeté, sans ostentation, docile comme la plus humble brebis du troupeau de l'Eglise. Plein de résignation à la volonté de Dieu et d'espérance en sa miséricorde, il expira sans agonie, âgé de soixante-seize ans, six mois et seize jours.

On commença à réunir les œuvres de Bossuet en une édition donnée en 1743, 17 vol. in-4°; 13 volumes d'une autre furent publiés vers 1780; mais l'esprit de secte y ayant dénaturé et interpolé certains ouvrages du grand évêque, elle fut publiquement blâmée et rejetée par l'assemblée du clergé de France. Burigny donna, en 1761, une vie de Bossuet, ouvrage faible et incomplet. Le cardinal de Bausset, le fidèle et élégant historien de Fénelon, en publia une autre en 1814, 4 vol. in-8°. Cette vie a été jointe à l'édition que le libraire Lebel, de Versailles, a donnée en 1819, en 45 vol. in-8°. Depuis, une édition a été publiée à Paris en 63 vol. in-12, deux autres à Besançon en 52 vol. in-8° et 48 vol. in-12, deux autres en 12 vol. grand in-8° deux colonnes (l'une, *Paris, Lefebvre;* l'autre, *Chalandre, Gaume, Leroux* et *Jouby,* et *Lefort*). Une édition en 31 vol. in-8° a paru, il y a quelques années, chez Vivès, à Paris. M. Poujoulat a publié une étude fort remarquable sur Bossuet, Paris, 1855, 1 vol. in-8°. Une nouvelle édition des *Œuvres complètes de Bossuet,* en 12 vol. grand in-8°, est en vente à l'imprimerie des Célestins, à Bar-le-Duc. Nous suivrons, dans l'analyse qui va suivre, l'ordre donné dans cette dernière édition.

NOTES ET COMMENTAIRES SUR L'ECRITURE SAINTE.

1° *Liber Psalmorum.* — La dissertation ou préface que Bossuet a mise à la tête de son Commentaire sur les Psaumes peut être regardée comme un de ses plus beaux ouvrages. — 2° *Veteris et Novi Testamenti Cantica.* — 3° *Supplenda in Psalmos.* — 4° *Explication de la prophétie d'Isaïe* sur l'enfantement de la sainte Vierge. — 5° *Explication littérale du psaume* XXI° sur la passion et le délaissement de Notre-Seigneur. — 6° *Libri Salomonis, Proverbia, Ecclesiastes, Canticum Canticorum, Sapientia, Ecclesiasticus.* — 7° *L'Apocalypse avec une explication,* suivie d'un *Abrégé de l'Apocalypse,* et d'un *Avertissement aux Protestants,* sur le prétendu accomplissement des prophéties. — 8° *De excidio Babylonis, apud S. Joannem, demonstrationes tres adversus S. Verensfelsium.* — 9° *Méditations sur l'Evangile.*

CONTROVERSE. — PROTESTANTISME.

1° *Exposition* de la doctrine catholique sur les matières de controverse. — 2° *Fragments sur diverses matières de controverse :* Du culte dû à Dieu ; — du culte des images ; — de la satisfaction de Jésus-Christ ; — de l'Eucharistie ; — de la tradition. — 3° *Histoire des Variations des Eglises protestantes,* avec Préface. — 4° *Six Avertissements aux Protestants* sur les lettres du ministre Jurieu contre l'*Histoire des Variations.* — 5° *Défense de l'Histoire des Variations,* suivie d'un *Eclaircissement* sur le reproche d'idolâtrie et sur l'erreur des païens, où la calomnie des ministres est réfutée par eux-mêmes. — 6° *Réfutation du catéchisme de Paul Ferry,* ministre de la religion prétendue réformée. — 7° Conférence avec M. Claude, ministre de Charenton, sur la matière de l'Eglise. — 8° Treize *Réflexions sur un écrit de M. Claude.* — 9° Deux *Instructions pastorales sur les promesses de l'Eglise.* — 10° *Traité de la communion sous les deux espèces.* — 11° La *Tradition défendue sur la matière de la communion sous une espèce.* — 12° *Lettre pastorale aux nouveaux catholiques du diocèse,* pour les exhorter à faire leurs pâques. — 13° *Explication de quelques difficultés sur les prières de la messe,* à un nouveau catholique. — 14° *Lettre sur l'adoration de la croix,* à frère N., novice de l'abbaye de N. (la Trappe), converti de la religion protestante à la religion catholique. — 15° Pièces concernant un *Projet de réunion des Protestants de France et d'Allemagne à l'Eglise catholique.* — Première partie : *Regulæ circa christianorum omnium ecclesiasticam reunionem;* — *Cogitationes privatæ de methodo reunionis Ecclesiæ protestantium cum Ecclesia Romana catholica;* — *Projet de réunion* de Molanus, traduit par Bossuet; — *De scripto cui titulus : Cogitationes privatæ, ejusdem episcopi Meldensis sententia;* — *Réflexions* de l'abbé Molanus; — *De professoribus confessionis Augustanæ ad repetendam unitatem catholicam disponendis;* — *Explicatio ulterior methodi reunionis ecclesiasticæ;* — *Summa controversiæ de Eucharistia, inter quosdam religiosos et Molanum;* — *Judicium Meldensis episcopi de summa controversiæ de Eucharistia;* — *Executoria dominorum legatorum super compactatis data Bohemis;* — *Annotationes Leibnitzii in pacta cum Bohemis.* — Deuxième partie : *Quarante-quatre lettres* de Bossuet, Leibnitz et Madame de Brinon, concernant le projet de réunion. — 16° *Mémoire de ce qui est à corriger dans la nouvelle bibliothèque des auteurs ecclésiastiques* de M. Dupin. — 17° *Remarques* sur l'*Histoire des Conciles d'Ephèse et de Chalcédoine,* de M. Dupin.

CONTROVERSE : CRITICISME. — JANSÉNISME. — QUIÉTISME.

1° *Lettres, Ordonnance et Instructions sur la version du nouveau Testament de Trévoux,*

— 2° *Défense de la tradition et des saints Pères*, contre Richard Simon. — 3° *Avertissement sur le livre des Réflexions morales*. — 4° *Lettres sur le Jansénisme*. — 5° *De l'autorité des jugements ecclésiastiques*, où sont notés les auteurs des schismes et des hérésies. — 6° *Ordonnance et instruction pastorale sur les états d'oraison*. — 7° *Instruction sur les états d'oraison*, où sont exposées les erreurs des faux mystiques de nos jours. — 8° *Actes de la condamnation des Quiétistes : Bulle* d'Innocent XI et *Décret* de l'Inquisition de Rome. — 9° *Tradition des nouveaux mystiques*. — 10° *Réponse* aux difficultés de Madame de la Maisonfort. — 11° *Réponse à une lettre de Mgr l'archevêque de Cambrai*. — 12° *Déclaration des sentiments de Mgrs de Noailles, Bossuet et Godet des Marais sur le livre qui a pour titre : Explication des Maximes des Saints*, etc. — 13° *Sommaire de la doctrine du livre : Explication des Maximes des Saints*, etc., des conséquences qui s'ensuivent, des défenses et des explications qui y ont été données. — 14° *Mémoires* à M. de Cambrai sur l'*Explication des Maximes*. — 15° *Préface sur l'Instruction pastorale* donnée à Cambrai, le 15 septembre 1697. — 16° *Réponse* de Bossuet à quatre lettres de l'archevêque de Cambrai. — 17° *De nova quæstione tractatus tres : — Mystici in tuto; — Schola in tuto; — Quietismus redivivus*. — 18° *Relation sur le quiétisme*. — 19° *Remarques* sur la réponse de Mgr l'archevêque de Cambrai à la *Relation sur le quiétisme*. — 20° *Réponse d'un théologien* à la première lettre de Mgr l'archevêque de Cambrai à Mgr l'évêque de Chartres. — 21° *Réponse aux préjugés décisifs* de Mgr l'archevêque de Cambrai. — 22° *Les Passages éclaircis*, ou *Réponse* au livre intitulé : Les Principales propositions du livre des Maximes des Saints, justifiées par des expressions plus fortes des saints auteurs. — 23° *Relation des actes du clergé* portant condamnation des *Maximes des Saints*. — 24° *Mandement* de Mgr l'évêque de Meaux pour la publication de la Constitution du pape Innocent XII contre le livre des *Maximes*. — 25° *Lettres relatives à l'affaire du quiétisme*. — 26° *Dernier éclaircissement* sur la réponse de Mgr l'archevêque de Cambrai aux remarques de Mgr de Meaux. — 27° *De Quietismo in Galliis refutato*.

SERMONS, PANÉGYRIQUES, ORAISONS FUNÈBRES.

1° *Sermons*. — Quelques heures avant de monter en chaire, Bossuet méditait sur son texte, jetait sur le papier quelques paroles, quelques passages des Pères, pour guider sa marche ; puis se livrait à l'inspiration du moment et à l'impression qu'il produisait sur ses auditeurs. Ce qu'on a recueilli de ses sermons ne peut donc passer pour l'expression fidèle de ce qu'il a prononcé ; toutefois son génie s'y retrouve. Son sermon sur la *Vocation des Gentils* fut celui qui fit le plus de sensation, et celui sur l'*Unité de l'Eglise* est, au jugement du cardinal Maury, le plus magnifique ouvrage de ce genre qui ait jamais été composé dans aucune langue. — 2° *Sermons pour vêtures et professions*. — Le plus remarquable est le sermon pour la profession de Madame de la Vallière. — 3° *Panégyriques des Saints*. — 4° *Oraisons funèbres*. — Celle de Henriette-Marie de France, reine d'Angleterre, de Madame, duchesse d'Orléans, et de Louis de Bourbon, prince de Condé, sont des chefs-d'œuvre. Bossuet s'élève, dans ces discours, à une perfection d'éloquence qui n'avait pas eu de modèle dans l'antiquité, que rien n'a égalée depuis.

OUVRAGES DE PIÉTÉ ET DE MORALE.

1° *Elévations à Dieu* sur les mystères de la religion chrétienne. — 2° *Pensées morales et chrétiennes* sur différents sujets. — 3° *Pensées* détachées. — 4° *Exhortations* aux Ursulines de Meaux. — *Ordonnances; — Conférence* et *Instruction*. — 5° *Opuscules de piété*. — 6° *Poésies sacrées* et *Discours* de réception à l'Académie française.

EDUCATION DU DAUPHIN.

1° *De Institutione Ludovici Delphini ad Innocentium XI*. — Bref d'Innocent XI à Bossuet. — 2° *Introduction à la philosophie, ou De la connaissance de Dieu et de soi-même*. — 3° *La logique*. — *Le libre arbitre*. — 4° *Politique* tirée des propres paroles de l'Ecriture sainte. — 5° *Discours sur l'histoire universelle*. — 6° *Traité des causes*. — 7° Instruction à Mgr le Dauphin pour sa première communion. — 8° *De Existentia Dei, serenissimo Delphino*. — 9° *De Incogitantia, serenissimo Delphino*. — 10° *Extraits de la morale d'Aristote*. — 11° *Sentences* pour Mgr le Dauphin. — 12° *Grammaire latine* et *Maximes de César*. — 13° *Fable latine* composée pour Mgr le Dauphin. — 14° *Abrégé de l'Histoire de France*.

ŒUVRES PASTORALES.

1° Catéchisme du diocèse de Meaux. — 2° *Prières ecclésiastiques* pour les dimanches et jours de fêtes. — 3° *Méditations* pour le temps du Jubilé. — 4° *Statuts* et *Ordonnances synodales*. — 5° *Ordonnance* pour réprimer les abus qui s'étaient introduits à l'occasion de la fête du monastère de Cerfroid. — 6° *Pièces* concernant l'état de l'abbaye de Jouarre. — 7° *Règlement* du séminaire des filles de la Propagation de la foi, établies en la ville de Metz. — 8° *Mandatum illustrissimi ac reverendissimi Episcopi Meldensis, ad Censuram ac declarationem conventus cleri Gallicani anni 1700 promulgandam in synodo diœcesana die 1 sept. an. 1701*. —

9° *Extrait* du procès-verbal de l'Assemblée du clergé, tenue à Saint-Germain en Laye. — 10° *Extrait* des procès-verbaux de l'Assemblée générale du clergé de France de 1700. — 11° *Decretum de morali disciplina*. — 12° *De doctrina concilii Tridentini circa dilectionem in sacramento pœnitentiæ requisitam*. — 13° *Mémoires* sur l'impression des ouvrages des évêques.

Correspondance.

1° *Lettres diverses*. — 2° *Lettres de piété et de direction*.

Opuscules théologiques.

1° *Plan* d'une théologie. — 2° *Traité de la concupiscence*, ou exposition de ces paroles de saint Jean : « N'aimez pas le monde ni ce qui est dans le monde ». — 3° *Traité de l'usure*. — 4° *Dissertatiunculæ* IV *adversus probabilitatem*.

Gallicanisme.

1° *Cleri Gallicani de ecclesiastica potestate declaratio*. — 2° *Gallia orthodoxa, sive vindiciæ scholæ Parisiensis totiusque cleri Gallicani adversus nonnullos. — De causis et fundamentis hujus operis prævia et theologica dissertatio*. — 3° *Appendix ad Galliam orthodoxam, seu Defensio declarationis cleri Gallicani de ecclesiastica potestate anni* 1682. — 4° *Epistola cleri Gallicani Parisiis congregati, anno 1682, ad SS. DD. N. Innocentium papam XI*. — 5° *Innocentii XI ad clerum Gallicanum responsa*. — 6° *Epistola cleri Gallicani, anno* 1682, *in comitiis generalibus congregati, ad omnes prælatos per Gallias consistentes et universum clerum*. — 7° *Epistola conventus cleri Gallicani anni* 1682, *ad universos prælatos Ecclesiæ Gallicanæ*. — 8° *Censura et Declaratio conventus generalis cleri Gallicani, congregati anno 1700 in materia fidei et morum*. — 9° *Censura propositionum*. — 10° *Declaratio de dilectione Dei in pœnitentiæ sacramento requisita, et de probabilium opinionum usu*. — 11° *Epistola conventus cleri Gallicani anni 1700, ad cardinales, archiepiscopos, episcopos et universum clerum per Gallias consistentem*. — 12° *Mémoire* de Bossuet au Roi contre le livre de Roccaberti, intitulé : *De Romani Pontificis auctoritate*.

SAINT HADOUIN [1], ÉVÊQUE DU MANS (654).

Hadouin, issu d'un sang illustre, appartenait en même temps, par son origine, à la race gauloise et à celle des Francs. Sa vertu et ses talents, unis à sa haute naissance, le firent choisir pour gouverner l'Eglise du Mans après la mort de saint Bertrand. Clotaire II confirma volontiers cette élection, et Hadouin ne tarda pas à prendre possession de son siège, en sorte que la vacance ne fut pas longue. Dix-huit ou vingt mois après son ordination, l'an 625, il se trouva au premier concile de Reims, où l'on fit vingt-cinq canons ou règlements touchant la discipline.

Hadouin s'appliqua de toutes ses forces à faire fleurir la piété dans son diocèse. Ayant reconnu que la science et l'étude doivent être l'apanage du clergé, il se montra jaloux de maintenir cette gloire dans son Eglise. Pour conserver à la postérité les grands exemples des vertus qui avaient brillé dans l'Eglise du Mans, il fit écrire par un clerc de son diocèse la vie de saint Domnole. Les légendes et les vies des Saints étaient le goût dominant de cette époque, qui fut le siècle des Saints. Hadouin, en s'appliquant à les recueillir, marchait dans une voie où d'autres chefs des Eglises gauloises se distinguaient également. On peut donc croire que c'est à son zèle qu'est due la conservation d'un grand nombre d'histoires des pieux personnages qui ont rendu l'Eglise du Mans illustre entre toutes les autres.

Le saint Evêque fit construire une basilique et un monastère, en l'honneur de la sainte Vierge, dans un lieu nommé Aurion, aujourd'hui Evron. Il fit venir des moines des abbayes de Saint-Vincent, et de Saint-Pierre et Saint-Paul du Mans, et les établit dans ce cloître consacré à la Mère de Dieu, pour y faire le service divin, sous la Règle de Saint-Benoît. Par son testament, en date du 6 février 642, il fit des dons magnifiques à son monastère de Notre-Dame d'Evron, et donna toute sa fortune à l'Eglise-mère et aux monastères de son diocèse.

1. *Alias* : Hadoin, Chadouin, Hardouin, Audoin, et en latin : *Hadouindus, Chadænus, Cadainæus, Hardouinus, Hadwinus, Clodænus*.

Un concile ayant été tenu à Châlons-sur-Marne en 644, il s'y fit représenter par l'abbé Chagnoaldus. Le diocèse du Mans ayant été, pendant plusieurs années, le théâtre des hostilités des Francs et des Bretons (632-636), eut beaucoup à souffrir de cette guerre où l'on pillait les églises et les monastères. Hadouin signala à cette occasion tout le zèle dont il était animé. Il répara autant qu'il était en lui tant de ruines ; mais il s'appliqua surtout à la restauration des monastères, et il a mérité pour ce fait les plus beaux éloges de la part des historiens. Dans les dernières années de sa vie, une grande famine désola la Gaule (en 651), et bientôt on vit se joindre à ce fléau une maladie contagieuse dont les effets furent terribles.

Saint Hadouin mourut vers l'an 654, le douzième jour avant les calendes de septembre, jour où sa mémoire est honorée dans l'Eglise du Mans. Il fut enterré, selon son désir, dans la basilique de Saint-Victorius. Saint-Aldric, deux cent cinquante ans plus tard, découvrit le corps de saint Hadouin encore entier, frais et vermeil et le transféra dans la cathédrale. Les ornements pontificaux dans lesquels on l'avait enseveli, étaient encore entiers et sans corruption.

Tiré de l'*Histoire de l'Eglise du Mans*, par Dom Piolin.

XXI° JOUR D'AOUT

MARTYROLOGE ROMAIN.

A Annecy, en Savoie, la fête de sainte Jeanne-Françoise Frémyot de Chantal, Institutrice de l'Ordre de la Visitation de Sainte-Marie, et de laquelle il est fait mention le 13 décembre [1]. 1641. — A Rome, au champ de Véran, sainte Cyriaque, veuve, qui, durant la persécution de Valérien, ayant dévoué sa personne et ses biens au service des Saints, subit enfin le martyre et donna librement sa vie pour Jésus-Christ [2]. III° s. — A Salone, saint Anastase ou Attale, greffier en chef, qui, ayant été touché de la constance de saint Agapit dans les tourments, se convertit à la foi, et ayant confessé le nom de Jésus-Christ, fut martyrisé par l'ordre d'Aurélien, et s'envola vers le Seigneur. III° s. — En Sardaigne, la naissance au ciel des saints martyrs Luxore, Cisel et Camerin, qui, durant la persécution de Dioclétien, périrent par le glaive sous le président Delphius. 303. — Dans le Gévaudan, saint PRIVAT, évêque et martyr, durant la persécution de Valérien et de Gallien. 262. — Le même jour, les saints martyrs Bonose et Maximien [3]. 363. — A Fondi, dans le Latium, saint Paterne, martyr, qui, étant venu d'Alexandrie à Rome, pour visiter les tombeaux des

1. Voir sa vie à ce jour.
2. Le monde entier connaît le nom de sainte Cyriaque et révère sa *Catacombe*. L'origine de ce quartier, l'un des plus vastes de la Rome souterraine, remonte à l'an 260, sous le règne de Valérien. Issue d'une des plus nobles familles de l'empire, Cyriaque avait vécu onze ans avec son mari. Devenue veuve chrétienne, elle consacra sa personne et ses biens aux pauvres du Seigneur. Malgré la violence de la persécution, elle donnait sa maison du mont Cœlius pour les assemblées des fidèles et la célébration des saints Mystères. C'est là que saint Laurent, la veille de son glorieux combat, distribua aux infirmes, aux veuves et aux orphelins, les trésors de l'Eglise. Après sa mort, l'illustre archidiacre fut déposé avec une grande pompe dans le champ de Néron, donné par sainte Cyriaque pour la sépulture des chrétiens et situé sur la voie Tiburtine. Elle-même ne tarda pas à venir l'y rejoindre. Sans égard pour sa haute naissance ni pour son grand âge, l'empereur fit arrêter l'illustre matrone et la soumit aux plus affreuses tortures. On lui meurtrit le corps, on lui déchira les chairs, et on finit par lui briser les os à coups de lanières garnies de plomb et de pointes acérées. Les chrétiens recueillirent avec respect son corps sacré, et le déposèrent dans la partie occidentale de sa catacombe, non loin de saint Laurent. — Mgr Gaume : *Les trois Rome*.
3. Julien l'Apostat avait donné des ordres pour que l'on ôtât la croix et le nom de Jésus-Christ du *labarum* où Constantin les avait fait mettre, et que l'on reprît les drapeaux des empereurs païens, sur lesquels on représentait les fausses divinités. Bonose et Maximien, deux officiers du corps des *Vieux-Herculiens*, refusèrent d'obtempérer à ces ordres impies. Furieux, Julien les fit flageller avec des plombeaux, puis décapiter. Ce furent les dernières victimes de l'Apostat, qui, peu de temps après, mourut de la mort affreuse que l'on sait. — Godescard, Ruinart, Tillemont, Ceillier.

Apôtres, se retira de là dans le territoire de Fondi, et, comme il ensevelissait les corps des martyrs, fut arrêté par un tribun et expira dans les fers sous l'empereur Dèce. — A Edesse, en Syrie, sainte Basse, martyre, et les saints Théogone, Agape et Fidèle, ses enfants, que cette sainte mère envoya au martyre avant elle par ses exhortations, durant la persécution de Maximien; elle eut elle-même la tête tranchée, et, toute joyeuse de cette victoire, elle suivit ses enfants. — A Vérone, saint Euprèpe, évêque et confesseur. 1ᵉʳ ou IIᵉ s. — De plus, saint Quadrat, évêque. — A Sienne, en Toscane, le bienheureux BERNARD PTOLOMÉE, abbé, fondateur de l'Ordre des Olivétains. 1348.

MARTYROLOGE DE FRANCE, REVU ET AUGMENTÉ.

Au diocèse de Séez, saint Adalhelme, appelé aussi Adahelin et Adelin, moine de Saint-Calais et évêque de Séez après Hildebrand III (880). Adalhelme ne jouit pas longtemps en paix de son évêché : surpris par une bande de Normands, il fut conduit en exil par ces pirates; mais les jours de captivité ne rendirent pas son zèle infructueux ni ses talents inutiles à l'Eglise : il composa, à la prière de Francon, archevêque de Rouen, un Bénédictionnaire à l'usage des évêques. Cet ouvrage existe en manuscrit à la Bibliothèque impériale. Adalhelme mourut vraisemblablement au milieu des malheurs qui désolèrent les contrées du centre de la France dans les premières années du XIᵉ s. — Au diocèse de Soissons, mémoire de saint Privat, nommé au martyrologe romain de ce jour. — Au monastère bénédictin de Glanfeuil ou Saint-Maur-sur-Loire *(Glannafoliense, S. Maurus ad Ligerim,* fondé vers 543), au diocèse d'Angers, le bienheureux Florus, religieux, qui donna dans cette abbaye des marques de la vertu la plus héroïque. Après douze ans passés dans la pratique de tous les devoirs de la profession monastique, surtout d'une humilité admirable, il s'endormit doucement dans la paix du Seigneur. 560. — A Valenciennes, au monastère de Saint-Jean-Baptiste (Ordre de Saint-Augustin), le bienheureux Gilbert, deuxième abbé de ce lieu. Son père s'appelait Osbert et sa mère Godvine. Il fut d'abord moine de Saint-Crespin-en-Chaie, à Soissons; puis, à la mort de Clarembaud (1141), il fut appelé à lui succéder dans la dignité d'abbé de Saint-Jean. Il eut beaucoup à souffrir des exactions de Baudoin IV, comte de Hainaut, qui voulait s'emparer de son monastère pour y bâtir un château. Après avoir supporté longtemps, avec une patience angélique, cette injuste persécution, notre Bienheureux s'endormit paisiblement dans Notre-Seigneur. 1185. — Au diocèse de Nevers, saint Renobert, évêque de Bayeux, et saint Zénon, diacre. On ne sait rien de leur vie. Vers la fin du IXᵉ siècle, le corps de saint Renobert fut transporté de Saint-Exupère de Bayeux à Varzy (Nièvre, arrondissement de Clamecy), pour le soustraire aux profanations des Normands. Corbeil-sur-Seine et Besançon obtinrent une portion des reliques. L'église paroissiale de Saint-Renobert d'Auxerre fut enrichie d'un os de la jambe du Saint, le 19 avril 1643. Une autre portion fut demandée par la cathédrale de Bayeux, qui l'obtint en 1711, sous le pontificat de Charles de Caylus. VIIᵉ s. — A Utrecht, ville du royaume de Hollande, saint Albric, évêque de ce siège et confesseur. Elevé à cette dignité par suite d'une révélation divine, il remplit parfaitement les desseins de Dieu sur sa promotion, et, après avoir gouverné saintement son peuple et envoyé des prédicateurs apostoliques en divers lieux, il mourut paisiblement, chargé de mérites, et victorieux du démon, du monde et de l'idolâtrie. 794. — A Rodez et à Bordeaux, saint LÉONCE Iᵉʳ, L'ANCIEN, archevêque de ce dernier siège et confesseur. 542. — Au diocèse primitif d'Uzès, saint Vérédème, ermite, qui forma le grand saint Gilles aux exercices de la vie monastique, et dont le corps se garde à Uzès. Vers 547. — A Clairvaux, bourg du département de l'Aube, au diocèse de Troyes, sainte HOMBELINE, ou EMBELINE, première abbesse de Jully-sur-Sarce (Aube, arrondissement et canton de Bar-sur-Seine). 1141. — A Tarbes, saint Julien, premier évêque connu de Lescar ou Bearn *(Beneharnum),* dont nous avons donné la vie au 16 mars. Vers 400. — A Rodez, mémoire de saint Sévère, fondateur et premier abbé du monastère d'Agde *(Agatha),* au diocèse de Montpellier [1]. Vᵉ s. — A Clermont, en Auvergne, saint AVIT, évêque de ce siège et confesseur, nommé aussi au 20 septembre. 594.

---

1. Sévère, issu d'une famille de sang royal, dans la ville de Tyr (aujourd'hui Sor, en Phénicie), étudia les lettres dès son enfance. Ayant perdu ses parents, il monta sur un vaisseau qui le transporta dans la Septimanie (partie de la Gaule méridionale). Reçu avec honneur par Béric, évêque d'Agde (Hérault), il distribua aux pauvres, par le conseil de cet évêque, les immenses trésors qu'il avait apportés avec lui, affranchit ses esclaves, et, pour se donner plus entièrement à Dieu, il se rendit dans la gorge Araurique, à deux milles de la ville d'Agde, où il habita une hutte de roseaux, construite de ses propres mains. Il menait une vie fort austère, ne mangeait du pain d'orge par semaine, et imitait la vie des anciens anachorètes par la contemplation assidue de Dieu. Ses parents et ses serviteurs, après l'avoir longtemps cherché, découvrirent sa retraite et le supplièrent de revenir dans sa patrie, pour y vivre dans la même splendeur qu'autrefois ; mais il s'y refusa constamment, disant qu'il préférait Dieu à tous les biens du monde. Il demeura donc dans sa solitude, et, comme un grand nombre de pieux visiteurs venaient sans cesse converser avec lui, on bâtit au même lieu une église avec un monastère, et l'humble anachorète se vit bientôt le père de plus de trois cents moines. On rapporte qu'il renouvela, pour les nourrir, le miracle de la multiplication des pains ; il fit encore d'autres miracles, et posséda le don de prophétie. Enfin, il s'endormit plein de jours dans le sein de Notre-Seigneur. — *Propre de Rodez.*

MARTYROLOGES DES ORDRES RELIGIEUX.

Martyrologe de l'Ordre de Saint-Basile. — Dans l'île d'Egine (Mer Egée), sainte Athanassie, veuve, de l'Ordre de Saint-Basile, célèbre par sa fidélité dans l'observance monastique et par le don des miracles [1]. 860.

Martyrologe de l'Ordre de Saint-Benoît. — A Sienne, en Toscane, le bienheureux Bernard Ptolomée, Instituteur de la Congrégation des Olivétains, sous la règle de notre Père Saint-Benoît. 1348.

Martyrologe de l'Ordre des Camaldules. — A Sienne, en Toscane, le bienheureux Bernard Ptolomée, etc. 1348.

Martyrologe de la Congrégation de Vallombreuse. — A Sienne, en Toscane, le bienheureux Bernard Ptolomée, etc. 1348.

Martyrologe de l'Ordre des Cisterciens. — A Sienne, en Toscane, le bienheureux Bernard Ptolomée, etc. 1348.

Martyrologe de l'Ordre des Frères Prêcheurs. — A Moulins, en France, sainte Jeanne-Françoise Frémyot de Chantal, fondatrice des Religieuses de la Visitation de Sainte-Marie, célèbre par la noblesse de sa naissance et la sainteté de sa vie qu'elle passa avec constance dans quatre états différents. 1641.

Martyrologe de l'Ordre des Frères Mineurs. — Saint Hyacinthe, confesseur, dont la mémoire est honorée le 16 de ce mois [2]. 1257.

Martyrologe de l'Ordre des Mineurs Capucins de Saint-François. — Saint Hyacinthe, confesseur, etc. 1257.

ADDITIONS FAITES D'APRÈS LES BOLLANDISTES ET AUTRES HAGIOGRAPHES.

A Casal *(Bodincomagus)*, ville forte des Etats Sardes, sur la rive droite du Pô, saint Natal ou Noël, prêtre et confesseur. Il naquit à Bénévent, ville forte du royaume d'Italie, et fut élevé dans les exercices de la piété par saint Evase ou Vas (1er décembre), évêque de Casal, qui souffrit plus tard le martyre. Sa vie fut une longue suite de voyages dans lesquels il s'appliqua avec zèle à la confession des infidèles. Après avoir gagné beaucoup d'âmes à Jésus-Christ, il s'endormit dans une mort précieuse et alla recevoir la couronne due aux serviteurs utiles. Vers le IIIe s. — A Cividale del Friuli *(Forum Julii)*, dans le Frioul, les saints Donat, Romule, Silvain, Vénuste et Hermogène, martyrs. Romule était prêtre, Donat et Silvain diacres, Hermogène lecteur, et Vénuste frère de Donat : ils moururent victimes de la persécution de Dioclétien et Maximien : pour avoir confessé hardiment le nom de Jésus-Christ, le préfet Victorien les fit décapiter. IVe s. — A Alexandrie, les saints martyrs Priste, Sève, Quadrat, évêque, Sundophage, Astuse, Diomède, Zotique, Zatamgèle et Moysée, cités par les apographes de saint Jérôme. — En Espagne, les saints martyrs Jules, Julien, Vincent, Augure et Eulode. — A Rome, les saints martyrs Hippolyte, Trajan, Quadrat et Prime, cités par les apographes de saint Jérôme. — Chez les Grecs, sainte Théoclète la Thaumaturge. Ses parents, personnages illustres, s'appelaient Constantin et Anastasie : ils l'élevèrent chrétiennement. Elle épousa un jeune homme fort vertueux, nommé Zacharie, avec qui elle vécut dans la continence et la pratique des œuvres de la charité. Le soin des pauvres, des veuves, des orphelins, occupaient tous leurs moments. Quelques jours avant sa bienheureuse mort, Théoclète réunit les gens de sa maison, et leur prédit bientôt les quitter pour jouir de la présence de Celui qu'elle avait tant aimé sur la terre. Au jour qu'elle avait fixé, elle s'envola au ciel : on lui fit de magnifiques funérailles : tout le monde la pleura. Les nombreux miracles qui vinrent illustrer son tombeau lui valurent son surnom. IXe s. — A Rieti *(Reate)*, ville du royaume d'Italie, sur le Velino, le bienheureux Baudoin *(Balduinus)*, prieur du monastère de Saint-Pasteur de l'Ordre de Cîteaux. Il avait d'abord été moine de Clairvaux, sous saint Bernard. Son corps repose dans l'église cathédrale de Rieti, sous l'autel de la chapelle *delle gratie*, dédiée à Notre-Dame du Rosaire. Il est nommé au 15 juillet dans le martyrologe des Cisterciens. 1140. — A Alzire, diocèse de Valence, en Espagne, saint Bernard et ses sœurs sainte Grâce et sainte Marie, martyrs, cités au martyrologe des Cisterciens du 1er juin. Leur père s'appelait Almanzore et était idolâtre. Bernard dut sa conversion à la fréquentation de moines portugais. Il changea alors son nom d'Amet en celui de Bernard, en souvenir du fondateur de l'Ordre qu'il embrassa après avoir renoncé au culte des idoles. 1180.

---

1. Nous avons donné sa vie au 14 août. — 2. Voir sa vie au 16 août.

SAINT PRIVAT, ÉVÊQUE DE MENDE ET MARTYR

262. — Pape : Saint Denys. — Empereurs romains : Valérien et Gallien.

> *Vita pastoris omnibus prodesse debet.*
> La vie d'un pasteur doit être utile à tout le monde.
> *Saint Augustin.*

Ce saint Évêque était un des plus illustres prélats de l'Église des Gaules, au temps de la domination des empereurs païens. Entre saint Sévérien, premier évêque de Mende, et saint Privat, le plus illustre de ses successeurs, il s'est écoulé un espace d'environ cent cinquante ans [1]. On ignore complètement les noms des évêques qui, durant ce long intervalle, ont gouverné l'église du Gévaudan ; mais, ce qu'il y a de sûr, c'est que saint Privat a eu plusieurs prédécesseurs, comme on le voit dans ses *Actes* [2].

Ce fut vers le milieu du IIIe siècle que Dieu visita l'église de Mende dans toute l'étendue de ses miséricordes, en lui envoyant saint Privat pour pasteur. Un office du XIIe siècle le fait naître d'une famille noble d'Auvergne,

---

1. Le siége épiscopal du Gévaudan n'a jamais été à Javoux, comme le dit le Père Giry. En fouillant dans les ruines de cette ancienne capitale, on a trouvé une foule d'objets païens et pas une seule marque de christianisme. D'un autre côté, les Actes de saint Privat disent formellement que les prédécesseurs de ce saint Évêque et lui aussi ont toujours résidé à Mende ; et ces Actes sont tout à fait dignes de foi.

2. Tillemont, un des critiques les plus renommés, n'a pas craint de dire, au sujet des Actes de saint Privat, qu'il les regardait comme fabriqués au XVe siècle ; et après cet écrivain, bien des personnes, peu au courant de ces sortes de choses, ont cru à leur tour qu'il en était ainsi.

Mais, il s'en faut bien que les Actes de ce saint Patron soient de fabrique si récente. Ils existaient au XIIe siècle, puisque Aldebert le Vénérable les cite dans son manuscrit, se servant, en les citant, des paroles du texte. — À cette époque encore, les antiennes et les répons de l'office du Saint n'étaient autre chose que tout autant de petits extraits textuels du document dont il s'agit.

M. l'abbé Arbellot, chanoine honoraire de Limoges, et curé-archiprêtre de Rochechouart, nous a écrit naguère qu'il a lui-même trouvé ces Actes à la Bibliothèque impériale, dans un manuscrit du xe siècle. Ce savant vengeur de l'apostolat de saint Martial prétend en outre que les Actes de saint Privat remontent au moins à la première moitié du VIe siècle. Et en cela, il est du même dire que les Pères Jésuites, qui continuent, à Bruxelles, l'œuvre des Bollandistes.

Il y a en effet un grand air de fraternité entre nos Actes de saint Privat et l'article que saint Grégoire de Tours, écrivain de la deuxième moitié du VIe siècle, a consacré à la relation du martyre de ce saint Patron.

Nous n'hésitons pas à croire, avec M. le chanoine Arbellot, que la priorité de temps appartient aux Actes de saint Privat. — En effet, ce qui nous prouve que saint Grégoire de Tours a composé son histoire avec l'aide des documents qui lui sont venus des diverses Églises de France, c'est qu'au sujet des Martyrs qui souffrirent durant la deuxième moitié du IIe siècle, il nous dit : *In Galliis multi pro Christi nomine sunt per martyrium gemmis cœlestibus coronati, quorum* Passionum Historiæ *apud nos fideliter usque hodie retinentur.* (*Hist. franc.*, lib. I, cap. XXVI.) — Au livre II, n° 3, il dit : « Nous avons lu les passions de ces Martyrs et nous allons en reproduire quelque chose ». Au livre I, chapitre XXVIII, il dit en parlant des sept évêques qu'il croyait avoir été envoyés dans les Gaules au temps de Dèce : *Tempore Decii septem viri episcopi ordinati ad prædicandum in Gallias missi sunt sicut historia passionis saturnini denarrat* (S. Martyris). Au même endroit il donne une légende de saint Hilaire de Poitiers, dont il déclare lui-même s'être servi. — Dans le prologue du livre II, il dit que : « Parvenu jusque-là au moyen des histoires qu'il a citées, il va raconter, avec l'aide de Dieu, les événements arrivés depuis ». Au livre II, encore n° 3, au sujet des chrétiens martyrisés par les Vandales d'Afrique, il semble n'avoir d'autres données que celles qui lui ont été fournies par les *passions*, c'est-à-dire par les Actes de ces Martyrs, Actes qu'il cite lui-même. — Dom Ruinart, le plus célèbre des éditeurs de saint Grégoire, a reconnu dans un manuscrit mérovingien une vie de saint Servais, évêque de Tongres, contenant toute la narration de saint Grégoire de Tours, mais plus au long. — Quant à saint Aignan d'Orléans, notre historien nous apprend lui-même que les Actes de ce saint homme sont fidèlement conservés dans sa mémoire.

La plupart des choses que nous venons de dire au compte de saint Grégoire de Tours, nous l'avons emprunté à une excellente étude critique sur ce saint historien, par M. Lecoy, élève de l'École des Chartes et archiviste à Annecy (Haute-Savoie). Cet auteur dit lui-même : « On sait qu'avant Clovis, la plupart des vies des Saints étaient déjà écrites ».

et certains autres titres vont jusqu'à désigner, comme lieu de sa naissance, le bourg de Coudes, qui se trouve entre Issoire et Clermont-Ferrand, sur la rivière d'Allier, et communique au chemin de fer par un pont suspendu.

On voit aux mêmes sources que, par l'étendue des connaissances, il se montra à la hauteur du rang qu'il occupait ; qu'il était le fléau des usuriers ; qu'il employait les trésors de l'église à faire des magasins pour la subsistance des pauvres et pour entretenir l'abondance dans le diocèse, laissant aller à vil prix ce qu'il avait acheté chèrement ; enfin, qu'il s'est fait remarquer durant tout le cours de son épiscopat par l'ardeur et la vivacité de sa foi, par la douceur de son administration et par sa piété exemplaire.

L'auteur de ses *Actes* ajoute que, dans son amour pour la retraite, le saint Prélat s'était pratiqué une grotte à la cime de la montagne qui domine Mende, avec toute l'industrie et l'élégance possibles, pour en rendre le séjour habitable, et qu'il y demeurait la plupart du temps, n'en descendant qu'aux jours de solennités et lorsque les besoins de son peuple l'exigeaient.

Une vie si bien remplie ne pouvait se terminer que par une fin encore plus belle aux yeux de Dieu ; et c'est la grâce que Dieu accorda au saint Pontife en le faisant mourir martyr de la charité pastorale et de la foi chrétienne.

Voici les principales circonstances de ce sacrifice d'agréable odeur, qui a rendu l'église de Mende féconde à tout jamais.

Du temps des empereurs Valérien et Gallien, les Allemands, dont la force consiste plus dans le nombre que dans la valeur guerrière, franchirent le Rhin pour ravager les Gaules. Une tribu de ces barbares, ayant à leur tête un prince du nom de Chrocus, s'avança vers le Gévaudan. A la nouvelle de leur approche et de leurs innombrables excès, les habitants du pays, et même plusieurs personnages marquants des contrées voisines, se réfugièrent sur la montagne de Grèzes. Les ennemis ne tardèrent pas à arriver, et, après avoir tout ravagé, ils vinrent mettre le siége devant cette forteresse naturelle ; mais ils ne purent jamais s'en emparer. Il y avait déjà deux ans qu'ils se tenaient au pied de cette montagne, lorsqu'ils apprirent que l'évêque du pays n'était pas avec les assiégés, mais qu'il vivait retiré dans une grotte, à trois lieues de là. Ils s'y transportèrent donc immédiatement, et s'étant saisi du saint Prélat, ils l'emmenèrent avec eux. En descendant, ils s'arrêtent sur la colline qui est au pied du mont Mincat et lui proposent par interprète d'engager son peuple à se rendre.

Saint Privat leur répond : « Je ne ferai jamais ce que vous exigez de moi ; il ne convient pas qu'un évêque donne à son peuple un semblable conseil. D'ailleurs, puisque ceux qui me sont soumis se trouvent dans un lieu très-sûr, je me garderai bien de leur faire croire qu'il est de leur intérêt de se rendre : dans tous les cas, je suis prêt à subir tout ce qui pourra m'arriver, plutôt que de consentir à commettre le crime que vous me proposez ».

Cette réponse si noble met les barbares en fureur ; ils commencent à le frapper à coups de bâton et le conduisent jusqu'au bourg de Mende en le maltraitant de la sorte. Ils croient qu'à force de mauvais traitements ils le feront changer de résolution ; mais le bon pasteur demeure constamment ferme, ne répondant à leurs outrages et à leur violence que par ces mots : « Ce que je vous ai dit en premier lieu peut vous suffire, si vous avez tant soit peu d'intelligence et de raison : je ne puis absolument faire ce que vous exigez de moi ».

A cette vue, les barbares, indignés et comme hors d'eux-mêmes, tourmentent le saint vieillard d'une manière encore plus atroce, et, joignant l'impiété à la cruauté, ils lui proposent d'adorer les idoles : « Vous allez », lui disent-ils, « sacrifier à nos dieux, ou bien vous mourrez au milieu des supplices ». Le Saint reprend sans hésiter : « Je suis étonné de ce que vous osez proposer à un évêque une impiété aussi exécrable. Si vous aviez un peu d'intelligence, vous comprendriez de vous-même qu'un homme de ma qualité doit subir la mort la plus cruelle plutôt que d'être la cause de la perdition de son peuple, en se perdant lui-même ».

A ces mots, les barbares, voyant qu'ils n'ont rien à gagner sur lui par la rigueur, prennent un air de modération et lui disent : « Est-ce que nous vous proposons des choses illicites et qui ne conviennent qu'à des barbares ? Tous vos empereurs et leurs ministres, vous le savez, adorent les idoles et obligent tous les chrétiens à sacrifier aux dieux ». — « Ce que vous dites là est vrai », réplique le saint Prélat. « Je conviens que le maître des Romains accumule crime sur crime, et c'est très-fâcheux. S'il n'en était pas ainsi, vous autres, les barbares, vous n'auriez pas le pouvoir d'ébranler l'empire. Tout ce que vous nous faites subir, est moins un effet de votre valeur qu'une punition de la cruauté des empereurs. Mais le Seigneur notre Dieu, que vous ne connaissez pas, est si puissant et si miséricordieux, que, dans un court espace de temps il peut éclairer l'esprit des princes dont vous me parlez, renverser vos idoles et, après nous avoir châtiés par les tribulations présentes, nous faire de nouveau sentir les effets de sa bienveillante protection. Pour moi, dans l'espérance des biens éternels, je méprise tous les tourments que vous pouvez m'infliger ».

« Sacrifiez à l'instant », ajoutent les barbares, « sinon, sachez que nous vous ferons mourir au milieu de toute sorte de supplices, afin que votre mort, comme un exemple terrible et inouï, épouvante tous ceux qui ne partagent pas vos sentiments ».

Le généreux Confesseur répond à ces dernières menaces, en disant : « Faites-moi souffrir tout ce que vous voudrez ; je vous le proteste, au nom du Seigneur mon Dieu, je ne puis être que ce que je suis, il vaut mieux pour moi que j'endure vos tourments ; car, si je commettais l'insigne folie de vous obéir et de sacrifier à vos démons, je ne pourrais échapper aux supplices éternels ».

A peine a-t-il achevé de parler ainsi, que les barbares se laissent aller à toute leur rage, le flagellent à coups redoublés et lui brûlent le corps avec des torches ardentes ; enfin, après avoir essayé sur lui toutes sortes de nouveaux tourments, ils l'abandonnent sur la place, croyant lui avoir ôté la vie.

Après cela, se voyant trompés dans leur espoir d'obtenir la capitulation des assiégés par le moyen de leur pasteur, les barbares revinrent à la montagne de Grèzes, dans l'intention de traiter avec eux. Ils leur firent donc des présents, et à leur tour les assiégés leur fournirent des vivres, mais à condition qu'ils sortiraient immédiatement du pays. Aussitôt qu'il fut possible aux assiégés de quitter le lieu de leur refuge, ils accoururent en foule auprès de leur bien-aimé pasteur ; ils le trouvèrent encore en vie, mais ils n'eurent que le temps de lui témoigner leur douleur et leur reconnaissance, d'écouter ses derniers avis et de recevoir sa suprême bénédiction. Lorsqu'il eut rendu son âme à Dieu, on ensevelit ses précieux restes dans un lieu souterrain qui se trouve être aujourd'hui la crypte de l'église cathédrale.

Sa mort arriva, selon Baronius, le 21 août 262. En effet, tous les martyrologes et toutes les histoires ecclésiastiques s'accordent à le faire mourir sous Valérien et Gallien : ce qui est confirmé par une tradition qui avait cours dans l'église de Mende, au XIIe siècle et depuis longtemps, savoir : que sainte Hélène, mère de l'empereur Constantin, est venue prier au tombeau de saint Privat et qu'elle a fait présent à l'église de Mende d'un grand nombre de reliques. Egalement, à la même époque et d'après une coutume qui datait de loin, toutes les années, au jour de Pâques, on exposait à la vénération des fidèles la bourse de sainte Hélène.

On le représente assommé par les envahisseurs païens, tandis qu'il se tenait retiré dans une grotte.

CULTE ET RELIQUES.

Au VIIe siècle, le roi Dagobert avait enlevé les reliques de saint Privat, ainsi que tant d'autres, pour les placer dans l'église du monastère de Saint-Denis, près Paris. Après la mort de ce prince, on parvint à se les faire restituer, et, de peur qu'elles ne fussent de nouveau enlevées ou par ruse ou par force, on les cacha dans une crypte d'une chapelle dédiée à sainte Thècle. Avec le temps, cette chapelle tomba en ruines, et ceux qui étaient dépositaires du secret finirent par mourir sans avoir pu le transmettre. On avait élevé diverses constructions profanes sur une partie de l'emplacement de l'ancienne chapelle de sainte Thècle, et l'autre partie avait été convertie en jardin. Or, en 1170, l'évêque Aldebert III ordonna de creuser un puits dans ce jardin. Ce travail devait s'exécuter pendant le voyage de ce Prélat à la cour du roi de France. Il ne fut pas plus tôt arrivé à Clermont, qu'un exprès vint l'y rejoindre, pour lui annoncer qu'en creusant le puits, on avait découvert une crypte, et dans cette crypte le corps de saint Privat. Aldebert III, ne pouvant absolument revenir sur ses pas, charge l'exprès de dire à son clergé qu'on ne touche plus à rien jusqu'à son retour. Ainsi, quand il est revenu dans sa ville épiscopale, il examine toutes choses avec soin et il demeure établi que le corps que l'on a trouvé est réellement celui de saint Privat. Ensuite, il écrit à tout son clergé séculier et régulier, ainsi qu'à tous les fidèles, pour leur annoncer canoniquement la bonne nouvelle et les inviter à se rendre à Mende pour la cérémonie de la translation. Elle a lieu, le 15 septembre de la même année avec une solennité sans égale, et ce jour-là même, Dieu manifeste la gloire de son martyr par la délivrance d'un possédé. L'invention des reliques de saint Privat valut encore à tout le diocèse une grâce des plus insignes. Tout le pays, qui était en proie aux horreurs de la guerre civile, depuis sept ans, se calma à cette époque, comme par enchantement.

Le corps de saint Privat, sauf le chef, fut déposé dans la crypte qui est dessous la cathédrale, crypte bâtie sur l'endroit même où le saint martyr avait été enseveli, immédiatement après son martyre. Dans la suite, ces précieuses dépouilles furent enlevées de ce lieu souterrain pour être placées dans une châsse d'argent, au maître-autel. On n'en possède aujourd'hui qu'une bien petite partie, par suite des désastres que l'église de Mende eut à subir, dans la deuxième moitié du XVIe siècle, c'est-à-dire durant les guerres de religion.

L'an 1036, Etienne, évêque du Puy, ayant convoqué dans cette ville les principaux seigneurs du pays pour s'entendre avec eux sur les moyens de rétablir la paix dans son diocèse, pria tous les prélats du voisinage de se rendre au Puy avec les reliques de leurs saints. Raymond, évêque de Mende, s'empressa de répondre à cette invitation, et, faisant porter devant lui la statue de saint Privat, il se rendit au Puy avec plusieurs membres de son clergé et un certain nombre de fidèles. A la nouvelle de leur approche, tous les habitants du Puy, qui avaient souvent entendu parler du crédit de saint Privat auprès de Dieu, viennent en foule au-devant de son image. D'un autre côté, Mgr l'évêque du Puy et ceux de Clermont, de Valence et de Viviers, sortent de la ville revêtus des ornements sacrés, précédés de tout le clergé de l'endroit et portant aussi les uns et les autres les reliques de leurs saints. Les deux processions s'étant rencontrées non loin de la ville, on s'arrête. Alors, tandis que d'un côté le clergé chante les louanges de Dieu, et que de l'autre le peuple invoque intérieurement et avec ferveur le saint martyr, il arrive un père de famille portant entre ses bras son fils perclus de tous ses membres. En le voyant, on le félicite de la bonne pensée qu'il a eue et on l'engage à se présenter vite et avec confiance à un saint qui a déjà fait tant d'autres merveilles. Enfin, comme à cause de la foule qui se trouve de plus en plus serrée, il demande à haute voix qu'on le laisse parvenir jusqu'à la statue de saint Privat, les évêques et surtout saint Odilon, abbé de Cluny, l'ayant aperçu, lui font ouvrir un passage. Il s'approche donc, tenant son enfant en l'air et invitant tout le monde à prier pour lui ; et à peine le jeune enfant a-t-il touché l'image du saint martyr, que ses nerfs s'étendent, le sang remplit de nouveau ses veines desséchées, on entend comme un léger craquement, et il pousse lui-même un petit soupir toutes les fois que le miracle agit sur quelqu'un de ses membres. Enfin, tandis que tous les assistants sont dans l'admiration à la vue de ces effets merveilleux, l'enfant éprouve un tressaillement subit, et, se sentant parfaitement rétabli, il se met à marcher en bénissant Dieu et son libérateur. Il nous serait impossible de dire, ajoute Aldebert, *le vénérable,* quelle fut la joie des deux peuples, et de décrire l'heureuse influence que ce miracle du saint martyr exerça sur les décisions de l'assemblée, qui eut lieu bientôt après.

Tiré de l'*Histoire de l'Eglise de Mende,* par l'abbé Charbonnel ; de Venance Fortunat ; de saint Grégoire de Tours ; de Surius; et de Baronius. — Cf. *Actes des Martyrs.*

SAINTE HOMBELINE OU EMBELINE,

PREMIÈRE ABBESSE DE JULLY-SUR-SARCE.

1141. — Pape : Innocent II. — Roi de France : Louis VII, *le Jeune.*

> *Dixi ego in corde meo : Affluam deliciis et fruar bonis. Et vidi quod hoc quoque esset vanitas.*
> J'ai dit en mon cœur : Je m'enivrerai de délices et je jouirai des biens, et j'ai vu que cela aussi est vanité. *Ecclésiaste,* II, 1.

Hombeline était fille de Técelin et d'Aleth, et sœur unique de six frères dont le plus illustre est saint Bernard. Elle vint au monde au château de Fontaines, près de Dijon, l'an 1092, et fut offerte à Dieu dès sa naissance. Elle portait à ses frères la plus tendre affection : aussi, quand Bernard en eut entraîné cinq avec lui dans la solitude, elle ne put dissimuler sa douleur. Elle accusait le futur abbé de Clairvaux d'être l'auteur de la ruine de sa maison et de son avenir, et d'un ton où perçaient à la fois le découragement, l'affection, la contrariété, le respect, l'espérance, elle le suppliait de suspendre ses projets ; elle le conjurait d'avoir égard aux cheveux blancs d'un père, à l'abandon où il laissait le plus jeune de ses frères, afin de prendre pitié d'une faible sœur qu'il avait tant aimée et qui bientôt se trouverait seule et sans appui. Elle ne put l'ébranler : elle-même devait un jour sentir l'influence de la vertu de Bernard.

Restée seule avec son père et son jeune frère, Hombeline accepta bientôt l'alliance d'un noble seigneur, parent de la duchesse de Lorraine. Bien qu'elle eût conservé dans son cœur les sentiments de religion qu'y avait développés sa pieuse mère, elle se laissa dominer par l'amour du monde et de ses aises. Elle nageait dans le luxe et l'abondance, ne refusait rien à ses moindres désirs et vivait dans le siècle au milieu des plaisirs et des fêtes.

Dieu cependant lui inspira le désir d'aller à Clairvaux rendre visite à son frère. Elle marchait accompagnée d'une suite nombreuse et d'un brillant équipage ; elle voulait sans doute, par ce superbe appareil, soutenir la dignité de son rang et faire honneur à la réputation de Bernard. Mais les pensées des Saints sont bien différentes de celles du monde. Bernard, apprenant la pompe orgueilleuse qu'avait déployée sa sœur, ne put se résoudre à la voir. Il regarda ce faste comme un piége tendu par le démon pour perdre son âme et celle de ses frères. Ceux-ci, à l'exemple de Bernard, refusèrent également de lui parler, et l'un d'eux, André, n'ayant pu éviter sa rencontre, n'ouvrit la bouche que pour lui adresser des paroles sévères. Hombeline, touchée de la grâce, fondit en larmes : « Je sais », s'écria-t-elle, « que je ne suis qu'une indigne pécheresse ; mais Jésus-Christ n'est-il pas mort pour ceux qui me ressemblent? Si mon frère méprise mon corps, que le serviteur de Dieu ne méprise pas mon âme. Qu'il vienne, qu'il ordonne, qu'il commande, et je lui obéirai, et je ferai ce qu'il dira ».

Bernard ne put résister plus longtemps, et, accompagné de ses frères, il reçut la noble dame, devenue humble et repentante. Il eut avec elle un entretien sérieux, la réconcilia avec Dieu, et lui donna pour règle de vie celle que sa mère elle-même avait gardée dans le mariage : la fuite des vanités du monde, le retranchement du luxe dans les habits, le silence intérieur, la pratique des bonnes œuvres. Hombeline s'en retourna chez elle, et sa conversion fut pour tout le monde un sujet d'étonnement et d'édification. On admirait en elle la puissance de la grâce et l'on bénissait Dieu qui, au milieu du siècle, faisait mener à une personne de son rang une vie si opposée à l'esprit du siècle. Elle vécut ainsi deux ans avec son mari, qui l'affranchit alors du joug du mariage, selon la discipline de l'Eglise, et lui permit de se donner entièrement au service de Dieu.

Devenue libre, Hombeline se retira au monastère de Billette (c'est le nom que porta longtemps le monastère de Jully-sur-Sarce), et y embrassa la Règle de Saint-Benoît, sous les yeux de l'abbé de Clairvaux. Elle y passa le reste de ses jours dans la pénitence, fut choisie pour diriger ses compagnes et se montra en tout digne de saint Bernard et de ses frères. Souvent, elle passait la nuit à réciter des psaumes et à méditer la Passion de Jésus-Christ ; à peine accordait-elle quelques instants au sommeil, et encore ne prenait-elle ce repos que sur les ais de son lit. La première à tous les exercices, elle recherchait de préférence les travaux les plus pénibles et les plus humiliants, voulant expier ainsi le faste et l'orgueil qu'elle avait tant aimés dans le monde.

Hombeline vécut seize à dix-sept ans sous la discipline du monastère, et quand son âme fut purifiée par les austérités de sa vie, les larmes de sa pénitence et le feu de son amour pour Jésus-Christ, elle alla recevoir au ciel l'éternelle récompense de ses travaux. Elle eut la consolation d'être assistée à ses derniers moments par l'illustre abbé de Clairvaux. Malgré l'épuisement où l'avait réduite la maladie, elle trouva assez de force et de liberté d'esprit pour s'entretenir longuement avec ses frères des choses divines et de l'infinie miséricorde de Dieu à son égard ; elle remercia particulièrement Bernard de sa charité pour elle, lui attribuant après Dieu sa conversion, puis elle expira doucement entre ses bras et ceux du bienheureux Pierre, prieur du monastère et son confesseur. C'était l'an 1141, et Hombeline entrait dans la cinquantième année de son âge.

Sa mort est marquée au nécrologe de Cîteaux et dans le martyrologe de France au 21 août, lendemain de la fête de saint Bernard, afin, sans doute, de joindre le culte de la sœur à celui du frère. Mais il n'est pas fait mention d'elle au martyrologe romain.

Ses reliques authentiques sont à l'église de Jully-sur-Sarce.

Extrait de la *Vie des Saints de Troyes*, par l'abbé Defer.

SAINT LÉONCE Ier DIT L'ANCIEN,

ARCHEVÊQUE DE BORDEAUX (vers 542).

Aussi illustre par sa naissance que par la droiture de sa conduite, Léonce jouit d'une grande influence, et sur le peuple et sur les grands. Son sacre eut lieu vers 520. A peine eut-il été installé sur le siége métropolitain de Bordeaux, qu'il donna tous ses biens à son Eglise et aux pauvres. Voyant que l'église bâtie par son prédécesseur Amélius devenait trop petite pour contenir tous les fidèles, car la population de Bordeaux commençait à prendre un accroissement considérable, il en fit construire une autre sur de plus grandes proportions. Suivant l'opinion la plus générale, c'est lui et non pas Léonce son successeur, qui présida en 541 au quatrième concile d'Orléans. Il mourut fort peu de temps après. Fortunat, dans une très-longue épitaphe qu'il lui consacra et qu'on trouve dans le IVe livre de ses *poésies*, fait l'éloge le plus magnifique des vertus de Léonce. Voici cette épitaphe :

« C'est sous cette pierre que reposent les cendres du vénérable Léonce, qui porta haut la mitre pontificale : son peuple, par des gémissements et des murmures confus, nous annonce toute la grandeur de sa perte ; l'enfant, le jeune homme, le vieillard lui donnent à l'envi des larmes. Léonce ne le cédait à personne sous le rapport de la naissance, la pureté elle-même avait formé ses mœurs ; on ne chercha point d'autres titres et en aurait-on pu désirer de plus précieux pour l'élever dans sa place ? Plus il était distingué par son rang et par ses vertus, plus il cherchait à s'abaisser par humilité profonde. Sa seule présence mettait la discorde en fuite, elle cédait en frémissant, l'amour et le respect lui livraient tous les cœurs. En le perdant, chaque âge a perdu son défenseur. Qu'est-il besoin de le dire ? leurs larmes ne nous l'apprennent qu'avec trop d'éloquence. Voit-on quelqu'un parler de sa mort sans s'attendrir ? On ne se console qu'en dressant dans son cœur un temple à sa mémoire. Passerons-nous sous silence l'immense charité de ce généreux pasteur ? Il prodigua pour l'amour du Christ jusqu'à l'héritage de ses pères. Le pauvre recourait à lui avec confiance, le captif lui demandait le prix de sa rançon et l'indigent avait acquis le droit de disposer de ses richesses. Ne doutons point qu'une si belle âme n'ait volé de la terre dans les cieux. Léonce vécut moins pour lui que pour Dieu ; il ne cessait d'étudier et de suivre les vues de la Providence sur ceux qui lui étaient confiés. Le prince lui-même rendait justice à son mérite ; enfin, pour tout résumer en un mot, il était devenu l'idole de son peuple, parce que toute son ambition avait été de régner sur les âmes. Il vécut puissant cinq lustres et sept ans, et fut à la fin du jour enlevé de ce monde ».

Après une existence consacrée à étendre le royaume de Jésus-Christ, Léonce vint finir ses jours dans le diocèse de Rodez. C'est à Saint-Léons, non loin de Millau, alors célèbre par un monastère de Religieux bénédictins, qu'il rendit doucement son âme à Dieu, vers 542.

Tiré de la *France Pontificale*, et de *Notes* communiquées par M. l'abbé Bousquet de Rodez.

SAINT AVIT Ier,

DIX-HUITIÈME ÉVÊQUE DE CLERMONT ET CONFESSEUR (594).

Saint Avit, d'une famille noble d'Auvergne, élu évêque de Clermont après la mort de Cautin, fut sacré dans la ville de Metz, en présence du roi Sigebert, contrairement aux canons qui voulaient qu'un évêque fût ordonné par son métropolitain et dans sa province. Pasteur zélé, il fut le père des pauvres, le tuteur des orphelins, l'hôte des étrangers, la consolation de la veuve et de tous les malheureux. Il convertit à la foi un grand nombre d'entre les Juifs qui habitaient la ville d'Arverne (nom primitif de Clermont) et en baptisa dans une seule nuit plus de cinq cents. Il voulut lui-même les purifier dans l'eau régénératrice, les oindre du saint chrême, et les admettre dans le sein de l'Eglise. L'éclat de mille flambeaux, la blancheur éclatante des robes d'innocence, dont étaient revêtus les nouveaux prosélytes, donnaient à toute la ville un air de fête, et ne lui inspiraient pas moins de joie que n'en sentit Jérusalem à la descente du Saint-Esprit sur les Apôtres.

A la prière de saint Avit, plus d'une fois les prisons s'ouvrirent, et les chaînes des captifs se brisèrent comme le verre fragile. Le roi Childebert, à sa considération, affranchit les églises de tout tribut.

Chéri autant que révéré de tous les hommes célèbres de son temps, Avit détermina saint Grégoire de Tours, qui faisait alors auprès de lui les fonctions de diacre, à écrire l'histoire que ce savant écrivain nous a laissée. Il répara ou fit construire à neuf plusieurs églises. Vers 575, il fit bâtir celle de Thiers, en l'honneur de saint Genès, martyr : cette église, enrichie et dotée d'un Chapitre par Guy II, de Thiers, en 1016, et restaurée en 1107, fut brûlée par les Calvinistes en 1578. Mais le plus beau monument de sa gloire est l'érection de la basilique de Notre-Dame du Port, ainsi appelée parce que le lieu où on l'avait bâtie était auparavant comme l'entrepôt dans lequel on apportait toutes les denrées et marchandises nécessaires aux habitants. C'est une église du VIe siècle, retouchée au IXe, mais avec une délicatesse qui respecta et maintint dans ses parties les plus importantes, comme dans son ensemble architectural, l'œuvre de saint Avit. La forme de cette église est une croix latine, avec deux bas-côtés et un chœur entouré de plusieurs chapelles, s'élevant au-dessus d'une crypte qui contient l'autel où est placée une statue miraculeuse de Marie. Notre-Dame du Port est un pèlerinage très-fréquenté : on s'y rend surtout en foule pour la grande fête du 15 mai. Le 20 décembre 1851, Pie IX a accordé indulgence plénière : 1° pour la neuvaine qui se célèbre depuis le 15 mai jusqu'au 24, pourvu qu'on ait suivi cinq fois les exercices ; 2° pour la visite du sanctuaire aux fêtes de Noël et de l'Epiphanie ; aux solennités de l'Annonciation, de la Visitation, de la Purification, de l'Assomption, de Notre-Dame des Sept Douleurs (3e dimanche de septembre).

Les précieux restes de saint Avit furent déposés dans cette basilique de Notre-Dame du Port, et y furent longtemps en grande vénération.

Tiré du *Propre de Clermont*, de la *Chronologie des Evêques de Clermont*, et de *Notre-Dame de France*.

SAINT BERNARD PTOLOMÉE, INSTITUTEUR DES OLIVÉTAINS (1348).

Saint Bernard, d'une des premières maisons de Sienne, naquit en 1272. Il reçut au baptême le nom de Jean, mais il le changea depuis en celui de Bernard. Il fut élevé par Christophe Ptolomée, son parent. C'était un religieux dominicain d'un grand savoir et d'une rare piété, qui dans la suite devint évêque. En même temps que Bernard faisait de rapides progrès dans les sciences, il s'exerçait avec ferveur à la pratique de toutes les vertus chrétiennes. Il se distingua parmi les membres les plus édifiants de la congrégation de Saint-Ausane, martyr de Sienne, et remplit avec tout le zèle et toute l'intégrité possibles les premières places de sa patrie. Mais le danger de la vaine gloire lui inspira le dessein d'abandonner entièrement le monde. Il vendit ses biens, dont le prix fut distribué aux pauvres, et se retira dans un désert situé à dix milles de Sienne, et d'un accès fort difficile. Là, il pratiqua des austérités incroyables, et soutint avec une constance héroïque les assauts violents qui lui furent livrés par les ennemis du salut. Quelques personnes s'étant jointes à lui, le Pape, qui faisait alors sa résidence à Avignon, lui conseilla de choisir le genre de vie de quelque Ordre religieux approuvé dans l'Eglise. Il adopta la Règle de Saint-Benoît et l'habit blanc. Gui, évêque d'Arezzo, dans le diocèse duquel il était, confirma son choix, ainsi que ses institutions, en 1319 ; et son Ordre fut connu sous le nom de *Congrégation de la Vierge Marie du Mont-Olivet*. Il fut successivement approuvé par les papes Jean XXII, Clément VI et Grégoire XI. Le saint fondateur possédait l'esprit de prière dans un degré éminent, il avait une grande dévotion pour Jésus souffrant et pour sa sainte Mère. Il mourut le 20 août, l'an 1348 de Jésus-Christ, le soixante-seizième de son âge, le trente-cinquième de sa retraite et le vingt-neuvième de sa profession religieuse.

La Congrégation des Olivétains est fort nombreuse en Italie. Leur principale maison est celle de Sainte-Françoise à Rome. Il y a aussi des religieuses de cet Ordre qui portent également l'habit blanc et qui suivent les mêmes constitutions.

En 1644, la Congrégation des Rites déclara que le bienheureux Bernard Ptolomée était *dûment vénéré* parmi les Saints. Innocent XII approuva, en 1692, un office et une messe pour sa fête dans l'Ordre des Olivétains. On a inséré son nom dans le martyrologe romain, sous le 21 août.

Godescard, Baillet, *Acta Sanctorum*.

XXIIe JOUR D'AOUT

MARTYROLOGE ROMAIN.

L'Octave de l'Assomption de la bienheureuse Vierge Marie [1]. — A Rome, sur la voie d'Ostie, la naissance au ciel de saint Timothée, martyr, qui fut arrêté par Tarquin, préfet de la ville, demeura longtemps en prison, et, ayant refusé de sacrifier aux idoles, fut mis à la torture jusqu'à trois fois, subit les tourments les plus atroces, et eut enfin la tête tranchée [2]. IVe s. — A Porto, saint HIPPOLYTE, évêque, très-célèbre par son érudition, qui, pour avoir confessé la foi d'une manière éclatante, sous l'empereur Alexandre, fut jeté, pieds et mains liés, dans une fosse profonde et pleine d'eau, et par là obtint la palme du martyre. Son corps fut enterré au même lieu par les chrétiens. 225. — A Autun, saint SYMPHORIEN, martyr, qui, pour avoir refusé de sacrifier aux idoles, fut premièrement battu de verges, puis enfermé dans un cachot, et enfin décapité sous l'empereur Marc-Aurèle [3]. 180. — A Rome, saint Antoine ou Antonin, martyr, qui, se disant hautement chrétien, fut décapité par sentence du juge Vitellius, et enterré sur la voie Aurélienne. IIe s. — Encore à Porto, les saints martyrs Martial, Saturnin, Epictète, Mapril, Félix, et leurs compagnons. IIIe s. — A Nicomédie, les saints Agathonique, Zotique et leurs compagnons, martyrisés sous l'empereur Maximien et le président Eutholome [4]. — A Tarse, en Cilicie, saint Athanase, évêque et martyr, et sainte Anthuse, femme noble, qu'il avait baptisée ainsi que deux de ses esclaves; ils souffrirent sous l'empereur Valérien [5]. — A Reims, les saints martyrs Maur et ses compagnons [6]. — En Espagne, les saints martyrs Fabricien et Philibert. — A Pavie, saint Gunifort, martyr. Sous Maximien probablement.

MARTYROLOGE DE FRANCE, REVU ET AUGMENTÉ.

Au diocèse d'Autun, mémoire des saints martyrs Timothée et Hyppolite, cités au martyrologe romain de ce jour. — Au diocèse de Nevers, dédicace de l'église de Saint-Benin d'Azy (Nièvre, arrondissement de Nevers). Benin est le même que Bénigne, apôtre de Dijon et martyr. Le pontife consécrateur, Mgr Paul Naudo, déposa, dans le sépulcre du maître-autel, des reliques de sainte

---

1. Cette fête fut instituée en 847 par le pape Léon IV, à l'occasion d'un serpent qui, après avoir fait mourir quantité de personnes, fut écrasé par le signe de la croix que fit ce Pape, le jour de l'octave de l'Assomption.
2. Saint Timothée était d'Antioche, en Syrie, où il brillait par son zèle pour la gloire de Dieu et par son érudition singulière. Étant venu à Rome au temps du pape saint Melchiade, il logea dans la maison du prêtre saint Sylvestre, qui succéda depuis à ce saint Pontife. Timothée ne pouvait demeurer oisif; il employa ses riches talents à prêcher l'Evangile et à augmenter le troupeau de Jésus-Christ par la conversion d'un grand nombre de Gentils. Son zèle lui coûta la vie. Saint Sylvestre enleva secrètement son corps et le porta dans sa maison; une dame chrétienne, nommée Théodora, le fit enterrer dans un jardin, sur le chemin d'Ostie, auprès du sépulcre de saint Paul, d'où, depuis, il a été transféré avec beaucoup d'honneur dans l'église de cet Apôtre.
3. Nous avons cru devoir corriger la mention du martyrologe romain qui fait mourir saint Symphorien sous l'empereur Aurélien. Il est acquis par l'histoire que notre Martyr cueillit sa palme en l'année 180, et, par conséquent, sous le règne de l'empereur Marc-Aurèle (121-180). Aurélien appartient au IIIe siècle (212-275).
4. Voici la version des Bollandistes : « En Bithynie et en Thrace, les saints martyrs Agathonique, Zotique, Théoprèpe, Acindyn, Sévérien, Zénon et Prince ».
5. Anthuse naquit à Séleucie de Cilicie, aujourd'hui Selefkeh, sur le Calycadnus, de parents riches, mais idolâtres. Désirant se faire chrétienne, elle se dirigea vers Tarse, près de l'évêque Athanase qui, par une inspiration divine, vint au-devant d'elle, et la baptisa avec deux de ses esclaves, Charise ou Carissime et Néophyte. Anthuse retourna ensuite près de sa mère à Séleucie : elle fut éconduite et embrassa dès lors la vie solitaire dans les exercices de laquelle elle termina doucement ses jours. Quant à Athanase, à Charise et à Néophyte, ils furent décapités. — *Acta Sanctorum*.
6. Les Bollandistes donnent plus de détails : « A Reims, saint Maur ou Moret, prêtre et martyr, et ses quarante-neuf compagnons. Ils furent mis à mort par ordre du préfet Rictiovare, durant la première

Solange, vierge et martyre, patronne du Berri ; de saint Cyr et de sainte Françoise de Chantal. 1836. — Au diocèse de Belley, saint LAMBERT, fondateur de l'abbaye de Chézery ou Chissery *(Cisseriacum)*, non loin de Nantua. 1154. — A Soissons, le bienheureux décès de la vénérable mère Marguerite André, plus connue sous le nom de Gante, et, en religion, sous celui de Claire de Saint-Ignace. Née à Mattaincourt (Vosges), au temps du bienheureux Pierre Fourier, elle fut supérieure du monastère de Saint-Mihiel, dont nous avons parlé au 7 juillet, dans la vie du bienheureux curé de Mattaincourt. 1645. — A Paris, la précieuse mort du Père Jean Bagot, de la Compagnie de Jésus. Il naquit à Rennes, selon les uns, à Saint-Brieuc, selon d'autres, et entra chez les Jésuites à l'âge de dix-neuf ans. Il fut tour à tour professeur de philosophie, professeur de théologie, censeur des livres à Rome, supérieur du collège Louis-le-Grand à Paris, et confesseur de Louis XIV. Il termina sa vertueuse carrière à l'âge de soixante-quatorze ans. 1664. — Notre-Dame de Marquette *(Reclinatorium* ou *Bona Requies B. M.)*, au diocèse de Cambrai, commença en ce jour, l'an 1622, à faire son origine à la libéralité de Jeanne de Constantinople, qui y fonda un couvent de Bernardines en 1230. Elle y choisit sa sépulture. — A Paris, dans l'ancienne église des Récollets, translation du corps de saint Jocond. Il exerçait la fonction de lecteur dans la ville de Reims, lorsqu'il fut mis à mort (453) avec saint Nicaise, son évêque, par les barbares qui ravagèrent les Gaules au Ve siècle. La fête principale de saint Jocond et de saint Nicaise se célèbre le 14 décembre, où nous renvoyons pour plus de détails. 1683. — A Bordeaux, mémoire du vœu de Louis XIII. On connaît sous ce nom un vœu formé par ce prince, et par lequel, mettant sa personne et son royaume sous la protection de la sainte Vierge, il s'engageait à faire tous les ans une procession solennelle en son honneur à Paris, le jour de sa fête, le 15 août. On donne pour cause à ce vœu la joie qu'éprouva le roi en apprenant la grossesse d'Anne d'Autriche, sa femme. Cette procession eut lieu jusqu'à la Révolution ; elle fut rétablie sous la Restauration. 1637.

MARTYROLOGES DES ORDRES RELIGIEUX.

Martyrologe de l'Ordre des Cisterciens. — L'Octave de l'Assomption de la bienheureuse Vierge Marie, Mère de Dieu, patronne principale et particulière de tout l'Ordre de Cîteaux. — Le samedi avant le dimanche qui suit l'Octave de l'Assomption, fête du très-sacré Cœur de la bienheureuse Vierge Marie.

ADDITIONS FAITES D'APRÈS LES BOLLANDISTES ET AUTRES HAGIOGRAPHES.

A Néocésarée, aujourd'hui Niksar, ancienne ville de l'Asie-Mineure, sur l'Iris, saint Nectave ou Nectaire et saint Sève, cités dans les anciens martyrologes sans plus de détails. — Dans le Northumberland, comté du royaume d'Angleterre, saint Sigfrid ou Sigefroi *(Sigifridus, Sigfridus)*, troisième abbé du monastère de Saint-Pierre de Vermouth *(Cœnobium Wirense)* et confesseur. Il est célèbre pour la pureté de ses mœurs, son grand amour de la chasteté et son invincible patience. Il ne gouverna sa communauté que l'espace de trois ans et s'endormit paisiblement dans Notre-Seigneur. 689. — A Fésules, aujourd'hui Fiesole, ville de l'Etrurie ancienne, saint André le Scot, archidiacre et confesseur. Issu de parents nobles et vertueux, il passa sa jeunesse dans l'étude des lettres et les exercices de la piété. Il suivit ensuite les leçons d'un philosophe chrétien, appelé Donat : ils quittèrent bientôt l'un et l'autre l'Ecosse, leur patrie, pour se rendre en Italie. Donat fut élu évêque de Fésules, et ses vertus rendirent son ministère agréable à Dieu. Pour André, il devint archidiacre de cette Eglise, et se rendit illustre par les nombreux miracles qu'il opéra dans Fésules. Son corps fut déposé dans une chapelle de la basilique de Saint-Martin qu'il avait relevée de ses ruines. En 1285, il fut levé de terre et placé devant le maitre-autel. Vers la fin du IXe s. — A Bagnarea *(Balneoregium, Balneum Regis)*, dans l'ancienne Etrurie, saint Aldrovand, appelé aussi Androvand et Aldebrand, évêque et confesseur. Son chef se garde à Bagnarea et on le porte processionnellement par la ville dans les temps de calamité, pour obtenir de Dieu, par l'intercession de son serviteur, la cessation du fléau. Vers 869. — A Hohenwart, sur le Paar, en Bavière, la bienheureuse Richilde, recluse. En 1074 elle prit le voile dans le monastère de ce nom ; puis, aspirant après une plus haute perfection, elle s'enferma dans une cellule étroite où, séparée pendant plusieurs années de toute société humaine, elle servait Dieu par les pratiques les plus sévères de la pénitence, par la prière, par la méditation. Elle reçut le 22 août le prix de sa fidélité et fut inhumée sous l'autel des saints apôtres Pierre et Paul. 1100.

persécution de Dioclétien. Au XVIIe siècle, on retrouva leurs corps à Reims, près de l'église de Saint-Nicaise ; toutefois, en 1012, une partie des reliques de saint Maur avait été transportée à Florennes *(Florina)*, petite ville du Hainaut, au diocèse de Liège. Vers 287 ».

SAINT SYMPHORIEN, MARTYR A AUTUN

180. — Pape : Saint Eleuthère. — Empereur romain : Marc-Aurèle.

> *Ait adolescens : Non obedio præcepto regis, sed præ-*
> *cepto legis quæ data est nobis.*
> I *Machab.*, vii, 30.
> Saint Symphorien a souffert un triple martyre, car
> 1° il souffre de se séparer de sa mère; 2° il souffre
> sous les yeux de sa mère; 3° il meurt à l'ordre de
> sa mère.
> Latour *(Orateurs sacrés,* collection Migne).

Parmi les premiers fidèles d'Autun qui désiraient avec ardeur l'arrivée de quelques ministres de la religion, il y en avait un, remarquable entre tous par ses vertus et par le rang élevé qu'il occupait dans la ville. Cet heureux chrétien s'appelait Fauste. Chef d'une très-noble famille sénatoriale, décoré de la dignité de préteur, il jouissait dans la ville de cette haute considération qui accompagne le mérite, le rang, l'exercice de l'autorité publique, les grandes magistratures, la noblesse et l'opulence. Mais Dieu qui avait ses vues en le choisissant dans une position élevée pour l'appeler à la connaissance de l'Evangile, le réservait à une tout autre illustration. Distingué devant les hommes, il était plus distingué encore devant Dieu par sa vertu et par cette foi antique qui faisait les martyrs : aussi Dieu lui-même devait se charger de le récompenser un jour, dès ici-bas, en entourant son nom et sa famille d'une gloire nouvelle jusqu'alors inconnue à Autun, et que ne peuvent donner ni enlever les hommes.

Fauste avait une épouse digne de lui, comme lui chrétienne, pieuse et forte dans la foi, désirant avec une ardeur égale à la sienne ceux qu'elle appelait des anges de Dieu, et comme lui trop heureuse de les recevoir. Son nom était Augusta. Elle avait donné à son époux un fils, unique gage de leur pieux amour, unique objet sur la terre de leurs affections comme de leurs espérances : il se nommait Symphorien. La noble matrone éduenne unissait à la gravité des mœurs, à la dignité de la conduite, une modestie aisée et gracieuse ; à une aimable douceur, la force du caractère ; à toute la ferveur des premiers fidèles, les attentions délicates de l'amour conjugal et les tendres sollicitudes de l'amour maternel. Elle était chrétienne, elle était épouse, elle était mère, avant tout. Sachant que le bonheur, pas plus que la vertu, ne se trouve dans les bruyants plaisirs, dans les fêtes et les sociétés mondaines ; tout entière à ses pures affections et à ses devoirs ; renfermée dans cet intérieur de famille fastidieux seulement pour les âmes égoïstes, légères et sans affection comme sans conscience, mais si plein de charmes, si doux pour les âmes sérieuses et aimantes, qui savent se renfermer dans le cercle de leurs tranquilles occupations de chaque jour au lieu de se lancer à la poursuite de frivoles jouissances, elle se contentait, elle se trouvait assez heureuse d'embellir et de sanctifier le foyer domestique, ce sanctuaire privé où Dieu habite aussi. Elle mettait toute sa joie à être la joie de son époux, et à sourire, ange elle-même, aux premiers sourires de l'ange qui était son fils.

Fauste et Augusta ne connaissaient pas encore toute la valeur du trésor qu'ils possédaient dans Symphorien et la sublime destinée que Dieu réservait à cet aimable enfant. Mais, en parents véritablement et solidement chrétiens, comme on savait l'être alors, ils n'ignoraient pas que c'était un don du ciel ; et ils l'élevaient pour le ciel avant de l'élever pour la terre. Bien différents de ces parents vulgaires qui se contentent d'aimer leurs enfants, sans s'inquiéter de la manière dont il faut les aimer, ou qui peut-être ne les aiment que pour eux-mêmes, transformant ainsi en égoïsme déguisé tout, jusqu'à l'amour le plus sacré, l'amour paternel ; Fauste et sa noble compagne, non-seulement aimaient leur fils de toute l'affection que la nature met dans des cœurs de père et de mère, mais encore ils savaient l'aimer avec toute la tendresse désintéressée, toute la force du dévouement qui s'oublie. Ils l'aimaient pour lui-même, ils l'aimaient pour Dieu, source de toute paternité aux cieux et sur la terre, ils le lui offraient chaque jour comme un bien dont eux-mêmes n'étaient que les dépositaires. Sur Symphorien reposaient toutes leurs espérances ; et cependant ils n'avaient pas de plus grande ambition que de transmettre fidèlement à cet unique et cher enfant le céleste héritage de la foi, le plus précieux de leurs biens. Persuadés que les premières impressions sont ineffaçables, ils s'appliquèrent à son éducation religieuse dès ses plus tendres années, et le préparèrent de bonne heure au saint baptême.

Aussitôt donc que sa jeune âme parut s'entr'ouvrir aux premières lueurs de la raison, ils se hâtèrent d'y introduire simultanément les premières lueurs de la vérité descendue du ciel, de cette admirable doctrine évangélique qui a des teintes adoucies et gracieuses, des aspects enfantins et sympathiques pour les petits enfants, comme elle réserve d'immenses horizons et des flots de vive lumière pour les plus grands génies. Ne voulant pas que rien précédât dans son cœur la connaissance et l'amour de Jésus, ils lui apprirent dès le premier réveil de sa raison, dès son premier sourire, à bégayer ce nom doux et saint, avec celui de Marie : lui disant sans doute qu'il avait dans le ciel aussi bien que sur la terre un père et une mère. Ainsi Symphorien apprenait l'amour de Dieu en même temps que l'amour de ses parents ; et ces deux saints amours croissaient, se fortifiaient ensemble. A mesure qu'ils voyaient son âme se développer peu à peu sous la douce influence de ces enseignements de famille inspirés par l'amour et la foi, comme un tendre lis sous la chaleur chaque jour croissante d'un soleil de printemps, et recevoir un nouveau rayon d'intelligence, Fauste et Augusta, sans cesse vigilants et attentifs, s'empressaient d'y insinuer aussi un nouveau rayon de la vérité dont le Verbe divin incarné fut aux yeux des hommes le foyer lumineux. Et en même temps, les anges, qui entouraient ce jeune frère avec une respectueuse affection et se plaisaient à le couvrir de leurs ailes, versaient chaque jour dans son cœur de nouvelles gouttes de cette rosée et de ce parfum du ciel qu'on appelle la grâce : le préparant ainsi de la part de Dieu au grand avenir qui l'attendait et récompensant en lui la foi de ses pieux parents.

Aussi l'enfant béni, à l'exemple du divin enfant qu'on ne cessait de lui présenter comme un ami, comme un modèle, croissait-il en sagesse et en âge, devant Dieu, qui voyait sa belle âme se préparer si bien par le bon usage des faveurs présentes à des faveurs plus signalées encore, et devant les hommes, qui déjà croyaient voir poindre, comme les premiers feux d'une brillante aurore, les premières traces de la grandeur d'âme, de la force, de l'élévation du caractère, de toutes les qualités de l'esprit et du cœur, jointes aux doux et purs attraits de l'innocence, aux grâces, aux amabilités naïves dont est embellie, sans le savoir, l'enfance la plus privilégiée, au moment de l'épanouissement de son cœur et de sa raison. Fauste et sa pieuse épouse, ravis de trouver prématurément dans leur fils, avec tous les charmes de l'âge, avec tous les dons de la nature et de la grâce, cette correspondance parfaite à leurs soins et à leurs désirs, cette docilité pieuse et spontanée, cette soumission empreinte de respect et d'amour qui fait le bonheur des parents aussi bien que la bénédiction des enfants en ce monde et en l'autre, ne cessaient de remercier le ciel du présent qu'ils en avaient reçu.

Gardé par l'innocence, en même temps que son corps et son cœur, l'esprit du jeune Symphorien, comme celui de Jésus, grandissait et se fortifiait tous les jours. Précoce pour toutes les vertus de son âge, l'aimable et pieux enfant ne l'était pas moins pour les connaissances humaines. Aussi éclairés que tendres, ses dignes parents tenaient à ce qu'il étudiât de bonne heure les éléments des lettres profanes en même temps que les éléments de la science religieuse. Tous deux comprenaient que pour faire de leur fils un homme complet, ils devaient en faire un chrétien éclairé autant que solide ; tous deux voulaient qu'il fût digne de leur haute position dans la cité et de leur foi devant Dieu. Les leçons humaines qui s'adressent à l'esprit et les enseignements divins qui forment le cœur marchaient donc parallèlement : les premières sous la direction plus particulière de Fauste, les seconds sous l'inspiration plus spéciale d'Augusta. Les progrès de l'enfant dans l'une et l'autre étude étaient remarquables : ils répondaient à la double intention de ses nobles et vénérables parents. Mais la foi surtout croissait et s'affermissait dans son âme, semblable à un jeune chêne plein de sève et de vigueur qui, trouvant une terre riche autant que bien préparée, s'y développe et monte vers le ciel avec une rapidité merveilleuse, en poussant des racines assez profondes et assez fortes pour résister un jour à tous les orages. La piété avait grandi et s'était fortifiée avec la foi. Elle était en lui un sentiment profond sans cesse présent, devenu presque naturel et inhérent à l'âme, à la fois doux comme l'amour d'un Dieu bon, comme l'amour d'une tendre mère qui l'avait inspiré, et fort comme les convictions les plus opiniâtres, ou comme ces premières habitudes de l'enfance, qui, n'ayant fait que se développer toujours davantage, semblent identifiées avec l'existence même. Et ce ne sont pas là de vaines conjectures, des assertions gratuites : *Religionis Christi mox mysteriis imbutus*. Ne faut-il pas, en effet, que la foi et la piété chrétiennes aient été longtemps et soigneusement nourries dans l'âme de Symphorien, pour avoir pu s'élever à la hauteur où nous les verrons bientôt ? Car les grandes vertus ne s'improvisent pas plus que les grands vices : elles s'annoncent, elles se préparent de loin.

Pendant que, tout occupés à faire l'éducation chrétienne de leur bien-aimé fils, plus encore par leurs exemples que par leurs leçons, Fauste et Augusta le préparaient au baptême et, sans le savoir, au martyre, arrivèrent à Autun les saints missionnaires de Smyrne, Bénigne, Andoche et Thyrse. Fauste les accueillit avec empressement et fut heureux de les recevoir dans sa maison. L'arrivée des missionnaires fut une fête pour cette maison sainte : Fauste convoqua pour la célébrer tous les membres de sa famille, tous ses amis qui déjà chrétiens par le désir n'attendaient que le baptême. Nos saints missionnaires les eurent bientôt préparés à la foi, par cette charité, par cette douceur aimable, par toutes ces industries du zèle apostolique qui savent si bien trouver le chemin des cœurs. Il les gagnèrent d'abord par la sympathie qui attire, puis les dominèrent par la vertu sainte attachée à la prédication de la parole évangélique et aussi par cet ascendant surnaturel de la sainteté qui commande le respect et la confiance, l'admiration et l'amour, qui frappe et qui subjugue. Après avoir ainsi ouvert les cœurs et s'être rendus maîtres des âmes, ils y introduisirent sans peine, avec le secours de la grâce, la vérité et la foi. Et déjà autour des bons pasteurs se réunissait un troupeau qui devenait de jour en jour plus nombreux.

Dans ce bercail, il y avait une brebis plus intéressante, plus chérie et plus digne de l'être que toutes les autres, c'était le jeune fils de Fauste et d'Augusta. Avec quels soins empressés et affectueux les ministres de Jésus-Christ travaillaient à compléter son instruction chrétienne ! Avec quel bonheur aussi ils déposaient la parole sainte dans cette âme innocente et privilégiée, où pas une parcelle du don céleste, selon l'expression de l'Ecriture, ne se perdait ; où toutes leurs leçons trouvaient une intelligence précoce pour les saisir, un jugement sûr et droit pour les apprécier, un cœur pieux pour les goûter, et toutes leurs exhortations, un écho ! C'est ainsi que la Providence préparait, à l'insu des hommes et à l'insu de lui-même, le fils de Fauste à la gloire de consacrer pour jamais à Jésus-Christ cette terre éduenne, par l'effusion du premier sang chrétien. En attendant, l'aimable enfant, instruit à marcher dans la voie droite, commençait à chercher Dieu et croissait sous les bénédictions du ciel. L'Esprit-Saint montrait déjà qu'il était avec lui : sa foi se fortifiait pour rendre un jour gloire au Seigneur, et l'on pouvait dire de lui ce qui est dit de saint Nazaire, un des premiers apôtres des Gaules : *Nondum sacramentorum conscius et in sacrificium jam prælectus*, il n'avait pas encore reçu le sacrement qui fait les chrétiens, et déjà il était choisi d'avance comme une victime pure destinée à l'immolation du martyre.

Bientôt la volonté de Symphorien parut assez forte, son esprit assez nourri de vérité, son cœur assez plein de foi, d'espérance, de désir et d'amour, pour qu'il fût permis de fixer à une date très-rapprochée la solennité du baptême et la participation aux sacrés mystères. Chez le jeune catéchumène, la piété, devançant l'âge, était à la fois si éclairée et si vive, si solide et si affectueuse, que saint Bénigne crut qu'il était temps de combler ses vœux. Il se souvenait aussi de la demande de Fauste et s'estimait trop heureux de pouvoir, en l'accomplissant, payer l'hospitalité du noble citoyen d'Autun. Cependant un petit oratoire secret avait été préparé vraisemblablement dans la maison même de Fauste. On y voyait un autel, un des premiers sinon même le premier peut-être où descendit, à Autun, des hauteurs des cieux, la victime sans tache immolée déjà du couchant à l'aurore. Les saints missionnaires le dédièrent au prince des Apôtres, posant ainsi l'Eglise éduenne naissante sur cette pierre fondamentale choisie et désignée par le divin architecte lui-même. Ce lieu fécond en souvenirs, qui rappelle Symphorien, sa famille, son berceau, son baptême et les apôtres d'Autun, nos aïeux ont eu soin de le consacrer par la construction d'une église en l'honneur de saint Pierre et d'une abbaye sous le vocable de saint Andoche.

Après le baptême qui donne la vie et fait chrétien, le ministre de Dieu appela sur Symphorien tous les dons de l'Esprit créateur qui augmentent cette vie céleste, qui éclairent, qui fortifient et rendent chrétien parfait. Il lui imprima sur le front le sceau ineffaçable qui confirme tous les engagements et transforme celui qui n'est encore que simple disciple de Jésus-Christ en soldat armé pour la lutte et préparé pour la victoire. Ce jeune front, si noble et si pur, toujours conservera intact le signe glorieux de son enrôlement dans la milice chrétienne. Il n'aura jamais à rougir ; il ne saura non plus ni se courber sous les menaces d'un tyran, ni pâlir en face de la mort. Voilà donc le fils de Fauste oint comme un athlète pour combattre les combats du Seigneur, ou plutôt marqué comme une victime choisie destinée au sacrifice.

Après avoir reçu le grand sacrement qui ouvre les portes de l'Eglise et du ciel, le voile du sanctuaire fut levé : l'autel apparut à ses yeux resplendissant de lumière ; et pour la première fois il put assister à la célébration des augustes mystères, complément de l'initiation chrétienne. Symphorien s'avança bientôt avec un respect mêlé d'amour et présenta ses mains pures. La chair de la victime sainte, sacrifiée et cependant vivante, y fut déposée par le diacre ; et l'ange de la terre, après avoir adoré avec les anges du ciel qui l'accompagnèrent à la table eucharistique, prit le pain céleste, source de vie, germe d'immortalité, avant-goût des délices éternelles, ineffable moyen d'union et presque de déification, inventé par l'amour infini aidé de la toute-puissance, et qui dès maintenant, si le voile venait à tomber, serait l'union béatifique. Il put aussi tremper ses lèvres saintement avides dans le calice du salut, et y puiser une goutte tombée de ce torrent d'indicibles voluptés, éternel enivrement des bienheureux. Car le ciel est une première communion qui dure toujours sous les ombres de la foi.

Que ne nous est-il donné de savoir ce qui se passait dans l'âme du futur martyr, à cette heure fortunée pendant laquelle le temps semblait être devenu immobile comme l'éternité ; ce qu'il disait dans cet entretien intime avec le céleste ami qui, pour la première fois, reposait sur son cœur? Alors sans doute s'alluma ce courage de héros qui devait braver un jour l'horreur des supplices, comme la flatteuse séduction des promesses ; cet amour assez fort pour ordonner à la mort de briser les liens de la vie plutôt que de faillir. Après avoir épanché tous les sentiments de sa reconnaissance envers Dieu dans une douce et fervente action de grâces, il se hâta d'aller remercier ceux qui venaient d'être pour lui les instruments de la bonté divine et ses pères dans la foi. Puis il courut se jeter, tout tressaillant des saintes joies du baptême et de la communion, dans les bras de ses parents. Eux aussi sortaient du banquet eucharistique : ils étaient heureux de leur propre bonheur et du bonheur de leur fils. Avec quelle pieuse étreinte se pressèrent mutuellement ces cœurs où venait de descendre le Dieu qui est toute charité ! Avec quelle tendresse respectueuse se collèrent les unes contre les autres ces lèvres encore teintes du sang de l'Agneau divin ! Il est fortuné, il est beau, il est radieux entre les autres jours, celui où, pour la première fois, le sacrement de l'Eucharistie consomme dans le jeune chrétien la plus complète possession du Christ : jour du ciel plutôt que de la terre, où l'enfant, en revenant du temple rapporte son Dieu dans son propre corps devenu un tabernacle, et transforme en un vrai sanctuaire ce foyer consacré, où la famille entière aime et adore le divin Sauveur qui revient avec lui du mystérieux festin.

L'aimable et saint enfant venait d'entrer dans la première adolescence. Grandissant au sein de sa famille comme dans un sanctuaire protecteur, sous la double égide de la religion et de l'amour paternel, il avait conservé dans son cœur toujours pur le souvenir toujours cher aussi, toujours vivant de son baptême et de sa première communion. Chrétien fervent et solide, fils aimant, esprit distingué et sérieux, élevé par ses sentiments comme par ses goûts au-dessus des cœurs et des esprits vulgaires, il ne connaissait que les joies de la piété unies à celles du foyer domestique et de l'étude des lettres, ce besoin, ce noble plaisir des intelligences d'élite. Quelle jouissance pour Fauste et pour Augusta de continuer, par une forte instruction religieuse et littéraire, l'éducation de cette jeune âme où le vrai, le bien, le grand, le beau recevaient un accueil si empressé, si sympathique, et où rien ne se perdait! Toutefois nous pouvons croire qu'ils ne voulurent pas s'occuper seuls d'une œuvre si importante. Parents aussi éclairés que bons, ils n'abdiquèrent point entièrement, comme on le voit trop souvent aujourd'hui, pour les confier à des mains étrangères et quelquefois indignement mercenaires, les fonctions sacrées de premiers éducateurs de leur fils; mais, dès qu'ils virent que ses facultés étaient assez développées et assez puissantes, ils s'associèrent pour lui faire prendre, sous leur direction et leur surveillance, les leçons des maîtres les plus sages et les plus distingués. Ils n'eurent pas besoin d'aller les chercher bien loin : Autun était alors un des plus brillants foyers de lumière, un des plus grands centres d'études de toute la Gaule. Les écoles Méniennes, qui devaient plus tard jeter un vif et dernier éclat sous le célèbre rhéteur Eumène, existaient déjà depuis longtemps et attiraient un nombre prodigieux d'élèves. La politique romaine, qui usait de tous les moyens pour arriver à ses fins, n'avait pas manqué d'établir dans plusieurs grandes cités gauloises, telles que Marseille, Arles, Narbonne, Toulouse, Bordeaux, Autun, des écoles destinées à répandre dans les Gaules la connaissance et le goût de la littérature et de la législation romaines. De ces écoles sortaient la plupart des hommes qui se firent remarquer dans ces premiers siècles de décadence.

Nous savons que Symphorien faisait des progrès remarquables dans l'étude des poëtes, des orateurs et des historiens grecs et romains; car ses Actes ne manquent pas de faire remarquer que le saint jeune homme était instruit dans les lettres profanes qui avaient formé son esprit, aussi bien que dans les saintes lettres qui avaient formé son cœur, éclairé ses pas et dirigé sa conduite. Son père, convaincu que la religion est comme l'arome qui empêche la science humaine de s'enfler et de se corrompre, s'appliqua surtout alors à lui faire étudier d'une manière plus sérieuse, plus approfondie, le christianisme et les livres saints. Cette foi et cette piété que Symphorien avait sucées avec le lait, et qui étaient pendant les années de l'enfance plutôt encore un sentiment intime qu'une croyance raisonnée, Fauste s'attachait maintenant à les affermir par un enseignement plus fort, à les consolider par la réflexion qui apporte une lumière plus intense et une conviction plus profonde. Sa vénérable épouse se faisait un devoir et un bonheur de l'aider dans ce travail quotidien de l'éducation religieuse, qu'elle considérait surtout au point de vue du cœur. Telle est, en effet, l'œuvre spéciale des mères : Dieu leur a donné la puissance du cœur comme il a donné aux hommes la puissance de l'esprit. De même que le soleil verse la chaleur en versant sa lumière, illumine et féconde la nature; ainsi la véritable éducation, l'éducation complète, la seule capable d'illuminer aussi et de féconder l'homme, est celle qui enseigne l'amour avec la vérité. Il faut que l'éducation religieuse que le saint martyr reçut de ses parents ait été bien suivie, bien soignée et bien forte pour avoir élevé, avec l'aide de la grâce, sa jeune âme à la hauteur où elle est parvenue. C'est à cette éducation que l'histoire attribue la conservation de son innocence, et sa vertu d'abord, et ensuite le courage de braver la mort. Déjà la persécution commençait à sévir. Il fallait donc que saint Fauste et sainte Augusta élevassent l'esprit de leur fils, non-seulement au-dessus des vices et des superstitions du paganisme, mais encore au-dessus de la crainte de la mort. Quand nous entendons sa mère l'exhorter au moment du supplice, ne pensons pas que ce soit la première fois qu'elle ait fait entendre à cet illustre fils de pareilles leçons.

Qu'elle était sainte, douce et féconde, cette éducation de famille ! Symphorien, dès sa première enfance, avait toujours vu dans le sourire de sa mère le plus puissant encouragement et la plus chère récompense. Il aimait cette digne et tendre mère d'un amour plein d'un pieux respect et accompagné du désir persistant de lui être agréable, de l'imiter, de lui obéir avec un affectueux empressement et de marcher ainsi sur les traces de l'Enfant-Dieu, son modèle. Ses actions avaient ce qui manque à tant d'hommes faits, à tant de philosophes même, un principe incontestable, un mobile élevé, immuable, divin ; et c'était sa mère qui, par ses exemples joints à ses leçons, lui enseignait cette science à la fois si simple et si sublime. Il est dit de la mère de saint Nazaire qu'elle était sa mère plus encore par l'esprit que par la nature : telle aussi était Augusta pour Symphorien.

Tous les jours donc, pour nourrir la foi et la vertu de son fils, elle lui faisait lire sous ses yeux les divines Ecritures, ne manquant pas d'appuyer sur les passages qui conviennent plus particulièrement à la jeunesse, comme elle avait eu soin précédemment d'attirer son attention sur ceux qui regardent et intéressent plus spécialement l'enfance. « Heureux l'homme », lui disait souvent avec le Prophète cette bonne et pieuse mère, « qui aura porté le joug du Seigneur dès ses premiers ans ! » — « Dieu », ajoutait-elle, « veut les prémices de toutes choses : donne-lui de bon cœur, mon cher enfant, les prémices de ta vie ».

Une autre fois, Augusta résumait ainsi à Symphorien les enseignements divers : « Mon fils, sois heureux de te laisser diriger. Celui qui aime à être instruit pendant qu'il est jeune, acquerra une sagesse qui l'accompagnera jusqu'à l'âge des cheveux blancs. Comment trouver dans la vieillesse ce qu'on n'aurait pas amassé pendant les années de l'adolescence ? Celui qui se plaît à recevoir des leçons est vraiment sage. Celui, au contraire, qui les repousse et ne veut pas être guidé, parce qu'il se croit toujours dans le bon chemin et a en lui-même une confiance présomptueuse, est un insensé. L'enfant abandonné à sa volonté propre fait la confusion de sa mère, au lieu d'être le charme de sa vie, les délices de son âme. Le jeune homme hautain et indocile est un objet d'abomination aux yeux de Dieu. L'âme du juste aime l'obéissance, parce qu'elle n'oublie pas ces paroles du divin Modèle : Apprenez de moi que je suis doux et humble de cœur, et vous trouverez le repos. Mais sache aussi, mon cher enfant, que quiconque veut servir Dieu doit être fort et préparé pour l'épreuve. Du reste, la mort ne vaut-elle pas mieux qu'une vie empoisonnée par l'amertume du remords ? Veille beaucoup sur ton cœur, car de lui procède la vie. Aime Dieu au ciel, et tes parents sur la terre. Un fils sage écoute toujours son père. Suis donc ses leçons et ses exemples, et ne méprise pas les avis de ta mère. Souviens-toi que tu lui as coûté bien des gémissements et des peines ». Pendant qu'Augusta parlait, son fils, avide et heureux de l'entendre, lui prêtait une oreille pieusement attentive et tenait son cœur ouvert. Il voyait en elle la plus aimable personnification de la vertu et tenait avec un amour mêlé d'un doux respect ses yeux fixés sur cette figure de mère, empreinte de majesté et de tendresse.

Réalisant en sa personne ce magnifique idéal de la mère de famille et de la femme forte que nous offre l'Ecriture sainte, Augusta n'oubliait pas de rappeler à Symphorien ce simple mais héroïque enseignement de l'Evangile qui a produit tant de martyrs : « Ne craignez point ceux qui ne tuent que le corps, craignez plutôt celui qui peut perdre le corps et l'âme. Quiconque me confessera devant les hommes, je le confesserai aussi devant mon Père. Celui qui conserve sa vie la perdra, et celui qui la perd pour l'amour de moi la sauvera ». L'influence que ces paroles exercèrent sur la grande âme du jeune homme dut être immense, si l'on en juge par les magnifiques résultats qu'elle a produits.

Veiller sur son fils, prier pour lui, lui donner l'instruction religieuse et les leçons de la vertu était pour elle une joie autant que l'accomplissement d'un devoir. Ces sublimes enseignements de chaque jour, passant des livres saints dans le cœur et sur les lèvres de cette bonne et pieuse mère, arrivaient au plus intime de l'âme de Symphorien, avec la double consécration de l'inspiration divine et de l'amour maternel. Aussi quelles douces et profondes impressions ils y laissèrent! Pendant ces instructions quotidiennes qui charmaient et sanctifiaient une heure de la journée, Augusta voyait dans son enfant l'enfant même de Dieu, confié à sa sollicitude ; et Symphorien écoutait avec une vénération mêlée de tendresse filiale celle qui était à ses yeux l'image de l'ange commis à la garde de sa vie. Admirable intérieur de famille qui appelle toutes les bénédictions divines!

L'angélique enfant, recevant ainsi les leçons de la meilleure des mères, ne nous retrace-t-il pas ce délicieux tableau, peint par l'Esprit-Saint lui-même avec tant de fraîcheur dans une des pages du livre des Proverbes : « Petit et tendre enfant, fils unique de ma mère, je me tenais devant elle, et elle m'instruisait. Elle me disait : Reçois mes paroles dans ton cœur, et ne les oublie pas. Je te montrerai la voie de la sagesse, je te conduirai par les sentiers de la justice, et ainsi tu deviendras grand ? »

Que l'on aime à voir ces familles bénies où la religion et l'amour maternel révèlent l'art d'élever les enfants selon le cœur de Dieu et le vœu de la nature! L'ange du Seigneur semble véritablement les couvrir de ses ailes sacrées. Là, on croit respirer la félicité, la paix de l'innocence et tous les parfums du ciel. Là, une noble et candide pudeur, d'autant plus aimable qu'elle n'a pas conscience d'elle-même, donne un prix nouveau et un charme ineffable à tout ce qui se fait, à tout ce qui se dit. Là, on trouve de ces jeunes âmes, pures et transparentes comme du cristal, où Dieu lui-même fait briller parfois des clartés d'une étonnante splendeur ; on surprend sur des lèvres gracieuses et enfantines de sublimes naïvetés qui paraissent inspirées d'en-haut ; on rencontre des amis, des frères, des anges, des enfants vraiment beaux, beaux comme un reflet de l'apanage primitif de notre nature, beaux comme l'espérance. Telle était la maison de Fauste, tel était son fils. Ainsi se passa, tranquille et innocente, sous la garde de la piété chrétienne, sous la salutaire influence des leçons et des exemples domestiques, sous l'heureuse direction d'un père et d'une mère vraiment dignes de porter ces noms sacrés, la première adolescence de Symphorien. La religion et la famille, tenant à l'ombre de leurs ailes sa jeune âme comme une fleur délicate, l'empêchaient de s'épanouir trop tôt, et prolongeant la sainte ignorance du cœur, semblaient ajouter en lui à l'innocence même une innocence nouvelle et plus belle encore.

Cependant le terme de ses premières études était arrivé, et il fallait mettre à son instruction le complément nécessaire par un enseignement plus sérieux et plus élevé. Il fut donc obligé d'assister à ces brillants exercices de la parole appelés déclamations, de fréquenter ces fameuses écoles publiques où florissaient alors les hautes études des lettres grecques et latines, de l'éloquence et des lois, où accourait en foule la jeunesse gallo-romaine ; où de loin venaient enseigner d'habiles professeurs qui préféraient l'éclat d'*Augustodunum* aux applaudissements de Rome et d'Athènes. Là, tout se réunissait pour attaquer la foi et la vertu de Symphorien : et le contact inévitable avec de nombreux condisciples abandonnés à eux-mêmes, sans règle et sans frein, dans l'âge critique de l'éveil des passions, tous païens, tous viciés par un culte corrupteur ; et l'entraînement des discours ; et l'entraînement plus irrésistible encore des exemples ; et les poëtes sensuels, voluptueux, lascifs, où le paganisme et les vices étaient présentés sous les plus séduisantes images ; et toutes ces fêtes enivrantes et licencieuses, si fréquentes dans une ville où affluaient en même temps les richesses et les plaisirs. Comment, à cette époque de la vie où il n'y a encore qu'éblouissement et faiblesse, résister à tant d'assauts divers ? Mais notre généreux adolescent savait, quand il le fallait, réclamer pour sa vertu une noble indépendance, s'entourer d'une singularité glorieuse, fuir les occasions du péril et fermer à propos ses oreilles, ses yeux, son cœur. La piété et la foi, toujours vives dans son âme, y entretenaient ce goût sublime de la vertu, cet amour du souverain bien qui trouve les choses de la terre insuffisantes et les voluptés fades ; ce courage qui élève, cette force qui résiste, cette énergie évangélique qui ne recule pas devant la violence contre soi-même, si nécessaire et pourtant si rare dans un âge trop enclin à un entraînement aveugle et facile, et ordinairement ennemi d'une réaction sage et vigoureuse. Autour de lui étaient toujours rangés, comme une garde qui ne sait ni sommeiller ni trahir, l'humble défiance de soi-même soutenue de la prière, la circonspection retenue et calme, la vigilance attentive et la pudique modestie. Ainsi il put fouler d'un pied ferme la voie du juste, parce qu'il marchait, selon le conseil de l'Apôtre, avec une continuelle précaution ; traverser intact tous les périls de la vie et tous les scandales ; éviter les fausses hontes et braver les lâches terreurs du respect humain ; se dérober à toutes les atteintes ; esquiver tous les piéges ; échapper enfin au naufrage. où les folles et mensongères illusions, les séductions voilées ou déhontées, les flatteuses et perfides amorces du monde entraînent tant de pauvres jeunes gens, souvent plus aveugles encore que criminels, plus malheureux que méchants.

Tandis que les jeunes Celtes, que les célèbres écoles d'Autun attiraient alors en si grand nombre dans cette ville, se jetaient à toutes les voluptés, se précipitaient avec toute l'ardeur inconsidérée de l'âge, tout l'aveuglement des passions déchaînées, dans le vain bruit, dans le tourbillon assourdissant, dans la fange recouverte de fleurs d'une société et d'une civilisation aussi corrompues que brillantes ; lui, calme et réservé sans affectation, sérieux sans tristesse, se plaisait à fréquenter les personnes sages, formées comme lui par les leçons de l'Evangile. Il aimait surtout à venir s'abriter sous le toit paternel, à se retremper, en se délassant, dans l'esprit de famille, dans les leçons et les tendresses de sa mère, à rafraîchir son cœur aux joies du foyer domestique, les plus suaves et les plus vraies qui soient sur la terre ; car les joies de la conscience et de la piété viennent du ciel. Il ne connaissait guère d'autres lieux que le petit oratoire des chrétiens, le palais de son père et celui des écoles. De sorte qu'on pouvait dire de lui comme du pieux patriarche de la captivité : Il ne dévia jamais du vrai chemin ; et tandis que tous couraient aux veaux d'or, aux idoles des richesses et de la sensualité, seul il savait se tenir à l'écart pour adorer et servir le Seigneur son Dieu, pour lui renouveler l'offrande des prémices de sa vie. « Les pécheurs », pouvait-il dire avec le Psalmiste, « m'ont attendu pour me perdre ; mais j'avais compris, Seigneur, et goûté votre parole. Ils m'ont raconté leurs fables ; mais que sont-elles en comparaison de votre loi ? » Jamais une démarche inconsidérée ne lui échappait ; jamais la moindre de ses actions ou de ses paroles ne sentait l'irréflexion. Aussi, quoique bien jeune encore, jamais il ne fit rien de puéril ; et toute sa conduite était dirigée par une sagesse si remarquablement précoce, que l'histoire ne manque pas de la signaler comme un des traits les plus caractéristiques de cette admirable figure. « Devançant les années », nous disent ses Actes, « Symphorien unissait la maturité d'un vieillard à l'aimable candeur d'un enfant ». Encore dans l'âge des fleurs, déjà il donnait les plus beaux fruits de la vertu. Semblable à celui dont l'Ecriture nous trace un si gracieux portrait par les paroles suivantes : « Bien jeune encore, je cherchais ouvertement la sagesse, j'en faisais l'objet de mes prières ; et la sagesse fleurit en moi comme une grappe précoce, et mon cœur en fut comblé de joie ». On admirait dans sa personne un harmonieux mélange de sagesse et de simplicité, de réserve enfantine et de grandeur d'âme, d'innocence et de gravité, de douceur et de force. Toutes les belles qualités, tous les talents de Symphorien étaient rehaussés par l'humble modestie, cette heureuse ignorance de soi-même qui ajoute à tous les charmes le charme le plus touchant et embellit toujours les dons les plus précieux.

Parmi les perles spirituelles qui ornaient sa couronne, il en est une surtout qui par son doux éclat captivait les regards, ravissait les cœurs, et que nous aimons à détacher un instant pour la présenter à la jeunesse chrétienne, la craintive et délicate pudeur. Un grand et saint pontife, saint Laurent Justinien, qui depuis en a fait l'éloge, ne semble-t-il pas avoir eu sous les yeux la belle figure de saint Symphorien, lorsqu'il traçait avec amour les lignes suivantes, esquisse immortelle d'une vertu qu'on croirait être une fleur du ciel tombée sur la terre : « La pudeur ou la crainte vigilante qu'inspire toute action déshonnête est la gloire du jeune âge. Qu'y a-t-il, en effet, de plus aimable qu'un adolescent pudique et modeste ? Oh ! que la pudeur est une perle brillante ! Où trouver un gage plus évident, plus sûr d'une bonne nature, un signe plus certain d'heureuses espérances ? Cette vertu, sœur de la continence, met en fuite tout ce qui peut souiller l'âme. Il n'est pas d'indice plus manifeste de la pureté virginale, pas de témoignage plus fidèle de l'innocence intérieure. Elle est le flambeau de la chasteté éclairant sans cesse le sanctuaire de l'âme, et ne permettant pas que quoi que ce soit de souillé y établisse son séjour. La sainte pudeur est d'un prix inestimable ; c'est la gloire de la conscience, la sauvegarde de la réputation, l'honneur de la vie, la base de la vertu, les prémices des autres dons spirituels, le triomphe de la nature humaine, le principe de tout ce qui est honnête ».

Cependant l'Eglise fondée par Bénigne, Andoche et Thyrse, avait grandi paisible et parée de toutes les vertus qui embellissaient les premiers âges de la foi. Mais voici que tout à coup aux jours de calme pieux succède la lutte jusqu'au sang. A la nouvelle que sa terre de Saulieu venait d'être sanctifiée par le sang des Apôtres, ses amis, ses hôtes, ses bienfaiteurs, Fauste y courut la nuit suivante pour donner la sépulture à des morts si vénérés et si aimés. Son fils Symphorien voulut l'accompagner ; et depuis ce moment le saint jeune homme ne cessa d'aller prier en ce lieu sacré, cher à son cœur et à sa foi. « Il passait », disent les Actes de nos saints, « les jours et les nuits sur leur tombeau, et à peine pouvait-on l'en tirer ». Qui pourrait dire les pensées, les émotions profondes de son âme, au moment où il rendait un si touchant devoir à ces héros morts pour Dieu? Sans doute il méditait leurs sublimes paroles, il invoquait leurs âmes à jamais bienheureuses, mais surtout il contemplait au ciel et enviait leurs palmes immortelles ; il rêvait pour lui-même de semblables trophées ; il lui tardait de saisir aussi la couronne du martyre, et en baisant avec le respect de la piété filiale la dépouille d'Andoche, le saint prêtre qui l'avait présenté au baptême, ne lui disait-il pas : « O vous qui m'avez fait chrétien et enrôlé dans la sainte milice, obtenez-moi la faveur de marcher sur vos traces! Puissé-je être comme vous apôtre et martyr ! » Il n'attendra pas longtemps l'effet de sa prière. Bientôt on le verra suivre au combat et au triomphe ses bienheureux pères, Andoche et Bénigne, qui l'attendent au sein de Dieu pour lui offrir le prix de la victoire, objet de ses vœux.

Symphorien, au sein de son heureuse famille, continuait à préparer en sa personne un modèle aux jeunes gens de tous les siècles par la culture de ces fleurs célestes appelées obéissance respectueuse, amour filial, humilité, douceur, charité, pudeur, modestie, qui sont la gloire de l'adolescence ; par la foi qui agrandit et surnaturalise l'âme ; par la lutte spirituelle et le courage évangélique qui l'éprouvent en l'exerçant, et qui l'affermissent dans la sainte obstination d'une conscience solidement attachée au devoir ; par l'ardeur généreuse de la jeunesse, unie à cette fixité des résolutions, à cette virilité inébranlable du caractère, à ces convictions bien arrêtées de l'âge mûr et à ces pensées calmes, à cette conduite mesurée de la vieillesse, que donnent les habitudes du christianisme pratique : *senum anticipans vitam*. Aussi faisait-il de plus en plus l'admiration et les délices, non-seulement de son père et de sa mère, mais encore de toute la chrétienté éduenne, à ces jours de la foi primitive pourtant si féconds en saints. Loin de se démentir un seul instant, il n'a fait que se perfectionner davantage, et les Actes de son martyre qui le suivent jusqu'à son dernier moment, ont pu dire alors encore que les fidèles le regardaient comme un être presque surnaturel, « vivant dans la familiarité des purs esprits », dont il offrait ici-bas, par anticipation, la ravissante image.

On a vu que Symphorien, destiné aux luttes sanglantes de la foi, reçut de Dieu, avec une précoce sagesse et l'aimable innocence, la constance intrépide de l'âme la mieux ancrée dans les profondeurs de la foi. Or, le moment approche où nous allons voir combien lui était nécessaire et à quel degré il possédait cette vertu qui fait les héros de l'Evangile. En attendant, il préludait chaque jour au grand triomphe du martyre par ses pacifiques mais glorieuses victoires sur les passions mauvaises, sur lui-même, sur les séductions d'un monde corrompu et corrupteur. Tandis que les jeunes gens de son âge couraient aux fêtes licencieuses, lui ne cessa jusqu'à la fin de se dérober par une fuite courageuse et par toutes les précautions de la modestie aux périls qui menacent la pureté, ce lis d'une blancheur céleste, la plus belle, mais aussi la plus délicate parure de l'âge le plus beau. Le voilà donc aguerri pour de plus rudes épreuves, par ces combats journaliers de la vie chrétienne, contre toute attaque menaçant en lui l'amour de Dieu que son cœur étreignait avec énergie. Mais déjà il y a plus : ne l'avons-nous pas vu s'exercer même à braver la mort en allant avec Fauste à Saulieu recueillir les précieux restes d'Andoche, de Thyrse et de Félix sur le théâtre de leur martyre, et rendre, avec un courage égal à son affectueuse vénération, les honneurs de la sépulture à ses pères spirituels ? Grâce à cette élévation surnaturelle de vue et de pensée que donnent la foi et l'espérance, l'horizon de son âme était plus grand que la terre : il ne voyait que le ciel et ne craignait rien de la part des hommes. Issu d'une race héroïque, l'héroïque adolescent avait donc manifesté de plusieurs manières cette force invincible qu'il portait dans son cœur, cette haute indépendance qui est le caractère et, pour ainsi dire, le génie de notre sainte religion, école et patrie de la seule véritable liberté, la liberté de l'âme, celle des enfants de Dieu. A dix-huit ou vingt ans, il montrait toute la fermeté d'un front chrétien que la croix a durci, non-seulement contre les fausses hontes et les lâches terreurs, mais encore contre les menaces et les craintes de la mort.

L'heure de la suprême gloire du martyre était arrivée. Le saint jeune homme y est dès longtemps préparé par son courage et sa vertu. Il a vaincu le monde, l'ennemi de son innocence ; il vaincra de même l'ennemi de sa foi, l'ennemi de son Dieu. C'est avec cet ennemi nouveau que nous allons le voir aux prises. La persécution qui venait de sévir à Lyon, à Tournus, à Châlon, à Dijon, à Langres et jusqu'à Saulieu, planait menaçante sur Autun, attendant et cherchant des victimes. Héraclius, personnage consulaire, n'était pas resté en arrière des autres magistrats romains. Armé de l'édit impérial, il avait fait annoncer publiquement que le christianisme était proscrit, et que quiconque serait convaincu de ne pas adorer les dieux de l'empire, paierait de sa tête une audace regardée comme une rébellion et un sacrilége. Par son ordre, on fit les perquisitions les plus exactes, dirigées par la sagacité la plus habile. Le zèle infernal semblait vouloir défier le zèle apostolique. Les chrétiens se virent donc obligés de cacher avec un soin plus attentif que jamais leurs pieuses réunions, d'ensevelir dans le secret et dans l'ombre les augustes cérémonies du culte. Sachant bien que les païens, qui fuyaient l'idée et l'image de la mort, visitaient peu les tombeaux, ils se rendaient furtivement et de nuit au vaste polyandre de la *via strata*, et y célébraient les mystères sacrés au milieu des tombes de leurs frères, sans doute dans un des grands monuments funèbres que l'orgueil y avait élevés. On le transformait momentanément en un oratoire placé sous l'invocation de saint Pierre et de saint Étienne, le premier des Apôtres et le premier des martyrs, pour obtenir la force et l'humble soumission de la foi qui fait obéir à Dieu, avec la force et la courageuse persévérance de la charité qui ne craint pas la mort. On le décorait modestement de quelques flambeaux, de quelques images de la Mère de Dieu et des Saints ; on y plaçait une croix, un autel portatif, avec les reliques d'un martyr ; et puis tout disparaissait avant le jour. Ainsi la demeure des morts servait de retraite aux vivants persécutés et au vrai Dieu proscrit comme ses adorateurs. Un cimetière était à Autun, comme les catacombes à Rome, le funèbre et unique asile des premiers fidèles ; et dans la capitale des Eduens, aussi bien que dans la capitale du monde, le berceau du christianisme naissant reposa au milieu des tombeaux. Ce qui n'empêcha pas la foi d'y grandir d'abord inaperçue et sans bruit ; puis, quand il lui fut permis de se montrer au grand jour, ceux qui l'avaient poursuivie à outrance et s'étaient flattés de sa destruction, s'étonnèrent de la voir tout à coup sortir de terre, après plusieurs siècles de persécutions, pleine de force et de vie. On la croyait morte ; et la voilà qui apparaissait toute rayonnante de jeunesse et d'une céleste beauté, toute resplendissante de la gloire de ses longs combats et de ses nombreux triomphes.

Le jeune Symphorien venait assidûment avec sa famille nourrir sa piété, fortifier sa foi dans ces assemblées nocturnes et si ferventes des premiers chrétiens. Se glissant comme les autres à travers les tombes des morts et les ombres de la nuit, il foulait d'un pied furtif et silencieux ce sol historique, ce sol sacré que nous ne devrions fouler qu'avec un religieux respect, et qui, après avoir reçu l'empreinte de ses pas, a mérité de porter son nom cher et béni de toutes les générations depuis dix-sept siècles. Mais chaque fois qu'il se rendait en ce lieu, le jeune chrétien sentait son âme ardente et généreuse se révolter à la pensée que la vérité et la vertu étaient obligées de se cacher, comme les hontes du mensonge et du crime, et que le Dieu vivant n'avait pas même le droit de cité dans son aveugle patrie. Il fallait cependant se dérober aux regards scrutateurs de l'ennemi, car tous les jours l'orage grondait plus fort et approchait. De fréquentes nouvelles de mort arrivaient aux fidèles d'Autun. Quelque temps après la belle lettre des chrétiens de *Lugdunum* annonçant la grande bataille et la grande victoire, on avait appris coup sur coup la lutte courageuse de Marcel et de Valérien, et puis celle de Bénigne. Bientôt après était arrivé un autre message, semblable aux précédents, comme eux à la fois glorieux et triste : il racontait le martyre des deux compagnons du saint apôtre et de Félix, leur hôte généreux. Symphorien ne se contenta point de leur donner des larmes vaines, comme ceux qui n'ont point d'espérance au cœur ni de force dans l'âme. Sa première pensée fut de les invoquer, et son premier sentiment, un désir ou plutôt un élan magnanime qui l'éleva d'un bond instantané et sublime jusqu'à la hauteur du martyre. Aussitôt il ambitionna une mort semblable et prompte pour aller plus vite retrouver au ciel les pères de sa foi. En attendant, sans craindre les édits, les espions, les menaces et la perspective des tourments, il courut incontinent à Saulieu avec son père recueillir le sang des martyrs, coller respectueusement sur leurs plaies ses lèvres frémissantes, les arroser de pieuses larmes et ensevelir les restes saints et chéris de ces victimes immolées à Dieu, que le sacrifice venait de consacrer. Il semblait que leur esprit fût descendu en lui, eût remué et fait palpiter de la surnaturelle ambition de les égaler toutes les fibres de son cœur. Pendant que Fauste, digne père d'un tel fils, écrivait de sa propre main, pour la consolation et l'édification de l'Église, l'histoire du dernier combat d'Andoche et de Thyrse, Symphorien, digne fils d'un tel père, ne pouvait se détacher du tombeau de ces saints apôtres qui lui avaient donné l'instruction chrétienne et la vie surnaturelle : ne cessant de demander par leur intercession la grâce d'imiter leur courage et de partager leur bonheur. Vit-on jamais une reconnaissance si touchante et si vive, une affection si filiale et si tendre, unie à une foi si forte et si courageuse, un cœur si aimant et si héroïque ? Il ne savait pas, l'admirable jeune homme, que sa prière était déjà exaucée ; et Fauste ne savait pas non plus qu'en ramenant son fils à Autun, après avoir rendu aux martyrs les derniers devoirs, il conduisait une victime à l'autel du sacrifice.

A peine rentré dans la ville, à son retour de Saulieu, il apprit que de nouveaux chrétiens venaient de donner leur sang pour Jésus-Christ. Cette fois le coup avait frappé dans sa famille, le glaive approchait de son cœur : il crut presque en sentir le froid et frémit avec Augusta, en regardant Symphorien dont le front intrépide, noble et pur, semblait attendre une autre couronne encore que celle de la vertu, de la sagesse et de l'innocence. Mais les deux saints époux, levant aussitôt les yeux au ciel, renouvellent l'offrande que plus d'une fois ils ont déjà faite par avance, et se tiennent tout prêts pour le cas où Dieu viendrait à demander à leur amour le sacrifice d'Abraham.

Cependant de grandes pensées ne cessaient de monter à l'âme de Symphorien. Déjà la glorieuse mort de nos saints apôtres, les pères de sa foi, avait fait naître ou grandir dans son cœur le désir de mourir comme eux. Le nouvel exemple d'héroïsme chrétien donné par ses jeunes cousins fut comme une sainte contagion qui vint le frapper et pénétra jusqu'au plus intime de son être. Dès lors, cette généreuse émulation du martyre sembla le poursuivre, l'obséder à tous les instants.

Bien que Augusta fût prête depuis longtemps à faire généreusement, s'il le fallait, le sacrifice de ce qui lui était le plus cher au monde, et qu'elle eût prévu, depuis le commencement de la persécution, que le moment où elle pourrait être appelée à consommer ce grand sacrifice ne tarderait sans doute pas beaucoup; pourtant elle sentit à cette heure, avec une douloureuse appréhension et une poignante vivacité, tout ce qu'il y aurait de cuisant pour elle à en payer la gloire sublime de tout son bonheur d'ici-bas, à en recueillir les mérites au prix de l'agonie de son cœur de mère. Et cette agonie semblait déjà commencer, avec le terrible pressentiment d'un avenir prochain.

Symphorien, en appelant silencieusement et humblement le martyre, n'a nulle pensée de la haute et magnifique destinée qui l'attend. Il ne se doute pas que son nom doit passer à la postérité, qu'il sera grand et immortel sur la terre comme au ciel, qu'il sera partout vénéré, partout invoqué, inscrit dans tous les martyrologes, célébré dans la liturgie de l'Eglise universelle, donné à une superbe basilique et à une abbaye célèbre élevées sur son tombeau, ainsi qu'à une multitude d'églises ou d'autels. Il ne peut soupçonner que le lieu où reposera son corps sera rempli de la plus belle partie de l'histoire de l'Eglise éduenne; que le plus bel idéal conçu par l'imagination sera donné comme une faible esquisse de son angélique figure; que sa noble, sa sainte mémoire inspirera encore, après tant de siècles, le génie des plus grands artistes, et qu'un habile pinceau se surpassant lui-même créera un chef-d'œuvre qui reproduira sur une toile admirée de toute l'Europe l'histoire de son martyre plus admirée encore et plus admirable. Il ne pense qu'à remplir un devoir. C'est tout simplement un jeune et modeste chrétien, à l'âme grande et pure, au cœur droit et généreux, qui considère comme une chose toute naturelle d'obéir à Dieu plutôt qu'aux hommes et de rendre à son Créateur, quand elle lui est demandée, la vie qu'il en a reçue; qui a lu dans l'Evangile qu'il ne faut point trahir sa foi et rougir de Jésus-Christ. Il ne songe pas même qu'il y ait le moindre héroïsme dans une action qui lui paraît si juste et qui du reste ne fait que conduire à une vie meilleure, à un bonheur éternel.

Depuis ce jour, un an ne s'était pas écoulé, lorsque le temps marqué par la Providence arriva. Le fils de Fauste devait approcher de sa vingtième année. C'était le type du jeune chrétien, aux sentiments élevés, aux convictions fortes, à la foi inébranlable, plein de courage et de modestie, d'honneur et d'innocence, de distinction et de piété. Il n'a fait que marcher de progrès en progrès, il a grandi en âge, en sagesse et en grâce devant Dieu et devant les hommes. Maintenant donc la victime est prête : elle est couronnée de toutes les fleurs de la jeunesse, de la science, des talents et de la vertu. La voilà comme il faut : elle sera plus digne de Dieu, et le sacrifice sera plus grand, plus beau, plus méritoire. Jusque-là, un sang précieux mais étranger avait arrosé la terre éduenne. Ni la vieille race celtique, ni la race gallo-romaine d'Autun, n'avaient encore acheté l'honneur d'être chrétiennes. Il faut, il est temps qu'elles le paient : leur sang le plus noble, le plus généreux, le plus pur, le sang de Symphorien en doit être le prix. Ainsi sera lavée sur cette partie si importante du sol gaulois la tache immonde dont le paganisme l'avait souillée.

Le cours de l'année 180 venait de ramener le mois d'août, et toute la ville était en réjouissance ; car le retour de cette saison était toujours le signal de pompeuses fêtes qui se célébraient en l'honneur de Cybèle ou Bérécynthe, la plus chère divinité des Autunois, avec Minerve et les deux enfants de Léda. Le culte de cette déesse, qui n'était pas autre chose que celui des passions et des jouissances grossières et de l'esprit immonde, devait en effet, dans une cité à la fois licencieuse, opulente et lettrée, se mêler au culte des lettres et des arts. La fête de la prétendue mère des dieux trouvait donc naturellement de vives et profondes sympathies dans tous ces cœurs païens qu'elle flattait et entretenait dans leurs vices les plus caressés. Elle concordait si bien avec la civilisation fausse et corrompue, avec les mœurs d'une ville pleine de superstitions, de trésors et de voluptés ! Aussi une foule immense, dans le délire de l'orgie, ivre de plaisirs, de débauches et de fanatisme, remplissait les rues et faisait une digne escorte à l'image de la déesse portée triomphalement sur un char pompeux.

Symphorien gémissait de ces joies insensées, de ces hideuses et sacriléges folies, se rappelant alors, en bénissant Dieu qui l'avait préservé d'un tel aveuglement, ces paroles de la Sagesse : « Ils ne savent se réjouir qu'en perdant la raison : *Dum lætantur, insaniunt* ». Le saint jeune homme fuyait ces misérables fêtes et ne permettait pas même que la simple vue du triste spectacle qu'il déplorait souillât de loin ses regards. Ce jour-là le hasard, ou pour mieux dire la Providence, permit qu'il rencontrât le profane et impur cortége. Aussitôt la rougeur lui monte au front, le zèle et l'indignation au cœur. La foi, qui est devenue en lui comme une seconde nature, qui s'est en quelque sorte identifiée avec son être moral ou plutôt qui l'a transformé en elle, trahit à l'instant même sa vivacité par un généreux élan, par un sublime instinct. Aussitôt la multitude en délire s'ameute, s'agite et crie à la rébellion, au sacrilége ; elle insulte, elle menace, elle demande vengeance et déjà fait entendre des paroles de mort. Lui, calme, inaccessible à la crainte comme au respect humain, bravant sans effort comme sans ostentation cette aveugle fureur, et regardant en pitié ce pauvre peuple du haut de sa foi, de sa charité et de sa grande âme, présente à l'émeute et à la colère ce visage serein, ce beau front intelligent et noble autant que candide, cet air céleste que tout le monde admirait. Maître de son âme qu'il tient élevée vers Dieu, immobile et sans fiel dans le cœur, il garde non le silence orgueilleux d'un dédain stoïque, mais le silence à la fois digne, bienveillant et humble, du chrétien qui se respecte, qui pardonne et qui est résigné d'avance, à l'exemple du divin Maître, ou ne permet à sa bouche que d'articuler des paroles fortes mais douces. Toujours inébranlable, il ne cesse d'opposer à la menace toujours croissante l'intrépidité modeste d'un courage tranquille, la fermeté d'une conviction profonde, l'assurance que donne le sentiment intime du devoir accompli, la majesté de la vertu et la paix de la conscience. Cependant on accourt de toutes parts : la foule augmente, s'agite et mugit comme les flots d'une mer en courroux. Quelques-uns reconnaissent le fils de Fauste et s'étonnent. Mais la vile plèbe, qui dans ses colères ne respecte rien, ni le mérite, ni le rang, ni la naissance, se précipite sur lui en tumulte : on le serre, on le presse,

« Tu as insulté la mère des dieux ! » lui crient alors mille voix forcenées. « Il faut que tu répares ton crime en adorant la déesse ». Et l'on semblait se préparer à l'entraîner vers l'idole. « Jamais », répondit Symphorien, avec une attitude pleine de dignité et de résolution, et d'un ton grave mais fortement accentué. A cette réponse, la populace redoubla ses vociférations et fit entendre ces mots : « Il appartient apparemment à cette secte misérable, impie et rebelle qui méprise les dieux et les lois de l'empire. C'est un chrétien ! c'est un chrétien ! » — « Eh bien ! oui, je le suis », reprit l'intrépide jeune homme, « et je respecte trop en moi ce nom, cette honorable qualité, pour courber le genou devant une vaine et impure idole qu'en effet, comme vous le dites, je méprise et j'abhorre ». Incapable de dissimuler sa foi et trop heureux de pouvoir lui rendre ce premier témoignage public, Symphorien a compris que l'occasion qu'il appelait de tous ses vœux est enfin arrivée, que les desseins de Dieu sur lui se manifestent, et qu'il a dû déchirer tous les voiles.

Sur-le-champ il est arrêté et conduit tumultueusement devant le proconsul, comme impie et séditieux. — « Ton nom et ta condition ? » dit, en s'adressant à l'accusé, Héraclius assis sur son tribunal. — « Je m'appelle Symphorien et je suis chrétien ». — « Tu es chrétien !... Il faut que tu aies bien su te cacher, à ce qu'il paraît ; car il était difficile qu'il y eût beaucoup de ces gens-là ici. Pourquoi as-tu refusé avec un insultant mépris d'adorer la mère des dieux ? » — « Je viens de te le dire, je suis chrétien et je n'adore que le vrai Dieu qui règne au ciel. Quant à ce simulacre du démon, non-seulement je ne l'adorerai jamais, mais à l'instant même, si tu me le permets, je vais le réduire en poudre ». — « Il affecte une impiété sacrilége jointe à la rébellion... Greffier, est-il citoyen de cette ville ? » Le greffier répondit que l'accusé était en effet d'Autun et même d'une des premières familles de la cité.

En ce moment le proconsul, qui d'abord avait été ravi de trouver l'occasion de faire un exemple, semble éprouver quelque hésitation. On dirait presque qu'il n'eût pas été fâché d'échapper à cet embarras et qu'il désire sauver le jeune patricien traduit malencontreusement devant son tribunal. Il reprit donc, sans toutefois rien laisser percer, l'interrogatoire en ces termes : « Il paraît, Symphorien, que tu te fais un jeu et une gloire d'afficher une certaine indépendance de caractère. C'est sans doute ta naissance qui t'inspire cette présomption. Peut-être aussi que le désir seul de faire du bruit t'a jeté dans une secte maudite et poussé aujourd'hui à cet esclandre ? Mais tu ignores probablement l'édit du prince. Que le greffier en donne lecture ».

Après cette lecture, le juge reprit : « Eh bien ! Symphorien, qu'as-tu à répondre à cela ? Penses-tu que nous puissions aller contre des ordres si formels ? Or, il y a précisément contre toi les deux chefs d'accusation qui tombent sous le coup de l'édit impérial : tu es convaincu de sacrilége pour ton mépris à l'égard des dieux, et de rébellion pour ta désobéissance aux lois. Si donc tu ne te soumets, la mort doit expier ce double crime : les dieux outragés et les lois violées demandent ton sang ». — « Non, jamais », répondit Symphorien, « je ne regarderai cette statue que comme un vil simulacre, un funeste instrument du culte diabolique, une exécrable image du démon, une peste publique, un moyen inventé par l'enfer pour la perte des hommes. Comment donc pourrais-je lui prostituer mon hommage ? Je sais aussi que tout chrétien qui a le malheur de retourner en arrière, pour se livrer à de criminelles et infâmes passions, marche droit à l'abîme. En reculant, il sort de la voie droite, tombe aussitôt dans les piéges de l'ennemi du genre humain et perd la récompense qui l'attend. Car notre Dieu a des prix pour la vertu comme il a des châtiments pour le crime : il donne la vie à ceux qui lui obéissent et la mort à ceux qui lui sont rebelles. Ne vaut-il pas infiniment mieux pour moi persévérer avec une fermeté inébranlable dans la confession de ma foi et arriver ainsi au port où m'attend le Roi éternel, que de faire, en suivant le démon qui ne veut que mon malheur, un mortel et irréparable naufrage ? » — « Puisque Symphorien refuse d'obéir et ajoute à sa faute l'obstination, licteurs, battez-le de verges et conduisez-le en prison », dit le proconsul, espérant sans doute qu'une douloureuse et infamante flagellation, la solitude, l'obscurité, l'ennui du cachot, le temps, la réflexion, triompheraient de ce qu'il appelait une boutade d'un moment, une ostentation, une bravade de jeune homme. Il ne savait pas encore ce que c'était qu'un chrétien : il commence à l'apprendre, il le saura bientôt.

L'ordre d'Héraclius s'exécute à l'instant. Le noble fils de Fauste fut donc battu de verges, comme un vil esclave, et jeté couvert de chaînes dans une horrible et ténébreuse prison. Mais le Dieu qui sait donner à ses fidèles serviteurs une consolation pour chaque douleur ne l'y laissa pas seul : il y descendit avec lui, selon l'expression de l'Ecriture, et allégea le poids des fers. Aussi, loin d'éprouver au milieu des souffrances et dans cet abandon des hommes la moindre défaillance de courage, le jeune martyr semblait ne pas sentir les angoisses qui à cet affreux moment saisissant les âmes vulgaires, les tiennent désespérées sous leurs cruelles atteintes, les serrent, les abattent et les écrasent. Accoutumé à vivre par la meilleure partie de luimême avec le ciel plutôt qu'avec la terre, il reposait calme dans une pieuse et douce résignation ; il dilatait son cœur dans la joie héroïque d'avoir été jugé digne de subir, à l'exemple et pour l'amour du divin Maître, la douleur et l'ignominie de la flagellation ; il s'élevait par la prière, ce sublime entretien avec Dieu, cette infaillible ressource, cette suprême consolation qui ne manque jamais au chrétien, quand toutes les autres lui ont fait défaut sur la terre. Il offrait à Jésus-Christ ses premières douleurs, prémices de son martyre ; le remerciait de l'avoir soutenu dans cette première lutte ; lui demandait de vouloir bien le soutenir encore, de lui inspirer, pour la gloire de l'Evangile, les paroles vigoureuses qu'il devra jeter publiquement à la face des païens, contre leur culte et les honteuses passions déifiées par ce culte abominable : lui promettant, avec le secours de sa grâce, de ne pas retenir ses paroles captives, mais de parler toujours et jusqu'au dernier soupir, comme un chrétien doit parler, de l'idolâtrie et de ses criminelles turpitudes. Nous verrons bientôt comment il tint sa promesse.

Cependant plusieurs jours s'étaient écoulés. Le proconsul, espérant que le jeune et fier patricien, son prisonnier, avait eu assez de temps pour faire de sérieuses réflexions et apprécier la témérité de sa conduite aussi bien que la gravité du danger qui le menaçait, ordonna qu'il comparût de nouveau. On va donc prendre au milieu des ténèbres d'un horrible et sombre réduit, disent les Actes du martyr, celui dont l'âme doit bientôt retourner, comme un pur rayon, au foyer de la divine lumière, son origine et sa source. Il sort du fond étroit et ténébreux d'un cruel cachot pour aller habiter le palais du roi de gloire, séjour d'un bonheur immense et d'une éternelle clarté. Le voilà, continue l'histoire, pâle et amaigri. Les nœuds formés par les liens qui l'enlacent ne serrent plus que faiblement ses membres exténués, meurtris et livides. Déjà il a commencé à mourir sous les coups des verges, sous le poids des chaînes et dans l'horreur d'une prison meurtrière : lents supplices, morts répétées, auxquelles l'effusion du sang, qui est la dernière, ne fait que mettre un terme. Mais tandis que dans cette longue agonie des souffrances sa vie s'écoulait ainsi goutte à goutte, son âme avait trouvé dans la joie solitaire et sublime de sa conscience, dans le courage surnaturel qui anime le chrétien, dans la grâce qui le fortifie et le console, une nouvelle vigueur, un nouvel élan : elle semblait habiter le ciel par avance et oublier les douleurs du corps dans la jouissance anticipée de la félicité éternelle. Héraclius, pour triompher plus sûrement cette fois, ne néglige rien et apprête des armes nouvelles. « Adore les dieux immortels ». dit-il. « et je te promets un emploi éminent dans l'armée avec une riche gratification sur le trésor public. Il me semble que tu ferais beaucoup mieux, au lieu de t'obstiner à vouloir mourir, d'accepter les propositions que je te fais en ce moment. Tu n'as qu'à courber le genou devant la statue vénérable de la mère des dieux, qu'à rendre tes hommages à Apollon et à Diane. Si tu veux, parle ; et je vais à l'instant même faire orner de guirlandes les autels de ces trois grandes divinités. On te présentera l'encens et les parfums, et tu offriras un sacrifice solennel ». — « De telles paroles », répondit Symphorien, « tu siéent bien mal, un magistrat ne doit point consumer en discours frivoles un temps qui appartient tout entier aux affaires publiques, et différer la sentence en prolongeant inutilement les débats. Je l'ai déjà dit, jamais je n'adorerai de misérables idoles ; car je sais trop que, s'il est dangereux de rester un seul jour sans avancer dans la voie droite qui conduit au salut, il l'est bien plus encore d'aller, en s'écartant de la route, se briser contre les écueils du vice où périssent les pécheurs ».

Le proconsul, étonné de voir déjouer ses calculs, continua pourtant à user de la même tactique qui venait d'échouer d'une manière si complète ; et, soit qu'il voulût pouvoir sauver le noble accusé, soit plutôt qu'il eût honte de s'avouer déjà vaincu, il tenta un nouvel effort, en faisant des offres plus séduisantes encore que la première fois, et reprit avec un calme apparent : « Sacrifie aux dieux, Symphorien, et tu seras comblé d'honneurs dans le palais même du prince, où tu occuperas une place digne de ta naissance ». Symphorien lui répondit : Un juge souille le tribunal où il est assis, avilit sa dignité, dévoue sa vie à la malédiction, à l'opprobre, et son âme à la mort éternelle, lorsqu'il ose employer à séduire ou à frapper l'innocence l'autorité dont il est revêtu pour punir le crime. Au reste, quand à moi, je ne crains pas la mort ; car nous devons tous mourir, Héraclius. Pourquoi donc n'offririons-nous pas à Jésus-Christ comme un don de notre amour ce qu'il faudra lui payer un jour comme une dette ? Je ne me laisserai pas non plus gagner par de fallacieuses promesses. Je sais ce que valent toutes les faveurs que tu m'offres : tes présents ne sont que des poisons cachés sous l'apparence d'un miel trompeur. Malheur à ceux qui se laissent prendre à ces dehors mensongers ! Pour nous, chrétiens, nos richesses sont en Jésus-Christ. Incorruptibles et impérissables, elles échappent à l'action destructive du temps : la mort même ne peut nous les ravir. Au lieu que la cupidité, passion funeste, inspirée par le démon et séduite par l'appât d'un misérable lucre, en paraissant posséder tout ne possède rien ; parce que vos richesses et vos joies vous échappent à chaque instant. Elles ont l'éclat du verre, mais elles en ont aussi la fragilité. Toutes les choses terrestres passent vite : le moindre accident nous les fait perdre, ou bien les années, les jours viennent bientôt nous les enlever. Au ciel, en Dieu seul se trouve la vraie et constante béatitude. L'antiquité la plus reculée n'a pas vu le commencement de sa gloire et toute la suite des siècles futurs n'en amènera pas la fin ». — « Il y a assez et trop longtemps, Symphorien, que j'ai la patience de t'entendre discourir de je ne sais quel Christ. Sacrifie à la mère des dieux ; ou bien aujourd'hui même les tortures et la mort ». — « Je ne crains que le Dieu tout-puissant qui m'a créé : je n'adore, je ne sers que lui. Tu as pour un moment pouvoir sur mon corps ; mais mon âme est hors de tes atteintes. Quant au culte de cette idole, ne vois-tu pas que ce n'est qu'une monstrueuse superstition qui fait ta honte, ton opprobre et ton crime ? D'impurs jeunes gens offrent comme un hommage leur infamie à la déesse ; des prêtres sacrilèges, honorant le vice sous le voile de la religion, osent appeler sacrifice une exécrable abomination ; et ce qui comble la mesure, pendant que toutes ces horreurs s'accomplissent, d'affreux corybantes en délire exécutent, dans des concerts frénétiques, des danses et des chants pour les célébrer et y applaudir ! »

Héraclius, trompé et vaincu, outré d'un secret dépit, plein d'une sombre fureur et n'y tenant plus, interrompit brusquement le martyr par ces paroles de mort, la dernière raison des persécuteurs : « Symphorien, en refusant publiquement de sacrifier aux dieux de l'empire, en insultant ouvertement à leur culte, à leurs autels, est convaincu du crime de sacrilège et de rébellion, de lèse-majesté divine et humaine. Qu'il ait la tête tranchée. Qu'ainsi le crime disparaisse avec le criminel ; qu'ainsi l'injure faite à la religion et aux lois soit vengée ».

Symphorien entendit l'arrêt fatal avec ce même courage humble, calme et digne que nous lui avons déjà vu, qui exclut l'ostentation comme la faiblesse et fait le caractère distinctif des cœurs vraiment grands, des âmes chrétiennement fortes. Il s'y attendait, et son sacrifice était fait d'avance ; mais à cet instant décisif il offrit de nouveau sa vie à Dieu, et dès lors ses pensées ne furent plus sur la terre. Cependant il laisse ici-bas un père et une mère bien-aimés. Les oublie-t-il ? Non, sans doute, et son cœur parle bien haut ; car la foi n'étouffe pas la nature dont elle n'est que le perfectionnement. Elle vient au contraire à son secours dans les heures difficiles pour la consoler, la soutenir, la transformer en l'élevant à sa hauteur. L'âme chrétienne formée par la religion de celui qui s'appelle l'amour même, est plus ouverte que nulle autre à toutes les affections légitimes. Pour Symphorien si pieux, et par conséquent si aimant, la séparation est donc bien triste et vivement sentie. Elle lui fait éprouver dans son cœur de fils la douleur aiguë du déchirement de trois cœurs ; elle serait intolérable, désespérante, si la foi ne lui disait aussitôt qu'elle n'est que momentanée et semblable à celle des voyageurs qui, partant de la terre étrangère les uns après les autres, un peu plus tôt ou un peu plus tard, sont assurés de se revoir bientôt dans la patrie. Pour lui, en ce moment où le monde semble déjà se dérober sous ses pas, l'amour filial comme tous les autres sentiments est devenu céleste, parce que sa conversation, selon la magnifique expression de l'Apôtre, est tout entière dans les cieux.

Cependant tout se prépare pour l'immolation de la jeune et innocente victime qui venait d'être dévouée à la mort, ou plutôt tout s'apprête au ciel et sur la terre pour le triomphe du vaillant soldat de Jésus-Christ qui, déjà vainqueur dans les premiers combats, allait recevoir la palme en marchant à une nouvelle et dernière victoire.

Voilà donc la grande scène du sacrifice qui commence. En face d'une foule immense, avide de spectacles et surtout de spectacles sanglants, Symphorien est debout, calme et recueilli dans la prière. On dirait qu'il ne voit, qu'il n'entend rien. A cette heure solennelle, le front du jeune héros brille plus que jamais de ce je ne sais quoi d'indicible qui ravit la terre, et semble tenir plutôt de l'ange que de l'homme. Bientôt les licteurs, élevant leurs haches et leurs faisceaux, signes de la puissance, se placent à ses côtés, les uns à droite, les autres à gauche. En avant et en arrière, on voit des soldats et des officiers d'Héraclius. Le proconsul lui-même est à cheval, prêt à commander la marche : on n'attend que son ordre pour se diriger vers le lieu des exécutions, par la grande rue aboutissant du prétoire à cette porte qui élève encore aujourd'hui ses superbes arceaux et a reçu des siècles chrétiens le nom de Saint-André. Au signal donné, tout s'ébranle, et les flots pressés de la multitude s'ouvrent en frémissant. Au-delà et près de la porte, sous les murs de la cité, s'étend le long de la voie de Langres le champ public. C'est là que doit tomber la tête du martyr; car, d'après les lois romaines, les exécutions capitales ne se font point dans l'enceinte des remparts.

Cependant on approche du terme fatal. Voici les remparts avec la grande porte qui les domine. Déjà Symphorien a pu apercevoir à travers les larges arceaux le lieu désigné pour son supplice ; mais il n'a point tremblé..... Tout à coup une femme accourt..... C'est Augusta, c'est sa mère. Fauste peut-être et quelques amis l'accompagnent. Comme la mère de Jésus, elle a voulu assister à la passion de son fils. Mais que va-t-elle faire ? La nature l'a-t-elle emporté sur la foi dans son cœur maternel ? Vient-elle attendrir par ses larmes ce fils bien-aimé qui s'est courageusement obstiné à vouloir mourir ? Les païens qui la voient et qui disent : « Voilà la mère du chrétien ! » le pensent sans doute. Mais non : elle saura comprendre et remplir jusqu'à la fin ses grands devoirs, son rôle vraiment surnaturel ; jusqu'à la fin elle sera telle que nous l'avons toujours vue, femme vraiment forte, mère tendre et dévouée, mère héroïquement chrétienne, ou plutôt elle va se surpasser elle-même. Armée de tout le courage de sa grande âme et de sa foi plus grande encore ; s'arrachant à sa demeure, à sa famille, à sa douleur qui aurait désiré comme toutes les grandes douleurs rester muette et solitaire pour se nourrir d'elle-même ; renonçant même aux consolations intimes d'une prière versée secrètement dans le sein de l'unique Consolateur, loin des regards et loin du bruit, elle est venue voir une dernière fois Symphorien et le suivre jusqu'à la mort. Elle ne craint pas de traverser la foule des curieux et des indifférents ; elle brave l'impitoyable et insolente populace, les licteurs, l'aspect des armes, la présence, l'air sévère, dur et menaçant du persécuteur des chrétiens, du bourreau de son fils. Que sont pour elle les dangers et les haines frémissantes ? Elle n'y pense même pas. Elle s'est dit : « Symphorien, à ses derniers moments, en face de la mort, aura peut-être besoin d'une consolation, d'un encouragement, d'une sainte parole. Seul, au milieu des exécuteurs et de l'appareil du supplice, il sera bien aise d'entendre une voix amie qui lui parle de Dieu. Et quand il m'aura vue, moi sa mère, l'exhorter une dernière fois à mourir pour Jésus-Christ, il ira d'un pas plus ferme encore et plus joyeux consommer son sacrifice ; et moi je serai plus sûre de ne l'avoir enfanté que pour le ciel ».

C'est pourquoi elle se hâte, en fendant la foule étonnée qui s'ouvre par un respect instinctif pour sa douleur, elle s'approche de ce même rempart dont les ruines éloquentes et à jamais consacrées par un si grand spectacle, sont encore aujourd'hui sous nos yeux. Tout à coup, au moment où Symphorien vient de franchir la porte, une voix s'élève et fait taire les clameurs de la multitude qui regarde et reste frappée, ébahie, dans l'attente du dénouement de cette scène émouvante. La mère du martyr s'est penchée sur le parapet; et là, nouvelle Machabée, elle lui adresse avec un indicible accent, avec la force et la douceur d'un céleste enthousiasme, ces paroles que l'Eglise a rendues deux fois saintes, deux fois immortelles en les adoptant dans sa liturgie : « Mon fils ! mon fils ! Symphorien ! pense au Dieu vivant. Courage ! cher enfant, courage ! Pouvons-nous craindre la mort, la mort qui conduit indubitablement à la vie ? Lève ton cœur en haut, mon fils ; vois Celui qui règne au ciel. Non, la vie ne t'est point enlevée : c'est aujourd'hui au contraire qu'elle est transformée pour toi en une vie meilleure ; aujourd'hui que tu vas, mon fils, par un heureux échange, recevoir pour cette vie périssable la vie éternelle des cieux ! »

Symphorien a reconnu la voix de sa mère. Il se retourne et lève vers elle et vers le ciel, avec une expression qui semble être par avance celle de la vision béatifique, ses yeux et ses mains, dont une ensuite s'abaissa pour se poser sur son cœur et dire ainsi à sa mère plus que sa bouche n'aurait pu lui dire. Ce fut là en effet sa seule mais éloquente réponse. Augusta l'a comprise ; elle a vu l'âme de son enfant déjà presque détachée du corps passer tout entière dans ce geste sublime de foi, de reconnaissance et de piété filiale, dans ce regard à la fois tendre et illuminé d'un éclat divin, sur ce front angélique tout rayonnant d'espérance et d'amour, sur ce visage transfiguré du héros chrétien qui est son fils. Il lui a semblé voir briller déjà autour de sa tête l'auréole des martyrs unie à celle des vierges, et son bras s'étendre pour saisir la palme et la couronne que lui apportent ses frères du ciel. Elle a donné, elle a reçu la suprême consolation ; son dernier devoir et le dernier vœu de son cœur étaient remplis, son sacrifice consommé. Résignée, soumise à la volonté divine, mais émue, tremblante et tout ébranlée du choc des deux plus forts sentiments qui peuvent se heurter dans une âme humaine; mère à la fois bien heureuse mais bien affligée, et toute palpitante, elle jette encore du haut des murs sur son fils un long regard plein de larmes, elle renouvelle à Dieu l'offrande de cette tête si chère qui va tomber sous le glaive des Romains, et se retire en le remerciant de l'avoir choisie pour donner le jour à un martyr. Après cet effort surhumain de la foi contre la nature, saintement fière mais brisée, toujours chrétienne mais aussi toujours mère, elle va se cacher dans le secret de la face du Seigneur et répandre dans les cœurs de Jésus et de Marie, qui eux aussi avaient connu les grandes douleurs avec les grands dévouements, ses soupirs résignés et ses larmes, ce sang de son cœur maternel qu'elle mêlait au sang de son fils, en même temps que Fauste, animé de la foi d'Abraham, faisait aussi dans les plus secrètes profondeurs de son âme de chrétien et de père, avec un effort d'une spontanéité généreuse, il est vrai, mais incalculable, le sacrifice déchirant de l'unique et cher objet de ses espérances que Dieu venait de lui demander. Bientôt on arrive au lieu de l'exécution. Plein de son propre courage et du courage de sa mère, Symphorien se jette à genoux, joint les mains et prie, en attendant le coup fatal qui va briser son enveloppe mortelle. Son cœur ne donne pas un regret aux jouissances de cette vie terrestre, aux espérances qui dorent l'horizon du jeune âge. Les chrétiens, l'âme pleine des émotions de l'attendrissement et d'un religieux respect, sans souffle et sans voix, les yeux attachés sur le martyr, unissent leurs prières aux siennes. Déjà ils croient voir briller sur son front une couronne qui descend des cieux, et Dieu semble lui sourire. Enfin il a offert une dernière fois sa vie, il a pu dire encore : « Seigneur, je remets mon âme entre vos mains ; ô Jésus, recevez-la ! » Puis il incline doucement la tête et tombe avec une simplicité sublime, sous les yeux de cette foule moins agitée peut-être en ce moment suprême et solennel par la haine et la colère, que palpitante de pitié et d'admiration ; presque sous les yeux de sa mère, pleurant des larmes surnaturelles d'amour et de joie, saintement fière du jeune vainqueur à qui elle a donné le jour, le contemplant et l'invoquant déjà comme son ange tutélaire au séjour de la gloire. C'en est donc fait, la victime est immolée : sa tête vient d'être tranchée par le glaive, et son âme, qui planait au-dessus de la terre et dont la terre n'était pas digne, est déjà au ciel. Elle s'y est envolée avec sa dernière prière mêlée à son dernier soupir, le 22 août, vers l'an 180. Symphorien n'est plus de ce monde ; pour employer un terme vulgaire, il est mort, mais de la mort des héros, de la mort des saints, de la mort qui rend immortel.

Saint Symphorien a été représenté par les artistes dans cinq circonstances : son baptême, son jugement, le moment où il est exhorté par sa mère, celui où il reçoit la mort, enfin sa béatitude au ciel. La célèbre abbaye de Saint-Bénigne à Dijon possédait un groupe d'une haute antiquité, placé dans la chapelle de Saint-Grégoire, à quelques pas de l'autel de Saint-Irénée. On y voyait le jeune fils de Fauste recevant de saint Bénigne le baptême par immersion et par infusion tout ensemble. Cette figure était fort instructive : elle montrait de quelle manière se donnait autrefois le baptême. Saint Symphorien y était représenté dans un vaisseau (une cuve baptismale) dépouillé de ses vêtements jusqu'à la ceinture. Sur les bords de ce vase, il y avait un linge qui apparemment était mis là pour couvrir le saint au sortir de la piscine sacrée. A côté, saint Bénigne, revêtu de ses habits sacerdotaux comme pour dire la messe, tenait une aiguière dont il versait de l'eau sur l'enfant. Il était assisté d'un autre prêtre (saint Andoche), habillé comme lui et la tête rasée, avec un petit cercle de cheveux, tel que le portaient la plupart des religieux. Malheureusement ce groupe qui servait comme de voix à l'histoire, aux traditions bourguignonnes, à l'antique liturgie, n'existe plus. Il a été détruit par la Révolution. La chapelle de Saint-Symphorien, à la cathédrale d'Autun, est ornée d'un tableau représentant aussi l'intéressante inauguration de l'apostolat des disciples de saint Polycarpe en ces contrées par le baptême de notre jeune et illustre martyr. L'enfant est sur le bord de la fontaine régénératrice, et saint Bénigne, revêtu des ornements sacerdotaux, appelle sur lui les bénédictions célestes qui devaient être si abondantes.

Au-dessus du maître-autel, dans l'église de Saint-Jean-d'Angle (diocèse de la Rochelle), un tableau représente le Saint dans cette circonstance si remarquable où ses actes nous le montrent déployant en présence de son juge une fierté modeste autant qu'indomptable, une franchise éloquente et ferme, une magnanimité sublime. On y voit le jeune martyr devant Héraclius, entouré de licteurs, et sa mère qui l'encourage à la persévérance en lui montrant le ciel.

On voit à la cathédrale d'Autun un tableau représentant le martyr de saint Symphorien. Au centre du tableau, le saint est dans une attitude exprimant l'énergie, le dévouement, et en même temps le calme de la foi ; il a le visage tourné vers sa mère qui, du haut des remparts et entourée de son époux et de ses familiers, exhorte avec feu son fils à persévérer dans son héroïque résolution ; derrière lui, le proconsul, vêtu de la pourpre, désigne de la main le lieu où doit s'accomplir le sacrifice ; — à gauche du pro consul, marche un prêtre vêtu de blanc et ayant devant lui une petite fille la tête couronnée de fleurs et tenant dans ses mains la boîte aux parfums ; — un peu en avant du martyr, les licteurs aux formes athlétiques portant les faisceaux et les insignes de l'autorité ; l'un d'eux, tourné vers son maître, semble à la fois recueillir ses ordres et écouter les paroles que la mère de Symphorien fait entendre ; l'autre, qui n'obéit qu'avec peine, indique, par l'affaissement de son bras et la douleur morale qui attriste son visage, la sympathie que lui inspire le héros chrétien à la mort duquel il va participer ; — autour de ces personnages principaux, la foule se presse, animée de convictions et d'intentions diverses : à la gauche du Saint, un jeune garçon ramasse un caillou et regarde la mère héroïque, comme s'il voulait en faire le but de sa colère ; derrière le proconsul, un jeune patricien à cheval, dans une attitude arrogante, fixe les yeux sur *Augusta*, comme pour défier sa foi ; de l'autre côté, un centurion repousse de sa pique la cohue importune ; çà et là, quelques têtes indiquent cette curiosité brutale que ne manque jamais d'exciter le spectacle d'un supplice, mais il est facile de voir que presque tous les témoins de cette scène grandiose se sentent gagnés par le courage et la ferveur de ce jeune chrétien dont la tête pâle va rouler sous leurs yeux ; ils admirent instinctivement une religion qui donne assez de force pour tout quitter, mère et famille, riantes promesses d'une vie fortunée et d'une jeunesse en sa fleur. Nous citerons, comme exprimant plus particulièrement ce prosélytisme, le personnage placé à l'angle gauche du tableau : ses cheveux et sa barbe sont incultes ; il est couvert de vêtements grossiers ; sa main se crispe sur sa poitrine ; la foi s'installe violemment dans son âme. A ses côtés, un bel enfant nu montre à la fois sa pitié pour le martyr et sa haine pour les bourreaux. Derrière eux, une jeune femme fixe sur Symphorien ses yeux pleins d'angoisse ; elle semble se dire avec effroi, en sondant l'avenir, que l'enfant qu'elle nourrit encore de son lait et qu'elle serre dans ses bras pourra aussi, quand il sera en âge de penser et de lutter pour ses croyances, lui être arraché et conduit au supplice.

Trois tableaux représentent le bourreau consommant le sacrifice de la sainte victime en lui tranchant la tête et permettant à sa belle âme de s'envoler au ciel. L'un est dans la cathédrale de Saint-Flour. — Le deuxième est une peinture sur verre que l'on voit encore dans la célèbre église abbatiale de Saint-Denis près Paris. Le vitrail où elle se trouve, orne la chapelle qui est sous le vocable de saint Hippolyte, la troisième du côté du nord. On y remarque une espèce de petit médaillon carré d'environ trente centimètres. A gauche, est une tourelle : l'artiste a voulu probablement représenter une des portes de la ville pour rappeler ce que l'histoire dit de la mère de saint Symphorien, exhortant du haut de cette porte son fils au martyre. A droite, on voit deux arbres ; sur le plan du milieu, le bourreau armé d'un glaive et le Saint tendant la tête au bourreau, un genou à terre et les deux mains croisées appuyées sur l'autre genou. — Le quatrième tableau représentant la décollation de notre Saint est dans l'église de Saint-Symphorien-de-Lay. On voit le jeune martyr à genoux, le cou nu et les yeux fixés sur un ange tenant une couronne à la main. En face de lui est le proconsul qui montre la statue de Cybèle ; derrière, le bourreau, le bras armé du glaive et déjà levé pour frapper.

Deux peintures le représentent au ciel. L'une est un tableau qui orne le maître-autel de l'église de Maraussan. L'autre est une peinture murale, sur un fond d'or, qui décore la voûte absidale de la chapelle récemment élevée dans l'enclos de la maison de campagne du grand séminaire d'Autun, au lieu même où fut autrefois la basilique de l'abbaye de Saint-Martin, et avant elle l'ancien temple de Saron, changé par le pontife-apôtre en une église chrétienne. L'habile artiste a représenté au milieu des splendeurs de la gloire éternelle Notre-Seigneur ayant à côté de lui, d'un côté le jeune martyr d'Autun, et de l'autre le grand évêque de Tours. Tous deux prient pour les jeunes lévites qu'ils contemplent avec intérêt du haut de la céleste patrie, se préparant à entrer dans le bataillon sacré de l'Eglise militante, pour mériter aussi des couronnes dans l'Eglise triomphante.

L'église de Crissey, paroisse sous le vocable de saint Symphorien et autrefois à la collation du Chapitre de Saint-Vincent de Châlon, possède un remarquable vitrail qui résume presque toute l'iconographie du martyr. Ce vitrail porte la date de 1525. Il occupe le fond de l'abside du chœur. Quoique mutilé en partie, il offre encore quatre panneaux fort intéressants. Le premier représente le baptême de saint Symphorien. On lit en caractères gothiques de l'époque : *Symphorianus baptizatur*. Le jeune fils de Fauste est revêtu d'une robe blanche et plongé dans une cuve baptismale. Dans le second, le Saint vêtu d'une robe rouge est conduit devant la statue de Vénus placée sur une colonne : *Ducitur Veneri libare*. Dans le troisième, saint Symphorien est battu de verges : *In flagellis atteritur*. Dans le quatrième, il est conduit à la mort et exhorté par sa mère : *Ad decollationem ducitur, a matre animatur*. Au-dessous des panneaux on voit l'âme du martyr présentée à Notre-Seigneur crucifié et vêtu d'une tunique.

Quant aux autres représentations peintes de saint Symphorien, il n'en est pas, du moins que nous sachions, qui mérite d'être signalée ; et ses statues se réduisent à peu près toutes à un seul type fourni par l'histoire, celui d'un adolescent tenant une palme à la main. Le Saint a été aussi représenté comme on représentait souvent autrefois les martyrs décapités, c'est-à-dire portant leur tête dans leurs mains. A Trévoux, par une singularité unique et curieuse, saint Symphorien est représenté en chevalier sur les méreaux de l'ancien Chapitre. — Enfin il existe à Autun une petite gravure où l'on voit aux pieds du Saint la hache avec laquelle il aurait voulu briser le simulacre de Cybèle, et le vase renversé où étaient les charbons ardents sur lesquels il refusa de jeter, en l'honneur de la déesse, le grain d'encens que demandait le proconsul. Il a les yeux levés en haut, et déjà un ange vient du ciel lui apporter la couronne.

CULTE ET RELIQUES.

Le corps de notre illustre Martyr fut déposé dans une petite *cellule*, près d'une fontaine voisine du lieu où il avait été décapité. C'est là que vénérèrent aussitôt après sa mort les fidèles et même les païens, témoins des prodiges nombreux qui s'opéraient.

Vers la fin du IV° siècle, saint Simplice, évêque d'Autun, éleva sur le tombeau miraculeux une chapelle qu'il consacra, assisté de saint Amateur, évêque d'Auxerre. Dans la première moitié du V° siècle, le grand évêque saint Euphrone construisit, tout près de là, sous le vocable du saint Martyr, une célèbre abbaye et une superbe basilique dans laquelle il plaça les reliques sacrées. Dans la dernière moitié du VII° siècle, saint Léger fit construire dans la même basilique un nouveau tombeau pour le glorieux Martyr. Il y eut alors une translation. Le jeune fils de saint Fauste et de sainte Augusta, qui avait été, à ce qu'il paraît, placé d'abord dans l'*atrium* de la basilique construite par saint Euphrone, fut déposé dans la crypte, avec son père et son admirable mère, comme dans un polyandre de famille. Le cardinal Rolin, évêque d'Autun, faisant réparer l'église, vers 1467, trouva en effet dans la chapelle souterraine trois tombeaux de grès et une tablette portant l'inscription suivante :

Faustus et Augusta jacent inter hæc duo busta;
Integer et sanus medius jacet Symphorianus.

« Fauste et Augusta reposent dans deux de ces tombeaux ; le corps entier et intact de Symphorien repose dans celui du milieu ».

Le cardinal, alors, prit une partie de ces reliques qu'il enchâssa précieusement dans un reliquaire d'argent du poids de cinquante marcs, que l'on plaça dans l'église supérieure.

En 1570, l'amiral de Coligny ayant pillé et incendié le monastère, fit jeter les reliques au feu. Mais il fut possible de retirer des cendres quelques débris conservés jusqu'à nos jours et portant encore la trace des flammes qui les ont altérés. Après la reconstruction de l'église, au commencement du siècle suivant, les trois tombeaux de grès, transportés de la crypte dans l'église supérieure, furent mis dans un lieu élevé, afin d'attirer davantage les regards des fidèles et satisfaire leur piété. Plus tard, c'est-à-dire au XVIIIe siècle, les religieux de Saint-Symphorien placèrent les trois tombeaux de grès dans l'intérieur d'un magnifique autel qu'ils venaient de faire construire. En 1803, cet autel fut transporté, avec les trois tombeaux, dans l'église de Notre-Dame d'Autun, et la plus grande partie des reliques de ces mêmes tombeaux furent portées à la cathédrale. Des enquêtes juridiques, que l'on fit à cette époque, constatèrent la conservation d'une partie des reliques jetées au feu en 1570, et ensuite dispersées pendant la Révolution. Ces précieux restes sont aujourd'hui dans les châsses de la cathédrale. Une récente procédure est venue corroborer la première. Le chef de saint Symphorien, qui n'était pas dans la grande basilique incendiée par l'amiral de Coligny, mais dans la petite église de Saint-Pantaléon-lès-Autun, construite, à ce qu'il paraît, sur l'emplacement de l'ancien oratoire primitif dont nous avons parlé, échappa à la fureur des Huguenots. On en fit la translation solennelle, pendant le XVIIe siècle, dans l'abbaye de Saint-Martin-lès-Autun ; mais cette relique précieuse est malheureusement perdue.

La fête de saint Symphorien a toujours été célébrée solennellement. Pendant les âges de foi, un grand nombre de pèlerins se rendaient à son tombeau, placé sous la garde des Chanoines réguliers qui, jusqu'à la Révolution, occupèrent son abbaye et desservirent son église. Comme les plus illustres Martyrs, saint Symphorien a l'honneur insigne d'être mentionné dans la liturgie romaine.

Son culte prend en ce moment-ci une nouvelle extension. Mgr l'évêque d'Autun a fait un mandement par lequel il donne le jeune Martyr pour patron aux écoles du diocèse, et établit pour cela une nouvelle fête annuelle et spéciale.

On a élevé, près du lieu où le Saint fut martyrisé et inhumé primitivement, une église qui servira à raviver le culte cher aux Autunais.

Dans le diocèse d'Autun et dans la plupart des diocèses de France, un grand nombre d'églises sont sous le vocable ou sous le patronage de saint Symphorien.

Nous avons emprunté cette biographie au remarquable ouvrage de M. l'abbé Dinet, chanoine de la cathédrale d'Autun : *Saint Symphorien et son culte.* — Cf. *Hagiologie Nivernaise,* par Mgr Crosnier ; le *Légendaire d'Autun,* par l'abbé Pequegnot ; les *Saints de Troyes,* par l'abbé Defer ; les *Saints de Dijon,* par l'abbé Duplus ; Dom Coillier.

SAINT HIPPOLYTE, ÉVÊQUE,

DOCTEUR DE L'ÉGLISE ET MARTYR (251).

Cet illustre docteur de l'Eglise florissait au commencement du IIIe siècle. Saint Jérôme dit qu'il n'avait pu savoir de quelle ville il était évêque ; mais Gélase, dans son livre des deux natures de Jésus-Christ, l'appelle métropolitain de l'Arabie. Il fut, au rapport de Photius, disciple de saint Irénée, ainsi que de Clément d'Alexandrie, et maître d'Origène. Nous apprenons d'Eusèbe et de saint Jérôme, qu'il écrivit des commentaires sur plusieurs parties de l'Ecriture, et que ce fut son exemple qui excita depuis Origène à faire la même chose. On avait un recueil de ses homélies du temps de Théodoret, qui en cite plusieurs ; on avait aussi une lettre de lui à l'impératrice Sévéra, femme de Philippe, dans laquelle il traitait du mystère de l'Incarnation et de la résurrection des morts. Dans son ouvrage contre Noët, dont il nous reste une partie considérable, il prouve clairement la distinction des personnes dans la Trinité, la divinité du Fils de Dieu, la distinction des natures en Jésus-Christ ; et l'on se servit depuis de son autorité avec beaucoup d'avantage contre les Eutychiens. Il composa une chronique qui finissait à l'an 222, mais que l'on n'a pu encore découvrir dans aucun des manuscrits grecs que l'on connaît. Son cycle pascal, qui fixe le temps où l'on doit célébrer la fête de Pâques, pour l'espace de seize ans, en commençant à la première année d'Alexandre Sévère, est le plus ancien ouvrage que nous ayons en ce genre. Nous avons encore des fragments de ses commentaires sur l'Ecriture, et son homélie sur la Théophanie ou l'Epiphanie, dans laquelle il parle principalement du baptême de Jésus-Christ et des effets merveilleux du Sacrement de la régénération. On regrette la perte de son traité sur le jeûne du samedi ; celui qui avait pour titre : *Si un chrétien doit recevoir la communion tous les jours* ; ses hymnes sur l'Ecriture sainte ; ses livres *de l'Origine du bien et du mal* ; ceux qu'il avait composés contre Marcion, *contre les hérésies*, etc. Il réfutait dans ce dernier ouvrage trente-deux sectes, à compter des Dosithéens jusqu'à Noët qui confondait les personnes dans la Trinité et qui dogmatisait à Smyrne en 245.

On découvrit et on publia en 1661 le livre *de l'Antechrist*, composé par saint Hippolyte, et dont Eusèbe, saint Jérôme, etc., font mention. On ne peut douter que ce ne soit le même ouvrage que celui dont parle Photius. Le saint Docteur y donne, d'après Daniel et les autres Prophètes, les marques auxquelles on reconnaîtra l'Antechrist qui doit venir à la fin du monde.

Saint Jérôme appelle saint Hippolyte *un homme très-saint et très-éloquent*. Saint Chrysostome et d'autres écrivains ecclésiastiques lui donnent les épithètes honorables de *source de lumière*, de *témoin fidèle*, de *docteur très-saint*, *d'homme rempli de douceur et de charité*. Théodoret le place dans la même classe que saint Irénée, et les appelle l'un et l'autre *les fontaines spirituelles de l'Eglise*.

Les martyrologes du VIIIe siècle, Georges le Syncelle, Zonare et Anastase disent que saint Hippolyte fut évêque de Porto, en Italie. Mais ils ont confondu cette ville avec celle d'Aden, en Arabie, laquelle était aussi appelée anciennement le *Port romain*. Il paraît au moins qu'il y avait en Arabie un évêché de ce nom. Ceux qui l'ont mis en Italie auront sans doute pris notre Saint pour celui dont parle saint Prudence.

La meilleure édition que nous ayons des œuvres de saint Hippolyte est celle que Fabricius donna à Hambourg en 1716, avec des dissertations, 2 vol. in-folio.

Extrait de Godescard.

SAINT LAMBERT,

FONDATEUR DE L'ABBAYE DE CHÉZERY, AU DIOCÈSE DE BELLEY (1154).

Saint Lambert naquit au bourg de Saint-Maurice en Dauphiné, de parents peu illustres selon le monde, mais fort recommandables par leurs vertus. Son père le mit aux études et destinait son frère Pierre de Tarentaise [1] à continuer son petit commerce, et surtout à prendre soin d'un domaine qu'il avait près de son village. Ne se sentant nul goût pour la vie champêtre, et encore moins pour le monde, Pierre fit si bien auprès de ses parents, qu'ils l'envoyèrent aux études avec son frère Lambert. Doués l'un et l'autre d'un esprit pénétrant, ils firent de grands progrès ; mais plus jaloux encore de se perfectionner dans la piété que dans la science, ils se portaient mutuellement à la vertu. Les religieux de Bonnevaux, monastère à trois lieues de Saint-Maurice, fréquentaient la maison de leurs parents ; Jean, abbé de cette communauté, inspira à ces jeunes gens le goût de la vie cénobitique et les attira à Bonnevaux.

Cependant Amédée III venait de fonder l'abbaye de Tamié en Savoie, et Pierre, qui brillait par sa science et par son éminente piété, fut demandé pour être le premier abbé de ce nouveau monastère. Lambert, qui l'y avait accompagné, fut l'émule de son frère dans la voie difficile de la sainteté. On ne vit jamais un religieux plus exact, plus scrupuleux observateur de la règle ; il ne mettait point de bornes à ses oraisons ni à ses austérités, et les plus fervents le regardaient comme leur modèle. Amédée III, connaissant le mérite de cet homme de Dieu, pensa que nul mieux que lui ne pourrait exécuter le projet qu'il avait formé de bâtir une maison religieuse dans la vallée de Chézery (Ain), et surtout que personne n'était plus propre que lui à la bien gouverner.

1. Voir sa vie au 8 mai.

Lambert partit en 1140 pour sa nouvelle destination. On travailla activement à la construction du nouveau monastère. Rien n'était plus édifiant que la vie de ces fervents solitaires : tout le temps qui n'était pas donné à la prière était employé à labourer la terre, à défricher les forêts que le prince leur avait concédées ; une partie de la nuit, loin d'être consacrée au repos, se passait à l'église ; leur nourriture était grossière, et encore ne mangeaient-ils qu'une fois le jour ; enfin ils ne semblaient avoir de corps que pour le macérer par la pénitence. Lambert était leur guide et leur modèle, et s'il l'emportait sur les autres par sa science et par sa dignité, il les surpassait aussi par la ferveur de sa charité, par son amour pour la pénitence et par son humilité.

Le temps où Lambert devait aller au ciel recevoir la récompense de tant de travaux était arrivé ; Dieu le visita par une maladie, pendant laquelle on vit briller encore d'un plus vif éclat les vertus qu'il avait puisées au pied de la croix. Enfin ce Saint, embrasé d'une amour ardent pour Jésus-Christ et d'une tendre dévotion envers la sainte Vierge, à laquelle il avait dédié son monastère en le fondant, rendit son âme à Dieu le 22 août 1154.

Tiré de l'*Histoire hagiologique de Belley*, par Mgr Depéry.

XXIIIe JOUR D'AOUT

MARTYROLOGE ROMAIN.

La Vigile de saint-Barthélemy, apôtre. — A Todi, saint PHILIPPE BÉNITI, natif de Florence, confesseur, propagateur de l'Ordre des Servites, homme d'une humilité admirable, canonisé par Clément X. 1285. — A Antioche, la naissance au ciel des saints martyrs Restitut, Donat, Valérien et Fructuose, et douze autres, qui reçurent la couronne de gloire pour avoir confessé généreusement la foi. IVe s. — A Ostie, les saints martyrs Quiriac, évêque, Maxime, prêtre, Archélaüs, diacre, et leurs compagnons, qui souffrirent la mort du temps d'Alexandre, sous le préfet Ulpien. IIIe s. — A Egée, en Cilicie, les saints martyrs Claude, Astère et Néon, frères, qui, ayant été dénoncés comme chrétiens par leur belle-mère, du temps de l'empereur Dioclétien, endurèrent de cruels tourments, sous le président Dysias, furent crucifiés et allèrent triompher avec Jésus-Christ. Après eux les saintes Douvine et Théonille souffrirent aussi la mort. 285. — A Reims, la naissance au ciel des saints TIMOTHÉE et APOLLINAIRE, qui, ayant consommé leur martyre près de cette ville, méritèrent de parvenir au royaume céleste. IIIe s. — A Lyon, les saints martyrs Minerve et Eléazar, avec leurs huit fils. — De plus, saint Luppe, martyr, qui, étant passé d'une condition servile à la liberté de Jésus-Christ, fut honoré de la couronne du martyre. — A Jérusalem, saint Zachée, évêque, le quatrième qui gouverna cette Eglise après saint Jacques, apôtre. Vers 116. — A Alexandrie, saint Théonas ou Teunas, évêque et confesseur [1]. 300. — A Utique, en Afrique, saint Victor, évêque et confesseur [2]. Vers 498. — A Autum, saint Flavien, évêque. Vers 610. — A Clermont, en Auvergne, saint SIDOINE, évêque, célèbre par sa doctrine et sa sainteté [3]. 482.

---

1. Saint Théonas succéda à saint Maxime sur le siége patriarcal d'Alexandrie, en 282, et l'occupa près de dix-neuf ans. Il fut, par sa science et sa sainteté, le plus bel ornement de son Eglise, composa une instruction en forme de lettre, dans laquelle il traçait des règles de conduite aux chrétiens qui vivaient à la cour des empereurs, mourut en 300 et eut saint Pierre pour successeur. Saint Alexandre fit bâtir à Alexandrie une église sous l'invocation de saint Thomas. — Godescard.

2. Saint Victor ne fut pas évêque d'Utique, comme semble l'insinuer le martyrologe romain, et comme l'ont cru maints hagiographes, mais de Vite, dans la Byzacène (Etat actuel de Tunis). — Baillet, *Acta Sanctorum*.

3. Il est déjà nommé au martyrologe de France sous le 11 juillet qui est le véritable jour de sa fête dans le diocèse de Clermont.

MARTYROLOGE DE FRANCE, REVU ET AUGMENTÉ.

A Aix, en Provence, saint Sidoine ou Chélidoine, disciple de saint Maximin, deuxième archevêque de ce siège et confesseur [1]. Vers 403. — Au diocèse de Troyes, la bienheureuse Asceline, vierge, fille de sainte Hombeline (21 août) et nièce de saint Bernard de Clairvaux (20 août). Dès ses plus tendres années, elle fut formée à la piété et à la vertu par les soins de son oncle qui confia son éducation à un saint prêtre. Devenue grande, elle ne voulut point d'autre Epoux que Jésus-Christ, et s'enferma dans un monastère, probablement celui de Jully-sur-Sarce où sa sainte mère avait pris l'habit et dont nous avons parlé au 21 août. 1195. — A Troyes, saint Longin, soldat martyrisé à Césarée de Cappadoce, et dont nous avons donné la vie au 15 mars, jour où il est cité au martyrologe romain. 1er s. — Au diocèse de Rouen, saint Flavius ou Filleul, seizième archevêque de ce siège et confesseur. Son nom indique une origine romaine : il assista, en 533, 538 et 541, aux deuxième, troisième et quatrième conciles d'Orléans, convoqués par Childebert. Sous son épiscopat, Clotaire Ier, qui régnait à Soissons et dont il avait été argentier ou intendant des finances, fonda à Rouen une abbaye qui, d'abord connue sous le nom de Saint-Pierre, devint ensuite très-célèbre sous celui de Saint-Ouen. On peut regarder comme une preuve de son zèle à baptiser les infidèles, la *fontaine de Saint-Filleul*, qui existe encore dans un faubourg de Rouen. C'était sans doute un de ces derniers boulevards où le paganisme s'était retranché avec le culte des eaux et des fontaines, et dont notre pieux évêque aura fait un baptistère. Vers 548. — A Saint-Seine (Côte-d'Or), au diocèse de Dijon, saint Altigien et saint Hilarin, moines, martyrisés par les Sarrasins. 731. — Au diocèse de Saint-Flour, saint Sidoine Apollinaire, évêque de Clermont, cité au martyrologe romain de ce jour. — Au diocèse de Lyon, vigile des saints Minerve et Eléazar, cités aujourd'hui au même martyrologe. — Dans l'ancien monastère bénédictin de Saint-Vincent de Laon (*Sanctus Vincentius Londunensis*), le bienheureux décès de saint Cagnoald, appelé aussi Chagnoald, Chagnon, Canoald, Cagnon, moine de Luxeuil et évêque de Laon, dont nous donnerons la vie au 6 septembre. VIIe s. — Au diocèse de Saint-Claude, les saints martyrs Amour et Viateur, déjà cités au martyrologe de France du 9 août. — Ce jour, en 1328, Philippe de Valois (1293-1350), sur le point d'être cerné par les Flamands à la bataille de Cassel (Nord), eut recours à la sainte Vierge qui le délivra aussitôt du danger. En reconnaissance de ce service, faisant son entrée dans Paris, il alla droit à Notre-Dame et, pénétrant à cheval dans la basilique, il s'avança tout le long de la nef jusque devant le crucifix où il déposa ses armes. La figure de ce monarque à cheval s'est vue longtemps dans cette église, à laquelle il assigna cent livres de rentes, à prendre sur son domaine du Gâtinais (*Vastiniensis pagus*, ancien pays de France, compris aujourd'hui dans les départements de Seine-et-Marne, du Loiret, de la Nièvre et de l'Yonne). — Autrefois, à Soissons, fête des miracles de la bienheureuse Vierge Marie [2].

---

1. Les documents historiques de son épiscopat ayant péri, on ignore entièrement le détail de ses actions aussi bien que le nombre d'années qu'il tint le bâton pastoral ; on sait seulement qu'il augmenta le troupeau de Jésus-Christ par ses travaux. Quelques auteurs ont écrit que saint Sidoine fut l'aveugle de naissance auquel Notre-Seigneur Jésus-Christ rendit la vue. Sa fête est marquée le 23 août dans les plus anciens martyrologes ; plusieurs églises de Provence ont été dédiées en son honneur.

Son corps, enseveli d'abord à Aix dans un sépulcre de marbre, à côté de ceux de saint Maximin et de sainte Marie-Madeleine, fut dérobé à la fureur des Sarrasins, et enfin retrouvé dans la ville de Saint-Maximin. La mâchoire inférieure de saint Sidoine, dont l'église métropolitaine de Saint-Sauveur était en possession avant la révolution française, fut, à cette époque désastreuse, sauvée de la destruction par la prévoyance des fidèles, et depuis (1820), Pierre Ferdinand, archevêque d'Aix, l'a rendue à la vénération des fidèles.

2. Pendant plusieurs siècles (du IXe au XVIIe) la sainte Vierge Marie sembla avoir choisi l'abbaye royale de Notre-Dame de Soissons pour y manifester plus particulièrement sa bonté et sa puissance. De nombreux pèlerins y accouraient des contrées les plus éloignées : de la Lorraine, de la Bourgogne, des Pays-Bas, de l'Italie, etc. On conservait dans l'abbaye plusieurs objets précieux qui avaient été à l'usage de la sainte Vierge et sur l'authenticité desquels on n'avait alors aucun doute. C'étaient un soulier en forme de bottine et une ceinture. De plus on y vénérait une image de cette divine Mère tenant l'enfant Jésus. Les miracles qui s'opéraient en priant devant ces objets sacrés étaient si certains et se renouvelaient si souvent que, pour témoigner à Dieu et à sa sainte Mère toute sa reconnaissance, Joslein, évêque de Soissons, à la requête du clergé et du peuple, institua une fête commémorative appelée : *La déclaration des miracles de Notre-Dame;* et le pape Alexandre IV ordonna en 1254 de la célébrer dans tout le diocèse avec un office propre. Dans le bréviaire soissonnais de 1675, cette fête est placée au mois d'octobre, le samedi avant ou après la fête des saintes reliques. Dans l'intérieur de l'abbaye, elle se faisait le 6 octobre, jour anniversaire d'un nombre considérable de guérisons. M. de Fitz-James, évêque de Soissons, dans le bréviaire qu'il donna à son clergé en 1742, la renvoya au jour de l'Octave de l'Assomption. L'office de la solennité des miracles de la sainte Vierge a fait partie du bréviaire de Soissons jusqu'en 1851, époque du retour de ce diocèse à la liturgie romaine. On ne s'explique pas qu'une fête commémorative de tant de bienfaits de la Vierge Marie en faveur des Soissonnais, fête confirmée par un souverain Pontife, ait pu, après avoir été constamment célébrée pendant six cents ans et jusqu'à nos jours, être biffée du calendrier par ceux qui ont été chargés de rédiger le nouveau Propre Soissonnais. — Henri Congnet, doyen du Chapitre de Soissons.

MARTYROLOGES DES ORDRES RELIGIEUX.

Martyrologe des Basiliens. — A Hieracium, aujourd'hui Gérace (Calabre Ultérieure première), saint Antoine, moine, de l'Ordre de Saint-Basile.

Martyrologe des Dominicains. — A Bévagna, dans l'Ombrie, la naissance au ciel du bienheureux JACQUES, de l'Ordre des Frères Prêcheurs ; il déracina l'hérésie des Nicolaïtes qui renaissait dans l'Ombrie, et éclata par de nombreux miracles. 1301. — De plus l'Octave de saint Hyacinthe [1]. 1257.

Martyrologe de l'Ordre des Ermites de Saint-Augustin. — A Carthage, en Afrique, les saints martyrs Libérat, abbé, Boniface, diacre, Serf et Rustique, sous-diacres, Rogat et Septime, moines, et Maxime, enfant, de notre Ordre ; qui, dans la persécution des Vandales, sous le roi Hunéric, endurèrent des supplices variés et inouïs pour la confession de la foi catholique et la défense d'un seul baptême. Enfin, ils furent crucifiés sur le bois qui devait servir à les brûler, et comme le feu allumé à plusieurs reprises était éteint par la grâce divine, ils furent frappés jusqu'à la mort et finirent ainsi leur glorieux combat, méritant la couronne du Seigneur [2]. 483.

Martyrologe de l'Ordre des Servites de la bienheureuse Vierge Marie. — La Vigile de saint Barthélemy, apôtre. — A Todi, notre Père saint Philippe Beniti, confesseur, propagateur de l'Ordre, mis au nombre des Saints par Clément X. Humble au-delà de toute expression, il refusa la tiare suprême de l'Eglise, qui lui était offerte. 1285.

ADDITIONS FAITES D'APRÈS LES BOLLANDISTES ET AUTRES HAGIOGRAPHES.

Anniversaire du jour où le glorieux pontificat de Pie IX dépassa le nombre des vingt-cinq années, des deux mois et des sept jours de celui de saint Pierre. 1871. — A Boppart *(Bodobriga)*, petite ville d'Allemagne, dans l'archidiocèse de Trèves, invention des reliques de plusieurs saints Martyrs anonymes. La chapelle de Saint-Martin, hors des murs de Boppart, ayant été complètement ruinée, on commença, en 1200, à enlever les fondations pour en poser de nouvelles. Les fouilles nécessitées par ce travail aboutirent à la découverte de plusieurs sarcophages renfermant des ossements, des instruments de supplices, avec des inscriptions portant la date 142. Les sarcophages étaient au nombre de seize. Ces Martyrs des premiers siècles jouissaient d'un culte immémorial, et cette invention de leurs précieux restes ne fit qu'en accroître. 1200. — A Aquilée et à Rome, les saints martyrs Fortunat, Hermon, Xiste, Martial, Hermogérat, Laurent ; de plus, trois jeunes enfants, Abonde, Innocent et Mérendin. Sous Dioclétien et Maximien. — En Thrace, les saints martyrs Silvain, Sabin et Panthère, qui, après avoir souffert la flagellation, la faim, la soif, les horreurs d'un cachot infect, furent écorchés tout vifs et eurent la tête tranchée. Sous Dioclétien. — A Vérone, en Vénétie, saint Modérat, évêque et confesseur, dont le corps repose dans l'église Saint-Etienne de cette ville. ve s. — A Londonderry, ville et port d'Irlande, saint Eugène de Magher, appelé aussi Eogain, premier évêque d'Ardsrathe et confesseur. Après avoir été emmené par des pirates en Angleterre et en Gaule, il revint dans sa patrie, y fonda plusieurs monastères avec son compagnon, saint Tégernac, et mourut après une vie pleine de vertus, illustrée par des miracles et le don de prophétie. vi^e s. — Dans l'île de Ramsey *(Lemeneia insula)*, sur la côte méridionale du pays de Galles, saint Justinien, solitaire et martyr. Le démon, jaloux de ne pouvoir, malgré ses efforts, réussir à le tenter, persuada à trois de ses disciples d'attenter à la vie de leur maître. Ces misérables, poussés par l'esprit du mal, se jetèrent sur Justinien et lui tranchèrent la tête. Sur le lieu du martyre jaillit soudain une fontaine dont l'eau miraculeuse guérissait les infirmes qui la buvaient avec esprit de foi. 530 ou 540. — A Constantinople, saint Callinique Ier, patriarche et confesseur. Commencement du viiie s. — A Hohenvart, en Bavière, la bienheureuse Richilde, recluse, dont nous avons parlé hier dans le même martyrologe. 1100. — A Brescia, en Italie, le bienheureux Barthélemy de Forest, frère convers de l'Ordre des Servites de la bienheureuse Vierge Marie. Ses reliques, enfermées dans une châsse de bois, sont en grande vénération parmi les habitants de Brescia qui ont obtenu, par son intercession, maintes guérisons miraculeuses. 1489.

---

1. Nous avons donné la vie de saint Hyacinthe au 16 août.
2. Voir, sur ces Martyrs, la note 1 du martyrologe romain du 17 août, t. IX, p. 624.

SAINT SIDOINE APOLLINAIRE,

ÉVÊQUE DE CLERMONT EN AUVERGNE

489. — Pape : Saint Félix III. — Roi de France : Clovis Ier.

> *Sacratissimam doctrinam habet qui docet quod sapit, qui instruit quod sentit, qui docet non modo cognoscere verum, sed apprehendere bonum et amare justum.*
>
> Celui-là possède la sainte doctrine, qui enseigne ce qu'il sait bien, qui communique ce qu'il sent, qui apprend non-seulement à connaître le vrai, mais encore à saisir le bien et à aimer la justice.
>
> *Saint Hilaire.*

Sidoine Apollinaire, évêque de la ville d'Auvergne, naquit dans les Gaules, d'une famille illustre. Ses ancêtres qui brillèrent au premier rang des sénateurs, avaient été successivement préfets de Rome et du prétoire, maîtres des offices et commandants des armées. La cité de Lyon était leur principal séjour. Ils avaient dans ses environs de riches villas. Ils possédaient aussi de grands biens dans l'Auvergne, où les appelèrent souvent des intérêts divers et de nobles alliances.

Sidoine, qui devait être une nouvelle gloire de cette famille, naquit le 5 novembre, vers l'an 430, sous le règne de Théodose le Jeune et de Valentinien III, et sous le pontificat de Célestin Ier. Il reçut les noms de Caïus Sollius Apollinaris Sidonius. Le nom d'Apollinaire lui venait de son aïeul : Sidoine fut proprement le sien. Quelquefois on l'appelait seulement Sollius. C'est sous ce nom que l'ont désigné dans leurs lettres saint Rurice de Limoges et saint Avite de Vienne. Dans l'histoire de l'Église et dans celle des lettres françaises, il est connu sous le nom de Sidoine Apollinaire. Les auteurs ne s'accordent pas sur le lieu de sa naissance. Le Père Sirmond affirme qu'il était originaire de la ville d'Auvergne. On tient plus communément que Lyon fut sa patrie.

C'est dans cette ville que Sidoine passa son enfance : il s'y forma pendant sa jeunesse, à l'étude des lettres pour lesquelles il conserva un goût si prononcé. Il parcourut les diverses branches de l'enseignement gallo-romain, depuis la grammaire et l'éloquence qui en étaient les premiers degrés, jusqu'à la géométrie, la dialectique, l'astronomie et la musique, qui étaient le complément d'une forte éducation littéraire. Sidoine Apollinaire se livra aussi avec ardeur à l'étude des chefs-d'œuvre de la Grèce et de l'Italie : il suffit de parcourir ses œuvres pour reconnaître que ces premiers travaux ne contribuèrent pas peu à enrichir son esprit d'un vaste trésor d'érudition et de connaissances. Il cite dans ses épîtres et ses vers beaucoup d'écrivains, de philosophes, de poëtes ; et les détails dans lesquels il entre, quand il apprécie leur caractère et leurs œuvres, montrent assez qu'il les étudia avec un soin particulier.

L'amour des lettres, qui vint à Sidoine dès les premières années de son éducation, le suivit toute sa vie. Elles remplirent plus tard les loisirs que lui laissaient ses occupations, et lui disputèrent jusqu'à ses heures de repos.

Aussi, quoiqu'il avoue avec candeur qu'il aime les paresseux, il a soin d'ajouter que la paresse ne l'empêche jamais de lire et d'étudier. Ce goût des lettres le portait à veiller à ce qu'elles s'entretinssent au milieu des Gaules par une noble émulation ; il lui fit rechercher avec empressement la compagnie des personnes recommandées par leur science. Car, si la société des hommes illettrés était pour lui une solitude affreuse, celle des hommes éloquents lui semblait un commerce qu'on ne saurait trop estimer. Sidoine Apollinaire aimait surtout la société de Claudien, prêtre savant autour duquel se pressait, avide de l'entendre, une jeunesse studieuse et choisie. Claudien était frère de saint Mamert évêque de Vienne. Adonné dès sa jeunesse, dans les solitudes de Grigny, à l'étude des lettres sacrées et profanes, il devint si habile dans la science chrétienne et la philosophie des Grecs qu'il passait pour le plus bel esprit de son siècle et le plus grand génie de son temps. C'est sans doute alors que Sidoine commença à connaître le frère de Claudien, saint Mamert, ce pontife si recommandable sur le siége de Vienne par sa sainteté et sa vigilance. Sapaude dont l'enseignement faisait la gloire des lettres viennoises, et Salvien, digne ami de Claudien, et dont l'éloquent génie retraçait avec un style de prophète, les triomphes de la Providence au milieu des funérailles du monde romain.

Pendant que Sidoine se livrait à ces travaux d'esprit qui devaient achever en lui une brillante éducation littéraire, il contracta avec plusieurs jeunes Gallo-Romains une amitié solide et vertueuse. Parmi eux il faut comprendre Avite, Probe, Faustin et Aquilin, jeunes seigneurs issus des premières familles patriciennes de la Gaule romaine. Les études n'étaient pas le seul lien qui resserrât cette union. Ils faisaient ensemble diversion aux exercices de l'école par la course, le jeu de dés, la chasse et les bains. Leur jeu favori était celui de la paume, ce jeu si connu des écoles, et dont le jeune Augustin recherchait les innocents triomphes avant la gloire des lettres et celle de l'éloquence.

Sidoine, élevé dans la religion chrétienne, participait à ses fêtes avec bonheur sans doute, non toutefois sans mêler aux réjouissances qu'elles amenaient, les délassements du bel esprit et de l'homme du monde. Mais il était jeune encore, et appartenait à cette pléiade d'adolescents qui suivaient les exercices du forum. Nous le verrons apporter plus tard sur le siége de la ville d'Auvergne ces grandes et mâles vertus qui firent de l'épiscopat le soutien des sociétés défaillantes ; mais qui peut s'étonner que dans sa jeunesse, il se livrât à ces joies publiques auxquelles prenaient part eux-mêmes d'anciens préfets, des sénateurs, des patriciens et des personnages consulaires ! Il était arrivé à cet âge où la vie se présente avec ses gloires et ses illusions. Il lui était donné de mesurer d'un coup d'œil ces vastes administrations de la Gaule où avaient paru ses ancêtres, de considérer ces hauts emplois où les jeunes patriciens pouvaient déployer leurs talents et l'éclat de leur naissance. La vue de ces grandeurs éblouit un instant les regards de Sidoine Apollinaire ; car il conçut le projet d'embrasser la carrière des charges publiques pour y trouver la gloire, et avec elle le moyen d'ajouter à la considération attachée depuis plusieurs siècles au nom qu'avaient porté ses pères. Ce sont des pensées qui lui échapperont à certaines heures, au milieu des vicissitudes et des révolutions du monde. La foi pourra les combattre, l'expérience les modifier ; elles ne disparaîtront sans retour qu'à cette époque de sa vie où, se donnant à Dieu sans partage, il lui sacrifiera, dans l'humilité du sacerdoce, les honneurs du siècle et le reste de ses jours.

Sidoine Apollinaire venait de terminer les études auxquelles se livrait dans son siècle la jeunesse gallo-romaine. Les succès obtenus pendant le cours de son éducation littéraire, l'hérédité des honneurs dans sa famille, une ambition naissante qu'il avoue dans ses lettres ; tout lui inspirait le désir d'égaler ou de surpasser ses ancêtres. Comme l'éloquence et la poésie frayaient souvent la route des charges publiques, et qu'il n'avait pas été rare, au quatrième et au cinquième siècle, que des grammairiens, des rhéteurs, des philosophes et des poëtes fussent arrivés aux premiers emplois de l'empire, Sidoine continua de cultiver les lettres, pour y trouver, outre les charmes qu'elles procurent, un moyen d'atteindre plus promptement ses fins.

Dès son entrée dans la vie politique, Sidoine Appollinaire appartint à cette clase cultivée où se conservaient avec les plus glorieuses traditions du passé, les projets d'indépendance et de vie nationale. Une alliance honorable vint seconder ses espérances, au moment où il songeait à marcher sur les traces de ses aïeux, dans quelque charge du prétoire ou quelque commandement des armées. Il épousa Papianilla, fille du sénateur Flavius Eparchius Avitus, qui s'éleva jusqu'à l'empire par son habileté et ses talents. Si cette alliance fut pour lui un honneur, on reconnut bientôt qu'il en était digne, pour la pureté de ses mœurs et l'éclat de ses talents.

Le spectacle des révolutions de l'Occident où les empereurs se succédaient au milieu des événements les plus tragiques, donna à Sidoine Apollinaire des leçons frappantes sur l'instabilité des grandeurs humaines : il lui en coûta moins de rompre avec ses projets d'élévation. Il se retira dans les domaines que les Apollinaire possédaient en Auvergne et dans la Lyonnaise. Il y trouva un charme jusqu'alors inconnu : ces lieux lui faisaient oublier les revers de la fortune et lui procuraient le moyen d'échapper aux coups que les révolutions frappaient sur l'Empire dont il vit de si près la faiblesse et les malheurs. Nulle retraite ne lui souriait plus que la villa d'Avitacum, que l'on croit être aujourd'hui le village d'Aydat (*Avitac, Avitacus, Avitacum*), situé à quelques lieues de Clermont, au sud-ouest. Ce n'est pas que cette villa eût des perspectives plus riantes, un plus grand nombre de colons, des arpents de terre plus étendus. Ce qui lui donnait, aux yeux de Sidoine Apollinaire, du prix et de la beauté, c'est qu'elle venait de son épouse Papianilla. Là s'écoulèrent ses longues heures : on voit, au soin qu'il a pris de la décrire, qu'il y passait, au milieu des jouissances de la famille et des lettres, ses plus doux instants. Ce qui donnait surtout à cette villa un charme de plus pour Sidoine Apollinaire, c'était la présence des siens : il coulait des jours pleins de calme avec Papianilla, Ecdice, Agricola et ses jeunes enfants, Apollinaire, Alcime, Roscie et Sévérienne.

Sidoine Apollinaire comprenait aussi dans sa famille et ses soins les colons et les tributaires chargés de ses domaines. Le sort des colons, au cinquième siècle, tenait un peu de celui des esclaves. Attachés à la glèbe dans les cultures des grands seigneurs de la Gaule, ils subissaient les conditions de la terre. Bien qu'ils eussent une ombre de liberté, le maître pouvait les vendre avec le sol. Dans cet état précaire, ils devaient soupirer après l'affranchissement qui était pour eux et pour leurs familles un véritable avantage. Sidoine faisait tout pour adoucir l'infortune des colons d'Avitacum et de ses autres terres : il veillait à la sécurité des uns et à l'honneur des autres. Un jour, il apprit que l'esclave d'un de ses amis, nommé Pudens, avait ravi la fille d'un de ses colons : son indignation fut extrême. Pudens, qui connaissait ses sentiments, présuma jusqu'à quel point il serait révolté de cette injustice : il écrivit aussitôt pour lui assurer qu'il n'avait pas connu le dessein du ravisseur ; il joignit à ses excuses des prières pour obtenir le pardon de son esclave. Sidoine ne l'accorda qu'à condition qu'il l'affranchirait, afin que celle qu'il avait enlevée, devînt son épouse légitime, et trouvât dans la liberté une compensation à son déshonneur. En dehors des affaires et des soins de la famille, Sidoine Apollinaire resta, pendant quelques années de sa retraite, tout entier aux lettres, à l'amitié et à ses correspondances. Une exquise sensibilité caractérisait les mœurs sociales de Sidoine : dans des âges qu'on dirait barbares, il corrigeait la politesse grecque et romaine par ce mélange de bonté et de douceur que le christianisme substituait au stoïque orgueil et aux libertés coupables des relations païennes. Toutefois, dans les amitiés, il ne recherchait pas seulement les jouissances délicates du cœur ; il les regardait comme peu solides, quand elles ne reposaient pas sur la vertu et sur une mutuelle estime. Il savait choisir ; son choix tombait toujours sur le mérite. Ses amitiés ne se renfermaient pas dans les secrets du cœur. Semblables à une source qui ne garde pas ses eaux pour elle, elles se répandaient en services et en bienfaits. Par lui-même ou par ses amis, il protégeait les faibles, apaisait les divisions, arrêtait les procès : il se multipliait pour obliger et secourir. Quand on parcourt ses lettres d'amitié, de littérature, de politique et d'affaire, on reste convaincu que la bonté entrait pour une large part dans son caractère et dans les habitudes de sa vie morale. Au milieu des variétés de son existence, un soin, celui des belles-lettres, le captivait toujours. Quand il songeait à la Gaule, sa patrie, il la rêvait docte et polie comme l'Italie et la Grèce : quelquefois il regrettait pour elle les beaux âges de la littérature.

Le christianisme, dont il suivait les maximes, lui apprenait le néant des choses humaines, et quand il voyait l'expérience de son temps confirmer ses oracles, il se livrait à cette réflexion si profonde et si vraie qu'on croirait détachée d'une des plus belles pages de la philosophie chrétienne : « J'ignore si c'est un bonheur d'aspirer à la condition des grands et des princes, toujours est-il que c'est un malheur d'y parvenir ». Cependant les emplois de la haute magistrature se réunissaient en lui aux honneurs du laticlave. Préfet de Rome et du sénat, il était comme le premier citoyen de la ville éternelle, et de cette corporation fameuse qui conservait soigneusement, avec les débris des plus grandes familles, les souvenirs les plus précieux du Consulat, de la République et de l'empire. Confident d'Anthémius, il fut quelque temps l'arbitre des volontés impériales, et, comme si tout eût dû contribuer à son illustration, l'éloquence et la poésie mêlaient leurs lauriers à la trabée du sénateur et à la palmée prétorienne, pour l'entourer de la considération publique, et le recommander à l'estime de ses contemporains.

Ses rêves de jeunesse étaient accomplis. Les honneurs du moins ne corrompirent pas sa vertu ; il remplit ses fonctions, de manière à s'attirer les éloges des hommes les plus vertueux de son siècle. Tous reconnaissaient que c'était moins son faste que ses dignités qui l'élevaient au-dessus des autres. Un des évêques les plus célèbres de la Gaule, Loup de Troyes, se félicitait de le voir parvenu aux plus hautes charges de la cour, et, bien qu'il y eût à craindre que ces grandeurs ne fussent pour lui un écueil, il admirait comment sa prudence le mettait à couvert des séductions qui abondent au pied des trônes. Mais Sidoine Apollinaire ne courut pas longtemps ces périls d'un nouveau genre. Satisfait des distinctions qu'il avait reçues, il quitta la cour (469), salua la ville des Césars qu'il ne devait plus revoir, et se hâta de regagner les Gaules, qu'il trouva infestées de Barbares et sous le poids des terreurs que répandait Euric, le nouveau roi des Visigoths.

Mais ce qui frappe le plus dans Sidoine Apollinaire, à cette époque, c'est le passage d'une vie quelque peu élégante et mondaine à une vie sur laquelle les idées de la foi exercent une action plus profonde. Ses lettres et les poésies qui lui échappent nous révèlent le travail intime qui s'opérait dans l'âme du patricien et du poëte. Les hautes réflexions auxquelles le christianisme élevait les intelligences cultivées du temps, lui deviennent plus familières. Le descendant des préfets du prétoire suit d'un regard attentif, au milieu des révolutions sociales qui emportent tout le passé des institutions et des mœurs publiques, le progrès et le développement de ces idées chrétiennes qui apportaient au monde de nouvelles destinées et des gages plus réels de salut. Si on le voit sur le seuil des villas patriciennes, on le voit aussi dans les basiliques catholiques, mêlé à la foule qui croit et qui prie. La visite des saints évêques de la Gaule comme ceux de Bordeaux, de Narbonne, de Lyon et de Riez, ne figure pas moins dans ses relations privées que celle des grands personnages du prétoire et de l'Occident. Le Christ est plus souvent invoqué dans sa prose et ses vers.

Le jeune Apollinaire, son fils, étant parvenu à un âge où il fallait sérieusement s'occuper de son esprit et de ses mœurs, Sidoine voulut l'initier lui-même au secret des belles-lettres. Il commençait à le préparer à l'intelligence des écrivains de Rome et d'Athènes, lui faisait remarquer les beautés de leurs écrits, et lui inspirait un goût particulier pour les chefs-d'œuvre de ces deux littératures. Cette éducation se faisait sous les auspices du Christ, et sous l'influence de cette morale évangélique dont les maximes pénétraient de tous côtés dans l'intérieur des familles plébéiennes et consulaires. Sidoine, qui n'attachait pas moins d'importance aux mœurs d'Apollinaire qu'à la culture de son esprit, lui enseigna de bonne heure les principes d'une véritable sagesse, et c'est pour les lui rendre plus sensibles qu'il lui proposait comme modèles les citoyens vertueux dont les actions pouvaient servir d'exemple, et qu'il lui défendait la compagnie des personnes débauchées dont les discours auraient pu le corrompre.

Sidoine Apollinaire offrait alors dans sa personne une image de l'influence que le christianisme exerçait sur les âmes pénétrées de ses maximes. Le monde n'avait plus pour lui les séductions qui tentèrent sa jeunesse, et, satisfait au-delà d'avoir égalé ses ancêtres en dignités, il ne songea plus qu'à les surpasser en mérites devant Dieu. Ce n'est pas sans quelque admiration que le clergé et les fidèles de l'Auvergne voyaient le gendre d'Avitus, le préfet de Rome, le poëte patricien, pratiquer avec constance les austérités de l'Evangile, si opposées aux habitudes de mollesse et d'élégance du patriciat romain. Aussi, à la mort d'Eparque, en 471, tous les yeux se portèrent sur lui, et d'une voix unanime on le désignait pour son successeur.

L'Auvergne se trouvait alors dans des conjonctures difficiles. Les Barbares cernaient partout ses frontières, et les Visigoths, exaltés par l'arianisme d'Euric, la menaçaient dans sa foi plus chère que ses libertés. Elle ne pouvait compter sur les secours de Rome, sur les résolutions énergiques de la curie, ni sur l'alliance des Burgondes, toujours pleine d'incertitude. Alors que tant d'autres provinces avaient trouvé leur salut dans le courage et la sainteté de leurs évêques, n'était-ce pas un parti sage que de remettre entre les mains de Sidoine Apollinaire les intérêts de la foi et de la chose publique, en l'appelant à l'épiscopat ? Tout la rassurait dans un choix pareil ; la vertu et le savoir de Sidoine, la considération personnelle qu'il s'était acquise dans la Gaule romaine, l'ascendant qu'il avait eu par intervalles sur l'esprit des Barbares, et surtout son dévouement connu à la cause de la religion et de la patrie.

On sait que le clergé et les fidèles voyaient alors sans trop de répugnance la direction des églises confiée parfois à des hommes jusque-là engagés dans les liens de la famille et le mouvement des affaires civiles, quand d'ailleurs ils unissaient à une vertu éprouvée les connaissances requises pour une charge si élevée. Ceux-ci, d'un autre côté, abandonnaient aussitôt les honneurs du prétoire ou les travaux du forum, pour ne plus consacrer leur existence qu'au salut du troupeau spirituel dont ils devenaient les chefs et les gardiens.

A peine Sidoine eut-il appris cette détermination du clergé et des fidèles, qu'il se livra aux sentiments d'une humilité profonde. Il ne pouvait songer au fardeau dont il venait d'être chargé, sans être saisi d'une sainte frayeur. Ses alarmes transpirent dans les confidences de cette époque. « Malgré mon indignité », écrit-il à son cher Apollinaire de Voroange, « on m'a imposé le fardeau d'une profession sublime, à moi malheureux qui, forcé d'enseigner avant d'avoir appris, et osant prêcher le bien, avant de le pratiquer, suis semblable à un arbre stérile qui, n'ayant pas des œuvres pour fruit, ne donne que des paroles pour feuilles ». Dans une lettre à Avite, son parent et son ami, il déclare qu'il ne méritait pas d'être mis à la tête de l'église d'Auvergne. Ailleurs, il se recommande à Fontée, évêque de Vaison, qui avait toujours été pour sa famille un puissant patron dans le Christ, et réclame l'appui de ses prières, parce qu'on lui a imposé le titre et les devoirs d'évêque, quoiqu'il fût indigne de le porter et de le remplir. Il gémit, en écrivant à Loup de Troyes, de ce que ses crimes lui ont valu pour châtiment l'épiscopat, et de ce qu'ils le contraignent à prier pour les péchés des peuples, lui pour qui les supplications d'un peuple innocent obtiendraient à peine miséricorde.

Sidoine Apollinaire accepta le gouvernement spirituel de l'église arverne avec une grande humilité, et baissa sa tête sous le joug du sacerdoce, plein de confiance en Celui qui l'avait arraché aux préoccupations du siècle, pour lui donner une part insigne dans l'héritage de ses pontifes. S'il connaissait son indigence spirituelle, il savait aussi, avec Paulin de Nole, que Dieu, qui donne la sagesse aux plus simples, saurait glorifier en lui les hautes fonctions dont il l'avait investi, et le rendre digne de ses devoirs, malgré son indignité. Il fut élevé sur le siège de la ville d'Auvergne, en l'année 472. On connaît la date précise de son élection, parce qu'il dit lui-même que Loup de Troyes avait alors quarante-cinq ans d'épiscopat. Or, on sait d'une manière certaine que saint Loup fut nommé évêque de Troyes, en 427. Mais l'histoire ne nous a transmis rien de particulier sur les circonstances de cette élection.

A peine la nouvelle de son élection fut-elle répandue dans la Gaule chrétienne, qu'elle y causa une grande joie. L'église d'Auvergne attendait beaucoup de cet éminent personnage, dont la naissance et les dignités occupées dans le siècle donneraient un lustre de plus à son administration spirituelle, pendant que ses richesses viendraient alimenter la source des aumônes publiques. Elle pouvait espérer, en outre, que sa vertu et son courage la préserveraient des malheurs dont les Barbares la menaçaient, et que la haute influence qu'il avait acquise dans la direction des affaires occidentales, serait une forte barrière à opposer à l'arianisme visigoth.

Les autres églises applaudirent à ce choix, et les principaux évêques de la Gaule, qui connaissaient Sidoine Apollinaire par lui-même ou par cette renommée que ses qualités avaient au loin répandue, tirèrent les meilleurs augures de son épiscopat. Patient, Euphrone d'Autun, Fontée de Vaison, Fauste de Riez, Mamert de Vienne, et tous les doctes prêtres qu'il avait connus, se joignirent aux familles chrétiennes du patriciat gallo-romain pour entourer de leurs prières et de leurs vœux les premiers pas du nouveau Pontife dans cette milice sacrée où il aura désormais à défendre la plus sainte des causes, celle de Dieu et de son Église.

Mais parmi les évêques qui lui écrivirent pour lui témoigner la joie qu'ils avaient de sa promotion, et l'exhorter à remplir dignement les fonctions auxquelles il avait été appelé, aucun témoignage ne dut le toucher plus profondément que celui de Loup de Troyes, regardé alors comme le père des évêques, moins à cause de sa vieillesse qu'à raison de ses vertus qui le rendaient si vénérable aux yeux de la Gaule chrétienne. Une amitié commencée dans le siècle l'unissait à Sidoine Apollinaire. Il le suivait d'un regard de père, à travers les vicissitudes de sa vie politique. Quand il apprit qu'il avait embrassé le sacerdoce, il ne put contenir ses transports, et lui écrivit aussitôt une lettre, qui est un des plus beaux monuments de sa charité et de son éloquence. Elle respire la tendresse la plus vive et la foi la plus profonde. Il voyait, dans l'avénement de Sidoine à l'épiscopat, un motif de consolation pour l'Église au milieu de ses maux, et pour Sidoine lui-même, une occasion de s'élever par l'humilité à une grandeur inconnue des hommes, mais la seule qui fût solide aux yeux de Dieu. Il joignait à cela des conseils qu'il confirmait par l'autorité de son grand âge, et semblait le désigner pour héritier de ses travaux apostoliques, dans cette église des Gaules, toute pleine de ses vertus et de son nom.

Sidoine Apollinaire comprit que les vertus morales qu'il avait pratiquées dans le siècle n'étaient plus dignes de son nouvel état, et il travailla à obtenir cette sainteté de vie, qui seule lui parut conforme à son ministère. Son âme était saisie de douleur et de regret au souvenir de ses fautes et de ces années écoulées au sein d'une existence délicate et mondaine. Dès lors, la pénitence devint son refuge, et, plus d'une fois, son repentir se trahit par des larmes abondantes.

Occupé tout entier à changer ce qu'il appelait « la perversité de ses mœurs », il entrait dans le fond de cette vie religieuse qui réveillait en son âme des sentiments nouveaux. Une foi profonde lui fit surtout appréhender les jugements de Dieu. Quand il vit de plus près, à la lumière de l'Évangile, ce qu'il fallait de sainteté à un chrétien et à un évêque, et quand il comprit que ces années qu'il avait passées dans les soins de la poésie profane et la poursuite des honneurs seraient peut-être d'un poids léger dans la balance de ses destinées éternelles, il se prit à trembler. « Ma conscience est chargée », écrivait-il à Euphrone, « et, si je suis un clerc nouveau, je suis un vieux pécheur ».

L'espérance que Dieu regarderait son repentir le rassurait dans les troubles de son âme. Il avait la confiance, écrivait-il à Polème, de trouver auprès du Christ un remède à ses maux, en dévoilant à ce médecin céleste tout le fond et toute la corruption de sa conscience. Ailleurs, dans une lettre à Principe de Soissons, il déclarait que son unique désir était de recevoir, au jour sacré du jugement, le pardon de ses fautes. Son humilité le portait à ne voir en lui qu'un abîme d'iniquités. Dans le sentiment de son impuissance, il ne voulait croire à l'efficacité de ses prières ; il aimait à recourir à celles des autres. « Demandez à Dieu », écrivait-il à un de ses collègues dans l'épiscopat, « que, par une mort désirable et pieuse, il me délivre des angoisses et du fardeau de la vie présente ». Puis, dans une épître à Fontée de Vaison : « Je suis obligé », lui disait-il, « de réclamer l'appui de vos prières, quand je songe aux fonctions dont je suis investi, moi le plus indigne des mortels, afin qu'elles puissent fermer les cicatrices béantes de ma conscience ulcérée. C'est pourquoi, en me recommandant à vous, je vous supplie avec instance de soutenir, par votre intercession dont la force est si puissante, les faibles débris de notre ministère sacré ».

Tel apparut Sidoine Apollinaire, dès les premiers jours de son épiscopat. Il eut aussi de nouveaux devoirs à observer dans ses rapports de famille. S'il lui était permis de continuer ses soins de père envers ses enfants, l'Eglise lui interdisait ses rapports d'époux avec Papianilla ; car, en vertu d'une discipline qui remontait aux âges apostoliques, elle imposait la continence à ceux qui s'engageaient dans le sacerdoce. C'était une loi positive que nul ne pût être évêque, prêtre ou diacre, s'il n'était ou vierge ou veuf, ou s'il ne s'astreignait à une éternelle continence. Cette discipline du célibat, établie pour élever le sacerdoce à cette haute sphère de pureté que réclament les divins mystères, fut souvent rappelée par les conciles et les Papes. L'Eglise d'Occident en fit une des maximes les plus inviolables de sa législation, et la Gaule chrétienne révérait à tel point cette discipline, qu'elle semblait, à ses yeux, tenir au fond même du sacerdoce.

Sidoine Apollinaire, une fois engagé dans le sacerdoce, vécut avec Papianilla comme avec une sœur. On sait qu'elle lui laissa le soin de ses affaires temporelles ; mais on ne voit nulle part que la fille d'Avitus ait rompu complétement avec le monde pour embrasser cette vie monastique qui offrait un port assuré à tous les âges et à toutes les conditions. Il est plus probable que, retirée dans la ville d'Auvergne, elle partagea son existence entre les soins qu'elle devait à ses enfants, et les habitudes de piété qui lui devinrent encore plus familières. Là, elle voyait dans les familles curiales et consulaires qui étaient l'ornement de la cité, de riches veuves qui se dépouillaient de leurs biens au profit des pauvres et des églises, des matrones d'une grande vertu, et dans le commerce de cette sainte amitié, à la vue de Sidoine Apollinaire qui devenait chaque jour un modèle plus parfait, elle s'associait à toutes les œuvres chrétiennes et mettait dans la religion son bonheur et son amour.

Sidoine Apollinaire tournait de ce seul côté son ambition et ses vœux. Ce n'était plus assez pour lui d'avoir quitté le monde et ses biens : il voulait atteindre à une perfection plus haute, afin de mériter ailleurs que sur la terre une plus honorable récompense. Il savait que le triomphe de l'athlète n'est pas assuré, par cela même qu'il s'est dépouillé de ses vêtements pour commencer la lutte, mais que la couronne ne l'attend qu'après un glorieux combat.

Dès que Sidoine Apollinaire fut sur le siége épiscopal de l'Auvergne, il n'omit rien pour se mettre à la hauteur de son nouveau ministère. Persuadé que le moyen le plus efficace d'édifier les âmes était de se sanctifier lui-même, il entreprit sans retard cette rude et belle tâche. Il aimait à se dire, comme Paulin de Nole, aux premiers jours de son sacerdoce : « Maintenant que nous sommes délivrés du poids des choses étrangères, nous devons consacrer à Dieu tout ce qui est véritablement à nous, c'est-à-dire lui offrir en sacrifice, ainsi qu'il est écrit, notre cœur, notre âme, notre corps, et faire de nous un temple saint. Car nous ne possédons pas seulement de l'argent, des terres et des autres biens extérieurs : nous avons d'autres biens qui sont nos habitudes et les désirs de notre cœur. Vendre ces biens par la mortification, c'est réellement se dépouiller soi-même ». Toutefois, la mission de l'évêque ne se bornait pas uniquement à tendre au sommet de la perfection chrétienne. Chargé de la conduite des peuples dans la direction de leurs voies morales et religieuses, il devait à chaque instant étendre sa sollicitude sur leurs besoins, les éclairer de ses conseils, et verser du fond de son cœur, comme d'une source intarissable, les consolations les plus touchantes sur les misères les plus profondes. Ainsi l'Eglise mesurait l'étendue de ses devoirs sur la hauteur même de sa dignité. Elle lui remettait le soin de toutes les institutions chrétiennes, des abbayes, des monastères, des associations religieuses du diocèse ; et de plus, dans les relations qu'il devait avoir avec les divers membres de son troupeau, elle le constituait le père des pauvres, le soutien des veuves et des orphelins, l'espoir des affligés et le refuge des malheureux.

Sidoine Apollinaire connaissait la nature et l'étendue de ces obligations quand il fut appelé au gouvernement de l'Eglise d'Auvergne. Ce fut à les remplir qu'il mit désormais tous ses soins. Embrassant d'un coup d'œil sûr et rapide les intérêts spirituels et civils de ses chers Arvernes, il voulut être leur père et leur soutien dans les conjonctures difficiles où ils se trouvaient. Rien ne rebuta son zèle et son courage, ni la vaste étendue de son diocèse, ni les efforts que le Polythéisme et le Druidisme faisaient pour revivre, ni les clameurs menaçantes que faisaient entendre les Visigoths postés derrière les Cévennes.

Il se devait d'abord à son Eglise. Comme la religion commençait à y fleurir, il fallait entretenir et développer les semences de la foi, veiller sur la ferveur des monastères qui étaient de vrais foyers de culture morale et littéraire, fonder de nouvelles communautés chrétiennes, diriger les clercs selon les règles d'une prudence consommée, et répandre les lumières de l'Evangile dans les coins de terre qui restaient à l'idolâtrie. Pour connaître les besoins de son peuple et pour mieux y remédier, il parcourut les différentes parties de son diocèse, gagnant les peuples par le charme de ses vertus et de ses bienfaits, les instruisant par de solides discours, et les prémunissant par l'exposition de la véritable doctrine contre les séductions de l'Arianisme qui avait déjà perverti beaucoup d'esprits, surtout dans les provinces qui relevaient des Visigoths et des Burgondes. L'Auvergne ne comptait pas moins sur Sidoine Apollinaire pour la défense de sa liberté chaque jour menacée par de cruels et terribles voisins.

On pouvait, en effet, chaque jour s'attendre à une attaque des Visigoths, ou recevoir le contre-coup des événements les plus imprévus qui s'accompliraient au sein du gouvernement impérial. L'Italie ne goûtait plus aucun repos, et l'ombre de la guerre civile ne cessait d'errer autour des remparts de Rome. Bientôt Anthémius fut massacré par les ordres de Ricimer et Rome dévastée. La Gaule se ressentit de cette révolution. Euric, trouvant le champ libre pour ses conquêtes, n'écouta plus que son ambition et son fanatisme, et pesa de tout le poids de ses rigueurs et de ses menaces sur les provinces qui n'avaient accepté qu'à regret sa domination. La situation de la Gaule méridionale fut des plus déplorables sous ce prince violent et sanguinaire. Il poursuivait de sa haine tous ceux qui restaient attachés à la cause romaine, et marquait surtout ses victoires et ses excursions par le ravage des églises. Persuadé qu'il devait à son zèle pour l'Arianisme le succès de ses desseins et de ses entreprises, il persécutait sans relâche les catholiques de ses Etats. Dans son acharnement, il s'attaquait de préférence aux évêques comme à la source du sacerdoce, et les condamnait à l'exil ou à la mort. La Novempopulanie et les deux Aquitaine furent surtout le théâtre de cette persécution. Les évêques Crocus et Simplice furent violemment arrachés à leurs siéges et jetés loin de leurs diocèses. Ceux de Bordeaux, de Périgueux, de Rodez, Limoges, Gabale, Eause, Bazas, Comminges et Auch, furent massacrés avec beaucoup d'autres, parmi lesquels il faut comprendre Valère d'Antibes, Gratien de Toulon, Deutérius de Nice et Léonce de Fréjus.

Ce qui augmentait le mal tous les jours, c'est qu'il n'était pas permis de combler le vide causé par la mort des pontifes, et de les remplacer par de nouveaux évêques qui pussent conférer les ministères des ordres inférieurs. Aussi la désolation et le deuil régnaient partout dans les diocèses et les paroisses. Le faîte des temples menaçait de s'écrouler ; la fureur des Visigoths s'était déchaînée jusque sur les portes qu'ils avaient enlevées, en sorte que des ronces et des épines croissaient sur le seuil des basiliques et en fermaient l'entrée. Les troupeaux eux-mêmes venaient se coucher au milieu des vestibules entr'ouverts, ou pénétraient dans l'intérieur du sanctuaire pour y brouter l'herbe qui tapissait les flancs des autels sacrés.

La solitude ne régnait pas seulement dans les paroisses des campagnes, mais encore dans les églises des villes où les réunions devenaient très-rares. Un coup mortel était porté à la discipline. Le souvenir même des prières publiques tendait à s'effacer, et comme les clercs qui venaient à mourir ne recevaient aucun successeur de la bénédiction épiscopale, le sacerdoce et la religion, les sacrements et le culte du catholicisme, tout dans ces malheureuses églises se confondait dans une ruine commune. Rien n'était lugubre comme l'image de cette désolation spirituelle. A cette vue, les peuples se désespéraient de la perte de la foi, et tombaient dans une telle désolation que les hérétiques eux-mêmes en auraient été attendris.

Sidoine Apollinaire, témoin de cette persécution, ressentit une profonde affliction, quand il vit les Visigoths s'établir au milieu du sang des fidèles, et sur les ruines de la foi catholique. L'évêque ne voyait plus que les malheurs de l'Eglise, et dans les coups qu'Euric portait à l'Eglise des Gaules, il appréhendait moins ceux qui frappaient les murs des Romains que ceux qui atteignaient les lois chrétiennes. La pensée que l'Auvergne échapperait à ces calamités le soutenait au milieu de la terreur qui avait envahi les esprits. Mais jusqu'à quel point pouvait rassurer l'ombre de liberté qui restait encore, quand on savait que les Visigoths, impatients dans les limites de leur Septimanie, n'attendaient plus qu'un moment favorable pour occuper ce coin de terre qui excitait leurs convoitises?

Le Berry, déjà ravagé par les armées d'Euric, jouissait encore comme l'Auvergne de son indépendance. Ce fut à l'ombre de cette liberté éphémère que les Bituriges se hâtèrent de pourvoir aux besoins spirituels de leur Eglise, où la mort d'Eulodius venait de laisser vacant le siége épiscopal. Comme l'épouvante était aux portes de tous les diocèses de la Gaule centrale, il importait de nommer aussitôt un successeur à Elodius, de crainte que, si l'ennemi venait à envahir le pays, il ne réduisît l'Eglise de Bourges aux dernières extrémités, en la condamnant à un long veuvage. Le clergé et les fidèles se rencontrèrent dans la même pensée, et il ne fut plus question que d'élire le métropolitain de la première Aquitaine.

Sidoine Apollinaire était naturellement le premier arbitre de cette élection, comme étant le premier suffragant de la métropole. Il se rendit seul à Bourges ; mais sa douleur fut grande quand, arrivé dans la cité des Bituriges, il la trouva pleine de séditions. Le peuple était divisé en plusieurs parties : il y avait une telle foule de compétiteurs, que deux bancs n'auraient pu contenir les nombreux candidats d'un seul siége. Comme chacun se croyait seul digne de l'épiscopat, ils fomentaient des discordes, dans la pensée d'assurer à leurs brigues un succès plus facile et plus prompt. Loin de fuir une charge, dont la pensée seule faisait trembler les plus dignes, ils la recherchaient avec un empressement sacrilége, et quand ils auraient dû apporter ces dispositions de foi et de piété, les seules qui convinssent à ces délibérations où il s'agissait des plus chers intérêts de l'Eglise de Bourges, ils ne laissaient voir que légèreté, impudence et hypocrisie. Plusieurs ne rougirent pas d'offrir de l'argent pour obtenir cette dignité.

Sidoine Apollinaire fut indigné à la vue d'un pareil spectacle. Avec l'idée qu'il s'était faite de la sainteté de l'épiscopat, il ne supposait pas qu'on pût y arriver par d'autres moyens que la régularité des mœurs et une grande humilité unie à une science peu commune. Sans se laisser gagner par aucun des partis qui s'agitaient, il résolut de choisir pour évêque le sujet le plus digne et celui qui pût administrer avec la prudence que réclamait la difficulté des temps. Il y mit le zèle et le discernement que demandaient de pareilles conjonctures. Il voulut connaître d'abord les sujets qu'on proposait, et apprécier par lui-même les véritables dispositions des esprits. Après avoir pris les mesures conseillées par la prudence, Sidoine Apollinaire employa tous les moyens pour faire tomber les intrigues et apaiser les factions. Il parvint à obtenir du peuple qu'il renoncerait à son propre jugement pour s'en remettre à la décision épiscopale. Sa conduite et sa sagesse inspirèrent au plus grand nombre une entière confiance. Il déclara qu'après un mûr examen de sa personne et de sa vie, il se prononçait pour Simplice, comme étant l'homme le plus capable de gouverner la métropole de la première Aquitaine. Sa décision fut agréée par le clergé et le peuple, et Simplice fut nommé évêque. Sa consécration se fit quelques jours après, par les soins d'Agrèce et de Sidoine Apollinaire. Sa mission terminée, il revint dans son diocèse, où l'attendait son peuple, impatient de jouir des bienfaits de son administration et du spectacle de ses vertus privées.

De retour dans son Eglise, Sidoine Apollinaire se consacra tout entier à ses devoirs et au salut de son troupeau. Si, d'une part, il travaillait à préserver les fidèles de la contagion de l'erreur, de l'autre, il ne cessait de relever les courages souvent déconcertés par les progrès alarmants des Barbares. L'Auvergne se reposa sur sa vigilance ; et il en aurait assuré le repos et la liberté, si la sainteté et le dévouement eussent suffi pour opérer un tel résultat. Un changement sensible se fit dans son esprit. Autant il s'était adonné aux sciences profanes, autant, une fois engagé dans le sacerdoce, il se livra à la science chrétienne, à la science de Dieu. Il ne vit plus dans les charmes de l'éloquence humaine que des rêves brillants capables de séduire de jeunes intelligences ; il lui semblait qu'admis à l'école de la véritable sagesse, il ne devait plus lire et composer que des écrits sérieux.

Sidoine consacra les premières études de son épiscopat aux saintes Ecritures, et dut aux méditations qu'il en fit d'en saisir le sens et l'esprit. Il ne voulut pas s'aventurer seul au milieu des sentiers de l'herméneutique qu'il n'avait pas encore explorés ; il prit avec lui Origène et Jérôme qui passaient pour les commentateurs les plus estimés et les plus étendus. Il étudia leurs ouvrages, et acquit bientôt lui-même, dans la connaissance des Ecritures, une telle renommée, que les évêques les plus anciens de la Gaule, et les personnages élevés en dignité, le consultaient sur les passages les plus difficiles, et le priaient de leur envoyer des commentaires. Il n'ignorait pas que les saintes Ecritures renfermaient la vraie doctrine du ciel, et c'est à cette source qu'il puisait abondamment les eaux de la vérité et de la grâce, afin de les répandre à flots plus larges sur le cœur des autres. Aussi, dans ce genre de savoir, ses connaissances devinrent fort étendues; il passa même pour un des plus habiles interprètes que possédât la Gaule chrétienne. Un grand avantage qu'il en recueillit, ce fut cette science même du christianisme dont les docteurs de l'Eglise avaient rempli leurs écrits, et à laquelle il ne fut guère préparé par sa vie politique et ses études profanes. Mais comme la dogmatique devait avoir une large place dans les connaissances d'un évêque, il s'y perfectionna en étudiant ces chefs-d'œuvre où les Pères des premiers siècles creusèrent ce vaste sillon d'où la théologie fit éclore ces magnifiques *Sommes* qui renferment dans un admirable ensemble toute la doctrine du catholicisme.

Les églises gallo-romaines, évangélisées la plupart par des évêques orientaux, comme Irénée, Pothin, Saturnin, Crescent et Trophime, avaient adopté les liturgies d'Orient, mais non sans doute, sans quelques altérations. Le besoin d'une plus grande unité se fit sentir, dès le v° siècle : on comprit du moins la nécessité de réunir en un seul et même corps toutes les prières de la liturgie, afin de les fixer plus sûrement par le moyen de l'écriture ; et, dans beaucoup de diocèses, on chargea de ce soin les hommes les plus érudits. A Vienne, Claudien Mamert se dérobait souvent à ses travaux de philosophie pour s'occuper à régler l'office divin, et à marquer les leçons qui devaient se dire aux principales fêtes de l'année. A Marseille, Musée, un des prêtres les plus distingués de cette ville, se livrait aux mêmes études. Pour l'Eglise d'Auvergne, ce fut Sidoine Apollinaire qui entreprit lui-même cette œuvre. Il recueillit tous les monuments de la liturgie, disposa avec ordre les leçons des Prophètes, des Evangiles et des Apôtres, et, les joignant au canon apostolique avec les prières qu'il avait composées, il fit, à l'usage de son Eglise, un Missel ou Sacramentaire dont se servit Grégoire de Tours et qu'il enrichit d'une préface.

Quant à la poésie profane qui tant de fois occupa ses loisirs, il y renonça dès le commencement de son nouveau ministère. Sa profession d'évêque lui semblait trop grave pour qu'il se permît encore ces exercices de l'imagination où le feu, le mouvement et la légèreté de la poésie ne se concilient pas toujours avec les occupations sérieuses du sacerdoce. La gloire des vers le touchait moins que la pensée de l'éternité, et, quoiqu'il reconnût que la poésie pût être, dans le siècle, un délassement utile et agréable, il ne la croyait plus digne maintenant d'occuper son esprit. C'était le temps, selon lui, de songer à la vie éternelle plutôt qu'à une renommée durable, et de se souvenir qu'après la mort, ce ne seront point nos ouvrages, mais nos œuvres qu'on pèsera. Aussi ne songeait-il à quelques-unes des productions de sa jeunesse, que pour témoigner son regret de les avoir composées. Mais tout en abandonnant la poésie profane, il se réserva de reprendre ses chants pour célébrer les Saints et les Martyrs.

Sidoine Apollinaire, qui savait apprécier les vertus des autres, en pratiquait aussi de solides sur le siège épiscopal. Il s'attacha surtout à y mener une vie conforme à sa vocation. Grégoire de Tours nous apprend une particularité qui honore le généreux évêque. Celui-ci avait dans sa maison une riche vaisselle d'argent qui avait servi autrefois à orner sa table de sénateur et de préfet. Il trouva ces meubles superflus pour un évêque qui avait embrassé la pauvreté évangélique ; et, comme dans la ville d'Auvergne il y avait bien des pauvres manquant de nourriture et de vêtements, il crut faire un meilleur usage de ces trésors du siècle, en les répandant en aumônes sur les membres indigents de son Eglise. Souvent on le vit en secret emporter de chez lui ses vases d'argent et les distribuer aux pauvres. Papianilla, qui restait l'intendante et l'économe de sa maison, ne partageait pas avec Sidoine ces goûts de désintéressement et de charité, et, plus d'une fois, elle le blâma de ses libéralités qu'elle trouvait indiscrètes. Sidoine aimait la paix, il avisa au moyen de tout concilier ; il rachetait les meubles et les remettait à leur place, pour complaire à Papianilla ; mais il en laissait le prix aux pauvres, pour mieux consulter ses intérêts et les leurs.

La fortune, si vantée par les hommes, ne provoqua plus désormais ses désirs. Loin de souhaiter les biens qu'il ne possédait pas, il regardait comme un profit celui de ne pas perdre ceux qui lui appartenaient. Dans son mépris des richesses, il croyait que c'était une fausse sagesse qui leur avait fait donner le nom de biens. Sa table devint d'une grande frugalité, et il pratiqua la mortification jusqu'à jeûner de deux jours l'un. Son âme recherchait de préférence la nourriture divine, et il aimait mieux se désaltérer aux sources de la vérité et de la grâce.

Sa ferveur égalait son austérité. Quoiqu'il fût dans le commerce de la vie toujours aimable, et qu'il regardât comme inutiles les larmes versées hors de la prière, il en répandait d'abondantes devant les autels, au souvenir de ses fautes, et à la vue de l'ingratitude par laquelle tant d'hommes du siècle répondaient aux bontés de Dieu. Dans l'ardeur de sa piété et de son zèle, il songeait à apaiser la colère divine. Aussi lui rendait-on ce témoignage, que le ciel, touché de ses prières, devenait plus favorable, non-seulement à ses amis, mais encore à ceux qu'il ne connaissait pas. Sa charité ne savait pas de bornes ; il accordait l'hospitalité à tout le monde. Généreux et affable, il traitait bien ses hôtes ; aussi disait-il dans un de ses moments de belle humeur que nul n'avait frémi devant sa table, comme devant l'antre de Polyphème. Sa bonté et sa mansuétude parurent plus que jamais dans ses relations et ses habitudes. Ses serviteurs et ses esclaves en ressentirent le bienfait. Sa clémence à leur égard prévalait même sur les droits de la justice. Il aimait mieux qu'ils ne fussent pas punis à chaque faute qu'ils pouvaient commettre, que s'ils eussent été toujours châtiés, comme ils le méritaient. L'étude et la lecture prenaient les instants qu'il ne consacrait pas à son ministère, sans que jamais l'amour du repos lui fît abandonner ses chères occupations.

Tel fut Sidoine Apollinaire dans sa vie privée. S'il ne retraçait pas la personne d'un religieux, du moins, tout dans sa conduite en présentait une fidèle image. Le désir qu'il avait d'avancer dans la vertu le portait à imiter ceux en qui il découvrait des qualités supérieures. Il ne choisissait pas seulement ses modèles dans les rangs de l'épiscopat ; s'il trouvait dans la vie civile des citoyens honorables et vertueux, il aimait à reproduire dans sa conduite ce qu'il trouvait en eux d'estimable.

Le regret que Sidoine Apollinaire conçut d'avoir dépensé une partie de sa vie dans les frivolités du monde, les austérités qu'il pratiqua, les violences qu'il fit à sa nature, le poids de sa conscience joint au fardeau de son nouveau ministère, altérèrent ses forces, et il en ressentit une fièvre qui le conduisit jusqu'aux portes du tombeau. Il revint de cette grave maadie; mais à peine rétabli, il résolut d'employer les jours que Dieu lui laissait, à effacer jusqu'aux dernières traces de ses crimes, comme il le disait, de crainte que la vie qui lui avait été donnée ne fût plutôt la mort de son âme.

Sidoine Apollinaire continua, dans l'épiscopat, ses relations avec Euphrone d'Autun, Perpétue de Tours et Loup de Troyes, ses maîtres et ses modèles. Ils étaient alors les vétérans de l'épiscopat, et formaient avec Patient de Lyon, Mamert de Vienne, Auspice de Toul, Fontée de Vaison, Léonce d'Arles et Fauste de Riez, un sénat de pontifes qui devaient à une pratique consommée des affaires chrétiennes et à l'autorité de leurs vertus, une large influence dans la conduite de l'esprit moral et religieux de leurs contemporains. Divers motifs de charité ou de religion, de justice ou d'amitié, le mirent aussi en relation avec d'autres évêques dont la vie a laissé des traces moins durables. De même que, dans le siècle, Sidoine Apollinaire employa son crédit et celui de ses amis, pour soutenir l'innocence et protéger la faiblesse, de même, dans l'épiscopat, il recourut à l'autorité de ses collègues, pour qu'ils usassent, en faveur des orphelins et des veuves, des opprimés et des faibles, du noble privilège qu'ils avaient de juger et d'accommoder les différends portés à leur tribunal.

Comme, à cette époque, les évêques étaient devenus les soutiens et les sauveurs de la société, et qu'ils protégeaient d'une manière efficace le salut politique et les libertés des peuples, les Arvernes se tournèrent vers Sidoine Apollinaire, quand, aux approches de l'année 474, ils virent les Visigoths déterminés à franchir les limites qui arrêtaient au pied des Cévennes le cours de leurs fureurs, et quand ils entendirent les cris de menaces qu'ils proféraient contre le dernier peuple resté fidèle à la patrie romaine.

Alors on vit l'évêque citoyen raffermir le courage de son peuple, et consacrer à la défense de sa religion et de sa liberté son courage et sa vie. Il mesura l'étendue du péril que couraient l'indépendance et la foi de l'Auvergne; il se fit aussitôt l'homme de la cité, et réunit son peuple dans une idée commune de dévouement et de résistance, afin d'opposer à la violence et à l'hérésie le rempart de la conscience et du droit.

Une trêve ayant été conclue à la fin de l'année 474, les Visigoths devaient se contenir dans les bornes de leur Septimanie [1], et les Arvernes pouvaient jouir en sécurité, dans l'étendue de leurs anciennes limites, de leurs droits de citoyen romain. Quelle que fût l'incertitude de cette paix avec une nation aussi prompte à violer les traités qu'à les conclure, Sidoine Apollinaire en profita pour relever le courage de son peuple, réparer à la hâte les maux de l'Eglise et du pays, et pour étendre ses bienfaits sur tous ceux qui avaient eu à souffrir de ces dernières guerres. Semblable au pasteur qui s'informe avec soin des brebis dispersées par la terreur ou la tempête, Sidoine Apollinaire demandait partout ses chers Arvernes que la crainte des Visigoths avait mis en fuite, et leur faisait parvenir, en quelque endroit qu'ils fussent, des gages de sa tendresse.

Pendant que l'Auvergne respirait de ses terreurs, à la fin de l'année 474, Sidoine Apollinaire entreprit le voyage de la Lyonnaise. Ecdice s'était déjà rendu dans ces pays : il y était fréquemment appelé par sa famille qui habitait la Viennoise, et par ses relations avec les princes Burgondes avec lesquels il vivait dans une certaine familiarité. Assurément, Sidoine Apolli-

---

1. Par le nom de Septimanie, il faut entendre l'ancien domaine des Visigoths dans la Gaule. Elle comprenait, dans la seconde Aquitaine, le Bordelais, le Poitou, la Saintonge, l'Angoumois, le Périgord et l'Agénois, et dans la première Narbonnaise, la cité ou le diocèse de Toulouse.

naire fut attiré à Lyon par le désir de revoir sa mère et ses sœurs, inquiètes depuis la dernière guerre : les intérêts de son diocèse ne furent pas non plus étrangers à cette détermination. Il tenait à voir les princes Burgondes, à ménager leur alliance, à la raffermir, dans la crainte de nouvelles hostilités. Il savait de plus que cette cour correspondait avec les hauts fonctionnaires de l'Occident; en pénétrant les secrets de cette politique, il saurait mieux ce qu'elle avait de contraire ou de favorable à l'Auvergne.

Chilpéric II, depuis l'exil forcé de Gondebaud, régnait en souverain sur ces contrées. Ce prince n'était pas éloigné d'entrer dans des vues favorables à l'Auvergne. Maître de la milice des Gaules, et déjà célèbre par plusieurs victoires, il voyait avec une envie secrète grandir la puissance des Visigoths ; et comme il était catholique, selon que le rapporte Grégoire de Tours, il avait un motif de plus pour soutenir la cause des Arvernes qui était aussi celle du catholicisme gallo-romain. Les vertus de son épouse et les conseils de Patient exerçaient sur son esprit une influence utile. L'évêque de Lyon était, en effet, admis dans l'intimité du couple royal qu'il édifiait par sa vertu ; la reine surtout ne pouvait s'empêcher d'admirer ses austérités. Si Chilpéric n'eût jamais eu d'autres conseillers, la Germanie lyonnaise eût mieux goûté les bienfaits de son règne. Mais dans ces troubles politiques, il s'était formé une race d'aventuriers et de délateurs qui exploitaient la misère des temps, et se vendaient tantôt aux Romains, tantôt aux Barbares pour trahir les uns ou les autres, et par ce moyen arriver aux emplois publics et à la fortune.

Sidoine Apollinaire, dont les sentiments étaient si élevés, ne vit pas, sans être indigné, cette tourbe d'adulateurs dont l'ignoble trafic était de vendre les âmes honnêtes et de perdre les citoyens vertueux. Il les observa de près, et en fit une peinture propre à répandre une lumière de plus au milieu de l'obscurité qui souvent enveloppe les mœurs sociales de son temps. Dans une lettre fort intéressante, il signale à l'indignation publique ces hommes dégradés dont la conscience s'achète, et qui vendent au poids de l'or les délations, les calomnies et la vie des hommes de bien. La Lyonnaise chrétienne offrait dans ses familles et dans son clergé le spectacle de mœurs différentes et contrastant par la beauté des vertus qu'on y pratiquait, avec cette difformité de vices qui pullulaient à la surface d'une société barbare et corrompue. De nobles exemples de charité et de désintéressement touchèrent Sidoine Apollinaire : il vit des caractères restés fermes au milieu de tous les troubles, et de mâles vertus que n'ébranlaient ni la corruption du vice ni la puissance des méchants. Il revit avec un nouveau plaisir Constance dont il avait cultivé l'amitié, lors de son dernier séjour dans la Lyonnaise, lui confia ses craintes au sujet de son peuple, et se promit d'avoir recours à son intervention, si de plus grands malheurs venaient à désoler l'Auvergne.

Après un rapide séjour dans sa ville natale, Sidoine Apollinaire se rendit à Vienne, où il désirait revoir plusieurs de ses amis. Les entretiens qu'il eut avec Mamert le fortifièrent dans le dessein de se dévouer au bonheur de son peuple, et lui inspirèrent l'idée d'établir dans son diocèse l'usage des processions publiques ou Rogations qui avaient détourné de Vienne les fléaux dont elle était accablée. Il reçut de ce vétéran de l'épiscopat d'utiles conseils, et puisa au contact de son expérience des lumières propres à l'éclairer sur le gouvernement spirituel de son peuple, et sur la marche à suivre dans la situation difficile où les événements avaient engagé sa province.

Sidoine se rendit ensuite à la cour de Chilpéric et en obtint une promesse de secours : il fut convenu que Chilpéric enverrait en Auvergne une garnison pour protéger la capitale de cette province contre les attaques de l'ennemi ; car les Visigoths commençaient à faire entendre de nouvelles menaces. Euric voulait en finir avec les Arvernes. L'échec qu'il avait subi sous les murs de la ville d'Auvergne irritait son orgueil : il parlait de tenter un nouveau siége aux approches du printemps. Les traités conclus étaient devenus un sujet de discorde à cause de certaines conditions équivoques ; on commençait à se soupçonner mutuellement. Les grandes routes étaient gardées par des sentinelles ; on se surveillait comme si on eût été à la veille d'une reprise d'hostilités. Sidoine Apollinaire ne put envisager le sort qui attendait son peuple, sans concevoir une amère douleur. Un instant même, l'énergie de son âme fléchit sous le poids de ses angoisses ; il songeait à la fois aux maux de sa ville natale, occupée par les Barbares, et aux calamités qui pouvaient d'un jour à l'autre peser sur sa ville épiscopale ; car, malgré la trêve qui avait été conclue, on s'attendait à voir les Visigoths sortir de leurs lignes et envahir les provinces romaines. On savait très-bien que l'Auvergne était le principal objet de leurs convoitises, et que, dans leur impatience d'étendre leurs frontières, depuis l'Océan jusqu'au Rhône et à la Loire, ils brûlaient du désir de rompre, par l'occupation de cette province, le seul obstacle qui retardât leurs conquêtes.

Sidoine Apollinaire comprit l'étendue des périls que courait son diocèse. Ces épreuves réveillèrent sa foi. Loin de murmurer contre les rigueurs de la Providence, qui refusait à son peuple les douceurs de la paix, il la bénit de la manière dont elle le traitait, lui qui, à raison de ses iniquités, méritait les plus grands châtiments et avait besoin de laver en des larmes continuelles les souillures de sa conscience. Mais il savait que le ciel, malgré les triomphes apparents de l'injustice, ne dédaigne jamais les prières de l'opprimé et les larmes du repentir. Il mit en lui seul son appui, et pour le rendre plus propice, il résolut d'établir dans l'église d'Auvergne les prières publiques ou Rogations déjà établies à Vienne par Mamert. On était au printemps de l'année 475. Les Visigoths, réveillés de leur inaction apparente par les premiers soleils qui avaient dissipé les frimas de l'hiver, étaient entrés sur le territoire romain. Les Arvernes ne pouvaient douter qu'ils ne fussent les premiers en butte à cette nouvelle irruption. Sidoine Apollinaire vit le danger, et fit entendre à son peuple que le plus sûr moyen de le conjurer était d'adresser à Dieu de ferventes prières. Il leur rappela quels prodiges s'étaient opérés parmi les Viennois à la suite des Rogations, et les engagea à recevoir parmi eux cette institution. Il leur démontra comment la foi raffermit les courages, et comment les épreuves subies pour Dieu attirent sa miséricorde et obtiennent son pardon. Les Arvernes se prêtèrent aux désirs de leur évêque : ils se préparèrent par le jeûne et les larmes à la célébration de ces fêtes expiatoires. Sidoine vit avec bonheur l'empressement de son peuple. Le jour des prières publiques approchait. Il y invita lui-même ses amis qui n'étaient pas à la ville, ou que la crainte des guerres avait dispersés dans plusieurs endroits de la province.

Les Rogations se célébrèrent au milieu d'une affluence considérable de citoyens. Ce fut pour la piété publique un touchant spectacle de voir les processions publiques se dérouler autour des remparts de la ville, et projeter jusque dans la plaine leurs lignes suppliantes. Les yeux se mouillaient de pleurs à la vue des ruines faites par les Barbares et tristement éclairées des premiers feux de l'aurore. On conjurait le ciel de détourner de la ville les malheurs qu'on appréhendait, ou du moins d'accorder une assistance spéciale contre les ennemis dont on redoutait les vengeances. Après avoir mis en Dieu leur espoir, les Arvernes, s'armant d'une résolution héroïque, se déterminèrent à repousser vaillamment l'ennemi, ou à s'ensevelir dans une mémorable défaite. Ils organisent les milices urbaines, se rallient sous le drapeau commun et se préparent à une vigoureuse défense. Sur ces entrefaites on apprit que l'empereur romain envoyait des négociateurs pour traiter de la paix avec le roi des Visigoths. Ce dernier ne voulut y consentir que moyennant la cession de l'Auvergne ; ce qui eut lieu le 28 août 475.

Sidoine Apollinaire aurait bien voulu gagner une terre où il pût, loin des Barbares, jouir, dans l'exercice de son ministère, d'une pleine liberté. Son caractère, les circonstances, la douleur des Arvernes, la crainte de les voir tomber dans les piéges de l'Arianisme, tout lui imposa une autre conduite. Le devoir le voulait au milieu de son peuple : il y resta pour partager ses privations, et résolut de ne le quitter que lorsqu'il en serait arraché par la violence. Sa présence en Auvergne suscita de l'ombrage à ses nouveaux maîtres. Euric vit d'un œil inquiet l'empire qu'il avait sur les populations catholiques, et pensant qu'il serait un obstacle à ses desseins, il résolut, dans l'intérêt de sa politique, d'arracher à son peuple celui qui en était le soutien et le père.

Les fidèles de l'Auvergne, en apprenant l'ordre cruel qui enlevait à son diocèse celui qui en était le soutien, et dans des circonstances où ils auraient eu le plus grand besoin de sa direction, en conçurent une profonde douleur. Ils allaient donc être livrés aux violences des Visigoths, et exposés aux séductions de l'arianisme, sans trouver auprès de leur évêque l'appui et les lumières que réclamaient des dangers si pressants. Son départ émut, en effet, tous les cœurs, et les larmes de son peuple lui dirent, dans un douloureux adieu, ce qu'il y avait d'attachement pour lui au fond de cette ville d'Auvergne. Il ne put la quitter sans d'amers regrets, en songeant à ses infortunes et à ses périls.

Il fut conduit hors de son diocèse, et relégué dans une forteresse qui se trouvait sur les confins de la Narbonnaise, à douze milles de Carcassonne ; elle se nommait Livia, et porta plus tard le nom de Campendu. Les jours de l'exil furent amers pour Sidoine Apollinaire. Enfermé dans un cachot obscur, surveillé par des gardes qui avaient mission d'observer ses moindres démarches, il ressentit tous les maux de l'adversité. Le soleil, en éclairant les murs de sa maison, lui rendait plus sensible et plus cruel le souvenir de cette patrie adoptive qui occupait constamment ses pensées. Les nuits se passaient en de long soupirs arrachés par la crainte des maux dont peut-être on accablait son peuple. La foi et la résignation les rendirent moins dures : elles furent adoucies par les belles-lettres dont la compagnie suit en tous lieux ceux qui les cultivent.

Soit qu'Euric consultât les intérêts de sa gloire qui pouvait souffrir de la persécution exercée contre Sidoine, soit qu'il regardât comme un moyen plus propre à gagner les peuples de l'Auvergne, de leur rendre un évêque dont ils appelaient la délivrance de tous leurs vœux, il fit ouvrir les portes de la tour de Livia. Son retour fut salué par d'unanimes transports : à la joie qu'ils en ressentaient, les Arvernes comprirent qu'ils avaient retrouvé un sauveur et un père. Son premier soin fut de s'assurer par lui-même si ses peuples n'avaient pas trop souffert, en son absence, des rigueurs d'une domination barbare, et si leur foi n'avait pas été ébranlée par les attaques de quelques faux docteurs qui travaillaient à ébranler dans les âmes la foi catholique. Son cœur d'évêque se dilata, quand il vit que ces erreurs n'avaient fait aucun progrès dans son diocèse, et que le zèle des novateurs avait échoué devant l'attachement des fidèles à leurs croyances. Il comprit néanmoins que la situation religieuse de l'Auvergne était pleine d'incertitudes, et que le devoir d'un évêque, dans de pareilles conjonctures, était de concourir, par tous les moyens possibles, à l'apaisement des esprits et au raffermissement de la vérité. Pour remplir une telle mission, il y avait des combats à soutenir, des difficultés à vaincre, des épreuves à supporter. Sidoine avait le cœur assez grand pour ne pas fléchir sous le poids de cette tâche ; il ne l'avait pas assez ferme ou assez dur pour ne pas ressentir les peines qui lui venaient d'une position aussi délicate.

Il visitait les abbayes, les municipes, les familles chrétiennes, et assurait par les moyens divers que son zèle lui suggérait, les progrès de cette vie spirituelle qu'il regardait comme seule capable de remédier aux malheurs publics et aux infortunes privées. Cette vie, avec ses habitudes d'ordre, de modestie, de dévouement et de dignité austère, avait pénétré, on le sait, dans toutes les classes de la société arverne, et discipliné dans l'unité d'une conduite exemplaire, les familles du peuple, de jeunes patriciens, des vierges issues du meilleur sang de la province, et plusieurs de ces Arvernes qui portaient les plus beaux noms de l'aristocratie gauloise.

Les soins de Sidoine Apollinaire s'étendaient à la jeunesse de sa ville épiscopale ; et s'il trouvait de jeunes intelligences avides de savoir, de jeunes cœurs noblement épris de l'amour du bien et du beau, il s'abaissait jusqu'à eux pour former et développer ces généreux instincts. Il savait quels dangers court cet âge : il savait aussi quelle main il fallait lui tendre pour le détourner des sentiers où cherchent à l'attirer le vice et la mollesse, et le conduire dans ceux où la vertu et l'étude, formant le cœur et l'esprit, rendent les hommes meilleurs et plus heureux.

A l'époque de la plus grande puissance des Visigoths, Sidoine Apollinaire montrait la plus grande discrétion au sujet d'Euric. Son caractère doux et obligeant, plus enclin à la paix qu'à une résistance ferme et soutenue, lui traçait, dans les limites d'une sage prudence, une ligne de conduite où la modération avait la plus large part. Il se faisait aux malheurs de son temps et à ceux de l'Eglise, non par une sorte d'indifférence qui fermât ses yeux sur l'étendue de ces maux, et mît son cœur à l'abri des déchirements causés par de tels spectacles. Ses dispositions d'esprit étaient commandées par des vues plus nobles et plus chrétiennes. Avec l'expérience qu'il avait des hommes et des choses, il pensait qu'il est, dans la vie publique, des heures où la résignation est un devoir, et que, pour éviter de plus grands maux, il est mieux d'opposer une calme et invincible vertu aux tyrannies trop puissantes. Il se persuadait en outre que la vie est la saison des contradictions et des luttes, que Dieu veut ici-bas éprouver les justes, afin de les mûrir pour le ciel, et qu'au souvenir de ses crimes, il faut accepter les souffrances comme des croix méritées. Il ne s'abusait pas d'ailleurs sur les triomphes de l'iniquité ; il les croyait de courte durée ; il savait, comme nous l'avons observé, que Dieu érige dans la postérité un tribunal où il confond dans la honte les scélérats heureux, et relève dans l'honneur les justes opprimés.

La religion et les lettres, ces douces compagnes des âmes élevées, offraient de plus à Sidoine Apollinaire un port assuré contre les tempêtes qui bouleversaient les dernières années du cinquième siècle. Occupé à revoir ses épîtres où reparaissaient à ses yeux, dans le charme de l'amitié, ceux qu'il connut dans les diverses circonstances de sa vie, ajoutant à ce soin d'autres travaux d'esprit, il se procurait par ces moyens une agréable et utile diversion aux sollicitudes de son ministère et aux malheurs de son temps.

Vers l'an 483, il fit la visite de son diocèse. Cette visite était des plus urgentes. Ne fallait-il pas entretenir le zèle de la foi dans l'âme des nombreux fidèles de sa province, prévenir les esprits contre les erreurs de l'Arianisme, relever le courage des uns et enflammer l'ardeur des autres ? Les abbayes naissantes, les monastères récemment fondés, les églises des municipes n'avaient-ils pas trop souffert de la domination des Visigoths ? Il était besoin de réparer les ruines des temples, et d'en construire de nouveaux. La présence de Sidoine Apollinaire au milieu de ces peuples opéra tous ces biens. En le voyant plein de confiance et de courage, d'humilité et de dévouement, on concevait de meilleures espérances sur la stabilité des institutions catholiques. On apprenait de lui que si Dieu éprouve et abaisse, il fortifie et relève, et que, dans la conduite de son Eglise, il se plaît à mettre le triomphe de ses œuvres, aux heures où tout paraît désespéré, afin de mieux montrer le néant des entreprises humaines, et de faire éclater d'une manière plus visible la force de son bras.

Sidoine Apollinaire, plus occupé de son salut que de la gloire humaine, effaçait dans les larmes les souillures de la jeunesse, et, regrettant d'avoir demandé aux hommes la fragile estime qu'ils accordent parfois au mérite et au savoir, il ne songeait plus qu'à cette gloire solide par laquelle Dieu couronne la justice et le repentir. En retour, les peuples de l'Auvergne, les personnages les plus influents de la Gaule l'entouraient de leur amour et de leur estime. Perpétue de Tours, en vieillissant, ne sentait jamais vieillir son admiration pour lui ; Remi, à Reims, s'inspirait de ses exemples ; Rurice le vénérait comme un père, et parmi les jeunes admirateurs que lui firent ses talents et ses vertus, on remarquait Avite qui laissera plus tard transpirer, dans sa correspondance avec Apollinaire, ces sentiments de vénération dont fut touchée son adolescence.

Pour les années qui vont de 484 à celle de sa mort, il nous a moins initiés aux détails de sa vie. Ce que nous savons de lui nous vient indirectement de divers témoignages recueillis dans la tradition et dans quelques auteurs presque contemporains. Sa sainteté magnifique, selon l'expression de Grégoire de Tours, ne se démentit jamais, et de là vint ce culte que la France chrétienne devait un jour lui décerner. Il lui fallut surtout une prudence consommée et un entier dévouement à son église, dans ces années où les divers peuples de la Gaule, soulevés les uns contre les autres par d'ardentes jalousies, se firent ces guerres continuelles qui terminèrent dans le sang cette dernière période du cinquième siècle.

C'est au milieu de ces chocs d'Etats dont l'Eglise des Gaules ressentit les contre-coups, que se passèrent, dans de vives et légitimes préoccupations, les derniers jours de Sidoine Apollinaire. Avec l'entente qu'il avait des des hommes et des choses, avec les secrètes horreurs que lui inspirait la barbarie, et ce désir si profond qu'il avait d'assurer le repos de l'Eglise et de son pays, on comprend quelles émotions diverses lui causa cette situation pleine d'incertitude et de périls.

Sidoine Apollinaire ne vécut pas assez pour assister au dénouement politique et religieux de son siècle. Des préoccupations aussi graves et plus intimes assiégeaient son esprit. Songeant à sa fin prochaine, il méditait moins sur les grandes leçons de l'histoire et sur les révolutions humaines que sur ces années éternelles qui, depuis longtemps, fixaient son attention.

Aussi consacrait-il à la prière le dernier âge de sa vie ; et, pour se rendre plus propices les jugements de Dieu, il effaçait dans les larmes et le repentir les fautes dont le souvenir inquiétait sa conscience. Il semble qu'après une administration aussi douce et prudente que la sienne, il aurait dû finir ses jours dans le repos. Dieu, qui aime à éprouver ses serviteurs, afin de les rendre plus dignes de ses récompenses, permit qu'il essuyât des contradictions dont l'amertume désola la fin de son épiscopat.

Deux prêtres de son clergé, soutenus sans doute par le parti arien qu'il avait si vigoureusement combattu, se soulevèrent contre lui, et lui firent subir les plus indignes traitements. Ils se nommaient Honorius et Hermanchius. Non contents de lui avoir enlevé le gouvernement de son Eglise, au mépris de la discipline et des lois canoniques, ils dilapidèrent ses biens, et ne lui laissèrent pour subsister que des ressources d'une extrême modicité. Sidoine Apollinaire accepta cette injure avec résignation, et montra que si, dans le plus saint des états, il se trouve des hommes assez malheureux pour le déshonorer par leurs vices, il en est toujours d'assez dignes pour le relever par leurs mérites. L'injustice dont il était la victime ne fut pas de longue durée ; la clémence divine en abrégea le cours. Un châtiment, qui ne pouvait venir que du ciel, frappa un des coupables, et vengea Sidoine qui ne songeait qu'à souffrir et à pardonner. Honorius, peu satisfait d'avoir dépouillé son évêque, poussa l'audace jusqu'à vouloir le chasser de l'église : son dessein, une fois arrêté, il le communiqua à quelques-uns de ses partisans, la veille du jour où il pensait l'accomplir.

Or, le lendemain étant venu, et le signal des Matines ayant été donné, on se rendait à l'église de Sainte-Marie, afin d'y célébrer en chœur les louanges divines. Honorius s'était levé, le fiel dans l'âme, et déterminé à accomplir le complot sacrilége qu'il avait tramé le jour précédent. Dieu l'arrêta au moment où, en se rendant à l'église, il roulait ces noires pensées. Comme il était entré dans un lieu secret, il y rendit le dernier soupir. Son serviteur attendait, une lumière à la main, qu'il sortît : le jour commençait à luire, et Hermanchius son complice, avait, dans son impatience, envoyé un messager, avec ordre de lui dire : « Viens sans plus tarder, afin que nous exécutions ce dont nous étions hier convenus ». Le corps inanimé ne donnait aucune réponse. Le serviteur ouvre la porte, et trouve son maître sans vie. Le bruit d'une mort aussi étrange se répandit aussitôt ; et, comme elle avait eu lieu dans les mêmes circonstances que celle d'Arius, on n'hésita pas à dire que Dieu avait voulu punir le même crime du même châtiment. On ne peut, en effet, douter, dit Grégoire de Tours, qu'il n'y ait pas crime d'hérésie, là, où, dans l'Eglise, on n'obéit pas au prêtre de Dieu, auquel a été confiée la conduite du troupeau, et où on s'ingère dans un pouvoir qu'on n'a reçu ni de Dieu ni des hommes.

La persécution dont Sidoine avait souffert cessa, et le prêtre schismatique qui restait, Hermanchius, fut contraint de cacher son crime et sa honte, en face du grand nombre de ceux qui proclamaient l'innocence de leur évêque. Sidoine reprit en paix le cours de son administration, au milieu de la satisfaction générale de son diocèse, où tous les fidèles, sans distinction, lui souhaitaient une longue et heureuse vieillesse.

L'Auvergne, si longtemps agitée par des craintes continuelles, avait trouvé un peu de calme dans les dernières années de son pontificat. L'Eglise y poursuivait sans entraves sa mission civilisatrice ; les basiliques s'édifiaient en plus grand nombre dans les cités et les municipes ; les monastères recevaient sous leurs cloîtres paisibles un plus grand nombre de cénobites, et l'Arianisme, troublé dans son zèle de propagande par la vigilance du pasteur, ne jetait plus à côté du Druidisme gaulois et du Polythéisme romain que de pâles lueurs qui présageaient sa prochaine décadence. On aimait la religion en la voyant honorée par les brillantes qualités de Sidoine, et son autorité paternelle, en l'imposant, en rendait la pratique plus douce et plus facile. Son activité, malgré le poids des années qui commençait à se faire sentir, répondait aux besoins de son vaste diocèse. Si parfois la maladie ou la multiplicité des affaires arrêtait les ardeurs de son zèle, il se déchargeait d'une partie de ses soins sur Aproncule qui, amené en Auvergne par la persécution et l'exil, y payait généreusement sa dette d'hospitalité, en se dévouant pour elle.

On pouvait donc s'attendre encore à des jours meilleurs : ce n'était pas une illusion de croire que, grâce aux lumières et à la sagesse de Sidoine, la religion continuerait à s'étendre et à fleurir. Mais Dieu réservait à l'église d'Auvergne une cruelle épreuve, en abrégeant cette vie sur laquelle reposaient de si chères espérances. Sidoine Apollinaire fut saisi d'une grave maladie, et la fièvre, redoublant de violence, mit bientôt ses jours en péril. Il ne se dissimula point la grièveté de son mal, et appréhendant plus les suites que les horreurs de la mort, il employa les derniers instants de sa vie à bien mourir. Sa foi se réveilla avec une nouvelle ardeur, et la crainte des jugements éternels saisissant son âme d'une salutaire épouvante, il résolut de les prévenir par une nouvelle expiation. Préparé à ce départ de la vie par ces idées chrétiennes qui lui en montrèrent si souvent la brièveté et le néant, il se réjouit, comme les Saints, en voyant que ses chaînes allaient se rompre et son exil finir. Le désir d'entrer bientôt dans la patrie céleste lui fit concevoir celui de mourir au pied des saints autels, où la pensée de Dieu, rendue plus familière, l'arracherait plus tôt à la terre, et lui rendrait plus sensibles la gloire et les récompenses dont il espérait jouir.

Selon les vœux qu'il avait exprimés aux siens qui l'entouraient de leurs soins et de leur dévouement, Sidoine Apollinaire fut transporté à l'église de Sainte-Marie. A peine y fut-il déposé sur un lit qu'on avait dressé près de l'autel, qu'une multitude d'hommes, de femmes et d'enfants s'y rendit pour rendre au vénérable malade les devoirs de leur piété et de leur reconnaissance. En voyant étendu, sur le parvis du temple, celui qui avait été le soutien des faibles et des pauvres, et en voyant défaillir ces regards d'où avaient jailli sur eux des éclairs d'amour et de vérité, ils ne purent contenir l'émotion qui les pressait. Les sanglots trahirent leur douleur, et ils ne les interrompirent que pour faire entendre des adieux déchirants. Là, dans cette enceinte où, après quatorze siècles, nous croyons encore les voir et les entendre, ils disaient : « Pourquoi nous abandonnez-vous, bon pasteur? A qui nous laissez-vous comme des orphelins? Quelle sera notre vie après votre passage? Y aura-t-il désormais quelqu'un pour nous dispenser avec autant de soin le sel de la sagesse? Qui nous ramènera avec la même prudence à la crainte du nom du Seigneur? »

Ces paroles et d'autres résumaient cette vie édifiante et utile qui ne sut, dans l'épiscopat, que se dévouer pour le bonheur des autres. C'était déjà une oraison funèbre, prononcée au milieu des larmes d'un peuple consterné sur une tombe qui allait s'ouvrir ; mais plus forte et plus éloquente qu'un discours étudié, elle faisait aussi mieux connaître la perte qu'auraient bientôt à déplorer la ville et l'Eglise d'Auvergne.

Touché des regrets que la vue de sa mort prochaine arrachait à son troupeau, Sidoine Apollinaire voulut, même à ses derniers moments, pourvoir à son salut, en lui laissant un pasteur capable de continuer son œuvre. Il avait remarqué dans Apruncule un mélange de fermeté et de prudence, tel qu'il le fallait pour gouverner l'Eglise d'Auvergne dans ces temps difficiles que traversait la Gaule chrétienne. Or, pendant que, tout ému des sanglots et des adieux de son peuple, il cherchait dans son esprit qui pourrait administrer avec plus d'avantage ses intérêts spirituels, il se tourna vers la foule qui l'entourait ; et, comme si l'Esprit-Saint eût touché son cœur et ses lèvres, il interrompit les sanglots, disant : « Ne craignez rien, ô mes peuples ; mon frère Apruncule vit encore, il sera votre évêque ». Le peuple, qui avait retenu ses cris et ses larmes, afin de mieux recueillir les paroles suprêmes d'un père si tendrement aimé, ne sut pas d'abord ce qu'il disait, et crut qu'il parlait en extase. Cette prophétie devait néanmoins s'accomplir, puisqu'après la mort de Sidoine, Apruncule fut choisi pour lui succéder.

L'église resta envahie par la multitude, sans qu'on pût l'arracher à ce lit funèbre auprès duquel elle venait exhaler ses plaintes et sa douleur. Tant d'amour aurait dû retenir à la vie celui qui en était l'objet. Sidoine Apollinaire ne put résister à la violence de son mal. Il mêla une prière suprême à son dernier soupir, et il exhala au milieu de son peuple et de sa famille, pour une vie meilleure, cette vie terrestre, qu'il avait remplie de mérites et de dévouement. Il mourut sous l'empire de Zénon, vers l'an 489, le 23 du mois d'août, jour auquel on célèbre sa fête, et où il figure dans le martyrologe romain.

La nouvelle de cette mort fut à peine répandue dans la ville d'Auvergne, que chacun accourut à la basilique de Sainte-Marie, pour voir et baiser une dernière fois les dépouilles du saint évêque. Déjà, sous l'empire d'une vénération aussi légitime que générale, on les rangeait parmi ces restes précieux de saint Laurent, de saint Austremoine, des saints Agricol et Vital qui composaient la richesse sacrée des autels et du temple. Les larmes ne tarissaient pas, au souvenir de cette mémoire consacrée par tant de vertus dont le récit passait de bouche en bouche, au milieu de la consternation des fidèles. Si les uns pleuraient un ami, les autres regrettaient un père, les affligés perdaient un soutien, les pauvres gémissaient sur la mort d'un bienfaiteur.

Dans la ville entière, on rappelait d'une voix commune les vertus de l'évêque et les qualités du citoyen. Tous redisaient ce qu'il y avait eu de sagesse dans sa conduite, de douceur et de vigilance dans son administration, d'intelligence et de dévouement dans la direction spirituelle et civile du pays. En comptant ses années, on trouvait sa vie trop courte : en songeant à ses mérites, on la trouvait longue et saintement remplie.

CULTE ET RELIQUES. — SES ÉCRITS.

L'église de Saint-Saturnin, où furent conservés les restes de Sidoine Apollinaire, était aux environs de Clermont, au midi de cette ville, au-delà des jardins de Rabenesse et du cimetière de l'hôpital, à gauche du chemin qui conduit à Beaumont, au milieu du territoire des Plats, et près des rochers connus sous le nom de Saint-Amandin. L'église de Saint-Saturnin subsistait encore au dixième siècle. Lorsque, plus tard, elle eut été détruite par le malheur des guerres, on transféra les reliques de Sidoine Apollinaire dans la basilique de Saint-Genès. On faisait la mémoire de cette translation le 11 juillet. Ses ossements étaient renfermés dans une châsse qu'on voyait à droite de l'autel principal. Plusieurs autres églises lui disputaient l'honneur de posséder quelques restes de

Sidoine Apollinaire. L'église cathédrale en gardait précieusement dans ses riches et sacrés joyaux, où elle vénérait l'immortelle poussière de ses premiers pontifes. Son culte s'est perpétué si constamment dans la paroisse d'Aydat, que certains historiens ont cru qu'il y avait été enseveli. Les églises d'Orcival et de Vertaizon avaient le même avantage.

Le temps et les révolutions n'ont pas respecté les dépouilles de Sidoine Apollinaire. Les églises qui protégeaient son culte et furent tour à tour les dépositaires de ses cendres, ont disparu du sol. Depuis bien des siècles, l'église de Saint-Saturnin n'existe plus : seuls, les rochers de Saint-Amandin en perpétuent le souvenir. La basilique de Saint-Genès n'existe plus ; on ne voit plus qu'une place qui en a conservé le nom. A la Révolution, la châsse de saint Sidoine a disparu. L'église d'Auvergne ne peut plus sans doute vénérer les reliques du saint Pontife, mais elle n'a pas cessé de les comprendre dans les hommages publics qu'elle rend à ses martyrs et à ses saints. Longtemps elle a célébré sa fête le 23 août, sous le rite double mineur : aujourd'hui elle la célèbre le 11 juillet, sous le rite double.

Nous avons de saint Sidoine Apollinaire un recueil de poésies contenant vingt-quatre poëmes sur différents sujets, et neuf livres de lettres. Les principaux de ses poëmes sont les panégyriques des empereurs Avit, Majorien et Anthémius. Ses vers annoncent qu'il avait de la facilité et du talent pour la poésie. Il s'appliqua moins à les polir lorsqu'il fut devenu évêque. Ses pensées sont ingénieuses et délicates ; son style est serré, vif et agréable ; mais on y remarque quelquefois de l'affectation et de l'enflure. Il emploie des expressions qui montrent que de son temps la langue latine avait dégénéré de sa pureté primitive. Son imagination est brillante, et il excelle dans les descriptions.

En 1609, Savaron publia ses œuvres avec de savants commentaires, en un volume in-4°, à Paris. En 1652, le Père Sirmond donna une autre édition beaucoup plus complète, qu'il enrichit de nouvelles notes, en un volume in-4° ; cette édition fut insérée dans la collection des ouvrages du Père Sirmond, imprimées en 1696.

Nous avons tiré cette biographie de l'*Histoire de saint Sidoine Apollinaire et de son siècle*, par M. l'abbé Chaix ; de l'*Histoire littéraire de la France*, par Dom Rivet. — Cf. Tillemont ; Godescard ; l'*Histoire de l'Église*, par l'abbé Darras ; Dom Ceillier.

SAINT PHILIPPE BÉNITI DE FLORENCE,

PROPAGATEUR DE L'ORDRE DES SERVITES

1285. — Pape : Honorius IV. — Empereur d'Allemagne : Rodolphe Ier.

Nil placitum sine pace Deo, non munus ad aram
Cum cupias offerre probat, si turbida fratrem
Mens impacati sub pectoris oderit antro.

Sans la paix, rien n'est agréable à Dieu ; il n'accepte pas vos présents à l'autel, si votre âme troublée porte dans le fond de votre cœur la haine pour votre frère.   Prudence. — *Maxime du Saint.*

Saint Philippe Béniti était florentin, fils d'un noble bourgeois de cette ville, nommé Jacques Béniti, et d'une femme fort pieuse, appelée Albande. Il n'avait encore qu'un an lorsque quelques-uns des religieux Servites étant venus quêter dans Florence, il s'écria avec d'autres enfants du même âge : « Ce sont là les serviteurs de la Vierge ». Ce qui fut cause que sa mère leur fit libéralement l'aumône. La bonne éducation, qu'il reçut de ses parents le conserva dans l'innocence, dans la chasteté et dans la piété proportionnées à son âge. Il fit ses humanités dans son pays. Ensuite il vint à Paris, où il étudia la médecine, et de là il s'en alla continuer la même étude dans l'université de Padoue, qui l'honora du bonnet de docteur. Etant retourné chez lui, comme il était à la messe dans la chapelle des Servites, auprès de Florence, le jeudi dans l'octave de Pâques, il fut ravi en extase, et le ciel lui fit connaître qu'il devait entrer dans la Congrégation des Servites. Il obéit, mais il ne dit rien de ses études, ne voulant pas être du chœur, mais seulement frère laïque, pour se conserver plus constamment dans l'humilité et la simplicité religieuses. Après sa réception, on l'envoya à la maison du Mont-Senario ou Asenai, à trois ou quatre lieues de Florence, où les sept premiers Servites, tous riches marchands de cette ville, avaient commencé leur institut en l'honneur de la sainte Vierge. Il s'y appliqua, selon son état, aux offices extérieurs et au travail manuel, et il s'en acquitta toujours avec une diligence et une exactitude admirables; mais il ne laissait pas de trouver du temps pour méditer les mystères de notre foi, surtout la passion de Notre-Seigneur et les douleurs de sa sainte Mère sur le Calvaire.

Pour cela, il se retirait dans une caverne auprès de l'église, où le feu de l'amour divin l'emportait quelquefois tellement hors de lui-même, qu'il oubliait entièrement son corps. D'autres fois il se châtiait avec une sévérité impitoyable, et versait des torrents de larmes pour expier les offenses qu'il croyait avoir commises dans sa jeunesse et dans sa vie séculière. Cela fut si agréable à Dieu, qu'il fit sourdre en sa faveur, au milieu de sa caverne, une fontaine qui jette encore à présent des eaux en abondance, et qu'on appelle la Fontaine de saint Philippe.

Deux religieux de Saint-Dominique, voyageant un jour avec lui, reconnurent les grands talents, la sagesse et la science qu'il tenait cachées sous son humble condition de frère laïque. Ils eurent de la peine de voir une lumière si éclatante ensevelie dans les ténèbres et trahirent son humilité en avertissant ses supérieurs; on l'obligea de recevoir le sacerdoce. Lorsqu'il dit sa première messe, on entendit, à l'élévation de l'hostie, des voix célestes qui chantaient alternativement : *Sanctus, sanctus, sanctus;* ce qui lui ôta les doutes qu'il avait touchant sa vocation au sacerdoce.

Il passa ensuite par tous les degrés de son Ordre; car il fut définiteur, puis assistant général, et enfin ses grands mérites le firent élire et confirmer général. Il résista beaucoup à cette dernière élection, s'estimant incapable de la conduite de ses frères; mais il eut ordre du ciel d'y déférer, parce qu'elle venait du Saint-Esprit, et que Dieu se voulait servir de lui en cet office pour de grandes choses.

Il rencontra un jour un lépreux qui lui demanda l'aumône. Il n'avait alors ni or ni argent; mais, sa charité le pressant de secourir Jésus-Christ dans son membre, il se tira à l'écart, et, s'étant dépouillé de sa tunique de dessous, il la lui donna. Le lépreux, qui était presque nu, s'en revêtit, et à l'heure même il fut guéri de sa lèpre, recevant ainsi une double grâce par une seule aumône.

Sa modestie parut avec éclat lorsque, après la mort de Clément IV, les cardinaux, assemblés à Viterbe, jetèrent les yeux sur lui pour l'élever sur le siége de saint Pierre. Il fut si épouvanté de ce projet, qu'il s'enfuit secrètement sur les montagnes de Sienne, avec un ou deux de ses religieux seulement, et s'y tint caché dans les trous de la terre jusqu'à ce que le conclave eût donné un autre pasteur à l'Eglise.

Philippe, durant tout le temps de cette solitude, s'occupa continuellement à la prière et aux larmes. Le jeûne était sa nourriture; les veilles son soulagement et son repos; l'entretien avec Dieu, sa récréation et son divertissement. Il ne mangeait point de pain mais seulement des herbes sauvages et insipides. Il ne buvait que de l'eau, et, comme elle lui manqua au milieu des sables et des rochers, il frappa trois fois la pierre de son bâton, et il en sortit aussitôt en telle abondance, qu'elles firent comme une mare qui a été appelée les *Bains de saint Philippe*. Quelques auteurs, néanmoins, disent que ces eaux y étaient déjà, et qu'il leur donna seulement une vertu médicinale par sa bénédiction. Elles sont sur la montagne appelée Montaniatà. Dieu lui fit connaître en ce lieu qu'il devait porter son nom et la dévotion envers la sainte Vierge, dans les autres provinces et dans les royaumes étrangers. C'est pourquoi, ayant fait assembler un chapitre général, il y établit un vicaire en sa place pour l'Italie, et partit avec deux compagnons pour aller publier de tous côtés les grandeurs et les mérites de cette glorieuse Reine des anges. Il vint premièrement en France, où il prêcha à Avignon, à Toulouse et à Paris avec un grand succès. De là, il passa aux Pays-Bas, au duché de Saxe en Allemagne. Il établit en beaucoup d'endroits des maisons de son Ordre.

Il employa deux ans à cette mission; en revenant en Italie, il traversa des forêts et des déserts, où les vivres lui manquèrent. Ses compagnons ne pouvant plus se soutenir, il implora le secours de la sainte Vierge, et, à l'heure même, il vit devant lui du pain et de l'eau, qui servirent à apaiser leur faim et à renouveler leurs forces. A son retour, il fit encore de nouveaux efforts dans son Chapitre général de Borgo, pour être soulagé du poids insurmontable de son office; mais, bien loin de l'écouter, on l'y confirma pour le reste de sa vie : c'est ce qui l'obligea de se trouver au second concile général de Lyon, que le pape Grégoire X assembla en 1274, pour la réunion des Grecs et le recouvrement de la Terre Sainte. Il pria le concile d'approuver et de confirmer son Ordre, ce qui lui fut accordé très-volontiers, l'assemblée ne pouvant douter de l'utilité d'une Compagnie qui avait un chef d'un si grand mérite. C'est pour cette raison que le martyrologe romain l'appelait *Instituteur* ou *Fondateur* de cet Ordre, quoiqu'en effet il n'y soit entré que quinze ans après son établissement, et qu'il n'en ait été que le cinquième général; mais aujourd'hui il ne lui donne plus que le nom de *Propagateur*.

Outre les grâces que nous avons déjà remarquées en lui, il avait un talent particulier pour réconcilier les ennemis, pour apaiser les rébellions et pour procurer la paix aux villes et aux provinces qui étaient dans le trouble. A Pistoie, il accommoda les cruelles dissensions des Guelfes et des Gibelins, qui étaient acharnés les uns contre les autres. Il en fit de même à Florence, dans la compagnie du cardinal Ursin, légat du Saint-Siége. Il alla aussi à Forli, pour faire rentrer les habitants dans l'obéissance du pape Martin II, contre lequel ils s'étaient révoltés ; mais s'il n'eut pas la consolation de les convertir, il eut au moins la joie et le bonheur de souffrir une ignominie pour la cause du vicaire de Jésus-Christ; car ces pervers, ne pouvant souffrir la véhémence de ses prédications pleines de feu, se jettent sur lui, le dépouillent honteusement et le fouettent par les carrefours de la ville; après quoi, ils le chassent de l'enceinte de leurs murs, pour ne plus entendre la juste réprimande de leurs crimes. Sa patience, néanmoins, ne fut pas stérile, car elle convertit un de ceux qui l'avaient frappé, lequel, touché de repentir, voulut faire pénitence de son sacrilége dans son Ordre, et y vécut depuis dans une très-grande sainteté.

Enfin Philippe, prévoyant que la fin de sa vie était proche, assembla pour la dernière fois son chapitre général à Florence ; là, ayant déclaré à ses religieux que le temps de son départ viendrait bientôt, il les exhorta à l'union entre eux et à l'observance constante et inviolable de la discipline régulière. Ses propres larmes et les gémissements de ses enfants l'empêchèrent de prononcer son discours. Il le finit donc en disant : « Aimez, aimez, aimez ». Ensuite, il alla à Sienne, et de là à Pérouse, pour baiser les pieds du pape Honorius IV et lui demander sa bénédiction ; il en obtint de beaux priviléges pour son Ordre. Au sortir de Pérouse, il prit le chemin de Todi, dans la Marche d'Ancône. Les habitants de cette ville, qui connaissaient son mérite, sortirent en foule au-devant de lui, avec des branches d'olivier pour le recevoir. Mais l'humble serviteur de Marie, à qui les honneurs et les louanges étaient insupportables, se détourna adroitement de l'avenue pour éviter cette ovation. Dans le détour qu'il prit, il rencontra deux femmes de mauvaise vie, qui se moquèrent de lui et lui dirent des injures. Il les reprit doucement de leur impudence, et, après les avoir confondues, il leur offrit de l'argent, à condition qu'elles se contiendraient trois jours sans retomber dans leur péché ; elles s'y engagèrent par serment, et elles s'en acquittèrent avec tant de fruit, qu'elles renoncèrent pour toujours à leur infâme commerce, et entrèrent parmi les filles pénitentes, où elles vécurent avec beaucoup d'édification et de sainteté. Lorsqu'il entra dans l'église de son Ordre, il se prosterna devant l'autel de la sainte Vierge, et prononça ces paroles du Roi-Prophète : « C'est ici mon repos pour tous les siècles ». Et, sans vouloir prendre aucun repos, il passa toute la nuit en oraison et en pénitence. Le lendemain, il monta en chair dès le matin, et fit un sermon admirable sur la gloire des Saints, dont son auditoire fut tout transporté.

La fête de l'Assomption de Notre-Dame approchant, il fut saisi de la fièvre, qu'il regarda comme l'heureux instrument qui détacherait son âme des liens qui la tenaient attachée à son corps. Pour se disposer à la mort, il fit une prière très-dévote, en forme de paraphrase sur le psaume *Miserere*, s'appliquant toutes les paroles de ce psaume comme à un très-grand pécheur. Ensuite, il se confessa très-dévotement et passa le reste de l'octave dans des sentiments de componction et de pénitence. Sur la fin, il se fit apporter le Viatique, qu'il reçut avec de grands transports d'amour, disant à Jésus-Christ : « C'est vous, mon Seigneur, en qui j'ai cru, c'est vous que j'ai prêché, que j'ai cherché et que j'ai aimé ». Disant les Litanies, il tomba en défaillance à ces paroles : *Peccatores, te rogamus, audi nos*, et on le crut mort pendant trois heures. Mais, étant revenu à lui, il dit à ses religieux : « Je viens de soutenir, mes Frères, un grand combat ; car le démon, plein de rage et de malice, me représentant tout les péchés de ma vie, et soutenant que je devais pour cela être condamné aux enfers, s'est efforcé de me faire tomber dans le désespoir ; mais Jésus-Christ, mon Sauveur, et Marie, sa très-sainte Mère, ont repoussé les flèches de ce cruel et pernicieux ennemi, et m'ont tellement favorisé par leur bonté, qu'après l'avoir chassé de ma présence, ils m'ont fait voir le royaume éternel qui m'est préparé. Prenez donc garde, mes Frères, de vous laisser tromper par cet imposteur, qui ne fait autre chose que travailler à la perte des hommes, et servez-vous des armes que Notre-Seigneur vous met entre les mains, qui sont l'abstinence, l'humilité, la patience, et surtout la charité, qui est la reine des vertus ». Il finit ce discours en demandant son livre ; on ne savait quel livre il voulait : mais ce livre était son Crucifix, qu'il avait étudié toute sa vie, et dans les embrassements duquel il voulut mourir. Il le baisa plusieurs fois, et raconta à ses enfants les biens inestimables qu'il avait reçus par son moyen. Il récita après cela le cantique *Benedictus* et le psaume *In te, Domine, speravi* ; à ces paroles : *In manus tuas, Domine, etc.*, il rendit effectivement son esprit entre les mains de son souverain Seigneur. A sa mort, on entendit dans les airs ces paroles : « Courage, bon et fidèle serviteur ; parce que tu as bien conduit la famille de la Vierge, dont on t'avait donné la conduite, entre dans la joie de ton Seigneur ». Ce précieux moment arriva l'an 1285, le 22 août, qui est celui de l'Octave de Notre-Dame, bien que sa mémoire ne se fasse qu'au 23.

Le lieu où il mourut fut aussitôt rempli d'une odeur très-agréable qui sortait surnaturellement de son corps, et son visage envoya des rayons qui éclairèrent toute la chambre pendant la nuit. Ses religieux furent saisis d'une joie extraordinaire qui apaisa toute leur tristesse. On ne put l'enterrer durant trois jours, à cause de la foule de monde qui accourait pour le voir et des miracles qui se faisaient par l'attouchement de ses membres. Deux morts ressuscitèrent, dont l'un était un enfant qu'un loup avait étranglé. Une femme, percluse de ses bras et de ses jambes, fut guérie, et un aveugle recouvra la vue. Une autre femme, se moquant de ces merveilles, perdit soudain la parole, et elle ne la put recouvrer que par les mérites de celui qu'elle avait méprisé. Ses habits, que l'on conserva fort honorablement à Todi, servirent aussi depuis à la guérison d'un grand nombre de malades. Son cilice, que l'on garde à Florence, dans la maison de l'Annonciade, a surtout une vertu particulière pour éteindre les incendies. Il s'est fait, en 1317, une translation de ses reliques, où ses premiers miracles ont été renouvelés. En 1516, le pape Léon X permit aux religieux Servites de célébrer sa fête : ce que le pape Paul V étendit à toutes les églises de Florence, en 1615. Enfin, le pape Clément X l'a solennellement canonisé en 1671 ; mais la bulle de sa canonisation n'a été publiée qu'en 1724, par Benoît XIII.

On peint parfois saint Philippe Béniti avec trois couronnes que deux anges soutiennent au-dessus de sa tête. Il est aussi représenté frappant la terre de son bâton et en faisant sortir une source.

Sa vie a été écrite par Archange Janius, florentin. On la trouve aussi dans les *Chroniques* de son Ordre, et en partie dans les continuations des *Annales* du cardinal Baronius, par Sponde, Bzovius et Raynaldus. Ce sont ces auteurs qui nous ont servi à composer cet abrégé.

SAINT JACQUES DE BÉVAGNA,

RELIGIEUX DE L'ORDRE DE SAINT-DOMINIQUE.

1301. — Pape : Boniface VIII. — Empereur d'Allemagne : Albert Ier d'Autriche.

Qui amat patrem aut matrem plus quam me, non est me dignus.

Celui qui aime son père ou sa mère plus que moi, n'est pas digne de moi.

Matth., x, 37. — *Maxime du Saint.*

Nous avons déjà remarqué, dans la vie de saint Ambroise de Sienne, que saint Jacques de Mévania, ville d'Italie, appelée actuellement Bévagna, naquit en 1220, la même année et le même jour que saint Thomas d'Aquin, et le même saint Ambroise, et que leur naissance fut représentée au ciel par trois astres, dans chacun desquels il apparut un religieux revêtu de l'habit de Saint-Dominique. Cet enfant était de la maison des Bianchi, une des plus illustres de cette province. Sa mère, son frère et une autre personne de grande vertu eurent aussi, au temps de sa naissance, des visions prophétiques de ce qu'il serait un jour. Il passa son enfance dans une innocence et une piété singulières. On l'envoya aux écoles, et il y fit des progrès considérables. A l'âge de seize ans, il accomplit ce qui avait été prédit de lui par tant de signes ; car, étant d'un côté puissamment touché de ces paroles du psaume CXVIII° *Legem pone mihi, Domine, viam justificationum tuarum :* « Seigneur, donnez-moi pour loi la voie de vos justifications » ; et de l'autre, étant animé par saint Dominique, qui lui apparut plein de bienveillance, il demanda l'habit de son Ordre, et le reçut à Spolète, qui n'est pas beaucoup éloignée de Bévagna. Ses parents s'opposèrent inutilement à sa vocation : il leur répondit courageusement que, quand il s'agissait de suivre Jésus-Christ et de mettre son âme en sûreté, il ne les connaissait plus. Dans le noviciat, il fit paraître une vertu déjà consommée. Son silence était exact, son recueillement continuel, son obéissance aveugle, son oraison attentive et fervente et sa mortification universelle. A sa profession il fit un holocauste parfait de lui-même, en consacrant entièrement à Dieu son esprit, son cœur, ses appétits, ses sens, et tout ce qu'il aurait pu prétendre de richesses, d'honneurs et de plaisirs dans le monde.

Ayant été appliqué aux études sacrées, il acquit en peu de temps tout ce qui était nécessaire pour s'acquitter dignement des obligations d'un prédicateur de l'Evangile. Ensuite il monta en chaire avec un succès merveilleux ; car, non-seulement il confirma les gens de bien dans l'amour de la vertu, et convertit un grand nombre de pécheurs, mais il arrêta aussi l'hérésie détestable des Nicolaïtes, qui, par une suite funeste de la corruption des mœurs, commençait à renaître dans l'Ombrie. Ortinellus en était le rénovateur ; mais notre Saint, étant entré en discussion contre lui, le convainquit si évidemment par les textes de l'Ecriture et l'autorité des saints Pères, qu'il l'obligea enfin de rétracter ses erreurs et de prononcer anathème contre sa propre doctrine. Son zèle, pour multiplier le nombre des ouvriers évangéliques, lui fit entreprendre la fondation d'un couvent de son Ordre dans la ville de Bévagna, dont il était natif. Il ne prit d'abord qu'une fort petite maison, et l'acheta avec une somme d'argent que sa mère et ses parents lui fournirent. Mais, peu de temps après, on lui donna une église et plusieurs maisons attenantes pour bâtir un monastère. Il porta en même temps une sainte veuve à construire, dans la même ville, un couvent de religieuses, qui embrassèrent la Règle de Saint-Benoît. Il fut souvent supérieur dans divers couvents de sa province, et il s'acquitta toujours, avec beaucoup de prudence, de douceur et de fermeté, des obligations de sa charge. Si ses paroles étaient toutes-puissantes pour animer les religieux à la vertu et aux exercices de la vie régulière, les exemples de sa vie l'étaient incomparablement davantage. Il ne dormait presque point ; il se déchirait toutes les nuits le corps trois fois avec des disciplines très-rudes, à l'exemple de son Père saint Dominique. Il serra tellement ses reins d'une chaîne de fer, qu'elle entra dans sa peau et qu'il fut ensuite impossible de l'en arracher. Ses jeûnes étaient fréquents et rigoureux ; les vendredis il jeûnait au pain et à l'eau ; aux autres jours, sa nourriture était toujours la plus pauvre et la plus vile de tout le monastère. Il n'y a point de langue qui puisse exprimer l'excellence de sa pureté, qui était plus que virginale.

Dieu releva tant de vertus par de très-insignes miracles. Le pain et le vin se multiplièrent surnaturellement entre ses mains pour la subsistance des ouvriers qui travaillaient à ses constructions. Il délivra les prisonniers de leurs fers par l'efficacité de ses prières. L'huile et l'eau qu'il avait bénites guérissaient plusieurs sortes de maladies. On avait surtout recours à lui avec beaucoup de succès dans les chutes, de quelque hauteur et dans quelque précipice que l'on tombât. Au reste, ni cette innocence parfaite, ni cette pureté angélique, ni ces communications divines, ni ce grand nombre de miracles, ni le don de prophétie dont il était aussi doué, ne l'empêchaient de vivre dans une crainte continuelle de la damnation éternelle, et elle était même quelquefois si grande, qu'il en avait l'âme toute pénétrée de tristesse et d'effroi. Priant un jour avec une ferveur extraordinaire aux pieds du crucifix, il pressa instamment Notre-Seigneur de relever un peu son espérance et de lui donner quelque assurance qu'il ne serait pas du nombre des malheureux réprouvés. Alors ce divin Maître fit couler de son précieux côté un ruisseau de sang qui arrosa son visage et ses habits, et le remplit d'une suavité inestimable. En même temps ce crucifix parla et lui dit : « Que ce sang, mon Serviteur, soit le signe et le gage de ton salut ! » Depuis cette heure, Jacques n'eut plus de crainte, mais il fut au contraire inondé de tant de délices, qu'il était obligé de faire ses prières en particulier pour les recevoir avec plus de liberté.

La fin de sa vie étant proche, Jésus-Christ, la sainte Vierge, saint Dominique et saint Georges, pour lesquels il avait une affection toute particulière, lui rendirent visite et l'invitèrent à venir avec eux, au bout de huit jours, recevoir le prix de la béatitude éternelle. Etant tombé malade, il se fit administrer les Sacrements qu'il reçut avec une dévotion proportionnée à son amour. Il changea ensuite un vase plein d'eau en vin ; ce qu'il avait déjà fait deux fois auparavant. Enfin la même compagnie, qui l'avait invité au festin de l'éternité, lui vint dire que tout était prêt, et qu'il ne différât point d'honorer l'assemblée des Saints de sa présence. Il partit aussitôt, et les religieux changèrent les oraisons de la recommandation en celles que l'on dit pour l'âme qui vient d'être séparée de son corps. Alors une voix fut entendue qui disait : « Ne priez pas pour lui, mais priez-le lui-même d'être votre intercesseur auprès de Dieu ».

Son corps, dans l'espace de trois cents ans, fut découvert trois fois pour être transporté en des lieux plus décents, et on le trouva toujours sans corruption. Il y a eu plusieurs révélations de son bonheur ; mais les miracles sans nombre qu'il a faits depuis sa mort et qu'il fait encore à présent, en sont des marques plus indubitables. Son décès arriva le 15 août, jour de l'Assomption de Notre-Dame, en 1301. Sa vie se trouve parmi celle des Saints de l'Ordre de Saint-Dominique. Le pape Boniface IX donna des indulgences à ceux qui visiteraient ses reliques aux trois premiers jours de mai ; et le Pape Clément X a permis à tout l'Ordre des Frères Prêcheurs d'en célébrer solennellement la fête le 23 août.

Cf. *Acta Sanctorum*.

SAINT TIMOTHÉE ET SAINT APOLLINAIRE,

MARTYRS PRÈS DE REIMS (III° siècle).

Timothée étant venu d'Orient dans les Gaules, commença à prêcher l'Evangile à Reims, malgré la persécution ; arrêté par l'ordre de Lampade, gouverneur de la ville, on le somma de sacrifier aux idoles. Sur son refus de le faire, on le frappa d'abord à coups de bâtons, après quoi l'on répandit sur ses plaies du vinaigre et de la chaux vive. Son admirable constance au milieu de ces tourments fut soutenue par la visite des anges et par la vision de Notre-Seigneur, qu'il aperçut au haut du ciel tenant à la main une couronne de pierres précieuses qu'il lui promettait.

Témoin de ces merveilles, Apollinaire, un de ses gardes, se jette à ses pieds et reçoit la foi. Lampade, instruit de la conversion d'Apollinaire, se saisit de lui et lui fait couler du plomb fondu dans la bouche ; le patient n'en ayant éprouvé aucun mal, il est jeté en prison avec Timothée. En même temps, l'on mit aux fers une multitude nombreuse qui, ayant vu le miracle du plomb fondu, s'était convertie à Jésus-Christ, et avait été baptisée par le prêtre Maure. Apollinaire entendit une voix céleste qui lui annonçait que tous ceux qui avaient été baptisés cette nuit-là seraient reçus le jour suivant dans le ciel ; ce que l'événement confirma, car le lendemain cinquante personnes furent décapitées par l'ordre de Lampade. Trois jours après, Timothée et Apollinaire furent conduits hors de la ville par le chemin de César, en un lieu nommé *Buxitus*, où ils furent frappés du glaive, non sans apprendre auparavant l'horrible châtiment du gouverneur, qu'un trait de feu lancé du ciel frappa à l'épaule à la vue de tout le monde, et qu'un démon saisit ensuite, et étouffa sous ses serres.

Les corps des bienheureux Martyrs du Christ furent religieusement recueillis et ensevelis par les chrétiens, le 24 août. Un certain Eusèbe, converti par leur mort, érigea en leur mémoire une église dans laquelle la vue fut rendue aux aveugles, l'usage des jambes aux boiteux, la liberté aux possédés du démon, et la santé à toute espèce de malades. Cette basilique reçut encore les restes de beaucoup d'autres Martyrs, parmi lesquels saint Remi désira être enseveli. Tilpin, archevêque de Reims, employa l'or et l'argent pour décorer convenablement le sépulcre de ces généreux athlètes de la foi. Un autre archevêque de Reims, Arthald, céda au roi Othon les reliques de saint Timothée, qui furent transférées en Saxe, non sans beaucoup de miracles. Quelques reliques de saint Apollinaire furent transférées au monastère d'Orbay, dans le diocèse de Sens.

Acta Sanctorum.

XXIVᵉ JOUR D'AOUT

MARTYROLOGE ROMAIN.

Saint BARTHÉLEMY, apôtre, qui prêcha l'Evangile de Jésus-Christ dans les Indes, revint de là dans la Grande-Arménie, où, après avoir fait plusieurs conversions, il fut écorché vif par les barbares, et, ayant été décapité sur l'ordre du roi Astyage, il acheva son martyre. Son saint corps fut apporté premièrement dans l'île de Lipari, puis à Bénévent, enfin à Rome, dans l'île du Tibre, où il est honoré par la pieuse vénération des fidèles. Vers l'an 71. — A Carthage, trois cents bienheureux Martyrs, du temps de Valérien et de Gallien. Après plusieurs autres supplices, le président ayant ordonné d'allumer un four à chaux, et s'étant fait apporter des charbons avec de l'encens, leur dit : Choisissez l'un ou l'autre, ou d'offrir de l'encens à Jupiter sur ces charbons, ou d'être plongés dans cette chaux ; alors, armés de leur foi, et confessant que Jésus-Christ est véritablement le Fils de Dieu, ils se jetèrent tous ensemble dans le feu, et furent réduits en poudre dans les vapeurs de la chaux ; d'où cette blanche armée de bienheureux mérita d'être appelée la *Masse-Blanche*[1]. 258. — A Népi, saint Ptolomée, évêque, disciple de l'apôtre saint Pierre, par

---

1. Il y avait à Utique une église en l'honneur de ces Martyrs : on l'appelait la basilique de la Masse-Blanche. Saint Augustin y prononça un des sermons que nous avons de lui sur les Psaumes (Ps. CXLIV). Il fait allusion au supplice de ces généreux athlètes de la foi. — Ils jouissaient aussi d'un culte particulier à Carthage, soit qu'on y eût transporté les ossements de plusieurs d'entre eux, soit que saint Cyprien, avant de mourir, les eût fait adopter par son Eglise, en considération de ceux d'entre eux qui étaient de sa ville épiscopale ou de son diocèse. — Baillet.

qui fut envoyé en Toscane pour prêcher l'Evangile ; il mourut dans cette ville en glorieux martyr de Jésus-Christ. Ier s. — A Népi, encore, saint Romain, évêque de la même ville, qui, étant disciple de saint Ptolomée, fut aussi le compagnon de son martyre. Ier s. — A Ostie, sainte Aurée, vierge et martyre, qui fut jetée dans la mer, avec une pierre au cou ; son saint corps, que les flots avaient rejeté sur le rivage, fut enseveli par saint Nonne. IIIe s. — En Isaurie, saint Tation, martyr, qui, ayant été décapité durant la persécution de Dioclétien, sous le président Urbain, reçut la couronne du martyre. Vers 304. — Le même jour, saint Eutyche, disciple de saint Jean l'Evangéliste, qui, ayant souffert la prison, le fouet et le feu en différents pays, pour la prédication de l'Evangile, mourut enfin d'une mort tranquille. Fin du Ier ou commencement du IIe s. — De plus, saint George Limniote, moine, qui, ayant repris l'impie Léon, empereur, de ce qu'il brisait les images et brûlait les reliques des Saints, eut, par son ordre, les mains coupées et la tête brûlée, et s'envola vers le Seigneur avec l'honneur du martyre. VIIIe s. — A Rouen, saint OUEN, évêque et confesseur. 684. — A Nevers, saint Parrize ou Patrice [1], abbé. Vers 700.

MARTYROLOGE DE FRANCE, REVU ET AUGMENTÉ.

A Desvres (Pas-de-Calais, arrondissement de Boulogne-sur-Mer), au diocèse d'Arras, sainte Avia ou Aurea, une des compagnes de sainte Ursule. L'embarcation qui la portait d'Angleterre en France fut jetée sur la côte : Aurea échappa au naufrage et alla s'établir dans la forêt de Desvres. Une irruption de barbares étant venue jusqu'à sa modeste cabane, la jeune vierge eut d'abord les yeux arrachés, puis la tête tranchée, en défendant sa chasteté. Des pèlerins nombreux allaient autrefois visiter l'antique demeure de la vierge martyre où une petite chapelle avait été construite en son honneur, avec une habitation pour un solitaire. Depuis la Révolution, le culte et le nom de cette sainte sont tombés dans un oubli complet. — Au diocèse d'Autun, saint EPTADE, solitaire à Cervon, près de Corbigny, au diocèse de Nevers. 523. — Au diocèse du Mans, saint RIGOMER et sainte TÉNESTINE, solitaires. VIe s. — Au diocèse de Cologne, le bienheureux SAUDRADE, abbé du monastère bénédictin de Gladebach (Gladbacense monasterium) et confesseur. 985. — Au diocèse d'Evreux, mémoire de saint Agofroi ou Godefroy, abbé du monastère bénédictin de La Croix-Saint-Leufroi (Crux sancti Leufridi, Crux sancti Audomi, Crux sancti Heltonis, Madriacum), au même diocèse [2]. VIIIe s. — A Clermont, en Auvergne, sainte Supporine, dont le corps a longtemps été honoré dans l'église Saint-Artème de cette ville. Elle est citée déjà aux additions des Bollandistes, du 24 janvier. Après 395. — A Saint-Hubert, ville du Luxembourg belge, dans la forêt des Ardennes, le bienheureux THÉODORIC ou THIERRY, abbé du monastère bénédictin de ce lieu (Andainum, Andaginum sancti Petri). 1087. — Au diocèse de Cologne, saint Evergisile ou Evergiste, archidiacre de saint Seurin, puis son successeur sur le siège archiépiscopal de cette ville. Il est cité aussi au 14 septembre. Ve s. — Dans l'ancien monastère de Maubeuge (Melbodiensis parthenon), au diocèse de Cambrai, sainte Ansoalde, vierge et religieuse. Sa douceur, son humilité, son esprit de recueillement faisaient l'édification de toutes ses compagnes. Une maladie douloureuse la consomma lentement et la conduisit enfin au repos du Seigneur. — Au diocèse de Verdun, à deux lieues de Saint-Mihiel (Meuse), dédicace de Notre-Dame de Benoîtevaux (Benedicta Vallis). Cette chapelle conserve une image de la sainte Vierge que de nombreux miracles

---

1. Saint Patrice naquit en Auvergne de parents riches et de la plus haute distinction ; il se retira du monde et se réfugia dans le monastère que saint Porcien venait de fonder, dans le lieu qui conserve encore son nom (Saint-Pourçain, Allier), afin de se former sous sa conduite à la pratique de toutes les vertus. Après vingt ans de profession, il se plaisait encore à se confondre avec les novices, se chargeant de tout ce qui aurait pu leur faire éprouver quelque répugnance. Sa charité allait si loin qu'il se levait au milieu de la nuit pour les délivrer d'une partie de leurs travaux, qu'il exécutait lui-même aux dépens de son sommeil. Dieu voulut le récompenser, même dès cette vie, de tant d'abnégation, en lui réservant la gloire de convertir à Jésus-Christ les habitants de la contrée du Nivernais située entre la Loire et l'Allier.

Avant 1793, ses restes précieux reposaient encore dans la crypte curieuse placée sous le sanctuaire de l'église qui a conservé son nom, quoique altéré (Saint-Parize, diocèse de Nevers), mais ils furent dissipés à cette époque de folie et d'impiété. — Mgr Crosnier, Hagiologie Nivernaise.

2. Agofroi était, dit-on, le frère de saint Leufroi, abbé du monastère de La Croix, près d'Evreux. Ce fut un personnage illustre par ses mérites et sa sainteté. Lorsque Gondbert, évêque d'Evreux, leva le corps de saint Leufroi, qu'on avait caché sous terre lors de la première incursion des Normands, pour l'exposer de nouveau à la vénération des peuples, il fit de même pour les restes de saint Agofroi. Plus tard, au temps de Rollon, duc des Normands (932), les moines de La Croix, abandonnant leur monastère à l'approche des barbares, s'enfuirent à Paris avec les reliques de leurs patrons. Robert, comte de Paris, qui était abbé de Saint-Germain des Prés, accorda dans son monastère un refuge à ces saintes reliques, savoir : celles de saint Ouen, de saint Leufroi, de saint Agofroi et de saint Thuriaf, évêque de Dol. Lorsque, après la conversion de Rollon, les moines de La Croix voulurent reprendre le chemin de leur pays, il fut convenu entre eux et les moines de Saint-Germain, que, en mémoire de l'hospitalité qu'ils avaient reçue, ils laisseraient à Paris les corps de saint Leufroi et de saint Thuriaf, et ne remporteraient que les reliques de saint Ouen et de saint Agofroi. — Propre d'Evreux.

ont rendue fort célèbre, et l'on trouve en ce lieu une fontaine miraculeuse dont l'eau guérit de plusieurs infirmités. 1138 ou 1140. — A Frayssinet (arrondissement de Briançon), au diocèse de Gap, Notre-Dame de Monthabor, sanctuaire bâti sur la plus haute des montagnes qui avoisinent le Piémont et la Savoie, dans un lieu où la rigueur du climat ne laisse paraître aucune trace de végétation, et où l'on n'arrive que par des chemins presque impraticables. Tous les ans, à pareil jour, et le dimanche suivant, la paroisse de Frayssinet s'y rend en procession, et, le long de la route, il se joint à elle un nombre considérable de pèlerins.

MARTYROLOGES DES ORDRES RELIGIEUX.

Martyrologe des Franciscains. — Saint Hyacinthe, confesseur, dont la fête se célèbre le 16 de ce mois [1]. 1257.

Martyrologe des Carmes. — La translation du corps de saint Ange, martyr, de notre Ordre [2]. 1225.

Martyrologe des Carmes déchaussés. — Saint Barthélemy, apôtre.

Martyrologe des Chanoines réguliers. — Chez les Chanoines de Vienne : *Quand la fête de saint Barthélemy est célébrée le 25, on lit en premier lieu :* La Vigile de saint Barthélemy, apôtre ; *ensuite :* A Tagaste, en Afrique, etc., *comme le 16 de ce mois, ensuite :* A Carthage, etc. *Quand elle est célébrée le 24, alors, le 26, on lit en premier lieu :* A Tagaste, etc., *ensuite ;* A Rome, etc.

Martyrologe de l'Ordre de Saint-Benoît. — *Dans les lieux où l'on célèbre la fête de saint Barthélemy le 25 de ce mois :* La Vigile de saint Barthélemy, apôtre. — Le même jour, sainte Jeanne-Françoise Frémyot de Chantal, veuve, dont on fait mention le 21 août [3]. 1641.

Martyrologe de l'Ordre des Camaldules. — De même que chez les Bénédictins.

Martyrologe de l'Ordre de Cîteaux. — De même que chez les Bénédictins et les Camaldules.

Martyrologe de l'Ordre des Ermites de Saint-Augustin. — A Todi, saint Philippe Béniti de Florence, propagateur de l'Ordre des Servites de la bienheureuse Vierge Marie, et que Clément X a mis au nombre des Saints. Sa fête se célèbre le 23 de ce mois, et se fait aujourd'hui dans notre Ordre [4]. 1285.

ADDITIONS FAITES D'APRÈS LES BOLLANDISTES ET AUTRES HAGIOGRAPHES.

Au diocèse de Pistoie, en Toscane, la vénérable Marie de Popiglio, vierge. Elle mena dès l'enfance une vie pure et pieuse, s'éleva comme une humble fleur des vallées, pratiqua la vertu simplement et sans fard, fut humble sans hypocrisie, dévote sans ostentation, obéissante sans réplique, sévère sans dureté, sérieuse avec les dehors de la plus douce gaîté. Vers l'âge de trente ans, elle s'affilia au Tiers Ordre de Saint-Dominique, et fut une tertiaire parfaite, accomplissant la règle de pénitence qu'elle avait adoptée, avec la simplicité et la candeur d'un enfant. Dieu lui donna d'annoncer bien des fois les choses futures, de lire dans les consciences, et de faire des miracles pendant sa vie et après sa mort. 1547. — A Ostie, bourg et petit port des Etats romains, avec sainte Aurée, citée au martyrologe romain de ce jour, les saints martyrs Censorin, Félix, Maxime, Herculin, Vénère, Styracin, Cène, Commode, Hermès, Maur, Eusèbe, Rustique, Monagrée, Amandin, Olympe, Cypre, Théodore le Tribun, Sabin, victimes de la persécution de l'empereur Claude. Vers le milieu du IIIe s. — A Antioche, les saints martyrs Zénobe, Capitulin, Emérite, Italique, Juvien et Jules, cités par les apographes de saint Jérôme. — Dans l'île de Céphalonie *(Cephalonia, Melæna)*, une des Ioniennes, à l'entrée du golfe de Lépante, les saints Grégoire, Théodore et Léon, confesseurs. Vers 360. — En Ecosse, saint Irchard, évêque et confesseur, appelé aussi Erthade et Erchade. Il naquit de parents idolâtres ; mais Dieu lui fit la grâce de lui découvrir la fausseté de la religion de ses pères. Dès son jeune âge, il eut en horreur les sacrifices détestables du paganisme, et s'appliqua à suivre les préceptes de Jésus-Christ. Assidu à l'oraison, il châtiait son corps par de sanglantes disciplines. Saint Ternan, évêque des Pictes (vers 450), frappé de si heureuses dispositions, l'ordonna prêtre et le fit son coadjuteur. Il remplit quelque temps cette charge avec beaucoup de fruit, puis se rendit à Rome pour y visiter le tombeau des saints Apôtres. Sa réputation de sainteté l'y suivit, et le pape saint Grégoire le Grand (590-604), qui gouvernait alors l'Eglise, lui donna la consécration épiscopale. Irchard revint ensuite en Ecosse, où il s'occupa de prédications, cherchant à gagner à Jésus-Christ les âmes égarées par l'idolâtrie. Parvenu à une grande vieillesse, il s'endormit doucement dans le Seigneur, après avoir prédit le jour de sa mort. VIe ou VIIe s.

---

1. Voir ce jour.
2. Voir le martyrologe des Carmes du 5 mai, et la vie que nous en avons donnée au même jour.
3. Nous donnerons sa vie au 13 décembre. — 4. Nous avons donné sa vie au 23 août.

SAINT BARTHÉLEMY, APOTRE,

MARTYR DANS LA GRANDE-ARMÉNIE.

Vers l'an 71. — Pape : Saint Lin. — Empereur romain : Vespasien.

> *Ambigitur regali an sis in murice natus,*
> *Sed te purpureum nullus obisse negat.*
> On agite la question de savoir si vous êtes né dans la pourpre royale ; mais, ce que personne n'ignore, c'est que vous êtes mort empourpré de votre sang.
> *Fasti sacri.*

Saint Barthélemy était Galiléen d'origine, comme les autres Apôtres. Quelques auteurs anciens et modernes se sont imaginés qu'il était le même que Nathanaël, qui fut amené à Notre-Seigneur par saint Philippe, Apôtre, et dont ce divin Maître fit cet excellent éloge : « Voilà un vrai Israélite, dans lequel il n'y a point de malice ». Cela, néanmoins, n'est pas confirmé, au sentiment de saint Ambroise, de saint Jean Chrysostome, de Théodoret et de plusieurs autres Pères, qui disent que le Fils de Dieu ne choisit point pour ses Apôtres des Docteurs de la loi, tel qu'était Nathanaël, mais des hommes sans lettres et de pauvres ignorants. Saint Augustin et saint Grégoire rejettent ouvertement cette opinion dans leurs *Commentaires* sur l'histoire de la vocation de Nathanaël. D'autres écrivains ont avancé que saint Barthélemy était Syrien, et de la race des rois Ptolomée ; qu'il marchait, revêtu d'un habit bordé de pourpre et orné de plusieurs pierres précieuses, et que ce fut à son occasion que les Apôtres discutèrent entre eux qui de leur compagnie était le plus grand, parce qu'ils appréhendaient que sa noblesse ne le fît préférer aux autres dans les séances du royaume des cieux : mais, toutes ces choses n'ont point de vraisemblance ; car, premièrement, nous apprenons du livre des *Actes*, que tous les Apôtres étaient Galiléens, et non pas de Syrie, si ce n'est peut-être en tant que la Galilée faisait partie du gouvernement de Syrie. De plus, il est certain que les Ptolomée n'ont jamais régné dans cette province asiatique, mais seulement en Egypte, où les rois, ayant quitté le nom de Pharaon, qu'ils avaient porté durant plusieurs siècles, prirent celui de Ptolomée. D'ailleurs, si Notre-Seigneur n'a pas pris pour ses Apôtres des Sages du Monde, ni des Docteurs de la loi, il n'a pas pris non plus des hommes considérables pour leurs biens, leur noblesse et leurs alliances ; « mais », comme dit saint Paul, « il a choisi ce qui était le plus faible, pour confondre ce qui était le plus fort ; et ce qui était méprisable, ou plutôt ce qui n'était point du tout, pour écraser et détruire ce qui semblait être quelque chose ». Enfin, c'est une erreur de croire que le nom de Barthélemy tire son étymologie de *Bar*, c'est-à-dire *fils*, et de Ptolomée, comme si Barthélemy était la même chose que *fils de Ptolomée ;* mais il la tire de *Bar* et de *Tholmaï*, qui est un nom assez commun parmi les Hébreux, et signifie proprement *fils de Tholmaï*, comme Baronius l'a remarqué dans ses *Notes* sur le Martyrologe.

Saint Barthélemy, dans l'Evangile de saint Matthieu, se trouve placé le sixième dans le catalogue des Apôtres. Comme eux, il fut témoin de la glorieuse résurrection et des principales actions de Jésus-Christ sur la terre. Il est nommé parmi les cent vingt Disciples assemblés pour prier après l'Ascension. Le Saint-Esprit, à la descente duquel il s'était préparé avec tant de ferveur, le remplit de zèle, de charité et de toutes les vertus. Revêtu, ainsi que les autres Apôtres, d'une force surnaturelle, il ne pensa plus qu'à faire connaître Jésus-Christ et à porter son nom jusqu'aux extrémités du monde.

Après s'être préparé dignement à l'exercice des fonctions de l'apostolat, saint Barthélemy commença d'abord par aller porter l'Evangile dans l'Arabie-Heureuse, dans le pays de Hus; puis, remontant vers l'Inde septentrionale et Cis-Gangétique, il s'avança vers l'Orient le plus reculé, parcourut l'Asie centrale, qui est l'un des plus beaux pays du monde. Il y passa plusieurs années, et après y avoir converti un grand nombre de personnes, il leur laissa un exemplaire de l'Evangile composé par saint Matthieu. Lorsqu'il eut fondé des Eglises en différents lieux, il reprit sa direction vers l'occident de l'Asie, visita la Perse, la Babylonie, la Petite-Arménie, l'Asie-Mineure.

« Saint Barthélemy », dit Nicétas le Paphlagonien, « porta chez les Indiens et chez les Ethiopiens orientaux, la lumière de la vraie science, la doctrine de la vie éternelle, et leur annonça Jésus-Christ clairement et dans leurs propres langues. Sa prédication était accompagnée de miracles. Il mettait en fuite les démons qui attaquaient les hommes, guérissait toutes sortes de maladies et d'infirmités par la seule invocation du nom de Jésus. Par la puissance du même nom, il rendit la vie à plusieurs morts. Tous les jours, de nouveaux croyants venaient, à sa parole, grossir la multitude innombrable des fidèles ; il les instruisait, les purifiait par le bain de la régénération, et enfin enflammait leurs cœurs en leur communiquant les dons du Saint-Esprit. Ceux qui, parmi eux, étaient les plus dignes et les plus remplis de la grâce céleste, il les consacrait évêques ou prêtres. Pontife admirable, il leur apprenait les rits sacrés que doivent connaître ceux qui ont reçu cette consécration. Il leur enseignait les saintes Lettres, la science des mystères évangéliques et la doctrine parfaite du salut. Des églises nouvelles et sans tache s'élevaient par ses soins dans les différentes provinces et dans les villes qu'il parcourait ». Tels sont les faits de saint Barthélemy dans les Indes.

Il avait vieilli dans l'accomplissement de ce ministère apostolique. Ses membres et tout son corps étaient enfin fatigués. Il souhaitait recevoir de Jésus-Christ, pour prix de ses laborieuses courses, la possession du repos glorieux de son royaume. Voulant marcher sur les traces de Jésus-Christ, son maître et son modèle, qu'il savait être entré dans sa gloire par la voie des souffrances, il désirait, après avoir été semblable à lui pendant sa vie, la couronner par une fin semblable, par le martyre. Le Fils de Dieu, qui voit les pensées des cœurs, ne tarda pas à lui fournir l'occasion de rendre témoignage à la vérité par l'effusion de son sang. Saint Barthélemy revint vers l'Asie-Occidentale après avoir accompli une grande quantité de prodiges et de conversions dans les vastes contrées de l'Orient. Plût à Dieu que le souvenir de tant de belles actions nous eût été conservé ! Mais il n'y avait personne pour les écrire. Nous connaissons un peu mieux celles qu'il a faites dans l'Asie-Mineure et dans l'Arménie, parce qu'elles ont été rapportées et écrites en partie par les premiers fidèles de ce pays, qui étaient beaucoup plus lettrés que ceux des autres peuples de l'Orient.

Il évangélisa quelque temps dans l'Asie-Mineure, et notamment dans la

Mysie, la Lydie et la Phrygie ; ce fut alors que Jésus-Christ l'avertit d'aller au secours de l'apôtre saint Philippe qui combattit fortement l'idolâtrie dans la ville d'Hiérapolis, en Phrygie. Il contribua par sa présence et par ses prédications à la ruine du culte impie, enraciné dans le cœur de ce peuple. Après la mort de saint Philippe, il rétablit l'ordre dans l'église d'Hiérapolis ; et quand il eut raffermi les fidèles de la Lycaonie, il partit pour la Grande-Arménie, où il devait consommer son martyre.

Dès qu'il fut entré dans le temple de la capitale, où demeurait le roi Polymius, avec toute sa cour, le démon, qui y rendait des oracles, par la bouche d'une idole nommée Astaroth, et qui guérissait aussi beaucoup de malades qu'on lui présentait, devint entièrement muet et dans l'impuissance de faire aucune guérison. Les Arméniens, étonnés de son silence, consultèrent une autre idole, appelée Bérith ou Beireth, pour en apprendre la cause. Il répondit que c'était la présence de Barthélemy, Apôtre du vrai Dieu, qui forçait son compagnon de se taire ; que jamais il ne pourrait parler tant qu'un si saint homme serait dans leur ville, parce qu'il fléchissait les genoux cent fois le jour et cent fois la nuit pour prier ; qu'il était toujours accompagné d'une troupe d'anges, et qu'il annonçait la vérité en prêchant que les honneurs divins n'étaient dus qu'au seul Créateur du ciel et de la terre. Sur cette réponse, les prêtres d'Astaroth cherchèrent de tous côtés le saint Apôtre, non pas pour honorer sa vertu ni pour recevoir hautement ses instructions, mais pour décharger sur lui la rage où ils étaient de se voir frustrés, par sa présence, du gain sacrilége que leur produisait le culte impie de leur idole. Toute leur diligence eût été inutile si Barthélemy ne se fût produit de lui-même ; mais il ne le fit que par la délivrance des possédés, par la guérison des malades et par d'autres prodiges qui remplirent les infidèles d'admiration, et ôtèrent à ces prêtres le pouvoir de le maltraiter comme ils prétendaient. Le roi même, dont la fille était tourmentée par un démon furieux, qui avait pris possession de son corps, étant informé de ces merveilles, le fit venir dans son palais et le supplia de secourir cette affligée, en la délivrant d'un si mauvais hôte. Barthélemy le fit sur-le-champ, avec une autorité souveraine ; ce qui ravit tellement de joie le prince, que, pour reconnaître un si grand bienfait, il lui envoya, peu de temps après, des chameaux chargés d'or, d'argent, de pierres précieuses et de vêtements riches.

Le Saint ayant connu, par révélation, ce que le roi devait faire, se tint si bien caché, jusqu'à ce que les présents eussent été reportés au palais, qu'il fut impossible de le trouver ; ensuite il se vint présenter lui-même devant Polymius, dans sa chambre, sans qu'on en eût ouvert les portes, et lui dit que ce n'était ni l'or ni l'argent qui l'avait amené dans son pays, mais le zèle du salut des âmes ; qu'il lui demandait, non pas de lui donner des richesses, mais de se rendre lui-même digne des trésors éternels, en quittant l'abominable superstition de l'idolâtrie et en reconnaissant le vrai Dieu, qui est le seul auteur de notre vie et le souverain Seigneur de toutes choses. Il ajouta que, pour le convaincre de la vérité de sa doctrine, il lui offrait de faire confesser au démon, qui l'avait trompé jusqu'alors, ses méchancetés et ses impostures. En effet, Polymius l'ayant mené au temple, Astaroth, qui parlait ordinairement dans l'idole, avoua qu'il n'était pas Dieu, mais un misérable esprit condamné aux flammes éternelles ; que les oracles qu'il avait prononcés n'avaient été que des tromperies, parce qu'il ne prédisait que le mal qu'il voulait faire, ou le bien qu'il ne voulait pas empêcher pour engager plus fortement à le croire, et que les guérisons qu'il avait opérées n'avaient été que des prestiges, parce que c'était lui-même qui causait les maladies par sa malice, afin qu'en cessant de les causer, on crût qu'il faisait des miracles et on continuât de lui rendre les honneurs divins qui ne lui étaient pas dus. Sur cette confession, l'Apôtre lui commanda de briser toutes les idoles du temple et de se retirer pour jamais dans un lieu où il ne pût nuire à personne. Il fut contraint d'obéir, et la ruine de toutes ces idoles fit un si grand effet sur l'esprit de Polymius et de tout son peuple, qu'ils se convertirent à Jésus-Christ et demandèrent instamment le saint Baptême. Douze villes du même royaume imitèrent l'exemple de leur prince : elles reçurent l'Evangile du salut de la bouche de saint Barthélemy, crurent en Jésus-Christ, se soumirent aux lois du Christianisme, et la plupart des habitants ayant été baptisés, le saint Apôtre en choisit un petit nombre pour en faire des prêtres, des diacres et des ministres de l'Eglise.

Cependant les princes des ténèbres ne pouvant souffrir la ruine de leur empire et l'établissement de celui du Sauveur, excitèrent contre Barthélemy les sacrificateurs des idoles ; ces derniers n'espérant pas pouvoir corrompre l'esprit du roi Polymius, qu'ils voyaient trop bien affermi dans la foi et l'amour de Jésus-Christ, s'adressèrent à son frère aîné, nommé Astyages, qui régnait aussi dans une partie de l'Arménie, et lui remontrèrent qu'il était nécessaire qu'il fît périr ce nouveau prédicateur, s'il ne voulait bientôt voir la désolation générale de la religion de ses ancêtres. Astyages, touché de ces remontrances, envoya saisir Barthélemy, soit qu'il fût venu de lui-même prêcher dans ses Etats, soit qu'il l'y eût attiré sous quelque espérance de conversion. Lorsqu'il fut devant lui, il lui demanda si ce n'était pas lui qui avait perverti Polymius et détruit les dieux de sa nation. « Il n'y a point d'autre Dieu de toutes les nations », répondit l'Apôtre, « que le souverain Créateur qui règne dans les cieux avec son Fils unique Jésus-Christ. Tous ceux que vous adorez ne sont que des démons qui ne méritent point les honneurs divins. Aussi, je n'ai détruit le culte d'aucun Dieu, mais seulement la vaine superstition de l'idolâtrie et de l'adoration des démons. Pour ce qui est du roi Polymius, je ne l'ai point perverti ; mais je lui ai montré le chemin de la vie éternelle, hors duquel personne ne peut être sauvé ». Astyages, aigri de ces paroles, et de ce qu'en même temps une idole qu'il adorait tombât par terre, fit fouetter rudement le saint Prédicateur ; ensuite, par une barbarie qui surpasse tout ce que les hommes ont jamais inventé de cruel, il le fit écorcher tout vif, depuis la tête jusqu'aux pieds ; de sorte que, n'ayant plus de peau, on ne voyait en lui qu'une chair toute sanglante et percée horriblement de ses os.

Enfin, comme, après ce supplice, dont le récit même fait frémir, il respirait encore, il lui fit couper la tête. Pierre de Natalibus dit qu'il fut écorché le 24 août et décapité le 25, et que c'est pour cela qu'en certaines Eglises on célèbre sa fête le 24, et dans d'autres le 25. Cette exécution de l'homme juste fut châtiée par ceux-là mêmes qui en avaient été les instigateurs ; car les démons se saisirent d'Astyages et des prêtres complices de son crime, et, après les avoir tourmentés durant trente jours, ils les étranglèrent, pour continuer éternellement de les tourmenter dans les enfers. Pour Polymius, on dit qu'il fut le premier évêque d'Arménie, et qu'il travailla pendant vingt ans avec un zèle infatigable à maintenir ce que l'Apôtre y avait fait, et à accroître le christianisme par la conversion continuelle des infidèles. Le corps écorché du Martyr, et sa peau toute sanglante, furent enterrés avec beaucoup d'honneur dans Albana, ville de la Haute-Arménie, qui est maintenant détruite.

On trouve saint Barthélemy représenté portant sa peau sur un bâton ; mais, le plus souvent, on se contente de lui mettre à la main le couteau qui a servi à son cruel supplice, ou bien une croix triomphale.

CULTE ET RELIQUES.

Quelque temps après son décès, une nouvelle persécution s'étant élevée contre l'Eglise de Jésus-Christ, les païens prirent ces saintes reliques, les enfermèrent dans un coffre de plomb et les jetèrent dans la mer, disant au Saint : « Tu ne tromperas plus désormais le peuple » ; mais que ce coffre, nageant sur l'eau, vint heureusement aborder dans l'île de Lipari, voisine de la Sicile ; que les chrétiens, par révélation divine, les y reçurent avec beaucoup de dévotion, et que, dans la suite du temps, on y bâtit une grande église sur son sépulcre. En 838, les Sarrasins s'étant saisis de cette île, ce riche trésor fut transporté à Bénévent par un religieux (839), à qui saint Barthélemy apparut, pour lui découvrir ce que ces infidèles en avaient fait. Othon de Freisingen assure que, en 983, l'empereur Othon II, s'étant rendu maître de Bénévent, la priva de cette bénédiction, en faisant transporter à Rome le corps de ce saint Apôtre. Son dessein était d'enrichir l'Allemagne ; mais, étant mort la même année, il ne put exécuter ce projet : de sorte que la châsse de porphyre qu'il lui avait fait faire, avec le trésor qu'elle contenait, demeura à Rome, dans l'île du Tibre, où l'on bâtit un temple en l'honneur du saint Apôtre. Robert du Mont, dans la continuation de Sigebert, ajoute qu'en l'année 1157, ce cercueil fut découvert par une inondation du Tibre, et que le corps entier, excepté la peau qui était demeurée à Bénévent, y fut trouvé avec une lame de cuivre qui faisait foi, en caractères grecs et latins, de sa translation par l'empereur Othon. Depuis ce temps-là, la dévotion envers saint Barthélemy s'est beaucoup accrue dans Rome. Son église a été augmentée, et l'on y voit tous les ans, durant l'octave de sa fête, un grand concours de monde qui va honorer un si illustre défenseur de l'Evangile. Le cardinal Baronius croit que cette translation à Rome se fit le 25 août, et que c'est pour cela que la fête s'y fait en ce jour, au lieu que, dans d'autres pays, comme en France, on la célèbre le 24. Le pape Innocent III a ordonné que chaque diocèse observerait en cela son ancienne coutume. Les Grecs mettent sa fête au 11 juin.

Saint Denis l'Aréopagite parle très-honorablement de saint Barthélemy dans son livre de la *Théologie mystique*, et lui attribue cette belle sentence : « que la théologie est de grande et de petite étendue, et que l'Evangile est fort ample et fort succinct ». Il courait, dans les premiers siècles, un Evangile sous le nom de saint Barthélemy, de même que d'autres sous les noms de la plupart des autres Apôtres ; mais le pape Gélase les a tous rejetés comme apocryphes, excepté les quatre célèbres Evangiles selon saint Matthieu, saint Marc, saint Luc et saint Jean. L'historien Nicéphore, après Théodore le lecteur, fait mention de quelques reliques du même Apôtre, trouvées par l'empereur Anastase dans le château de Dara, sur les confins de l'Arménie et de la Perse, à la suite d'une apparition de lui-même à cet empereur, où il lui déclara que ce château était sous sa protection particulière et qu'il en gardait les murs. Procope dit que Justinien fit bâtir une église au même lieu pour les placer avec plus de décence. La France ne fut pas privée de la participation d'un si grand bien : on porta à Toulouse, dans l'église de Saint-Sernin, le chef de saint Barthélemy que l'on a renfermé dans un buste de bois doré, dans la crypte supérieure de l'église ; dans l'abbaye de Gersi, au diocèse de Paris, un de ses bras encore couvert de sa chair, mais dépouillé de sa peau. La cathédrale de Versailles possède un des bras de saint Barthélemy, provenant de l'une des abbayes du voisinage, détruite en 1790. La ville de Paris a toujours été très-dévote à saint Barthélemy, et elle n'a pas plus tôt connu Jésus-Christ qu'elle a honoré ce fidèle ouvrier de son Evangile, en bâtissant une église sous son nom. C'est la paroisse de Saint-Barthélemy, que l'on croit être la plus ancienne église de la Cité. Il y a encore des reliques du saint Apôtre, au monastère de Charmes, ville située sur la Moselle ; à Naples, en Italie ; dans un monastère de Saint-Benoît, à Bordeaux ; et dans d'autres églises, en Belgique, en Allemagne, en Espagne.

A quelque distance de Nakchivan, ville de l'Arménie russe, à trois lieues du mont Ararat, et à sept du fleuve Arax, sur les frontières de la Perse et de la Turquie, se trouve un bourg assez important, nommé *Kisoux*, qui est très-célèbre parmi les Arméniens ; car la tradition de ces pays porte que saint Barthélemy a été martyrisé en ce lieu, et les chrétiens arméniens disent qu'ils possèdent encore quelques reliques du saint Apôtre. Dans ce lieu, il s'est fait tant et de si éclatantes guérisons, par l'intercession du glorieux Barthélemy, que les Mahométans eux-mêmes y viennent en dévotion, et principalement ceux qui ont les fièvres et d'autres maladies.

Il y a dans ce bourg trois établissements ou couvents, desservis par des religieux, pour recevoir charitablement les chrétiens qui viennent de l'Europe. La plupart des Arméniens de ces contrées sont catholiques romains ; lorsque l'archevêque de Nakchivan est élu, il se rend à Rome, où le Pape confirme son élection.

Nous nous sommes servi, pour compléter cette biographie, de l'*Histoire des Apôtres*, par l'abbé Maistre ; de l'*Hagiologie Nivernaise*, par Mgr Crosnier, et de *Notes locales*.

SAINT EPTADE D'AUTUN, SOLITAIRE A CERVON,

AU DIOCÈSE DE NEVERS

525. — Pape : Jean Ier. — Rois des Francs : Clodomir ; Thierry Ier.

> *Virtus charitatis quam sit nobilissima, quantis præ-*
> *coniis honoranda, quantis laudibus prædicanda,*
> *nulla potest exprimi lingua.*
>
> Quelle est la langue qui nous dira combien la charité
> est noble, combien elle mérite d'être célébrée par
> des hymnes et des louanges !
>
> S. Bonaventure, *Sermons*.

Eptade naquit à Autun vers la dernière moitié du cinquième siècle, de parents distingués par la noblesse, l'opulence héréditaire, les dignités, et surtout par la vertu. Il passa les premières années de sa vie à la campagne, dans un château que l'histoire appelle *castrum Maternense* ou *Elobremense*. Marnay, près de Lormes, actuellement du diocèse de Nevers. — Le jeune enfant, fidèle aux traditions, aux bons exemples de sa famille et aux inspirations de la grâce, montrait une piété extraordinairement précoce et se plaisait, dans un âge où la légèreté domine, à vivre en face des vérités éternelles. Aussi, dès l'âge de douze ans, se déroba-t-il par une fuite secrète à une famille chérie dont il faisait les délices, pour aller mettre son enfance sous la direction d'un maître habile dans les sciences humaines et plus encore dans la science de Dieu. Où trouva-t-il ce précieux trésor ? Sans doute parmi les religieux gardiens des reliques de saint Symphorien, dans le cloître élevé récemment par saint Euphrone, la plus célèbre et peut-être la seule grande école que le pays éduen offrît alors aux âmes avides de lumières et de vertus. C'est là, dans le recueillement et sous la discipline de la vie religieuse, qu'il reçut cette éducation solide qui fait des volontés fortes, des cœurs larges et généreux, des esprits éclairés ; qui produit les grands caractères, les grands hommes, les grands saints. Plein d'admiration pour saint Symphorien, il eut toujours pour lui un culte spécial, nous pourrions même dire remarquablement sympathique, et le choisit de bonne heure pour modèle. Souvent il allait prier sur le tombeau du jeune martyr de son âge et y puiser ces nobles inspirations de charité évangélique, de sacrifice, de dévouement que nous verrons bientôt dominer toute sa conduite, diriger tous ses actes. Au lieu d'effeuiller comme tant d'autres, avec une légèreté déplorable, avec une sotte insouciance, cette fleur de la vie qu'on appelle la jeunesse, il ne cessa de cultiver son esprit par des études sérieuses et de nourrir son cœur de la piété chrétienne. Aussi fit-il dans les lettres profanes, dans les saintes lettres et dans la vertu, des progrès d'une si étonnante rapidité qu'à quinze ans il avait déjà non-seulement atteint mais devancé tous ses condisciples. L'angélique enfant enrichi des dons de la nature et de la grâce, paré de la double couronne du talent et de la piété, joignait à la simplicité et aux charmes naïfs du premier âge, une sagesse extraordinaire qu'on appelait divine : *Illustrabatur divina sapientia*. Après une adolescence si pieuse, si pure, si bien remplie et formée par une éducation éminemment sérieuse et profondément chrétienne, il ne se laissa point prendre aux séductions fallacieuses de l'âge des passions. A vingt ans, il était un jeune homme accompli, et jamais avec tant de beauté on ne vit tant de vertus, tant de qualités de l'esprit et du cœur. Tout le monde l'admirait, tout le monde l'aimait : il semblait être le favori de la terre et du ciel.

Alors ses nombreux amis, ses voisins et ses parents dont il faisait la gloire et la joie, le pressèrent de songer à une alliance et se mirent tous à chercher l'épouse digne de s'unir à lui et d'entrer dans sa famille. On ne tarda pas à trouver un parti convenable : déjà même le jour des noces était fixé. Mais la Providence avait des vues bien différentes de celles des hommes. Tout à coup Eptade fut saisi d'une fièvre violente. Le mal arriva rapidement à une effrayante intensité, et tous les remèdes humains paraissaient impuissants, lorsqu'un jour, frappé de la sainteté de quelques vierges consacrées à Dieu qui étaient venues le visiter sur son lit de douleur, le malade fit vœu de se consacrer comme elles au divin Époux des âmes pour se dévouer au soulagement des misères humaines, si la santé lui était rendue. Bientôt il fut guéri, et nous allons voir comment il tint parole.

Issu d'une noble et opulente famille, formé par d'excellentes études, enrichi de toutes les connaissances que procure l'éducation libérale la plus soignée, Eptade voyait s'ouvrir devant lui une brillante carrière. Déjà même, à ce que l'on croit, il avait été jugé digne d'exercer à Autun l'important emploi de monétaire. Mais renonçant à toutes les affaires comme à toutes les pompes du siècle, il n'ouvrit dès lors son âme qu'à des pensées célestes, ne s'occupa plus que de bonnes œuvres et employa sa fortune à soulager les pauvres. Bien plus, se faisant pauvre lui-même et embrassant l'humilité et la croix de Jésus-Christ, au lieu du linge fin il porta sur sa peau un rude cilice, vécut de pain d'orge joint à quelques légumes assaisonnés d'un peu de sel ou de vinaigre ; et encore ne prenait-il cette chétive nourriture qu'après le coucher du soleil. Souvent même on le vit passer deux, trois et jusqu'à quatre jours sans manger. Riche, il se privait pour donner davantage aux nécessiteux ; innocent, il faisait pénitence pour les autres. On le voyait rester de longues heures prosterné devant Dieu et mêler aux saints gémissements de la prière d'abondantes larmes qui baignaient ses joues amaigries.

Une vie si extraordinaire dans ce jeune homme si riche, si distingué, attirait l'attention générale. Bientôt on afflua de toutes parts auprès de lui pour recueillir de sa bouche quelques paroles d'édification, consulter sa haute sagesse qu'on regardait presque comme inspirée, implorer son assistance, demander son secours dans les besoins spirituels et corporels. Les jeunes gens le vénéraient comme le meilleur des pères, les vieillards le chérissaient comme le fils le plus tendre, le plus aimant ; tous avaient pour lui une affection mêlée de respect. Nul ne pouvait résister à l'ascendant doux et fort qu'exerçaient son aménité, sa douceur, sa parole insinuante.

Flavichon, évêque d'Autun, aimait avec une tendresse paternelle le pieux jeune homme ; et pour se préparer sans doute en lui un digne successeur, il voulut l'élever aux ordres. Mais ni les vœux du peuple, ni les sollicitations du pontife ne purent vaincre les résistances d'Eptade ; car son humilité était plus grande encore que son mérite. Le pontife fut obligé de céder, au moins pour le moment, devant un refus si persistant et si ferme. Il paraît toutefois que plus tard, probablement sous Pragmace, successeur de Flavichon, des instances nouvelles parvinrent à triompher de la crainte opiniâtre qu'avait inspirée à notre Saint la conscience de son indignité, à la vue de la hauteur où était placé le sacerdoce. Plusieurs anciens manuscrits ou martyrologes lui donnent en effet le titre de prêtre d'Autun, de prêtre et confesseur.

Elevé au sacerdoce après l'avoir longtemps refusé, Eptade fut bientôt appelé à une dignité plus éminente encore, à l'épiscopat. Clovis, instruit non-seulement par la renommée, mais encore par ses propres yeux de tout le bien que faisait l'immense charité de l'homme de Dieu, pensa aussitôt à lui, dès que le grand siége d'Auxerre fut devenu vacant par la mort du saint évêque Censure (502). Mais comme l'illustre citoyen d'Autun n'était pas son sujet, il le demanda lui-même à Gondebaud dans une entrevue sur les bords de la Cure, où les deux princes signèrent enfin la paix après une guerre acharnée. Le roi des Burgondes, comprenant toute la perte qu'allaient faire ses Etats, eût cédé, dit l'histoire, avec moins de peine une province ou une armée entière : il fut même presque tenté de faire un refus au roi des Francs. Cependant, pour ne pas rompre avec son puissant vainqueur, il consentit enfin, mais non sans peine, au sacrifice exigé et accorda Eptade.

Le roi des Francs, enchanté de la précieuse acquisition qu'il venait de faire dans la personne d'Eptade, se hâta de le présenter à l'église d'Auxerre. L'élection ne balança point ; car outre que le vœu du monarque pouvait être regardé comme un ordre, elle allait au-devant de tous les désirs. Le clergé, la noblesse, le peuple de la ville, le peuple de la campagne, applaudissant au choix royal, le ratifièrent avec bonheur et entraînement, par l'acclamation la plus unanime, la plus spontanée (l'an 500). Il ne fallait plus que le consentement d'Eptade, car tout s'était fait à son insu. On pensait peut-être le mettre par là dans l'impossibilité de refuser ; mais on avait compté sans son humilité qui cette fois devait être intraitable. Il accueillit la nouvelle de son élection avec le refus le plus énergique. « Non », s'écria-t-il d'une voix haute et ferme, « non, je ne serai point évêque. Quoi ! un misérable pécheur comme moi accepterait une si éminente dignité, prendrait sur lui l'accablant fardeau d'une telle charge ! jamais ». Et aussitôt, quittant sa cellule, il courut se cacher dans la solitude au milieu des montagnes et au sein des profondes forêts du Morvan, afin de se dérober aux sollicitations du roi et aux instances des envoyés d'Auxerre. Jamais ambitieux ne fit autant pour arriver aux honneurs que lui pour y échapper. La crainte de l'épiscopat l'avait fait fuir loin de la ville et du monde : il n'y revint plus désormais que sur l'appel de la charité ou de la piété, et se fixa définitivement avec quelques disciples dans un lieu désert nommé Cervon (*Cervidunum*, montagne des cerfs), non loin de Corbigny, passant les nuits et les jours dans le jeûne, la sainte psalmodie, l'oraison, et suppliant le Seigneur de vouloir bien réaliser pour toujours en sa faveur les paroles du Prophète : « Voilà que j'ai pris la fuite pour m'éloigner des hommes et que j'ai demeuré dans la solitude ».

Sa prière fut exaucée. Clovis, voyant que rien n'était capable de le tirer de sa lointaine et profonde retraite, fut obligé de céder. Toutefois il ne se rendit pas à discrétion : on capitula. Le roi s'engageait par serment à ne plus lui parler de l'épiscopat ; Eptade de son côté promettait de prier pour le monarque et pour son peuple, de s'occuper comme auparavant du soin et du rachat des captifs romains, bourguignons ou autres, de quelque race qu'ils fussent, et d'être le distributeur des aumônes royales aux prisonniers, aux veuves, aux orphelins, à tous les nécessiteux. Les bonnes œuvres de Clovis devaient passer par ses mains. Eptade s'empressa d'exercer ses fonctions devenues dès lors en quelque sorte officielles, car le roi lui envoya une somme considérable qu'il mettait à la disposition de sa charité. Il ne fallut rien moins que cette promesse solennelle pour rassurer son humilité si fortement effrayée et pour l'engager à sortir au moins de temps en temps de sa pieuse solitude. Au reste les conditions que Clovis lui avait imposées, loin de lui coûter, allaient au-devant de ses vœux. Ce fut un bonheur pour lui de pouvoir reprendre en toute liberté les œuvres de miséricorde qui avaient toujours été et qui furent toujours depuis l'occupation de sa vie. Toutefois il ne quittait sa chère cellule que quand le zèle ou la charité le demandaient. Aussi y rentrait-il le plus tôt possible, pour reposer son âme au milieu de ses frères dans un calme pieux, et la retremper dans la prière avant de voler de nouveau au secours de quelque misère.

C'est alors que pour le bien spirituel de tant de malheureux dont il était la providence visible, Eptade s'inclina humblement sous le fardeau de l'admirable dignité du sacerdoce. Unissant l'apostolat de la foi à l'apostolat de la charité, en même temps qu'il secourait toutes les misères et nourrissait les corps du pain matériel, il nourrissait les âmes de la parole divine, les régénérait, les fortifiait par la vertu des sacrements.

Cependant des bandes bourguignonnes partent pour l'Italie, ravagent une province et ramènent de leurs courses de nombreux prisonniers. A cette nouvelle, Eptade accourt. Les sauvages guerriers, subjugués par sa parole, renvoient tous ces malheureux qui bientôt purent revoir leur patrie désolée et consoler par leur retour tant de familles en pleurs. Peu de temps après, le Saint eut une nouvelle occasion d'exercer son infatigable charité. Par les ordres du roi de Bourgogne, une place forte du Limousin, nommée *Idunum*, est emportée d'assaut, toute la population qu'elle contenait, réduite en esclavage et emmenée captive. Eptade apprend cet épouvantable malheur. Aussitôt tombant à genoux la face contre terre, il se met en prières et répand d'abondantes larmes devant Dieu ; puis se relevant plein d'une force divine, il écrit à Sigismond, fils et successeur de Gondebaud. Il exige au nom de Dieu le renvoi de tous les captifs de condition libre. Le roi s'étonne d'abord de cette sainte audace, mais il n'ose résister. La demande d'Eptade lui semble être un ordre du ciel : il obéit, et trois mille de ces pauvres gens de tout âge et de tout sexe, naguère plongés dans la plus extrême douleur, maintenant rendus à la liberté et protégés par une escorte convenable, retournent joyeux dans leur pays en bénissant Dieu et leur admirable libérateur (516).

La grande guerre qui se termina à la gloire de Clovis, par la défaite et la mort d'Alaric, roi des Visigoths, fournit aussi à notre Saint l'occasion d'exercer sa charité. Les Francs, après leur victoire, avaient emmené une multitude innombrable de captifs, et partout on trouvait de ces malheureux enlevés à leur patrie, seuls au milieu de leurs ennemis vainqueurs, sans secours, sans consolations, privés de la liberté, privés même de l'espérance. Mais Eptade était là : il fut leur providence. Allant de ville en ville, de province en province, il paya la rançon du plus grand nombre d'entre eux, brisa leurs fers et les rendit aux lieux qui les avaient vus naître.

Dieu voulut honorer par des miracles une si haute vertu qui était déjà elle-même un prodige. — Une jeune fille possédée du démon avait d'affreux transports de fureur. Impossible de la contenir : elle brisait tous les liens. On eut recours à Eptade. Le Saint se rendit auprès d'elle, et pendant qu'il était en prière, le malin esprit s'écria tout à coup par la bouche de l'énergumène : « Un de vos amis vient d'être assassiné pendant la nuit dans la forêt voisine ». L'homme de Dieu, après avoir délivré la pauvre fille, se rendit dans le lieu indiqué où il trouva en effet le cadavre de son ami, le fit transporter au cimetière et lui donna une pieuse sépulture accompagnée de beaucoup de prières et de beaucoup de larmes. — Comme il revenait un jour du monastère de Saint-Pourçain, on lui présenta une jeune personne qui était muette. Il bénit de l'huile, lui en versa quelques gouttes dans la bouche et la renvoya guérie. — Une autre fois, un prêtre nommé Paul, brûlé par une fièvre ardente, eut aussi recours à Eptade, se mit à genoux devant lui et le supplia avec un accent lamentable de vouloir bien le guérir. Le Saint, touché de compassion, éleva aussitôt vers le ciel ses yeux et son cœur, et par la vertu du même Esprit qui avait autrefois éteint les flammes autour des trois jeunes Hébreux jetés dans la fournaise ardente, il éteignit le feu intérieur dont le pauvre malade était consumé. — Quelque temps après, un vénérable archiprêtre, père de ce même Paul dont nous venons de parler, fut atteint comme son fils d'une grave maladie. Aussitôt il envoya un de ses amis à Eptade. Celui-ci se contenta de lui écrire, et la simple application de cette lettre sur le corps du patient suffit pour opérer la guérison. Plusieurs autres personnes furent dans la suite guéries de la même manière.

Notre Saint célébrait toutes les fêtes de l'Eglise avec une piété égale au zèle et à la charité que nous lui connaissons ; mais il y avait pourtant deux solennités qui semblaient lui être chères entre toutes les autres : c'étaient Noël et la fête de saint Symphorien. Chaque fois que la révolution de l'année ramenait le jour anniversaire de la naissance du Sauveur, il partait de la chapelle de son petit monastère, au milieu de la nuit, avec tous ses religieux et une troupe joyeuse de captifs qu'il venait de racheter et de recueillir dans sa maison où il en avait sans cesse. Tous portant des flambeaux à la main et chantant des cantiques sacrés se rendaient à une autre église éloignée d'environ deux lieues. Les clercs de cette église venaient avec les mêmes cérémonies, avec les mêmes chants au-devant de la troupe pieuse. Puis, quand les deux processions réunies étaient entrées dans le temple, on chantait Matines et on célébrait la sainte Messe avec une grande pompe, au milieu d'un nombreux clergé entouré des captifs rendus à la liberté et de la multitude du peuple fidèle. Après la célébration des saints mystères, Eptade réunissait toute l'assemblée dans une fraternelle agape où elle rompait avec joie le jeûne de la sainte vigile.

La solennité de Saint-Symphorien n'était sans doute pas à ses yeux plus grande et plus auguste que celle de Noël ; mais elle paraissait avoir pour lui un intérêt plus vif encore, un charme plus sensible, celui d'une fête de famille. Outre sa bien-aimée solitude de Cervon, près de Corbigny, il y avait un autre lieu bien cher aussi à son cœur : c'était l'abbaye qui possédait le corps de saint Symphorien. Là il avait probablement formé ses jeunes années dans la science et dans la vertu ; et toujours il aima à y aller souvent raviver et réjouir sa vieillesse, activer de plus en plus le feu sacré des bonnes œuvres qui le dévorait. Chaque année, la fête du saint martyr le vit prosterné sur les dalles de la basilique et devant les restes éloquents de celui qu'il avait choisi pour patron, pour modèle. Alors sans doute il croyait entendre son admirable compatriote qui lui disait par une inspiration secrète : « Si Dieu ne te demande pas comme à moi de sacrifier ta vie sous le tranchant du glaive, sacrifie ton temps, sacrifie ta personne tout entière par un continuel dévouement à procurer le salut, à soulager les misères du prochain. Tu ne dois pas être le martyr de la foi, sois du moins le martyr, sois le héros du zèle et de la charité ». Tous les ans, sans exception, on le voyait partir de son monastère éloigné de cinquante milles (plus de quinze lieues), avec trois de ses clercs et s'acheminer vers Autun, faisant en sorte d'arriver au but de son pèlerinage trois jours avant la grande fête où l'appelait sa piété, afin d'avoir plus de temps pour prier et satisfaire sa dévotion. Aussi les passait-il tout entiers le front prosterné jusqu'à terre devant le tombeau du martyr qu'il arrosait de ses larmes pendant la nuit ; et les clercs en venant pour chanter les Matines le trouvaient encore en prière. Au point du jour, il se retirait pour aller rendre ses hommages de vénération à tous les autres Saints dont les restes reposaient dans le fameux cimetière voisin de l'abbaye, et revenait passer la nuit suivante dans la basilique de Saint-Symphorien. Quand après la fête il s'en retournait avec ses disciples dans son monastère, des troupes de captifs rachetés par lui venaient à sa rencontre ; et la solennité se terminait dans la joie d'un modeste festin. Car sa piété était aussi douce, aussi aimable que solide et profonde ; et partout autour de lui la charité faisait sentir, sous des formes diverses, sa bénigne influence.

Cependant le territoire d'Autun venait de passer sous la domination des Francs, l'an 525 ; et c'est, à ce que l'on croit, vers cette époque que le serviteur de Dieu termina sa carrière. Voyons-le à ses derniers moments. Ayant ressenti tout à coup les premières atteintes de la maladie, il fut obligé de se mettre au lit. Le mal eut bientôt fait des progrès alarmants qui ne laissèrent point d'espérance, et le deuil devint général. Tout le monde voulait voir le saint malade ; tout le monde pleurait. On passait les jours, les nuits en prières pour obtenir du ciel, par une sainte violence, la prolongation d'une vie si précieuse, si secourable à tous les infortunés, si chère à tous. Mais tant de pieuses et vives instances devaient être inutiles : l'infatigable ouvrier, qui depuis si longtemps travaillait à la vigne du Seigneur, était arrivé à la fin de sa journée et appelé irrévocablement à recevoir la récompense. Le septième jour de la maladie, comme les religieux, ses frères ou plutôt ses fils bien-aimés, revenaient après Matines entourer son lit de douleur, il s'assoupit quelques instants du sommeil de l'extase et dit à son réveil : « Mes enfants, on vient me prendre pour aller au ciel. J'ai vu une troupe d'anges qui en descendaient portés sur un nuage blanc comme la neige et tout éclatant de lumière. Puis agitant leurs ailes, au moment de toucher la terre, ils se sont arrêtés ici près de moi et m'ont dit : « Viens avec nous et partons ensemble pour la céleste patrie ». A ces mots, ils se sont élevés de nouveau dans les airs pour aller se poser sur la basilique où réside le Sauveur Jésus. Alors, me faisant un signe d'appel, ils ont repris leur vol vers les cieux ». Le Saint voulut qu'à l'instant même on le transportât à l'église sur un grabat. C'est de là qu'entouré d'une foule pieuse et attendrie, accourue pour voir comment meurt le juste et répandant des larmes avec des prières, il alla recevoir le prix de tout le bien qui avait marqué chacun de ses pas sur la terre.

CULTE ET RELIQUES.

Parmi les martyrologes, les uns font mourir Eptade à Monthelon, près d'Autun, les autres à Cervon, près de Corbigny. Tout ce que l'on sait, c'est qu'il y avait dans ce lieu, au moins dès le X° siècle, une église remontant à une époque inconnue et portant le nom du saint prêtre. Il est pareillement certain qu'on célébrait, le 15 avril, une fête pour rappeler la mémoire de la translation solennelle de ses reliques ; mais on n'a aucun détail sur cette translation. Quoi qu'il en soit, la sainteté d'Eptade était si bien reconnue, son nom si grand et si cher dans toute la contrée, le souvenir de son immense charité si vivant dans tous les cœurs que l'Eglise, d'accord avec la reconnaissance et la piété des fidèles, lui a toujours décerné les honneurs du culte public.

Outre le sanctuaire qui, à Monthelon, rappelait son nom et consacrait sa mémoire, ou même peut-être marquait le lieu témoin des derniers moments de cette vie dévouée tout entière à l'amour de Dieu et aux œuvres de miséricorde, l'église de Viry-en-Charollais lui était aussi dédiée au Xe siècle. De plus, la communauté que le Saint avait créée dans sa solitude du Morvan tint à honneur de garder son vocable et de le reconnaître pour patron : elle s'appela toujours depuis Saint-Eptade de Cervon, et consacra ainsi le souvenir de la vénération religieuse dont il était l'objet. Le culte de saint Eptade ayant été substitué, selon toute apparence, au culte de Vulcain dans certains lieux où cette divinité était autrefois honorée, afin de détruire les restes de cette superstition idolâtrique, le saint prêtre fut invoqué comme un puissant médiateur contre la foudre et les orages. Pour la même raison, les forgerons se mirent sous son patronage. Dans le territoire de la paroisse de Quarré-les-Tombes, à trois lieues d'Avallon, il y avait encore, en 1490, une chapelle dédiée à saint Eptade que le peuple appelle saint Tata. Elle contenait des tombes de pierre qui attestent la dévotion des grands pour ce sanctuaire de notre Saint.

Pour rattacher davantage le monastère de Cervon à l'Eglise d'Autun dont le saint prêtre est une des gloires, Charles le Chauve, par une charte de l'an 843, le mit sous la dépendance de la cathédrale de Saint-Nazaire. Le monastère fut depuis sécularisé comme tant d'autres et changé en un Chapitre de dix chanoines ayant à leur tête un dignitaire décoré du titre d'abbé.

Tiré de *Saint Symphorien et son culte*, par M. l'abbé Dinet.

SAINT OUEN [1], ARCHEVÊQUE DE ROUEN,

ET CHANCELIER DE FRANCE

684. — Pape : Saint Léon II. — Roi de France : Thierry III.

> Rien de plus honorable, rien de plus glorieux que le service du Christ; son service est en effet préférable au faste des empereurs, à la dignité royale, à toutes les gloires du monde.
> *Saint Jérôme.*

Au temps de Clotaire II, roi de France, fils de Chilpéric, il y avait à Sancy, près de Soissons, un seigneur nommé Authaire, qui avait épousé une dame nommée Aiga, tous deux très-illustres par leur naissance et plus encore par leurs vertus. Ils employaient tous leurs biens à assister les pauvres, les étrangers et les religieux, et, suivant ainsi le précepte de l'Apôtre, ils répandaient leurs charités sur tout le monde, mais particulièrement sur les fidèles. Leur foi était pure, leur espérance ferme et leur charité fervente. Ils ne se lassaient jamais d'entendre la parole de Dieu, et la gravaient dans leur cœur après l'avoir entendue. Les festins, les plaisirs et les divertissements étaient bannis de leur maison pour faire place aux actions de vertu, et leur plus grande satisfaction était de recevoir chez eux et d'entretenir des personnes capables de les instruire dans la piété. Enfin, leur mérite a été si grand qu'ils ont été jugés dignes d'être honorés comme Saints après leur mort, dans leur village d'Ussy-sur-Marne, près de la Ferté-sous-Jouarre, qui a même saint Authaire pour patron.

Ils eurent trois fils : Adon, Dadon et Radon, qui étaient comme trois

---

1. *Alias* : Ouin, Ouein, Oyen, *Dado, Odoënus*.

colonnes et trois fermes appuis de leur maison. Pendant leur enfance, saint Colomban, irlandais, fondateur des monastères de Luxeuil, en Bourgogne, et de Bobbio, en Italie, qui avait abandonné son pays, ses parents et tout ce qu'il avait au monde, pour venir servir Dieu en France, passa par le village d'Ussy, où Authaire était alors avec toute sa famille. Ce seigneur et sa femme le reçurent avec une joie extraordinaire, et lui présentèrent leurs trois fils pour recevoir sa bénédiction. Il la leur donna, et prédit que ce seraient trois hommes excellents et qui se rendraient très-considérables à la cour et dans l'Eglise. Cette prédiction s'est vérifiée ; car Adon, l'aîné, après avoir reçu de grands honneurs et de beaux présents de Clotaire et de Dagobert, renonça au monde et à lui-même pour se consacrer entièrement à Dieu dans la vie religieuse, et bâtit, près de Meaux, dans la forêt de Brie, le monastère de Jouarre (*Jotrum*), où il embrassa la Règle de Saint-Colomban. Radon, qui était le dernier, fut surintendant des finances, et exerça cette charge avec tant de probité, qu'on ne pouvait assez estimer et admirer sa vertu. On croit que le prieuré de Reuil-sur-Marne (*Radolium*), situé au même canton, fut fondé avec ses libéralités.

Pour Dadon, le second des trois frères, qui est notre saint Ouen, il fut chancelier de France, aimé des rois, révéré des grands et agréable à tout le monde, parce qu'il n'était pas seulement bien fait de corps, mais rempli d'esprit, éloquent, judicieux, sage, prévoyant, juste et véritable serviteur de Jésus-Christ. Comme il ne donnait point de conseils qui ne fussent utiles au roi et au peuple, toutes les affaires passaient par ses mains, et son avis était toujours reçu du roi Dagobert et des autres ministres d'Etat comme des oracles. Il exhortait continuellement ce prince à regarder Jésus-Christ comme son Créateur et son Sauveur, sans l'assistance duquel il ne pouvait gouverner son royaume avec justice ; à le craindre, à l'aimer et à lui obéir en toutes choses ; à se souvenir qu'il ne devait pas moins être le père que le maître de ses sujets ; à pardonner à ceux qui s'humiliaient et à dompter l'orgueil des superbes ; à défendre courageusement les frontières contre les courses des ennemis de son Etat ; à en chasser les méchants ; à prendre un soin particulier de tout ce qui regarde l'Eglise ; à bâtir de nouveaux monastères et à réparer les anciens ; à être le protecteur des pauvres, des orphelins, des étrangers, et à pourvoir au soulagement de toutes sortes d'affligés, parce qu'étant élevé au-dessus de tous, il devait compatir aux besoins de tous. Dagobert se laissa d'abord emporter aux passions de la jeunesse ; mais, grâce aux conseils de saint Ouen, il finit par se régler parfaitement lui-même et mit un très-bon ordre à son royaume.

Saint Eloi se trouva à la cour de Dagobert en même temps que notre Saint : Dieu les unit tellement, qu'ils n'étaient qu'un cœur et qu'une âme. Quoiqu'ils ne fussent encore que séculiers, ils se conduisaient comme deux évêques ou plutôt comme deux fervents religieux. Ils ne rougissaient point de parler devant les princes et les plus grands seigneurs du soin que l'on doit prendre de son salut. Ils combattaient pour l'Eglise contre l'impiété des hérétiques. Ils poursuivaient le vice et autorisaient la vertu ; saint Ouen, sous ses habits de soie, portait un rude cilice ; il ne se lassait jamais de prier, de veiller, de jeûner, de lire l'Ecriture sainte, de rendre les devoirs de l'hospitalité aux étrangers et d'assister les pauvres et les malades. Il regardait la terre comme le lieu de son exil et le ciel comme sa véritable patrie. Il bâtit, dans la forêt de Brie, le monastère de Resbac ou Rebais. Il y assembla plusieurs religieux qu'il mit sous la conduite d'un saint abbé, nommé Agile, disciple de saint Colomban. Il avait dès lors le dessein de quitter le monde pour servir Dieu plus tranquillement dans le cloître ; mais le roi et tous les grands s'y opposèrent, disant qu'il devait préférer le bien public à sa satisfaction particulière.

Après la mort de Dagobert, Clovis II, son fils, qui lui succéda, continua les sceaux et l'office de chancelier à un si excellent ministre. Peu de temps après, il parut à Autun un hérétique monothélite, venu d'Orient, qui tâcha de corrompre la foi des fidèles de cette ville, et de semer son erreur par toute la France. Notre Saint en ayant avis, sollicita fortement le roi, avec saint Eloi, son intime ami, de faire assembler un Concile à Orléans pour remédier promptement à un si grand mal. Il s'y trouva lui-même, et il eut la consolation de voir l'hérétique confondu et dans l'impuissance de se défendre. Il témoigne, dans la vie de saint Eloi, que c'est à saint Salve, évêque et martyr, qui était à ce Concile, qu'il faut attribuer la gloire de cette victoire ; mais on ne peut douter qu'elle ne lui soit aussi due en partie, puisque, tout laïque qu'il était, il discuta vigoureusement contre l'hérétique, et lui ôta les armes des mains. Il contribua en même temps à un décret contre la simonie, extrêmement répandue en France, depuis que l'impie Brunehaut avait commencé de l'y établir. Le P. Sirmond met ce concile en 645, un an avant la promotion de nos saints ministres d'Etat à l'épiscopat. Lorsqu'il fut terminé, plusieurs personnes d'une insigne piété s'intéressèrent pour faire quitter à saint Ouen la condition de laïque, et embrasser l'état ecclésiastique. Le roi Clovis, quelque besoin qu'il eût de ses conseils et quelque affection qu'il lui portât, ne laissa pas de s'en priver volontiers pour le donner aux nécessités de l'Eglise. Il reçut donc la tonsure cléricale, et passa par tous les degrés des Ordres mineurs. En ce temps, saint Romain, archevêque de Rouen, vint à mourir, et le clergé fut obligé de mettre un autre prélat à sa place. La grande réputation de notre saint Chancelier fit jeter les yeux sur lui pour ce siége. Il résista quelque temps à cette élection, mais inutilement ; le roi, les grands seigneurs et le peuple s'unirent tous ensemble pour l'obliger d'y déférer. Il se rendit donc enfin pour ne pas s'opposer à la volonté de Dieu ; mais sachant ce que dit saint Paul à son disciple Timothée : « Ne donnez pas sitôt à personne l'imposition des mains », il n'eut garde de se faire consacrer au même temps. Il renonça premièrement à toutes les affaires séculières et à tous les engagements de son ministère. Ensuite il alla prêcher la parole de Dieu au-delà de la Seine et de la Loire, où il parut comme un astre envoyé du ciel pour éclairer ces peuples des pures lumières de l'Evangile. Il apprit aux uns les principes de la foi ; il fortifia les autres dans la doctrine qu'ils avaient déjà reçue ; il en ramena d'autres à l'Eglise, que l'hérésie leur avaient fait abandonner. Il passa même jusqu'en Espagne, et, la trouvant affligée depuis sept ans d'une si grande sécheresse, qu'il n'y était pas tombé une goutte d'eau, il la délivra par sa prière de ce fléau qui menaçait tout le pays d'une famine universelle et d'une ruine inévitable. Le fruit de son intercession fut temporel et spirituel ; car il tomba de la pluie en abondance, qui rendit la fécondité à la terre, et lui fit porter une riche moisson ; et le peuple, touché de ce miracle, promit de renoncer aux vices qui lui avaient attiré la malédiction divine.

Saint Ouen, après avoir confirmé ces peuples dans ces bonnes résolutions, revint en France pour recevoir la consécration épiscopale. En passant par l'Anjou, il guérit, par le signe de la croix, un meunier qui était devenu paralytique d'une main, pour avoir violé la sainteté du dimanche en travaillant sans nécessité. Lorsqu'il fut arrivé à Rouen, saint Eloi, qui depuis peu avait été élu évêque à Noyon, l'y alla trouver, et, le dimanche des Rogations de l'année 646, ils furent sacrés ensemble, comme il l'écrit lui-même dans la vie de ce saint Prélat. Il n'y a personne qui puisse dignement représenter de quelle manière cet admirable archevêque se comporta dans la conduite de son peuple. Il conserva toujours la même modestie et la même gravité qu'il avait auparavant. Son humilité, bien loin de diminuer, prit au contraire de nouveaux accroissements. Ses habits étaient simples, ses meubles pauvres, son train sans pompe et sans éclat. Il mortifiait sa chair par des jeûnes et des veilles continuelles. Son abstinence était si rigoureuse, que la faim, qu'il souffrait presque toujours, lui rendait le visage tout pâle, et faisait qu'il avait de la peine à se soutenir. Il n'avait pour lit et pour matelas qu'une claie d'osier plus capable de le tourmenter que de lui donner du repos. Son cou, ses bras et ses reins étaient entourés de cercles de fer, qui lui piquaient la peau à tous moments et le rendaient l'image de Jésus-Christ crucifié et des Martyrs. Les larmes lui coulaient incessamment des yeux, quelquefois pour ses propres péchés, d'autres fois pour ceux de ses ouailles, qu'il ne déplorait pas avec moins d'amertume que les siens propres. Les honneurs du monde ne lui paraissaient que du vent, et, pour s'en exempter, il fuyait la compagnie des grands et les devoirs qu'on voulait rendre à sa dignité et à son mérite, pour aller visiter les nécessiteux et les prisonniers. Jamais prélat n'eut plus de tendresse et de bonté pour son peuple. Il avait soin de l'instruire par ses sermons, de le corriger par ses remontrances, de le soulager par ses charités, de le tenir dans l'union par son application à faire des réconciliations, et de le purger du mélange des impies par la justice et la sévérité de ses jugements. Il n'usait néanmoins de rigueur que dans la nécessité, et il tâchait, auparavant, de gagner les esprits les plus farouches par une douceur incomparable. Les pauvres et les étrangers étaient ses chers enfants, et c'est une chose prodigieuse que les assistances qu'il leur donnait dans le mauvais état de leurs affaires. Il n'oubliait pas non plus les morts, et on remarque qu'il avait une dévotion particulière à prier pour le repos de leur âme.

Il avait, outre cela, un très-grand zèle pour faire bâtir des églises et des monastères, et il en bâtit, en effet, plusieurs, particulièrement dans son diocèse. Son clergé était le principal objet de tous ses soins ; il y établit une admirable discipline, une manière de vie pleine d'édification, et fit aussi de très-grands biens à son église métropolitaine. Il fonda des hôpitaux pour recevoir les pauvres, les pèlerins et les malades, et des églises dans les lieux où il n'y en avait point. Il était si exact à ses visites, qu'il n'allait pas seulement dans les villes, les bourgs, les châteaux et les villages, mais jusque dans les métairies et les hameaux les plus éloignés, afin de connaître tout son peuple, de montrer aux plus ignorants les voies du salut, de retirer du désordre les plus grands pécheurs, de recevoir les confessions de ceux qui voulaient se convertir, et d'assister, même corporellement, ceux qui étaient dans le besoin. S'il lui restait quelque temps, après s'être acquitté de tous les devoirs de sa charge, il l'employait aux larmes et à la contemplation des choses célestes. Un homme, illustre par sa naissance et par ses grands biens, nommé Waneng, étant malade à l'extrémité, eut une vision terrible, où une grande partie des peines des damnés lui furent représentées. L'horreur et la crainte qu'il eut l'obligèrent d'avoir recours au saint Archevêque, qui, après avoir prié pour lui, lui donna sa bénédiction et le remit, par ce moyen, en parfaite santé : ce qui fut cause qu'il fonda l'abbaye de Fécamp. Les Actes de saint Vandrille lui attribuent aussi le même miracle ; mais il se peut bien faire que les prières et la bénédiction de ces deux Saints aient contribué à la même œuvre. Elle fit tant d'éclat dans la France, à cause de la qualité de celui qui avait été guéri, qu'elle attira à Fécamp le roi Clotaire III, fils de Clovis II, et toute sa cour, pour avoir la consolation de voir saint Ouen.

Ce saint Prélat, ne pouvant plus monter à cheval pour visiter son diocèse à cause de sa grande vieillesse, allait encore en chariot rendre ce devoir à son peuple. Un jour, comme il était au milieu de la campagne, assez près de Louviers, les mulets qui le tiraient s'arrêtèrent tout court, sans qu'il fût possible de les faire marcher. Etonné de cet accident, il leva les yeux au ciel pour en savoir la cause, et il aperçut alors au-dessus de l'air une croix si resplendissante, qu'elle répandait sa lumière de tous côtés. Dieu lui fit connaître, en même temps, qu'il avait destiné ce lieu à son service et qu'il voulait y être honoré. Aussi, il marqua sur la terre la figure d'une croix et mit dessus quelques reliques. Après quoi il continua son chemin, sans que les mulets fissent plus aucune résistance. Dès le soir même et durant toute la nuit, il parut en ce lieu-là une colonne de feu plus brillante que le soleil. Tous les habitants du pays la virent. Une infinité de personnes y vinrent offrir leurs vœux à Dieu et plusieurs y furent guéries miraculeusement de toutes sortes de maladies. Saint Leufroy bâtit depuis en ce même lieu, en l'honneur de la sainte Croix et de saint Ouen, une église et un monastère.

Notre bienheureux Archevêque eut une autre vision à Batignolles, île de la Seine. Car la lassitude l'ayant forcé d'y prendre un peu de repos, les anges le visitèrent pendant son sommeil, et lui ordonnèrent, de la part de Dieu, d'y faire bâtir une chapelle en l'honneur de saint Etienne ; ce qu'il entreprit aussitôt à ses dépens, donnant à saint Ansbert, abbé du monastère de Saint-Vandrille, qu'il chargea de cette construction, la somme nécessaire pour l'achever. Il y joignit un hôpital pour l'assistance des pauvres, et le dota d'un riche héritage qu'il avait dans le comté de Dun, en Beauce. Il fit la translation des reliques de saint Marcoul. Lorsqu'il était dans le dessein d'en'emporter le chef pour sa ville métropolitaine, avec l'agrément de l'abbé de Nanteuil, il reçut un avis du ciel de prendre tel autre membre qu'il voudrait, mais de ne point prendre la tête. Cet avis ne vint pas d'une voix articulée, comme nous l'avions cru sur la foi de quelques auteurs, mais d'une lettre qui lui tomba miraculeusement entre les mains, comme nous l'apprennent les *Actes* de ces deux Saints. Saint Ouen ayant formé le pieux projet de faire un voyage à Rome, pour y honorer les reliques des Princes des Apôtres, dès qu'on l'apprit, des personnes de piété vinrent de tous côtés lui apporter de l'or et de l'argent pour les frais de son voyage et les dons qu'il ferait à saint Pierre et à saint Paul. Quelques saints personnages se joignirent aussi à lui, entre autres saint Sidoine, irlandais, prêtre à Rouen, qui servit depuis de maître à saint Leufroy. On ne peut exprimer la piété avec laquelle notre excellent pèlerin parcourut toutes les stations de cette ville, capitale du christianisme ; il se prosternait devant les tombeaux des Martyrs, passait des heures entières en oraison, et y priait pour ceux qui l'avaient chargé de leurs offrandes avec tant de ferveur, que ses yeux versaient plus de larmes que sa bouche ne prononçait de mots. La place même en était arrosée. Un jour, étant devant la *Confession de saint Pierre*, il commença ce verset : *Exultabunt Sancti in gloria*, les anges firent alors l'office de chapelains ; car on entendit une voix céleste qui répondit : *Lætabuntur in cubilibus suis*. Il ne se contenta pas de distribuer fidèlement aux églises et aux pauvres les dons qu'on lui avait mis entre les mains ; il leur fit aussi de grandes libéralités de ses propres biens, de sorte que toute la ville en reçut une assistance et un soulagement très-considérable. Le pape Adéodat et tout ce qu'il y avait d'illustre dans le clergé lui rendirent des honneurs extraordinaires, et, en reconnaissance des bénédictions temporelles qu'il lui avait apportées, on lui donna plusieurs reliques des Saints, dont il se tint beaucoup plus riche que si on lui avait donné tout l'empire du monde. Il revint en France avec ces dépouilles sacrées, et la joie de ses diocésains, à son heureux retour, fut si grande, que les peuples des villes et des villages venaient en foule au-devant de lui avec des croix et des cierges allumés pour le recevoir. Les prêtres et les religieux en rendirent à Dieu des actions de grâces solennelles, et le roi même et toute sa cour en témoignèrent une extrême allégresse, le regardant comme le protecteur de ce royaume.

Il avait laissé, en partant, la maison royale dans une grande union ; mais il la trouva à son retour fort divisée : ce qui lui donna une affliction étrange. Il eut recours à ses moyens ordinaires : les veilles, les prières et les jeûnes. Par là il obtint de Dieu la réconciliation de ces princes, que la discorde aurait poussés à une guerre ouverte. Un service si signalé lui mérita la faveur du roi Thierry : ce prince, persuadé de sa sagesse et de sa piété incomparable, ordonna que nul évêque, ni abbé, ni abbesse, ni comte, ni juge, tant ecclésiastique que séculier, ne serait élu et institué dans toute la Neustrie que de son avis et de son consentement. La désunion s'étant mise entre la Neustrie et l'Austrasie, le roi le pria de faire encore un voyage à Cologne pour négocier la paix et empêcher qu'on en vînt aux mains. Son grand âge le pouvait bien dispenser d'une si grande fatigue, mais il ne put refuser ce dernier secours à sa patrie. Étant à Cologne, il rendit la parole à un muet qui n'avait point parlé depuis onze ans, et il traita si sagement l'affaire pour laquelle il avait été envoyé, qu'il établit une bonne paix entre ces deux royaumes et entre les princes et les ministres qui les gouvernaient. A son retour, en passant par Verdun, il y délivra une femme possédée que le démon tourmentait cruellement. De là il vint au château de Clichy, à deux lieues de Paris, pour y rendre compte au roi du succès de sa négociation. Mais Dieu l'y avait amené pour rendre ce lieu célèbre par sa mort et par le grand nombre de ses miracles. Il y tomba donc malade, âgé de quatre-vingt-dix ans, et, sachant que Notre-Seigneur le voulait délivrer des misères de cette vie pour le récompenser de ses travaux, il se prépara à la mort avec toute la piété que l'on pouvait attendre d'un homme qui avait passé sa vie dans une innocence et une sainteté si éminentes. Il demanda instamment à Dieu qu'il lui plût accorder à son peuple de Rouen un pasteur selon son cœur, ne se contentant pas de lui avoir donné durant quarante-quatre ans toutes les marques d'une charité vraiment pastorale, mais voulant aussi étendre sa bienveillance sur lui jusqu'après sa mort. Sa prière fut exaucée, et on lui fit connaître qu'on lui avait désigné dans le ciel, pour successeur, saint Ansbert, abbé de Saint-Vandrille. Il en parla au roi, qui le vint voir dans sa maladie, et il n'eut pas de peine à lui faire agréer un choix si prudent et si avantageux pour la Neustrie.

Enfin, après avoir prié pour tous les Ordres de l'Eglise et pour le royaume, qui allait être privé de ses conseils, il rendit paisiblement à Dieu son âme, qui fut transportée dans le ciel par les mains des anges, en 684. Son corps fut transporté à Rouen, avec une pompe et une magnificence extraordinaires. Le roi, la reine, le maire du palais et toute la cour le conduisirent jusqu'à Pontoise et le déposèrent dans une chapelle, qui depuis est devenue une paroisse de son nom. Là, les évêques et les abbés, les prêtres et les religieux de la province de Neustrie, avec une infinité de gentilshommes et d'autres personnes de toutes conditions, le vinrent prendre en procession, et le portèrent alternativement sur leurs épaules jusque dans la ville de Rouen. Le lieu de sa sépulture fut l'église de Saint-Pierre, bâtie par le roi Clotaire Ier, et qui est devenue la célèbre abbaye de Saint-Ouen.

On le représente avec un dragon à ses pieds, pour marquer qu'il a extirpé l'idolâtrie dans le pays de Rouen.

CULTE ET RELIQUES.

Dieu a fait paraître la gloire de son âme par de très-grands miracles qui ont été faits à son invocation, non-seulement auprès de son tombeau, mais aussi en plusieurs autres lieux où sa mémoire est célèbre. Trois ans après, saint Ansbert le fit lever de terre pour le mettre dans un lieu plus honorable, et on le trouva encore aussi frais qu'au temps de son décès. La ville de Rouen lui donna une châsse précieuse et le choisit pour un de ses principaux protecteurs. Le même saint Ansbert, en touchant le suaire dans lequel il avait été enseveli, fut guéri d'une fièvre lente qui l'avait tellement miné, qu'il était hors d'espérance de guérison. Durant les guerres des Normands, cette châsse fut apportée à Paris, dans la crainte qu'elle ne tombât entre les mains de ces infidèles ; mais, lorsqu'on leur eut cédé la Neustrie et qu'ils eurent embrassé la foi catholique, Rollon, leur duc, demanda avec instance que ce grand trésor fût restitué à la ville de Rouen. Sa demande lui ayant été accordée, les principaux ecclésiastiques et seigneurs normands vinrent le chercher à Paris et le portèrent solennellement jusqu'au bourg de Darnétal, qui est à une lieue de Rouen. Ils voulaient encore poursuivre leur procession ; mais le corps devint si pesant qu'il leur fut impossible de le lever (918). Le duc, en étant informé, vint lui-même au devant, les pieds et la tête nus, et couvert d'un simple habit de bure ; et, se jetant aux pieds du Saint, il le supplia, les larmes aux yeux et les mains levées vers le ciel, de ne pas priver sa ville de la consolation de sa présence. Il donna aussi à son Eglise, pour mériter cette faveur, toute la terre entre Darnétal et Rouen. Aussi, sa prière fut exaucée, et la châsse reprit son état naturel. Il s'en chargea lui-même avec d'autres seigneurs, et il la rapporta à son ancienne place, au milieu des chants des psaumes, des cantiques et des hymnes, qui ont fait appeler tout ce chemin Long-Paon *(Longum Penanum)*, qui signifie *longue louange*. Mais cette relique inestimable, pour qui les rois et les princes ont eu tant de respect, n'en trouva point en l'année 1562, dans la fureur impie et cruelle des Calvinistes qui pillèrent sa châsse avec tous les autres reliquaires et vases sacrés de l'abbaye de Saint-Ouen ; ils profanèrent, brisèrent, brûlèrent et dissipèrent les ossements qu'ils y trouvèrent, comme ils avaient fait dans toutes les autres églises de France qui avaient été en leur pouvoir. Le château royal de Clichy ayant été détruit, on a bâti, au lieu du décès de saint Ouen, une église en son honneur, qui est près de Saint-Denis, dans laquelle on honore un de ses doigts. L'ancienne église de l'abbaye de Saint-Ouen, qui est devenue église paroissiale, possède aujourd'hui quelques parcelles de ses reliques.

Sa vie se trouve dans Surius, au 24 août, et dans l'*Histoire chrétienne de Normandie*. Nous nous sommes servi, pour compléter cette biographie, des *Annales du diocèse de Soissons*, par l'abbé Pécheur, et de *Notes locales* fournies par M. Langlois, chanoine honoraire à Rouen.

LE B. SAUDRADE, ABBÉ DE GLADEBACH,

AU DIOCÈSE DE COLOGNE

985. — Pape : Jean XIV. — Empereur d'Allemagne : Othon III.

> Là où la discipline est bien gardée, la grâce du ciel abonde, la dévotion est florissante, la lecture a du charme, la méditation est pleine de douceur, la prière est toujours fervente.
> *Thomas à Kempis.*

Le bienheureux Saudrade était contemporain de l'empereur Othon le Grand, qui l'employa au rétablissement de la discipline dans les monastères de l'empire. Ses vastes connaissances, sa profonde piété et l'éclat de ses vertus l'avaient puissamment recommandé aux yeux de toute la cour, et il alla, par ordre d'Othon, travailler à la réforme de la célèbre abbaye de Saint-Gall en Suisse ; mais il trouva de fortes contradictions de la part des religieux. Ils répandirent contre lui les plus atroces calomnies et parvinrent à indisposer contre le saint homme, non-seulement la pieuse impératrice Adélaïde, mais encore l'empereur lui-même. Peu contents d'avoir flétri sa réputation, ils allèrent jusqu'à le maltraiter de la manière la plus horrible.

Géron, archevêque de Cologne, ayant appris toutes les persécutions dont Saudrade était victime, l'appela pour lui confier l'exécution d'un projet qu'il méditait depuis longtemps. Il s'agissait de l'établissement d'un monastère dont il est dit que le Seigneur lui avait parlé dans une vision. Il parcourut avec Saudrade toute la contrée indiquée par la vision, et ils parvinrent ensemble jusqu'à un endroit appelé *Ligelingen*, sur le Weser. Ils crurent avoir trouvé l'endroit convenable, et enfermèrent par un fossé l'emplacement qu'ils destinaient au monastère et à l'église, mais ils rencontrèrent bien des obstacles, qui les empêchèrent d'exécuter l'ouvrage commencé. Ceci eut lieu vers la fin du règne d'Othon le Grand. Ils revinrent donc sur leurs pas, repassèrent le Rhin et rencontrèrent sur les frontières du diocèse de Cologne, dans le pays nommé depuis duché de Juliers, une montagne couverte d'un bois épais, sur laquelle ils virent encore les débris d'une ancienne église, bâtie du temps de Charlemagne par un certain Baldérich, officier de ce prince. Les Huns avaient détruit cette église, ainsi que les bâtiments qui l'entouraient. Cette montagne, qui dominait une charmante vallée, arrosée par un ruisseau, plut singulièrement à Saudrade ; il fut donc arrêté qu'on construirait dans cet endroit même le monastère, auquel on donna le nom de Gladebach, à cause du ruisseau qui coule près de là.

Les bâtiments étant achevés, Saudrade ordonna un jeûne de trois jours, et des prières, afin de découvrir l'endroit qui renfermait les reliques des Saints qui avaient été déposées autrefois dans l'église et qu'on savait avoir été renfermées dans une pierre, lors de l'invasion des barbares. Le Seigneur exauça les prières de ses serviteurs, et on découvrit la pierre qui contenait ces objets sacrés. C'était un riche trésor pour cette communauté naissante, et on ne fut pas peu surpris de trouver des reliques des saints martyrs Etienne, Guy, George, Gengoul, Corneille, Cyprien, Chrysanthe, et de sainte Barbe. L'archevêque consacra l'église en l'honneur de Jésus-Christ, de sa sainte Mère et des saints martyrs dont on venait de trouver les reliques. Saudrade fut chargé de la direction du monastère.

Après la mort de l'archevêque Géron, arrivée en 974, le saint abbé eut beaucoup à souffrir de la part de son successeur Warin. Des hommes jaloux de son mérite le dénoncèrent au nouveau prélat comme étant trop dévoué à l'évêque de Liége et oubliant les liens qui l'attachaient à l'archevêché de Cologne. Warin prêta l'oreille aux suggestions des ennemis de Saudrade, et le déposa de sa charge.

Saudrade supporta cette épreuve avec une patience héroïque. Il quitta le monastère et alla trouver l'impératrice Adélaïde, dont il était le confesseur. Cette princesse habitait alors Seltz, dans la basse Alsace, et pour mieux profiter des sages conseils de cet homme, elle le nomma abbé de Wissembourg : comme cette abbaye n'était située qu'à quelques lieues de Seltz, Adélaïde eut le loisir de jouir souvent des pieux entretiens de Saudrade, pour lequel elle professait alors la plus haute estime.

Le saint abbé ne trouva point dans son nouveau monastère les mêmes contradictions qu'il avait essuyées à Gladebach ; cette communauté se ressentait encore des beaux exemples que venait de lui donner saint Adelbert, transféré depuis peu à l'archevêché de Magdebourg : mais son éloignement eut les plus tristes suites à Gladebach ; car, le nouvel abbé de cette maison manquant des capacités nécessaires pour conduire un établissement aussi important, les moines quittèrent le monastère, et ses propriétés et ses droits furent aliénés. Frappé de ces désordres, l'archevêque Warin reconnut son erreur et se décida à rappeler Saudrade, qui édifiait alors Wissembourg par toutes les vertus sacerdotales et chrétiennes. La peinture qu'on lui fit de la décadence de la discipline à Gladebach, le pénétra de la plus profonde vénération pour Saudrade, et il employa tous les moyens pour y rappeler le saint homme : celui-ci, de son côté, se rendit, non sans regret, aux sollicitations de l'archevêque, et retourna dans la maison qu'il avait contribué à relever de ses ruines quelque temps auparavant et dont il allait de nouveau devenir le restaurateur. Il fallait tout son zèle et tout son courage pour entreprendre une œuvre si difficile. Mais de quoi ne sont pas capables les Saints, quand il s'agit des intérêts de Dieu et de son Eglise ? et quels obstacles ne surmontent-ils pas pour extirper le mal et faire régner la vertu ? Saudrade joignit à la force de ses exemples les prières et les mortifications de toute espèce, et son zèle ne fut pas stérile. Il parvint à rassembler les religieux et à rétablir peu à peu la discipline. Mais le Seigneur lui ménagea des récompenses dans une meilleure vie et l'appela à lui, l'an 985 : il mourut en odeur de sainteté dans son abbaye, le 24 août, pleuré et regretté de ses religieux, qui reconnurent trop tard leurs injustices à son égard, et changèrent leurs préventions contre lui en une profonde vénération pour sa mémoire.

Tiré des *Saints d'Alsace*, par l'abbé Hunckler.

SAINT RIGOMER ET SAINTE TÉNESTINE, SOLITAIRES,

AU DIOCÈSE DU MANS (VIe siècle).

Rigomer naquit au diocèse du Mans, dans la partie connue sous le nom de Sonnois, où l'on voit aujourd'hui un bourg qui porte son nom (Saint-Rigomer-des-Bois, près de la forêt de Perseigne). Ses parents appartenaient à la classe des personnes libres, et, pour faire donner à leur fils une éducation conforme à ses pieuses inclinations, ils le confièrent, dès son enfance, à un saint prêtre nommé Launillus, sous lequel il fit de rapides progrès dans la piété et dans les lettres. Elevé à la prêtrise par saint Innocent, évêque du Mans (532-543), il fut chargé d'annoncer la parole de Dieu. Rigomer se mit donc, avec un zèle infatigable, à prêcher les vérités chrétiennes dans sa propre famille et dans toute la contrée du Sonnois, et à exhorter le peuple à quitter les usages superstitieux du paganisme. Ses discours, pleins d'une éloquente simplicité, et soutenus de l'éclat des miracles, opérèrent de nombreuses conversions ; une multitude d'infidèles renoncèrent au culte des idoles, et embrassèrent la religion de Jésus-Christ. Ayant appris, dans une de ses courses apostoliques, qu'il y avait dans la contrée un temple consacré au dieu Mars, il se hâta d'aller prêcher dans ce lieu. Sa parole fut si efficace que les habitants détruisirent ce temple, et élevèrent sur ses débris une église où le vrai Dieu fût adoré. Telle fut l'origine de la ville de Mamers.

La réputation de sainteté dont jouissait Rigomer était telle, que, de toutes parts, on venait se recommander à ses prières ; une foule de malades et d'infirmes le conjuraient d'intercéder pour eux auprès de Dieu ; il formait sur eux le signe de la croix, et leur faisait une onction avec de l'huile bénite, et ils recouvraient la santé. Il guérit de la même manière une dame de naissance illustre, nommée Truda ; puis il lui adressa de pressantes exhortations à la piété. Elles firent la plus vive impression sur une jeune fille de la maison nommée Ténestine. Renonçant dès lors à tous les avantages du siècle, elle suivit Rigomer dans la solitude, et alla habiter une cellule voisine de la sienne, pour se perfectionner sous sa direction, dans la vie spirituelle. La calomnie poursuivit ces deux âmes si pures jusque dans le désert : mais Dieu prit en main la cause de ses serviteurs et se chargea lui-même de les justifier. Ténestine fit bâtir un oratoire avec un petit monastère près de la Sarthe, au lieu où fut depuis l'église paroissiale de Gourdaine. Pour Rigomer, il se retira à trois lieues et demie du Mans, dans un lieu solitaire et couvert de bois, là où se voit aujourd'hui la paroisse de Souligné-sous-Vallon (Sarthe, arrondissement du Mans, canton de la Suze). Elle doit, à son intervention miraculeuse, une fontaine dont l'eau très-limpide sert à l'entretien des habitants, et porte le nom de Saint-Rigomer ; elle n'a jamais tari, même dans les plus grandes sécheresses.

Saint Rigomer mourut dans sa solitude, le 24 août. Son corps fut transporté au Mans, et on construisit une basilique en son honneur ; mais elle fut depuis démolie et aujourd'hui on ne sait même pas le lieu où elle était construite. Plus tard, on transporta son corps avec celui de sainte Ténestine, dans l'abbaye de Maillezais, en Poitou, où longtemps ils furent honorés comme patrons. La paroisse de Souligné-sous-Vallon est sous le vocable de saint Rigomer ainsi que celles de Saint-Rigomer-des-Bois et de Saint-Rémi-du-Plain. L'église de Souligné possède une statue du Saint ; mais elle est privée de ses reliques.

Nous devons cette notice à l'obligeance de M. l'abbé Leguicheux, curé de Souligné-sous-Vallon.

LE BIENHEUREUX THÉODORIC OU THIERRY,

ABBÉ DE SAINT-HUBERT, DANS LE LUXEMBOURG BELGE (1087).

Thierry naquit en 1007, près de Thuin, ville du Hainaut. Gouzo, son père, s'opposa longtemps au désir de sa vertueuse épouse qui voulait consacrer son fils au Seigneur ; mais enfin il céda. Ses parents le confièrent alors à leur fille Ansclade, qui, déjà depuis son enfance, vivait dans la piété au couvent de Maubeuge (*Malbodium*, Nord), afin qu'elle l'instruisît dans la religion. Il reçut près d'elle les premiers éléments de la piété, et, quelque temps après, il alla compléter son éducation religieuse chez les moines de Lobbes, où il fit de si grands progrès dans les sciences et dans les voies de la sanctification que, étant encore enfant, il fut nommé, par l'archevêque de Cambrai, lecteur et acolyte, et admis au sous-diaconat à l'âge de dix-sept ans. A dix-neuf ans, il prononça ses vœux de religion, et reçut successivement les autres Ordres.

Ses vertus venaient de l'élever à la fonction d'écolâtre à l'abbaye de Fulde (Hesse-Cassel), lorsque la mort surprit Adélard, abbé de Saint-Hubert *(Andaginum S. Petri*, dans le Luxembourg belge). Thierry fut élu pour lui succéder : seul, il semblait capable d'y rétablir la discipline monastique que l'excès de bonté et d'indulgence d'Adélard avait fait tomber en décadence. Sa vertu triompha en effet de la mauvaise volonté des moines, et l'abbaye recouvra sa première splendeur.

La piété extraordinaire de Théodoric lui acquit l'estime de ses contemporains : un riche seigneur lui fit don de l'église de Saint-Sulpice, dans la métairie de Piros, où il plaça des moines du couvent de Saint-Hubert. Le diocèse de Liège lui fut redevable de l'édification et de la réparation d'un grand nombre d'églises et de chapelles. Sa profonde dévotion pour les saints Apôtres lui fit faire sept fois le pèlerinage de Rome.

Usé par les années et les infirmités, et sentant approcher l'heure de sa délivrance, Thierry fit venir près de lui tous les frères de la communauté, et, revêtu des insignes de sa dignité, il leur demanda pardon à tous et les exhorta à rester fidèlement dans la voie de la piété. Puis il s'affaissa et rendit doucement son âme à Dieu. C'était le 24 août 1087.

Henri, évêque de Liège, célébra ses funérailles, et, le 27 août, inhuma le corps du Bienheureux dans le couvent de Saint-Hubert, devant l'autel de la sainte Vierge.

Acta Sanctorum, 24 août. — Cf. Continuateurs de Godescard ; Mabillon, *Acta Sanctorum ord. S. Benedicti*; et la *Chronique de l'abbaye de Saint-Hubert*, traduite par de Robaulx, Bruxelles, 1847.

XXV° JOUR D'AOUT

MARTYROLOGE ROMAIN.

A Paris, saint Louis, confesseur, roi de France, illustre par la sainteté de sa vie et par la gloire de ses miracles. 1270. — A Rome, les saints martyrs Eusèbe, Pontien, Vincent et Pérégrin, qui, sous l'empereur Commode, endurèrent successivement les tourments du chevalet, des entraves, de la bastonnade ; ensuite, comme ils continuaient à louer Jésus-Christ avec une fidélité inviolable, on les battit avec des fouets garnis de plomb, jusqu'à ce qu'ils rendissent l'âme [1]. II° s. — A Rome encore, saint Genès, martyr, qui, dans le paganisme où il était né, avait embrassé la profession de comédien. Comme il jouait sur le théâtre les mystères de la religion chrétienne, en présence de l'empereur Dioclétien, touché d'une inspiration divine, il se convertit tout à coup et reçut le Baptême. Aussitôt l'empereur le fit cruellement maltraiter à coups de bâton, étendre sur le chevalet, déchirer lentement avec des ongles de fer, et brûler avec des torches ardentes ; mais, voyant qu'il persistait dans la foi chrétienne et disait : « Il n'y a point d'autre roi que Jésus-Christ, et quand vous me tueriez mille fois, vous ne pourriez jamais me l'ôter de la bouche, ni me l'arracher du cœur », il lui fit remporter la palme du martyre en ordonnant de lui trancher la tête [2].

1. Une relique de saint Vincent, venue de Rome en 1840, repose près de celles de saint Clément, pape, et de saint Fort, premier évêque de Bordeaux, dans l'église de Saint-Seurin de cette ville. — L'abbé Cirot de la Ville, *Origines chrétiennes de Bordeaux*.
2. Saint Genès de Rome (appelé aussi Genest ou Genêt) est patron de l'église paroissiale des Caunes (Aude, arrondissement de Carcassonne, canton de Peyriac-Minervois), qui possède des reliques du saint Martyr : elles sont renfermées dans un buste qu'on expose à la vénération des fidèles, pendant toute l'Octave de sa fête. Au fond du chœur de la même paroisse se voit un tableau qui représente saint Genès au moment où, étant sur la scène pour tourner en dérision les cérémonies du culte catholique et du Baptême en particulier, il est touché de la grâce du ciel, se convertit à la vraie foi et souffre pour elle le martyre. — Tout le monde connaît à Nevers l'église Saint-Genès, dont on voit, dans la rue qui porte le même nom, des restes qui sont un objet d'admiration pour les amateurs : elle remonte aux dernières

297 ou 303. — A Italica *(Divi Trajani civitas,* Séville-la-Vieille ou Santiponce), en Espagne, saint Géronce, évêque, qui prêcha l'Evangile dans cette province au temps des Apôtres, et, après une multitude de travaux, mourut en prison. 1er s. — A Arles, dans la Gaule, saint Genès ou Geniès, qui, faisant l'office de greffier, refusa d'enregistrer les édits qui ordonnaient de persécuter les chrétiens, et jeta même publiquement ses registres, protestant qu'il était chrétien ; saisi et décapité, il fut baptisé dans son sang et obtint la gloire du martyre [1]. 308. — En Syrie, saint Julien, martyr [2]. — A Tarragone, saint Magin ou Maxime, martyr sous Maximin. — A Constantinople, saint Mennas, patriarche. 552. — A Utrecht, saint Grégoire, évêque [3]. Vers 786. — A Naples, sainte Patrice, vierge [4]. 365.

MARTYROLOGE DE FRANCE, REVU ET AUGMENTÉ.

A Molhaing, près de Marienbourg, en Belgique, dans la province de Namur, saint Elmer ou Elmère, confesseur, patron de l'église collégiale de Molhaing. Quelques hagiographes le citent au 27 août. — A Apt, saint MARCIEN DE SAIGNON, abbé de Saint-Eusèbe, au diocèse d'Avignon. 1010. — Dans la petite île de Maguelone *(Magalona),* au diocèse de Montpellier, saint Sévère, fondateur et premier abbé du monastère d'Agde *(Agatha),* et dont nous avons parlé au 21 août, jour où l'Eglise de Rodez célèbre sa fête. v° s. — A Déols ou Bourg-Dieu (Indre), au diocèse de Bourges, saint Romaize, confesseur, appelé aussi Romadouze, Rôme, Romard, Promaise, Promâse. — Dans le Limousin, saint ARÈDE ou YRIEZ de Limoges, abbé du **monastère** d'Atane et confesseur. 591. — Dans l'ancienne abbaye bénédictine d'Homblières *(Humolariæ),* fondée par saint Eloi, au diocèse de Soissons, sainte HUNÉGONDE, vierge et abbesse. 690. — En Périgord (Dordogne), saint Ribère ou Rabier, confesseur. — A Quimperlé (Finistère), au **diocèse** de Quimper, saint Gurloès ou Gurloèse, d'abord prieur de l'abbaye bénédictine de Saint-Sauveur de Redon *(Reginodum,* Ille-et-Vilaine), puis premier abbé du monastère de Sainte-Croix de Quimperlé (fondé en 1029 par Alain Cagnart, comte de Cornouailles). Gurloès gouverna paisiblement son abbaye pendant vingt-cinq ans. Son culte s'est établi en Bretagne et y subsiste encore. On voit son tombeau dans une chapelle basse de l'église Sainte-Croix de Quimperlé. Ses reliques, enfermées dans des châsses, furent honorées dans cette même église jusqu'à la Révolution ; mais depuis cette époque elles sont perdues. Il y a à Landugen (Côtes-du-Nord) une chapelle sous l'invocation de saint Gurloès, que le peuple appelle par corruption Gurlo et Durlo : on s'y rend en pèlerinage de près de dix lieues à la ronde, le dernier dimanche de juillet. 1057. — Au diocèse de Blois, saint Louis, roi de France, patron de la cathédrale et de tout le diocèse. — Dans l'ancienne abbaye bénédictine de Saint-Ghislain *(S. Sigisleni cænobium),* dans le Hainaut, le bienheureux Egéric, abbé de ce monastère et confesseur. Des rapports particuliers et très-affectueux existaient entre lui et saint Bernard de Clairvaux. 1161. — Au monastère du Mont-Sainte-Agnès (Chanoines régu-

---

années du XIIe siècle. — On rencontre une chapelle dédiée à saint Genès entre Azy-le-Vif et Neuville-lès-Decize (Nièvre) : c'est le but d'un pèlerinage fréquenté. — On conserve aussi de ses reliques dans l'église de Proverville (Aube, arrondissement et canton de Bar-sur-Aube) dont il est patron. — *Hagiologie Nivernaise ; Notes* de M. le curé des Caunes ; *Saints de Troyes,* par l'abbé Defer.

1. Les bourreaux le rencontrèrent lorsqu'il traversait le Rhône pour se mettre à l'abri de leur cruauté. Dès qu'il fut à l'autre bord, un des sicaires lui trancha la tête et lui procura la gloire du martyre. Les fidèles, pour mettre les deux rives du Rhône sous la protection de saint Genès, ont fait bâtir une ville de chaque côté, et, la·sant les vestiges de son précieux sang sur le lieu de son supplice, ils ont transporté ses reliques sacrées de l'autre côté du fleuve, afin qu'il soit présent à l'un et à l'autre bord : à celui-là par son sang, à celui-ci par son corps. — Saint Hilaire d'Arles raconte qu'un jour de fête de saint Genès, comme le peuple, venu en foule à cette cérémonie, passait d'une ville à l'autre pour honorer le lieu de son martyre, les arcades du pont de communication se rompirent et entraînèrent dans l'eau tous les fidèles. On se mit alors en oraison et saint Genès obtint du ciel que la multitude pût sortir de dessous les eaux sans en avoir reçu aucun mal. — *Acta Sanctorum.*

2. Saint Julien de Syrie est déjà cité au martyrologe romain du 12 août.

3. Ludger, qui a écrit sa vie, Mabillon, les Bollandistes et le Père Antoine Pagi *(Crit. in Ann. Baron.)* ne lui donnent que le titre d'administrateur du diocèse d'Utrecht. Né dans le territoire de Trèves, il descendait du sang royal de France, par Adèle, son aïeule, fille de Dagobert Ier, roi d'Austrasie. L'Eglise d'Utrecht qu'il gouverna vingt-deux ans devint, par sa vigilance et ses prédications, la plus florissante de tout le pays. Ses reliques, qui se gardaient respectueusement à Utrecht, furent examinées dans deux visites épiscopales qui se firent en 1421 et en 1597. — Godescard.

4. Patrice était fille de l'empereur Constant Ier (337-350), troisième fils de Constantin le Grand. Quand son père eut été assassiné par Magnence (350), elle demanda asile à son oncle Constance II, empereur d'Orient, qui l'accueillit avec honneur. Patrice édifia la cour par l'éclat de toutes les vertus ; son oncle ayant voulu la marier, elle s'enfuit de Constantinople et aborda à Naples. Après la mort de Constance (361), elle supplia le pape Libère de l'admettre au rang des Vierges, ce qui eut lieu à sa grande satisfaction. Patrice passa le reste de sa vie à Naples et y mourut le 25 août 365. Son corps fut inhumé dans l'église des saints Martyrs Nicandre et Marcien : on adjoignit bientôt à cette église un monastère sous le nom de Sainte-Patrice. Le ciel honora son tombeau de plusieurs miracles. — Chapia.

liers de l'Ordre de Saint-Augustin), près de Zwoll, en Hollande, le bienheureux THOMAS A KEMPIS, chanoine régulier. 1471.

MARTYROLOGES DES ORDRES RELIGIEUX.

Martyrologe des Chanoines réguliers. — A Utrecht, saint Grégoire, confesseur ; il embrassa l'institut des Clercs réguliers, sous la discipline de saint Boniface, martyr, et fut son successeur dans l'épiscopat de cette même ville. Il convertit les Saxons à la foi chrétienne. 776.

Martyrologe des Franciscains. — A Paris, saint Louis, roi de France, confesseur du Tiers Ordre de notre Père saint François, illustre par la sainteté de sa vie et la gloire de ses miracles ; le souverain pontife Boniface VIII l'a mis au nombre des Saints, et les associés du Tiers Ordre l'honorent comme leur patron principal. 1270.

Martyrologe de l'Ordre des Frères Mineurs. — De même que chez les Franciscains.

Martyrologe de l'Ordre de la bienheureuse Vierge Marie du Mont-Carmel. — Saint Louis, confesseur, dont la fête se célèbre chez nous le lendemain de ce jour.

Martyrologe de l'Ordre des Mineurs Capucins de Saint-François. — De même que chez les Franciscains.

Martyrologe des Carmes déchaussés. — De même qu'au martyrologe romain.

ADDITIONS FAITES D'APRÈS LES BOLLANDISTES ET AUTRES HAGIOGRAPHES.

A Rossano *(Rossanum)*, ville d'Italie, dans la Calabre Citérieure, Notre-Dame de Rossano. Une pieuse et respectable tradition rapporte que les Sarrasins voulant surprendre cette ville, aux murs de laquelle ils avaient déjà dressé des échelles, la sainte Vierge leur apparut revêtue d'une robe de pourpre et tenant à la main un flambeau allumé : les Barbares, effrayés, se retirèrent en désordre, sans faire aucun mal aux assiégés. — A Albanopolis, en Arménie, saint Barthélemy, apôtre et martyr, dont nous avons donné la vie au jour précédent. 71. — Sainte Rufine et sainte Eutice, martyres ; et les saints Julien, Jules, Hermès, Juste, et dix-huit soldats, leurs compagnons, martyrs, cités par les apographes de saint Jérôme, sans plus de détails. — Au diocèse de Trivento, dans les Abruzzes, saint Jean de Rousel *(J. de Rusello)*, solitaire et thaumaturge. — A Constantinople, saint Gennade, patriarche. Il mourut après un pontificat malheureusement trop court, où il donna l'exemple des plus éclatantes vertus. Sa parole pleine de douceur et d'onction captivait les âmes. Une de ses premières conquêtes fut un prêtre novatien, du nom de Marcianus, qui fit son abjuration entre ses mains et fut nommé économe de l'église. Gennade obtint, dès le début de son ministère, que l'empereur Léon le Thrace (457-474) sanctionnât par décret l'obligation de s'abstenir le dimanche de toute œuvre servile. Il fit admettre également par le pouvoir civil le principe que les clercs appelés devant les tribunaux relevaient exclusivement de la juridiction du préfet du prétoire : c'était un premier pas vers le principe absolu des immunités ecclésiastiques. Du reste Gennade exigeait de son clergé une vie qui prévenait le scandale des accusations juridiques. Sous son influence, les personnages les plus distingués de l'empire donnaient l'exemple de la charité et de la mortification chrétiennes : le patricien Studius élevait une basilique en l'honneur de saint Jean-Baptiste et fondait à côté un monastère d'acémètes, pendant que le grand chambellan Gratissime faisait une fondation du même genre en l'honneur de saint Cyriaque. En un mot, Gennade passa en faisant le bien et laissa de précieuses traces de son sage gouvernement. 471. — Encore à Constantinople, saint Epiphane, patriarche et confesseur. 535. — En Angleterre, sainte Ebbe, abbesse, communément appelée par les Anglais sainte Tabbs. Elle était sœur de saint Oswald et d'Oswi, roi des Northumbres. Assistée des pieuses libéralités du second de ces princes, elle fonda un monastère sur la Darweni, dans le diocèse de Durbam *(Dunelaum)* : il fut depuis connu sous le nom d'Ebchester. Elle en fonda encore un double, pour des hommes et pour des femmes, à Coldingham, au-dessous de Berwick-sur-Tweed (Northumberland). Elle gouverna cette maison jusqu'à sa bienheureuse mort. 683.

SAINT LOUIS, ROI DE FRANCE,

MEMBRE ET PATRON PRINCIPAL DU TIERS ORDRE DE SAINT-FRANÇOIS

1215-1270. — Papes : Innocent III ; Clément IV. — Empereurs : Frédéric II ; Conrad V.

> Chaque époque historique a un homme qui la représente : Louis IX est l'homme modèle du moyen âge : c'est un législateur, un héros et un saint... Marc-Aurèle a montré la puissance unie à la philosophie ; Louis IX, la puissance unie à la sainteté : l'avantage reste au chrétien.
>
> Chateaubriand, *Etudes historiques.*

Ce n'est pas une chose fort surprenante qu'un homme, retiré dans un cloître et séparé de toutes les occasions du péché, surmonte les inclinations déréglées de la nature et s'avance dans la pratique des plus belles vertus du Christianisme. Mais qu'un prince, que personne n'a la liberté de reprendre ni de contredire, qui n'a point d'autre nécessité de faire le bien que celle qu'il s'impose à lui-même ; qui vit au milieu des honneurs et des voluptés les plus dangereuses, et que sa condition engage à une infinité d'affaires où l'intérêt et la conscience ne peuvent s'accorder que très-difficilement, dompte néanmoins ses passions, se conserve dans l'innocence et la pureté de cœur, observe inviolablement les commandements de Dieu et ceux de l'Eglise, et se rende parfait dans l'exercice de la piété chrétienne, c'est ce qui est tout à fait admirable et que l'on peut appeler un prodige dans l'ordre de la grâce. Cependant, ce qui est impossible selon les forces de l'homme, ne l'est nullement à l'égard de Dieu ; et si l'histoire de l'Ancien Testament nous fournit plusieurs têtes couronnées qui ont su allier la sainteté avec l'autorité souveraine, et la qualité de prophète avec celles de chefs, de juges et de rois, celle du Nouveau Testament nous en fournit un bien plus grand nombre dans presque tous les royaumes chrétiens. Aujourd'hui l'Eglise nous propose un prince, que nous pouvons appeler la perle des souverains, la gloire de la couronne de France, le modèle de tous les princes chrétiens, et, pour tout dire en trois mots, un monarque véritablement selon le cœur de Dieu, selon le cœur de l'Eglise et selon le cœur du peuple.

C'est l'incomparable saint Louis, le quarantième roi de France, en comptant depuis le commencement de la monarchie, et le neuvième de la troisième race dont Hugues-Capet a été la tige. Il eut pour père le roi Louis VIII, fils de Philippe-Auguste, et pour mère la princesse Blanche, à qui nos historiens attribuent la gloire d'avoir été fille, nièce, femme, sœur, mère et tante de rois. Et, de fait, elle était fille d'Alphonse IX, roi de Castille, qui remporta sur les Maures la célèbre victoire de Navas-Tolosa, où plus de deux cent mille infidèles demeurèrent sur la place ; nièce de Richard et de Jean, rois d'Angleterre ; femme de Louis VIII, roi de France ; sœur d'Henri, roi de Castille ; mère du Saint dont nous écrivons la vie, et de Charles, roi de Naples et de Sicile, et tante, par ses sœurs Urraça et Bérengère, de Sanchez, roi de Portugal, et de saint Ferdinand III, roi de

Léon. Saint Louis naquit du bienheureux mariage de ce prince et de cette princesse, le 25 avril 1215, pendant qu'on faisait par toute la chrétienté les processions solennelles du jour de Saint-Marc, du vivant même de Philippe-Auguste, son aïeul, qui venait de gagner la célèbre bataille de Bouvines, et huit ans avant que son père arrivât à la couronne. Le château de Poissy, sur la Seine, à cinq lieues au-dessous de Paris, fut le lieu de sa naissance, et il naquit à l'endroit même où, d'après la tradition, était autrefois le grand autel de l'abbaye, qui n'existe plus. Il fut depuis baptisé à la paroisse de ce lieu ; voilà pourquoi ce saint Roi témoignait une affection particulière pour la ville de Poissy ; écrivant à ses plus familiers, il signait ordinairement *Louis de Poissy* ou *seigneur de Poissy*. Enfin, étant un jour en cette ville, il dit à ceux qui étaient auprès de Sa Majesté, que c'était là le lieu où il avait reçu le plus grand honneur et le bien le plus considérable de sa vie, parce que la grâce du baptême, qui nous fait enfants de Dieu et héritiers de son royaume, est infiniment au-dessus de tous les avantages de ce monde. Le roi Philippe le Bel, son fils, y a depuis fondé et fait bâtir le monastère des religieuses de Saint-Dominique.

L'enfance de ce grand prince fut un miroir d'honnêteté et de sagesse. Son père, qui joignait une éminente sainteté et un zèle ardent pour la religion, à cette bravoure martiale qui lui a fait donner le surnom de *Lion*, prit un soin particulier de son éducation. Il lui donna de bons précepteurs et un sage gouverneur : Matthieu II de Montmorency, premier baron chrétien ; Guillaume des Barres, comte de Rochefort, surnommé l'*Achille français* ; Clément de Metz, maréchal de France, qui lui inspirèrent les sentiments que doit avoir un roi très-chrétien et un fils aîné de l'Église. Blanche, sa mère, n'épargna rien non plus pour en faire un grand roi et un grand Saint : surtout depuis la mort de Philippe, son aîné, et pour lui imprimer plus fortement la haine du péché et l'amour de la vertu, elle lui disait souvent ces belles paroles : « Mon fils, j'aimerais beaucoup mieux vous voir dans le tombeau, que souillé d'un seul péché mortel ». La mort ayant enlevé son père, âgé seulement de quarante ans, à son retour de la guerre contre les Albigeois, dans la ville de Montpellier, en l'année 1226, qui n'était que la quatrième de son règne, notre Saint, âgé seulement de douze ans, monta sur le trône de ses ancêtres, sous la tutelle de la reine Blanche, sa mère. Ce fut le 30 novembre ; le lendemain, premier dimanche de l'Avent, il fut sacré et couronné à Reims, par Jacques de Bazoches, évêque de Soissons, le siége archiépiscopal de Reims étant alors vacant.

Sa minorité fut traversée de plusieurs guerres intestines par l'ambition et la jalousie des princes, qui ne pouvaient supporter que la reine eût la régence et le gouvernement absolu du royaume, et qui voulaient profiter du bas-âge du roi pour avancer leurs affaires ; mais Dieu dissipa toutes leurs factions par une protection visible sur la personne sacrée de ce jeune monarque. Car, premièrement, Raymond, comte de Toulouse, l'un des princes conjurés et grand fauteur des hérétiques albigeois, ayant commencé des actes d'hostilité dans le Languedoc et autour de Toulouse, où le roi Louis VIII l'avait contraint de se renfermer, fut tellement pressé par Robert de Beaujeu, général de l'armée royale, qu'il se vit contraint de demander la paix et de recevoir telles conditions qu'il plut au roi de lui imposer.

Le traité en fut signé à Paris au mois d'avril 1228, et il portait : 1° que le comte rembourserait au roi cinq mille marcs d'argent pour les frais de la guerre ; 2° qu'il lui abandonnerait dès lors toutes les terres qu'il avait au-delà du Rhône ; 3° qu'il ne protégerait plus les hérétiques dans son comté, et que lui-même abjurerait publiquement l'hérésie, comme, en effet, il en fit abjuration à genoux devant le grand autel de Notre-Dame, la tête, les bras et les pieds nus ; 4° qu'il donnerait sa fille Jeanne en mariage à Alphonse, frère du roi, et qu'en faveur de cette union, il céderait à ce prince son comté de Toulouse, ne s'en réservant que l'usufruit ; 5° que, cette comtesse venant à mourir sans enfants, ce même comté serait réuni à la couronne pour n'en être jamais démembré ; 6° qu'il paierait tous les ans une somme pour indemniser des ecclésiastiques qu'il avait ruinés, et qu'il ferait démolir les murs de trente villes de son État qui avaient eu part à sa rébellion. Ainsi, cette grande guerre contre les Albigeois, à laquelle il semblait que Philippe-Auguste n'avait osé toucher, et que le roi Louis VIII n'avait fait qu'effleurer, fut heureusement terminée en moins d'un an par la prudence de la reine régente.

Les autres seigneurs conjurés, parmi lesquels se distinguait Pierre Mauclerc, plus irrités par ce succès qu'auparavant, résolurent de se saisir de la personne du roi, pour tirer ensuite par force de lui tout ce qu'il leur plairait. C'est à un rendez-vous de chasse, à quelques lieues de Paris, entre Étampes et Corbeil, que le coup devait avoir lieu, et tout était préparé à cet effet, quand Thibaud, comte de Champagne, ayant eu connaissance de la nouvelle félonie de Pierre Mauclerc, arriva à la tête de trois cents chevaliers, mit en fuite les conspirateurs, mena le petit-fils de Philippe-Auguste à Montlhéry, et se jeta avec lui dans une forteresse dont une haute tour se voit encore aujourd'hui ; elle date de l'an 1015, et s'élève sur une colline imposante, dominant une forêt toute semée de roches de granit. Thibaud File-Etoupe, forestier du roi Robert, la bâtit ; on l'aperçoit de sept lieues de distance. Philippe I*er* devint possesseur de cette forteresse au mariage de Louis le Gros.

La reine régente, ayant appris le danger qu'avait couru le roi, était partie en grande hâte de Paris, et peu d'heures après arrivait à Montlhéry : ni la force de ce château, ni la valeur des chevaliers qui avaient empêché son fils de tomber entre les mains de Pierre Mauclerc et de Hugues de Lusignan, ne purent rassurer son amour maternel ; elle descendit avec lui dans les profondeurs d'un immense souterrain, à l'extrémité duquel une porte s'ouvrait sur la campagne, bien loin des murailles crénelées.

Si parmi les grands vassaux et les hauts barons, Blanche de Castille et le jeune Louis IX comptaient des ennemis que l'ambition de ces hommes puissants leur avait suscités, dans la bourgeoisie et dans le peuple de Paris il n'en était pas de même ; là, la pieuse et vaillante régente et le royal adolescent étaient aimés et adorés. Aussi, à la première nouvelle de l'odieuse tentative des comtes de Bretagne et de Poitou, la population entière de la grande ville se leva : grands et petits, riches et pauvres, nobles et artisans, sortirent ensemble de l'enceinte fortifiée, bâtie par Philippe-Auguste, pour aller à Montlhéry chercher son petit-fils, et le ramener dans la capitale. Jamais plus touchant enthousiasme pour la monarchie n'avait encore éclaté en France. L'élan des Parisiens fut ressenti spontanément dans les campagnes ; entre Paris et Montlhéry, pas une petite ville, pas un bourg, pas un village, pas un hameau, pas une ferme où il restât un habitant ; tout demeurait vide : jeunes hommes, vieillards, femmes et enfants avaient voulu courir au-devant du jeune roi. Dans cette armée populaire et improvisée, la faux et la fourche se voyaient à côté des piques, des hallebardes et des lances, et les bannières des églises auprès des guidons et des étendards des hommes d'armes.

Les princes conjurés se jetèrent ensuite sur la Champagne, où ils firent de grands dégâts. Le roi les y suivit à la tête de son armée avec un courage intrépide, et les effraya tellement par sa seule présence, que, n'osant plus combattre contre lui, quoiqu'ils fussent beaucoup plus forts, ils se retirèrent en divers lieux. Cette retraite fut cause de leur séparation, et leur séparation de leur réduction ; car, ne se voyant plus assez forts pour résister à la puissance royale, ils furent ravis de faire leur paix à des conditions honorables.

Il n'y eut que Pierre, duc de Bretagne, qui, se flattant de l'alliance et de la protection du roi d'Angleterre, eut la hardiesse de continuer la guerre contre le roi, et de faire toujours des actes d'hostilité contre ses sujets. Le roi, quoique ce fût en hiver et qu'il fît un froid très-rigoureux, marcha néanmoins contre ce rebelle, avant qu'un secours étranger lui fût arrivé. Il alla d'abord droit à Angers, que Louis VIII, son père, avait arrachée des mains des Anglais et donnée à ce perfide : elle lui ouvrit aussitôt ses portes, avec presque toutes les autres villes de l'Angoumois. Bellesme, que l'on estimait imprenable, supporta quelques attaques ; mais elle ne put résister au courage de notre jeune guerrier. Enfin, tout secours manquant au duc, il fut forcé de demander une trêve, et, après trois ans de troubles et d'agitations continuelles, il n'eut point d'autre moyen de conserver son rang, que d'implorer la clémence du roi, de lui demander pardon, de se reconnaître son vassal et de lui faire hommage de son duché. Sa révolte si peu excusable, surtout pour un homme qui s'était rendu très-habile en philosophie et en théologie dans l'université de Paris, et d'autres actions encore de cette nature, furent cause qu'on l'appela ordinairement *Mauclerc*, qui signifie mauvais clerc ou mauvais docteur.

La minorité du roi s'étant passée dans ces troubles, qui ne servirent qu'à faire paraître sa prudence, sa valeur, sa bonté et ses autres vertus royales, il prit lui-même, au commencement de sa vingtième année, suivant la coutume du temps, la conduite de son royaume, sans jamais néanmoins exclure des affaires la reine sa mère, qui les avait si sagement gouvernées durant son bas-âge. Il épousa, le 27 mai 1235, Marguerite, fille aînée de Raymond Béranger, comte de Provence et de Forcalquier, et de Béatrix de Savoie, son épouse. C'était une princesse que la grâce et la nature avaient douée de toutes sortes de perfections. Elle était parente du roi à un degré prohibé ; mais le Pape accorda dispense de cet empêchement : le mariage fut célébré à Sens, dans l'église Notre-Dame, par Anselme de Saint-Médard, évêque et comte de Noyon, en présence de Gaucher Cornu, archevêque de cette ville, qui donna aux mariés la bénédiction nuptiale, et couronna aussi la reine avec une magnificence digne du rang où elle était élevée. Sa dot n'était que de dix mille livres ; mais elle valait elle seule un monde entier, et Louis crut avoir trouvé un grand trésor en trouvant une épouse de son mérite. Elle avait les mêmes inclinations que lui pour la piété et pour le secours des malheureux. Jamais elle ne se mêlait d'aucune affaire, si elle n'y était appelée, ou qu'il ne s'agît du soulagement des pauvres et du pardon des criminels. Elle suivait le roi partout, et elle eut même le courage d'aller avec lui à son premier voyage d'outre-mer, comme nous le dirons par la suite. Enfin, après son décès, elle se retira au monastère de Sainte-Claire, qu'elle avait fondé au bourg de Saint-Marcel-lès-Paris, où, après une sainte vie, elle mourut très-chrétiennement, âgée d'environ soixante-dix ans, le 20 décembre de l'année 1285 ; et son corps, précédé et suivi des pauvres, qui l'appelaient leur mère, fut porté à Saint-Denis.

Les réjouissances de ce mariage furent suivies d'une guerre dangereuse de la part de Hugues de Lusignan, comte de la Marche, qui, pour n'être pas obligé de prêter foi et hommage à Alphonse, frère du roi, à qui sa Majesté avait donné le comté de Poitou, eut la témérité de lever les armes contre son souverain. Il y était principalement poussé par sa femme, veuve de Jean sans Terre, père de Henri III, roi d'Angleterre, qui ne voulait point reconnaître d'autre princesse au-dessus d'elle, que la reine-mère et la reine, épouse du roi. L'insolence du comte alla même jusqu'au point d'investir le roi et toute sa cour dans Poitiers, lorsqu'il y alla pour en donner la possession à son frère. Louis, qui n'avait pas alors d'armée, fut contraint de se retirer de ses mains par adresse ; mais il fit bientôt voir qu'il n'avait pas moins de justice que de piété, et que, s'il savait pardonner à ceux qui imploraient sa clémence et se soumettaient à sa juste domination, il savait aussi écraser les superbes et humilier l'audace des rebelles. En effet, s'étant mis à la tête de ses troupes, il prit, en peu de temps, les villes et les châteaux les mieux fortifiés du comté, et, sachant que le roi d'Angleterre venait avec une puissante armée au secours du félon, il alla au-devant de lui, lui livra bataille à Taillebourg, le mit en complète déroute, lui tua une partie de ses gens, et fit jusqu'à quatre mille prisonniers. Ce fut dans cette occasion, qu'assisté seulement de huit cavaliers, il passa le pont de la Charente au travers d'une nuée de dards, de flèches et de lances, pour aller attaquer le gros des ennemis, et qu'il soutint longtemps, presque lui seul, le choc d'un millier de gens d'armes, jusqu'à ce que ses troupes, animées par son exemple, eussent passé le même pont, et se fussent jetées, comme des lions, sur les Anglais et sur les rebelles, pour le tirer du danger. Le carnage eût été sans mesure, sans la clémence invincible de Louis, qui voulut qu'on fît quartier à ceux qui mettraient bas les armes. Les Anglais s'enfuirent après cette défaite, et le comte de la Marche, privé de tout secours, demeura à la merci de son vainqueur. Il ne méritait point qu'on lui fît grâce, non plus que la reine et comtesse sa femme, laquelle, durant cette guerre, avait plusieurs fois suborné des gens, tantôt pour empoisonner le roi, tantôt pour le poignarder ; mais ce bon prince eut égard aux grands services que ce seigneur avait rendus à la France, et lui accorda le pardon qu'il fut forcé de lui demander, se contentant de lui retrancher une partie de son comté, ainsi qu'une pension de dix mille livres que ses premières actions lui avaient méritées, lorsqu'il se conduisait en bon français. Ce saint roi fit encore voir la force de son esprit et la grandeur de son courage, soit dans les démêlés entre les Papes et les empereurs, où on tâcha de l'engager ; mais où il n'intervint que pour rétablir l'accord ; soit dans les guerres entre le comte de Provence, son beau-père, et le comte de Toulouse, beau-père du prince Alphonse, son frère, qu'il termina heureusement, sans souffrir que l'un des partis empiétât sur l'autre, soit dans le piége que l'empereur Frédéric lui tendit pour se saisir, à ce que l'on croit, de sa personne, pendant une conférence qu'ils devaient avoir ensemble à Vaucouleurs : il rendit ce piége inutile, en se trouvant au lieu assigné, avec des forces qui étonnèrent et firent fuir ce prince perfide ; soit enfin lorsque les évêques de France, qui se rendaient à Rome pour un concile, furent emprisonnés par l'ordre du même empereur : saint Louis le contraignit, par ses menaces, de les renvoyer libres et de réparer l'injure qu'il leur avait faite.

Comme ses premiers soins étaient de rendre à Dieu le service et l'honneur qu'il lui devait, cette divine Bonté l'assistait dans tous ses besoins, le conseillait dans toutes ses entreprises, le protégeait contre tous ses ennemis et donnait une heureuse issue à tout ce qu'il traitait. Dieu lui donna un grand nombre d'enfants mâles dont la postérité a régné si longtemps. L'aîné fut nommé Louis ; il naquit le 15 février 1244, dix ans après le mariage du roi. Nous avons dit, dans la vie de saint Thibault, abbé des Vaux-des-Cernay, comment la reine, qui était stérile, fut rendue féconde par les prières de ce saint abbé. Philippe le Hardi était le second, et il devint le premier par la mort de ce jeune prince ; il a, depuis, succédé à son père, et ses enfants ont été rois, jusqu'à Henri III. Jean Tristan fut le troisième ; on lui donna ce nom, parce qu'il naquit à Damiette, en Orient, durant l'emprisonnement du roi, son père, et l'affliction de la reine, sa mère ; il mourut avant eux sans avoir d'enfants. Le quatrième fut Pierre, comte de Chartres, de Blois et d'Alençon, qui n'eut point non plus de lignée. Le cinquième fut Robert de Bourbon, dont les enfants, après neuf générations, sont ensuite montés sur le trône pour le bonheur de la France et de toute la chrétienté. Outre ces garçons, saint Louis eut aussi cinq filles, lesquelles, excepté l'aînée, qui mourut en bas-âge, épousèrent toutes des souverains. Au reste, il ne ressemblait pas à la plupart des autres princes, qui négligent l'éducation de leurs enfants et s'en reposent entièrement sur les soins des gouverneurs qu'ils leur donnent, sans même examiner s'ils s'acquittent de leurs devoirs, et s'ils s'étudient à imprimer de bonne heure, dans leur âme, la haine du vice et l'amour de la vertu. Il prenait la peine de les instruire lui-même et de les porter au mépris des plaisirs et des vanités du monde et à l'amour de leur souverain Créateur : ce qu'il faisait ordinairement le soir, après Complies, dans sa chambre, où il les faisait venir pour recevoir de sa bouche ses excellentes leçons. Il les menait avec lui au sermon ; il leur enseignait à réciter tous les jours le petit Office de Notre-Dame ; il les obligeait d'assister tous les jours de fête aux grandes messes et aux divins offices chantés en musique ; il voulait qu'ils s'accoutumassent, dès l'enfance, à la mortification et à la pénitence, et, dans cette vue, il ne souffrait pas que les vendredis ils portassent sur leurs têtes aucun ornement, parce que c'est en ce jour que Notre-Seigneur a été couronné d'épines. Enfin, nous avons encore les instructions qu'il écrivit de sa main, à sa fille Isabelle, lorsqu'elle fut reine de Navarre ; elles sont si saintes et si remplies de l'esprit de Jésus-Christ, qu'il n'y a point de directeur, quelque éclairé qu'il soit, qui en puisse donner de plus excellentes.

S'il savait si bien gouverner ses enfants, il était encore plus admirable dans le gouvernement de son Etat. On ne vit jamais tant de paix et de prospérité en France que durant son règne. Toutes les autres nations, à l'Orient, à l'Occident, au Midi et au Septentrion, étaient dans le trouble ; mais les Français, qu'il gouvernait, jouissaient d'une heureuse tranquillité qu'il leur procurait par sa sagesse. Il eut soin de bannir de son Etat, par de saintes lois, tous les déréglements qu'il y put reconnaître. Le premier fut le blasphème et les jurements impies et exécratoires. Il fit, contre ce crime, des ordonnances trop sévères, que le pape Clément IV lui fit modifier. Pour lui, il n'avait point d'autre jugement que de dire : *Par mon nom ;* mais un religieux de Saint-François l'ayant averti qu'il n'appartenait qu'à Dieu de jurer de cette sorte, il cessa aussitôt de le faire et se contenta de dire *oui* et *non*, selon la doctrine du Fils de Dieu dans l'Evangile. Les autres déréglements qu'il s'efforça d'exterminer furent les duels, les jeux de hasard, la fréquentation des lieux de débauche, le luxe des femmes et les chicanes dans les procès. Il est le premier qui ait défendu les duels en France : car, avant lui, les rois les toléraient, et quelquefois même les ordonnaient pour connaître le droit des parties : ce qui était un moyen aussi trompeur que contraire aux lois de la justice et de l'humanité. Les habitants n'eussent osé, de son temps, se trouver dans les cabarets de l'endroit : cette commodité publique n'était permise qu'aux passants et à ceux qui n'avaient point de domicile. Les charges de judicature n'étant pas encore vénales, il en pourvoyait les personnes d'une sagesse et d'une probité connue : ce qu'il ne faisait qu'après avoir pris l'avis des plus vertueux et des plus habiles de son royaume.

Lorsqu'il envoyait des baillis, des juges et des officiers dans les provinces, pour y rendre pour un temps la justice, il leur défendait d'y acquérir du bien et d'y établir leurs enfants, de peur qu'ils ne prissent de là occasion de commettre des injustices. Il voulait qu'en quittant leurs charges ils rendissent un compte exact de leur administration, et qu'ils satisfissent aux plaintes des villes et des provinces où ils avaient été commissaires. Il députait souvent, au-dessus d'eux, des juges extraordinaires pour examiner leur conduite et pour revoir leurs jugements, à l'exemple de Dieu, qui assure qu'il jugera les justices. S'il se trouvait qu'ils eussent mal agi dans leurs offices, il s'en imposait lui-même une sévère pénitence, comme s'il eût été coupable de leurs excès, et il les en punissait aussi très-rigoureusement, les obligeant surtout de restituer ce qu'ils avaient pris au peuple, et de dédommager ceux qu'ils avaient condamnés injustement ou dont ils avaient trop prolongé les affaires. Au contraire, lorsqu'il apprenait que ces officiers s'étaient dignement acquittés de leur devoir, il les en récompensait avec magnificence, soit par de bons appointements, soit en les élevant à des emplois plus honorables. Dans ses propres affaires, il était le premier à se condamner, et il se faisait même l'avocat de ceux qui lui disputaient quelque droit. Ses oreilles étaient toujours prêtes à recevoir les plaintes et à écouter les causes de ses sujets, sans que personne osât les empêcher d'approcher de lui. Dans ses promenades mêmes, soit dans son jardin de Paris, soit au bois de Vincennes, il se mettait à l'ombre d'un arbre pour juger, sans forme de procès, leurs différends. Souvent il les accommodait à l'amiable, d'autres fois il les terminait par un arrêt décisif ; mais c'était toujours avec tant d'équité, que nul ne pouvait trouver à redire à ses sentences. Jamais la noblesse ni les grandes richesses ne l'empêchaient d'être impartial ; il se sentait, au contraire, plus incliné à favoriser les personnes médiocres et qui n'avaient point d'autre appui que les moyens de leurs causes. Nous avons, dans son histoire, des exemples si illustres de la protection qu'il a donnée aux pauvres contre la tyrannie et la violence des grands, et de la rigueur avec laquelle il a puni l'injustice de ceux-ci, qu'il n'y a rien de comparable dans celles des juges les plus sévères de l'antiquité. Il avait aussi une adresse merveilleuse pour découvrir la vérité que l'on tâchait d'obscurcir par de fausses lettres ou en subornant de faux témoins. Un grand seigneur ne pouvant obtenir d'une pauvre veuve qu'elle lui vendît son héritage, qu'il voulait enfermer dans son parc, supposa un contrat de vente, en vertu duquel il s'en mit en possession comme d'un bien qu'il avait légitimement acquis. La veuve eut recours au roi, qui, touché de ses plaintes, manda aussitôt ce seigneur, pour qu'il se défendît de l'accusation que l'on faisait contre lui. Il y vint avec deux témoins, qu'il corrompit à force d'argent, pour déposer que le contrat était véritable et qu'il n'y était intervenu aucune fraude. Le roi, les ayant entendus, vit bien qu'ils parlaient contre leur conscience, et qu'on les avait séduits. Pour en découvrir la vérité, il les interrogea séparément, et obtint ainsi successivement de chacun d'eux l'aveu de la fausseté du contrat que le seigneur avait fait faire. Ils déclarèrent aussi toutes les circonstances de cette action, et la quantité d'argent qu'ils avaient reçue. Louis, connaissant par ce moyen l'iniquité du gentilhomme et de ses malheureux complices, les renvoya par-devant les juges ordinaires, pour recevoir leur châtiment, et remit la veuve dépouillée dans la jouissance paisible de son héritage.

L'application de saint Louis à la conduite de sa famille et de son Etat ne l'empêchait pas de pratiquer tous les exercices d'un parfait chrétien. Comme il savait que la chasteté se perd aisément dans les délices, que l'humilité est en grand danger au milieu des louanges et des honneurs du monde, et que la véritable dévotion ne s'accorde guère avec les inquiétudes que les richesses immenses apportent avec elles, il prenait les seuls plaisirs que la nécessité et la bienséance l'obligeaient de prendre. La flatterie n'était jamais bienvenue auprès de lui. Il s'humiliait autant qu'il lui était possible dans l'état de grandeur et d'autorité où Dieu l'avait mis. Ses trésors étaient plus aux pauvres qu'à lui, et il n'avait point de plus grande satisfaction que de s'en dépouiller pour en enrichir les malheureux. Sa coutume était de jeûner exactement tous les vendredis de l'année, ainsi que l'Avent de Notre-Seigneur, depuis la Toussaint jusqu'à Noël, et toutes les veilles des fêtes de la Vierge ; quant aux jeûnes commandés par l'Eglise, il ne s'en dispensait, dans ses maladies, que par obéissance à ses confesseurs. Les vendredis d'Avent et de Carême il ne mangeait ni fruits, ni chair, ni poisson ; mais seulement du pain et des légumes. Il y avait aussi des jours qu'il jeûnait au pain et à l'eau, comme la veille de Noël, le Vendredi Saint et les vigiles de Notre-Dame. Il dormait fort peu, afin d'avoir le temps de s'occuper à la prière et à la contemplation des vérités divines. Le cilice était son habit ordinaire, et, lorsque son confesseur lui défendait de le porter, il suppléait à cette mortification par une aumône particulière de quarante sous par jour, qui était, en ce temps-là, une somme considérable et suffisante pour nourrir quarante personnes. Il allait quelquefois les pieds nus dans ses souliers, sans néanmoins qu'on pût s'en apercevoir, parce qu'il s'était fait faire des chausses coupées, qui lui facilitaient cette austérité. Bien qu'il veillât perpétuellement sur lui-même, pour ne laisser échapper aucune action contraire à la perfection, toutefois il marchait toujours dans une sainte frayeur devant la majesté de Dieu et ne se regardait que comme la plus vile de toutes les créatures.

Il ne manquait pas, tous les samedis, d'assembler une troupe de pauvres dans un lieu secret, où il leur lavait, essuyait et baisait humblement les pieds. Il leur lavait aussi les mains, et ne les renvoyait point sans leur faire une grosse aumône. Il en traitait ordinairement cent vingt, dans son palais, à dîner et à souper, et souvent il les servait lui-même, de ses mains royales, les faisant manger avant de se mettre à table. Aux vigiles et aux jours de fêtes, il en grossissait le nombre jusqu'à deux cents, et se faisait aussi leur échanson et leur maître d'hôtel. Il ne prenait point de repas qu'il n'eût encore trois pauvres vieillards à ses côtés, auxquels il présentait ce qu'il y avait de meilleur sur sa table, et quelquefois il faisait revenir les mets qu'ils avaient mangé, s'estimant bien heureux de se nourrir des restes des pauvres. Il ne portait point d'habits précieux et relevés d'or et de broderies, mais il se contentait des habits les plus communs, surtout après son retour de la Terre Sainte, excepté dans les occasions de cérémonie, où il savait soutenir l'éclat de sa couronne par une magnificence digne de la grandeur du premier monarque du monde. Il disait tous les jours, de grand matin, les Heures de Notre-Dame, et assistait saintement à la messe. Pour les jours de fête, il se trouvait de bonne heure à Matines, dans l'église, et les entendait tout au long avec un grand respect et une dévotion capable d'en inspirer à tous ses courtisans. Enfin, sa piété était si pure et si parfaite, qu'elle pouvait faire honte aux religieux les plus austères et aux ermites les plus retirés du monde.

Que dirons-nous de son zèle pour la ruine de l'hérésie et du libertinage, et pour l'établissement de la foi et de la discipline chrétienne dans toute l'étendue de ses Etats? Il fit, à cet effet, des règlements très-sévères; le même motif lui donna beaucoup d'affection pour les religieux de Saint-Dominique et de Saint-François, qu'il regardait comme des instruments sacrés dont la divine Providence voulait se servir pour le salut d'une infinité d'âmes rachetées du sang de Jésus-Christ. Il les invitait même quelquefois à dîner avec lui, surtout saint Thomas d'Aquin et saint Bonaventure, deux des plus excellentes lumières de l'Eglise, dont les pieux et savants entretiens lui donnaient une joie et une consolation merveilleuses. Il fonda de tous côtés des collégiales, des paroisses, des monastères, des chapelles, des hôpitaux, des maladreries et d'autres lieux de dévotion et de charité.

La religion de ce grand prince parut encore d'une manière admirable dans le zèle qu'il déploya pour faire venir dans son royaume la couronne d'épines de Notre-Seigneur. Il l'envoya chercher à Constantinople par le frère Jacques et le P. André de Lonjumeau, de l'Ordre de Saint-Dominique, et la fit conduire jusqu'à Venise, parce qu'elle avait été engagée aux Vénitiens pour un prêt d'argent fort considérable. Ensuite il la racheta de leurs mains, en leur payant le prix de l'engagement.

A cette époque, l'esprit catholique était si fervent en France, que dans tout le royaume il y eut une grande et nationale joie quand on y apprit que la couronne d'épines du Sauveur était devenue une propriété française. Ayant reçu des avis officiels, Louis IX, dans les premiers jours d'août 1239, partit de Vincennes avec les reines Blanche et Marguerite; les comtes d'Artois, de Poitiers et d'Anjou, ses frères; l'archevêque de Sens; Bernard, évêque du Puy, plusieurs autres prélats et une foule de princes et de hauts barons.

A Villeneuve-l'Archevêque, à cinq lieues de Sens, ce noble et brillant cortége rencontra les religieux et leur nombreuse suite; car les populations, sachant ce qu'avec eux ils apportaient en France, s'étaient empressées de les suivre, avec la résolution de ne retourner au pays que lorsqu'elles auraient vu et adoré les sacrés vestiges de la passion de l'Homme-Dieu.

C'était le 10 août, fête de saint Laurent. Le P. André et le frère Jacques présentèrent au monarque, à la reine son épouse, à la reine sa mère et au fils de France qui les accompagnait, la triple caisse couverte des sceaux des seigneurs français et du doge de Venise, Jacques Tiepolo.

Tout fut fait avec ordre et dans un grand recueillement. D'abord on examina et on reconnut les sceaux; puis on les rompit. L'ouverture de la caisse de cèdre étant terminée, on en sortit la châsse d'argent avec le même cérémonial; le couvercle de cette châsse fut levé, puis enfin un prélat agenouillé en tira le vase d'or renfermant la sainte couronne. A cet instant, roi, reines, princes, chevaliers, archevêques, évêques, prêtres, moines, soldats, bourgeois, peuple, se prosternèrent fondant en larmes, et osant à peine lever la tête pour regarder cette branche d'épines que les bourreaux de Jérusalem avaient tordue pour en faire une couronne dérisoire à leur divine victime.

Oh! comme ce diadème de moquerie est devenu un diadème de gloire, et comme tout ce qui est grand, comme tout ce qui est fort, comme tout ce qui est humble, comme tout ce qui est petit, comme tout ce qui est heureux, comme tout ce qui est dans les larmes, le vénère aujourd'hui!

La journée et la nuit se passèrent en prières et en cantiques de joie; et ce ne fut que le lendemain que le pieux fils de Blanche de Castille, ainsi que ses trois frères, Robert, Alphonse et Charles, tête nue, les pieds déchaussés et vêtus d'une simple tunique de laine blanche, portèrent la couronne de Jésus de Nazareth, roi des Juifs, jusque dans le sanctuaire de la métropole de Sens, où Louis IX avait pris pour épouse Marguerite de Provence. Toutes ces cérémonies étaient belles et produisaient un grand effet. Elles furent closes par la journée du 20 août. Ce jour-là, la sainte couronne fut offerte à la vénération des Parisiens, dans l'église Notre-Dame. Tous les moines, tous les religieux du royal monastère de Saint-Denis, des deux abbayes de Saint-Germain, allèrent au-devant de la couronne d'épines jusqu'à l'entrée du bois de Vincennes; et c'était un saisissant et magnifique spectacle que toute cette foule chrétienne suivant les croix et les bannières flottantes des communautés, des couvents et des paroisses de la grande ville; s'enfonçant sous les ombrages des chênes séculaires, pour s'aller prosterner devant une relique si sainte et qui rappelait la grande immolation du Golgotha.

Dans cette multitude empressée brillaient toutes les illustrations des camps, toutes les grandeurs des palais, toutes les gloires du sanctuaire.

A l'entrée du faubourg Saint-Antoine, par les soins des officiers du roi, on avait dressé une vaste estrade couverte de tentures soie et or, à laquelle on arrivait en foulant les plus riches tapis de la couronne, étendus sur le sol. La châsse d'argent fut montée sur l'estrade par plusieurs évêques en chape et la mitre au front. Un des prélats découvrit alors le diadème de la Passion et le montra à l'immense multitude. Soudain l'immense multitude, comme un seul homme, tomba prosternée en poussant des cris d'allégresse qui durent monter jusqu'au ciel et être entendus de celui qui y règne; car ils partaient de cœurs sincères et croyants.

Louis IX et ses trois frères, toujours pieds nus et le front découvert, renfermèrent le vase d'or dans le reliquaire d'argent et le portèrent sur le maître autel de Notre-Dame. Après la cérémonie d'actions de grâces, la précieuse relique fut déposée dans la chapelle de Saint-Nicolas, bâtie par Louis le Gros.

Dans les siècles de foi et de piété, les grands personnages avaient toujours dans leur demeure, ou dans les environs de leur résidence, une chapelle qualifiée de *sainte*. Dans le voisinage de l'enclos du palais de la Cité, les ducs de France, les comtes de Paris eurent la chapelle de Saint-Barthélemy, qui, pendant quelque temps, porta le nom de Saint-Magloire; et, en outre, les chapelles de Saint-Georges, de Saint-Michel et de Saint-Nicolas, que Louis VII fit bâtir et qu'il mit sous l'invocation de Notre-Dame de l'Etoile.

Louis IX ne trouva rien, parmi les chapelles alors existantes, qui fût digne de recevoir dans son enceinte la couronne rougie du sang du Rédempteur; et il chargea Pierre de Montereau d'édifier pour elle ce magnifique reliquaire de pierre, que nous admirons encore aujourd'hui, monument aussi délicatement sculpté que ces châsses d'or et d'argent que l'on voyait jadis dans les trésors de nos vieilles églises.

Saint Louis avait élevé la Sainte-Chapelle pour que les choses les plus sacrées y fussent à jamais religieusement conservées. Là il avait fait déposer sur le velours et garder dans des coffrets de vermeil la couronne qui avait déchiré le front de l'Homme-Dieu, le roseau qui lui avait servi de sceptre et le fer de lance qui lui avait percé le côté.

Lors des saturnales de 1793, comme on le sait, on jetait au vent les reliques, pour avoir l'or des reliquaires ; sous les voûtes bâties par Pierre de Montereau, on avait porté tous les papiers du greffe ; et nous avons vu tous les jugements de la justice humaine, des dossiers poudreux, entassés là où avaient jadis brillé les ornements sacrés de l'Eglise.

Aujourd'hui, nous devons le dire, on a, par amour de l'art, en attendant que ce soit par amour de Dieu, restauré le monument de la piété de Louis IX, et nous allons revoir cette chapelle aussi belle, aussi brillante que du temps du saint roi. Puissent les murs repeints et redorés du royal oratoire revoir un jour une foi pareille à celle qui s'y manifestait au XIII° siècle !

Louis IX obtint encore de Baudouin II, empereur de Constantinople, quantité d'autres reliques d'une valeur inestimable, savoir : les langes de l'enfant Jésus, une grande partie de sa croix, la chaîne de fer dont il a été lié, le fer de la lance dont son côté a été percé, le roseau et la robe de pourpre que les soldats lui donnèrent pour sceptre et pour manteau royal, l'éponge avec laquelle on lui présenta du fiel et du vinaigre, le linge dont il se ceignit pour laver les pieds de ses Apôtres, un linceul et une partie du suaire dont il fut enseveli, et quelques autres reliques des Saints spécifiés dans l'acte authentique de cet empereur, donné à Saint-Germain en Laye, au mois de juin 1247. Ainsi, par la sage prévoyance de notre incomparable monarque, la Grèce fut dépouillée et la France fut enrichie, et nous reçûmes, avec ces saintes dépouilles, un gage assuré de la bienveillance et de la protection perpétuelle de Dieu envers ce royaume.

Il est temps de parler du plus mémorable endroit de la vie de saint Louis, qui est son voyage en Orient pour délivrer les saints lieux de la puissance tyrannique des Sarrasins et des autres Barbares. Il avait eu, dès sa jeunesse, beaucoup d'inclination pour cette expédition, qu'il estimait très-digne d'un roi très-chrétien et du fils aîné de l'Eglise ; mais les grandes affaires de son État l'avaient toujours empêché de l'exécuter. Enfin, en l'année 1245, à Pontoise, il tomba si gravement malade, d'une fièvre continue et d'une dyssenterie, qu'on désespérait tout à fait de sa santé. Il fut même tenu près d'un jour pour mort, n'ayant plus aucun sentiment ni mouvement sensible. Dans cette extrémité, tous les Français, qui l'aimaient comme leur père, levèrent instamment les mains vers le ciel. On porta aussi en procession, à Saint-Denis, les châsses précieuses du même saint Denis, de saint Rustique et de saint Eleuthère, patrons de Paris, et on fit de tous côtés des vœux pour la guérison d'un si bon prince ; enfin, étant revenu de cette longue léthargie, il fit vœu d'aller lui-même en Palestine pour secourir les chrétiens opprimés par les infidèles. Ce vœu fut suivi de sa convalescence. Ainsi il ne douta point que ce ne fût la volonté de Dieu qu'il quittât pendant quelque temps son royaume, pour passer avec une armée dans la Terre Sainte. Il fut encore engagé à faire ce voyage par les fâcheuses nouvelles qui vinrent d'Orient, que Barhakan, roi des Greffiens ou Korasmiens, nations Persiques, ayant été chassé de ses Etats par le grand khan de Tartarie, s'était réfugié vers le sultan d'Egypte, et qu'avec ses troupes il avait repris Jérusalem, saccagé la Palestine et réduit les affaires des chrétiens dans un plus mauvais état qu'elles n'avaient jamais été. D'ailleurs, le pape Innocent IV, qui était venu à Lyon, tant pour éviter les persécutions de l'empereur Frédéric Barberousse que pour célébrer un concile général, afin de remédier aux maux dont l'Eglise était accablée, exhorta fortement le roi à cet acte héroïque de la piété et de la générosité chrétienne. Enfin, plusieurs prodiges, et surtout des croix de lumière qui parurent en divers lieux, firent voir que ce dessein d'une nouvelle croisade venait de Dieu.

Cependant la reine-mère et l'évêque de Paris, considérant les dangers de cette croisade et le peu de succès des précédentes, et surtout les grands biens que la présence du roi causait en France, firent ce qu'ils purent pour l'en détourner, et lui remontrèrent que son vœu ne devait pas l'inquiéter, parce que, lorsqu'il l'avait fait, étant accablé de maladie et n'ayant pas l'esprit suffisamment libre, il n'était pas en état de contracter une obligation si importante et si difficile. Mais ce saint roi, à qui Dieu avait donné une force et une constance inébranlables lorsqu'il était question de son service, ne put se rendre à leurs sollicitations ; et, pour leur ôter tout moyen de le presser davantage, ayant rendu sa croix à l'évêque, il lui dit : « Vous ne sauriez douter maintenant, mon père, que je ne sois dans un plein usage de ma raison, jouissant, par la grâce de Jésus-Christ, d'une parfaite santé : c'est donc en cette disposition que je renouvelle le vœu que j'ai fait d'aller moi-même en Palestine, et que je vous demande la croix : rendez-la-moi comme je vous l'ai consignée ; car, si mon premier vœu avait quelques défauts qui pussent faire douter de sa validité, ce second n'en a point, et il m'oblige indispensablement de faire ce que j'ai promis ». Ces paroles fermèrent la bouche à ceux qui étaient le plus opposés à la croisade. Les princes et les plus grands seigneurs de France se croisèrent avec le roi : entre autres, Robert, comte d'Artois ; Alphonse, comte de Poitiers, et Charles, comte d'Anjou, ses frères ; les archevêques de Reims et de Bourges, et les évêques de Laon, de Beauvais et d'Orléans ; Blanche, mère du roi, fut laissée régente. Marguerite, sa femme, voulut l'accompagner, malgré les dangers et les incommodités inévitables d'un si long voyage. Ses trois belles-sœurs, femmes de ses trois frères, imitèrent le courage de cette grande reine. Les Français firent serment de garder la fidélité aux enfants du roi, s'il lui arrivait malheur hors de France. Enfin, Sa Majesté prit le chemin de Lyon, où elle rendit visite, pour la seconde fois, au pape Innocent IV, et reçut sa bénédiction apostolique. De là, elle alla à Aigues-Mortes, où était la flotte et le rendez-vous de toute son armée. Le 25 août de l'année 1248, ce grand roi s'embarqua avec toute sa suite, et avec Eudes, évêque de Tusculum (Frescati), que le Pape fit son légat en cette expédition. La navigation fut heureuse jusqu'à l'île de Chypre où il aborda le 20 septembre. Il fut reçu à Limisso avec tout l'honneur et la magnificence possibles par le roi Henri, fils d'Amaury, et petit-fils de Guy de Lusignan, qui avait fait par son ordre des magasins incroyables de blés, de vins, d'armes et d'engins de batterie. S'il n'eût consulté que son zèle, il fût parti aussitôt pour gagner l'Egypte ; mais il se vit contraint de demeurer tout l'hiver dans cette île, d'abord à cause de la peste qui se mit dans son camp et emporta plus de la sixième partie de ses troupes, ensuite parce que son frère Alphonse, retardé par la mort du comte de Toulouse, son beau-père, n'était pas encore arrivé avec le reste de son armée. Cependant, il ne perdit pas de temps ; car, premièrement, par l'exemple de son courage, il porta le roi de Chypre à prendre la croix et à entreprendre le reste du voyage avec lui. Secondement, il éteignit, par sa prudence, les querelles des deux archevêques de l'île, qui l'avaient toute brouillée par leurs factions et les entreprises qu'ils faisaient l'un sur l'autre.

Ainsi, à Chypre comme en France, sous la tente comme sous le chêne de Vincennes, le petit-fils de Philippe-Auguste se montrait comme un ange de paix et de conciliation. Tant de sagesse et de vertus unies à tant d'habileté et de courage, tant de gloire, en un mot, devait porter ses reflets au loin.

Enfin, il eut la consolation de recevoir les ambassadeurs d'un prince Tartare, nommé Ecalthaï, qui, ayant vaincu depuis peu les Persans, et s'étant fait disciple de Jésus-Christ et enfant de l'Eglise par le Baptême, lui envoya offrir de joindre son armée avec les siennes pour éteindre la puissance de l'Egyptien et délivrer les saints lieux de la domination tyrannique des infidèles. La suscription de la lettre que ces députés présentèrent, portait : « Au grand roi de plusieurs provinces, l'invincible défenseur du monde, le glaive des chrétiens, le protecteur de l'Evangile, Louis, mon fils, roi de France ». Le roi leur fit tout l'accueil que méritait une ambassade si solennelle, sans néanmoins se trop fier à leur parole, ni leur laisser voir trop clair dans ce qui se passait à sa cour.

Quelques-uns de nos historiens ont écrit que leurs promesses n'étaient pas sincères. D'autres en ont eu une opinion toute contraire. Quoi qu'il en soit, il est certain que saint Louis ne reçut dans la suite aucun secours de ce côté-là. Pendant qu'il hivernait dans l'île de Chypre, les princes Sarrasins, avertis de son armement, quittèrent pour la plupart leurs dissensions particulières pour s'unir contre lui, et le chef des assassins, nommé le Vieux de la Montagne, envoya plusieurs des siens pour le tuer ; mais ils furent tous découverts et justement condamnés à mort. Enfin, le vendredi 13 mai 1249, avant la Pentecôte, il remonta sur mer avec dix-huit cents vaisseaux tant grands que petits. De ce grand nombre il y en eut, dès le départ, plus de la moitié qui s'écartèrent par la tempête ; de sorte que le roi, faisant la revue à la pointe de Limisso, ne trouva avec lui que sept cents chevaliers, de deux mille huit cents dont son armée était composée. Il continua néanmoins la navigation, et en chemin, le duc de Bourgogne, Guillaume de Salisbury et Guillaume de Ville-Hardouin, prince d'Achaïe, se joignirent à lui. Avec ce renfort, il vogua vers Damiette, où il trouva les Sarrasins rangés en grand nombre sur le port. Tout semblait favoriser leurs armes : la difficulté que nous avions d'aborder, l'éminence du lieu où ils étaient et d'où il leur était aisé de tirer une grêle de traits sur les nôtres, et une tour qui était derrière eux, d'où ils pouvaient encore notablement incommoder les vaisseaux qui auraient la hardiesse d'approcher. Mais la valeur de saint Louis rendit tous ces avantages inutiles. Il fit donner le signal du combat par le son des cors et des trompettes, et, en même temps, celui qui portait la bannière de Saint-Denis ayant sauté à terre, saint Louis se jeta dans l'eau jusqu'aux aisselles, le coutelas à la main, et l'écu pendu au cou. Les siens le suivirent aussitôt, sans que les traits des Sarrasins pussent les empêcher de monter sur le rivage : de sorte qu'il eut le moyen d'en former un bataillon serré pour soutenir le choc des infidèles. Six mille cavaliers vinrent en même temps fondre sur les Français ; mais ils furent repoussés avec tant de vigueur, et un si grand carnage, qu'ils ne voulurent plus revenir à la charge. Ils mirent donc le feu à Damiette en plusieurs endroits, massacrèrent tous les Francs qui se trouvaient dans leurs murs, et, se chargeant de ce qu'ils y trouvèrent de plus précieux, ils s'enfuirent honteusement, laissant la ville ouverte et exposée aux armes de notre saint Monarque. Une si grande lâcheté passa au commencement pour un pur stratagème ; mais la vérité ayant été reconnue, Sa Majesté ordonna une procession avec la croix et des flambeaux ardents pour entrer solennellement dans cette première conquête. Il y assista les pieds et la tête nus avec le légat du Pape, le patriarche de Jérusalem, et les autres prélats et seigneurs qui étaient à sa suite. La mosquée fut purifiée et bénite, et on en fit une église pour célébrer les saints mystères, après l'avoir dédiée à la sainte Vierge. Après une si heureuse victoire, qui n'avait presque point coûté de sang, saint Louis mit en délibération s'il se mettrait aussitôt en campagne pour poursuivre les infidèles. L'avis de son conseil fut qu'il fallait attendre les vaisseaux que la tempête avait dissipés, et Alphonse, comte de Poitiers, son frère, qui venait de France avec l'arrière-garde. Ce n'était guère là le sentiment du roi, qui croyait qu'il fallait donner sur les ennemis pendant qu'ils étaient dans l'épouvante ; mais il ne voulut rien entreprendre contre le jugement de tant de vieux capitaines. Cependant, l'abondance du pays et la paresse de nos soldats introduisirent bientôt la dissolution et la débauche dans l'armée. Les soldats et même plusieurs des seigneurs s'abandonnèrent aux crimes et aux abominations des barbares qu'ils venaient exterminer. Ils dissipaient, par des jeux et des festins continuels, ce qui devait servir à les faire subsister dans un pays si éloigné. Saint Louis fit ce qu'il put, par ses remontrances et par ses lois, pour empêcher ces désordres ; mais ce fut inutilement. Il tira même pour cela son armée de la ville, l'établit dans un camp vaste et bien gardé, dont les tentes furent dressées sur les deux rives du Nil et dans l'île de Maalé (le Delta) ; mais la débauche les y suivit. Il ne faut pas s'étonner, après cela, si la justice de Dieu châtia ces libertins par plusieurs défaites dont nous allons parler.

Dès que l'armée fut assemblée, notre saint Monarque marcha sur le Grand-Caire, alors capitale de l'Egypte et le siége de ses souverains. Le soudan Negmeddin venait de mourir, ne laissant qu'un fils qui était absent ; mais Sécédin (ou Fakr-Eddin) prit la régence du royaume, et amassa de fortes troupes pour disputer tous les passages aux Français. Le premier qu'il disputa fut celui du Rexi, qui est un bras du Nil, où on tenta inutilement de jeter un pont de bateaux ; mais on trouva enfin un gué, par lequel toute notre armée étant passée, se jeta avec furie sur les Sarrasins.

Le combat fut d'autant plus grand que les infidèles étaient six contre un, et que, se battant chez eux, ils avaient des avantages et des commodités que nous n'avions pas. On ne peut exprimer la vaillance que notre saint Roi fit paraître en cette journée. On le voyait couvert d'une armure dorée et le cimeterre à la main briller comme un éclair et frapper comme un tonnerre. « Et vous promets », dit le sire de Joinville, témoin oculaire, « que oncques si bel homme armé ne vit ». Il surpassait tous les autres par sa taille gigantesque, et, comme si sa force lui eût été divinement redoublée, il donnait tant de coups d'épée et de massue, qu'il écartait ou renversait tous ceux qui approchaient de lui. Il semblait qu'il fût en même temps en trois ou quatre endroits différents, tant il était prompt et ardent à secourir les siens. Six cavaliers ennemis l'ayant enveloppé, comme il allait dégager un de ses capitaines que l'on emmenait prisonnier, il se défendit si courageusement, qu'il en coucha quelques-uns par terre et échappa adroitement aux autres. Ses actions prodigieuses soutinrent et rehaussèrent le courage des chrétiens, et il n'y en eut pas un qui ne sentît, par son exemple, sa vigueur se renouveler, malgré l'excessive chaleur, la lassitude et l'assaut des ennemis. Enfin, Sécédin ayant été tué, les infidèles s'enfuirent en désordre, et laissèrent leur camp aux nôtres, qui couchèrent dedans et recueillirent leurs dépouilles. Une victoire si éclatante ne laissa pas de nous coûter du sang ; Robert, frère du roi, et trois cents chevaliers du Temple, poursuivirent les ennemis à travers la ville de Mansourah, qu'ils trouvèrent ouverte. Comme ils voulaient revenir triomphants par la même ville, ils y furent enfermés et assommés à coups de traits, de pierres et de tuiles. Peu de temps après, les Sarrasins ayant élu un autre général, nommé Bibars-Bendocdar, qui était un homme de grande expérience, il présenta une seconde bataille aux Français. Elle fut plus dans les formes que la première, mais elle ne nous fut pas moins favorable; car, lorsque l'honneur du combat eut été disputé durant trois heures, les infidèles tournèrent le dos, et les chrétiens, les poursuivant, en firent une horrible boucherie, tant que le soleil les éclaira. Ce fut en cette occasion qu'Alphonse, comte de Poitiers et frère du roi, étant dans un extrême danger, ce généreux monarque courut avec tant de valeur à son secours, qu'il le délivra heureusement des mains de ceux qui l'environnaient.

Les Français, tout glorieux de ses deux défaites, au lieu de lever les yeux au ciel, d'où leur était venu ce secours, attribuèrent la cause de leur bonheur à la force de leurs épées, et se replongèrent plus que jamais dans le vice. Le bon roi, ne pouvant souffrir leur vanité ni leur débauche, leur disait souvent : « Reconnaissons, seigneurs, que tant de biens nous viennent de Dieu, rendons-lui-en grâces, prions-le qu'il nous les conserve ; et, si nous souhaitons cette faveur, conservons nous-mêmes sa grâce et notre innocence, sans laquelle tous nos progrès ne feraient qu'avancer notre ruine ». Tous promettaient de n'y pas manquer ; mais presque tous y manquaient continuellement. Aussi, la prospérité ne dura pas longtemps, et elle se changea bientôt en une très-grande adversité. Car l'infection des corps morts, tant des nôtres que des ennemis, ayant allumé une peste furieuse dans notre camp, une grande partie de l'armée en fut consumée ; et, comme le roi se vit trop faible, avec le peu de gens qui lui restaient, pour résister aux forces des Sarrasins dont le nombre grossissait toujours, principalement depuis l'arrivée du Soudan, il fut contraint de reprendre le chemin de Damiette. Ce fut dans cette retraite, qu'ayant fait marcher son avant-garde et son corps d'armée devant, il se mit à son arrière-garde pour la soutenir par sa présence et par son courage contre les efforts des Sarrasins. En effet, il fit en cette occasion, tout malade et languissant qu'il était, des traits de bravoure qui n'ont presque point d'exemple ; mais Dieu, voulant consommer sa sainteté par une patience héroïque et plus glorieuse que tous ses exploits de guerre, permit qu'il fût fait prisonnier par les infidèles, avec Alphonse et Charles, ses deux frères, et quantité d'autres seigneurs, que leur langueur avait mis hors d'état de se sauver. Saint Louis eut pour prison la maison de Fakr-Eddin-Ben-Lokman, secrétaire du sultan [1] ; il fut confié à la garde de Sabih. Il fut d'abord assez bien traité, parce que le Soudan, craignant de perdre une rançon considérable par sa mort, prit un soin particulier de le faire guérir ; mais, depuis qu'il fut en santé, on lui fit souffrir les traitements les plus barbares, et ce tyran le menaça même de le faire mettre aux bernicles, espèce de torture semblable au chevalet, pour disloquer et déboîter tous les os, s'il n'acceptait pas ses propositions.

La constance de Louis parut admirablement dans un revers si surprenant. Bien loin de s'affliger des peines qu'il endurait, il en avait et en témoignait de la joie : les menaces du Sarrasin ne l'ébranlaient point, et il n'était pas moins calme dans sa prison et chargé de fers, que s'il eût été sur son trône, au milieu des hommages de ses sujets. Une force si extraordinaire surprit le Soudan : il lui proposa de le mettre en liberté avec tout son

---

[1]. Cette maison donne sur le Nil ; elle est à l'extrémité de la ville, vers le canal.

monde, s'il voulait lui rendre Damiette, et lui donner cinq cent mille livres. Le roi ne voulut jamais mettre sa personne à prix d'or et d'argent; aussi n'avait-elle point de prix; mais il convint de ces conditions pour la délivrance de ses frères et des autres prisonniers chrétiens Le Soudan, encore plus étonné de sa franchise, lui remit cent mille livres de cette somme, n'en demandant plus que quatre cent mille. Pendant cette négociation, la reine, qui était à Damiette, accoucha d'un fils qui fut appelé Tristan, pour être né durant la captivité de son père. D'ailleurs les émirs, qui étaient les principaux officiers d'Egypte, étant mécontents de leur Soudan, parce qu'il les avait éloignés de sa cour pour élever de nouvelles créatures, suscitèrent contre lui les Mamelucks, qui l'assassinèrent à coups de dague. Un de ses assassins vint en même temps trouver le roi, les mains toutes sanglantes, pour lui dire qu'il avait tué son ennemi : mais ce grand prince, à qui un crime si exécrable ne pouvait donner que de l'horreur, tourna le visage de l'autre côté, sans vouloir même le regarder. Il y avait sujet de craindre que les émirs ne se tinssent pas aux conditions que le défunt lui avait accordées; néanmoins sa patience, sa modestie, son courage et la sainteté de toutes ses actions firent une telle impression sur leurs esprits, tout barbares et cruels qu'ils étaient, que même ils délibérèrent longtemps entre eux s'ils ne l'éliraient point pour leur Soudan. N'en ayant pas pu tomber d'accord, ils lui accordèrent une trêve pour dix ans, jurant d'observer ce traité par les plus terribles serments qui fussent dans leur loi. Ils le voulurent obliger de faire des serments semblables selon sa loi, comme de renier Jésus-Christ s'il ne tenait pas sa parole ; mais, bien qu'il eût tout à fait envie de la tenir et qu'on lui dît que, dans cette résolution, il pouvait faire ce serment, il avait tant d'horreur de ces mots : « renier la foi, et renier Jésus-Christ », qu'il ne voulut jamais y consentir. Alphonse, son frère, fut laissé en otage, et lui, avec tous les seigneurs, s'achemina vers Damiette, d'où il envoya aux émirs deux cent mille livres, et de là il se rendit à Acre. La reine l'y attendait avec son trésor, dont il fit tenir, selon qu'il en était convenu, les autres deux cent mille livres, et retira son frère. Il se montra si religieux à garder sa parole, qu'un de ses trésoriers lui ayant rapporté que les émirs s'étaient trompés de dix mille livres dans le paiement, il les leur renvoya sur-le-champ, quoique, de leur part, ils eussent manqué en beaucoup de choses, soit en faisant mourir les chrétiens malades de Damiette, soit en ne renvoyant pas tous les prisonniers.

Au reste, au milieu de tant d'afflictions capables d'ébranler les âmes les plus constantes, le saint roi ne se laissa jamais emporter par aucun mouvement d'impatience ; mais il bénissait continuellement Dieu, et ne le remerciait pas moins de ces croix et de ces adversités que des plus grandes prospérités. Son dessein était de revenir aussitôt en France avec la reine, ses enfants et les princes ; mais, voyant que les Sarrasins avaient rompu la trêve et violé leurs serments, il ne voulut pas encore abandonner l'Orient, de peur de laisser les chrétiens exposés à la rage des infidèles. Il demeura donc quelque temps à Acre, où ses exercices ordinaires étaient de consoler les chrétiens du pays, de leur fournir libéralement tout ce qui leur manquait, de racheter ceux qui étaient prisonniers entre les mains des Mahométans, de faire rebâtir les temples, de recueillir les reliques des martyrs, et, à l'exemple de Jésus-Christ son Maître, de prêcher efficacement la vraie foi, non pas par des sermons étudiés, mais par des actions énergiques. Notre-Seigneur bénit admirablement son zèle et ses travaux ; car il fit grand nombre de conversions, et fut la joie et la consolation de tout l'Orient. Il devint aussi, par ce moyen, plus glorieux et plus éclatant qu'il n'avait été avant sa défaite et sa prison, et il s'acquit une si haute estime parmi tous les princes d'Orient, qu'on ne parlait partout que de ses vertus royales et de ses actions héroïques. Il reçut à cette époque les ambassadeurs de l'empereur d'Allemagne, qui faisaient semblant d'être venus pour négocier sa délivrance ; mais il ne se fia pas à eux, parce qu'on soupçonnait leur maître de s'entendre avec les Sarrasins. Le sultan de Damas lui envoya aussi des députés pour entrer en ligne avec lui contre les émirs d'Egypte ; mais cela n'eut point d'autre effet que d'obliger ces émirs de tenir le traité qu'ils avaient fait avec les chrétiens, et de réparer les dommages qu'ils avaient causés en y contrevenant. Le prince des Bédouins ou assassins, qui était redouté de tous les autres princes, sous le nom du Vieux de la Montagne, parce qu'il avait sous lui des soldats dévoués au massacre de ceux qu'il leur marquait, fut contraint d'honorer sa vertu et de révérer sa puissance ; il lui envoya de riches présents, avec sa chemise et son anneau, le priant de le laisser en repos, et de ne le point venir inquiéter dans les châteaux qu'il avait sur les montagnes autour du Tyr.

Le roi ne se contenta pas de se rendre utile aux chrétiens dans Acre, il acheta de nouvelles troupes et rétablit son armée ; puis, s'étant remis en campagne, il entra dans la Palestine, où il visita les saints lieux de la province de Galilée, comme la montagne du Thabor et la ville de Nazareth. Il y fortifia quelques villes, entre autres Césarée de Philippe, que l'on appelait Bélinas, et Joppé, outre Tyr et Sidon, en Phénicie. Il avait envie de visiter aussi la sainte Cité, et les Sarrasins ne lui en eussent pas refusé l'entrée avec peu de gens, s'il la leur eût demandée ; mais son conseil le dissuada de le faire. Il fit de tous côtés des charités incroyables aux fidèles : l'on remarque qu'un jour en ayant trouvé à la campagne un grand nombre qui étaient morts dans un combat contre les Sarrasins, il descendit de cheval pour les enterrer, et commença lui-même à les porter dans la fosse, sur ses épaules, disant à ceux qui l'accompagnaient : « Aidez-moi, mes frères, à ensevelir les martyrs de Jésus-Christ ».

Il méditait encore de plus grandes choses, sans que les dangers qu'il courait et les difficultés qui se présentaient à tous moments pussent ralentir la ferveur de son zèle : mais, lorsqu'il se promettait un heureux succès de ses entreprises, la reine Blanche, sa mère, qu'il avait laissée régente du royaume, et qui l'avait gouverné durant son absence avec toute la sagesse et la fermeté que l'on eût pu attendre des plus grands princes, décéda à Melun, âgée de 65 ans, en 1252. Cette triste nouvelle lui fut annoncée dans la ville de Sidon, par le légat du Pape, accompagné de l'archevêque de Tyr, et de Geoffroy de Beaulieu, de l'Ordre de Saint-Dominique, son confesseur. Alors, il se mit à genoux devant l'autel de sa chapelle, où il était, et, joignant les mains, il dit avec abondance de larmes : « Je vous rends grâces, mon Seigneur et mon Dieu, de ce qu'il vous a plu me prêter ma très-honorée dame et mère jusqu'à maintenant. Je l'aimais assurément au-dessus de toutes les créatures mortelles, comme elle méritait bien que j'eusse pour elle cette affection et cette tendresse ; mais, puisque vous avez jugé à propos de la retirer à vous, que votre saint nom en soit loué et béni éternellement ! » Il récita pour elle, à l'heure même, tout l'office des morts, avec autant d'attention et de tranquillité d'esprit, que si c'eût été pour une personne indifférente, et il fit dire à son intention beaucoup de messes, surtout dans les maisons religieuses.

Cette perte ne l'empêcha pas de demeurer quelque temps dans la Terre

Sainte, pour y achever les fortifications des villes qu'il avait entrepris de mettre en état de défense ; mais, ayant reçu des lettres qui lui donnaient avis que son royaume était en danger de la part des Allemands et des Anglais, s'il ne s'y rendait au plus tôt, il reprit le chemin de France, le 25 avril, jour de la Saint-Marc en 1254, avec la reine et ses enfants. Lorsqu'il monta dans son vaisseau, il fit dresser un autel et un tabernacle très-magnifiquement ornés, où, par la permission du légat apostolique, il fit mettre le Saint-Sacrement de l'autel. On y disait toutes les heures de l'office divin, et même toutes les prières de la messe, excepté le Canon : on y prenait aussi la sainte hostie, pour la porter en Viatique aux malades. Le troisième jour de l'embarquement, il s'éleva sur la mer une furieuse tempête, qui, jetant le vaisseau où était Sa Majesté contre une langue de terre, le mit en danger de s'ouvrir et de couler à fond. Chacun désespérait de sa vie ; mais le saint roi, s'étant prosterné devant le Saint-Sacrement et devant les reliques des Saints, fit tant, par ses prières et par ses larmes, qu'il sauva son navire de ce péril. Au reste, il fit, en cette occasion, une action de générosité incomparable : les mariniers lui conseillèrent de passer dans un autre navire, avec la reine et ses enfants, parce que le sable avait rompu trois toises de la quille du sien ; il refusa absolument de le faire, de peur de décourager les autres seigneurs qui étaient avec lui et de leur donner du dégoût du voyage. Enfin, il arriva le 19 juillet à Hyères, passa le Rhône à Beaucaire, traversa le Languedoc et arriva au château de Vincennes le 5 septembre. Le lendemain il fit son entrée solennelle dans Paris.

Tout le monde fit paraître des marques d'allégresse de son heureux retour. Le pape Clément IV l'en envoya féliciter, l'assurant dans son bref apostolique que, pendant son absence, il avait pris son royaume sous sa protection, ayant fait défense à tout chrétien, sous peine d'excommunication, de rien entreprendre sur ses terres. Henri III, roi d'Angleterre, vint aussi de Bordeaux à Paris, pour lui rendre ses respects et lui témoigner la part qu'il prenait à la joie publique et universelle de son heureuse arrivée dans ses Etats. Il avait encore d'autres desseins dont il vint aisément à bout par la souveraine bonté du Saint, qui ne lui voulut rien refuser, afin d'établir une paix stable et permanente entre les Français et les Anglais. Ce fut en cette occasion que, Louis offrant par honneur le pas à Henri, comme on l'offre toujours à ses hôtes dans sa propre maison, ce prince le refusa constamment, lui disant : « Non, grand roi, cet honneur vous appartient, vous êtes mon seigneur, et vous le serez toujours ».

Une des premières occupations de ce saint monarque, après son retour, fut de mettre la paix entre tous les princes et les grands seigneurs de l'Europe. Il réconcilia le comte de Bourgogne avec le comte de Châlons, son père ; il les réconcilia l'un et l'autre avec Thibaud, comte de Champagne et roi de Navarre. Il fit la paix entre les comtes de Bar et de Luxembourg. Il termina les contestations entre les enfants des deux lits de Marguerite, comtesse de Flandre. Enfin, il n'y avait point d'Etats ni de souverains qui ne voulussent l'avoir pour arbitre des différends qui leur survenaient avec leurs voisins. Les gens de son conseil lui remontraient quelquefois qu'il ferait mieux de laisser ces princes en guerre les uns contre les autres, parce qu'en s'affaiblissant d'argent et de soldats, ils lui donnaient lieu de profiter de leurs dissensions ; mais il les reprenait de cet avis comme d'un très-mauvais conseil, « parce que », disait-il, « si je laisse mes voisins en guerre pour tirer avantage de leur affaiblissement, outre que je manque à la charité chrétienne, ce qui me rend digne des fléaux de la colère de Dieu, j'encours encore le blâme des hommes, et je mérite que, oubliant leurs propres querelles, ils se joignent ensemble pour m'attaquer et m'enlever ce qui m'appartient ».

Jamais prince ne fut plus magnifique que lui pour la construction des églises, des monastères et des hôpitaux. Il fonda l'abbaye de Royaumont, au diocèse de Beauvais, pour des religieux de Cîteaux ; celle du Lys, au diocèse de Sens, pour les religieux du même Ordre, et celle de Longchamps, au diocèse de Paris, pour des religieuses de Sainte-Claire. Il acheva celle de Maubuisson, près de Pontoise, et accorda de fort beaux priviléges à celle de Saint-Antoine, un des faubourgs de Paris. Il établit les Chartreux, près de la même ville, dans le lieu nommé Vauvert, qui avait été le palais du roi Robert. Il contribua beaucoup au couvent des Jacobins et des Cordeliers, que les rois ses prédécesseurs y avaient déjà reçus. L'abbaye de Sainte-Catherine-du-Val-des-Ecoliers, et l'hôpital des Quinze-Vingts, le reconnaissent aussi pour leur fondateur. Il fonda la dernière pour y entretenir perpétuellement trois cents aveugles, en mémoire de trois cents chevaliers de sa suite, à qui les infidèles avaient crevé cruellement les yeux, lorsqu'il était dans la Terre-Sainte. Il fit faire aussi de grandes réparations à Saint-Denis, en France, y donna plusieurs châsses pour la conservation des saintes reliques, et releva la plupart des tombeaux des rois ses prédécesseurs. Mais, de toutes ses fondations, la plus remarquable est celle de la Sainte-Chapelle de Paris, qu'il dota de très-beaux revenus pour honorer, par un culte perpétuel, les reliques sacrées de notre rédemption, comme nous l'avons déjà remarqué. Nous ne parlons point du monastère des Amurées de l'Ordre de Saint-Dominique, près de Rouen, ni des Maisons-Dieu de Pontoise, de Compiègne, de Saumur, d'Orléans, de Reims, de Fontainebleau, de Villemande, de Saint-Denis et de Vernon, qui le reconnaissent pour leur fondateur. Sa charité n'avait point de bornes, et il en eût répandu les effets par toute la terre, si ses finances avaient pu égaler la grandeur du désir qu'il avait de faire du bien à tout le monde. Lorsqu'il savait que quelque province avait été affligée de la grêle et de la stérilité, et qu'elle souffrait de la disette, il y envoyait aussitôt des sommes considérables pour préserver les pauvres de la dernière nécessité. Il prenait aussi le soin d'un grand nombre de jeunes filles que l'indigence de leurs parents mettait dans l'impuissance de se marier ; car, de peur que cette misère ne les engageât à quelque action contraire à la pureté, il les dotait de son propre fonds et leur faisait trouver des partis conformes à leur condition.

Il ne se contentait pas d'employer ses deniers au soulagement des pauvres et des malades ; il les visitait lui-même et leur rendait les services les plus bas. La Bulle de sa canonisation en rapporte deux exemples. Ce saint Monarque, étant un jour dans l'abbaye de Royaumont, apprit qu'un religieux de ce monastère, nommé Léger, était tellement couvert de lèpre, qu'il en avait les yeux, le nez et les lèvres déjà tout consumés, de sorte qu'on ne voyait presque plus en lui aucune forme de visage. Il voulut le voir, et, ne prenant avec lui que l'abbé, il alla à sa cellule, qui était séparée de celles des autres frères. Il le trouva à table, mangeant avec beaucoup de peine le pauvre dîner qu'on lui avait apporté. Il se mit à genoux devant lui comme devant celui qui lui représentait Jésus-Christ couvert de nos péchés, et, prenant de ses mains royales les mets qui étaient dans son plat, il les lui porta lui-même à la bouche ; il envoya aussi chercher des mets qu'on lui préparait pour son dîner, et les lui servit avec une humilité et une dévotion tout à fait surprenantes : enfin, avant de quitter ce malade, qui faisait horreur à tous ceux qui le voyaient, il l'embrassa et le baisa, ne jugeant pas indigne d'un baiser de sa bouche celui qui était la figure de son Sauveur crucifié.

L'autre exemple se passa dans la Maison-Dieu de Compiègne : notre Saint y rencontra un homme affligé de la maladie que la Bulle appelle de *Saint-Éloi ;* il lui voulut absolument rendre les mêmes services qu'il avait rendus au précédent. Sa main fut incontinent couverte du pus qui coulait des plaies de ce malade ; mais il ne s'en étonna point, il se la fit laver sans s'émouvoir, et ne laissa pas de continuer ces offices admirables de charité.

Sa dévotion et sa clémence étaient incomparables. Ayant un jour été averti que des assassins avaient été envoyés pour lui ôter la vie, il les fit chercher avec grand soin et eut le bonheur de les découvrir. Il leur pardonna et les renvoya libres à leur maître. Les *Annales d'Écosse* disent que cette conspiration fut découverte par les seigneurs écossais qui avaient été donnés à saint Louis par leur roi Alexandre III, pour l'assister et le servir à la guerre sainte ; et qu'en reconnaissance de cette fidélité, saint Louis leur confia sa première garde, comme elle a été conservée longtemps aux soldats du même pays. Le capitaine des gardes écossais portait le titre de premier capitaine des gardes-du-corps du roi. Il arriva une autre fois qu'une pauvre femme, dont le procès, par quelque mésintelligence, ne se vidait pas aussi vite qu'elle le souhaitait, s'adressa elle-même à notre saint Monarque, et lui dit plusieurs injures, lui reprochant qu'il n'était pas digne de porter le sceptre et qu'il méritait au contraire d'être dépouillé de la pourpre et d'être honteusement chassé de ses États. Bien loin de concevoir de l'indignation contre elle, il la remercia, au contraire, de ce qu'elle lui découvrait si bien ses vérités. « Vous avez raison, ma mie », lui dit-il, « je suis indigne d'être roi, et si l'on me traitait selon mes mérites, on me chasserait non-seulement de la France, mais aussi de toute la terre ». Après quoi il lui fit faire une aumône considérable.

Nous avons dit que saint Louis avait fait, avant son départ pour la Terre Sainte, de sages ordonnances pour policer son royaume et en bannir tout désordre. A son retour, il en fit de nouvelles qui achevèrent ce grand ouvrage. Sa singulière modestie, soit pour sa table, soit pour ses habits, soit pour les livrées des gens de sa suite, était une condamnation visible du luxe des princes et des seigneurs ; mais il le condamnait et le défendait encore dans ses édits.

Comme les droits de régale et de patronage lui donnaient la nomination à plusieurs *bénéfices*[1], il prenait un soin très-exact de n'y nommer que des personnes sages, prudentes, vertueuses et capables de remplir les places sur lesquelles les flambeaux de l'Église devaient être élevés, les faisant, auparavant, examiner par des docteurs ou par des religieux de Saint-Dominique et de Saint-François, dont il connaissait singulièrement la piété et l'érudition. Mais, craignant de trop charger sa conscience par ces sortes de nominations, il ne voulut jamais augmenter ses droits en ce point ; il laissait aux prélats, aux chapitres et aux communautés les provisions et les élections qui leur appartenaient selon les Canons. Le pape Alexandre IV, voulant reconnaître, en quelque manière, les bienfaits que l'Église avait reçus de son zèle et de sa magnificence, lui envoya une Bulle, par laquelle il lui accordait la nomination aux prélatures de son royaume ; mais cette grâce, bien loin de

---

[1] « Église dotée de quelque revenu pour y faire le service divin : il (le mot bénéfice) se dit non-seulement de la fonction, mais aussi du revenu qui y est affecté... » — Trévoux.

lui être agréable, lui déplut extrêmement, et il la refusa avec une fermeté incroyable, disant qu'il serait embarrassé de rendre compte à Dieu de l'administration de son royaume, sans se mêler encore de celle de l'Eglise ; puis, de peur que ses successeurs ne voulussent se servir de la faveur qu'il refusait, il en brûla la Bulle, afin qu'elle ne demeurât point parmi les papiers de la couronne. Il ne pouvait souffrir la pluralité des bénéfices ; et, lorsqu'on le sollicitait de nommer quelqu'un à une prébende, il ne le faisait jamais sans être sûr qu'il n'en possédait point d'autre, ou qu'il résignerait celle qu'il possédait. Son respect envers le Pape et envers le Saint-Siége était extrême ; il se montra, en toutes sortes d'occasions, le protecteur de ses droits et son invincible défenseur.

Il y aurait une infinité de choses à dire touchant sa piété envers Notre-Seigneur, la sainte Vierge et les saints patrons de son royaume ; touchant ses prières, ses pénitences, sa délicatesse de conscience et sa dévotion en recevant le très-saint Sacrement de l'autel. Son zèle et sa religion augmentaient continuellement, et, bien loin de diminuer ses exercices spirituels, il en ajoutait sans cesse de nouveaux, et s'acquittait toujours des anciens avec une nouvelle ferveur. La réputation de sa sainteté devint si grande, que les religieux mêmes avaient recours à lui dans leurs peines, et le priaient de les instruire, de les réformer et de vider leurs différends domestiques. Ce bon roi ne se scandalisait nullement de voir en eux diverses imperfections, mais tâchait d'y remédier par sa sagesse, qui n'avait point d'égale dans toute l'étendue de ses Etats. Il y avait quelques seigneurs qui ne pouvaient goûter ses pratiques, et qui en faisaient même quelquefois des railleries ; mais Dieu a fait voir, dans ce grand prince, que la modestie chrétienne est infiniment plus puissante que l'arrogance et la fierté de l'esprit du monde, puisqu'il n'y a jamais eu d'autre roi que lui qui ait conservé son Etat avec tant de paix, qui ait été si influent sur les grands de son royaume et si redouté des princes ses voisins. On dit qu'un jour le comte de Gueldres, ayant envoyé un de ses officiers à Paris pour quelques affaires qui regardaient son service, lorsqu'il fut de retour, lui demanda s'il avait vu le roi. Cet officier, qui était un bouffon, voulant le faire rire aux dépens de notre saint Monarque, contrefit sa posture, qui était de pencher un peu la tête de côté, et dit : « Oui, je l'ai vu, ce bigot, et ce pauvre roi qui porte son chaperon sur l'épaule » ; mais son impudence ne fut pas sans châtiment : car, à l'heure même, il se trouva le cou de travers, la tête penchée et tournée : ce qui lui demeura tout le reste de sa vie. Nous n'avons pas dit de notre Saint qu'il refusa d'aller voir un bel enfant tout couvert de lumière, qui apparut dans la sainte hostie lorsqu'on levait le Saint-Sacrement de l'autel à la messe, disant que sa foi sur la présence de Notre-Seigneur dans l'Eucharistie était ferme ; qu'elle n'avait pas besoin d'être fortifiée par la vue ; car nos meilleurs historiens conviennent que cette action est du grand Simon, comte de Montfort, et non pas de saint Louis, quoiqu'il la citât souvent et en parlât avec beaucoup d'estime et d'admiration.

Cependant, ce prince incomparable portait toujours dans l'esprit un cuisant regret du mauvais succès des armes françaises en Orient, et de l'oppression où il y avait laissé les chrétiens. Sa peine s'accrut encore lorsqu'il apprit que le nouveau soudan d'Egypte avait pris et ruiné la ville d'Antioche, et qu'il menaçait le reste de la Syrie et de la Palestine. Dans ce misérable état, les chrétiens de la Palestine imploraient continuellement le secours de ses armes, et leurs plaintes résonnaient plus fort dans son cœur qu'à ses oreilles. Il pensait toujours à une seconde croisade, et enfin il s'y résolut. Ses trois fils et un grand nombre de princes et de seigneurs se croisèrent avec lui, outre Richard, roi d'Angleterre, qui voulut l'accompagner, et assembla pour cela de fort belles troupes. Son conseil n'était pas d'avis de ce voyage ; mais l'amour de Dieu et le zèle de la religion l'emportèrent dans son esprit sur toutes les raisons de la politique. Son premier dessein était d'aller droit en Syrie, où on le demandait avec tant d'instance ; mais, parce que le roi de Tunis lui envoya promettre de se faire chrétien, s'il voulait descendre en Afrique ; que son frère, le roi de Sicile, souhaitait extrêmement que l'audace des Africains fût réprimée pour la conservation de ses côtes, et qu'enfin il y avait apparence que, le soudan d'Egypte ne tirant plus de forces des mahométans d'Afrique, il serait plus facile de le subjuguer, il se résolut à faire voile pour Tunis. A son départ, il donna le gouvernement de l'Etat à Matthieu de Vendôme, abbé de Saint-Denis, à Simon de Clermont, sieur de Nesle, et, à leur défaut, à Philippe, évêque d'Evreux, et à Jean, comte de Ponthieu. Il fit aussi son testament, daté de Paris, au mois de février 1269, qui contient plusieurs legs pieux aux églises et aux monastères, avec des assignations de pension aux nouveaux baptisés qu'il avait fait venir d'outre-mer. On le trouvera tout entier dans Du Chêne, Ménart, Du Cange, qui ont rapporté ce qui concerne l'histoire de saint Louis.

Avant de s'éloigner du beau royaume de France, le pieux fils de Blanche de Castille alla faire un pèlerinage à Notre-Dame de Vauvert, et à d'autres lieux renommés alors pour leur sainteté ; ainsi le noble Fils de France voulait emporter du pays natal toute la confiance, toutes les espérances que l'on ne puise nulle part aussi abondamment qu'aux sources de la religion.

Le jour du départ étant venu, le roi manda près de lui ses trois fils, et quand ils furent entrés dans le pavillon royal, d'une voix émue il leur dit : « Vous voyez comment déjà vieux j'entreprends pour la seconde fois le voyage d'outre-mer ; comment je laisse votre mère avancée en âge, et mon royaume rempli de prospérités.

« Vous voyez comment, pour la cause du Christ, je n'épargne pas ma vieillesse, et comment j'ai résisté aux prières, à la désolation de tous ceux qui me sont chers et qui voulaient me retenir.

« Je sacrifie pour Dieu repos, richesses, honneurs, plaisirs ; et ce faisant, je ne remplis que mon devoir de roi chrétien... Je vous emmène avec moi, vous, mes chers fils, ainsi que votre sœur aînée ; j'aurais aussi pris avec nous, soldats de Jésus-Christ, mon quatrième fils, s'il avait été plus avancé en âge... »

Puis s'adressant à l'aîné de ses enfants, à Philippe, qui devait régner après lui, il ajouta : « J'ai voulu vous dire ces choses afin qu'après ma mort, et lorsque vous serez monté sur mon trône, vous n'épargniez rien pour le Christ et pour la défense de son Eglise. Fasse le ciel que jamais ni votre épouse, ni vos enfants, ni votre royaume, ne vous arrêtent dans la voie du salut ! J'ai voulu vous donner ce dernier exemple à vous et à vos frères, et j'espère que vous le suivrez, si les circonstances le demandent ».

Profondément émus de ce touchant discours, les trois fils de France tombèrent aux genoux de leur père, qui, étendant ses mains sur leurs jeunes têtes inclinées, les bénit tendrement au nom du Dieu pour lequel ils allaient tous combattre.

La flotte mit à la voile le 4 juillet 1270. Une grande tempête dispersa bientôt les vaisseaux et en mit plusieurs hors d'état de faire voile ; mais, s'étant presque tous radoubés et rejoints, ils abordèrent tous à Tunis. Saint Louis croyait entrer dans le port sans nulle difficulté, après les promesses avantageuses du roi de cette ville ; mais il éprouva la vérité du vieux proverbe : « La foi punique ». Ce barbare, traître et infidèle, qui l'avait lui-même appelé à son secours, s'opposa à sa descente ; il fallut le combattre sur mer et sur terre, pour avoir un lieu de sûreté. Dieu bénit ces commencements. On coula à fond une partie des vaisseaux ennemis, et on s'empara des autres. Il y avait, proche des ruines de l'ancienne Carthage, une île défendue par une forte tour, bâtie sur un rocher. Les Français l'assiégèrent, la prirent et y mirent une forte garnison. Le roi de Tunis leur fit, depuis, diverses attaques ; mais il fut toujours battu, surtout dans une sanglante rencontre, où il perdit dix mille des siens. Ainsi sa capitale fut sérieusement assiégée. Cependant, comme elle était forte et bien munie de gens de guerre, il était difficile de la prendre autrement que par la famine. Nos troupes, pour en venir à bout, firent de grands dégâts aux environs, et ruinèrent tous les endroits d'où on leur pouvait apporter des vivres. Ils lui causèrent, par ce moyen, beaucoup d'incommodités ; mais celles qu'elles-mêmes en reçurent, furent incomparablement plus grandes. La disette de vivres fut bientôt dans le camp, laquelle, jointe au mauvais air et aux chaleurs étouffantes du climat, y fit en même temps entrer la dyssenterie, les fièvres chaudes, et mit presque tous les soldats hors de combat. Saint Louis eût bien désiré livrer bataille aux Africains ; mais ils se contentaient de quelques légères escarmouches et se retiraient aussitôt dans des lieux avantageux, où il était impossible de les assiéger. Enfin, le mal croissant, les chefs et les princes ne s'en purent préserver. Le légat du Pape en fut emporté ; Philippe, fils aîné du roi, en eut des attaques, outre une fièvre quarte qui le tourmentait, et son frère, Jean Tristan, en ressentit la violence par une mort assez prompte. Le roi, leur père, sensiblement touché de ces maux, fut aussi lui-même atteint d'un flux de sang et d'une fièvre chaude et pestilentielle, qui firent incontinent désespérer de sa vie.

Cet accident, qui eût épouvanté tout autre prince, ne le troubla ni l'effraya nullement. Il adora la conduite de Dieu sur lui ; il le remercia de ces adversités, qu'il regardait comme des instruments de sa prédestination, et il s'abandonna entre ses mains pour toutes les dispositions de sa Providence. Dans le plus fort de sa maladie, il répétait souvent cette prière : « Faites-nous la grâce, Seigneur, de mépriser tellement les prospérités de ce monde, que nous n'en redoutions point les adversités ». Il disait encore : « Soyez, Seigneur, le sanctificateur et le gardien de votre peuple ». Il reçut le Viatique avec une piété et une ferveur admirables, le cœur tout embrasé d'amour et les yeux baignés de larmes. Le prêtre lui demanda s'il ne croyait pas avec fermeté que celui qu'il lui présentait était Jésus-Christ, fils du Dieu vivant : « Je le crois aussi fermement », répondit-il, « que si je le voyais de mes propres yeux et en la même forme qu'il avait lorsqu'il monta dans le ciel ». Après s'être ainsi muni des Sacrements de l'Eglise, il fit venir les principaux officiers de son armée, leur témoigna sa joie de mourir dans le service de son divin Maître, de les voir tous pleins de zèle pour la défense et la propagation de la religion chrétienne, et les exhorta à se comporter en véritables serviteurs de Jésus-Christ : « Puisque vous êtes ses soldats », leur dit-il, « non-seulement par le Baptême, mais aussi par la croix que vous avez prise avec tant de générosité, ne vivez pas comme ses ennemis, ne lui faites point la guerre par l'impiété, l'avarice, la gourmandise et l'impudicité, pendant que vous soutenez son nom par la force de vos armes ; ne

soyez pas mahométans par vos mœurs, tandis que vous faites une profession si authentique d'être chrétiens, en exposant votre vie pour son Eglise ».
Il parla ensuite à Philippe, son fils aîné, qui était l'héritier de sa couronne, et lui donna ces belles instructions, écrites de sa propre main :

« Je te recommande, avant toutes choses, mon cher fils, de t'appliquer de tout ton cœur à aimer Dieu ; car celui qui ne l'aime point ne peut être sauvé. Garde-toi de rien faire qui lui déplaise, de commettre aucun péché mortel, et souffre plutôt toutes sortes de peines et de misères que de tomber dans ce malheur. Si Dieu t'envoie des adversités, reçois-les avec humilité et endure-les avec patience, étant persuadé que tu les as bien méritées et qu'elles te seront avantageuses. S'il te remplit de prospérités, n'en tire pas sujet d'orgueil, mais reconnais la main secourable de ton Bienfaiteur et lui en rends de très-humbles actions de grâces : car ce serait une grande ingratitude de se servir des dons de Dieu pour lui faire la guerre. Confesse-toi souvent, et choisis pour cela des confesseurs sages et expérimentés, qui aient de la lumière et de la vigueur, pour te porter au bien et pour te détourner du mal. Comporte-toi tellement envers eux et envers les personnes de probité qui t'approchent, qu'ils aient la liberté de te reprendre. Entends dévotement le service divin, sans causer ni regarder de côté et d'autre. Prie Dieu de cœur et de bouche avec grande ferveur, surtout à la messe et après la messe et après la consécration. Sois pieux et humain envers les pauvres et les affligés, et favorise-les selon ton pouvoir. Si quelque chose te pèse sur le cœur, découvre-le aussitôt à ton confesseur ou à quelque autre conseiller fidèle, qui te sache donner de bons conseils ». Il l'exhorte ensuite à ne point souffrir auprès de lui les impies et les libertins, mais à se procurer toujours la compagnie des gens de bien ; à entendre volontiers les sermons des prédicateurs les plus zélés, tant en public qu'en particulier ; à gagner les indulgences accordées par l'Eglise ; à bannir de sa cour les railleurs et les médisants ; à garder inviolablement l'équité en toutes choses, sans jamais décliner ni à droite ni à gauche ; à restituer fidèlement les biens qu'il saurait ne lui pas appartenir, et, s'il en doutait, à éclaircir promptement ce doute pour ne rien avoir qui fût à autrui ; à conserver, autant qu'il pourrait, la paix et la charité entre ses sujets ; à défendre et protéger les biens de l'Eglise ; à chérir et assister les religieux et les prédicateurs de l'Evangile ; à distribuer saintement les bénéfices, sans en donner plusieurs à un seul ; à apaiser les différends de ses voisins ; à exterminer les hérésies ; à bien régler la dépense de sa maison ; enfin, à aimer tout ce qu'il saurait être droit et équitable, et à détester tout ce qu'il saurait être contraire aux règles de la piété et de la justice. Il termina cette admirable exhortation par ces mots : « Je te supplie aussi, mon cher fils, que, lorsque je serai décédé, tu me fasses assister par des messes, des oraisons et des aumônes par toute la France, et que tu me fasses part des bonnes actions que tu pratiqueras. Dans cette attente, je te donne toutes les bénédictions qu'un bon père peut donner à son fils, priant la sainte Trinité de te garder de tous les maux et de répandre sur toi la plénitude de ses grâces ».

Nous avons aussi d'autres instructions très-saintes et très-spirituelles qu'il donna à sa fille Isabelle, reine de Navarre ; on peut les voir dans les *Notes* sur Joinville, par Ménart. Il les avait écrites, aussi bien que les précédentes, lorsqu'il était en France ; mais il y a apparence qu'il les récita de bouche, au moins en partie, étant au lit de la mort. Enfin, il tomba en agonie, et, prononçant ces paroles du Roi-Prophète : « J'entrerai, Seigneur, en votre maison, et je bénirai votre nom » ; avec ces autres : « Mon Père, je remets mon esprit entre vos mains », il rendit son âme à Dieu, le 25 août de l'an 1270, âgé de cinquante-six ans, et la quarante-quatrième année de son règne.

La mort du roi fit tomber les armes des mains à toute son armée, et elle enfla tellement le cœur des barbares, qu'ils se tinrent tous assurés de remporter une entière et parfaite victoire. Mais Philippe, son fils, digne héritier de sa valeur aussi bien que de sa couronne, ce qui lui a fait donner le surnom de *Hardi*, releva le courage des siens, et, étant fortifié par la nouvelle armée du roi de Sicile, son oncle, qui arriva le jour même de la mort de saint Louis, il livra deux batailles aux infidèles, où il les défit complétement. Ainsi le roi de Tunis fut contraint de lui demander la paix ; Philippe la lui accorda, à condition de payer un tribut annuel à Charles, son oncle ; de le dédommager lui-même des frais de la guerre ; de laisser vivre les chrétiens en paix et dans le libre exercice de leur religion, aux lieux qu'ils habitaient en Afrique ; de souffrir que les Frères Prêcheurs, les Mineurs et les autres religieux y prêchassent partout la parole de Dieu ; de ne point empêcher ceux qui se convertiraient de recevoir le Baptême et de fréquenter les églises ; enfin, de ne rien exiger des marchands chrétiens qui viendraient apporter des marchandises en Afrique. On attribua cet heureux succès aux prières que saint Louis offrait dans le ciel, pour son armée, au pied du trône de Dieu.

Saint Louis fut un roi selon le cœur de Dieu, par l'innocence de sa vie, par la pureté de son amour et par l'ardeur de son zèle ; un roi selon le cœur de l'Église, par son respect pour ses ordonnances, par sa promptitude à la défendre contre ses ennemis et par son application continuelle à l'étendre et à l'amplifier ; un roi selon le cœur du peuple, par sa compassion et sa libéralité envers les pauvres et les misérables, par le soin qu'il prenait de l'entretenir en paix, de le préserver de toutes sortes d'incommodités et de maux, et par celui qu'il avait de son instruction et de son salut. La bulle de sa canonisation fait mention d'un grand nombre de miracles qu'il a faits après sa mort ; car, par son intercession, les aveugles ont été éclairés, les sourds ont recouvré l'ouïe, les boiteux ont commencé à marcher droit, les paralytiques, dont quelques-uns étaient tellement courbés, qu'ils touchaient presque la terre de leur front, et d'autres malades ont été guéris.

On représente quelquefois saint Louis soutenant une petite église pour rappeler la Sainte-Chapelle de Paris ; mais ce n'est pas la façon ordinaire de le représenter. — On le voit souvent représenté : 1° assis sur son trône, tenant un sceptre ; 2° tenant une discipline, comme associé au Tiers Ordre de Saint-François ; 3° tenant un sceptre et une main de justice, vêtu d'un manteau bleu à fleurs de lis, et la tête entourée d'un nimbe circulaire.

CULTE ET RELIQUES.

Les reliques de saint Louis furent apportées de Tunis en France par Philippe III, son fils, à l'exception des entrailles qui furent envoyées à l'abbaye de Montréal, en Sicile, à la demande de Charles, roi de ce pays et frère du Saint, et déposées dans l'église qui est aujourd'hui cathédrale. Elles sont conservées dans une urne de marbre placée sous l'autel qui lui est dédié. L'archevêque de cette ville les a visitées et scellées de nouveau le 1er juillet 1843.

Le reste du corps fut déposé à l'abbaye de Saint-Denis. Dans tous les lieux où il passa, le peuple accourut en foule pour lui donner des marques de vénération. Le culte de saint Louis, déjà consacré par la voix du peuple, fut juridiquement examiné et approuvé par le pape Boniface VIII. Le pape Paul V, à la demande de Louis XIII, dit le Juste, ordonna que sa fête fût célébrée du rite double dans toute la France. Philippe le Bel fit donner une des côtes du saint roi à l'église de Paris, et son chef à la sainte chapelle de la même ville. Le roi Jean, un de ses descendants et de ses successeurs, donna la mâchoire supérieure de ce saint monarque au monastère royal des Dominicains de Passy (1351).

La belle châsse qui renfermait ses reliques fut enlevée de Saint-Denis le 11 novembre 1793, et ses ossements dispersés et profanés. Sa mâchoire inférieure, conservée à Saint-Denis, mais dans un reliquaire séparé, fut sauvée, et se garde encore à Notre-Dame de Paris, ainsi que la côte donnée par Philippe le Bel, une de ses chemises et sa discipline. L'église de Lamontjoie, au diocèse d'Agen, possède de très-insignes reliques de saint Louis. L'église de Poissy possède un reste de la pierre baptismale où fut baptisé saint Louis : nous disons un reste, car la majeure partie a été grattée par les fidèles, pour se guérir de la fièvre ou s'en prémunir.

On voit aujourd'hui, sur le sol de Tunis, à l'endroit même où le saint monarque avait rendu sa belle âme à Dieu, un monument que les Français élevèrent, en 1830, à la mémoire de saint Louis.

Nous nous sommes servi, pour revoir et compléter le Père Giry, de l'*Histoire de saint Louis*, par le vicomte Walsh; de Godescard; et de *Notes locales* dues à l'obligeance de M. Fourneaux, curé de Poissy.

SAINT ARÈDE OU YRIEZ [1], ABBÉ,

FONDATEUR DU MONASTÈRE D'ATANE, AU DIOCÈSE DE LIMOGES (591).

Saint Yriez naquit à Limoges vers l'an 511 ; il était fils de Jocond et de Pélagie, recommandables l'un et l'autre par leur noblesse et par leur vertu. Il reçut une éducation chrétienne, et fit de grands progrès dans les sciences. Ayant été envoyé à la cour d'Austrasie, il mérita l'estime et l'affection du roi Théodebert ; et si l'on en croit quelques auteurs, devint chancelier de ce prince. Saint Nicère, évêque de Trèves, qui avait remarqué sur sa figure quelque chose de divin, lui fit quitter le monde, et l'admit dans les rangs de ses clercs. Ce fut dans ce temps que Dieu montra sa sainteté par un signe miraculeux rapporté par saint Grégoire de Tours. Un jour, pendant que les clercs chantaient les psaumes à l'église, on vit descendre une colombe éclatante de blancheur, qui, après avoir voltigé autour d'Arède, se posa sur sa tête, comme pour indiquer qu'il était déjà tout rempli du Saint-Esprit. Comme il se trouvait déjà dans l'embarras et qu'il voulait l'éloigner, elle voltigea encore un peu, et de nouveau se posa sur sa tête et sur son scapulaire ; elle l'accompagna même comme en se jouant autour de lui jusqu'à la maison de l'évêque.

Son père et son frère étant morts, Arède revint à Limoges pour consoler sa mère. Mais il ne changea rien au plan de vie qu'il s'était tracé. Quelque temps après il fonda le monastère d'Atane, en Limousin, et en fut le premier abbé. Les religieux qu'il eut d'abord sous sa conduite étaient de sa propre famille. La règle qu'il leur donna était composée des institutions de Cassien, de celles de saint Basile et des maximes des anciens Pères. Pélagie, sa mère, fournissait les choses nécessaires à l'entretien de la communauté.

Saint Grégoire de Tours dit qu'il ne pourrait compter tous les malades que saint Yriez a guéris par le signe de la croix. Une fois il fit jaillir une source abondante, d'une terre aride, en y plantant une baguette qu'il tenait à la main. Une autre fois, comme il bâtissait un oratoire en l'honneur de saint Julien, martyr, il fit cesser par ses prières une pluie torrentielle qui troublait les travaux. Après avoir institué par testament saint Hilaire et saint Martin ses héritiers, il fut enlevé de ce monde par une dyssenterie, l'an 591, le 25 août.

Saint Ferréol, évêque de Limoges, assista à ses obsèques. Deux femmes possédées du démon y furent guéries. Le corps de saint Arède fut levé du tombeau par Saibrand, évêque de Limoges, le dimanche après les Rogations, 17 mai de l'année 1181.

Propre de Limoges.

1. *Alias :* Erède, Ysary, Ysère, Ysery, Iriéix, Yriel.

SAINTE HUNÉGONDE, VIERGE, ABBESSE D'HOMBLIÈRES,

AU DIOCÈSE DE SOISSONS (690).

Sainte Hunégonde, issue d'une famille noble, naquit dans le village de Lambay, en Vermandois ; elle fut tenue sur les fonts de baptême par saint Eloi, évêque de Noyon. Après la mort de ce saint évêque (659) qui la soutenait dans la pieuse résolution qu'elle avait prise de rester vierge toute sa vie, ses parents voulurent qu'elle s'engageât dans l'état du mariage. Sachant qu'Eudalde, qu'on lui proposait pour époux, avait de la piété, elle obtint de lui qu'ils feraient ensemble un pèlerinage à Rome avant la célébration de leurs noces. Mais lorsqu'elle fut arrivée dans cette ville, elle reçut le voile des mains du pape Martin Ier. Eudalde, irrité d'une telle conduite, repartit pour la France. Pour la Sainte, elle passa quelque temps à Rome, dans la pratique des plus grandes mortifications.

Elle revint ensuite dans le Vermandois et alla s'enfermer dans le monastère bénédictin d'Homblières *(Humolariæ)*, situé à une lieue de la ville de Saint-Quentin (Aisne), au diocèse de Soissons. Eudalde, rempli d'admiration pour les vertus d'Hunégonde, se dévoua au service de l'église d'Homblières. Il laissa même tout son bien au monastère. Hunégonde étant devenue abbesse, il se chargea des affaires que les religieuses avaient au dehors, et fut comme leur procureur. Après sa mort, on l'enterra dans le cloître. Hunégonde était en prières, lorsqu'elle fut attaquée de la maladie dont elle mourut. Se sentant proche de sa dernière heure, elle se fit administrer l'Extrême-Onction et le Saint-Viatique. Elle expira sur la cendre le 25 août, vers l'an 690. Son corps fut levé de terre à cause des miracles qui s'opéraient sur son tombeau, le 6 octobre 946. Depuis, il s'est fait plusieurs translations de ses reliques.

On représente sainte Hunégonde portant une église sur sa main. Cette image fait souvenir qu'elle employa toute sa fortune pour bâtir un monastère. Dans d'autres images on la voit agenouillée aux pieds d'un Pape, pour rappeler qu'étant à Rome avec celui qu'on voulait lui faire épouser, elle pria le souverain Pontife de lui donner le voile des religieuses.

Elle est, avec saint Etienne et saint Eloi, patronne d'Homblières.

Godescard et *Propre de Soissons*.

SAINT MARCIEN DE SAIGNON,

FONDATEUR ET ABBÉ DE SAINT-EUSÈBE, AU DIOCÈSE D'AVIGNON (1010).

Marcien naquit à Saignon (Vaucluse, arrondissement et canton d'Apt), au diocèse d'Avignon, et fut accordé de Dieu aux prières de ses pieux parents, qui aussitôt le rendirent au Seigneur en le lui consacrant. Ayant perdu son père et sa mère, lorsqu'il était encore bien jeune, il vendit son riche patrimoine, en distribua l'argent aux pauvres, et se livra tout entier à la contemplation des choses célestes. Il construisit en grande partie de ses propres mains, sur le territoire de Saignon, un monastère qu'il plaça sous l'invocation de saint Eusèbe, puis ayant réuni quelques compagnons, il embrassa la Règle de Saint-Benoît. L'église de Saint-Eusèbe fut consacrée par le pape Urbain II, en 1096, et le monastère concédé à l'abbé et aux moines de Saint-Gilles, en 1132.

Marcien avait pour habitude de se rendre chaque semaine dans la basilique d'Apt, où il assistait au saint Sacrifice avec un esprit si entièrement appliqué à Dieu, qu'il semblait ravi hors de lui-même. Il mendiait lui-même de porte en porte de quoi nourrir les religieux de son monastère. Un jour qu'il allait ainsi de maison en maison dans le faubourg d'Apt, il ressuscita, par la vertu du signe de la croix, un jeune homme qui venait de mourir, et le rendit à sa mère qui était veuve.

Une autre fois, après avoir parcouru toute la ville et les maisons de campagne répandues au loin à l'entour, comme il revenait par une excessive chaleur, chargé de provisions abondantes, fruit des aumônes qu'il avait recueillies, il fut soudain saisi d'un épuisement total de ses forces, et peu s'en fallut qu'il ne mourût subitement au milieu de la grande route. Il se retira sous une roche creuse qui s'appelle encore aujourd'hui la *Roche de saint Marcien*, et s'y endormit dans le Seigneur, privé de tout secours humain. Sa précieuse mort fut tout à coup annoncée par le son des cloches qui retentirent d'elles-mêmes à trois milles à la ronde. Les habitants de Saignon voulaient avoir le corps de saint Marcien, mais il résista à tous les efforts qu'ils firent pour le transporter dans son monastère ; c'est pourquoi il fut porté dans la basilique d'Apt, où il est encore entouré aujourd'hui d'une grande vénération.

Propre d'Avignon.

LE BIENHEUREUX THOMAS A KEMPIS,

RELIGIEUX AUGUSTIN AU MONASTÈRE DU MONT-SAINTE-AGNÈS,

PRÈS DE ZWOLL, EN HOLLANDE (1471).

Thomas Haemmerlein ou Haemmerchen, en latin *Malleolus*, naquit vers l'an 1380, à Kempis, petite ville du diocèse de Cologne, d'où lui est venu le nom de Thomas à Kempis, sous lequel il est désormais connu.

Son père s'appelait Jean et sa mère Gertrude, tous deux pauvres, gagnant leur pain de chaque jour par un travail de chaque jour. Pauvres de biens, ils étaient néanmoins très-riches de vertus et comblés des faveurs du ciel. Une des plus précieuses, sans doute, fut celle de leur donner un fils tel que Thomas.

Jusqu'à treize ans il ne quitta point la maison paternelle. Cependant on l'envoya bientôt après, quoique dépourvu de ressources, à Deventer, l'Athènes du Nord en ce temps-là, pour y faire ses études. La charité qui lui vint en aide et le dévouement d'un de ses frères, déjà attaché aux Chanoines réguliers de Windensen, lui donnèrent le moyen de suivre les doctes leçons de maître Florent Radwin, disciple du célèbre Gérard Groot, recteur de la congrégation des Frères de la vie commune. Thomas devint son disciple pendant six ans, et sous un tel maître un tel élève fit d'immenses progrès ; car il était doué des plus rares qualités de l'esprit et de la plus angélique piété. Au bout de ces six ans, il mérita d'être admis dans la maison des Clercs étudiants. Là, il profita des conseils et des entretiens des savants et vertueux amis auxquels il sut inspirer le plus touchant intérêt, et s'appliqua surtout à copier des livres ; c'était alors une des plus importantes occupations des moines.

En 1399, l'écolier de Deventer entrait au monastère du Mont-Saint-Agnès, près de Zwoll, dont son frère venait d'être nommé prieur. Ils rivalisèrent de zèle pour la prospérité de cette maison. Ici commence la brillante carrière littéraire de Thomas. Afin de fonder une bibliothèque dans ce monastère qui n'en avait point encore, il s'appliqua avec une nouvelle ardeur à transcrire et à composer des livres. C'était, après les douces heures passées au pied du Crucifix ou de l'autel, sa seule occupation.

Sept années avait duré ce rude noviciat, lorsqu'il revêtit l'habit en 1406, et fit profession en 1407. Il fut promu au sacerdoce : il grandit encore chaque jour en piété et en habileté pour les travaux calligraphiques et littéraires, si bien qu'on l'éleva au rang de sous-prieur. C'est alors qu'il travailla à la composition de ces œuvres délicieuses pour la science et la vie mystique, au milieu desquelles se trouve *l'Imitation de Jésus-Christ*. On dit qu'il mena une vie fort austère et que le ciel le gratifia du don des miracles. Il mourut en Saint, comme il avait vécu, le 25 août 1471.

On regarde généralement comme ses chefs-d'œuvre, après l'*Imitation*, les traités suivants : 1° *Le Jardin des Roses*, ainsi appelé parce qu'il traite de plusieurs vertus qui croissent comme autant de belles roses dans le jardin de Jésus-Christ ; 2° *La Vallée des Lis*, où il est parlé de plusieurs autres vertus que le Sauveur a plantées comme autant de lis d'une éclatante blancheur dans la vallée de l'humilité, où elles sont arrosées et fécondées par l'infusion intérieure du Saint-Esprit ; 3° *Les trois Tabernacles* (la pauvreté, l'humilité, la patience) ; 4° les *Soliloques de l'âme* ; 5° les *Méditations*.

Ses *œuvres* furent réunies pour la première fois vers 1475 (on ne trouve pas l'*Imitation* dans cette première édition), et, depuis, en 1600, 1607, etc., à Anvers (avec l'*Imitation*).

L'*Imitation* de Jésus-Christ a eu plus de mille éditions diverses ; elle a été traduite dans toutes les langues, notamment en français par Marillac, Sacy, Gonnelieu, Lamennais, Genoude, Darboy. Pierre Corneille l'a mise en vers.

Des auteurs attribuent l'*Imitation* au chancelier de l'Université de Paris, Jean Gerson ; d'autres à Jean Gesen ou Gersen ou Gerson, Bénédictin, natif de Cavaglia (en Piémont), abbé de Saint-Etienne de Verceil.

Le 28 octobre 1874, un monument a été inauguré avec une grande pompe, en l'honneur de ce pieux personnage, dans sa ville natale. D'après une opinion récente (1874) se basant sur un manuscrit de la bibliothèque nationale, inconnu jusqu'alors, il y aurait anachronisme à attribuer l'*Imitation* soit à l'un, soit à l'autre de ces trois auteurs.

Esprit des Saints, par l'abbé Grimes.

XXVIᵉ JOUR D'AOUT

MARTYROLOGE ROMAIN.

A Rome, saint ZÉPHYRIN, pape et martyr. 219. — Au même lieu, les saints martyrs Irénée et Abonde [1], qui, durant la persécution de Valérien, pour avoir retiré le corps de sainte Concorde d'un égout où on l'avait jeté, y furent eux-mêmes jetés et noyés ; leurs corps, en ayant été tirés par le prêtre Justin, furent enterrés dans une crypte, près de celui de saint Laurent. IIIᵉ s. — A Vintimille, ville de Ligurie, saint Second, martyr, personnage distingué, l'un des chefs de la légion thébéenne. IIIᵉ s. — A Bergame, ville de Lombardie, saint Alexandre, martyr, de la même légion, qui, confessant le nom de Notre-Seigneur Jésus-Christ avec une grande constance, fut décapité et accomplit ainsi son martyre. IIIᵉ s. — Chez les Marses, saint Simplice, et ses fils saint Constance et saint Victorien, qui, après avoir été appliqués à diverses tortures, sous l'empereur Antonin, eurent la tête tranchée, et remportèrent ainsi la couronne du martyre. — A Nicomédie, le martyre de saint Adrien, fils de l'empereur Probus, qui, reprochant à Licinius la persécution qu'il avait suscitée contre les chrétiens, fut tué par son ordre. Domice, évêque de Byzance, oncle du saint Martyr, enterra son corps à Argyropolis. IVᵉ s. — En Espagne, saint Victor de Ceresano, martyr, massacré par les Maures pour la foi chrétienne. 950. — A Capoue, saint Rufin, évêque et confesseur. — A Pistoie, saint Félix, prêtre et confesseur. Vers le Xᵉ s. — A Lima, dans le royaume du Pérou, sainte Rose de Sainte-Marie, vierge, du Tiers Ordre de Saint-Dominique ; on célèbre sa fête le 30 août [2]. 1617.

MARTYROLOGE DE FRANCE, REVU ET AUGMENTÉ.

Au diocèse de Sens, saint Eleuthère, évêque d'Auxerre et confesseur, successeur de saint Droctuald. Il est cité au martyrologe romain du 16 août, et nous en avons dit un mot à ce jour. 561. — Au diocèse de Nevers, saint EULADE ou EULAIL, premier évêque de ce siège et confesseur. Vers 516. — Au diocèse de Rodez, saint Privat, dont nous avons donné la vie au 21 août. 262. — Au diocèse de Limoges, saint Arède ou Yriez, abbé, dont nous avons donné la vie au jour précédent. 591. — Au diocèse de Pamiers, saint Licère, évêque régionnaire du Couserans et confesseur, dont nous parlerons au jour suivant. VIᵉ s. — Au diocèse de Périgueux, les saintes Menne et Galle, sœurs, vierges et martyres, que l'on croit originaires de Marsac (Dordogne, arrondissement et canton de Périgueux). Leurs précieuses reliques se conservent dans l'abbaye bénédictine de Brantome (*Brantosmum*) fondée, vers 769, par Charlemagne. — Au diocèse de Soissons, saint Césaire, archevêque d'Arles et confesseur, dont nous donnerons la vie au jour suivant. 542. — A Toul, au diocèse actuel de Nancy, saint Alchas, troisième évêque de cet ancien siège, dont l'invention du corps est indiquée au martyrologe de France du 2 août. — Dans l'ancienne abbaye bénédictine de Fleury ou Saint-Benoît-sur-Loire (*Floriacum ad Ligerim, S. Benedictus in pago Aurelianensi*), au diocèse d'Orléans, sainte Ténestline, vierge, dont nous avons donné la vie, avec celle de saint Rigomer, au 24 août. Son corps, enterré d'abord au Mans, fut transféré par la suite

1. *Alias :* Avond, And. — 2. Voyez sa vie à ce jour.

d. s l'abbaye de Fleury. Vers 620. — Au diocèse de Cahors, saint AMATEUR ou ROC-AMADOUR, solitaire. 1er s. — A Poitiers, saint Justin, sixième évêque connu de ce siége. Longtemps les vieilles prières de l'Eglise de Poitiers ont retenti de son nom dans les temples de la cité et dans les processions solennelles ; aujourd'hui son souvenir va s'effaçant dans la mémoire des hommes. Vers 320. — A Saint-Martory (Haute-Garonne, arrondissement de Saint-Gaudens), au diocèse de Toulouse, saint Martyri, moine d'Orient, qui, allant un soir visiter un monastère situé dans son voisinage, trouva sur la route un pauvre lépreux que la fatigue et sa cruelle maladie avaient forcé de s'arrêter au bord du chemin. L'hospice où il voulait se rendre étant dans la même direction que le monastère où Martyri avait hâte d'arriver. Le saint homme, touché de commisération, étendit son manteau à terre, y plaça le lépreux, et, l'enveloppant avec soin, le prit sur ses épaules et continua son chemin. Lorsqu'il fut près d'atteindre le but de son voyage, le supérieur du monastère, le voyant venir, se mit à crier : « Accourez, mes frères, voici Martyri qui arrive portant le Seigneur ». Et aussitôt le lépreux descend de ses épaules, et, prenant la forme sous laquelle nous nous représentons le Sauveur, il adresse ces paroles au bon moine qui le regardait s'élever vers le ciel : « Martyri, tu as eu pitié de moi sur la terre, je te glorifierai dans le ciel [1] ». — A Vielle (Hautes-Pyrénées), au diocèse de Tarbes, saint Mercurial, soldat espagnol et martyr. Vers 1003. — A Poitiers, saint Gelais ou Gélase, évêque de ce siége et confesseur. ve s. — A Pontigny, village du département de l'Yonne, au diocèse d'Auxerre, le bienheureux Vycvane, archevêque d'York et confesseur. 1285. — Aux diocèses de Laval et du Mans, saint VICTOR Ier, évêque de ce dernier siége et confesseur [2]. 422. — Au diocèse de Besançon, le bienheureux JEAN BASSAND, natif de cette ville, et religieux de l'Ordre des Célestins. 1445. — Au diocèse de Limoges, sainte Pélagie, veuve mère de saint Arède ou Yriez, dont nous avons donné la vie au jour précédent. Son principal attrait fut de fonder des maisons religieuses où la piété exilée du monde pût trouver un asile. Elle consacra une partie de ses biens à bâtir, hors des murs de Limoges, les monastères de Saint-Paul et de Saint-Michel de Pistorie. VIe s.

MARTYROLOGES DES ORDRES RELIGIEUX.

Martyrologe de l'Ordre de Saint-Basile. — A Naples, dans la Campanie, sainte Patrice, vierge de l'Ordre de Saint-Basile, illustre par ses miracles. On conserve dans une fiole de verre quelques gouttes de sang, qui se liquéfient encore de temps en temps [3]. 365.

Martyrologe de l'Ordre de Saint-Benoît. — Dans les lieux où la fête de saint Barthélemy se célèbre le 24 août : Sainte Jeanne-Françoise Frémyot de Chantal, veuve, dont on fait mention le 21 août [4]. 1641.

Martyrologe de la Congrégation de Vallombreuse. — Sainte Jeanne-Françoise Frémyot de Chantal, veuve, etc.

Martyrologe de l'Ordre des Cisterciens. — Saint Louis, confesseur, roi de France, dont la mémoire au ciel est honorée la veille de ce jour [5]. 1270.

Martyrologe de l'Ordre des Frères Prêcheurs. — A Todi, saint Philippe Béniti de Florence, propagateur de l'Ordre des Servites de la bienheureuse Vierge Marie. Il brilla par une grande humilité qui lui fit refuser, en s'enfuyant, la tiare pontificale qui lui était offerte. Le jour de sa naissance au ciel est le 10 septembre [6]. 1282.

Martyrologe des trois Ordres de Saint-François. — De même que chez les Cisterciens.
Martyrologe de l'Ordre des Frères-Mineurs. — De même que chez les Cisterciens.
Martyrologe de l'Ordre de la bienheureuse Vierge Marie du Mont-Carmel. — Saint Louis, confesseur. — A Rome, saint Zéphyrin, pape et martyr, dont la fête se célèbre le 29 octobre. 219.

Martyrologe de l'Ordre des Ermites de Saint-Augustin. — De même que chez les Frères Prêcheurs.

Martyrologe des Mineurs Capucins de Saint-François. — A Annecy, en Savoie, sainte Jeanne-Françoise Frémyot de Chantal, institutrice de l'Ordre de la Visitation de Sainte-Marie, et dont il est fait mention le 13 décembre. 1641.

Martyrologe de l'Ordre des Carmes Déchaussés. — De même que chez les Cisterciens.

---

1. *Bréviaire de Comminges 26 août.* — On ne sait pas à quelle circonstance l'église de Saint-Martory doit ce précieux dépôt dont la possession a fait changer son ancien nom de *Calagorgis* en celui de Saint-Martory : les ossements de ce serviteur de Dieu, comme ceux de beaucoup d'autres, ont probablement été emportés par des chrétiens d'Orient fuyant la persécution musulmane. — Cf. *Histoire de saint Bertrand de Comminges*, par L. de Fiancette d'Agos ; Saint-Gaudens, 1854.

2. Il ne faut pas le confondre avec saint Victorius Ier (422-490), aussi évêque du Mans, et dont nous donnerons la vie au 1er septembre.

3. Elle est nommée au martyrologe romain du 25 août, jour où nous avons donné dans une note, quelques détails sur sa vie.

4. Nous donnerons sa vie au 23 décembre. — 5. Nous avons donné sa vie au 25 août. — 6. Nous avons donné sa vie au 23 août.

ADDITIONS FAITES D'APRÈS LES BOLLANDISTES ET AUTRES HAGIOGRAPHES.

A Sainte-Marie du Sagittaire, au diocèse d'Anglone, dans la Basilicate, le bienheureux Jean de Caramole (*Joannes de Calamula*), natif de Toulouse, et frère convers de l'Ordre de Cîteaux. 1338. — A Lecce (*Aletium, Lupia*), ville forte d'Italie, chef-lieu de la Terre d'Otrante, les saints Juste, Oronce et Fortunat, martyrs. Voici ce que rapportent une pieuse tradition et les archives de l'Eglise de Lecce : Saint Paul, étant à Corinthe, envoya Juste, un de ses disciples, dans les régions de l'Italie. Juste aborda à Lecce et y reçut l'hospitalité d'un pieux habitant nommé Oronce qu'il convertit à la foi chrétienne et baptisa, ainsi que Fortunat et plusieurs autres. Juste et Oronce gagnèrent ensuite Corinthe, pour se faire les auxiliaires de saint Paul : l'Apôtre nomma Oronce évêque de Lecce et lui donna Juste pour coadjuteur. Ils s'employèrent l'un et l'autre à gagner des âmes à Jésus-Christ, et moururent victimes de leur zèle, durant la persécution de Néron. Fortunat fut leur successeur dans le divin ministère et remporta comme eux la palme du martyr[1]. 1er s. — A Brescia, ville de Lombardie, saint Alexandre, martyr. Il quitta l'Italie, sa patrie, durant la persécution de Claude et vint se réfugier près de saint Lazare, évêque de Marseille. Celui-ci raffermit son courage, et lui parla de la gloire du martyre. Alexandre ne le redouta plus désormais et se déclara hautement chrétien. Saisi par les prêtres des faux dieux, il fut conduit devant le préfet Félicien qui le fit écarteler. Sous Néron. — Chez les Grecs, saint Ibistion, confesseur ; et les saints Attique et Sisinne, martyrs. — A Rome, et dans plusieurs autres villes, sainte Basille, martyre ; et les saints Péclan ou Héclan, Mercure, Maximilien, Quint ou Quintin, Sève, Victor, Prime, un autre Victor, et vingt-cinq soldats, leurs compagnons, tous martyrs, cités par les apographes de saint Jérôme. — A Marsico-Nuovo, ville du royaume d'Italie, dans la Principauté Citérieure, saint Janvier, évêque et martyr, et les diacres saint Felix et saint Honorat, également martyrs. Saint Janvier est patron de Marsico : une grande partie de ses reliques se conservent dans l'église Saint-Etienne de cette ville. En 1502, les Espagnols mirent le siège devant la place, l'emportèrent d'assaut, et rapportèrent dans leur pays, où elle est en grande vénération, une châsse d'argent contenant le bras de saint Janvier. — A Sion (*Sedunum*), en Valais, saint Théodore 1er, évêque de ce siège et confesseur. Il assista, en 381, au Concile d'Aquilée dirigé contre l'hérésie d'Arius, et s'occupa, pendant toute sa vie épiscopale, à défendre et à faire fleurir dans son diocèse la foi orthodoxe. Vers la fin du IVe s. — Dans la Thébaïde, région de l'Egypte méridionale (aujourd'hui le Saïd et partie sud de l'Ouestanich), saint Tithoès, solitaire, second supérieur des Religieuses de Saint-Pacôme. Vers 365. — A Syracuse, saint Elie, archidiacre, puis évêque de ce siège et confesseur. 664. — A Cantorbéry (*Durovernum, Cantuaria*), chef-lieu du comté de Kent, en Angleterre, saint Bregwin, évêque et confesseur. 762. — Dans la Marche d'Ancône, en Italie, le vénérable Humble de Bisignano, frère laï de l'Ordre des Réformés de Saint-François. Sa cause, portée depuis quelque temps devant la Sacrée Congrégation des Rites, se trouve assez avancée aujourd'hui pour que l'on puisse espérer, dans un temps assez rapproché, sa béatification. XIIIe s. — Au même endroit, les bienheureux Pacifique et Libérat de Laure, de l'Ordre des Frères Mineurs. XIIIe s. — A Florence, la bienheureuse Marguerite de Faventina, vierge et abbesse, de l'Ordre de Vallombreuse, célèbre par son amour pour Jésus et Marie, et les visions dont elle fut gratifiée. 1330. — Encore à Florence, la bienheureuse Villana de Bottis, du Tiers Ordre de Saint-Dominique, et dont nous avons donné la vie au 28 février, jour où elle est citée au martyrologe des Frères Prêcheurs. 1360.

SAINT ZÉPHIRIN, PAPE ET MARTYR

217. — Empereur romain : Caracalla.

> Dans les persécutions, c'est la lutte, et dans la paix,
> c'est la vertu que Dieu couronne.
> *Saint Cyprien.*

Saint Zéphyrin, que l'on appelle Saphorin en quelques provinces de France, était romain et fils d'Abundius ; il succéda, dans le pontificat, à

---

1. Cf. *Acta Sanctorum*, 26 augusti : *Commentarius historicus de SS. Justo, Orontio et Fortunato, martyribus*.

saint Victor Ier, qui avait reçu la couronne du martyre par la cruauté de Plautien, qui continua la persécution des chrétiens, quoiqu'il n'y eût aucun édit exprès de l'empereur Sévère qui la commandât. Durant la fureur de ce barbare, si altéré du sang des fidèles, et qui, par sa puissance et par sa férocité, s'était rendu le plus redoutable de l'empire, notre saint Pape s'était tenu caché, préférant le salut de son peuple au désir qu'il avait de mourir pour Jésus-Christ. Mais sitôt qu'il put respirer l'air avec un peu plus de liberté, après la mort de ce cruel persécuteur, qui fut tué dans le palais par l'ordre d'Antonin Auguste, il reprit l'exercice public de ses fonctions.

Ce fut sous son pontificat qu'arriva l'admirable conversion du fameux Natalis. Il avait été du nombre des confesseurs de Jésus-Christ, et avait soutenu sa foi devant les tribunaux ; mais, se laissant emporter à l'avarice et à la vanité, il était tombé dans l'hérésie des Théodotiens, qui l'avaient fait leur évêque. Dieu, ne le voulant pas laisser dans cet aveuglement, l'avertit par plusieurs apparitions de retourner à l'Eglise ; et, comme il chancelait encore, il fut fouetté rudement par des anges, durant la nuit. Cette correction ayant achevé de lui ouvrir les yeux tout à fait, il vint se jeter aux pieds de Zéphyrin, le cilice sur le dos, la cendre sur la tête, et demanda humblement pardon de sa révolte. Le Pape eut de la peine à le lui accorder ; mais voyant sa persévérance et sa pénitence, il relâcha enfin quelque chose de la sévérité ecclésiastique, et le reçut à la communion de l'Eglise romaine.

Il est vrai que Tertullien ne put souffrir l'indulgence dont Zéphyrin usa en cette occasion et en d'autres envers les convertis qu'il reçut à la pénitence publique, mais ce n'était que l'austérité naturelle de son esprit et l'orgueil que lui donnait sa science, qui l'empêchaient d'approuver cette conduite : car ce saint Pape, comme un père sage, clément et soigneux du salut de ses enfants, usait de la rigueur quand il la croyait nécessaire pour les guérir ou pour les empêcher de devenir malades, et il se relâchait et employait les remèdes doux, quand il jugeait que les autres plus amers étaient, ou dangereux, ou inutiles. Il défendit de consacrer dans des calices de bois, comme on le faisait en ce temps-là à cause de l'extrême pauvreté des fidèles, ordonnant qu'à l'avenir on se servît de vases de verre ; ce qui, depuis, a encore été changé dans plusieurs Conciles, qui ont déterminé que les calices ne seraient plus de cette matière, à cause de sa trop grande fragilité ; mais qu'ils seraient ou d'or ou d'argent, ou au moins d'étain. Il ordonna aussi que tous les chrétiens communieraient le jour de Pâques ; qu'un évêque ne pourrait être condamné que par le souverain Pontife, ou de son autorité ; que les prêtres et les diacres se trouveraient présents quand l'évêque célébrerait, ainsi que le pape Evariste l'avait déjà ordonné ; que les prêtres seraient publiquement consacrés, en présence des clercs et du peuple, afin que, leur innocence et leurs bonnes mœurs étant sans reproches, ils pussent servir utilement l'Eglise par l'exercice de leurs vertus, aussi bien que par les fonctions de leur ministère. Il fit encore plusieurs autres décrets touchant la discipline ecclésiastique, qu'il serait trop long de rapporter ici. Enfin, après avoir saintement gouverné l'Eglise durant dix-neuf ans, deux mois et dix jours, selon le *Liber Pontificalis*, il alla recevoir la récompense de ses travaux dans l'exercice de sa charge, par un glorieux martyre qu'il endura le 26 août, l'an de Notre-Seigneur 217, sous l'empire d'Antonin Caracalla. En quatre ordinations, faites au mois de décembre, il consacra neuf prêtres, sept diacres et huit évêques, destinés à diverses

Eglises. Son corps fut enseveli dans le cimetière qu'il avait fondé, près de la catacombe de Calliste, sur la voie Appienne.

<small>Acta Sanctorum, Histoire de l'Eglise, par l'abbé Darras, et Histoire des souverains Pontifes romains, par Artaud de Montor.</small>

S. VICTOR Ier, ÉVÊQUE DU MANS ET CONFESSEUR

422. — Pape : saint Célestin Ier. — Roi des Francs : Pharamond.

> *Oportet episcopum angelum esse, nullæ humanæ perturbationi vitiove subjectum.*
> Il faut que l'évêque soit un ange dégagé de tous les vices et de tous les troubles de la vie humaine.
> S. J. Chrys., hom. x sup. I Timoth.

Lorsque saint Martin vint au Mans, sur la révélation qu'il avait eue, pour assister saint Liboire à ses derniers moments, il priait Dieu, tout en continuant son voyage, de donner à cette église un digne successeur de l'évêque qu'elle allait bientôt perdre. Comme il approchait de la ville, toujours préoccupé de la même pensée, il aperçut, à quelque distance de la route qu'il suivait, voyageant sur son âne, à l'ordinaire, en compagnie de quelques disciples, un homme occupé à cultiver sa vigne, et une lumière surnaturelle lui fit connaître que cet homme était le successeur choisi par le ciel pour tenir la place de Liboire.

C'était un disciple de l'évêque, et il se nommait Victor. Liboire l'avait élevé au sous-diaconat dont il remplissait les fonctions dans l'église. Au reste, il vivait saintement avec sa femme, la pieuse Maura, et un fils âgé de dix ans, seul fruit de leur mariage. En dehors des fonctions de son ordre, il s'appliquait à cultiver un petit coin de terre, occupation qui convenait à son humilité, et à la simplicité des mœurs ecclésiastiques de ce temps. Mais au milieu de ses travaux extérieurs, son esprit s'occupait des choses de Dieu, et les historiens ont remarqué qu'au moment où saint Martin l'aperçut, il accompagnait son labeur du chant des psaumes, comme le pratiquaient ordinairement les chrétiens les plus pieux.

L'évêque de Tours ayant senti intérieurement que le ciel avait fait choix de cet humble sous-diacre, pour succéder à son ami, l'envoie aussitôt chercher dans sa vigne. Celui-ci obéit sans retard ; il arrive tenant encore à la main sa bêche, la tête couverte de poussière et les vêtements en désordre. Saint Martin, de son côté, se hâte de descendre de dessus son âne, le salue avec respect et lui dit : « Bénissez-moi, seigneur Victor ». A ces mots, le sous-diacre s'incline jusqu'à terre, et dit en se prosternant devant l'homme de Dieu : « Soyez béni, vous, mon seigneur, et bénies soient vos paroles, puisque vous daignez adresser des mots aussi flatteurs à un pauvre tel que moi ». — « Je vais vous étonner par des paroles bien plus surprenantes », ajoute Martin, « une grande faveur vous est réservée, l'honneur des fonctions épiscopales ».

Victor, qui ne reconnaissait probablement pas le saint évêque de Tours, crut que cet étranger ne parlait pas sérieusement, et qu'il prenait plaisir à le railler. « Je vois bien », lui dit-il, « que vous aimez à plaisanter ; pour moi, ce n'est point là mon affaire, je vais retourner à mon travail ; cependant, si vous l'avez pour agréable, je vous suivrai, et vous accompagnerai jusqu'à la ville ». L'homme de Dieu lui fit déposer sa bêche, et lui mit son propre bâton à la main, puis ils marchèrent de compagnie et arrivèrent bientôt à la cité [1].

En entrant au Mans, saint Martin trouva saint Liboire expirant : après avoir eu avec lui quelques entretiens et accompli les funérailles, il convoqua l'assemblée du clergé et de tous les fidèles, afin d'avoir leurs vœux sur le choix du pasteur qui devait succéder à Liboire. Mais le clergé et le peuple refusèrent d'exprimer un vœu en présence de Martin ; ils le supplièrent tous d'une voix unanime de choisir lui-même celui qu'il jugerait digne d'être le père de cette nombreuse famille : « Faites ce que vous jugerez convenable », lui dirent-ils ; « car le Seigneur est avec vous ». Saint Martin déclara alors ce que le Saint-Esprit lui avait révélé, que le sous-diacre Victor était celui que le ciel destinait à la dignité d'évêque.

Il n'y eut qu'une voix dans l'assemblée pour applaudir à ce choix ; mais il ne fut pas facile de déterminer Victor à accepter le fardeau de l'épiscopat. Quand bien même son humilité ne lui eût point exagéré les raisons qu'il alléguait pour s'en défendre, il semblait au premier abord que les motifs sur lesquels il pouvait appuyer son refus étaient des plus graves, et beaucoup de personnes de l'assemblée durent penser que rien ne saurait les détruire. Mais le choix de Dieu devait s'accomplir. Victor fit valoir son incapacité et son état d'homme marié. Mais son incapacité n'était qu'apparente, et sa rusticité couvrait des qualités supérieures : un obstacle plus puissant était le mariage dans lequel Victor était engagé. La discipline qui imposait la continence à tous les ordres supérieurs au sous-diaconat était universellement reçue, elle ne pouvait en aucun cas souffrir d'atteinte. Mais le ciel, qui avait inspiré l'élection, confirma son ouvrage en plaçant dans les cœurs de Victor et de Maura, le souhait d'une parfaite continence. Victor ne fit pas difficulté d'avouer que tel était son désir. Alors l'évêque de Tours envoya ordre à Maura de venir le trouver au milieu de l'assemblée : elle accourut aussitôt, et en arrivant se prosterna suivant l'usage constant de ces siècles, aux pieds des évêques réunis, et de saint Martin qui les présidait : « Femme », lui dit Martin, « consentez-vous à ce que votre époux devienne évêque du Mans ? » — « Seigneur », répondit-elle tout étonnée, « je suis indigne de voir une telle merveille de la bonté de Dieu ». — « Mais », dit Martin, « si cela arrive, que trouverez-vous à y opposer ou à dire ? » — Si je puis voir cette merveille de la droite de Dieu », dit-elle alors, « je désire que mon mari me soit désormais comme un frère, que je sois pour lui une sœur, et que tous deux nous ne soyons uniquement occupés qu'à servir Dieu ».

Ces paroles comblèrent les désirs de l'assemblée. Les évêques, le clergé et le peuple pressèrent saint Martin d'achever ce que tous les cœurs désiraient si vivement. L'homme de Dieu, qui partageait la joie de la multitude, imposa les mains à Victor, et le fit asseoir dans la chaire de saint Julien.

1. D'après la tradition, la vigne que cultivait saint Victor se voit encore à peu de distance du bourg de Rouillon, et de la maison de la Batizière ou Baptizière ; il y a aussi un petit jardin que l'on dit avoir appartenu également à saint Victor. Dans ce jardin, on voit un plant de rosiers dont l'origine, au dire des habitants du lieu, remonte à notre saint Évêque ; ces rosiers n'ont pu être détruits jusqu'à présent, bien que la charrue les arrache chaque année. Enfin, on montre encore une petite maison située entre le bourg de Rouillon et la rue de Baugé, que l'on tient pour avoir été le lieu où demeuraient saint Victor, Maura et saint Victorius. — *Polyptiques de l'Église du Mans*, t. 1er, p. 262 ; M. Guillois, *Vies des Saints du Maine*, t. II, p. 538.

Cependant la grâce divine continuait d'agir avec une grande force dans l'âme de la pieuse Maura. Non contente du sacrifice qu'elle venait d'offrir à Dieu, elle pria saint Martin de lui imposer sans plus tarder le voile de continence, contractant par là un lien plus intime avec l'Eglise et de nouvelles obligations. Martin, qui s'était fait l'apôtre de la vie religieuse, dans tous les développements que pouvait inspirer l'Esprit de Dieu, applaudit à cette résolution, et donna de sa propre main à Maura le voile et la bénédiction des veuves.

Il ne restait plus à Victor et à Maura qu'un seul vœu à satisfaire. Le fils qu'ils avaient eu de leur mariage était âgé de dix ans, et n'avait point encore reçu le baptême ; les pieux parents souhaitèrent qu'il le reçût des mains de saint Martin. Avant que l'homme de Dieu s'éloignât de la ville du Mans, Maura avec sa naïveté et sa candeur ordinaires, lui exprima le désir qu'elle ressentait de le voir conférer à son fils le caractère de chrétien ; l'évêque de Tours accueillit cette proposition avec bonté. Il conféra donc à cet enfant le sacrement de baptême, et lui donna le nom de Victorius. Enfin, après qu'il eut entièrement rempli le but de son voyage, lorsque déjà les autres évêques de la province étaient retournés à leurs églises, l'évêque de Tours et l'évêque du Mans se donnant des gages de communion, s'embrassèrent et se firent de touchants adieux. Martin emmena avec lui le jeune Victorius, son fils spirituel. Le ciel, qui destinait cet enfant à de grandes choses, voulut confier son éducation à un maître aussi habile. Tel avait été aussi le désir de Maura.

Le nouvel évêque du Mans travailla longtemps à sanctifier son troupeau, car son épiscopat fut de beaucoup d'années (390-422) ; enfin il s'endormit dans le Seigneur, probablement le sept des calendes de septembre, et fut enterré dans la basilique des saints Apôtres, à côté de saint Liboire son maître et de ses autres prédécesseurs. Les nombreux miracles opérés à son tombeau y attirèrent la foule des fidèles, et ce fut là le commencement du culte que l'église du Mans lui a rendu de temps immémorial.

L'église du Mans célèbre la fête de saint Victor le 26 août ; ce qui autorise à penser qu'il est mort ce même jour.

<small>Extrait de l'*Histoire de l'Eglise du Mans*, par le R. P. D. Paul Piolin.</small>

SAINT EULADE, ÉVÊQUE DE NEVERS

Vers 516. — Pape : Hormisdas. — Roi de France : Childebert Ier.

<small>Appliquez-vous avec beaucoup de respect à servir Dieu dans la joie de votre cœur, comme les saints anges dans le ciel. *Thomas à Kempis.*</small>

Saint Eulade (*Euladius*) fut le premier évêque de Nevers. Sa famille, les premières années de sa vie, ce qu'il fit au commencement de son épiscopat, tout nous est inconnu, et nous eussions été réduit à en faire seulement mention, si l'historien de saint Séverin ne nous eût laissé, sur sa maladie et sa guérison miraculeuse, des détails bien précieux ; c'est à Fauste, disciple et ami du saint abbé d'Agaune, que nous en sommes redevables.

La réputation de sainteté de Séverin était parvenue jusqu'à Clovis, qui, en 505, était arrêté par une fièvre opiniâtre, dont l'art des médecins les plus habiles n'avait pu le délivrer. Le prince eut recours à l'abbé d'Agaune, espérant que ses prières ne seraient pas sans effet ; il le conjura donc de venir le visiter.

Séverin se mit en route, afin de se rendre aux désirs du roi. Arrivé à Nevers, il entra dans l'église pour y faire sa prière ; étonné de ne point trouver l'évêque dans le temple saint, il s'adressa aux gardiens pour en connaître le motif. « Frères », leur dit-il, « où est votre Pontife ? » — « Notre Pontife », lui répondirent les gardiens de l'église, « a été atteint, l'année dernière, d'une maladie cruelle qui l'a privé de l'usage de l'ouïe et de la parole ; depuis cette époque, il est gisant sur son lit, accablé d'affreuses douleurs et attendant la mort à chaque instant. Il ne lui a plus été possible de monter à l'autel pour offrir le divin sacrifice, et de bénir son peuple, comme il le faisait auparavant. Nos cœurs sont brisés de douleur en voyant notre père commun réduit à ne pouvoir quitter sa couche, car à chaque instant ceux qui l'assistent le croient plutôt mort que vivant ».

Le saint abbé, touché de compassion, leur demanda s'il pourrait être introduit auprès de lui pour le visiter et lui adresser quelques paroles de consolation et de salut. « Venez », lui dirent-ils, « vénérable père, entrez puisque vous le désirez ».

Séverin, introduit dans la chambre du malade, se rendit avec empressement auprès du lit où il était couché ; il le considéra d'abord avec intérêt, et lui témoigna par ses gestes toute la part qu'il prenait à ses souffrances. Puis il se mit en prière, suppliant avec ardeur le Seigneur de rendre la santé au Pontife. Après être longtemps demeuré prosterné la face contre terre, il se leva, et s'adressant à Eulade : « Pontife du Seigneur », lui dit-il, « conversez avec moi ». « Et aussitôt Eulade », recouvrant l'usage de l'ouïe et de la parole, s'écria : « Homme de Dieu, homme saint, accordez-moi votre bénédiction ; envoyé par le Sauveur Jésus-Christ pour me rendre la santé, vous êtes venu me délivrer des infirmités qui m'accablaient. Que le nom du Seigneur soit béni dans tous les siècles ! Oui, qu'il soit béni à jamais celui qui a daigné vous choisir pour manifester sa miséricorde à mon égard ! »

Alors le pieux serviteur de Dieu, lui tendant la main, le souleva de sa couche et lui dit : « Levez-vous au nom de Jésus-Christ notre souverain Maître, et revêtez-vous de vos vêtements. Rendez au Seigneur des actions de grâces pour les châtiments qu'il vous a infligés ; oui, témoignez-lui toute votre reconnaissance, car il vous a châtié pour vous sauver ; il vous a frappé pour vous couronner. Dès aujourd'hui, vous allez vous rendre avec moi à l'autel de Dieu, pour vous acquitter de ce tribut de reconnaissance et bénir le peuple qui vous est confié ».

Séverin parlait encore, lorsque Eulade se leva tout à coup de son lit, bénissant Dieu qui, par les prières de son serviteur, l'avait retiré des portes du tombeau. Le même jour, guéri de toutes ses infirmités, il se rendit à son église pour y célébrer le saint sacrifice et bénir son peuple.

Le saint évêque consacra le reste de sa vie au service de celui qui avait manifesté sa miséricorde envers lui, s'occupant, avec plus de zèle encore qu'auparavant, de la sanctification du troupeau qu'il avait à diriger.

Il s'endormit dans le Seigneur, le 26 août 516 ou 517.

Ce fut sous l'épiscopat de saint Eulade que saint Eptade, voyant qu'on voulait l'élever sur le siége d'Auxerre, se réfugia dans les forêts du Morvan et jeta les premiers fondements de l'abbaye de Cervon.

On ignore ce que sont devenues ses saintes reliques aussi bien que celles de saint Æolade.

<small>Tiré de l'*Hagiologie Nivernaise*, par Mgr Crosnier.</small>

LE BIENHEUREUX JEAN BASSAND DE BESANÇON,

DE L'ORDRE DES CÉLESTINS

1445. — Pape : Eugène IV. — Roi de France : Charles VII, *le Victorieux*.

> L'Ordre des Célestins perdit dans le bienheureux Bassand une de ses plus pures lumières; mais sa précieuse mort lui valut un protecteur de plus dans le ciel. *Éloge du Saint.*

Le bienheureux Jean Bassand naquit à Besançon, l'an 1360, sous le pontificat d'Innocent VI, d'une famille qui comptait parmi les plus considérables de la ville. Son père, homme pieux et bon catholique, était cité au nombre des meilleurs citoyens. Il avait un grand nombre d'enfants, parmi lesquels Jean se distinguait, comme un autre David, par sa piété et sa vertu précoce. Leur mère était une de ces femmes qui savent comprendre et embrasser dans toute leur étendue les devoirs de leur état. Aussi active que tendre, elle ne voulut point confier à d'autres le soin de former son fils à la piété. Elle lui enseigna de bonne heure à craindre Dieu, à s'abstenir de tout péché et à observer fidèlement les commandements du Seigneur. Cette sollicitude maternelle porta ses fruits, et on admirait, dans le jeune Bassand, un caractère aimable, une grande pureté de mœurs et cette sage modestie qui est la première recommandation d'un jeune homme. Il montrait, dès les jours de l'adolescence, toute la maturité de l'âge mûr, et une prudente réserve le mettait en garde contre les dangers du monde, au milieu duquel il vivait.

A l'âge de dix-huit ans, Jean Bassand se sentit inspiré de chercher dans le cloître un abri plus sûr contre les dangers du siècle. Besançon possédait alors un grand nombre de maisons religieuses. Mais une des plus célèbres était l'abbaye de Saint-Paul, fondée au VIIe siècle par saint Donat, et relevée au XIe par les soins du bienheureux Hugues le Grand. Dès l'an 1252, les chanoines de Saint-Paul avaient embrassé la Règle de Saint-Augustin, et le doyen qui était à leur tête avait été remplacé par un abbé. Celui qui gouvernait alors l'abbaye se nommait Thiébaud de Nans. Jean Bassand lui demanda d'être admis au nombre des novices de Saint-Paul. Cette abbaye, d'ailleurs, paraît avoir eu l'affection de la famille Bassand, car deux autres personnages de ce nom y embrassèrent la vie religieuse vers le même temps.

Ce fut vers l'an 1378 que Jean Bassand entra chez les Augustins de Saint-Paul. Il y apportait un cœur pur, une âme éclairée déjà dans les voies de Dieu, et un grand désir d'acquérir, par la pratique de la vertu, ces biens spirituels qui devaient lui tenir lieu de la fortune qu'il abandonnait en quittant le monde.

Sa vie à Saint-Paul fut celle d'un moine accompli. Dès les premiers temps de son séjour parmi les religieux, il devint le modèle des plus fervents par sa régularité, son obéissance et son dévouement. Henri de Fallerans ayant été nommé abbé de Saint-Paul en 1387, Jean Bassand, qui avait crû en âge et en sagesse, fut alors élu prieur d'un des monastères qui dépendaient de l'abbaye. Il remplit cette charge d'une manière honorable, et sut la rendre en même temps méritoire pour lui et avantageuse pour les autres. Le talent qu'il avait déployé dans les fonctions de prieur fit concevoir de lui les plus belles espérances, et il parut digne d'être élevé un jour à la dignité d'abbé de Saint-Paul. Mais ces prévisions ne devaient pas s'accomplir.

Les grands souvenirs de saint Donat et de Hugues Ier, dont les restes reposaient encore dans l'église de Saint-Paul, étaient toujours vivants dans ce monastère et y entretenaient la régularité des mœurs. Cependant les vertus austères des premiers temps n'y florissaient déjà plus avec la même pureté. Jean songea donc à quitter cette communauté, parce qu'il désirait observer d'une manière plus austère les vœux que sa bouche avait prononcés au pied des autels. Depuis un siècle, l'Ordre des Célestins, établi en Italie par saint Pierre Célestin, y produisait des fruits merveilleux. Dès l'an 1300, les religieux de cette congrégation avaient été appelés en France par Philippe le Bel, et y avaient fondé plusieurs communautés florissantes. La plus célèbre de toutes était celle de Paris, établie en 1318 par Pierre Martel, bourgeois de cette ville. Ce monastère, à cause de son importance et de sa position, était considéré comme le chef de l'Ordre des Célestins dans le royaume. C'est là que Jean va embrasser, dans toute sa rigueur primitive, la Règle de Saint-Benoît, dont la sévérité répondait à l'austérité de son caractère et à son désir de perfection. Il avait alors trente ans (1390), et en avait passé douze à l'abbaye de Saint-Paul.

Sous l'habit de Saint-Benoît, Jean Bassand montra bientôt tout ce qu'il y avait de trésors de vertus dans son âme. Placé tout d'abord parmi les novices, il y parut moins un disciple qu'un maître dans la vie spirituelle, tant sa conduite était sainte, son humilité profonde et sa régularité exemplaire. Il eut pour père spirituel un de ses compatriotes, nommé Pierre Pocquet, originaire du comté de Bourgogne, et qui, peut-être, avait contribué par ses conseils à attirer le jeune religieux dans l'Ordre des Célestins. C'était un homme aussi pieux que savant, très-versé dans le droit civil, et dont les décisions faisaient autorité devant les tribunaux et le parlement de Paris. Après avoir suivi la carrière du barreau, il avait quitté le monde et s'était caché sous l'habit de Célestin, dans le monastère de Paris, où il remplissait la fonction de prieur.

Sous la conduite d'un tel maître, Jean Bassand fit de rapides progrès. Son temps était partagé entre la lecture, la méditation et la prière, et il se montrait soigneux de recueillir tout ce qui pouvait contribuer à sa perfection. Le souvenir des grands personnages qui avaient illustré son Ordre était pour lui un sujet continuel d'émulation, et ce qu'il ambitionnait dans leur vie, c'était moins la gloire dont ils avaient brillé devant les hommes que les vertus par lesquelles ils avaient gagné le ciel.

Telle fut la vie de Jean Bassand pendant les premières années qu'il passa dans la congrégation des Célestins. Ses qualités éminentes n'avaient point échappé à ses supérieurs. On le jugea digne de gouverner avec autorité les frères qu'il avait jusque-là édifiés par ses exemples, et il fut nommé sous-prieur du monastère de Paris. Cette fonction exigeait autant de dévouement que d'intelligence. Mais le cœur de Jean était rempli d'une charité active et infatigable. Aussi tous recouraient à lui avec confiance, et il accueillait tout le monde avec la bonté d'un père et l'autorité d'un maître aussi zélé que prudent. On louait sa vigilance dans l'administration, sa discrétion dans les conseils, la sûreté de son coup d'œil à saisir l'ensemble et les détails d'une affaire. La communauté des Célestins de Paris était alors très-nombreuse. Quand le prieur était absent ou empêché, Jean Bassand le remplaçait avec succès auprès des novices ou des élèves qu'on formait au monastère, et on ne savait alors ce qu'on devait le plus admirer en lui, ou l'étendue de la science ou la bienveillance des manières.

Vers ce temps, quelques nobles personnages de Picardie fondèrent, à Amiens, un monastère qui devait dépendre des Célestins de Paris. Le mérite avec lequel Jean Bassand avait rempli sa charge le désignait naturellement à ses supérieurs pour gouverner cette communauté nouvelle. Il fut donc nommé prieur du monastère d'Amiens, et partit aussitôt pour cette ville, afin de diriger lui-même les travaux de construction, selon les besoins et les usages de l'Ordre. Quand toutes les conditions de la nouvelle abbaye eurent été réglées d'une manière convenable, Jean Bassand fut solennellement installé dans ses fonctions, et ne se montra pas au-dessous de sa dignité. Dans le gouvernement de cette communauté, il fut aussi zélé à faire marcher les religieux dans la voie de la perfection qu'attentif à s'y maintenir lui-même.

C'est pendant son séjour à Amiens que Jean Bassand apprit à connaître sainte Colette. Cette pieuse fille, longtemps incertaine sur sa vocation, désirait ardemment s'ensevelir dans la solitude, qui avait toujours eu beaucoup d'attraits pour elle. On lui avait vanté la ferveur et la prudence du prieur des Célestins établis depuis peu à Amiens. Elle se rendit dans cette ville, s'adressa à Jean Bassand, et lui fit connaître toutes ses inquiétudes sur l'état qu'elle devait embrasser, promettant de s'abandonner à sa conduite avec une docilité d'enfant. Le prieur, déjà instruit par la renommée de la sainteté de Colette, n'eut pas de peine à reconnaître qu'elle n'était pas une âme ordinaire et que Dieu la destinait à de grandes choses. Il la dirigea avec une prudente charité, lui traça des règles propres à l'aider dans l'exercice de l'oraison, et l'assura que Dieu ne manquerait pas de l'éclairer si elle persévérait dans la prière. Quand il l'eut suffisamment éprouvée, il n'hésita pas à lui déclarer qu'elle était appelée à la vie religieuse, et pour qu'elle se rendit plus digne encore des faveurs du ciel, il l'engagea à faire vœu de virginité. L'humble servante de Dieu accueillit avec joie une proposition qui répondait si bien à la pureté de son âme, et, après une préparation de quelques jours, elle fit, entre les mains de Jean Bassand, un vœu si cher à son cœur. Quelque temps après, Colette retourna à Corbie. Mais elle conserva toujours la plus haute idée de son directeur et le plus profond respect pour ses avis ; car, dans la suite, le saint religieux lui écrivit plusieurs lettres spirituelles, et quand plus tard il sut que la Sainte s'était rendue à Besançon pour y établir la réforme des Clarisses, il écrivit à ses parents, en les priant de témoigner à Colette la plus grande considération, et de l'appuyer dans ses établissements.

Jean Bassand passa plusieurs années au monastère d'Amiens. Les preuves qu'il y donna de son talent et de sa vertu le firent appeler ensuite à un poste plus éminent encore. Il fut nommé prieur de l'abbaye de Paris, et revint prendre son poste au milieu de cette communauté où il avait laissé de si bons souvenirs. Dans cette nouvelle fonction, il déploya un zèle ardent pour la discipline monastique, et devint le modèle du troupeau qu'il avait à conduire. Son exemple entretint parmi les religieux une noble émulation pour la vertu, et l'on disait universellement que celui qui marchait d'un pas si assuré dans la voie suivie par les Saints ne pouvait manquer d'être associé un jour à leur gloire.

La prudence était une de ses vertus habituelles. Jamais il ne faisait une démarche importante sans en avoir calculé toutes les suites. Aussi les Pères de son Ordre, pleins d'admiration pour la sagesse de sa conduite, crurent que personne mieux que lui ne pouvait avantageusement remplir les importantes fonctions de provincial. Il fut donc unanimement élevé à cette dignité dans le Chapitre général de l'Ordre, tenu en 1411. Cette charge durait trois ans, et Jean Bassand s'en acquitta si bien que le Chapitre l'en revêtit cinq fois (de l'an 1411 à l'an 1441), rendant ainsi un solennel hommage à sa vertu et à ses talents.

Jean Bassand visita avec soin les monastères de sa province, voyageant quelquefois à cheval, et montrant toujours un courage infatigable à supporter les fatigues. Un jour, il arriva pendant la nuit auprès d'un couvent qu'il devait visiter. Quoiqu'il fût épuisé de faim et de lassitude, il ne voulut pas qu'on éveillât les officiers du monastère, prit une légère réfection, et se jeta sur un lit pour reposer quelques instants. A l'heure de Matines, il avait devancé tous les autres à l'église, et les moines, stupéfaits de le trouver assis au chœur, admirèrent cette ardeur à donner à tous l'exemple de l'exactitude et de la régularité.

Souvent, après l'office de la nuit, quand tous les autres retournaient au dortoir pour prendre encore quelques moments de sommeil, le provincial restait au chœur pour méditer et prier jusqu'à l'heure de Prime. Dans ses rapports avec les moines qu'il visitait, il savait mêler heureusement la fermeté à la douceur, et rendre toujours les réprimandes salutaires en les assaisonnant de l'huile de la charité. Il recommandait surtout aux prieurs et aux anciens de ne pas laisser amortir leur zèle et de tendre toujours à une plus haute perfection. On admirait son habileté à discerner les caractères, à sonder les consciences, à reconnaître les inclinations de chacun. Sans faire jamais acception de personnes, il félicitait les jeunes frères qu'il voyait animés d'un saint zèle pour les règles et les constitutions. En un mot, il savait mêler les encouragements aux menaces, et montrer, suivant les besoins, la sévérité d'un maître et la bonté d'un père.

Pendant les nombreuses années de son provincialat, Jean Bassand parcourut bien des pays, soit pour fonder des monastères nouveaux, soit pour visiter les anciens. On le vit tour à tour en Angleterre, en Italie, dans l'Aragon, déployant partout le même zèle pour l'accroissement de son Ordre. Jaloux de procurer la gloire de Dieu, il refusait toujours les honneurs qui semblaient se rapporter à sa personne, parce qu'il savait que l'humilité doit être la base de la perfection religieuse.

Les affaires de l'Ordre appelèrent Jean Bassand à Rome, vers l'an 1418, sous le pontificat de Martin V. Il parut devant le Pape, qui avait déjà été informé de son mérite, et qui voulut le nommer pour toute sa vie supérieur des Célestins de France. Jean Bassand se hâta de remercier ce Pontife. « Très-saint Père », lui dit-il, « c'est malgré moi que j'ai accepté, pour trois ans seulement, la charge de provincial, et je suis prêt à la déposer aux pieds de Votre Sainteté, car c'est moins un honneur qu'un poids très-lourd qui a été mis sur mes épaules ».

Les nombreuses et incessantes occupations du provincialat n'avaient point empêché le bienheureux Bassand de trouver encore du temps pour cultiver les saintes Lettres. Il fut l'ami intime du célèbre chancelier de l'Université, Jean Gerson, avec lequel il s'entretenait sur les plus hautes questions de théologie. Il le pria un jour de composer un petit Traité sur *la sainte Humanité de Jésus-Christ*, qui serait comme le commentaire de cette parole des saints Livres : « Il a reçu Israël, son serviteur, se souvenant de sa miséricorde ». Gerson s'empressa de répondre au désir de son ami, et composa le livre que nous possédons encore dans ses œuvres, sous ce titre : *De Susceptione humanitatis Christi*. Il est adressé à Jean Bassand, que Gerson appelle un homme plein de pénétration, auquel il aimait à communiquer ses ouvrages et dont il recevait volontiers les avis sur ce qu'il devait corriger. Il finit ce Traité par ces paroles, qui sont tout à la louange de notre Bienheureux : « Telles sont, ô Père rempli d'une piété et d'une prudence consommée, telles sont les choses que j'ai écrites à la hâte, comme une expression de mon ardente amitié pour vous. C'est pour répondre à votre demande que je les ai confiées à cette feuille, l'an du Seigneur 1426. J'ai commencé cette explication du saint cantique le jour où j'ai reçu, dans la chapelle, la visite de votre bonté, pour qui je conserverai toujours un sincère respect. Adieu ».

Jean Bassand, de son côté, composait des œuvres littéraires qu'il communiquait à Jean Gerson. Il lui adressa un jour un *Traité*, divisé en quatre parties, dont Gerson le remercia en ces termes : « Révérend Père, j'ai reçu de votre bien-aimée et dévote personne le Traité que vous m'avez envoyé et offert, et qui est divisé en quatre parties. La seconde renferme environ cinquante considérations, qui sont exposées avec force, brièveté et ordre ». Cette amitié si intime entre ces deux grands hommes prouve tout à la fois et la piété de Gerson et la science de Jean Bassand. Si ce dernier ne nous a pas légué des œuvres importantes comme celles du célèbre chancelier, c'est que ses nombreuses occupations ne lui en ont pas laissé le temps, ou que son humilité lui fit préférer cette belle maxime d'un pieux écrivain de cette époque : « Aimez à être ignorés et à être comptés pour rien ».

Le saint vieillard termina ses fonctions de provincial en 1441. Il avait alors près de quatre-vingt-un ans, et il pouvait se reposer de ses longs travaux avec quelque confiance de n'avoir pas été un serviteur inutile dans la maison de Dieu. Mais la vie du chrétien est un combat incessant, qui commence au berceau et ne finit qu'à la tombe, et Jean Bassand ne cessa ses pénibles voyages que pour se recueillir dans la retraite et travailler encore à la sanctification de son âme. Redevenu pour ainsi dire un simple religieux, il donnait à tous l'exemple de l'obéissance, de la piété, du dévouement parfait. Il observait scrupuleusement la règle, prenait part à tous les exercices de la communauté, et évitait toute irrégularité et tout relâchement. Plus le temps qu'il avait encore à passer sur la terre était court, plus il lui semblait précieux. Quand le son de la tablette [1] appelait la communauté à quelque exercice, il quittait tout, même une œuvre commencée, pour obéir à la voix de Dieu qui l'appelait ; car il avait coutume de répéter cette parole des saints Livres : « L'obéissance vaut mieux que le sacrifice ».

L'Ordre des Célestins, si fervent à son origine, avait déjà perdu, dans quelques monastères d'Italie, l'esprit de son saint fondateur. Le monastère de Collemadio, bâti près d'Aquila, dans le royaume de Naples, était habité

---

1. Dans les monastères on frappait sur une tablette de bois pour éveiller les moines ou les convoquer à quelque exercice.

par des religieux qui ne suivaient plus l'observance régulière. Jean Bassand, malgré son grand âge, fut chargé de se rendre en Italie, et de réformer ce monastère, en y réunissant une communauté de frères qui s'engageraient à suivre l'observance régulière. Il arriva à Aquila en 1443. Mais les habitants de cette ville, gagnés par les suggestions des moines relâchés qui habitaient le monastère, ne montrèrent aucun empressement à accueillir le pieux réformateur. Jean Bassand, déconcerté par cette froideur, revint à Rome, rendit compte au Pape de l'insuccès de sa mission, et lui demanda la permission de retourner en France. Mais Eugène IV avait trop à cœur de faire refleurir l'esprit monastique à Collemadio, pour abandonner cette entreprise. Il retint Jean auprès de lui. Sur ces entrefaites, arriva à Rome un religieux bénédictin, nommé Jean de Messine, plein de zèle pour l'observance régulière, et grand ami du Bienheureux. Quand il apprit que les moines d'Aquila avaient refusé la réforme, il alla trouver le Pape et l'engagea vivement à tenter de nouveau cette œuvre importante. Eugène IV associa alors au Célestin deux hommes éminents, leur donna pleins pouvoirs de traiter avec les citoyens d'Aquila toutes les questions relatives à la réforme de leur monastère. Les nouveaux envoyés se rendirent aussitôt dans cette ville, et cette fois le succès de l'œuvre fut complet. Le gouvernement du monastère fut confié à Jean Bassand, qui s'y installa au mois de mars 1444 avec quelques religieux français, et ceux d'entre les anciens moines qui consentirent à embrasser la réforme. Quant à ceux qui refusèrent, on pourvut à leur sort d'une manière convenable. C'était là un beau triomphe pour la vieillesse de notre Bienheureux. La joie de faire revivre l'esprit de saint Célestin aux lieux mêmes qu'il avait sanctifiés par sa présence, donnait au pieux réformateur une force nouvelle. Il pourvut à tout avec un zèle d'autant plus admirable que le monastère, au moment où il en prit possession, manquait de tout ce qui est nécessaire à une communauté religieuse.

Mais la pauvreté ne fut pas la plus rude épreuve qu'il eut à subir dans cette nouvelle position. Ceux des anciens moines qui étaient restés à Collemadio ne s'étaient soumis à Jean Bassand que malgré eux. Leurs paroles et leur conduite laissaient assez voir qu'ils détestaient la réforme et qu'ils voulaient essayer d'en secouer le joug. Au temps de Carême, ils convinrent secrètement d'abandonner un jour le monastère tous ensemble, au grand scandale du peuple et à la honte des nouveaux venus, qui, se trouvant ainsi trop peu nombreux, ne pourraient suffire au service religieux de la communauté. Ils exécutèrent leur projet le quatrième dimanche de Carême ; mais, par une providence admirable, au moment où ils sortaient du monastère, sept nouveaux frères arrivaient de France à Collemadio et y entraient par la porte de l'église. Le réformateur les accueillit avec joie, et le peuple d'Aquila, émerveillé de cette heureuse rencontre, n'eut que des paroles de blâme et de mépris pour les moines infidèles qui avaient pris la fuite. Dès lors, la communauté de Collemadio fut des plus édifiantes. Jean Bassand y donnait, malgré son grand âge, l'exemple des vertus les plus austères. Il y vécut environ une année, entouré du respect des fidèles et du clergé, qui le regardaient comme un Saint.

Cependant, l'énergie morale qu'il avait déployée, en doublant les forces de son corps, les avait usées plus promptement. La veille de l'Assomption, il tomba malade et sentit que la vie allait bientôt lui échapper. Malgré sa faiblesse, il voulut néanmoins assister ce jour-là à l'office, célébrer la sainte messe et manger avec la communauté. Comme son mal s'aggravait, il se mit au lit et ne cessa de réciter des hymnes et des prières pour se préparer à la mort. Quand il vit sa fin approcher, il appela tous les frères autour de sa couche, et, au milieu de leurs soupirs, il s'efforça de les rassurer contre les persécutions qu'ils semblaient redouter pour l'avenir, quand ils n'auraient plus leur père et leur pasteur pour les protéger. « Ne craignez point », leur dit-il, « tant que vous resterez fidèles à la sainte obéissance. Demeurez fermes, afin que l'œuvre que nous avons entreprise ne reste point inachevée ». Il leur parla longtemps et avec l'onction la plus touchante ; car, malgré les douleurs de la maladie, il avait conservé la plénitude de son intelligence et toute l'ardeur de son âme.

Quand on apprit à Aquila que Jean Bassand touchait au terme de sa vie, l'évêque de la ville, le comte de Monteri et les principaux magistrats de la cité accoururent au monastère pour rendre une dernière visite au bienheureux Père et recevoir sa bénédiction. Il refusa humblement de les bénir lui-même, priant l'évêque de le faire à sa place. Tous versaient des larmes et contemplaient avec douleur les derniers moments de ce bon Père, qu'ils regardaient comme un Saint. Parmi les témoins de cette scène touchante se trouvait le célèbre prédicateur saint Jean Capistran. C'était un des amis du Bienheureux et un des plus sincères admirateurs de ses vertus. Il lui adressa encore quelques paroles affectueuses et soutint les élans de sa piété tandis qu'on administrait au pieux mourant les sacrements de l'Eglise. Jean Bassand était digne de mourir entre les bras d'un Saint, qui lui montrait avec une foi ardente la couronne immortelle des élus, qu'il devait bientôt partager lui-même. Le bienheureux Père tenait d'une main le crucifix et de l'autre un flambeau ; il sembla se recueillir un instant, murmura de ses lèvres mourantes le psaume *Laudate Dominum in sanctis ejus*, et expira paisiblement, le 26 août 1445.

CULTE ET RELIQUES.

Ses disciples rendirent à sa dépouille sacrée les plus grands honneurs. Le corps du défunt, revêtu des habits sacerdotaux, fut exposé, le visage découvert, dans l'église du monastère, et le peuple vint en foule contempler une dernière fois les traits bénis de celui qu'il invoquait déjà comme un Saint. Jean Capistran fit d'une voix éloquente l'oraison funèbre de celui qui avait été son ami et qu'il regardait dès ce jour comme son protecteur. Il raconta devant un auditoire immense sa vie si pleine d'édification et sa mort si glorieuse.

Dieu manifesta dès ce jour la sainteté de son serviteur. Le peuple se précipitait en foule autour du cercueil pour toucher le corps du Bienheureux, et l'affluence fut si grande qu'on fut obligé de placer des gardes à l'entour pour contenir la multitude. On le transporta ensuite dans la chapelle de Saint-Jean-Baptiste, et plusieurs malades et infirmes furent miraculeusement guéris au contact de ce corps virginal. Les habitants d'Aquila surtout étaient accourus, à la suite de l'évêque et du clergé, pour honorer les funérailles de celui qui les avait tous édifiés par la sainteté de ses derniers jours. Tous s'estimaient heureux de baiser dévotement ses pieds et ses mains, et de contempler encore une fois sa figure, si pleine de grâce, qui ressemblait à celle d'un homme reposant d'un paisible sommeil.

Le corps du glorieux serviteur de Dieu resta exposé à la vénération des fidèles dans l'église de Collemadio. Des miracles éclatants, que raconte en détail l'auteur contemporain de sa *Vie*, attestèrent sa sainteté. Le récit de ces grâces merveilleuses, passant de bouche en bouche, attira bientôt de nombreux pèlerins autour de son tombeau. Les religieux couvrirent de chaux vive le corps du Bienheureux, qui resta ainsi exposé, dans une châsse de bois, sur l'autel de Saint-Jean-Baptiste, parce que les habitants d'Aquila n'avaient pas voulu souffrir qu'il fût descendu dans le caveau destiné à la sépulture ordinaire des religieux Célestins. Il resta dix-huit ans sur cet autel, et chaque année, le jour anniversaire de sa mort, les magistrats et les citoyens d'Aquila venaient solennellement offrir deux cierges devant ses reliques et assister au saint sacrifice. En 1463, la châsse fut ouverte en présence d'un grand nombre de témoins, et le corps du Saint fut trouvé intact, malgré la chaux vive dont il avait été entouré. La dévotion des fidèles envers le bienheureux Bassand s'est perpétuée jusqu'à nos jours. Ses restes vénérés se voient encore dans l'église d'Aquila, où ils reposent dans une châsse garnie de verre, placée sur l'autel de Saint-Jean-Baptiste. C'est là que les pieux chrétiens sont allés tant de fois implorer la protection de ce Bienheureux. L'épitaphe placée sur sa tombe rapporte les principales circonstances de sa vie, et indique clairement que depuis sa mort on l'a honoré du titre de Bienheureux, et qu'on l'invoque publiquement comme un Saint.

Extrait des *Vies des Saints de Franche-Comté*, par les professeurs du collége Saint-François-Xavier. — Telera rapporte la *Vie du bienheureux Jean Bassand* dans son *Histoire des Saints personnages de l'Ordre des Célestins*, écrite en italien. Les Bollandistes l'ont donnée, d'une manière plus complète et avec des remarques savantes, au 26 août.

SAINT AMATEUR OU ROC-AMADOUR,

SOLITAIRE DANS LE QUERCY, AU DIOCÈSE DE CAHORS (Ier siècle).

Selon une tradition fort ancienne, confirmée par l'autorité du pape Martin V (Bulle de 1427) et les récentes découvertes hagiographiques qui ont immortalisé le nom de M. l'abbé Damourette, saint Amateur est le même personnage que Zachée, dont il est parlé dans l'Evangile, et que l'on croit être l'époux de sainte Véronique. Débarqué sur le sol des Gaules avec ses saints amis, Lazare, Marthe et Marie, Zachée les quitta pour chercher au loin une solitude où il pût s'établir. Il la trouva dans le labyrinthe de rochers qui, au milieu du Quercy (Lot), élèvent leurs fronts sourcilleux au-dessus du ravin étroit et profondément creusé par les eaux torrentueuses du Lauzon. Cette vallée, qui porte aujourd'hui le nom de Roc-Amadour, s'appelait alors le Val-Ténébreux, et était peuplée de bêtes féroces. Ce sévère et grandiose paysage, qui fait penser à la Thébaïde, ne pouvait manquer de plaire à un homme qu'occupaient de hautes et austères pensées; il éleva de ses mains une humble cellule sur l'un des points culminants de la montagne, et creusa dans le roc, au niveau de l'aire des aigles, un oratoire en l'honneur de la Mère de Dieu. Les peuples des belles vallées de Figeac et de Saint-Céré saluèrent le pieux ermite du nom d'*Amator rupis* (Amateur de la roche); plus tard ce nom se changea en celui d'Amadour ou de Roc-Amadour, plus conforme au génie du dialecte méridional.

La petite statue de la Vierge, qu'avait façonnée Zachée, fit des miracles nombreux en faveur des fidèles qui venaient l'invoquer dans son sanctuaire de rochers : ce pèlerinage, dix-huit fois séculaire, est encore aujourd'hui un des plus célèbres de la France : nous en parlerons en son lieu (8 septembre).

Zachée fut enseveli d'abord dans le vestibule de la chapelle de Notre-Dame de Roc-Amadour qu'il avait fondée, et y demeura caché jusqu'en 1166. A cette époque, un habitant du pays se trouvant à l'extrémité ordonna à sa famille, peut-être par une inspiration divine, d'ensevelir sa dépouille terrestre à l'entrée de l'oratoire. A peine eut-on creusé la terre, que le corps du bienheureux Amator fut retrouvé entier, placé à l'église, près de l'autel, et montré à la dévotion des pèlerins. Alors il se fit dans ce lieu des miracles si nombreux et si inouïs, par la puissance de la très-sainte Vierge, que le roi Henri II, qui se trouvait à Castelnau de Bretenoux (Lot), vint lui-même pour y satisfaire à sa dévotion.

Ces restes précieux demeurèrent sans corruption pendant plusieurs siècles, de telle sorte que l'on disait en proverbe : *Ceci est entier comme le corps de saint Amadour;* ou bien : *Il est en chair et en os comme saint Amadour.* En 1562, les Huguenots s'étant emparés de la ville, pillèrent la chapelle et livrèrent aux flammes ces bienheureuses reliques; le feu les respecta; alors le capitaine Bessonie prit un marteau de forgeron pour les briser, ajoutant à cette action impie des paroles plus impies encore. Le père Odo de Gissey assure avoir parlé à un homme témoin de cet horrible spectacle, et qui déposa qu'alors on voyait encore sur la face du Saint les poils de la barbe. Cependant on parvint à arracher aux flammes une partie de ces précieuses reliques. Le même auteur avait vu lui-même un bras du Bienheureux avec une partie de sa main; on y remarquait un doigt brisé, où paraissait du sang aussi vermeil qu'il pourrait être dans un corps fraîchement entamé.

Les restes du bienheureux Amadour furent de nouveau attaqués et profanés en 1793. Maintenant il ne reste plus que deux reliquaires, dans l'un desquels on voit des ossements à demi consumés par le feu, et mêlés avec une poussière semblable à une cendre noire ; dans l'autre, on aperçoit plusieurs ossements que le feu n'a pas même endommagés ; le taffetas qui environnait le foie est encore empreint de marques sanglantes, et le foie lui-même, loin de s'être corrompu, a conservé l'élasticité d'une chair vivante. Ainsi saint Amadour, vainqueur de l'enfer pendant sa vie, l'a encore vaincu après sa mort.

Il y a une relique du Saint à Davenescourt, chez les Dames de Saint-Maur.

Propre de Cahors; Année Dominicaine, tome IV; *Notre-Dame de Roc-Amadour*, par M. Caillau, chanoine du Mans.

XXVIIᵉ JOUR D'AOUT

MARTYROLOGE ROMAIN.

A Rome, la déposition de saint JOSEPH, confesseur illustre par l'innocence de sa vie et par ses miracles ; qui, pour instruire la jeunesse dans la piété et dans les lettres, fonda l'Ordre des Pauvres Clercs Réguliers de la Mère de Dieu des Ecoles pies. 1648. — A Capoue, dans la Campanie, la naissance au ciel de saint Rufe, évêque et martyr ; il était de famille patricienne et fut baptisé avec toute sa maison par saint Apollinaire, disciple de saint Pierre. Vers la fin du Iᵉʳ s. — Au même lieu, les saints martyrs Rufe et Carpophore, qui souffrirent sous Dioclétien et Maximien [1]. — A Tomes, dans le Pont, les saints martyrs Marcellin, tribun ; Mannée, sa femme, et leurs enfants, Jean, Sérapion et Pierre. Vers 303. — A Lentini, en Sicile, sainte Euthalie, vierge, qui, parce qu'elle était chrétienne, fut tuée d'un coup d'épée par son frère Sermilien, et s'envola vers son céleste Epoux. Vers 256. — Le même jour, le martyre de sainte Anthuse la Jeune, qui fut noyée dans un puits pour la foi chrétienne. — A Bergame, saint Narne, baptisé par saint Barnabé, qui ensuite l'ordonna premier évêque de cette ville [2]. Vers 75. — A Arles, saint CÉSAIRE, évêque, homme d'une sainteté et d'une piété admirables. 542. — A Autun, saint SYAGRE, évêque et confesseur. 600. — A Pavie, saint Jean, évêque [3]. 813. — A Lérida, dans l'Espagne Tarragonaise, saint Lycère, évêque. — Dans la Thébaïde, saint PÉMEN ou PASTEUR, anachorète. 451. — A San-Severino, dans la Marche d'Ancône, sainte Marguerite, veuve. 1395.

MARTYROLOGE DE FRANCE, REVU ET AUGMENTÉ.

En Lorraine, la bienheureuse MARGUERITE DE BAVIÈRE, duchesse de Lorraine. 1434. — Aux diocèses de Saint-Flour et du Puy, saint Césaire le Grand, archevêque de ce siège et confesseur, cité au martyrologe romain de ce jour. — A Sens, saint EBBES ou EBBON, vingt-neuvième évêque de ce siège et confesseur. 740. — A Saint-Lizier (Ariège), au diocèse de Pamiers, saint Licar ou Lizier (appelé aussi Sizier, Lézer, Liger, Léger, Glicère, Licère), évêque régionnaire du Couserans (petite province de la Gascogne qui fait aujourd'hui partie du département de l'Ariège). Nous avons donné sa notice au 7 août, jour de sa première fête. Plus solennelle, celle du 27 août est du rite de première classe, avec octave. 548. — A Châlon-sur-Saône, translation des reliques

---

1. Leurs corps furent découverts en 1712 sous un autel de l'église métropolitaine de Capoue. En 1719 on les enferma religieusement dans des châsses d'argent que l'on déposa en grand honneur dans la chapelle du Trésor. — Le Père Sollier, dans les *Acta Sanctorum*.

2. Son corps fut déposé d'abord dans l'Oratoire de Saint-Pierre de Bergame ; de là il fut transféré dans l'église de Saint-Alexandre ; quand celle-ci fut détruite (1561), le corps saint alla enrichir la basilique de Saint-Vincent. Cette dernière fut plus tard dédiée sous le vocable de saint Alexandre : et le tombeau du maître-autel de cette église, devenue dès lors cathédrale, hérita de ce précieux trésor. — Le Père Sollier, dans les *Acta Sanctorum*.

3. Après avoir gouverné douze ans l'Eglise de Pavie, et l'avoir illustrée par sa science et sa vertu, il s'endormit doucement dans le Seigneur et fut enseveli dans le sanctuaire de l'église métropolitaine, sous le maître-autel. — Le Père Sollier, dans les *Acta Sanctorum*.

de saint Loup, vulgairement saint Leu, évêque de ce siège et confesseur. Son décès est marqué au martyrologe de France du 27 janvier, et nous avons donné sa légende au 19 février, jour où on l'honore dans l'Eglise d'Autun. 610. — A Soissons, les saints Timothée et Apollinaire, martyrs, cités au martyrologe romain du 23 août, jour sous lequel nous avons donné leur notice. IIIe s. — A Toulouse, mémoire de saint VIDIAN DE MARTRES, martyr. Sous Charlemagne. — A Montpellier, saint Sévère, fondateur et premier abbé du monastère d'Agde *(Agatha)*, et dont nous avons parlé au 21 août, jour où l'Eglise de Rodez célèbre sa fête. Ve s. — A Rodez, la sainte mort du vénérable P. Gilbert Nicolaï, plus connu sous le nom de Gabriel-Marie, religieux cordelier, confesseur de la reine sainte Jeanne de Valois, et son coopérateur dans la fondation de l'Ordre de l'Annonciade ou des Dix-Vertus de la très-sainte Vierge (1500). Le corps de ce pieux serviteur de Dieu et de Marie fut enseveli dans le couvent des Annonciades de Rodez. On dit que l'on voyait souvent sur son tombeau des clartés merveilleuses, et qu'on y entendait les concerts d'une céleste harmonie [1]. 1525 ou 1532. — Dans l'ancien monastère bénédictin de Saint-Pierre d'Hasnon *(Hasmoniense monasterium)*, au diocèse de Cambrai, entre les villes de Marchiennes et de Saint-Amand-les-Eaux, le bienheureux Liébert II, abbé et confesseur. Il succéda au bienheureux Rolland, qui s'était également distingué par une éminente vertu. L'odeur de sainteté qu'on respirait auprès de lui le faisait appeler le modèle de la vie religieuse. 1091. — Au diocèse de Bourges, translation des reliques de saint Sulpice le Pieux ou le Débonnaire, archevêque de ce siège et confesseur, et dont nous avons donné la vie au 17 janvier. Le 27 août est le jour qui a été choisi pour la solennité de la fête de saint Sulpice par les paroisses du diocèse de Nevers placées sous le patronage du saint archevêque de Bourges. Ce sont celles de Saint-Sulpice-le-Châtel, Fours, Entrains, Marcy, Saincaize, La Colloncelle, Planchez, Authion, Varennes-lès-Nevers et Cigogne. 644. — A Quézac (Cantal, arrondissement d'Aurillac, canton de Maurs), au diocèse de Saint-Flour, Notre-Dame de Quézac, pèlerinage qui remonte au-delà du XIVe siècle. S'il tomba forcément pendant la Révolution de 93, il se releva promptement lorsque la liberté fut rendue à la France. Cet heureux sanctuaire possède non-seulement une image miraculeuse de la sainte Vierge, mais encore une parcelle du manteau de la Mère de Dieu, de la vraie Croix, de la Crèche de Notre-Seigneur, un fragment d'un vêtement de saint François de Sales, des os de saint Roch, de saint Pierre, de saint Julien et d'autres Saints. Des miracles nombreux s'opèrent tous les ans dans cette chapelle.

MARTYROLOGES DES ORDRES RELIGIEUX.

Martyrologe de l'Ordre des Chanoines réguliers. — La Vigile de notre père saint Augustin. — Chez les Chanoines de Vienne, saint Grégoire d'Utrecht, confesseur, disciple du bienheureux Boniface, martyr, dans l'Institut des Clercs Réguliers, et son successeur dans l'épiscopat d'Utrecht. Il convertit les Saxons à la foi de Jésus-Christ. 776.

Martyrologe de l'Ordre des Cisterciens. — L'Octave de notre père le bienheureux Bernard, abbé et docteur de l'Eglise universelle [2]. 1153.

Martyrologe de l'Ordre des Déchaussés de la Sainte-Trinité. — De même que chez les Cisterciens.

Martyrologe de l'Ordre de la Bienheureuse Vierge Marie du Mont-Carmel. — La Transverbération du Cœur de sainte Thérèse, vierge, de l'Ordre des Carmélites [3]. 1582. — De plus, saint Joseph Casalanz, confesseur, fondateur de la Congrégation des Pauvres de la Mère de Dieu, et dont la fête se célèbre le 3 septembre. 1648.

Martyrologe des Ermites de Saint-Augustin. — De même que chez les Chanoines réguliers.

Martyrologe de l'Ordre des Carmes Déchaussés. — La Transverbération du Cœur de sainte Thérèse, vierge, notre Mère. — A Rome, le décès de saint Joseph, confesseur, illustre par l'innocence de sa vie et ses miracles. Pour élever la jeunesse dans la piété et les lettres, il fonda l'Ordre des Clercs Réguliers des Pauvres de la Mère de Dieu des Ecoles pies. Sa fête se célèbre le 3 septembre; dans les Etats de l'Eglise elle se fait le 6 du même mois, et de même en Etrurie. 1648.

ADDITIONS FAITES D'APRÈS LES BOLLANDISTES ET AUTRES HAGIOGRAPHES.

A Constance, ville du grand-duché de Bade, sur le Rhin, saint Guebhard II, appelé aussi Gébhard, Gébard et Gébehard, évêque de ce siège et confesseur. Il était le plus jeune fils du pieux Huozo, comte de Bregentz, et naquit le 7 août 949 à Pfannenberg, près de Bregentz. Il

---

1. Il ne reste plus aujourd'hui qu'un souvenir du couvent des Annonciades de Rodez ; les bâtiments eux-mêmes ont été renversés ; seulement la Providence n'a pas permis que cette terre fût à jamais profanée : il y a encore là une maison de Dieu : on y a élevé un superbe édifice destiné aux élèves du sanctuaire.

2. Nous avons donné sa vie au 20 août. — 3. Nous donnerons sa vie au 15 octobre.

étudia les lettres chez les Chanoines de Constance qui, voyant ses progrès et ses vertus, le reçurent bientôt dans leurs rangs. A la mort de l'évêque Germenolphe ou Gaminolf (979), qui succéda immédiatement à saint Conrad, Guebhard monta sur le siége épiscopal de Constance. Il employa son patrimoine à la fondation du monastère de Peterhausen, près de Constance et du pont du Rhin : Grégoire V le dédia et le plaça sous la protection spéciale du Saint-Siége. Les empereurs d'Allemagne et d'autres seigneurs accordèrent à ce monastère de nombreuses donations et de grands priviléges. Le pieux évêque y plaça des moines de Meinradszell ou Marie-l'Ermitage qui jouissait alors d'une grande réputation de sainteté. Guebhard prouva encore sa libéralité par des donations nombreuses et considérables qu'il fit particulièrement à plusieurs églises du Schwartzwald, et, après avoir siégé environ seize ans, il s'endormit dans le Seigneur. 995 ou 996. — En Ecosse, saint Malrube, ermite et martyr. Il était uniquement occupé des pratiques de la pénitence et de l'exercice de la contemplation, lorsque les incursions des Norwégiens, encore plongés dans les ténèbres de l'idolâtrie, le firent sortir de son désert. Son but était d'aller consoler ses compatriotes dans leur malheur, et d'adoucir, s'il était possible, la fureur des barbares. Par zèle pour leur salut, il se mit à leur prêcher l'Evangile ; mais la mort fut la récompense de sa charité. Les Norwégiens le massacrèrent dans la province de Mernis. Il ne faut pas le confondre avec un autre Saint du même nom qui est honoré le 21 avril. 1040. — Chez les Grecs, mémoire de l'eunuque de la reine Candace, baptisé par le diacre saint Philippe. 34 ou 35.—En Egypte (à Tomes, d'après le martyrologe romain), avec les saints martyrs Marcellin, Mannée, Jean, Sérapion et Pierre, cités au martyrologe romain de ce jour, les saints Chiron, Ammon, Sérapion, Jean, Babilas, Mélèce, Athéogène, Ariston, Feste, Victor, Suzanne, Zoïle, Domnin, Memnon, martyrs. 303. — A Constantinople, les saints Olle et Etienne, martyrs. — A Potenza, ville du royaume d'Italie, dans la Basilicate, les saints martyrs Félix, Aronce et Sabinien, dont les reliques furent portées (760) dans la basilique de Sainte-Sophie de Bénévent. Sous Maximien. — A Antioche, sainte Emérite, martyre. — Au même lieu, les saints Sébaste et Alexandre, martyrs. — Au comté de Somerset, en Angleterre, saint Décuman, ermite et martyr. — A Sion (*Octodurum, Sedunum*), en Valais, saint Théodore II, évêque de ce siège et confesseur, un des fondateurs du monastère de Bénédictins et d'Augustins d'Agaune ou Saint-Maurice en Valais. Vers 516. — Au mont Senario, au diocèse de Florence, le bienheureux Jean Manetto, confesseur, l'un des sept fondateurs de l'Ordre des Servites de la Bienheureuse Vierge Marie. Il est cité au martyrologe romain du 20 août. 1268.

SAINT PÉMEN OU PASTEUR,

ABBÉ DE SCÉTÉ ET DE TÉNÉRUTH, EN ÉGYPTE

451. — Pape : Saint Léon Ier, *le Grand*. — Empereurs d'Orient : Pulchérie et Marcien.

> La retenue, la discrétion, la vigilance sur soi-même, voilà les trois guides que l'âme doit suivre fidèlement.
> *Esprit de saint Pémen.*

Le moins connu peut-être des Saints illustres de son temps, saint Pémen ou Pasteur était cependant très-célèbre dans l'antiquité. Il n'y a point de nom plus environné de gloire dans l'histoire des Pères du désert, disent Baronius et Tillemont, que celui de saint Pémen ou Pasteur. Les Grecs lui donnaient de grands éloges dans leurs Ménées, et il paraît avoir justifié leurs louanges. Ils l'appelaient *concitoyen des anges, chef des solitaires* et *prince du désert*. Ils le comparent à un soleil qui brille par ses prodiges sur toute la terre, et comme le miroir de la Divinité, par la sainteté de sa vie.

Il était Egyptien d'origine, et pouvait avoir atteint à peine l'âge de quinze ans lorsqu'il abandonna le siècle vers 385 ; mais il avait dès lors un si merveilleux talent de persuader l'amour de la vertu, que ses frères, touchés de ses pieuses invitations, le suivirent dans sa résolution et se rendirent solitaires avec lui. Ils étaient au nombre de six, dont l'un, plus âgé que lui, s'appelait Anub, et un autre, Payse ou Paëse ; les autres, Simon, Alone, Nesteros et Sarmace le Jeune. Nous n'entrerons pas dans le détail de ses vertus, de ses austérités et de ses miracles qui élevèrent sa réputation bien au-dessus de tout ce que nous pourrions en dire.

L'humilité était sa vertu pour ainsi dire favorite, après laquelle la charité, la douceur et la patience étaient les plus constants objets de son application. Pour donner à toutes ces vertus une sauvegarde assurée, et à la pureté surtout, il se livrait aux plus rudes austérités de la vie monastique. Il passait quelquefois deux jours entiers sans prendre aucune nourriture, et à mesure qu'il crût en âge, il poussa jusqu'à quatre et cinq jours ce jeûne rigoureux. Il s'était interdit l'usage du vin et de la viande, et si parfois il déviait de cette règle, ce n'était que par charité et en arrosant de ses larmes les aliments qu'il consentait à prendre. Toutefois il était aussi indulgent pour les autres que sévère pour lui-même ; sa maxime était qu'il ne faut pas tuer le corps, mais tuer les passions. Non moins assidu aux veilles, à la prière et aux travaux manuels qu'aux autres austérités, il partageait les douze heures de la nuit en trois périodes différentes, quatre heures à travailler, quatre heures à prier, et quatre heures à prendre un peu de repos. Le jour il travaillait jusqu'à Sexte, lisait jusqu'à None, et puis ramassait des herbes pour se nourrir.

Sa profonde sagesse et sa haute sainteté se font remarquer tant dans ses conseils que dans la direction des religieux. Nul n'était plus adonné que lui aux pratiques de la vie intérieure, et plus soigneux de s'éloigner de tout ce qui pouvait faire naître des distractions et le souvenir d'un monde qu'il avait abandonné, et pour lequel il n'avait que du mépris. Sa mère elle-même, étant venue le visiter, reçut cette réponse : « Lequel aimez-vous mieux, me voir présentement un moment, ou être éternellement avec moi dans le monde à venir ? Vous jouirez du bonheur du ciel si vous résistez maintenant à votre désir ». La mère, entendant ce discours de son fils à travers la porte, qu'il ne lui avait même pas ouverte, se retira, en disant : « Je renonce au plaisir de vous voir sur la terre pour m'assurer le bonheur de jouir de votre compagnie dans le ciel ».

Une personne de Syrie, attirée par la réputation de son mérite, étant venue pour le consulter sur l'endurcissement du cœur, saint Pémen lui répondit : « L'eau est molle et la pierre est dure. Cependant l'eau, tombant d'un vase goutte à goutte sur la pierre, la perce peu à peu. Il en est de même de la parole de Dieu. Bien qu'elle soit molle en quelque façon par sa douceur, et que notre cœur soit dur par son insensibilité, si on a soin d'écouter souvent cette divine parole, elle ouvre enfin le cœur, malgré sa dureté, pour y faire entrer la crainte salutaire de Dieu ».

Il regardait l'humilité, ainsi que tous les autres Saints, comme le fondement et la preuve de toutes les vertus. « Elle est », disait-il, « aussi nécessaire à l'âme que la respiration est nécessaire au corps. Les hommes portent leur méchanceté derrière eux, disait-il encore ». Enfin, il assurait que cette vertu était la source de la paix de l'âme. Un jour un frère lui disait : « Comment est-ce, mon Père, que je puis éviter de parler de mon prochain ? » Et il lui répondit : « C'est si vous êtes assez humble pour vous reprocher vos défauts. Imaginez-vous pour cela que vous et votre prochain êtes comme deux tableaux. Si, en considérant celui qui vous représente vous-même, vous n'y trouvez que des défauts, vous trouverez indubitablement que celui de votre prochain est respectable et admirable en comparaison du vôtre. Si, au contraire, le vôtre vous paraît bon, vous trouverez laid celui de votre prochain. Ainsi, vous vous garderez bien de détracter de qui que ce soit, si vous pensez plutôt à vous reprendre vous-même ».

Il regardait l'obéissance et le renoncement à sa propre volonté, comme l'instrument le plus efficace de l'âme pour arriver à la perfection, et il disait : « On avance dans la vertu selon qu'on se défie de soi-même, qu'on recourt à Dieu dans la peine avec une humilité profonde, et qu'on jette derrière soi sa propre volonté ; car », ajoutait-il, « notre volonté propre est comme un mur d'airain que nous mettons entre Dieu et nous, ou comme une pierre qui nous en repousse. Abandonnons notre propre volonté, et nous pourrons dire avec le Prophète : Le mur ne m'arrêtera pas ; je le franchirai pour aller à Dieu ».

Voici les règles qu'il donnait pour le silence. On lui demandait s'il était mieux de parler que de se taire. « Celui qui parle pour l'amour de Dieu, fait bien », répondit-il, « et celui qui se tait pour l'amour de Dieu, fait bien aussi ». — « Si vous mettez un frein à votre langue », dit-il à un autre, « vous serez partout en repos ». — « Quelque peine qui vous survienne, si vous savez vous taire, vous l'avez vaincue ». Un frère lui dit : « Quand je vois quelque chose, dois-je d'abord le rapporter ? » Il lui répondit : « Vous savez ce que dit l'Ecriture : Celui qui répond avant d'avoir écouté, est un insensé, et se fait mépriser. Ainsi, lorsqu'on vous interroge, répondez, à la bonne heure ; autrement gardez le silence ».

Pémen fut plusieurs fois obligé de changer de désert, à cause des fréquentes incursions des Barbares. Ainsi, en 395, après des ravages affreux commis à Scété par les Maziques, il dut se retirer avec ses frères à Ténéruth, près d'un ancien temple d'idoles, et y rester plusieurs années. Mais le danger qu'il y avait encore d'y demeurer, à cause des attaques incessantes dont ils étaient l'objet, le porta, bien malgré lui, à gagner le désert voisin de la ville de Diolque, qui était peuplé de solitaires et où il y avait plusieurs monastères.

Enfin, dès que le calme fut rétabli, il revint à Scété, où il se livra plus que jamais aux délices de la contemplation. A mesure que sa fin approchait, son ardent amour pour Dieu augmentait, le trésor de ses mérites se remplissait ; son corps, exténué de veilles et de prières, se détachait ; son âme, toute séraphique, s'élevait à de continuelles extases, jusqu'à ce que, mûr pour le ciel, il s'élança radieux dans le sein de son Dieu, l'an 451, vers sa quatre-vingtième année.

Extrait de l'*Esprit des Saints*, par M. l'abbé Grimes.

SAINT CÉSAIRE, ARCHEVÊQUE D'ARLES

470-542. — Papes : Saint Simplice ; Vigile. — Rois des Francs : Childéric Ier ; Childebert Ier.

> Avoir la véritable science est l'apanage de celui seul qui a puisé sa science auprès de Dieu.
> Lactance, *Institutions divines*, l. VII.

Saint Césaire naquit dans le territoire de Châlon-sur-Saône, de parents illustres par leur naissance et recommandables par leur insigne piété.

N'ayant encore que sept ans, il donna des marques d'une charité héroïque envers les pauvres; il prenait déjà plaisir à leur donner ses propres habits; et lorsque, retournant à la maison, demi-nu, ses parents le réprimandaient de sa libéralité, il répondait agréablement que c'étaient des passants qui l'avaient dépouillé. A l'âge de huit ans, sentant déjà, dans son cœur, de saintes ardeurs pour la vie évangélique, il alla de son propre mouvement, à l'insu de sa famille, trouver l'évêque de Châlon, saint Sylvestre, pour le supplier de lui donner la tonsure cléricale et de le consacrer au service de son Eglise. Le saint prélat ne put différer de le lui accorder, ayant remarqué sur son visage, et par la manière fervente et résolue avec laquelle il faisait sa demande, que la divine Providence le destinait à quelque chose de considérable. En effet, il ne se trompa point; car Césaire, ayant passé deux ans avec beaucoup d'édification dans les fonctions de clerc, animé du désir d'une plus haute perfection, et résolu d'abandonner non-seulement ses parents, mais encore son pays, pour se délivrer de la captivité du siècle, partit de Châlon, avec un domestique seulement, et se rendit au monastère de Lérins, qui était l'école publique de la piété pour les Gaules. Sa mère, s'étant aperçue de sa fuite, envoya promptement après lui jusqu'à un fleuve voisin, afin de l'arrêter au passage; mais, par une faveur divine, il ne fut point vu de ceux qui le poursuivaient. Il est vrai que le démon, qui voulait rompre son pieux dessein, fit ce qu'il put pour le faire connaître par la bouche d'un possédé, qui, le suivant pas à pas, criait derrière lui : « Césaire, ne va pas plus loin! » mais le saint enfant, touché de compassion et de crainte d'être découvert, se tournant vers ce malheureux, lui donna à boire dans un vase qu'il portait et sur lequel il avait, auparavant, fait le signe de la croix, et chassa de son corps le démon qui le tourmentait. L'on a su ce miracle par le domestique même qui l'accompagnait.

Ainsi Césaire, heureusement échappé des mains de ceux qui voulaient s'opposer à sa vocation, arriva à Lérins où saint Porchaire, qui en était abbé, lui donna l'habit de la Congrégation, au grand contentement des Pères. Il se rendit aussitôt un modèle de vertu dans le monastère; car il était le plus diligent aux veilles, le plus soigneux pour l'observance de la Règle, le plus prompt à l'obéissance, le plus assidu au travail, le plus humble dans l'exercice des ministères du cloître et le plus admirable en modestie et en douceur; de sorte que les plus anciens furent bien surpris de voir un jeune homme, qu'ils avaient reçu pour l'instruire dans la discipline régulière, déjà consommé dans la pratique de toutes les vertus religieuses. Il pratiquait des mortifications extraordinaires, sachant bien que plus le corps est affaibli, plus l'esprit devient vigoureux, et que la perfection de l'homme intérieur n'est fondée que sur les ruines de l'homme extérieur. Il passait les nuits à la lecture, à la prière et au travail; et, au lieu de donner à son corps les aliments que son âge demandait, il le privait de ceux qui lui étaient nécessaires, ne mangeant qu'un peu de légumes qu'il préparait d'un dimanche à l'autre.

Cette austérité excessive dans un jeune homme ruina bientôt sa santé et le réduisit à un état de langueur qui fit pitié au saint abbé. Mais, tant qu'il demeura dans le monastère, on ne put jamais arrêter sa ferveur ni l'obliger d'interrompre pour quelque temps ses exercices spirituels et l'usage de la mortification; on s'avisa donc de l'envoyer à Arles, afin que l'on pût travailler au rétablissement de sa santé. Il y avait dans cette ville un illustre citoyen, nommé Firmin, lequel, avec sa femme, employait son bien à assister les ecclésiastiques, les religieux et les pauvres qui imploraient sa charité.

On le pria de recevoir dans sa maison le jeune Césaire. Il le reçut et le considéra comme son propre fils. Non content de rétablir la santé de son protégé, Firmin voulut orner son esprit : à cet effet il lui fit suivre les leçons de Pomerius, célèbre rhéteur venu d'Afrique pour enseigner à Arles. Mais une vision terrible avertit Césaire de ne pas apprendre les sciences profanes : Dieu se réservait d'instruire lui-même cette âme privilégiée. Cependant Firmin parla des vertus de notre Saint à Eonius, évêque d'Arles, compatriote et parent de Césaire. Ce prélat le demanda à l'abbé Porchaire, l'obtint avec peine, et lui conféra successivement le diaconat et la prêtrise, pour l'employer au service de son Eglise.

Notre Saint ne changea nullement sa manière de vivre, et observa toujours fidèlement les constitutions du monastère de Lérins. Il était élevé aux ordres sacrés, mais il n'en était pas moins religieux, se distinguant entre tre les autres clercs par son humilité profonde, par sa charité ardente, par son obéissance prompte et par sa mortification continuelle. Il se trouvait le premier à l'église et n'en sortait que le dernier. Il fermait ses yeux et ses oreilles à toutes les choses du monde, pour s'appliquer uniquement à la contemplation des vérités célestes, et il paraissait, sur son visage, un je ne sais quoi de divin, qui inspirait de la dévotion à ceux qui avaient le bonheur de le voir.

L'abbé d'un monastère situé dans une île à la porte d'Arles étant mort, Eonius jeta aussitôt les yeux sur Césaire pour le mettre en sa place. Trois ans après, Eonius, épuisé par une longue maladie, se voyant extrêmement malade, demanda Césaire pour successeur. A cette nouvelle, le Saint prend la fuite et va se cacher dans les tombeaux élevés par les Romains, et dont on voit encore aujourd'hui les ruines auprès d'Arles. Mais il est découvert et forcé d'acquiescer aux désirs du peuple et du clergé, qui, d'une voix unanime, l'avaient élu pour leur pasteur (502). Il avait alors trente-trois ans.

Dès qu'il fut élu à cette première chaire des Gaules, il se rendit, par sa vigilance et ses travaux infatigables, un véritable successeur des Apôtres. Il abandonna le soin du temporel de son Eglise à ses diacres et à d'autres officiers qu'il y commit, pour s'appliquer tout entier à étudier la parole de Dieu et la dispenser nûment à son peuple. Il possédait tellement l'Ecriture sainte, qu'on eût dit qu'il la lisait plutôt dans un livre, qu'il ne la récitait par mémoire. C'était d'elle seule qu'il tirait toutes les belles instructions qu'il faisait à ses ouailles, et il l'expliquait avec tant d'éloquence, que, semblable à cet homme de l'Evangile, il tirait tous les jours de ce trésor de nouvelles choses : il décrivait les vices avec des laideurs qui en donnaient de l'horreur à ceux qui l'écoutaient, et il représentait la vertu avec des beautés qui, charmant tout le monde, inspiraient un désir ardent de la pratiquer. Il faisait des descriptions pathétiques de la vanité des choses de la terre, et montrait la solidité de celles du ciel. Il convertissait les uns par les menaces et par la sévérité, et gagnait les autres par son honnêteté et par sa douceur ; par ses larmes, il triomphait de la dureté des plus opiniâtres ; en un mot, il appliquait prudemment le remède à chaque malade, et, comme un sage médecin, il n'avait pas tant d'égard à ce qui pouvait plaire au malade, qu'à ce qu'il jugeait être plus utile à sa guérison. Il ne rougissait point d'exhorter les évêques mêmes qui le visitaient, à s'acquitter dignement de leurs devoirs, et à travailler sans relâche au salut des âmes que Dieu leur avait commises ; il exhortait surtout ses ecclésiastiques à se rendre dignes de leurs fonctions et de leur ministère. Il leur représentait que c'était un crime à eux de se taire lorsqu'ils voyaient quelques abus à reprendre parmi le peuple ; que leur profession les engageait indispensablement d'annoncer la parole de Dieu ; et que, s'ils manquaient à ce devoir, dont d'autres qu'eux s'acquitteraient plus dignement, ils s'attireraient ce terrible reproche de Jésus-Christ : « Malheur à vous, docteurs de la loi, qui vous êtes saisis de la clef de la science, et n'êtes pas entrés vous-mêmes dans son secret, et qui avez empêché ceux qui voulaient y entrer de le faire ». Enfin, comme s'il eût pénétré l'intérieur des consciences, il exposait à chacun d'eux les fautes auxquelles il était sujet et dont il devait se corriger.

Pour empêcher les causeries dans l'église, il obligea les laïques de chanter, avec les clercs, des psaumes, des hymnes et des antiennes, et il établit l'usage des prédications et des exhortations aux jours de fête. Il fonda des hôpitaux pour les malades, où il voulait qu'on fît l'office divin comme dans sa cathédrale. Il assigna aussi des lieux et des revenus pour la retraite et la subsistance des pauvres : il avait pour eux une telle tendresse que, souvent, il commandait à ses domestiques d'aller voir s'il n'y avait point quelqu'un à la porte de son palais, de crainte de l'y faire attendre trop longtemps exposé aux injures de l'air, tandis que lui était à son aise dans sa chambre. Il disait que Dieu avait laissé des pauvres sur la terre, afin que nous pussions leur donner les biens dont nous espérons recevoir la restitution des mains de Jésus-Christ dans le ciel.

Comme Césaire travaillait ainsi tranquillement à la conduite de son peuple, il fut accusé, auprès d'Alaric, roi des Goths, de s'entendre avec les Bourguignons, pour leur mettre la ville d'Arles entre les mains. Ses véritables accusateurs furent des ecclésiastiques de son clergé, que cette qualité pouvait rendre croyables, si leur mauvaise vie, que leur prélat reprenait trop fortement à leur gré, ne leur eût dû ôter toute créance. Ils ne parurent pas, néanmoins, mais se servirent de Licuman, notaire ou secrétaire du Saint : Licuman, ayant par sa charge plus de part dans les affaires de son maître, rendit la calomnie plus vraisemblable. Alaric qui, quoique arien, avait eu jusqu'alors beaucoup de respect pour Césaire, ajouta trop légèrement foi à ce rapport, selon le génie des tyrans, qui ne peuvent s'empêcher d'être soupçonneux; de sorte qu'il le chassa de son siége et le relégua à Bordeaux ; mais cet exil lui fut infiniment glorieux par un miracle, qui rendit témoignage de son innocence : car le feu ayant pris dans la ville, et la menaçant d'une ruine entière, les habitants, qui avaient reconnu sa sainteté depuis qu'il demeurait parmi eux, s'adressèrent à lui et le supplièrent de prier Dieu qu'il fît cesser l'embrasement. Il ne put les refuser : il vint donc dans la rue au-devant des flammes, se mit à genoux, et fit une prière si efficace que l'incendie cessa tout à coup. Pendant le temps qu'il demeura à Bordeaux, il prêcha souvent au peuple, et sa parole émut tous les cœurs. Loin de se plaindre d'Alaric, son persécuteur, il en parla toujours avec grand respect, et recommanda au peuple de lui obéir, parce que l'Evangile oblige d'être soumis aux souverains.

Cette conduite fut heureuse pour Césaire, car Alaric reconnut par là son innocence, et lui écrivit une lettre fort honorable, pour l'avertir qu'il pouvait retourner à Arles quand il voudrait. Les habitants, sachant qu'il approchait, allèrent au-devant de lui avec les croix élevées et des cierges allumés, comme au-devant d'un triomphateur. Son arrivée fut signalée par un miracle : depuis longtemps une sécheresse extraordinaire désolait leur territoire, et il n'y avait point d'espérance de moisson pour cette année ; mais, dès qu'il entra dans la ville, le ciel, qui l'avait éclairée par le jour le plus serein qu'on eût jamais vu, s'obscurcit tout à coup et versa une pluie si abondante, que la terre fut suffisamment arrosée pour produire une belle récolte. Alaric avait condamné son calomniateur à être lapidé ; quand Césaire vit les pierres entre les mains du peuple, il se mit devant le coupable et le sauva.

Il ne jouit pas longtemps de ce repos. Clovis s'étant allié à Gondebaud, roi des Bourguignons, vint assiéger Arles, conjointement avec lui. Pendant le siége, des Juifs perfides, qui s'entendaient secrètement avec l'armée assiégeante, imaginèrent, pour mieux voiler leurs desseins, d'accuser l'évêque saint Césaire de trahison, sous prétexte de la charité qu'il exerçait envers les prisonniers francs et burgondes. Ils se saisirent de lui, le chargèrent de chaînes et le menèrent au palais du prince, où ils le mirent en prison, avec dessein de le jeter au plus tôt dans le Rhône. Les assiégeants s'étant un peu écartés des murailles, les assiégés sortirent, et on trouva, attachée à une pierre, la lettre d'un juif, qui avertissait les ennemis que, s'ils attaquaient la ville du côté où les Juifs faisaient la garde, ils la prendraient indubitablement ; mais qui leur demandait, pour récompense de cet avis, que ceux de station fussent exempts du pillage. Cette lettre ayant fait connaître, d'un côté la trahison des Juifs, et de l'autre l'innocence de Césaire, on le mit en liberté. Il s'employa aussitôt à soulager la misère de beaucoup de personnes que les Goths avaient amenées dans la ville après la levée du siége. Pour cet effet, il vendit ses meubles et fit fondre les vases d'or et d'argent de l'église. « Si vous étiez dans le même malheur que ces pauvres gens », disait-il aux prêtres et aux clercs qui trouvaient à redire à cette charité, « vous approuveriez sans doute ma conduite, et votre misère vous ferait paraître juste ce que vous blâmez maintenant. Pourquoi voulez-vous que j'abandonne les membres de Jésus-Christ, et que je les laisse mourir de disette, tandis que j'ai en main l'or et l'argent que l'on a donnés au même Jésus-Christ, avec lesquels je puis leur sauver la vie ? Ne sera-ce pas une chose plus agréable à son cœur et à ses yeux de voir dans des vases de moindre prix son précieux sang et son corps sacré, qu'il a bien voulu laisser attacher au bois de la croix pour notre salut, que de voir périr de misère un si grand nombre de ses enfants, qui sont les objets de son amour et de ses tendresses ? » C'est grâce sans doute à la réputation, à la charité de Césaire et à son crédit auprès de Dieu, que la ville d'Arles, de son temps, n'a point été prise ni pillée, mais qu'elle est passée tranquillement des Goths aux Visigoths, puis aux Ostrogoths, et de ceux-ci aux Francs, sous le roi Childebert.

Dès que le siége fut levé, il fit bâtir dans la ville un monastère pour sa sœur Césarie, qui était religieuse à Marseille. Il en avait commencé un, hors des portes, auquel il avait travaillé lui-même à la sueur de son corps ; mais les Barbares l'ayant ruiné, il fit construire le nouveau près de l'église, afin que les religieuses y fussent à l'abri des tempêtes de la guerre. Plusieurs jeunes filles, d'illustre naissance, y entrèrent aussitôt pour y vivre sous la discipline du saint Prélat et de la vertueuse Césarie. Parmi les règles qu'il leur prescrivit, il les obligea de garder inviolablement la clôture jusqu'à la mort.

Tandis qu'il travaillait à cette bonne œuvre, on lui suscita une nouvelle persécution. Des personnes malicieuses l'accusèrent devant Théodoric d'avoir voulu tramer quelque chose contre son service. Ce prince trop crédule lui envoya un ordre de le venir trouver en Italie pour se purger des choses qu'on lui imputait. Césaire, qui se sentait innocent, entreprit volontiers ce voyage et se rendit à Ravenne. Il entra dans le palais avec un visage si serein et si plein de majesté, que celui qui le faisait venir comme juge trembla en le voyant, et se sentit touché d'un respect inconnu envers lui ; de sorte que, au lieu de lui parler des choses dont on l'avait accusé, il s'informa des peines qu'il avait souffertes dans un si long voyage, et de l'état où il avait laissé la ville d'Arles ; il lui rendit des honneurs extraordinaires : il lui envoya un bassin d'argent d'environ soixante marcs, et une somme considérable de deniers comptants, comme une indemnité des frais qu'il lui avait fait faire, avec ordre de lui dire ces paroles : « Saint Evêque, recevez ces présents ; le roi, votre fils, vous prie de les appliquer à votre usage, afin de vous souvenir de lui ». Le Saint les reçut en effet ; mais, comme il ne s'était jamais servi de vaisselle d'argent sur sa table, sinon de cuillères, il les employa aussitôt à racheter tous les prisonniers du pays d'Orange et de la Durance, qu'il trouva dans l'armée, auxquels il prit encore le soin de fournir des montures pour retourner dans leur pays. Une action si généreuse et si charitable fut rapportée à Théodoric, qui la publia avec de grands éloges. Toute la cour admira un homme si extraordinaire, et s'empressa de faire sa connaissance. Les honneurs qu'il y reçut ne l'enflèrent point de vanité ; mais, les considérant comme de la fumée, il crut qu'il ne devait point être loué d'avoir fait ce qu'il devait faire, et il eut plus de douleur d'être contraint de laisser quelques prisonniers encore, que de satisfaction d'en avoir racheté un grand nombre. Dieu le glorifia par des actions encore plus merveilleuses : car, à son départ de Ravenne, il ressuscita le fils d'une pauvre veuve, lequel la faisait subsister par son travail, et délivra un démoniaque nommé Elpide, en jetant de l'eau bénite dans toute sa maison.

Césaire alla de Ravenne à Rome. Le pape Symmaque, le clergé, les sénateurs et le peuple l'accueillirent comme un Saint. Symmaque lui donna le *Pallium* de ses propres mains, et accorda aux diacres de son Eglise le privilége de porter des dalmatiques comme faisaient les diacres de l'Eglise romaine. Ayant reçu comme présent des sommes considérables, notre Saint les employa au rachat des prisonniers de son pays qui étaient encore au pouvoir des Goths, et il s'en revint avec eux dans Arles, plus glorieux que s'il fût venu chargé des dépouilles de tous les ennemis de l'empire. Comme il lui restait encore une somme considérable, il alla lui-même à Carcassonne pour y délivrer d'autres prisonniers, et envoya des abbés, des diacres et des clercs pour faire la même chose en divers autres endroits. Ayant un jour rencontré un pauvre qui lui demanda de quoi racheter un captif, et, n'ayant point d'argent à lui donner, il courut promptement à sa chambre, prit la chape dont il se servait aux processions, et son aube du jour de Pâques, et les lui donna.

Comme il possédait toutes les vertus à un degré très-éminent, lorsqu'il en pratiquait quelqu'une, il le faisait avec tant de perfection, qu'on eût dit que c'était celle qui excellait le plus en lui. Il n'en quittait l'exercice que pour en prendre une autre : de sorte qu'il semblait que ses vertus luttaient entre elles pour leur durée et leur rang. En effet, on ne peut exprimer quels ont été sa patience, sa pureté, sa charité, sa ferveur, sa discrétion, sa modération, sa bénignité, son zèle, son oraison. Il était le défenseur de la foi, le modèle des évêques, l'ornement des églises, le prédicateur de la grâce, le pacificateur des dissensions, la source de la dilection, la règle de la discipline, le réformateur des mœurs, l'arbitre des conseils, le protecteur des peuples et le rédempteur des captifs. On ne l'entendit jamais dire la moindre chose contre son prochain ; il ne pouvait non plus souffrir ceux qui en parlaient mal ; il châtiait rigoureusement les gens de sa maison lorsqu'ils injuriaient ou maltraitaient quelqu'un ; il ne sortait jamais de sa bouche aucune parole rude, et, lorsque son devoir l'obligeait de faire quelque correction, c'était avec une douce sévérité qui inspirait le repentir. La tranquillité de son intérieur paraissait sur son visage toujours serein, à moins qu'il ne pleurât les péchés de son peuple. Il était continuellement appliqué à Dieu, et il s'était fait une si grande habitude de la méditation, qu'il ne l'interrompait même pas durant son sommeil. Il voulait que les ecclésiastiques usassent de sa maison et de sa table comme de la leur propre, soit qu'il fût présent ou qu'il fût absent. Pendant le repas, il faisait faire la lecture sur quelque matière pieuse, afin de nourrir l'âme en même temps que le corps ; et, après la réfection, il résumait ce qui avait été lu et en prenait sujet d'exhorter les assistants à la vertu. Il ne portait point de chemises de toile, mais seulement d'un drap grossier. Il avait soin de faire assister les monastères qu'il savait être dans la disette, les pèlerins, les veuves et les malades.

Saint Césaire se trouva à plusieurs Synodes. Le premier fut celui d'Agde, tenu l'an 506, où l'on rétablit la discipline ecclésiastique, qui s'était misérablement relâchée par le mélange des hérétiques ariens. Plusieurs catholiques, par la fréquentation des Ariens et pour gagner les bonnes grâces d'Alaric, qui avait embrassé leur secte, avaient renoncé à la foi ; les évêques, ne voulant pas les exclure de l'espérance de la réconciliation, trouvèrent un accommodement entre la rigueur ancienne de l'Eglise, dont les chrétiens n'étaient plus capables, et le relâchement entier de la discipline : ce fut de les obliger aux laborieux exercices de la pénitence durant deux ans, qui serviraient d'épreuve de leur fausse ou de leur véritable conversion.

Il présida au second Concile d'Orange qui se tint sous le consulat d'Etius le jeune, en 529, quoique Baronius indique une autre date. L'occasion fut la dédicace d'une basilique bâtie par le patrice Libérius. On y traita des différends qui faisaient alors beaucoup de bruit dans les Gaules, à cause des livres de Fauste et des accusations de ses fauteurs contre les véritables disciples de saint Augustin, au sujet de la prédestination, de la grâce et du libre arbitre. On les termina par l'autorité du même saint Augustin, des paroles duquel on composa presque tous les Canons. Césaire fit paraître la profonde connaissance qu'il avait de la doctrine de ce grand évêque, et il la maintint contre ceux qui s'en étaient déclarés les ennemis ; mais, en même temps, il condamna les Prédestinatiens qui, sous prétexte de cette doctrine, enseignaient des propositions tout à fait hérétiques et pernicieuses. Il avait auparavant composé deux excellents livres *De la Grâce et du libre arbitre* contre ceux de Fauste. Le pape Félix IV, auquel il les avait envoyés, les trouva si doctes et si utiles à l'Eglise, qu'il lui commanda de les publier, et leur donna son approbation par une épître qui fut mise en tête. Mais ce bel ouvrage ne se trouve plus, et sa perte ne peut être assez regrettée.

Il présida encore au Concile de Vaison, en 529, où il fut ordonné que l'on réciterait le nom du Pape vivant dans toutes les messes, et à celui de Riez, où Contuméliosus, qui en était évêque, fut déposé pour les désordres de sa vie : la conduite de Césaire en cette circonstance fut approuvée par le pape Jean, qui, par sa réponse, ordonna que le coupable serait renfermé dans un monastère pour y expier, par la pénitence, le scandale qu'il avait donné à son peuple, et que l'on élirait un visiteur pour gouverner son diocèse, mais qu'il ne ferait point d'ordinations et ne se mêlerait point du temporel.

Notre Saint eut révélation de sa mort deux ans avant qu'elle arrivât, et dans un ravissement, il vit la gloire à laquelle il devait être élevé comme récompense de ses travaux. Il en avertit ses disciples, afin de les disposer à supporter cette perte avec la soumission qu'ils devaient à l'ordre de la divine Providence. Pendant sa maladie, qui lui causait de très-grandes douleurs, il demanda aux assistants quand on célébrerait la fête de saint Augustin, et, apprenant que ce serait bientôt, il répondit : « J'espère que mon décès ne sera pas éloigné de celui de ce grand Docteur, dont j'ai toujours chéri la doctrine et suivi les sentiments ». Il fit son testament dans lequel il déclare que, n'ayant rien hérité de ses parents, il ne leur lègue rien : il laisse ses biens en partie à son église et en partie au monastère de religieuses qu'il avait fondé. Sentant que son heure était proche, il se fit porter, tout moribond qu'il était, au même monastère des religieuses, afin de les consoler encore une fois par sa présence et de leur donner sa dernière bénédiction. Il exhorta l'abbesse, nommée Césarie, comme sa sœur, à laquelle elle avait succédé, et aussi toutes ses filles, au nombre de deux cents, à travailler avec ferveur à correspondre à leur vocation et à garder inviolablement la Règle qu'il leur avait donnée quelque temps auparavant; puis, prenant congé d'elles pendant qu'elles fondaient en larmes, il se fit reporter dans son église, où, trois jours après, le 27 août, veille de saint Augustin, ainsi qu'il l'avait prédit, à l'heure de Prime, il rendit paisiblement son âme à Jésus-Christ, en présence des prélats, des prêtres et des diacres qui l'assistaient, l'an de grâce 542. Il fut enseveli dans la principale église du monastère dédiée sous le nom de la sainte Vierge, et destinée pour la sépulture des religieuses : son corps s'y conserva depuis fort précieusement.

Nous n'avons point rapporté tous les miracles qu'il a faits pendant sa vie et après sa mort, parce que leur nombre en est trop considérable. On peut les lire dans sa vie, au VIᵉ tome de Surius, composée par saint Cyprien, évêque de Toulon, son disciple, et par Etienne, diacre de la même Eglise. Elle est adressée à l'abbesse Césarie, que Surius et Baronius ont cru être sa sœur; mais il est évident que c'était celle qui lui avait succédé, et dont nous avons parlé au sujet de sa mort. Il nous est resté de lui quatre homélies, qui sont insérées dans la Bibliothèque des Pères, où ceux qui ont embrassé la vie monastique trouveront des instructions admirables. Il les avait composées pour les religieux de Lérins, et elles montrent la connaissance profonde qu'il avait des obligations de ceux qui se consacrent à Dieu dans les cloîtres.

Acta Sanctorum ; *Histoire de l'Eglise*, par Jager; Godescard; *Légendaire d'Autun*, par l'abbé Pequegnot; *Histoire de l'Eglise*, par l'abbé Darras. — Cf. Trichaud : *Histoire de saint Césaire*, 1 vol. in-8°.

SAINT SYAGRE, ÉVÊQUE D'AUTUN

600. — Pape : Saint Grégoire *le Grand*. — Roi de France : Clotaire II.

> Quand une âme a la conscience d'avoir fait quelque chose de bien, elle s'en réjouit, et son esprit est rempli comme d'une infusion de joie spirituelle.
> *Saint Ambroise.*

Syagre naquit à Autun d'une des plus illustres familles des Gaules ; car il comptait parmi ses ancêtres cet Afranius Syagrius, élevé sous l'empire à la haute dignité du consulat, et cet autre Syagrius, petit-fils du consul, à qui saint Sidoine Apollinaire rappelle sa noblesse dans une lettre pleine d'une aimable plaisanterie. L'oraison de saint Syagre, dans l'ancien Bréviaire d'Autun, mentionne aussi la haute illustration de sa naissance. On a prétendu, mais à tort évidemment, qu'il était frère de la reine Brunehaut. Quelques-uns le disent parent du grand saint Didier, évêque de Vienne. On n'a de preuves positives ni pour ni contre cette dernière assertion ; mais il est fort possible que leurs familles, toutes deux très-distinguées, toutes deux d'Autun, aient été unies par les liens du sang. Nous ne savons rien de sa jeunesse, sinon qu'il était plus remarquable encore par sa piété que par sa noblesse, et que, renonçant de bonne heure à tous les plaisirs, à tous les avantages, à toutes les espérances du monde, il entra dans la sainte milice pour se consacrer entièrement au service des autels, aux intérêts de la gloire de Dieu et au salut des âmes. Formé sans doute comme saint Germain dans l'abbaye de Saint-Symphorien, cette grande école du clergé, il fut, comme lui aussi, cher à saint Agrippin qui le fit diacre, et à saint Nectaire qui l'ordonna prêtre.

Après la mort de Remi, — d'autres disent Bénigne, — successeur d'Euparde qui lui-même avait remplacé saint Nectaire, nul ne fut jugé plus digne que Syagre d'occuper le siège d'Autun. Saint Germain se fit un devoir et un bonheur de venir tout exprès de Paris pour prendre part à sa consécration (560). L'importance de l'antique église et l'illustration de la grande cité dont il devint l'évêque, l'autorité et la haute influence qu'il exerçait dans sa patrie devenue son diocèse, l'estime et la vénération qui l'entouraient, l'éminence de son mérite universellement reconnue, sa réputation et la noblesse de sa famille, lui donnèrent bientôt un grand crédit à la cour. Il fut tout-puissant, d'abord auprès de Gontran, et ensuite auprès de Brunehaut.

Egalement distingué par sa science et par son zèle, il réunissait autour de lui, soit dans son palais, soit dans l'abbaye de Saint-Symphorien, des jeunes gens appartenant aux plus nobles familles qui venaient se mettre sous sa direction pour être guidés dans leurs études et dans les sentiers de la perfection cléricale. On peut citer entre autres Eustache ou Eustade, évêque de Bourges, Didier, évêque de Vienne, dont nous avons déjà parlé, et un autre Didier, évêque d'Auxerre. De tels disciples suffiraient pour illustrer leur maître. En voici encore un auquel s'attache un vif intérêt. Aunachaire ou Aunaire, jeune seigneur élevé à la cour du roi Gontran, prévenu de la grâce, renonça tout à coup aux plus brillantes espérances, s'enfuit secrètement au tombeau de saint Martin à Tours ; et là, se dépouillant des livrées du monde, entra dans le clergé pour se consacrer tout entier au service de Dieu. Ayant entendu parler de Syagre comme de l'évêque des Gaules le plus éminent par sa science et par ses vertus, c'est entre des mains si habiles et si saintes qu'il alla remettre son âme. Le vénérable pontife, plein d'admiration et de tendresse pour un jeune homme capable d'un si grand sacrifice, l'accueillit comme un père accueille le plus aimé des fils, fut heureux de le garder auprès de sa personne et lui communiqua ses lumières et sa sainteté.

Cependant on continuait à recourir de toutes parts et jamais en vain au grand Pontife qui occupait avec tant de distinction le siége d'Autun. Un religieux nommé Baudénus, du monastère de Saint-Arédius (probablement Saint-Arige de Gap), arriva un jour à Autun, demandant à lui parler. Il venait du fond de la Provence et tenait à la main une liasse de papiers. « Seigneur », dit-il quand on l'eut introduit, « notre monastère est persécuté par des ennemis qui veulent le dépouiller, malgré nos titres de propriété que voici. Plein de confiance en votre bonté et connaissant tout le crédit dont vous jouissez à la cour, je viens implorer votre assistance ». Syagre l'accueillit avec sa charité et sa bienveillance ordinaires, puis le rassura en lui disant qu'il se chargeait de son affaire. Le roi, sur la demande du saint prélat, apposa sa signature sur les titres, et le bon religieux s'en alla content. — Une autre fois, un père désolé alla trouver Fortunat, évêque de Poitiers : « Mon fils », lui dit-il, « vient d'être jeté en prison ; veuillez, je vous en conjure, obtenir sa liberté par l'entremise du grand évêque d'Autun ». Fortunat écrivit aussitôt à Syagre, lui raconta le fait, exposa l'objet de sa demande et ajouta : « Ce pauvre homme, aigri par la douleur, après avoir exhalé devant moi ses plaintes amères, vous a désigné comme le seul qui puissiez apporter un remède à ses maux. Il croit qu'un mot de votre part suffira ». Syagre, qui trouvait toujours avec bonheur les occasions de faire le bien, ne manqua pas de profiter de celle-ci et obtint sans doute une grâce qui lui était demandée par un ami intime.

Notre Saint se trouve mêlé à toutes les grandes affaires de son temps. Le monastère de Sainte-Croix, fondé à Poitiers par sainte Radegonde, venait d'être le théâtre d'une lutte singulière. Cette affaire prit de telles proportions que les plus grands évêques des Gaules furent obligés de s'en mêler. Aussi trouvons-nous plus d'une fois le nom de Syagre cité dans les débats ; et cet illustre Pontife fut un de ceux qui contribuèrent le plus à rétablir la paix un moment troublée par des princesses ambitieuses même sous le voile. Il ne montra pas son zèle seulement dans cette circonstance où on le vit avec Grégoire de Tours jouer un rôle important, et obtenir par ses soins et sa prudence un heureux résultat : jamais, toutes les fois que de graves intérêts de l'Eglise ou des peuples le demandèrent, il n'épargna ni son temps ni sa peine. Les plus longs voyages ne lui coûtaient rien quand il s'agissait de se rendre à ces augustes assemblées où se traitaient les plus grandes questions relatives à la foi, à la morale, à la discipline, où tout s'organisait, où tout s'épurait aussi bien dans l'ordre civil et social que dans l'ordre ecclésiastique ; car les conciles étaient à cette époque comme des conseils d'Etat. Syagre porta très-souvent ses lumières et sa haute influence à ses frères dans l'épiscopat réunis en grand nombre à Paris, à Vienne, à Lyon et à Mâcon, où, pleins de l'esprit de l'Eglise toujours amie de la paix et des pauvres, ils s'occupent des besoins de ceux-ci et cherchent à rapprocher les rois toujours divisés. La signature de l'évêque d'Autun suit immédiatement celle du métropolitain.

Le pieux roi Gontran eut toujours pour Syagre la plus haute estime, la plus grande vénération et une déférence sans bornes. Il lui en donna des marques en toute circonstance, et encore deux ans avant sa mort, en 591, lorsqu'il voulut l'emmener à Paris pour le baptême de Clotaire, son neveu et son filleul. Mais le plus beau titre de gloire pour Syagre et le plus imposant témoignage rendu à son mérite, furent l'affection et la confiance de saint Grégoire. Ce grand Pape ayant remarqué de jeunes esclaves blonds, au visage doux et pensif, d'une beauté pleine de noblesse et d'attrait, mis à l'encan sur le marché de Rome, conçut aussitôt un projet digne de son zèle immense, celui de gagner à Jésus-Christ un pays qui donnait naissance à cette race d'élite. « Quel dommage », disait-il, « que de tels hommes ne soient pas chrétiens ! » Or, ces jeunes esclaves étaient des Anglo-Saxons. Avant son pontificat, il avait voulu aller en personne leur porter le bienfait de la foi. Mais les Romains craignant de le perdre pour jamais, firent si bonne garde sur les routes qu'il ne put suivre sa magnanime et sainte inspiration. Une fois élevé sur la chaire de saint Pierre, il envoya bientôt (596), pour évangéliser l'Angleterre, le moine Augustin et quelques autres religieux : c'était là son œuvre chérie. Aussi choisit-il entre tous les évêques des Gaules, Syagre d'Autun, Virgile d'Arles et Didier de Vienne, pour leur recommander ses bien-aimés missionnaires.

Saint Grégoire n'avait pas trop présumé du zèle et de la charité de ces grands évêques : il fut parfaitement compris et secondé par eux. On prétend même que Syagre, non content d'aider de ses secours et d'accueillir parfaitement les missionnaires à Autun, alla beaucoup au-delà de ce qui lui était demandé : il voulut, après être allé avec eux prier aux tombeaux de saint Symphorien et de nos autres saints, les accompagner en personne jusqu'en Angleterre.

Saint Grégoire montra encore combien il comptait sur Syagre pour être secondé dans le gouvernement de l'Eglise des Gaules, par une longue lettre qu'il lui adressa ainsi qu'à Virgile, à Didier et à Ethérius (Ythaire) de Lyon, pour le charger de convoquer régulièrement des conciles, de travailler avec ses trois dignes collègues à extirper la simonie et l'ordination des indignes, à maintenir dans le clergé la plus grande pureté de mœurs et la plus exacte discipline. On voit par cette lettre quel cas le souverain Pontife faisait de Syagre, quelle haute idée il avait en même temps de son crédit et de son influence, combien il l'honorait ; car il le nomme le premier, bien que les trois autres prélats fussent des métropolitains. C'est lui aussi qu'il charge, par une distinction exceptionnelle, d'envoyer à Rome par l'abbé Cyriaque les actes du prochain concile national dont il avait tant recommandé la convocation. Secondé du puissant concours de Syagre, il ne craint pas de poser une main ferme sur l'Eglise de France. Evidemment l'évêque d'Autun est à ses yeux le premier évêque de cette grande Eglise et tient le premier rang dans son estime. Il sait d'ailleurs que nul ne peut l'aider plus efficacement que ce vénérable prélat, à la fois si saint et si éclairé, qui jouissait dans les Gaules de la plus vaste réputation, y exerçait le plus légitime ascendant et possédait à la cour une autorité sans égale. C'est pourquoi il le charge encore de plusieurs affaires importantes, relatives à d'autres évêques. Enfin, c'est à lui qu'il s'adresse pour arranger avec les rois francs une difficulté concernant la création du diocèse de Maurienne.

Maintenant il nous reste à parler des magnifiques édifices et des fondations pieuses auxquels se rattache le nom de Syagre. Presque en même temps que Childebert et saint Germain de Paris fondaient la célèbre basilique de Saint-Vincent (depuis Saint-Germain des Prés), qui fut confiée aux religieux de Saint-Symphorien, une église dédiée également à saint Vincent s'élevait aux portes du monastère autunois. Syagre fut sans doute le fondateur de ce monument religieux qui venait s'ajouter à tant d'autres sur ce sol sacré. Il voulait, à l'exemple de saint Germain, associer le culte du jeune martyr d'Autun au culte, alors fort répandu, du jeune diacre martyr de Saragosse. Les premiers rois mérovingiens, lorsqu'ils établirent leur résidence à Châlon, abandonnèrent aux évêques d'Autun le prétoire et le *castrum* de la cité. C'est là que saint Nazaire avait dédié une basilique sous le vocable de saint Nectaire et en avait fait sa cathédrale. Syagre, qui unissait au zèle pour la splendeur du culte, le goût des arts, l'amour du beau et du grand, mit ses soins et son bonheur à orner le nouvel édifice, à l'agrandir, à le rendre digne de l'illustre église d'Autun et de la superbe cité qu'embellissaient encore les imposantes constructions gallo-romaines. Il y ajouta, du côté de l'Orient, une grande abside qui fut décorée avec une richesse et une splendeur extraordinaires. Les lambris étaient brillants d'or, et partout de magnifiques mosaïques étalèrent leurs dessins variés. On épuisa toutes les ressources de l'art, dans une ville remplie de riches dépouilles de l'antiquité, et où s'étaient conservés des traditions savantes, un goût plus épuré que nulle part ailleurs. Ces traditions, jointes au zèle pour la maison de Dieu, produisirent des merveilles. Aussi la beauté de la cathédrale d'Autun devint dès lors très-célèbre. Non content de décorer magnifiquement la maison de Dieu, notre saint évêque y assura la splendeur du culte par le don de la terre considérable de Laisy.

Déjà sans doute Syagre avait été aidé pour la décoration de son église par la royale munificence de Brunehaut, princesse en qui tout fut grand, les vues, les œuvres, les passions et les crimes ; mais bientôt il le fut plus largement encore pour la fondation de trois établissements religieux dont l'importance égalait l'étendue, le grandiose et la magnificence. Conformément à la manière d'agir observée autrefois par le grand évêque de Tours, recommandée par le pape saint Grégoire, invariablement suivie par l'Église, toujours fidèle à son plan de transformer sans détruire, il voulut tourner au profit de la foi nouvelle les anciennes habitudes développées par le culte des faux dieux, attaquer sur leur propre terrain les croyances païennes, sanctifier par des édifices chrétiens les lieux souillés par les idoles, et faire de cette manière à Jésus-Christ une réparation plus frappante, plus solennelle. Il construisit donc avec les ruines et sur l'emplacement même du temple de Bérécynthe, là où l'on croit qu'était déjà un baptistère, la grande abbaye de Sainte-Marie, appelée aussi plus tard Saint-Jean le Grand, où s'abrita un essaim nombreux de chastes vierges consacrées à Dieu [1]. Ainsi une atmosphère, jadis corrompue par les exhalaisons du paganisme, serait purifiée par l'encens de la psalmodie montant sans cesse devant Dieu et par le céleste parfum de cette blanche fleur qu'on appelle la virginité chrétienne ; ainsi disparaîtraient sous des flots de prières et seraient lavées par les innocentes larmes de la pénitence, les taches imprimées sur ce sol par une immonde déesse dont le culte fut trop longtemps une insulte à la vertu ; ainsi seraient rappelés le martyre et la gloire

---

1. Depuis la Révolution, cette abbaye, après avoir passé par plusieurs phases, est revenue tout récemment à la Mère du Sauveur, sa première patronne, en recevant dans son sein la congrégation des Oblats du Cœur immaculé de Marie.

du jeune Symphorien, assez héroïquement hardi et vertueux pour honorer le christianisme et l'humanité, en refusant même en face de la mort son hommage à l'infâme idole. Syagre voulut donner à la nouvelle abbaye un nom saint et chéri, afin de rappeler que l'église d'Autun fut fondée par les disciples de Celui qui avait eu Marie pour mère adoptive, et présenter en même temps le plus beau type de la vierge consacrée à Dieu.

Ce n'était point assez pour Syagre d'avoir ouvert un vaste et saint asile aux chastes épouses de Jésus-Christ, le vénérable Pontife voulait encore perpétuer à Autun les traditions de charité venues aussi, comme celle de la virginité chrétienne, d'Ephèse et de Smyrne. C'est pourquoi il fonda un hospice, saint asile ouvert aux malades, aux pauvres, aux voyageurs, aux nombreux pèlerins qu'attiraient les miraculeux tombeaux de saint Symphorien et de saint Cassien. Ce nouvel établissement était également voisin d'un temple, celui de Minerve, à ce que l'on croit, ou selon d'autres celui d'Apollon, afin de remplacer la sagesse antique, orgueilleuse, froide, sèche, sans entrailles, par l'humble et douce charité évangélique, toujours compatissante et active. Le pieux édifice occupait, d'après la tradition, le lieu même où fut la demeure de Fauste et d'Augusta, où saint Symphorien reçut le jour et plus tard le baptême, où s'éleva dans Autun, sous le vocable du prince des Apôtres, le premier autel en l'honneur de Jésus-Christ. Le nouveau palais des pauvres, édifié par la charité, reçut le nom de l'apôtre d'Autun, victime lui aussi de ce sublime amour de Dieu et des hommes qu'on appelle le zèle sacerdotal. Les souvenirs chrétiens se pressaient donc autour de l'hospice ou *xenodochium* de Saint-Andoche [1] comme dans l'abbaye de Sainte-Marie ; ils y faisaient aussi oublier les souvenirs païens ; ils purifiaient, ils consacraient ce sol autrefois profané.

Enfin ce fut sur les ruines du temple et de l'école druidique de Saron que Syagre érigea le vaste monastère, monument d'une imposante grandeur, paisible retraite ouverte à une de ces colonies d'hommes d'élite, à qui saint Benoît venait de donner un code admirable et d'apprendre à mener sur la terre une vie presque céleste, utile aux hommes, glorieuse à Dieu, où s'unissaient par une heureuse alliance, pour conduire le chrétien à la perfection évangélique, la solitude et la vie commune, le travail, l'étude et la prière. La nouvelle abbaye ne pouvait recevoir un autre nom que celui du grand Saint qui avait fondé le premier monastère des Gaules, évangélisé le pays éduen et brisé en cet endroit même la vieille idole gauloise. Syagre fit pour l'évêque de Tours ce qu'Euphrone avait fait pour saint Symphorien : l'un et l'autre voulurent consacrer par de pieux monuments ce sol tout plein de deux mémoires inséparablement unies, celle de l'apôtre et celle du martyr. Deux abbayes s'élevèrent à côté l'une de l'autre, la fille de saint Euphrone et sa digne sœur, l'abbaye de Saint-Martin.

Le monastère de Saint-Martin fut construit pour recevoir trois cents moines. L'église était bâtie en gros blocs de pierre de taille, comme les portes de la cité. Le vieux temple de Saron, converti par saint Martin en une église sous le vocable de saint Pierre et de saint Paul, entra, comme un souvenir, dans la construction nouvelle. Le mur oriental fut démoli et remplacé par une abside à voûte basse, rappelant les catacombes. D'ailleurs l'édifice ressemblait assez aux anciennes basiliques du quatrième siècle. Il avait en dedans cent huit pieds de long sur cinquante-quatre de large, et offrait trois parties distinctes. La première partie, — un portique avec colonnes et un grand

---

[1] L'hospice Saint-Andoche devint plus tard une abbaye de religieuses Bénédictines

arc à plein cintre, — était séparée de la seconde par un mur transversal percé de trois portes, dont l'une, celle du milieu, était surmontée d'une peinture dédicatoire où l'on voyait la royale fondatrice, Brunehaut, offrant de la main droite des religieux, et de l'autre, le monastère à saint Martin et à saint Benoît. La seconde partie, ou corps de l'édifice, était divisée, par deux rangs de colonnes de marbre, en trois nefs correspondant aux trois portes et terminées chacune par une abside. La troisième partie, ou le sanctuaire, était séparée de la nef par une balustrade en marbre, au-dessus de laquelle s'élançait l'arc triomphal soutenu par deux magnifiques colonnes également en marbre. La voûte de l'abside présentait de brillantes mosaïques sur des fonds d'or et d'azur ; l'arc triomphal, des arabesques et des bas-reliefs ; et la nef, des lambris à compartiments dorés. Le pavé du sanctuaire était en mosaïque, et celui de la nef en marbre. L'autel, petit et fort bas, comme les autels antiques, érigé par saint Martin dans le temple de Saron, était adossé au mur terminant l'abside. La sainte Vierge, dont le culte avait été apporté en ces lieux, avec une si tendre vénération, par des apôtres tenant de si près à saint Jean, ne pouvait être oubliée dans la nouvelle église : on lui dédia la crypte, chapelle souterraine et funéraire, rappelant la *Confession* où l'on recueillait les précieux restes des martyrs. Là elle semblait veiller, comme une bonne mère, sur le sommeil de ses enfants couchés dans leurs lits de pierre en attendant le réveil de l'éternité. Heureuse et consolante pensée de mettre ainsi sous la protection et comme sous l'œil de la douce Mère de Jésus, *alma Redemptoris mater*, les morts qui dorment dans la paix du Seigneur [1].

Quelque temps après, le souverain Pontife, pour récompenser un prélat si grand par ses lumières, ses vertus et son zèle, par les services qu'il avait rendus à l'Eglise, par les bonnes œuvres dont il avait été le promoteur ou l'instrument, et qui depuis longtemps possédait toute son estime, toute sa confiance, lui accorda le pallium ; mais Syagre ne jouit pas longtemps de la décoration privilégiée que lui avait envoyée le vicaire de Jésus-Christ. Un an après, en 600, il alla recevoir de Jésus-Christ lui-même la récompense éternelle. Aucun évêque de cette époque, si féconde pourtant en Saints, ne jouit parmi ses contemporains et ne laissa dans la postérité une plus grande réputation de science et de vertu. Fortunat de Poitiers fait de lui le plus grand éloge ; il le qualifie de très-digne et très-saint évêque. Adon de Vienne l'appelle un homme de la plus éminente sainteté. Un concile de Metz lui donne aussi le titre de Saint ; et, citant un ancien canon relatif aux Juifs, il ne s'appuie que de l'autorité de Syagre, comme si le concile dont il s'agit et où siégeaient cependant plusieurs métropolitains, se fût résumé tout entier dans la personne de ce grand prélat qui était à la tête de tout l'épiscopat des Gaules. Sans jamais flatter les passions des princes, il sut employer et n'employer que pour le bien son immense crédit auprès d'eux.

CULTE ET RELIQUES.

Saint Syagre fut inhumé dans l'église de l'hospice Saint-Andoche qui était une création de sa charité et qu'il avait dotée de ses propres biens. Père des pauvres, il avait voulu sans doute reposer au milieu de sa famille adoptive. Là, tous les jours, ceux qui lui devaient un asile et des secours aimaient à prier sur sa tombe et bénissaient sa mémoire. On y conserva la plus grande partie de

---

[1]. Depuis la Révolution, les débris de la grande abbaye de Saint-Martin sont devenus la propriété du grand séminaire.

ses chères et précieuses reliques, entre autres sa tête qui fut enfermée plus tard dans un reliquaire d'argent en forme de buste, donné par l'abbesse de Saint-Jean le Grand. Car on lit dans l'obituaire de Saint-Andoche, vers l'an 1400, au 25 mars : « Jeanne de Montigny, abbesse de Saint-Jean d'Autun, qui a donné le chief d'argent où est mis le chief de Monsieur saint Syagre ». Le Val-de-Grâce, à Paris, possédait aussi quelques reliques insignes de notre saint Evêque. Dans un hameau de la paroisse de Grury, il y avait une chapelle sous son vocable, à la nomination de la famille de Jarsaillon. La paroisse de Maltat fêtait comme patrons saint Syagre et saint Sulpice.

Extrait de *Saint Symphorien et son culte*, par l'abbé Dinet.

LA BIENHEUREUSE MARGUERITE DE BAVIÈRE,

DUCHESSE DE LORRAINE

1376-1434. — Papes : Grégoire XI ; Eugène IV. — Empereurs : Charles IV ; Sigismond. — Rois de France : Charles V ; Charles VII.

> La pénitence efface le péché, mais la charité compatissante, qui porte à secourir le pauvre par l'aumône, délivre du châtiment.
> *Saint Bonaventure.*

La bienheureuse princesse palatine Marguerite de Bavière, si peu connue des âges modernes, fut l'ange tutélaire de la Lorraine à l'une des périodes les plus tourmentées de l'histoire de l'Eglise, celle du grand schisme d'Occident, du XIV° au XV° siècle. Pour bien apprécier la mission de la sainte duchesse, il est nécessaire de jeter un coup d'œil sur les défaillances de la chrétienté à cette époque et sur les moyens étonnants dont se servit la Providence pour empêcher la société tout entière de s'en aller aux abîmes. Le moyen âge touchait alors à sa fin, et la chrétienté, comme institution politique que présidait le souverain Pontife, marchait aussi à une rapide décadence : pendant qu'au dehors l'islamisme, déjà aux portes de Constantinople, se vengeait des croisades, en menaçant, d'une mer à l'autre, l'Europe divisée par l'ambition de ses princes, on voyait, au dedans, la papauté, affaiblie dans son prestige sur les nations, par soixante-dix années de séjour à Avignon, subir l'épreuve plus déplorable encore d'un schisme presque interminable. Toutes ces luttes avaient propagé au loin l'incroyance et le relâchement des mœurs, sans épargner aucune institution : le bien semblait être devenu une exception, et le mal, la règle, à tous les degrés de la hiérarchie sacrée aussi bien que de la société civile, et les ruines dont la réforme protestante devait couvrir tant de royaumes, pouvaient déjà s'entrevoir à l'esprit d'indépendance et d'ingratitude des peuples vis-à-vis de la sainte Eglise.

En ces jours lamentables qui semblaient pronostiquer la fin des temps, comme le prêchait alors saint Vincent Ferrier, où Notre-Seigneur allait-il placer le remède suprême? Dans les *saintes femmes*. Sainte Catherine de Sienne est en effet la plus grande figure de cette époque, et c'est dans son histoire que nous entendons le divin Sauveur prononcer ces étonnantes paroles en conviant, vers 1368, la jeune vierge à sa noble mission : « Sache », lui dit-il, « qu'en ce temps l'orgueil des hommes est devenu si grand, surtout dans ceux qui se disent lettrés et savants, que ma justice ne peut plus les supporter, et va les confondre par un juste jugement ; mais, parce que la miséricorde surabonde en toutes mes œuvres, je veux d'abord les confondre pour leur bien et sans les perdre, afin qu'ils se reconnaissent et qu'ils s'humilient, comme les Juifs et les Gentils lorsque j'envoyais à ceux-ci des insensés que je remplissais de ma divine sagesse. Je vais donc envoyer vers ces orgueilleux des femmes, ignorantes et faibles par nature, mais sages et fortes par ma grâce, pour confondre la vaine assurance de ces hommes. S'ils se reconnaissent, s'ils s'humilient, en mettant à profit les enseignements que je leur offrirai par ces êtres fragiles mais bénis, je serai plein de miséricorde pour les coupables ; s'ils dédaignent au contraire ce remède humiliant mais salutaire, je leur enverrai tant d'autres opprobres, qu'ils deviendront la risée du monde entier. C'est là le juste jugement dont je frappe les orgueilleux : plus ils veulent s'élever au-dessus d'eux-mêmes, sous le souffle de la vanité, plus je les abaisse au-dessous d'eux-mêmes... »

L'histoire atteste, en effet, combien les événements d'alors ont répondu à cette étonnante prédiction. Les Papes balançaient encore entre Avignon et Rome, que déjà les femmes fortes, suscitées par la miséricorde du Seigneur, s'empressent, comme d'autres Judith, à sauver leurs frères. A côté de quelques Saints, élevés eux-mêmes à une puissance qui n'a presque plus rien d'humain, tels que les Vincent Ferrier, les Bernardin de Sienne, les Jean de Capistran, nous voyons de tous côtés une foule d'héroïnes qui s'élancent dans la carrière : sur les champs de bataille, c'est Jeanne d'Arc arrachant le sceptre de saint Louis aux précurseurs d'Henri VIII ; dans les luttes bien plus hardies encore de l'ascétisme, quelles palmes magnifiques cueillies par les Brigitte et les Catherine de Suède, les Catherine de Sienne, les Françoise Romaine, les Colette de Corbie, les Lidwine de Squidam, et tant d'autres Saintes, pour la plupart trop peu connues depuis, mais qui n'en ont pas moins contribué, de leur temps, à ramener la société humaine des bords de l'abîme. Au nombre de ces femmes fortes dont la vie si méritoire, trop longtemps oubliée, nous est heureusement restituée, aujourd'hui que l'Église attend encore tant de services de la femme chrétienne, se range avec éclat la bienheureuse duchesse Marguerite de Bavière, qui fit l'ornement du trône en Lorraine, comme une autre Marguerite de Bavière, sa cousine, brillait sur celui de Bourgogne, pendant qu'Isabeau de Bavière, leur parente, souillait le trône de France de scandales et de félonies sans nom.

Notre Bienheureuse naquit l'an 1376, dans le Haut-Palatinat de Bavière, de Robert III de Bavière-Wittelsbach et d'Elisabeth de Hohenzollern, burgrave de Nuremberg. Son père devint par la suite Electeur palatin du Rhin, et fut élu empereur d'Allemagne à la déposition de Wincesias IV, surnommé l'Ivrogne. Mais si noble que fût le sang de Wittelsbach et de Hohenzollern, duquel descendent de nos jours encore les maisons royales de Bavière et de Prusse, il s'illustrait bien plus alors par de saintes traditions et d'éclatantes vertus. Marguerite de Bavière, avec ses six frères et ses deux sœurs, pouvait en vérité se glorifier, comme Tobie, d'être de la génération des Saints : ainsi elle se trouvait étroitement unie de parenté avec sainte Elisabeth de Hongrie et la nièce de celle-ci, sainte Elisabeth de Portugal, qui étaient ses arrière-grandes-tantes. Plus près d'elle, elle vit l'aïeule de son père, Irmengarde d'Œttingen, pieusement finir sa carrière en 1389, non loin de Worms, au couvent des Dominicaines de Liebenau, où celle-ci s'était retirée dès l'âge de vingt-trois ans, à la mort prématurée de l'Electeur palatin du Rhin, **Adolphe de Bavière, son mari.** Du côté de sa mère, la princesse rencontrait des exemples non moins touchants : trois des sœurs d'Elisabeth de Hohenzollern, les burgraves Catherine, Anne et Agnès, venaient de prendre, à la fleur de l'âge, l'humble voile de Sainte-Claire au couvent de Hof où Catherine, l'aînée d'entre elles, fut élue abbesse en 1393, l'année même où Marguerite devenait duchesse de Lorraine. La Bienheureuse dut plus tard encore s'inspirer des vertus de sa cousine, l'impératrice Jeanne, devenue en peu de temps si parfaite sous l'héroïque direction de saint Jean Népomucène. Au foyer domestique enfin, la jeune princesse palatine, contrairement aux mœurs trop libres de son temps, fut élevée, comme ses frères et sœurs, sous l'œil vigilant de ses pieux parents, dans la crainte de Dieu, le respect de soi-même et l'amour du prochain. Elle céda, il est vrai, à l'entraînement des vaines parures et des fêtes mondaines, presque inévitables à la cour des princes; mais c'était moins par vice de caractère que par condescendance pour la mode et aussi par une permission spéciale de la Providence qui voulait, avant d'en faire un vase d'élection, lui laisser subir quelque chose des entraînements de notre pauvre nature. Mariée à dix-huit ans avec le duc de Lorraine, Charles II, surnommé le Hardi, Marguerite continua quelque temps, sur le trône, cette vie mondaine et sans ferveur qu'elle devait bientôt faire oublier par ses vertus héroïques.

Il est fort à regretter que les rares historiens qui ont fait mention de Marguerite de Bavière, nous aient laissé des détails si vagues touchant sa conversion. Nous avions d'abord cru que celle-ci avait été obtenue miraculeusement par le recours de la duchesse à la pratique du saint Rosaire, dans une grave maladie où elle s'était trouvée sans espoir de guérison, du côté des médecins; mais les textes originaux que nous avons eus depuis sous les yeux, ne s'expliquent pas clairement à ce sujet. Le P. Dominique, Chartreux de Trèves, contemporain de la Bienheureuse, qu'il avait souvent vue à Sierck, en Lorraine, raconte toutefois comment Dieu envoya des maladies mystérieuses à la duchesse pour la détacher complètement d'elle-même et de toute créature. « Voici », dit-il dans son *Traité de la Vraie et Humble Obéissance*, « ce que cette dévote duchesse dont nous entendons, grâces à Dieu, tant de bien, a raconté à une personne de sa confiance (son directeur sans doute) : « Le Seigneur se plaît merveilleusement à m'instruire et à m'éclairer dans l'art de bien mourir : il m'afflige souvent, principalement au milieu des ténèbres de la nuit, par de grandes et intolérables douleurs qui semblent me mettre à toute extrémité ; ainsi suspendue entre la vie et la mort, lorsque j'ai sévèrement scruté ma conscience, et que je me suis préparée à paraître devant le Seigneur, il me rend aussitôt la santé. Par ces angoisses suprêmes dont il se plaît à me frapper si souvent, il me rend attentive et vigilante pour ne point être surprise par la mort ».

Peut-être est-ce l'une de ces maladies de la princesse qui la fit recourir aux lumières des Chartreux de Saint-Alban de Trèves, pendant un séjour de la cour de Lorraine au château ducal de Sierck, situé non loin de là. Alors vivait, au monastère de Saint-Alban, un saint religieux du nom d'Adolphe d'Essen, également versé dans les lettres divines et humaines. Il avait connu par révélation combien était salutaire la dévotion au saint Rosaire, malheureusement tombé en oubli, à cette époque calamiteuse. Dès lors le Père Adolphe était devenu l'apôtre du Rosaire et il avait même écrit un opuscule sous le titre latin de : *De Commendatione Rosarii*, pour étendre au-delà de sa cellule solitaire l'action de son zèle. N'étant pas encore prieur en ce moment, il adressa, avec la permission de son supérieur, une traduction allemande de son livre à la duchesse de Lorraine, ainsi qu'un recueil de méditations qu'il avait composées sur la vie du divin Sauveur. Telle fut l'ardeur de la duchesse à mettre en pratique ces enseignements salutaires qu'elle se trouva bientôt toute transformée, et qu'elle avait peine à se reconnaître elle-même dans les splendeurs intérieures dont la grâce se plut à l'orner, en retour de son renoncement aux vaines pompes du siècle. En peu de temps elle pénétra si avant dans les voies de la sainteté, qu'on ne lui connaissait au loin personne de comparable, en quelque condition que ce fût, pas même dans le cloître, où cependant le Père Adolphe, qui atteste ce fait, avait rencontré de grands serviteurs de Dieu. Notre-Seigneur se chargea d'ailleurs lui-même de faire éclater au dehors la sainteté de la princesse par de nombreux miracles dont le seul récit, au témoignage de son biographe, aurait donné un livre volumineux. Malheureusement pour nous, le confesseur ordinaire de la duchesse, maître Guillaume, savant docteur en théologie et inquisiteur de la foi, mourut avant sa pénitente, sans avoir rien écrit sur elle ; la biographie même que nous a tracée de Marguerite de Bavière le vénérable chartreux, Adolphe d'Essen, devenu plus tard son directeur spirituel, est moins un portrait complet qu'une esquisse rapide de la plus grande et de la plus sainte des duchesses de Lorraine. C'est à cet écrit récemment découvert contre toute espérance, ainsi qu'à différents manuscrits d'un disciple du Père Adolphe, le Père Dominique, cité plus haut, que nous devons la plupart des détails suivants qui nous restent sur la vie de la Bienheureuse.

La princesse eut ainsi bientôt regagné le temps perdu dans ses premières années. Elle s'appliqua tout d'abord au combat spirituel, selon la méthode et l'ordre indiqués dans son manuel du Rosaire. Les vertus chrétiennes effacèrent la trace de ses anciennes mondanités : l'humilité et la condescendance, la charité et la douceur, la dévotion et la mortification des sens, la miséricorde et une inépuisable libéralité envers les malheureux vinrent à l'envi orner son âme dans un rare degré de perfection. Elle n'avait plus laissé au caprice la moindre influence dans la distribution de son temps. Levée bien avant l'aube, elle se prosternait aussitôt en adoration et en actions de grâces devant l'Auteur de tout bien, lui faisait l'abandon complet de sa personne et lui demandait avec ardeur de ne point permettre que la journée la trouvât en rien infidèle à ses résolutions. Puis, au premier coup de cloche, lorsqu'elle était seule ou qu'elle n'avait pas à craindre de mécontenter son époux, elle accourait devant les autels, n'amenant à sa suite qu'une personne de bonne volonté, pour ne point trop abréger le repos de ses domestiques. Après avoir consacré à ses exercices de dévotion tout son temps libre, elle n'appartenait plus qu'aux siens et aux malheureux. Enfin, la nuit venue, elle retombait aux pieds du divin Maître pour examiner sous son œil jaloux tout le cours de la journée. Une imperfection l'avait-elle surprise, elle s'en accusait devant le souverain prêtre Jésus avec les marques de la plus vive contrition ; et pour peu qu'elle se reconnût coupable d'une infidélité plus notable, elle s'en confessait à l'instant même, selon l'occasion, ou ne renvoyait jamais plus loin qu'au lendemain le soin de décharger sa conscience au saint tribunal. Déjà purifiée ainsi presque chaque jour dans le sacrement de pénitence, la duchesse ajoutait mortification sur mortification, pour asservir sans trêve ni repos ses moindres appétits au joug de la perfection chrétienne. Très-simple dans son intérieur, elle aimait, à l'exemple de sa bienheureuse tante, sainte Élisabeth de Hongrie, à se priver dans le boire et le manger, sans que rien en parût : souvent, par exemple, après avoir fait circuler, sans y toucher, les mets les plus délicats sur la table ducale, elle se retirait à l'écart pour apaiser sa faim par quelques grossiers aliments que lui apportait une suivante discrète. En l'absence de Charles II, non contente d'expier ses vanités d'autrefois sous un rude cilice, elle apportait une rigueur impitoyable à déchirer ses membres par de sanglantes disciplines.

De quelle ardente dévotion notre Bienheureuse ne devait-elle donc pas se sentir consumée envers l'adorable Eucharistie ? Elle s'en approchait avec une humilité et une ferveur angéliques aussi souvent que le lui permettait le rigorisme de son temps, c'est-à-dire les dimanches et les fêtes d'occurrence pendant la semaine. Notre-Seigneur, afin de lui témoigner sa gratitude de tant de dévotion pour le sacrement de son amour, voulut un jour la communier d'une manière toute merveilleuse. La Bienheureuse avait manifesté au vénérable Père Adolphe, alors prieur de la Chartreuse de Marienflos, récemment fondée près de Sierck, et transférée peu de temps après à Rettel, non loin de là, le désir qu'il vînt célébrer dans sa chapelle privée, au château ducal de la ville de Sierck, où résidait quelquefois la cour de Lorraine. Au moment de recevoir la sainte communion, comme la princesse venait de s'agenouiller devant l'autel, son visage devint tout à coup resplendissant à l'égal du soleil de midi. L'hostie sacrée disparut en même temps des mains du vénérable prieur, qu'une terreur religieuse avait transporté hors de lui-même, et qui n'avait pas d'abord remarqué ce second prodige. Revenu de son admiration et croyant avoir laissé tomber les saintes espèces pendant son trouble, il promenait anxieusement ses regards autour de lui, quand l'aspect de Marguerite de Bavière, prosternée en actions de grâces, le tira de sa perplexité avec de vifs sentiments de gratitude pour cette nouvelle faveur accordée à sa fille spirituelle. Ainsi celle-ci partageait-elle quelquefois le calice des bénédictions du Seigneur avec sainte Catherine de Sienne, sa contemporaine, dont elle aimait à relire la vie ; ainsi s'abreuvait-elle à longs traits au torrent des grâces divines, et passait-elle souvent de la prière à l'extase après la communion !

Cette surabondance des dons célestes, répandus sur notre Bienheureuse, porta son fruit au centuple dans les œuvres sans nombre de justice et de miséricorde auxquelles son existence était maintenant vouée sans retour. Dans ses rapports avec son mari, il semblait qu'elle fût plutôt l'humble servante que l'épouse de Charles II, tant elle s'étudiait à lui plaire sans cesse et à oublier les torts incroyables du duc à son égard, notamment dans les dernières années de son règne, où il l'avait quittée pour cohabiter publiquement dans son palais avec une courtisane de la plus vile extraction. Si cruellement éprouvée dans ses affections conjugales, notre Bienheureuse avait su néanmoins conserver son âme dans une parfaite résignation à la volonté de Dieu et couronner ainsi tant d'autres épreuves de famille qui avaient fait saigner son cœur, sans aucun cri de révolte ni seulement de douleur trop amère. Elle était, en effet, encore à la fleur des années, que la mort lui avait enlevé coup sur coup deux de ses frères, puis ses deux sœurs, et enfin ses parents l'empereur Robert, mort en 1410, et l'impératrice Elisabeth, qui suivit à un an de là son époux dans la tombe. Des cinq fils qui lui étaient nés, pas un seul ne lui fut conservé. Il ne lui resta que ses deux filles, les princesses Isabelle et Catherine de Lorraine. Sans jamais céder à une fausse tendresse pour ces deux uniques enfants, elle s'appliqua avant tout à leur donner la forte éducation nécessaire aux têtes couronnées. Elle était d'ailleurs, par le spectacle touchant de sa sainte vie, la meilleure des maîtresses pour un si grand œuvre : simple et modeste dans sa parure, pleine de retenue dans ses démarches, levée de très-bonne heure pour ses exercices de piété afin d'être plus tôt à ses soins de famille, prodigue au point de se trouver souvent dans la gêne pour avoir tout donné aux malheureux, frugale à table, partout enfin observant la plus noble réserve, elle apparut constamment aux deux jeunes princesses comme le parfait miroir des vertus du trône. Toujours active au travail, parce qu'elle savait que la paresse est la source de tous les vices, elle ne souffrait le désœuvrement, si ordinaire dans la demeure des grands, ni dans ses enfants, ni même dans ses dames d'honneur et ses filles de service : chacune avait, selon son rang et ses loisirs, à s'occuper d'ouvrages de laine ou de broderie distribués ensuite, sans doute, aux églises et aux pauvres. Les soins de la sainte duchesse s'étendaient ainsi à toutes les personnes de sa maison, qu'elle regardait en réalité comme de sa famille. Plus soucieuse de leur progrès intérieur qu'on ne l'est à cet égard dans le monde, elle veillait scrupuleusement à leur instruction jusqu'à leur faire elle-même la lecture spirituelle les dimanches et fêtes, après le repas de midi, ne voulant laisser cette charge à d'autres que lorsqu'elle s'en trouvait empêchée ou qu'un ecclésiastique était présent pour le ministère de la parole. Elle avait à cet effet un bon nombre de livres choisis, comme l'Ancien et le Nouveau Testament, l'Explication des Epîtres et des Evangiles de l'année, des Sermonnaires, la Vie des Saints et d'autres ouvrages écrits soit en latin, soit en français, ou en allemand. Cette lecture terminée, la duchesse et sa suite s'en retournaient religieusement aux offices. Le Seigneur devait accorder sa bénédiction à tant de sollicitude domestique. Jamais intérieur de palais ne fut plus calme ni plus fidèle et dévoué. Jamais surtout princesses ne répondirent plus heureusement à l'attente de l'Eglise et de la société. Leur lignée fut nombreuse, vaillante et parfois même couronnée de l'auréole des Saints. Ainsi d'Isabelle, l'aînée d'entre elles, qui fut mariée à René d'Anjou, avec la succession présomptive au trône ducal, descendirent et cette bienheureuse Marguerite de Lorraine, duchesse d'Alençon et bisaïeule d'Henri IV, morte glorifiée sous l'habit de sainte Claire au couvent d'Argentan ; et ces braves ducs de Guise qui empêchèrent la France de passer à l'hérésie huguenote ; et ces illustres princes de Lorraine qui, après avoir fait pendant plusieurs siècles le bonheur de leur duché, arrivèrent à la première couronne de l'Allemagne, lors de la réunion de la Lorraine à la France, et c'est du mariage de l'arrière-petit-fils de Marguerite de Bavière, le duc François avec l'impératrice Marie-Thérèse que descend la maison actuelle d'Autriche, dite de Habsbourg-Lorraine ; de la seconde des filles de Marguerite de Bavière, Catherine de Lorraine, mariée au marquis Jacques de Bade, naquit entre autres le bienheureux Bernard de Bade, le Louis de Gonzague du XVe siècle.

Ainsi dévouée à ses devoirs domestiques, notre sainte duchesse le fut plus encore au service des infirmes et des pauvres. Une vocation spéciale l'appelait à imiter ses deux saintes parentes de Hongrie et de Portugal, et sainte Catherine de Sienne dans leur amour sans bornes pour les membres souffrants de Notre-Seigneur. On la voyait s'empresser dans les hôpitaux comme dans les seuls palais de son goût, chaque fois que ses obligations d'épouse et de souveraine lui en laissaient le loisir. Pendant que le vénérable Père Adolphe, qui l'accompagnait parfois dans ses visites à l'hôpital fondé par elle à Sierck, frémissait d'horreur à la vue des saintes extravagances de sa fille spirituelle, celle-ci, assistée d'ordinaire de l'une de ses suivantes du nom de Luce, semblait trouver un bonheur sans pareil à soigner les plaies des malheureux, à purifier leurs ulcères fétides, à prodiguer à leurs infirmités les plus repoussantes les secours que personne au monde n'osait plus leur rendre. Du soin des malades elle passait à celui des pauvres, jusqu'à leur laver les pieds et à les essuyer de sa propre chevelure. Cet abaissement inexplicable devant lequel reculaient bien loin toutes les personnes de sa suite, sa fidèle Luce exceptée, ne pouvait avoir son principe que dans une grâce toute spéciale d'en-haut. Un jour cependant la duchesse sentit que le cœur allait lui manquer, tant étaient horribles les plaies qu'elle venait de découvrir : se rappelant aussitôt la conduite de sainte Catherine de Sienne dans une tentation semblable, elle fit sur elle-même un suprême effort en invoquant le divin Maître, et aussitôt ses sens mutinés se trouvèrent apaisés.

Une âme aussi miséricordieuse et aussi humble allait devenir un glorieux instrument de salut entre les mains de Notre-Seigneur. Souvent sur un simple signe de croix de la duchesse, le mal le plus invétéré avait disparu. Souvent aussi, pour se dérober à la vénération publique et cacher à sa main gauche les prodiges de sa droite, elle donnait aux malades quelques semblants de remèdes avec lesquels elle les congédiait et après quoi ils se trouvaient complètement guéris. Et telle était la foule des suppliants qui venaient chaque jour sur son chemin réclamer son assistance, lorsqu'elle rentrait des saints offices, que les abords de son appartement rappelaient, par l'encombrement des malades, les portiques de la piscine probatique, assiégés par les malheureux en attendant la descente de l'Ange. Trois espèces de malades demeuraient toutefois incurables malgré la bonne volonté qu'aurait eue la duchesse de les assister : c'étaient ceux qui venaient à elle sans pleine confiance d'en être guéris, ceux qui comptaient plus sur l'efficacité des remèdes ordinaires que sur son intervention surnaturelle, ceux enfin qui, souillés de quelque péché grave, n'avaient pas la ferme volonté de se convertir. Tant que duraient ces mauvaises dispositions des uns et des autres, ils se trouvaient incapables de soulagement auprès d'elle.

Un mal plus redoutable que toutes les infirmités corporelles ensemble, la guerre désolait alors la chrétienté. A la vue de tant de haines funestes et de tant de sang répandu au grand détriment des âmes, le cœur de la sainte duchesse s'était senti pris d'une grande pitié à l'égard de son peuple. Par l'efficacité de ses prières elle devint pour la Lorraine ce qu'avait été sainte Elisabeth de Portugal pour sa patrie adoptive, l'Ange de la paix. Elle était, selon l'opinion générale, plus forte, du fond de son oratoire, qu'une armée rangée en bataille. Dieu le fit comprendre un jour par un de ces prodiges de bilocation rares, même dans la vie des Saints les plus célèbres. C'était en 1409, deux ans après la bataille de Champigneulle, que les Lorrains avaient gagnée moins par la valeur du duc Charles, que grâce aux prières publiques faites à Nancy sous la conduite de notre Bienheureuse ; plusieurs voisins puissants, trop oublieux de cette défaite, avaient de nouveau levé l'étendard de la guerre et étaient venus comme précédemment mettre les terres de Lorraine à feu et à sang. Charles II se porta à leur rencontre auprès de Pont-à-Mousson. Au moment où l'action allait s'engager, les ennemis, quoique de beaucoup supérieurs en nombre, furent soudain saisis de terreur et lâchèrent pied sans même coup férir. Et, comme après cette fuite honteuse ils étaient accablés de reproches par les leurs, ils répondirent unanimement, le bruit en courut d'ailleurs partout alors, que ce n'était certes pas le duc ni ses troupes qui les avaient ainsi mis en déroute, mais uniquement l'apparition subite de la duchesse Marguerite de Bavière à la tête des Lorrains, avec un visage tellement terrible qu'ils n'avaient pu tenir un instant devant son regard foudroyant. Cependant notre Bienheureuse n'avait point quitté Nancy de la journée. Prosternée dans son oratoire aux pieds du divin Maître, pendant que le duc marchait à l'ennemi, elle s'était contentée, ainsi qu'elle l'avoua plus tard en termes précis au vénérable Père Adolphe, de prier pour la conservation des siens, avec un parfait abandon de toute l'affaire à la divine miséricorde. Telle était d'ailleurs sa coutume, depuis qu'elle avait appris à mieux connaître Notre-Seigneur par la méditation des mystères de sa vie, de toujours ajouter dans ses prières, quelque juste qu'en fût l'objet : « Mon Dieu, qu'il arrive toutefois non pas comme je veux, mais comme vous voulez ». Cette victoire, aussi pacifique que glorieuse pour la duchesse, rendit définitive la paix dont la Lorraine jouit jusqu'à la fin du règne de Charles II, tandis qu'au dehors les invasions étrangères et la guerre civile ne cessaient de promener leurs ravages d'un pays à l'autre, notamment en notre patrie, qui, sans Jeanne d'Arc, tombait sous le joug des Anglais.

Malgré un succès si frappant, Marguerite de Bavière, sur qui se portaient de plus en plus les regards reconnaissants de son peuple, n'avait garde de s'attribuer à elle-même la gloire de tant de prospérités. Elle ne voulait mettre sa confiance que dans les mérites d'autrui, et cherchait sans cesse à multiplier autour du trône de son époux les œuvres de miséricorde les plus méritoires et les monastères les plus fervents. On ne saurait dire tout ce qu'elle inspira de bons desseins à Charles II. Grâce à elle les Chartreux, qui seuls peut-être entre tous les autres religieux d'alors étaient restés fidèles à l'austérité primitive de leur Ordre, furent appelés, en 1415, par le duc à venir s'établir en Lorraine. Ils y sont encore aujourd'hui, et c'est du monastère de Bosserville, près Nancy, qui est une filiation de celui établi proche de Sierck par les soins de la duchesse, que sort le supérieur général actuel de l'Ordre de Saint-Bruno. Cette fondation fut pour Marguerite de Bavière une suprême consolation en même temps qu'une impulsion nouvelle vers la perfection, par les rapports personnels qu'elle eut alors avec le vénérable Père Adolphe, premier prieur de ce monastère, de 1415 à 1421. Plus tard notre Bienheureuse s'empressa encore de seconder le zèle de sainte Colette pour la réforme de l'Ordre de Saint-François. Non-seulement elle prit une part active à la construction du couvent que la vierge de Corbie venait fonder à Pont-à-Mousson, mais elle supplia celle-ci de vouloir bien l'y recevoir au nombre des pauvres Clarisses si le duc son époux devait mourir avant elle. Dieu avait toutefois d'autres projets sur sa fidèle servante. Il voulait continuer de l'attirer à lui par le seul sentier du Calvaire, jusqu'à la fin de ses jours.

La duchesse, ainsi purifiée jusqu'au fond du creuset, comme l'or le plus pur, vit d'abord toute sa mansuétude et toutes ses larmes impuissantes à retirer Charles II des honteuses débauches de sa vie privée. Ce prince, doué d'ailleurs de grandes qualités qui l'auraient élevé au-dessus de la foule des princes de son temps s'il n'avait pris à tâche de se raidir contre l'action salutaire de sa sainte épouse sur lui, n'avait point su dès sa jeunesse commander à ses passions orageuses. Il justifia, malheureusement pour lui, cet oracle de l'Esprit-Saint, que « l'homme finit d'habitude sa vie par le chemin pratiqué dans ses premières années ». La jeunesse de Charles II avait été licencieuse, comme son premier testament en fait foi : sa vieillesse fut sans honneur et sans frein. Les hardies remontrances de

Jeanne d'Arc, l'engageant à reprendre son épouse, le laissèrent insensible. La mort du duc, aussi triste que l'avait été sa vie, fut de plus fatale à la vile complice de ses infidélités : à peine eut-il rendu le dernier soupir, que le peuple, impatient de se faire justice à lui-même, envahit la résidence ducale et en arracha de vive force la courtisane qui avait trop longtemps profané les marches du trône ; dépouillée de ses somptueux habits et affublée de ses premiers vêtements, la malheureuse se vit traîner sur une charrette à travers les carrefours de Nancy, au milieu des malédictions et des outrages de la multitude ; par un reste de respect pour le duc, on la mit secrètement à mort. La duchesse, que le peuple vénérait comme une sainte et avait si cruellement vengée, n'avait point eu le temps de prévenir cet acte sanglant ; elle s'empressa du moins de veiller à l'avenir des enfants issus de rapports si outrageants pour elle, sans jamais se départir à leur égard de sa mansuétude accoutumée. Pour comble d'infortune, elle en était encore à déplorer la mort lamentable de Charles II, lorsque la guerre de succession au trône de Lorraine éclata et que l'héritier légitime, René d'Anjou, fait prisonnier, dès la première rencontre, fut jeté dans les fers par le duc de Bourgogne, l'ambitieux allié du prétendant, Antoine, comte de Vaudémont. Soumise et résignée à la volonté du Seigneur, qui humiliait si profondément la couronne de sa fille, Isabelle de Lorraine, mais en même temps pleine de confiance en la justice de son droit, la duchesse douairière ne s'épargna aucune peine pour rendre René d'Anjou à ses sujets : arrachant trêve sur trêve au comte de Vaudémont, adjoignant à la jeune duchesse des conseillers habiles, comme les évêques de Metz et de Toul, pour aller fléchir le duc de Bourgogne, portant enfin la cause au tribunal de l'empereur Sigismond, qui trancha la question de principe, pendant le concile de Bâle, et rendit, le 24 avril 1434, une sentence favorable au bon droit d'Isabelle et de René. Ainsi se prouvait une fois de plus que la piété, tout en sauvegardant les intérêts éternels, sait dans une juste mesure veiller à ceux du temps.

Au milieu de tout ce deuil, de tous ces malheurs et de toutes ces complications désastreuses, Marguerite de Bavière, dont la conversation intérieure était dans les cieux, achevait d'autres conquêtes plus précieuses que les trônes de la terre ; fidèle à la mission providentielle des saintes femmes de son époque, elle ramenait en foule au bercail les brebis égarées du bon Pasteur. Son nom était devenu l'objet de la vénération publique. Chaque jour on voyait accourir vers elle, non plus seulement les infirmes et les pauvres, mais les personnes des conditions les plus diverses, les grands et les petits, les ecclésiastiques et les laïques, les princes de l'Eglise et les puissants du siècle. Les religieux, plus que les autres, s'empressaient de la visiter pour s'édifier à ses pieux entretiens. Elle avait atteint à un haut degré le don de toucher les cœurs : à peine une conversation était-elle commencée, qu'elle en dirigeait aussitôt le cours vers Dieu et que la science des Saints débordait à flots de ses lèvres bénies. Comme elle était redevable de beaucoup à la dévotion au saint Rosaire, elle ne craignait pas de recommander cette salutaire pratique à chacun, à ses seigneurs et à ses barons aussi bien qu'aux ecclésiastiques et aux moindres de ses sujets. Il était rare que l'un de ses auditeurs résistât à ses pieuses instances ; la plupart en devinrent meilleurs, ainsi que leurs familles ; le souvenir sacré en fut transmis à plus d'une génération, et il ne serait pas téméraire de croire que ces entretiens de notre Bienheureuse, autant que l'épée des ducs ses petits-fils, mirent, un siècle plus tard, la Lorraine hors des atteintes du protestantisme.

Ce prosélytisme s'alliait surtout admirablement bien avec le genre de vie auquel la duchesse s'astreignit après la mort du duc Charles II, et au milieu duquel elle recueillit bientôt l'incomparable palme de la vie éternelle. Comme le monastère commencé par sainte Colette était encore fort peu avancé, et que les circonstances n'étaient point favorables à l'entrée en religion de la sainte veuve, elle voulut du moins mettre à exécution un projet dont elle s'était souvent plu à entretenir le vénérable Père Adolphe. Elle quitta la cour dès que sa présence n'y fut plus nécessaire, se retira dans son douaire d'Einville-aux-Jarres (près de Lunéville), et bâtit, à proximité de sa résidence, un hôpital pour y servir jusqu'à sa mort Notre-Seigneur dans ses membres souffrants, ainsi que l'avaient pratiqué ses saintes parentes de Thuringe et de Portugal. Là, sous un habit simple et grossier, peut-être l'habit du Tiers Ordre de Saint-François, auquel elle était très-probablement affiliée, elle donnait son temps à ses œuvres de prédilection : recueillant les pauvres et les voyageurs sur la voie publique, leur lavant les pieds pour les essuyer de ses cheveux et y appliquer ses lèvres embrasées de l'amour du Christ ; servant ses hôtes à table avec une exquise douceur, et ne laissant partir les nécessiteux qu'après leur avoir fait une aumône généreuse ; se surpassant enfin dans le soin des malades, pour qui elle était prête à sacrifier sa santé, sa vie même. Un tel ministère l'avait admirablement préparée à la mort ; se sentant défaillir, elle se hâta de dicter son testament, le 24 août 1434. Elle y épuisa une dernière fois son épargne en œuvres de religion et de miséricorde : elle n'eut garde d'y oublier son hôpital d'Einville, ni les Chartreux de Sierck, ni les personnes qu'elle avait conservées à son service ; aux deux princesses ses filles elle légua ce qui lui restait de joyaux et tous ses livres. Trois jours après ce testament fait à Einville, elle rendit sa belle âme à Dieu, à l'âge de cinquante-huit ans.

CULTE ET RELIQUES.

Son précieux corps fut transporté à Nancy pour être inhumé dans l'église collégiale de Saint-Georges, où se trouvaient les sépultures de la maison de Lorraine. D'après l'historien Wassebourg et le Père Guinet, de l'Ordre des Prémontrés, de nombreux miracles eurent lieu à son tombeau. De même, lorsque, en 1743, ses restes vénérés furent transférés, ainsi que les cendres des autres sépultures princières, dans le nouveau caveau funéraire de l'église des Cordeliers, situé sous la Chapelle-Ronde, encore existante aujourd'hui, plusieurs malades recouvrèrent la santé, ainsi qu'ils l'assurèrent, par le seul contact du velours qui avait en cette occasion recouvert ses restes mortels. Ils existent toujours, mais profanés, dans ce même caveau où le vandalisme révolutionnaire les a mêlés aux cendres extraites des sépultures voisines. Une simple inscription de la Chapelle-Ronde, voilà tout ce qui rappelle, jusqu'aujourd'hui, dans l'ancienne capitale de la Lorraine, à côté du palais ducal, le souvenir néanmoins si pur et si glorieux de la bienheureuse Marguerite de Bavière, surnommée la miraculeuse Duchesse.

Il existe un portrait authentique, croyons-nous, de notre Bienheureuse. On le trouve au tome III, livre XXVII, de l'*Histoire de Lorraine*, par Dom Calmet, en tête du règne de Charles II, et en regard du buste de ce prince.

Nous avons déjà cité sa biographie écrite par le vénérable Père Adolphe, chartreux de Trèves ; le Père Rader, S. J., au tome III de sa *Bavaria Sancta*, imprimé en 1627, lui a consacré plusieurs pages, sous le titre de *Beata Margarita* ; le Père Arthur de Moustier, récollet, la place, comme le Père Rader, au 27 août, avec le titre de Bienheureuse, dans son *Sacrum Gynecæum* ; les Bollandistes en disent un mot à la même date, avec la remarque, que nous renouvelons ici après eux, qu'aucune trace de culte public ne nous est néanmoins parvenue à son sujet. Ce titre de Bienheureuse, que nous lui avons conservé à l'exemple des auteurs précités, n'est donc que l'expression d'une opinion personnelle, sans préjudice du jugement définitif de la sainte Eglise, que nous appelons de tous nos vœux, sur la cause de l'illustre duchesse.

Cette biographie est due à M. l'abbé J.-M. Curicque, prêtre de Sierck, au diocèse de Metz, qui prépare en ce moment une *Vie de la bienheureuse Marguerite de Bavière*.

SAINT JOSEPH CASALANZ DE PETRALTA,

FONDATEUR DE LA CONGRÉGATION DES CLERCS RÉGULIERS DES ÉCOLES PIES

1648. — Pape : Innocent X. — Roi d'Espagne : Philippe IV.

> Au-dessus des misères physiques, la maladie, la pauvreté et la mort, sont les misères de l'intelligence et du cœur : Joseph Casalanz y a porté un remède.
> Mgr Gaume, les *Trois Rome*.

Joseph Casalanz naquit le 15 septembre 1556, à Petralta, en Aragon, d'une famille noble qui lui donna une éducation très-chrétienne. Dès son enfance, il se fit remarquer par son esprit précoce : il joignait à la science des docteurs l'humilité des Saints et le noble enthousiasme pour le bien dont son compatriote, Ignace de Loyola, donnait de si heureux exemples. Sa science profonde le fit nommer théologal par le cardinal Marc-Antoine Colonne ; mais l'éclat de ses brillantes fonctions était pour lui un motif de rechercher, avec plus d'ardeur, les œuvres obscures. Il entra dans l'archiconfrérie des Saints-Apôtres, qui distribue des aumônes aux indigents. Dans l'exercice de cette charité, il s'aperçut que l'ignorance était la mère féconde du vice et de la misère. Son cœur était brisé en voyant une foule de petits garçons, abandonnés dans les rues par l'insoucieuse complicité de leurs parents, passer les jours entiers dans le vagabondage, sous prétexte de mendier leur pain.

L'enseignement du catéchisme, renouvelé seulement tous les dimanches, dans les paroisses, ne pouvait fructifier pendant toute la semaine ; d'ailleurs Rome n'avait à cette époque d'autres maîtres que les instituteurs régionnaires, très-faiblement rétribués par le sénat. Joseph les pria d'accueillir, dans leurs écoles, ces pauvres petits malheureux ; mais ils refusèrent de s'en charger, si l'on n'augmentait leur salaire. Ce tendre ami des enfants frappa successivement à toutes les portes ; partout il fut éconduit, sous des prétextes plus ou moins plausibles.

Voyant tous ses efforts inutiles, il résolut d'entreprendre lui-même la réalisation de ses vœux. Au mois de novembre 1597, il fonda la première école publique gratuite, à Sainte-Dorothée *in Trastevere* ; il choisit ce quartier, comme étant celui de Rome où le besoin d'instruction se faisait le plus vivement sentir. Le digne curé de la paroisse, Antonio Brendoni, mit à sa disposition deux salles, et s'associa lui-même à sa généreuse entreprise. Peu après, deux autres bons prêtres s'adjoignirent aux fondateurs, et l'école compta bientôt quelques centaines d'élèves. L'instruction des pauvres étant par-dessus tout une œuvre de piété, saint Joseph donna à son institution le nom d'*Écoles pies* ou *pieuses*. Il se mit donc à enseigner aux enfants le catéchisme, la lecture, l'écriture, l'arithmétique ; à l'enseignement, le saint fondateur ajoutait la fourniture des livres et de tous les autres menus objets que la pauvreté de ces chers enfants ne leur eût pas permis de se procurer.

Bientôt les écoles pieuses passèrent au palais Vestri, près de l'église de Saint-André *della Valle*. Là prit naissance une société de prêtres instituteurs, et saint Joseph reçut le titre de préfet des *Ecoles pies*. Il donna à sa congrégation le nom touchant de *pauvres de la Mère de Dieu et des écoles pies*. La *pauvreté*, *Marie*, l'*enfance*, ces trois mots allaient droit à l'âme et attiraient des bénédictions et des secours abondants aux hommes dévoués qui les adoptaient pour devise.

Ajoutons que, par un trait de charité bien digne d'un Saint, Joseph admettait les enfants Juifs eux-mêmes, et souvent on l'entendit tonner, dans ses prédications, contre l'usage de la populace romaine, qui poursuivait de ses insultes ces pauvres petits malheureux, à cause de leur religion. Clément VIII approuva la nouvelle congrégation, qui devint un Ordre régulier avec les trois vœux ordinaires, et de plus la consécration à l'enseignement.

Le Saint s'appliquait surtout à élever les enfants sous l'empire d'une sage discipline ; les religieux (*Scalopii*) observent encore la même méthode. Ils reçoivent gratuitement les enfants de toute condition, dès l'âge de sept ans, et leur donnent trois heures de leçon le matin et autant le soir. Les élèves vont à la messe tous les jours, disent leurs prières au commencement et à la fin des classes ; ils se réunissent, même le dimanche, dans leurs salles, pour se livrer à divers exercices religieux, entre autres, pour réciter le petit Office de la sainte Vierge. Chaque année, aux environs de Pâques, on donne à tous ces enfants les exercices de la retraite.

Que la France soit fière, elle le peut à bon droit, de ses écoles chrétiennes ; mais, fille respectueuse, qu'elle cède encore ici le pas à sa mère. Rome a sur elle, comme sur toutes les autres églises, le glorieux avantage d'avoir ouvert la première des écoles gratuites pour les enfants du peuple. C'est un saint prêtre qui, luttant avec courage contre tous les obstacles, a laissé au monde ce bel exemple, et la religion peut dire que l'enseignement des pauvres lui appartient, et par droit de naissance, et par droit de conquête.

Saint Joseph Casalanz mourut à l'âge de quatre-vingt-douze ans. Il fut canonisé par Clément XIII qui inséra son office au bréviaire romain et fixa sa fête au 27 août. Les *Ecoles pies* se propagèrent rapidement, non-seulement en Italie, mais en Espagne, en Autriche, en Moravie, en Hongrie et en Pologne. Les fonctions des premiers religieux se bornaient à enseigner la lecture, l'écriture, le catéchisme, l'arithmétique, la grammaire et la tenue des livres. Plus tard, les clercs réguliers ouvrirent de grands collèges où l'on enseigna non-seulement les humanités, mais aussi la philosophie et la théologie.

Le corps du Saint repose dans l'église de Saint-Pantaléon de Rome, et est exposé dans une belle urne de porphyre, au-dessus du maître-autel.

On représente saint Joseph : 1° tenant à la main les armoiries de son Ordre. Ce sont les lettres A et M entrelacées, et surmontées d'une couronne et d'une croix. Au-dessous de ces initiales de l'*Ave Maria* se voient les sigles en lettres grecques MP ΘY (Μήτηρ Θεοῦ), pour rappeler que l'Ordre des Piaristes fut mis par son fondateur sous la protection spéciale de la très-sainte Vierge ; 2° accompagné d'une troupe d'enfants du peuple, symbole frappant du but philanthropique de l'Ordre, qui est l'éducation de la classe pauvre ; 3° ayant près de lui une image de Marie qu'il honorait d'un culte tout particulier ; 4° avec une mitre renversée à ses pieds, peut-être parce qu'il refusa un siége épiscopal.

<small>Nous nous sommes servi, pour composer cette biographie, des *Trois Rome*, par Mgr Gaume ; de *Rome, ses églises, ses monuments et ses institutions*, par M. l'abbé Rolland ; et de *Notes locales* fournies par M. l'abbé Corblet, historiographe d'Amiens.</small>

SAINT EBBON OU EBBES,

VINGT-NEUVIÈME ÉVÊQUE DE SENS ET CONFESSEUR (740).

Neveu de saint Goéric, son prédécesseur sur le siége épiscopal de Sens, Ebbon devint après lui deuxième comte de Tonnerre (Yonne), et, marchant sur ses traces, renonça aux dignités et aux plaisirs que lui promettait le monde pour vivre sous la règle austère de Saint-Benoît dans le monastère de Saint-Pierre le Vif, dont il devint abbé en 704. Après la mort de son oncle, il fut tiré de sa solitude et chargé du soin de gouverner l'Eglise de Sens (709). Ebbon employa ses revenus à soulager les pauvres, mortifia son corps par la pénitence, sanctifia son âme par la prière, éclaira son diocèse par la lumière de ses miracles, l'édifia par ses exemples et l'instruisit par ses prédications.

Pendant son pontificat, et en 731, suivant l'opinion la plus commune, les Sarrasins attirés en France par Eudes, duc d'Aquitaine, s'avancèrent jusque sous les murs de Sens dont ils incendièrent les faubourgs. La consternation était grande parmi les habitants qui, pour ne pas s'ensevelir sous les ruines de la ville, songeaient à capituler, lorsque Ebbon releva leurs esprits abattus en offrant de les conduire lui-même au combat. Le camp des infidèles, attaqué à l'improviste, fut enlevé; les Sarrasins s'enfuirent en désordre devant les chrétiens qui les poursuivirent jusqu'auprès de la petite ville de Seignelay et en firent un épouvantable carnage.

L'année suivante, Ebbon assista à une assemblée convoquée à Tolbiac par Charles-Martel. Lorsque ce prince belliqueux eut détruit les Sarrasins, saint Ebbon résolut de se retirer dans la solitude pour y vaquer à la contemplation. Il choisit le village d'Arces (arrondissement de Joigny), au milieu des forêts : une grotte lui servit de cellule, et ce fut là que se consumèrent les longues années de sa vieillesse : toutefois, n'abandonnant pas entièrement la direction de ses ouailles, il se rendait chaque dimanche à sa ville archiépiscopale, y célébrait les saints Mystères, rompait à ses enfants le pain de la parole de Dieu, les bénissait et retournait à son ermitage. Il mourut le 27 août 740, jour où il est honoré à Sens et dans plusieurs contrées de la France. Saint Ebbon fut inhumé à Saint-Pierre le Vif, dans la chapelle de Notre-Dame, conformément à ses dernières volontés.

Tiré de la *France Pontificale*, par Fisquet.

SAINT VIDIAN, MARTYR A MARTRES,

AU DIOCÈSE DE TOULOUSE (VIII° siècle).

Vidian était issu, par son père, de la maison d'Alençon. Sa mère s'appelait Stacia. Le père de Vidian prit les armes contre les Sarrasins et fut fait prisonnier à Lucerna en Galice. Le roi de ces contrées ayant consulté les oracles, ceux-ci répondirent que ce captif français avait un enfant qui deviendrait un jour la terreur des Sarrasins, et qu'il fallait le faire mourir. On offrit aussitôt la liberté au prisonnier, à condition qu'il donnerait son fils en otage. Cette proposition fut acceptée, et l'enfant vint à Lucerna prendre la place de son père.

Une marchande de Lactora, au pays des Vascons, ayant abordé à Lucerna, délivra le jeune prisonnier, qui s'employa au négoce avec sa libératrice. Poussé par le désir de la vengeance contre les Sarrasins, il rassembla une armée, marcha droit à Lucerna, tua le roi et brûla la ville. Après cette glorieuse expédition, il revint en France à la cour de Charlemagne et fut comblé d'honneurs par ce prince. Ayant appris que les Sarrasins avaient fait une nouvelle irruption en Gascogne, il se rendit avec son armée sur les bords du fleuve de Garonne, près d'Angonia, et les défit entièrement dans un champ appelé *le Campestrés*.

Pendant cette expédition, saint Vidian allait quelquefois se reposer dans une forêt où les malades ont souvent éprouvé la puissance de son intercession. On appelait l'éminence sur laquelle la forêt était située *le Naout de san Vidian*. Ce jeune seigneur, ayant été blessé mortellement par les Sarrasins, se traîna jusqu'au bord d'une fontaine pour y laver ses blessures; mais les infidèles l'ayant atteint, lui tranchèrent la tête. Le Saint communiqua à cette fontaine une vertu miraculeuse. Son martyre fut partagé par un grand nombre de compagnons.

Stacia, mère de saint Vidian, ayant appris son martyre, vint à Angonia, qui prit alors le nom de Martres *(de martyribus)*, et fit élever en son honneur un superbe tombeau. Cette ville a gardé un touchant souvenir de la victoire remportée par les chrétiens sur les infidèles, et tous les ans (le jour de la Sainte-Trinité), elle offre une représentation exacte et fidèle du triomphe et de la défaite, en partageant sa brillante jeunesse en deux camps, avec les costumes et les armes de l'époque.

D'éclatants miracles se sont opérés au tombeau de saint Vidian. L'église de Martres possède encore aujourd'hui la plus grande partie de ses reliques, qui sont exposées dans une belle chapelle qui lui est consacrée ; une autre partie de ses ossements repose dans l'église collégiale de Saint-Ybars. La fontaine sur les bords de laquelle il lava ses blessures, est devenue le but d'un pieux pèlerinage. On conservait aussi à Martres la coupe dans laquelle, d'après la tradition, saint Vidian recevait la sainte Eucharistie.

Tiré de l'*Histoire générale de l'Eglise de Toulouse*, par M. l'abbé Salvan.

XXVIII° JOUR D'AOUT

MARTYROLOGE ROMAIN.

A Hippone, en Afrique, la naissance au ciel de saint AUGUSTIN, évêque et très-excellent docteur de l'Eglise. Ayant été converti à la foi catholique et baptisé par saint Ambroise, il devint le plus invincible défenseur de cette même foi contre les Manichéens et les autres hérétiques. Après avoir rendu à l'Eglise une multitude d'autres importants services, il alla au ciel recevoir la récompense qui lui était réservée. Ses reliques furent d'abord portées d'Hippone en Sardaigne, pour les sauver des mains des barbares ; dans la suite, Luitprand, roi des Lombards, les transféra à Pavie, où on leur donna une sépulture honorable. 430. — A Rome, la naissance au ciel de saint HERMÈS, personnage illustre, qui, comme le rapportent les Actes de saint Alexandre, pape, après avoir été renfermé quelque temps dans une prison, accomplit son martyre par le tranchant du glaive, avec plusieurs autres, sous le juge Aurélien. 132. — A Brioude, en Auvergne, le martyre de saint JULIEN, qui, étant compagnon du tribun saint Ferréol, et servant secrètement Jésus-Christ sous l'habit militaire, fut saisi durant la persécution de Dioclétien, par des soldats, qui lui firent souffrir un mort terrible en lui coupant la gorge. IV° s. — A Constance, en Gaule, saint Pélage [1], qui, sous l'empereur Numérien et le juge Evilase, reçut la couronne du martyre. III° s. — A Salerne, les saints martyrs Fortunat, Caïus et Anthès, décapités sous l'empereur Dioclétien et le proconsul Léonce [2]. Vers 304. — A Constantinople, saint Alexandre, vénérable vieillard, par la prière duquel l'impie Arius, condamné au tribunal de la justice divine, creva par le milieu du ventre et rendit ses entrailles. 340. — A Saintes, saint VIVIEN, évêque et confesseur. 460. — De plus, saint MOÏSE L'ÉTHIOPIEN, qui, d'insigne voleur étant devenu fervent anachorète, convertit plusieurs voleurs et les mena avec lui dans un monastère. Vers 400.

---

1. On l'appelle aussi Pelay. — Il s'agit ici de Constance, sur le Rhin (grand-duché de Bade). On sait que la Germanie ou Germanique supérieure, qui répond actuellement aux pays du Rhin, était autrefois une des dix-sept provinces de la Gaule proprement dite, appelée par les Romains *Gallia Transalpina*.

2. Les saints martyrs Caïus, Fortunat et Anthès sont patrons titulaires de la ville de Salerne (Principauté Citérieure). Leurs corps reposaient tout d'abord dans un oratoire dédié sous leur vocable en dehors des murs de Salerne ; le 15 mai 940, on les transféra, par crainte des Sarrasins, dans l'intérieur de la ville. La basilique de Saint-Jean se trouva enrichie de ce précieux trésor qu'elle possède encore. — Papebrock, dans les *Acta Sanctorum*.

28 AOUT.

MARTYROLOGE DE FRANCE, REVU ET AUGMENTÉ.

Aux diocèses de Clermont, de Carcassonne et du Puy, saint Julien de Brioude, martyr, cité au martyrologe romain de ce jour. — Aux diocèses de Lyon et d'Autun, mémoire du même saint Julien. — Au diocèse de Viviers, saint Hermès, martyr à Rome, cité au martyrologe romain de ce jour. — Au même diocèse, saint Vivien, cité au martyrologe romain de ce jour. — A Cologne, translation des reliques de sainte Agnès, vierge et martyre en Angleterre. — En Poitou, saint Clair, martyr, dont nous avons parlé dans le supplément du tome VI°. Le Loudunais possède une église paroissiale sous son vocable, dans laquelle sans doute il fut enseveli et qu'on enrichit de ses reliques. Il y eut aussi deux chapelles construites à sa mémoire, l'une près du Puy-Notre-Dame (Maine-et-Loire, arrondissement de Saumur, canton de Montreuil-Bellay), au diocèse d'Angers ; et l'autre dans le voisinage de Vouhé (Deux-Sèvres, canton de Saint-Maixent), au diocèse de Poitiers [1]. Avant 260. — A Saint-Jean d'Aulps, au diocèse d'Annecy, saint Guérin, abbé de Notre-Dame d'Aulps *(Monasterium B M. V. de Alpibus)* et évêque de Sion, dont nous avons donné la vie au 6 janvier. 1150. — A Poulangy (Haute-Marne, arrondissement de Chaumont, canton de Nogent-le-Roi), au diocèse de Langres, sainte Adeline, nièce de saint Bernard de Clairvaux. D'abord religieuse au monastère de Tard ou du Tart *(Tartum,* Ordre de Cîteaux), à quatre lieues de Dijon, elle passa plus tard dans celui de Poulangy dont elle devint abbesse. XII° s. — Dans l'ancien monastère bénédictin de Luxeuil *(Luxovium),* au diocèse de Besançon, saint Emmon, moine. Les Actes de saint Adelphe (11 septembre) nous apprennent que quand ce Saint vint pour voir ses frères de Luxeuil et mourir au milieu d'eux, ce fut Emmon qui eut le bonheur de soigner l'illustre malade. — Au diocèse de Nevers, saint Eolade, sixième évêque de ce siège et confesseur, dont nous avons déjà parlé au martyrologe de France du 26 février. Il ne faut pas le confondre avec saint Eulade, premier évêque de Nevers, comme on l'a fait bien souvent. 580 ou 581. — Au diocèse de Saintes, saint Ambroise, évêque de ce siège et confesseur, prédécesseur de saint Vivien, dont nous donnons la vie en ce jour. Vers 545.

MARTYROLOGES DES ORDRES RELIGIEUX.

Martyrologe des Chanoines Réguliers. — A Hippone, en Afrique, la naissance au ciel de notre Père saint Augustin, évêque et excellent docteur de l'Eglise. Converti et baptisé par saint Ambroise, il devint le plus invincible défenseur de cette même foi contre les Manichéens et les autres hérétiques. Après avoir rendu à l'Eglise une multitude d'autres services, il alla au ciel recevoir la récompense qui lui était réservée. Ses reliques, par la crainte des barbares, d'abord transportées d'Hippone en Sardaigne, et ensuite transférées à Pavie par Luitprand, roi des Lombards, ont reçu dans cette dernière ville une sépulture honorable. 430.

Martyrologe de l'Ordre des Ermites de Saint-Augustin. — De même que chez les Chanoines Réguliers.

Martyrologe de l'Ordre des Servites de la bienheureuse Vierge Marie. — De même que chez les Chanoines Réguliers.

Martyrologe de l'Ordre de Saint-Jérôme. — De même que chez les Chanoines Réguliers.

ADDITIONS FAITES D'APRÈS LES BOLLANDISTES ET AUTRES HAGIOGRAPHES.

Dans le cercle de Souabe (empire d'Allemagne), la bienheureuse Adelinde, fondatrice et première abbesse du monastère bénédictin de Buchau ou Buchaw *(Bocogia, Buchaugia, Buchovia).* L'abbesse de ce couvent, en vertu d'un privilège accordé par l'empereur Charles IV, avait rang de princesse ; lors de son sacre, elle faisait porter devant elle un livre et une épée, et avait place et voix aux diètes de l'empire et du Cercle. X° s. — En Pologne, Notre-Dame de Kiovie, qui possède une belle et grande statue d'albâtre représentant la sainte Vierge. Celle-ci parla, dit-on, à saint Hyacinthe, en 1241, et lui commanda de l'emporter avec lui et de ne la point abandonner aux ennemis qui assiégeaient la ville : ce qu'il fit sans aucune peine, l'image ayant perdu sa pesanteur. — Chez les Grecs, saint EZÉCHIAS, treizième roi de Juda. 694 av. J.-C. — A Alexandrie, les saints martyrs Poliène, Sérapion, Justile, cités par saint Jérôme. — A Rome, les saints martyrs Hélie, Etienne, diacre, et Pollion, cités par le même. — A Sarsina *(Sassina, Bobium),* ville d'Italie, dans la province de Forli, saint Vicine, évêque de ce siège et confesseur. Natif de la Ligurie, il quitta bientôt son pays et se retira à Sarsina, pour fuir la persécution de Dioclétien. Là, il s'ap-

---

[1]. Cf. *Histoire de l'Eglise et de la province de Poitiers,* par M. l'abbé Auber, historiographe du diocèse. Poitiers, 1866.

pliqua à la prédication, et le peuple, instruit de ses vertus, le plaça sur le siège épiscopal de cette ville. On ne sait combien de temps il l'occupa, mais tous s'accordent à dire qu'il en fut une des plus brillantes lumières. Son corps fut déposé dans son église cathédrale : de nombreux miracles ont illustré son tombeau. III° s. — A Taino *(Tadinum)*, ancienne ville épiscopale d'Italie (Ombrie), saint Facondin, évêque de ce siège et confesseur. Il est resté célèbre parmi les fidèles de l'Italie pour ses vertus, le zèle qu'il déploya dans la défense de la foi orthodoxe, le soin qu'il prit de son troupeau. Son corps, enseveli en dehors des murs de la ville, resta longtemps sans honneurs ; plus tard, sur une révélation du ciel, il fut découvert et entouré de la plus grande vénération. Sur son tombeau s'éleva une chapelle magnifique où l'on entretint constamment des lampes allumées. Le monde entier se disputa les reliques d'un si saint évêque, et il fallut construire une basilique d'un accès plus difficile, afin d'empêcher les étrangers d'enlever petit à petit ces précieux restes si chers aux habitants de Taino. Commencement du VII° s. — Encore à Taino, saint Juventin, archidiacre et confesseur, disciple de saint Facondin. Son corps repose près de celui de son maitre. — A Killaloe, bourg d'Irlande, dans la province de Munster et le comté de Clare, saint Flannan, premier évêque de ce siège et confesseur. Fils du roi Thierry (probablement Thierry II, quatrième roi d'Orléans, troisième roi de Bourgogne et septième roi de Metz ou d'Austrasie (587-613), il fut consacré, vers 639, par le souverain pontife Jean IV, et dota son Église de grands biens. Il fut enseveli dans la cathédrale de Killaloe. VII° s.

SAINT ÉZÉCHIAS, TREIZIÈME ROI DE JUDA

723-694 avant Jésus-Christ.

Fecit Ezechias quod placuit Deo, et fortiter ivit in via David patris sui quam mandavit illi Isaias propheta.

Docile aux sages conseils du prophète Isaïe, Ezéchias marcha résolument dans la voie que David son père lui avait tracée, et devint l'instrument des volontés de Dieu.

Ecclésiastique, XLVIII, 25.

Ezéchias était fils d'Achaz, roi de Juda, et d'Abi, fille de Zacharie. Il hérita du trône de son père qui, quelques mois avant sa mort, l'avait associé au gouvernement de son royaume, et commença à régner à l'âge de vingt-cinq ans. Son entrée fit changer la face des affaires publiques qui ne pouvaient être en plus grand désordre, surtout pour ce qui regardait la religion. Ezéchias s'appliqua, dès le commencement de son règne, à rétablir dans toute sa pureté le culte et le service du Dieu de ses pères, fit revivre les lois et la justice, s'appliqua à consolider la paix parmi ses sujets, et s'évertua à faire tout ce qu'il croyait devoir être agréable au Seigneur, prenant pour modèle le roi David, le plus saint des rois ses prédécesseurs. Fidèlement attaché au Très-Haut, il ne s'écarta point de ses voies, observa religieusement tous les commandements qu'il avait donnés à Moïse, prit garde de ne jamais perdre la crainte et mit en lui toute son espérance. L'Ecriture lui rend ce témoignage que, parmi les rois de Juda, on n'en vit point après lui, comme il ne s'en était point rencontré auparavant, qui pût lui être comparé.

Dès le premier mois qui suivit son avénement, Ezéchias fit rouvrir les portes du Temple de Salomon, fermées par l'ordre d'Achaz son père, et les fit recouvrir de lames d'or, comme elles étaient précédemment. Il convoqua les prêtres et les lévites à une assemblée solennelle dans la grande place à l'orient du Parvis. « Enfants de Lévi », leur dit-il, « écoutez ma parole. Accomplissez sur vous-mêmes tous les actes de la purification légale ; puis vous procéderez à celle du Temple de Jéhovah, Dieu de vos pères, et vous ferez disparaître la trace des impuretés qui ont souillé le lieu saint. Nos pères ont péché ; ils ont osé se livrer au mal et abandonner Jéhovah. Ils ont détourné la tête à la vue de son tabernacle ; les portes du vestibule ont été fermées, et les lampes éteintes ; l'encens a cessé de brûler sur l'autel des parfums, et les holocaustes n'ont plus été offerts à l'autel du Dieu de Jacob. Voilà pourquoi le courroux du Seigneur s'est enflammé contre Juda et Jérusalem ; voilà pourquoi il a semé sur nos pas le trouble, la ruine et la mort. Vous en êtes témoins. Le glaive a moissonné nos aïeux ; et nous avons vu nos fils, nos filles et nos épouses traînés en captivité, en punition de tant de crimes. Maintenant donc j'ai résolu de renouveler l'alliance d'Israël avec Jéhovah, son Dieu, et de détourner ainsi le courroux du Seigneur. Mes fils bien-aimés, aidez-moi de votre zèle et de votre piété. C'est vous que Jéhovah a choisis pour le servir dans son sanctuaire, pour lui rendre un culte solennel et pour brûler l'encens sur l'autel des parfums [1] ! »

Ainsi parla Ezéchias ; les lévites répondirent par leur pieux empressement à la confiance royale. « Mahath, fils d'Amasai, et Joël, fils d'Azarias, de la descendance de Caath ; Cis, fils d'Abdi, et Azarias, fils de Jalaléel, de la descendance de Mérari ; Joah, fils de Zemma, et Eden, fils de Joah, de la descendance de Gersom ; Samri et Jahiel, descendants d'Elisaphan ; Zacharie et Mathanias, descendants d'Asaph ; Jahiel et Semeï, descendants d'Héman ; Séméias et Oziel, descendants d'Idithun, prirent la direction du mouvement de restauration religieuse qui se prononçait. Ils rassemblèrent leurs frères de la famille sacerdotale et lévitique, et accomplirent sur eux-mêmes les cérémonies de la purification légale. Pénétrant alors dans le Temple, ils procédèrent à sa réhabilitation. Toutes les traces des cultes idolâtriques et tous les objets flétris par quelques-unes des impuretés rituelles furent soigneusement enlevés de l'intérieur de l'édifice sacré ; on les apportait sous le vestibule extérieur ; là, d'autres lévites s'en chargeaient et allaient les jeter dans le torrent du Cédron. L'œuvre réparatrice fut commencée le premier du mois de *Nizan* (mars) ; le huitième jour, l'intérieur du Temple était purifié ; il en fallut huit autres pour achever de rendre aux parvis leur splendeur et leur pureté premières. Quand tout fut terminé, les prêtres allèrent dire à Ezéchias : « Nous avons sanctifié toute la maison du Seigneur, l'Autel de l'holocauste et tous les instruments du sacrifice ; la Table des pains de proposition et tous les vases sacrés à son usage ; enfin tout le mobilier du Temple qui avait été profané sous le règne d'Achaz, après la prévarication de ce roi. Tout est disposé, selon l'ordre prescrit, devant l'autel de Jéhovah [2] ».

« Le lendemain, dès l'aube, Ezéchias, entouré de tous les princes de Jérusalem, se rendit dans l'appareil de la majesté royale, au Temple du Seigneur. Par son ordre, on amena sept taureaux, sept béliers, sept agneaux et sept boucs offerts comme victimes de propitiation pour le péché, pour le royaume, pour le sanctuaire et pour le peuple. S'adressant alors aux prêtres descendants d'Aaron, Ezéchias leur dit de procéder au sacrifice de propitiation. Les prêtres immolèrent donc successivement les taureaux, les béliers et les agneaux, et en répandirent le sang sur l'autel. Les boucs, réservés pour le sacrifice expiatoire du péché, furent alors placés au milieu de l'assemblée ; le roi et tout le peuple étendirent la main sur les victimes

---

1. *II Paralip.*, XXIX, 3-11. — 2. *Ibid.*, 12-19.

qui furent immolées avec ce rit imposant, et leur sang fut versé devant l'autel comme l'expiation des péchés d'Israël. Car le roi avait demandé que l'holocauste et l'hostie pour le péché fussent offerts au nom du peuple d'Israël tout entier, sans tenir compte de la distinction des deux royaumes. Cependant les chœurs de lévites, avec les cymbales, le psaltérion et le kinnor, avaient été réorganisés selon les règlements du roi David, de Gad le Voyant et de Nathan le Prophète. Ils se tenaient en avant du Temple, avec les divers instruments de musique comme au temps de David ; les prêtres, suivant la loi de Moïse, avaient les trompettes sacrées à la main. Quand le feu fut mis au bûcher de l'holocauste sur l'autel du Seigneur, les trompettes retentirent, tous les chœurs de musiciens commencèrent le chant des hymnes sacrés composés par David et par Asaph le Voyant. Cependant la foule prosternée adorait la majesté de Jéhovah. Quand la cérémonie de l'holocauste fut accomplie, Ezéchias dit au peuple assemblé : « Vous avez tous voulu remplir vos mains d'offrandes pour le Seigneur ; approchez donc maintenant ; présentez-lui vos victimes, et que le Temple de Jéhovah reçoive de nouveau vos sacrifices d'actions de grâces ». La multitude offrit alors, avec un pieux empressement, ses victimes, ses hosties de louange et ses holocaustes. Soixante-dix taureaux, cent béliers, deux cents agneaux furent consumés sur l'autel des holocaustes, six cents bœufs et trois mille brebis furent immolés au Seigneur en ce jour solennel. Ainsi fut rétabli le culte de Jéhovah ; Ezéchias et le peuple tout entier étaient dans l'allégresse ; la manifestation était d'autant plus éclatante, qu'elle n'avait pas été préparée à l'avance et qu'elle s'était spontanément produite [1] ».

Cette démonstration, empreinte à un si haut degré de la foi aux institutions mosaïques, avait été en effet toute locale. Les habitants de Jérusalem, répondant au zèle de leur pieux roi, y avaient seuls pris part. Mais elle ne devait pas rester circonscrite dans une sphère aussi étroite. Ezéchias et les conseillers royaux, dans une assemblée générale du peuple, résolurent de célébrer la Pâque, au deuxième mois (Ijar, avril). On n'avait pas solennisé cette fête à la date précise où elle tombait, parce que les prêtres n'avaient pu encore accomplir les purifications prescrites par la loi, et que d'ailleurs le peuple n'avait pas eu le temps de se réunir à Jérusalem. On convint donc d'envoyer des messagers dans toute l'étendue de la Palestine, depuis Dan jusqu'à Bersabée, pour inviter la multitude des enfants d'Israël à venir célébrer la Pâque de Jéhovah leur Dieu à Jérusalem. Des lettres spéciales de convocation furent adressées par Ezéchias aux deux tribus d'Ephraïm et de Manassé, les plus rapprochées du royaume de Juda. Les envoyés royaux s'acquittèrent de leur mission. Ils parcoururent tout le territoire, annonçant au peuple des villes et des campagnes le commandement d'Ezéchias. « Enfants d'Israël », disaient-ils, « revenez à Jéhovah, le Dieu d'Abraham, d'Isaac et de Jacob ; de son côté, le Seigneur consentira à visiter dans sa miséricorde les restes échappés à la main de fer du roi d'Assyrie. Ne suivez point l'exemple de vos pères et de vos frères. Ils ont abandonné le culte de l'Eternel, voilà pourquoi le Seigneur les a laissés périr sous vos yeux. Ne soyez pas les imitateurs de nos ancêtres à la tête dure ; donnez les mains au pacte d'alliance avec Jéhovah ; accourez au temple qu'il a consacré à jamais par sa majesté sainte ; servez le Seigneur, le Dieu de vos pères, et il détournera de vous les traits de sa vengeance. Si vous revenez à lui, vos frères et vos fils, les captifs de l'Assyrien, trouveront grâce devant leur

---

1. *II Paralip.*, XXIX, 20 ad ultim.

maître, et ils seront rendus à votre amour. Notre Dieu est le Dieu de la clémence et de la miséricorde, il se laissera toucher par votre repentir ». Ainsi parlaient les messagers d'Ezéchias, et ils se hâtaient de passer de ville en ville, à travers les tribus d'Ephraïm, de Manassé et de Zabulon ; mais ils ne recueillaient la plupart du temps sur leur route que l'insulte et l'ironie des peuples. Cependant il se trouva dans la tribu d'Azer, et même dans celles de Manassé et de Zabulon, quelques Israélites fidèles, qui accueillirent avec joie leur parole et prirent le chemin de Jérusalem [1] ».

La mission réparatrice qui échouait ainsi devant l'obstination idolâtrique du royaume d'Israël fut au contraire accueillie avec enthousiasme dans celui de Juda. « La bénédiction du Seigneur se manifesta en cette circonstance et réunit tous les cœurs dans un sentiment unanime de foi et de piété. Une foule immense se rendit à Jérusalem de tous les points du royaume, à l'époque fixée pour la fête des Azymes. Les autels idolâtriques dont la présence souillait encore les rues et les places de la ville sainte furent détruits ; et tout ce qui avait été profané par l'encens d'un culte sacrilège fut jeté par le peuple dans le torrent du Cédron. Le quatorzième jour du second mois la solennité commença. Les prêtres et les lévites, sanctifiés selon les prescriptions de la loi, offrirent les holocaustes dans le Temple du Seigneur. Chacun d'eux accomplissait les fonctions de son ministère dans l'ordre établi par Moïse, l'homme de Dieu. Les prêtres recevaient de la main des lévites les victimes pascales qui devaient être immolées. On dut agir ainsi parce qu'il se trouvait dans la foule un grand nombre de familles qui n'avaient pas eu le temps de se purifier des impuretés légales; la famille sacerdotale se chargea donc d'immoler pour elles l'agneau pascal. Un grand nombre d'Israélites des tribus d'Ephraïm, Manassé, Issachar et Zabulon, dans leur empressement irréfléchi, ne tinrent pas compte des règlements de Moïse, et se crurent en droit de prendre part au festin de la Pâque sans avoir préalablement accompli les purifications rituelles. Ezéchias intercéda pour eux devant l'autel de Jéhovah : « Le Seigneur est clément », dit-il, « il usera de miséricorde en faveur de ceux qui cherchent dans la sincérité du cœur à revenir au Dieu de leurs pères, et il leur pardonnera d'avoir négligé les purifications prescrites ». En effet, ce Dieu de bonté exauça la prière royale et daigna pardonner au peuple. Pendant sept jours, la fête des Azymes fut célébrée avec allégresse par la multitude réunie à Jérusalem. Les louanges du Seigneur ne cessaient de retentir dans la ville sainte, et les chœurs des lévites faisaient entendre les chants sacrés comme à l'époque de David. Ezéchias, fier du succès de la restauration religieuse à laquelle il avait si puissamment contribué, s'adressa aux lévites les plus zélés, et leur demanda d'ajouter une semaine de plus aux jours prescrits par la loi. Tout le peuple accueillit cette proposition avec enthousiasme. Le roi mit à la disposition de la multitude mille taureaux et sept mille brebis ; les princes de Juda donnèrent, de leur côté, mille taureaux et dix mille brebis. Les sacrifices et les festins sacrés qui les suivaient recommencèrent donc et se continuèrent pendant sept jours, au milieu des transports de joie des prêtres, des lévites et de la foule immense composée des prosélytes du royaume d'Israël et des fidèles habitants de Juda. Depuis les jours de Salomon, fils de David, Jérusalem n'avait pas été témoin d'une pareille solennité. L'assemblée du peuple se sépara, après que les prêtres eurent appelé

---

[1]. II Paralip., xxx, 1-11.

sur elle la bénédiction céleste. Dieu exauça la voix de ses ministres, et leur prière parvint jusqu'au pied de son trône.

Après la grande solennité pascale, le peuple quitta Jérusalem et retourna dans ses foyers. En arrivant dans les différentes villes non-seulement du royaume de Juda, mais dans celles d'Ephraïm et de Manassé, les pèlerins détruisirent les hauts lieux, mirent le feu aux bois sacrés des cultes idolâtriques, renversèrent les autels des faux dieux, et reprirent ainsi, par un retour sincère à Jéhovah, possession de leur patrie. Ezéchias en avait donné l'ordre et l'exemple. Le Serpent d'airain dressé par Moïse au désert était devenu dans les derniers temps, pour les fils d'Israël, l'objet d'un culte idolâtrique. Ils brûlaient de l'encens devant cette statue. Le roi la fit mettre en pièces en disant : « Ce n'est qu'un vil métal ! »

Tout était à réorganiser dans le culte de Jéhovah, depuis que la désastreuse apostasie d'Achaz avait introduit l'idolâtrie dans le Temple de Jérusalem. « Ezéchias eut donc à reconstituer les familles sacerdotales et lévitiques dans les fonctions de leur ministère et les degrés de leur hiérarchie, pour établir l'ordre dans les holocaustes, l'immolation des victimes pacifiques et le chant des hymnes sacrés. A l'exemple de David et de Salomon, le roi voulut fournir lui-même la graisse de ses troupeaux pour l'holocauste quotidien du matin et du soir ; pour celui du Sabbat, de la Néoménie, et des fêtes solennelles fixées par la loi de Moïse. Il remit en vigueur les prescriptions légales, et ordonna aux habitants de Jérusalem de fournir aux prêtres et aux lévites les dîmes et les prémices qui leur étaient dévolues, afin de leur permettre de se consacrer exclusivement à l'étude de la loi du Seigneur. Aussitôt que le décret royal fut parvenu à la connaissance du peuple, les habitants de Jérusalem s'empressèrent d'offrir les prémices du froment, du vin et de l'huile, et la dîme de toutes les productions de la terre. Dans les autres villes de Juda, on imita ce pieux zèle, en envoyant au Temple la dîme des bœufs, des brebis, et des autres produits du sol. De tous les points du royaume on multipliait ces religieux convois, en sorte que les prêtres se virent dans la nécessité de réunir en énormes monceaux les grains de toutes sortes et les olives ainsi sanctifiés. Depuis le troisième mois (*Sivan*) jusqu'au septième (*Tisri*), les offrandes ne discontinuèrent point. A la vue de ces montagnes de gerbes et d'olives, témoignage de la foi nationale, Ezéchias et les princes de Juda remercièrent le Seigneur et bénirent le peuple d'Israël. Pourquoi, demanda Ezéchias aux prêtres et aux lévites, laissez-vous ainsi ces monceaux en plein air ? Le pontife Azarias, descendant de Sadoc, répondit au roi : « Depuis que l'on a recommencé à apporter les prémices au Temple du Seigneur, nous y avons trouvé une ressource plus que suffisante pour tous nos besoins. Jéhovah a manifestement béni son peuple. Ce que vous voyez est le reste des offrandes que nous n'avons pu consommer ». Ezéchias donna immédiatement l'ordre de préparer de nombreux greniers pour y déposer ces richesses. Ce fut ainsi qu'on réserva pour les besoins de l'avenir les dons de la piété et de la foi. Le lévite Chonénias et son frère puîné Séméï furent préposés à leur garde. Ils avaient sous leurs ordres Jahiel, Azarias, Nabath, Asaël, Jérimoth, Josabad, Eliel, Jesmachias, Mahath et Banaïas, qui relevaient directement de leur autorité. Les deux intendants généraux référaient de toutes les choses importantes au roi lui-même et au grand prêtre Azarias. Outre le tribut obligatoire des prémices et de la dîme, les fils d'Israël apportaient spontanément au Temple un grand nombre de dons et d'offrandes, pour accomplir des vœux personnels. Le lévite Coré, fils de Jemma, gardien de la Porte

Orientale, fut chargé de recueillir ces offrandes spéciales. Il eut sous ses ordres Eden, Benjamin, Jésué, Séméïas, Amarias et Séchénias, qui, répartis dans les villes sacerdotales, veillaient à ce que les distributions faites aux lévites fussent en rapport avec les besoins des familles et la dignité hiérarchique de chacun d'eux. Tel fut l'ordre qu'Ezéchias rétablit dans le culte de Jéhovah, selon les préceptes et les rites de la loi mosaïque. Il l'appliqua à tout le royaume de Juda, et son administration fut celle d'un prince pieux et sage qui cherchait dans la sincérité du cœur à marcher dans les voies de la vertu et de la justice [1] ».

Dieu fut avec lui et lui donna la sagesse pour diriger toutes ses entreprises. Il fit sentir aux Philistins le poids de ses armes victorieuses, et les repoussa jusqu'à leur ville maritime de Gaza. Confiant dans la bonté du Seigneur, dont il avait eu tant de preuves, il se résolut à secouer le joug du roi d'Assyrie. Sennachérib, fils de Sargon, avait succédé à son père sur le trône de Ninive. Toutefois, pour lutter avec quelque avantage contre ce redoutable ennemi, Ezéchias compta trop sur les appuis d'une politique tout humaine. Par ses ordres, les chefs de Juda se rendirent à Tanis, dans la basse Egypte, pour renouer avec le Pharaon une alliance qui avait si mal réussi au dernier roi d'Israël. La parole d'Isaïe ne tarda pas à s'élever contre cette démarche que le Seigneur n'avait point autorisée. « Voici la parole de Jéhovah », dit-il. « Malheur aux enfants déserteurs de ma loi, qui ont délibéré sans moi dans le conseil ; qui ont ourdi la toile, sans s'inspirer de mon Esprit et qui ont ajouté une faute nouvelle à toutes celles du passé ; qui ont pris la route d'Egypte, sans avoir interrogé mon oracle, mettant leur confiance dans le secours du Pharaon, et dans le fantôme de la puissance égyptienne. Le Seigneur inclinera la main, et l'allié tombera ; celui dont on implore le secours sera renversé, et tous périront dans sa ruine ».

Cependant Sennachérib, roi des Assyriens, entra en Judée, la quatorzième année du règne d'Ezéchias ; il vint mettre le siége devant les principales cités du royaume de Juda et s'en rendit maître. Alors Ezéchias députa à Lachis des messagers chargés de dire au monarque assyrien : « J'ai péché contre vous en rejetant votre alliance, mais indiquez vous-même le tribut que vous désirez ; je m'y soumettrai. A ce prix, consentez à éloigner votre armée de mon territoire ». Sennachérib fixa l'impôt à trente talents d'or et trois cents d'argent. Pour réaliser cette somme, Ezéchias prit tout l'argent déposé dans les trésors du Temple et dans ceux du palais. Il fut même contraint de briser les lames d'or dont il avait fait recouvrir la porte du sanctuaire, et les envoya au roi d'Assyrie. Sennachérib se contenta pour le moment de cette soumission. Ezéchias profita de cet intervalle pour fortifier Jérusalem. « Des mesures de défense furent concertées dans le conseil royal, formé des princes de Juda et des plus habiles guerriers. A l'unanimité on résolut d'obstruer les sources extérieures qui arrosaient la contrée. Une nombreuse multitude fut réunie pour détourner ainsi l'eau de toutes les sources, et celle du torrent du Cédron qui, avec ses affluents le Gehon et la fontaine du Siloë, baigne les murs de la ville. Ezéchias fit travailler activement à la réparation du mur extérieur, dégradé sur plusieurs points ; il y fit ajouter de nouvelles tours et éleva un second rempart en avant du premier. La vallée de Mello, reliée à la colline de David par le pont de Salomon, fut garnie d'ouvrages défensifs. Les arsenaux du roi furent remplis de boucliers et d'armes de toute espèce ; et on mit à la tête des corps d'armée des chefs expérimentés.

1. *II Paralip.*, XXXI, 2 ad ultim.

Cependant les forces physiques d'Ezéchias ne purent résister à tant de sollicitudes et de préoccupations terribles. Un ulcère se déclara avec les symptômes les plus alarmants; le mal fit des progrès rapides, et la consternation était peinte sur tous les visages. Le prophète Isaïe vint trouver le roi : « Mettez ordre à votre maison », lui dit-il, « car l'heure approche et vous allez cesser de vivre ». A ces mots, Ezéchias, tournant le visage vers la muraille, pria le Seigneur. « Jéhovah, mon Dieu ! » disait-il, « daignez vous souvenir que j'ai marché devant vous dans la sincérité et la droiture de mon cœur, et que j'ai pris votre volonté sainte pour règle de toutes mes actions ». Après avoir parlé ainsi, Ezéchias laissa couler de ses yeux un torrent de larmes. Cependant Isaïe avait pris congé du roi, il était sous le vestibule du palais quand le Seigneur lui fit entendre sa voix. « Retourne près d'Ezéchias, le chef de mon peuple, et dis-lui : Voici la parole de Jéhovah, le Dieu de David, ton aïeul : J'ai entendu ta prière ; j'ai vu tes larmes, et je vais te guérir. Dans trois jours tu iras me rendre tes actions de grâces dans mon Temple, et j'ajouterai encore quinze années au nombre de tes jours. Je délivrerai ton royaume et ta capitale du joug des Assyriens ; ma protection couvrira cette cité, pour l'honneur de mon nom et en mémoire de David, mon serviteur ». Isaïe revint près du royal malade, lui communiqua le message divin et s'adressant aux serviteurs d'Ezéchias : « Apportez-moi une corbeille de figues », leur dit-il. On s'empressa d'exécuter cet ordre. Le Prophète prit quelques-uns de ces fruits, les fit appliquer sur la plaie entr'ouverte d'Ezéchias, en lui renouvelant la promesse que le Seigneur le guérirait. « Mais quel signe me donnerez-vous », demanda le roi, « pour me prouver que ma guérison sera si prompte, et que, dans trois jours, je pourrai aller remercier Dieu dans son Temple ? » — « Voici », répondit Isaïe, « le prodige que le Seigneur va opérer sous vos yeux pour attester la vérité de sa parole. Voulez-vous que l'ombre descende ou qu'elle monte de dix degrés sur ce cadran ? » — « Il serait facile de faire monter l'ombre de dix degrés », répondit Ezéchias. « Ce n'est donc point ce que je veux choisir. Faites que l'ombre rétrograde subitement de dix degrés ». — Le Prophète invoqua le nom de Jéhovah, et à l'instant l'ombre rétrograda de dix degrés sur le cadran construit jadis dans le palais par Achaz.

Ezéchias recouvra la santé dans le délai fixé par le Prophète. En se rendant le troisième jour au Temple, pour y remercier le Seigneur, le pieux roi fit entendre ce cantique d'action de grâces : « J'avais dit : Le milieu de mes jours en marquera le terme ; je vais descendre aux portes du tombeau ; et je cherchais en vain à renouer le fil de mes années. Hélas ! disais-je, je ne verrai plus Jéhovah, mon Dieu, sur la terre des vivants ; mes regards éteints ne se fixeront plus sur les habitants de cette terre et ne contempleront plus les mortels. Mais mon amertume s'est changée en allégresse, vous avez délivré mon âme des terreurs de la mort. Le tombeau ne vous glorifiera point, la mort ne chantera point vos louanges. C'est un vivant, un vivant comme je le suis aujourd'hui, qui chantera votre miséricorde ; le père redira à ses fils les merveilles de votre clémence. Seigneur, conservez-moi la vie que vous m'avez rendue, et chaque jour votre Temple retentira de nos hymnes de reconnaissance ».

Cependant le roi d'Assyrie revenait vainqueur de son expédition en Egypte. De retour à Lachis, et ayant sans doute appris les préparatifs de défense exécutés à Jérusalem, il députa près d'Ezéchias, le Tartan de son armée, auquel il adjoignit le Rabsaris (chef des eunuques) et le Rabsacès (grand échanson), avec une puissante escorte. Les députés assyriens se présentèrent au nom de Sennachérib, leur maître, devant la muraille de l'est, près de l'aqueduc de la piscine supérieure, sur le chemin du Champ du Foulon. Ils demandèrent à parler au roi et lui firent un discours plein d'insolence. Quand Ezéchias l'eut entendu, il déchira son manteau royal, se revêtit d'un sac de deuil et vint se prosterner dans le Temple du Seigneur. En même temps, il envoya Eliacim et Sobna avec les anciens du sanctuaire, couverts comme lui du cilice de la pénitence, vers Isaïe, fils d'Amos. Arrivés près du Prophète : « Voici », lui dirent-ils, « le jour de l'angoisse, de la terreur et du blasphème. Jéhovah, votre Dieu, a-t-il entendu les outrages contre sa majesté sainte, qui sont sortis des lèvres du Rabsacès envoyé par le roi des Assyriens ? Faites monter vers lui votre prière, afin qu'il daigne sauver les restes de son peuple ». Isaïe répondit : « Allez dire à votre maître : Voici le message de Jéhovah : Cesse de craindre l'insolence des serviteurs du roi d'Assyrie, et ne t'alarme point des blasphèmes qu'ils ont proférés contre moi. Je vais faire descendre sur lui l'esprit des épouvantements, il entendra une nouvelle de mort, il reprendra le chemin de ses Etats, et quand il sera de retour dans sa patrie, je le ferai tomber, baigné dans son sang, sous un glaive meurtrier ». Les événements vérifièrent la prédiction du Prophète. Le fait de la destruction, en une seule nuit, de l'armée assyrienne, est expressément affirmé par la Bible.

Délivré par un miracle du joug des Assyriens, Ezéchias vécut en paix pendant les dernières années de son règne. Les offrandes se multipliaient au Temple de Jérusalem ; on venait de toutes parts immoler des victimes au Dieu tout-puissant, et apporter au roi de Juda les tributs de la fidélité. Le nom d'Ezéchias devint célèbre parmi toutes les nations voisines de la Judée. Les richesses de ce prince s'accrurent avec sa réputation. Il accumula dans ses trésors des monceaux d'or, d'argent, de pierres précieuses, d'aromates, d'armures et de vases artistement ciselés. Ses magasins regorgeaient de blé, de vin et d'huile ; il posséda d'immenses troupeaux et des brebis sans nombre. Pour suffire au développement toujours croissant de sa prospérité, il fut obligé de construire des villes pour ses pasteurs. C'est ainsi que la bénédiction du Seigneur récompensa son zèle et sa piété. A cette époque, Mérodach-Baladan, roi des Babyloniens, lui députa une ambassade pour le féliciter de sa guérison miraculeuse et des prodiges récents qui venaient d'être opérés en sa faveur. Les députés du prince étranger étaient porteurs de riches présents et d'une lettre de leur souverain. Ezéchias eut grande joie à les recevoir. Il leur montra la Maison des Parfums, l'or, l'argent, les aromates, les vases précieux qui remplissaient ses trésors, et étala toutes ses richesses devant eux avec un sentiment marqué d'ostentation. Cependant le prophète Isaïe vint trouver le roi. « Que vous ont dit ces étrangers ? » lui demanda-t-il ; « et quel est leur pays ? » — « Ils viennent des régions lointaines de la Babylonie », répondit Ezéchias. « Qu'ont-ils vu dans votre palais ? » ajouta le Prophète. « Ils ont vu toutes les magnificences de ma demeure », répondit le roi, « et il n'y a rien dans mes trésors que je n'aie fait passer sous leurs yeux ». — « Maintenant donc », reprit Isaïe, « voici la sentence de Jéhovah, le Seigneur. Ecoutez ce qu'il vous fait dire par ma bouche. Les jours approchent ; bientôt toutes les richesses de ce palais, amassées par vos aïeux et par vous-même, seront transportées à Babylone. Il n'en restera pas une parcelle ici. Voilà ce que dit le Seigneur. Vos descendants, nés de votre race, seront traînés en captivité ; on les verra esclaves dans les palais du roi de Babylone ». — « Le

Seigneur est juste de punir ainsi mon orgueil », répondit Ezéchias. « Puisse du moins sa miséricorde maintenir la paix à Jérusalem pendant les derniers jours de ma vie ! » Ce fut ainsi qu'une pensée de vanité enfla le cœur de ce pieux roi, et que le Seigneur permit cette tentation pour éprouver sa fidélité.

Les dernières années de la vie d'Ezéchias furent illuminées par la splendeur des oracles d'Isaïe. Le sentiment de vaine ostentation qui avait porté ce prince à étaler les trésors de sa magnificence aux yeux des envoyés de Mérodach-Baladan, trouva sans doute une amère compensation dans la terrible prophétie de la captivité de Babylone annoncée par l'homme de Dieu. Ezéchias termina en paix son glorieux règne. Il s'endormit du sommeil de ses pères, et on lui donna une place d'honneur dans le tombeau de David. Tout le royaume de Juda et tous les habitants de Jérusalem célébrèrent ses funérailles.

On représente Ezéchias revêtu, comme David, des ornements royaux et tenant à la main un cartouche où sont écrits ces mots : « Vous êtes le seul Maitre suprême de tous les royaumes ». Ces paroles sont une allusion à la prière du roi, lorsqu'il fut attaqué de la maladie dont nous avons parlé.

Baillet : *Vies des Saints de l'Ancien Testament*; Darras : *Histoire générale de l'Église*.

SAINT HERMÈS, MARTYR A ROME

132. — Pape : Saint Télesphore. — Empereur romain : Adrien.

> Dieu est juste et miséricordieux, et de même qu'il est sévère envers ceux qui s'obstinent dans le mal, il est indulgent pour ceux qui se convertissent. *Saint Grégoire le Grand.*

Hermès était un riche patricien de Rome, converti par le pape Alexandre. Il affranchit ses esclaves, qui se montaient à plus de douze cents, sans compter les femmes et les enfants. Cette conversion, qui avait été accompagnée de celle de sa femme et de sa sœur, fit un grand éclat dans Rome ; dès que le comte Aurélien y fut arrivé, de la part de l'empereur, que la mort enleva cette même année, les prêtres des idoles coururent au palais pour lui demander justice contre Alexandre et Hermès, parce qu'ils avaient retiré du culte des dieux plusieurs milliers de personnes.

Aurélien les fit aussitôt arrêter et mener prisonniers chez le tribun Quirin : celui-ci demanda à Hermès comment il se faisait qu'il eût déserté le culte national. « J'ai été, comme vous, dans l'erreur », répondit-il, « et je me moquais de la religion des chrétiens ; mais Alexandre, que vous tenez dans les liens, m'a désabusé et m'a fait ouvrir les yeux pour connaître la vérité ». — « Eh bien ! » repartit Quirin, « si cet Alexandre que vous tenez pour un saint, et que je crois être magicien, peut se délivrer de ses chaînes et vous venir trouver cette nuit, ou rompre les vôtres, afin que vous-même puissiez l'aller trouver, j'ajouterai foi à ce que vous dites ». Hermès convint de cela, et aussitôt le tribun se rendit au cachot d'Alexandre, pour le charger de nouvelles chaînes et faire redoubler sa garde ; mais le saint Pape n'eut pas plus tôt fait sa prière, qu'un ange, sous la forme d'un enfant de cinq ans, tenant un flambeau à la main, se présenta à lui et le conduisit à la chambre d'Hermès. Quirin y entra quelques instants après, et fut bien surpris de les trouver en liberté, faisant ensemble leurs prières, les bras étendus au ciel : « Vous voyez », lui dit Hermès, « qu'il n'y a rien d'impossible à Jésus-Christ ; mais, afin que vous soyez encore plus convaincu de sa puissance, vous nous trouverez ce matin l'un et l'autre chargés de nos chaînes comme auparavant ».

Le tribun ne se rendant pas à ces merveilles, Hermès continua : « J'avais un fils unique qui tomba malade ; sa mère et moi le portâmes au Capitole, pour sacrifier aux dieux et faire de grands présents aux prêtres, afin d'obtenir sa guérison. Cependant il mourut : sa nourrice me dit que, si je l'eusse porté à l'église de Saint-Pierre et cru en Jésus-Christ, je lui aurais sauvé la vie. » — « Pourquoi donc », lui dis-je, « n'y allez-vous pas vous-même, pour lui demander la vue que vous avez perdue (car elle était aveugle) ? » — « Il y a cinq ans », dit-elle, « que je serais guérie, si j'y étais allée et que j'eusse cru au vrai Dieu ». — « Allez-y donc », lui répliquai-je, « et, si vous obtenez l'usage de vos yeux, je croirai qu'Alexandre pourra ressusciter mon fils. Elle y alla sur les trois heures, et sur les six heures elle revint à moi parfaitement guérie ; puis, prenant mon fils entre ses bras, elle le porta au saint Pape, qui lui rendit la vie. Je m'allai aussitôt jeter à ses pieds, pour le remercier et le prier de me faire chrétien ; dès ce jour-là, je crus en Jésus-Christ. J'ai donné une partie de mes biens à l'Eglise, une autre à mes esclaves avec la liberté, et le reste aux pauvres : maintenant, je ne crains point la confiscation ni aucune menace d'un homme mortel ».

Quirin, convaincu par ce récit, se jeta aux pieds des saints Martyrs et leur dit : « Vous gagnerez aujourd'hui mon âme à Jésus-Christ ; j'ai une fille, nommée Balbine, que je veux marier ; il ne manque rien à la beauté de son visage, mais elle est affligée des écrouelles ; guérissez-la et je me fais chrétien ». Alexandre lui dit de la lui amener, et lui rendit une parfaite santé : ce qui fut cause de sa conversion, de celle de sa fille et des autres prisonniers, qui furent tous baptisés par le saint Pape. Tous aussi reçurent la couronne du martyre, par la cruauté d'Aurélien, avec saint Hermès, qui eut la tête tranchée l'an de Notre-Seigneur 132, sous l'empire d'Adrien, et non pas d'Aurélien, comme l'écrit Adon, confondant l'empereur de ce nom avec le comte dont nous venons de parler. La vierge Théodore, sœur de notre saint Martyr, prit son corps et l'enterra sur la voie Salaria, assez près de Rome, d'où, l'an 831, il fut transféré dans la ville de Munster, à la sollicitation de l'empereur Lothaire. Depuis, sous Louis, fils du même Lothaire, il a été porté à Renaix, au comté de Flandre, entre Tournai et Audenarde, où il est fort honoré, ainsi que le rapporte le docte Mirée, dans son *Recueil des saints de Flandre et de Bourgogne*. Le Pape Pélage II fit faire un cimetière sous son nom.

Acta Sanctorum.

SAINT AUGUSTIN,

ÉVÊQUE D'HIPPONE EN AFRIQUE ET DOCTEUR DE L'ÉGLISE

430. — Pape : Saint Célestin Ier. — Empereur romain : Valentinien III.

Verbo Dei dum obedit,
Credit errans, et accedit
Ad baptismi gratiam.

Firmans fidem, formans mores,
Legis sacræ perversores
Verbi necat gladio.

Touché par la parole de Dieu, il ramène son esprit dans les sentiers de la foi, et s'offre de lui-même à la grâce du baptême.
Il affermit la foi, il forme les mœurs, et armé du glaive de la parole, il extermine les corrupteurs de la loi de Dieu. *Prose de saint Augustin.*

Saint Augustin naquit à Tagaste, ville d'Afrique, sous l'empire de Constance, l'an de Notre-Seigneur 354, le 13 novembre. Son père s'appelait Patrice et sa mère Monique. Patrice était un des premiers de la ville, où il exerçait la charge de curiale. Quelque temps avant sa mort, il reçut la foi chrétienne et se fit baptiser. Monique, à la véritable religion joignait une piété éminente, et comme, durant son mariage, elle était un exemple de pureté, de modestie, de douceur, de sagesse et d'une dévotion réglée, pour les femmes qui ont des maris d'une humeur fâcheuse, elle fut, dans la viduité, un modèle des véritables veuves dont parle saint Paul. Elle éleva Augustin dans la crainte de Dieu dès les premières années de son enfance. Il en fait la peinture dans ses *Confessions*, et il remarque jusqu'aux moindres mouvements de cet âge : « Si les membres des enfants », dit-il, « sont alors innocents, leur esprit ne l'est pas, comme il paraît par la jalousie, l'envie, les dépits, les colères et les désobéissances dont il sont déjà capables ».

Quand il fut en état de commencer à apprendre quelque chose, on l'envoya aux écoles, dans sa propre ville de Tagaste ; mais cet exercice de compter des lettres et d'assembler des syllabes, lui était si ennuyeux et lui semblait si indigne de son esprit, qu'il ne s'y appliquait que par contrainte. Comme il avait l'esprit vif et la mémoire excellente, il ne lui fallait pas beaucoup de temps pour concevoir ce que ses maîtres lui enseignaient ; mais il avait une passion si forte pour le jeu de paume et les autres plaisirs des enfants, qu'elle le détournait de ses études, et, quoiqu'il fût souvent châtié pour ce sujet, il ne s'amendait guère. Autant il avait d'aversion pour les lettres grecques, autant était-il passionné pour les fictions des poëtes et pour la vue des spectacles que l'on représentait sur les théâtres. Il lisait avec un extrême plaisir les descriptions que fait Virgile du cheval de Troie, de la descente de Jupiter en pluie d'or, des voyages d'Énée à Carthage, de l'amour que Didon lui portait, de la mort funeste qu'elle s'était procurée à son occasion : ces récits fabuleux l'attendrissaient jusqu'aux larmes. Dans ses *Confessions* il s'accuse de ces émotions comme d'un grand crime. « Qui peut-on imaginer », dit-il, « ô mon Dieu ! de plus malheureux que celui qui n'est touché d'aucun sentiment de ses misères, tel que je me trouvais alors ; je pleurais éperdûment la mort de Didon, qui, pour l'amour qu'elle portait à Énée, s'était plongé le poignard dans le sein, et je ne pleurais pas la mort que je donnais cent fois le jour à ma pauvre âme ».

Étant tombé malade en ce temps-là, il demanda le baptême, mais aussitôt que le danger eut cessé, son père, alors païen, fit remettre la cérémonie à un autre temps.

A l'âge de treize ans, Augustin fut envoyé, vers l'an 367, de Tagaste à Madaure, qui n'en était guère éloignée, et où les écoles étaient meilleures. Il y apprit la rhétorique, la musique et l'astrologie. Bientôt, ses maîtres de Madaure ne suffirent plus à son intelligence et à son savoir. Son père résolut de le conduire à Carthage, malgré les frais considérables que ce voyage et le séjour en cette ville devaient lui occasionner. Pendant qu'il réunissait la somme nécessaire à ce dessein, son fils passa un an à Tagaste, dans l'oisiveté, écoutant plus les discours corrompus de ses camarades que les sages remontrances de sa mère. Il alla à Carthage vers la fin de l'année 370, âgé de dix-sept ans.

Son apparition dans les écoles fit sensation. Il possédait déjà plusieurs langues ; il avait une aptitude singulière pour la philosophie et la métaphysique, une grande ardeur pour l'étude, le goût de la poésie, de l'art, du beau dans tous les genres, et surtout une éloquence naturelle, qui jaillissait sans effort d'une âme élevée et aimante. Il étonna ses condisciples et même ses maîtres, et tout le monde pressentit que, dans quelques années, il serait la gloire du barreau de Carthage.

Ce qui ajoutait un charme singulier à toute sa personne, c'est qu'au milieu de ses succès il était réservé et timide. Il n'aimait pas à se produire. Il portait sur sa physionomie, qui devenait chaque jour plus belle, cette candeur qui va si bien aux natures supérieures, et qui est à la fois le signe et la compagne du vrai talent. C'est ainsi que les hommes le voyaient ; mais il nous avoue, dans son humilité, qu'intérieurement il était tout autre ; qu'il rêvait la gloire, qu'il portait sur le barreau des regards pleins d'ambition, et que, sous cette apparence modeste qu'il ne dépouilla jamais et qui lui était naturelle, il cachait une âme enivrée de plus en plus d'elle-même. « Je tenais », dit-il, « le premier rang dans les écoles de rhétorique, ce qui me remplissait d'une joie superbe et me gonflait de vent. Vous savez pourtant, ô mon Dieu », ajoute-t-il, « que j'étais plus retenu que les autres, et bien éloigné des folies de mes camarades qui s'appelaient *ravageurs*. J'éprouvais même une sorte de pudeur impudente à ne pas leur ressembler ; et, quoique je vécusse avec eux et que je me plusse dans leur familiarité, j'avais en horreur leurs actions, ces moqueries sanglantes et injurieuses avec lesquelles ils insultaient à l'embarras des nouveaux venus et des étrangers, et faisaient de leur trouble l'aliment de leurs malignes joies. Voilà avec quels hommes et dans quelle compagnie j'étudiais alors l'éloquence, par cette malheureuse et damnable fin de l'ambition, qui trouve son aiguillon dans la vanité ».

Mais, si grandes que fussent alors cette vanité et cette ambition, ce n'était là, dans Augustin, que la moindre plaie. Son cœur était bien plus malade que son esprit. Son âme, vide de Dieu, manquant d'aliments, aspirait à quelque chose qui pût la satisfaire ; mais ce quelque chose d'inconnu qui lui manquait, Augustin ne savait où le trouver. Une inquiétude indéfinissable le tourmentait. Consumé de vagues désirs, sans objets et sans limites, il était arrivé à ce moment périlleux qui précède d'ordinaire les grandes chutes et qui trop souvent les annonce. « Je n'aimais pas encore », dit-il, « mais je désirais d'aimer, et, dévoré de ce désir, je cherchais un objet à ma passion. J'errais par la ville pour le trouver, et les chemins où je n'espérais pas de piéges m'étaient odieux ». Il ajoute ces mots d'une profondeur admirable : « Mon cœur défaillait vide de vous, ô mon Dieu ; et pourtant ce n'était pas de cette faim-là que j'étais affamé. L'aliment intérieur et incorruptible qui manquait à mon âme ne m'inspirait aucun appétit. J'en étais dégoûté, non par rassasiement, mais par indigence. Et mon âme, malade, couverte d'ulcères, tombant d'inanition, se jetait misérablement hors d'elle-même, et mendiait à la créature quelque chose qui pût adoucir ses plaies. Je voulais aimer, être aimé et d'une affection qui fût sans réserve ». Augustin était pauvre, inconnu, perdu dans une grande ville ; mais il était jeune, agréable, élégant, distingué. Comment donc, pour son malheur, ne serait-il pas tombé un jour ou l'autre dans les filets où il désirait tant être pris ?

Les spectacles, où, dès son arrivée à Carthage, Augustin se jeta avec la passion qu'il avait toujours eue pour ce plaisir, achevèrent de le pousser à l'abîme. Avec sa vive imagination, avec cette sensibilité exquise qui le faisait pleurer à la lecture d'un beau vers, au récit d'un sacrifice inspiré par l'amour, le théâtre avait pour lui un charme irrésistible. « Les spectacles me ravissaient », dit-il, « tout remplis qu'ils étaient des images de ma misère et des aliments de ma flamme ». Au sortir de là, il était si plein de toutes ces beautés, si ému de tous ces sacrifices, qu'il ne cherchait plus qu'une occasion de les faire naître dans le cœur de quelqu'un pour recevoir les mêmes plaisirs et offrir les mêmes dévouements qu'il avait vus si bien dépeints.

La triste chute ne se fit pas attendre. « Je tombai », dit-il, « dans ces filets où je désirais tant d'être pris. O mon Dieu, de quelle amertume votre bonté assaisonna ce miel ! J'aimai ; je fus aimé ; et, m'élançant dans un réseau de douloureuses joies, je connus les ardentes jalousies, les soupçons, les craintes, les colères et les tempêtes de l'amour ». Qui était cette malheureuse jeune fille qui, oubliant Dieu pour Augustin comme Augustin oubliait Dieu pour elle, captiva un tel cœur pendant quinze ans ; qui le suivit par terre et par mer, à Tagaste, à Carthage, à Rome, à Milan ; qui ne le quitta tout en larmes qu'au moment où il se convertissait, et, elle aussi, pour se convertir, se jeter dans un monastère, et se donner enfin toute à Dieu ? nous ne le savons pas. Augustin, par une réserve pleine de délicatesse, a caché son nom. Elle passe comme une figure voilée dans cette histoire. Il est probable que, tant que cela fut possible, Augustin cacha ce nom, avec plus de soin encore, à sa pieuse mère, ainsi que le lien dont il venait d'enchaîner sa vie, et que nulle prière de sainte Monique et nulles larmes n'auraient pu le décider à briser. Bientôt, cependant, il fallut lui avouer le douloureux secret ; car, en 372, Augustin eut un fils, ce brillant Adéodat, que plus tard, aux jours de son repentir, il n'osait plus nommer que le fils de son péché : mais alors, aux jours de sa passion, dans le premier tressaillement de son triste bonheur, il l'appela *Dieudonné*, Adéodatus. « Telle était alors ma vie, ô mon Dieu », s'écrie saint Augustin, « si cela peut s'appeler une vie ! »

Augustin réalisait alors, ou plutôt dépassait toutes les espérances qu'avait fait concevoir sa brillante adolescence. L'éclat qui avait accompagné ses études littéraires n'était rien à côté du succès qui couronnait ses études philosophiques. On commençait à entrevoir que son don principal, ce ne serait ni son éloquence, qui pourtant fut admirable, ni sa sensibilité, qui était exquise, ni même son esprit, si agréable, si brillant et si fin. Au-dessus de toutes ces qualités, qui avaient apparu les premières, il devait avoir un don souverain qui éclipserait tout ; et précisément, en 372, ce don venait de se révéler avec un éclat merveilleux. Voici comment :

Lorsqu'il s'occupait encore d'études littéraires, Augustin avait plusieurs fois entendu parler à son maître de rhétorique des *Catégories d'Aristote* comme d'un livre d'une telle profondeur, qu'on ne pouvait le comprendre qu'assisté des maîtres les plus habiles et au moyen de figures qu'on traçait sur le sable, pour rendre sensibles aux yeux les obscurités métaphysiques des choses. Impatient de connaître ce qu'il estimait être si extraordinaire, et n'ayant pas le courage d'attendre l'époque où on le lui expliquerait, il ouvrit ce livre et commença à l'étudier seul. A son grand étonnement, il n'y trouva nulle difficulté. Il errait à son aise au milieu de ces problèmes ardus, et lorsque plus tard il en suivit les explications publiques, on ne lui put rien apprendre que ce qu'il avait parfaitement entendu seul. Il lut de même, sans être aidé par personne, tous les livres de dialectique, de géométrie, de musique, d'arithmétique ; il ne trouvait de difficultés nulle part, ou plutôt il ne commençait à s'apercevoir des difficultés que lorsqu'il cherchait à les expliquer aux autres ; car alors il s'étonnait de la peine qu'avaient les personnes les plus intelligentes à le comprendre ; il n'y avait qu'un très-petit nombre d'esprits, même parmi les plus excellents, qui pussent le suivre, et encore de loin. Quoiqu'il n'eût que dix-neuf ans, il était évident qu'un jour il aurait de l'aigle et cette limpidité de regard pour laquelle nulle lumière n'est trop éblouissante, et ce large et puissant coup d'aile pour lequel nul sommet n'est trop élevé.

En même temps qu'apparaissait le génie d'Augustin, son âme, son caractère, son cœur, achevaient de se révéler. Les rébellions et les caprices de son enfance étaient tombés. Ils avaient fait place à la plus charmante douceur. Augustin était de plus en plus réservé et modeste ; il craignait le bruit et l'éclat ; il évitait les folles réunions de ses condisciples ; il aimait la dignité ; il sentait vivement l'honneur ; il s'attachait pour toujours à ceux qui lui faisaient du bien. Et de même qu'il avait dans l'esprit une qualité maîtresse, il avait dans le cœur un don souverain : c'était une source inépuisable de la plus profonde tendresse.

On commençait aussi à voir ce que seraient ses traits, sa physionomie, son extérieur enfin, et quelle forme aurait le vase précieux où habiterait ce grand esprit. Sa taille était peu élevée, et ne devait pas dépasser les tailles moyennes ; son tempérament était frêle, délicat, nerveux, comme il arrive d'ordinaire dans les âmes d'élite, selon la remarque de saint Grégoire de Nazianze ; il avait la peau fine et transparente ; le regard pénétrant, mais doux, reposé, baigné de sensibilité et de tendresse. Sa voix faible, sa gorge délicate, sa poitrine peu dilatée et très-inflammable, indiquaient qu'il était plutôt fait pour contempler que pour parler, ou du moins pour persuader que pour dominer ; pour la parole intime, affectueuse, persuasive, qui se dit dans un cercle d'amis choisis, que pour les éclats de la grande éloquence dans les assemblées tumultueuses. Tout l'ensemble enfin de sa personne était de la plus parfaite élégance et de la plus rare distinction.

Sous cette belle enveloppe, on voyait les horribles ravages du mal ; une plaie qui s'agrandissait tous les jours, une conscience, une âme éternelle qui allait périr. Cette vue couvrait tout le reste d'un voile de deuil. Avec la vertu, la foi elle-même avait baissé dans l'âme d'Augustin. Du cœur, où elles étaient nées, où elles naissent toujours, les ténèbres commençaient à monter dans son esprit ; et l'on pouvait prédire qu'après avoir abandonné la vertu, Augustin renierait la foi ; ou plutôt il n'y avait plus rien à prédire. Du premier abîme, il avait déjà roulé dans le second, et la perte de la foi avait suivi de près la disparition des mœurs. « Hélas ! » dit-il, « à quoi me servait alors cette promptitude et cette vivacité d'esprit avec laquelle je pénétrais toutes les sciences et j'éclaircissais seul, sans le secours de personne, tant de livres obscurs et difficiles, puisque j'étais tombé dans des excès si horribles et dans une indifférence si honteuse pour les choses de la piété ? Et les petits et les simples, qui avaient l'esprit plus lent, n'étaient-ils pas plus heureux, puisqu'ils ne s'égaraient pas comme moi, et que, restant dans le nid de la sainte Eglise, ils y attendaient en paix la venue de leurs ailes ? »

Augustin partageait la demeure d'un ami, Romanien de Tagaste, qui, après la mort de son père, devint son appui. A dix-neuf ans, Augustin lut de Cicéron un ouvrage intitulé *Hortensius*, que nous n'avons plus aujourd'hui. C'était une exhortation à la philosophie ; il en fut vivement touché. Il se sentit saisi d'un violent mépris pour les richesses et les honneurs, et d'un ardent amour pour la sagesse. Quelque chose cependant refroidissait son enthousiasme pour les ouvrages de Cicéron et des autres auteurs païens, c'était l'absence du nom de Jésus-Christ, qu'il avait sucé avec le lait, qui était demeuré au fond de son cœur malgré les orages de la jeunesse, et sans lequel les plus beaux traités de philosophie lui paraissaient incomplets et perdaient de leurs charmes. Il se mit donc à lire les saintes Ecritures ; mais ce style déplut à son esprit épris de l'éloquence pompeuse de Cicéron et enflé d'orgueil. Quelque temps après, il rencontra quelques Manichéens : ces imposteurs le voyant avide de la vérité, se vantèrent de lui faire connaître la nature des choses ; ils lui dirent qu'il n'y avait point de mystère, que la raison se rendait compte de tout lorsqu'elle savait s'affranchir de la foi ; ils lui peignirent les catholiques comme esclaves de l'autorité de l'Eglise, et par là incapables de toute science. Il tomba dans ce piége et y demeura neuf ans. Il trouva chez les hérétiques ce qu'on trouve chez les incrédules de tous les temps, beaucoup de subtilités, point de démonstration : ils ne lui expliquèrent point les grands problèmes qui intéressent le plus l'humanité, comme l'origine du mal, dont la solution ne se trouve que dans l'enseignement de l'Eglise catholique.

Augustin fit tomber avec lui dans l'erreur manichéenne plusieurs catholiques, entre autres Alype, son ami, et Romanien, son bienfaiteur. Toutefois, il ne prit jamais part avec les *initiés* et les *prêtres* aux horribles pratiques de ces hérétiques ; il resta toujours simple auditeur.

En 375, Augustin ayant achevé ses études, revint à Tagaste et y enseigna avec succès la grammaire et la rhétorique. Il demeurait chez Romanien : car sa mère, voyant qu'il s'obstinait dans l'hérésie, lui avait interdit sa demeure. Elle n'abandonna pas pour cela ce cher fils : elle faisait sans cesse pour sa conversion des prières et des aumônes. Cependant Augustin devait rester encore longtemps dans l'erreur. De dix-neuf à vingt-huit ans, sa vie fut tour à tour consacrée à la défense du Manichéisme et à l'enseignement des belles-lettres. La douleur où le jeta la perte d'un ami ne lui permit pas de rester plus longtemps dans les lieux qui le lui rappelaient. Il alla à Carthage, où il enseigna la rhétorique avec beaucoup d'éclat : nous trouvons parmi ses auditeurs Licentius, fils de Romanien, et Alype. Ayant remporté un prix de poésie, qui se proclamait sur le théâtre, il fut couronné par le proconsul de Carthage, Vindicien. C'était un médecin célèbre qui devint l'ami d'Augustin, et le délivra de sa passion pour l'astrologie judiciaire.

En 380 ou 381, Augustin fit un traité *de ce qui est beau* et convenable *dans chaque chose*, et cet ouvrage qu'il dédia à l'orateur Hiérius, n'est point parvenu jusqu'à nous. Cependant il ne trouvait point chez les Manichéens la science qu'ils lui avaient promise ; à chaque question un peu difficile qu'il leur posait, ils le renvoyaient à Fauste, un de leurs évêques et l'oracle du parti. En 383, Fauste étant venu à Carthage, Augustin ne trouva en lui qu'un ignorant qui parlait bien. Il est vrai, d'un autre côté, que l'Eglise catholique, en Afrique, ne possédait alors aucun esprit savant et distingué, qui pût convaincre Augustin. Désirant trouver de plus grandes lumières et des écoliers plus dociles qu'à Carthage, il résolut d'aller à Rome. Sa mère l'ayant su, ne le quitta plus, pour l'empêcher de partir, ou partir avec lui. Un jour, qu'elle l'avait accompagné sur le bord de la mer, il feignit de ne monter sur un navire que pour prolonger ses adieux à un ami, et rester avec lui jusqu'au signal du départ. Il persuada à sa mère de passer la nuit sur le rivage, dans une chapelle consacrée à saint Cyprien ; le navire partit pendant qu'elle priait ainsi. Quand elle s'aperçut de la perte qu'elle venait de faire, elle fut accablée de douleur.

Quelques jours après son arrivée à Rome, il fut attaqué d'une dangereuse maladie ; il en guérit par les soins de son ami Alype, qui l'avait suivi, et par les prières de sa sainte mère, qui, bien qu'absente, l'accompagnait de cœur. Dès qu'il se vit en santé, il enseigna la rhétorique dans l'école grecque de Sainte-Marie. Mais les écoliers romains ne lui déplurent pas moins que ceux de Carthage : ils n'étaient pas turbulents, mais ingrats ; le jour où il s'agissait de donner au professeur le prix de ses leçons, ils désertaient l'école. Ce procédé fut cause qu'il ne balança pas d'accepter la chaire de Milan, que Symmaque, préfet de Rome, lui offrit. Il y arriva au mois d'octobre, l'an 385, et il y fut reçu avec une grande joie par tous les habitants : l'empereur même, qui était Valentinien le Jeune, témoigna beaucoup de satisfaction de son arrivée. Augustin répondit aux belles espérances que l'on avait conçues de lui, et il acquit bientôt à Milan cette grande réputation qui le suivait partout.

Il n'y fut guère longtemps sans faire connaissance avec saint Ambroise, dont le nom était si célèbre. Il en fut reçu avec une paternelle bonté. Souvent il allait entendre ses prédications, non point pour profiter de sa doctrine, mais pour juger de son éloquence. Il trouva dans son langage moins de grâce que dans celui de Fauste le Manichéen, mais plus de solidité dans ses raisonnements. Il commença à voir que le catholicisme se pouvait raisonnablement défendre ; ainsi, il tomba dans un état où il n'était ni orthodoxe ni manichéen, mais flottant entre la vérité et le mensonge.

Cependant, le jour se faisant peu à peu plus grand dans son âme, il résolut de se mettre au rang des catéchumènes. Monique le trouva en cette suspension d'esprit, lorsqu'elle arriva à Milan, où le désir du salut de ce cher fils la fit venir d'Afrique, sans considérer la longueur, les périls et les incommodités d'un si long voyage. Elle fut bientôt connue et estimée de saint Ambroise. Elle se mit sous sa conduite : et, comme il la reprit de ce que, suivant la coutume d'Afrique, elle portait des mets sur les tombeaux des martyrs, elle s'en abstint, faisant voir que sa dévotion était véritable, parce qu'elle était obéissante. Elle ne perdait aucun de ses sermons. Augustin les fréquentait aussi, comme nous venons de le dire. Une partie du voile qui lui cachait la vérité tomba ; il connut que jusqu'alors il n'avait eu horreur de la religion catholique, que parce qu'il prenait pour elle le fantôme qu'il s'en était formé.

Si le cœur d'Augustin eût été pur, l'incendie de la foi et de l'amour divin aurait éclaté promptement ; mais depuis quinze ans il portait le joug d'une liaison coupable. Il y avait mis toute son âme. Ce qu'il avait tant désiré étant jeune, il l'avait rencontré ; et si la longueur et les périls d'un voyage de six cents lieues n'avaient pas arrêté la mère d'Augustin, ils n'avaient pas davantage fait hésiter la mère d'Adéodat. Elle était venue rejoindre Augustin à Rome ; elle l'avait accompagné à Milan ; ils vivaient ensemble ; Adéodat grandissait auprès d'eux, les unissant et les réjouissant par son génie précoce. Comment sortir d'une telle position ? Et tant que ces liens ne seraient pas brisés, comment arriver à la foi, au saint baptême, à la pénitence, à la sainte Eucharistie, à la pleine et parfaite vie chrétienne ?

Il y avait alors auprès d'Augustin un jeune homme que nous apprendrons à connaître plus intimement. Il se nommait Alype, c'était le meilleur et le plus cher de ses amis. Il s'était lié avec Augustin en Afrique, l'avait revu à Rome, et, ne pouvant vivre sans lui, il l'avait rejoint à Milan. Augustin l'avait entraîné dans toutes ses erreurs, et il y adhérait encore ; mais c'était un jeune homme d'une rare inclination pour la vertu. A peine s'il avait eu dans sa jeunesse quelque faiblesse rapide, dont il s'était détaché avec mépris et remords ; et il avait toujours vécu depuis dans une parfaite continence. Il pressait sans cesse Augustin de faire comme lui ; il lui vantait avec enthousiasme les joies de cette vie austère, élevée, toute spirituelle, dédommagée des sacrifices que la chasteté demande, par une paix, une liberté et une force que l'on ne peut trouver que dans la contemplation solitaire de la vérité. Malheureusement Augustin était trop malade pour goûter ces conseils. Cette union dont il portait le joug depuis quinze ans lui paraissait si nécessaire, que la vie sans cela lui eût semblé une infélicité et une mort. « Je n'aurais jamais pu vivre privé de l'affection de celle que j'aimais », dit-il ; « et comme j'ignorais la force dont Dieu revêt l'âme chaste, je me sentais incapable de cette solitude. Vous m'eussiez donné cette grâce, ô mon Dieu », continue-t-il, « si j'eusse frappé vos oreilles par les gémissements de mon cœur, et si j'eusse, par une foi vive, remis entre vos mains toutes mes inquiétudes ».

Mais, hélas ! il n'y pensait guère. « Enchanté par la criminelle douceur du plaisir, et ne pouvant souffrir que l'on touchât à mes plaies, je traînais », dit-il humblement, « ma chaîne après moi, tremblant qu'on ne vînt la rompre. Je repoussais tout ce qu'on pouvait me dire en faveur de la vertu, comme une main qui voulait m'ôter un esclavage que j'aimais ».

Il n'y avait évidemment à une situation pareille, à une si profonde maladie de cœur, qu'un remède possible. Puisque Augustin ne pouvait pas vivre dans la solitude austère de la chasteté, il fallait faire bénir par Dieu cette union dont il avait besoin. Sainte Monique y pensait sans cesse ; elle priait ardemment dans ce but, et, persuadée que, le jour où Augustin ne connaîtrait plus que les saintes et légitimes affections du mariage, s'évanouiraient les dernières difficultés de son esprit, elle poussait vers Dieu les plus grands cris de son cœur.

Le plus simple eût été qu'Augustin épousât la mère d'Adéodat. Mais, sans qu'on puisse dire pourquoi, il paraît que la chose n'était pas possible ; car quand on sait ce qu'Augustin souffrit en se séparant d'elle lorsqu'il le fallut faire, il est évident que les lois, ou les mœurs, ou des circonstances que nous ignorons, apportaient à cette union des obstacles insurmontables. Ne pouvant ni épouser la mère d'Adéodat, ni la renvoyer, voilà quel était alors le cruel état d'Augustin. Sous toutes ces hésitations, dans toutes ces angoisses, derrière tous ces ajournements, il y avait une question plus profonde, plus intime, plus douloureuse : la grande question de la vertu, l'éternelle question du cœur. Qui sent mieux ces choses, et qui en souffre plus qu'une mère ? Et néanmoins il n'y avait pas à hésiter. Puisque ces liens coupables ne pouvaient être transfigurés, il fallait les briser ; et le seul moyen de faire supporter à Augustin cette blessure, c'était de lui offrir la perspective de quelque noble union vraiment digne de lui.

Sainte Monique eut probablement recours aux conseils et à la haute influence de saint Ambroise pour l'aider dans une œuvre si difficile ; surtout elle pria avec ardeur ; « elle poussa vers le ciel », dit saint Augustin, « de fortes clameurs, pour conjurer Dieu de l'éclairer dans un moment si important et si périlleux ». Et enfin, après avoir cherché avec soin et prié longtemps, elle eut le bonheur de rencontrer, dans une famille chrétienne, une jeune fille qui lui sembla réunir toutes les qualités qu'une Sainte peut désirer dans celle à qui elle va confier l'âme malade de son fils. Elle en parla à Augustin, le pressa vivement ; et celui-ci, accablé, sentant qu'il fallait se résigner au sacrifice, n'osant ni l'accorder ni le refuser, laissa agir sa mère. La demande fut donc présentée par sainte Monique, et on l'agréa : seulement, comme la jeune fille sortait à peine de l'adolescence, il fut convenu que le mariage n'aurait lieu que dans deux ans. Peut-être aussi ce délai parut-il nécessaire aux deux familles pour donner à la position d'Augustin le temps de se régulariser et de s'ennoblir. Quoi qu'il en soit, comme Augustin ne pouvait pas demeurer sous l'œil de celle qui lui était promise, dans une position si fausse et qui fût devenue si indélicate, on pressa la séparation, et le sacrifice fut consommé.

Saint Augustin n'a dit qu'un mot de cette séparation ; mais quel mot ! « Je me laissai arracher celle qui partageait ma vie ; et comme mon âme adhérait profondément à son âme, elle en fut déchirée et brisée, et mon cœur en versa du sang ». Et plus loin il ajoute : « La blessure que me causa cette séparation ne voulait pas se guérir, et pendant longtemps elle me causa les plus cuisantes douleurs ».

Quant à la mère d'Adéodat, on imagine aisément ce que furent ses gémissements et ses larmes ; mais l'histoire n'en dit rien. Ce qu'on sait du moins, ce qu'on aime à apprendre, c'est que cette femme qui, pendant quinze ans, avait disputé à Dieu le cœur d'Augustin, touchée enfin de la grâce, et, au moment où l'abandonnaient les affections de la terre, se retournant vivement vers le ciel, s'alla cacher dans un monastère, et y employa le reste de sa vie à pleurer, à se purifier, à demander pardon à Dieu d'avoir enchaîné un tel cœur et d'avoir retardé de quinze ans le triomphe que ce grand génie préparait à l'Eglise. « Elle valait mieux que moi », dit saint Augustin, « et elle fit son sacrifice avec un courage et une générosité que je n'eus pas la force d'imiter ».

Il y eut à ce moment, dans la vie d'Augustin, un rayon de paix, comme une éclaircie entre deux tempêtes. Les liens étaient brisés, le sacrifice était fait. Semblable à un vaisseau qui se relève dès qu'on l'a déchargé d'un poids, l'âme d'Augustin retrouvait son élévation naturelle. Sa mère rayonnait de bonheur à ses côtés. Ses amis se livraient avec ardeur à l'étude de la philosophie. Chaque jour arrivait d'Afrique quelque compatriote d'Augustin, heureux de retrouver à Milan son jeune maître ou son vieil ami :

Romanien, par exemple, que d'interminables procès avaient conduit dans cette ville, et qui, toujours fidèle au fils de Patrice et de Monique, lui avait apporté, avec la même délicatesse qu'autrefois, les ressources de sa grande fortune ; Alype, que nous connaissons déjà, et qui, fixé depuis peu auprès d'Augustin, allait lui être une si douce consolation et une si tendre compagnie ; Nébridius, qui avait quitté Carthage et le vaste domaine de son père, et sa maison, et même sa mère, pour se livrer à l'étude de la philosophie. Plus jeune qu'Augustin, flottant comme lui, cherchant la vérité sans la trouver, et gémissant de ses doutes ; d'un esprit profond et pénétrant, il avait une place à part dans le cœur d'Augustin. Quelques autres, sept ou huit à peu près, la plupart d'Afrique, se groupaient encore autour de lui, livrés aux mêmes études. On cultivait les lettres ; on devisait sur les plus belles questions de Dieu et de l'âme.

En lisant les livres de Platon, Augustin avait entrevu la nature toute spirituelle de Dieu et l'existence de son Verbe ; il n'avait vu ni l'amour ni les abaissements du Verbe incarné. Il s'était élevé jusqu'à l'idée d'un Dieu invisible, glorieux, séparé de toute créature ; il avait même entrevu, à travers les éblouissements de la nature divine, quelque chose de cette nature divine elle-même : une lumière sortant d'une lumière et égale à elle ; grandes intuitions sans doute ; si grandes même, qu'on se demande si le génie humain a pu arriver jusque-là, et si ce n'est pas plutôt à travers la belle âme de Platon, un écho fidèlement ressaisi des traditions antiques. Mais un Dieu pauvre, un Dieu humilié, un Dieu abaissé jusqu'à l'homme et pour l'homme ; un Dieu aimant l'homme jusqu'à la passion, jusqu'à la folie, jusqu'à souffrir, jusqu'à mourir pour l'homme ; voilà ce que ni Platon, ni Socrate, ni Cicéron, ni Virgile n'ont jamais soupçonné. De telles choses n'ont pu être conçues que dans le cœur qui a été capable de les réaliser. Il fallait donc qu'un plus grand que Platon vînt au secours d'Augustin, un plus grand en même temps qu'un plus saint, afin d'élever son esprit et surtout son cœur à de si étonnants mystères.

Guidé invisiblement par la main miséricordieuse qui le ramenait de si loin, Augustin ouvrit alors les *Epîtres de saint Paul ;* mais il ne le fit qu'en tremblant, après des agitations et des résistances singulières, comme s'il eût eu le pressentiment des sacrifices que cette lecture allait enfin lui arracher. « Je me sentais vivement pressé », dit-il, « de tourner les yeux vers cette religion sainte qui avait été si profondément imprimée dans mon cœur quand j'étais enfant. Mais j'hésitais ; je ne pouvais m'y décider ; cependant elle m'attirait malgré moi. Enfin, cruellement incertain, voulant, ne voulant pas, je saisis avec une sorte d'agitation et d'inquiétude fébrile le livre des *Epîtres de saint Paul* ».

Dès les premières lignes, Augustin fut saisi d'admiration. Lui qui venait d'être si ému à la lecture de Platon, éprouva ici une commotion dont il n'avait pas l'idée. « Oh ! si tu savais », écrivait-il à Romanien, « quelle lumière m'apparut tout à coup ! J'aurais voulu, non-seulement te la montrer, à toi qui désirais depuis si longtemps voir cette inconnue, mais à ton ennemi même, à cet ennemi acharné qui te poursuit devant les tribunaux pour avoir ton bien. Et certainement, s'il la voyait comme je la vois, il quitterait tout : jardins, maisons, banquets, tout ce qui le séduit, et, pieux et doux amant, il volerait, ravi, vers cette beauté ».

Ce ne fut là, du reste, que le premier coup d'œil d'Augustin ; le second fut autrement profond. Il vit se dévoiler devant lui un grand mystère qu'il ne connaissait pas encore ; que Platon ignorait, et c'est pourquoi il n'avait pas pu lui apprendre le chemin de la vertu ; que les Manichéens avaient essayé de résoudre par la doctrine des deux principes, mais en vain ; et que saint Paul seul lui montrait dans une lumière éblouissante. Il vit que l'homme n'est plus dans l'état où Dieu l'avait formé ; qu'il avait été créé saint, innocent, rempli de lumière et d'intelligence, fait pour voir la majesté de Dieu et la voyant déjà ; mais que l'homme n'a pu soutenir tant de gloire sans tomber dans la présomption ; qu'il a voulu se rendre centre de tout et indépendant de Dieu ; qu'il a été abandonné, aveuglé, chassé loin de Dieu, et dans un tel état de corruption, que le péché habite en lui ; qu'il y a en lui une créature misérable, odieuse, ennemie de la vérité, incapable de vertu, ayant le goût du mal ; « l'homme de péché », comme dit saint Paul, « le vieil homme », comme il dit encore ; expressions bizarres, d'une tristesse profonde, mais d'une espérance sublime ; car elles indiquent que ce n'est pas là tout l'homme, et qu'il y en a un nouveau. Et c'est ce qu'Augustin apprit bientôt en continuant sa lecture. Il vit, aux mêmes pages, que pour vaincre cet homme, ce mélange odieux d'orgueil, de concupiscence et de révolte, le Verbe s'est fait chair ; qu'il a vécu dans l'humilité, dans l'obéissance et dans le sacrifice, qu'il s'est anéanti jusqu'à l'homme, afin de guérir l'homme qui veut s'exalter jusqu'à Dieu. Tout le mystère de l'Incarnation et de la Rédemption se dévoila à ses yeux, et le plongea dans l'admiration. Il sentit qu'il avait franchi tous les espaces ; qu'il n'était plus dans la région des conceptions humaines ; qu'il touchait à ce point sublime où l'homme s'évanouit et où Dieu apparaît ; et il s'agenouilla, ébloui et ému.

« Ah ! » disait-il avec un étonnement attendri, « quelle différence il y a entre les livres des philosophes et ceux des envoyés de Dieu ! Ce qu'on trouve de bon en ceux-là, on le trouve en ceux-ci, et l'on y trouve de plus la connaissance de votre grâce, ô mon Dieu, afin que celui qui vous connaît, non-seulement ne se glorifie pas, mais se guérisse, et se fortifie, et arrive enfin jusqu'à vous.

« Que savent-ils, d'ailleurs, ces grands philosophes, de cette loi de péché incarnée dans nos membres, qui combat contre la loi de l'esprit et nous traîne captifs dans le mal ? que savent-ils surtout de la grâce de Jésus-Christ, victime innocente, dont le sang a effacé l'arrêt de notre condamnation ? Sur tout cela leurs livres sont muets.

« Là, on n'apprend ni le secret de la piété chrétienne, ni les larmes de la confession, ni le sacrifice d'un cœur contrit et humilié, et encore moins la grâce de ce calice précieux qui enferme le prix de notre rédemption.

« On n'y entend point ces cantiques : O mon âme, soumets-toi à Dieu, car il est ton Dieu, ton Sauveur, ton défenseur. Appuyé sur lui, que craindrais-tu ? Là ne retentit pas ce doux appel : Venez à moi, vous tous qui êtes chargés, et je vous soulagerai. Ils ignorent, ces savants, que le Verbe, descendu sur la terre, est doux et humble de cœur. Mystères divins, que vous avez cachés, ô mon Dieu, aux savants et aux sages, mais que vous avez révélés aux petits et aux humbles ».

Voilà les vérités qui pénétraient dans l'âme d'Augustin pendant qu'il lisait celui qui s'appelle « le moindre des Apôtres », et la vue de tant de merveilles le jetait dans l'admiration.

« Oh ! » disait-il en fermant le livre, « que c'est bien autre chose, d'apercevoir de loin, du haut d'un roc sauvage, la Cité de la paix, sans pouvoir, quelque effort que l'on fasse, trouver un chemin pour y arriver ; ou bien de trouver ce chemin, et sur ce chemin un guide qui vous dirige et vous défende contre le brigandage de ceux qui voudraient vous arrêter ».

Voilà donc Augustin en possession de cette bienheureuse lumière après laquelle il soupirait depuis si longtemps, et que sa mère avait sollicitée pour lui avec tant de larmes. Il avait percé tous les voiles, et maintenant qu'il était arrivé jusqu'à Dieu et à Notre-Seigneur Jésus-Christ son divin Fils, mort par amour pour nous, il semble qu'il n'y avait plus qu'une chose à faire : se lever, courir à sa mère, et lui dire : Ne pleurez pas, je suis chrétien.

Mais Augustin n'en était pas encore là. Ce vif coup de lumière avait plutôt percé les nuages qu'il ne les avait dissipés. Il restait à Augustin une foule d'idées fausses, inexactes, incomplètes, qu'il avait puisées dans les livres des Manichéens, et dont il avait peine à se débarrasser : dernières ombres qui s'en allaient lentement.

Il les eût fait évanouir, s'il avait eu le courage de s'agenouiller, de frapper sa poitrine, de confesser ses fautes, et de se préparer à recevoir les sacrements de la purification et de la sainte Eucharistie ; car il vient un moment, dans ces grandes recherches de la vérité, où l'âme ne peut mériter de voir pleinement que par un acte d'humilité et d'abandon à Dieu. Il faut risquer pour lui jusqu'au sacrifice, si on veut que les dernières ombres s'évanouissent. Dieu met ses faveurs à ce prix.

Augustin le sentait vaguement ; mais il avait peur. Il voulait voir plus clair avant de s'agenouiller, tandis qu'il faut s'agenouiller pour voir plus clair ; et, en attendant, il multipliait les études, les lectures, les efforts d'esprit, pour accroître en lui la lumière dont il avait reçu les prémices.

Cependant les cris de la conscience d'Augustin avaient grandi. Elle le pressait plus vivement que jamais. Elle commençait à murmurer à ses oreilles ces mots, qui ne devaient plus cesser de retentir au fond de son cœur, et qui bientôt allaient y retentir comme un tonnerre : « Tu prétendais jusqu'ici que l'incertitude du vrai était la seule raison qui t'empêchait d'accomplir ton devoir. Eh bien ! tout est certain maintenant. La vérité brille à tes yeux. Pourquoi ne te rends-tu pas ? » — « J'entendais », dit saint Augustin, « mais je faisais le sourd. Je refusais d'avancer, mais sans chercher maintenant d'excuse. Toutes les raisons que j'aurais pu apporter étaient réfutées d'avance. Il ne me restait qu'une peur muette : la peur de voir arrêter le cours de ces longues et tristes habitudes qui cependant m'avaient conduit à un état si désespéré ».

Longtemps, en effet, Augustin n'avait pas eu le courage de croire ; maintenant il croyait, mais il n'avait pas le courage de pratiquer. Les obscurités de la foi l'avaient d'abord arrêté ; c'étaient maintenant les nécessités de la vertu qui lui faisaient peur. « Ainsi, flottant toujours et ne voulant pas être fixé, consultant sans cesse, et craignant d'être éclairé ; sans cesse disciple et admirateur de saint Ambroise, et toujours agité par les incertitudes d'un cœur qui fuyait la vérité, il traînait sa chaîne, craignant d'en être délivré : il proposait encore des doutes pour prolonger ses passions ; il voulait encore être éclairé, parce qu'il craignait de l'être trop : et, plus esclave de sa passion que de ses erreurs, il ne rejetait la vérité qui se montrait à lui que parce qu'il la regardait comme une main victorieuse qui venait enfin rompre les liens qu'il aimait encore ». — « J'avais trouvé une perle », s'écrie-t-il éloquemment, « et maintenant qu'il fallait vendre mes biens, c'est-à-dire faire des sacrifices pour l'acheter, je n'en avais pas le courage ».

Agité, indécis, pressé par sa mère, harcelé par sa conscience, Augustin se résolut enfin à aller consulter un saint prêtre, nommé Simplicien, dont la belle vie l'avait depuis longtemps frappé.

C'était un de ces vieillards vénérables comme on en rencontre sans cesse dans le sein de l'Eglise catholique, qui, passés d'une jeunesse chaste à un âge mûr plus chaste encore, et bénis par Dieu d'une verte vieillesse, présentent aux hommes, qui s'inclinent en les rencontrant, une image vénérable de la paix et de la sérénité dans la vertu. Les jeunes gens troublés par les orages des passions aiment à s'approcher de ces neiges tranquilles et à se calmer auprès d'elles.

Augustin vint donc confier à Simplicien les troubles de sa vie et les secrètes faiblesses qui l'arrêtaient maintenant, non plus en présence de la lumière, mais en présence de la vertu.

Le bon vieillard le reçut avec un doux sourire, écouta sans étonnement le récit de ses égarements, et le félicita de ce qu'au lieu d'ouvrir ces livres athées et matérialistes qui dégradent l'âme, il s'était attaché à l'étude de Platon et de Socrate, qui élèvent l'esprit et le cœur. Simplicien, comme tous les vieux prêtres, avait beaucoup connu les hommes. Il était intimement lié, non-seulement avec saint Ambroise, qu'il avait dirigé dans sa jeunesse et auquel même il avait donné le saint baptême, mais avec un grand nombre de philosophes, de poëtes, de rhéteurs romains, et en particulier avec Victorin, celui-là même qui avait traduit les œuvres de Platon, qu'étudiait en ce moment Augustin. Comme tous les vieillards, aussi, Simplicien aimait à conter, et, habile à manier les esprits, il savait cacher adroitement une leçon dans une histoire.

Voyant donc auprès de lui ce jeune homme d'un si grand esprit, d'un si noble caractère, déjà illuminé de la grâce, mais qui hésitait encore à s'y livrer, il profita avec finesse du nom de Victorin, que celui-ci venait de prononcer ; et après avoir dit qu'il avait connu autrefois à Rome cet homme éloquent, voulant montrer indirectement à Augustin le chemin du courage et de l'honneur chrétien, il lui en conta l'histoire à peu près en ces termes :

« Victorin s'était illustré dans la même carrière que suivait Augustin. Professeur d'éloquence, il avait vu au pied de sa chaire non-seulement toute la jeunesse romaine, mais une foule de sénateurs ; il avait traduit, expliqué, enrichi de lumineux commentaires, les plus beaux livres de la philosophie antique, et à force d'éloquence il avait obtenu, honneur rare en tout temps, une statue sur le *Forum*. Quand il eut épuisé ainsi l'étude de tous les chefs-d'œuvre de l'esprit humain, il lui vint l'idée d'ouvrir les saintes Ecritures ; il les lisait avec attention, puis il disait à Simplicien, mais en secret et dans l'intimité, comme à un ami : « Sais-tu que me voilà chrétien ? » — « Je ne le croirai », répondait Simplicien, « que quand je te verrai dans l'église du Christ ». Et Victorin disait en riant et avec ironie : « Sont-ce donc les murailles qui font le chrétien ? » Au fond, il avait peur de déplaire à ses amis, et il craignait que de ces sommets de grandeur humaine et toute-puissante, de ces cèdres du Liban que Dieu n'avait pas encore brisés, ne roulassent sur lui d'accablantes inimitiés.

« En attendant, il continuait à lire ; il priait beaucoup, et, puisant plus profondément dans les saintes Ecritures, il sentit naître en lui le courage et la force. Vint un jour où il eut plus peur d'être désavoué par Jésus-Christ que moqué et méprisé par ses amis, et, tremblant de trahir la vérité, il se rendit chez Simplicien et lui dit : « Allons à l'église, car je veux être chrétien ». Rome fut remplie d'étonnement, et l'Eglise tressaillit de joie. Quand le moment fut arrivé de faire sa profession de foi en présence de tous les fidèles, on proposa à Victorin de la réciter en particulier, comme on en use vis-à-vis des personnes qu'une solennité publique intimide. Mais il refusa énergiquement, et il monta courageusement sur l'ambon. Dès qu'il y apparut, son nom, répandu de rang en rang par ceux qui le connaissaient, éleva dans l'assemblée un murmure de joie. Et la voix contenue de l'allégresse générale disait tout bas : « Victorin ! Victorin ! » Le désir de l'entendre ayant promptement rétabli le silence, il prononça le Symbole avec une admirable foi, et tous les fidèles qui étaient là, consolés par un tel courage, eussent voulu le mettre dans leur cœur. Leur joie et leur amour étaient comme deux mains avec lesquelles ils l'y plaçaient en effet.

« Depuis lors, continua Simplicien, en donnant à chacune de ses paroles un accent plus pénétrant, depuis lors ce vieillard illustre se fit une gloire de devenir enfant à l'école de Jésus-Christ. Il se laissa humblement allaiter par la sainte Eglise, et il mit avec joie sous le joug ignominieux de la croix, une tête qui avait porté tant de couronnes. Julien l'Apostat ayant peu après défendu aux chrétiens d'enseigner les lettres, il ferma ses lèvres éloquentes, et couronna sa vie par le plus beau et le plus douloureux de tous les sacrifices ».

Cet exemple, si bien choisi, et qui convenait si parfaitement à la position d'Augustin, le remua jusque dans les entrailles. Il sortit enthousiasmé, se reprochant sa faiblesse, s'indignant de sa lâcheté, et il rentra dans sa maison, où sa mère l'attendait en priant, décidé à en finir cette fois et à imiter Victorin. « O mon Dieu », s'écria-t-il dans une sorte de transport, « venez à mon aide ! Agissez, Seigneur, faites ; réveillez-moi, rappelez-moi ; embrasez et ravissez ; soyez flamme et douceur ; aimons, courons ».

Mais, hélas ! cette chaîne qu'Augustin traînait depuis un si grand nombre d'années était plus lourde qu'il ne se l'était d'abord imaginé. Dès qu'il y porta la main, il se sentit incapable de la briser. Il ne disait pas : Non. Il n'avait pas le courage de dire : Oui. « Cette suite de corruptions et de désordres », dit-il, « comme autant d'anneaux enlacés les uns dans les autres, formait une chaîne qui me rivait dans le plus dur esclavage. J'avais bien une volonté de servir Dieu d'un amour élevé et chaste, et de jouir de lui seul ; mais cette volonté nouvelle, qui ne faisait que de naître, n'était pas capable de vaincre l'autre, qui s'était fortifiée par une longue habitude du mal. Ainsi j'avais deux volontés : l'une ancienne, et l'autre nouvelle ; l'une charnelle, et l'autre spirituelle ; et ces deux volontés combattaient en moi, et ce combat déchirait mon âme ».

En attendant, il tâchait de calmer sa conscience, et quand celle-ci lui criait qu'il fallait se décider, il ne savait que lui répondre comme un homme endormi et paresseux : « Tout à l'heure, laissez-moi un peu ; encore un petit instant ». Mais ce tout à l'heure ne venait jamais, et ce petit instant durait toujours.

Sur ces entrefaites, un ancien ami d'Augustin, nommé Potitien, vint lui rendre visite. L'un et l'autre étaient d'Afrique, où ils s'étaient autrefois intimement connus. Seulement, pendant qu'Augustin avait suivi, dans l'erreur et dans l'oubli de Dieu, la longue et triste route que nous avons essayé de décrire, Potitien était resté fervent chrétien, et il habitait Milan, où il avait, à la cour de l'empereur, un des premiers emplois militaires. Sainte Monique avait été heureuse de le retrouver en Italie, et d'introduire dans la société d'Augustin, d'Alype, de Nébridius, de tous ces jeunes gens flottants dans la foi, une âme si bien trempée, que ni la guerre, ni la cour n'avaient pu la faire hésiter un instant.

Ce jour-là, en causant avec Augustin et Alype, Potitien aperçut sur une table de jeu un livre. Il l'ouvrit machinalement, comme il arrive quand on est occupé à causer; il croyait trouver un Cicéron ou un Quintilien. C'étaient les *Epîtres* de saint Paul. Un peu surpris, il regarda Augustin en souriant; et celui-ci lui ayant avoué que depuis quelque temps il lisait la sainte Ecriture avec la plus grande attention et le plus grand charme, la conversation prit d'elle-même une tournure tout à fait chrétienne.

Potitien avait beaucoup voyagé. Il connaissait les Gaules, l'Espagne, l'Italie, l'Afrique, l'Egypte, et il les connaissait en chrétien; c'est-à-dire que partout il avait étudié les merveilles qu'opérait la vraie foi dans l'Eglise catholique. Il lui raconta la conversion de quelques grands de la cour de Maxime, par la lecture de la vie de saint Antoine, et lui apprit ensuite les merveilleux exercices de pénitence de ce grand anachorète, et d'une multitude innombrable de moines qui vivaient sous ses Règles. Ce récit le toucha si puissamment, qu'il résolut d'embrasser le même genre de vie et de se retirer tout à fait du monde. Mais, comme ses mauvaises habitudes étaient très-fortes, il se fit en lui un étrange combat entre l'esprit et la chair; et le démon, se voyant sur le point de perdre cette grande proie, employa tous ses artifices et toutes ses forces pour se la conserver.

Il décrit lui-même cet état de peine où il était réduit: « L'ennemi », dit-il, « tenait ma volonté liée avec la corde qu'il avait tissée pour me traîner; car la mauvaise volonté avait produit de mauvais désirs, et ces désirs n'ayant pas été étouffés, le mal était passé en coutume, et la coutume enfin, faute de lui avoir résisté, était devenue une dure nécessité. La chaîne de mon malheur était composée de ces anneaux, et me tenait dans une étroite captivité; cette nouvelle volonté, que je sentais de vous servir, ô mon Dieu, et qui commençait à se former dans mon cœur, n'était pas assez forte pour supplanter la première, qui, par une habitude invétérée, s'étant rendue la plus puissante et la maîtresse, avait plus de force contre moi et me conduisait où je ne voulais pas. Mais comme j'étais toujours attaché à la terre, je refusais toujours de vous suivre lorsque vous m'appeliez, et je n'avais pas moins d'appréhension de me voir délié de ces liens, que les personnes fidèles ont de joie de ne point s'y voir engagées. J'allais doucement, chargé de ce fardeau du siècle, comme si j'eusse été en repos, et les pensées que j'avais de changer de vie ressemblaient aux assoupissements de ceux qui dorment et qui ont envie de s'éveiller, mais qui, par la pesanteur du sommeil, retombent sur l'autre côté et continuent de dormir ». — « Etant », dit-il ailleurs, « en cette maladie, je m'accusais de lâcheté, et, me roulant dans la chaîne que je traînais, pour tâcher de rompre le peu qui en restait, et qui était encore assez fort pour me retenir, je me disais à moi-même : Allons, faisons-le maintenant, que ce soit tout à cette heure. Aussitôt je m'y portais et je le faisais à demi, mais sans pouvoir achever. Je ne retournais plus aux choses passées, mais je m'en tenais bien près, et je respirais un peu. Je revenais une autre fois, avec de nouvelles forces, j'y arrivais presque et je le touchais; bien qu'en effet, par ma faiblesse, je ne fisse ni l'un ni l'autre. La coutume du mal avait plus de force sur moi que le désir du bien que je voulais embrasser. Et plus le temps de ma correction approchait, plus je craignais son arrivée, parce que les vanités de ma jeunesse, et les délices que j'avais goûtées, me tirant comme par la robe, me disaient d'un air tendre : Quoi, Augustin, nous voulez-vous donc quitter? Faudra-t-il que, désormais, nous ne soyons plus avec vous, et tout ce que vous aimiez, avec tant de passion, vous soit interdit pour toujours? Je les écoutais de loin, non plus moi, mais la moindre partie de moi-même; car, n'osant plus s'adresser à moi, par guerre ouverte, elles ne faisaient que me suivre à la piste et murmuraient pour me faire tourner les yeux de leur côté. Elles ne laissaient pas de me troubler par leurs importunités, parce que j'étais paresseux à me défaire d'elles. Je ne voulais pas aller où elles m'appelaient, parce que, au chemin que je voyais devant moi, et par où je craignais de passer, je découvrais de loin la sainte majesté de la continence avec un visage vermeil et une gravité ravissante, qui, me flattant dans ma crainte avec une douceur pleine de modestie, me conviait de venir hardiment à elle. Elle me montrait une multitude innombrable de filles, de jeunes hommes, de chastes veuves et de femmes continentes dont la pureté n'était pas stérile, mais féconde et mère des véritables joies; et, se moquant de moi, elle me disait d'un regard agréable : Est-ce que tu ne saurais faire ce que toutes ces personnes ont fait si généreusement? Penses-tu qu'elles l'ont exécuté d'elles-mêmes et sans le secours de la grâce de Dieu? C'est en lui et par lui qu'elles ont pu tout ce qu'elles ont fait et tout ce qu'elles font. Ne t'appuie donc plus sur tes propres forces, mais jette-toi courageusement, et sans délibérer davantage, entre les bras de ton Dieu, il te recevra et te sauvera. Je rougissais de honte d'entendre encore la voix de mes folies passées, et, comme je demeurais rêveur et pensif, elle me disait : Bouche tes oreilles à toutes ces pensées sales et déshonnêtes, et mortifie les membres qui les excitent en toi. Les plaisirs qu'elles te représentent n'approchent pas de ceux que l'on goûte dans la loi du Seigneur. Voilà le combat qui se passait dans mon cœur, de moi-même contre moi-même ».

Ce sont les propres termes avec lesquels ce saint Docteur explique les difficultés qu'il avait de se donner tout à Dieu : mais enfin, la Providence, qui l'avait destiné à être un jour la lumière éclatante de l'Église, le prit par la main et le tira du bourbier où il était. Ce fut d'une façon extraordinaire qu'il expose en ces termes : « Après que j'eus condensé ainsi, par une profonde méditation, et mis devant mes yeux toute l'étendue de ma misère, je sentis s'élever dans mon cœur un affreux orage chargé d'une pluie de larmes. Pour le laisser éclater tout entier, je me levai et m'éloignai d'Alype. J'avais besoin de solitude pour pleurer plus à mon aise; je me retirai donc assez loin et à l'écart, pour n'être pas gêné, même par une si chère présence. Alype le comprit; car je ne sais quelle parole m'était échappée d'un son de voix gros de larmes. J'allai me jeter à terre sous un figuier, et ne pouvant plus retenir mes pleurs, il en sortit de mes yeux comme un torrent. Et je vous parlai, sinon en ces termes, au moins en ce sens : Eh! jusques à quand, Seigneur, jusques à quand serez-vous irrité? Ne gardez pas souvenir de mes iniquités passées. Car je sentais qu'elles me retenaient encore. Et c'est ce qui me faisait ajouter avec des sanglots : Jusques à quand? jusques à quand? Demain! demain! Pourquoi pas à l'instant? pourquoi pas sur l'heure en finir avec ma honte?

« Et tout à coup, pendant que je parlais de la sorte, et que je pleurais dans toute l'amertume d'un cœur brisé, j'entends sortir de la maison voisine comme une voix d'enfant ou jeune fille, qui chantait et répétait ces mots : « Prends, lis! prends, lis! »

« Je m'arrêtai soudain, changeant de visage », continue saint Augustin, « et je me mis à chercher avec la plus grande attention si les enfants, dans quelques-uns de leurs jeux, faisaient usage d'un refrain semblable. Mais je ne me souvins pas de l'avoir jamais entendu. Alors, comprimant le cours de mes larmes, sûr que c'était là une voix du ciel qui m'ordonnait d'ouvrir le livre du saint apôtre Paul, je courus au lieu où était assis Alype, et où j'avais laissé le livre. Je le prends, je l'ouvre, et mes yeux tombent sur ces paroles, que je lis tout bas : Ne vivez pas dans les festins, dans les débauches, dans les plaisirs et les impuretés, dans les jalousies et les disputes ; mais revêtez-vous de Jésus-Christ, et ne cherchez plus à contenter votre chair, selon les plaisirs de votre sensualité. Je n'en voulus pas lire davantage, et aussi qu'était-il besoin ? car ces lignes étaient à peine achevées, qu'il se répandit dans mon cœur comme une lumière calme qui dissipa pour jamais toutes les ténèbres de mon âme.

« Alors, ayant laissé dans le livre la trace de mon doigt ou je ne sais quelle autre marque, je le fermai, et, d'un visage tranquille, je déclarai tout à Alype. Lui, de son côté, me découvrit ce qui se passait en son âme, et que j'ignorais. Il désira voir ce que j'avais lu. Je le lui montrai ; et, lisant plus loin que moi, il recueille ces mots que je n'avais pas remarqués : Assistez le faible dans la foi ; ce qu'il prend pour lui. Et, fortifié par cet avertissement, plus prompt à revenir à la foi, à cause de la pureté de ses mœurs, il se joint à moi, et nous courons à ma mère ».

La conversion d'Alype qui, par amitié pour Augustin, s'était écarté de la foi, sans mener une vie immorale, augmenta de beaucoup son bonheur. Ils allèrent l'un et l'autre trouver Monique, et lui racontèrent tout ce qui s'était passé. Quelle ne fut pas la joie de cette pieuse mère, lorsqu'elle apprit que non-seulement son fils avait résolu de vivre selon les préceptes de l'Evangile, mais encore qu'il voulait en suivre les conseils et en pratiquer les instructions les plus rigoureuses.

Pour se disposer au baptême, il résolut de s'éloigner du monde ; mais, comme il ne restait plus que vingt jours jusqu'aux vacances, il attendit ce temps par prudence et par modestie, pour ne pas quitter avec éclat sa chaire de rhétorique. Dès que ce terme fut échu, il se retira à Cassiacum, dans une maison des champs, que Vérécundus, citoyen de Milan, lui offrit, et mena avec lui sainte Monique, son fils Adéodat ou Dieudonné, Navigius et Alype. Ce fut dans cette retraite qu'il composa, quoique catéchumène, les livres contre les Académiciens, qui faisaient profession de douter de tout, les livres *de l'Ordre*, de *la Vie bienheureuse*, de *l'Immortalité de l'âme* et *les Soliloques*, deux colloques et amoureux entretiens que son âme avait avec Dieu, où il goûtait des délices si pures et recevait des consolations si abondantes, qu'il faudrait les expérimenter soi-même pour en parler. Il y fut tourmenté pendant quelques jours par une si cruelle douleur de dents, que, voulant implorer les prières de ses amis, et ne pouvant leur parler, il fut contraint d'écrire son intention sur des tablettes de cire ; ses amis n'eurent pas plus tôt fléchi les genoux pour faire oraison, qu'il se sentit soulagé, et se vit en peu de temps délivré de ce tourment. Il écrivit à saint Ambroise, pour le prier de lui marquer quel livre de l'Ecriture il devait lire pour se disposer à la grâce du baptême. Le saint Evêque lui conseilla de commencer par le prophète Isaïe, qui parle plus ouvertement que les autres de la vocation des Gentils et des mystères du Christianisme. Mais Augustin, en ayant lu le premier chapitre, et ne le comprenant pas à son gré, remit cette lecture jusqu'à ce qu'il fût mieux versé dans l'étude des saintes lettres.

Enfin, cinq mois s'étaient écoulés, le jour heureux auquel il devait recevoir le saint Baptême arriva. Il se rendit à Milan, accompagné d'Evodius, d'Alype, de Trigétius, de son fils Dieudonné, de Pontitien, de Simplicius, de Faustin, de Valère, de Candote, de Juste et de Paulin, tous ses amis ou ses parents, qui devaient être baptisés avec lui. Saint Ambroise eut une joie indicible de voir cette troupe d'élite, dont saint Augustin était le chef, qu'il allait acquérir à l'Eglise et dont il devait être le père selon l'esprit. Il les baptisa tous de sa propre main, en présence d'une foule immense et la veille de Pâques de l'an 387, dans la nuit du 24 au 25 avril. La tradition commune est que saint Ambroise, dans cette cérémonie, ayant chanté les premières paroles du célèbre Cantique (le *Te Deum*) dont l'Eglise se sert pour rendre à Dieu les actions de grâces, saint Augustin lui répondit, et qu'ils le continuèrent alternativement jusqu'à la fin, selon que le Saint-Esprit le leur inspirait. Outre la robe blanche qu'il reçut de saint Ambroise, selon la coutume de l'Eglise, en signe de la pureté et de l'innocence qui est conférée au saint Baptême, il reçut aussi un habit noir (soit que ce fût en même temps, ou seulement huit jours après), pour montrer qu'il embrassait les rigueurs de la vie religieuse, et qu'il voulait expier, par le feu de la pénitence, les taches dont il venait d'être lavé par les eaux salutaires de la grâce. Le bienheureux Simplicien, qui partageait avec saint Ambroise la gloire de la conversion d'Augustin, lui donna une ceinture de cuir pour le distinguer des autres ermites.

On ne peut exprimer la joie que tous les fidèles eurent de cette conversion. On l'avait regardé jusqu'alors comme un autre Saul, persécuteur de l'Eglise ; car son esprit et sa science l'avaient rendu si redoutable, que l'on dit même que saint Ambroise fit ajouter aux Litanies publiques, qui se chantaient de son temps et dont quelques auteurs assurent avoir vu des copies : *A logica Augustini, libera nos, Domine;* « Seigneur, délivrez-nous de la logique d'Augustin »; mais, comme on le voyait devenu un autre Paul, défenseur de l'Eglise, on entendait de toutes parts des actions de grâces à Dieu, pour avoir d'un si grand pécheur fait un docteur si merveilleux. Monique, cette mère jadis si désolée, voyant enfin ce fils de ses larmes et de sa douleur dans le sein de la religion catholique, humble, dévot, chaste, religieux, et de lion furieux devenu doux comme un agneau, Monique donnait mille bénédictions au ciel, et remerciait de tout son cœur la miséricorde de Dieu d'avoir enfin exaucé ses prières.

Augustin, ayant reçu le Baptême, se dépouilla de toute ambition terrestre ; le désir des honneurs et l'ambition de paraître, qui avaient été ses passions, ne le touchèrent plus. Il ne songea plus qu'à mener une vie conforme aux règles de l'Evangile. Pensant qu'il le ferait plus tranquillement en Afrique qu'en Italie, il résolut d'y retourner au plus tôt. Il partit donc de Milan, avec la bénédiction de saint Ambroise et de saint Simplicien, accompagné de sa sainte mère, de son frère Navigius, de son fils Dieudonné, de son fidèle Alype, d'Evodius, d'Anastase, de Vital le pauvre et de plusieurs autres qui voulurent imiter son genre de vie, et se rendit à Civita-Vecchia. Cette ville se nommait Cencelle, parce qu'on y avait bâti cent salles où l'on donnait les audiences et où l'on jugeait toutes les affaires de la province. Parmi les ruines de ses édifices, on voyait plusieurs ermites qui vivaient seuls, éloignés du tumulte du monde et de la fréquentation des hommes. Quand ils eurent appris le mérite d'Augustin, ils lui firent tout l'accueil possible : il demeura quelque temps avec eux pour méditer dans cette pieuse compagnie les mystères de la religion. C'est en ce lieu, selon quelques auteurs, qu'il commença les livres de *la Trinité*, auxquels il avoue lui-même avoir mis la première main dans sa jeunesse ; mais il fut obligé de les interrompre à la suite d'une célèbre apparition. Se promenant un jour sur le bord de la mer, en ruminant quelques pensées qu'il avait sur ce sujet, il aperçut un enfant qui, voulant épuiser la mer, s'efforçait de renfermer toutes ses eaux dans un petit trou qu'il avait fait sur le rivage. Augustin, surpris de ce dessein, lui en représenta doucement l'impossibilité. « Sachez », lui repartit l'enfant, « que j'en viendrai plutôt à bout que vous de comprendre, par les lumières de votre esprit, le mystère de la très-sainte Trinité ». Augustin, instruit par ce prodige de la difficulté de son entreprise, n'en pressa pas l'exécution ; mais il se contenta, pour laisser un monument éternel de sa dévotion envers cet adorable mystère, de fonder au même endroit un ermitage que les religieux de son Ordre possèdent maintenant. On voit sur la porte un écriteau où l'on a gravé en latin le sens de ces paroles : « Passant, qui que tu sois, révère l'ermitage et la chapelle où Augustin, cette éclatante lumière de l'Eglise, commença son ouvrage sur la Trinité et où il l'interrompit, par l'avis et l'oracle d'un enfant envoyé du ciel sur le rivage ; il l'acheva enfin en Afrique, dans sa vieillesse ». De Civita-Vecchia il alla à Rome, pour y attendre un temps propice à faire voile. Pendant son séjour, il composa le *Dialogue de l'Ame*, un livre des mœurs de l'Eglise, pour en faire connaître la sainteté, et un autre : *Des Mœurs des Manichéens*, pour confondre leur arrogance qui lui était insupportable. La rigueur de l'hiver étant passée, il alla à Ostie ; là, tandis qu'il se préparait à la navigation, après avoir été consolé par cette admirable vision de l'essence divine, qu'il rapporte au chapitre x du livre ix de ses *Confessions*, il eut la douleur de voir mourir sainte Monique, comme nous l'avons dit dans sa vie, au 4 mai.

Il rendit les derniers devoirs et les honneurs de la sépulture à cette grande Sainte qui était doublement sa mère. Il fit célébrer le saint sacrifice de la messe à son intention, ainsi qu'elle le lui avait expressément recommandé avant sa mort. Il s'embarqua ensuite avec ses compagnons pour faire voile vers l'Afrique, arriva enfin heureusement à Carthage, où le bruit de sa sainteté s'était déjà répandu, et logea chez Innocent, lieutenant du gouverneur du pays ; il le guérit, par ses prières, d'un mal de jambe, où la gangrène s'était mise, au point que les médecins avaient résolu de faire l'amputation du membre pour sauver la vie au malade. De Carthage, il vint à Tagaste, où son premier soin fut de vendre tous ses biens, d'en distribuer une partie aux pauvres, et d'employer l'autre à bâtir, dans un désert, près de la ville, un petit monastère pour s'y retirer avec ses premiers compagnons et avec ceux qui, depuis, se joindraient à lui pour mener une vie religieuse. Ce fut en ce lieu que le Fils de Dieu lui apparut et lui donna, de sa propre bouche, le nom de *Grand :* car, comme il s'y occupait aux œuvres de miséricorde, et principalement à l'hospitalité, recevant les pauvres, leur donnant à manger et leur lavant les pieds, Jésus-Christ se présenta à lui sous l'apparence d'un pauvre dans un état si languissant, que le saint Docteur, en étant touché, le mena dans sa cellule, le traita le mieux qu'il put, lui lava les pieds et les lui baisa ; après quoi le pauvre lui dit : *Magne pater Augustine, gaude, quia Filium Dei hodie in carne videre et tangere meruisti :* « Grand Augustin, réjouissez-vous, parce qu'aujourd'hui vous avez mérité de voir et de toucher le Fils de Dieu dans sa chair ». Puis il disparut, laissant cet homme céleste tout ravi de la faveur qu'il venait de recevoir. On croit que ce fut encore dans ce monastère que commença cette sainte pratique, entre les religieux, de s'entre-saluer par ces deux paroles : *Deo gra-*

tias. D'où vient que saint Augustin la justifie contre les hérétiques qui s'en moquaient.

« Etes-vous donc si stupides », leur dit-il, « de ne pas savoir ce que veut dire *Deo gratias* ? On ne profère ces mots que pour remercier Dieu de quelque bienfait que l'on a reçu de sa bonté. Or, n'est-ce pas une insigne faveur pour les religieux de vivre ensemble unis à Jésus-Christ, de n'avoir qu'un cœur et qu'une âme pour son service, d'aller sûrement dans la voie du salut, de faire les mêmes fonctions, d'aspirer au même but et de s'occuper des mêmes exercices ? N'est-il pas juste que ceux qui ont été appelés à un si grand bonheur en rendent à Dieu des actions de grâces toutes les fois qu'ils en trouvent l'occasion ? » Et parce que les Donatistes, nommés *Circumcellions*, saluaient les chrétiens en leur disant : *Deo laudes*, louanges à Dieu, quoiqu'ils ne le fissent que pour les engager dans leurs erreurs, massacrant sans pitié ceux qui ne voulaient pas les embrasser ; il leur reproche leur perfidie en leur faisant voir la différence qu'il y avait entre leur salut et celui des religieux : *Vos nostrum* Deo Gratias *ridetis ;* Deo laudes *vestrum plorant homines, etc. :* « Vous tournez en raillerie notre formule de salutation, et tout le monde gémit de la vôtre, qui n'est qu'un prétexte trompeur dont vous vous servez pour couvrir la malice de vos intentions. Vous venez à nous les louanges de Dieu à la bouche et le poignard à la main ; vous nous invitez à le louer tandis que vous le blasphémez par vos œuvres. Vos louanges font pleurer les hommes et sont aussi abominables devant Dieu que nos actions de grâces lui sont agréables ». Enfin ce fut à ce moment qu'il composa le traité intitulé : *Du Maître*, et deux livres sur la Genèse, contre les Manichéens, avec quelques autres ouvrages, et qu'il mit la dernière main aux livres de *la Musique*.

Quelque soin qu'il prît de vivre caché dans cet ermitage, où il passa trois ans, sa sainteté, sa doctrine et sa réputation le firent assez connaître par toute l'Afrique. On le consultait de toutes parts comme un oracle sur les difficultés que l'on avait, et il y répondait sur-le-champ avec une netteté si merveilleuse, que les matières les plus obscures devenaient très-claires par les lumières de son esprit. Il avait tant d'aversion pour les honneurs et les dignités, qu'il n'allait point aux villes qu'il savait être destituées de pasteur, de crainte qu'on ne l'obligeât d'accepter quelque charge dans l'Eglise. Il regardait plutôt comme une disgrâce ou un châtiment que comme une faveur de tenir le premier rang et d'être élevé aux grands emplois. Les prélatures de l'Eglise lui paraissaient des écueils contre lesquels il était aisé de faire naufrage ; et les mitres, dont on considère maintenant si fort l'éclat, lui semblaient comme des couronnes d'épines qui causaient bien plus de douleur et de peine que d'ornement aux têtes qui les portaient. Mais cette même humilité d'Augustin était un fondement profond sur lequel devait être bâtie la gloire qui lui était préparée et où la Providence le conduisait sans qu'il y pensât.

Il y avait à Hippone (qui est maintenant la ville de Bône), un grand seigneur fort riche et craignant Dieu, ami de saint Augustin, qu'il désirait avec passion voir et entendre parler des vérités de l'Evangile, dont il savait qu'il avait été autrefois le plus redoutable ennemi ; il était même tout prêt à renoncer au monde et à donner tous ses biens à l'Eglise, si ce grand homme approuvait ce dessein quand il le lui aurait communiqué. Saint Augustin, qui ne cherchait que l'occasion de gagner des âmes à Jésus-Christ et de les porter à une haute perfection, n'eut pas plus tôt appris cette bonne disposition de son ami, qu'il se rendit à Hippone. Valère, grec de nation, qui en était évêque, fit ce qu'il put pour l'obliger d'y rester, afin de l'attacher au service de son Eglise ; mais ayant remarqué qu'il était résolu à retourner dans son monastère, dès qu'il aurait satisfait son ami, il assembla le peuple, et, après lui avoir représenté le besoin qu'il avait d'un savant homme pour travailler dans son diocèse au salut des âmes, il l'exhorta à jeter les yeux sur celui que la sainteté, la doctrine et le zèle rendaient capable de cet emploi. En même temps, le peuple, comme par une inspiration divine, va chercher Augustin, s'en saisit, et, criant hautement que Dieu l'avait envoyé à Hippone pour être leur pasteur, il le présente à Valère pour l'ordonner prêtre : ce qui fut exécuté malgré ses larmes et les raisons que son humilité lui fit alléguer pour n'être point élevé à la dignité sacerdotale.

La première chose que fit Augustin lorsqu'il se vit prêtre, fut de demander à l'évêque un lieu pour y bâtir un monastère semblable à celui de Tagaste : ce que Valère lui accorda, lui donnant un jardin qui tenait à son église. Dès qu'il fut construit, il fut aussitôt rempli de personnes qui embrassèrent son institut, et qu'il fit aussi ordonner prêtres, afin de s'employer comme lui à l'instruction des fidèles et à l'administration des Sacrements. Ce fut alors qu'il composa sa Règle, s'étant contenté auparavant de gouverner ses disciples de vive voix et par l'exemple de ses vertus. Cet établissement était un séminaire où l'on prenait des ouvriers apostoliques pour travailler à la vigne du Seigneur, et où l'on trouvait des hommes d'un mérite extraordinaire que l'on dispersait dans divers pays de l'Afrique pour gouverner des Eglises. Possidius écrit en avoir connu dix que saint Augustin avait donnés pour être évêques en divers lieux : de ce nombre furent Alype et Evodius.

Saint Augustin, ayant ainsi formé une communauté d'hommes apostoliques, reçut de Valère ordre de prêcher et de distribuer publiquement aux fidèles le pain de la parole de Dieu. Il s'en excusa d'abord, s'appuyant sur deux raisons : la première, que, selon une ancienne coutume d'Afrique, condamnée néanmoins par saint Jérôme, mais de laquelle personne ne s'était encore dispensé, il n'était pas permis aux prêtres de prêcher en présence de leurs évêques ; la seconde, qu'il ne se croyait pas encore assez savant pour s'acquitter dignement de ce ministère ; n'ayant pu rien obtenir, il demanda au moins un délai de quelques mois, afin de s'y préparer par l'étude des saintes Lettres, par la prière et par la pénitence. La lettre qu'il écrivit à Valère, sur ce sujet, est admirable et mérite d'être lue de tous ceux qui sont obligés d'annoncer la parole de Dieu. Il y représente la facilité qu'il y a de s'en acquitter, lorsqu'on veut se contenter de le faire superficiellement ; mais il fait voir, en même temps, les périls où l'on s'expose, les difficultés qu'il faut surmonter, les qualités qu'il faut avoir et les préparations que l'on doit apporter pour le faire dignement. Puis, se faisant une application de toutes ces choses, il conjure Valère de l'aider de ses prières et de lui accorder au moins le temps qu'il lui avait demandé pour consulter Dieu et s'appliquer à l'étude. Que cette modestie d'Augustin condamne de prédicateurs qui, se croyant capables de tout, s'exposent témérairement à ce divin ministère ! Il avait déjà mis au jour plusieurs excellents ouvrages contre les hérétiques et les philosophes, pour la défense de la religion ; il avait composé divers traités de piété, où les fidèles trouvaient une viande solide pour nourrir leur âme, et cependant il n'ose entreprendre de prêcher l'Evangile. Cette fonction lui paraît formidable et au-dessus de ses forces, et, à entendre ses excuses, on le prendrait pour quelque homme illettré nullement versé dans l'étude des saintes Lettres, et qui n'avait jamais rien appris de la théologie des chrétiens. Il fallut pourtant que son humilité cédât à l'autorité de son évêque, qui, étant grec de nation, et n'ayant pas l'usage familier de la langue latine, était bien aise qu'un homme du mérite d'Augustin suppléât à son défaut. Depuis, le primat de Carthage, ne craignant plus de faillir, après un si grand exemple, introduisit dans son Eglise la prédication des prêtres en présence de leur évêque.

Les prédications d'Augustin eurent un succès immense. On ne pouvait résister à la force de sa doctrine et de ses raisonnements. Ceux mêmes qui ne l'écoutaient que pour le censurer, se trouvaient insensiblement persuadés des vérités qu'il leur prêchait : quoique sa science parût toujours éminente, c'était néanmoins sans ostentation ; il était guéri de cette maladie qui enfle l'esprit et dont il avait autrefois été possédé. Il aimait mieux exciter les larmes de ses auditeurs, que de s'attirer leurs applaudissements ; contenter la nécessité des simples, que l'avidité des curieux ; instruire, que de paraître ; donner aux autres le feu lumineux de la vérité, que de prendre pour lui les fumées de la vanité. Il relevait ou abaissait son style, selon la dignité des matières qu'il traitait et la portée de ceux qu'il enseignait ; les doctes y trouvaient de la science, les orateurs de l'éloquence et de l'érudition : ses paroles étaient, pour les pécheurs assoupis dans les habitudes du mal, des éclats de tonnerre qui les éveillaient ; pour les superbes, des coups de foudre qui brisaient leur orgueil ; pour les voluptueux, un contre-poison qui les dégoûtait de leurs débauches ; pour les ambitieux, des armes qui renversaient leurs desseins. Enfin, tout le monde y trouvait ce qui lui était nécessaire pour sa propre sanctification.

Tandis qu'il s'occupait à prêcher la parole de Dieu, on assembla un Concile national d'Afrique, à Hippone, où il fut appelé pour dire son sentiment sur plusieurs difficultés que l'on y proposait. Il le fit avec tant de doctrine, qu'on résolut de s'en tenir à ce qu'il avait dit. La réputation qu'Augustin s'était acquise dans cette assemblée donna sujet à Valère de craindre qu'on ne le ravît à son Eglise, pour le faire évêque ; c'est pourquoi, afin de le conserver à son diocèse, il écrivit à Aurèle, primat de Carthage, pour le prier, vu son grand âge et sa faiblesse, de le lui donner pour coadjuteur sa vie, et pour successeur après sa mort. Aurèle y consentit avec joie ; mais Augustin y résista fortement, aimant mieux obéir que commander, et assurer son salut dans un état médiocre que de le risquer dans une condition éclatante. Il fallut néanmoins se soumettre à la volonté de Dieu, qui lui était manifestée par celle de ses supérieurs, et souffrir que Mégale, évêque de Calamine et primat de Numidie, et le même Valère, lui conférassent le caractère épiscopal, au grand contentement du clergé et de tout le peuple, pendant que lui seul était accablé de tristesse, de se voir chargé d'un fardeau qu'il ne se croyait pas capable de porter : il disait, depuis, qu'il n'avait jamais mieux reconnu que Dieu était indigné contre lui et le voulait punir des péchés de sa vie passée, que lorsqu'il l'avait élevé à l'épiscopat.

Après son sacre, il demeura encore quelque temps avec ses religieux, au monastère du Jardin ; mais, voyant par expérience qu'il ne pouvait, avec l'étroite observance régulière du cloître, concilier les audiences que, en qualité d'évêque, il était obligé d'accorder à une foule continuelle de personnes qui le visitaient, il voulut avoir dans la maison épiscopale une communauté de clercs qui vécussent comme lui, et dans laquelle il pût rendre aux étrangers les offices charitables de Marthe, sans perdre la quiétude et la tranquillité de Marie. Pour la composer, il travailla à réformer les ecclésiastiques de son Eglise, les obligeant de vivre selon la discipline des Apôtres, de laquelle ils s'étaient relâchés ; et, parce qu'il leur donna aussi des Règles, ils furent appelés Chanoines réguliers.

La nouvelle dignité d'Augustin ne changea rien à sa conduite. Il parut toujours le même dans toutes ses actions ; placé comme évêque entre Dieu et les hommes, il ne manquait pas d'honorer l'un par ses sacrifices et sa piété, et d'édifier les autres par ses bons exemples : rendant ainsi à Dieu et à César ce qui leur appartenait à l'un et à l'autre. L'évêché d'Hippone avait plus de quarante mille écus de revenu : cependant on ne vit pas Augustin plus richement vêtu, ni plus magnifiquement accompagné qu'auparavant. Il ne porta jamais d'habits de soie ; mais son vêtement était simple et convenable à la pauvreté religieuse dont il faisait profession. Ses ornements même pontificaux étaient d'étoffes d'un prix médiocre. Sa mitre, que l'on conserve avec son bâton pastoral au couvent de Valence, en Espagne, où ils furent transportés de Sardaigne, afin que l'héritage d'un si grand Père, comme dit le pape Martin V, revint à ses légitimes enfants, n'était que de toile fine. Il se contentait de cette médiocrité pour avoir de quoi subvenir plus largement aux nécessités des pauvres, pour l'entretien desquels il n'épargnait pas même les encensoirs, les croix et les calices d'argent. Quoiqu'il n'eût aucun attachement envers ses parents, il ne laissait pas de les assister comme les autres fidèles, et de donner l'aumône à ceux d'entre eux qui étaient dans l'indigence ; il se comportait en cela avec une modération extrême : car il ne prétendait pas les enrichir, mais seulement les secourir dans leur nécessité ; ni rendre leur maison plus splendide, mais la tirer de la dernière misère : ne jugeant pas raisonnable que les biens de l'Eglise, dont Dieu devait un jour exiger de lui un compte si rigoureux, servissent à fomenter le luxe et l'ambition de ses parents, et qu'il employât le sang de Jésus-Christ, et le patrimoine des pauvres à leur faire des marchepieds d'or et d'argent pour les élever, les agrandir et les approcher de sa personne. Il ne voulut jamais se charger de la clef du trésor de son Eglise ni du revenu de son évêché ; il en laissa l'économie et la dispensation aux ecclésiastiques les plus intègres de son clergé. Il dit même un jour à son peuple qu'il aimait mieux être entretenu par leurs offrandes et leurs charités que de jouir d'un si grand revenu, et que, si on lui faisait une pension modique pour sa subsistance et celle de ses officiers, il ferait volontiers une cession générale de tout ce qui lui appartenait. Quand on lui donnait quelque robe de prix, il avait honte de la porter, et il la faisait vendre, afin que les deniers en fussent employés au soulagement de plusieurs. « L'Eglise », disait-il, « n'a de l'argent que pour le distribuer, et non pour le garder ; c'est une cruauté indigne d'un cœur de père, tel que doit être celui d'un évêque, d'amasser des biens, tandis qu'il repousse la main du pauvre qui lui demande l'aumône ». Lorsqu'il s'était entièrement épuisé, et qu'il ne lui restait plus rien à donner, il montait en chaire et avertissait le peuple de sa pauvreté et de l'impuissance où il était de secourir les nécessiteux, afin qu'ils fissent eux-mêmes l'aumône.

Il ne voulut jamais acheter ni maison ni métairie. Il ne recevait point les héritages qui étaient légués par testament à l'Eglise au préjudice des enfants, parce qu'il ne pouvait approuver que ceux-ci en fussent frustrés. Cependant, il ne refusait point les autres libéralités qu'on lui faisait pour le soulagement des pauvres ; mais c'était avec tant de désintéressement, qu'il était toujours prêt à s'en dépouiller. Quelqu'un ayant transporté à son église le domaine d'une terre, et lui ayant mis entre les mains l'acte de sa donation, quelques années après, cette personne s'en repentit et le pria de lui rendre son contrat : le Saint le fit très-volontiers. Il lui remontra néanmoins que son procédé n'était guère chrétien, et qu'il devait faire pénitence de s'être repenti d'avoir fait une bonne œuvre et d'avoir voulu reprendre à Dieu une chose qu'il lui avait donnée sans aucune contrainte. Cette facilité d'Augustin donna occasion au peuple de murmurer contre lui, sous prétexte que c'était faire tort aux pauvres et refroidir la dévotion des fidèles envers l'Eglise, que de rejeter les legs pieux qu'on lui laissait par testament; mais le saint Evêque, pour faire voir la droiture de son intention, s'en expliqua publiquement dans un sermon, où, après avoir discouru sur ce sujet, il conclut par ces paroles : « Quiconque déshéritera son fils pour faire l'Eglise son héritière, qu'il cherche un autre qu'Augustin pour accepter l'héritage; mais je prie Dieu qu'il ne se trouve personne qui veuille recueillir sa succession ». Il ne blâme point ceux qui laissent quelque chose à l'Eglise pour faire prier Dieu à leur intention; mais ceux qui, par caprice, sans aucun sujet et par une dévotion indiscrète et nullement tolérable, disposent de tous leurs biens en faveur de l'Eglise et déshéritent leurs parents.

La vaisselle de sa table était de bois, de marbre ou d'étain, et non d'argent : ce qu'il faisait, non pour devenir plus riche par cette épargne, mais afin d'être plus libéral. On n'y servait point de mets exquis ni délicats, mais seulement des herbes, des racines et des légumes. Quand on y apportait d'autres mets, c'était pour les malades ou pour les étrangers qui s'y trouvaient. Pendant qu'on mangeait, on faisait ordinairement une sainte lecture pour servir de nourriture à l'esprit, en même temps que le corps prenait la sienne. Et parce qu'il n'arrive que trop souvent que, pendant le repas, on se laisse aller à parler mal de son prochain, pour fermer entièrement la bouche aux médisants et bannir de sa maison ces festins sanglants où la langue tranche plus dangereusement que les couteaux, il avait fait écrire, en gros caractères, dans la chambre qui lui servait de réfectoire, ces deux vers latins :

> Quisquis amat dictis absentum rodere vitam,
> Hanc mensam vetitam noverit esse sibi.

« Que celui qui se plaît à déchirer par ses médisances la réputation des absents, sache que cette table lui est interdite ». Il faisait garder si exactement cette règle, que quelques évêques, commençant un jour un discours de raillerie où la médisance allait entrer, notre Saint les interrompit, leur disant : « Messieurs, lisez ces vers : il faut les effacer, ou changer de matière, ou bien ne pas trouver mauvais que je me retire, et que je vous laisse dévorer entre vous la proie que vous tenez ».

La continence pour laquelle, avant sa conversion, il avait eu tant d'horreur, devint l'objet le plus tendre de son cœur. Il fuyait jusqu'aux apparences de l'impureté; la seule représentation d'un objet peu honnête causait en lui d'étranges alarmes; les fantômes, qui frappent l'imagination pendant le sommeil, lui paraissaient des monstres furieux, dont il demandait à Dieu incessamment la grâce d'être délivré. Comme il connaissait par une triste expérience la fragilité de la chair, il était toujours sur ses gardes, pour ne point donner la moindre entrée à la tentation : il étudiait ses paroles, il observait ses regards, il examinait ses actions et ses démarches, afin que tout en lui respirât la pureté. Lorsque son devoir pastoral l'obligeait de recevoir les visites des femmes, ou de les aller visiter, il ne leur parlait jamais qu'en présence de quelque autre prêtre.

Plus il se voyait par son caractère élevé au-dessus des autres, plus sa charité le rendait abordable à tous ceux qui avaient besoin de son assistance. Il était sans cesse appliqué à procurer le bien de ses ouailles; il recevait leurs visites avec une douceur paternelle, répondait à leurs demandes, entendait leurs plaintes, résolvait leurs doutes, pacifiait leurs différends, étouffait leurs vengeances; en un mot, il ramenait par sa prudence les esprits les plus difficiles, et démêlait, par sa grande pénétration, les affaires les plus embrouillées. Comme il s'employa avec un zèle infatigable à ces fonctions multiples et incessantes sans reprendre un peu haleine, il regrettait sa chère solitude : « Je prends à témoin », dit-il dans un de ses ouvrages, « Notre-Seigneur Jésus-Christ, pour l'amour duquel je le fais et en présence de qui je parle, que si je considérais ma satisfaction particulière, j'aimerais beaucoup mieux travailler tous les jours manuellement, et avoir certaines heures pour vaquer en repos à l'oraison et à l'étude de l'Ecriture sainte, que d'être attaché comme un esclave à écouter les querelles d'autrui et les affaires du monde, pour les décider comme juge, ou pour les arranger comme arbitre ». Ses visites ordinaires étaient chez les veuves, pour les consoler dans leur affliction; chez les pauvres, pour subvenir à leurs besoins, et chez les malades, pour les aider à supporter patiemment leurs maux ou pour les disposer à une bonne mort. Il faisait rarement de ces visites que la civilité commande plutôt que la charité, encore les faisait-il si courtes, qu'elles ne lui dérobaient guère de son temps.

Il ne s'absenta jamais de son diocèse que pour des nécessités indispensables ou particulières à son Eglise, ou communes à toute la chrétienté, comme pour assister aux Synodes, ou pour négocier quelque affaire importante au public; ainsi il se chargea, avec d'autres évêques, d'une ambassade vers l'empereur Honorius, contre les Donatistes, qui persécutaient cruellement les catholiques. Il reprenait généreusement les prélats qui s'arrêtaient trop longtemps à la cour des princes, leur remontrant que le véritable honneur d'un évêque n'était pas de mendier, par des soumissions serviles, la faveur des grands, mais de résider aux lieux où ils ont les objets de leur zèle, les engagements de leur charge et les âmes dont Dieu leur demandera un compte très-rigoureux.

Il était demeuré dans l'Afrique plusieurs restes des usages païens : Augustin entreprit de les abolir, et il y travailla avec tant de douceur, de prudence et de zèle, qu'en peu de temps il en purgea son diocèse. C'était une coutume de faire des danses aux jours de fête devant la porte des églises, et de faire ensuite des festins dans les cimetières. Il abolit cette récréation peu chrétienne. En certains jours de l'année tous les habitants de la ville s'assemblaient sur la place publique, où, se divisant en deux bandes, ils se battaient à coups de pierres avec tant de brutalité, que plusieurs y perdaient la vie; il fit cesser ce cruel divertissement, où souvent les pères tuaient leurs enfants, et les enfants leurs pères. On célébrait, le jeudi de chaque semaine, une fête en l'honneur de Jupiter; il retrancha cette idolâtrie. S'étant aperçu que le peuple sortait de l'église avant la fin de la messe, et murmurait contre le prêtre lorsque quelquefois il était trop long, il invectiva si fortement contre cette indévotion, que ses exhortations furent suivies de l'amendement. Il fit décréter qu'au sacre des évêques on ferait la lecture des saints Canons, comme il est porté au troisième concile de Carthage, afin que, n'ignorant pas ce qu'ils prescrivent, on ne fît rien de contraire dans leur ordination; il avait lui-même un regret sensible d'avoir été sacré du vivant de Valère, contre un Canon du concile de Nicée dont il n'avait point eu connaissance. Quelques-uns croient qu'il introduisit dans l'Eglise plusieurs cérémonies pieuses et dévotes, qu'il composa des oraisons, la bénédiction du cierge pascal et un office des morts.

Comme la fin principale de l'étude d'un ecclésiastique doit être de défendre l'Eglise, Augustin employa toute la vivacité de son esprit et sa profonde érudition pour combattre les erreurs de son temps. Manès avait si universellement répandu le venin de son hérésie des deux natures coéternelles, que, malgré tous les remèdes qu'on y avait apportés, ses erreurs subsistaient toujours. Augustin en purgea l'Eglise et particulièrement l'Afrique, par les livres qu'il composa contre cette doctrine également absurde et pernicieuse. Il fit celui qu'il intitule : *De l'Utilité de la Foi*, pour désabuser un de ses amis, nommé Honorat. Fortunat, par son éloquence fardée, voulait faire revivre ce monstre abattu. Augustin lui présenta la discussion à Hippone, où, en présence de tout le peuple et des plus savants de la province, des notaires écrivant mot à mot tous les arguments de part et d'autre, après deux jours de conférence le manichéen demeura muet devant les objections invincibles de notre saint Docteur. Honteux d'avoir été ainsi vaincu publiquement, il sortit de la ville et n'y reparut plus. Félix, qui soutenait opiniâtrement les mêmes erreurs, se laissa persuader par la force des raisonnements d'Augustin, et abjura, ce qui causa une si grande consternation parmi les Manichéens, que nul n'osa plus se présenter pour la discussion. Mais Augustin acheva par ses prédications ce qu'il ne put faire par les conférences publiques. Parmi les conversions qu'il fit en chaire, celle de Firme est remarquable. C'était un riche marchand d'Hippone ; les Manichéens l'avaient tellement abusé, qu'il leur fournissait de grandes sommes d'argent pour étendre partout leur secte. Mais, ayant entendu prêcher saint Augustin contre leurs erreurs, il les abandonna. Depuis, renonçant au trafic, il se fit religieux de l'Ordre de Saint-Augustin, où il mena une vie fort sainte le reste de ses jours. Quelques ouvrages d'Adimantus, qui avait été disciple de Manès, étant tombés entre les mains de notre grand Docteur, il y répondit et les réfuta par le livre que nous avons, sous ce titre : *Contre l'Adversaire de la Loi et des Prophètes*.

Les plus grands ennemis que saint Augustin eut à combattre durant son épiscopat, furent les Donatistes. L'erreur de Donat, leur chef, comptait près de quatre cents évêques et était très-puissante en Afrique. Ces sectaires se vantaient qu'eux seuls composaient la *véritable Eglise*, et, par conséquent, qu'il fallait rebaptiser tous ceux qui n'étaient pas de leur secte. Il y avait parmi eux une fraction appelée les *Circumcellions*, parce qu'ils rôdaient sans cesse autour des cellules des frères, et cherchaient de tous côtés les fidèles pour les séduire. Ils étaient si barbares, qu'ils faisaient cruellement mourir tous ceux qui tombaient entre leurs mains et qui ne voulaient pas renoncer à la foi catholique, sans faire aucune distinction de sexe, d'âge ni de condition. Ils démolissaient les églises, renversaient les autels, pillaient les biens des prêtres, chassaient les orthodoxes de leurs maisons, mutilaient les uns, jetaient de la chaux vive avec du vinaigre dans les yeux des autres, et exerçaient toutes sortes de cruautés sur ceux qui leur résistaient. Comme saint Augustin était leur plus redoutable adversaire, ils avaient conçu une haine implacable contre lui. Ils employaient également la force et la ruse pour s'en défaire. Ils publiaient partout qu'il était un loup ravissant et un séducteur des âmes dont il fallait se défaire, et que celui qui ferait ce coup rendrait un service signalé à l'Eglise et mériterait des louanges éternelles. En effet, ils attentèrent souvent à sa vie, et, sans une protection particulière de la divine Providence, ils l'eussent cruellement mis à mort.

C'était la gloire d'Augustin d'avoir de tels monstres à combattre. Il les battait continuellement dans ses sermons. Il montrait l'impiété et la fausseté de leur secte, renversait leurs dogmes par des raisonnements puissants, et minait peu à peu leur parti. Enfin il leur donna le coup de mort dans cette célèbre conférence de Carthage, tenue sous l'empereur Honorius, en présence du comte Marcellin, que ce prince avait envoyé comme commissaire; car, par le zèle et la prudence de notre saint Docteur, les Donatistes y furent confondus, et l'unité de l'Eglise catholique y fut parfaitement établie. Ce qui empêchait la conversion des évêques pervertis, c'est qu'ils avaient été dépouillés de leurs évêchés, et que l'on avait mis d'autres évêques en leur place. Il fallait donc trouver un accomodement pour les ramener à la foi. Saint Augustin, dans le livre qu'il a écrit sur ce qui s'est passé entre lui et Emérite, évêque des Donatistes, rapporte ce que l'on fit pour cela. Les évêques catholiques écrivirent à Marcellin, pour montrer le désir qu'ils avaient de la réunion : s'ils étaient vaincus dans la conférence, ils quitteraient leurs évêchés sans plus rien y prétendre, et, s'ils demeuraient victorieux, quoiqu'alors on ne pût plus douter qu'ils ne fussent les véritables pasteurs, ils consentaient, pour le bien de la paix et afin qu'on ne vît pas deux évêques dans une même église, que les uns et les autres renonçassent à leur dignité, et que l'on en fît un troisième pour en être uniquement le chef. « Pourquoi ferions-nous difficulté », disaient-ils, « d'offrir à notre Rédempteur ce sacrifice ? Quoi donc! il sera descendu du ciel dans un corps mortel, afin que nous soyons ses membres ; et nous aurions de la peine à descendre de nos trônes pour empêcher que ses membres ne soient déchirés par une cruelle division ? Nous n'avons rien de meilleur à notre égard que la qualité de chrétiens fidèles et obéissants à Dieu ; gardons-la donc inviolablement. Mais, quand à celle d'évêques, nous ne l'avons qu'à l'égard de nos peuples, puisque c'est pour eux que nous avons été faits évêques : nous en devons donc disposer, soit pour la retenir, soit pour la quitter, comme il sera le plus expédient pour la paix des fidèles.

Saint Augustin, un peu avant cette conférence de Carthage, fit lire cette lettre par Alype, en présence de trois cents évêques catholiques, et, par ses pressantes remontrances; il les obligea tous d'acquiescer à ce sentiment. Cela commença la ruine du schisme des Donatistes. Quelques temps après la conférence, il se trouva, par ordre du souverain Pontife, à une autre assemblée tenue à Césarée, en Mauritanie, où il acheva de les détruire.

Outre les Manichéens et les Donatistes, il fit encore la guerre aux Pélagiens. Pélage, anglais de nation, d'un esprit inquiet et remuant, mais très-artificieux, avait répandu partout sa pernicieuse doctrine, niant que la grâce fût nécessaire pour vouloir le bien et pour pratiquer la vertu, et soutenant que le libre arbitre seul, avec les dons et les qualités naturelles, était suffisant pour l'un et pour l'autre. Il avait si bien déguisé ses faux dogmes, qu'au Synode de Diospolis il passa pour orthodoxe ; mais Augustin, ayant découvert le venin qui était caché dessous, écrivit fortement contre lui, et prouva divinement la nécessité de la grâce intérieure pour porter notre volonté à produire les actes surnaturels, par lesquels nous méritons la gloire éternelle. Il employa dix années entières à répondre aux écrits de cet hérésiarque : il le fit avec une éloquence si admirable et dans un style si sublime que, comme dans le reste de ses ouvrages, il surpasse de beaucoup les autres Docteurs, il semble qu'en écrivant sur cette matière, il se soit surpassé lui-même. Saint Jérôme, ayant lu ce qu'il avait écrit, ne voulut plus composer sur ce sujet, parce que, le trouvant épuisé par saint Augustin, il avouait qu'il n'y avait rien à y ajouter. On peut voir les traités qui nous en sont demeurés, où il montre la nécessité et l'efficacité de la grâce, les ravages du péché originel, la corruption de notre nature par ce péché, et la liberté dont l'homme jouit toujours dans sa plus grande faiblesse. Il prouve toutes ces vérités par des textes si formels de l'Ecriture, et les explique avec tant de netteté et de si belles pensées, que tous ceux qui ont voulu depuis traiter solidement cette matière, se sont attachés à ses sentiments et ont suivi ses principes, sans crainte de s'égarer dans un sujet si épineux. Dans le concile de Carthage et de Milève, il fut chargé d'écrire contre Pélage, et de faire savoir aux fidèles ce qui avait été décidé : et depuis, les textes de ses écrits ont servi à composer les définitions et les Canons que les Conciles généraux et provinciaux ont faits sur la même matière, et les souverains Pontifes ont renvoyé à sa doctrine ceux qui voudraient savoir quel est le sentiment de l'Eglise touchant la grâce divine.

Il est vrai que Cassien, auteur des Conférences, et Fauste, évêque de Riez en Provence (*Semi-Pélagiens*), trouvèrent à redire à ce qu'il avait écrit touchant la nécessité de la grâce pour toutes sortes d'actions salutaires, et composèrent contre lui quelques ouvrages, où ils tâchèrent de donner quelques adoucissements à sa doctrine ; saint Hilaire même et saint Prosper, ses plus zélés disciples, le prièrent de s'expliquer, parce que plusieurs, interprétant mal ses sentiments, prenaient de là occasion de s'abandonner à l'oisiveté ou au désespoir. Mais il fit encore triompher la vérité contre ces restes du Pélagianisme, par les livres *De la Prédestination des Saints*, et *du Bien de la Persévérance :* après avoir justifié ses sentiments par des raisonnements tirés de l'Ecriture sainte et des ouvrages de saint Cyprien, de saint Ambroise et de saint Grégoire de Nazianze, il dit : « Je sais certainement que nul ne peut, sans errer, disputer contre cette doctrine que nous enseignons et que nous défendons par l'autorité des saintes Ecritures ». Puis il ajoute : « Que celui qui entendra ces vérités en rende grâces à Dieu, mais que celui qui ne les comprendra pas, prie le Docteur intérieur des âmes de lui tirer le rideau qui lui cache ces mystères, et de lui lever la taie des yeux, qui l'empêche de les voir, afin qu'il ne demeure pas plus longtemps dans l'erreur ». Ces paroles font voir, vu la grande modestie de notre saint Docteur, qu'il était très-persuadé qu'il défendait le parti de la vérité. En effet, après sa mort, le pape saint Célestin, écrivant aux évêques de France, rend de lui cet illustre témoignage : « Nous avons toujours tenu dans notre communion le bienheureux Augustin, pour sa vie et pour ses mérites : on n'a jamais eu le moindre soupçon, ni de la pureté de sa foi, ni de l'intégrité de ses mœurs ; au contraire, nous savons que tous nos prédécesseurs l'ont aimé et honoré comme un très-excellent Docteur de l'Eglise ».

La défaite de Jovinien augmenta encore le nombre des victoires de saint Augustin. C'était un prêtre de Vénus plutôt que de Jésus-Christ, tenant école ouverte à Rome ; il y enseignait, au préjudice de la chasteté religieuse, que le mariage devait être préféré à la continence ; notre saint Prélat combattit cette erreur. Il écrivit et prêcha contre elle, et, par la force de sa doctrine, il renversa les maximes de ce faux prêtre et excita les fidèles à l'amour de la pureté. Nous ne nous étendrons pas sur Maximin et Félicien, Ariens ; sur Parménien, Cresconius, Gaudence et Pétilien, Donatistes ; sur Célestius, Julien, évêque de Capoue, Pélagiens, et enfin sur plusieurs autres qu'il terrassa. Pour ne pas grossir excessivement cette histoire, il suffit de dire que tous leurs artifices n'ont servi qu'à ériger de nouveaux trophées à la gloire d'Augustin ; mais nous ne pouvons omettre ce qu'il a fait pour achever de confondre et de détruire l'idolâtrie.

Lorsque Alaric, roi des Goths et arien de religion, s'empara de la ville de Rome, qu'il mit au pillage et saccagea entièrement, excepté les habitants qui s'étaient réfugiés dans l'église de Saint-Pierre, les païens rejetèrent ces malheurs sur les chrétiens, publiant que, depuis qu'on avait cessé d'adorer les dieux de l'empire, ils avaient été accablés de toutes sortes de calamités. Mais notre incomparable Docteur, ne pouvant souffrir que l'on fît cet injuste reproche à l'Eglise de Jésus-Christ, entreprit aussitôt sa défense pour la justifier de cette calomnie. Il composa pour cet effet les vingt-deux livres de la *Cité de Dieu*, qu'il dédia au tribun Marcellin : il y montre, avec autant d'éloquence que de solidité, que ces grandes calamités n'étaient arrivées qu'à cause du culte des faux dieux, que le temple de Saint-Pierre a été respecté par les barbares, que la religion chrétienne a pu les adoucir un peu.

Enfin, saint Augustin ne s'est pas contenté de combattre les ennemis de la foi et de désarmer les infidèles, les hérétiques, les libertins et les schismatiques ; mais il a voulu travailler encore pour l'Eglise universelle : car, outre les ouvrages polémiques qu'il a composés, il a fait des traités pour tous les états de la vie civile et chrétienne. Les gens mariés, les veuves, les vierges, les réguliers, les ecclésiastiques et les laïques trouvent dans ses livres les plus solides maximes pour leur conduite. Sa doctrine est comme un fleuve dont la source ne tarit jamais, qui se répand universellement sur toutes les branches de l'Eglise pour les rendre florissantes et fertiles en toutes sortes de bonnes œuvres et de fruits dignes de Jésus-Christ. Il a dressé les préceptes de la grammaire pour les enfants ; il a composé une rhétorique pour les orateurs ; il a expliqué les catégories pour les philosophes ; il a recherché avec beaucoup de travail et d'exactitude ce qu'il y avait de plus rare dans l'antiquité pour les curieux ; il a écrit des volumes entiers de théologie positive pour les prédicateurs ; il a traité avec une pénétration merveilleuse les mystères de la religion : la Trinité, les processions divines, l'Incarnation, la prédestination et la grâce pour les théologiens ; il a laissé des méditations toutes de feu et de sublimes contemplations pour les mystiques ; il a fourni quantité de belles lois pour les jurisconsultes ; en un mot, il a enrichi l'Eglise d'innombrables écrits, armes redoutables et invincibles pour renverser ceux qui osent l'attaquer.

Le pape Martin V, dans le sermon qu'il a fait à la translation des reliques de sainte Monique, proclame qu'aucun Saint n'a rendu de si grands services à l'Eglise qu'Augustin. Saint Paulin, évêque de Nole, son intime ami, dit, dans une lettre qu'il lui écrit, qu'il est le sel de la terre, dont on assaisonne les cœurs pour les rendre incorruptibles ; une Fournaise de charité et un Séraphin brûlant du feu de l'amour de Dieu ; un Flambeau posé sur le chandelier qui dissipe les ténèbres de l'erreur, et, par sa brûlante lumière, met toutes les vérités catholiques dans leur plus beau jour. Sulpice Sévère le nomme l'Abeille industrieuse qui nourrit les fidèles de son miel, et tue les hérétiques de son aiguillon. Saint Remi d'Auxerre dit qu'il surpasse autant les autres Docteurs dans l'exposition des Ecritures, que le soleil surpasse les petits flambeaux qui s'allument la nuit dans le ciel. Saint Jérôme, dans une de ses lettres, lui parle en ces termes : « Votre vertu se prêche partout où il y a des langues qui savent parler ; les catholiques vous honorent et vous reconnaissent pour le restaurateur de leur ancienne loi ; et ce qui augmente votre gloire, c'est que les hérétiques vous appréhendent comme leur plus redoutable ennemi ». Sérapion, dans un traité qu'il adresse à Arnobe le Jeune, et qui se trouve parmi les œuvres de saint Irénée, dit : « Sa science est si irréprochable, qu'on ne peut la censurer sans se convaincre d'hérésie par sa propre bouche ». Et Arnobe, dans sa réponse, lui avoue qu'il est dans le même sentiment et qu'il soutient sa doctrine avec autant de fermeté que si les Apôtres la lui avaient dictée. Saint Grégoire, pape, conseille de lire ses ouvrages, pour engraisser son âme d'une viande délicieuse. Enfin, les écrivains ecclésiastiques l'appellent le Miroir des prélats, le Maître de la théologie, l'Ornement des évêques, l'Eclat de tout l'Ordre sacerdotal, la Lumière des Docteurs, le Soleil de l'Afrique, le Bouclier de la foi, le Fléau des hérétiques, le Temple de la religion, le Firmament de l'Eglise, et la Colonne inébranlable de la vérité.

Mais ce qu'il y a de plus admirable en lui, c'est d'avoir su parfaitement unir, avec sa profonde érudition, une grande tendresse de cœur pour Dieu et des sentiments extatiques de dévotion dans ses prières. Souvent la science ne donne que de brillantes lumières à l'esprit, sans exciter le feu de l'amour divin. Augustin n'a pas séparé la pratique de la théorie ; son cœur a reçu les mêmes impressions que son esprit ; et, comme il a eu d'admirables connaissances de la Divinité, il a senti de merveilleuses ardeurs d'amour pour elle. Il ne faut que jeter les yeux sur ses *Confessions* et ses *Soliloques*, son *Manuel* et ses *Méditations*, qui sont extraits de ses écrits, non-seulement pour être persuadé qu'il a beaucoup aimé, mais encore pour être touché des mêmes flammes dont il était embrasé : « Recevez ce cœur, ô mon cher maître », dit-il dans une méditation, « décochez contre lui toutes les flèches de votre divin amour. Oh ! que ces blessures me seront douces et aimables ; oh ! que je serai glorieux, si mon âme peut dire un jour : J'ai été allaitée de votre charité ! » et, comme s'il avait été exaucé, il dit dans ses *Confessions* : « Vous aviez dardé dans mon cœur une flèche d'amour qui l'avait pénétré si avant, que le fer en est demeuré dans la plaie ». Quelques auteurs, appuyés sur ces paroles, ont dit que son cœur avait effectivement reçu l'impression des plaies de Notre-Seigneur ; mais, quoi qu'il en soit, il suffit de dire qu'il était tellement pénétré de ce feu divin, qu'il ne respirait que la charité. Tout ce qu'il y avait de plus éclatant dans les honneurs, de plus doux dans les délices de la vie, de plus avantageux dans les faveurs de la fortune, de plus charmant dans la conversation des hommes ; tout cela, disons-nous, lui paraissait indigne du moindre désir de son cœur, et il proteste que cette profonde science, qui lui avait attiré tant d'admirateurs, lui aurait été insupportable, si elle ne l'eût conduit à une union intime avec son Bien-Aimé. « O mon Dieu ! » disait-il, « que celui-là est malheureux, qui sait beaucoup et qui ne sait pas ce que vous êtes ; mais heureux mille fois celui qui vous connaît, quoiqu'il ignore toutes les autres choses du monde ! » Quelques doctes croient que Jésus-Christ, pour fonder l'amour que saint Augustin lui portait, lui fit trois diverses fois la même demande qu'à saint Pierre : « Augustin, m'aimes-tu ? »

« Vous savez », répondit-il, « Seigneur, que je vous aime, quoique mon amour soit indigne de vous ; mais, comme vous méritez d'être aimé, faites que mon amour soit digne de vous ! » — « Mais que ferais-tu pour moi ? » repartit Jésus-Christ. — « Je consentirais volontiers », répliqua Augustin, « à ce que le feu du ciel descendît sur moi et me dévorât entièrement sur vos autels, afin d'être un holocauste agréable à votre divine Majesté ! » — « Que ferais-tu encore pour moi ? » continua Jésus-Christ. — « Ah ! » poursuivit Augustin par un amoureux transport, « s'il se pouvait faire que je fusse Dieu, et que vous fussiez Augustin, je choisirais de tout mon cœur d'être Augustin, afin que vous fussiez Dieu ».

Cette exagération surprenante et inouïe fait voir jusqu'où allait sa charité. L'illustre Gilles de la Présentation, général de son Ordre, précepteur de Philippe le Bel et archevêque de Bourges, croit que ce fervent amour fut récompensé dès cette vie par la claire vision de l'essence divine, et qu'il en fut favorisé dans un ravissement qu'il eut à Ostie ; cela, néanmoins, est incertain.

Toutes les belles et exquises qualités d'Augustin et ces faveurs extraordinaires du ciel, ne lui servirent qu'à s'humilier plus profondément ; il était si persuadé de son néant et si confus des désordres de sa jeunesse, qu'il s'estimait indigne de recevoir la moindre caresse de Jésus-Christ ; après avoir employé plus de quarante ans à l'étude des saintes Lettres, il confesse qu'il ne les conçoit pas et qu'il les trouve aussi difficiles qu'au commencement. Il ne pouvait souffrir qu'on lui donnât aucune louange, ni qu'on lui accordât aucune prérogative sur les autres. Dans une lettre qu'il écrivit aux Donatistes, il dit que leurs évêques n'avaient pas voulu conférer avec lui, parce qu'ils ne voulaient pas parler à un pécheur tel qu'il était. Il pria saint Jérôme d'examiner ses écrits et de les censurer et corriger en maître. Les savants n'ignorent pas la dispute que ces deux saints docteurs eurent ensemble ; il s'agissait de savoir si la représentation que saint Paul fit à saint Pierre, à Antioche, touchant les cérémonies légales, et dont il est parlé dans l'Epître aux Galates, avait été simulée et seulement en apparence, ou véritable. Saint Jérôme soutenait qu'elle n'avait été que simulée, et qu'on ne pouvait combattre cette interprétation sans altérer la vérité du texte de saint Paul. Saint Augustin était d'un sentiment contraire. Saint Jérôme s'en offensa, et lui écrivit une lettre forte, pour ne pas dire aigre et ardente, où il le traite de jeune évêque, peu versé dans l'Ecriture, et qui cherchait, par des opinions nouvelles, à se mettre en crédit au préjudice des anciens Docteurs, qui avaient vieilli dans l'étude des Lettres sacrées. Quoique le sentiment de saint Augustin, que saint Thomas a suivi, fût plus conforme à celui de l'Eglise, il le soutint néanmoins par sa réponse, avec beaucoup d'humilité, de douceur et de respect pour ce grand homme, auquel il se reconnaissait inférieur en doctrine : et cette conduite chrétienne fut cause que saint Jérôme changea de sentiment dans ses *Dialogues* contre les Pélagiens.

Mais les plus belles et les plus éclatantes productions de son humilité, sont les livres intitulés *Rétractations*[1] et ses *Confessions* où il fait lui-même le tableau de son esprit et de son cœur. Dans ses *Rétractations*, il repasse tous les traités qu'il avait faits jusqu'alors avant et après son baptême, durant son sacerdoce et depuis qu'il était évêque, et les corrige avec beau-

---

1. M. Poujoulat remarque judicieusement que le vrai titre de cet ouvrage est *De Recensione Librorum*; dans cette *Revue* de ses ouvrages, saint Augustin n'eut rien de faux, d'imprudent à *rétracter*. Malgré sa sévérité, il ne put que rectifier quelques légères inexactitudes, éclaircir des points obscurs, développer des pensées incomplètes.

coup de sévérité et tant d'exactitude qu'il n'omet ni sentence, ni parole, ni syllabe. Dans ses *Confessions*, il découvre ses plaies avec tant de sincérité, et il représente les désordres de sa jeunesse, qu'il va même rechercher dans les premières années de son enfance, avec tant de clarté, qu'il n'en oublie pas la moindre circonstance ; il n'a pas honte d'y avouer les mauvaises inclinations qui le portaient au vice, et les folies de son imagination qui avaient causé en lui de si grands égarements ; il y déclare ingénûment tous les déréglements de sa vie et les excès où les mauvaises compagnies l'avaient précipité ; il les pèse au poids du sanctuaire, sans se flatter ni déguiser ; il veut bien que tout le monde connaisse sa misère, afin que l'on admire davantage la miséricorde de Dieu sur lui ; enfin, il veut que la postérité sache qu'il a été hérétique, libertin, pécheur, pour nous apprendre, par cette humilité, que la pénitence est glorieuse à Dieu et avantageuse à celui qui la pratique.

Voilà quelle fut la vie du grand Augustin jusqu'à l'âge de soixante-douze ans ; se voyant alors plus épuisé encore par les fatigues qu'il avait souffertes, qu'accablé de vieillesse, il ne pensa plus qu'à se préparer à la mort par la contemplation des choses célestes, auxquelles son âme aspirait avec des ardeurs inconcevables. Pour en avoir plus de loisir, il pria le clergé et le peuple d'agréer, pour son coadjuteur et successeur, le prêtre Erade, dont la piété et la science leur étaient connues aussi bien qu'à lui. Il passa ensuite les quatre années qu'il vécut encore dans des transports continuels d'un très-pur amour pour Dieu, sans néanmoins cesser de prêcher à son peuple, et de répondre aux personnes qui le consultaient.

Quelque temps avant la mort de notre Saint, le comte Boniface, qui gouvernait l'Afrique au nom de Rome, brouillé par Aétius avec l'impératrice Placidie, s'en vengea en appelant les Vandales d'Espagne. Saint Augustin lui écrivit pour le détourner de cette trahison. Le comte ne déféra point à ses avis salutaires. Quatre-vingt mille barbares se précipitèrent sur l'Afrique, et par les sacriléges, les incendies, les larcins et les pillages, sans épargner les choses sacrées non plus que les profanes, ruinèrent en peu de temps tout le pays ; ce qu'il y eut de plus déplorable, c'est qu'après avoir massacré les évêques, les prêtres et les religieux, ils y ramenèrent l'hérésie des Ariens, que notre Saint en avait bannie. Le cœur déchiré de douleur, à la vue des malheurs de sa patrie, notre Saint resta au milieu de son peuple, qu'il tâcha de soulager, de consoler. Quand le troupeau souffre, le bon pasteur ne doit pas s'éloigner. Bientôt les Vandales assiégèrent la ville d'Hippone. Ce fut en cette circonstance que saint Augustin composa la belle oraison, qui commence par ces paroles : *Ante oculos tuos, Domine, culpas nostras ferimus*, que l'on trouve à la fin des *Diurnaux*, et que le cardinal Séripand, qui l'avait tirée d'un ancien manuscrit, distribua au Concile de Trente, où il était légat du Pape.

A la fin, consumé de tristesse, n'en pouvant plus, il dit aux évêques : « Mes frères et mes pères, prions ensemble afin que ces malheurs cessent, ou que Dieu me retire de ce monde ». Quelque temps après, il se mit au lit, pris d'une fièvre violente, causée par la douleur qui inondait son âme, et bientôt on vit avec effroi qu'il allait mourir. Ce cœur si tendre et si fort prit alors ce je ne sais quoi de plus affectueux et de plus tendre encore. Il employa ses dernières forces à dicter, pour les évêques d'Afrique, une lettre admirable, où il les engageait à ne pas abandonner leurs peuples, à leur donner l'exemple de la résignation et de la patience, à souffrir et à mourir avec eux et pour eux. Ce fut son dernier écrit, et comme le chant du cygne ; et il était digne de ce grand cœur d'avoir, sur le bord de sa tombe, un tel cri d'amour.

Cependant le peuple d'Hippone apprend qu'Augustin va mourir. Aussitôt sa maison est assiégée. Les fidèles veulent voir une dernière fois leur évêque. Les malades se pressent autour de son lit. Les mères apportent leurs enfants pour qu'il les bénisse. Emu de ces témoignages d'affection, le mourant offrait à Dieu ses prières avec ses larmes. Un père lui ayant demandé d'imposer les mains sur la tête de son enfant et de le guérir : « Si j'avais le pouvoir de guérir », dit en souriant le doux vieillard, « je commencerais par moi-même ». Néanmoins, le père insistant, il mit sa main sur la tête de l'enfant, qui fut guéri.

Mais déjà Augustin ne tenait plus à la terre. Il échappait aux embrassements de son peuple. Emporté par l'amour de Dieu qui le consumait, et tout à la fois retenu par le souvenir de ses péchés, que quarante années d'expiation n'avaient pu lui faire oublier, il employait ses dernières heures à achever la purification de son âme. Il avait fait écrire sur de grandes bandes d'étoffe et placer contre la muraille les Psaumes de la pénitence, et de son lit, dans les derniers jours de ses souffrances, il lisait ces versets avec d'abondantes et continuelles larmes. « Et afin », dit Possidius, « que nul ne l'interrompît dans cette suprême méditation, dix jours environ avant sa mort, il nous conjura de ne plus laisser entrer personne dans sa chambre, sinon à l'heure de la visite des médecins. On lui obéit religieusement, et ces dix derniers jours, ce grand homme les passa dans un silence absolu, seul avec Dieu, et dans un mélange singulier de repentir et d'amour ».

Enfin, l'heure dernière approchant, tous les évêques se réunirent une dernière fois autour de son lit ; et, parmi leurs embrassements et leurs soupirs, l'âme du saint vieillard s'envola dans le sein de Dieu, le 28 août 430. Il y avait soixante-seize ans que Monique l'avait mis au monde, quarante-trois ans qu'elle l'avait converti par ses larmes, et quarante-deux qu'elle l'attendait dans le ciel.

« Saint Augustin ne fit point de testament », dit Possidius, « parce que, s'étant fait pauvre pour Jésus-Christ, il n'avait plus rien à donner » ; il laissa pourtant deux grands trésors à l'Eglise, les Œuvres qu'il avait composées et les Ordres qu'il avait institués. Dieu fit voir, par une protection singulière, combien ses livres lui devaient être chers : car les Vandales ariens ayant, environ un an après sa mort, pris et saccagé la ville d'Hippone, ne purent jamais mettre le feu à sa bibliothèque, quoique, n'ignorant pas combien il leur avait été contraire, ils fissent leurs efforts pour cela, parce que les anges, comme le rapporte Baronius, les empêchèrent de causer à l'Eglise cette perte qui aurait été irréparable. Pour les Ordres religieux qu'il a fondés, et qui se partagent en plus de soixante Congrégations différentes de l'un et l'autre sexe, on peut dire qu'ils sont des trésors immenses d'où l'Eglise a de tous temps tiré de puissants secours.

On le représente : 1° avec une église à la main, pour montrer que, par sa plume, il l'a beaucoup mieux défendue que l'on ne défend les villes avec l'épée ; 2° tenant un cœur enflammé à la main, avec plusieurs hérétiques effrayés et expirant à ses pieds. — On le voit aussi représenté avec sainte Monique sur le bord de la mer. Saint Augustin est assis au premier plan. C'est un jeune homme d'une trentaine d'années. Sa figure est pâle, fine, un peu triste encore ; ses yeux sont noirs, profonds, et pleins du plus beau feu ; sa bouche pensive est fermée. Des cheveux courts, taillés en rond autour de la tête, laissent voir un front large sur lequel tombe un rayon de lumière. De sa main gauche il presse les mains de sa mère.

CULTE ET RELIQUES. — SES ÉCRITS.

Son corps fut enterré à Hippone, dans l'église Saint-Etienne, qu'il avait fait bâtir. En 498, les Vandales menaçant sa tombe, ses saintes reliques furent pieusement emportées en Sardaigne par des évêques d'Afrique exilés, et déposées à Cagliari, dans la basilique de Saint-Saturnin, et dans une urne ou sépulcre de marbre blanc encore subsistant. Deux siècles plus tard, ce précieux trésor tomba au pouvoir des Sarrasins avec l'île de Sardaigne. Luitprand, roi des Lombards, le racheta et le fit transporter à Pavie le 5 des ides d'octobre 722 ; on le déposa dans le triple souterrain de la basilique de Saint-Pierre-du-Ciel-d'Or. La garde en fut confiée, jusqu'au pape Innocent III, aux disciples de Saint-Benoît. A cette époque ils furent remplacés par les Chanoines réguliers, auxquels furent adjoints, en 1326, les Ermites de Saint-Augustin. On visite avec admiration, dans cette église, l'*Arche*, monument en marbre, élevé par les Ermites de Saint-Augustin vers le milieu du XIVe siècle. La statue du Saint en habits pontificaux, couché et mort, la tête appuyée sur un oreiller, est la plus belle de l'Arche et même de l'époque. Les restes d'Augustin demeurèrent ensevelis avec les plus insignes honneurs dans la basilique de Saint-Pierre-du-Ciel-d'Or, à Pavie, jusqu'en 1695, époque à laquelle ils furent découverts et de nouveau exposés à la vénération des fidèles. L'église de cette abbaye ayant été changée en hôpital, on transporta dans la cathédrale la châsse précieuse qui renfermait ses ossements. L'authenticité de ces reliques fut confirmée par Benoît XIII en 1728. Les reliques et le monument de saint Augustin, gardés jadis par les Chanoines réguliers que l'empereur Joseph II supprima en 1781, et par les Augustins que les révolutionnaires d'Italie abolirent en 1799, furent transportés de l'église Saint-Pierre, dans la cathédrale, où on les vénère encore. Ce monument est placé dans une chapelle latérale, du côté de l'épître. Le devant est en forme d'autel, et l'on y célèbre la messe.

Le pape Grégoire XVI ayant, en 1837, érigé un siège épiscopal à Alger, le premier évêque, Mgr Dupuch, voulut obtenir pour son diocèse des reliques de saint Augustin. Il adressa à l'évêque de Pavie une demande qui fut favorablement accueillie. Une portion notable des ossements du saint Docteur fut remise à Mgr Dupuch, qui, chargé de ce précieux dépôt, se rendit à Toulon pour retourner en Algérie. Là, il s'embarqua avec Mgr Donnet, archevêque de Bordeaux, et NN. SS. les évêques de Châlons, de Marseille, de Digne, de Valence et de Nevers, le 25 octobre 1842, et les saintes reliques furent portées solennellement de l'ancienne cathédrale de Toulon au vaisseau. Après une heureuse navigation qui dura trois jours, le vaisseau entra dans la rade de Bône, où il y eut un office solennel. Le dimanche 30 octobre, les mêmes prélats transférèrent les reliques dans le lieu où fut jadis Hippone, et les déposèrent dans un monument élevé à la mémoire du saint Docteur et orné de sa statue.

On ne rapporte point que saint Augustin ait fait d'autres miracles durant sa vie que d'avoir délivré des énergumènes par la force de ses prières et de ses larmes, et d'avoir rendu la santé à un malade par l'imposition de ses mains ; mais on en raconte un assez grand nombre qui ont été faits à son tombeau, et que l'on peut voir dans sa vie, composée par le R. P. Simplicien de Saint-Martin, religieux de son Ordre. On y trouvera une chose prodigieuse touchant le cœur de saint Augustin. Cet auteur, fondé sur la foi des autres historiens de son Institut, écrit que saint Sigisbert, évêque en Allemagne, demandant à Dieu avec ferveur qu'il lui plût de lui donner quelque relique de ce grand Docteur, auquel il portait une singulière dévotion, l'ange gardien du même Saint lui apparut et, lui présentant un vase de cristal, où il y avait un cœur, il lui dit ces paroles : « Après la mort du bienheureux Augustin, évêque d'Hippone, j'ai pris son cœur par le commandement de Dieu et l'ai préservé de corruption jusqu'à maintenant ; voici que je vous l'apporte, afin que vous lui rendiez la vénération qui lui est due ». Sigisbert, ravi d'avoir reçu du ciel un si riche trésor, assembla le peuple pour en rendre à Dieu des actions de grâces solennelles, et par une merveille aussi surprenante que glorieuse à l'amour dont cet homme de feu avait brûlé durant sa vie mortelle, à ces paroles du *Te Deum* : *Sanctus, Sanctus, Sanctus*, son cœur commença à se remuer, comme s'il eût été encore enflammé des flammes de la charité et du grand zèle qu'il avait fait paraître pour la gloire de la très-sainte Trinité. Ce qui est encore plus admirable, c'est que ce même prodige se renouvelait tous les ans à la vue de tout le monde, au jour de la Sainte-Trinité, lorsque ce précieux cœur étant mis sur l'autel, on y chantait la grand'messe ; c'est peut-être un des motifs pour lesquels les Papes ont permis aux religieux de son Ordre de chanter, au jour de sa fête, la préface de la Sainte-Trinité. On dit encore que pas un hérétique ne pouvait entrer impunément dans l'église pendant que son cœur y était exposé. On avait coutume de faire toucher à ce saint cœur, d'autres petits cœurs que l'on gardait comme des reliques : l'illustre Augustin de Jésus à Castro, primat des Indes, nous en a fourni une preuve authentique, lorsque, par commission de Grégoire XIII, visitant le monastère de Munich, en Bavière, il trouva, parmi les saintes reliques, une petite châsse d'argent, dans laquelle était un cœur de fer entouré d'un cercle d'or avec cette inscription sur un parchemin : *Cor admotum vero cordi sancti Augustini ; ferreum propter nimiam ejus constantiam et aureum propter inflammatam ejus charitatem* : « Cœur qui a été appliqué sur le vrai cœur de saint Augustin ; il est de fer pour montrer sa grande constance ; il est entouré d'or pour signifier les ardeurs de sa charité ».

Le tome I*er* des Œuvres du saint Docteur, de l'édition des Bénédictins, contient les ouvrages qu'il écrivit dans sa jeunesse et avant qu'il fût prêtre : 1° Les *deux Livres de Rétractations*; 2° les *treize Livres de ses Confessions*; 3° les *trois Livres contre les Académiciens*, en 386 ; 4° le *Livre de la Vie bienheureuse*, la même année ; 5° les *deux Livres de l'Ordre*, la même année ; 6° les *Soliloques*, ainsi appelés parce que saint Augustin s'y entretient avec son âme, furent écrits en 387. — On trouve dans l'Appendice, au tome VI des Œuvres de saint Augustin, un autre livre de *Soliloques*, qui est supposé, ainsi que le livre des *Méditations*. Ces deux ouvrages sont modernes, et tirés des vrais Soliloques et des Confessions du saint Docteur, des écrits de saint Victor, etc. On en doit dire autant du *Manuel* ; c'est un recueil de pensées de saint Augustin, de saint Anselme, etc.; 7° le *Livre de l'Immortalité de l'Ame* est de l'année 388 ; c'est un supplément aux Soliloques. Le Saint le composa à Milan, peu de temps après son Baptême ; 8° de la *Quantité* ou de la *Grandeur de l'Ame*, vers le commencement de l'année 388 ; 9° *six Livres de la Musique*, achevés en 389 ; 10° le *Livre du Maître*, composé vers le même temps ; 11° les *trois Livres du Libre Arbitre*, commencés en 388, et achevés en 395 ; 12° les *deux Livres de la Genèse contre les Manichéens*, vers l'an 389 ; 13° les *deux Livres des Mœurs de l'Eglise catholique et des Manichéens*, vers 388 ; 14° le *Livre de la vraie Religion*, écrit vers l'an 390 ; 15° la *Règle aux Serviteurs de Dieu* ; 16° le *Livre de la Grammaire*, les *Principes de la Dialectique*, les *dix Catégories*, les *Principes de la Rhétorique*, le *Fragment de la règle donnée aux Clercs*, la *seconde Règle*, le *Livre de la Vie érémitique*, sont des ouvrages supposés.

Le tome II° contient les lettres du saint Docteur, qui sont au nombre de deux cent soixante-dix, et rangées selon l'ordre chronologique. Il y en a un grand nombre qui sont de véritables traités. — L'Appendice au tome II contient : 1° *seize Lettres* de saint Augustin à Boniface, et de Boniface à saint Augustin, qui toutes sont supposées ; la *Lettre de Pélage à Démétriade* ; 3° on doit aussi regarder comme supposées les lettres de saint Cyrille de Jérusalem à saint Augustin, et de saint Augustin à saint Cyrille, sur les *Louanges de saint Jérôme*, ainsi que la *Dispute* du saint évêque d'Hippone avec *Pascentius*.

Le tome III° est divisé en deux parties, dont la première contient : 1° Les *quatre Livres de la Doctrine chrétienne*, commencés vers l'an 397, et achevés en 426 ; le *Livre imparfait sur la Genèse expliquée selon la lettre*, en 393 ; 3° les *douze Livres sur la Genèse expliquée selon la lettre*, commencés en 401, et achevés en 415 ; 4° les *sept Livres des Locutions*, ou façons de parler, *sur les sept premiers Livres de l'Ecriture*, vers l'an 419 ; 5° les *sept Livres des Questions sur l'Heptateuque*, en 419 ; 6° les *Notes sur Job*, vers l'an 400 ; 7° le *Miroir*, tiré de l'Ecriture, vers l'an 427.

L'Appendice de la première partie du tome III° contient : 1° *trois Livres des Merveilles de l'Ecriture* ; 2° l'*Opuscule des Bénédictions du patriarche Jacob* ; 3° des *Questions de l'Ancien et du Nouveau Testament* ; 4° un *Commentaire sur l'Apocalypse* : ces quatre ouvrages sont supposés.— On trouve dans la seconde partie de l'Appendice du même tome : 1° les *quatre Livres de l'Accord des Evangélistes*, vers l'an 400. Le but de l'auteur est de montrer qu'il n'y a rien dans les quatre Evangélistes qui ne s'accorde ; 2° les *deux Livres du Sermon sur la Montagne* ; 3° les *deux Livres de Questions sur les Evangiles*, vers l'an 400 ; 4° le *Livre des dix-sept Questions sur saint Matthieu*. Plusieurs savants doutent que cet ouvrage soit de saint Augustin ; 5° les cent vingt-quatre *Traités sur saint Jean*, vers l'an 416 ; 6° les dix *Traités sur l'Epître de saint Jean*, vers la même année ; 7° l'*Explication de quelques endroits de l'Epître aux Romains*, vers l'an 394 ; 8° le commencement de l'*Explication de l'Epître aux Romains*, vers la même année ; 9° l'*Explication de l'Epître aux Galates*, vers la même année.

Le tome IV° contient les *Explications sur les Psaumes*, en forme de discours, lesquelles furent achevées en 415.

Le tome V° contient les sermons de saint Augustin, divisés en cinq classes : 1° les *Sermons sur divers endroits de l'Ancien et du Nouveau Testament*, au nombre de cent quatre-vingt-trois ; 2° quatre-vingt-huit *Sermons du Temps*, qui sont sur les grandes fêtes de l'année ; 3° soixante-neuf *Sermons des Saints* ou sur les fêtes des Saints ; 4° vingt-trois *Sermons sur divers sujets* ; 5° trente-un *Sermons* qu'on doute être de saint Augustin. — Les sermons attribués à saint Augustin, et contenus dans l'Appendice, sont au nombre de trois cent dix-sept, et divisés en quatre classes. Ils portent les mêmes titres que les précédents. On restitue à saint Césaire d'Arles, à saint Ambroise, à saint Maxime, etc., quelques sermons qui avaient été jusque-là attribués à saint Augustin.

Le tome VI° renferme les ouvrages dogmatiques du saint Docteur sur divers points de morale et de discipline : 1° les quatre-vingt-trois *Questions*, en 388. Saint Augustin y répond à plusieurs difficultés sur différents sujets ; 2° les *deux Livres de diverses questions à Simplicien* ; 3° le *Livre des huit questions à Dulcitius*, en 422 ou 425. C'est une réponse à des difficultés qui avaient été proposées au Saint, en 421, par Dulcitius, tribun en Afrique ; 4° le *Livre de la*

Croyance des choses qu'on ne voit pas, en 399 ; 5° le *Livre de la Foi et du Symbole*, en 393 ; 6° le *Livre de la Foi et des Œuvres*, en 413 ; 7° l'*Enchiridion à Laurent*, ou le *Livre de la Foi, de l'Espérance et de la Charité*, vers l'an 421 ; 8° le *Livre du Combat chrétien*, vers l'an 396 ; 9° le *Livre de la Manière d'instruire les ignorants*, vers l'an 400 ; 10° le *Livre de la Continence*, vers l'an 395 ; 11° le *Livre du bien du Mariage*, vers l'an 401 ; 12° le *Livre de la sainte Virginité*, vers la même année ; 13° de l'*Avantage de la Viduité*, vers l'an 414 ; 14° des *Mariages adultères*, vers l'an 419 ; 15° le *Livre du Mensonge*, vers l'an 425 ; 16° le *Livre contre le Mensonge, à Consentius*, vers l'an 420 ; 17° de l'*Ouvrage des Moines*, vers l'an 400 ; 18° le *Livre des Prédictions des Démons*, vers les années 406, 411 ; 19° le *Livre du Soin pour les Morts*, vers l'an 421 ; 20° le *Livre de la Patience*, vers l'an 428 ; 21° du *Symbole aux Catéchumènes* ; 22° trois autres Sermons sur le Symbole, que les derniers éditeurs de saint Augustin doutent être de ce saint Docteur ; 23° le *Discours de la Discipline chrétienne*, où il est prouvé que toute la loi se réduit à l'amour de Dieu et du prochain ; 24° le *Sermon du nouveau Cantique aux Catéchumènes*, qu'on doute être de saint Augustin ; 25° les *Discours de la quatrième férie* ne passent pas non plus pour authentiques ; 26° on en doit dire autant des *Discours sur le Déluge, et sur la Persécution des Barbares* ; 27° le *Discours de l'utilité du Jeûne* ; le titre en explique suffisamment le sujet ; 28° le *Discours de la ruine de Rome*.

On trouve dans l'appendice, au tome VI°, un grand nombre d'ouvrages supposés de saint Augustin : 1° le *Livre des vingt et une Sentences ou Questions*. C'est une mauvaise rapsodie de différents endroits des ouvrages de saint Augustin ; 2° le *Livre des soixante-cinq Questions*, ouvrage fait à peu près dans le même goût que le précédent, mais avec plus de méthode ; 3° le *Livre de la Foi à Pierre*. Il est de saint Fulgence ; 4° le *Livre de l'Esprit et de l'Ame*, que l'on croit être d'Alcher, moine de Clairvaux. C'est un recueil de passages de différents Pères de l'Eglise ; 5° le *Livre de l'Amitié*, qui est un abrégé du traité sur la même matière, par Aëlred, abbé de Rieval, en Angleterre, 6° le *Livre de la Substance de l'Amour*, que l'on attribue communément à Hugues de Saint-Victor ; 7° le *Livre de l'Amour de Dieu*, qui paraît être aussi du moine Alcher ; 8° les *Soliloques*, dont nous avons parlé ailleurs, ainsi que des *Méditations* et du *Manuel* ; 9° le *Livre de la Contrition du cœur*, tiré en grande partie de saint Anselme ; 10° le *Miroir*, qui paraît être d'Alcuin ; 11° le *Miroir du Pécheur*, tiré de saint Odon, abbé de Cluny, et surtout de Hugues de Saint-Victor ; 12° le *Livre des trois Habitations* : savoir, du royaume de Dieu, du monde et de l'enfer ; 13° l'*Echelle du Paradis*, qui est de Guignes le Chartreux ; 14° le *Livre de la Connaissance de la vraie Vie*, qui a pour auteur Honorius d'Autun ; 15° le *Livre de la Vie chrétienne*, ouvrage d'un Anglais nommé Fastidius ; 16° le *Livre de l'Exhortation* ou des *Enseignements salutaires*, a pour auteur Paulin, patriarche d'Aquilée ; 17° le *Livre des douze Abus du siècle*, cité par Jonas d'Orléans ; 18° le *Traité des sept Vices, et des sept Dons du Saint-Esprit*, qui est de Hugues de Saint-Victor. Il a été supprimé dans la nouvelle édition de saint Augustin ; 19° le *Livre du Combat des Vices et des Vertus*, que les Bénédictins donnent à Ambroise Autpert, moine de Saint-Benoît sur le Vulturne, près de Bénévent ; 20° le *Livre de la Sobriété et de la Chasteté* ; 21° le *Livre de la vraie et de la fausse Pénitence* ; 22° le *Livre de l'Antechrist*, attribué à Alcuin ; 23° le *Psautier*, qu'on dit que saint Augustin composa pour sa mère. C'est une prière tirée des psaumes ; 24° l'explication du cantique *Magnificat* n'est qu'un mauvais extrait de celle de Hugues de Saint-Victor ; 25° le *Livre de l'Assomption de la Vierge Marie*, qui paraît être d'un auteur du XII° siècle ; 26° le *Livre de la Visite des Infirmes*, qui n'est pas fort ancien ; 27° les *deux Discours de la Consolation des Morts*, qui sont peut-être tirés de saint Jean Chrysostome ; 28° le *Traité de la Rectitude de la Conduite catholique*, tiré en grande partie des sermons de saint Césaire d'Arles ; 29° le *Discours sur le Symbole*, qui est un tissu de passages de Rufin, de saint Grégoire, de saint Césaire, etc. — Suivent plusieurs autres petits traités qui méritent peu d'attention, parce qu'ils n'ont rien de remarquable.

Le tome VII° contient les *vingt-deux Livres de la Cité de Dieu*. — Cet ouvrage fut commencé en 413 et achevé en 426.

On trouve dans l'appendice, au VII° tome, les pièces qui ont rapport à la découverte des reliques de saint Etienne : 1° la *Lettre d'Avit*, prêtre espagnol, à Balcone, évêque de Braga, en Portugal, touchant les reliques du saint Martyr. Avit joignit à cette lettre une traduction latine de la relation que Lucien avait donnée de la découverte de ce précieux trésor ; 2° la *Relation de la découverte du corps de saint Etienne*, faite par Lucien. Ce Lucien était prêtre de Jérusalem, et curé d'un lieu appelé Caphargamala, où reposaient les reliques du saint Martyr ; 3° la *Lettre d'Anastase le Bibliothécaire*, à Landuléus, évêque de Capoue, où il lui marque qu'il avait traduit en latin l'histoire de la translation des reliques de saint Etienne, de Jérusalem à Constantinople. Cette pièce est supposée ; 4° *Lettre de Sévère*, évêque de l'Ile de Minorque, à toute l'Eglise, sur les miracles qui s'opérèrent dans cette Ile, par les reliques de saint Etienne. Elle fut écrite en 418, et l'on ne doute point qu'elle ne soit authentique ; 5° les *deux Livres des Miracles de saint Etienne*, que l'on attribue à Evodius, évêque d'Uzale.

Le tome VIII° renferme les écrits polémiques du saint Docteur : 1° le *Traité des Hérésies*, adressé à Quodvultdeus, diacre de Carthage ; 2° le *Traité contre les Juifs*. Cet ouvrage est quelquefois intitulé : *Discours sur l'Incarnation du Seigneur* ; 3° de l'*Utilité de la Foi*, en 391 ;

4° le *Livre des deux Ames*, la même année ; 5° les *Actes contre Fortunat le Manichéen*, en 392 ; 6° le *Livre contre Adimante*, en 394 ; 7° le *Livre contre l'Epître du fondement*, vers l'an 397 ; 8° les *Disputes contre Fauste le Manichéen*, divisées en trente-trois livres, vers l'an 400 ; 9° les *deux Livres des Actes avec Félix le Manichéen*, en 404 ; 10° le *Livre de la nature du bien contre les Manichéens* ; 11° le *Livre contre la Lettre de Secondin le Manichéen*, vers l'an 405 ; 12° les *deux Livres contre l'Adversaire de la Loi et des Prophètes*, en 420 ; 13° le *Livre contre les Priscillianistes et les Origénistes*, vers l'an 415 ; 14° le *Livre contre le Discours des Ariens*, vers l'an 418 ; 15° la *Conférence avec Maximin*, évêque arien, et les trois livres contre le même hérétique, furent écrits en 428 ; 16° les *quinze Livres de la Trinité*, furent commencés en 400 et achevés en 416. — Les ouvrages supposés, contenus dans l'appendice, sont : 1° le *Traité contre les cinq Hérésies* ; 2° le *Livre du Symbole*, contre les Juifs, les païens et les Ariens ; 3° le *Livre de la Dispute de l'Eglise et de la Synagogue*, qui est d'un jurisconsulte ; 4° le *Livre de la Foi contre les Manichéens*, attribué dans les manuscrits à Evode d'Uzale ; 5° l'*Avertissement sur la manière de recevoir les Manichéens* ; 6° le *Livre de la Trinité contre Félicien*, qui est de Vigile de Tapse ; 7° les *Questions de la Trinité et de la Genèse*, tirées d'Alcuin ; 8° les *deux Livres de l'Incarnation du Verbe à Januarius*, tirés de la version latine des *Principes* d'Origène, par Rufin ; 9° le *Livre de la Trinité et de l'Unité de Dieu* ; 10° le *Livre de l'Essence de la Divinité*, à Optat ; 12° le *Livre des Dogmes ecclésiastiques*, qu'on sait être de Gennade de Marseille.

Le tome IX° renferme les ouvrages polémiques contre les Donatistes, dont voici l'ordre : 1° le *Psaume* abécédaire *contre les Donatistes*, vers la fin de l'année 393 ; 2° les *trois Livres contre la Lettre de Parménien*, vers l'an 400 ; 3° les *sept Livres du Baptême contre les Donatistes*, vers le même temps ; 4° les *trois Livres contre Pétilien*, vers l'an 400 ; 5° l'*Epître aux Catholiques contre les Donatistes* ou le *Traité de l'Unité de l'Eglise*, en 402 ; 6° les *quatre Livres contre le donatiste Cresconius*, grammairien de profession, en 406 ; 7° le *Livre de l'Unité du Baptême*, contre Pétilien et Constance, qui paraît avoir été écrit vers l'an 411 ; 8° l'*Abrégé de la Conférence contre les Donatistes*, en 412 ; 9° le *Livre aux Donatistes après la Conférence de Carthage*, en 413 ; 10° *Discours au peuple de l'Eglise de Césarée*, prononcé en présence d'Emérite, évêque du parti de Donat ; 11° *Discours de ce qui s'est passé avec Emérite*, donatiste, en 413, ou en 418 selon d'autres ; 12° les *deux Livres contre Gaudence*, donatiste, en 420. — On trouve dans l'appendice à ce tome : 1° le *Livre contre Fulgence le Donatiste* ; il est supposé ; 2° divers *Documents relatifs à l'Histoire des Donatistes*, et qui contribuent beaucoup à l'intelligence des ouvrages que saint Augustin a écrits contre ces hérétiques.

Le tome X° contient : 1° les *trois Livres des mérites et de la Rémission des péchés, ou du Baptême des enfants*, en 412 ; 2° le *Livre de l'Esprit et de la Lettre*, en 413 ; 3° le *Livre de la Nature et de la Grâce*, en 415 ; 4° le *Livre de la Perfection de la justice*, vers l'an 415 ; 5° le *Livre des Actes de Pélage*, vers l'an 417 ; 6° les *deux Livres de la Grâce de Jésus-Christ et du Péché originel*, écrits en 418, après que les Pélagiens et leurs erreurs eurent été condamnés par plusieurs Conciles et par le pape Zozime ; 7° les *deux Livres du Mariage et de la Concupiscence*, au comte Valère, en 419 ; 8° les *quatre Livres de l'Ame et de son Origine*, vers l'an 420 ; 9° les *quatre Livres à Boniface contre les Pélagiens*, vers l'an 420 ; 10° les *six Livres contre Julien*, vers l'an 423 ; 11° le *Livre de la Grâce et du Libre Arbitre*, en 426 ou 427 ; 12° le *Livre de la Correction et de la Grâce*, la même année ; 13° les *Livres de la Prédestination des Saints et du Don de la Persévérance* ; 14° l'*Ouvrage imparfait contre Julien*, vers l'an 428. — Les ouvrages supposés que renferme l'appendice de ce dixième tome, sont : 1° l'*Hypomnesticon* ou l'*Hyponosticon*, en six livres : c'est un abrégé des raisons propres à combattre le Pélagianisme, dont l'auteur est inconnu ; 2° de la *Prédestination et de la Grâce*, livre qui paraît être de quelque semi-pélagien ; 3° le *Livre de la Prédestination de Dieu*, qui est indigne de saint Augustin ; 4° *Réponse aux objections de Vincent* ; elles sont de saint Prosper. — Viennent ensuite plusieurs pièces importantes concernant l'histoire du Pélagianisme.

Le tome XI° contient la vie de saint Augustin, une table générale de ses ouvrages, et une des matières renfermées dans chacun. Cette vie n'est guère qu'une traduction latine de celle que Tillemont avait faite en français, mais qui n'était point encore imprimée. — L'édition des œuvres de saint Docteur, la plus exacte et la plus complète que nous ayons, est sans contredit celle des Bénédictins. Elle est en 11 vol. *in-folio*, dont les deux premiers parurent à Paris en 1679, et le dernier en 1700. — De 1839 à 1845, il a été fait à Paris trois éditions : par M. Mellier, sous la direction de M. l'abbé Caillau, en 43 vol. in-8° ; par M. l'abbé Migne, en 16 vol. grand in-8° à deux colonnes ; par MM. Gaume, en 22 livraisons, même format.

Nous nous sommes contenté de donner le titre de ces ouvrages. On en pourra voir des *analyses raisonnées*, dans la *Traduction française des Œuvres complètes de saint Augustin*, 17 vol. grand in-8° jésus à deux colonnes, imprimerie des Célestins, à Bar-le-Duc.

Nous nous sommes servi, pour compléter le Père Giry, de l'*Histoire de saint Augustin*, par M. Poujoulat ; de l'*Histoire de ses reliques*, par M. Bocard, chanoine honoraire d'Alger ; et de l'*Histoire de sainte Monique*, par M. l'abbé Bougaud, vicaire général d'Orléans.

SAINT VIVIEN[1], ÉVÊQUE DE SAINTES, CONFESSEUR

460. — Pape : Saint Léon le Grand. — Roi de France : Childéric Ier.

> *Amare proximum in Deo, charitatem habere est : studere vero propter Deum amari, charitati servire est.*
> Aimer le prochain en Dieu, c'est avoir la charité ; s'appliquer à être aimé pour Dieu, c'est être esclave de la charité.   *Saint Bernard.*

Vivien, nommé aussi Bibien et Bien, naquit à Saintes d'une famille distinguée. Quelques-uns le font descendre d'anciens rois du pays. On sait que les Romains reconnaissaient parfois, moyennant un tribut, de petits souverains dans certaines provinces. Le père de Vivien était un païen, et s'obstina dans ses erreurs malgré les beaux exemples de vertus chrétiennes que lui donnaient Maurella, son épouse, et son admirable fils. Aussi nos anciens hagiographes voient-ils une marque de juste réprobation dans l'éternel oubli auquel son nom demeure condamné.

Le père de Vivien plaça son fils à la cour, au milieu de toutes les séductions du monde, espérant lui faire perdre le goût de la vertu et de la piété chrétiennes. Quoi qu'il en soit, Maurella eut le bonheur de voir l'innocence et la foi de son fils échapper aux périls qui les menaçaient. Il avait seize ans quand elle confia son éducation à saint Ambroise, alors évêque de Saintes. Vivien fit, sous la direction de ce saint prélat, de rapides progrès dans les lettres sacrées et profanes. C'est alors que son père, cherchant à éblouir sa jeune âme par l'appât des honneurs et des dignités, lui obtint le titre et la charge de comte des Santons. Le jeune comte n'y vit que des devoirs à remplir, que des occasions de pratiquer la charité et de rendre à son pays d'importants services. Sous son gouvernement paternel et sa prudente administration, Saintes reprit un éclat nouveau, et brilla au premier rang entre les villes d'Aquitaine.

Mais cette charge que Vivien n'avait acceptée que par crainte, et pour empêcher son père de se porter aux derniers excès envers lui, il s'en débarrassa bientôt. Cédant à une soudaine inspiration, il renonce à tous les honneurs que le monde lui promet. Il fut bientôt ordonné lecteur par saint Ambroise, son évêque, qui se l'attacha, et le fit passer successivement par les ordres inférieurs dans le laps de temps exigé par les lois de l'Eglise. Enfin, parvenu à sa trente-troisième année, il fut élevé au sacerdoce.

Aussitôt après la mort de saint Ambroise, les suffrages des évêques de la province, du clergé, du sénat et du peuple, se portèrent unanimement sur Vivien pour l'élever sur le siége épiscopal. L'humilité du saint prêtre en fut alarmée, mais elle dut céder devant la volonté publique. Dans ces temps malheureux où la chute de l'empire romain et les incursions continuelles des barbares multipliaient les calamités, les évêques étaient d'ordinaire les seuls défenseurs des opprimés, le seul soutien des faibles. Leur maison était l'asile des proscrits et des fugitifs, leur inépuisable charité l'unique ressource

---

1. *Alias* : Bibien, Bien.

de la misère publique. Tel se montra Vivien, se faisant tout à tous, comme l'Apôtre.

Il vivait en communauté avec ses clercs, et ne tarda pas à jeter avec eux les fondements d'un monastère et d'une basilique en l'honneur du Prince des Apôtres. Dans une vision céleste, les anges lui firent entendre qu'il devait faire, de la nouvelle église, la cathédrale de son diocèse. Ce monastère et cette basilique, construits dans l'ancienne cité romaine, sont devenus plus tard un prieuré conventuel de chanoines réguliers de Saint-Augustin, qui fut réuni à l'évêché, et, en dernier lieu, au grand séminaire de Saintes.

Dans le courant de l'année 419, l'empereur Honorius s'était vu contraint d'abandonner aux Visigoths d'Espagne notre province d'Aquitaine. Toulouse devint leur capitale, et dès cette époque s'ouvrit une ère de calamités et de persécutions. Passionnément attachés à l'arianisme, ces peuples, quoique moins barbares que plusieurs autres, n'avaient que de l'antipathie pour le catholicisme et les mœurs romaines. En toute occasion, ils traitaient les orthodoxes comme les ont traités les Huguenots au XVIe siècle, et les révolutionnaires au XVIIIe, couvrant le pays de ruines et de sang. Pour les soustraire à la profanation des hérétiques, les habitants de Saintes s'étaient vus obligés de détruire plusieurs des chefs-d'œuvre d'architecture qui faisaient la gloire de leur ville : ceux surtout qui, sous les remparts, auraient pu offrir un refuge à l'ennemi, furent sacrifiés à la sûreté commune. Enfin, poussés à bout par les exactions et les plus indignes vexations, les citoyens prirent les armes en 450, et chassèrent les officiers de Théodoric Ier. Celui-ci, outré de colère, accourt ravageant toutes les villes qui se trouvent sur son passage, et vient mettre le siége devant Saintes. Son attaque vigoureuse a bientôt réduit aux abois les habitants ; leurs murailles s'écroulent sous les efforts des machines de guerre. Le fer, le feu et le pillage ont tout dévasté, et les richesses du pays sont absorbées dans le gouffre de l'insatiable cupidité du vainqueur. A tous ces désastres, Théodoric ajoute la servitude ; il emmène captifs à Toulouse tous les notables de Saintes, dans l'espoir que les privations et les mauvais traitements le débarrasseront, tôt ou tard, des plus considérables, dont il se promet de livrer en proie, à ses officiers, les terres et les trésors.

Un pasteur tel que saint Vivien ne pouvait abandonner ses brebis dans une telle détresse : il résolut de partager leur exil et leurs misères, pour ne pas les priver des ressources de sa charité, et protéger leur foi en péril au milieu des hérétiques. Sans autres armes que la prière et les austérités d'une vie pénitente, il entreprend ce long et périlleux voyage à la suite des captifs ; et voulant écraser par son humilité le faste des hérétiques, il se contente, pour tout équipage, d'un chariot grossier attelé de deux bœufs.

A son arrivée à Toulouse, son premier soin fut de se recommander au bienheureux Saturnin, pontife et martyr de cette ville. Il choisit sa demeure dans une bourgade des environs, assez rapprochée pour être à portée de secourir ses frères, et assez solitaire pour pouvoir y vivre tranquille à l'abri de la persécution et loin du tumulte de la capitale. C'est là qu'il passait les nuits en prières, demandant au Seigneur la délivrance de ses chers diocésains.

Pendant que notre Saint se livrait ainsi à la prière et aux œuvres de la charité, un voleur lui déroba les bœufs qui avaient traîné son chariot durant le voyage, et les cacha dans un lieu écarté. Tout à coup cet homme sent ses pieds fixés à la terre par une force invisible. En même temps une vive lumière brille à l'endroit où il a caché son larcin. Reconnaissant à ces prodiges la main de Dieu qui le frappe, il se voit contraint d'avouer son crime, et d'implorer son pardon en se prosternant aux pieds du saint évêque, qui n'a cependant aucune autorité pour le punir. Vivien l'accueille avec douceur, lui offre même de l'argent pour l'aider à vivre sans recourir au vol, l'engageant à gagner désormais par son travail de quoi subsister honnêtement.

Ce trait admirable parvint aux oreilles du roi : Théodoric voulut voir Vivien. Il le fit mander au palais et lui fit l'insigne honneur de l'inviter à sa table avec d'autres prélats qui se trouvaient à Toulouse. Malgré sa répugnance pour la société et les faveurs de ce prince hérétique, le saint Évêque crut devoir accepter, afin de se ménager un accès favorable auprès de Théodoric, dans l'intérêt des détenus saintongeais.

Au moment du repas, tous les évêques présents, Ariens pour la plupart, offrirent successivement la coupe au monarque, suivant l'usage du temps. Quand arriva le tour de Vivien, celui-ci refusa de prendre la coupe, sans se préoccuper du mécontentement que son refus causait au roi. Ce dernier, en effet, en devint furieux. « Prince », lui dit alors avec dignité le noble pontife, « ministre des autels, je ne puis offrir le calice des autels qu'aux enfants de l'Eglise ; et, à moins d'un retour sincère à l'orthodoxie, je ne puis donc vous rendre l'honneur que vous attendiez de moi ».

Ce langage, vraiment épiscopal, ne fit qu'enflammer la colère de Théodoric. Dans son emportement, il jure de tirer une éclatante et sanglante vengeance de ce qu'il regarde comme une insulte, au lieu d'y voir une leçon salutaire qui méritait sa reconnaissance, et que lui devait en conscience un évêque selon le cœur de Dieu.

Vivien, calme au milieu de la tempête, sortit de table et se rendit à l'église du saint martyr Saturnin. Théodoric, ivre de colère et d'orgies, s'était déjà endormi quand le vénérable prélat accorda un peu de repos à son corps fatigué par la longueur et les génuflexions de l'office de la nuit. En ce moment, par les mérites du bienheureux Saturnin, il apparaît en songe au roi des Visigoths, et le frappe d'une telle épouvante que quand celui-ci, à demi mort de frayeur, fut sorti de cet accablant sommeil, la colère et les menaces de la veille firent place à des sentiments de respect et de bienveillance pour l'évêque de Saintes. Le prince, qui ne respirait auparavant que fureur sanguinaire, était devenu, sous l'empire de la grâce de Jésus-Christ, doux, humble et suppliant. Dès le matin, Vivien est mandé auprès du roi. Théodoric, en le voyant, s'excuse des scènes de colère qu'il a données la veille, et pour gagner la confiance du Prélat, il est le premier à lui parler du motif de son voyage à Toulouse. « Bienheureux Pontife », lui dit-il, « veuillez oublier les excès de notre emportement. En réparation, nous vous accordons l'objet de vos désirs. Nous sommes disposé à ne rien refuser de ce qui peut vous être agréable ». A ce langage le saint Évêque comprit que Dieu seul avait pu changer ainsi ce cœur orgueilleux et calmer cette âme violente et vindicative. Il demanda donc sans hésiter la délivrance de ses chers diocésains. Elle lui fut accordée sur-le-champ, et on leur rendit même les biens qu'on leur avait pris. Vivien revint avec eux à Saintes n'emportant pour sa part que les mérites de ses bienfaits. Le retour des captifs dans leurs foyers fut salué par les démonstrations les plus enthousiastes : de toute part, c'étaient les cris de joie de la cité qui revoyait ses enfants, et les actions de grâce de l'Eglise de Saintes heureuse de recevoir son saint et charitable pasteur.

Plus tard, une autre circonstance offrit à saint Vivien une nouvelle occasion de signaler son généreux dévouement à son peuple. D'innombrables pirates saxons désolaient tous les points du littoral de l'Océan. Une de leurs flottes vint aborder en Saintonge, en un lieu nommé Marciac [1], dans les anciens historiens. Toute la contré envahie fut mise à feu et à sang. La soif d'un plus riche butin poussa bientôt les Saxons vers Saintes qu'ils espéraient surprendre. Hors d'état de résister aux forces supérieures de cette nuée de barbares, les habitants ne se déconcertent pas néanmoins; ils ont éprouvé déjà l'efficacité des prières de leur saint Pontife; ils ont recours à lui comme à leur meilleur défenseur. Les Saxons cependant entourent la ville ; leurs machines sont déjà dressées pour battre en brèche les remparts, quand, tout à coup, toutes les défenses de la place leur paraissent couvertes d'innombrables combattants dont l'attitude menaçante les déconcerte. Les Saxons ne se sentent pas plus de force pour la résistance que pour l'attaque : sur tous les points, on les voit battre en retraite, demandant la paix et criant merci. Ils regagnent précipitamment Marciac et se rembarquent, attribuant hautement leur déroute à une puissance céleste fléchie par les prières de quelque mortel vertueux. Vivien, en effet, avait obtenu par ses mérites et sa puissante intercession la délivrance de sa patrie sans effusion de sang. Le nom du saint Évêque devint bientôt célèbre, et l'on voyait accourir de toute part une foule d'affligés dont il était l'unique ressource.

Le jour approchait où Vivien allait quitter cette vie. Il eut le bonheur, avant de mourir, de voir achever la basilique qu'il élevait en l'honneur de saint Pierre et dont il avait reçu du ciel l'ordre et l'inspiration de faire l'église épiscopale, ainsi que nous l'avons rapporté plus haut. L'édifice, admirable par ses proportions et la richesse de son architecture, s'élevait sur le coteau où on a construit au XVIIe siècle le Séminaire diocésain [2]. Ce lieu était déjà, du temps de saint Grégoire de Tours, un faubourg de Saintes.

Vivien se disposait à faire la dédicace solennelle de la nouvelle cathédrale. L'esprit de prophétie, dont Dieu le favorisait, lui fit connaître le jour de sa fin prochaine. Il prit donc ses mesures de façon que ses propres funérailles coïncidassent avec la consécration de sa basilique, et convoqua à temps les évêques voisins. En attendant, il appelle près de lui les gens de sa maison, laïques et ecclésiastiques, donne à chacun le baiser de paix, indique le jour de sa mort, et prescrit la manière dont il veut que son corps soit déposé dans le tombeau. Pendant trois jours il ne cesse d'exhorter son clergé à demeurer uni par les liens d'une charité parfaite, pour lutter avec avantage en faveur de la vraie religion. Le troisième jour, en présence des évêques invités et des clercs des divers ordres, abandonnant son corps à la terre, il rendit son âme au ciel où elle alla recevoir, dans l'assemblée des anges, le vêtement d'une gloire immortelle.

A la nouvelle de cette mort le deuil fut général dans la ville et dans toute la contrée. Un rayon de consolation divine brillait néanmoins au milieu de la tristesse générale : Vivien, disait-on, est allé recevoir dans la patrie céleste la glorieuse récompense due à ses mérites, et du séjour de l'éternelle félicité, il nous fera encore ressentir sa bonté toujours compatissante et sa paternelle protection. On jugea donc que puisque son âme était au ciel, il convenait que son corps fût joint aux saintes reliques préparées pour la consécration des nouveaux autels. La déposition de saint

---

1. C'est peut-être Meursac. Une commanderie de chevaliers de Saint-Jean de Jérusalem fut établie au moyen âge aux Epaux, dans le voisinage de ce lieu où les marais, encore submergés, offraient un point de débarquement.

2. Aujourd'hui hôpital de la Marine.

Vivien eut ainsi lieu le même jour que cette auguste cérémonie dont elle fit même partie. C'était le 28 du mois d'août 460, selon quelques historiens.

On pourrait représenter saint Vivien : 1° ressuscitant un mort : ce miracle opéré par le Saint sur un habitant de Saintes, a en effet fourni le sujet d'un tableau qui se voit dans l'église paroissiale de Pons ; 2° guérissant un malheureux tout noir de lèpre ; 3° traçant le signe de la croix sur le corps inanimé d'un enfant qu'une vipère avait mordu, et le rendant plein de santé à ses parents éplorés.

CULTE ET RELIQUES.

Chaque année, pendant bien des siècles, les pèlerins venaient en foule, le 28 août, vénérer les reliques du saint Évêque. Ce n'est que depuis peu d'années que l'Église de Saintes en célèbre la fête à ce quantième consacré par une tradition quatorze fois séculaire. La Saint-Vivien était pour la Saintonge une de ces époques remarquables de l'année que l'on désignait dans les actes publics comme terme d'échéance. La dévotion à cet admirable Pontife fut, dans tous les temps, si populaire, que son ancien diocèse ne comptait pas moins de dix-sept églises paroissiales qui lui ont été dédiées. On en trouve encore un certain nombre dans les diocèses de Bordeaux, d'Angoulême, d'Agen et de Bayonne. Sur la lisière de la forêt de Benon il existait un monastère de religieuses de Fontevrault, dont la chapelle dite de Saint-Divieu se voit encore. Près d'Aigrefeuille-d'Aulnis il y avait également un couvent d'hommes sous le même vocable. Il n'existe plus de ce dernier que le nom de Saint-Bien, abréviation fréquemment usitée, surtout en dehors de notre diocèse.

Le Chapitre de Saintes honorait saint Vivien d'une dévotion toute particulière. Chaque année, la veille de la fête de ce Saint, au soir, une députation de Chanoines se rendait en procession à son église pour y chanter Matines, en grande solennité, avec le clergé du lieu dont le chapelain présidait au chœur. Cette fête était du nombre de celles qui se célébraient avec octave dans l'ancienne cathédrale de Saintes.

Au VI° siècle, l'évêque Eusèbe entreprit de reconstruire l'église de Saint-Vivien sur un plan plus vaste. La mort l'empêcha d'achever son œuvre. Emérius, son successeur, dépourvu de ressources suffisantes pour terminer ce somptueux édifice, eut recours à la générosité de son métropolitain, saint Léonce le Jeune. Cet illustre prélat, au moment d'être élevé à l'épiscopat, se trouvait engagé dans les liens du mariage avec Placidine, princesse de sang impérial. D'un commun consentement, les deux époux se séparèrent pour vivre dans la continence, quand l'Église de Bordeaux eut choisi Léonce pour son premier pasteur. Placidine avait été la première à suggérer à son mari d'accepter cette dignité dans l'intérêt du catholicisme. Depuis ce jour, Léonce et Placidine employaient leurs immenses revenus à construire et à doter des églises. Un des plus beaux monuments de leur pieuse libéralité fut l'église de Saint-Vivien de Saintes, dont la splendeur et l'élégance ont inspiré à saint Venance Fortunat de beaux vers à la louange des généreux fondateurs. De magnifiques lambris ornaient l'intérieur du nouveau sanctuaire. Un habile artiste y avait sculpté des figures d'animaux avec tant de vérité qu'on les aurait cru vivants, dit le poëte. Le tombeau du Saint était surtout une richesse merveilleuse. Il était couvert de lames d'argent ciselé et incrusté d'or, et l'art avec lequel ces métaux précieux étaient combinés en rehaussait singulièrement l'éclat.

Le corps entier de saint Vivien fut conservé dans cette église jusqu'au IX° siècle. A cette époque, par un de ces stratagèmes que la piété du temps se croyait permis, des religieux du monastère de Figeac parvinrent à dérober une partie considérable des reliques du saint Évêque et les apportèrent à leur abbaye où elles opérèrent de nombreux miracles. L'auteur de la relation de ce larcin en rapporte plusieurs dont il fut témoin oculaire dans deux Conciles où ces précieuses reliques avaient été portées en grande pompe. Ces Conciles sont ceux de Coles, en Auvergne, et de Limoges, assemblés l'un et l'autre pour régler ce qu'on appelait alors la Trêve de Dieu.

Ces mêmes reliques de saint Vivien furent tirées du trésor de Figeac, en 1329, par ordre de Bertrand de Cardaillac, évêque de Cahors, pour être exposées solennellement à la vénération des fidèles. Au XV° siècle, Guy de Rochechouart, évêque de Saintes, envoya une portion de celles que l'on conservait dans cette dernière ville, à l'église paroissiale, érigée à Rouen depuis plusieurs siècles, sous le vocable de saint Vivien. Des grâces signalées qu'on y avaient souvent obtenues avaient rendu célèbre ce sanctuaire.

Au XVI° siècle, l'église de Saint-Vivien de Rouen fut brûlée par les protestants avec tout ce qu'elle contenait de reliques ; à Saintes, le tombeau et l'église du saint Évêque éprouvèrent le même sort.

Extrait du *Bulletin religieux de La Rochelle et Saintes*.

SAINT JULIEN DE BRIOUDE, SOLDAT ET MARTYR (iv° siècle).

Il n'est aucune profession, quelque antipathique à la religion que le supposent les préjugés des hommes, dans laquelle on ne puisse se sauver : saint Julien de Brioude en est une preuve admirable. Il appartenait à l'une des meilleures familles de Vienne, en Dauphiné (Isère), et il avait un grade élevé dans l'armée de l'empereur Dioclétien. Il s'encourageait dans la foi par l'exemple du tribun Ferréol, qui lui avait offert l'hospitalité et qui adorait aussi Jésus-Christ. Quand la persécution fut déclarée dans les Gaules et que Crispin, gouverneur de la province viennoise, eut promulgué les décrets impériaux contre les chrétiens, Julien quitta la maison de saint Ferréol et se retira à Brioude (Haute-Loire), chez une pieuse veuve qui le déroba aux recherches des persécuteurs.

Cependant Julien n'avait pas quitté Vienne par crainte de la mort : bien au contraire, il n'ambitionnait rien tant que la gloire du martyre. Aussi, informé que les satellites de l'empereur le cherchaient de toutes parts, il alla à leur rencontre et leur dit avec intrépidité : « C'est rester trop longtemps dans ce monde, je brûle d'un ardent désir d'être réuni à Jésus-Christ ». Il eut à peine fini de parler que les soldats lui tranchèrent la tête. C'était au commencement du iv° siècle.

Le lieu de la sépulture du Saint resta longtemps ignoré. Dieu le découvrit miraculeusement à saint Germain d'Auxerre lorsqu'il passa par Brioude en revenant d'Arles, vers l'an 431.

Les Actes de sa vie et de son martyre sont reproduits dans une magnifique verrière que vient de faire placer dans le sanctuaire de l'église Monsieur le Curé de Saint-Julien, près Troyes. Plusieurs églises du diocèse de Nevers, Mars-sur-Allier, Mesves, Dornes, Fleury-sur-Loire, l'honorent comme leur patron. La cathédrale possède un bras de saint Julien, enchâssé dans un reliquaire d'argent ; la paroisse de Mesves possède aussi une parcelle de ses reliques. Les paroisses de Dierrey, Saint-Nabord, et Saint-Julien, près Troyes, reconnaissent également notre Saint pour leur patron.

Tiré des *Saints de Troyes*, par M. l'abbé Defer ; et de l'*Hagiologie Nivernaise*, par Mgr Crosnier.

SAINT MOÏSE L'ÉTHIOPIEN,

SOLITAIRE AU DÉSERT DE SCÉTÉ, EN ÉGYPTE (400).

Moïse naquit en Ethiopie (Abyssinie actuelle), grande contrée de l'Afrique orientale. Noir comme les habitants de ce pays brûlé, il avait la conscience encore plus noire que le corps. D'abord esclave d'un riche bourgeois, il ne montrait qu'une malheureuse inclination à toute sorte de vices : bientôt son maître, lassé de ne pouvoir rien gagner sur son naturel indocile, le chassa absolument de sa maison. Il se fit alors chef d'une troupe de voleurs et exerça mille brigandages : ses crimes répandirent partout la terreur avec la haine de son nom.

Cependant Dieu toucha de sa grâce ce cœur perverti et fit de Moïse un parfait pénitent. L'insigne voleur d'hier, le cœur pénétré aujourd'hui de componction et le visage baigné de larmes, se présenta aux religieux d'un monastère voisin, et témoigna un vif regret de ses crimes. Après leur avoir fait publiquement la confession de ses péchés, il les pria avec instance qu'on le mît dans la voie du salut, et qu'on lui en accordât le précieux gage en le revêtant de l'habit monastique. Après plusieurs jours d'épreuves, il fut admis dans la communauté. Vous l'eussiez vu alors paraître en peu de temps aussi formé aux vertus religieuses que s'il s'y fût exercé depuis de longues années. Exact à tous les devoirs, aux jeûnes, aux veilles, aux prières, il s'acquittait avec joie de tout ce qu'on lui commandait pour le service du monastère. Il ne se nourrissait que de pain et d'eau, et passait les nuits entières sans dormir. Il excellait dans les vertus d'humilité et de componction, gémissant sans cesse et versant des torrents de larmes.

Les déserts de Scété et de Calame furent plus tard les heureux témoins de ses austérités. Le démon lui livra de rudes combats, mais il les surmonta avec l'aide du ciel, et ils ne servirent qu'à l'établir solidement dans les plus sublimes vertus.

Les progrès admirables qu'il avait faits dans les vertus religieuses, joints aux dons extraordinaires dont Dieu l'avait favorisé, lui méritèrent un rang parmi les plus illustres Pères de la solitude. Il fut élevé au sacerdoce et fait prêtre des solitaires de Scété par Théophile, patriarche d'Alexandrie. Ce fut au milieu des efforts incessants qu'il fit pour mettre sa conduite à la hauteur de sa dignité, qu'il mourut dans son désert de Scété, âgé de soixante-quinze ans et après avoir formé soixante-quinze disciples.

Acta Sanctorum, 28 août. — Cf. Les Pères des déserts d'Orient, par Michel-Ange Marin.

XXIX° JOUR D'AOUT

MARTYROLOGE ROMAIN.

La Décollation de saint Jean-Baptiste, à qui Hérode fit trancher la tête vers la fête de Pâques. On en fait la solennité en ce jour, parce que c'est celui où son vénérable chef fut trouvé pour la seconde fois. Il a été transféré à Rome, où il est honoré avec une singulière dévotion par tout le peuple, dans l'église de Saint-Sylvestre, au Champ-de-Mars [1]. 31. — A Rome, sur le mont Aventin, la naissance au ciel de sainte SABINE, martyre, qui fut frappée du glaive, sous l'empereur Adrien, et remporta la palme du martyre. 119. — Encore à Rome, sainte Candide, vierge et martyre, dont Pascal Ier, pape, transféra le corps dans l'église de Sainte-Praxède. — A Antioche, en Syrie, la naissance au ciel des saints martyrs Nicéas et Paul. — A Constantinople, les saints martyrs Hypace, évêque d'Asie, et André, prêtre, qui souffrirent pour le culte des saintes images, sous l'empereur Léon l'Isaurien ; ils eurent la barbe enduite de poix, puis brûlée, et la peau de la tête arrachée ; enfin ils furent égorgés. VIII° s. — A Pérouse, saint Euthyme, romain, qui, fuyant la persécution de Dioclétien, se retira dans cette ville avec sa femme et son fils Crescent, et y mourut en paix dans Notre-Seigneur. Vers 309. — A Metz, saint ADELPHE, évêque et confesseur. V° s. — A Paris, le décès de saint MERRY ou MÉDÉRIC, prêtre. Vers 700. — En Angleterre, saint Sebba [2], roi. 697. — A Smyrne, ville de la Turquie d'Asie, la naissance au ciel de sainte Basille [3]. — Au diocèse de Troyes, sainte Savine ou Sabine, vierge, illustre par ses vertus et ses miracles [4]. 313.

MARTYROLOGE DE FRANCE, REVU ET AUGMENTÉ.

A Paris, saint Frou ou Frodulphe, solitaire, disciple de saint Merry ou Médéric, cité au martyrologe romain de ce jour. Il mourut à Barjon, près de Grancey (Côte-d'Or, arrondissement de Dijon), le 22 avril, jour sous lequel il est mentionné au martyrologe de France. VIII° s. — Au diocèse d'Autun, saint Merry, cité au martyrologe romain de ce jour. — A Louvain, ville de Belgique, dans la province du Brabant méridional, sainte Vérone, vierge, de la famille royale de France. Elle était fille de Louis le Germanique (876), troisième fils de Louis le Débonnaire. Quand son père fut mort, elle distribua tous ses biens aux pauvres et fonda un monastère où elle prit l'habit religieux. Elle mourut à Mayence où l'on conserve des vêtements qui lui ont appartenu. Coblentz possède aussi

---

1. Nous avons parlé de la décollation de saint Jean-Baptiste dans sa vie que nous avons donnée au 24 juin.
2. Sebba, appelé aussi Sebbi et Sebbe, était fils de Seward, et commença à régner sur les Saxons orientaux en 664. S'il fut par la sagesse et la douceur de son gouvernement le père de son peuple, il en fut aussi le modèle par ses vertus. Après un règne de trente ans, aussi brillant qu'heureux, il remit la couronne à ses deux fils Sigeard et Senfrid, et prit l'habit monastique ; sa femme imita son exemple et prit le voile de religieuse. Sebba mourut à Londres deux ans après sa retraite. Bède assure que sa sainteté fut attestée par plusieurs miracles ; son corps fut déposé dans l'église Saint-Paul, et son tombeau y a subsisté jusqu'au grand incendie de 1666. — Godescard et Acta Sanctorum.
3. D'autres martyrologes l'appellent Basilisse et la font mourir et honorer à Sirmium (aujourd'hui Sirmich ou Mitrowitz), ancienne capitale de la Pannonie.
4. Nous avons donné sa vie au 29 janvier, tome II, page 112.

VIES DES SAINTS. — TOME X.

de ses reliques. On voit, à une lieue environ de Louvain, une chapelle dédiée sous son vocable : c'est là qu'elle fut ensevelie ; près de l'oratoire est une fontaine qu'on nomme fontaine de Sainte-Vérone. Vers 870. — Dans le Limousin, le vénérable Jean Audebert, religieux bénédictin de la Congrégation de Saint-Maur. Il naquit à Belloc, au diocèse de Limoges (1660), et fit profession à Saint-Junien de Noaille *(Nobiliacum)*, au diocèse de Poitiers (11 novembre 1620). Il fut un des premiers supérieurs qui gouvernèrent l'abbaye de Saint-Denys, après que la Réforme de la Congrégation de Saint-Maur y eut été introduite. Il en était à la tête, en qualité de grand prieur, lorsqu'il fut nommé abbé d'Argenteuil, au diocèse de Versailles (11 novembre 1646). Nommé prieur de Saint-Germain des Prés en 1656, il fut élevé, en 1660, à la dignité de général des Bénédictins, poste important qu'il occupa pendant douze ans. Après avoir été une des gloires les plus pures de l'Ordre de Saint-Benoît, Jean Audebert mourut simple religieux, à Saint-Germain des Prés, à Paris, âgé de soixante-quinze ans. 1675. — Au diocèse d'Autun, anniversaire de la consécration de l'église Saint-Pierre de Châlon-sur-Saône. Les proportions de cette église, à la construction de laquelle on employa plus de cent mille livres, sont belles et élégantes ; la figure de la croix latine y est largement dessinée, et l'abside est spacieuse comme dans toutes les églises destinées à recevoir un chœur nombreux. Les pilastres, d'ordre corinthien, supportent un entablement à plates-bandes ; au dessus s'élève un second étage de pilastres plus simples, unis par le cintre roman. Sur quatre piliers élancés surgit un dôme gracieux, ni trop exigu, ni trop lourd. Les fenêtres sont élevées à cent pieds au-dessus du pavé, et leur jour, qui semble être pris dans le ciel, fait ressortir admirablement toutes les beautés du temple. On remarque dans le chœur de belles stalles provenant de l'abbaye de Mayzières, ainsi que les statues en pierre des quatre grands Docteurs de l'Eglise latine : Saint Augustin, saint Ambroise, saint Jérôme et saint Grégoire. Deux autres statues placées à l'entrée de l'abside représentent saint Pierre et saint Benoît. Le frontispice porte deux dates, 570 et 1700 : la première est celle de la fondation de l'abbaye primitive, la seconde celle de la construction de l'église actuelle. — A Vienne, au diocèse de Grenoble, Notre-Dame de l'Isle, sur la paroisse Saint-Maurice. Ce sanctuaire de Marie est en grande vénération parmi tous les habitants.

MARTYROLOGES DES ORDRES RELIGIEUX.

Martyrologe des Chanoines Réguliers. — La fête de la Décollation de saint Jean-Baptiste, à qui Hérode fit trancher la tête vers la fête de Pâques. On en fait la solennité en ce jour, parce que c'est celui où son vénérable chef fut trouvé pour la seconde fois. Il a été transféré à Rome, où il est honoré avec une singulière dévotion par tout le peuple, dans l'église Saint-Sylvestre, au Champ-de-Mars. 31.

ADDITIONS FAITES D'APRÈS LES BOLLANDISTES ET AUTRES HAGIOGRAPHES.

A Tunis, chef-lieu de l'Etat de ce nom, en Afrique, le bienheureux Antoine de Rivoli *(Antonius Ripolanus)*, martyr, de l'Ordre des Frères Prêcheurs. Voulant un jour passer de la Sicile à Naples, il fut enlevé par des pirates, chargé de fers, et emmené à Tunis, avec les autres chrétiens qui s'étaient trouvés sur le vaisseau (9 août 1468). Les captifs furent emprisonnés : Antoine ne put supporter cette humiliation, et, pour être délivré de ses chaînes, il renia en présence du sultan le nom glorieux de Jésus-Christ et la sainte foi catholique. Il fit ensuite l'apologie de la religion de Mahomet et commença à traduire le Coran de l'arabe en italien ; mais, comme il n'y trouva qu'un tissu incohérent de fables absurdes, il rentra peu à peu en lui-même et reconnut son erreur et l'énormité de son péché. Il se rendit alors au palais du dey, lui déclara qu'il était chrétien et qu'il se repentait amèrement de son apostasie. Furieux, le dey le fit enfermer dans un sombre cachot ; quelques jours après on l'en tira pour le décapiter. Son corps fut ensuite jeté dans les flammes ; mais elles le respectèrent. Les chrétiens s'en emparèrent et l'ensevelirent dans l'église de Tunis, ainsi qu'il l'avait demandé avant de mourir. 1470. — A Rome, avec sainte Sabine, citée au martyrologe romain de ce jour, sainte Sérapie ou Séraphie, vierge et martyre, gouvernante de sainte Sabine. Arrêtée comme chrétienne pendant les persécutions qui ensanglantèrent l'Eglise au IIe siècle, le juge la livra à de jeunes libertins qui voulurent lui ravir son honneur ; la vierge terrassa ces infâmes et ils roulèrent sans vie à ses pieds. Le juge, la croyant suspecte de magie, lui fit brûler les côtés ; elle fut ensuite battue de verges et eut la tête tranchée. Son corps repose dans l'église Sainte-Sabine de Rome. Elle est citée au martyrologe romain du 3 septembre. Vers 126. — En Palestine, la naissance au ciel de neuf cents bienheureux Martyrs, cités par le martyrologe de saint Jérôme. — A Bagnarea *(Balneum Regis)*, au diocèse de Sarsina, dans la province de Forli (Italie), saint Albérique, solitaire. On voit encore aujourd'hui, sur le territoire de cette ville, un endroit qu'on nomme encore la *Celle de Saint-Albérique*, et qui est habité par des solitaires. Sa fête attire chaque année un grand concours de peuple. — A Rome, sur la voie d'Ostie, avec sainte Candide, vierge et martyre citée au martyrologe romain de ce jour, saint Félix, martyr ; et les saintes Foricie ou Forige, Adausie ou Adavise, Gemelline et leurs compagnes, martyres. — Aux environs de Cracovie *(Carrodunum)*, ville d'Autriche, dans le royaume de Galicie, Notre-Dame de Clermont, où se trouve une image de la sainte Vierge peinte par saint Luc, envoyée à l'impératrice d'Orient, sainte Pulchérie (399-453), et mise par elle dans l'église de Notre-Dame des Guides, à Constantinople, d'où elle fut tirée par Léon, duc de Russie, et, depuis, par le duc d'Apolie : comme il voulait la transporter dans cette ville (1380), il ne put la remuer dès qu'il fut arrivé sur la montagne de Clermont; on bâtit alors une église en cet endroit et on y déposa l'image de la sainte Vierge. 1383.

SAINT MERRY OU MÉDÉRIC,

PRÊTRE ET ABBÉ DE SAINT-MARTIN D'AUTUN

700. — Pape : Sergius Ier. — Roi de France : Childebert III.

Nullum est tam gratum Deo sacrificium, quam zelus animarum.
Aucun sacrifice ne plaît tant à Dieu que le zèle pour le salut des âmes.
S. Greg. Mag. Sup. septem Psal. Pœnit.

Pendant que l'abbaye de Saint-Symphorien était gouvernée par Hermenaire, depuis évêque d'Autun, et celle de Saint-Martin, sa sœur, par Héroald, un pieux enfant d'une noble famille d'Autun se présentait à la porte du monastère de Saint-Martin, demandant une place parmi les jeunes novices qui habitaient le saint asile. Médéric ou Merry *(Medericus)* était le nom de cet enfant béni. Il n'avait que treize ans, et déjà son âme, trop élevée pour se contenter des choses d'ici-bas, dégoûtée du monde avant même de l'avoir bien connu, prévenue d'une grâce spéciale, aspirait à monter plus haut, se tournait spontanément vers le ciel. Ange exilé sur la terre depuis peu d'années et pourtant las de son exil, il accourait empressé à cette invitation du divin maître : « Venez à moi, vous tous qui êtes fatigués....., et vous trouverez le repos de vos âmes ». Les parents de Merry fondaient sur lui les plus belles espérances ; et longtemps ils avaient combattu, croyant toujours pouvoir la vaincre, une résolution qui venait si prématurément déjouer leurs projets d'avenir pour leur fils bien-aimé. Mais la persévérance toute virile et vraiment extraordinaire que mit l'enfant prédestiné à lutter contre les craintes et les regrets, les efforts et les entraînements de l'amour d'un père, de la tendresse d'une mère, contre les promesses et les séductions du monde qui lui souriait dès son entrée dans la vie, leur révéla enfin une vocation divine. N'osant résister davantage à l'appel d'en haut ; ne pouvant plus méconnaître ni refuser le sacrifice que le ciel exigeait d'eux si manifestement, ils avaient voulu au moins s'associer à la généreuse démarche de leur fils et venaient de le conduire eux-mêmes au monastère pour le donner à Dieu.

Voilà donc le jeune oblat qui, à l'exemple de Samuel et de Marie, mère de Jésus, franchit le seuil sacré du cloître pour consacrer à Dieu les prémices de sa vie et dit avec le divin Maître, par la bouche du Prophète : « Je viens, Seigneur, pour faire votre volonté ». Pendant la célébration des saints mystères, au moment même de l'oblation des dons eucharistiques, en présence de cinquante-quatre religieux rangés en cercle autour de l'autel et priant pour celui que l'adoption allait initer aux labeurs et aux joies célestes d'une nouvelle famille, l'enfant conduit par ses parents, la tête couronnée de fleurs, comme une innocente victime, s'approche et présente l'eulogie du pain et un calice que le prêtre officiant reçoit comme des arrhes offertes au Seigneur. Ensuite il s'agenouille. On étend alors sur lui les bords longs et flottants de la nappe de l'autel ; et ses parents écrivent une cédule de renonciation ou de consécration, promettant avec serment de ne plus rien lui donner en propre, ni par eux-mêmes ni par autrui. Il est revêtu de l'habit monastique et dépouillé de sa chevelure. C'en est fait : Merry appartient à l'Eglise ; l'abbé du monastère est devenu le père adoptif du fils que Dieu vient de lui envoyer. Souvent alors les parents offraient d'eux-mêmes leurs enfants. Cette oblation était une sorte de recommandation monastique, mais bien différente de la recommandation du palais, en usage à l'époque mérovingienne. L'un était une inféodation, l'autre un anoblissement, un honneur ; celle-là une espèce de servitude, celle-ci un affranchissement, un bonheur exceptionnel. L'enfant ainsi donné perdait peu et gagnait beaucoup : il acquérait ce qui nous rend aujourd'hui si justement fiers ; il était, de quelque condition qu'il fût, libre, émancipé, inviolable, appelé à la plus noble existence, à l'éducation la plus libérale, la plus haute que l'on connût alors. Il ne dépendait plus que de Dieu, de la règle, de ses devoirs, de sa conscience. Ainsi, perfectionnement individuel, adoucissement des institutions sociales de cette époque : tel était le double but d'un usage qui dut cesser lorsque ce but put être atteint par d'autres moyens ; et c'est pourquoi, plus tard, les conciles retardèrent jusqu'à l'âge mûr la profession des oblats.

Si quelquefois des enfants étaient amenés au monastère par leurs parents avant qu'ils comprissent assez bien toute la portée de cet acte solennel, il n'en fut pas de même du jeune Merry. Chez lui l'oblation avait été parfaitement réfléchie, libre, spontanée ; et l'on vit bientôt qu'il était venu pour se donner tout entier, corps et âme, à Dieu. Les austérités ordinaires de la vie religieuse ne suffirent pas à sa ferveur. N'oubliant jamais qu'il s'était offert, à l'exemple de Jésus-Christ, comme une victime pour ses péchés et ceux des autres, il immolait tous les jours sa chair par le glaive de la pénitence, ne prenant qu'à de longs intervalles un peu de pain d'orge ou quelque autre vile nourriture et ne buvant que de l'eau. Tous les religieux, ses frères, l'admiraient comme un prodige que les anciens Pères du désert n'avaient pas surpassé. Et encore ils ne savaient pas tout : le saint jeune homme, aussi humble que mortifié, cachait avec soin sous ses vêtements ordinaires un très-rude cilice. « Ce grand serviteur de Dieu », dit son biographe, « se souvenait que le premier homme s'était perdu par la sensualité et par l'orgueil, et il voulait expier, il voulait combattre l'un de ces deux vices en retranchant à son corps presque le strict nécessaire, et l'autre, en dérobant aux yeux des hommes toutes ses mortifications par les saints artifices de l'humilité. Mais l'éclat de ses vertus, malgré les voiles dont il s'efforçait de les couvrir, franchit même les murs de l'abbaye et ne tarda pas à se répandre au loin. Bientôt on accourut de toutes parts pour voir le saint religieux dont la renommée publiait tant de merveilles, pour s'édifier de ses exemples et de ses paroles, consulter sa sagesse et remporter quelques bonnes pensées, fruits des instructions qu'on recueillait comme des oracles sur ses lèvres inspirées. Ainsi », continue l'historien, en prenant un ton de solennelle emphase, « accourait des bouts du monde la reine de Saba pour entendre le sage Salomon ; ainsi les multitudes quittant leurs foyers se pressaient sur les pas du Sauveur, attirées par ses miracles, par les charmes de sa parole, par les charmes de sa bonté ».

Cependant l'abbé du monastère tomba malade, et, après de longues souffrances, s'en alla vers le Dieu auquel, en vrai religieux, il n'avait cessé de tendre par l'aspiration de toute sa vie. Alors l'évêque d'Autun, qui embrassait tout dans sa sollicitude de pasteur, les brebis comme les agneaux, recommanda aux moines de choisir un homme capable de préserver des dents du loup ravisseur le troupeau de Jésus-Christ et de garder si bien le bercail, que le divin Maître retrouvât un jour toutes les brebis qui auraient été confiées à ses soins vigilants. Le choix était fait d'avance : Merry fut élu abbé par acclamation, et la foule accourue au monastère salua la nouvelle de l'élection de mille cris enthousiastes. Tout le monde était heureux. Le vénérable évêque, qui voyait combler ses vœux les plus chers, l'était plus que personne. Aussitôt se tournant vers le nouvel abbé : « O flambeau du Christ », dit-il d'une voix solennelle ! « O vase choisi dans les trésors du Seigneur ! recevez de la part du Dieu éternel la mesure avec laquelle vous devez distribuer à son troupeau les aliments spirituels destinés à le nourrir. Guidez-le par les préceptes et les conseils de l'Evangile, afin que vous méritiez d'entendre un jour de la bouche du juge miséricordieux ces paroles : « Courage ! bon et fidèle serviteur. Parce que tu as été fidèle en peu de choses, je t'établirai sur beaucoup d'autres : entre dans la joie de ton maître ».

Envisageant dans la charge importante qui venait de lui être imposée, non les honneurs, mais uniquement les devoirs, Merry redoubla d'exactitude, si toutefois c'était possible, pour l'accomplissement des moindres pratiques de la vie religieuse. « Un supérieur », disait-il, « c'est la règle personnifiée, la règle vivante ». Modèle de tous, il en était aussi le serviteur, conformément à cette parole divine qu'il aimait à répéter sans cesse : « Le Fils de l'Homme n'est pas venu en ce monde pour être servi, mais pour servir. De même celui qui sera le premier parmi vous devra être le serviteur de ses frères ». Placé à la tête d'une famille religieuse, il aimait surtout à s'en montrer le père. Jamais à lui-même, toujours aux autres, sans cesse attentif aux besoins corporels et spirituels de ses enfants, il veillait non-seulement sur leur conduite extérieure, mais encore sur leur cœur. « Gardez-vous », leur disait-il souvent, « des mauvaises pensées comme des mauvaises actions ». Et afin de pouvoir appliquer le remède où était le mal, il voulait que tous lui dévoilassent avec une simplicité enfantine et un abandon tout filial leur état intérieur. Sa miséricordieuse charité, sa manière de traiter les âmes pleine d'habileté autant que de douceur, étaient si bien connues que chacun s'empressait de lui découvrir ses dispositions les plus intimes, et se retirait meilleur et plus heureux. Un moine, entre autres, tourmenté d'une tentation violente, alla en faire l'humiliant aveu. Aussitôt le saint abbé l'enveloppa de sa tunique, et s'adressant au démon qui se plaignait hautement d'être obligé d'abandonner sa proie : « Tais-toi, misérable », lui dit-il, « et sors de cet homme. Non, tu ne posséderas plus un vase que Jésus-Christ a purifié de son sang divin ». Le pauvre religieux, délivré de l'infernale obsession, parvint sous la direction de Merry à une si éminente sainteté que Dieu même voulut la manifester par des prodiges. Un autre moine, victime aussi de l'esprit malin, ne pouvait pas rester un seul instant à l'église. Dès qu'il était entré, on le voyait aussitôt sortir, avant même qu'il se fût mis à genoux. Tous les avertissements avaient été inutiles. Alors Merry crut devoir recourir aux remèdes surnaturels, bénit un peu de pain et le lui donna. Il n'en fallut pas davantage pour guérir cette âme tourmentée.

Cependant notre Saint, sans cesse enlevé à lui-même par les affaires, fatigué du gouvernement dont il se croyait indigne, assiégé chaque jour par une multitude de personnes qu'attirait auprès de lui la renommée de ses vertus et de ses miracles, gémissait d'une nécessité qui l'arrachait à ses intimes communications avec le ciel et alarmait son humilité. Il s'était réfugié dans le cloître pour fuir le monde, et voilà que le monde semblait s'obstiner à le poursuivre jusque dans sa retraite. C'en était trop : il ne pouvait plus vivre, il étouffait dans cette atmosphère où ses aspirations vers le ciel étaient sans cesse gênées, où tout l'empêchait de suivre son attrait irrésistible pour la vie contemplative ; et il en chercha une autre qui fût en harmonie avec son tempérament spirituel. Un jour donc, à l'insu de la communauté, il quitta son monastère comme autrefois saint Jean de Réome, et courut s'enfoncer dans les solitudes du Morvan, pour converser enfin tous les jours, à loisir et en toute liberté, seul à seul avec Dieu. Après avoir erré quelque temps dans ces lieux sauvages, profondément sillonnés par de nombreuses et sombres vallées, qu'enferment d'abruptes montagnes couvertes de forêts, dont le vaste silence n'est interrompu que par le bruit du torrent, il s'arrêta à quelques lieues d'Autun dans un bois désert et s'y construisit un petit ermitage. Là, vaquant jour et nuit au commerce intime avec le ciel, il restait de longues heures abîmé dans la prière, épanchait son âme en saints ravissements et aspirait en longs désirs l'éternelle félicité. Là, pensait-il, caché dans le secret de la face du Seigneur, il pourrait voir ses jours s'écouler, pieux et calmes, loin des soucis de l'administration et de tous les bruits du monde, inconnu et oublié, en attendant l'oubli, le silence et le repos de la tombe. Son espérance fut trompée : la gloire qu'il fuyait s'attacha malgré lui à ses pas pendant sa vie, comme à sa mémoire après sa mort. Le lieu désert où il avait planté sa tente pour achever le pèlerinage de sa vie prit un nom, et ce nom fut celui de *Celle*, ou cellule de saint Merry, qu'il a toujours porté et qu'il porte encore aujourd'hui. On alla visiter la fontaine où l'homme de Dieu s'était désaltéré, le rocher sur lequel il allait prier. Le désert même avait parlé, et il se peupla. Les pèlerins accoururent de toutes parts, et une église remplaça l'humble cellule. Tout autour se groupèrent des chaumières : le village de la Celle était créé et attestait que là naguère avait vécu un Saint.

Dès que sa disparition subite de l'abbaye fut constatée, tous les frères, tristes et désolés comme des enfants qui se voient tout à coup devenus orphelins, donnent les premiers instants à la douleur ; puis, sortant de la stupéfaction morne et indécise dans laquelle ils étaient plongés, ils se répandirent de tous côtés cherchant et demandant leur père. Enfin, après d'inquiètes et nombreuses investigations, ils parvinrent à découvrir le lieu de sa retraite. Le difficile était de l'en tirer. Ils mirent tout en œuvre pour le gagner, alléguant les raisons les plus puissantes, faisant valoir les motifs les plus capables d'agir sur son âme tendre et timorée, s'adressant à la fois à son cœur et à sa conscience. Ils le priaient de revenir pour l'amour de Dieu et de ses fils spirituels, lui représentaient qu'il acquerrait plus de mérites pour le ciel en consacrant sa vie au bonheur de ses frères, à l'édification du prochain, au bien des âmes rachetées par le sang de Jésus-Christ, aux œuvres fécondes du zèle, qu'en travaillant, dans un isolement stérile, à sa propre et unique perfection. Prières, représentations, tout fut inutile.

Le Saint croyait que Dieu le voulait au désert, et ses pauvres enfants, d'abord si joyeux d'avoir retrouvé leur père, s'en retournèrent bien tristes : ils ne le ramenaient pas et restaient orphelins. Quel moyen prendre ? Un seul pouvait leur réussir. Ils allèrent tout en larmes faire part de leur douleur au vénérable évêque d'Autun. Ansbert, à cette nouvelle, partit aussitôt avec eux ; et il ne fallut rien moins qu'un ordre appuyé d'une menace d'excommunication pour arracher le solitaire aux douceurs de sa thébaïde.

Merry qui ne voulait, qui ne cherchait que le salut de son âme et la volonté du ciel, avait vu l'expression de cette volonté souveraine dans la manifestation si formelle de celle de son évêque : il obéit donc, mais en offrant à Dieu son retour au milieu des hommes, comme le plus grand sacrifice de sa vie. Toutefois, il remplit avec un nouveau zèle toutes les fonctions de sa charge, dépensant comme auparavant, non par goût, mais par devoir, et par conséquent d'une manière d'autant plus méritoire, sa vie tout entière au service du prochain ; et jamais sa sainteté ne jeta un plus vif éclat. On ne savait ce que l'on devait le plus admirer en lui, ou sa charité, ou les miracles dont Dieu la récompensait. En même temps que sa prière humble et puissante rendait la vue aux aveugles, l'ouïe aux sourds, l'usage de leurs membres aux paralytiques, les paroles de salut brûlantes de foi, embaumées de piété, qui sortaient de sa bouche, guérissaient les maladies de l'âme plus tristes encore et souvent plus rebelles que les maladies du corps. C'est ainsi que ramené à la vie active et publique, et s'y livrant par d'héroïques efforts, par de continuelles luttes contre sa nature qui l'appelait à la contemplation, il imita jusqu'au bout le divin Maître dans ses sacrifices et dans sa bonté, et passa comme lui en faisant le bien.

Mais le jour de la délivrance et du repos éternel approchait. Pour l'y préparer sans doute, Dieu permit, avant de rappeler son âme de la terre, qu'il fût quelque temps déchargé du poids de ses sollicitudes quotidiennes. Parmi les religieux de l'abbaye il en était un nommé Frodulphe (vulgairement saint Frou), que Merry estimait et affectionnait particulièrement. Le saint abbé l'avait tenu autrefois sur les fonts du baptême et s'était consacré depuis à son éducation. Il l'aimait comme un fils et le soignait comme un disciple qui savait le comprendre. Versant dans cette jeune âme son âme tout entière, il l'avait élevée à la plus haute perfection. Frodulphe rendait en vertus et en amour filial ce qu'il recevait de sublimes leçons et d'affection paternelle. De plus, il partageait tous les goûts de son maître chéri et vénéré, ou plutôt de son père. Comme lui, peu content de la vie commune du cloître et n'aspirant qu'à la solitude du désert ; comme lui aimant à savourer les délices de la vie contemplative, avant-goût du ciel, à imiter dans un corps mortel la vie des séraphins. Un jour, par pitié et par amour pour le saint abbé dont il connaissait les peines, les désirs les plus intimes, et aussi pour suivre son propre attrait, il lui proposa avec de vives instances un pèlerinage au tombeau de l'illustre abbé de Saint-Symphorien, saint Germain de Paris, son compatriote et son modèle. Merry accepta l'invitation. Les voilà donc tous deux qui s'acheminent à pied vers le but de leur pieux voyage. Arrivé au monastère de Champeaux-en-Brie, près Melun, Merry ne put aller plus loin. Forcé par la maladie de s'arrêter dans cette sainte maison, il y séjourna longtemps. Heureux de pouvoir offrir à Dieu ses souffrances, converser librement avec lui, jeûner tout à son aise et passer le jour et la nuit de longues heures à l'église, il remerciait la Providence de lui avoir ménagé ces quelques moments de calme pieux dans une famille de frères. Mais bientôt se reprochant cette vie tranquille, il sortit, dès que la maladie le lui permit, de son repos forcé, et chercha dans l'exercice de la charité chrétienne l'occasion d'acquérir de nouveaux mérites pour le ciel.

S'étant rendu à Melun avec l'espérance d'y trouver quelques personnes auprès desquelles il pût satisfaire cette passion sublime qui le poussait à faire du bien, le saint abbé entendit de l'église, au moment où l'office finissait, les cris lamentables des prisonniers, pauvres gens détenus sans doute pour n'avoir pu s'acquitter envers le fisc. Aussitôt ému d'un profond sentiment de pitié, à l'exemple de saint Germain pour lequel il avait un culte spécial, il se rendit auprès du dépositaire de l'autorité publique pour lui demander l'élargissement des infortunés captifs. Ne l'ayant pas trouvé, il s'adressa directement au souverain Maître. Sa prière fut exaucée : les portes de la prison s'ouvrirent d'elles-mêmes. Aussitôt la foule du peuple témoin du miracle fit éclater par mille cris enthousiastes son admiration et sa joie, pendant que le Saint, auteur après Dieu de ce prodige obtenu par la charité, se hâtait de rentrer au monastère de Champeaux pour y cacher sa gloire.

Il y resta quelque temps encore ; mais voyant que sa maladie traînait en longueur, et désireux d'accomplir son pèlerinage, il se procura un grossier véhicule et partit pour Paris, en regrettant de ne pouvoir continuer à pied sa route, comme il l'avait commencée. Sa réputation était si grande que les habitants du pays accouraient tous sur son passage, les mains pleines de présents. Il acceptait avec affabilité et reconnaissance ces dons de la piété populaire et les faisait distribuer aux pauvres, n'usant pour lui-même que des modestes attelages qui se relayaient le long du chemin pour traîner son pauvre chariot. Cette humble marche fut transformée par l'éclat des miracles qui l'accompagnèrent en une sorte d'ovation, et la misérable voiture, en char de triomphe. A moitié chemin, un homme, nommé Ursus, qui s'était rendu avec beaucoup de peine sur le passage de Merry, s'en retourna entièrement débarrassé d'une fièvre violente et obstinément tenace. Une femme appelée Bénédicte, malade et possédée du démon, fut à l'instant même guérie et délivrée. A la villa de Boneil et à Charenton, le Saint, dont le cœur formé par la piété chrétienne s'ouvrait toujours à la compassion, demanda et obtint la grâce de quelques malheureux détenus. Pendant le trajet de Melun à Paris, la fatigue l'obligea de s'arrêter en un lieu alors inhabité et sans nom. La piété des peuples ne l'oublia pas : ce petit coin de terre sanctifié par la présence du saint abbé d'Autun garda son souvenir et son nom. On y bâtit un oratoire autour duquel les pieux fidèles aimèrent à grouper leurs habitations ; et le village de Saint-Merry prit naissance. On honora encore sa mémoire non loin de là, à Lynais où fut fondée une collégiale.

Le serviteur de Dieu put enfin entrer dans Paris. Il était tout souffrant, mais la joie d'atteindre enfin le but tant désiré de son pèlerinage, lui fit oublier toutes ses douleurs. Après avoir longtemps répandu son âme en prières, agenouillé au tombeau de l'ancien abbé de Saint-Symphorien, il alla reposer son corps brisé par la fatigue et la maladie dans une petite *cellule* attenante à l'église de Saint-Pierre, qui était à cette époque hors des murs de la cité, alors encore bien modeste, destinée à tant de magnificence et de grandeur. Après y avoir vécu en reclus, pendant près de trois ans, ne pouvant plus que souffrir et prier, le bon et fidèle serviteur entendit la voix du divin Maître qui l'appelait à la récompense éternelle, rassembla ses disciples, leur révéla le jour de sa mort et acheva, dit le biographe, tous ses préparatifs pour le mystérieux passage du temps à l'éternité, de la terre au ciel. Puis ayant dit adieu à ses amis, à ses enfants spirituels, à son cher Frodulphe, il exhala son dernier soupir (29 août 700) mêlé à une dernière aspiration vers Dieu : *Inter verba orationis migravit ad Dominum*. Cette grande et belle âme, qui s'était toujours sentie étrangère en ce monde et n'avait aspiré qu'à la céleste patrie, y était enfin pour jamais.

On représente saint Merry tenant des chaînes, ou faisant ouvrir par des anges la porte d'une prison. On le voit aussi regardant le ciel d'où plusieurs étoiles semblent descendre vers lui. La raison de cette dernière peinture est que l'on a voulu exprimer ainsi l'avis céleste qui lui fut donné de sa mort.

CULTE ET RELIQUES.

La chapelle de Saint-Pierre, où Merry fut inhumé, devint célèbre par les miracles qu'y opéraient les reliques du saint abbé et par le culte public établi en son honneur au siècle suivant, sous Charles le Chauve. Dès lors insuffisante et d'ailleurs tombant en ruines, elle fut reconstruite et transformée en une grande église, en 884, par Odon le Fauconnier, le même qui se distingua, deux ans plus tard, à la défense de Paris. Alors le prêtre Théodebert, qui la desservait, désireux de rendre aux restes vénérés du moine autunois les honneurs qu'ils méritaient, pria Gozlin, évêque de Paris, d'en faire la translation solennelle. Le pontife, empêché par les graves sollicitudes des affaires publiques, se fit représenter par ses archidiacres. La cérémonie fut magnifique. Tout le clergé et tous les religieux de Paris y assistèrent avec une grande multitude de peuple. Au chant du *Te Deum* et des psaumes, on releva les os du Saint de la crypte où ils avaient été placés d'abord, pour les mettre dans une châsse d'argent enrichie de pierres précieuses et soutenue par deux anges, exposée au-dessus du maître-autel à la vénération publique. Adalard, comte d'Autun et abbé de Saint-Symphorien, fit en cette circonstance de riches donations à la nouvelle église qui fut dès lors placée sous la double invocation de saint Pierre et de saint Merry. Mais elle n'a conservé que ce dernier vocable : on l'appelle aujourd'hui encore, à Paris, l'église de Saint-Merry. Les diocèses d'Autun et de Paris qu'unissaient déjà les rapports si intimes établis par saint Germain et saint Droctovée, par la chapelle et le culte de saint Symphorien, virent donc encore resserrés par Adalard, par l'église et le culte de saint Merry, les liens chers et sacrés qui rattachaient déjà l'une à l'autre leur histoire respective. Ainsi partout où allaient les Saints, le souvenir, le respect et la confiance des peuples les suivaient ; ainsi s'établissaient comme des courants qui, partant de plusieurs centres principaux, faisaient abondamment circuler, pendant tout le moyen âge, la vie religieuse dans le corps social, d'un bout de la France à l'autre. L'Église de Champeaux reçut une partie des reliques du Saint qui l'avait autrefois illustrée de sa présence. Le monastère autunois, justement fier d'avoir élevé et eu ensuite pour abbé un si grand serviteur de Dieu, fonda une messe solennelle en son honneur, afin de consacrer la mémoire et d'obtenir le secours d'un frère chéri, d'un père vénéré, d'un protecteur puissant auprès de Dieu.

Tiré de l'*Histoire de saint Symphorien et son culte*, par M. l'abbé Dinet.

SAINTE SABINE, MARTYRE A ROME (119).

Après la mort de la vierge Sérapie qui eut la tête tranchée près de l'arc de Faustin, à Rome, sous l'empereur Adrien, la très-noble veuve Sabine qu'elle avait convertie à la foi et engagée au service des pauvres, des malades et des prisonniers, fut dénoncée au préfet Helpidius et amenée au prétoire. « N'es-tu pas Sabine, la veuve de l'illustre Valentin ? » lui dit le préfet. « C'est moi-même ». — « Pourquoi donc as-tu osé te joindre aux chrétiens et refusé d'adorer les dieux ? » — « Je rends grâces à Jésus-Christ Notre-Seigneur qui a daigné, par sa servante Sérapie, me délivrer de mes souillures et de la puissance du démon, afin que je ne tombe plus dans l'erreur où vous êtes en l'adorant ». — « Ainsi tu prétends que les dieux que nous adorons, nous et les augustes, nos souverains, sont des démons ! » — « Ah ! combien je voudrais vous voir adorer le Dieu véritable qui a créé toutes choses et qui gouverne à son gré les êtres visibles et invisibles, au lieu d'adorer les statues des démons avec lesquels vous brûlerez, vos empereurs et vous, dans des feux éternels ». — « Si tu ne sacrifies pas », dit le préfet irrité, « je jure que je vais te condamner sans retard à la peine du glaive ». Et la noble romaine répondit : « Non, je ne sacrifierai point à tes démons, car je suis chrétienne, le Christ est mon Dieu, je l'adore et je le sers : à lui seul je dois sacrifier ». — « Nous ordonnons », dit aussitôt Helpidius, « que Sabine, en punition de sa désobéissance aux dieux et de ses blasphèmes contre nos maîtres les augustes, soit frappée du glaive et tous ses biens confisqués ».

Quand le bourreau eut fait son œuvre, des chrétiens enlevèrent le corps de la sainte Martyre et l'ensevelirent dans le tombeau qu'elle avait fait construire elle-même, près de l'arc de Faustin, et qui déjà gardait les restes de sainte Sérapie. En 425, un prêtre d'Illyrie, nommé Pierre, bâtit une église à sainte Sabine sur le lieu du supplice, au mont Aventin. Cette église, donnée à saint Dominique par Honorius III, appartient au fils du bienheureux Patriarche et on y vénère, sous l'autel majeur, les corps des deux saintes Martyres.

Vers le milieu du XIIe siècle, l'église de Lassey, en Auxois, dédiée à saint Martin, évêque de Tours, reçut la moitié du chef de sainte Sabine. Peu à peu la dévotion des fidèles à cette relique insigne déposséda Saint-Martin de son antique patronage ; le village lui-même oublia son nom celtique pour prendre celui de la Sainte qu'il porte aujourd'hui.

Cette généreuse Martyre était honorée à Périgueux le 29 août. On faisait une procession de Sainte-Sabine (la font Laurière) dans les temps de grande pluie ou de grande sécheresse. Cette fontaine, disait-on, était sortie miraculeusement de terre, et sainte Sabine était pour les Périgourdins ce que sainte Geneviève est pour les Parisiens.

Tiré des *Saints de Dijon*, par M. l'abbé Duplus, et de *Notes* fournies par le R. P. Carles, de Toulouse.

SAINT ADELPHE,

DIXIÈME ÉVÊQUE DE METZ ET CONFESSEUR (Ve siècle).

Saint Adelphe, dixième évêque de Metz, exerça les fonctions pastorales après saint Ruf, et gouverna pendant dix-sept ans le troupeau confié à ses soins. Par ses miracles, il protégea les chrétiens contre la fureur des idolâtres, dont il effraya les uns et convertit les autres. Il s'endormit doucement dans le Seigneur, le 28 du mois d'avril. Quoique l'histoire authentique de sa vie se soit perdue dans les désastres subis par la ville de Metz, on n'en doit pas moins croire à son éclatante sainteté, manifestée, selon ce qu'écrit Paul Diacre, par de nombreux miracles.

Saint Adelphe fut d'abord inhumé dans la célèbre crypte de Saint-Clément de Metz (auparavant Saint-Pierre-aux-Catacombes), puis transféré dans l'abbaye bénédictine de Neuvillers *(Novum Villare, Nova Villa)*, au diocèse de Strasbourg, par Drogon, évêque de Metz, et frère de Louis le Débonnaire, vers l'an 826. L'abbaye de Neuvillers, située au pied du mont Scaurus, qui sépare l'Alsace des Vosges, avait été fondée, vers l'an 723, par saint Sigisbald ou Sigebaud, évêque de Metz, de concert avec saint Firmin, son chorévêque, à qui il donna la direction du nouveau monastère. Les nombreux miracles opérés à cette translation, et depuis, ont rendu le culte de saint Adelphe très-célèbre. Un témoin oculaire ou informé par des personnes dignes de foi, en fit une relation qui fut publiée, en 1506, par Wimpheling, sur un manuscrit de la bibliothèque de Philippe, comte de Hanau (Electorat de Hesse) et baron de Lichtenberg (Prusse rhénane), et réimprimé par le Père Stilting dans le Recueil des Bollandistes.

Les religieux de Neuvillers célébraient tous les ans, le 29 août, cette glorieuse translation, et leur église, dédiée d'abord sous l'invocation des apôtres saint Pierre et saint Paul, n'était plus connue, au XVe siècle, que sous le nom de Saint-Adelphe. L'abbaye, qui relevait, au temporel, de l'évêché de Metz, demeura sous la Règle de Saint-Benoît jusqu'en 1496, époque à laquelle elle fut transformée en collégiale de Chanoines séculiers, par les soins d'Albert, évêque de Strasbourg. Neuvillers fut ruiné pendant les guerres de religion, et il n'en reste que l'antique église, qui fut desservie par quelques chanoines jusqu'à la fin du siècle dernier. Les reliques de saint Adelphe sont encore à Neuvillers, au milieu du grand autel de l'église qui porte son nom. Robert de Bavière, évêque de Strasbourg, fit, en 1468, l'ouverture de la châsse qui les contenait ; il les déclara authentiques et permit de les exposer à la vénération des fidèles.

Tiré du *Propre de Metz*, de Godescard, et de *Notes* fournies par M. l'abbé Noël, curé archiprêtre de Briey.

XXX° JOUR D'AOUT

MARTYROLOGE ROMAIN.

Sainte ROSE DE SAINTE-MARIE, dont la naissance au ciel est marquée le 26 du mois d'août. 1617. — A Rome, sur la voie d'Ostie, le martyre de saint FÉLIX, prêtre, sous les empereurs Dioclétien et Maximien. Il fut mis d'abord sur le chevalet, puis condamné à avoir la tête tranchée ; comme on le menait au supplice, un chrétien vint au-devant de lui, déclara hautement qu'il professait la religion de Jésus-Christ, et fut sur-le-champ décapité ; les fidèles, ne sachant pas son nom, l'appelèrent ADAUCTE, qui signifie *ajouté*, parce qu'il avait reçu la couronne du martyre conjointement avec saint Félix. 303. — A Rome encore, sainte Gaudence, vierge et martyre, avec trois autres. — Au même lieu, saint Pammaque, prêtre, remarquable par sa science et sa piété [1]. 410. — A Suffétula, une des colonies d'Afrique, soixante bienheureux Martyrs, massacrés par la fureur des païens. 399. — A Adrumète, autre ville d'Afrique, saint Boniface et sainte Thècle, qui eurent douze enfants, tous martyrs. 250. — A Thessalonique, saint Fantin, confesseur, qui souffrit beaucoup de mauvais traitements de la part des Sarrasins, fut chassé de son monastère où il avait vécu dans une merveilleuse abstinence, et mourut dans une extrême vieillesse, après avoir conduit plusieurs personnes dans les voies du salut [2]. IVe s. — Au diocèse de Meaux, saint FIACRE, confesseur. 670. — A Trevi, dans la Campagne de Rome, saint Pierre, confesseur, qui brilla par ses vertus et ses miracles, et mourut en ce lieu où il est l'objet d'une vénération particulière. Vers le milieu du XIe s. — A Bologne, en Italie, saint Bonone ou Bonein, abbé. 1026.

MARTYROLOGE DE FRANCE, REVU ET AUGMENTÉ.

Au diocèse de Toulouse, saint GAUDENS et ses compagnons, martyrs. 475. — Aux diocèses de Paris et d'Angers, saint Fiacre, confesseur, cité au martyrologe romain de ce jour. — Au diocèse de Metz, fête de sainte Rose de Lima, citée au martyrologe romain de ce jour, et mémoire des saints Félix et Adaucte, nommés au même martyrologe. — A Cologne, dans l'église des Machabées, sainte Sigilende ou Sigillinde, vierge et martyre. — Dans l'Angoumois (Charente, Dordogne), saint Fraigne ou Fermère, appelé aussi Frenir et Frevir, confesseur. VIe s. — A Arles, saint Eone, dix-septième archevêque de ce siége et confesseur. Il naquit à Châlon-sur-Saône et monta sur le

---

1. Pammaque était sénateur romain et ami intime de saint Jérôme. Il découvrit le premier les erreurs de Jovinien (moine de Milan et hérésiarque qui rejetait les jeûnes, la pénitence, la virginité, et niait la virginité de Marie), et les dénonça au pape Sirice qui condamna cet hérésiarque en 390. Saint Jérôme tira de grandes lumières de son ami pour la composition de ses ouvrages contre Jovinien ; il le consultait souvent, et s'en rapportait à lui sur la solution de plusieurs difficultés. Pammaque épousa Pauline, deuxième fille de sainte Paule ; il la perdit après trois ans de mariage. On lit dans saint Jérôme (Epist. LIV) qu'il arrosa les cendres de son épouse du baume de l'aumône et de la miséricorde ; que, depuis, les aveugles, les boiteux et les pauvres furent ses cohéritiers et les héritiers de Pauline ; et qu'on ne le voyait jamais sortir en public sans être suivi d'une troupe de malheureux. Pammaque écrivit aux fermiers et aux vassaux qu'il avait en Numidie, pour les exhorter à renoncer au schisme des Donatistes : ce zèle pour la foi lui mérita une lettre de félicitation de la part de saint Augustin, en 401 (Epist. LVIII). — Godescard, Ceillier, saint Jérôme.

2. Voir la note 1 du martyrologe des Basiliens, au 31 juillet, tome IX, page 131.

siège d'Arles vers 485. Le pape Gélase, élu en mars 492, lui écrivit pour lui faire part de son avènement à la chaire de Saint-Pierre, et pour le charger d'en informer les évêques des Gaules : c'était reconnaître la primatie de son Eglise. Eone se trouva à la célèbre conférence que les évêques eurent à Lyon en septembre 499, en présence du roi Gondebaud. Sur le point de mourir, inquiet au sujet de son successeur, il exhorta son clergé et les citoyens d'Arles à ne choisir personne autre que saint Césaire pour mettre à sa place. Ayant reçu la promesse que ses volontés seraient accomplies, il destina, par testament, tout son bien au rachat des captifs, ainsi qu'au soulagement des pauvres de son Eglise et s'endormit ensuite dans le Seigneur. On l'ensevelit à Arles dans la crypte de l'église Notre-Dame de Grâce, dans un tombeau de marbre blanc que l'empereur Constantin avait destiné à son fils Crispus. Pendant longtemps l'Eglise d'Arles célébra sa fête le jour même de sa mort (17 août); mais aujourd'hui cette fête est fixée au 30 août. 502. — A Avignon, saint Amat, évêque de ce siège. Il est regardé comme le premier qui, dans cette ville, ait souffert le martyre pour la foi. Ce fut vers 411 que le farouche Crocus ou Chrosc, chef des Vandales, le perça de son épée, et ce meurtre fut suivi du massacre de tous les Avignonnais, qui, comme leur pasteur, ne voulurent pas déserter la bannière du Christianisme. ve s. — A Jumiéges (Seine-Inférieure), au diocèse de Rouen, sainte Ameltrude, vierge, dont le corps fut apporté d'Angleterre, par de pieux chrétiens, pour le mettre à l'abri des profanations et du pillage que Rollon et les Danois faisaient subir aux tombeaux des Saints. viie ou viiie s. — A Avioth (Meuse, arrondissement et canton de Montmédy), au diocèse de Verdun, Notre-Dame d'Avioth, pèlerinage autrefois fort célèbre, mais qui a énormément perdu de son ancienne splendeur. Le sanctuaire date du xiiie siècle. L'église d'Avioth peut rivaliser avec les plus splendides cathédrales de l'univers : c'est un véritable poëme en pierre. Son portail, représentant la scène du jugement dernier, avec les détails les plus saisissants, présente un aspect grandiose. Un perron l'exhausse; une magnifique rosace le surmonte, et, sur les angles de sa façade, se prolongent deux tours jumelles carrées, avec un toit pyramidal. Cinq portes, symétriquement disposées, donnent accès à l'intérieur; l'église mesure 42 mètres en longueur sur 18 m. 50 c. en hauteur et en largeur. Onze chapelles la décorent, trois nefs la divisent; onze fenêtres et trois rosaces splendides y jettent la lumière. L'édifice, quelque peu endommagé par la Révolution, a été restauré en 1824 [1].

MARTYROLOGES DES ORDRES RELIGIEUX.

Martyrologe des Camaldules. — A Bologne, saint Bonone ou Bonein, abbé, disciple de notre Père saint Romuald. 1026.

Martyrologe des Dominicains. — A Lima, dans le royaume du Pérou, sainte Rose, vierge, du Tiers Ordre de notre Père saint Dominique, que le souverain pontife Clément IX a appelée la première fleur de sainteté de l'Inde occidentale. Elle fit vœu de virginité à quinze ans ; reçue d'une manière admirable par Notre-Seigneur comme son épouse, elle joignit la plus âpre pénitence à la vie la plus pure et la plus innocente. 1617.

Martyrologe des Servites. — L'Octave de saint Philippe Béniti, propagateur de notre Ordre [2]. 1285.

Martyrologe des Hiéronymites. — A Rome, saint Pammaque, disciple de notre Père saint Jérôme, remarquable par sa doctrine et sa sainteté. 410.

ADDITIONS FAITES D'APRÈS LES BOLLANDISTES ET AUTRES HAGIOGRAPHES.

En Portugal, Notre-Dame de Cuarquère. Egas de Monis, gouverneur du roi Alphonse Ier (693-757), fit porter ce jeune prince dans cette ancienne église de la sainte Vierge, pour lui décroiser les pieds : il ne l'eut pas plus tôt déposé sur l'autel que ses jambes se dénouèrent si parfaitement qu'il s'en servit, sans aucune incommodité, tout le reste de sa vie. — A Curium, aujourd'hui Piscopia, dans l'île de Chypre (Méditerranée), saint Philonidès, évêque et martyr. Dioclétien le fit enfermer dans un cachot avec Aristocle, Démétrien et Athanase. Ceux-ci cueillirent bientôt la palme du martyre. Quant à Philonidès l'impudique Maximien prétendit attenter à sa pudeur, et chargea de cette tâche sacrilège quelques jeunes libertins; mais Philonidès, que cette seule pensée révoltait, monta sur une hauteur, se précipita et expira dans sa chute. Son corps, enfermé dans un sac, fut jeté à la mer qui le transporta sur le rivage où les infidèles lui rendirent les honneurs de la sépulture. iiie s. — Chez les Grecs, les saints martyrs Irénée, Or et Orepse. Comme ils prêchaient Jésus-Christ, les idolâtres s'emparèrent de leurs personnes et les placèrent sur un bûcher où ils mirent le feu ; mais la flamme ne leur firent aucun mal; ils furent alors livrés aux bêtes, qui les

---

1. Cf. Les *Sanctuaires de la sainte Vierge dans le diocèse de Verdun*, par le R. P. Chevreux; et *Notre-Dame de France*, par M. le Curé de Saint-Sulpice, tome vii, page 107.
2. Nous avons donné sa vie au 23 août.

respectèrent ; attachés en croix et déchirés avec des ongles de fer, ils ne ressentirent pas l'atteinte des instruments de supplices ; flagellés, lapidés de la façon la plus horrible, ils semblaient n'éprouver aucun mal ; de guerre lasse, les païens leur tranchèrent la tête. II⁰ ou III⁰ s. — Dans la province d'Ulster ou Ultonie, en Irlande, saint Modan, que l'on croit avoir été revêtu de la dignité épiscopale. VI⁰ ou VII⁰ s. — A Coblentz (*Confluentiæ*), dans la province rhénane, la bienheureuse Ritza, vierge et thaumaturge. On l'honore spécialement dans l'église Saint-Castor de Coblentz. Son tombeau était autrefois très-fréquenté. X⁰ ou XI⁰ s.

SAINT FIACRE OU FÈVRE, CONFESSEUR,

SOLITAIRE AU DIOCÈSE DE MEAUX

570. — Pape : Vitalien. — Roi de France : Clotaire III.

> Saint Fiacre est un souverain que la vertu dégrade pour en faire un esclave de Jésus-Christ ; c'est un esclave qu'elle couronne pour le faire régner sur son cœur par la pénitence.
> Saint-Martin, *Panégyriques*.

Saint Fiacre était fils aîné d'Eugène IV, roi d'Ecosse, qui le mit dès son enfance, avec deux autres de ses fils, sous la conduite de Conan, évêque de Soder, afin qu'il apprît en même temps de ce sage prélat les maximes de la piété et les éléments des lettres humaines. Docile aux instructions de son saint précepteur, Fiacre préféra le service de Dieu aux plaisirs et aux honneurs du monde ; il résolut, quoiqu'il fût l'aîné et l'héritier légitime de la couronne d'Ecosse, d'abandonner la cour du roi, son père, pour se retirer dans quelque solitude, à l'abri des tempêtes du siècle. Il communiqua ce généreux dessein à la princesse Sira, sa sœur, qui le partagea : s'animant l'un l'autre, ils conviennent de sortir de leur pays. Ayant quitté la cour à l'insu de leur père, ils se rendent vers la mer, s'embarquent et passent en France.

Ils ne cherchaient qu'un lieu solitaire pour s'y retirer. Ils en trouvèrent un près de Meaux, pour le bonheur et la gloire éternelle de ce diocèse. Ils s'adressèrent donc à saint Faron, qui en était évêque. Il écouta leur proposition et se fit un plaisir d'y satisfaire. La princesse Sira demandait un monastère, où, vivant avec de saintes vierges, elle ne pensât plus qu'à Jésus-Christ, qu'elle avait pris pour son époux. Le saint évêque la mit dans celui dont sainte Fare, sa sœur, était abbesse, lequel fut depuis nommé Faremoutier (*Faræ Monasterium*). Saint Fiacre voulait avoir un lieu écarté dans une forêt, pour s'y renfermer, afin de ne plus s'occuper qu'à la contemplation des choses célestes : c'était Breuil, en Brie, qui depuis a pris le nom de Saint-Fiacre. Faron lui accorda volontiers une portion de terre dans cette forêt qui lui appartenait : saint Fiacre y construisit aussitôt un petit monastère et le consacra à la très-sainte Vierge, à laquelle, depuis son enfance, il portait une singulière dévotion. Il y mena une vie angélique, tant par son application continuelle à Dieu, que par la pratique des vertus qui soumettent entièrement la chair à l'esprit. Il faisait une guerre acharnée à ses passions, dont il réprimait les moindres saillies, et traitait son corps avec autant de sévérité et de rigueur que s'il eût été tout à fait insensible. Son histoire dit qu'il y avait en cela de l'excès, et qu'il était un trop cruel ennemi de lui-même : *Proprio corpori hostis nimis austerus*. Il mangeait peu, afin d'avoir davantage à donner aux pèlerins et aux pauvres qu'il recevait charitablement dans son ermitage, et employait à leur subsistance tout ce qu'il pouvait amasser.

Le bruit de sa sainteté s'étant répandu, on vint à lui des lieux les plus éloignés. On lui amenait de toutes parts des énergumènes et toutes sortes de malades, et, par le mérite de ses prières et l'imposition de ses mains, il délivrait les uns et rendait une parfaite santé aux autres. Saint Chilain, seigneur écossais, revenant de Rome, où il était allé en pèlerinage, et passant par la Brie, visita notre pieux Solitaire. Il vit que sa sainteté surpassait encore sa réputation, pourtant si grande. Saint Fiacre fut ravi de la visite d'un si illustre personnage, et eut avec lui des entretiens célestes qui le confirmèrent dans son dessein de vivre caché aux yeux du monde. Saint Chilain était son proche parent ; mais ils firent ensemble une liaison spirituelle qui fut bien plus forte que celle de la chair et du sang. Saint Faron fut bientôt informé du mérite de saint Chilain. Il conféra souvent avec lui, et, ayant remarqué les grands talents dont la nature et la grâce l'avaient favorisé pour servir utilement l'Eglise, il l'ordonna prêtre et l'envoya dans l'Artois pour y prêcher l'Evangile et achever la conversion du peuple de cette province, d'où l'idolâtrie n'était pas encore tout à fait bannie. Ce grand homme mourut en remplissant ces fonctions apostoliques. Ses reliques furent plus tard déposées dans la châsse de saint Fiacre, à Meaux, où elles sont toujours, mais mêlées et confondues avec celles de saint Fiacre et d'autres Saints.

Le nombre des pèlerins et des pauvres qui venaient implorer la charité de ce bon solitaire, augmentant de jour en jour, il se trouva dans l'impuissance de les recevoir tous sans un nouveau secours de saint Faron. Il l'alla trouver pour le prier de lui donner dans la forêt un terrain suffisant pour y semer des légumes, avec lesquels il pût subvenir aux nécessités de ses hôtes. Ce prélat acquiesça à sa demande, et lui accorda autant de terre auprès de son ermitage qu'il pourrait, en creusant lui-même un jour entier, en entourer d'un petit fossé : tout ce qui se trouverait enfermé dans l'étendue de cette circonvallation lui appartiendrait en propre et comme un bien de patrimoine. Dieu permit qu'on lui prescrivît cette condition, afin de faire éclater davantage la sainteté de son serviteur. Car saint Fiacre ne fut pas plus tôt de retour dans sa solitude, que, prenant un bâton à la main, après avoir fait une prière pleine de confiance en Dieu, il traça sur la terre une ligne pour faire le circuit de son jardin ; mais, par un prodige surprenant et presque incroyable, à mesure qu'il avançait, la terre s'ouvrait d'elle-même et les arbres tombaient de côté et d'autre. Pendant cette merveille arrive une femme, qui, ayant vu la terre s'ouvrir à la seule présence de l'homme de Dieu, courut promptement à l'évêque lui dire que cet ermite, qu'il considérait tant, n'était qu'un magicien et un enchanteur, et qu'elle lui avait vu, de ses propres yeux, faire des sortiléges inouïs ; puis, retournant sur ses pas à la forêt, elle vomit mille injures atroces contre le Saint, et lui ordonna de cesser son travail, ajoutant que l'évêque allait venir lui-même lui confirmer cette défense. Saint Fiacre s'arrêta ; mais comme il voulut s'asseoir sur une pierre, pour se reposer en attendant la venue du saint prélat, les prodiges se succédant les uns aux autres, la pierre se creusa d'elle-même en forme de chaise, afin que le Saint y fut plus à son aise. On la voit encore dans l'église qui fut depuis bâtie en son honneur, où elle se conserve pour servir de monument éternel de ce grand miracle. Cependant saint Faron arriva ; et, voyant la vérité de toutes ces merveilles, il fut encore plus persuadé qu'auparavant du grand mérite et de la sainteté du bienheureux ermite ; il l'en aima plus tendrement que jamais et l'honora depuis, toute sa vie, d'une singulière familiarité.

Pendant que saint Fiacre jouissait tranquillement des délices de la solitude, le roi son père mourut, et Ferchard, son cadet, succéda à la couronne d'Ecosse ; mais, comme ce prince se laissa infecter de l'hérésie des Pélagiens, qui dominait alors dans ce royaume, et qu'il se prostitua à toutes sortes de crimes, ainsi qu'il arrive d'ordinaire à ceux qui abandonnent la véritable religion, il s'attira tellement la haine de tous ses sujets, que dans une assemblée d'Etat il fut déposé et renfermé dans une prison. On délibéra ensuite entre les mains de qui l'on mettrait la couronne, et tous étant unanimement convenus de la donner à saint Fiacre, à qui elle appartenait de plein droit, on envoya des ambassadeurs à Clotaire III, roi de France, pour le supplier d'employer toute son autorité afin de l'engager à quitter son ermitage et à retourner en Ecosse pour y prendre la couronne du roi son père. Notre Saint, ayant eu révélation de tout ce projet, demanda à Dieu, à force de larmes et de prières, de ne pas permettre qu'il sortît de sa chère solitude, où il goûtait de si grandes douceurs, pour posséder des honneurs qui n'étaient remplis que de périls et auxquels il avait renoncé de tout son cœur pour son amour. Sa prière fut exaucée. Il devint aussitôt semblable à un lépreux, afin que les envoyés, le trouvant en cet état, qui leur ferait horreur, n'eussent plus la pensée de l'élever sur le trône. En effet, quand ils le virent si défiguré, ils lui demandèrent fort froidement, et seulement pour s'acquitter de leur mission, s'il ne voulait pas revenir dans son pays pour prendre la couronne que le roi son père lui avait laissée, désirant intérieurement qu'il les refusât, tant ils conçurent de dégoût pour sa personne. « Sachez », leur répondit saint Fiacre, « que cette plaie dont vous me voyez couvert, n'est pas un effet de l'intempérie de la nature, mais une grâce que Dieu m'a faite pour me confirmer dans mon humiliation ; et soyez persuadés que je préfère cette petite cellule au plus grand royaume de l'univers ; qu'ici je fais mon salut en assurance, et qu'avec le sceptre que vous m'offrez, je serais exposé à mille dangers de me perdre ». Les ambassadeurs s'en retournèrent fort contents de ce refus ; mais le Saint eut encore plus de joie de demeurer solitaire ; sa lèpre, que Dieu ne lui avait envoyée que pour favoriser son humilité, se dissipa, et son visage reprit sa beauté naturelle. Notre Saint avait fait bâtir une espèce d'hôpital pour les étrangers ; il y servait les pauvres lui-même. Mais il ne permettait pas aux femmes d'entrer dans l'enceinte de son ermitage ; il paraît que c'était une règle inviolable chez les moines irlandais. On voit encore aujourd'hui que, par respect pour la mémoire de saint Fiacre, les femmes n'entrent ni dans le lieu où il demeurait à Breuil, ni dans la chapelle où il fut enterré. Anne d'Autriche, reine de France, y ayant fait un pèlerinage, se contenta de prier à la porte de son oratoire. Saint Fiacre passa le reste de sa vie dans son ermitage, d'où il envoya son âme au ciel le 30 août, vers l'an 670. Son corps fut enterré dans la chapelle qu'il avait fait bâtir en l'honneur de la sainte Vierge.

Il s'est fait tant de miracles à son tombeau et par son intercession, qu'il serait trop long d'en faire ici le récit ; nous en donnerons seulement quelques-uns pour exciter les fidèles à la dévotion envers un Saint qui est si puissant auprès de Dieu. Un habitant de Monchy, en Picardie, portait sur un cheval deux de ses enfants malades, au sépulcre de saint Fiacre, pour en obtenir leur guérison. Comme ils passaient sur un pont, que l'on appelait Rapide, à cause de la violence des eaux, qui était extrême en cet endroit, le cheval tomba dans la rivière avec le père et les deux enfants. Les assistants ne pouvaient pas les secourir, parce que la rivière, au lieu où ils étaient tombés, était profonde de dix ou douze pieds. Mais le Saint qu'ils invoquèrent leur apparut, et les retira tous trois de dessous les eaux : alors le père, prenant ses enfants par la main, les mena à terre, marchant facilement sur les eaux sans enfoncer ; et, pour rendre le miracle plus éclatant, les enfants furent en même temps délivrés de leur maladie aussi bien que du péril.

Quatre petits enfants, se baignant dans la rivière d'Oise, furent ensevelis sous les eaux, sans que l'on pût retrouver leurs corps, quoique des pêcheurs les eussent cherchés durant plusieurs heures. La mère des deux dont nous venons de parler, qui étaient encore de ce nombre, eut recours à saint Fiacre, et le pria de montrer encore une fois en cette occasion le pouvoir qu'il avait dans le ciel, et de leur sauver la vie. Aussitôt ils parurent tous quatre sur les eaux, et déclarèrent que saint Fiacre les avait délivrés. — Un homme avait sur le nez un polype de la grosseur d'un œuf, ce qui le rendait monstrueux ; il visita le tombeau de notre Saint ; là, après avoir fait sa prière, il s'endormit, et, à son réveil, il se trouva parfaitement guéri. — Sept pèlerins revenaient de Saint-Denis, en France, et, passant près du monastère du serviteur de Dieu, quatre de la troupe dirent aux autres : « Allons au sépulcre de saint Fiacre ». « Nous ne sommes pas galeux », répondirent les trois autres ; « nous n'avons que faire d'y aller ; il n'y a que les galeux qui y vont en pèlerinage » : et, en se raillant de leurs compagnons, ils leur disaient : « Allez-vous-en, vous qui êtes galeux, au médecin des galeux ». En même temps ils perdirent la vue et ne la recouvrèrent que par les mérites du Saint, au tombeau duquel les autres les conduisirent.

En 1620, un religieux écossais, ayant reçu du souverain Pontife l'ordre de se rendre dans l'île de la Grande-Bretagne, pour y assister les catholiques, vit, durant la traversée, son vaisseau assailli par une si furieuse tempête, que l'équipage avait perdu toute espérance. Chacun invoquait le Saint auquel il avait dévotion. Le religieux eut recours à saint Fiacre, qui lui apparut aussitôt et lui dit d'une voix intelligible : « Je suis Fiacre, écossais de nation comme vous ; ayez confiance en Dieu, et je le prierai qu'il vous préserve du naufrage ». Il n'eut pas plus tôt dit ces paroles, que la tempête cessa, au grand étonnement de tous les passagers.

Les jardiniers l'honorent comme leur patron. On le représente ordinairement avec le costume monacal, tenant une bêche à la main.

CULTE ET RELIQUES.

La dévotion envers saint Fiacre a été de tout temps très-célèbre parmi les fidèles, tant en France que dans les autres pays. Louis XIII, surnommé *le Juste*, roi de France, avait tant de vénération pour lui, qu'il voulut avoir de ses reliques dans son palais, comme de l'un des plus puissants protecteurs de son royaume. On ressentit les effets de cette protection, lorsqu'il délivra la France d'Henri V, roi d'Angleterre. Ce prince, ayant été défait dans la journée de Beaugé (1421), par l'armée de Charles VI, fut si indigné de ce que les Ecossais avaient servi dans l'armée du roi de France, que pour se venger d'eux il fit piller par ses troupes le monastère de Saint-Fiacre, et faire de grands dégâts aux environs de Meaux ; mais il ne fut pas longtemps sans être puni de son irréligion ; car, quelque temps après, il fut atteint de la maladie appelée de *Saint-Fiacre*, dont il mourut au bois de Vincennes, sans avoir pu recevoir aucun soulagement par les remèdes humains.

Il s'est établi un prieuré à l'endroit où mourut saint Fiacre et où ses reliques demeurèrent jusqu'en 1568. Le bâtiment de ce prieuré et son église sont aujourd'hui détruits ; mais les fidèles visitent toujours ce lieu ; ils vont dans l'église paroissiale vénérer une relique du Saint, qui fut donnée au prieuré par M. Séguier, évêque de Meaux. En 1568, les reliques de saint Fiacre furent, en grande partie, transportées dans la cathédrale de Meaux, où, depuis la Révolution, il en reste quelques-unes, mais, comme nous l'avons dit plus haut, confondues et mêlées avec d'autres ; on en a séparé quelques ossements pour contenter la dévotion des fidèles. Le grand-duc de Toscane en obtint un petit par la faveur de la reine Marie de Médicis ; et, en reconnaissance des grâces qu'il reçut ensuite par l'intercession du Saint, il fit bâtir, à Florence, une belle église en son honneur. Les chanoines de Meaux, en 1637, firent présent de l'une de ses vertèbres au cardinal de Richelieu ; elle fut déposée dans l'église paroissiale de Saint-Josse, à Paris, en 1671, par la piété de la duchesse d'Aiguillon, pour la confrérie qui y fut établie en l'honneur de saint Fiacre. Cette confrérie est très-ancienne, et depuis Charles VI, qui voulut y être enrôlé avec toute la maison royale, les rois de France se sont fait gloire d'en faire partie. Le lieu où est bâtie la chapelle de cette confrérie était autrefois un hôpital, dans lequel on tient, par tradition immémoriale, que saint Fiacre logea, en arrivant d'Ecosse, sous un habit inconnu, et qu'il y fit le premier essai de la vie plus angélique qu'humaine qu'il voulait embrasser. L'église de Tilloy-lès-Conty, celle de Trilport et le séminaire de Meaux possèdent quelques fragments des reliques de saint Fiacre.

Le culte de saint Fiacre est très-répandu, et l'on compte en France un grand nombre d'églises qui lui sont dédiées. Dans les temps de calamité publique on descend sa châsse. Le martyrologe romain fait mention de saint Fiacre le 30 août.

Sa vie se trouve dans le tome V° de Surius. Nous nous sommes aussi servi des leçons du Bréviaire de Paris, et de quelques mémoires qui nous ont été communiqués par M. le curé de Saint-Josse.

SAINTE ROSE DE SAINTE-MARIE OU DE LIMA,

RELIGIEUSE DU TIERS ORDRE DE SAINT-DOMINIQUE.

1617. — Pape : Paul V. — Roi d'Espagne : Philippe III.

> La bienheureuse vierge du Pérou est une rose fermée par l'amour de la retraite ; une rose épanouie par l'éclat de ses vertus ; une rose flétrie par la rigueur de sa pénitence.
> Nicolas de Dijon *(Orat. sac. collect. Migne).*

Rose naquit le 20 avril 1586 à Lima, capitale du Pérou, dans l'Amérique méridionale, dont la plupart des habitants étaient encore esclaves du démon et n'offraient de l'encens qu'aux idoles. Son père s'appelait Gaspard des Fleurs, et sa mère Marie d'Oliva, tous deux illustres par leur noblesse et par leur piété, mais non par leurs richesses. On la nomma Isabelle sur les fonts de baptême : cependant, trois mois après, sa mère ayant aperçu une forte belle rose sur son visage pendant qu'elle dormait, elle ne l'appela plus que *Rose*. Arrivée à l'âge de raison, notre Sainte en eut du scrupule ; elle croyait qu'on ne lui avait donné ce nom que pour flatter sa beauté ; mais la bienheureuse Vierge, à qui elle s'adressa dans son inquiétude, la consola dans une vision, l'assurant que le nom de Rose était agréable à Jésus-Christ, son Fils, et, pour marque de son affection, elle voulut encore l'honorer du sien, lui déclarant que dorénavant on la devait appeler *Rose de Sainte-Marie*.

Son enfance ressembla à celle de la séraphique sainte Catherine de Sienne. A l'âge de trois mois, elle souffrit des maux très-cruels et des opérations très-douloureuses, mais avec une patience extraordinaire. Les chirurgiens en étaient tout étonnés et avouaient que cela ne pouvait se faire sans un miracle. Elle fut si fort prévenue de la grâce, que, dès son enfance, elle eut l'esprit d'oraison, et s'y appliqua une grande partie du jour et de la nuit. Elle n'avait encore que quinze ans lorsqu'elle consacra à Dieu sa virginité.

Elle eut toujours une parfaite obéissance envers ses parents ; mais elle savait si bien la ménager que celle qu'elle devait à Dieu n'en souffrit jamais. Sa mère lui commanda un jour d'attacher une guirlande de fleurs sur sa tête : elle lui obéit ; mais elle y mêla une aiguille qui la fit beaucoup souffrir. C'est ainsi qu'elle se comportait dans les choses qui ressentaient la vanité ou le monde, y joignant toujours quelques mortifications pour en détourner le plaisir. Pour les choses de devoir et même indifférentes, la bienheureuse Rose y apportait une obéissance aveugle, prompte et générale ; cette obéissance ne regardait pas seulement ses parents, mais s'étendait encore jusqu'à la servante du logis, qu'elle respectait comme sa maîtresse, et à laquelle elle obéissait en toutes choses avec beaucoup de joie.

Afin de se maintenir dans une complète dépendance, elle résolut de ne rien prendre par elle-même de ce qui était nécessaire à son travail journalier ; elle allait donc, chaque matin, prier sa mère de lui remettre les matières et les instruments dont elle avait besoin. Celle-ci, ennuyée d'une importunité qui lui semblait ridicule, la reçut un jour avec colère, et lui dit en criant : « Prétendez-vous donc me constituer votre servante? veuillez désormais me laisser tranquille et pourvoir vous-même à vos nécessités ». « Pardonnez-moi, ma mère », répondit la jeune vierge, « je voulais joindre au mérite de mon travail celui de ma dépendance, et vous payer chaque jour le tribut de mon respect filial ; je tâcherai dorénavant de mettre plus de discrétion dans mon obéissance ».

Comme ses parents étaient tombés dans la nécessité, elle employa toute son industrie pour tâcher de les secourir. Elle passait une partie de la nuit à travailler de l'aiguille, à quoi elle était fort habile, et le jour elle cultivait un petit jardin, afin de les nourrir du gain qu'elle pouvait faire. Quand ils étaient malades, elle les assistait avec une assiduité incroyable : elle était sans cesse à leur chevet, y passait les jours et les nuits, et ne les quittait point, à moins qu'elle n'en fût arrachée par la nécessité de leur rendre quelque autre service ; elle faisait leur lit, préparait tous leurs remèdes, et leur rendait toutes sortes d'assistances, dans les choses même les plus basses et les plus dégoûtantes.

Rose de Sainte-Marie avait tout ce qu'il fallait pour plaire au monde, beauté peu commune, jugement exquis, humeur fort douce, excellent cœur, habitudes prévenantes et pleines de politesse. Ces qualités furent cause que sa mère songea de bonne heure à la marier, et lui firent croire, avec juste raison, qu'elles lui procureraient une alliance avantageuse ; cependant telle n'était point sa vocation. Son attrait l'appelait depuis longtemps au Tiers Ordre de Saint-Dominique, et elle l'eût suivi de très-bonne heure, si sa mère n'y eût mis opposition. En attendant, elle n'avait rien négligé pour terminer son esclavage ; c'était dans ce dessein qu'elle avait coupé ses cheveux, qu'elle décolorait et maigrissait son visage par le jeûne, qu'elle fuyait les regards des hommes et cachait sa beauté sous des habits grossiers. Pendant les quatre années que ses parents demeurèrent à Canta, elle ne sortait jamais, pas même pour se promener dans un jardin délicieux qui touchait les murs de la maison paternelle. Toutes ses précautions ne la dérobèrent pourtant pas, comme elle le prétendait, à l'attention publique ;

plusieurs jeunes gens, charmés de sa vertu et de ses qualités extérieures, pensèrent à la demander en mariage à ses parents.

Un d'entre eux, ayant manifesté son désir à sa mère, celle-ci fut d'autant plus enchantée de lui voir cette inclination, qu'elle était conforme à ses propres pensées. Entrant donc, avec ardeur, dans les vues de son fils, elle s'empressa d'aller traiter de cette affaire avec la mère de la jeune personne. Cette proposition fut accueillie comme un bienfait de Dieu, et l'affaire conclue, moyennant ratification de la part de Rose ; mais c'était là précisément le point de la difficulté.

La sainte fille, liée depuis longtemps par un vœu perpétuel de virginité, n'eut pas le courage de découvrir son secret à sa mère ; mais elle lui fit part de sa répugnance pour l'état qu'on lui proposait, et la pria de répondre négativement. Ce refus souleva contre elle un orage terrible ; toute sa famille entreprit de lui arracher, par la violence, un consentement qu'elle ne voulait pas donner volontairement. En conséquence, on ne lui parla plus que d'un ton de colère ; on l'accabla de reproches et d'injures ; on en vint même aux traitements les plus ignominieux. Cependant, soutenue par sainte Catherine de Sienne, qu'elle avait prise, dès son enfance, pour sa protectrice et dans les bras de laquelle elle s'était réfugiée, pendant cette tempête, la sainte fille persista dans sa résolution de n'avoir d'autre Epoux que Celui qu'elle s'était choisi.

Avec l'agrément de sa famille, le Père Alphonse Velasquès, son confesseur, lui donna solennellement, dans la chapelle du Saint-Rosaire, l'habit du Tiers Ordre de Saint-Dominique qu'elle avait si longtemps et si ardemment désiré. Du consentement de sa mère, elle se fit faire un petit ermitage dans sa maison, où elle ne pensa plus qu'à y vivre de telle sorte qu'aucune partie de son temps ne s'écoulât sans fruit. Toutes les heures du jour étaient partagées entre le travail des mains et le saint exercice de la prière, et la meilleure partie des nuits était consacrée à la contemplation. Elle se mit alors avec plus de ferveur que jamais à la pratique des vertus les plus rigoureuses du Christianisme. Son humilité était surprenante : elle ne s'occupait qu'aux choses les plus viles de la maison, laissant les autres emplois à la servante ; elle souffrait avec une extrême patience les outrages que lui faisaient ses parents pour la vie retirée qu'elle menait ; elle attribuait à ses péchés toutes les disgrâces qui arrivaient dans sa famille ; elle rejetait toutes les louanges qu'on lui donnait, et s'imposait même de rudes pénitences quand on l'avait applaudie, pour arrêter la complaisance qu'elle en pouvait ressentir ; elle cachait autant qu'elle pouvait ses maladies, de peur d'en être soulagée. Quand elle se confessait, c'était avec une abondance de larmes, des gémissements et des soupirs qui l'auraient fait aisément passer pour une femme débauchée et chargée de toutes sortes de crimes, si chacun n'avait été persuadé de son innocence.

Elle vivait dans une si grande retenue, qu'on ne lui a jamais entendu proférer une parole plus haute que l'autre, ni qui témoignât qu'elle trouvait à redire à la conduite et aux actions de qui que ce fût. Son humeur douce et affable la rendait aimable : tout le monde disait que c'était mal à propos qu'on lui avait donné le nom de Rose, parce qu'elle n'en avait pas les épines. Sa charité envers le prochain était générale : il semblait que cette reine des vertus était l'âme qui la faisait agir et qui animait ses paroles, ses actions et toute sa vie.

Avec cela elle était si dégagée des créatures, et si insensible à toutes les satisfactions de la terre, qu'elle arriva en peu de temps à une pureté de cœur qui ne cédait en rien à celle des anges ; car, pendant trente et un ans qu'elle a vécu sur la terre, elle n'a jamais commis un péché véniel en matière d'impureté, et, même, ce qui tient du miracle, elle n'a jamais été tourmentée de pensées dangereuses à ce sujet, dont les Saintes les plus chéries et les plus favorisées de Dieu n'ont pas été exemptes. Onze savants religieux, six de l'Ordre de Saint-Dominique, et cinq Jésuites, qui ont entendu plusieurs fois ses confessions générales, l'ont déposé juridiquement et avec serment.

L'amour de la Croix a été si ardent dans l'âme de cette bienheureuse, qu'elle s'en est procuré toutes les amertumes, à l'exemple de sainte Catherine de Sienne, dont elle voulait être la copie aussi bien que la fille spirituelle. Dès son enfance, elle s'abstint de manger de toutes sortes de fruits, qui sont excellents dans le Pérou. A l'âge de six ans, elle commença à jeûner trois jours de la semaine au pain et à l'eau. A quinze ans, elle fit vœu de ne manger jamais de viande, si elle n'y était contrainte par ceux qui avaient autorité sur elle ; sa mère ne pouvant supporter ce genre de vie, l'obligeait de se mettre à table avec les autres ; Rose obéit, mais elle sut prévenir toutes les satisfactions en mêlant toujours quelque chose d'amer parmi ce qu'elle mangeait, comme de l'absinthe et d'autres herbes sauvages ; et même elle avait toujours un vase plein de fiel de mouton, dont elle arrosait ce qui lui servait d'aliment, et dont elle se lavait tous les jours la bouche dès le matin, en mémoire de celui dont le Sauveur a été abreuvé sur l'arbre de la croix : de sorte qu'on est en peine de savoir si elle ne souffrait pas davantage en mangeant qu'en s'abstenant de manger. Son jeûne était d'autant plus difficile et plus rigoureux, qu'elle ne faisait en vingt-quatre heures qu'un seul repas d'un morceau de pain et d'un peu d'eau. Pendant tout le Carême, elle se retranchait l'usage du pain, se contentant de quelques pépins d'orange, qu'elle réduisait à cinq tous les vendredis de cette quarantaine. On l'a vu se contenter d'un pain et d'un peu d'eau pendant cinquante jours : une autre fois elle demeura sept semaines entières sans boire, malgré les chaleurs insupportables du pays ; et, à la fin de sa vie, elle a passé assez souvent plusieurs jours sans boire ni manger.

Quoique son corps fût fort affaibli et desséché par tant de jeûnes, cela ne l'empêchait pas d'exercer sur elle d'autres austérités presque incroyables. Les disciplines ordinaires étaient trop douces pour elle ; elle s'en fit une de deux chaînes de fer, dont elle se frappait tous les jours jusqu'au sang, et particulièrement quand elle le faisait pour la conversion des pécheurs. Son confesseur, étant averti de la manière impitoyable avec laquelle elle se traitait, lui défendit de se servir davantage d'une discipline si rude : elle obéit, mais ce ne fut que pour changer de supplice, car elle se fit, de cette chaîne de fer, une ceinture à trois rangs, et la serra si fort sur ses reins, qu'elle lui entra bien avant dans la chair ; elle ne put, ensuite, la retirer qu'avec une extrême douleur et une très-grande effusion de sang.

Le cilice qu'elle portait était tissu de crin de cheval, et lui descendait depuis les épaules jusqu'aux poignets et aux genoux ; mais, pour le rendre plus rude, elle l'arma encore d'une infinité de pointes d'aiguilles par dessous ; elle épiait l'occasion qu'on cuisait chez ses parents, et, lorsqu'elle ne pouvait être aperçue de personne, elle présentait à la bouche du four, où la chaleur est la plus violente, la plante de ses pieds, la seule partie de son corps sans blessure, demeurant constamment dans ce supplice volontaire jusqu'à ce que la douleur lui fît manquer le cœur.

Comme elle était saintement insatiable de tourments, elle se servait encore d'un autre stratagème pour se faire souffrir. Dès sa plus tendre enfance, elle se fit une couronne d'étain, et, y ayant attaché quantité de petits clous pointus, elle se la mit sur la tête et la porta plusieurs années sans que l'on s'en aperçût. Quelques années après, elle s'en fit une autre d'une lame d'argent, dans laquelle elle ficha trois rangs de pointes de fer aiguës, dont chacun était de trente-trois pointes, en l'honneur des trente-trois années que le Fils de Dieu a vécu sur la terre, et qui faisait en tout quatre-vingt-dix-neuf. Elle la porta en cet état de longues années, avec des douleurs incroyables, parce que ces pointes lui faisaient autant de trous. Ainsi, elle affligeait toutes les parties de son corps, et elle se rendit si semblable à Jésus-Christ crucifié, qu'on pouvait dire d'elle ce que l'Ecriture a dit de cet Homme de douleur : *A planta pedis usque ad verticem non est in eo sanitas :* « Il n'y a point en son corps, depuis la plante des pieds jusqu'au plus haut de la tête, de membre ni de partie qui n'ait sa douleur et son tourment particulier ».

Son lit fut toujours le plus dur et le plus douloureux qu'il lui fût possible ; mais celui sur lequel elle coucha plus longtemps était fait en forme de coffre, rempli de morceaux de bois raboteux et de tuiles cassées, dont les pointes lui déchiraient tout le corps ; son oreiller n'était qu'une grosse pierre aussi toute raboteuse. Cette rigueur insupportable fait assez voir que ce lit était plus capable de la faire souffrir et de lui empêcher le sommeil, que de lui procurer du repos. Cependant, cette invincible amante de la Croix s'était encore réduite à ne dormir que deux heures, et bien souvent elle ne les dormait pas entières. Elle disposait tellement du reste du temps, qu'elle passait douze heures, tant du jour que de la nuit, dans une perpétuelle application de son esprit à Dieu par l'oraison, et, pour les dix autres, elles les employait à travailler à l'aiguille, ou à d'autres ouvrages, pour subvenir aux besoins de sa famille. Si le sommeil venait la surprendre dans ces moments, elle exerçait sur elle de nouvelles rigueurs pour triompher de ses attaques.

L'amour que la bienheureuse Rose avait pour son Dieu, et son dégoût pour la créature, étaient si puissants, que, pour éviter toutes les complaisances et les conversations du monde, elle se défigurait souvent le visage et se mettait hors d'état de recevoir ou de rendre des visites. Sa mère, qui vit bien que cette sanglante conduite était préméditée, résolut de ne la plus mener avec elle ; elle lui permit même, comme nous l'avons dit, de faire un petit ermitage dans le jardin de leur maison, afin d'y vivre séparée de tout autre entretien qu'avec son Dieu. Ce fut dans cette chère solitude, que, s'unissant de plus en plus à Jésus-Christ par une oraison continuelle, aussi bien dans le temps du travail que dans celui de la prière, elle mérita que Notre-Seigneur s'unît à elle à son tour, non plus d'une manière invisible et cachée, mais par des voies toutes sensibles et des caresses pleines d'éclat et de gloire. Car, un jour qu'elle était absorbée en Dieu, dans la chapelle du Rosaire, dans l'église des Pères Dominicains, cet adorable Sauveur, qui la voulait avoir pour son Amante et pour son Epouse, lui apparut, et, après avoir versé dans son âme un torrent de joies et de délices, il lui dit : « Rose de mon cœur, je te prends pour mon Epouse ». La Sainte, ravie de cette bonté, mais d'ailleurs se sentant indigne d'une alliance si illustre, répondit avec un profond respect : « Voici, mon Dieu, votre servante, c'est la seule qualité que je mérite. Je porte dans le fond de mon âme des caractères trop visibles de servitude et d'esclavage pour mériter le nom et le rang de votre Epouse ». Alors la sainte Vierge, pour prévenir en elle toute crainte d'illusion, l'assura de la vérité de ce mystère par ces obligeantes paroles : « Rose, la bien-aimée de mon Fils, tu es maintenant sa véritable Epouse ».

Depuis ce bienheureux jour, cette fidèle amante sentit son cœur embrasé de nouvelles flammes; et, comme elle renouvela la ferveur de ses oraisons, pour rendre toujours plus parfaite l'union qu'elle avait avec son divin Epoux, il devint enfin si intimement présent dans toutes les puissances de son âme, qu'elle ne pouvait en détourner sa pensée, quand même elle eût expressément voulu l'appliquer sur quelque autre objet.

Le démon, toujours envieux du bonheur des amis de Dieu, ne manqua pas de traverser une jouissance si charmante d'effroyables tentations; il tourmenta cette grande Sainte l'espace de quinze ans, une heure et demie par jour, avec tant de violence, qu'elle souffrait, en quelque façon, les mêmes peines que les âmes endurent dans le purgatoire. Durant cette furieuse tempête, elle ne pouvait plus penser à Dieu, et ressentait des désolations, des abandons et des sécheresses insupportables; les esprits des ténèbres remplissaient son imagination de spectres si horribles, que lorsqu'elle sentait approcher l'heure de ses peines, elle tremblait de tout son corps et était obligée de prier son cher Epoux de la dispenser de boire ce calice. Quelquefois même la tentation était si violente, qu'elle l'eût fait tomber dans le désespoir, et lui eût mille fois donné le coup de la mort, si Dieu ne l'eût soutenue par sa grâce extraordinaire.

Cette conduite parut si étrange à tout le monde, qu'on la fit examiner par les plus fameux théologiens de l'Université de Lima; mais, après toutes les interrogations qu'ils jugèrent à propos de lui faire, ils témoignèrent qu'il n'y avait point d'illusion dans son état, et que ses peines étaient une épreuve de Dieu, qui la voulait tenir dans l'humilité et la disposer à une éminente perfection, par une conduite pleine de ténèbres et de souffrances.

Il est vrai, néanmoins, que, quand elle était sortie de cette tourmente, elle recevait des consolations intérieures qui lui en faisaient oublier toutes les rigueurs. Le Fils de Dieu se rendait souvent visible à ses yeux, l'honorait de sa familiarité et l'admettait à des privautés qui étaient comme des avant-goûts délicieux du bonheur qu'il lui préparait dans le ciel. Tantôt il la soulageait sensiblement dans une maladie, tantôt il la consolait et la fortifiait dans une affliction, tantôt il lui témoignait l'excès de son amour par des entretiens pleins de bienveillance et de tendresse, et tantôt il lui faisait des caresses toutes saintes, telles que le Saint-Esprit nous les décrit dans le Cantique des cantiques. La sainte Vierge, qui était sa puissante protectrice, la favorisait aussi très-souvent de ses visites, afin de lui donner les secours qui lui étaient nécessaires pour avancer dans la vertu. Son ange gardien lui faisait encore la même faveur, et s'abaissait jusqu'à lui rendre visiblement mille petits services. Enfin, la bienheureuse Rose eut de si fréquentes conversations avec sainte Catherine de Sienne, qui lui avait été donnée de Dieu pour sa maîtresse, que les traits du visage de cette vierge séraphique passèrent bientôt sur le sien, comme il arriva à Moïse, qui fut transformé en Dieu à la suite de l'entretien qu'il avait eu avec lui sur la montagne; elle lui ressemblait si parfaitement, que tout le peuple du Pérou, qui avait son image devant les yeux, prenait Rose pour une seconde sainte Catherine de Sienne.

Nous ne nous étonnons plus si, après tant de douceurs et de communications célestes, elle devint plus que jamais insensible à tous les plaisirs et à toutes les consolations de la terre, et si elle eut toujours une patience invincible dans les persécutions, dans les maladies et dans les autres peines. Il n'y a guère de maladie dont elle n'ait été tourmentée : l'esquinancie, l'asthme, le mal d'estomac et de poitrine, et la goutte sciatique sont celles qui l'ont travaillée le plus ; mais, au milieu de tous ces maux, elle disait ordinairement ces paroles : « O bon Jésus, que votre volonté soit accomplie ! je ne demande que l'augmentation de mes souffrances, pourvu qu'en même temps vous augmentiez en moi les flammes de votre sainte dilection ».

Ce grand amour qu'elle avait pour Dieu était suivi d'un zèle si ardent de sa gloire, qu'elle n'épargnait rien pour lui procurer sans cesse de nouveaux amants ; elle y travaillait, tantôt par ses discours tout remplis du feu de la charité, tantôt par ses prières et par ses larmes, et d'autres fois par de grands miracles qu'elle obtenait du ciel pour faire réussir un si bon dessein. Ce même amour la remplissait de compassion pour les pauvres et pour toutes sortes de malheureux. Il n'y avait rien qu'elle ne fît pour les soulager. Elle retirait chez elle des femmes et des filles malades, auxquelles elle donnait tous ses soins ; elle les secourait avec empressement, faisait leurs lits, pansait leurs plaies, leur apprêtait leurs remèdes et leur rendait toutes les autres assistances dont elles avaient besoin en cet état.

On ne peut parler assez dignement de sa dévotion au très-saint sacrement de l'autel. Elle communiait ordinairement trois fois la semaine et quelquefois plus souvent, selon que ses directeurs le jugeaient à propos ; mais elle ne le faisait point qu'elle ne s'y disposât par quelque austérité particulière, par le jeûne, par l'oraison, et principalement par le sacrement de pénitence, dont elle ne s'approchait jamais qu'avec une sincère contrition de cœur. Elle était en cela bien différente de certaines personnes qui ne se confessent que par habitude, et n'apportent à ce vénérable sacrement ni douleur, ni sentiment de piété, ni aucun véritable propos de rompre leurs mauvaises habitudes, surtout cette humeur colère et acariâtre qui les rend insupportables dans leurs familles ; puisqu'au contraire, aux jours mêmes de communion, et après avoir reçu Notre-Seigneur, on les voit plus impatientes et plus emportées qu'aux autres jours. Il n'en était pas de même de la bienheureuse Rose : comme ses dispositions étaient toutes saintes, elle sortait toujours de la sainte Table plus douce, plus humble et plus modeste qu'auparavant, et si remplie des flammes du divin amour, que le feu qui brûlait au fond de son cœur rejaillissait sur toutes les parties de son corps, et rendait son visage tout éclatant et tout enflammé.

Voici un trait de son zèle pour cet auguste mystère : un jour, la flotte hollandaise parut sur les côtes du Pérou ; elle s'approchait déjà du port de Lima ; tout le peuple en était effrayé et s'attendait à voir bientôt la ville saccagée : Rose seule demeura intrépide, et, malgré la faiblesse de son sexe, elle entra dans l'église, se plaça sur le marche-pied de l'autel, et, animée d'un courage qui étonna tout le monde, elle se mit en devoir de défendre le tabernacle au péril de sa vie, contre la fureur de ces hérétiques. Peu de temps après, on vint lui dire que les ennemis avaient levé l'ancre, sans rien entreprendre ; elle témoigna beaucoup de joie de leur retraite, mais elle fit paraître un chagrin extrême de ce que, disait-elle, elle n'avait pas mérité de souffrir le martyre pour son cher Époux, comme elle le souhaitait dans une si belle occasion.

Elle avait aussi une parfaite dévotion envers la sainte Vierge et envers son illustre maîtresse, sainte Catherine de Sienne ; elle leur adressait sans cesse ses vœux et ses prières, avec une ferveur et des manières tout à fait extraordinaires.

Il n'était pas possible, qu'étant si pénétrée de l'esprit de Dieu, elle ne ressentît toujours une grande confiance en sa bonté et en ses miséricordes : ce qui fit qu'elle ne put jamais former le moindre doute : premièrement, de son salut ; secondement, de l'amitié inviolable de Dieu envers elle, et que, réciproquement, elle ne se séparerait jamais de son amour ; troisièmement, de son secours tout-puissant dans les nécessités et dans les dangers où elle pouvait avoir besoin de sa protection, comme elle l'a éprouvé en mille occasions différentes.

Dieu l'honora aussi du don de prophétie ; elle prédit à sa mère qu'elle serait religieuse, nonobstant sa vieillesse, sa pauvreté, et le peu de disposition qu'elle avait pour la religion ; elle le fut effectivement dans un couvent que la Sainte conseilla elle-même de bâtir, fondée seulement sur la confiance qu'elle avait que Dieu fournirait toutes les choses nécessaires à cette entreprise. Elle prédit aussi l'établissement d'un autre célèbre monastère de religieuses de l'Ordre de Saint-Dominique, dans la ville de Lima, et elle marqua qui en serait la fondatrice, la supérieure, et beaucoup d'autres circonstances qui étaient hors de toute apparence. Mais la plus remarquable de ses prédictions, fut celle du lieu, du jour et du moment même de sa mort, qu'elle déclara si distinctement, qu'on eût dit qu'elle les voyait en Dieu de la même manière qu'ils ont depuis été accomplis.

Elle se prépara à ce bienheureux passage, qui devait être le jour de Saint-Barthélemy, par le redoublement de ses prières, de ses jeûnes, de ses veilles et de toutes ses austérités. Enfin, étant arrivée à sa trente-huitième année, elle tomba malade au commencement du mois d'août, d'une foule de maux très-contraires. Les médecins qui la vinrent voir, après avoir soigneusement examiné son état, avouèrent que ses maux étaient au-dessus de la science humaine, qu'il y avait du miracle dans l'union de tant d'accidents incompatibles, et que c'était Dieu qui les faisait subsister dans un corps si faible, afin de faire part à cette épouse prédestinée des tourments terribles de sa passion ; aussi, comme elle avait prévu elle-même toutes les peines qu'elle endurait, elle les souffrait toujours avec une patience et une résignation admirables, même dans le temps qu'elles redoublaient, et que leurs accès étaient plus violents, ce qui arrivait très-souvent.

Trois jours avant sa mort, elle reçut le saint Viatique et l'Extrême-Onction, avec des dispositions toutes célestes. Pour imiter parfaitement l'humilité de Jésus-Christ, elle demanda pardon à tous les domestiques, les yeux baignés de larmes, quoiqu'elle ne les eût jamais offensés ni désobligés. Elle témoigna mille regrets à sa mère de lui avoir été si à charge pendant sa vie. Elle remercia très affectueusement dom Gonzalès, son protecteur, chez qui elle s'était retirée dans ses dernières années. Elle pria pour ses ennemis ; et, tenant un petit crucifix dans sa main, elle le baisait sans cesse.

Elle eut des ravissements, pendant lesquels elle goûtait, par anticipation, les délices du ciel. Et, deux heures avant qu'elle expirât, revenant d'une longue extase, elle se retourna vers son confesseur et lui dit en confidence : « O mon père, que j'aurais de grandes choses à vous dire de l'abondance des consolations dont Dieu comblera les Saints pendant l'éternité ! Je m'en vais avec une satisfaction d'esprit incroyable, contempler la face de mon Dieu, que j'ai souhaité de posséder tout le temps de ma vie ». Le 24 août, jour de la Saint-Barthélemy, elle rendit sa sainte âme entre les mains de son Epoux, comme elle l'avait prédit, après avoir prononcé deux fois ces paroles : « Jésus-Christ, soyez avec moi ! » Elle était alors âgée de trente et un ans et quelques mois.

Plusieurs personnes eurent révélation de sa mort au moment même où elle expira; plusieurs connurent aussi, par la même voie, la gloire qu'elle possédait dans le ciel; son visage parut si beau après son trépas, qu'on fut longtemps sans croire qu'elle fût morte. On l'enterra dans le couvent des Pères Dominicains, avec toute la pompe et la magnificence que méritait cette illustre Servante de Dieu. L'archevêque de Lima officia; les membres du chapitre portèrent son corps une partie du chemin, les magistrats et les principaux de la ville le portèrent ensuite; et les supérieurs des maisons religieuses le reçurent des mains de ceux-ci pour le porter jusque dans l'église. Les miracles qui se firent, par le moyen de ce saint corps, à la vue de tout le peuple, y attirèrent un si grand concours de monde, qu'on fut deux jours sans le pouvoir enterrer. L'ardeur du peuple à lui couper ses habits fut aussi si opiniâtre, qu'on lui en donna de nouveaux jusqu'à six fois.

Comme les miracles continuaient tous les jours de plus en plus au tombeau de la bienheureuse Rose, le pape Urbain VIII députa, en l'année 1630, des commissaires apostoliques sur les lieux, pour en informer juridiquement. Cent quatre-vingts témoins se présentèrent devant eux, et déposèrent, dans les formes accoutumées, ce qu'ils en avaient vu.

On trouve dans ces dépositions une infinité de conversions surprenantes d'hommes et de femmes de toutes conditions, qui s'étaient faites par les mérites de cette Epouse de Jésus-Christ dans tout le royaume du Pérou. On y trouve que, par son intercession, Madeleine Tortez et Antoine Bran, morts et enterrés, avaient été ressuscités; qu'Elisabeth Durand, qui avait un bras sec et aride, avait été guérie miraculeusement par le seul attouchement de ses reliques; qu'une grâce pareille avait été accordée à une négresse, en touchant seulement son habit; et que même la simple poudre de son tombeau avait guéri, comme elle guérit encore tous les jours, une infinité de personnes affligées de toutes sortes de maladies, de fièvres, de catarrhes, d'hydropisies, d'esquinancies et de maux d'estomac, et qu'elle est très-favorable aux femmes dont la grossesse touche à son terme. Elle fut béatifiée en 1668 par le pape Clément IX. L'année suivante, le même Pontife lui donna le titre de patronne principale du Pérou, et fit écrire son nom dans le martyrologe. Le pape Clément X a mis cette illustre vierge au *Catalogue des Saints*, en 1671, et l'Eglise en solennise la fête le 30 août.

Sainte Rose est patronne de Lima; on la représente tenant un grappin qui traverse par sa tige et supporte par ses becs une ville que la mer entoure. *Spes civitatis*, lit-on quelquefois au dessous.

<small>Plusieurs auteurs ont écrit sa vie; la plus ample et la plus exacte est celle du R. P. Feuillet, religieux de l'Ordre de Saint-Dominique de la Congrégation de Saint-Louis. Nous l'avons suivie dans cet abrégé. — Cf. Vie de sainte Rose de Lima, par le P. Léonard Hansen, et l'Année dominicaine.</small>

SAINT FÉLIX ET SAINT ADAUCTE, MARTYRS A ROME (303).

<small>Saint Félix était prêtre de l'Eglise de Rome. Arrêté au temps de la persécution de Dioclétien, il fut envoyé au tribunal de Dracus, préfet de la ville, qui le fit conduire au temple de Sérapis pour offrir de l'encens à cette déesse. Félix souffla contre la face de la statue, qui était d'airain, et la fit tomber. De là on le mena devant celles de Mercure et de Diane, qu'il renversa de la même manière. Le juge le fit alors étendre sur le chevalet pour lui faire dire par quelle vertu il avait</small>

mis en pièces les statues des dieux : « Ne pense pas », dit Félix au préfet, « que ce soit par quelque pacte avec le démon ; je l'ai fait par la confiance que j'ai au Tout-Puissant, et par le pouvoir que Jésus-Christ m'a donné sur vos fausses divinités ». Le préfet, à cette réponse, entra dans une grande fureur et commanda qu'on le menât hors de la ville, sur le chemin d'Ostie, où il y avait un arbre consacré aux idoles et un petit temple au dessous. Dès que Félix y fut arrivé, il souffla contre cet arbre, et lui dit : « Je te commande, au nom de Jésus-Christ, de te déraciner à l'heure même, de tomber sur ce temple, et de le mettre en pièces avec l'autel et son simulacre ». A ces paroles, l'arbre sortit de terre avec ses racines, et, tombant sur le temple, il l'écrasa tellement, qu'il n'en resta plus aucun vestige debout. La chose ayant été rapportée au juge par un de ses officiers, il condamna Félix à avoir la tête tranchée, et ordonna que son corps fût exposé sur le grand chemin pour être la proie des bêtes fauves. Comme on allait procéder à cette exécution, il se présenta un chrétien inconnu aux hommes, mais connu de Dieu ; ayant appris que l'on faisait mourir Félix, parce qu'il n'avait pas voulu renoncer à Jésus-Christ, il se mit à crier de toutes ses forces : « Je suis de la même foi que celui que vous allez mettre à mort, et je confesse comme lui que mon Seigneur Jésus-Christ est le vrai Dieu. Je mourrai donc avec lui : car j'aime mieux être mis à mort en sa compagnie, afin de vivre éternellement avec mon Sauveur Jésus, que d'embrasser la religion de vos cruels empereurs, et brûler avec eux dans les enfers pendant toute une éternité ». Cette heureuse rencontre réjouit extrêmement Félix. Il remercia Dieu de ce qu'il lui donnait un si généreux compagnon de son martyre. Après avoir fait leur prière ensemble, et, s'être donné le baiser de paix, ils furent décapités. Les fidèles, ne pouvant savoir le nom de ce chrétien qui s'était livré si généreusement au martyre, lui donnèrent celui d'*Adaucte*, c'est-à-dire *ajouté*, parce qu'il s'était joint à saint Félix pour mourir avec lui.

Leurs corps, abandonnés par les bourreaux et laissés sans sépulture, furent, la nuit suivante, enterrés par les chrétiens dans la fosse que l'arbre avait faite en se déracinant. Le lendemain, les païens l'ayant su, entreprirent de les déterrer ; mais tous ceux qui se mirent en devoir de le faire, furent possédés du démon : ce qui les obligea de se désister de leur dessein. Lorsque la persécution eut cessé, on bâtit, en leur honneur, une église au même endroit, et les chrétiens y ont reçu de grands bienfaits du ciel par le mérite de leur intercession.

Vers l'an 850, Irmengarde, femme de l'empereur Lothaire, obtint du pape Léon IV les reliques de ces saints martyrs et les déposa dans l'abbaye des chanoinesses d'Eschau, en Alsace, où elles restèrent jusqu'en 1358. En 1361, elles furent données à l'église de Saint-Etienne de Vienne, qui devint dans la suite cathédrale.

Acta Sanctorum, 30 août.

SAINT GAUDENS, MARTYR, AU DIOCÈSE DE TOULOUSE (475).

La ville de Saint-Gaudens, dans la Haute-Garonne, a tiré son nom d'un jeune martyr, qui versa son sang pour Jésus-Christ en ce lieu et qui est devenu le patron de la contrée.

Saint Gaudens, dit la tradition, était berger ou pâtre, natif d'un hameau appelé les Nérous, dans le Nébouzan. Sa mère, Quiterie, était une sainte veuve qui eut grand soin de l'instruire dans la religion catholique et de le prémunir contre l'hérésie des Ariens, très-redoutables alors : c'était au Ve siècle, lorsque les Visigoths avaient établi déjà leur domination à Toulouse. Evaric, leur roi, déchaîna partout sa fureur contre les catholiques et envoya son lieutenant, Malet, dans le pays des Onobusates, afin de convertir les populations à sa secte. Beaucoup de catholiques furent victimes de la persécution, mais la tradition n'a conservé que le nom de Gaudens et quelques détails de son martyre. Cet enfant, âgé seulement de treize ans, gardait son troupeau au pied du Pujament, lorsque les soldats de Malet vinrent l'arrêter et le conduire devant le tribunal de leur maître. Les promesses ni les menaces ne purent ébranler le jeune berger et il confessa hardiment la divinité de Jésus-Christ, déclarant qu'il aimait mieux mourir que de renoncer à cette croyance. Malet entre dans une grande fureur et ordonne qu'on lui tranche la tête ; cette sentence est aussitôt exécutée : des soldats conduisent Gaudens au lieu du supplice et il y reçoit en souriant le coup mortel. Mais Dieu manifesta par un prodige éclatant combien cette mort était précieuse à ses yeux. Dès que la tête eut roulé à terre, l'enfant la prit entre ses mains et se dirigea rapidement vers le Mas-Saint-Pierre [1]. Quant il eut franchi la moitié de la distance qui le séparait de la cité, il s'arrêta au bord du chemin et, plaçant sa tête sur une pierre, il se reposa quelques instants [2]. Cependant, comme il s'aperçut que des soldats à cheval le poursuivaient, il reprit bientôt sa course et ne s'arrêta plus que dans la ville, où les portes de l'église s'ouvrirent pour le laisser entrer et se refermèrent aussitôt derrière lui. Les soldats envoyés à sa poursuite s'efforcèrent vainement d'entrer dans la basilique ; l'un d'eux pressa fortement sa monture, qui, dressant ses pieds contre la porte de l'église, y laissa ses fers. Ils y restèrent plusieurs siècles en témoignage de ce qui venait de se passer.

Quand les Ariens se furent éloignés, les fidèles entrèrent dans l'église et y recueillirent avec un grand respect le corps du martyr, afin de le soustraire à la rage des persécuteurs.

Dès ce moment, les miracles se multiplièrent à son tombeau, et le culte de saint Gaudens devint populaire. L'église primitive, bâtie en l'honneur de saint Pierre, par saint Saturnin, l'apôtre de Toulouse au premier siècle, fit place à un oratoire en l'honneur du patron nouveau de la contrée ; la ville elle-même fut renouvelée et prit le nom qu'elle garde aujourd'hui. Plus tard, une belle église romane à trois nefs remplaça l'oratoire, et elle existe encore, mais elle a perdu son beau cloître.

En 1569, les protestants livrèrent aux flammes les reliques de saint Gaudens, dont il ne reste plus qu'une très-faible partie. La fête du Saint, qui se célébrait au mois de mai, époque de son martyre, se célèbre maintenant le 30 août.

La chapelle de la Caone, bâtie sur le lieu même du martyre de saint Gaudens, fut démolie en 1794 ; de nos jours elle a été rebâtie et bénite solennellement le 9 avril 1855.

Notice due à l'obligeance du R. P. Carles, de Toulouse.

XXXI° JOUR D'AOUT

MARTYROLOGE ROMAIN.

A Cordoue, en Espagne, saint RAYMOND NONNAT, cardinal et confesseur, de l'Ordre de Notre-Dame de la Merci de la Rédemption des Captifs, illustre par la sainteté de sa vie et par ses miracles. 1240. — A Trèves, la naissance au ciel de saint PAULIN, évêque, qui, au temps de la persécution des Ariens, fut banni pour la foi catholique par l'empereur Constance, fatigué jusqu'à la mort par de continuels changements d'exil en des pays où le nom de Jésus-Christ n'était pas connu, et mourut enfin en Phrygie, et reçut de Notre-Seigneur la couronne qu'il avait méritée par tant de souffrances. 359. — De plus, les saints martyrs Robustien et Marc. — A Transaque, dans le pays des Marses, en Italie, près du lac de Célano, la naissance au ciel des saints martyrs Céside, prêtre, et ses compagnons, couronnés durant la persécution de Maximien. 310. — A Césarée, en Cappadoce, saint Théodote, père du martyr saint Mammès [3], sainte Rufine, sa mère, qui l'enfanta dans la prison ; et sainte Ammia, sa nourrice. III° s. — A Athènes, saint Aristide, illustre par sa foi et sa sagesse, qui présenta à l'empereur Adrien un livre sur la vérité de la religion chrétienne; il prononça aussi, devant le même empereur, un excellent discours, dans lequel il prouva par des raisons convaincantes la divinité de Notre-Seigneur Jésus-Christ. II° s. — A Auxerre, saint Optat, évêque et confesseur [4]. Vers 518. — En Angleterre, saint Aidan, évêque de Lindisfarne ; saint

---

1. C'était alors le nom de la ville de Saint-Gaudens.
2. On éleva plus tard à cet endroit une colonne qui disparut à la Révolution.
3. Il s'agit de saint Mammès, patron de la ville et du diocèse de Langres, dont nous avons donné la vie au 17 août, où on peut lire des détails sur saint Théodote, sainte Rufine et sainte Ammia.
4. Ce pieux évêque, élu le 28 décembre 531, avait une dévotion particulière envers saint Christophe, martyr, et fit bâtir une petite église sous son invocation. C'est là qu'il fut inhumé après un an, huit mois et cinq jours d'épiscopat seulement, avec les deux prêtres Sanctin ou Saintin, et Mémoir ou Mémorien,

Cuthbert, berger, ayant vu son âme emportée au ciel, quitta son troupeau et se fit religieux. 651. — A Nusco, saint Aimé, évêque. 1093. — Au mont Senario, près de Florence, le bienheureux Bonajuncta, confesseur, l'un des sept fondateurs de l'Ordre des Servites. Il entretenait ses frères de la Passion de Jésus-Christ, lorsqu'il rendit son esprit entre les mains du Seigneur.

MARTYROLOGE DE FRANCE, REVU ET AUGMENTÉ.

A Jouarre (Seine-et-Marne, canton de la Ferté-sous-Jouarre), au diocèse de Meaux, saint Ebrégisile, appelé aussi Ebrigisile et Evrèle, évêque de ce siége et confesseur. Frère de sainte Agilberte (10 et 11 août), abbesse du monastère de Jouarre (*Jotrum*), il fut le parfait imitateur de ses vertus dont il donna tout d'abord l'exemple dans le cloître. La mort de Patuse, évêque de Meaux, l'appela ensuite sur ce siége dont il fut une des gloires. Il mourut à Jouarre, et cette ville conserve encore aujourd'hui la plus grande partie de ses reliques. VIIe s. — Au diocèse de Marseille, fête de saint Lazare, premier évêque de ce siége et martyr, patron de la cathédrale et de tout le diocèse [1]. — Au diocèse de Nimes, saint Vérédème ou Vrime, évêque d'Avignon (toutefois le *Propre de Nîmes* ne lui donne que la qualité de confesseur). Il est déjà cité au martyrologe français du 17 juin, où nous avons donné quelques détails sur sa vie. 720 ou 722. — Au diocèse de Sens, saint Raymond Nonnat, cité au martyrologe romain d'aujourd'hui. — Au diocèse de Nantes, saint VICTOR DE CAMBON (*S. Victor Campibonensis*), solitaire. VIe s. — A Longchamps (Seine), près de Boulogne, au diocèse de Paris, la bienheureuse ISABELLE DE FRANCE, fondatrice du monastère de ce lieu (*Longus campus, Humilitas B. M., Abbatia S. M. juxta Clodoaldum*). 1270. — Au monastère de Lobbes, en Hainaut, saint Théodulphe ou Thiou, évêque, cité déjà au martyrologe romain du 24 juin. 776. — A Montpellier, fête des Miracles de la très-sainte Vierge, dits *Miracles*

qui lui furent inséparablement unis à la vie et à la mort. On montre encore le tombeau de saint Optat dans les cryptes de Saint-Germain, où il fut transféré dans la suite; mais ses ossements avaient été transportés dans le Berry avant le IXe siècle, où les églises de Dèvres et de Vierzon les possédèrent successivement. — Fisquet, *France pontificale*.

1. On trouvera au mois de décembre la vie et l'histoire de saint Lazare. Bornons-nous ici à remarquer que l'Eglise de Marseille profite de l'Octave de la solennité de son premier Apôtre, pour vénérer, le dimanche dans l'Octave, les saints Evêques, ses successeurs, qui n'ont pas trouvé une place dans son martyrologe. Ce sont saint EUSTACHE, saint HONORÉ Ier et saint HONORÉ II.

Saint Eustache vécut environ de l'an 452 à l'an 470.

Musée lui a dédié la seconde partie de son travail. Ce fut en effet sur les instances du successeur de Vénérius que le savant prêtre marseillais composa le *Sacramentaire* (Missel et Rituel), qui compléta la liturgie du diocèse à cette époque. Eustache, que Gennade appelle un homme de Dieu et à qui Sidoine Apollinaire donne le titre de Saint, ne nous est guère connu que par le Sacramentaire de Musée et par l'ordination de saint Eutrope. Celui-ci était un riche marseillais, aussi distingué par sa naissance que par ses vertus. Après qu'il eut perdu sa femme, l'évêque de Marseille l'obligea, malgré les répugnances de son humilité, à recevoir le diaconat. Plus tard, il fut élu évêque d'Orange, et il a laissé dans l'histoire générale de l'Eglise des traces glorieuses. Chacun sait que le culte de saint Eutrope fut cher à nos pères, et plusieurs églises furent placées sous son invocation.

Saint Honoré Ier vivait vers la fin du Ve siècle. M. le chanoine Antoine Ricard, à qui nous empruntons les détails sur la vie de ces trois saints Evêques, s'exprime comme il suit, à propos de celui-ci, dans son *Histoire des Evêques de Marseille* :

« Sous la conduite de saint Hilaire d'Arles, Honoré apprit de bonne heure à craindre le Seigneur et à marcher dans les voies de la perfection. Il possédait le talent de la parole, toujours prêt à prêcher avec une facilité merveilleuse, citant l'Ecriture sainte avec un tel à-propos qu'on eût dit qu'il la savait par cœur. Sous forme d'homélies, il composa plusieurs *discours*, malheureusement perdus, où il soutenait la foi et combattait l'hérésie. Il écrivit aussi des *vies* des Saints, et particulièrement celle de saint Hilaire d'Arles, dont il demeura toute sa vie le reconnaissant et fidèle disciple. Le pape Gélase rendit hommage à l'intégrité de la foi de saint Honoré, en lui écrivant pour l'en féliciter. Les Rogations, ou supplications solennelles pour obtenir les bénédictions de Dieu sur les fruits de la terre, avaient été établies récemment par saint Mamert. Le saint Evêque de Marseille s'empressa de les établir à son tour dans son diocèse. Ce ne fut que beaucoup plus tard qu'elles furent adoptées dans toute l'Eglise ».

Enfin, saint Honoré II vécut environ vers l'an 950. Sa vie est résumée comme il suit dans l'ouvrage déjà cité :

« Voici encore un Saint parmi nos anciens évêques de Marseille, le dernier des successeurs de saint Lazare, qui porte ce titre dans notre glorieuse chronologie épiscopale. Saint Honoré II apparaît pour la première fois, en 948, dans une transaction faite en faveur d'une pieuse dame nommée Thucinde. Les débuts de son épiscopat furent marqués par une de ces cruelles nécessités auxquelles l'invasion sarrasine réduisait trop souvent la piété de nos pères. Gérard de Roussillon, commissaire de Provence pour le roi Lothaire, fit transporter les reliques de saint Lazare de Marseille à Autun, et c'est à cette occasion que le diocèse d'Autun a été placé sous le patronage de notre premier évêque. Honoré II obtint du comte Bozon une première restitution de biens ayant appartenu à l'abbaye de Saint-Victor. Cette abbaye devait, du reste, être l'objet constant de sa sollicitude pastorale, et il en devint comme le second fondateur.

« Il fut aidé dans cette œuvre de restauration par son frère Guillaume, qui était vicomte de Marseille. Non-seulement ils firent rendre au monastère les biens qui lui avaient été enlevés durant les troubles *des Tables*. — Au diocèse d'Orléans, mémoire de saint Y ou AGYLE DE VOISINAT, vicomte d'Orléans et confesseur. VIᵉ s. — A Sisteron (Basses-Alpes), au diocèse de Digne, sainte Florentine, vierge et martyre, dont on ne connaît plus aujourd'hui que le nom. — A Evreux, le vénérable Henri-Marie Boudon, grand archidiacre de cette Eglise et auteur ascétique [1]. 1702. — A Rebais (Seine-et-Marne), au diocèse de Meaux, saint AGILE ou AILE, premier abbé du monastère bénédictin de ce nom *(Rebascum)*, fondé, vers 638, par Dadon, chancelier du roi Dagobert. 650. — A Toul, au diocèse actuel de Nancy, saint GAUZLIN, trente-quatrième évêque de cet ancien siège et confesseur. 962. — Autrefois, au diocèse de Nevers, saint Gildard, prêtre, qui édifia par ses vertus la paroisse de Lurcy-le-Bourg (Nièvre, arrondissement de Cosne, canton de Prémery), où il mourut le 24 août ; sa fête était renvoyée au 31 du même mois, à cause de l'occurrence de celle de saint Barthélemy. Saint Gildard fut enseveli dans l'église de Saint-Loup, près Nevers. VIIᵉ s. — Autrefois, à Limoges, saint Nice, que l'on croit avoir été disciple de saint Martial, apôtre du Limousin. Son corps reposait dans l'église cathédrale.

MARTYROLOGES DES ORDRES RELIGIEUX.

Martyrologe de l'Ordre de la bienheureuse Vierge Marie du Mont-Carmel. — La dédicace des églises de l'Ordre de la bienheureuse Vierge Marie du Mont-Carmel. — A Cordoue, en Espagne, saint Raymond Nonnat, cardinal et confesseur, de l'Ordre de la bienheureuse Vierge Marie de la Merci pour la Rédemption des Captifs, et dont la fête se célèbre le jour suivant. 1240.

Martyrologe de l'Ordre des Servites de la bienheureuse Vierge Marie. — Près de Florence, sur le mont Sénario, le bienheureux Bonajuncta, un des sept fondateurs de notre Ordre, célèbre par ses mérites remarquables. Après avoir dit la sainte messe, revêtu des habits sacrés, comme il faisait à ses confrères une instruction sur les paroles de la Passion de Jésus-Christ, arrivé à ces mots de l'Evangile : « Et ils le crucifièrent », il étendit les bras et les mains comme s'il devait être attaché à la croix, prononça ces paroles : « Je remets, Seigneur, mon esprit entre vos mains », et rendit tout à coup le dernier soupir.

Martyrologe de l'Ordre des Carmes déchaussés. — De même que chez les Carmélites.

ADDITIONS FAITES D'APRÈS LES BOLLANDISTES ET AUTRES HAGIOGRAPHES.

En Angleterre, sainte Cuthburge, vierge et abbesse. Elle épousa Alfred qui, en 685, fut couronné roi des Northumbres. Son mari lui permit d'exécuter la résolution qu'elle avait prise de rester vierge et de se retirer dans le monastère de Barking, au comté d'Essex. Elle fonda depuis celui de Winburn, dans le comté de Dorset, et en prit le gouvernement. Elle y joignit les austérités de la pénitence à la ferveur de la prière ; sa douceur et son affabilité pour le prochain la faisaient universellement aimer et respecter. La sainte Abbesse mourut après avoir été purifiée par une maladie longue et douloureuse. Ses reliques ont été vénérées à Winburn jusqu'à la prétendue Réforme. Entre 720 et 730. — A Padoue, ville forte du royaume d'Italie, saint Syr, neuvième évêque de ce siège, qu'il tint pendant vingt-quatre ans, et confesseur. Il y a, sur le territoire de Padoue, une église dédiée sous son invocation. IIIᵉ s. — A Spolète, ville archiépiscopale d'Italie, saint Primien, martyr. Arrêté pendant la persécution de Dioclétien et de Maximien, il fut d'abord étendu sur le chevalet ; on lui déchira ensuite les côtés avec des ongles de fer, puis on les lui brûla avec des torches ardentes ; enfin il fut décapité. IIIᵉ s. — A Fossombrone *(Forum Sempronii)*, ville épiscopale d'Italie, les saints Maurence, Urbain, Avite, Maternien et Vincent, moines, disciples de saint Paternien, évêque de Fano *(Fanum Fortunæ)*, et martyrs. Le chef de saint Maurence se conserve religieusement à Fossombrone. IIIᵉ s. — A Ancyre, en Galatie, les saints martyrs Gaïen,

---

causés en Provence par les barbares, mais leur pieuse libéralité lui en procura beaucoup d'autres. De concert avec son clergé, le saint Evêque plaça dans ce monastère une nouvelle colonie de moines, sous la Règle de Saint-Benoît. A la suite d'un acte qui relate des concessions importantes faites par l'Eglise de Marseille à Saint-Victor, le pieux prélat ajoute : « Moi, Honoré, évêque, et mon clergé, nous vous accordons la permission de rechercher les terres de Saint-Victor que nous ne possédons pas ; et, dès que vous les aurez découvertes, d'interpeller ceux qui les retiennent et de les posséder ensuite, sans que l'intervention d'aucun évêque soit nécessaire ». La concession fut faite et publiée à Marseille, un mercredi 31 octobre, sous le règne de Conrad : elle fut signée d'abord par l'évêque saint Honoré.

« Une autre donation, émanée du comte de Provence, fut accomplie en présence de saint Honoré et de son frère. Elle est conçue en ces termes : « Je donne tout ce que je possède dans ce territoire (de la Cadière), par la libéralité du roi, c'est-à-dire le fisc royal, à Saint-Victor et aux moines qui demeurent dans ce même lieu ».

« Le dernier acte où figure le nom du saint Evêque est daté de 967, et il est encore relatif à une revendication de terres appartenant à Saint-Victor ».

1. Nous donnerons sa vie dans le volume consacré aux Vénérables.

Lucien, Rufin, Vincent, Silvain, Emelin, Florentin, Antinée ; et les saintes Vitalique, Antiquore, Juste et Julie, martyres, cités par les apographes de saint Jérôme. — En Angleterre, sainte Eanswide, vierge, abbesse du monastère bénédictin de Folkstone (*Folkstoniense cœnobium*, fondé vers 630), au comté de Kent. Elle était petite-fille d'Ethelbert, roi de Kent, et fille du prince Edbald. Repoussant les riches alliances que son père voulait lui faire contracter, et désireuse de n'avoir d'autre époux que Dieu seul, elle s'enferma dans le monastère de Folkstone que son père venait de fonder, y donna l'exemple de toutes les vertus, s'y endormit dans le Seigneur et y fut ensevelie. 640. — A Saragosse (*Cæsarea Augusta*), ville archiépiscopale d'Espagne et ancienne capitale de l'Aragon, saint Dominique de Val, enfant de sept ans, mis à mort par les Juifs, en haine de la religion catholique. 1250. — A Arezzo, ville épiscopale de Toscane, le bienheureux Benoît d'Arezzo, de l'Ordre des Frères Mineurs. Il fut un des premiers disciples de saint François, et illustra de l'éclat de ses vertus les commencements de son Ordre. Vers 1280. — Au monastère Camaldule de Sainte-Croix de Font-Avellane, en Ombrie (provinces actuelles de Spolète et d'Urbin), le bienheureux Albertin, prieur de ce monastère. Ses précieux restes se conservaient dans cette abbaye, renfermés dans une châsse d'or. Vers 1285.

SAINT AGILE OU AILE, PREMIER ABBÉ DE REBAIS,

AU DIOCÈSE DE MEAUX

650. — Pape : Saint Martin Ier. — Roi de France : Clovis II.

> Ce n'est pas un grand mérite d'être humble dans une position infime, mais c'est une grande et rare vertu d'être humble au milieu des honneurs.
> *Saint Bernard.*

Saint Agile, que nous appelons vulgairement saint Aile, eut pour père Agnoald, un des principaux seigneurs de la cour de Childebert II, roi d'Austrasie et de Bourgogne ; sa mère s'appelait Deutérie, et était aussi d'une naissance distinguée et de la première noblesse de Bourgogne : l'un et l'autre étaient d'accord pour mener une vie très-chrétienne, qui servait de modèle de perfection à tous ceux qui les connaissaient. Ils s'exerçaient avec une grande exactitude à la pratique de toutes les œuvres de piété et de charité envers le prochain, soutenant de leurs biens et de leur autorité les pauvres veuves et les orphelins, faisant de grandes aumônes, recevant chez eux les pèlerins et les voyageurs, et se rendant les protecteurs des affligés ; ces exemples contribuèrent merveilleusement à inspirer de bons désirs et à donner une sainte éducation au petit Agile. Ses parents eussent bien souhaité le conserver dans leur famille pour leur propre satisfaction ; mais saint Colomban, qui était venu d'Irlande en France, étant venu loger chez Agnoald, père de notre Saint, et ayant reconnu les rares qualités et les saintes inclinations de son fils, alors âgé de sept ans, fit connaître à son père qu'il devait consacrer son fils au service de Dieu. Les pieux parents, obéissant à ces conseils, prièrent saint Colomban de donner sa bénédiction à leur enfant, et ils le conduisirent bientôt au monastère de ce saint abbé, à Luxeuil, en Bourgogne.

Agnoald, faisant ainsi un sacrifice à Dieu de son fils, voulut aussi faire des présents dignes de sa libéralité au monastère de saint Colomban. Il donna des livres, des meubles et d'autres biens convenables pour augmenter la facilité de recevoir un plus grand nombre de religieux. Le jeune Aile fut confié aux soins de saint Eustase, personnage également pieux et savant, qui élevait dans le même monastère plusieurs autres enfants nobles, auxquels il apprenait les premiers principes de la vie chrétienne et de la solide piété, en même temps qu'il leur enseignait les lettres humaines. Eustase réussissait si heureusement dans cet office, qu'il est sorti de son école plusieurs saints prélats qui ont illustré dans la suite plusieurs Eglises de France.

Sous un si bon maître, le petit Agile fit dans la science et dans la vertu des progrès remarquables. Quoiqu'il ne négligeât pas les auteurs qu'il était à propos de consulter et de lire pour se perfectionner dans les sciences humaines, il préférait néanmoins à toutes choses l'étude des saintes Ecritures ; il se mortifiait par des jeûnes et des veilles continuels ; il était très-assidu à la prière et le plus humble et le plus obéissant de tous ses confrères, se regardant toujours comme le dernier de tous. Il pratiquait ces vertus avec tant de fidélité et d'une manière si judicieuse, qu'il s'attira l'estime et la bienveillance, non-seulement de tous ceux qui vivaient avec lui, mais encore des courtisans du prince, qui étaient les moins capables d'approuver de telles pratiques de vertus.

Agnoald, père de saint Aile, étant mort, le monastère de Saint-Colomban perdit en sa personne un puissant protecteur ; peu de temps après, la reine Brunehaut, veuve de Sigebert et mère de Childebert, livra une rude persécution à saint Colomban, qu'elle ne pouvait souffrir, à cause de la fermeté avec laquelle il défendait aux femmes l'entrée de son monastère, sans acception de personne ; elle le fit même chasser de Luxeuil par son petit-fils Thierry, roi de Bourgogne, avec ordre de s'en retourner en Irlande. Saint Eustase, successeur de saint Colomban, montrant la même constance, Brunehaut le persécuta aussi ; elle fit publier, sous le nom du roi, son petit-fils, une défense à tous les religieux de Saint-Colomban de sortir de l'enceinte de leur maison.

Saint Eustase et ses religieux députèrent Aile auprès du roi Thierry, pour tâcher d'adoucir son esprit, et de lui faire changer de sentiment ; mais il fut arrêté par des soldats qui gardaient le monastère pour empêcher la sortie d'aucun religieux ; l'un d'eux l'ayant voulu frapper de son épée, le bras et la main de ce téméraire demeurèrent perclus, et il ne put même faire un pas, ni bouger de sa place jusqu'à ce que le Saint eut prié pour lui ; ce soldat fut converti par ce miracle et devint un bon religieux dans le monastère de Luxeuil. Le prince, instruit de cette merveille, fit à Aile le meilleur accueil, et confirma la règle qui défendait l'entrée du monastère aux femmes. Notre Saint revint même chargé de présents que ce prince et la reine son épouse lui firent pour l'église de Luxeuil. Cinq ou six ans après (617), saint Aile et l'abbé Eustase furent choisis par une assemblée d'évêques pour porter les lumières de l'Evangile au-delà des Vosges et du Jura, et jusqu'en Bavière. Ils y convertirent beaucoup d'infidèles. Saint Aile soutenait ses prédications par des œuvres miraculeuses qui ne contribuaient pas peu à confirmer les nouveaux convertis dans leur foi.

Entre autres merveilles, il chassa un esprit immonde du corps d'un possédé, qui se plaignait ouvertement de voir détruit l'empire qu'il exerçait depuis si longtemps sur les peuples de ce pays. Il prédit à un père de famille que deux de ses enfants, qu'il bénit, seraient élevés à de hautes dignités dans le siècle, et qu'ils deviendraient ensuite de grands serviteurs de Dieu. Il rendit aussi la vue à une jeune fille qui l'avait perdue. Notre Saint, étant lui-même tombé dans une fièvre très-ardente qui l'obligea de s'arrêter en chemin et d'interrompre ses travaux, Eustase, son abbé, qui avait pour lui une estime et une amitié singulières, et qui connaissait son pouvoir auprès de Dieu, l'engagea à demander lui-même sa santé à Celui qui, seul, pourrait le guérir en un moment. Saint Aile, suivant le désir de son supérieur, pria, et reçut aussitôt une parfaite guérison.

De retour à Luxeuil, saint Aile continua d'édifier cette abbaye jusqu'à ce que Dieu l'appelât au gouvernement de Rebais. C'était un monastère nouvellement bâti, dans le diocèse de Meaux, par saint Ouen, qui n'était encore que laïque et référendaire ou chancelier de France. Saint Faron lui ayant fait connaître quel était le mérite et la capacité de saint Aile pour bien gouverner, il fit tout ce qu'il put pour le retirer du monastère de Luxeuil et le faire venir à Rebais. Cette affaire était d'autant plus difficile, que les peuples des diocèses de Besançon, de Langres, de Metz et de Toul, ne pouvaient se résoudre à être privés des prédications, des bons conseils et des miracles de cet homme apostolique. Saint Ouen fit intervenir l'autorité royale pour obtenir ce qu'il désirait, n'ayant d'autre vue en cela que la gloire de Dieu. Saint Aile fut donc obligé de quitter le monastère de Luxeuil ; il se rendit, suivant les ordres de son prince et les désirs de saint Ouen, à Rebais, où il fit achever de bâtir, avec beaucoup d'économie et de prudence, le monastère que l'on avait déjà commencé ; et, après que saint Faron, saint Amand et quelques autres évêques eurent fait solennellement la dédicace de l'église, les prélats, dans une assemblée tenue à Clichy, établirent saint Aile premier abbé de ce lieu (636).

Cet humble serviteur de Dieu, se voyant élevé au-dessus des autres, se regarda comme le dernier de la maison, à qui on aurait seulement donné charge de pourvoir à tout : il nourrissait son troupeau autant par la sainteté de sa conduite, que par l'éloquence et l'onction de ses pieuses exhortations ; il devint un exemple parfait de toutes les vertus, et augmenta ses jeûnes, ses veilles, ses mortifications et ses oraisons. Il était très-libéral envers les pauvres, et recevait avec beaucoup de charité les pèlerins et les étrangers. Une fois, entre autres, ayant aperçu sur le soir, à la porte de son monastère, un pauvre tout ulcéré, qui priait qu'on lui donnât le logement, il lui ouvrit et ordonna qu'on allât lui préparer à manger ; le pauvre ayant dit qu'il ne pouvait marcher aisément, le charitable abbé le prit sur ses épaules et le porta au lieu destiné pour le recevoir ; mais il fut bien étonné de remarquer que ce fardeau, qui devait être naturellement lourd, était devenu sans pesanteur. Il continua ses œuvres de charité envers cet inconnu ; il prit un bassin, de l'eau et des linges pour lui laver les pieds et essuyer ses plaies ; mais il arriva une autre merveille : son hôte disparut en un instant, et cela donna lieu de croire que ce pauvre n'était pas du nombre de ceux qui paraissent ordinairement sur la terre. Un autre jour, comme il avait fait donner à des pèlerins un peu de vin qui restait seulement pour offrir à la messe, tous en ayant bu autant qu'ils souhaitaient, le vase demeura plein jusque par-dessus les bords ; saint Aile pria les assistants de ne publier cette merveille qu'après sa mort. L'esprit infernal ne pouvant supporter les charités et les aumônes de ce saint Abbé, lui apparut sous la figure d'un horrible dragon, qui le menaçait ; mais le Saint, ayant confiance en Dieu, triompha facilement de ses menaces par le seul signe de la croix : par ce même signe, auquel il joignit la prière, il sut dissiper une furieuse tempête, accompagnée de tonnerre et d'éclairs qui menaçaient des ouvriers qui faisaient la moisson ; saint Aile, les religieux qui l'accompagnaient et les moissonneurs, ne reçurent aucune goutte d'eau, quoique des torrents de pluie tombassent sur toutes les terres qui environnaient les champs où ils étaient.

Tant de merveilles et une si grande sainteté, attirèrent un grand nombre de personnes nobles, de la cour et des autres endroits du pays, qui embrassèrent l'état religieux, sous la sage conduite de l'abbé de Rebais. Saint Philibert, premier abbé de Jumiéges, en Normandie, fut un des plus célèbres disciples de saint Aile. Enfin, après avoir ainsi travaillé pour la gloire de son Dieu, et avoir formé à son service un grand nombre de saints personnages qui ont depuis soutenu la gloire de l'état monastique, étant fort âgé, et n'ayant plus de désirs que pour le ciel, il pria Dieu de le retirer de ce monde ; sa prière ne fut pas longtemps sans être exaucée, car, peu de temps après, ce vénérable abbé mourut le 30 du mois d'août, vers l'an 650, âgé d'environ soixante-sept ans. Plusieurs malades, qui implorèrent son assistance, reçurent subitement la santé dans le temps qu'on se disposait à le mettre en terre. Un religieux du monastère, qui était travaillé d'une fièvre très-violente, reçut une parfaite guérison en touchant un linge qui était sur son cercueil. Un autre religieux, qui souffrait d'un mal de dents fort douloureux, fut aussi sur-le-champ délivré de cette incommodité, en faisant toucher sa tête au tombeau du Saint.

Saint Agile ou saint Aile est en grande vénération à Rebais et dans tous les environs. A un kilomètre de la ville existe une chapelle, où les pèlerins se rendent le vendredi de chaque semaine. Cette chapelle vient d'être reconstruite par les soins de M. l'abbé Remy, fondateur de l'Orphelinat agricole de Saint-Aile. Le chœur de l'église paroissiale de Rebais servait d'oratoire à saint Aile ; c'est là qu'il a été inhumé, et on possède encore la pierre qui recouvrait son tombeau. Il ne reste des reliques de saint Aile qu'un os du bras ; elles ont été détruites pendant la Révolution. Une procession solennelle, où l'on porte les châsses, a lieu le lundi de la Pentecôte.

Il ne reste plus rien de l'ancien monastère de Rebais : le marteau révolutionnaire a tout détruit. On voit cependant encore quelque ruines insignifiantes sur l'emplacement de l'abbaye.

Mabillon ; *Légendaire de Morinie; Notes locales* fournies par M. Cottin, curé-doyen de Rebais.

SAINT GAUZLIN [1],

TRENTE-QUATRIÈME ÉVÊQUE DE TOUL ET CONFESSEUR.

962. — Pape : Jean XII. — Roi de France : Lothaire.

Non magnum est te episcopum fieri ; sed episcopum pauperem vivere, id plane magnificum.
Que vous soyez devenu évêque, ce n'est pas une chose surprenante; mais que vous viviez en évêque pauvre, c'est une chose admirable.
Saint Bernard, *Lettres.*

A Dreux ou Drogon, trente troisième évêque de Toul, succéda Gauzlin, français d'origine et de l'une des plus illustres maisons du royaume. Il

[1]. Nous rétablissons le nom vénérable de ce prélat suivant l'orthographe primitive et d'après des titres authentiques.

avait été élevé à la cour, où il s'était acquis l'estime des grands. Charles le Simple, qui le connaissait, ménagea son élection dans le chapitre de Toul. Il fut sacré le 16 des calendes d'avril (17 mars) 922 par Rotger, archevêque de Trèves, Wigeric de Metz et Barnoin de Verdun qui vint l'installer à Toul à la prière des deux autres prélats.

Les commencements de son administration pastorale furent agités. Henri l'Oiseleur ayant prétendu que Charles le Simple lui avait fait absolue cession du royaume de Lorraine, en avait pris possession et avait exigé le serment des seigneurs. Gauzlin de Toul, de même que Wigeric de Metz, ne reconnaissant point d'autre souverain que Charles, le seul descendant de la maison de Charlemagne, refusa de prêter serment à Henri et ne céda qu'à la force. Cependant l'empereur s'étant insensiblement rendu maître du royaume, Gauzlin accepta le nouveau gouvernement et s'attacha à ce monarque, avec autant de fidélité qu'il avait fait au fils de Louis II, dit le Bègue. Aussi Henri ne laissa échapper aucune occasion de lui en témoigner sa gratitude. Par une charte de 928, il lui donna la ville et le comté de Toul, pour en jouir, lui et ses successeurs, avec tous les droits régaliens. Ce titre devint le principe et le solide fondement des droits de souveraineté que les évêques de Toul ont ensuite exercés dans toute l'étendue du comté de ce nom. Notre vénérable prélat prit part à plusieurs conciles dans lesquels fut traitée l'affaire d'Artaut et de Hugues qui se disputaient l'archevêché de Reims, savoir : celui de Verdun en décembre 947, celui de Mouzon en janvier 948, et celui d'Ingelheim en juin de la même année.

L'abbaye de Saint-Epvre avait perdu son ancien éclat, et par suite des malheurs dont la guerre avait affligé le pays, le relâchement s'y était introduit. Saint Gauzlin rendit à cette abbaye des bâtiments et des revenus suffisants pour y loger et nourrir quarante religieux. Il les plaça sous la conduite d'Archembaud, très-versé dans la discipline monastique et très-propre à l'exécution de son dessein. Ce qu'il avait fait pour le monastère de Saint-Epvre, il l'entreprit, avec un succès égal, pour les autres établissements du même genre, de son diocèse et de celui de Châlons. Il communiqua le zèle d'une salutaire réforme aux prélats de son voisinage. A son exemple, Adalbéron I*er*, évêque de Metz, introduisit la réforme dans les abbayes de Saint-Arnoul et de Gorze ; et Bérenger, évêque de Verdun, pria Gauzlin de lui envoyer des moines de Saint-Epvre dans le but de réformer ceux de Saint-Vanne.

Pour maintenir et fortifier chez les religieux cette heureuse transformation, notre zélé prélat remit les sciences en honneur dans sa ville épiscopale. Il y fit venir Adson, religieux de l'abbaye de Luxeuil, Franc-Comtois d'origine, alors dans la fleur de l'âge et réputé l'un des plus savants et des plus saints personnages de son temps. Il le chargea des écoles de l'abbaye de Saint-Epvre, où les clercs de l'évêché allaient étudier, avec les religieux de ce monastère et d'autres encore que l'on s'empressait d'y envoyer.

Saint Gauzlin sut obtenir, pour son église, l'abbaye de Montierender, celles de Moyenmoutier, d'Offonville et de Poulangy, au diocèse de Langres. La plupart de ces maisons lui avaient déjà auparavant appartenu ; des seigneurs méchants ou ambitieux les lui avaient enlevées. Il échangea celle de Varennes, à l'évêque de Langres, contre le village de Bauzemont. Il revendiqua celle de Bonmoutier à l'abbesse d'Andelau (Alsace), qui prétendait en avoir la propriété, mais que Gauzlin prouva, devant l'empereur Othon, dépendre de sa cathédrale. Il acquit d'autres biens considérables dont il gratifia la mense capitulaire. Il acheta, pour une part, et pour l'autre on lui donna la terre d'Ambleville, le fief de Boucq, Aingeray, Molésiac, Girauvoisin, le péage du Mont-Saint-Elophe, ce que le roi Henri possédait à Gondreville, et plusieurs autres terres.

Gauzlin entreprit de rétablir la chapelle de Saint-Mansuy qui menaçait ruine, et d'y établir l'ordre monastique. Il confia le soin de cette entreprise à Archembaud, abbé de Saint-Epvre, qui mit en ce lieu quelques religieux sous la conduite d'un prieur, leur fournissant, des biens de son abbaye, de quoi subvenir à leurs nécessités. Archembaud commença la construction projetée, mais la mort qui le prévint, l'empêcha de l'achever. Cet honneur était réservé à saint Gérard, comme il eut celui de fonder et de doter le monastère de ce faubourg de Toul.

Les Hongrois, sollicités par Conrad, gendre de l'empereur Othon, étant entrés en Lorraine, l'an 954, pillèrent et saccagèrent tout le pays, prirent la ville de Toul et la dépouillèrent de telle sorte, que les habitants furent obligés d'aller chercher leur subsistance au dehors. A peine resta-t-il trois chanoines pour faire l'office à la cathédrale ; encore avaient-ils beaucoup de peine à trouver de quoi ne pas mourir de faim. L'évêque, touché de tant de maux, pria les seigneurs de la contrée et l'empereur même, de lui donner secours. Othon ordonna le rétablissement de l'Eglise de Toul dans ses anciennes possessions.

Cependant le pieux évêque ayant rétabli l'abbaye de Saint-Epvre, résolut de fonder un nouveau monastère où il placerait des vierges chrétiennes qui, sous la Règle de Saint-Benoît, honoreraient d'un culte particulier la bienheureuse Marie toujours Vierge. Ayant connu que, sur la montagne de Bouxières, dans son diocèse, existait un ancien temple consacré à la sainte Mère de Jésus-Christ, mais abandonné et tout à fait négligé, malgré les prodiges nombreux que le Seigneur y avait opérés, en faveur des infirmes de tous les genres qui étaient venus y prier, il pensa que ce sanctuaire pouvait être avantageusement relevé et devenir l'oratoire du monastère qu'il construirait à côté. Mais afin d'agir avec prudence et maturité, il consulta, sur ce dessein, Archembaud, abbé de Saint-Epvre, et d'autres personnes de jugement solide et de véritable piété, qui, toutes, le confirmèrent dans cette généreuse résolution. Dieu favorisa les saintes intentions de son serviteur ; il lui fit trouver de pieuses filles, remplies de bonne volonté qui, n'ayant point de retraite, attendaient que la Providence leur fournît les moyens de faire leur salut dans la clôture d'un monastère. Il leur donna pour supérieure Rothilde, formée aux vertus monastiques par le célèbre Humbert, reclus de Metz, et qui eut bientôt fait de sa communauté un modèle de régularité pour les religieuses, un sujet d'édification pour tout le pays.

Afin d'assurer à ce nouvel établissement une existence paisible et honorable, le saint prélat se fit pauvre et lui donna plusieurs terres de son évêché. L'abbaye de Bouxières-aux-Dames (*Buxeriæ*)[1] devint ce qu'avait été l'ancienne église de la montagne, le but d'un pèlerinage fameux où l'on prétend qu'il se fit plusieurs miracles. On cite, entre autres, la guérison d'un muet, en commémoration de laquelle on entretenait toujours dans l'abbaye un muet qui, le jour de la fête de saint Gauzlin, allait à l'offrande le premier, même avant l'abbesse. C'est aussi en mémoire de ce prodige

---

1. L'abbaye de Bouxières fut sécularisée vers le milieu du xv° siècle et transformée en un chapitre de chanoinesses qui n'acceptait que des personnes pouvant justifier de seize quartiers de noblesse.

La fondation de ce monastère et la consécration de son église ont fourni la matière d'une délicieuse légende dont les religieuses avaient fourni les leçons 5° et 6° de l'office de leur saint patron et dont l'abbé Lyonnois a conservé le texte latin dans le premier tome de son *Histoire des villes vieille et neuve de Nancy*.

attribué à l'intercession de saint Gauzlin que, tout récemment, l'établissement des sourds-muets de Nancy a été placé, à la demande de son habile directeur, M. Piroux, et par ordonnance épiscopale, sous le patronage de ce bienheureux Pontife des Toulois.

Quatre ans avant sa mort, saint Gauzlin fut attaqué d'une maladie violente qui ne le quitta plus et qui lui fournit l'occasion d'exercer sa patience. Enfin, après avoir gouverné pendant quarante ans son Eglise, avec un zèle infatigable, il mourut, comblé de mérites, le 7 des ides de septembre (7 de ce mois), l'an 962. Il fut transporté, par son clergé et son peuple, à l'abbaye de Bouxières qui lui devait sa fondation.

CULTE ET RELIQUES.

Les religieuses de Bouxières firent bâtir une chapelle souterraine sur son tombeau, et conservèrent son corps dans une châsse très-riche. Le chef du bienheureux évêque fut mis dans un buste d'argent; la mâchoire fut donnée à la cathédrale de Toul qui garda longtemps cette relique dans un autre buste très-précieux.

En 1635, les religieuses de Bouxières, effrayées des ravages que faisaient dans le pays les soldats Suédois, Hongrois et autres, qui pillaient les églises et portaient partout la désolation, résolurent de soustraire à la rapacité sacrilège de ces dévastateurs la châsse qui renfermait les reliques de saint Gauzlin, leur trésor le plus précieux. Elles la firent, en conséquence, transporter à Nancy, chez les religieuses de Saint-François, vulgairement nommées les Sœurs-Grises, qui la reçurent et lui donnèrent une fidèle hospitalité. Elles l'en retirèrent le huitième jour d'octobre 1669, alors que la tranquillité publique fut rétablie, après leur rentrée dans le monastère qu'elles avaient forcément abandonné. Après avoir été solennellement reconnues, ces reliques furent extraites de la châsse qui les renfermait, pour être placées dans une autre châsse beaucoup plus riche, qu'avait offerte l'abbesse Anne-Catherine de Cicon.

Le 12 janvier 1734, on fit une nouvelle translation des restes de saint Gauzlin, de cette dernière châsse dans une autre plus riche encore, provenant tant des largesses du chapitre de Bouxières, que d'un présent considérable de l'abbesse Anne-Marie d'Eltz-d'Ottange, et enfin des débris de l'ancienne dont il fut possible de tirer parti.

A l'époque malheureuse de la suppression des couvents, madame de Messey, dernière abbesse de Bouxières, avait emporté, avec elle, à Luxembourg, où elle se retira pour se soustraire à la persécution, la châsse de saint Gauzlin et les précieux restes qu'elle renfermait. A sa rentrée en France, M. l'abbé Raybois, auparavant prévôt du chapitre, et qui avait accompagné, dans l'exil, la vénérable chanoinesse, rapporta les reliques du saint évêque de Toul et les remit entre les mains de Mgr Osmond, titulaire de Nancy. Elles reposent aujourd'hui dans l'ancienne châsse des reliques de saint Sigisbert, à la cathédrale primatiale, dans la chapelle collatérale dédiée sous le vocable du bienheureux.

Les reliques de saint Gauzlin ne se réduisent pas à ses ossements desséchés. Plusieurs objets dont il fit usage pendant sa vie mortelle ont heureusement échappé aux ravages du temps et des révolutions. Ce sont : un calice, une patène, un évangéliaire et un peigne liturgique. Un voile de calice avait été aussi longtemps conservé; il a fini par disparaître sans qu'on ait pu découvrir quelle direction il avait prise.

Autrefois, les personnes attaquées de la teigne allaient en pèlerinage à Bouxières-aux-Dames, et demandaient que leur chevelure fût touchée du peigne de saint Gauzlin, afin d'obtenir leur guérison. C'est probablement à cette circonstance qu'il faut attribuer la disparition des dents les plus fines de ce petit meuble. Quant aux autres, elles ont dû nécessairement triompher des chevelures les plus incultes. D'où vient qu'autrefois, en Lorraine, on disait d'un individu dont la chevelure était en désordre, qu'il s'était peigné avec le peigne de saint Gauzlin.

Extrait de l'*Histoire du diocèse de Toul et de celui de Nancy*, par M. l'abbé Guillaume, chanoine de Nancy.

SAINT RAYMOND NONNAT, CARDINAL,

DE L'ORDRE DE NOTRE-DAME DE LA MERCI DE LA RÉDEMPTION DES CAPTIFS.

1240. — Pape : Grégoire IX. — Roi de France : Louis IX.

> *Charitas Christi urget nos.*
> II Cor., v, 14.
>
> Raymond Nonnat exerce envers les esclaves : 1° la miséricorde corporelle en les rachetant et les rendant à la santé et à leur patrie ; 2° la miséricorde spirituelle, en les fortifiant dans la foi et les consolant par l'espérance.
>
> L'abbé Martin, *Panégyriques.*

 Saint Raymond Nonnat naquit en Catalogne, l'an de Notre-Seigneur 1204, à Portel, bourg dépendant de l'évêché d'Urgel. Son père était de la noble famille des Sarrois, appelée depuis de Segers, fort connue en Espagne, et alliée aux célèbres maisons de Foix et de Cardone. Sa mère était morte d'une grave maladie dont elle se vit attaquée au septième mois de sa grossesse ; les médecins assuraient que l'enfant était mort aussi, et que c'était même sa mort qui avait occasionné celle de sa mère ; le père, néanmoins, ne put jamais se résoudre à la voir conduire en terre sans avoir la connaissance de ce qu'elle portait dans ses entrailles ; un de ses parents, qui le vit dans cette perplexité, eut la hardiesse de tirer un poignard de son sein pour en fendre le côté gauche de la défunte, et l'on vit paraître aussitôt un bel enfant plein de vie, contre toute espérance humaine et au grand étonnement de tous ceux qui étaient présents.

 Le père, qui regarda cette naissance comme une bénédiction particulière du ciel sur sa famille, changea ses regrets en actions de grâces, et fit, à l'heure même, baptiser ce fils, afin qu'il fût préservé de la mort de l'âme, comme il l'avait été de celle du corps. Le comte Raymond de Cardone, allié de sa maison, fut son parrain, et le fit appeler Raymond comme lui ; mais, depuis, on l'a surnommé *Nonnat*, c'est-à-dire, en langage catalan, *qui n'est pas né*.

 A peine eut-il l'usage de la raison, que, se voyant sans mère sur la terre, il fit choix de la sainte Vierge pour sa mère bien-aimée dans le ciel. Il n'en parlait partout que comme de l'unique consolation de sa vie, et, en quelque endroit qu'il en rencontrât l'image, il lui rendait ses devoirs avec un amour et une dévotion qui ravissaient tout le monde. Son père, qui avait beaucoup de tendresse pour lui, craignant qu'il ne quittât le monde, ne voulut pas lui laisser achever ses études ; mais lorsqu'il eut appris quelque chose dans les écoles, il le mit dans une de ses métairies pour en avoir la conduite. Raymond, qui se sentait porté à l'état ecclésiastique, fut mortifié de cette disposition ; mais, considérant les ordres de son père comme autant d'oracles de la volonté divine, il s'y soumit entièrement, et porta même son obéissance jusqu'à faire les fonctions de berger et à mener les troupeaux aux champs, sur les montagnes et dans les forêts. Ce fut dans cette espèce de solitude, que, redoublant d'amour et de zèle pour la sainte Vierge, il lui rendit ses respects et ses hommages avec plus de loisir, d'application et de repos. La divine Providence seconda aussi ces saintes dispositions : car, au pied d'une montagne où il conduisait ordinairement son troupeau, elle lui fit trouver un petit ermitage avec une chapelle dédiée à saint Nicolas ; il y avait dans ce sanctuaire une image de la sainte Vierge, qui devint l'objet de son assiduité, de sa dévotion, et son asile dans ses tentations et dans ses peines.

Satan n'oublie rien pour détourner les fidèles des voies de leur salut ; il fait ses plus grands efforts dans les commencements, lorsqu'une âme entreprend de se donner à Dieu, afin d'empêcher le progrès d'une vertu naissante : il ne manqua pas de dresser ses embûches pour surprendre le jeune Raymond ; et, pour mieux réussir dans sa tentation, il lui apparut sous la figure d'un autre berger qui venait, par civilité, lui rendre visite ; il lui fit d'abord mille honneurs, puis, entrant plus avant en conversation avec lui, il lui représenta que les avantages de la naissance, de la fortune et de l'esprit, devaient l'éloigner de cette vie champêtre qui, disait-il, est plus propre à des bêtes sauvages qu'à des hommes raisonnables nés pour la société, d'autant plus que l'on est privé de toute consolation humaine et de tout secours spirituel et temporel.

Tout ce discours ne fut pas capable d'ébranler le courage de Raymond ; au contraire, ayant entendu sur la fin quelques paroles contre la chasteté, que le démon y mêla par adresse, il lui tourna le dos tout d'un coup et appela la sainte Vierge à son secours. Mais il n'eut pas plus tôt prononcé le saint nom de Marie, que, comme s'il eût brisé la tête à ce serpent déguisé, il le vit disparaître avec un cri horrible. Raymond, tout étonné de cette aventure, courut à son ermitage et se prosterna le visage contre terre, aux pieds de sa sainte Protectrice, pour lui demander de nouveau son assistance contre les attaques de Satan ; il reçut sur-le-champ de cette bonne Mère une si grande abondance de grâces et de consolations intérieures, qu'il se consacra de nouveau à une si favorable Maîtresse, et promit de lui rendre ses services avec plus de fidélité que jamais.

Les bergers d'alentour, voyant souvent notre Saint aller dans cet antre sacré, eurent la curiosité de savoir ce qu'il y faisait : et, comme ils le trouvaient toujours en prières et à genoux, ou prosterné devant l'image de la sainte Vierge, au lieu d'être touchés d'une piété si sensible, ils y virent de la simplicité et une perte de temps ; leur malice alla jusqu'à l'accuser, auprès de son père, de négliger la garde de ses troupeaux. Le père, ne pouvant croire une pareille lâcheté d'un fils qui lui avait toujours été parfaitement obéissant, résolut de venir lui-même reconnaître la vérité du fait. Il partit peu de temps après, et prit le chemin de la montagne où son fils avait coutume d'aller ; mais, quand il arriva à l'endroit où paissait son troupeau, il fut bien surpris de voir un jeune garçon d'une beauté admirable et tout éclatant de lumière, qui le gardait. Sa vue lui inspira tant de respect, que, n'osant l'aborder, il passa outre pour descendre dans l'ermitage dont on lui avait parlé, et il trouva effectivement son fils à deux genoux et priant devant l'image de la sainte Vierge ; il le considéra quelque temps en cet état, puis il lui demanda qui était ce beau jeune homme à qui il avait confié la garde de son troupeau. Raymond, qui ignorait ce miracle de la divine Providence, ne sachant que répondre, se jeta à ses pieds et, fondant en larmes, lui demanda pardon de sa négligence. Le père, qui connut par cette conduite que tout ceci était l'ouvrage de la main de Dieu, lui en rendit ses actions de grâces, et ne voulant pas interrompre davantage la dévotion de son fils, il s'en retourna chez lui fort content et plein de joie. Raymond, de son côté, tout troublé de cette aventure, retourna pour se consoler aux pieds de sa céleste Mère ; elle lui éclaircit ce mystère et lui déclara que c'était elle qui avait envoyé un ange pour garder ses brebis, pendant qu'il était occupé à la servir.

Une si rare faveur remplit le cœur de Raymond d'une grande confiance envers Marie ; il la pria avec instance de lui faire connaître l'état dans lequel il pourrait lui être le plus agréable. Cette aimable Maîtresse, touchée de la ferveur d'un disciple si fidèle, lui apparut sous une forme sensible, comme elle avait déjà fait plusieurs autres fois, et lui dit que son désir était qu'il quittât cette solitude et qu'il s'en allât à Barcelone, pour y prendre l'habit religieux dans un Ordre qui y était établi en son nom, sous le titre de Notre-Dame de la Merci ou de la Rédemption des captifs. Raymond reçut cette nouvelle avec une joie incroyable, et après avoir prié, par ordre de la même Vierge, le comte de Cardone de faire consentir son père à cette vocation, il fut envoyé par lui-même à Barcelone, où il fut admis au noviciat et reçut l'habit de l'Ordre de la Merci des mains de saint Pierre Nolasque.

On ne saurait exprimer avec quelle ferveur ce saint religieux marchait dans le chemin de la perfection ; sa piété parut aux yeux de tout le monde si haute, si solide et si éminente, que peu d'années après sa profession, il fut digne d'un emploi qui demandait une vertu consommée. Saint Sérapion, religieux du même Ordre, avait été choisi pour aller faire un voyage chez les barbares, afin d'y délivrer des captifs ; mais, comme il était sur le point de partir, une affaire importante obligea ses supérieurs de prendre d'autres mesures et de l'envoyer en Angleterre. Il fallut nommer un rédempteur en sa place ; on lui demanda son avis ; il implora pour cela les lumières d'en-haut, et fut inspiré de nommer Raymond, dont il connaissait le zèle, et qui lui avait même souvent découvert, comme à son maître de noviciat et à son directeur, le désir ardent qu'il avait d'exposer sa vie pour une entreprise si dangereuse et si pénible, quoiqu'il n'eût encore que trente ans.

Raymond accepta cette commission avec bien du plaisir, et, peu de temps après, il passa en Afrique et s'arrêta au port d'Alger, retraite des pirates, marché où les corsaires infidèles allaient avec toute liberté exposer en vente les chrétiens qu'ils avaient faits esclaves dans leurs courses. Le nombre de ces pauvres captifs était alors si grand, que le fonds que saint Raymond avait apporté ne se trouva pas suffisant pour les racheter tous. Mais, comme la charité de ce généreux rédempteur était extrême, il ne voulut laisser aucun de ces malheureux dans la servitude ; ainsi, après être convenu du prix de leur rançon et avoir distribué ce qu'il avait d'argent, il les fit tous mettre en liberté, et se donna lui-même en otage jusqu'à ce que le surplus du paiement fût arrivé.

Le saint personnage, se voyant chargé de fers, remerciait Dieu de lui avoir donné une si belle occasion d'endurer quelque chose pour l'amour de Celui qui a souffert la mort de la croix pour le rachat de tous les hommes. On ne peut dire les cruautés et les outrages que les barbares exercèrent sur lui pendant le temps de sa captivité. Ils furent si excessifs, que le cadi ou juge du lieu, qui craignait enfin que ces tourments ne le fissent mourir, ce qui leur aurait fait perdre la somme pour laquelle il était en otage, fut contraint de faire crier à son de trompe, que personne n'eût à le maltraiter davantage, et que s'il venait à mourir, ceux de qui il aurait été maltraité en répondraient, et paieraient toute la rançon que l'on attendait pour sa délivrance.

Raymond profita du peu de liberté que lui donnait cette trêve pour exercer sa charité de toutes les manières qu'il fût possible. Souvent il allait visiter les basses-fosses, où l'on amenait continuellement de nouveaux chrétiens : il les confirmait dans la foi, et les consolait dans leurs disgrâces ; il instruisait même les infidèles, et il en convertit plusieurs des plus obstinés, entre autres, deux maures de haut rang qui reçurent de ses mains le saint baptême.

Ces pieuses pratiques de Raymond ne purent demeurer si secrètes, que le pacha, nommé Sétim, n'en eût connaissance ; il en fut si courroucé, qu'il commanda sur-le-champ que le saint fût empalé, et ce cruel arrêt aurait été exécuté si les intéressés à la rançon des captifs, dont il tenait la place, n'eussent modéré la colère de ce barbare : il changea donc le supplice de la mort en celui d'un grand nombre de coups de bâton, qu'il fit décharger sur cette innocente victime, avec l'inhumanité qui est ordinaire aux infidèles.

Ce supplice, tout violent qu'il était, fut si peu de chose pour son courage, qu'il ne fut pas capable d'arrêter son zèle ni de l'empêcher de continuer à instruire ceux qui lui faisaient paraître quelque désir de savoir les principes de la religion chrétienne, et à fortifier les chrétiens, que la rigueur des tourments et des fers, l'ennui de la prison ou le désespoir d'être délivrés, rendaient chancelants dans la foi. Le pacha fut de nouveau informé de cette sainte hardiesse de Raymond : ce qui le fit monter à un tel excès de violence, qu'après l'avoir fait fouetter tout nu, au coin de toutes les rues de la ville, il ordonna qu'il serait conduit au grand marché, que là le bourreau lui percerait les deux lèvres avec un fer chaud, et lui mettrait un cadenas d'acier à la bouche pour l'empêcher de parler ; que la clef en serait sous la garde du cadi, qui ne la donnerait que quand il jugerait nécessaire de le faire manger ; enfin, qu'en cet état, il serait jeté dans un cachot, chargé de chaînes et de fers.

Cet illustre Saint, au lieu de s'affliger d'un si triste sort, remerciait Dieu de toute l'étendue de son cœur ; il ne pouvait plus ouvrir la bouche pour publier ses louanges ; mais il ouvrait son cœur pour lui parler le langage de l'amour, par ses oraisons, ses désirs et ses transports. Un jour que son esprit était fortement occupé à la contemplation, il fut ravi en une extase si profonde dans l'obscurité de sa basse-fosse, qu'il demeura longtemps dans la suspension de tous ses sens : les Maures qui étaient chargés de lui, venant pour lui apporter du pain, le trouvèrent en cet état couché par terre, la tête appuyée sur sa main gauche et montrant de la main droite, dans un livre, ce verset du psaume CVIII^e : *Ne auferas de ore meo verbum veritatis usquequaque :* « Mon Seigneur et mon Dieu, n'ôtez jamais de ma bouche la parole de vérité ». Ils furent bien surpris de cette nouveauté ; mais leur étonnement fut bien plus grand lorsque, l'ayant fait revenir à lui, ils l'entendirent, la bouche toute cadenassée, prononcer à haute voix ce verset du psaume LXXXIXe : *In æternum, Domine, permanet verbum tuum :* « Votre parole, Seigneur, subsiste éternellement ». Cependant ces barbares furent assez endurcis pour attribuer cette merveille à un enchantement, si bien que, pour l'obliger à se taire, ils le chargèrent de coups de bâton et de coups de pieds, et lui laissèrent le cadenas à la bouche, sans lui donner à manger ce jour-là.

Saint Raymond demeura l'espace de huit mois dans ces tourments et dans ces angoisses, qu'il souffrit toujours avec une joie et une constance admirables. Au bout de ce temps, les religieux de son Ordre arrivèrent avec les fonds dont on était convenu pour sa délivrance ; ils eurent pourtant encore beaucoup de peine à le retirer de sa captivité. Le cadi, qui était extrêmement avare, faisait le mécontent, et le Saint lui-même, tout embrasé du feu de la charité, eût bien voulu y demeurer tout à fait, pour la consolation des autres esclaves. Il fut pourtant remis en liberté et partit d'Alger, mais non pas sans récompense de ses travaux ; car les religieux qui l'accompagnaient lui firent savoir que le pape Grégoire IX, ayant été informé des merveilles de sa vie et de la pureté de ses actions, l'avait élevé au cardinalat, et que, pour marque singulière de son affection, il lui avait donné cette dignité sous le titre de Saint-Eustache, qui était celui qu'il avait lui-même lorsqu'il fut élu chef de l'Eglise. Raymond fut si peu touché de cette nouvelle, que, préférant toujours la mortification, la pauvreté et la modestie religieuses à tous les honneurs du monde, il ne voulut jamais changer d'habit, de logement, ni de vie ; de sorte qu'étant arrivé à Barcelone, il rentra dans son couvent et continua de vivre de la même façon qu'il avait fait auparavant, sans faste et sans aucune pompe extérieure, bien que le comte de Cardone lui eût fait préparer un appartement dans son palais.

C'était trop peu que le bienheureux Raymond fût couronné des hommes ; Dieu voulut aussi le couronner lui-même. Comme son amour et sa compassion pour les malheureux étaient sans mesure, il arriva qu'un jour d'hiver, la saison étant très-rigoureuse, notre Saint rencontra dans les rues un pauvre vieillard mal vêtu et tout tremblant de froid. Cet objet lui toucha sensiblement le cœur. Il en eut compassion, et, ayant embrassé le pauvre comme pour le réchauffer, il lui fit l'aumône et lui donna même son chapeau pour le couvrir ; de sorte qu'il s'en retourna nu-tête chez lui. La nuit suivante, Notre-Seigneur, pour récompenser une action si héroïque, lui fit voir, dans la ferveur de son oraison, un très-agréable parterre, semé de mille fleurs différentes : la Reine des anges, et un grand nombre d'autres vierges, cueillaient de ces fleurs et en composaient une couronne d'un parfum et d'une beauté merveilleuses. Une vierge de la compagnie demanda pour qui était cette couronne : la sainte Vierge répondit que c'était pour celui qui avait ôté son chapeau de sa tête pour couvrir celle d'un pauvre. En même temps toute cette glorieuse troupe s'approcha de lui, pour la lui mettre sur la tête ; bien loin de s'en réjouir, notre Saint s'en affligea extrêmement, et, dans l'excès de sa confusion et de sa douleur, il poussa sa plainte vers le ciel : « O infortuné que je suis, j'ai perdu ce que j'avais gagné ! Hélas ! devais-je recevoir en ce monde la récompense d'un petit bien que je n'avais fait que pour la gloire de Dieu et pour plaire à mon Sauveur crucifié ! » A peine eut-il achevé ces paroles, que tout ce qu'il avait vu disparut, et qu'il ne trouva plus auprès de lui qu'un pauvre homme affligé, qui avait la tête ceinte d'une couronne d'épines. Il considéra ce pauvre avec attention, et, reconnaissant que c'était Jésus-Christ lui-même, il voulut se jeter à ses pieds, pour lui rendre ses hommages. Alors le Sauveur, ôtant cette couronne d'épines de dessus sa tête, lui dit : « Ta sainte Mère, mon cher fils, qui est aussi la mienne, voulait te couronner de fleurs ; mais, puisque tu ne veux pas d'autre gloire en ce monde que celle de ma croix, voici que je t'apporte mes épines ». Saint Raymond prit cette couronne et se la mit sur la tête, mais avec tant de violence, qu'elle le fit revenir de son transport. Il fut longtemps tout consolé de joie de ce qu'il avait vu, et il en retint cette belle maxime, que toutes nos bonnes actions doivent être faites purement pour l'amour de Dieu, et sans rechercher d'autre intérêt que celui de sa gloire.

Le pape Grégoire IX, qui apprenait tous les jours les merveilles que Dieu opérait par son Serviteur, le bénissait mille fois de lui avoir inspiré de choisir un si grand Saint pour l'associer au sacré collége des cardinaux, et, comme il avait un désir extrême de le voir et de le tenir auprès de lui pour suivre ses conseils, il lui manda de venir le trouver à Rome. L'humilité de Raymond lui donnait du mépris pour tous ces honneurs auxquels il se voyait appelé; mais, ne voulant pas perdre le mérite de l'obéissance qu'il devait au Saint-Siége, il se mit en état de satisfaire à la volonté de Sa Sainteté. Il alla pour cela demander la bénédiction de saint Pierre Nolasque, fondateur de son Ordre, qu'il reconnaissait toujours pour son supérieur, tout cardinal qu'il était; il alla aussi chez le comte de Cardone, dont il était le père spirituel, pour lui rendre ses dernières visites.

Toute sa Congrégation et toute la Catalogne se promettaient de grands avantages de ce voyage; mais il plut à Dieu, par les secrets impénétrables de sa Providence, de rendre ses espérances bien courtes : car, dès que le bienheureux Raymond fut entré dans la maison du comte de Cardone, qui était à deux journées de Barcelone, il fut saisi d'une fièvre très-violente, accompagnée de convulsions et de tous les symptômes qui pouvaient être les marques d'une mort prochaine. Il voulut s'y disposer par les moyens ordinaires que l'Eglise présente à tous les fidèles. Mais les religieux de la Merci dépendaient du curé du lieu, qui était absent; il fallut l'attendre pour lui administrer les derniers Sacrements. Alors cet homme divin, qui craignait de mourir sans être muni du saint Viatique, éleva les yeux au ciel, et pria Dieu de ne pas permettre qu'il fût privé de ce bien qu'il désirait avec tant d'ardeur, quoiqu'il s'en reconnût indigne; et aussitôt il entra, par la porte de la salle où il était couché, en présence du comte, des religieux et de plusieurs autres personnes qui l'assistaient, une belle procession d'hommes inconnus, revêtus d'habits blancs, comme les Pères de la Merci, et tenant chacun un flambeau allumé à la main. Notre-Seigneur les suivait ayant un saint ciboire entre ses mains; mais la lumière qu'il répandait était si grande, que tous ceux de l'assemblée en furent éblouis : de sorte que personne ne put voir ce qui se passa dans la suite d'une action si miraculeuse.

Elle dura une bonne demi-heure; après quoi la procession s'en retourna dans le même ordre qu'elle était venue, avec cette différence seulement, qu'en venant, les religieux n'avaient paru que depuis la porte de la chambre jusqu'autour du lit, et, au retour, ils prirent le chemin de la rivière qui arrose le pied du village, et la passèrent à pied sec, marchant sur les eaux comme sur la terre ferme, et disparurent ensuite. Le comte et tous les assistants, qui étaient sortis pour voir la fin de cette merveille, trouvèrent à leur retour le saint Cardinal, les genoux en terre, les yeux baignés de larmes, le visage et les mains levés vers le ciel, et comme sortant d'un profond ravissement; on lui demanda ce qui s'était passé; mais il ne dit que ce mot de David : « Que le Dieu d'Israël est bon à ceux qui ont le cœur droit et innocent ! » Enfin, il avoua qu'il avait reçu le très-auguste Sacrement de nos autels. Ainsi, tous ses désirs étant accomplis, peu de temps après il rendit son esprit à son Créateur, en prononçant ces paroles du Sauveur expirant sur la croix : « Mon Dieu, je remets mon âme entre vos mains »; ce qui arriva l'an de Notre-Seigneur 1240, seize ans avant le décès de saint Pierre Nolasque.

Son visage, après sa mort, devint beau et éclatant comme celui de Moïse, quand il descendit de la montagne, où il venait de parler avec Dieu ; et, bien que la chaleur de la saison fût extrême, et qu'elle fût encore augmentée par le grand concours du peuple qui venait de tous côtés, pour honorer ses précieuses dépouilles, son corps néanmoins ne donna jamais aucune marque de corruption ; il répandait au contraire, par toute la salle, une odeur plus suave que le baume et que les parfums les plus précieux, et il se fit même beaucoup de guérisons surnaturelles, en faveur de ceux que la piété y avait amenés et qui avaient le bonheur de le toucher.

Cependant il fallut penser au lieu où l'on mettrait en dépôt un si précieux trésor, et il s'éleva à ce sujet un nouveau différend entre le comte de Cardone, qui le voulait retenir, et les religieux de la Merci, qui le voulaient emmener dans leur couvent. Pour apaiser leur contestation, on convint que le saint corps serait mis dans une châsse et ensuite chargé sur une mule aveugle, qui ne serait guidée que par son propre instinct, et que le lieu où elle s'arrêterait serait choisi pour cette sépulture. Cet accord fut fidèlement exécuté : car, la mule, ayant marché quelque temps, alla s'arrêter enfin proche de l'ermitage de Saint-Nicolas, où le serviteur de Dieu avait vu naître sa dévotion envers la sainte Vierge, et où cette bonne Mère lui avait fait goûter ses faveurs. Jamais il ne fut possible de faire aller plus avant cette bête : elle fit trois fois le tour de l'ermitage, et ensuite elle tomba morte à la porte de la chapelle. On reconnut que la volonté de Dieu était que les reliques sacrées de saint Raymond Nonnat fussent déposées en ce lieu, comme elles le furent en effet.

Ce bienheureux rédempteur avait fait beaucoup de miracles durant sa vie. Il avait délivré, par sa bénédiction, toute la Catalogne, d'un mal contagieux qui faisait mourir les bestiaux et portait partout la désolation et la famine ; il avait empêché, même en son absence, qu'une dame faussement accusée d'adultère, ne fût tuée par son mari, en rendant les coups de poignards qu'il lui porta inutiles et sans effet, quoique cet homme crût assurément l'avoir tuée. Il avait donné mille secours extraordinaires, soit spirituels, soit temporels, à ceux qui s'étaient recommandés à ses prières. Nous venons de dire qu'il en fit encore davantage, peu de temps après son décès et avant sa sépulture ; mais ceux qu'il fit à son tombeau, dans cette chapelle de Saint-Nicolas, dès qu'il y fut déposé, sont sans nombre. C'est ce qui obligea saint Pierre Nolasque de demander à l'abbé et au Chapitre de Solsona, érigé depuis en évêché, la propriété de cette chapelle, qui leur appartenait, pour y bâtir un couvent de son Ordre. Sa demande lui fut accordée, et le couvent qu'il y fit bâtir s'est, depuis, beaucoup augmenté. Ce fut là que le saint Cardinal lui apparut dans la gloire immense dont il jouissait, et lui fit connaître que, l'année suivante (1256), il viendrait posséder avec lui les délices du bonheur éternel. Il continue de faire encore de semblables prodiges, particulièrement pour le secours des femmes qui meurent dans les douleurs de l'enfantement, pour la conservation des animaux domestiques et des bestiaux qui lui sont recommandés, pour la justification des innocents faussement accusés, et pour le soulagement des malades affligés de la fièvre. Benoît XIII, que la France et l'Espagne tenaient pour Pape, le mit au nombre des Saints : ce qui a été ratifié, non-seulement par le Concile de Constance, mais encore par beaucoup de Papes qui l'ont suivi. On l'a mis, depuis, dans le martyrologe et dans le bréviaire romain, et on en fait maintenant l'office par tout le monde chrétien.

Avant de finir cette vie, nous devons remarquer que plusieurs historiens distinguent deux voyages qu'il fit en Barbarie, pour la délivrance des captifs : l'un, sous les auspices de saint Sérapion, où il ne demeura pas en otage ; l'autre, en chef, qui est celui dont nous avons parlé. Ils ajoutent qu'entre ces deux voyages il fut élu procureur général de son Ordre, et qu'en cette qualité il alla à Rome, où il travailla généreusement à obtenir les Bulles de confirmation de ce saint institut. Ce fut là qu'il fut connu du pape Grégoire IX, qui n'était encore que cardinal, et des autres membres du sacré collège ; ce qui fit que, depuis, ce Pape, étant informé des merveilles qu'il faisait à Alger, l'éleva lui-même à la dignité de cardinal ; il ne fut rappelé en Espagne que pour son second voyage en Afrique. D'autres auteurs ne font point cette distinction et ne lui attribuent qu'un voyage ; mais il y a plus d'apparence qu'il en a fait deux. Toutes les chroniques de cet Ordre parlent de lui avec beaucoup d'honneur.

On le représente : 1° avec un cadenas aux lèvres ; 2° quelquefois avec trois couronnes ou même quatre, et l'on y joint aussi la palme ; 3° avec une couronne d'épines sur la tête : cette représentation n'est pas fréquente, mais elle se rapporte à un trait de la vie du Saint ; 4° avec un ostensoir à la main, pour indiquer que, comme il se mourait, et que l'on ne trouvait pas le prêtre qui devait lui apporter le saint viatique, des anges vinrent le lui présenter.

<small>Sa vie a été imprimée en latin, en espagnol, en italien et en français. Nous en avons un bel abrégé dans le martyrologe des Saints d'Espagne, au 14 novembre, jour où son image vénérable fut mise avec grand honneur, par le cardinal Virginius des Ursins, dans son titre de Saint-Eustache, à Rome.</small>

SAINTE ISABELLE OU ÉLISABETH DE FRANCE,

FONDATRICE DU MONASTÈRE DE LONGCHAMPS, AU DIOCÈSE DE PARIS.

1270. — Pape : Clément IV. — Roi de France : Louis IX.

> *Boni, qui salutem suam et aliorum quærunt, magis volunt exemplo quam verbo docere.*
> Les bons, qui cherchent leur salut et celui des autres, veulent plutôt instruire par leurs exemples que par leurs paroles.
> Hugo card., *Sup. Ecclesiastic.* c. v.

Isabelle de France était, par sa noblesse et par la gloire de ses parents et de ses ancêtres, la plus illustre princesse de son siècle, puisque Dieu lui avait donné pour aïeul Philippe-Auguste, pour père Louis VIII, pour mère Blanche de Castille, et que saint Louis était son frère. Après la mort de son père, elle fut mise sous la tutelle de la reine sa mère, qui eut pour elle une merveilleuse tendresse et en prit tout le soin que méritait une fille si chérie du ciel. Dès sa plus tendre enfance, cette pieuse princesse fut touchée et animée de Dieu. Etant encore à la mamelle, elle rejetait toutes les bagatelles qu'on lui montrait pour la divertir ; mais quand on lui présentait une image de Notre-Seigneur, de la sainte Vierge, ou de quelque autre Saint, c'était alors qu'elle faisait paraître sa joie ; elle la prenait dans ses mains et la baisait avec des sentiments de dévotion qui surprenaient tout le monde.

La pompe et le luxe de la cour ne firent jamais aucune impression sur son cœur; elle déclara un jour à une bonne religieuse, que, si, pour obéir à la reine sa mère et ne pas paraître trop sauvage aux autres princesses ses parentes, elle était quelquefois contrainte de se laisser parer, c'était entièrement contre son gré, et qu'elle n'y prenait pas la moindre satisfaction. Elle eut dès sa plus tendre jeunesse de si grandes communications avec Dieu, et elle s'occupait à l'oraison avec tant de zèle et de ferveur, la nuit et le jour, qu'elle était quelquefois ravie en extase.

Elle joignit bientôt l'abstinence à l'oraison, et elle la pratiquait dès son enfance avec tant de rigueur, que madame de Bensemont, sa gouvernante, assurait que ce qu'elle mangeait n'était pas capable de nourrir un corps humain sans miracle. La reine, sa mère, admirait une vertu si généreuse dans un âge si délicat; elle était pourtant touchée de compassion de voir qu'elle traitait sa chair innocente avec tant de sévérité. Et, comme elle savait qu'elle avait une inclination à faire l'aumône, elle tentait de modérer cet esprit de pénitence par le motif de la charité; car elle l'invitait quelquefois à manger, en lui promettant que, si elle le faisait, elle lui donnerait de l'argent pour distribuer aux pauvres. Ce combat de vertus fit quelque impression sur l'âme d'Isabelle; mais, ne voulant pas satisfaire son corps au préjudice de son esprit, elle supplia la reine de favoriser ses inclinations à faire l'aumône par d'autres moyens que ceux qui étaient incompatibles avec le jeûne; si bien qu'elle ne quitta point la coutume qu'elle avait de jeûner trois fois la semaine, outre les jeûnes ordonnés par l'Eglise. Voilà par où les Saints ont toujours commencé le grand ouvrage de leur perfection.

Pour éviter toute oisiveté, notre jeune princesse apprit, dès son bas âge, à lire, à écrire et à faire quantité de petits ouvrages ordinaires à son sexe, auxquels elle s'occupait dans son cabinet avec ses demoiselles, sans jamais y souffrir aucun homme. Elle ne se borna pas à ces connaissances; elle apprit aussi la langue latine qui était dès lors une langue morte, et la reine sa mère le lui permit, parce que, voyant qu'elle avait un esprit sage, humble, modéré et rempli de pudeur, elle se persuada aisément que cette langue ne servirait qu'à lui faire mieux pénétrer les vérités du salut, par la lecture de tant de beaux traités spirituels des saints Pères, qui ne se trouvaient point alors en notre langue.

La vivacité et la grande occupation de son esprit, avec le peu de soin qu'elle prenait de son corps, la firent tomber dans une maladie extrême. Cet accident toucha sensiblement le cœur du roi, des deux reines et de toute la cour; ils craignaient de perdre une personne d'un si rare mérite; on ordonna partout des prières publiques pour elle, et mille bouches furent ouvertes sur les autels pour demander à Dieu sa guérison et sa vie. Il y avait en ce temps-là, au bourg de Nanterre, une personne qui vivait en réputation de sainteté et qui passait pour avoir le don de prophétie. La reine-mère, qui en faisait une estime particulière, lui envoya un exprès de Saint-Germain en Laye, où était la malade, pour la supplier de joindre en cette occasion ses prières à celles de toutes les personnes vertueuses du royaume, et de lui faire savoir quelle serait l'issue de la maladie de sa fille. Cette sainte répondit qu'elle n'en mourrait pas, et qu'au contraire elle recouvrerait bientôt une parfaite santé; mais que ni Sa Majesté, ni le roi son fils ne la devaient plus compter au nombre des vivants, parce que, pendant tout le reste de ses jours, elle serait morte au monde, et ne vivrait plus que pour le Roi du ciel qui l'avait choisie pour son épouse.

On vit bientôt la vérité de ces paroles ; car notre Sainte s'attacha à ce céleste Epoux : elle était pourtant recherchée en mariage par Conrad, roi de Jérusalem, fils, et depuis successeur de l'empereur Frédéric II. Le roi et les reines souhaitaient extrêmement cette alliance qu'ils jugeaient très-avantageuse à la maison de France ; le Pape même, Innocent IV, la désirait pour le bien de toute la chrétienté, comme il le lui témoigna par une lettre qu'il lui écrivit exprès ; elle refusa néanmoins toujours avec constance, mais d'une manière si humble et si judicieuse, que Sa Sainteté, ayant connu par sa réponse que sa vocation venait de Dieu, changea de sentiment et la confirma dans la pieuse résolution qu'elle avait prise de vivre dans l'état de virginité perpétuelle, sans pourtant quitter le monde, ni embrasser aucune congrégation ni institut.

Sainte Isabelle forma toute sa conduite sur quatre grandes vertus : la *vérité*, l'*humilité*, la *dévotion* et la *charité*. Nous n'entendons pas par la vérité, cette vertu commune qui consiste à ne point mentir ; mais une vérité plus noble et plus relevée, qui consiste dans un juste accord de nos sentiments, de nos mœurs et de nos paroles, avec les conceptions, les volontés et les ordres de Dieu. Notre illustre princesse s'accoutuma, dès sa plus tendre jeunesse, à une parfaite sincérité dans ses sentiments, à une grande droiture d'âme et à bien régler les affections de son cœur. Ses paroles répondaient à la pureté de son esprit, et elles étaient toujours si véritables qu'on n'y remarquait jamais de déguisement, de flatterie, ni de médisance. Elle ne pouvait non plus souffrir le mensonge dans les autres ; lorsqu'elle était sur le point de faire ses aumônes, elle envoyait sœur Agnès, qui était pour lors sa domestique, afin d'empêcher les pauvres de mentir en sa présence.

Son humilité fut extrême ; car elle descendait au plus profond des abîmes de ce vide spirituel, où les docteurs mystiques ont toujours placé le trône de cette sublime vertu. Elle se persuadait qu'elle ne pourrait jamais rien faire qui fût agréable à Dieu, si elle ne s'estimait moins que rien. La noblesse de sa naissance, qu'elle tirait de tant de rois, les triomphes de son aïeul, les victoires du roi son père, et la majesté de son frère, qui était pour lors le plus grand roi de l'univers, les richesses de sa maison, les honneurs qui venaient fondre de tous côtés à ses pieds, la beauté, les grâces dont elle était ornée, tous ces avantages n'étaient que de petits atomes qui se perdaient aux rayons de ce grand jour dont Dieu avait éclairé son âme. En un mot, elle garda toujours les quatre points principaux de cette sainte humilité, qui consistent à mépriser le monde, à ne mépriser personne, à se mépriser soi-même, et enfin à mépriser le mépris même.

Quoiqu'elle eût tant d'horreur du monde en général, et de toutes ses pompes, ses grandeurs et ses plaisirs, il n'y avait personne en particulier pour qui elle n'eût de l'estime et de l'amour ; et, comme elle envisageait en chacun l'image de Dieu, elle recevait avec une bonté incroyable les moindres personnes qui l'abordaient. On ne l'entendait jamais parler d'un ton impérieux ; elle traitait, au contraire, ses propres domestiques avec une douceur qui les ravissait et lui attirait leur admiration et leurs respects. Si elle avait de la rigueur, ce n'était que pour elle même : tandis qu'elle excusait tous les autres, elle ne se pouvait rien pardonner. Elle se persécutait comme une ennemie, et tout ce que le monde estimait en elle, elle en faisait l'objet de son dédain, et ressentait une joie intérieure quand elle se voyait déshonorée, ne mettant sa gloire que dans la participation aux opprobres de son Sauveur.

Sa dévotion était un modèle sur lequel les âmes les plus parfaites pouvaient se régler. Elle se levait longtemps avant le jour pour faire ses prières et ses autres exercices spirituels, dans lesquels elle persévérait ordinairement jusqu'à midi, et en Carême jusqu'à trois heures, différant jusqu'à ce temps-là de prendre aucun aliment. Lorsqu'elle sortait de son cabinet, on voyait à ses yeux qu'elle venait de fondre en larmes aux pieds du crucifix. Elle avait la conscience si tendre, qu'elle se confessait tous les jours, avec des sanglots et avec une componction surprenante. Elle prenait souvent la discipline, mais avec tant de rigueur, que presque tous ses habits étaient teints de son sang. Les bons livres faisaient ses plus délicieux entretiens, et la sainte Ecriture lui plaisait plus que toute autre chose.

Son amour pour Dieu et pour le prochain était très-ardent et très-actif; car, ne se contentant pas d'une charité oisive, elle en faisait paraître les effets sur les malheureux, auxquels elle faisait de continuelles profusions de ses biens. Tous les jours, avant son dîner, elle faisait entrer quantité de pauvres dans sa chambre, et, après leur avoir fait ses largesses, elle les servait à table avec une bonté et une grâce qui charmait tout le monde. Après le dîner, elle visitait les malades et les personnes affligées, afin de les soulager dans leurs infirmités, ou de les consoler dans leurs peines; et, tout le temps qui lui restait, elle l'employait à travailler tantôt pour l'ornement des autels, tantôt pour le besoin des pauvres et l'ameublement des hôpitaux.

Le roi saint Louis, son frère, lui rendant un jour visite, lui demanda un voile qu'elle avait filé de ses propres mains; mais elle lui répondit qu'il était destiné à un plus grand seigneur que lui; et, le même jour, elle l'envoya à une pauvre femme malade qu'elle visitait souvent. Quelques dames l'ayant découvert, le rachetèrent; et il tomba plus tard entre les mains des religieuses de l'abbaye de Saint-Antoine, qui le conservaient encore, en 1685, comme une précieuse relique, dans un bras d'argent enrichi de pierreries.

Les aumônes qu'elle faisait tous les jours, avec tant de profusion, n'étaient pas restreintes au seul royaume de France; son soin s'étendait encore jusqu'au Levant, et elle y entretenait ordinairement dix cavaliers, pour contribuer de sa part aux troupes françaises qui servaient contre les infidèles.

Sa vie, très-sainte et très-innocente, ne fut pas exempte de ces tribulations dont il plaît quelquefois à Dieu d'éprouver les âmes les plus justes, et qui s'attachent à son service avec plus de pureté et de perfection. Elle fut attaquée de plusieurs maladies fort longues et fort violentes; mais ces douleurs ne lui donnèrent que de la joie, parce qu'elle n'avait point de plus grande satisfaction que de souffrir quelque chose pour son céleste Epoux. Ce qui la toucha davantage, ce furent les mauvais succès des armes chrétiennes au Levant, l'oppression des fidèles de la Terre sainte, et la captivité du roi saint Louis, le plus cher et le plus aimable de tous ses frères. Un autre coup, qui lui fut très-sensible, fut la perte de la reine Blanche, sa mère, qui, après avoir si bien élevé le roi son fils, et gouverné avec tant de sagesse et de gloire son royaume pendant sa minorité et son absence, voulut finir de si glorieux jours, couchée par terre, sur une pauvre paillasse, où elle reçut les derniers Sacrements de l'Eglise, avec une dévotion qui fit fondre en larmes tous les assistants et, plus que tous, sa chère Isabelle.

Cette mort acheva de dégoûter entièrement notre sainte Princesse du séjour de la cour et du monde; dès que le roi, son frère, fut revenu de son voyage d'outre-mer, elle résolut de se retirer tout à fait. Elle délibéra si elle devait faire bâtir un monastère de religieuses, pour y passer le reste de ses jours, ou seulement un hôpital, pour y vaquer à l'assistance des pauvres et des malades. Le docteur Emery, chancelier de l'Université de Paris et son directeur, qu'elle consulta sur cette affaire, lui conseilla de faire plutôt bâtir un couvent. Elle suivit cet avis et résolut de fonder une maison de filles de l'Ordre de Saint-François. Un dessein de cette importance ne pouvait pas s'exécuter sans qu'elle le communiquât au roi, son frère, et qu'elle eût son consentement. Elle choisit le temps où il était le plus en repos dans son cabinet : là, se jetant à ses pieds, selon sa coutume, elle le supplia d'agréer son entreprise. Le saint roi, qui était plein de piété envers Dieu et de tendresse pour sa sœur, après l'avoir fait lever et asseoir auprès de lui, non-seulement lui donna son agrément, mais lui promit aussi de contribuer de tout son possible à un si pieux dessein.

La Princesse le remercia très-humblement de cette grâce, et, après avoir recommandé son affaire à Dieu, elle commença à mettre la main à l'œuvre. Sa première application fut de faire dresser des statuts conformes à la Règle de Sainte-Claire, qu'elle voulait donner à ses religieuses. Six des plus savants et des plus pieux de l'Ordre de Saint-François prirent ce soin, savoir : saint Bonaventure, docteur de l'Eglise et depuis cardinal; frère Eudes Rigault, depuis archevêque de Rouen ; frère Guillaume Millençonne ; frère Geoffroy Marsais et frère Guillaume Archambault ; et ils y travaillèrent avec autant de soin que s'il eût été question de fonder une grande monarchie.

Dès qu'ils eurent dressé le formulaire de cette Règle, la Sainte l'envoya au pape Alexandre IV qui la confirma : mais, peu de temps après, ces nouvelles constitutions se trouvèrent si austères et si difficiles dans leur pratique, qu'elles semblaient plutôt faites pour accabler la nature que pour la mortifier. Le roi saint Louis, qui eut pitié de ces pauvres religieuses, pria le pape Urbain IV d'y apporter quelque adoucissement. Le Pape le fit lorsque le cardinal de Sainte-Cécile en eut réglé les articles ; et c'est de là que les religieuses, qui suivent cette Règle sagement mitigée, sont appelées *Urbanistes*.

Enfin, sainte Isabelle choisit, pour le séjour de ses filles, la solitude de Longchamps, à deux lieues de Paris, sur le bord de la Seine, au-dessous du bois de Boulogne, et au même lieu où les Dryades avaient été adorées par la superstition de l'antiquité. Elle y plaça des âmes célestes qui remplirent tout le pays de bénédictions. Saint Louis, accompagné de la reine son épouse et du dauphin, suivi des princes, des seigneurs de sa cour et d'un grand concours de peuple, y fit planter la croix par l'évêque du diocèse, et y mit lui-même la première pierre. Cet édifice, moyennant trente mille livres (c'était en ce temps-là une somme considérable), avança si rapidement, qu'en peu de temps on y vit un monastère accompli. Mais ce qui peut faire connaître à tout le monde que cette entreprise était du ciel, le jour où l'on commença l'ouvrage, trois colombes, d'une blancheur admirable et tout éclatantes de lumière, parurent en l'air au-dessus des assistants, et demeurèrent longtemps à la même place, comme si elles eussent voulu se mettre de la partie. La reine, prenant la princesse par la main, lui dit : « Courage, ma sœur ; toute l'auguste Trinité se mêle de nos affaires ». La veille de la fête de saint Jean-Baptiste de l'an 1260, saint Louis vint pour la seconde fois, avec une grande pompe, dans ce monastère, et y installa les religieuses, sous la conduite de sa sœur, Isabelle de France.

La sainte Fondatrice ne voulut jamais que son abbaye portât d'autre titre que celui de *l'Humilité de Notre-Dame*, et, comme sœur Agnès, son historienne, lui en demanda la raison, elle lui répondit qu'elle ne trouvait point de nom plus beau ni plus favorable à l'honneur de la sainte Vierge que celui-là, et qu'elle s'étonnait que, parmi tant de congrégations, il n'y en eût point encore qui fût honorée de ce titre. Saint Louis, suivant la permission que le Pape lui en avait donnée, et qui était même insérée dans la Règle, entra dans le monastère avec un petit nombre de personnes choisies ; et, s'étant assis dans le chapitre sur un banc, au milieu de toutes les religieuses, il leur fit lui-même une exhortation très-belle et très-pressante sur leur état et sur la perfection de la vie spirituelle : de quoi sœur Isabelle de France le remercia très-humblement, l'appelant notre très-révérend et saint père, Monseigneur le Roi.

La Sainte ne fit point profession de la vie religieuse ; bien qu'elle fût dans l'enclos de cette abbaye de Longchamps, elle demeura toujours néanmoins dans un corps de logis à part et en habit séculier. Sa conduite, en cela, fut très-sage et très-judicieuse : comme elle était sujette à de grandes infirmités, elle avait lieu de craindre que sa faiblesse ne l'obligeât à des dispenses qui n'auraient pas été d'assez grand exemple pour la communauté ; car la Règle, avec toute l'amélioration que le pape Urbain IV y avait apportée, ne laissait pas d'être très-austère ; celles qui jouissaient de la meilleure santé ne pouvaient l'observer qu'avec de grands efforts de vertus et de courage. De plus, si elle se fût faite religieuse, elle n'eût jamais pu éviter d'être élue abbesse et supérieure de la maison, puisqu'elle en était la fondatrice et la plus capable de la gouverner : ce que son humilité lui faisait redouter sur toutes choses. Enfin, le bien temporel de sa maison demandait qu'elle en agît de la sorte, parce que, retenant son rang et une partie de ses biens, elle était plus en état de la soutenir de son crédit, de la protéger de son autorité et de l'assister de ses aumônes. Sa résolution fut approuvée des personnes les plus éclairées, qui attribuèrent à une grande sagesse ce que d'autres auraient peut-être pris pour un manque de générosité et de ferveur.

Cependant Isabelle ne laissa pas de vivre comme la plus austère religieuse de Longchamps. Elle était vêtue d'un simple camelot ; son voile et ses mouchoirs étaient sans dentelles ; elle jeûnait sans cesse, et se donnait très-souvent la discipline avec excès ; elle retint très-peu de personnes auprès d'elle, se servait elle-même dans tous ses besoins, gardait un silence rigoureux, assistait le plus souvent aux offices divins, passait la meilleure partie du jour et de la nuit en oraison, servait les pauvres à son ordinaire et leur faisait de grandes largesses, s'humiliait jusqu'aux pieds de ses servantes et leur demandait toujours pardon à genoux avant d'aller communier ; enfin, elle portait toutes ses religieuses dans son cœur et prenait un soin particulier de leur avancement spirituel, aussi bien que du temporel de la maison.

Elle passa plus de dix ans en cet état, purifiant toujours de plus en plus son esprit par une vie intellectuelle, jusqu'à ce que, approchant de la Terre promise, c'est-à-dire de la Jérusalem céleste, elle entra, comme un autre Moïse, dans une nuée de gloire, où elle eut des entretiens si doux et si familiers avec Dieu, qu'elle passa plusieurs nuits en contemplation sans pouvoir se coucher. Sœur Agnès, qui en fut avertie, alla à sa chambre pour la supplier de prendre quelque repos ; mais elle la trouva dans un ravissement qui lui ôtait l'usage des sens et de toutes les facultés naturelles, lui rendait le visage plus vermeil que les roses nouvellement écloses et tout brillant d'une lumière céleste. Son confesseur et son chapelain, qui entrèrent aussi dans sa chambre pour le même sujet, furent témoins de la même chose, et ne purent douter que cette excellente épouse de Jésus-Christ ne jouît alors de cette union d'amour que l'Ecriture appelle le baiser du Seigneur, et qui est l'effet du mariage spirituel. Quand elle fut revenue de son extase, elle prononça plusieurs fois ces belles paroles : *Illi soli honor et gloria* : « Que l'honneur et la gloire soient à Dieu seul ».

Quelque temps après, elle eut une révélation distincte du jour de son décès. Alors elle écrivit au pape Clément IV, pour le supplier de lui donner sa bénédiction avant qu'elle partît de ce monde, et de permettre aussi aux princesses de France, de sa parenté, d'assister à ses funérailles et de visiter son sépulcre après sa mort : ce que Sa Sainteté lui accorda par Bulle expresse de l'an 1268. Etant ensuite tombée malade, elle reçut le saint Viatique avec dévotion et avec une ferveur qui toucha le cœur de toute l'assemblée ; puis, se tournant vers les religieuses, auxquelles elle avait déjà demandé pardon avec une très-profonde humilité, elle leur dit ce peu de paroles : « Adieu, mes chères sœurs ; souvenez-vous, dans vos prières, de votre pauvre Isabelle qui vous a toujours si tendrement aimées, et qui ne vous oubliera jamais devant Dieu ». Aussitôt après, elle se fit coucher sur une paillasse, où elle reçut le sacrement de l'Extrême-Onction. Enfin, tout embrasée des flammes de l'amour divin, et ne respirant plus que les embrassements de son Bien-Aimé, elle rendit son esprit entre ses mains, pour être éternellement couronnée de la gloire : ce qui arriva le 22 février de l'an 1270. Ses filles témoignèrent assez la douleur qu'elles ressentaient de cette perte, par les torrents de larmes qu'elles versèrent. Mais Dieu, qui ne voulait pas les laisser sans consolation, leur fit entendre plusieurs fois, au milieu de l'air, de la bouche des anges, ces paroles du Psaume LXXVe : *In pace factus est locus ejus*, qui signifiaient qu'elle jouissait de cette paix qui naît de l'heureuse possession du souverain bien.

La vie de sainte Isabelle est une admirable leçon pour toutes sortes d'états et de conditions. Les dames de la cour y apprendront que, pour être dans les engagements du siècle, elles ne doivent pas laisser de s'adonner aux principaux exercices de la piété chrétienne ; que plus elles sont environnées de dangers, plus elles sont obligées à la retraite, à l'oraison, à la mortification de leurs sens, à la pénitence et aux autres pratiques qui soutiennent l'âme et la fortifient contre les embûches du démon ; que l'assistance des pauvres, la visite des hôpitaux et le service des malades n'ont rien qui répugne à leur grandeur, et que, bien loin de se déshonorer en s'abaissant au pied des membres de Jésus-Christ, elles se font, au contraire, beaucoup d'honneur, et s'acquièrent de grands trésors de mérites pour le ciel. Les vierges séculières y apprendront avec combien de soins elles doivent garder la perle inestimable de leur chasteté ; que le jeu, le bal, la comédie et les entretiens des hommes sont des écueils qu'elles doivent fuir pour n'y point faire de tristes naufrages ; que, de quelque qualité qu'elles soient, la modestie des habits, le silence, la solitude, la lecture spirituelle et la fréquentation des Sacrements leur doivent être extrêmement chers, et que, n'étant point engagées à plaire à d'autres qu'à Dieu, il faut qu'elles mettent tous leurs soins à embellir leur âme des vertus qu'il recherche dans ses épouses. Enfin, les religieuses y apprendront avec combien de zèle elles doivent s'acquitter de toutes les obligations de leur profession ; que, puisque Dieu leur a donné une Règle sur laquelle elles seront jugées, elles ne peuvent jamais être trop exactes à l'observer ; que leur vie tout entière doit être une oraison et un amour de Dieu, et que l'unique consolation qu'elles pourront avoir à l'heure de la mort sera de n'avoir aimé que Jésus-Christ, de n'avoir cherché que Jésus-Christ et d'avoir oublié toutes les créatures, pour mettre en lui tous leurs désirs et toutes leurs affections.

CULTE ET RELIQUES.

Le corps d'Isabelle, revêtu de l'habit de Sainte-Claire fut inhumé dans le monastère qu'elle avait fondé, comme elle-même l'avait ordonné. Sa mémoire est demeurée en bénédiction dans tous les siècles suivants. Le pape Léon X fit faire information de ses miracles, et on en vérifia soixante-trois dans les formes ordinaires ; ils sont rapportés par les auteurs de sa vie. Ce Pape la déclara Bienheureuse par une Bulle de l'an 1521, et donna permission aux religieuses de Longchamps d'en faire l'office au 31 août, qui est dans l'octave de saint Louis, bien qu'elle soit décédée le 22 février. Depuis ce temps-là, le pape Urbain VIII, à l'instance de Marie-Elisabeth Mortier, abbesse de cette maison royale, a permis, par un Indult apostolique, de lever de terre ses dépouilles sacrées, qui y avaient reposé près de quatre cents ans, et de les mettre dans une châsse. Cette cérémonie fut faite avec grande pompe, le 4 juin de l'année 1637, par Jean-François de Gondy, premier archevêque de Paris, sous le règne de Louis le Juste, petit neveu de cette grande Sainte, comme descendant en droite ligne de saint Louis, son frère.

On conservait autrefois, dans la célèbre maison de Longchamps, dite de *l'Humilité de Notre-Dame*, avec ses ossements, ses cheveux et sa robe, qui était de simple étoffe de laine et de couleur brune, avec ses anneaux d'or, sur l'un desquels étaient gravés ces mots : *Ave, gratia plena*, marque de sa dévotion envers la sainte Vierge. Il s'est fait encore beaucoup de miracles à son tombeau depuis sa béatification ; plusieurs malades ont été guéris par ses mérites, et plusieurs personnes accablées d'affliction y ont reçu du soulagement et de la consolation dans leurs peines. Sa maison s'est maintenue longtemps dans l'étroite observance de sa Règle. En 1685, elle continuait encore de répandre la bonne odeur de Jésus-Christ, non-seulement dans les lieux les plus voisins, mais aussi dans la ville de Paris ; on allait admirer dans ces saintes religieuses l'ancienne innocence et la simplicité de leur premier Institut.

A la Révolution, le monastère de Longchamps a été entièrement détruit, et le lieu qu'il occupait est devenu une ferme. L'Eglise de Saint-Louis-en-l'Ile, à Paris, possède une partie des reliques de sainte Isabelle, qu'on expose chaque année, le jour de la fête du saint roi, à la vénération des fidèles.

Beaucoup d'auteurs nous ont donné sa vie ; entre autres Rouillard, avocat au parlement, et le R. P. Caussin, de la Compagnie de Jésus. Les *Annales* de l'Ordre de Saint-François en parlent aussi fort amplement. Le R. P. Artus du Moustier en fait mention dans son martyrologe du même Ordre, et dans son Recueil. Du Saussay en fait un très-bel éloge dans son martyrologe des Saints de France.

SAINT PAULIN, ÉVÊQUE DE TRÈVES ET CONFESSEUR (359).

Saint Maximin, le grand évêque donné à Trèves par le Poitou, eut pour successeur un autre Poitevin que l'Eglise n'a pas jugé moins digne des honneurs dus à la sainteté : nous voulons parler de saint Paulin, disciple de son illustre prédécesseur, et que les fidèles de la Gaule-Belgique n'en trouvèrent que plus capable d'un tel fardeau. Il fut, en 353, un des Pères du concile d'Arles, et l'Arianisme y trouva en lui un antagoniste aussi éclairé contre l'erreur que courageux contre l'empereur Constance, si ardent à y faire soutenir par les évêques de son parti les doctrines qui, depuis plus de trente ans, désolaient l'Eglise militante. Contre ce prince aussi, il soutint l'innocence de saint Athanase, patriarche d'Alexandrie (296-373), et cette noble conduite lui valut le même sort. Divers exils lui furent successivement assignés dans les contrées les plus barbares, sans que sa patience pût être lassée. Ce fut lui qui, dans un des intervalles de ces actives persécutions, trouva le moyen de venir dans son pays natal pour y ménager le retour à Trèves, sur les vives instances de ses diocésains, des reliques de saint Maximin, qu'on gardait toujours à Silly (Vienne). Ce n'était pas le compte des Poitevins, qui s'y opposèrent énergiquement, ne voulant pas se priver des guérisons miraculeuses devenues fréquentes à son tombeau. C'était surtout à Silly que les oppositions s'exaltaient. Il fallut qu'un orage inattendu, en dispersant les paroissiens, donnât aux assaillants plus de courage et de force ; ils en profitèrent pour enlever le saint corps, et Paulin s'en retourna avec sa précieuse conquête. Cette consolation et l'enthousiasme qui l'accueillit dans sa ville avec le trésor qu'il lui apportait ne firent qu'augmenter les craintes de ses ennemis. De nouvelles instances près de l'empereur obtinrent contre lui un nouvel exil. Cette fois, on l'envoya en Phrygie, pays infesté par les Montanistes, et il eut à souffrir beaucoup de leurs méchancetés pendant les cinq années qu'il y fut retenu. Ces tourments mirent fin à sa vie, qui mérita les éloges de saint Hilaire, et finit le 31 août 358.

Avec d'admirables exemples de fermeté pastorale, il laissa des ouvrages qui le placent, comme saint Maximin, au rang des plus belles lumières catholiques de son temps. Félix II, évêque de Trèves, fit rapporter son corps de Phrygie dans cette ville, et le déposa dans l'église Notre-Dame, appelée aujourd'hui église Saint-Paulin.

L'abbé Auber : *Origines de l'Histoire du Poitou*; — Cf. Dom Rivet : *Histoire littéraire de la France*.

SAINT VICTOR DE CAMBON, SOLITAIRE,

AU DIOCÈSE DE NANTES (VI° siècle).

Saint Victor fut une de ces âmes que Dieu cache dans le secret de sa face, afin que, préservées de la corruption du siècle, elles le servent avec un cœur plus pur. Il naquit dans le territoire de Cambon, paroisse du diocèse de Nantes, près de Pontchâteau, et y passa ses jours dans la solitude. Peut-être faut-il le regarder comme un des disciples de saint Friard, de saint Martin de Vertoun ou de saint Hermeland, qui remplissaient à cette époque le pays Nantais de l'éclat de leurs vertus. Ce qu'il y a de certain, c'est que le serviteur de Dieu, éloigné du tumulte du monde, mena une vie angélique et s'acquit de grands mérites pour l'éternité. Le Seigneur l'ayant appelé à lui, son corps fut inhumé dans l'oratoire de sa cellule, et la réputation de sa sainteté s'étendit tellement, qu'on vit bientôt les fidèles venir en foule à son tombeau pour réclamer son intercession.

Ce concours dura jusqu'à l'année 878, époque à laquelle les Normands, s'étant emparés du pays de Nantes, détruisirent l'oratoire de Saint-Victor, qui était situé à une extrémité du bourg de Cambon, et renversèrent en même temps l'église paroissiale. Celle-ci fut rebâtie vers l'an 980, par les soins de Guerech, comte de Nantes. Quant à l'ermitage, on le laissa en ruines ; mais les murailles en subsistaient encore dans le X° siècle. On dit qu'à cette époque Geoffroy, comte de Rennes, qui faisait la guerre à Judicaël, comte de Nantes, ayant voulu loger les chevaux de ses troupes dans cet oratoire, ils périrent tous dans une même nuit, pour le punir de son irrévérence. On rapporte aussi qu'un jeune homme de Cambon, cherchant, par une curiosité coupable, à s'assurer si Victor était véritablement saint, s'empara de ses reliques et les jeta deux fois au feu, afin de les éprouver ; deux fois aussi, dit-on, elles en sortirent aussitôt avec un grand bruit et sans être endommagées. L'insensé tomba à la renverse, resta comme mort, et ne recouvra le sentiment que lorsqu'il eut été porté par son père au tombeau de saint Victor. Ce tombeau se voit encore dans l'église de Cambon ; mais il a été profané pendant la révolution. Quant aux reliques du serviteur de Dieu, il paraît qu'elles sont perdues.

L'Eglise de Nantes honore depuis longtemps saint Victor le 31 août.

Tiré des *Saints de Bretagne*, par Dom Lobineau.

SAINT AGYLE OU Y DE VOISINAT,

VICOMTE D'ORLÉANS ET CONFESSEUR (593).

Agyle, vicomte de la cité d'Orléans, au temps du roi Gontran (593), était, à ce qu'on rapporte, très-enclin à la colère et à la cruauté. Un de ses esclaves avait failli dans son service et s'était enfui au tombeau de saint Maximin l'Ancien, et Agyle, furieux, le poursuivait et voulait le tuer ; mais, tout à coup, au milieu de sa course, il se sentit arrêté par une force surnaturelle, sans pouvoir faire un pas de plus en avant. Ensuite, son cheval se cabrant et le secouant, il tomba, et eut le corps meurtri et tout brisé de sa chute, tellement qu'il ne conservait qu'un souffle de vie, quand ses serviteurs l'enlevèrent et le portèrent vers le même tombeau près duquel ils l'étendirent. Là non-seulement il reprit ses sens, mais il recouvra la santé. Il demanda pardon pour le crime qu'il avait conçu, et permit au serviteur fugitif de se retirer au monastère de Micy ou Saint-Mesmin pour y servir.

Après cet événement, Agyle, mû par la grâce de Dieu, commença à mener une vie tout autre que par le passé, à s'abstenir de ses vices habituels, à pratiquer les vertus chrétiennes, à doter les lieux saints, à nourrir les pauvres, à secourir les malheureux, à exercer enfin toutes les œuvres de religion qu'il pouvait. La visite des tombeaux des Apôtres le fit partir pour Rome, d'où il se rendit à Jérusalem, et y vénéra avec une grande dévotion le sépulcre du Sauveur. De retour en France, il passa le reste de sa vie très-saintement. Averti du jour de sa mort qui était proche, il appela Austrinus, évêque d'Orléans, et Maximin le Jeune, abbé de Micy ; et ce fut après avoir reçu de leurs mains les derniers Sacrements qu'il rendit son âme à Dieu.

Son corps fut porté avec honneur dans l'église de la sainte Vierge érigée par lui, et maintenant appelée église Saint-Agyle ; la tradition rapporte qu'il y repose sous l'autel. Agyle mourut vers la fin du VIe siècle, et son tombeau fut illustré par beaucoup de miracles.

Propre d'Orléans.

FIN DU MOIS D'AOUT.

MOIS DE SEPTEMBRE

PREMIER JOUR DE SEPTEMBRE

MARTYROLOGE ROMAIN.

Dans la province de Narbonne, saint GILLES, abbé et confesseur. 720. — A Bénévent, les bienheureux frères, martyrs, au nombre de douze. IIIe s. — En Palestine, saint JOSUÉ et saint GÉDÉON. 1580 et 1309 av. J.-C. — A Jérusalem, sainte Anne la Prophétesse, dont la sainteté est attestée par l'Evangile [1]. Vers l'an I. — A Capoue, sur la voie Aquaria, saint Prisque, martyr, un des anciens disciples de Jésus-Christ. Ier s. — A Reims, saint XYSTE ou SIXTE, disciple de l'apôtre saint Pierre, qui, ayant été sacré par lui premier évêque de cette ville, reçut la couronne du martyre sous Néron [2]. — A Todi, dans l'Ombrie, saint Térentien, évêque et martyr, qui, sous l'empereur Adrien, endura, par l'ordre du proconsul Létien, les tourments du chevalet et des fouets armés de pointes de fer; enfin il eut la langue et la tête coupées, et termina ainsi son martyre. Vers 118. — A Héraclée, saint Ammon, diacre, et quarante bienheureuses Vierges qu'il instruisit dans la foi et conduisit avec lui à la gloire du martyre, sous le tyran Licinius. IVe s. — En Espagne, saint Vincent [3] et saint Liède, martyrs. — A Populonia, en Toscane, saint Rieul ou Régule, qui, venant d'Afrique, accomplit son martyre en ce lieu, sous Totila [4]. Vers 546. — A Sens, saint Loup ou

---

1. Voir au 8 octobre, dans la notice de saint Siméon.

2. On a quelquefois agité la question de savoir si saint Sixte et saint Sinice, premiers évêques de Soissons et de Reims, ont été Martyrs. Le martyrologe romain leur donne cette qualification : *Rhemis in Gallia, sancti Xysti discipuli Beati Petri apostoli, qui ab eo primus ejusdem civitatis episcopus consecratus, sub Nerone martyrii coronam accepit*. Et Du Saussay, dans son martyrologe : « Après avoir accompli pendant dix ans sa tâche apostolique, Sixte, désireux de souffrir la mort pour le Seigneur, succomba Martyr après un glorieux combat ». — Les traditions des Eglises de Reims et de Soissons n'ont en aucun temps considéré comme Martyrs ni saint Sixte ni saint Sinice. Avant 1574, on n'avait pas songé à les honorer sous ce titre. A cette époque, le docteur Antoine de Mouchi ou Demochares, de Ressons, en Beauvaisis, grand inquisiteur de la foi sous Charles IX, voulant dresser un catalogue complet des évêques de France, pour l'insérer dans son *Traité de la Messe*, demanda des documents dans tous les diocèses. Pour celui de Reims, un chanoine de cette métropole fut chargé de répondre : c'était Jacques Bridou, pénitencier. Il affirma avoir lu dans un hagiographe du VIIe siècle : *Sanctus Sixtus, sanctus Sinicius, sanctus Amonsius, B. Petri apostoli discipuli, sub Nerone martyres*. Demochares s'en rapporta sans défiance à ce renseignement, et le consigna dans son ouvrage. Sur la réputation de Demochares, cette opinion fut acceptée par l'éditeur du martyrologe romain, qui parut à Milan en 1578, sous le nom et l'autorité de Grégoire XIII. Elle fut ensuite reproduite dans l'édition de Rome en 1584, et adoptée par Baronius pour l'édition du martyrologe romain donnée par Sixte V. Les éditions subséquentes ont conservé la même leçon *(sub Nerone martyres)*. Nonobstant cela, les diocèses de Reims et de Soissons honorent encore aujourd'hui, d'après leur *Propre* approuvé à Rome, saint Sixte et saint Sinice sous le titre de *confesseurs pontifes*. Leur fête est fixée au 1er septembre. — Henri Congnet, *chanoine de Soissons*.

3. Plusieurs hagiographes pensent qu'il s'agit ici de saint Vincent de Sentes, patron et premier évêque de Dax, cité au martyrologe de France de ce jour.

4. Saint Rieul fut un des deux cent vingt évêques d'Afrique qui, sous le règne de Thrasamond, roi des Vandales, furent obligés de quitter leurs sièges et de se réfugier, soit en Sardaigne, soit dans les autres îles de la Méditerranée. Il est nommé dans l'épître de condoléance que le pape Symmaque (498-514) adressa à ces évêques exilés pour la foi. La ville archiépiscopale de Lucques (Toscane) s'est placée depuis longtemps sous son patronage. Après avoir confessé la foi en Afrique, il reçut la couronne du martyre à Piombino *(Populonia)*, en Toscane, sous le règne de Totila, roi des Ostrogoths (541-552). Rieul fut décapité : c'est pourquoi on le représente tenant sa tête entre ses mains.

Leu, évêque et confesseur, duquel on rapporte qu'un certain jour, pendant qu'il était à l'autel, en présence de son clergé, une pierre précieuse tomba du ciel dans son calice. 623. — A Capoue encore, un autre saint Prisque, évêque. Il fut un de ces prêtres qui, durant la persécution des Vandales, après avoir souffert divers tourments pour la foi catholique, furent exposés sur un vieux vaisseau à la merci des flots, et portés des côtes de l'Afrique sur celles de la Campanie ; d'où, s'étant dispersés et ayant pris la conduite de diverses Eglises, ils donnèrent un merveilleux accroissement à la religion chrétienne. Il eut pour compagnons Castrense, Tamare, Rosius, Héraclius, Secondin, Adjuteur, Marc, Auguste, Elpide, Canion et Vindonius. v⁰ s. — A Aquin, saint Constance, évêque, que le don de prophétie et ses grandes vertus ont rendu célèbre. Vers 572. — Au Mans, saint VICTORIUS ou VICTEUR, évêque. 490. — A Bade, au diocèse de Constance, sainte Vérène, vierge [1]. 308.

MARTYROLOGE DE FRANCE, REVU ET AUGMENTÉ.

Aux diocèses de Reims et de Soissons, saint SINICE, premier évêque de Soissons, disciple de saint Sixte, apôtre de Reims, cité au martyrologe romain de ce jour. 287. — Au diocèse de Laval, saint Victorius ou Victeur, évêque du Mans, cité au martyrologe romain d'aujourd'hui. — Au diocèse de Quimper, les douze bienheureux frères, martyrs, dont fait mention à ce jour le martyrologe romain, et dont les principaux sont Donat d'Adrumète, Félix d'Ecane, Reposit, Satore, Septimin, Vital de Véliman. — Au diocèse de Reims, saint Nivard ou Nivon, vingt-cinquième archevêque de ce siége et confesseur. Il était beau-frère de Childéric II, roi d'Austrasie. Plus riche que ses prédécesseurs, il les surpassa en libéralités et sembla n'avoir accepté l'épiscopat (649) que pour enrichir son Eglise et devenir pauvre lui-même. Il assista, en 658, au Concile de Nantes où il fit agréer aux évêques le dessein qu'il avait de reconstruire l'abbaye de Hautvillers *(Altum Villare,* Ordre de Saint-Benoît), en son diocèse, depuis longtemps ruinée par les barbares. Il exécuta ce projet et y établit pour premier abbé saint Bercaire qui l'avait porté à cette bonne œuvre. Saint Nivard mourut dans ce monastère d'où son corps fut apporté à Reims pour y être inhumé dans l'église Saint-Remi. Rotrou du Perche, évêque de Châlons-sur-Marne, fit, le 5 septembre 1199, la translation de quelques-unes des reliques de saint Nivard, dans une châsse d'argent. 672. — A Amiens, saint Firmin, évêque de ce siége et martyr, et dont nous donnerons la vie au 25 septembre, jour où il est nommé au martyrologe romain. — Aux diocèses d'Albi, de Meaux et de Saint-Flour, saint Loup ou Leu, évêque de Sens et confesseur, cité ce jour au martyrologe romain. — A Trèves, translation du corps de saint Matthias, apôtre, dont nous avons donné la vie au 24 février. 63. — A Salins (Jura), au diocèse de Saint-Claude, élévation du corps de saint Anatoile, évêque d'Adano, en Cilicie, et confesseur ; nous avons donné sa vie au 3 février. IV⁰ s. — A Paris, translation des reliques de sainte Marine, surnommée *la Déguisée,* vierge et religieuse en Bithynie, et dont nous avons donné la vie au 18 juin. 750. — A Poitiers, saint Justin, évêque de ce siége et confesseur, successeur d'Hilpidianus. IV⁰ s. — En Berry, saint Placide ou Plaisis, acolyte. — Au diocèse de Dijon, saint Ambrosinien, patron de l'église paroissiale de Fontaines-les-Dijon (Côte-d'Or). Il y avait de ses reliques à Dijon, dans l'église collégiale de Saint-Etienne. — Au diocèse d'Alger, saint Rieul ou Régule, cité au martyrologe romain de ce jour. — A Orléans, sainte Austregilde ou Agie (c'est-à-dire *la Sainte),* mère de saint Loup ou Leu, cité aujourd'hui au martyrologe romain. Vers 670. — A Renneval (Aisne), au diocèse de Soissons, saint Bossien ou Bothien, confesseur. Vers 886. — Au diocèse de Meaux, le bienheureux décès de la vénérable Eresvide *(Eresvitha),* mère d'Adulphe, roi d'Estanglie, un des royaumes de l'heptarchie anglo-saxonne, et religieuse sous la Règle de Saint-Colomban. Vers 685. — En Limousin, saint Godin, confesseur, honoré particulièrement à Castelet. — A Fontaines-les-Dijon (Côte-d'Or) — sainte Aleth, appelée aussi Elisabeth ou Alix, mère de saint Bernard de Clairvaux, et dont nous avons donné la vie au 4 avril. XII⁰ s. — A Auch et à Dax, saint Vincent de Sentes ou de Xaintes, premier évêque de ce dernier siége et patron de Dax ; il ne faut pas le confondre, comme plusieurs hagiographes l'ont fait, avec saint Vincent d'Agen, diacre et martyr (9 juin). Vers le milieu du III⁰ s. — A Metz et à Strasbourg, saint Adelphe, dixième évêque de Metz et confesseur, dont nous avons donné la vie au 29 août. v⁰ s. — A Saint-Omer, au diocèse d'Arras, le bienheureux Gilles, religieux dominicain, différent de son homonyme du martyrologe romain de ce jour. C'était un homme d'une éminente vertu et tout brûlant de zèle pour le salut des âmes. Dieu, qui lui avait donné le don des larmes, répandait en même temps dans son cœur une surabondance de joie qui rejaillissait jusque sur les traits de son visage. Il mourut à Gand (Flandre orientale). Vers le milieu du XIII⁰ s. — A Avignon, sainte Rusticule, religieuse, dont nous avons donné la vie au 10 août. 632. — A Luzarches

---

1. On croit que cette Vierge passa de la Thébaïde en Italie, vers la fin du III⁰ siècle, avec la légion appelée thébéenne. Elle se serait rendue ensuite par les Alpes à Soleure, puis à Zurzach (Suisse), où elle mourut et fut enterrée. Ses ossements furent donnés en 1308 à Rodolphe IV d'Autriche et enterrés dans l'église de Saint-Etienne, à Vienne. — Continuateurs de Godescard.

(Seine-et-Oise), au diocèse de Versailles, saint Etern ou Æthérius, onzième évêque d'Evreux et confesseur, déjà cité au martyrologe de France du 16 juillet où nous avons donné quelques détails sur sa vie. Vers 663.

MARTYROLOGES DES ORDRES RELIGIEUX.

Martyrologe de l'Ordre des Chanoines Réguliers. — A Rome, sur le mont Aventin, la naissance au ciel de sainte Sabine, martyre, qui, frappée par le glaive sous l'empereur Adrien, obtint la palme de la victoire [1]. 119.

Martyrologe de l'Ordre des Camaldules. — Sainte Rose de Sainte-Marie, vierge, nommée le 26 août [2]. 1617.

Martyrologe de l'Ordre des Cisterciens. — Saint Joseph de Casalanz, mentionné le 27 août [3]. 1648.

Martyrologe de l'Ordre des Déchaussés de la Sainte-Trinité. — De même que chez les Cisterciens.

Martyrologe des trois Ordres de Saint-François. — A Longchamps, près de Paris, la bienheureuse Isabelle, vierge, du second Ordre, sœur de saint Louis, roi de France, qui, méprisant les délices du monde, aima mieux servir Jésus-Christ, son Epoux, dans l'humilité et la pauvreté, et, illustre par ses miracles, s'envola vers le Seigneur, le 23 février [4]. 1270.

Martyrologe de l'Ordre de Saint-Sylvestre. — Le samedi avant le troisième dimanche de septembre, la translation du corps de notre Père saint Sylvestre.

Martyrologe de l'Ordre des Frères Mineurs. — A Valence, en Espagne, les bienheureux martyrs Jean, prêtre, et Pierre, laïque, de l'Ordre des Frères Mineurs, qui, ayant prêché hardiment la foi de Jésus-Christ, et réprouvé la secte de Mahomet, eurent la tête tranchée par Azot, roi des Maures, le 29 août. Leurs corps, conservés à Truela *(Teruela)*, en Aragon, sont l'objet de la vénération des fidèles.

Martyrologe de l'Ordre de la bienheureuse Vierge Marie du Mont-Carmel. — Saint Raymond Nonnat, nommé hier [5]. 1240.

Martyrologe des Servites. — A Florence, la bienheureuse JEANNE SODERINI, vierge, du Tiers Ordre des Servites de la bienheureuse Vierge Marie, célèbre par l'innocence et l'austérité de sa vie. 1367.

ADDITIONS FAITES D'APRÈS LES BOLLANDISTES ET AUTRES HAGIOGRAPHES.

A La Guardia, en Catalogne, le bienheureux Pierre Armengol, martyr, de l'Ordre de Notre-Dame de la Merci de la Rédemption des Captifs. Après avoir été, pendant sa jeunesse, un gentilhomme fier et arrogant, il s'était mis à la tête d'une bande de brigands et était devenu la terreur du pays. Un jour il rencontra son père, et, sans le reconnaître, il tenta de l'assassiner. Celui-ci s'étant fait connaître, Pierre s'arrêta interdit, jeta au loin son épée et se précipita aux pieds de son père, implorant son pardon. Ce fut le point de départ de sa conversion : il entra dans l'Ordre de Notre-Dame de la Merci, et s'employa au rachat des captifs : les Mahométans d'Afrique, chez qui il exerçait ses œuvres de charité, le pendirent en haine de la religion chrétienne. 1304. — Dans l'ancienne ville épiscopale de Sulci (aujourd'hui détruite), sur la côte septentrionale de l'Ile de San-Antioco, à une lieue de la Sardaigne, sainte Rose, que l'on croit avoir souffert le martyre ; et saint Platane, également martyr, et que l'on suppose avoir été son fils. Commencement du IIe s. — A Todi, en Italie, dans la province de Spolète, saint Térentien, évêque et martyr, cité au martyrologe romain de ce jour, saint Flacque *(Flaccus)*, martyr, son disciple. Son corps, avec celui de son maître, fut pieusement enseveli à huit milles de Todi, par un prêtre de cette ville, appelé Exupérance, et une sainte femme, nommée Laurence. De nombreux miracles se sont opérés sur leurs tombeaux. Vers 118. — A Lentini ou Leontini, ville de Sicile, dans la province de Syracuse, saint Néophyte, évêque de ce siège et confesseur. Il mourut après trente-huit ans d'un sage épiscopat. Vers la fin du IIIe s. — A Bénévent, ville forte du royaume d'Italie, les saints martyrs Donat, Félix, Arons, Honorat, Fortunat, Savinien, Septimin, Janvier, un autre Félix, Vital, Sator et Reposit, qui ne sont autres que les *douze frères* dont parle le martyrologe romain de ce jour. IIIe s. — A Antioche de Syrie *(Antiochia ad Daphnen)*, aujourd'hui Antakieh, ville de la Turquie d'Asie, sainte Marthe ou Mathane, mère de saint Siméon Stylite l'Ancien. Vers 428. — En Afrique, les saints martyrs Tasce, Dubitat, Valence et Donat, cités par les apographes de saint Jérôme. — Les saints Marcien, évêque, Sisinne, Amause, Prime et Materne, martyrs, cités par saint Jérôme

---

1. Elle est citée au martyrologe romain du 29 août. — 2. Nous avons donné sa vie au 30 août. — 3. Nous avons donné sa vie à ce jour. — 4. Nous avons donné sa vie au 31 août. — 5. Nous avons donné sa vie au jour précédent.

sans plus de détails. — A Besalu *(Bisuldinum)*, en Catalogne, saint Vincent, prêtre et martyr. — A Pise, ville de Toscane, saint Félix, archevêque de ce siège et peut-être martyr. vi° s. — A Brescia, ville de Lombardie, saint Aréald, martyr. La cathédrale de Crémone possède quelques-unes de ses reliques. Vers 576. — A Bourg-Saint-Sépulcre, dans la province de Spolète, en Italie, les saints Arcane et Gilles, ermites et confesseurs, fondateurs et patrons de cette petite ville. x° s. — Au diocèse d'Astorga, dans l'intendance de Léon, en Espagne, le bienheureux Gilles, abbé et confesseur, différent de son homonyme du martyrologe romain. Vers 1203. — A Venise, ville et port du royaume d'Italie, dans la province de Vénétie, sainte Julienne, vierge et abbesse, de l'Ordre de Saint-Benoît. 1262.

FÊTES MOBILES DE SEPTEMBRE.

Le dimanche après la Nativité de la sainte Vierge, FÊTE DU TRÈS-SAINT NOM DE MARIE.

Le troisième dimanche de septembre, FÊTE DES SEPT DOULEURS DE LA BIENHEUREUSE VIERGE MARIE.

Le premier dimanche de septembre, au diocèse de Bayeux (canton de Douvres), Notre-Dame de la Délivrande, et saint Regnobert, deuxième évêque de Bayeux, son fondateur. Selon une tradition respectable, Regnobert, consacré évêque à l'âge de trente ans, pour succéder à saint Exupère, qui mourut l'an 78, gouverna le diocèse quatre-vingt-dix ans ; et, pendant ce long épiscopat, il bâtit plusieurs églises et oratoires, du nombre desquels fut Notre-Dame de la Délivrande. Ce sanctuaire, brûlé en 830 par les Normands, fut successivement restauré en 1030, en 1422, en 1560, en 1629, en 1735. Depuis 1823, les missionnaires du diocèse sont établis près de ce sanctuaire pour le desservir. Ces dignes gardiens ont reconstruit en style ogival du xiii° siècle la nef tout entière, élevé un gracieux clocher de cinquante-six mètres de hauteur qu'ils ont surmonté d'une belle croix dorée, et y ont placé une cloche nommée Marie, de deux mille six cents kilogrammes. Le Saint-Siège a accordé à cette chapelle une indulgence plénière tous les samedis, toutes les fêtes de la sainte Vierge, une fois par an le jour du pèlerinage, enfin, les mêmes indulgences dont jouit Notre-Dame de Lorette. — Le deuxième dimanche de septembre, au diocèse de Vannes, Notre-Dame de Bethléem, appelée par corruption Béléan. Le sanctuaire porte inscrite la date de 1407 et fut élevé par le sire du Garo, chevalier croisé, sauvé miraculeusement des mains des Sarrasins par l'intercession de la sainte Vierge. Les mères y vont recommander leurs enfants qui ne marchent pas encore, et les femmes des îles y sollicitent le retour de leurs maris ou de leurs fils naviguant sur la mer. — Le troisième dimanche de septembre, le jour de Pâques, le premier et le dernier dimanche de mai, le lundi des Rogations, le second dimanche de la Fête-Dieu, le 15 août et le vendredi d'avant le dimanche des Rameaux, à Volnay (Côte-d'Or, arrondissement et canton de Beaune), Notre-Dame de Pitié ou de Volnay. Le sanctuaire paraît remonter au xiii° siècle. En 1540, il fut détruit et les habitants de Volnay le reconstruisirent : c'est actuellement une belle chapelle dans le style ogival du xvi° siècle. — Le vendredi avant le premier dimanche de septembre, à Valenciennes, au diocèse de Cambrai, Notre-Dame de Halle. Dès la fin du xiii° siècle, ce sanctuaire était célèbre par les miracles que la sainte Vierge y opérait : là sont venus prier et déposer leurs offrandes : Philippe le Bon, duc de Bourgogne ; Charles le Hardi ; Louis XI, roi de France ; l'empereur Maximilien ; Charles-Quint ; Philippe II ; Marguerite d'Autriche ; Henri VIII, roi d'Angleterre ; Jean Casimir, roi de Pologne, etc. — Le premier dimanche de septembre, à Murat (Cantal), au diocèse de Saint-Flour, Notre-Dame des Oliviers. Selon la tradition, la statue de ce sanctuaire fut apportée de la Palestine par saint Louis, à son retour de la croisade ; une lampe remplie d'huile d'olive brûle nuit et jour devant elle. — Le troisième dimanche de septembre, à Bourbourg (Nord), arrondissement de Dunkerque), au diocèse de Cambrai, Notre-Dame de Bourbourg, célèbre dès longtemps avant le xiv° siècle. Une neuvaine, qui commence le troisième dimanche de septembre, célèbre chaque année la mémoire des miracles qui se sont accomplis dans ce sanctuaire par l'intercession de la très-sainte Vierge. — Le second jour des Rogations et le lundi de la Pentecôte, procession de la paroisse de Megève (diocèse d'Annecy), au bois voisin des Crêtets, où se trouve un sanctuaire vénéré de la très-sainte Vierge, fondé, vers 1740, par un docteur de l'Université de Turin, nommé Socquet, que Marie avait délivré de la gueule d'un loup. — Le quatrième dimanche de septembre, à Viterbe, ville des Etats de l'Eglise, Notre-Dame du Chêne, appelée vulgairement la Madone de la Quercia. Ce sanctuaire, qui date de 1417, est cher aux Italiens, et a été enrichi de nombreuses indulgences par les souverains pontifes Paul II, Innocent VIII, Alexandre VI, Jules II, Léon X, Paul III, Jules III, Pie IV, Grégoire XIII, Sixte V, Clément VIII, Urbain VIII, Innocent X, Pie VI, Pie IX.

SAINT JOSUÉ,

GÉNÉRAL DES HÉBREUX ET CONQUÉRANT DE LA TERRE PROMISE.

1690-1580 avant Jésus-Christ.

> Le Josué des Hébreux est la figure de Jésus de l'humanité : la terre promise à Israël s'ouvre devant l'épée du premier ; le ciel promis à l'homme s'ouvre devant la croix du second.
> Darras, *Histoire de l'Eglise.*

Celui qui devait constituer définitivement les Hébreux en leur donnant une patrie, c'était Josué. Vaillant dans la guerre, pénétrant et sage dans le conseil, maniant les esprits avec dextérité et la parole avec éloquence, il avait fixé l'attention et l'estime de Moïse : il fut élu d'en haut pour continuer l'œuvre de ce grand homme, et il soutint l'honneur d'un tel choix par la fermeté de son caractère et l'héroïsme de son dévouement. Affranchis du joug de l'Egypte, échappés aux dévorantes solitudes de l'Arabie, les Hébreux étaient campés dans les plaines de Moab, non loin de la mer Morte; Moïse venait de s'éteindre sur la cime du mont Nébo, après avoir promené un long et sympathique regard sur le pays de Chanaan, objet de vœux si longtemps et si ardemment nourris. Alors Jéhovah dit à Josué : « Mon serviteur Moïse est mort ; va, franchis le Jourdain à la tête de tout le peuple, et entre dans la contrée que je destine aux fils d'Israël. Toute cette étendue que fouleront vos pas, je vous la donnerai, selon les promesses faites à Moïse. Le pays des Héthéens vous appartient, depuis le désert d'Egypte et le Liban jusqu'au fleuves de l'Euphrate et de la grande mer, qui sont vos limites. Nul ne pourra résister à Israël tant que tu vivras ; comme je fus avec Moïse, je serai avec toi, sans te délaisser jamais. Sois ferme et courageux, car tu feras à ce peuple le partage de la terre que je lui donnerai, ainsi que j'en ai pris l'engagement avec ses ancêtres ».

Cette terre, promise aux patriarches, et où leurs descendants allaient habiter en maîtres, était alors d'une fécondité merveilleuse. Située sous une latitude encore plus méridionale que la portion aujourd'hui française de l'Afrique, elle présente ses vallons et ses collines aux feux d'un soleil toujours chaud. La Méditerranée y envoie de l'Occident ses brises rafraîchissantes ; le Liban avec ses cèdres la protège contre les vents froids du nord ; une chaîne de montagnes, qui la borne au midi et court ensuite à l'est, au-delà du Jourdain, arrête dans leur marche ces flots d'air brûlant qui s'exhalent des sables de l'Arabie. Les pluies y sont rares, si ce n'est aux saisons de l'automne et du printemps ; en été, il n'y a que de fortes rosées. Mais des sources abondantes jaillissent du flanc des montagnes, et le creux des vallées verdit sous cette humidité sans cesse entretenue par la nature. Le sol, admirablement diversifié, présente des plaines propres à la culture, des collines pierreuses où peuvent croître les vignes et les arbres fruitiers, et dont le pied, couvert d'herbe épaisse, nourrirait facilement de nombreux troupeaux. Le pays avait en abondance l'huile et le miel, l'orge et le froment, et toutes les productions savoureuses et délicates des contrées méridionales. Aussi des flots d'hommes purent se presser bientôt entre ses frontières étroites, sans avoir à souffrir des rigueurs de la misère et de la faim.

Près d'abaisser sous ses armes les frontières de cette belle contrée, Josué envoya devant lui deux braves chargés de reconnaître le point où devait s'opérer l'invasion. Il était alors à Sétim, à deux lieues au-delà du Jourdain, au nord et non loin de la merte Morte. Vis-à-vis, en-deçà du fleuve, à deux lieues également, se trouvait Jéricho, la première ville qu'il fallait emporter. C'est là que les deux explorateurs se rendirent, au péril de leur vie. Ils s'arrêtèrent devant une maison qui donnait sur les remparts, chez une femme de mœurs équivoques, et qui avait nom Rahab. Le roi fut promptement informé que des espions israélites étaient entrés dans la ville sur le soir ; il envoya dire à Rahab : « Livre les hommes qui te sont arrivés et que tu as dans ta demeure, car ce sont des espions venus pour reconnaître le pays ». Mais cette femme, déjà instruite de la secrète mission de ses hôtes et gagnée à leur croyance, les fit monter à la hâte sur la terrasse de sa maison, et les cacha sous des pailles de lin qui y étaient répandues.

Elle dit ensuite aux officiers du roi, touchant les deux étrangers : « Il est vrai, je les ai reçus, mais sans savoir d'où ils venaient ; ils sont sortis vers l'heure où l'on ferme les portes de la ville, et j'ignore où ils sont allés ; mais poursuivez-les vite, et vous les atteindrez ». En effet, les officiers coururent sur leurs traces par la route qui conduisait au gué du Jourdain ; d'ailleurs, on tint fermées les portes de la ville, afin que les espions ne pussent sortir désormais s'ils n'étaient pas évadés. Il faut convenir que Rahab ne tint ni un langage vrai ni une conduite patriotique. Mais, sans doute, elle agit et parla sous l'empire de la crainte universellement répandue parmi ses compatriotes et sous l'impression des merveilles opérées par le ciel en faveur des Hébreux ; c'est l'explication, sinon l'excuse de ses paroles et de ses actes. Quoi qu'il en soit, elle rejoignit ses hôtes, et leur dit : « Je vois que Dieu vous a livré ce pays ; car vous avez jeté la terreur parmi nous, et le courage de tous les habitants de la contrée s'est évanoui. Nous savons qu'à votre sortie d'Egypte Dieu a séché sous vos pas les eaux de la mer Rouge, et quelles choses vous avez fait éprouver aux deux rois amorrhéens, Og et Séhon, qui habitaient au-delà du Jourdain, et qui sont tombés sous vos coups. Ces nouvelles nous ont effrayés, notre cœur s'est abattu, et votre arrivée nous trouve sans force ; vraiment le Seigneur votre Dieu est celui qui règne en haut dans le ciel, et en bas sur la terre. Faites-moi donc, en son nom, le serment de traiter la maison de mon père avec la même compassion que je vous ai montrée ; donnez-moi un signal assuré pour sauver mon père et ma mère, mes frères, mes sœurs et tout ce qui leur appartient, et pour dérober nos vies à la mort ». C'était l'accomplissement des paroles de Moïse, qui avait promis aux enfants d'Israël que Jéhovah ferait marcher l'effroi devant eux et livrerait à leurs armes l'ennemi glacé d'une terreur inexprimable.

Les deux envoyés prirent l'engagement voulu, et jurèrent sur leur tête qu'il ne serait fait aucun mal à Rahab, ni à ses parents, pourvu qu'elle-même restât fidèle à son serment. Alors elle suspendit à sa fenêtre une corde le long de laquelle ses hôtes devaient glisser pour s'enfuir ; car la campagne s'étendait au pied de sa maison bâtie sur le mur de la ville. Et elle leur dit : « Gagnez les montagnes, de peur que les émissaires ne vous rencontrent : demeurez-y cachés trois jours, jusqu'à ce qu'ils reviennent ; ensuite vous reprendrez votre chemin ». Charmés de ces bons conseils, ils lui donnèrent la nouvelle assurance de leur protection. Descendus au pied des murailles de Jéricho, ils se réfugièrent dans les montagnes voisines, et attendirent l'espace de trois jours que les émissaires rentrassent dans la ville, lassés de recherches infructueuses et abandonnant leur proie. Ce délai expiré, ils regagnèrent le camp des Hébreux, et rendirent compte à Josué de leur mission. « Le Seigneur a mis toute cette contrée dans nos mains, et tous les habitants sont plongés dans la crainte et la stupeur ».

Cependant Josué avait fait tous les préparatifs de l'invasion. Les tribus de Ruben et de Gad et la demi-tribu de Manassé avaient obtenu de Moïse les pays de Jaser et de Galaad, précédemment habités par les Amorrhéens, le long de la rive orientale du Jourdain, mais à condition d'aider leurs frères dans les travaux de la conquête et de marcher même les premières à l'ennemi. Elles furent donc invitées à laisser leurs familles et leurs troupeaux sous une garde assez forte, et à grossir de leurs plus vaillants hommes l'armée d'expédition. Elles devaient supporter tous les périls réservés aux autres tribus, et ne s'asseoir dans la paix de leurs foyers qu'après la soumission du pays et le partage définitif des terres. Tous répondirent au général : « Nous ferons ce que tu nous as prescrit ; nous irons où tu nous enverras. Comme nous avons obéi en tout à Moïse, nous t'obéirons ; seulement, que Dieu soit avec toi comme il fut avec Moïse ! Quiconque te résistera et voudra contredire à tes ordonnances, qu'il meure ! Sois ferme, et agis avec un mâle courage ». Les troupes étaient animées, l'union doublait leurs forces ; on sentait approcher l'heure solennelle et suprême.

Avant de se mettre en marche, Josué dit au peuple : « Venez et entendez la parole de Jéhovah, votre Dieu. Vous reconnaîtrez à ce signe que Jéhovah, le Dieu vivant, est avec vous, et qu'il exterminera sous vos yeux les Chananéens, vos ennemis : l'arche de l'alliance du Maître de l'univers passera le Jourdain à votre tête ; quand les prêtres qui portent l'arche toucheront du pied les eaux du fleuve, les flots d'en bas s'écouleront, laissant leur lit à sec ; les flots d'en-haut s'arrêteront comme une masse solide ». Les hérauts d'armes avaient transmis les ordres du général et fixé leur place aux diverses tribus. Le défilé s'ouvrit. Les prêtres s'avancèrent portant l'arche d'alliance. On était au printemps, dans le premier mois de l'année hébraïque. Les pluies de la saison et les torrents de neiges fondues, tombés des montagnes, avaient considérablement grossi le Jourdain, qui coulait à pleins bords. Cependant les prêtres n'eurent pas plus tôt posé le pied dans les flots, que les eaux supérieures, s'amoncelant sur elles-mêmes, remontèrent de plusieurs lieues vers leur source, tandis que les eaux inférieures suivirent la pente naturelle qui les entraînait au lac Asphaltite. L'arche fit une halte au milieu du fleuve tari, afin de donner à la multitude le temps de le traverser. En effet, la multitude, frappée d'étonnement, passa sans obstacle d'une rive à l'autre ; le même bras qui tenait le Jourdain suspendu, agissant sur le courage des peuples indigènes, déconcertait toute résistance : nul obstacle n'arrêta les conquérants.

Josué avait reçu l'ordre de transmettre à la postérité la mémoire de ce fait prodigieux, au moyen d'un monument simple, mais significatif : il devait entasser dans la plaine douze pierres tirées du lit du Jourdain. Il choisit donc douze hommes, un de chaque tribu, et pendant que l'arche stationnait au milieu du fleuve, il leur commanda d'emporter chacun une forte pierre, afin d'en faire un monceau destiné à rappeler un si grand jour aux générations futures. Puis, l'armée entière ayant accompli son merveilleux passage à travers le courant desséché, les prêtres eux-mêmes se retirèrent, portant sur leurs épaules l'arche préservatrice. Au moment où ils atteignirent la rive occidentale, les eaux, affranchies de contrainte, n'obéirent plus qu'à leur naturelle pesanteur et reprirent leur marche régulière.

Entre le fleuve et Jéricho s'étend une campagne d'environ deux lieues. A partir du Jourdain, elle s'élève par degrés très-sensibles que séparent l'un de l'autre des plaines toutes unies. Aujourd'hui le sol en est triste et aride : c'est un sable blanc dont la surface paraît empreinte des sels que les évaporations de la mer Morte répandent dans le voisinage. Les Hébreux s'avancèrent jusqu'à une demi-lieue de Jéricho, sur les hauteurs qui dominent la ville, dans le lieu même où fut bâti plus tard un hameau nommé Galgala. Josué fit réunir en cet endroit les pierres monumentales qu'on avait extraites du Jourdain, et il dit au peuple : « Lorsque vos fils, un jour, interrogeant leurs pères voudront savoir ce que ces pierres signifient, vous leur direz pour les en instruire : Israël a traversé à pied sec le lit du Jourdain, Jéhovah notre Dieu desséchant les eaux devant nous, jusqu'à ce que nous fussions passés, comme il avait fait de la mer Rouge, qu'il desséchа sous nos pas, afin que tous les peuples de la terre connaissent son bras tout-puissant et que vous craigniez à jamais le Seigneur votre Dieu ». C'est, en effet, au souvenir impérissable de cette merveille que le grand poëte de la nation hébraïque demandait aux flots du Jourdain et de la mer Rouge s'ils n'avaient pas vu la face ou senti la main de Jéhovah, lorsque l'épouvante leur fait rebrousser chemin, et si le Dieu d'Israël n'avait pas assez distingué sa cause de celle des vaines idoles en suspendant le cours de la nature par ces éclats inimitables de la puissance souveraine.

Le passage du Jourdain opéré d'une manière si inouïe eut deux résultats : il fixa sur Josué l'universelle confiance des Hébreux, qui voyaient revivre dans la main de leur nouveau chef les prodiges accomplis autrefois par le libérateur Moïse ; ensuite il jeta l'irrésolution et la terreur au milieu des populations indigènes, qui ne se sentaient plus la force de soutenir une cause combattue par le ciel. A ce double titre, la conquête fut rapide et facile, tandis qu'elle eût pu coûter cher aux envahisseurs et les arrêter longtemps.

Les Israélites restèrent quelques temps à Galgala. Un jour que Josué se trouvait dans la campagne, il aperçut tout à coup devant lui un homme debout, une épée nue à la main. Il l'adorda. « Es-tu des nôtres », lui dit-il, « ou de nos ennemis ? » — « Nullement », reprit l'inconnu ; « mais je suis le prince de l'armée de Jéhovah, et je viens à ton secours. Ote ta chaussure, car la terre que tu foules est sainte ». Josué se prosterna plein de respect, et fit ce qui lui était ordonné. La vision poursuivit : « J'ai livré à tes coups Jéricho, son roi et tous ses défenseurs. Que toute l'armée fasse le tour de la ville au son de la trompette, une fois par jour, six jours de suite ; le septième, vous ferez sept fois le tour de la ville, et les prêtres, marchant devant l'arche d'alliance, sonneront de la trompette. Puis, lorsque la voix des instruments aura fait entendre à vos oreilles de plus longs éclats, alors la multitude entière poussera un formidable cri d'ensemble ; les murailles de la ville tomberont d'elles-mêmes, et chacun entrera par la brèche qui sera devant lui ».

Josué transmit aux prêtres et aux soldats les ordres qu'il venait de recevoir. La marche du peuple autour de Jéricho devait rester constamment silencieuse jusqu'à l'heure suprême où le cri du triomphe sortirait de toutes les poitrines. Le général ajouta : « Que la ville soit anathème, et ce qu'elle renferme dévoué au Seigneur. Que la seule Rahab ait la vie sauve avec tous ceux qui se trouvent dans sa maison, parce qu'elle a caché les explorateurs envoyés par nous. Du reste, gardez-vous de retenir quelque chose de la ville maudite, de peur que vous ne soyez coupables de prévarication et que vous n'entraîniez dans le trouble et le péché toute l'armée d'Israël. Tout ce qu'il y aura d'or et d'argent, de vases d'airain et de fer, sera consacré à Jéhovah et mis en réserve dans ses trésors ».

Le siége de Jéricho s'ouvrit, mais selon le plan que le guerrier mystérieux avait tracé à Josué. Il dura sept jours. Les opérations commençaient dès le matin. Les hommes de guerre marchaient en tête : puis venait l'arche portée par des prêtres, pendant que d'autres prêtres sonnaient de la trompette ; enfin toute la multitude suivait sans confusion et sans cris. Le tour de la ville achevé, on rentrait dans le camp. Cette stratégie nouvelle dut paraître bien inoffensive aux assiégés. Cependant, le septième jour, les évolutions se multiplièrent. A la septième fois qu'on passa sous les murailles, de longs éclats de trompettes se firent entendre ; un cri formidable s'éleva du sein de l'armée, les remparts tombèrent d'eux-mêmes. Les Hébreux montèrent à l'assaut, chacun par la brèche qu'il avait devant lui. C'est ainsi que le souffle de Dieu renversa toutes ces pierres où Jéricho mettait fièrement sa vaine espérance, afin de faire comprendre à tous les siècles que la véritable force des peuples n'est pas dans les murailles qui hérissent les villes, ni dans le fer qui arme les bras, mais dans la foi qui remplit et agite les âmes.

Maîtres de Jéricho, les Hébreux la traitèrent avec une suprême rigueur. Non-seulement les hommes capables de porter les armes, mais les vieillards, les enfants et les femmes, tout périt par l'épée ; les animaux mêmes furent égorgés. Ce que l'épée n'avait pas atteint, le feu le dévora. La malheureuse ville eut à supporter toutes les conséquences d'un anathème absolu. L'or, l'argent, le fer et l'airain furent seuls réservés pour servir plus tard aux pompes du culte religieux. Ensuite Josué prononça des imprécations sur les débris de Jéricho : « Maudit soit devant le Seigneur », dit le capitaine hébreu, « maudit soit l'homme qui relèvera et rebâtira la ville de Jéricho ! Lorsqu'il en jettera les fondements, qu'il perde son premier-né ; qu'il perde le dernier de ses fils lorsqu'il en posera les portes ! » Cette imprécation ne fut pas vaine : longtemps après, sous le règne d'Achab, un israélite de Béthel essaya de rebâtir la cité maudite ; on commençait les travaux quand son fils aîné mourut ; on les terminait quand son dernier fils lui fut enlevé.

Au milieu du carnage et de l'incendie, le serment qui garantissait à Rahab la vie sauve ne fut point oublié. Elle-même avait arboré le signal convenu. Josué lui envoya les deux guerriers qu'elle connaissait pour la protéger et la faire sortir de la ville avec tous ses parents. Cette famille fut ensuite incorporée à la nation ; Rahab épousa Salmon, de la tribu de Juda, et même son nom se rencontre dans la généalogie de Jésus-Christ. Doublement heureuse, elle put échapper aux désastres de la conquête où périrent ses compatriotes, et surtout à l'erreur et au vice, principes funestes de la mort des âmes.

Josué se hâta de mettre à profit l'incroyable terreur qu'inspirait au loin la ruine si prompte de Jéricho. Il fut servi dans ses desseins par l'isolement où se placèrent d'abord ses ennemis pour lui résister. Non-seulement les sept peuplades qui occupaient le pays n'opposèrent pas aux envahisseurs des forces coalisées ni un élan simultané ; mais chacune d'elles ne sut pas même lutter avec ensemble, au moins dès les commencements de la conquête ; car autant elle avait de villes importantes, autant elle formait de groupes politiques, dont le chef prenait le titre de roi et se maintenait dans une totale indépendance à l'égard de ses voisins. Toutefois, une ligue s'organisa, mais trop tard pour sauver les intérêts menacés. Josué marcha contre la ville de Haï, à quelques lieues de Galgala, où il avait établi son quartier général. Après un léger échec, il s'en rendit maître et lui fit subir le sort de Jéricho : elle fut livrée aux flammes, et sa population passée au fil de l'épée. On réserva seulement les richesses et les troupeaux. Puis une cérémonie religieuse plaça les vainqueurs sous la protection de Dieu, en les confirmant dans le respect de la loi. Un autel fut dressé sur le mont Hébal, selon le rit prescrit : des victimes y furent immolées. Les prêtres, les juges, les officiers de l'armée, les anciens du peuple, la multitude entière, étaient rangés autour de l'arche d'alliance. Josué bénit la foule, et récita les paroles de gloire et de malheur prononcées par Moïse sur les exécuteurs fidèles et les violateurs du pacte solennellement conclu avec Dieu, rappelant ainsi les conditions auxquelles était attachée la prospérité nationale.

Les coups redoublés qui venaient d'abattre Haï et Jéricho effrayèrent les habitants de Gabaon, métropole de quelques bourgades, et désormais la plus rapprochée des lieux où tombait l'orage. Ils usèrent de ruse : quelques-uns des leurs vinrent au camp en chaussures et en habits vieux, et couverts de poussière, et portant parmi leurs provisions des pains entièrement desséchés. Ils se présentèrent comme ambassadeurs d'un pays lointain, et, grâce à cette fraude, ils purent faire alliance avec les Hébreux, qui ne semblaient pas disposés à la clémence envers les indigènes. Aussi, lorsque la ruse fut découverte, l'armée voulait traiter sévèrement et surtout piller le petit royaume de Gabaon ; mais les chefs firent respecter la parole donnée, bien qu'elle eût été surprise. Les Gabaonites eurent la vie sauve, à condition toutefois qu'ils fourniraient à jamais des hommes pour les plus humbles travaux et le bas service du temple.

Mais Gabaon n'avait pas échappé à tous les périls. En traitant avec l'étranger, elle venait de donner un fâcheux exemple et d'ouvrir le chemin de Jérusalem. Le roi de cette dernière ville entreprit de remédier à ce double mal en punissant de suite ceux qui en avaient posé la cause. Il n'osait pas attaquer les Hébreux, parce que les forces de la ligue nationale n'étaient pas encore réunies ; mais, soutenu par quelques princes voisins, il mit le siège devant Gabaon. Josué reçut une députation de ses nouveaux alliés, qui lui demandaient de prompts secours. En effet, il partit à la tête de ses meilleurs soldats, et, après une marche forcée, il tomba sur les assiégeants à l'improviste et avec vigueur. Ceux-ci, déconcertés par cette subite attaque, ne songèrent qu'à fuir ; l'épée les décima ; le ciel même se déclara contre eux, et une pluie de pierres en abattit un grand nombre. C'est alors que, dans l'enthousiasme de la victoire et saisi par cette puissance du sentiment religieux qui élève l'homme à une hauteur inaccoutumée et le fait entrer dans la familiarité de Dieu, Josué sollicita le temps d'achever en ce jour la défaite des ennemis, et donna des ordres à la nature : « Soleil, arrête-toi sur Gabaon », dit-il, « et toi, lune, n'avance pas sur la vallée d'Aïalon ». La nature entendit cette parole prononcée avec une foi énergique, Jéhovah daignant obéir à la voix d'un homme et combattant pour Israël.

La victoire remportée par Josué sous les murs de Gabaon entraîna d'autres succès. Toute la partie méridionale de Chanaan fut attaquée et soumise dans cette première campagne. A la vérité, le capitaine hébreu ne suivait pas un plan propre à donner de la stabilité à ses conquêtes : au lieu d'occuper sans retour les villes vaincues, il les abandonnait après en avoir exterminé ou mis en fuite les habitants : soit qu'il craignît d'amoindrir ses forces et d'exposer aux attaques de l'ennemi des garnisons disséminées, soit que, ne pouvant satisfaire en même temps toutes ses troupes, d'ailleurs difficiles à conduire, il craignît d'éveiller des jalousies et des murmures, s'il accordait de suite aux unes le repos et le sol qui manquaient aux autres. Il fallait donc promener d'abord des armes triomphantes sur toute la contrée où l'on méditait de s'établir, disperser les populations indigènes en les frappant d'épouvante, et, après cette prise de possession sommaire, procéder au partage général du pays et s'y asseoir définitivement.

Josué n'avait employé qu'une année à parcourir en vainqueur le sud de la Palestine ; mais il ne lui fallut pas moins de cinq ans pour subjuguer le nord. La ligue des princes menacés rassembla des troupes nombreuses près des eaux de Mérom, entre le lac de Tibériade et la source du Jourdain ; elle comptait beaucoup sur sa cavalerie et ses charriots de guerre. Les Hébreux n'avaient pas de chevaux, et ils ignoraient l'art de la défense contre ces chars armés de fers tranchants, qu'on précipitait au milieu des bataillons pour les entamer et les rompre. Josué suppléa par l'activité aux forces qui lui manquaient ; après s'être religieusement assuré du secours de Dieu, il tomba sur les confédérés avec tant de violence et d'imprévu, qu'ils n'eurent pas le temps de se rallier pour faire une résistance sérieuse. Il en périt un grand nombre ; les autres, fuyant la colère du vainqueur, se dispersèrent dans les places fortes qui tenaient encore.

Les travaux de la conquête achevés, Josué s'occupa du partage définitif des terres. Déjà quelques tribus avaient leur lot sur la rive orientale du Jourdain. Des hommes habiles reçurent l'ordre de parcourir le pays, d'en faire le plan et de le diviser en telles portions, qu'il y eût moins d'étendue là où il y aurait plus de fertilité. Ensuite le sort décida de la position respective des douze enfants d'Israël. Siméon et Juda occupèrent le sud, ayant à leurs frontières l'Idumée et l'Arabie Pétrée. Au nord, Azer et Nephtali eurent pour confins la Phénicie et la Syrie. Entre ces points extrêmes et entre le Jourdain et la Méditerranée, les autres fils du patriarche trouvèrent leur place : Joseph figura dans le partage au chef de ses deux fils Ephraïm et Manassé ; Lévi n'eut pas un lot séparé comme les autres : des villes lui furent réservées sur divers points de la Palestine. Chaque tribu dut répéter pour elle-même ce qu'on avait fait pour tout le peuple : diviser ses terres en autant de cantons principaux qu'elle comptait de familles dans son sein, puis les subdiviser en portions applicables aux citoyens. Par cette opération primitive et par les règlements qui en maintinrent le résultat, ce petit peuple hébreu résolvait en naissant, il y a quarante siècles, un problème où le génie des nations modernes hésite, se fatigue et s'épouvante : favoriser l'agriculture et supprimer le prolétariat en morcelant la propriété.

Usé de fatigues encore plus que de vieillesse, bien qu'il fût d'ailleurs d'un âge fort avancé (cent dix ans), Josué mourut en recommandant à ses frères l'exacte observation de la loi. Ses derniers regards purent se reposer avec quelque joie sur le rôle providentiel qu'il venait de remplir : les Chananéens étaient vaincus sans retour ; les Israélites s'étaient fait une patrie ; la religion voyait ses cérémonies observées ; le gouvernement civil et politique, tracé d'avance par Moïse, était en vigueur ; la nation était fondée avec les éléments d'une vie durable. Elle vécut, malgré de rudes épreuves, jusqu'au moment où les aigles romaines l'étreignirent dans leurs serres sanglantes, et la précipitèrent, déchirée en lambeaux, sur tous les marchés d'esclaves que possédait l'empire.

Les enfants d'Israël ensevelirent Josué à Tamnath-Saré, sur la montagne d'Ephraïm, au versant septentrional du mont Guas. Du temps de saint Jérôme, on montrait encore ce tombeau, sur lequel on avait gravé l'image du soleil. Longtemps oublié depuis, il vient d'être retrouvé : ses restes ont été vus et décrits par MM. de Saulcy et Guérin.

Josué avec Caleb, comme chefs des explorateurs envoyés par Moïse pour reconnaitre la Palestine, portent habituellement la grosse grappe de raisin qui fut montrée aux Israélites comme échantillon de la fécondité du pays. — On le représente aussi ordonnant au soleil de s'arrêter sur la ville de Gabaon.

CULTE. — ÉCRITS.

La mémoire de Josué a toujours été en bénédiction parmi le peuple de Dieu ; l'Ecriture déclare qu'il succéda à Moïse, non-seulement dans la puissance, mais principalement dans l'esprit de prophétie ; qu'il fut prédestiné pour sauver les élus de Dieu, pour renverser ses ennemis et pour acquérir à Israël l'héritage que le Seigneur lui avait préparé. Aussi les Juifs l'ont-ils toujours honoré comme un sauveur, et les chrétiens comme une image du divin rédempteur de nos âmes. Les Juifs célébraient sa mort par un jeûne public établi au vingt-sixième jour de Nisan, qui était le premier mois de leur année ecclésiastique. Les chrétiens honorent sa mémoire le 1er jour de septembre que les Grecs ont choisi comme répondant au commencement de l'indiction impériale ou année grecque.

Josué est l'auteur du livre de nos Bibles qui porte son nom. On ne sait pas au juste l'année qu'il le commença ; mais il est certain qu'il ne l'acheva qu'après la tenue de l'assemblée qu'il avait convoquée à Sichem (aujourd'hui Naplouse, ville de Palestine), puisqu'il en parle fort au long dans ce livre. Il contient ce qui s'est passé de plus remarquable depuis la mort de Moïse jusqu'à la sienne, c'est-à-dire durant l'espace d'environ dix-sept ans qu'il gouverna Israël. On peut le diviser en trois parties : la première (I-XIII) est une histoire de la conquête de la terre de Chanaan ; dans la seconde (XIII-XXIII), Josué fait le partage de la terre promise ; dans la troisième (XXIII et XXIV), il raconte la manière dont il renouvela l'alliance entre le Seigneur et son peuple.

Saint Jérôme, dans le dénombrement abrégé qu'il fait des livres de l'Ancien et du Nouveau Testament, dit de Josué qu' « il décrit mystiquement le royaume spirituel de la céleste Jérusalem et de l'Eglise dans les bourgs, les villes, les montagnes, les fleuves, les torrents, et les limites de la Palestine ».

Les Juifs se servent encore aujourd'hui d'une formule de prières qu'ils récitent ordinairement au sortir de la synagogue et dont ils font honneur à Josué.

Nous nous sommes servi, pour composer cette biographie : des *Femmes de la Bible*, par Mgr Darboy ; de l'*Histoire de l'Eglise*, par Darras ; de l'*Histoire des Auteurs sacrés et ecclésiastiques*, par Dom Remy Ceillier et des *Saints de l'Ancien Testament*, par Baillet.

SAINT GÉDÉON OU JÉROBAAL,

JUGE ET GÉNÉRAL DES HÉBREUX.

1309 avant Jésus-Christ.

> De même que Gédéon, Jésus-Christ ne veut pour soldats que ceux qui usent de ce monde comme en passant ; avec douze Apôtres il marche à la conquête de l'univers, ayant pour armes la trompette de la prédication et le flambeau de la foi.
> *Eloge de Gédéon.*

Lorsque Dieu eut appelé à lui Débora la prophétesse (1356 avant Jésus-Christ), Israël entra de nouveau dans les voies de l'iniquité, et provoqua la colère de Dieu par de criantes ingratitudes. Elle ne tarda pas à éclater d'une manière bien sensible aux prévaricateurs. Ils tombèrent cette fois entre les mains des Madianites. Ceux-ci entraient tous les ans sur leurs terres et inondaient tout le pays. Leur nombre était si grand, qu'on les comparait à des nuées de sauterelles ; ils portaient avec eux leurs pavillons, conduisaient leurs troupeaux, campaient au milieu des champs. Une contrée ruinée, une autre était envahie. Ils désolaient les bourgs et les villages, et s'en retournaient pour revenir au moment opportun. Après sept années consécutives de vexations, les enfants d'Israël ouvrirent les yeux, pleurèrent leurs ingratitudes et supplièrent la divine Miséricorde de les délivrer des mains de leurs cruels ennemis. Le souverain Maître daigna les écouter.

Dans Ephra, petite ville de la tribu de Manassès, était un homme d'un âge mûr, appelé Gédéon. Il s'occupait à battre son blé dans un pressoir, de peur d'être surpris par les Madianites, lorsque tout à coup il aperçut un personnage dans lequel paraissait quelque chose de divin ; il était assis sous un chêne, non loin de sa demeure ; c'était un messager céleste sous la forme d'un voyageur. L'inconnu ayant abordé Gédéon, il le salua et lui dit : « Le Seigneur est avec vous, ô le plus brave des enfants d'Israël ! » — « Si le Seigneur est avec nous », reprit Gédéon, « pourquoi donc sommes-nous si misérables ? Où sont les merveilles du Tout-Puissant que nous ont tant de fois racontées nos pères ? » L'ange jeta sur Gédéon un regard plein de bonté et de douceur, et lui dit : « Non, le Seigneur ne vous a pas abandonnés ; c'est vous, Gédéon, qu'il a choisi. Allez, servez-vous du courage qu'il vous a donné, et vous délivrerez Israël de la persécution des Madianites. Sachez que c'est moi qui vous ai choisi de la part du Très-Haut pour être l'instrument de ses miséricordes ; c'est moi qui vous envoie ». — « Mais, je vous en prie, mon Seigneur, comment ferai-je pour délivrer Israël, moi dont la famille est la moindre de la tribu de Manassès, et qui suis, en outre, le dernier de la famille de mon père ? » — « Lorsque l'homme s'humilie, c'est alors qu'il devient capable de grandes choses. Je serai avec vous », reprit l'envoyé céleste, « et vous frapperez les nombreuses armées des Madianites, comme si vous n'aviez à combattre qu'un seul homme ». — « S'il en est ainsi », reprit Gédéon, « si vous êtes l'envoyé du Seigneur, ne vous offensez pas et souffrez, je vous prie, que je vous demande un signe qui m'assure que vous êtes ce que vous dites, et que je croie. Ne quittez point cette place ; je reviens à l'instant. Je vous apporterai de la nourriture, que je vous offrirai ». — « Allez », lui dit l'ange, « j'attendrai votre retour ». Gédéon part aussitôt, entre dans sa maison, fait cuire un chevreau, prépare des pains azymes et s'empresse de revenir. Il place le repas sous le chêne et l'offre au voyageur. « Prenez ces viandes et ces azymes », lui dit l'ange, « placez-les sur la pierre qui est devant vous, et soyez attentif ». Alors, du bout de la baguette qu'il tenait à la main, il toucha les viandes, un feu subit sortit de la pierre, dévora l'holocauste, et l'ange disparut. Gédéon crut qu'il mourrait, parce qu'il avait vu un ange et qu'il lui avait parlé ; mais le Seigneur le rassura, et il ne pensa plus qu'à mettre à exécution les ordres qu'il venait de recevoir.

La nuit suivante, il prit avec lui dix serviteurs, et alla, par ordre du Seigneur, vers l'autel de Baal, le renversa, coupa par le pied les arbres qui l'entouraient ; et, en ayant dressé un à l'endroit où il avait vu le sacrifice consumé par le feu du ciel, il y offrit un holocauste. Mais le lendemain, les habitants, à la vue de leur autel renversé, entrèrent en fureur. Ils coururent chez Joas, père de Gédéon : « Livrez-nous votre fils », s'écriaient-ils,

« il mérite la mort, il a détruit l'autel de Baal ». — « Vous badinez », dit le père de l'accusé à ses compatriotes. « Quoi ! vous vous faites les vengeurs de Baal ! Ce dieu, sans doute, ne pourra se défendre si vous ne lui prêtez vos bras !... Vous croyez donc bonnement que s'il veut punir le téméraire qui a renversé son autel, il sera forcé de mendier votre secours ? Croyez-moi, laissez à Baal le soin de ses intérêts ; s'il est dieu tout-puissant, son ennemi est un homme mort, qui ne verra pas le jour de demain ». Ce discours calma leur fureur, et on ne parla plus de mettre Gédéon à mort. C'est ainsi que Dieu choisit souvent les plus faibles pour faire de grandes choses, afin d'humilier les superbes et de montrer sa puissance à ceux qui comptent sur leurs propres forces.

Pendant que les Madianites et leurs alliés passaient le Jourdain, comme à l'ordinaire, pour venir camper dans les belles vallées de Jezraël, l'esprit du Seigneur se saisit de Gédéon. Celui-ci sonna de la trompette, assembla auprès de lui la maison d'Abiézer, c'est-à-dire ses parents, sa famille, ses concitoyens. Il envoya ensuite dans les tribus d'Israël, annonçant qu'il allait marcher contre les Madianites. Peu de temps après, il était à la tête de trente-deux mille hommes. Alors il fit cette prière : « Seigneur, s'il est vrai que, par mon ministère, vous devez sauver Israël, donnez une preuve de la vérité de ma mission. Je vais étendre une toison de laine sur la place ; si la terre demeure sèche et que la rosée ne tombe que sur la toison, ce sera une marque que vous affranchirez votre peuple par mon ministère ». Le prodige arriva selon que le général l'avait demandé. Il en sollicita un second : « Seigneur », dit-il, « ne vous mettez pas en colère si je vous demande encore un prodige. Faites maintenant que la terre soit trempée de rosée et que la toison seule demeure sèche ». Le Seigneur se rendit aux désirs de son serviteur.

Le général ne balança plus : à la tête de son armée, il alla camper à la vue des Madianites qui s'étendaient dans la vallée de Jezraël, au nombre de cent trente-deux mille. « Vous avez trop de monde », lui dit le Seigneur, « Madian ne sera pas livré entre vos mains. Israël s'attribuerait l'honneur de la victoire ; il dirait : C'est par mes propres forces que j'ai secoué le joug de l'oppression. Faites donc publier par tout le camp que ceux qui éprouvent quelque crainte s'en retournent chez eux ». A cet avertissement, vingt-deux mille se retirèrent. « C'est encore trop de soldats », lui dit le Seigneur. « Un torrent va se présenter à vous : mettez de côté ceux qui prendront de l'eau dans le creux de la main pour la porter à la bouche, et de l'autre ceux qui mettront les genoux en terre pour boire à leur aise : vous renverrez ces derniers ». Il s'en trouva neuf mille sept cents, en sorte que l'armée de Gédéon, composée de trente-deux mille hommes, était réduite à trois cents. « C'est avec ce petit nombre », lui dit le Tout-Puissant, « que je délivrerai mon peuple, et que je vous donnerai la victoire sur Madian ». Gédéon mit sa confiance en Dieu, duquel il attendait tout le succès de l'entreprise. Sûr de vaincre, il n'attendait que l'ordre du combat, et ses hommes ne soupiraient qu'après le moment où il les mènerait à l'ennemi. Telles étaient les dispositions de l'armée, lorsque Gédéon, accompagné d'un seul de ses domestiques, nommé Phara, partit secrètement durant la nuit ; il se glissa, sans être aperçu, si près de la garde avancée des ennemis, qu'il était à portée d'entendre ce que disait la sentinelle. Leur multitude paraissait innombrable et semblable à des nuées de sauterelles qui remplissaient toute l'étendue de la vallée. Leurs chameaux, couchés au milieu de leur camp, paraissaient si nombreux, qu'ils pouvaient être comparés aux grains de sable qui couvrent les bords de la mer. Cependant deux Madianites s'entretenaient ensemble ; l'un racontait un songe qu'il avait eu : « Je m'imaginais », disait-il, « voir durant mon sommeil un pain d'orge cuit sous la cendre ; ce pain me paraissait rouler du haut de la colline dans notre camp ; je l'ai vu passer jusqu'à la tente du général, la culbuter de son poids et la renverser par terre ». — « Ce songe est sérieux », répondit le soldat madianite à qui il parlait ; « voici sans doute ce qu'il nous annonce : Ce pain d'orge est l'épée de l'israélite Gédéon, fils de Joas ; le Dieu qu'il adore lui a livré Madian et tous ses alliés ; c'en est fait, nous sommes perdus ». Le général hébreu, après avoir entendu ces paroles, rendit grâces au Seigneur, et reprit le chemin de son camp.

Pendant le temps de la nuit, Gédéon, toujours conduit par l'esprit du Seigneur, assemble sa petite troupe autour de lui et l'anime par ces paroles : « Soldats, du courage, ne perdons pas de temps ; les Madianites sont à nous, le Seigneur les a livrés entre nos mains ». Il dit, et divisant ses hommes en trois corps, il leur mit en main des vases de terre renfermant une lampe allumée, et des trompettes, leur prescrivant l'usage qu'ils devaient en faire. Chaque corps marche à l'ennemi du côté qui lui est assigné. Le moment arrivé, Gédéon donne le signal convenu. Au même instant, les vases se heurtent et se brisent avec un fracas épouvantable ; on élève en l'air les flambeaux allumés que l'on tient de la main gauche ; et les trompettes, dans la main droite, retentissent avec force. Ce bruit, qui cause l'effroi, est interrompu de temps en temps pour faire place à ces mots que les Israélites, dans leurs trois différents postes, font retentir : « L'épée du Seigneur et l'épée de Gédéon ! » Ils continuent, et de faire sonner les trompettes, et de crier alternativement : « L'épée du Seigneur et l'épée de Gédéon ! » tenant toujours leurs flambeaux à la main. Le glaive du Tout-Puissant était en effet suspendu sur le camp des Madianites. Une frayeur soudaine s'était répandue dans le cœur de tous les soldats ; tout y était dans le tumulte, le désordre et la confusion ; chacun fuyait au milieu des ténèbres d'une sombre nuit ; on se culbutait, on s'égorgeait sans pouvoir se reconnaître ; c'est ainsi que le reste de la nuit se passa. En quelques heures, la vallée se trouva teinte de sang, et Israël n'avait pas tiré l'épée. Le jour parut, et les malheureux, échappés au carnage, s'enfuyaient, laissant dans leur camp une quantité prodigieuse de morts. Au bruit de cette victoire, les troupes que Gédéon avait congédiées se rassemblèrent, se joignirent aux tribus d'Azer, de Nephtali et de Manassès ; de toutes parts on tomba sur les fuyards et on en fit un grand carnage. D'un autre côté, le général envoya des émissaires à la tribu d'Ephraïm, pour lui dire d'occuper les passages le long du Jourdain, et de contribuer au triomphe d'Israël. En sorte que de cette prodigieuse multitude, de cette armée formidable de Madianites, il n'y eut que quinze mille qui repassèrent de l'autre côté du fleuve, encore la plupart furent-ils mis à mort par ceux qui étaient à leur poursuite.

Les enfants d'Ephraïm, jaloux de la gloire que Gédéon s'était acquise, lui firent des reproches amers de ce que lui, qui n'était que de la tribu de Manassès, avait battu les Madianites sans partager, avec Ephraïm, l'honneur du combat. Mais il sut les calmer par sa modestie : « Qu'ai-je fait », dit-il, « qui égalât les brillants avantages que le Seigneur vous a fait remporter sur l'ennemi ? Un raisin d'Ephraïm ne vaut-il pas mieux que toutes les vendanges d'Abiézer ? » Cette réponse humble et flatteuse les apaisa.

Gédéon, après avoir congédié ses braves soldats, était revenu dans sa patrie. Alors les magistrats, les anciens de toutes les tribus, vinrent trouver leur libérateur, apparemment dans la ville d'Ephra, son séjour ordinaire. Ils le félicitèrent au nom de tout le peuple, comme étant leur sauveur, leur libérateur et l'homme de la droite de Dieu ; et si la modestie de ce grand homme n'eût égalé son courage, au lieu du nom de juge, il eût porté dès lors celui de roi. « Nous venons », dirent-ils, « vous offrir, dans tous les Israélites, de fidèles et dévoués serviteurs ; soyez notre juge, notre prince. Non-seulement nous vous présentons la couronne, mais nous voulons que de vous elle passe à votre fils, au fils de votre fils et à vos descendants les plus reculés ». — « Non », reprit le modeste général, « je ne serai pas votre roi, et mon fils ne portera pas le sceptre d'Israël. Me préserve le ciel de me parer d'un titre que notre Dieu s'est réservé ; c'est lui qui est notre roi, c'est lui qui nous gouvernera, c'est à lui que nous obéirons ». Lorsque les ambassadeurs se furent retirés, Gédéon ne s'occupa plus qu'à remplir les devoirs de sa charge. Il avait environ trente ans de judicature lorsqu'il mourut. Il laissa une nombreuse famille. On l'enterra à Ephra, dans la sépulture de Joas, son père. Les fidèles Israélites donnèrent des larmes sincères à leur libérateur.

Les représentations de Gédéon rappellent principalement le prodige de la toison, qui est regardée par les saints Pères comme figure prophétique de la maternité virginale de Marie.

Nous avons tiré le fond de cette biographie d'un ouvrage anonyme intitulé : *Les Merveilles de l'Histoire du peuple de Dieu.*

SAINT SIXTE OU XYSTE ET SAINT SINICE

PREMIERS ÉVÊQUES DE SOISSONS ET REIMS.

Époque incertaine.

> On ne peut acquérir la vertu sans fatigue et sans combat, on ne peut non plus la conserver sans prudence.
> *Thomas à Kempis.*

Nous partagerons en deux paragraphes ce que nous avons à dire sur saint Sixte et saint Sinice. Dans le premier nous traiterons une question bien importante, celle de l'époque de leur mission dans les Gaules. Dans le second, nous ferons connaître ce que les traditions locales nous apprennent sur leur vie, leur mort et leurs reliques.

§ 1er. C'est un fait incontesté que l'Eglise de Reims, aussi bien que celle de Soissons, ont eu pour fondateurs et pour premiers évêques saint Sixte et saint Sinice, tous deux envoyés directement par le Saint-Siége. Mais quand il s'agit de déterminer l'époque positive de la mission de ces deux Apôtres, trois opinions sont en présence.

La *première opinion* se croit autorisée à rejeter comme peu fondée l'origine apostolique de ces deux Eglises. Ce ne serait au contraire qu'après la mort de saint Crépin et de saint Crépinien, martyrisés à Soissons sur la fin du IIIe siècle, que Rome aurait envoyé dans la Gaule-Belgique de nouveaux missionnaires pour rassembler les fidèles dispersés par la persécution des empereurs Dioclétien (284-305) et Maximilien-Hercule (286-305). Dans cette hypothèse, la mission de saint Sixte et de saint Sinice leur aurait été donnée entre les années 288 et 310, à la suite d'une apparition des martyrs Crépin et Crépinien au pape [1] Marcellin (296-304), ou au pape Marcel (304-310), lequel aurait aussitôt choisi d'autres missionnaires pour remplacer ceux que le glaive venait de moissonner à Soissons, à Reims, à Fismes, à Bazoches et dans les pays voisins. — Quelques archéologues Soissonnais ont cru découvrir, à l'abside de la cathédrale, dans l'une des cinq verrières du XIII° siècle, des vestiges de cette tradition. On y voit en effet, en caractères fort lisibles, les noms *Crispinus* et *Crispinianus*, ainsi que le mot *Marcellus*. Un personnage étendu sur un lit est éveillé par un ange. Dans un panneau qui est à côté du premier, un autre personnage, vêtu comme un moine, a l'air d'envoyer en mission les trois hommes qui sont devant lui. — Ces peintures, si elles ont été doctement interprétées, n'attesteraient qu'une chose : la croyance *locale* d'alors sur l'époque de l'arrivée de saint Sixte et de saint Sinice à Soissons.

Les auteurs qui soutiennent la non-apostolicité des églises de Soissons et de Reims se fondent d'abord sur des manuscrits qui n'ont pas plus de six cents ans d'antiquité, et qui ont été écrits beaucoup plus pour édifier les fidèles que pour les instruire exactement des faits et de leurs dates. Ils allèguent encore que, dans l'hypothèse de l'origine apostolique de ces deux églises, il faudrait de toute nécessité admettre (ce qui leur répugne énormément) des lacunes considérables entre Sixte, Sinice, Armance, inscrits et reconnus comme ayant été dans le Ier et le IIe siècles les trois premiers évêques de Reims, et le Pontife qu'on regarde comme le quatrième évêque de cette métropole, Bétause, lequel souscrivit en 314 au premier concile d'Arles, en Provence, tenu contre les Donatistes. Dans un espace de plus de deux cent soixante ans, on ne connaît en réalité les noms que de quatre évêques.

Ces diverses raisons n'ont convaincu ni les auteurs du *Gallia christiana*, qui, sans préciser néanmoins l'époque de la mission de Sixte et de Sinice, la mettent *bien avant* l'année 287 ; ni ceux de l'art de vérifier les dates, chez qui nous lisons : « Saint Xyste ou Sixte fut le premier évêque de Reims, vers l'an 290, suivant Tillemont » ; mais d'autres prétendent, avec plus de vraisemblance, que saint Xyste et saint Sinice, son collègue dans le gouvernement des églises de Reims et de Soissons, sont beaucoup plus anciens que la fin du III° siècle.

Et en effet il est difficile, dit M. le chanoine Lequeux, de concilier la non-apostolicité des églises de Soissons et de Reims avec le grand nombre des chrétiens qui vivaient dans la Gaule-Belgique à la fin du III° siècle, nombre prouvé par la rigueur même avec laquelle la persécution y fut exercée ; car il doit sembler étonnant que déjà le Christianisme eût fait tant de progrès dans cette région, si ces contrées n'avaient pas encore reçu leur première forme.

Une *seconde opinion* fort peu précisée, mais qui se rattache par un point essentiel à la première, est celle qui s'appuie sur un texte du savant Hincmar, trente-deuxième archevêque de Reims (845-882) : « Le bienheureux Sixte, y est-il dit, a été envoyé à la métropole de Reims par Sixte, pontife de Rome. »

On se demande d'abord quel est le Sixte dont l'illustre prélat a voulu parler. Est-ce le pape Sixte Ier du IIe siècle (117-127) ? ou bien est-ce le pape

---

1. La légende du *Propre Soissonnais*, imprimée en 1852, dit que c'est au pape Caïus, qui a tenu le Saint-Siège de 283 à 296, qu'apparurent saint Crépin et saint Crépinien.

Sixte II du III° siècle (257-259) ? Des anciens Bollandistes, en 1746, pensaient qu'il s'agissait du pape Sixte II ; ce qui mettrait la fondation des deux Eglises de Soissons et de Reims au milieu du III° siècle. On verra ci-après ce qu'il faut penser de l'exactitude de la transcription du texte d'Hincmar, et quel sens on doit attacher à cette phrase, d'après le but que le prélat se proposait dans sa lettre.

La *troisième opinion*, qui est la plus ancienne, est celle qui se croit fondée à soutenir que les Eglises de Reims et de Soissons remontent aux temps apostoliques ; que saint Sixte était disciple de saint Pierre, qui a voulu lui-même le sacrer évêque et lui a donné sa mission pour les villes les plus importantes de la Gaule-Belgique, Reims et Soissons.

« Cette opinion », dit M. Ravenez [1], « a toujours été très-répandue à Reims et dans toutes les églises voisines. Dans tous les siècles, des écrivains distingués l'ont adoptée comme la seule vraie, comme la seule admissible. Elle a toujours joui d'une grande faveur, et elle a paru digne de considération aux critiques même les plus sévères ». — « Si cette opinion », dit M. le chanoine Lequeux, « n'a pas toute la certitude désirable, nous croyons qu'elle a en sa faveur bien des probabilités ». Voici les autorités sur lesquelles elle s'appuie.

L'empereur Lothaire (840-855), écrivant au pape saint Léon IV (847-855), lui parlait de la prééminence de l'Eglise de Reims, comme ayant été fondée par saint Sixte, disciple des Apôtres.

Au VII° siècle, l'Eglise de Châlons faisait remonter son origine à saint Pierre. Or, l'Eglise de Châlons est très-certainement contemporaine de l'Eglise de Reims.

Foulques (883-900), successeur d'Hincmar, écrivait en 887 au pape Etienne V (885-891), « que le siége de Reims a été particulièrement honoré par les Papes, parce que saint Pierre lui a donné pour premier évêque saint Sixte ». — Foulques n'aurait pas voulu, sans en dire le motif, donner un démenti à son illustre prédécesseur Hincmar. D'où l'on conclut qu'il lisait alors le texte précité d'Hincmar autrement que ne l'a lu le Père Sirmond ; qu'il y a par conséquent dans ce texte une faute, et qu'au lieu de *a Sixto*, il faut lire *a Petro*. Cette faute de copiste paraît d'autant plus probable que le but d'Hincmar, en écrivant à l'évêque de Laon, était de relever l'ancienneté, la dignité, les prérogatives et la juridiction de sa métropole sur les autres Eglises de la contrée. Son argumentation serait faible si l'on se tenait à la leçon du Père Sirmond. Aussi le Père Gilles Boucher, le contemporain et l'ami du Père Sirmond, éditeur des œuvres d'Hincmar, dit dans son *Belgium Romanum ecclesiasticum et civile*, édité en 1655 : « Il résulte de l'opinion d'Hincmar que saint Sixte a été envoyé à Reims *par saint Pierre*, en même temps que le Prince des Apôtres dirigeait sur Trèves Eucher et ses compagnons ». (Or, l'Eglise de Trèves a toujours été regardée comme la sœur de l'Eglise de Reims.)

Selon l'exact et judicieux Flodoard (894-966), chanoine de Reims et curé de Cormicy, « le bienheureux apôtre saint Pierre, ayant ordonné saint Sixte, archevêque de notre ville, et sentant le besoin de le faire assister par des suffragants, lui donna pour compagnons et assesseurs dans la province, saint Sinice, d'abord évêque de Soissons et ensuite de Reims, ainsi que saint Memmie, pasteur de Châlons ».

En descendant le cours des siècles, nous rencontrons encore le béné-

---

[1]. *Recherches sur les origines des Eglises de Reims, de Soissons et de Châlons*, par M. Ravenez. Paris, Lecoffre, 1857. Un vol. in-8° de 180 pages, couronné par l'Académie de Reims.

dictin Hugues de Flavigny (1065-1115) qui dit dans sa chronique de Verdun : « Le premier pasteur et apôtre Pierre envoya à Reims saint Sixte et saint Sinice ; à Châlons, saint Memmie ». — Au milieu du XIIIe siècle, Vincent de Beauvais ne parle pas autrement dans son *Speculum*.

Par ces passages, et bien d'autres que nous ne pouvons transcrire ici, on pressent combien sont peu fondées les prétentions des récents éditeurs [1] de Dom Marlot, lesquels, tout en se faisant gloire de tirer de l'oubli et de publier le manuscrit français de son *Histoire de Reims*, se sont attachés, dans une note fort longue, à contredire le sentiment de l'illustre Bénédictin sur l'origine apostolique des Eglises de Soissons et de Reims.

A l'autorité des livres on peut ajouter celle des monuments. En 1738, on a découvert à Reims, sous la tour de l'église Saint-Martin, et à 20 pieds de profondeur, un monument antérieur à l'an 260, et qui représente plusieurs faits de l'Ancien et du Nouveau Testament, par exemple le paralytique emportant son lit, le sacrifice d'Abraham, etc. On a aussi trouvé des tombeaux fort anciens renfermant des cadavres qui portaient des marques de tortures ; la tête et les bras sont percés par de grands clous. On présume que ce sont des restes de martyrs.

Tous ces témoignages réunis ont déterminé le cardinal Gousset à professer ouvertement son sentiment sur l'origine apostolique de son Eglise, et depuis l'année 1858, on lit dans le bref du diocèse de Reims ces mots imprimés par son ordre : « *Reims, métropole, compte, depuis saint Sixte, disciple de saint Pierre, prince des Apôtres, et consacré par lui premier évêque de Reims, quatre-vingt-dix-neuf archevêques, dont treize sont révérés comme saints* ». Telle avait été, pendant de longs siècles, l'opinion généralement admise. Reims et Soissons, et beaucoup d'autres Eglises de France, faisaient remonter, sans opposition aucune, leur origine aux temps apostoliques.

Mais au XVIIe siècle, le normand Jean de Launoy (1603-1678), docteur de Sorbonne, connu par la hardiesse de ses écrits, dont vingt-neuf ont été mis à l'*index* et réprouvés par le pape Benoît XIV, s'est efforcé de renverser cette croyance. Il prétendit que l'introduction du christianisme dans les Gaules n'avait eu lieu qu'au IVe siècle. Il a entraîné dans son sentiment Le Nain de Tillemont, Baillet, et, parmi les auteurs récents, Amédée Thierry, Henri Martin, les éditeurs de la version française de Dom Marlot, l'abbé Pécheur dans ses *Annales du diocèse de Soissons*.

Le docteur Launoy s'appuyait principalement sur un texte de Grégoire de Tours et un de Sulpice Sévère. D'après Grégoire de Tours, c'est sous l'empereur Dèce (249-251), que des missionnaires furent envoyés de Rome dans les Gaules : saint Gatien à Tours, saint Trophime à Arles, saint Martial à Limoges, etc. D'après Sulpice Sévère, c'est lors de la cinquième persécution sous Marc-Aurèle, que la Gaule vit pour la première fois des *martyres*, la religion chrétienne ayant été reçue tard au-delà des Alpes.

Ces deux textes ne font plus autorité. Le second est d'ailleurs susceptible d'une interprétation favorable. Mais entendu dans le sens de Launoy, il ne supporterait pas aujourd'hui l'examen devant les monuments de l'histoire étudiés plus sérieusement. Ce premier texte a été contredit et réfuté par le célèbre Cordelier Pagi, dans sa critique sur les *Annales* de Baronius, année 834. « L'erreur de Grégoire de Tours », dit l'abbé Faillon, « vient de ce qu'il a pris dans les actes de saint Ursin de Bourges les noms des évê-

---

1. C'est l'Académie de Reims qui a publié le Dom Marlot français en 4 vol. in-4°. Jacquet, à Reims, 1843.

ques envoyés par Rome ; et dans ceux de saint Saturnin l'époque de leur mission ».

Voici d'autres documents qui réfutent Grégoire de Tours et Sulpice Sévère, et déposent en faveur de l'apostolicité des Eglises de Soissons. En 440, dix-neuf évêques de la Gaule écrivirent au pape saint Léon le Grand : « Toutes les provinces de la Gaule savent, et l'Eglise romaine ne l'ignore pas, que la cité d'Arles a été évangélisée par saint Trophime, envoyé par saint Pierre ». Nous renvoyons à M. Ravenez, pour y lire des textes de saint Justin, de saint Irénée, de Tertullien, de saint Hilaire de Poitiers, qui attestent que, dès le commencement de l'Eglise, la prédication de l'Evangile a été universelle, et que tout le pays des Gaules n'a pas été oublié par le chef des Apôtres.

En 1854, la Congrégation des Rites, en déclarant saint Martial de Limoges, apôtre, et par conséquent disciple du Sauveur, infirme par là-même le texte allégué de Grégoire de Tours et lui ôte toute autorité.

Les lacunes que l'on trouve dans les catalogues des évêques des premiers siècles, à Reims et ailleurs, ne paraissent pas être une objection bien forte contre l'apostolicité des Eglises de Reims et de Soissons, puisque des vides semblables se trouvent dans ces mêmes catalogues à des époques où, de l'aveu de tous les historiens, ces Eglises subsistaient déjà depuis plusieurs siècles. « Ces lacunes », dit M. Ravenez, « démontrent, non que les évêques n'ont pas existé, mais seulement que leur mémoire a péri. Un livre dont une page est déchirée n'en est pas moins un livre ».

On explique aussi très-bien le silence de l'histoire sur ces premiers temps. Les missionnaires ignoraient la langue du pays, ils se cachaient pour annoncer peu à peu et plus sûrement la bonne nouvelle ; ils s'oubliaient eux-mêmes et ne songeaient pas le moins du monde à perpétuer par l'histoire le souvenir de leurs travaux. De là le peu de documents qui nous restent sur les premiers siècles des Eglises gauloises.

M. Ravenez, dont nous venons d'analyser en partie la savante *Dissertation sur l'origine des Eglises de Reims et de Soissons,* résume lui-même par ces lignes toute son argumentation : « L'origine apostolique de l'Eglise de Reims est donc prouvée : 1° par la tradition qui est propre à cette Eglise ; 2° par les textes des Pères de l'Eglise qui ont écrit dans les trois premiers siècles ; 3° par la réfutation des textes de Sulpice Sévère et de Grégoire de Tours ; 4° par l'opinion de l'archevêque Hincmar, au texte duquel on a restitué la véritable leçon ».

De toute cette discussion, inévitablement un peu sèche et aride, nous tirons la conclusion que les fidèles des diocèses de Reims et de Soissons, connaissant mieux l'origine de leurs Eglises particulières, n'en seront désormais que plus attachés à l'Eglise romaine, la tête et la mère de toutes les Eglises du monde, à ce siége apostolique d'où leur sont venues directement la foi et la divine morale de l'Evangile. En conséquence, ils professeront la vénération la plus profonde pour les successeurs de saint Pierre, qui sont, comme lui, les vicaires de Jésus-Christ sur la terre, et veillent à la conservation du dépôt des doctrines enseignées par l'Homme-Dieu, et conservées dans les Ecritures et dans la tradition. Ils seront toujours reconnaissants pour ces souverains Pontifes qui, depuis mille ans, par l'envoi ou la confirmation des évêques successifs de nos Eglises, ont développé et soutenu dans la province ecclésiastique de Reims, comme dans tout l'univers, les vrais principes de la véritable civilisation et de la moralité des peuples et des souverains ; ont souvent réprimé les abus ; ont pris en main la cause des faibles et des opprimés, et ont justement mérité d'être appelés, comme ils le sont réellement, les Papes ou les Pères de toute la chrétienté.

Nous savons peu de chose sur la vie et les travaux de saint Sixte et de saint Sinice, premiers évêques de Soissons et de Reims. Il paraît que, pendant que saint Pierre était enfermé dans la prison Mamertine, cet Apôtre, toujours occupé du désir de faire connaître au loin le nom et la loi de son divin Maître, consacra évêque un de ses disciples nommé Sixte, lui donna pour compagnon un prêtre nommé Sinice, et les envoya tous deux dans la Gaule-Belgique pour y travailler à la conversion de ses habitants. Les deux missionnaires s'arrêtèrent d'abord à Reims, Sixte s'y conduisit avec une grande sagesse. Retiré à l'écart, et évitant d'exciter des commotions populaires, il épiait le moment favorable pour insinuer peu à peu, dans l'âme des moins rebelles, les principes de notre foi. Les démons, qui voyaient le culte des idoles menacé par la loi évangélique, suscitèrent des obstacles de tout genre à ce zélé missionnaire. Au bout de quelque temps, Sixte, s'apercevant que ses efforts auprès des Rémois demeuraient sans résultat, se rappela la parole du Sauveur à ses Apôtres : « Si l'on ne veut pas vous recevoir ni vous écouter, sortez de là, secouez la poussière de vos pieds afin que ce soit un témoignage contre eux.

Il jeta ses vues sur Soissons, seconde ville de la Gaule-Belgique, et s'y rendit avec son fidèle compagnon. Les Soissonnais se montrant plus dociles que les Rémois, Sixte fixa chez eux son siège épiscopal, et bientôt il se vit entouré d'une nombreuse chrétienté. Ceux de Reims, apprenant les merveilles opérées à Soissons, regrettent d'avoir obligé, par leur opiniâtreté, Sixte à les abandonner : ils le rappellent au milieu d'eux. Le saint Pontife se laisse toucher par leur repentir et leurs instances ; il confère le caractère épiscopal à Sinice, qui devient ainsi le deuxième évêque de Soissons.

De retour à Reims, Sixte trouve des cœurs mieux disposés. Des milliers de païens renoncent à leurs superstitions, et le nombre des fidèles s'augmentant de jour en jour, l'apôtre croit que le moment favorable est arrivé pour établir également, à Reims, un siége épiscopal dont il est le premier évêque. A certains jours, les fidèles sortaient de la ville pour entendre les exhortations du saint Prélat, dans un petit oratoire qu'il avait érigé dans les faubourgs, et qui a longtemps porté son nom. C'était là qu'ils assistaient au sacrifice de l'autel et participaient aux saints mystères. Cet oratoire fut d'abord consacré à la mémoire du prince des Apôtres. Sixte vécut ainsi dix ans dans les exercices de la piété et du zèle, au milieu d'un peuple qu'il chérissait et dont il était chéri. Quand il sentit que la fin de son pèlerinage approchait, il fit venir auprès de lui Sinice, pour l'assister dans ses derniers moments ; et, après lui avoir recommandé de prendre soin de l'église de Reims, il mourut plein de mérites le 1er septembre ; et, selon Dom Marlot, sous le règne de Trajan, sans qu'on puisse préciser l'année de son trépas. Son corps fut enterré dans l'oratoire de Saint-Pierre.

Après la mort de saint Sixte, Sinice consacra évêque de Soissons Divitien, que l'on croit avoir été son neveu, du moins d'adoption ; il retourna ensuite à Reims, et prit possession de ce siége, dont il fut le second évêque. Il continua et perfectionna l'œuvre qu'avait si bien commencée son prédécesseur ; et après quelques années d'un heureux épiscopat, le Seigneur l'appela pour le faire jouir des récompenses éternelles.

Le corps de saint Sinice fut enseveli à côté de celui de saint Sixte, dans le même oratoire de saint Pierre.

CULTE ET RELIQUES.

En 920, Hérivée ou Hervée, trente-quatrième archevêque de Reims (900-922), retira les corps des deux Saints du caveau où ils avaient été déposés, et les fit transporter dans l'église de Saint-Remi, où on les plaça près de l'autel de saint Pierre et de saint Clément. Leurs reliques furent depuis reportées dans l'église métropolitaine, et le chapitre les renferma dans une châsse très-riche. Si, comme il est présumable, ce reliquaire est le même que celui dont il est fait mention dans l'inventaire révolutionnaire de 1782, il était en vermeil et pesait trente-huit marcs, deux onces et quatre gros. Le tout fut envoyé à la monnaie, et les ossements profanés, sans qu'on en ait pu sauver quelque portion. Il est vrai que dans le trésor actuel de la cathédrale de Reims, il existe encore un reliquaire de saint Sixte et de saint Sinice, charmant joyau qui rappelle la fin du style roman. C'est une boîte en forme de rose ; les côtés sont argentés ; le dessus est émaillé de bleu et d'or. Au centre est une figure de la Madeleine entourée de trois belles émeraudes et de trois améthystes ; sur la partie postérieure de la boîte est gravée en creux la figure de Jésus-Christ. A l'intérieur est une étoffe de soie violette contenant des ossements qu'une inscription dit être de saint Sixte et de saint Sinice, (d'après l'abbé Cerf). Mais, comme on le voit, il n'y a là rien d'authentique.

Pendant plus de mille ans le chef de saint Sixte a été conservé dans l'église, actuellement détruite, de Saint-Nicaise, avec le bras de saint Sinice, sur lequel était écrit en lettres gothiques : *brachium sancti Sinicii confessoris*. Tout cela a aussi disparu à l'époque de la révolution française.

Au IXe siècle, Ebbon, trente et unième archevêque de Reims (816-835), avait donné à Anscharius, premier archevêque de Brême et de Hambourg, son ami et allemand comme lui, une portion des reliques de saint Sixte et de saint Sinice. Elles furent d'abord déposées à Hambourg, en 833, et l'église fut consacrée sous leur vocable. La crainte qu'elles ne tombassent entre les mains des Danois, les fit transporter au-delà de l'Elbe, en un lieu nommé Rainsol (Ramsolam), de la paroisse de Verdun. Il paraît que l'abbaye de Fulde posséda aussi quelques fragments du corps des deux premiers évêques de Soissons et de Reims.

La ville de Soissons avait longtemps désiré des reliques de ses deux premiers pontifes. Enfin Simon II le Gras, quatre-vingt-troisième évêque de Soissons (1624-1656), obtint du chapitre de Reims, en 1629, quelque portion des ossements des fondateurs de son église ; la translation solennelle s'en fit le 26 avril de la même année. Il ne reste plus rien de ce précieux dépôt ni de la châsse qui les contenait ; elle a été brisée en 1792. Mais si les reliques de nos premiers évêques ne peuvent plus être exposées chaque année à notre vénération, leur souvenir n'est pas entièrement effacé de la mémoire des fidèles. Leur fête est célébrée à Soissons et à Reims le 1er septembre. Pour que le peuple soit toujours témoin de cet hommage rendu à ses apôtres, le diocèse de Soissons a récemment obtenu du Saint-Siège un indult qui lui permet de remettre la solennité de la fête de saint Sixte et de saint Sinice au dimanche qui suit le jour où elle est marquée dans le calendrier. De plus, par une heureuse inspiration, Mgr de Simony, quatre-vingt-treizième évêque de Soissons, a fixé au premier jour libre après la fête de nos saints apôtres, le service solennel et annuel qu'il a fondé en 1849, à la cathédrale de Soissons, pour le repos de son âme et de celle de tous les pontifes, ses prédécesseurs, fondation qui contribue encore à ne pas laisser en oubli ces courageux et zélés missionnaires à qui nous devons le bienfait de la foi. De nos jours la religion est attaquée de toutes parts par l'incrédulité et le rationalisme. L'indifférentisme a aussi refroidi bien des cœurs. Prions nos saints apôtres de jeter un regard de compassion sur leur ancien troupeau, sur ces terres devenues arides, qu'ils avaient arrosées de leurs sueurs et qu'ils étaient disposés à féconder de leur sang, si le Seigneur leur avait demandé ce sacrifice, ou plutôt s'il leur avait accordé cette faveur.

Nous devons cette notice à l'obligeance de M. Henri Congnet, chanoine de Soissons. — Cf. Dom Marlot ; Fisquet ; le *Gallia Christiana* ; Dormay ; l'abbé Pécheur.

SAINT LOUP OU LEU, ARCHEVÊQUE DE SENS

623. — Pape : Boniface V. — Roi de France : Clotaire II.

Qui super rem sibi creditam vigilat, hostis insidias declinat.
Celui qui veille sur ce qui lui a été confié évite les embûches de l'ennemi.
Saint Grégoire le Grand.

Saint Loup naquit aux environs d'Orléans, d'un prince appelé Betto, qui tirait son origine des anciens palatins, et d'une princesse nommée Austregilde, ou Aiga, qui était du sang de nos premiers monarques. La princesse fut avertie, de la part de Dieu, que l'enfant qu'elle portait dans son sein serait un jour une grande lumière dans son Eglise. Cette révélation l'obligea de le nourrir elle-même, contre la coutume des personnes de son sang, afin de lui faire sucer la piété avec le lait. Elle avait deux frères évêques, saint Austrène d'Orléans et saint Aunaire d'Auxerre. Ces prélats, voyant les heureuses dispositions de leur neveu et son amour des choses divines, prirent un soin particulier de son éducation, sachant que la divine Providence le destinait à quelque chose de grand. On cultiva d'abord son esprit par les sciences humaines ; il y fit de si notables progrès, qu'il fut bientôt estimé un des plus sages et des plus éloquents personnages de son temps. Mais la grâce de Jésus-Christ se répandit bien plus abondamment dans son âme. Il témoigna beaucoup d'inclination pour le service des autels, pour les cérémonies de l'Eglise et pour le chant de l'office divin, où sa voix paraissait aussi douce et aussi agréable que celle d'un ange. Les prélats ses oncles lui permirent de recevoir la tonsure cléricale.

Saint Loup conçut alors un si grand désir de la perfection, que, voulant renoncer absolument au monde, il vendit la plus grande partie de ses biens, en distribua l'argent aux pauvres et se retira dans l'île de Lérins. Il y passa quelque temps dans la rigueur des jeûnes et des autres austérités de la Règle, dans la visite des tombeaux des Martyrs et dans une continuelle application à Dieu. Mais saint Arthème, archevêque de Sens, étant mort, il fut élu en sa place, du consentement du roi et de tout le peuple.

Le nouveau prélat donna bientôt des marques plus sensibles de ce qu'il était déjà et des présages plus assurés de ce qu'il devait être dans la suite. Il ajouta toutes les vertus épiscopales à celles de religieux ou de solitaire. Sa vigilance pour les âmes qui lui étaient commises était admirable. Le luxe des riches fut bientôt retranché par ses soins, et la misère des pauvres se trouva aussitôt soulagée par sa charité. Son palais était ouvert à tous les fidèles, parce que la maison d'un évêque, disait-il, doit être comme une hôtellerie publique, où les pauvres soient reçus par miséricorde et les riches par courtoisie. La multitude des malheureux qu'il assistait ne l'importuna jamais. Il leur avait un jour distribué tout le vin de sa cave ; ses domestiques l'en avertirent, parce que plusieurs personnes de haut rang devaient dîner chez lui. Il implora le secours de la Providence, et, quelques moments après, on vit arriver à sa porte vingt charrettes de vin que la princesse sa mère lui envoyait.

On remarque qu'il prenait un singulier plaisir à faire du bien à ses ennemis. Son innocence ne s'étonnait point des médisances que l'on faisait contre lui, parce qu'il avait appris de l'Apôtre que tous ceux qui veulent vivre pieusement en Jésus-Christ souffrent persécution ; et c'étaient ceux-là mêmes qui l'avaient noirci et déchiré par leurs calomnies, qui étaient les principaux objets de sa bienveillance.

La France était alors le théâtre de la guerre, et la diversité des souverains, que les peuples étaient obligés de reconnaître, en allumait toujours le feu dans quelque endroit. Après la mort de Thierry, roi de Bourgogne, Clotaire, roi de France, jeta les yeux sur ce pays pour s'en emparer. Il envoya Blidebaud, général d'armée, avec des troupes et des machines de guerre pour s'emparer de la ville de Sens, qui s'opposait la première à son passage. Blidebaud la pressa de si près, qu'ayant renversé une partie de ses murailles, il allait la prendre d'assaut. Mais le saint Prélat, voyant que sa ville serait exposée, par ce moyen, au pillage et à la brutalité des soldats, eut recours à la prière. Il entra dans la chapelle du prince des martyrs, saint Etienne, leva les mains au ciel, comme un autre Moïse, représenta à Dieu la désolation de son peuple, et, poussé par l'Esprit qui anima autrefois Gédéon, il sonna la cloche de l'église, ce qui donna une telle épouvante aux assiégeants, qu'ils furent obligés de lever le siége et de se retirer. Cette cloche était celle qui fut depuis transportée à Paris par ordre du roi Clotaire, à cause d'un son extraordinairement harmonieux qu'elle rendait. Saint Loup n'avait pas consenti à ce transport : aussi elle perdit aussitôt son agrément ; et Clotaire, qui comprit le secret, fut obligé de la renvoyer à Sens. Le peuple, en ayant entendu le son à plus de trois lieues et demie, vint la recevoir avec joie, et elle fut remise à sa place. Cette merveille n'arriva qu'après que les troubles des deux royaumes de France et de Bourgogne furent pacifiés, et après que saint Loup fut de retour de l'exil dont nous allons parler.

La Bourgogne étant tombée entre les mains du roi Clotaire, il envoya à Sens un certain Farulphe pour gouverneur. Celui-ci, faisant son entrée dans la ville, s'indigna extrêmement contre le saint Archevêque de ce qu'au lieu de venir au-devant de lui jusqu'aux faubourgs, il s'était contenté de l'attendre à la porte de l'église, pour l'y recevoir. Farulphe résolut de se venger de ce prétendu affront, et il fut secondé, dans son mauvais dessein, par un abbé du faubourg de Sens, qui se flattait de l'espérance d'être archevêque à la place de son Prélat.

Le gouverneur et l'abbé chargèrent donc le Saint de tant de calomnies auprès du roi, qu'il le relégua dans la Neustrie, depuis appelée Normandie. Boson, encore païen, y commandait de la part du roi, et, pour suivre les ordres de Sa Majesté, il envoya l'évêque à Ausène, petit village du Vimeu, sur la Bresle, auprès de la ville d'Eu. Notre bienheureux ne parut pas comme un exilé, mais comme un apôtre. Il instruisit les peuples qu'il trouva dans les erreurs de l'idolâtrie, les attira au bercail de Jésus-Christ, arracha, par la force de ses prédications et par la vertu de ses miracles, tous les restes du paganisme qu'il y trouva. Le prince Boson, étant informé de son mérite, désira beaucoup le voir et l'entendre. Il le fit venir, l'entretint plusieurs fois, et fut tellement convaincu de ses raisons, qu'après l'avoir vu rendre la vue à un aveugle en sa présence, il se fit baptiser de sa main, avec la plus grande partie de son armée.

Cependant, le peuple de Sens, animé d'un zèle extraordinaire, mit à mort l'abbé de Saint-Remi, Madégisile, usurpateur du siége métropolitain de Sens et persécuteur de saint Loup. Après cette mort tragique, qui était un effet du juste jugement de Dieu, l'archidiacre de Sens, appréhendant les suites funestes d'un emportement populaire, implora l'assistance du saint abbé Winebaud, qui florissait à Troyes à cette époque, pour obtenir le retour de son prélat. Il lui représenta le malheur où se trouvait le peuple de Sens par la privation de ce saint évêque, et lui fit connaître la fausseté des calomnies dont on l'avait chargé. Winebaud, touché de son discours et de ses soupirs, vint généreusement à la cour, se présenta devant le roi, et lui demanda, de la part de Dieu et de son peuple de Sens, le rétablissement d'un si grand homme. Il obtint tout ce qu'il désirait et fut même chargé d'aller lui-même vers le Saint pour le tirer d'exil. L'entrevue de ces deux serviteurs de Dieu fut si touchante, que, comme en s'embrassant ils versaient des larmes de joie, les assistants ne purent s'empêcher de pleurer. Ils prirent le chemin de la cour, où le roi, voyant le Saint tout défiguré, fut touché d'un sensible regret de l'avoir persécuté ; il se jeta à ses pieds, lui en demanda pardon, et lui fit tous les honneurs possibles ; il le servit même à table avec beaucoup de respect ; après quoi, se prosternant une seconde fois à ses genoux, il le supplia de lui donner le baiser de paix en signe de réconciliation. Enfin, l'ayant comblé d'honneurs et de présents, il le rendit à son Eglise.

Les habitants du village, où le Saint avait été en exil, perdirent à la vérité sa présence sensible, mais ils ne furent pas privés de son assistance ; Dieu leur accorda tout ce qu'ils lui demandèrent au nom de son serviteur : ce qui a fait changer ce lieu en une ville qui porte maintenant le nom de Saint-Leu.

Au retour de cet exil, il passa par Melun, où il arrêta un incendie qui menaçait de réduire en cendres toute la ville. Le peuple de Sens vint en foule au-devant de lui et de l'abbé Winebaud, son libérateur, qui l'accompagnait. On les conduisit à l'église et au palais épiscopal avec des acclamations, des hymnes, des cantiques et des larmes de joie.

Les peines et les travaux n'avaient rien diminué du zèle de saint Loup, ils n'avaient fait qu'augmenter son amour pour Dieu et son ardeur pour le salut de son prochain. On le vit toujours continuer ses saintes pratiques et ses entreprises généreuses. Il arracha du champ de son Eglise l'ivraie des vices qui avait crû durant son absence. Il donna la nourriture spirituelle à ses ouailles par ses instructions, par son exemple et par ses miracles. Sa coutume était de visiter chaque nuit les églises de la ville, et, lorsqu'il arrivait à la cathédrale, il sonnait, le premier, la cloche pour appeler les fidèles, et spécialement les ecclésiastiques, au service divin. Ce son eut une nuit la force de convertir deux prêtres qui se plongeaient dans le crime. Une autre nuit, comme il allait à l'église de Saint-Agnan, pour y faire ses prières, les portes, qui étaient fermées, lui furent ouvertes par les anges.

Les esprits bienheureux le favorisaient souvent de leurs visites et le réjouissaient même de leur mélodie. Son pouvoir sur les démons était souverain et absolu. Le malin esprit lui causa un jour une soif excessive pendant qu'il était en oraison ; il envoya chercher de l'eau, la fit verser dans un vase, et, par une forme semblable à celle de l'archange saint Raphaël, bien loin d'en boire, il y enferma le démon qui jeta des hurlements effroyables jusqu'au lendemain. Il avait aussi le don de prophétie, et il le fit paraître un jour en sortant soudainement d'une assemblée pour aller au-devant de saint Winebaud, dont l'arrivée ne lui avait pu être découverte que par le

Saint-Esprit. Le ciel voulut même rendre témoignage de son mérite ; car, un jour, comme il célébrait les saints Mystères, une pierre précieuse en descendit et tomba dans son calice. Elle fut conservée quelque temps dans la sacristie de sa cathédrale ; mais le roi la voulut avoir dans la chapelle de son palais, et il ne pouvait se lasser de la regarder, à cause du grand éclat qu'elle jetait.

Ce très-illustre prélat, après avoir rempli dignement toutes les années de son pontificat, mourut en 623, le 1er septembre, dans le village de Brinon, qui lui appartenait par héritage et dont il avait fait cession à son église cathédrale. Il fut enterré, selon son testament, sous la gouttière de l'église abbatiale de Sainte-Colombe. C'était le dernier témoignage qu'il pouvait donner de son humilité et de la dévotion particulière qu'il avait eue pour cette glorieuse martyre de Jésus-Christ. Son corps, après sa mort, exhala une agréable odeur, et il se fit beaucoup de miracles à son tombeau. Une femme aveugle depuis trente ans y recouvra la vue ; une autre femme paralytique y fut guérie ; un prêtre, qui s'était brisé le corps en tombant d'une échelle sur laquelle il travaillait pour l'ornement de l'église, fut rétabli dans une parfaite santé.

On le voit quelquefois qui, de l'autel, étend la main vers le roi, pour lui remettre une pierre précieuse tombée du ciel dans son calice.

CULTE ET RELIQUES.

Saint Loup est invoqué principalement pour la guérison du mal caduc, et pour le soulagement des douleurs d'entrailles que souffrent les enfants. On leur fait baiser à Paris, dans une église qui lui est dédiée, rue Saint-Denis, une petite châsse où repose une partie de ses précieuses reliques. Le roi Henri IV y fit faire une neuvaine solennelle, l'an 1601, pour le Dauphin, qui, depuis, fut Louis XIII, dit le Juste ; et ce prince a fait faire la même dévotion, l'an 1638, pour son fils Louis XIV. Toute la France honore si universellement saint Loup, qu'il y a peu d'endroits où l'on ne voie des marques de sa mémoire. Les principaux monuments de sa gloire sont à Sens, à Orléans, à Paris, et à Saint-Len, en Normandie, où il a fait paraître les plus grandes actions de sa vie. On célèbre tous les ans sa fête à Sens, avec une magnificence extraordinaire.

Lorsque saint Loup sortit de Sens pour aller en exil, il jeta son anneau pastoral dans un fossé, disant qu'il ne reviendrait point que cet anneau n'eût été trouvé. En effet, peu de temps avant son retour, on pêcha, près de Melun, un barbeau dans les entrailles duquel on trouva l'anneau, qui fut transporté dans la cathédrale, où on le voit encore aujourd'hui. Ceux qui ont mal aux yeux se l'y font appliquer et en reçoivent des soulagements considérables et même une entière guérison. Vers l'endroit où l'on pêcha ce barbeau, Louis le Gros fit bâtir la célèbre abbaye du Barbeau, où il choisit sa sépulture. Il n'y a point de martyrologe qui ne parle de saint Loup.

Saint Loup de Sens est patron de la paroisse de Saint-Loup, en Champagne, département des Ardennes, diocèse de Reims, où l'on possédait une relique du Saint enchâssée.

Les Huguenots enlevèrent la châsse où était la sainte relique, mais, arrivés à une petite distance du pays, sur le chemin qui va de Saint-Loup à Blanzy, ils sentirent la châsse devenir si pesante qu'ils furent obligés de la laisser à l'endroit appelé aujourd'hui encore *Fosse de Saint-Loup*, où ils l'enterrèrent.

Les Huguenots partis, la paroisse alla rechercher la châsse, dépositaire de la sainte relique, qui fut reportée dans l'église. La fête, dite de la translation de saint Loup, s'y célèbre tous les ans le dernier dimanche d'avril, de temps immémorial.

Saint Loup est aussi le patron de la paroisse de Saint-Loup des Bois, au doyenné de Cosne, qui possède un ossement assez considérable de ce Saint. L'église de Chappes, au diocèse de Troyes, possède quelques-unes de ses reliques.

Surius ; Vincent de Beauvais ; Pierre de Natalibus ; *Notes* fournies par M. l'abbé Boulet, curé d'Avançon. — Cf. l'*Hagiologie Nivernaise*, par Mgr Crosnier ; les *Saints de Troyes*, par l'abbé Defer ; la *France Pontificale*, par Fisquet.

SAINT GILLES,

ABBÉ DU MONASTÈRE DE SAINT-GILLES, AU DIOCÈSE DE NIMES.

720. — Pape : Saint Grégoire II. — Roi de France : Chilpéric II.

> *Vera humilitas vituperata proficit, laudata periculum incurrit.*
> La véritable humilité progresse au milieu des insultes et elle est en danger au milieu des louanges.
> Jean Trithème.

La gloire et l'honneur suivent d'autant plus la vertu, qu'elle en est plus détachée, et qu'elle fait de plus grands efforts pour les éviter. C'est ce qui va paraître sensiblement au sujet de saint Gilles : l'Eglise dit expressément qu'il ne craignait rien tant que la gloire de son nom ; mais, plus il s'est efforcé de se cacher, plus Dieu l'a fait connaître par la splendeur de ses vertus et par l'éclat de ses miracles.

Il naquit à Athènes vers l'an 640, de parents plus remarquables par leur piété que par le sang royal qui coulait dans leurs veines. Son père se nommait Théodore, et sa mère Pélagie. Ils élevèrent leur fils dans la piété, et Dieu favorisa singulièrement leurs soins, par les grâces et les secours extraordinaires dont il le prévint. Les plus habiles hommes de son siècle furent ses précepteurs, et il surpassa leur attente par les grands progrès qu'il fit dans les lettres humaines. Il leur préféra bientôt l'étude des saintes Lettres, où il puisa l'amour de son Dieu, le mépris des grandeurs de sa maison et le dégoût des plaisirs du monde.

Gilles atteignait sa vingt-quatrième année, lorsqu'il perdit, à peu de distance l'un de l'autre, d'abord son père, et puis sa mère ; vivement affecté de cette double perte, le jeune homme orphelin concentra sa pensée sur le néant des choses terrestres. Tombant à genoux, il invoqua le Consolateur suprême et l'appela à son aide.

C'est le propre des âmes généreuses, d'aller hardiment au but. Et le voilà méditant les moyens d'exécuter son projet difficile. Dieu l'en bénit par des triomphes qui devaient en précipiter la réalisation. Allant un jour à l'église pour y faire ses dévotions, il rencontra un pauvre qui était malade et presque nu, et qui lui demanda l'aumône ; le saint jeune homme lui donna sa robe, qui ne lui servit pas seulement à le couvrir, mais aussi à lui rendre la santé. Sortant une autre fois de l'église, il guérit un homme mordu par un serpent dont la blessure devait être mortelle. Enfin, une troisième fois, étant dans l'église, il chassa le démon du corps d'un possédé, qui troublait le service divin par ses cris et ses hurlements.

Toutes ces merveilles lui firent une si grande réputation dans son propre pays, que, son humilité ne le pouvant souffrir, il vendit promptement tout ce qu'il possédait, en distribua le prix aux indigents et s'embarqua sur un vaisseau qui faisait voile pour l'Occident. Mais Dieu, qui est le maître des éléments, permit qu'une furieuse tempête s'élevât sur les eaux et mît son vaisseau à deux doigts du naufrage ; le Saint fut contraint de prier pour la délivrance de ceux qui étaient avec lui, et aussitôt l'orage fut apaisé. Ainsi la gloire qu'il croyait éviter, en sortant du lieu de sa naissance, le suivit sur mer, et les passagers, qui ne le connaissaient pas, lui rendirent mille actions de grâces et le révérèrent comme une divinité. Il n'en fallut pas davantage pour les priver de sa présence. Il les supplia de le débarquer à la première île : ce qu'ils ne purent lui refuser. Le Saint, ayant pris terre, aperçut sur le sable les vestiges d'un homme ; il les suivit, et, rencontrant une petite grotte, il y vit un vénérable vieillard qui, depuis douze ans, y vivait en solitaire, sans autre aliment que des herbes et des racines. Il se prosterna à ses pieds, lui demanda avec larmes sa bénédiction, et demeura trois jours en jeûne et en oraison avec lui. Le jeune serviteur de Dieu trouvait bien ce séjour conforme au dessein qu'il avait pris de se cacher aux yeux du monde ; mais il le croyait trop proche de son pays pour n'y pas être découvert par sa famille qui le faisait chercher. Il remonta donc sur mer dans un autre vaisseau, et vint aborder à Marseille. Alors mendiant son pain, lui, le descendant des monarques et des sénateurs athéniens, il se dirigea à pied vers Arles, la métropole spirituelle et asile des Gaules, où sa vertu se trahit bientôt, malgré les efforts auxquels il se livrait pour la dissimuler.

Depuis trois ans, une fièvre opiniâtre dévorait un infortuné. Témoin de la dévotion exemplaire de notre bienheureux, il se recommande à ses ferventes oraisons, et recouvre la santé. Aussitôt le thaumaturge inconnu est acclamé. On l'environne avec un respectueux empressement. Dites-nous votre nom, lui demande-t-on de toutes parts avec instance. Devenez notre concitoyen ; vous avez acquis parmi nous votre droit de cité. Epouvanté de ces démonstrations flatteuses, Gilles s'y dérobe précipitamment, traverse le Rhône, et toujours harcelé par les appréhensions de son humilité, il court jusque vers les roches escarpées que baigne le Gardon. La main du Seigneur le conduisit dans une excavation fermée par des broussailles et qu'embaumait déjà la présence d'un vénérable solitaire nommé Vérédème. Vérédème (*Ferodemos*), grec comme lui, et comme lui poussé par de semblables attraits vers un sol étranger. Qu'ils furent doux les premiers épanchements de ces deux hommes, parlant la même langue et fusionnant leurs cœurs embrasés par l'amour divin, dans les mêmes sentiments d'abnégation héroïque.

Là le disciple et le maître rivalisaient d'ardeur et de générosité. Les populations voisines les ayant aperçus, vinrent les visiter d'abord par curiosité, puis par édification. Gilles souffrait de ces visites importunes ; mais il n'osait en instruire son cher conducteur spirituel. Deux années s'étaient écoulées depuis qu'il avait accepté son hospitalité. Tourmenté néanmoins par cette inquiétude intérieure qui ne s'apaise qu'à la possession du repos désiré, il ne put en retenir les mouvements. « Ô bon père », dit-il un jour à Vérédème, « cette foule envahissante qui ne cesse de nous troubler ici, me cause un chagrin continuel. Souvent je me demande si je ne devrais pas m'éloigner pour retrouver le calme dont je ne jouis plus ». — « Mon fils », lui répondit Vérédème, « invoquons ensemble l'Esprit-Saint et n'hésitons pas à suivre ses inspirations salutaires, quelque cruelles qu'elles soient pour notre mutuelle affection ». Convaincus tous deux de la volonté divine, ils se donnèrent le baiser de paix et se séparèrent.

Gilles s'aventura, à travers champs, par des sentiers détournés ; et au déclin d'un jour entier d'une marche précipitée, il parvint à la lisière de la forêt gothique. Hardiment, le lendemain, aux premiers rayons du soleil levant, il y pénétra. Plus il s'enfonçait avec difficulté sous ces épais feuillages, au milieu d'arbres gigantesques et d'âpres taillis, plus il se réjouissait. Jamais personne ne te surprendra ici, se disait-il à lui-même avec joie, qui s'imaginera que ces réduits inaccessibles recèlent un homme vivant ? En se promettant ainsi le charme d'une solitude inviolable, il se trouva tout à coup en face d'une grotte ombragée par quatre énormes chênes [1]. Non loin serpentait un ruisseau qui disparaissait sous un tapis de verdure. Quel refuge enchanteur ! Gilles le choisit pour sa demeure. Il y continua la vie contemplative et pénitente qu'il y menait avec saint Vérédème. Des racines et des herbes sauvages formaient sa nourriture quotidienne, tandis que le courant voisin servait à étancher sa soif. Une biche lui fournissait son lait, et par ses joyeux ébats et ses innocentes caresses le distrayait de ses longues oraisons. Le doux animal excitait aussi sa reconnaissance envers le Seigneur qui sait ménager à ses amis des secours inattendus et extraordinaires.

C'était en l'année 672. Recesvind, roi des Visigoths, en Espagne, auquel appartenait la Septimanie, étant mort sans héritiers, les chefs de la nation appelèrent au trône Vamba, prince aussi religieux que vaillant. Les acclamations les plus vives accueillirent cette élection royale dans toutes les provinces de la vaste monarchie. Le gouverneur seul de la ville de Nîmes, le comte Hildéric, la méprisa et la combattit ouvertement. Vamba, instruit de cette indigne conduite, accourut à la tête d'une armée nombreuse, et força ses ennemis, retranchés derrière les remparts de l'antique Némausus, à capituler et à se rendre à discrétion.

Tandis que le monarque victorieux goûtait les douceurs de la paix si glorieusement conquise, en rétablissant le bienfait d'une sage administration, ses courtisans se livraient au délassement de la chasse. Ils vinrent exploiter la forêt gothique réputée très-giboyeuse. Ils s'étaient avancés dans les fourrés massifs, lorsque la biche du bienheureux solitaire bondit à leur approche. Les chiens se précipitent en aboyant, les hommes les encouragent et les suivent. La bête effrayée va se réfugier auprès de son protecteur. Une flèche siffle et frappe à la main le serviteur de Dieu. Quelle ne fut pas la désolation de ceux qui l'avaient lancée, lorsqu'ils se trouvèrent en présence du blessé dont le sang coulait en abondance. Subjugués par cette physionomie grave et calme, ils tombent à genoux. « Pardonnez-nous », s'écrient-ils, « c'est bien involontairement que nous vous avons atteint. Notre arme était dirigée contre ce timide animal. Si nous avions su qu'il vous appartînt, nous l'aurions certainement épargné ; pardonnez-nous ! » En même temps, ils lui prirent la main ensanglantée, lavèrent la plaie, la pansèrent après l'avoir respectueusement baisée. Le patient anachorète se dressa alors, pâle et amaigri par les austérités, et les exhorta d'un ton persuasif à ne pas abuser des plaisirs même les plus innocents. « Sachez », leur dit-il, « que la vie passe rapidement, comme la trace du nuage ». Si en elle se manifeste l'amour de Jésus-Christ, « alors que ce juge inexorable apparaîtra, la gloire nous environnera de ses splendeurs ». Mortifions-nous toujours, et triomphons de nous-mêmes.

Les guerriers, saisis de vénération, s'éloignèrent à regret, car la nuit se faisait. En rejoignant leur roi, ils lui racontèrent tout ce qui leur était survenu. Vamba, ému de leur récit attendrissant, résolut de contempler une

1. La tradition locale veut que ce soit la baume de saint Gilles, encore si vénérée aujourd'hui, où l'on se rend en procession, lorsque quelque calamité désole le pays, et surtout dans les temps de sécheresse. Les grands chênes contemporains du *grand saint*, comme on appelle habituellement saint Gilles, existent encore, et l'on prétend que la hache n'a jamais pu les entamer. Le ruisseau traditionnel coule entre la ville de Saint-Gilles et le bois de Ribasse.

pareille merveille. Accompagné de l'évêque Arégius, il se rendit vers la grotte du bon ermite. Il lui adressa diverses questions, voulut savoir son nom, sa patrie, les moyens qu'il avait de sustenter sa vie dans un si profond isolement, le temps qu'il y avait passé. Il admira à la fois, la modestie et la sagesse de ses réponses et la douce piété dont ses paroles étaient tout empreintes. Il ne voulut pas que tant de vertus fussent plus longtemps ignorées et perdues pour l'exemple. Il ne fallait pas que cette lumière restât plus longtemps cachée sous le boisseau. C'est alors qu'en présence de l'évêque et de quelques officiers de sa suite, témoins de sa générosité, Flavius Vamba fit don au pieux solitaire de la vallée qui, à partir de cette époque, fut appelée la *Vallée Flavienne*. « Je veux », dit le prince, « que vous bâtissiez un monastère où certainement des disciples nombreux ne tarderont pas à se ranger sous la bannière de Jésus-Christ. Avec eux, vous prierez pour l'Église et pour moi qui suis un grand pécheur ».

Soutenus par des secours pécuniaires, ces désirs se réalisèrent exactement et promptement. L'humble fondateur, auquel Arégius avait conféré la haute dignité du sacerdoce après une longue résistance de sa part, se vit bientôt entouré de religieux fervents. Ils militaient avec lui dans la perfection, sous les murs d'un cloître grandiose adossé à une belle église qu'il consacra aux apôtres saint Pierre et saint Paul. Onze ans après ces événements, la bénédiction du Seigneur s'était étendue ample et abondante sur la maison de son serviteur dévoué. A la tête d'une communauté florissante, dont les membres s'excitaient mutuellement à acquérir les vertus monacales, saint Gilles, leur guide éclairé et leur parfait modèle, s'humiliait sous le fardeau de la charge qu'il exerçait si dignement. Afin de se décharger d'une responsabilité qui l'effrayait, et pour témoigner de son entière soumission au Saint-Siège, il se rendit à Rome, en 685, pour déposer aux pieds de Benoît II un acte authentique de donation de son monastère. Le vicaire de Jésus-Christ accepta, en déclarant exempter à perpétuité, de toute juridiction épiscopale, la propriété religieuse dont il devenait possesseur [1]. Saint Gilles revint comblé de présents spirituels pour ses frères charmés de le revoir.

Quelque temps après, le croissant de Mahomet, victorieux dans toute l'Espagne, franchissait les frontières méridionales de la Gaule, et s'abattait, comme un vautour avide, sur la Septimanie terrifiée. Un frémissement épouvantable agite les peuples impuissants à se défendre contre les hordes sanguinaires exaltées par un fanatisme furibond. Tout est mis à feu et à sang. Les villes sont détruites, les temples saints renversés, les monastères démolis et les châteaux rasés impitoyablement. Prévenu d'en haut de ces effrayants désastres, saint Gilles, suivi de ses religieux, portant les reliques et les vases sacrés, se dirigea vers Orléans, où Charles Martel le couvrit de sa puissante égide. L'exil ne dura pas longtemps. Le duc d'Aquitaine, Eudes, mit en déroute les Sarrasins dont les débris misérables furent poursuivis jusqu'au-delà des Pyrénées. Alors les moines rassurés rentrèrent paisiblement dans la patrie.

L'impression de notre saint abbé, à la vue des ruines amoncelées de son cher monastère, fut douloureuse. « O mon Dieu ! » s'écria-t-il, « accordez-moi le courage de relever ces murs abattus ». L'église, le cloître et leurs dépendances reparurent bientôt avec leurs proportions majestueuses. Alors

---

1. La bulle de Benoît II se trouve aux archives paroissiales de Saint-Gilles. Le pape Jean VIII, dans sa bulle du 21 juillet 878, adressée à Léon, abbé du monastère de Saint-Gilles, affirme avoir trouvé aux archives du Vatican cet acte de donation.

saint Gilles se prit à chanter joyeusement comme le vieillard Siméon : « Maintenant, Seigneur, vous pouvez renvoyer en paix votre serviteur, parce qu'il a vu la résurrection de l'œuvre élevée à votre gloire ». Dans sa pensée, cette œuvre était surtout l'édifice spirituel de la vie religieuse, solidement établi par la régularité la plus édifiante. « Mes bons amis », répétait-il à ses nombreux disciples, « je sens ma vigueur s'éteindre rapidement. Quatre-vingt-trois ans de misères pèsent sur moi d'un poids accablant. Oh ! quand donc serai-je délivré de ce corps de mort ? » L'heure de la délivrance sonna enfin. Saint Gilles fut appelé aux noces éternelles, doucement et sans agonie, le dimanche 1er septembre 720.

La biche est devenue l'attribut distinctif de notre Saint, et elle compose les armoiries de la ville de Saint-Gilles.

CULTE ET RELIQUES. — PÈLERINAGE DE SAINT-GILLES.

Le corps de saint Gilles, enseveli dans une pierre vulgaire, devint bientôt l'objet d'une grande vénération. On le mit en évidence dans un reliquaire artistement travaillé, en laissant dans le sarcophage si simple où il avait été déposé quelques ossements, et le fer, pense-t-on, de la flèche qui avait percé la main du pieux solitaire. Cette translation eut lieu le 15 juin de l'année 925. Les papes Urbain II, en 1095, Adrien IV, en 1159, et Grégoire IX, en 1233, accordèrent de nombreuses indulgences aux pèlerins qui se rendaient en foule de diverses contrées, pour se prosterner auprès des restes de saint Gilles. En 1562, les chanoines de l'église collégiale de Saint-Gilles mirent à couvert les reliques de saint Gilles, qui furent transportées et déposées dans l'église Saint-Sernin de Toulouse. En 1865, on fit à Saint-Gilles la découverte de son tombeau avec les reliques qu'il renfermait. Le 22 octobre 1867, on célébra l'anniversaire de l'invention du tombeau du saint abbé, au milieu d'un concours immense de fidèles accourus pour assister à cette pieuse cérémonie.

L'église de Saint-Gilles donna des reliques de son glorieux patron à un grand nombre d'églises et de cités, telles que : la métropole de Strigonie, Saint-Sauveur d'Anvers, Saint-Gilles de Bruges, Saint-Gilles de Paris, Saint-Gilles de Bamberg, Saint-Gilles-sur-Vic, Saint-Gilles de Noirmoutiers, Saint-Gilles de Vannes, Saint-Gilles de Saint-Omer, Avesne, Tournai, Walcourt, Cambrai, Cologne, Prague, Bologne, Rome enfin dans l'église de Sainte-Agathe. Après avoir ainsi fait part de ses largesses, elle ne possédait plus que quelques parcelles de son corps ; mais Mgr Plantier obtint de Toulouse une relique insigne, dont on fit la translation solennelle dans l'église Saint-Gilles, le 27 juillet 1862.

Après la cité dont saint Gilles fut le fondateur, dix-huit villes s'appellent de son nom, sans compter Saint-Gilles, dans l'île de la Réunion. Mais à Saint-Gilles-Vieux-Marché, à Saint-Gilles-Plisneaux et à Saint-Gilles du Mené, dans la Bretagne, le 1er septembre, fête du saint patron, l'affluence des pèlerins est incalculable. Entre Péronne et Abbeville, en Picardie, où s'élève une belle église gothique à Saint-Gilles, gisent les ruines du monastère du mont Saint-Quentin, qui lui avait aussi dédié une chapelle et un autel. En Angleterre et en Irlande, sa mémoire a été de tout temps en grande vénération, et on y élève en son honneur une multitude d'élégantes et somptueuses églises. En Belgique, son culte est très-répandu.

Dans la forêt des Ardennes, saint Théodore, abbé du monastère de Saint-Hubert, construisit une église sous l'invocation de Saint-Gilles, vers le milieu du XIe siècle. A Brunswich, à Munster, à Bamberg en Bavière, à Semichen en Hongrie, du Xe au XIIIe siècle, surgirent des monuments remarquables, sous l'appellation de Saint-Gilles.

En 1044, Saint-Gilles était désigné comme l'un des trois célèbres pèlerinages du monde chrétien. Dom Mabillon cite une charte de cette époque, dans laquelle il est dit que les pèlerins visiteront Sainte-Marie-Majeure et Saint-Pierre de Rome, ou Saint-Jacques de Compostelle, ou Saint-Gilles. Un siècle plus tard, l'usage reçu sur le but de ces pèlerinages fut légèrement modifié, à cause des hérétiques Albigeois, parce que ce pèlerinage, qui touchait au théâtre où s'agitait le flambeau incendiaire de l'hérésie, eût été trop facile. Pendant cinq cents ans, une longue chaîne de concessions pontificales enlace ce pèlerinage comme une guirlande de roses qui charment le regard et parfument le cœur. En 1326, au mois de septembre, on vit arriver à Saint-Gilles cent pèlerins belges qui exécutaient une clause stipulée dans le traité conclu entre Charles le Bel et les Flamands. Du fond de l'Armorique, de la Grande-Bretagne, de la Germanie, de la Pologne, de la Hongrie, on accourait à flots se prosterner devant son tombeau pour implorer le Bienheureux dont il renfermait la dépouille et rappelait la mémoire. Le pèlerinage ayant cessé durant plusieurs siècles, a repris aujourd'hui son cours. Depuis l'invention de son tombeau, des prêtres, des religieux, des touristes, des archéologues, des caravanes pieuses, des paroisses même, sont allées en pèlerinage à Saint-Gilles.

Saint Gilles est invoqué contre l'incendie, le mal caduc, la folie et la peur.

Nous avons revu et complété cette biographie, avec l'*Histoire de l'Invention du tombeau de saint Gilles*, par M. l'abbé Trichaud, missionnaire apostolique.

SAINT VICTORIUS Ier OU VICTEUR,

ÉVÊQUE DU MANS ET CONFESSEUR (490).

Victorius était disciple de saint Martin de Tours qui lui avait annoncé, dans un esprit prophétique, qu'un jour il serait évêque du Mans, et l'avait instruit de ce qu'il aurait à faire pour la gloire de Dieu. La renommée de ses qualités se répandit en effet jusque chez les Cénomans, et quand l'Eglise du Mans fut devenue veuve de son pasteur, saint Victor Ier (422), le clergé et le peuple demandèrent d'une voix unanime Victorius pour leur évêque. On envoya à Tours des députés pour lui porter la nouvelle de son élection : il céda à leur empressement et reçut la consécration épiscopale des mains de saint Brice, successeur de saint Martin.

Dieu témoigna par des miracles combien cette élection lui était agréable, et l'arrivée du nouvel évêque dans le diocèse qu'il venait gouverner fut signalée par la guérison d'un malade qui le pria de lui rendre la santé. Victorius environnait de toute la magnificence qui était en son pouvoir le culte des Saints ; il avait surtout une grande vénération pour les saints martyrs Gervais et Protais et eut le bonheur d'enrichir de leurs reliques la cité du Mans. L'église cathédrale avait besoin d'être restaurée ; d'ailleurs, elle ne suffisait plus aux besoins de la population devenue chrétienne : le saint évêque entreprit de la réparer ; mais la mort ne lui permit point de voir l'accomplissement de ce désir. Parvenu à une vieillesse plus que nonagénaire, il mourut le 1er septembre 490.

Ses dépouilles mortelles furent ensevelies dans la basilique des Apôtres, au-delà de la Sarthe, auprès de son père saint Victor Ier, et des saints évêques ses prédécesseurs. Saint Grégoire de Tours nous apprend que son tombeau devint bientôt célèbre par les nombreux miracles qui s'y opérèrent, et qui continuaient même de son temps. Quoique l'Eglise du Mans soit privée, depuis plusieurs siècles, des reliques précieuses de son saint évêque, elle ne laissa pas de conserver pour lui une grande dévotion. La paroisse de Rouillon, près du Mans, dans laquelle on croit qu'il est né, l'honore d'un culte particulier ; une confrérie a été établie depuis longtemps en son honneur dans l'église de ce village, qui le regarde comme son second patron.

Tiré de l'*Histoire de l'Eglise du Mans*, par le R. P. Dom Piolin.

LA BIENHEUREUSE JEANNE SODERINI DE FLORENCE, VIERGE,

DU TIERS ORDRE DES SERVITES (1367).

Jeanne Soderini naquit à Florence, en 1301, de parents nobles et fidèles au Seigneur. Dès ses jeunes années, elle montra d'heureuses dispositions pour la piété. Elle aimait beaucoup la sainte Vierge à laquelle pendant toute sa vie elle témoigna une dévotion toute particulière. Sa gouvernante, Félicie Tonia, étant morte avant qu'elle pût se passer de ses soins, elle fut confiée, au grand regret de ses parents, à sainte Julienne Falconieri, qui était alors supérieure d'une communauté de Vierges du Tiers Ordre des Servites, connues en Italie sous le nom de Mantelattes. Jeanne avait déjà choisi Jésus-Christ pour son Epoux, et ce fut avec joie qu'elle entra dans le couvent de sainte Julienne et se revêtit de l'habit religieux. Elle n'avait encore que douze ans.

Jeanne ne tarda pas à faire de si rapides progrès dans les voies de la perfection que sainte Julienne l'offrait comme un modèle à toutes ses religieuses. Non contente d'avoir tout laissé pour Dieu, d'avoir abandonné tous les avantages temporels auxquels elle avait droit, Jeanne Soderini voulut s'attacher à Dieu d'une manière irrévocable, et, prosternée humblement devant l'autel de

Notre-Dame de l'Annonciation, elle fit vœu de chasteté perpétuelle. Convaincue que cette vertu délicate et fragile ne peut se garder intacte qu'à la condition de mortifier continuellement ses sens, elle se livra dès lors assidûment aux jeûnes et aux veilles, et pratiqua de dures et fréquentes austérités. Elle employait le temps dont elle pouvait disposer à l'oraison et à la contemplation. A l'exemple des Saints, elle avait un amour ardent pour l'humilité. On la voyait rechercher avec empressement les offices les plus bas de la maison et les remplir avec joie. Par son caractère doux et enjoué, elle sut gagner l'affection de ses compagnes qu'elle fut appelée à gouverner quelque temps à la satisfaction générale.

Le démon, jaloux, lui livra de terribles assauts. Il tenta, mais inutilement, de lui faire perdre les mérites de ses bonnes œuvres. Appuyée sur le secours du ciel, la Bienheureuse sut résister à tous les assauts et sortir victorieuse de toutes les épreuves. A la suite de ces combats, Dieu la récompensa de sa fidélité en lui accordant le don de prophétie. Les derniers moments de sainte Julienne étant arrivés, Jeanne lui prodigua ses soins et reçut son dernier soupir (1340). La première elle vit l'image du Sauveur imprimée sur la poitrine de la Sainte et fut si touchée de cette merveille, qu'elle en prit occasion de redoubler de bonne volonté, de zèle et de ferveur dans le service de Dieu. Elle vécut encore vingt-six ans et fut pendant ce temps le modèle achevé de toutes les vertus. Enfin, exténuée par ses mortifications, ses veilles et ses prières, elle rendit son âme à Dieu le 1er septembre 1367. Son corps fut déposé à l'église de l'Annonciation de Florence. Il se fit de nombreux miracles à son tombeau, et le peuple conçut pour elle une vénération profonde. Le 1er octobre 1827, Léon XII approuvait le culte de la Bienheureuse.

Cf. *Acta Sanctorum*, et Godescard.

IIᵉ JOUR DE SEPTEMBRE

MARTYROLOGE ROMAIN.

A Albe-Royale, saint ÉTIENNE, roi de Hongrie, qui, orné des vertus chrétiennes, convertit le premier les Hongrois à la foi de Jésus-Christ, et fut reçu dans le ciel par la Vierge Mère de Dieu, le jour même de son Assomption. Sa fête, néanmoins, fut, par l'ordre du pape Innocent XI, fixée à ce jour, auquel les chrétiens reprirent sur les infidèles la forteresse de Bude, par le secours du saint roi. 1038. — A Rome, sainte Maxime, martyre, qui, ayant confessé Jésus-Christ avec saint Ansan, durant la persécution de Dioclétien, fut battue à coups de bâton, et rendit l'esprit dans ce supplice. Vers 304. — A Pamiers, saint ANTONIN, martyr, dont les reliques sont gardées avec un grand respect dans l'église de Palence. IIᵉ s. — De plus, les saints Dioméde, Julien, Philippe, Eutychien, Hésychius, Léonide, Philadelphe, Ménalippe et Pantagape, qui accomplirent leur martyre, les uns par le feu, les autres par l'épée ou sur la croix. — A Nicomédie, les saints martyrs Zénon, et ses enfants, Concorde et Théodore. Vers 303. — Le même jour, les saints frères Évode et Hermogène, et sainte Calliste, leur sœur, martyrs [1]. — A Lyon, la naissance au ciel de saint JUST, évêque et confesseur, homme d'une admirable sainteté et doué de l'esprit prophétique. Ayant quitté son évêché, il se retira dans une solitude d'Égypte avec Viateur, son lecteur ; après y avoir mené pendant quelques années une vie angélique, il y trouva l'heureux terme de ses travaux, et s'envola dans le sein de Dieu, pour recevoir la couronne de justice, le 14 octobre ; dans la suite, son saint corps fut rapporté à Lyon, avec celui de saint Viateur, son ministre. Vers 390. — Dans la même ville, saint Elpide, évêque et confesseur [2]. 422. — Dans la Marche d'Ancône, un autre saint

---

1. Ces trois martyrs sont déjà mentionnés au martyrologe romain du 25 avril, jour où on les honore à Syracuse.
2. Elpide égala en sainteté ses prédécesseurs les saints Pothin (177), Irénée (202), Just (390), Albin ou Alpin (397), Martin (400), et Antiochus (410). On lui donna la sépulture dans l'église des Machabées, où reposaient déjà tant de Saints. Il faut bien se garder, comme l'ont fait certains écrivains, de confondre ce prélat avec saint Elpide Rustique, simple diacre de l'Église de Lyon, poëte et médecin, qui mourut

Elpide, qui a donné son nom à la ville qui se félicite de posséder son corps sacré. vᵉ s. — Au mont Saint-Sylvestre, saint Nonnose, abbé, qui, par sa prière, transporta une pierre d'un poids énorme, et brilla par d'autres miracles. vıᵉ s.

MARTYROLOGE DE FRANCE, REVU ET AUGMENTÉ.

A Auch et à Agen, saint ANTOINE DE LIAROLES, ermite et martyr. 540. — Au même pays, saint Licère ou Lézer, martyr. Il était Espagnol. Lorsque les Normands ravageaient l'Aquitaine, au ıxᵉ siècle, ruinant les églises et mettant à mort les chrétiens, Lézer se sentit brûlé du désir de soutenir la religion attaquée et de combattre l'ennemi. A cet effet, il encourage les habitants de la petite ville de Sos (Lot-et-Garonne, arrondissement de Nérac, canton de Mezin) qui prennent la résolution de vaincre ou de mourir. Dans la lutte, Lézer reçoit un coup de sabre qui lui fend la tête et en fait voler à terre la moitié. Le Martyr ramasse de ses mains cette portion de sa tête, la remet à sa place, à la face des ennemis étonnés, et il part pour Lectoure (Gers), où le combat devait se continuer. Mais, arrivé au Mas d'Avignon (Gers, arrondissement et canton de Lectoure), il tombe épuisé par la fatigue et affaibli par la perte du sang qui coulait de ses blessures. Son tombeau, au Mas, est un lieu de pèlerinage. — A Louvain, ville de Belgique (Brabant), la bienheureuse MARGUERITE, vierge et martyre. 1225. — Au diocèse de Strasbourg, saint Juste ou Justinien, deuxième évêque de ce siège. Ce fut un homme fort savant et très-versé dans les divines Ecritures. ıvᵉ s. — Au même pays, les saints Maximin Iᵉʳ, Valentin et Solaire, troisième, quatrième et cinquième évêques de Strasbourg. — En Auvergne, saint Just, vingt et unième évêque de Clermont et confesseur, dont le corps fut déposé dans l'église de Saint-Allyre de cette ville. vııᵉ s. — A Fréjus et à Avignon, saint AGRIGOL ou ARIGLE, évêque et premier patron de cette dernière ville. 700. — A Paris, fête de l'élévation des reliques de saint Merry dont nous avons donné la vie au 29 août. — Aux diocèses de Rodez et de Carcassonne, saint Antonin de Pamiers, martyr, cité au martyrologe romain de ce jour. — Au diocèse de Cologne, saint Etienne de Hongrie, cité aujourd'hui au même martyrologe. — Au diocèse de Nice, saint Just de Lyon, cité au martyrologe romain de ce jour. — Au diocèse de Reims, saint Nivard ou Nivon, vingt-cinquième archevêque de ce siège et confesseur, cité hier déjà au martyrologe de France. 672. — Dans le Limousin, le vénérable Père Léonard Garreau, de la Compagnie de Jésus, missionnaire dans le Canada. Il était né d'une des plus honorables familles de la ville de Saint-Yrieix-la-Perche, au diocèse de Limoges, et fit ses premières études au collège des Jésuites de cette dernière ville. Ils le reçurent bientôt dans leur Compagnie : Garreau fit son noviciat à Bordeaux et alla ensuite à Rome étudier la théologie. Destiné plus tard aux missions du Canada, il usa sa vie au service des âmes et s'endormit dans le Seigneur, riche en bonnes œuvres. xvııᵉ s. — A Anvers, ville et port de Belgique, anniversaire de la Consécration de l'église des Augustins, en l'honneur de Notre-Dame de Lorette. 1618.

MARTYROLOGES DES ORDRES RELIGIEUX.

Martyrologe de l'Ordre de Saint-Benoît. — Sur le mont Saint-Sylvestre, saint Nonnose, abbé, qui, par la force de ses prières, transporta une pierre d'une grosseur énorme, et brilla par d'autres miracles. vıᵉ s.
Martyrologe de l'Ordre des Camaldules. — De même que chez les Bénédictins.
Martyrologe de la Congrégation de Vallombreuse. — De même que chez les Bénédictins.
Martyrologe de l'Ordre des Cisterciens. — De même que chez les Bénédictins.
Martyrologe de l'Ordre de la bienheureuse Vierge Marie du Mont-Carmel. — Sur le mont Carmel, le bienheureux Brocard, confesseur, de l'Ordre des Carmes, personnage d'une admirable sainteté et d'une grande prudence. — A Albe-Royale, en Pannonie, saint Etienne, roi de Hongrie, qui, orné des vertus chrétiennes, convertit le premier son peuple à la foi de Jésus-Christ, et fut reçu dans le ciel par la sainte Vierge le jour même de son Assomption. Sa fête cependant se célèbre, par l'ordre du pape Innocent XI, en ce jour auquel les chrétiens, aidés de ses prières, reprirent sur les infidèles la forteresse de Bude. Chez nous, sa fête se célèbre le 25 octobre. 1038.
Martyrologe de l'Ordre des Carmes déchaussés. — De même que chez les Carmélites.

ADDITIONS FAITES D'APRÈS LES BOLLANDISTES ET AUTRES HAGIOGRAPHES.

Chez les Grecs, saint Eléazar, frère d'Aaron et grand sacrificateur du peuple juif [1]. 1471 av. J.-C. — Dans la Franconie (un des dix cercles de l'ancien empire d'Allemagne), Notre-Dame

---

vers l'an 535 et est mentionné par les Bollandistes à la date du 5 février. — *France Pontificale*, par Fisquet.

[1]. Ce fut Eléazar qui fit avec Josué et les chefs de chaque tribu le partage de la Terre promise après

d'Helbron, appelée aussi Notre-Dame aux Orties. Cette statue miraculeuse commença à faire des miracles en 1441. — Au pays des Grisons, un des cantons de la Confédération helvétique, le martyre du bienheureux Nicolas Ruska, missionnaire apostolique. Suisse de nation, il alla se préparer à l'état ecclésiastique au séminaire de Milan que saint Charles Borromée venait de fonder. Quand il fut prêtre, l'évêque de Coire l'appela dans son diocèse, et il travailla dans le saint ministère avec tant de zèle et de succès, que peu de temps après il fut nommé archiprêtre. Les protestants du pays des Grisons, en haine de la religion catholique, le firent mourir au milieu des plus atroces supplices. Il avait quatre-vingts ans. 1618. — A Roschild, en Zélande, province du royaume de Hollande, saint Guillaume, évêque de ce siége et confesseur, chapelain du roi Canut III, le Hardi (1043). C'était un prêtre anglais d'une éminente sainteté qui, ayant accompagné le roi Canut dans un des voyages qu'il fit d'Angleterre en Danemark, fut touché de compassion à la vue de l'ignorance dans laquelle les Danois, encore idolâtres, étaient plongés. Il voulut rester dans le pays pour y annoncer l'Évangile et gagna un grand nombre d'âmes à Jésus-Christ. Ses vertus le placèrent sur le siége épiscopal de Roschild où il fut enseveli. 1067. — Au comté de Cornouailles, en Angleterre, saint Maws, moine irlandais, que l'on croit avoir été évêque en Bretagne. — A Nicomédie, aujourd'hui Isnikmid, ville de Bithynie, sur la Propontide, six mille six cent vingt-huit Martyrs, victimes de la persécution de Maximien. — Chez les Grecs, les saints martyrs Aithale, Junius, Philippe, Théodote, victimes de la même persécution. — A Antioche, saint Timothée, martyr. — A Adrianopolis, aujourd'hui Andrinople, ville de la Turquie d'Europe (Roumélie), les saints Aithale et Ammonte, martyrs. — En Sicile, les saints martyrs Euple, Joseph, Félix, Secondule et Jules, cités par les apographes de saint Jérôme. — A Rimini, *(Ariminium)*, ville d'Italie, dans la légation de Forli, les saints martyrs Facondin, Juventin, Pérégrin et Félicité. — A Nicomédie, avec les saints Zénon, Concorde et Théodore, cités au martyrologe romain de ce jour, les saints Paterne, Théodote, soixante-huit soldats, une mère et ses deux fils, Sérapion, cinq cent vingt-deux soldats, Cuscon, Monolappe et Joseph, martyrs sous Julien l'Apostat. — Près de Volterra *(Volaterræ)*, ville forte de Toscane, dans la province de Pise, saint Octavien, ermite et confesseur, dont le chef repose dans l'église cathédrale de cette ville. v° s. — A Venise, ville et port du royaume d'Italie, saint Cosme, grec de nation, qui mena la vie érémitique dans l'île de Crète ou Candie (Méditerranée), et dont le corps fut transporté à Venise. Vers 658.

SAINT ANTONIN DE PAMIERS, MARTYR

IIe siècle.

> Imitez les martyrs : ils ont triomphé des tyrans par leur modération et leur patience ; vous aussi, triomphez de la tyrannie de vos passions par les mêmes armes.
> *Saint Ephrem.*

Une tradition constante et appuyée sur des monuments authentiques a été conservée à Pamiers, dans le Rouergue, et en Espagne (à Palencia ou Palence), relativement à saint Antonin ; et cette tradition affirme que ce Saint appartient à la Gaule Narbonnaise et qu'il a souffert le martyre dans la ville de Frédélas, qui prit plus tard le nom de Pamiers (Ariége).

Les nombreux auteurs qui ont parlé de saint Antonin sont loin d'être d'accord ; plusieurs l'ont confondu avec saint Antonin d'Apamée, en Syrie ; et les Bollandistes eux-mêmes n'ont pas voulu trancher cette question. Mais l'opinion de Baronius doit être seule suivie.

Saint Antonin naquit à Frédélas (ville des lacs froids), dans la seconde moitié du premier siècle. Il était fils du roi de ce pays, ou du moins de race

---

que Josué en eut fait la conquête. Il mourut peu de temps après lui et fut enseveli à Gabaath (ville de la tribu de Benjamin). Plus de quatre cents ans après Jésus-Christ on montrait encore son tombeau, et saint Jérôme nous apprend que sainte Paule l'alla visiter avant de se renfermer à Bethléem. Les Grecs font aussi, à pareil jour, mémoire de Phinées, fils et successeur d'Éléazar dans la grande sacrificature. — Baillet.

royale, et il fut élevé dans les principes de la religion chrétienne qui déjà commençait à faire son apparition dans les Gaules. Après avoir passé quelques années dans la solitude pour s'y exercer à la vertu, il vint à Rome afin d'y vénérer les tombeaux des saints Apôtres et de voir le successeur de Pierre. Saint Clément occupait alors le siége apostolique ; à peine eut-il connu cet étranger qu'il lui accorda une grande affection, et, averti intérieurement que ce jeune homme était un vase d'élection, il lui imposa les mains et l'ordonna prêtre malgré ses résistances. Antonin, revêtu du caractère sacerdotal, commença à prêcher l'Evangile dans quelques villes d'Italie, et sa prédication fut appuyée par des miracles. Il ne tarda pas à revenir dans les Gaules, et nous le trouvons dans le groupe de missionnaires partis de Rome avec saint Denys l'Aréopagite. L'Aquitaine devait être le théâtre de ses travaux ; mais le lieu où son apostolat porta le plus de fruits fut la vallée de Noble-Val, extrême frontière du Rouergue, aujourd'hui Saint-Antonin. Il y convertit le prince Festus, auquel il donna le baptême, et après lui il baptisa une grande multitude de peuple ; sa parole eut tant de succès, qu'il aima toujours Noble-Val d'un amour de prédilection.

Dieu lui donna la vertu des miracles. Un jour que les habitants de ce pays, manquaient d'eau et souffraient les tourments horribles de la soif, il frappa la terre avec son bâton et ouvrit une source qui les désaltéra et dont les eaux conservèrent la propriété de guérir les malades.

Cependant l'apostolat de saint Antonin devait se montrer ailleurs. Le Saint connut par une vision qu'il devait porter plus loin la parole évangélique, et il se sépara de son peuple en lui annonçant prophétiquement qu'il ne reviendrait pas en vie, mais seulement après sa mort. Il quitte aussitôt Noble-Val et vient à Toulouse. Ici la légende offre un grand intérêt, mais les historiens transportent notre Saint à quelques siècles plus tard ; il serait difficile cependant de révoquer en doute les faits suivants qui se rapportent à son apostolat et qui ont été peints au xive siècle dans la chapelle qui porte son nom, aux Jacobins de Toulouse. (Cette chapelle bâtie en 1342, par le dominicain Grenier, évêque de Pamiers, est un véritable poëme en l'honneur du saint martyr.)

Arrivé à Toulouse, Antonin annonce librement la parole de Dieu, mais il est bientôt arrêté et jeté dans une prison, où les anges viennent le visiter ; son apostolat continue même sous les verrous : il convertit et baptise ses geôliers. Plus tard, il est plongé dans une chaudière d'eau bouillante, d'où il sort sans avoir senti de mal. Il continue ses prédications, convertit une multitude de païens et rend la vie à un enfant étouffé dans la foule. Les persécuteurs s'en rendent encore maîtres, et ils le précipitent dans la Garonne, une meule de moulin au cou ; mais la meule surnage et le soutient au-dessus de l'eau ; une chapelle en son honneur fut bâtie plus tard en cet endroit, et le nom du martyr, quoique défiguré, n'a pas encore disparu, (c'est le quai Tounis.)

Mais Toulouse ne devait pas garder longtemps saint Antonin. Il revient bientôt dans la ville de Frédélas, où il était né, et il annonce à ses compatriotes la vérité du saint Evangile. Aussitôt les prêtres des idoles entrent en fureur contre lui ; ils se saisissent de sa personne et le traînent jusqu'aux rives de l'Ariége. Là, un soldat lève son épée sur lui et coupe le martyr en deux à partir de l'épaule, de telle sorte que la tête et le bras droit tombent d'un côté, et le corps et le bras gauche tombent de l'autre ; enfin, ses restes sont jetés au milieu du fleuve. Les fidèles ne tardèrent pas à recueillir son corps pour le garder honorablement. Les eaux, dit la légende, se retirèrent devant eux et leur laissèrent la place pour passer dans le lit du fleuve. Ce martyre eut lieu probablement sous le règne de l'empereur Antonin le Pieux (138-161).

Des anges et des aigles, tels sont les attributs assez communs de saint Antonin : nous dirons tout à l'heure pourquoi. On le représente aussi faisant jaillir une source avec son bâton. Quelques images le peignent avec une massue ou des bâtons : il paraît plus probable cependant, comme nous l'avons écrit, que le saint martyr périt par le glaive.

CULTE ET RELIQUES.

Le tombeau de saint Antonin devint bientôt célèbre; mais toutes les reliques ne restèrent pas à Pamiers.

Les anges mirent à part la tête et le bras gauche; une nacelle se présenta d'elle-même pour les recevoir et deux aigles aussi blancs que la neige vinrent la pousser de leurs ailes. La barque descendit l'Ariége, entra dans la Garonne, passa à Toulouse et vint à l'embouchure du Tarn. Ici elle remonta le courant du Tarn, celui de l'Aveyron et arriva enfin à Noble-Val, où la population reçut avec enthousiasme les reliques de son apôtre. Festus prend ce précieux dépôt et le place dans sa maison, qui devient une église en l'honneur du Saint. La mémoire de cette translation miraculeuse se retrouve dans une foule de monuments, à Pamiers, à Toulouse et à Saint-Antonin.

L'épaule et le bras droit du martyr furent portés à Palencia, en Espagne, on ne sait trop à quelle époque; le reste du corps demeura à Pamiers. Au XVI° siècle, les protestants brûlèrent les reliques de Pamiers et de Saint-Antonin; dans cette dernière ville le feu brûla celui qui les avait poussées du pied dans le bûcher, sur la place qui a retenu le nom de *Place du feu*. Palencia a conservé celles qu'elle possède depuis de longs siècles.

Le 1er octobre 1872, Mgr Legain, évêque de Montauban, assisté de Mgr Bourret, évêque de Rodez, a consacré à Saint-Antonin une nouvelle église bâtie en l'honneur du saint Patron de la ville, sur l'emplacement même de l'ancienne. Le soir du même jour, une relique, venue de Palencia, fut portée solennellement dans une procession immense de toute la ville. Un magnifique pavillon avait été dressé sur la Place du feu; la relique portée par des prêtres s'arrêta là, et le clergé, en réparation de l'injure commise il y a trois siècles, chanta l'antienne et l'oraison du Saint.

Nous devons cette notice à l'obligeance du R. P. Carles, missionnaire du Calvaire, à Toulouse. — Cf. *Saint Antonin, martyr à Pamiers*, par M. l'abbé Vatsslère. Montauban, 1872.

SAINT JUST, ARCHEVÊQUE DE LYON

390. — Pape : Saint Sirice. — Empereur d'Occident : Valentinien II.

> *Professio hæc est fidei christianæ, ut qui vivit, jam non sibi vivat, sed ei qui pro omnibus mortuus est.*
> C'est une profession de la foi chrétienne, que celui qui vit ne vive pas pour lui-même, mais pour celui qui est mort pour tous.
> *Saint Bernard.*

Saint Just eut pour père un gouverneur du pays des Allobroges, province appelée depuis Vivarais, et qui confine au Dauphiné. Lorsqu'il eut atteint l'âge de raison, ses parents, lui voulant procurer une éducation toute chrétienne, le mirent sous la conduite de saint Paschase, archevêque de Vienne, que l'on regardait comme un des plus grands prélats de son siècle. Ce sage précepteur jeta avec plaisir les premières semences de la vertu dans une si bonne terre, et il eut la consolation de les voir fructifier avec abondance. Just fit à son école de si grands progrès dans la piété et dans l'étude des saintes Lettres, que Claude, le successeur de ce bienheureux prélat, l'attacha à son Eglise en lui conférant la dignité de diacre. Peu de temps après, son mérite lui attirant de plus en plus l'estime et l'admiration de tout le monde, il fut placé, après la mort de Vérissime, vers 350, sur le siége épiscopal de Lyon, malgré toutes les oppositions qu'il y put apporter. Chacun applaudit à cette élection, et il ne trompa point l'attente des gens de bien. Il gouverna son peuple avec tant de piété, de modestie et de douceur, qu'on le regardait comme un ange descendu du ciel. Son zèle le rendit la terreur des démons et des impies. Sa miséricorde le fit nommer le Père des pauvres, et personne n'était privé de ses soins, parce que sa charité était universelle. Nous trouvons dans l'*Histoire ecclésiastique* qu'il assista à deux Conciles : premièrement, au Concile de Valence en l'année 374; secondement, à celui d'Aquilée, en l'année 381. Celui-ci fut tenu pour fermer la bouche aux impostures des Ariens. Deux évêques de ce parti, Pallade et Secondien, appuyés du crédit de Justine, femme de Valentinien l'Ancien, demandaient un Concile général, pour revoir ce qui avait déjà été tant de fois arrêté et défini. Saint Ambroise s'y opposa, et consentit seulement à l'assemblée d'un Concile provincial. Néanmoins, Gratien laissa à d'autres évêques la liberté d'y assister. Ceux des Gaules y furent mandés ; mais, ne voulant pas quitter leurs siéges, il se contentèrent d'y envoyer un député. Saint Just fut choisi pour un emploi de cette importance. Il se rendit à Aquilée et fut un des trente-deux évêques qui composèrent ce Concile. Saint Ambroise en fit l'ouverture et notre Saint l'aida merveilleusement à confondre ces deux évêques hérétiques. Ce saint Docteur, s'étant adressé à lui en ces termes : « Qu'est-ce que dit aussi monseigneur saint Just ? » il déclara, au nom de tous les évêques des Gaules, dont il était légat, que celui qui ne confessait pas le Fils de Dieu coéternel à son Père, devait être anathème. Ensuite il opina pour faire destituer Pallade de l'épiscopat et du sacerdoce, comme un blasphémateur qui suivait les erreurs impies d'Arius : ce qui fut suivi des autres évêques. Il sortit ensuite de cette assemblée avec la gloire d'avoir soutenu généreusement les intérêts du Fils de Dieu et de s'être dignement acquitté de l'emploi que nos évêques lui avaient donné.

Mais lorsqu'on devait espérer qu'il répandrait avec plus de plénitude les influences de sa doctrine et de son zèle sur toutes les Gaules, un accident imprévu lui fit concevoir le dessein de se retirer et d'aller passer le reste de ses jours dans la solitude. Un homme furieux massacra, dans un accès de frénésie, plusieurs personnes dans les rues de Lyon; on voulut se saisir de sa personne; mais le bon sens lui revenant quelques moments après, il eut assez d'adresse pour se sauver dans l'église et s'y enfermer. La révérence du lieu arrêta quelque temps le peuple et l'empêcha de passer outre; mais la sédition s'étant augmentée, on en vint jusqu'à menacer notre saint évêque, qui soutenait l'immunité de cet asile, de briser ou de brûler les portes, s'il ne le faisait sortir. Il leur représenta, avec sa douceur et son zèle ordinaires, le grand crime qu'ils commettraient en violant la sainteté du temple de Dieu. Un magistrat arriva sur ces entrefaites, et, croyant apaiser le tumulte par son adresse, il s'adressa à l'évêque, le pria de lui livrer cet homme pour le conduire en prison, et lui donna sa parole que, dès que le trouble serait apaisé et la populace dispersée, il le lui ramènerait pour en faire lui-même justice comme il le jugerait convenable : ce qu'il lui jura devant les saints autels. L'homme de Dieu ajouta foi à son serment et lui livra ce malheureux ; mais à peine fut-il sorti de l'église, que le peuple l'arracha des mains de ce magistrat, le traîna par les rues, et le fit mourir d'une manière très-cruelle. Ce coup perça vivement le cœur de saint Just : il ne voulut point écouter les excuses de sa bonne foi et de sa bonne intention ; il ne se regarda plus que comme l'homicide de son ouaille, et, sans accuser le magistrat ni condamner le peuple, il se déclara lui-même indigne de l'épiscopat. Aussi ne songea-t-il plus qu'à la retraite. Il alla à Tournon, lieu de sa naissance, où il fut visité par ses plus grands amis, qui s'efforcèrent de le retenir et de le détourner de son dessein ; mais ce fut inutilement ; sa résolution était prise, et il ne fut pas possible de la lui faire changer. Quelque soin que l'on prît pour l'empêcher de fuir, il s'échappa la nuit avec un jeune lecteur de son Eglise, nommé Viateur. Il prit le chemin d'Arles, puis celui de Marseille, où il s'embarqua pour l'Egypte. Le voyage se fit heureusement, et les matelots furent exempts de toutes sortes de dangers, par le mérite et les prières du serviteur de Dieu.

A peine eut-il pris terre, qu'il se retira dans les déserts, en la compagnie des saints anachorètes qui peuplaient alors ces solitudes. Il ne leur déclara point son nom ni sa dignité, et s'estima trop heureux d'être admis au nombre de leurs moindres novices, avec son lecteur qui était son intime ami. Il vécut là plusieurs années, dans une profonde humilité, une parfaite obéissance et un grand mépris de lui-même. Mais Dieu, qui relève les humbles d'autant plus qu'ils s'abaissent, permit qu'un pèlerin lyonnais se fît religieux dans le monastère où était notre Saint. Il le reconnut et se prosterna à ses pieds, le priant de lui donner sa bénédiction. Tous les frères, étonnés de cette action, lui en demandèrent le sujet. Il leur dit qu'il reconnaissait son pasteur, le grand Just, évêque de Lyon. Ce fut là un coup bien sensible à l'humilité du saint prélat : il eut plus de confusion de voir sa vertu trahie, que ces saints religieux n'en eurent de ne l'avoir pas connu et de l'avoir traité comme un homme du commun. Ils s'excusèrent auprès de lui du peu de respect qu'ils lui avaient porté, n'ayant pas le bonheur de le connaître ; mais il les conjura de ne le pas chasser de leur compagnie, qui lui était aussi agréable que celle des anges. Il continua d'y vivre dans les exercices de simple religieux et dans la même perfection qu'auparavant, se contentant de prier sans cesse pour ses ouailles, qui étaient toujours présentes à son esprit. Quelques années se passèrent depuis cet incident, jusqu'à ce que Dieu toucha le cœur du bienheureux Antiochus, prêtre de l'Eglise de Lyon, et depuis un des successeurs de saint Just, du désir de le voir. Il s'embarqua pour ce sujet, et notre Saint en ayant eu révélation, annonça cette nouvelle à saint Viateur, son cher disciple, jusqu'à lui marquer distinctement tous les lieux par où il passait. Lorsque ce saint prêtre fut arrivé, il baigna de ses larmes le visage de son évêque. « Soyez le bienvenu », lui dit le prélat : « la fin de ma vie approche, et Dieu vous a envoyé pour me rendre les devoirs de la sépulture ». Antiochus fut très-affligé de cette prophétie ; Viateur le fut encore davantage. Il en témoigna sa douleur à son maître, mais il le consola par une autre prédiction : « Ne vous affligez pas, mon fils », lui dit-il, « de me voir partir de ce monde ; vous me suivrez bientôt au bonheur d'une vie qui ne finira jamais ». En effet, saint Just expira le 2 septembre 390, et son disciple le suivit un mois après.

Comme il quitta son siége épiscopal afin de se retirer dans la solitude, on lui met parfois le bourdon à la main, pour exprimer son espèce de fuite.

CULTE ET RELIQUES.

Les Lyonnais, ayant appris la mort de leur saint pasteur, envoyèrent quelques-uns d'entre eux en Egypte pour aller chercher son corps et le rapporter à Lyon où on l'inhuma dans l'église des Machabées ; là s'éleva depuis une collégiale sous le nom de Saint-Just, qui, dès le ve siècle, était déjà fort célèbre. Le tombeau de ce grand évêque de Lyon devint l'objet de la vénération des peuples. On s'y rendait de toutes parts chaque année pour sa fête, et saint Sidoine Apollinaire, qui y avait assisté, raconte qu'on marchait en procession avant le jour, et qu'il y avait une si grande affluence de peuple, hommes, femmes, enfants et vieillards, que, quelque vastes que fussent l'église et ses portiques, ils ne pouvaient la contenir. Un nombre infini de cierges étaient allumés, et à l'office des vigiles, c'est-à-dire de Matines, les psaumes étaient chantés alternativement à deux chœurs par les moines, les clercs et les fidèles. A l'issue de cet office, on se retirait jusqu'à l'heure de Tierce, à laquelle on se rassemblait pour la messe ; car, selon l'ancienne discipline de l'Eglise, on devait célébrer la messe à la troisième heure du jour, c'est-à-dire à neuf heures du matin. Au XVIe siècle, l'église fut dévastée par les Huguenots, et les reliques profanées.

Il est nommé en ce jour dans le martyrologe romain, ainsi que dans ceux de Bède, d'Adon et d'Usuard. Il était autrefois honoré en Angleterre, et il y a encore un village de son nom dans la province de Cornouaille. L'Eglise de Lyon célébrait aussi autrefois quatre fêtes en l'honneur de saint Just : 1° son ordination ou son sacre le 14 juillet ; 2° sa mort le 2 septembre ; 3° la translation de ses reliques d'Egypte à Lyon le 14 octobre ; 4° enfin le jour de la dédicace de l'église qui porte son nom le 5 août.

Acta Sanctorum ; Histoire littéraire de la France, par Dom Rivet ; Godescard ; De Sainte-Marthe et le P. Le Cointe.

SAINT AGRICOL, ÉVÊQUE D'AVIGNON

700. — Pape : Sergius Ier. — Roi de France : Childebert III.

> Un pasteur qui aime Dieu nourrit son troupeau par sa parole, son exemple et ses biens : par sa parole en le consolant, par son exemple en le fréquentant, par ses biens en subvenant à ses besoins.
> *Saint Bonaventure.*

Saint Agricol naquit à Avignon vers l'an 630, sous le pontificat du pape Honorius Ier et le règne de Dagobert Ier, roi des Francs. Il eut pour père saint Magne, que la tradition fait descendre des Albins, ces illustres Romains que la beauté du climat attira dans nos pays, et que la Provence compta parmi ses gouverneurs. Magne remplit lui-même, avec la plus grande distinction, les premières charges du sénat qui existait à cette époque dans cette ville. Mais sa piété ajoutait encore à l'éclat de ses fonctions et de sa naissance, puisque, devenu veuf, il fut appelé à s'asseoir sur le siège épiscopal d'Avignon, et que, aussitôt après sa mort, il fut mis au rang des Saints. Quant à sa mère, qui nous apparaît dans l'histoire sous le triple nom de Gandaltrude, Augustadiale ou Austaliale, elle était d'origine gauloise ; et, à en juger par l'union qu'elle contracta, elle devait être également d'antique race. Ces deux époux tenaient le premier rang dans toute la contrée, où la bonne odeur de leurs vertus leur avait acquis l'estime et la considération de tous.

Saint Agricol, né de parents aussi recommandables, devait être appelé à de hautes destinées. L'éducation qu'il reçut répondit à l'illustration de sa naissance, et plus encore à la piété de ceux qui la lui donnèrent. Les auteurs de ses jours savaient que le premier et le plus essentiel de leurs devoirs était d'élever chrétiennement leur famille ; aussi s'appliquèrent-ils, avec un soin tout particulier, à imprimer de bonne heure dans le cœur de leur fils la crainte et l'amour de Dieu, à lui apprendre les vérités de notre sainte religion, à lui faire goûter les maximes du christianisme, à l'exercer, autant que son âge pouvait le permettre, à la pratique des conseils évangéliques. Ils ne confièrent à personne cette délicate mission, persuadés que l'élévation de leur position ne pouvait les dispenser d'une obligation de conscience : à leurs yeux, d'ailleurs, une éducation chrétienne était le plus précieux héritage qu'on pût transmettre à des enfants.

Dieu bénit leur tendresse et leur sollicitude. Ils eurent la consolation de voir bientôt se développer dans le jeune Agricol les germes de sainteté et le penchant pour le bien qu'ils avaient fait naître en lui, ou qu'ils avaient du moins fortifiés par leurs leçons et leurs exemples. Ils sentirent, avec la plus douce satisfaction, les bénédictions du ciel se répandre sur lui en abondance, et ils prévirent dès lors quels seraient en lui les merveilleux effets de ces grâces choisies, dont le Seigneur ne manque jamais de prévenir ceux qu'il destine à de grandes choses et qu'il fait naître pour le salut des autres. En effet, les précieuses semences de piété jetées dès le berceau dans un cœur si bien disposé, n'attendirent pas, pour produire leur fruit, le temps ordinaire de la maturité. L'on vit avec étonnement Agricol, encore en bas âge, pratiquer des vertus qui sont d'ordinaire le partage de l'homme fait. Plein de respect pour ses parents, honorant Dieu dans leur personne, il montrait une déférence entière à leurs avis, une obéissance aveugle à leurs ordres. On ne remarquait rien dans ses actions qui tînt de la légèreté de l'enfance ; il se distinguait au contraire par la modestie et par la régularité de sa conduite. La crainte du Seigneur semblait régler toutes ses démarches ; il se refusait aux jeux innocents et aux amusements frivoles dont les enfants sont naturellement si jaloux ; les pratiques de la religion faisaient ses plus chères délices, et son ardeur réservait tous ses élans pour les œuvres de piété. Son assiduité à l'église ne l'empêchait point cependant de s'adonner à l'étude ; elle servait au contraire de stimulant à son amour pour le travail. Dieu aidant, il acquit ainsi dans les sciences humaines des connaissances qui, loin de l'enorgueillir, le rendirent plus soigneux à remplir les devoirs qu'elles lui découvraient.

Le Seigneur, qui le conduisait par la main, pour ainsi dire, et qui voulait être le seul directeur de son âme innocente, lui donna de bonne heure le goût de la solitude, afin de lui parler dans le secret du cœur. En effet, le bienheureux enfant atteignait à peine sa quatorzième année que, cédant à l'impulsion de l'Esprit-Saint, il s'arrachait courageusement à la tendresse de ses proches, à l'affection de ses amis, et se retirait à l'abbaye de Lérins, située dans l'île de *Planasia*, sur les côtes de Provence, presque en face de Cannes et dans les environs d'Antibes. Il y trouva des maîtres consommés dans la vie spirituelle ; et, sous leurs yeux, façonné par leurs mains, il fut en peu de temps à même de marcher à pas de géant dans les voies de la perfection.

Il est bien difficile de se faire distinguer parmi les personnes qui ont atteint elles-mêmes l'apogée de la sainteté ; il faut avoir pour cela un mérite extraordinaire. Ce fut pourtant au milieu de ces anges de la terre, « dont la conversation était toute dans les cieux », que la vertu du jeune Agricol brilla d'un vif éclat. On admirait sa pureté, sa modestie, sa charité, et surtout sa fidélité à la règle dans les plus petites de ses prescriptions. On avait peine à comprendre comment si jeune il se fût rendu maître des mouvements de son cœur, au point d'en effacer jusqu'au souvenir des années qu'il avait passées dans le monde ; et l'on regardait comme un véritable prodige qu'il pût, avant l'âge déterminé par l'Eglise, et malgré la délicatesse de sa complexion, faire non-seulement les abstinences auxquelles tous les chrétiens sont tenus, mais celles encore que saint Benoît prescrit à ses disciples.

Il entrait alors à peine dans son adolescence, et déjà le parfum de ses vertus embaumait tout le monastère et l'île tout entière. Tous les regards se portaient sur lui ; son nom était dans toutes les bouches, et il avait ravi tous les cœurs. Lui seul était mécontent de lui-même ; il se condamnait en secret ; il s'humiliait devant Dieu ; et l'opinion avantageuse que ses supérieurs et ses frères avaient de sa personne, il la considérait comme l'effet d'une charité excessive, ou comme les industries d'un zèle adroit qui ne le louait que pour l'encourager à devenir meilleur. Il passa de la sorte plusieurs années à cette école sainte, s'y exerçant à la pratique des vertus chrétiennes, et s'appliquant en même temps avec une égale ardeur à l'étude de la théologie et des saintes Ecritures. Quelque attrait qu'il eût pour la pénitence et pour la prière, il n'eut garde de dérober à l'étude un seul des instants que lui consacrait la règle. Mais il ne s'y livrait pas avec cette avidité inquiète qu'inspire l'envie démesurée de savoir ou la vanité de passer pour savant. Il avait appris de ses maîtres que lorsqu'on étudie dans des vues pareilles, on ne saurait recueillir de ses travaux que de l'enflure dans le cœur et de la dissipation dans l'esprit. Il avait au reste compris lui-même que celui qui aspire au sacerdoce, quelque vertu qu'il puisse avoir, doit posséder aussi le trésor de la science, afin de régir en toute sûreté les peuples qui seront confiés à sa sollicitude. Aussi le désir de s'instruire ne lui dessécha-t-il point le cœur ; et il montra par son exemple que la piété ne perd rien à l'étude, lorsque l'étude est faite en vue de Dieu.

Les progrès surprenants qu'il faisait depuis seize ans dans la science et la vertu déterminèrent le Père abbé du monastère, à le faire entrer dans les ordres sacrés. Assurément Agricol se sentait appelé comme Aaron à cet honneur sublime ; mais à la vue de ses redoutables fonctions, il ne pouvait se défendre d'une sainte terreur. Il fallut que l'obéissance parlât bien haut pour qu'il se décidât à se présenter devant l'évêque, afin de recevoir de ses mains l'onction sacerdotale.

Il y avait peu de temps qu'il avait été fait prêtre, quand saint Magne, qui depuis deux ans était évêque d'Avignon, le rappela auprès de lui. Agricol aurait bien souhaité jouir jusqu'à la fin de sa vie des douceurs inestimables de la vie religieuse et des consolations inénarrables de la solitude ; mais, à la voix de son pasteur et de son père, il n'hésita pas à faire le sacrifice de ses inclinations et de ses goûts ; et il s'en revint à sa ville natale, semblable à l'astre du jour, qui le matin, selon l'expression du Psalmiste, se lève des hauteurs des cieux, pareil à un géant, pour fournir sa carrière. A peine était-il arrivé au milieu de ses concitoyens, qu'on le vit, dévoré du zèle de la maison du Seigneur, s'appliquer sans relâche aux fonctions du saint ministère qui lui furent départies. Il les remplit avec tant de sagesse que son père, cédant aux vœux de la population tout entière, se l'adjoignit en qualité d'archidiacre dans l'administration de son église. C'est alors que notre Saint parut véritablement l'œil de l'évêque, ainsi que s'expriment les saints canons.

Dispensateur des divins mystères, il n'avait rien tant à cœur que d'en faire part aux fidèles ; et il employait toute son activité pour les disposer à s'en approcher dignement. Chargé du soin des veuves et des vierges, qui, selon saint Cyprien, sont la plus noble portion de l'Eglise, il sut pourvoir à tous leurs besoins et les maintenir dans la piété ; ministère périlleux qui ne demandait rien moins qu'une vertu aussi éprouvée que la sienne ; comme il était accoutumé à veiller sur lui-même, il se montra supérieur à toutes les faiblesses auxquelles l'exposaient sa jeunesse et la fréquentation nécessaire d'un sexe toujours dangereux, même par ses vertus. Administrateur des biens temporels de l'Eglise, dont une partie doit être consacrée au soulagement des pauvres, il n'eut garde de manquer à cette mission de charité. Ministre de la sainte parole de l'Evangile, il fut toujours prêt à l'annoncer, lorsque les infirmités ou les grandes occupations de saint Magne laissaient le champ libre à son zèle. C'est ainsi qu'Agricol, en s'acquittant avec tant de fidélité des importantes fonctions d'archidiacre, montrait qu'il possédait aussi les qualités d'un excellent évêque. Il amenait par là, sans le vouloir, tous les esprits à le désirer pour pasteur, et à le choisir enfin, lorsqu'il en serait temps, pour succéder à son père.

Saint Magne, alors déjà affaibli par l'âge et par les travaux de son épiscopat, était sur le point d'entreprendre un long voyage dans l'intérêt de la religion, et il voulait prévenir les troubles auxquels son Eglise aurait pu être exposée, si la mort l'eût surpris pendant qu'il en était éloigné. A l'exemple de saint Augustin, il songea à s'assurer un successeur : pour en faire le choix, il consulta, dans une assemblée générale, le clergé et les notables de la cité. La délibération ne fut pas longue ; tous les suffrages furent pour Agricol, car tous les vœux l'appelaient depuis longtemps à remplacer son père. Il fut donc désigné, à l'unanimité des voix, pour le coadjuteur de saint Magne et pour future succession. Le bienheureux vieillard voulut le consacrer lui-même de ses propres mains dans son église cathédrale. C'était en l'année 660 : notre Saint n'avait guère que trente ans.

Ce fut une grande consolation pour saint Magne que de confier son troupeau à un autre lui-même, de laisser son Eglise à son fils et de donner à cette épouse chérie, pour laquelle il avait tant travaillé, un pasteur dont le zèle égalait le sien, qui avait le même attachement pour elle, qui suivrait en tout ses maximes, et dans lequel on retrouverait toute la sagesse et toute la douceur de son gouvernement paternel. Ces dispositions faites, il partit pour Châlon-sur-Saône. Il assista et souscrivit, avec plusieurs de ses comprovinciaux, au concile qui s'y tint. De retour à Avignon, Magne vécut encore environ dix ans, ne pensant plus qu'aux choses de l'autre vie. Enfin, le 18 août 670, il mourut, laissant à son Eglise les biens et les revenus qui lui restaient de son patrimoine, et à son peuple le précieux héritage de ses vertus, de ses exemples et de ses saintes reliques.

Agricol, se voyant seul chargé du diocèse, se livra avec un zèle infatigable à la conduite de son troupeau. Il se fit tout à tous pour gagner tout le monde à Jésus-Christ. Il était véritablement le père de son peuple, et surtout le père des pauvres ; il employait à leur soulagement la plus grande partie des revenus de son Eglise. Mais encore plus attentif aux besoins des âmes, il distribuait régulièrement aux jours marqués le pain de la sainte parole ; et il prêcha toujours, disent ses vieux historiens, avec une force, une simplicité et une onction vraiment apostoliques. Il s'occupa du rétablissement de la discipline ecclésiastique dans son clergé, et il eut le bonheur de réussir. Mais il s'attacha principalement à conserver parmi ses ouailles le dépôt sacré de la foi, à empêcher l'ivraie d'y croître avec le bon grain, à combattre, à extirper les erreurs que l'homme ennemi s'efforçait d'y glisser avec les vérités de la religion. Il s'appliqua aussi sans relâche à déraciner les vices du milieu de son peuple, à corriger les mœurs et à éloigner les scandales.

Tous ces efforts ne furent pas stériles. Le nombre des fidèles s'accrut considérablement, et la ferveur régna dans Avignon. Il semblait qu'il y avait entre les habitants une sainte émulation pour le bien; les sacrements étaient fréquentés; il ne se faisait point de prières, point d'instructions publiques auxquelles tout le peuple ne voulût assister; en sorte que l'église cathédrale, le seul temple qui fût alors debout, se trouva trop petite pour contenir la foule. Agricol résolut de remédier à cet inconvénient. Sa libéralité féconda son zèle : il fit bâtir une autre église à ses dépens. Ce fut sa propre maison, celle où il était né, qu'il voulut consacrer à un si saint usage [1]. Ce nouveau sanctuaire demandait de nouveaux ministres, et il fallait fournir à leur entretien. Agricol, dont le zèle était aussi libéral qu'éclairé, trouva facilement le moyen de pourvoir à ces deux objets. Sa sagesse lui fit d'abord choisir les ministres dont il avait besoin pour le desservir, parmi les solitaires de l'abbaye de Lérins. Il fit donc venir des religieux de ce monastère, et mit un abbé à leur tête; il leur accorda des priviléges en grand nombre, et dans sa générosité, il ne craignit pas d'affecter une partie de son patrimoine à leur entretien annuel. Bel exemple pour les riches qui, en sacrifiant le superflu des revenus que leur a départis la Providence, pourraient aisément créer des établissements utiles à la religion ou avantageux pour les pauvres !

Les moines de Lérins, attachés à la nouvelle abbaye, s'acquittèrent des fonctions du saint ministère avec tant d'édification, que le saint Evêque en appela d'autres, pour remplir dans sa cathédrale les places que le malheur des temps et le petit nombre des clercs avaient rendues vacantes. La régularité et la ferveur que leur présence fit naître dans les rangs du clergé de la cathédrale n'eurent pas une courte durée: pendant plusieurs siècles, elles furent un sujet d'édification pour la cité. Mais par suite de l'instabilité des choses humaines, cette ferveur finit par se ralentir, et la régularité s'affaiblit au point que les chanoines ne voulurent plus vivre en commun, comme avaient fait jusque-là leurs prédécesseurs, suivant l'usage adopté dans l'Eglise à cette époque.

Fort du zèle qui l'embrasait, assuré de l'affection de ses ouailles, saint Agricol, tout en travaillant sans relâche à établir le règne de Dieu dans les cœurs, s'occupait activement ainsi de donner à la maison du Seigneur l'éclat et la majesté qui lui conviennent. Suivant l'opinion généralement admise, notre bienheureux Pontife construisit encore quatre églises dans l'intérieur de la ville: deux s'élevèrent aux abords du théâtre romain, Saint-Pierre (alors appelée Saint-Pierre et Saint-Paul), et Saint-Symphorien; une autre, Saint-Didier, fut bâtie sur les ruines d'un vieux temple païen dans le voisinage des Arènes, et la quatrième, Saint-Geniès, sur les bords de la voie publique qui traversait la cité, allant d'un côté à Bellinto, et de l'autre à Cypressetta. Il les confia aussi aux moines de Lérins. Il semble qu'en fixant ainsi à Avignon un si grand nombre de ses anciens frères,

---

1. La tradition veut que l'ancienne chapelle du Saint-Esprit qui porte aujourd'hui son nom, la première en entrant à droite, dans l'église qui lui est dédiée, soit bâtie sur l'emplacement de sa maison paternelle.

saint Agricol ait eu connaissance de l'avenir et qu'il ait voulu sauver tous ceux qu'il pouvait des troubles qui éclatèrent à Lérins quelques années plus tard, et à la suite desquels le saint abbé Aygulphe ou Ayou fut massacré avec trente-deux religieux, dans l'île d'Amatis, entre la Corse et la Sardaigne.

Il fonda encore dans la banlieue une abbaye de femmes; il les soumit à la Règle de Saint-Benoît et leur donna pour abbesse sainte Victoire, dont le nom seul est parvenu jusqu'à nous. Ce couvent n'existe plus : la Durance, dans un de ses débordements si fréquents et si terribles, en a emporté jusqu'aux moindres vestiges. C'est vers l'an 690 que saint Agricol fit ses fondations pieuses. Six ans auparavant, il avait assisté Pétrone, évêque de Vaison, à l'inauguration du monastère que ce prélat venait de fonder dans le territoire de Malaucène, près de la source du Groseau, en l'honneur de saint Victor et de saint Pierre [1]. Sept évêques du voisinage accompagnèrent notre Saint à cette cérémonie.

Les actes anciens de l'Eglise d'Avignon rapportent qu'à cette époque, il s'abattit sur la ville un vol considérable de cigognes. Ces oiseaux, qui se nourrissent habituellement de reptiles, déposèrent sur les toits des maisons une telle quantité de serpents morts que l'air fut bientôt infecté des plus méphitiques miasmes, et qu'une épidémie ne tarda pas à se déclarer dans la ville. Touché du triste état de ses ouailles, le saint Evêque se mit en prière, et en vertu du signe de la croix, il éloigna aussitôt les cigognes qui s'enfuirent, pour ne plus reparaître, emportant les serpents, cause de tout le mal ; aussi, lorsqu'il s'agit de donner des armoiries à son Eglise, la cigogne fut-elle choisie, aux ailes éployées ou un serpent au bec, pour figurer sur son écusson. L'Eglise d'Avignon doit encore à saint Agricol l'usage de chanter l'office divin alternativement et à deux chœurs. Cette coutume, au dire de tous les historiens ecclésiastiques, avait pris naissance à Antioche ; le pape saint Damase l'établit ensuite à Rome, et saint Patient à Lyon ; mais ce ne fut que bien après qu'elle eut été établie à Avignon que le roi Pépin l'introduisit en France.

Après avoir pourvu à ces fondations, Agricol, sentant sa fin approcher, comprit qu'il devait employer les années de vie, qui pouvaient lui rester encore, à se préparer à bien mourir. Il avait sans cesse devant les yeux cette sentence de Notre-Seigneur, qui dit à tous, mais surtout à ceux qui sont chargés de la conduite des autres : « Heureux le serviteur que le maître en arrivant trouvera éveillé ». Dans cette pensée qui l'occupait constamment, il s'appliqua avec un renouvellement de zèle et de ferveur à la pratique des bonnes œuvres et à l'exercice des fonctions de son ministère pastoral. Il veillait sans cesse sur lui-même et sur son peuple ; ses prières devinrent plus longues et plus fréquentes, et ses austérités redoublèrent.

Tant de vertus pratiquées depuis un si grand nombre d'années, tant de travaux entrepris pour le bien de la religion devaient sans doute lui inspirer une grande confiance à la fin de ses jours, et lui faire envisager d'un œil tranquille et joyeux la mort qui allait lui ouvrir le ciel. Il était cependant pénétré d'une religieuse frayeur à la pensée des jugements de Dieu : son humilité profonde lui faisait fermer les yeux sur ses bonnes œuvres et ne lui montrait que ses imperfections. C'est pour cela qu'il implora les prières de son clergé et de son peuple, et qu'il recommanda à l'abbé du monastère

---

1. Le monastère du Groseau, situé près d'une véritable fontaine de Vaucluse en miniature, est surtout connu par le séjour qu'y fit, au XIVe siècle, le pape Clément V.

qu'il avait fondé de ne jamais l'oublier, surtout dans la célébration des saints mystères. Mais il ne borna pas là les saintes industries que son humilité lui inspirait pour obtenir plus tôt la vision de son Dieu et la possession de la gloire éternelle : il fonda encore dans sa cathédrale une messe solennelle qui devait être célébrée à perpétuité pour le repos de son âme, laissant ainsi à ses ouailles un témoignage de sa foi touchant la vertu du sacrifice auguste de l'autel.

En s'occupant ainsi de sa dernière heure, il ne pouvait évidemment être surpris par la mort ; et, comme il arrive ordinairement aux âmes justes, sa confiance filiale envers Dieu prenant enfin le dessus, loin de craindre le trépas, il finit au contraire par le désirer. Parce qu'il savait qu'il servait un Maître plein de bonté, il se rassura sur sa miséricorde, et souhaita ardemment, comme l'apôtre saint Paul, la dissolution de son corps, pour être plus tôt avec Jésus-Christ. Plus ce moment fortuné pour lui approchait, plus il l'entrevoyait avec joie ; mais avant de mourir il voulut, à l'exemple de son bienheureux père, se faire désigner un successeur. Un solitaire du voisinage, appelé Vérédème, qui était venu du fond de la Grèce se retirer dans ces contrées pour y vivre plus librement de la vie érémitique, lui parut l'homme que la Providence destinait à le remplacer dans le gouvernement de son Église ; et c'est sur lui qu'il fit tomber tous les suffrages, en lui donnant le sien, dans l'assemblée du clergé et du peuple qu'il convoqua pour délibérer à ce sujet, suivant la coutume de ce temps-là.

Après avoir pourvu de la sorte à la sûreté de son troupeau, il légua tous ses biens à son église et à la très-sainte Vierge à qui elle est dédiée, faisant ainsi connaître la dévotion particulière dont il avait toujours honoré l'auguste Mère de Dieu. Il affranchit tous ses esclaves et les récompensa libéralement, en particulier celui qu'il avait chargé du soin de ses affaires temporelles.

Quelques jours avant sa mort, il exhorta pour la dernière fois ses ouailles à la pratique des vertus chrétiennes et à la fuite du péché ; il leur fit voir les dangers du monde, la vanité de ses plaisirs ; il insista surtout sur la félicité éternelle dont jouissent les Saints. Enfin, chargé de mérites et de bonnes œuvres, il expira doucement entre les bras de Dieu, en qui il avait placé toutes ses espérances. Sa mort arriva le 2 septembre de l'année 700 ; il était dans la soixante-treizième de son âge et la quarantième de son épiscopat. Toute la Provence fut consternée à la nouvelle de cette mort. La ville d'Avignon fut dans la désolation : elle pleurait son enfant, son pasteur et son père. Aussi, le jour de ses funérailles, y eut-il un concours extraordinaire de peuple à la suite des restes du vénéré prélat : les différents corps de la cité accompagnèrent ce précieux dépôt jusqu'à l'église cathédrale.

On le représente souvent ayant à ses côtés une grue mangeant des serpents et des couleuvres : c'est pour rappeler que le Saint délivra les habitants d'Avignon d'une peste engendrée par ces reptiles morts qu'avait apportés une bande de cigognes.

CULTE ET RELIQUES.

Saint Agricol fut inhumé, comme il l'avait désiré, dans la chapelle de Saint-Pierre, dite depuis du Saint-Rosaire, et à présent de Saint-Joseph, à l'endroit où il y avait, avant la Révolution, une grille de fer. On ne peut dire combien le Seigneur opéra de miracles sur cette tombe sacrée. Les habitants d'Avignon s'aperçurent de suite qu'ils avaient dans le ciel un protecteur puissant. Plusieurs chapelles furent, en peu de temps, érigées en l'honneur du saint Evêque. On lui en dédia une, entre autres, à Clary, dans les environs de Roquemaure : on la voit encore aujourd'hui ; autrefois, tous les samedis de l'année, le peuple des alentours y accourait en foule ; on y amenait toutes sortes de malades, des possédés même, pour obtenir leur guérison par l'intercession du Saint. Saint Agricol est encore honoré à Savoillans, jadis au diocèse de Gap ; il y est vénéré comme le Patron de l'église paroissiale, et il y a donné des marques non équivoques de son crédit auprès de Dieu. Il était encore le titulaire de la chapelle de Loubières *(de Lupariis)*, dans une île du Rhône, entre Beaucaire et Tarascon : Urbain II fait mention de ce patronage dans sa Bulle de l'an 1096. datée d'Avignon et adressée aux chanoines de la cathédrale dont il spécifie les biens.

En 1321, le pape Jean XXII, qui séjournait alors à Avignon, fit rebâtir, sur de plus vastes proportions, l'église qui était placée sous son vocable ; il y fonda un chapitre de douze chanoines qu'il dota avec munificence, et il y transféra ses précieuses reliques ainsi que celles de son père qui jusque-là avaient reposé dans l'église cathédrale. Les saints corps furent placés dans une caisse de bois doré, sous le maître-autel du nouveau sanctuaire. Il fit mettre le chef sacré de saint Agricol dans un buste d'argent, afin qu'on pût l'exposer à la vénération des fidèles et le porter solennellement en procession.

En 1393, les Avignonais jugèrent que son chef sacré n'était pas assez décemment renfermé dans un buste d'argent ; ils en firent faire un autre plus magnifique tout rehaussé d'or et de pierres précieuses, et pesant cent trente-sept marcs et six onces. Douze cardinaux, plusieurs prélats et un grand nombre d'habitants de toutes les conditions se firent un honneur de contribuer à la confection de ce riche joyau que depuis lors, jusqu'à la Révolution française, on ne cessa d'exposer sur l'autel du Saint et de porter aux processions les plus solennelles. Vers le milieu du siècle suivant, en 1458, on fit avec la plus grande pompe la reconnaissance canonique de l'état où se trouvait le corps de saint Agricol.

En 1495, on érigea à Avignon une Confrérie pieuse en l'honneur de saint Agricol ; elle prit, vers 1523, une nouvelle vie en admettant dans ses rangs les premiers magistrats du pays et l'élite de la noblesse avignonaise. Cent ans après environ, elle reçut une faveur insigne : en 1618, le pape Paul V lui accorda à perpétuité des indulgences nombreuses ; ce qui maintint pendant quelques années encore la ferveur dans son sein. Mais, par suite de l'affaiblissement, si général à cette époque, du sentiment religieux, cette pieuse association finit par disparaître, et, au milieu du dernier siècle, il en restait à peine le souvenir. En 1539, Mgr le vice-légat Charles Contamissa, évêque *in partibus* du Caire, sépara les reliques de saint Agricol d'avec celles de saint Magne, et, les ayant enfermées chacune dans une caisse de plomb, il les plaça de nouveau sous le maître-autel de l'église de notre Saint. En 1612, le maître-autel ayant été déplacé, à cause de l'agrandissement de l'abside, les reliques subirent une nouvelle translation. En 1625, Mgr l'archevêque Marius Filonardi permit de changer la châsse de saint Agricol et de la déposer dans une caisse de bois garnie de plomb doré à l'intérieur et de brocard à l'extérieur ; il présida lui-même la cérémonie qui fut magnifique, ainsi que la procession générale qui se fit à cette occasion.

En 1628, le Rhône sortit de son lit et fut sur le point de pénétrer dans la ville. Dans cette extrémité, les regards des Avignonais se tournèrent de suite vers leur céleste protecteur, et, en quelques heures, le fleuve eut repris son cours accoutumé. En reconnaissance de ce bienfait et pour en perpétuer la mémoire, la piété publique éleva en face même de la porte du Rhône, en aval du pont Saint-Bénézet, comme pour commander aux flots, une statue de saint Agricol. Un accident imprévu détermina, en 1660, la chute de ce monument qui ne tarda pas à être relevé. Il en fut de même, un siècle après, en 1763.

En 1647, saint Agricol fut choisi pour premier patron de la ville d'Avignon, et ce fut à dater de cette époque que sa fête fut chômée dans la ville à l'égal de Noël et de Pâques. Cette fête restant circonscrite aux murailles de la ville, la Sacrée Congrégation des Rites, sur la demande du Conseil, l'étendit à la banlieue, ainsi qu'il conste de l'ordonnance de Mgr de Manzi, en date du 7 août 1764.

En 1793, l'église de Saint-Agricol fut fermée comme toutes les autres ; et, après avoir servi quelque temps d'atelier à des forgerons, elle devint un magasin général de poudres et de salpêtres. Ce ne fut qu'en 1795 qu'elle fut, sur les instances de quelques hommes de foi, rendue par la municipalité à la religion catholique. En 1801, elle reprit son rang de première paroisse du diocèse, auquel elle unit, jusqu'en 1836, celui de cathédrale, l'antique basilique métropolitaine de Notre-Dame des Doms n'ayant pu être entièrement restaurée qu'à cette époque.

Quant aux reliques de saint Agricol, elles furent sauvées de la profanation par les mains d'un curé assermenté, appelé Pignatelli, qui les fit cacher avec celles de saint Magne au fond d'un tombeau voisin du chœur. Elles furent retrouvées en 1810, et, en 1826, Mgr de Mons les rendit à la vénération publique. Elles furent alors replacées sous le maître-autel où elles sont encore aujourd'hui. Malgré les événements qui se sont succédé depuis le commencement de ce siècle, la dévotion des Avignonais envers leur saint Patron n'a subi aucune altération, et elle est sortie de la tourmente révolutionnaire pure comme à son premier jour. La solennité publique, au lieu de se faire le 2 septembre, se célèbre le dimanche suivant avec non moins de pompe qu'autrefois. L'office propre du Saint, que Mgr de Gontery avait fait composer en 1741, a été, en 1856, approuvé par le Saint-Siège et imposé non-seulement à la ville et à son territoire, mais encore au diocèse entier. Et chaque fois que la population sent la main de Dieu s'appesantir sur elle, elle recourt avec confiance à son céleste protecteur, et elle ne manque jamais de sentir promptement les salutaires effets de son puissant crédit au céleste séjour.

Tiré de la *Vie de saint Agricol*, par M. Augustin Cauron. — Cf. *Acta Sanctorum*.

SAINT ÉTIENNE,

PREMIER ROI ET APOTRE DES HONGROIS

1038. — Pape : Benoît IX. — Roi de France : Henri Ier.

> *Noli aviditate imperandi ponere tibi ante oculos provincias latissimas, qua tua regna diffundas; terram quam portas, rege.*
> Dans votre ambition de commander, ne jetez pas les yeux sur d'immenses provinces pour les fondre dans votre empire ; gouvernez la terre que vous portez.
> *Saint Augustin.*

La Hongrie, appelée autrefois Pannonie, à cause de l'abondance des blés et de toutes sortes d'autres biens qui y naissent, a pris son nom des Huns, qui la conquirent sur les Romains et s'y établirent. Geysa, le quatrième duc des Huns, ou Hongrois, conçut une grande estime pour notre sainte religion, par les conversations qu'il en eut avec quelques prisonniers chrétiens. Des missionnaires qui vinrent dans le pays firent fructifier ces premières impressions et le convainquirent de la divinité de cette même religion, dont les maximes lui paraissaient si belles et si raisonnables. Il résolut donc de l'embrasser. L'éclat que devait faire cette démarche, la férocité d'un peuple attaché à ses anciennes superstitions, ne purent ralentir son zèle pour la vérité. Il reçut le baptême avec Sarloth, sa femme, et plusieurs des principaux seigneurs de sa cour.

La princesse Sarloth fut si frappée des mystères et des grandes vérités du christianisme, qu'elle tendit à la perfection avec une ferveur digne des Saints. Quelque temps après, elle devint enceinte. Pendant sa grossesse, elle eut une vision dans laquelle saint Etienne lui assura que l'enfant qu'elle portait dans son sein achèverait l'œuvre qu'elle et son mari avaient commencée, et qu'il exterminerait le paganisme du milieu de son peuple.

Cet enfant naquit en 977, à Gran ou Strigonium, qui était alors la métropole du pays. Il reçut au baptême le nom d'Etienne, à cause de la vision qu'avait eue sa mère. Les historiens d'Allemagne et le Père Stilting prétendent que ce sacrement lui fut administré par saint Adalbert, évêque de Prague, qui prêcha quelque temps l'Evangile aux Hongrois. On lui donna pour gouverneur le pieux Théodat, comte d'Italie, qui, de concert avec saint Adalbert, lui inspira de bonne heure de vifs sentiments de religion.

Etienne sut prononcer le nom admirable du Sauveur avant de savoir demander du pain, ni saluer son père et sa mère. On vit en lui, dès l'enfance, de si belles inclinations pour la piété, qu'on ne douta point qu'il n'accomplît fidèlement ce que le ciel avait promis et prédit. Il fit les plus rapides progrès dans ses études. On le voyait presque toujours aux côtés de saint Adalbert, et ce fut dans les exemples et les leçons d'un si sage prélat qu'il acquit une grande sainteté. Il ne pouvait souffrir les mœurs barbares et inhumaines que les Hongrois, venus des Scythes, avaient conservées jusqu'alors. Il les en reprenait souvent avec véhémence, et, les assemblant par troupes autour de lui, il leur représentait, au contraire, la beauté, l'innocence et la pureté de la loi de l'Evangile. L'oraison et la contemplation des vérités divines étaient le plus doux entretien de son âme ; il s'y appliquait le plus qu'il pouvait, et, lorsque le secours des pauvres et des autres malheureux, pour lesquels il avait une bienveillance particulière, l'occupait au dehors, il ne laissait pas d'avoir Dieu devant les yeux et de converser amoureusement avec lui. Quand il eut passé quinze ans, son père se déchargea sur lui d'une partie des affaires de son Etat, et, voyant que Dieu l'avait doué d'une prudence singulière, il déférait beaucoup à ses avis et ne faisait rien sans l'avoir appelé à son conseil. Il lui confia même le commandement général de ses armées.

Geysa étant mort en 997, Etienne lui succéda. Son premier soin fut de conclure une paix durable avec tous les peuples voisins. Il s'appliqua ensuite avec le plus grand zèle à établir solidement le christianisme dans ses Etats, mais un nombre considérable de Hongrois, opiniâtrément attachés à leurs superstitions, prirent les armes contre leur souverain. Quand ils se sentirent en forces, ils assiégèrent la ville de Vesprin. Etienne, plein de confiance en Dieu, se prépara à la guerre par le jeûne, l'aumône et la prière ; il sollicita aussi le secours du ciel par l'intercession de saint Martin et de saint Georges. Il livra bataille aux rebelles, et quoiqu'il leur fût inférieur en nombre, il remporta sur eux une victoire complète et tua leur chef. Pour signaler sa reconnaissance, il fit bâtir près du lieu où s'était donné le combat un monastère sous l'invocation de saint Martin, lequel fut depuis connu sous le nom de *Montagne sainte*. Il dota richement ce monastère, auquel il donna d'ailleurs la troisième partie des dépouilles enlevées aux ennemis. Il relève immédiatement du Saint-Siége et porte en Hongrie le titre d'*archi-abbaye*. Etienne, se voyant en liberté, reprit son premier dessein de procurer la gloire de Dieu par toutes sortes de moyens. Il fit venir des prêtres et des religieux recommandables par leur piété ; et ces saints missionnaires, en répandant de proche en proche la connaissance de Jésus-Christ, civilisèrent le peuple encore plongé dans la barbarie, fondèrent des monastères et bâtirent des églises. Quelques-uns d'entre eux obtinrent la couronne du martyre.

Le prince zélé fonda dix évêchés et l'archevêché de Gran ou de Strigonium. Après quoi, il envoya à Rome Astricus ou Anastase, nouvellement élu pour remplir le siége de Coloctz ; il priait le pape Sylvestre II de recevoir la Hongrie nouvellement convertie au nombre des Etats chrétiens et catholiques, de lui donner sa bénédiction apostolique, d'approuver l'érection des évêchés, de confirmer les évêques nommés, et, en même temps, d'agréer qu'il prît la qualité de roi et qu'il en portât les marques, afin de donner plus de poids et d'autorité à tout ce qu'il réglerait pour l'honneur de Dieu et pour la propagation de la foi et de la religion chrétienne.

Miceslas, duc de Pologne, qui, en épousant la fille de Boleslas, duc de Bohême, avait embrassé le christianisme en 965, avait aussi envoyé demander au Pape le titre de roi ; le Pape avait fait préparer une riche couronne qu'il devait mettre le lendemain entre les mains du chef de son ambassade. Mais, la nuit suivante, un messager céleste l'avertit en songe que cette couronne ne devait pas être pour le Polonais, mais pour Etienne, prince de

Hongrie, dont les députés se présenteraient le matin devant lui, parce que ses insignes vertus et son ardeur pour l'établissement de l'Evangile lui faisaient mériter cette préférence. En effet, Anastase eut audience le matin même. Le souverain Pontife, apprenant ce qu'Etienne faisait pour le christianisme, confirma ce qu'il avait fait, et lui donna un plein pouvoir apostolique, pour fonder des églises et ériger des évêchés et des archevêchés, et pour y nommer les personnes qu'il jugeait dignes de les remplir ; il lui permit de faire porter la croix devant lui comme un apôtre et lui envoya, avec une croix précieuse, la couronne royale dont nous avons parlé. Lorsque Etienne apprit le retour de son ambassadeur, il alla au-devant de lui, et s'étant-fait lire les bulles du Pape, il les écouta debout par respect. Il se fit sacrer, l'an 1000, par l'évêque qui lui avait apporté de Rome la couronne royale, et soumit son royaume à l'Eglise romaine.

Il fit de très-saintes lois pour abolir les coutumes barbares des Scythes et des Hongrois, et il en publia de très-sévères contre le meurtre, l'adultère, le vol, le blasphème et plusieurs autres crimes. Il pourvut à la protection des veuves, des pupilles et des orphelins, et à la subsistance des pauvres familles ; il défendit aux chrétiens de s'allier par le mariage aux infidèles, et obligea tous ceux qui n'étaient ni religieux, ni ecclésiastiques, à se marier, pour déraciner à la fois l'incontinence et l'idolâtrie. Peu de temps après son sacre, il épousa Gisèle, sœur de l'empereur saint Henri, princesse digne de cet honneur. Il la fit sacrer et couronner reine, et depuis elle coopéra avec lui à l'augmentation du culte de Dieu et à la propagation de la religion catholique. Etienne ne cessa point de fonder des églises dans tous les endroits de sa domination, et Gisèle en fit surtout bâtir une très-magnifique à Vesprin, à laquelle elle donna des ornements fort précieux avec de grands revenus pour entretenir des chanoines.

Ce sage monarque, non-seulement avait soumis son royaume et son diadème au Saint-Siége, mais il les avait encore mis sous la protection spéciale de la sainte Vierge, Reine du ciel et de la terre, à laquelle il portait une singulière dévotion : il fit bâtir, sous son invocation, une belle église dans la ville d'Albe, que l'on a surnommée la Royale, parce qu'il y faisait sa résidence ordinaire. Il étendit aussi sa piété hors de ses Etats et jusque dans Rome, dans Constantinople et dans Jérusalem ; il fonda à Rome une église collégiale pour douze chanoines, et un hôpital pour les pèlerins de Hongrie. Il fit bâtir à Constantinople un temple, qu'il fournit de tout ce qui était nécessaire pour y entretenir le service divin ; et il fit construire à Jérusalem un monastère, auquel il affecta des revenus suffisants pour la subsistance d'une communauté de religieux. Cette libéralité envers les églises ne l'empêchait pas d'en exercer une très-grande envers les pauvres ; il ne les aimait pas moins que s'il eût vu Jésus-Christ en leur personne : aucun ne se retirait mécontent de sa présence. Il choisissait souvent la nuit pour exercer ces œuvres de charité, prenant plaisir à laver en secret les pieds des pèlerins et à cacher ses aumônes dans le sein des affligés et des mendiants. Un jour, ayant pris une bourse pleine d'argent, il s'en alla en habit déguisé, et sans nulle marque de sa dignité royale, pour en faire la distribution aux pauvres. Les premiers qu'il rencontra ne le reconnaissant point, et voulant tout avoir pour eux, se jetèrent sur lui, le renversèrent par terre, lui firent plusieurs outrages, jusqu'à lui tirer les cheveux et lui arracher la barbe, et lui prirent enfin sa bourse et tout son argent. Le saint Roi ne s'en émut point ; au contraire, se réjouissant d'avoir enduré quelque chose pour Jésus-Christ, il s'adressa à la sainte Vierge et lui dit : « Vous voyez, Reine du ciel et de la terre, mon aimable Princesse, comment vos soldats ont traité celui que vous avez fait roi : si cette injure m'avait été faite par un ennemi, je ne la souffrirais pas, et, étant assuré de votre secours, j'entreprendrais d'en tirer vengeance ; mais puisqu'elle m'a été faite par ceux que votre Fils appelle les siens, je les en remercie, et je ne puis avoir que de l'indulgence et de la tendresse pour eux. Je sais que le divin Sauveur a dit que nul cheveu de notre tête ne périra ; ainsi je m'attends, pour cet affront, à recevoir de ses mains la couronne de la vie éternelle ». Après cet accident, il prit la résolution de ne jamais refuser la charité à aucun pauvre ; et, de fait, il fit de si grandes distributions à toutes sortes de nécessiteux, qu'on ne comprenait pas comment tous les revenus de son domaine y pouvaient suffire. Notre-Seigneur, pour favoriser les inclinations de sa charité, lui donna la grâce de guérir les malades. De plus, il lui accorda aussi le don de prophétie, de sorte qu'il connaissait les choses à venir, comme si elles se fussent passées devant ses yeux. On raconte qu'une nuit il fit partir en diligence un courrier, pour avertir les paysans des frontières de se retirer au plus tôt dans les villes, parce que les barbares allaient faire une irruption dans le pays : ce qui arriva effectivement, mais sans beaucoup de dégâts, parce que les habitants de la campagne s'étaient déjà enfuis avec ce qu'ils avaient de plus précieux.

L'empereur saint Henri, beau-frère et intime ami de notre saint monarque, étant décédé, Conrad, qui lui succéda, envoya une puissante armée en Hongrie, pour lui faire la guerre et s'emparer de ses Etats. Notre saint Roi mit aussitôt des troupes sur pied, pour s'opposer à cet ennemi ; mais, parce qu'il savait que les plus grands ennemis n'ont que de la faiblesse, s'ils ne sont soutenus par la force invincible du bras de Dieu, il s'adressa à la sainte Vierge, pour obtenir ce secours par son intercession : « Voulez-vous », lui dit-il, « glorieuse Vierge Marie, que cette partie de votre héritage soit en proie à ceux qui nous haïssent, et que cette nouvelle plante du Christianisme soit étouffée dans sa naissance ? Si cela est, que votre sainte volonté soit faite : mais agréez que ma défiance et ma lâcheté n'en soient pas les causes. Me voilà prêt à combattre ; donnez-moi la prudence et le courage qui me sont nécessaires pour m'acquitter dignement de ce devoir ; et si j'ai mérité quelque châtiment, trouvez bon que je l'endure tout seul, et ne perdez pas ce peuple innocent avec son prince coupable ». Après cette prière, il se mit généreusement à la tête de ses troupes ; mais, dès le lendemain, un courrier arriva de la part de l'empereur à ses capitaines, pour faire retourner ses gens ; de sorte que notre Saint demeura victorieux sans combattre et délivré de la fureur de ses ennemis, sans que, de part ni d'autre, il y eût de sang répandu. Conrad, qui n'avait point effectivement contremandé son armée, fut bien étonné de la voir revenir sans avoir rien fait ; mais, quand il sut de ses officiers qu'ils n'étaient revenus que par un ordre venu de sa part, il vit bien que Dieu s'était mêlé de cette affaire et que le courrier avait été envoyé par un plus grand Maître que lui, qui prenait saint Etienne sous sa protection.

La coutume de ce saint Roi était de donner le jour au gouvernement de son royaume, de rendre la justice à son peuple, et de consacrer les nuits à la prière, à la contemplation des vérités divines, à la pénitence et aux larmes. Son esprit était alors tellement transporté en Dieu, que son corps même le suivait quelquefois : un jour qu'il priait dans sa tente, il fut enlevé avec elle en l'air par les anges, jusqu'à ce que son oraison fût achevée. Sa réputation devint si grande, que ses voisins n'osèrent plus l'attaquer ; les

Barbares mêmes, qui étaient aux environs, lui portaient un singulier respect. On venait de loin en Hongrie, pour avoir le bonheur de le voir, comme la reine de Saba vint à Jérusalem pour être témoin de la sagesse incomparable du roi Salomon.

Il fallait, pour consommer la vertu de ce sage monarque, qu'elle fût éprouvée et purifiée par des peines et des afflictions. Il en eut de très-grandes, qui eussent jeté tout autre dans le chagrin et l'impatience. Il fut tourmenté d'une maladie aiguë qui dura trois ans. Ensuite, la mort lui enleva ses enfants : il ne lui restait plus que son aîné, Emeric, qui commençait à porter une partie du poids du gouvernement ; il était le soutien, la consolation de son père. Etienne le vit mourir sans postérité. Ce coup terrible jeta tout le royaume dans la consternation, mais ne put ébranler la constance de notre saint roi. Il se soumit aux ordres de la volonté divine, il en adora la conduite, lui rendit même grâce de la faveur qu'elle avait faite à son fils de l'appeler dans son royaume, à un âge où l'abondance des prospérités de la terre n'avait encore pu ternir son innocence. Il augmenta ses charités envers les églises, les monastères et les pauvres, pour soulager l'âme de ce cher fils, dont la sainteté éclata par des miracles, et pour en obtenir de Dieu un digne successeur [1].

Quelque temps après, il retomba lui-même malade d'une fièvre lente qui le mina tellement, qu'il ne pouvait plus se soutenir. Quatre palatins en profitèrent pour attenter à sa vie. Ils étaient irrités de l'exactitude avec laquelle il faisait observer la justice, sans acception de personnes. Un d'entre eux entra pendant la nuit dans sa chambre, cachant son épée nue sous son manteau, pour exécuter son malheureux dessein. Mais Dieu, qui veille à la garde des rois, permit qu'il laissât tomber son épée ; le Saint l'entendit, il était d'ailleurs instruit par révélation : il demanda ce que c'était ; le parricide, tremblant, se jeta à ses pieds, et lui demanda pardon. Etienne lui accorda sa grâce ; mais ses complices furent exécutés comme le bien de l'Etat l'exigeait.

Enfin, l'an 1038, selon Baronius, le jour de l'Assomption de la sainte Vierge, que les Hongrois, par le commandement de ce bienheureux prince, appellent la fête de la *Grande-Dame*, après avoir reçu dévotement les sacrements de l'Extrême-Onction et de l'Eucharistie, et exhorté les évêques, les ecclésiastiques et les seigneurs du royaume à y maintenir la religion catholique et à lui donner un digne successeur, il rendit paisiblement son âme entre les mains de Notre-Seigneur, pour recevoir la récompense due à sa piété et aux travaux de son apostolat.

On représente saint Etienne de Hongrie : 1° avec un drapeau qui porte l'image de la très-sainte Vierge, afin de rappeler qu'il avait mis son royaume sous la protection de la Mère de Dieu ; 2° avec une église sur la main : non content de faire rentrer la nation magyare dans le giron de l'Eglise, ce qui lui valut du Saint-Siége le titre de roi apostolique, il fonda deux archevêchés et dix chaires épiscopales sans compter les nombreuses églises qui s'élevèrent par ses soins ; 3° avec une épée à la main, pour indiquer les fréquentes occasions qu'il eut de tirer le glaive pour l'honneur de Dieu ; 4° en groupe, avec saint Gérard, évêque de Czanad, dont il fut le coopérateur pour la conversion des Magyars.

---

1. Emeric fut canonisé par Benoît IX ; on l'honore le 4 novembre.

CULTE ET RELIQUES.

Les grands miracles qui se firent au tombeau de saint Etienne furent des marques certaines de sa béatitude. On y entendait aussi quelquefois une mélodie céleste et on y sentait un parfum agréable, qui faisait voir que son corps était destiné à être un jour glorieux dans le ciel. Son corps, ayant été levé de terre, fut renfermé dans une châsse et déposé dans une chapelle de l'église Notre-Dame, à Bude, quarante-cinq ans après sa mort, le 20 août. Cela ne se fit pas sans un grand nombre de nouveaux miracles : comme une foule de malades accouraient de toutes parts, pour participer à la bénédiction de cette translation, ceux qui ne purent pas arriver assez à temps, et qui étaient alors en chemin, ne laissèrent pas de recouvrer la santé. On trouva ses ossements sacrés nageant dans une liqueur comme du baume, qui exhalait un parfum plus doux que tous ceux de la terre. On tâcha de l'épuiser avec des linges dont on prétendait se servir pour le soulagement des malades ; mais plus on la vidait, plus le tombeau se remplissait d'une semblable liqueur, ce qui obligea d'y remettre celle qu'on en avait tirée, et alors, par un miracle surprenant, le cercueil, qui était plein, reçut toute la liqueur précédente sans dégorger ni paraître plus plein qu'il n'était auparavant. Parmi les personnes considérables qui reçurent alors la guérison par les mérites de saint Etienne, une des plus renommées fut la comtesse Mathilde, qu'une maladie de quinze ans avait réduite aux dernières extrémités. Ses gens la menèrent près du Saint, et elle y trouva le soulagement à son mal, qu'une infinité de remèdes n'avaient pu lui procurer. On fut fort surpris, à l'ouverture du mausolée, de n'y trouver ni la main du saint Roi, ni l'anneau qu'on lui avait mis au doigt. Mais elle avait été enlevée invisiblement, encore en chair et en os, par un ange, et déposée entre les mains d'un saint religieux nommé Mercure. Il fut quelque temps sans découvrir ce secret ; mais il le découvrit enfin, ce qui donna un nouveau sujet de joie au peuple et fit connaître, de plus en plus, le mérite des aumônes de saint Etienne. Benoît IX le canonisa, et Innocent XI fixa sa fête au 2 septembre.

Nous avons, dans Surius, sa vie composée par un évêque de Hongrie, nommé Chartruiz. Antoine Bonfinius en a encore donné une plus détaillée dans la seconde décade de son *Histoire de Hongrie*. Baronius en parle avec beaucoup d'honneur, tant dans ses *Annales* que dans ses *Notes* sur le martyrologe romain.

SAINT ANTOINE DE LIAROLES, ERMITE,

MARTYR A AGEN (540).

Issu d'une race illustre et d'une famille agenaise, Antoine de Liaroles passa sa première jeunesse dans les camps ; mais Dieu avait d'autres desseins sur le jeune guerrier qui se lassa bientôt des grandeurs humaines. Il apprit à les mépriser, et, à l'exemple du grand solitaire dont il portait le nom, craignant d'ailleurs le contact des Ariens, il échangea ses richesses contre la pauvreté, le palais de son père contre la solitude du désert.

Antoine avait quitté en secret les camps et la maison paternelle. Ses parents éplorés, ses amis fidèles s'en vont traversant les forêts, les montagnes et le creux des vallons, cherchant partout le jeune fugitif. Longtemps, ils le demandent à tous les sauvages échos de la solitude, quand une voix humaine se fait entendre, murmurant une prière. On s'approche et on trouve le Saint prosterné contre terre, et ne tenant plus à l'humanité que par quelques lambeaux : tout le ciel était dans son cœur. Toutefois, nous ne trouverons pas dans saint Antoine ce qu'on a si ridiculement appelé la sauvagerie des anachorètes. La vue de ses parents a touché son cœur, et lui a fait comprendre qu'il était encore sur la terre ; il les embrasse avec effusion de larmes, les console par les plus douces paroles, et retourne avec eux dans la ville d'Agen. Après avoir payé ce juste tribut à l'affection paternelle, Antoine repart et se retire dans la Lomagne. Mais la solitude n'est plus faite pour lui. Il avait jeté trop d'éclat dans le monde pour être ignoré, fait trop de pénitence dans le désert pour rester caché désormais. Le bruit de sa renommée le suivait partout, partout on accourait sur ses pas. Pour la seconde fois, il retourne à la maison paternelle ; il traverse la Garonne, et sur l'autre rive, à l'entrée d'Agen, il trouve une grande foule qui l'attendait pour lui présenter une paralytique sexagénaire. Antoine est touché de tant de piété et de tant de confiance ; il invoque le nom du Seigneur Jésus, la paralytique se lève, et marche comme dans sa première jeunesse.

Ce prodige portait un coup trop sensible à l'hérésie d'Arius, pour ne pas éveiller la colère de ses fauteurs. Les ministres d'Alaric font amener Liaroles devant leur tribunal. Ils cherchent, mais en vain, à le gagner à force de promesses ; puis on en vient aux menaces, des menaces aux tortures, et le Saint rend son âme à Dieu au milieu des plus cruels supplices. Par la suite des temps, le corps du saint Martyr fut transféré dans un lieu situé près de Condom (Gers), et qui prit le nom de Liaroles. Il fut déposé sous l'autel de l'église où tous les ans il attirait un grand concours de fidèles. Les habitants du lieu aimaient à raconter les miracles opérés par la vertu du saint Martyr.

L'abbé Barrère : *Histoire religieuse et monumentale du diocèse d'Agen.*

LA BIENHEUREUSE MARGUERITE DE LOUVAIN,

VIERGE ET MARTYRE (1225).

La bienheureuse Marguerite naquit à Louvain (Belgique) au commencement du XIIIe siècle, de parents pauvres, mais vertueux. Dès son enfance, répondant aux soins de sa mère, elle manifesta des sentiments auxquels elle resta fidèle jusqu'à la fin de sa vie. Quand elle fut en âge de travailler, elle entra au service d'un de ses parents, nommé Amand, qui était aubergiste, et, par charité chrétienne, donnait souvent l'hospitalité à de pauvres pèlerins qui n'avaient pas le moyen de payer leur gîte. Marguerite profita à cette école de vertus. Elle remplissait avec la plus exacte fidélité tous les devoirs de sa charge, se faisait un plaisir de prodiguer ses soins aux membres souffrants de Jésus-Christ, et n'était jamais plus heureuse que quand elle avait exercé en leur faveur quelque acte de charité. Elle fit de bonne heure vœu de chasteté perpétuelle, et comme elle évitait scrupuleusement tout ce qui aurait pu porter la moindre atteinte à la fleur de son innocence, elle fut surnommée *la fière Marguerite*.

Cependant Amand et sa femme avaient depuis longtemps formé le projet de se retirer dans un monastère. Pour réaliser leur dessein, ils vendirent leurs biens, et Marguerite, désormais sans place, se résolut à prendre le voile dans un couvent de l'Ordre de Saint-Basile. La veille du jour où Amand et son épouse devaient quitter leur maison, des voleurs, déguisés en pèlerins, se présentèrent pour coucher et furent bien accueillis ; mais, pendant que Marguerite était allée chercher du vin dans un vase qui se voit encore à Louvain, ces brigands assassinèrent ceux qui venaient de les accueillir avec la plus parfaite charité. Quand Marguerite rentra, elle fut arrêtée et traînée hors la ville. Les voleurs, après l'avoir maltraitée, se demandaient ce qu'ils feraient d'elle ; l'un d'eux, plus compatissant que ses compagnons, offrit pour la sauver de la prendre pour sa femme. Marguerite préféra la mort ; elle fut à l'instant même poignardée, et son corps fut jeté dans la Dyle (2 septembre 1225).

Dieu, voulant faire connaître combien la vie de Marguerite lui avait été agréable, permit que son corps flottât sur les eaux. Une lumière céleste l'environnait, et on entendait dans les airs des chants harmonieux. Le bruit de ce fait miraculeux se répandit rapidement par la ville ; le Chapitre de Saint-Pierre vint processionnellement chercher le corps de la Bienheureuse, le plaça dans une châsse en bois garnie de fer et le déposa dans une chapelle, devant le chœur. Au XVIIe siècle, la dévotion des fidèles pour la Bienheureuse ayant pris une grande extension, la châsse fut dorée. On éleva un autel au-dessus duquel on plaça un tableau peint par Van Haegen d'Alost, représentant le martyre de la servante de Dieu. Les fidèles viennent constamment implorer le secours de son intercession auprès de Dieu et de nombreux miracles n'ont cessé de récompenser leur pieuse confiance.

Acta Sanctorum et Godescard.

IIIᵉ JOUR DE SEPTEMBRE

MARTYROLOGE ROMAIN.

A Rome, sainte Sérapie, vierge, qui, sous l'empereur Adrien, fut livrée à deux jeunes débauchés, et, n'ayant pu être ni violée, ni brûlée par des torches ardentes qu'on lui appliqua, fut fustigée, puis décapitée par l'ordre du juge Bérille. Son supplice arriva le 29 juillet, et sainte Sabine l'ensevelit dans son propre sépulcre, près de l'aire de Vindicien. Cependant la mémoire de son martyre se célèbre plus particulièrement en ce jour où le tombeau de ces deux Saintes fut orné, et le lieu où elles reposent, dédié pour servir d'oratoire[1]. 119 et 126. — A Corinthe, la naissance au ciel de sainte Phébé, dont l'apôtre saint Paul fait mention dans son Epître aux Romains[2]. 1ᵉʳ s. — A Aquilée, les saintes vierges et martyres Euphémie, Dorothée, Thècle et Erasme, qui moururent par le glaive, sous Néron, après beaucoup de supplices, et furent ensevelies par saint Hermagoras[3]. — A Capoue, les saints martyrs Aristée, évêque, et Antonin, jeune enfant. Vers 302. — A Nicomédie, sainte Basilisse, vierge et martyre, qui, âgée de neuf ans, ayant surmonté, par le secours du ciel, durant la persécution de Dioclétien et sous le président Alexandre, les fouets, les flammes et les bêtes féroces, rendit l'esprit en priant Dieu. Vers 309. — De plus les saints martyrs Zénon et Cariton, dont l'un fut jeté dans une chaudière de plomb fondu, l'autre précipité dans une fournaise ardente. — A Cordoue, saint Sandale, martyr sous Dioclétien. — Le même jour, la naissance au ciel des saints martyrs AIGULPHE ou AYOU, abbé de Lérins et de plusieurs de ses moines, qui eurent d'abord la langue coupée, les yeux crevés, et furent enfin décapités. Vers 575. — A Toul, saint MANSUET ou MANSUY, évêque et confesseur. Vers 375. — A Milan, le décès de saint Auxane, évêque. 568. — Le même jour, saint Siméon Stylite, *le Jeune*. Vers 596. — A Rome, l'ordination de saint Grégoire le Grand, homme incomparable qui, ayant été forcé d'accepter le fardeau du souverain pontificat, fit briller du haut de son trône des rayons de sainteté qui éclairèrent toute la terre[4]. 604.

MARTYROLOGE DE FRANCE, REVU ET AUGMENTÉ.

Au diocèse d'Evreux, anniversaire de la dédicace de l'abbaye de Corneville (Ordre de Saint-Augustin, fondée en 1143 par Gelebon de Corneville et sa femme Mathilde) en l'honneur de l'Assomption de la sainte Vierge, par Hugues III, archevêque de Rouen. 1147. — Dans l'ancienne abbaye bénédictine de Fleury ou Saint-Benoît-sur-Loire, au diocèse d'Orléans, saint Frongence, martyr, l'un des compagnons de saint Aigulphe, cité au martyrologe romain de ce jour. VIIᵉ s. — Au diocèse de Séez, saint Godegrand ou Chrodegand, dix-septième évêque de ce siège et martyr. D'une illustre famille du Hiémois, il était frère de sainte Opportune, abbesse de Montreuil-les-Dames (*Monasteriolum*), au diocèse de Soissons. Quittant son diocèse pour faire un pèlerinage à Rome, il confia son évêché à un certain Chrodobert son parent, qui, jaloux de sa sainteté, le fit

---

1. Nous avons donné leur vie au 29 août.
2. Etant à Corinthe pour y prêcher l'Evangile, et voulant faire de cette ville le centre de toute sa mission pour l'Achaïe, saint Paul logeait tantôt chez Aquila, tantôt chez Juste, tantôt chez Phébé qu'il nomma diaconesse de l'Eglise naissante de Cenchrées, petite ville du Péloponèse, sur le golfe Saronique, et un des deux ports de Corinthe. On croit que l'Apôtre se servit d'elle pour faire tenir aux Romains la lettre qu'il leur écrivit de Corinthe, en 58, à l'occasion d'un voyage qu'elle fit à Rome. — Baillet, Godescard.
3. En 1653, Jeanne de Bourbon, fille de Henri IV et abbesse de Fontevrault, enrichit l'église de Poitiers des reliques de sainte Euphémie d'Aquilée. — M. l'abbé Auber, *Histoire de la cathédrale de Poitiers*, tome II, page 350.
4. Voir sa vie au 12 mars.

plus tard assassiner à Nonant (Orne). Opportune transporta dans son monastère le corps du pieux prélat et l'y ensevelit. L'église Saint-Martin des Champs, diocèse de Séez, garda longtemps le chef de saint Godegrand dont les reliques furent, dit-on, plus tard, transportées à Saint-Flour. La cathédrale de Séez obtint, en 1731, une partie de ces reliques [1]. 775. — Au diocèse de Bourges et de Cologne, saint RÉMACLE, évêque de Maëstricht et confesseur. 664. — Au diocèse de Saint-Flour, saint Symphorien, martyr à Autun, dont nous avons donné la vie au 22 août. Vers 180.— Au diocèse de Fréjus, saint Aigulphe, cité au martyrologe romain de ce jour. — Au diocèse de Verdun, saint Mansuy, cité aujourd'hui au martyrologe romain. — Au diocèse de Soissons, saint Fiacre, dont nous avons donné la vie au 30 août. 670. — A Sens, saint Ambroise, douzième archevêque de ce siège et confesseur. De nombreux miracles illustrèrent son tombeau dans le monastère de Saint-Gervais de Sens (fondé vers 386, par saint Ursicin, neuvième archevêque de ce siège.) Anségise transféra son corps, en 876, à Saint-Pierre le Vif, près Sens. Vers 455.— A Reims, saint Réol ou Rieul, vingt-sixième archevêque de ce siège et confesseur. D'abord comte de Reims, il prit ensuite l'habit religieux dans l'abbaye bénédictine de Rebais *(Rebascum)*, au diocèse de Meaux, et fut tiré du cloître, après le décès de saint Nivard, son oncle (672), pour occuper le siége métropolitain de Reims. Rieul fonda (680) l'abbaye d'Orbais *(Dorbacense monasterium)*, au diocèse actuel de Châlons-sur-Marne, et y plaça six religieux qu'il tira de celle de Rebais. Il assista (689) au concile tenu à Rouen par saint Ansbert, et mourut après un pontificat de vingt-six ans. Il fut enseveli, croit-on, à Orbais, où l'on garde encore ses reliques. 698.— Au diocèse de Tarbes, saint Lizier, évêque du Consérans, dont nous avons donné la notice au 7 août. 548. — A Nantes, saint Emilien ou Emiland, évêque de ce siège et martyr; nous avons donné sa vie au 27 juin. 725. — A Rodez, sainte Procule, vierge et martyre, dont nous avons donné la vie au 9 juillet. XIe ou XIIe s. — Au diocèse de Saint-Claude, saint Just, archevêque de Lyon et confesseur, dont nous avons donné la vie au jour précédent. 390. — Aux diocèses de Laval et du Mans, saint Chadouin, évêque de ce dernier siége, et dont nous avons donné la vie au 20 août. 654. — Au diocèse de Cahors, saint Maurile ou Maurilion, évêque de ce siége et confesseur [2]. 580.

MARTYROLOGES DES ORDRES RELIGIEUX.

Martyrologe de l'Ordre de Saint-Basile. — Saint Siméon Stylite le Jeune, de l'Ordre de Saint-Basile, homme d'une abstinence et d'une patience extraordinaires. Vers 598.

Martyrologe de l'Ordre de Saint-Benoît. — Saint Etienne, roi de Hongrie, nommé le 2 de ce mois [3]. 1038.

Martyrologe de l'Ordre de la Congrégation de Vallombreuse. — De même que chez les Bénédictins.

Martyrologe de l'Ordre des Cisterciens. — De même que chez les Bénédictins.

Martyrologe de l'Ordre des Carmes déchaussés. — De même que chez les Bénédictins.

Martyrologe de l'Ordre des Camaldules. — Au monastère de Font-Avellane, saint Albert, confesseur, prieur de cette abbaye et dont la renommée de sainteté, constatée pendant plusieurs siècles par la piété des fidèles, a été approuvée par le pape Pie VI. 1359.

Martyrologe des trois Ordres de Saint-François. — A Valence, en Espagne, les bienheureux JEAN et PIERRE, de l'Ordre des Frères Mineurs, qui, pour avoir prêché Jésus-Christ, eurent la tête tranchée par les Mahométans, le 29 août, et remportèrent la palme du martyre. 1230.

Martyrologe de l'Ordre des Frères Mineurs. — A Longchamps, au diocèse de Paris, la bienheureuse Isabelle, vierge, du second Ordre, sœur de saint Louis, qui, méprisant les splendeurs de ce monde, aima mieux servir Jésus-Christ, son Epoux, dans l'humilité et la pauvreté, et émigra vers le Seigneur, célèbre par ses miracles, le 23 février [4]. 1270.

Martyrologe de l'Ordre de la bienheureuse Vierge Marie du Mont-Carmel. — Saint Joseph Casalanz, dont il est fait mention le 27 août [5]. 1648.

Martyrologe de l'Ordre des Servites de la bienheureuse Vierge Marie. — A Bourg-Saint-Sépulcre, le bienheureux ANDRÉ DOTTI, confesseur, de l'Ordre des Servites, qui, après avoir prêché l'Evangile en beaucoup de lieux, se retira dans le désert, et mourut d'une mort miraculeuse, le 31 août. 1315.

---

1. Voir sa Vie au *Supplément* de ce volume.
2. Toujours intrépide pour s'opposer aux vexations des magistrats et des seigneurs qui opprimaient son peuple, il fut, comme Job, l'œil des aveugles, le pied des boiteux et le soutien des faibles. Il puisait sa force et sa consolation dans les saintes Ecritures et y était fort versé. L'amour des souffrances lui faisait supporter avec joie les douleurs aiguës de la goutte à laquelle il était sujet, et sa vertu savait trouver ainsi dans un mal inévitable le moyen d'enrichir sa couronne en augmentant ses mérites. Voyant que sa mort prochaine donnait occasion à plusieurs de briguer son évêché, Maurille crut devoir choisir lui-même son successeur. Il jeta les yeux sur Ursicin, ancien référendaire de la reine, et pria qu'on l'ordonnât de son vivant. Il s'endormit ensuite dans le Seigneur. — Mgr Jager, *Histoire de l'Eglise en France*.
3. Voir sa vie au 2 septembre. — 4. Nous avons donné sa vie au 31 août. — 5. Voir au 27 août.

ADDITIONS FAITES D'APRÈS LES BOLLANDISTES ET AUTRES HAGIOGRAPHES.

En Bavière, le bienheureux Hermann de Heidelberg, moine de Nieder-Altaich, puis solitaire dans le Nordwald. Il fut enterré devant la porte de l'église de Rinchnach, où l'on éleva une petite chapelle en son honneur. 1326 ou 1327. — Au même pays, le bienheureux Othon de Heidelberg, prêtre et frère du bienheureux Hermann. Il exerça d'abord la vie érémitique dans les cavernes de la Bohême, puis revint en Bavière et y continua son genre de vie. Son corps fut enseveli dans l'église de Nieder-Altaich. 1344. — Encore en Bavière, le bienheureux Degenhard, frère lai d'Altaich et disciple du bienheureux Othon de Heidelberg, dont il imita le genre de vie. Il bâtit, non loin de Bischofmeise, une église en l'honneur de saint Barthélémy où il fut enseveli. 1374. — A Brescia, ville d'Italie, dans la province de Lombardie, le bienheureux Guala, évêque de ce siège et confesseur, de l'Ordre des Frères Prêcheurs. Un décret du 26 septembre 1868, émané de la Sacrée Congrégation des Rites, a approuvé le culte immémorial qui lui était rendu, et Pie IX a confirmé le Rescrit de la Sacrée Congrégation [1]. 1244. — A Jérusalem et aux environs, saint Théoctiste, hégoumène, ami de saint Euthyme, qu'il ne faut pas confondre avec saint Théoctiste ou Théopempte, disciple de saint Macaire. 467. — A Vérone, ville de Vénétie, saint Mane ou Manie, évêque de ce siège et confesseur, dont le corps fut déposé dans l'église Saint-Etienne de cette ville. Vers le ve s. — A Coner, ville d'Irlande, dans la province d'Ulster et le comté de Down, saint Macnisse, évêque de ce siège et confesseur. Il fut baptisé et consacré évêque par saint Patrice, apôtre de l'Irlande, fit plusieurs pèlerinages à Rome et à Jérusalem, revint dans sa patrie, y fonda un monastère, et y mourut saintement. Vers 514. — A Côme, ville de Lombardie, saint Martinien, évêque de ce siège et confesseur. 628. — A Santarem *(Ourenium, Scalabis)*, ville de Portugal, dans la province d'Estramadure, la bienheureuse Taraise, religieuse. 1266.

SAINT MANSUY OU MANSUET,

PREMIER ÉVÊQUE DE TOUL ET CONFESSEUR

Vers 375. — Pape : Saint Damase. — Empereur d'Occident : Gratien.

> *Non est sine pugna victoria, non absque victoria pertingitur ad coronam.*
> Il n'y a pas de victoire sans combat, et l'on n'obtient pas la couronne sans victoire.
> Saint Pierre Damien.

L'Eglise de Toul regarde saint Mansuy comme l'homme apostolique auquel elle est redevable de la lumière de l'Evangile. La tradition populaire fait ce saint fondateur contemporain des Apôtres ou de leurs premiers disciples. Les actes de son apostolat ont été perdus avec ceux de beaucoup d'autres Saints illustres des Gaules, soit par suite des dernières persécutions des païens, qui se seraient étendues jusqu'aux livres saints et aux premiers monuments de l'histoire ecclésiastique, soit plutôt dans le naufrage que firent la plupart des églises du pays, par l'inondation des Barbares d'au-delà du Rhin. Mais la mémoire de saint Mansuy s'est toujours conservée avec honneur chez les descendants de ceux que la pureté de ses mœurs, la sainteté de sa vie, non moins que ses prédications et ses miracles, convertirent à la religion de Jésus-Christ.

Saint Gérard, l'un de ses successeurs, chargea le moine Adson, depuis

---

1. On peut voir ce décret dans les *Analecta Juris Pontificii*, quatre-vingt-neuvième livraison, novembre-décembre 1868, page 759.

abbé de Montier-en-Der, de recueillir, parmi les souvenirs traditionnels de l'Eglise de Toul, ce qu'il trouverait de plus autorisé et d'en composer comme un corps d'histoire qu'on pût lire, le jour de la fête de notre Saint, dans toutes les églises du diocèse.

Mansuy était d'origine écossaise. Il vint de bonne heure à Rome, où il étudia les dogmes de la religion chrétienne, et fut bientôt jugé digne, par le vicaire de Jésus-Christ, de recevoir les Ordres, d'être appelé à l'épiscopat, et envoyé dans les Gaules, vers les peuples Leucois, « comme un flambeau lumineux pour dissiper les ténèbres de l'erreur ». Saint Mansuy pénètre chez ces peuples restés jusqu'alors idolâtres, il entre dans leur capitale, prêt à souffrir généreusement au besoin tous les supplices, pour rendre témoignage à la bonne nouvelle qu'il vient leur apporter.

Les prédications de l'Apôtre ne produisent d'abord que peu de fruits : les magistrats de la ville, et le peuple, à leur exemple, ferment l'oreille aux grandes et sublimes vérités qu'il leur annonce. Mansuy ne se rebute pas des mépris qu'il essuie, il continue à semer la divine parole, attendant avec confiance le moment où il plaira à Dieu de mûrir la moisson. Cependant il se construit hors de la ville une cabane de feuillage, pour y fixer sa demeure et s'y livrer aux exercices de la prière et de la méditation.

Or, il arriva, un jour de grande fête, pendant que tout le peuple de Toul se livrait à la joie, que le fils unique du gouverneur vint à tomber du haut des remparts dans la Moselle, qui, alors, en baignait le pied et se trouvait très-profonde en cet endroit. En vain les dieux sont invoqués, on ne peut retrouver son corps, et le jour commencé dans les réjouissances publiques se termine au milieu de la désolation universelle. Pendant la nuit, la princesse vit en songe saint Mansuy qui lui promettait de lui rendre son fils, si elle se convertissait au vrai Dieu. A son réveil, elle fait part de cette apparition à son époux ; celui-ci envoie chercher notre Saint, et lui promet de se faire baptiser avec tout son peuple, s'il lui fait retrouver le corps, même sans vie, de son enfant.

Mansuy se dirige vers la rivière, près de l'endroit où le jeune enfant était tombé ; il se prosterne, il prie : à l'instant le corps de l'enfant vient flotter à la surface de l'eau, et on le ramène sur la rive. « Voilà le corps inanimé de ton fils », dit le saint Evêque au père ; « mais si tu as la ferme intention de tenir la promesse que tu m'as faite, la clémence de mon Dieu est grande, tu en obtiendras un bienfait plus signalé ». Le prince réitère ses promesses, toutes les personnes présentes s'engagent avec lui à renoncer aux faux dieux et à embrasser la religion chrétienne si l'enfant revient à la vie. Mansuy fléchit de nouveau le genou pour implorer la divine Majesté ; quelques disciples qu'il avait déjà convertis se mettent avec lui en prières : un souffle de vie vient alors ranimer les membres glacés de l'enfant ; à la voix du ministre de Jésus-Christ, il se lève et se jette dans les bras de ses parents.

Un spectacle si nouveau frappe d'admiration toute cette multitude : le gouverneur, toute sa famille et le peuple tout entier se convertissent et reconnaissent saint Mansuy pour leur pasteur.

Le saint Evêque purgea la ville et le territoire des idoles et des pratiques du paganisme. Il fit bâtir dans la capitale deux églises dédiées, l'une à la Vierge Marie et à saint Etienne, l'autre à saint Jean-Baptiste. Il éleva aussi un petit oratoire près de sa demeure, en l'honneur de saint Pierre. Ensuite, après avoir donné le sacrement de l'Ordre à un grand nombre de prêtres et de diacres, il fit bâtir des églises en divers lieux de son diocèse, pour y adorer et glorifier Dieu et rendre à sa Majesté les louanges qui lui sont dues.

Enfin, après une longue vie consommée dans les travaux de l'apostolat, l'athlète du Seigneur rendit son âme à Dieu, le 3 septembre, au milieu des regrets et des pleurs de son peuple qui le vénérait.

Disons un mot seulement de la gloire posthume de saint Mansuy.

Quelques paysans du Barrois ramenaient chez eux des chariots chargés de sel. Comme ils passaient dans Gondreville, le jour de la fête de saint Mansuy, on les reprit d'oser se mettre en route ce jour-là ; ils s'en moquèrent, mais ils sentirent bientôt qu'on ne peut impunément se railler des Saints et profaner les jours qui leur sont consacrés. A peine se furent-ils engagés dans la Moselle, avec leurs chariots, dans le dessein de la traverser, que les bœufs, dont leurs chars étaient attelés, n'écoutant plus ni le frein, ni la voix de leurs maîtres, s'emportent et menacent de les entraîner dans le précipice. Effrayés du danger, touchés d'en haut, ces pauvres gens avouent leur faute, implorent le secours de saint Mansuy, et font vœu de garder religieusement, à l'avenir, le jour de sa fête. Ce vœu fut aussitôt suivi de leur délivrance.

La châsse du Saint, portée solennellement en procession pendant des temps de grande sécheresse, qui faisaient redouter la disette, obtenait incontinent par ses mérites les pluies nécessaires.

Seindebard, comte de Toul, prêt à se faire couper une main qui lui causait de grandes douleurs, invoque dévotement le Saint, et sa main, déjà toute desséchée, est aussitôt entièrement guérie. Saint Gérard obtient, par son intercession, la guérison d'une grave maladie, que les médecins désespèrent d'obtenir par les moyens naturels. Plus d'une fois, lorsque la peste, si fréquente dans les temps anciens, désolait le diocèse, on a vu ce terrible fléau s'apaiser tout à coup par les mérites de saint Mansuy. En toutes circonstances les peuples du Toulois ont ressenti de signalés effets de la bonté de leur Apôtre : ils ont gardé pour lui jusqu'à nos jours une grande dévotion, une filiale reconnaissance.

Le martyrologe romain marque sa fête au 3 septembre ; c'est aussi le jour où l'Eglise de Toul, dont le siége est transféré à Nancy, a coutume de le célébrer.

On représente saint Mansuy : 1° ressuscitant un enfant tué d'un coup de balle de paume ; 2° prêchant dans un bois à une grande foule ; 3° revêtu de la pèlerine appelée *superhuméral* ou *rational* : c'est la caractéristique ordinaire des évêques de Toul et de quelques autres siéges : elle indique une espèce de supériorité métropolitaine.

CULTE ET RELIQUES.

Le corps de saint Mansuy fut déposé dans la chapelle de Saint-Pierre, qu'il avait fait bâtir. Il y eut plusieurs translations de ce Saint. La dernière eut lieu en 1506. Sur l'emplacement de l'oratoire de Saint-Pierre avait été fondée une célèbre abbaye de Bénédictins, sous le vocable de Saint-Mansuy. Le chœur de l'église de l'abbaye était bâti au-dessus du caveau dans lequel furent renfermées les précieuses reliques.

Ce caveau fait aujourd'hui partie d'une propriété particulière et renferme encore la pierre sépulcrale qui couvrait le tombeau du Saint. Il y est représenté revêtu des habits pontificaux, terrassant le paganisme, avec un jeune enfant en prières à ses côtés. L'image du même enfant se voit encore sculptée dans une pierre du rempart, au bastion de Saint-Mansuy, en souvenir sans doute du miracle de la résurrection opérée par le Saint sur l'enfant du chef que la légende qualifie de *roi du pays leucois*.

La principale châsse de la cathédrale de Toul était une sorte de tombeau en vermeil, avec couvercle en forme de cercueil, long d'environ un mètre, large de cinquante centimètres et élevé de soixante-dix centimètres. Cette châsse contenait les reliques de saint Mansuy et des quatorze évêques de Toul qui sont honorés comme Saints. Elle était ornée à l'extérieur de statuettes en pied, également en vermeil, placées de distance en distance, et représentant les Saints dont les ossements étaient renfermés dans le reliquaire. Ces statuettes posaient sur un socle régnant et saillant à la base de la châsse, et s'élevaient jusqu'à la naissance du couvercle. Au milieu de la longueur du reliquaire était de chaque côté un verre, en forme de médaillon, par lequel on voyait les reliques de l'intérieur.

Voici le procès-verbal du partage fait le 11 juillet 1790, entre les chanoines, d'une partie des reliques de cette châsse précieuse. Cette pièce fait partie de la collection de M. Dufresne, conseiller de préfecture à Metz.

Cejourd'hui, 11 juillet de l'année 1790, en vertu d'un acte capitulaire en date du 9 du présent mois, par lequel le chapitre, ayant égard à la demande de Messieurs, tendant à ce qu'il leur soit accordé des reliques du trésor de notre église, ordonne qu'il leur en soit délivré, et a commis à cet effet MM. de Saint-Beanssan, chanoine-archidiacre et maître de fabrique ; Ducrot, chanoine et trésorier, et Pallas, chanoine-aumônier de cette église ; en conséquence :

Nous, commissaires désignés, avons fait ouvrir devant nous la châsse contenant les reliques de plusieurs saints évêques de Toul, ainsi que celle de sainte Aprône, et, après avoir reconnu les sceaux sains et entiers, nous en avons tiré : 1° Plusieurs esquilles de l'omoplate du saint Mansuy ; 2° les os du vertèbre de saint Gérard, ainsi que les os de son bras, articles de ses doigts et de ses côtes ; 3° plusieurs esquilles des os de saint Amon, ainsi que des lambeaux de son cilice et de ses sandales ; 4° les dents de la mâchoire inférieure de saint Gauzlin, ensemble plusieurs esquilles de ladite mâchoire ; 5° un article du doigt de saint Epvre, qui a été réduit en plusieurs morceaux pour être distribué ; 6° plusieurs petits os et fragments d'os du corps de sainte Aprône. Lesquelles saintes reliques ont été partagées et délivrées à Messieurs, ainsi que s'ensuit :

I. A M. d'Hammonville, chanoine et archidiacre de Port : 1° une partie de la mâchoire inférieure de saint Gérard, une vertèbre et un os d'une phalange de la main du même Saint ; 2° une particule de l'omoplate de saint Mansuy ; 3° une particule des os de saint Amon ; 4° une dent et une particule de la mâchoire de saint Gauzlin ; 5° une esquille de l'os du doigt de saint Epvre ; 6° deux fragments d'os de sainte Aprône.

II. A M. de Saint-Beaussan, chanoine-archidiacre de Vittel et vicaire-général : 1° de saint Gérard, une vertèbre, un os du pied, deux moitiés de côtes et le bout d'un gros os ; 2° une esquille de l'omoplate de saint Mansuy ; 3° le bout d'un gros os de saint Amon ; 4° un fragment de l'os de l'épaule de sainte Aprône.

III. A M. de Montal, chanoine-archidiacre de Ligny : 1° de saint Gérard, une vertèbre et un fragment d'os ; 2° de saint Mansuy, une esquille de l'omoplate ; 3° de saint Amon, un fragment d'os ; 4° de sainte Aprône, une partie d'une côte.

IV. A M. Ducrot, chanoine-trésorier : 1° de saint Gérard, une vertèbre, une partie de l'os du bras, une partie d'une côte, une partie du tibia et un article du doigt ; 2° une esquille de l'omoplate de saint Mansuy ; 3° le bout de l'os du bras de saint Amon ; 4° une partie de la mâchoire de saint Gauzlin.

V. A M. Pallas, chanoine-aumônier : 1° un article du doigt de saint Gérard ; 2° une dent de saint Gauzlin ; un bout d'os de saint Amon ; un fragment de l'omoplate de saint Mansuy ; 5° une parcelle du doigt de saint Epvre.

VI. A M. Sirejean, chanoine : 1° un fragment d'une côte de saint Gérard ; 2° une parcelle de l'omoplate de saint Mansuy ; 3° le tiers de l'os du bras de saint Amon ; 4° un fragment de la mâchoire de saint Gauzlin.

VII. A M. d'Heudicourt, chanoine : 1° un os du pied de saint Gérard ; 2° une partie d'une côte de sainte Aprône ; 3° une esquille d'os de saint Amon ; 4° un peu de l'omoplate de saint Mansuy.

VIII. A M. de Jumillac, chanoine : 1° de saint Gérard, deux vertèbres et deux petits os de la main ; 2° de saint Amon, une fracture d'os, un peu de ses vêtements, de son cilice et de ses sandales ; 3° une parcelle de l'omoplate de saint Mansuy ; 4° une esquille du doigt de saint Epvre ; 5° un petit os de sainte Aprône.

IX. A M. de Manessi, chanoine : 1° de saint Gérard, deux côtes et un fragment de côte, trois vertèbres et un fragment de vertèbre, un os du doigt ; 2° de saint Mansuy, trois fragments de l'omoplate et quatre esquilles ; 3° de saint Amon, un os de la hanche, un os du bras et une côte ; 4° de sainte Aprône, une moitié de côte ; 5° de saint Gauzlin, une dent, cinq morceaux et trois petites esquilles de sa mâchoire ; 6° trois parcelles de l'article du doigt de saint Epvre.

X. A M. de Barthélemy, chanoine : 1° de saint Gérard, une partie de côte et le haut bout de l'os de son bras ; 2° un fragment de mâchoire de saint Gauzlin ; 3° un peu de l'omoplate de saint Mansuy.

XI. A M. Gauthier, chanoine : 1° de saint Gérard, le gros os de la cuisse, le gros os de la jambe, le gros os de la hanche, cinq vertèbres de l'épine du dos, une vertèbre du col, quatre articulations, deux de la main et deux des pieds, deux côtes, l'os de l'estomac, un os du bras, une clavicule, les deux os de l'épaule ; 2° de saint Amon, le gros os de la cuisse, deux os du bras, le gros os de la hanche, des lambeaux de ses habits, de ses sandales, de son cilice ; 3° de saint Mansuy, une parcelle de l'os de l'épaule ; 4° de saint Epvre, une parcelle de l'articulation de son doigt ; 5° de sainte Aprône, le grand os de la jambe, la partie supérieure de l'os de la cuisse, une articulation de l'os du pied, une partie du petit os de la jambe ; 6° une esquille de la mâchoire de saint Gauzlin.

XII. A M. Cœsar, vicaire de notre église : 1° de saint Gérard, une vertèbre ; 2° de saint Mansuy, deux petits fragments de l'omoplate ; 3° un fragment de la mâchoire de saint Gauzlin ; 4° un fragment d'une côte de sainte Aprône.

XIII. A M. Aubri, vicaire de notre église, des fragments d'os de saint Mansuy, de saint Gérard, de saint Amon, de saint Epvre et de sainte Aprône.

En foy de quoi nous avons signez ce présent procès-verbal à Toul, les jour et an susdits, et y avons fait apposer le sceau de notre chapitre. — Thiéry de Saint-Beaussan, — Ducrot, — Pallas.

Il est difficile de s'expliquer ce partage de reliques autrement que par la crainte, hélas ! trop bien fondée d'une profanation irréparable. L'intention pieuse des chanoines de Toul a été en grande partie remplie ; beaucoup de ces reliques précieuses ont été sauvées et sont rentrées dans le domaine de l'Eglise. Le chef de saint Mansuy et celui de saint Gérard, sauvés de la profanation, comme celui de sainte Aprône, par les soins de M. Aubry, curé de Saint-Gengoult et conservés dans son église, ont été reconnus et nettement déterminés par M. le docteur Godron, doyen de la faculté des sciences de Nancy. Avant même cette opération décisive, il était facile d'établir la distinction de ces insignes reliques par les procès-verbaux encore enfermés dans la châsse où on les avait recueillis, mais que d'indiscrets explorateurs avaient déplacés. Aujourd'hui, le chef de saint Mansuy est rentré avec ceux de saint Gérard, de sainte Aprône et de l'une des onze mille vierges de Cologne, dans la cathédrale de Toul ; nous ne dirons pas non plus par quel chemin. L'humérus du même Saint, que possédait cette basilique, a été donné, comme compensation, à l'église Saint-Gengoult ; la cathédrale de Nancy en a un fragment d'omoplate ; la chapelle de la Doctrine chrétienne plusieurs fragments ; l'église Saint-Nicolas de Port une des premières côtes du côté droit et plusieurs fragments. Dans la châsse de ce saint évêque, à l'abbaye de son nom, sous les murs de Toul, on conservait une partie de sa chape, *couleur rouge, avec un liseré d'or*. Il en existe un fragment dans la châsse de saint Gauzlin, à la cathédrale de Nancy.

Nous nous sommes servi, pour composer cette vie, de l'*Histoire du diocèse de Toul*, par M. l'abbé Guillaume, et de *Notes* fournies par MM. de Blaye, curé d'Imling, et Guillaume, aumônier de la chapelle ducale de Lorraine.

SAINT RÉMACLE, ÉVÊQUE DE MAESTRICHT,

FONDATEUR DES ABBAYES DE MALMÉDY ET DE STAVELOT

664. — Pape : Vitalien. — Roi de France : Clotaire III.

> Quand vous faites quelque bien, souvenez-vous du mal que vous avez souvent commis, afin que la pensée de vos fautes préserve votre cœur de la vaine gloire. *Saint Grégoire le Grand.*

Saint Rémacle vint au monde la quarantième année de l'empire d'Héraclius, et la quatorzième du règne de Clotaire II, fils de Chilpéric et père de Dagobert Ier. Il eut pour père Albutius, et pour mère Matrime, tous deux de grande naissance, et à qui Dieu avait donné un ample patrimoine et des richesses considérables. Le Berry fut son pays. Mis sous la conduite de saint Sulpice, alors archidiacre de saint Austrégisile, et, depuis, son successeur à l'évêché de Bourges, il y fit de si grands progrès dans la piété, qu'il paraissait déjà orné de toutes les vertus. Saint Sulpice, voyant en lui un jeune homme de si grande espérance, le confia à saint Eloi, qui venait de fonder l'abbaye de Solognac, à deux lieues de Limoges, afin qu'il le fît élever parmi ses religieux, pour être un jour un modèle de sainteté dans toute la France. Le jeune homme montra dans cette paisible retraite tant de modestie, d'obéissance, d'humilité, de dévotion et de ferveur, qu'il était un sujet d'étonnement et d'admiration pour toute la communauté. Saint Eloi en conçut une joie extrême, et, comme il ne pouvait pas s'absenter longtemps de la cour, où le roi le demandait avec empressement, il crut ne pouvoir mettre son troupeau en de meilleures mains qu'en celles de ce serviteur de Dieu, qui se faisait estimer et aimer de tout le monde.

Cette nouvelle dignité ne fit qu'augmenter sa réputation aussi bien que sa vertu : on représenta au roi qu'il serait avantageux, à lui et à tout son Etat, de l'avoir auprès de lui pour se servir de ses conseils. C'était alors Sigebert qui régnait : il écouta volontiers cette proposition, et, sans différer, il manda à notre Saint de se rendre au plus tôt auprès de sa personne. Ce ne fut qu'à regret que ce bienheureux abbé quitta sa chère solitude, pour entrer dans les embarras du monde et surtout pour vivre à la cour, où la vie est aussi différente de celle du cloître que la mer agitée des vents et des tempêtes est différente du calme et de la tranquillité du port. Il fut néanmoins forcé d'obéir, et le roi, qui avait déjà une si haute idée de son mérite, le reçut avec toutes sortes de témoignages d'amitié et de confiance.

Il demeura donc auprès de ce prince, l'assistant de ses avis dans les plus importantes affaires de son royaume, sans autre dessein que de procurer la gloire de Dieu, le soulagement des peuples, la paix de l'Etat et la conservation de la monarchie. En ce temps, saint Amand, évêque de Maëstricht, voyant que, ni par ses prières, ni par ses menaces, ni par la force de ses exhortations, il ne pouvait rien gagner sur ses diocésains pour leur faire quitter leurs désordres et vivre selon les règles de la discipline chrétienne, avait secoué sur eux la poussière de ses pieds, et s'était retiré dans un autre pays pour y répandre la lumière de l'Evangile. Les habitants de Maëstricht, après avoir longtemps attendu son retour, ennuyés de se voir sans pasteur, et résolus de changer de vie, députèrent vers le roi pour le supplier de leur donner Rémacle en sa place. C'était l'homme du monde qui méritait le mieux cette prélature, et qui, seul, pouvait compenser la perte que ce peuple avait faite du grand saint Amand. Le roi, touché de leurs prières, le fit appeler, et, lui ayant exposé le désir et les instances de ce troupeau abandonné, le supplia de vouloir bien en prendre le soin. Rémacle s'excusa le plus qu'il put de cette charge, alléguant qu'elle surpassait beaucoup ses forces, et qu'il n'était nullement capable des fonctions attachées à l'épiscopat; mais les princes et les grands de la cour, joignant leurs remontrances à celles du roi, firent tant qu'ils l'obligèrent de déférer à l'élection que le clergé et le peuple de cette ville avaient faite unanimement de sa personne.

Il montra bientôt après qu'on ne s'était pas trompé dans ce choix. Il se rendit aimable à Dieu et aux hommes : sa prestance était grave et majestueuse, mais d'une majesté modeste qui n'était nullement contraire à la simplicité chrétienne; ses actions ne respiraient que la sainteté; sa conversation avait tant d'onction, que tous ceux qui avaient le bonheur de l'entendre en devenaient meilleurs. Il traitait aussi volontiers avec les pauvres qu'avec les riches, mais diversement, selon la différence de leurs conditions. Les justes et les gens de bien avaient toujours la meilleure part de son affection, quoiqu'il ne rebutât pas les pécheurs et qu'il fût plein de compassion pour eux. Il prêchait souvent son peuple, et il confirmait par ses œuvres la vérité de ses paroles; il aidait de ses conseils ceux qui en avaient besoin; il consolait les affligés dans leurs peines. Il secourait les malheureux par son crédit et par ses aumônes, et il visitait les églises de son diocèse avec une assiduité infatigable.

Comme il avait sucé la sainteté et la douceur de la vie monastique dès son enfance, les religieux étaient les principaux objets de sa vénération et de sa tendresse. Il fonda plusieurs monastères, dont il donna la conduite à de saints personnages. Le roi Sigebert fit aussi bâtir plusieurs abbayes par son conseil, entre autres celle de Malmédy, au diocèse de Cologne, et celle de Stavelot, dans l'étendue de son propre ressort : il appela la première *Malmundarium*, parce qu'il avait auparavant délivré le lieu des malins esprits, et, pour la seconde, il lui laissa le nom de *Stabuletum*, parce que c'était un lieu où les animaux s'assemblaient auparavant, comme dans une étable, pour y prendre leur pâture. Le démon s'opposa principalement à l'établissement de ce dernier monastère, et il faisait souvent venir tout autour une grande quantité de bêtes sauvages qui, par leurs cris, leurs hurlements et leurs mugissements effroyables, jetaient la terreur dans l'esprit des religieux. Mais le Saint les fortifia contre ces attaques par ses exhortations pleines de feu : « Ne craignez rien, mes enfants », leur disait-il, « observez inviolablement la loi de Dieu; conservez l'innocence de votre âme, priez sans relâche, chantez les louanges de votre Créateur avec ferveur, veillez la nuit, lisez les saintes Ecritures, imprimez souvent sur votre front le signe salutaire de la croix, et vous verrez s'évanouir tous les fantômes que votre ennemi fait paraître. C'est ainsi que nos Pères, les premiers habitants du désert, l'ont chassé des solitudes d'Egypte, de la Thébaïde et de la Nitrie, et vous ne devez point douter que les mêmes armes ne produisent un semblable effet entre vos mains ».

La sagesse incomparable de ce grand prélat lui attira des disciples de très-grand mérite : entre autres saint Théodard, saint Lambert et saint Tron, dont les noms sont en singulière vénération par toute la Flandre. Saint Tron lui témoignait le désir de donner son bien, qui était très-considérable, à quelque église ; le Saint ne lui proposa pas sa cathédrale, ni aucun de ses monastères pour être ses donataires, mais il lui conseilla de faire plutôt ses libéralités à l'église de Saint-Etienne de Metz, qu'il savait être dans l'indigence. Notgère s'écrie qu'il a sans doute, en cela, surpassé la vertu de tous les prêtres et de tous les évêques de son temps, puisque tout autre eût prié et sollicité pour sa propre église, et en eût préféré l'intérêt à toutes les autres maisons.

Lorsque saint Rémacle eut rempli les vastes solitudes des Ardennes de cette multitude d'anges terrestres, il retourna prendre le soin de son troupeau à Maëstricht. Il y avait bien de la différence entre les mœurs de ses diocésains et celles de ces troupes innocentes de religieux qu'il laissait dans ces monastères ; mais il savait qu'il était redevable aux faibles et aux forts, et qu'à l'exemple de saint Paul, il se devait faire tout à tous pour les gagner tous ; ainsi, il s'appliqua avec un zèle tout nouveau à policer ces esprits que l'ancienne barbarie du pays rendait peu traitables : il y réussit heureusement. Le roi lui ordonna ensuite d'aller consacrer les églises nouvellement bâties, tant de son propre diocèse, que de celui de Cologne : ce qu'il fit en présence du prince Grimoald, maire du palais, après néanmoins avoir obtenu la permission de saint Cunibert, archevêque de Cologne, pour celles qui étaient de son ressort.

Le désir de la retraite lui fit enfin préférer la vie monastique aux fonctions épiscopales. Il en obtint l'agrément de la cour, et il proposa à son peuple saint Théodard, son disciple, pour lui succéder. L'adieu qu'il fit à ses ouailles faillit les noyer dans leurs larmes ; on entendit des cris et des gémissements de tous côtés, et chacun demandait miséricorde au ciel, comme si la ville allait être abîmée. Il s'efforça en vain de les apaiser, en leur remontrant qu'il prierait toujours Dieu pour leur conservation, et que, bien loin de perdre au changement de pasteur, ils y gagneraient au contraire beaucoup, parce qu'ils seraient gouvernés par un Saint. Ces remontrances ne firent qu'augmenter leur douleur. Les plus sages prirent la parole et lui dirent : « Si le triste état où vous nous voyez réduits, saint prêtre de Jésus-Christ, n'a pas assez de force pour vous faire changer de dessein, nous appelons de cette résolution au tribunal de votre propre justice. Jugez vous-même, juste juge, s'il est permis à un pasteur de quitter son troupeau, lorsque Dieu lui donne encore assez de force pour le conduire, et qu'il veut bien profiter de ses instructions. Ceux qui entendront parler de votre retraite ou vous condamneront de lâcheté, d'avoir préféré le repos au travail, et votre inclination particulière au salut de vos ouailles, ou, rejetant la faute sur nous, ils s'imagineront que nous sommes des rebelles qui ne pouvons souffrir la domination spirituelle, et qui, après avoir obligé saint Amand, votre prédécesseur, à jeter sur nous la poussière de ses pieds, nous sommes encore rendus coupables de tant de crimes, que vous avez été forcé d'exercer contre nous la même vengeance ». Saint Rémacle les interrompit pour leur dire que le ciel et la terre étaient témoins du profit qu'ils avaient fait de ses soins, et que personne n'ignorait qu'il aimait son peuple et qu'il en était très-aimé ; mais il les priait de permettre qu'après avoir passé la plus grande partie de sa vie au service d'autrui et dans l'office de Marthe, il employât quelque reste à sa propre satisfaction et aux exercices de Madeleine ; la plupart des évêques, ses prédécesseurs, en avaient usé de cette manière, et il voulait imiter, au moins en cela, leur exemple ; il ne s'éloignerait point du diocèse, mais il choisirait une solitude pour les secourir dans leurs besoins : Moïse n'était pas inutile à son peuple, étant retiré sur la montagne, pendant que Josué combattait ses ennemis. Enfin, il voulait bien encore servir de père spirituel à ceux qui auraient le courage de le suivre et aux jeunes clercs que l'on destinait à l'Eglise et que l'on mettrait sous sa conduite. Ce fut ainsi qu'il modéra la douleur de ses enfants, et qu'ils lui permirent enfin de se retirer dans son monastère de Stavelot.

Plusieurs personnes, touchées de son exemple et désirant vivre sous un si excellent directeur, quittèrent en même temps le monde pour s'y faire religieux : entre autres, saint Babolin, qu'il fit abbé de Malmédy et qui fut, depuis, son successeur dans cette même abbaye de Stavelot. Le roi Sigebert lui fit cession de plusieurs belles terres pour la subsistance de son monastère : cession confirmée après la mort de ce prince par le roi Childéric, son neveu. On ne peut exprimer la sainteté avec laquelle on vivait dans cette maison ; ce fut là que, depuis, le grand saint Lambert, qui monta sur le siége de Maëstricht après saint Théodard, se retira lorsqu'il fut chassé de son trône pour avoir dit la vérité.

Enfin, saint Rémacle, prévoyant l'heure de sa mort, appela autour de lui ses religieux qui étaient en grand nombre, et leur dit : « Très-saints Pères et très-chers frères, que je porte dans mon cœur, et qui êtes la moitié de mon âme, je suis sur le point de vous quitter pour ne plus vous revoir que dans le ciel. La mort n'a rien d'affreux pour moi, et je n'en crains point les approches : elle n'est point pernicieuse à celui qui a mis sa confiance en Dieu ; elle n'est point imprévue à celui qui y a pensé toute sa vie, et elle ne peut être misérable à celui qui s'y est disposé de tout temps. Vous êtes la seule chose au monde que j'aie peine à quitter, parce que j'appréhende que l'ennemi de notre salut ne vous fasse relâcher de votre première ferveur après ma mort. Mais si les dernières paroles d'un père qui vous aime et que vous aimez ont quelque force sur votre esprit, je vous prie et je vous conjure de fuir les moindres apparences du vice, et de pratiquer fidèlement toutes les vertus. Conservez la foi, la pureté de cœur et la concorde entre vous. Que les saints livres ne sortent presque jamais de vos mains. Soyez assidus à la prière et à la méditation des vérités éternelles. Repoussez vigoureusement les tentations dès leur première naissance. Confessez avec humilité vos péchés à Dieu et à vos prélats. Aimez la pauvreté, la chasteté, l'obéissance et la tempérance. Adieu, mes chers enfants, que la douleur dont vous paraissez touchés vous fasse mieux retenir et pratiquer ce que je vous recommande en mourant ; souvenez-vous que vous devez tous mourir, et qu'il viendra un jour où vous pourriez regretter les précieux moments que vous auriez perdus ; car nous ne sommes que cendre et poussière, et nos années s'enfuient presque imperceptiblement ».

Après cette admirable exhortation, il reçut le saint Viatique et mourut dans le baiser du Seigneur, entre les mains de ses disciples. Son corps fut enterré dans une chapelle de son abbaye dédiée à saint Martin [1]. Toute l'Église de Stavelot l'a maintenant pour patron. Il s'est fait une infinité de miracles par son intercession, dont Notgère, qui nous a donné sa vie, a composé deux grands livres ; Surius en fait l'abrégé qu'il rapporte en ce jour 3 septembre. Il suffit de dire que les aveugles, les sourds, les muets, les paralytiques et toutes sortes d'autres malades, ont été guéris à son tombeau ; que les affligés y ont été consolés, les pénitents absous, les pécheurs endurcis et les libertins châtiés d'une manière terrible.

On représente saint Rémacle : 1° tenant une église sur la main, parce qu'il est fondateur des abbayes de Malmédy et de Stavelot ; 2° ayant près de lui un loup : c'est une manière d'exprimer l'empire qu'il exerça sur les démons ; 3° tenant à la main le bourdon du pèlerin : les artistes donnent ordinairement cette caractéristique aux évêques qui ont abandonné leur chaire pour achever leurs jours dans la solitude ou dans l'état religieux.

Acta Sanctorum ; Vies des Saints du Limousin, par Labiche de Reignefort. — Cf. Trithémius, Pierre de Natalibus, Du Saussay, Ferrarius et Aubert Mirée, dans ses *Fastes des Saints de Flandre*.

SAINT AYOU OU AIGULPHE, ABBÉ DE SAINT-HONORAT DE LÉRINS,

AU DIOCÈSE DE FRÉJUS (VIIᵉ siècle).

Aigulphe, vulgairement nommé *Ayou*, naquit à Blois, vers l'année 630, et embrassa la vie monastique dans l'abbaye bénédictine de Fleury, ou Saint-Benoît-sur-Loire *(Floriacum ad Ligerim)*, au diocèse d'Orléans. Il fut reçu au nombre des autres religieux, par saint Momble, second abbé de cette maison, et que l'on appelle quelquefois saint Mommol ou Mommolin. Ce supérieur le choisit pour l'exécution du dessein qu'il avait formé depuis longtemps, de faire enlever les reliques de saint Benoît ensevelies sous les ruines de l'abbaye du Mont-Cassin, au royaume de Naples.

[1]. On gardait dans le monastère de Solignac un bras de saint Rémacle, que les moines de Stavelot y envoyèrent en 1268 ; ces deux communautés, comme filles d'un même père, ont toujours entretenu entre elles une union très-étroite.

Ayou partit, accompagné de quelques personnes du Mans, et prit de si bonnes mesures, qu'après avoir heureusement découvert le tombeau de saint Benoît et celui de sainte Scholastique, sa sœur, il en tira les ossements et les transporta en France. On mit ceux de saint Benoît dans l'abbaye de Fleury, et ceux de sainte Scholastique furent envoyés au Mans.

Appelé ensuite à gouverner le monastère de Saint-Honorat de Lérins, en Provence, Aigulphe tenta d'y rétablir la discipline; mais ses vertueux efforts lui attirèrent l'animadversion des méchants; quelques hommes pervers, encouragés par le seigneur de Nice, ourdirent un complot contre le saint abbé et l'assassinèrent dans l'île d'Amatune. L'Eglise, et en particulier le diocèse de Blois, sa patrie, l'honorent comme martyr, au 3 septembre.

Des mains pieuses recueillirent ses restes mortels et les déposèrent à Lérins, où plusieurs miracles vinrent proclamer leur sanctification. Au XIe siècle, un prieuré de Bénédictins fut fondé dans la ville de Provins (en Brie), sous l'invocation de Saint-Ayou, par la piété de Thibault, comte de Blois, de Brie et de Champagne. Quelques parcelles du corps y furent apportées de Lérins. L'église de Provins a conservé, jusqu'à ce jour, une ancienne statue de saint Ayou, avec une châsse renfermant ses os. Tous les ans, le 4 septembre, on expose ce reliquaire; et les pèlerins continuent d'y affluer, comme par le passé.

Les Saints de Blois, par M. l'abbé Duplus.

LES BB. JEAN DE PÉROUSE ET PIERRE DE SASSO-FERRATO,

MARTYRS A VALENCE, EN ESPAGNE (1230).

Dans le désir d'offrir aux peuples les moyens d'opérer leur salut et de propager son Ordre, saint François d'Assise envoya, en 1219 et en 1220, plusieurs de ses compagnons dans les différentes contrées de l'Europe. L'Espagne fut assignée à Jean de Pérouse, prêtre, et à Pierre de Sasso-Ferrato, frère lai. Arrivés à Téruel *(Turbula),* au royaume d'Aragon, ils se bâtirent deux pauvres cellules près d'une église, et se mirent à parcourir le pays qu'ils évangélisèrent et édifièrent par leur sainte vie. Ils s'acquirent bientôt une grande réputation de sainteté. Leur zèle les conduisit à Valence, ville occupée par les Maures. Là régnait un ennemi acharné du nom chrétien, nommé Azote. Les deux missionnaires ne tardèrent pas à être arrêtés. Ce prince mit tout en œuvre pour leur faire abjurer leur foi, mais, furieux de voir ses efforts inutiles, il leur fit trancher la tête (1230). Des miracles ne tardèrent pas à prouver la sainteté des deux disciples de Saint-François.

Azote était en guerre avec les chrétiens, et depuis ce moment la fortune des armes lui fut constamment défavorable; attribuant ces revers à la protection du Dieu des chrétiens, il se résolut à traiter avec le roi; il lui offrit de lui céder son royaume pourvu qu'il lui fournît les moyens de vivre honorablement et de se faire chrétien. Le roi d'Aragon accepta. Azote fut baptisé, et le palais de Valence lui fut assigné pour sa demeure. Fidèle à ses promesses, Azote bannit le mahométisme de Valence, y rétablit le culte du vrai Dieu et y appela les Frères Mineurs auxquels, avec l'assentiment du roi d'Aragon, il donna son palais pour y fonder un couvent. C'est ainsi que les Franciscains furent établis à Valence après que Clément XI et Benoît XIV eurent approuvé le culte des deux martyrs. Pie VI les béatifia le 2 avril 1783. Leurs reliques se gardent à Téruel.

Acta Sanctorum.

LE B. ANDRÉ DOTTI,

RELIGIEUX DE L'ORDRE DES SERVITES (1315).

André naquit en 1256, en Toscane, dans la ville de Bourg-Saint-Sépulcre; il appartenait à la noble famille des Dotti, et, dans sa jeunesse, vivement touché d'un sermon qu'il entendit sur le renoncement à toutes les choses du monde, il conçut le désir de se donner à Dieu et d'entrer dans l'état religieux. Il alla se jeter aux pieds du prédicateur et lui demanda humblement de l'admettre dans l'Ordre des Servites. Sa prière fut exaucée, et il devint le compagnon assidu de saint Philippe Béniti, l'auteur de sa conversion. Le bienheureux André fit, sous un maître si parfait, de rapides progrès dans la vertu, et, après l'avoir accompagné dans ses voyages apostoliques en Allemagne, il revint dans son pays, où il fut ordonné prêtre. Il continua dès lors de travailler avec une nouvelle ardeur au salut des âmes ; puis, ayant appris qu'on venait de donner au monastère de Bourg-Saint-Sépulcre des maisons qui étaient habitées par des solitaires, et qui se trouvaient près des Apennins, il obtint de s'y retirer et y vécut plusieurs années, comblé de faveurs célestes. Ces religieux choisirent bientôt André pour leur supérieur : celui-ci les rattacha à l'Ordre des Servites; mais il ne resta pas longtemps à leur tête, obligé qu'il fut d'obéir aux ordres de son général qui le destinait à la prédication de l'Evangile. Ses missions produisirent des fruits merveilleux. Il fit naître dans tous les cœurs un amour ardent des biens éternels, et beaucoup de ses auditeurs renoncèrent au monde pour entrer dans l'Ordre des Servites.

Quand, après de longues années de prédications, le serviteur de Dieu sentit ses forces épuisées trahir son zèle, il rentra dans son ermitage pour s'y livrer entièrement au service de Dieu et aux œuvres de la pénitence la plus austère. Il connut à l'avance l'heure de sa mort, s'y prépara et expira en 1315. Le bruit de son trépas se répandit rapidement et amena à son ermitage un grand concours de peuple. Il fut enseveli dans l'Eglise de Bourg-Saint-Sépulcre; de nombreux miracles s'opérèrent à son tombeau, et Pie VII approuva son culte.

Acta Sanctorum.

IVe JOUR DE SEPTEMBRE

MARTYROLOGE ROMAIN.

Sur le mont Nébo [1], dans la terre de Moab, saint MOÏSE, législateur et prophète. 1585 av. J.-C. — A Ancyre, en Galatie, la naissance au ciel de trois bienheureux enfants, martyrs, Rufin, Silvain et Vitalique. — A Châlon-sur-Saône, saint MARCEL, martyr, sous l'empereur Antonin. Invité par Prisque, gouverneur de la province, à un festin profane, et, témoignant son horreur pour de pareils repas, il reprit les convives de ce qu'ils servaient ainsi les idoles ; alors, par une cruauté inouïe, il fut enterré debout jusqu'à la ceinture, sur arrêt du gouverneur, et, continuant pendant trois jours à louer Dieu dans cet état, il rendit son âme et la remit toute pure et sans tache entre les mains de son Créateur. 178. — Le même jour, saint Magne, saint Caste et saint Maxime, martyrs. — A Trèves, saint Marcel, évêque et martyr. IIIe s. — Le même jour, saint Thamel, d'abord prêtre des idoles, et ses compagnons, martyrs, sous l'empereur Adrien. IIe s. — De plus, les saints Théodore, Océan, Ammien et Julien, qui, ayant eu les pieds coupés, furent jetés dans le feu, où ils consommèrent leur martyre sous l'empereur Maximien. — A Rimini, saint MARIN, diacre. Vers 307. — A Palerme, sainte ROSALIE, vierge, princesse du sang royal de Charlemagne ; qui, pour l'amour de Jésus-Christ, renonça aux honneurs de la souveraineté paternelle ainsi qu'aux délices de la cour, et alla habiter les montagnes et les grottes, où elle mena une vie solitaire et toute céleste. 1160. — A Naples, la naissance au ciel de sainte Candide, qui, la première, accourut au-devant de saint Pierre, qui arrivait dans cette ville, fut baptisée par cet Apôtre, et mourut plus tard d'une sainte mort. Vers 78. — Au même lieu, sainte Candide la Jeune, célèbre par ses miracles. 586. — A Viterbe, sainte ROSE, vierge. 1252.

1. Le Nébo, aujourd'hui Attare, est une montagne de Palestine, qui fait partie de la chaîne des monts Abarim, à l'est de la mer Morte.

MARTYROLOGE DE FRANCE, REVU ET AUGMENTÉ.

Au diocèse de Mende, saint Frézal, appelé aussi Frézaud et Flotard *(Frodoaldus)*, évêque de ce siège et martyr. Il acheva d'extirper les quelques restes d'idolâtrie qu'il y avait encore dans certains quartiers du Gévaudan ; après plusieurs années d'un épiscopat pénible, il devint la victime de l'avarice d'un neveu qui lui enleva la vie pour jouir plus tôt de ses richesses. On l'a honoré comme Martyr jusqu'en 1720. On croit que son corps repose dans une église de son nom, près de la Canourgue (Lozère, arrondissement de Marvejols) [1]. 820. — Aux diocèses de Lyon, d'Autun et de Paris, saint Marcel, cité au martyrologe romain de ce jour. — Au diocèse de Tarbes, saint Taurin, évêque d'Auch, dont nous donnons la vie au jour suivant. — Au diocèse de Verdun, translation des reliques de saint Salvin, troisième évêque de ce siège et confesseur. On croit qu'il fut un de ces hommes apostoliques qui parcouraient alors les Gaules pour y prêcher l'Évangile, et que, en passant par Verdun, il y fut engagé à accepter la charge pastorale : il gouverna cette Église pendant trente et un ans. Son corps fut déposé dans l'oratoire de Saint-Jean-Baptiste, où l'on voit encore son sépulcre de pierre joignant celui de saint Maur. Vers 420. — A Marseille, saint Musée, prêtre, célèbre pour la pureté de sa vie et l'éminence de sa doctrine. — A Cologne, la bienheureuse Irmgarde ou Irmengarde, sœur du bienheureux Hermann, abbé de Saint-Pantaléon de cette ville. Elle se fit remarquer par sa charité active et sa rare piété. Elle rapporta de Rome à Cologne une partie du chef de saint Sylvestre, et en fit présent à la cathédrale où elle fut enterrée. XIIe s. — En Bourgogne, sainte Aussile, honorée comme vierge et martyre à Thil et à Précy. — A Chartres, le décès de saint Caltry, évêque de ce siège, et dont nous donnerons la vie au 8 octobre. VIe s. — A Geertruydenberg, en Hollande, le bienheureux Guillaume Tappers de Gouda, de l'Ordre des Récollets. Il prêcha avec beaucoup de succès la parole de Dieu à Dortrecht (Hollande méridionale), à Bréda (Brabant septentrional), à Bois-le-Duc, et à Geertruydenberg où les Calvinistes le massacrèrent en haine de la religion catholique. 1573. — A Paris, la vénérable Marie de Lumagne, fondatrice de l'Institut des Filles de la Providence de Dieu [2]. 1657. — A Dijon, mémoire du passage en cette ville du corps de saint Germain d'Auxerre, dont nous avons donné la vie au 31 juillet. 450. — Au diocèse de Soissons, saint Gennebaud, premier évêque de l'ancien siège de Laon et confesseur, dont nous donnerons la vie au jour suivant. 550. — A Meaux, saint Agile, premier abbé de Rebais, dont nous avons donné la vie au 31 août. VIe s. — A Provins (Seine-et-Marne), au diocèse de Meaux, saint Ayou ou Aigulphe, moine de Fleury et abbé de Lérins, dont nous avons donné la vie au jour précédent. VIIe s. — A Bayeux, saint SULPICE, vingtième évêque de ce siège et confesseur. Vers 844. — Au diocèse d'Albi, sainte Rose de Viterbe, citée au martyrologe romain de ce jour. — Dans l'ancienne abbaye bénédictine de Saint-Sauveur d'Anchin *(Aquiscinctum)*, au diocèse de Cambrai, le bienheureux Richard, religieux. 1193.

MARTYROLOGES DES ORDRES RELIGIEUX.

Martyrologe de l'Ordre de Saint-Basile. — A Palerme, la naissance au ciel de sainte Rosalie, vierge, de l'Ordre de Saint-Basile, issue du sang royal de Charlemagne. Fuyant, pour l'amour de Jésus-Christ, la principauté de son père et la cour, elle se retira sur des montagnes et dans des cavernes, pour y mener une vie solitaire et toute céleste. 1160.

Martyrologe des Chanoines Réguliers. — L'Octave de saint Augustin, évêque, confesseur et docteur de l'Église [3]. 430.

Martyrologe de l'Ordre des Camaldules. — A Viterbe, sainte Rose, vierge. 1252.

Martyrologe de la Congrégation de Vallombreuse. — De même que chez les Camaldules.

Martyrologe de l'Ordre des Cisterciens. — De même que chez les Camaldules.

---

1. Dans la première moitié du XVIIe siècle, Mgr de Marcillac, évêque de Mende, voulut transférer ses reliques dans son église cathédrale. Ceux qui étaient chargés de ce soin, éprouvèrent, à la vue de tout le peuple, une résistance si miraculeuse, lorsqu'ils furent sur le point de sortir de l'église de Saint-Frézal avec le précieux fardeau, qu'on se vit obligé de renoncer à cette entreprise et que les reliques furent laissées à leur ancienne place. On vient d'ouvrir le tombeau et l'on y a trouvé un corps entier : seulement on désirerait quelque signe d'authenticité. — *Bollandistes* et *Notes locales* fournies par M. l'abbé Charbonnel (1er février 1872).

2. Cet institut, qui n'existe plus à Paris, avait pour but de retirer, comme dans un asile et un port assuré, les jeunes filles à qui la beauté, la pauvreté, l'abandon ou la mauvaise conduite des parents peuvent être une occasion prochaine de perte et de damnation. Louis XIII et Louis XIV accordèrent des lettres patentes pour l'établissement de cette communauté ; Anne d'Autriche lui donna (1651) l'hôpital de la Santé, situé au faubourg Saint-Marcel, rue de l'Arbalète. — Cf. Hélyot, *Dictionnaire des Ordres religieux.*

3. Nous avons donné sa vie au 28 août.

Martyrologe de l'Ordre des Frères Prêcheurs. — L'Octave de saint Augustin.

Martyrologe des trois Ordres de Saint-François. — A Viterbe, la translation du corps de sainte Rose, vierge, du Tiers Ordre de Saint-François ; lequel, ayant été trouvé entier et sans corruption environ trente mois après sa mort, fut porté de l'église de Sainte-Marie de Podio au monastère de Sainte-Marie des Roses, où, pendant sa vie, elle avait prédit qu'elle reposerait après sa mort. Ce monastère prit de là le nom de Sainte-Rose. Son bienheureux décès arriva le 6 mars. 1252.

Martyrologe de l'Ordre des Carmes déchaussés. — Saint Joseph Casalanz, confesseur, dont on fait la fête au 27 août [1]. 1648.

Martyrologe de l'Ordre des Ermites de Saint-Augustin. — L'Octave de saint Augustin.

Martyrologe de l'Ordre des Servites de la bienheureuse Vierge Marie. — De même que chez les Augustins.

Martyrologe de l'Ordre des Mineurs Capucins de Saint-François. — De même que chez les Franciscains.

Martyrologe de l'Ordre de Saint-Jérôme. — De même que chez les Augustins.

Martyrologe de l'Ordre des Frères Mineurs. — De même que chez les Franciscains.

ADDITIONS FAITES D'APRÈS LES BOLLANDISTES ET AUTRES HAGIOGRAPHES.

A Hersfeld, ville de Hesse-Cassel, sur la Fulde, sainte Ide, veuve. Elle était fille d'un comte qui avait été à la cour de Charlemagne et qui était en grande faveur auprès de ce prince. Celui-ci fit épouser à la bienheureuse Ide un seigneur de sa cour qu'il aimait beaucoup et se nommait Eghert* : elle vécut avec son mari dans l'union la plus parfaite, et ils s'excitaient mutuellement à la pratique des bonnes œuvres. Devenue veuve peu de temps après, elle sanctifia cet état par un redoublement de ferveur dans ses exercices, et d'austérité dans sa pénitence. Toute sa vie ne fut qu'une suite de bonnes œuvres ; son tombeau fut illustré par d'éclatants miracles. Vers 849. — A Salzbourg, dans la Haute-Autriche, translation des reliques de sainte Erentrude ou Erentrui, vierge, abbesse de Honnberg, près Salzbourg, dont le décès est indiqué aux additions des Bollandistes du 30 juin, jour où nous avons donné quelques détails sur sa vie. Vers 630. — A Ephèse, aujourd'hui Aïa-Solouk, ville de l'Asie-Mineure, sainte Hermione, fille du diacre saint Philippe. Plusieurs martyrologes lui donnent le titre de vierge et martyre, et pensent qu'elle fut victime de la persécution des empereurs Trajan et Adrien. Vers 117. — A Ancyre, aujourd'hui Angora ou Angourieh, ville de l'Asie-Mineure, dans la Galatie, avec les saints martyrs Rufin, Silvain et Vitalique, cités au martyrologe romain de ce jour, les saints Marcel, Gaïen, Elpide, Antonin, Eustique, Eusèbe, un autre Gaïen, Gaïson, Saturnin, Donat, Eleuse, et leurs compagnons, martyrs. — En Irlande, sainte Munesse, vierge, appelée quelquefois Monesse, Mémesse et Munérie. Elle était de sang royal, et vécut assez longtemps dans les ténèbres de l'idolâtrie. Eclairée plus tard de la lumière de l'Esprit-Saint, elle se fit baptiser par saint Patrice, et mourut aussitôt après son Baptême, et à l'endroit même où se fit la cérémonie. Ce lieu fut aussi celui de sa sépulture : un couvent de religieuses s'y éleva dans la suite. v° s. — A Bergame, en Lombardie, sainte Grate, vierge. Son père s'appelait Loup et sa mère Adélaïde ; c'étaient des personnages illustres, mais aussi craignant Dieu, qui élevèrent leur fille dans les principes de la religion. Elle épousa un riche seigneur qui mourut après quelques années de mariage ; Grate se voua dès lors au service des pauvres, et leur bâtit à ses frais un hôpital dans la ville de Bergame. C'est là qu'elle mourut et qu'elle fut ensevelie. IX° s. — En Asie, le bienheureux Benincasa Rapaccioli, martyr, de l'Ordre des Servites. Natif de Colle-Scipoli *(Collis Scipionis)*, en Italie, il alla prêcher la foi en Bohême, au temps de la fameuse guerre des Hussites ; les Tartares, qu'il voulut évangéliser ensuite, le firent mourir. 1415.

1. Voir sa vie à ce jour.

SAINT MOÏSE, PROPHÈTE,

CHEF ET LÉGISLATEUR DU PEUPLE HÉBREU

1705-1585 avant Jésus-Christ.

> Moïse et Jésus sont tous deux élevés en Egypte sur un sol étranger; revenus vers leurs frères, ils travaillent à les délivrer, l'un de la servitude de Pharaon, l'autre de l'esclavage de Satan.
> *Eloge du Saint.*

Jacob était descendu en Egypte avec ses fils, leurs femmes et les fils de ses fils. Cette famille, dès lors nombreuse, se multiplia comme une plante féconde, et, au bout de cent cinquante ans, elle formait déjà un petit peuple. Elle trouvait protection et garantie d'indépendance dans le nom et la mémoire de Joseph, qui avait rendu de grands services à l'Etat. En ce temps et dans ce pays, l'hérédité ne donnait pas toujours le trône ; le peuple choisissait son chef en quelques rencontres, soit que les livres religieux l'eussent ainsi réglé, soit qu'on agît de la sorte en vue de l'utilité commune. Un nouveau roi fut donc choisi, qui n'avait point connu Joseph, et qui ne montra pour les frères de l'ancien ministre aucun sentiment de reconnaissance. Aménophis (c'était le nom du nouveau Pharaon) ne voulait point renvoyer les enfants d'Israël, de peur d'appauvrir son royaume, ni les laisser à leurs libres moyens d'accroissement et de prospérité, de peur d'avoir un dangereux voisinage. Il résolut de les opprimer. Les Hébreux furent d'abord employés aux plus rudes ouvrages : on les accabla de fardeaux insupportables et de mauvais traitements ; on leur fit bâtir des villes fortes ; on leur rendit la vie si odieuse, que, plus tard, au souvenir de cette captivité, ils nommaient l'Egypte une fournaise de fer. La politique déconcertée donna l'ordre de faire périr au moment de leur naissance tous les enfants mâles, et de n'épargner que les filles. Mais cet ordre ne fut pas exécuté. Alors le roi, recourant à la force ouverte, commanda que tous les enfants mâles qui naîtraient parmi les Hébreux fussent jetés dans le Nil.

Un jour, la fille de Pharaon, nommée Thermutis, selon quelques-uns, et Mœris, selon d'autres, descendit vers le Nil pour s'y baigner ; accompagnée de ses femmes, elle suivit les bords du fleuve. Tout à coup elle aperçoit une corbeille flottante au milieu des roseaux ; elle l'envoie chercher par une de ses compagnes. Elle y trouve un petit enfant qui criait, et, touchée de pitié, elle dit : « C'est un enfant des Hébreux ». L'enfant avait, en effet, pour père et pour mère Amram et Jocabed, de la tribu de Lévi. Il était d'une beauté extraordinaire, et, soit que cette beauté ajoutât à l'amour inné de ses parents, soit qu'elle leur parût le signe providentiel d'un grand avenir, sa mère le tint caché durant trois mois, malgré les prescriptions connues. Puis, voyant qu'elle ne pouvait plus tenir la chose secrète, elle crut plus sage de le soumettre au péril d'une mort incertaine que d'attirer sur lui et sur toute la famille peut-être la fureur irritée des tyrans. On tressa une corbeille de joncs, on l'enduisit de bitume et de poix, on y plaça l'enfant, et la frêle barque fut exposée parmi les roseaux qui bordaient le fleuve. C'est là que Thermutis l'avait trouvée.

La mère avait ordonné à Marie, sœur de l'enfant, de se tenir à l'écart pour voir ce qui arriverait. Son amour n'osait assister à la scène tragique qui allait survenir, et pourtant elle voulait qu'un œil ami suivît et protégeât, pour ainsi dire, les destinées du triste berceau. Elle se retira donc, en laissant pour toute défense au proscrit, l'innocence et la faiblesse d'une jeune fille. La petite Marie, voyant que le sort de son frère inspirait de la pitié, s'approcha et dit à la fille de Pharaon : « Voulez-vous que j'aille vous chercher une femme de la nation des Hébreux qui puisse nourrir ce petit enfant ? » Dieu, qui dirigeait les événements, inclina comme il voulut le cœur de la princesse, et elle consentit à la demande de la jeune fille, qui courut appeler sa mère, et Thermutis lui dit : « Prends cet enfant et le nourris, je te récompenserai ». Une sagesse supérieure trompa ainsi les calculs de l'humaine prudence, et la verge qui devait châtier les hommes injustes grandit sous leurs yeux. Plus tard, un autre berceau échappera au poignard d'un autre persécuteur, et quelques milliers d'innocents égorgés dans Bethléem n'empêcheront pas le divin fugitif d'établir sa royauté vainement menacée sur les débris du trône d'Hérode.

Lorsque l'enfant eut grandi, sa mère dut le rendre à Thermutis. D'anciennes traditions recueillies par l'historien Josèphe portent que la princesse était mariée, mais qu'elle n'avait pas d'enfants. Elle prit en grande affection celui qu'elle venait d'arracher à la mort, et l'adopta, en lui donnant le nom de Moïse, qui signifie sauvé des eaux. Il fut élevé à la cour de Pharaon et initié à toutes les sciences du temps et du pays. Parvenu à l'âge de quarante ans, il comprit que Dieu le destinait à autre chose qu'à des grandeurs temporelles. Il renonça au titre de fils adoptif du roi, et alla visiter ses frères opprimés, préférant être persécuté avec le peuple de Dieu plutôt que de vivre au milieu des délices et des faveurs que lui procurait la cour d'un roi puissant et magnifique. Un jour qu'il était avec eux dans la campagne, il aperçut de loin un Egyptien qui frappait impitoyablement un des Hébreux ; Moïse, à cette vue, saisi d'indignation, y court, attaque l'Egyptien furieux, et le tue. Voyant tout le danger d'une telle action, il recommanda le secret à l'Israélite qu'il avait délivré des mains de son ennemi, et cacha le cadavre dans le sable. Pharaon en fut instruit ; on lui présenta cette action sous les plus sombres couleurs, et il cherchait à faire mourir celui qui en était l'auteur. Moïse, averti des desseins du roi, s'enfuit précipitamment, et alla se réfugier loin des Etats du prince, dans le pays de Madian où il épousa Séphora, fille du grand prêtre Jéthro. Il y passa quarante ans dans l'humble condition de berger, menant paître les troupeaux de son beau-père.

Cependant le roi Pharaon, qui poursuivait Moïse, n'existait plus ; un autre lui avait succédé, et les Israélites étaient traités avec plus de violence que jamais ; ils gémissaient, levaient les yeux au ciel, imploraient le Seigneur de qui ils attendaient leur délivrance. Un jour que Moïse faisait paître son troupeau, et qu'il s'était enfoncé assez avant dans le désert, il se trouva au pied d'une montagne nommée Horeb, très-voisine de la fameuse montagne de Sinaï. Tout à coup, au milieu d'un buisson ardent, le Seigneur lui apparut sous la figure d'une belle et vive flamme qui brillait d'un éclat fort doux, et qui ne consumait ni les branches ni les feuilles du buisson. Moïse, étonné : « J'irai », dit-il en lui-même, « j'approcherai de plus près, et j'examinerai d'où vient que ce buisson, tout ardent et tout enflammé qu'il est, ne se consume pas ». Il s'avançait avec empressement, et déjà il en était assez proche, lorsque le Seigneur, voulant lui faire regarder cette apparition avec le respect qu'il convient de porter à sa redoutable Majesté, lui fit entendre sa voix en ces termes : « Moïse ! Moïse ! » — « Me voici, Seigneur », répondit-il. « Gardez-vous d'approcher plus près : ôtez votre chaussure, car cette terre où vous marchez est sanctifiée par la présence de votre Dieu. C'est moi qui suis le Dieu de votre père, le Dieu d'Abraham, le Dieu d'Isaac, le Dieu de Jacob ». A ces mots, Moïse, saisi d'une religieuse frayeur, se couvrit le visage, n'osant lever les yeux vers l'endroit d'où venait la voix. « J'ai vu avec compassion », reprit le Seigneur, « les calamités de mon peuple ; ses cris et ses gémissements sont montés jusqu'à moi. Préparez-vous, Moïse, animez-vous d'un saint zèle, c'est vous que j'enverrai à Pharaon pour l'obliger de laisser sortir mon peuple ». — « Eh ! qui suis-je, Seigneur », reprit Moïse, « pour aller me présenter à Pharaon, et tirer ensuite les enfants d'Israël de la captivité ? » — « Je serai avec vous », dit le Seigneur, « toutes vos démarches seront signalées par quelques prodiges ». — « Il faut que j'aille vers les enfants d'Israël », reprit Moïse, « et je leur dirai : Le Dieu de vos pères m'a envoyé vers vous. Mais, s'ils me demandent quel est son nom, que leur répondrai-je ? » — « JE SUIS CELUI QUI EST », reprit le Seigneur ; « partez, et dites à vos frères : Celui qui est m'envoie vers vous ; c'est sous ce nom de miséricorde que je veux me faire connaître à mon peuple dans la suite des siècles. J'ai vu les maux dont il est accablé, et j'ai résolu de le conduire dans une terre où coulent le lait et le miel ». — « Mais, Seigneur », reprit Moïse, « quand je leur dirai que vous m'avez envoyé, ils ne voudront pas me croire ; ils me traiteront de visionnaire ou de séducteur, et diront : Le Seigneur ne vous a point apparu ». — « Je vais vous fournir de quoi convaincre les incrédules : que tenez-vous à la main ? » — « Une baguette », répondit Moïse. « Jetez-la à terre », lui dit le Seigneur. Moïse la jeta, et aussitôt elle se changea en serpent, de sorte qu'il en eut peur et se mit à fuir. Mais Dieu lui dit : « Ne craignez rien, prenez ce serpent par l'extrémité du corps ». Moïse étendit la main, le saisit, et le serpent, dans sa main, redevint sa baguette. Dieu dit encore : « Mettez votre main dans votre sein ». Moïse le fit, et il la retira couverte d'une lèpre blanche comme la neige. « Remettez-la de nouveau », lui dit le Seigneur. Moïse obéit, et la retira parfaitement guérie. « Ce que je viens de faire devant vous », ajouta le Seigneur, « vous le ferez devant les Hébreux, et, à cette marque, ils reconnaîtront que le Seigneur, le Dieu de vos pères, vous est apparu ». — « Mais je vous en conjure, Seigneur », reprit Moïse, « considérez que j'ai de la peine à m'exprimer ». — « Aaron, votre frère », reprit le Seigneur, « s'exprime avec force et avec grâce, vous lui direz ce que vous aurez appris de moi, et il parlera pour vous au peuple. Voici que je vais l'envoyer à votre rencontre ». Moïse retourna aussitôt à Madian, prit congé de Jéthro, son beau-père, et se mit en route pour l'Egypte. Arrivé au pied du mont Horeb, il rencontra son frère ; il se jeta à son cou et tous deux s'embrassèrent avec tous les témoignages de la plus tendre amitié. Moïse lui raconta tout ce qui lui était arrivé. Aaron crut, se soumit aux volontés du Seigneur, et se consacra avec joie à la délivrance de sa nation. L'union de ces deux grands hommes fut le salut d'Israël. Ils partirent ensemble pour la terre de Gessen. A leur arrivée, ils allèrent trouver les anciens du peuple, auxquels Aaron raconta tout ce qui s'était passé à Horeb, et Moïse confirma sa mission en opérant des prodiges. Ces premières démarches réussirent ; ceux-ci connurent que Dieu avait eu pitié de son peuple : ils se prosternèrent pour l'adorer, et on se livra sans réserve à la conduite de Moïse. Il était alors âgé de quatre-vingts ans, et son frère en avait quatre-vingt-trois.

Moïse et Aaron se présentèrent bientôt au roi Pharaon, et lui dirent : « Voici ce que vous ordonne le Seigneur, le Dieu d'Israël : Donnez à mon peuple la liberté d'aller sacrifier dans le désert ». Mais ce prince impie répondit : « Je ne connais pas votre Dieu, et Israël ne sortira pas de mon royaume. C'est vous qui avez entrepris de soulever la nation, et qui l'empêchez de se livrer aux ouvrages auxquels je l'emploie ; sortez de ma présence, et qu'ils reprennent incessamment leurs travaux ». Dès ce moment, il commanda qu'on les traitât plus durement que jamais. Alors ils se plaignirent amèrement à Moïse. Et, quand le serviteur de Dieu retourna vers eux pour les consoler, ils se montrèrent insensibles, et ils s'en prirent à lui de l'excès de travaux dont ils étaient accablés. Cependant le Seigneur parla de nouveau à Moïse, et lui dit : « Allez, présentez-vous à Pharaon, et ordonnez-lui, de ma part, de laisser sortir les enfants d'Israël. Voici que je vous établis le Dieu de ce prince, et votre frère sera votre prophète et votre organe. Pharaon n'obéira que malgré lui ; mais je l'abandonnerai, s'il refuse de me connaître, et son cœur s'endurcira ».

Moïse et Aaron se mirent en devoir d'exécuter les ordres de Dieu. Ils se rendirent au palais, présentèrent leur requête, firent plusieurs miracles devant le roi, pour lui prouver qu'ils étaient envoyés de la part de Dieu ; mais ce prince, séduit par ses magiciens, demeura dans son aveuglement et ne voulut pas laisser partir les enfants d'Israël. Dieu commença alors de frapper l'Egypte de terribles fléaux. La première de ces plaies fut celle des eaux du Nil, changées en sang : les Egyptiens en eurent horreur, et ils furent obligés de creuser des puits de distance en distance, pour se désaltérer. La seconde fut celle des grenouilles : leur multitude était si prodigieuse, qu'elles entraient dans toutes les maisons et incommodaient Pharaon et ses sujets, s'introduisant jusque dans les cuisines ; la troisième, celle des moucherons, dont la multitude effroyable tourmentait et les hommes et les animaux ; la quatrième, celle des grosses mouches qui, non-seulement blessaient les vivants, mais rongeaient, gâtaient, corrompaient tout par leurs dangereuses morsures ; la cinquième, une horrible peste, qui fit mourir la plupart des animaux ; la sixième, celle d'ulcères et de plaies douloureuses, dont furent couverts les hommes et les animaux ; la septième, une grêle mêlée de foudres et de tonnerres, qui frappa les hommes et les animaux qui se trouvaient dans les champs et qui brisa les arbres ; la huitième, une multitude prodigieuse de sauterelles, qui dévorèrent tout ce qu'avait épargné la grêle ; la neuvième, celle des ténèbres épaisses qui durèrent pendant trois jours. Toutes ces plaies, qui atteignaient les Egyptiens sans toucher aux Israélites, parurent si merveilleuses aux magiciens de Pharaon, qu'ils furent forcés de dire au roi : « C'est le doigt de Dieu qui agit ici ». Et Pharaon lui-même fut obligé de s'écrier : « Le Seigneur est juste, et mon peuple et moi ne sommes que des impies ». Effrayé des terribles châtiments que son obstination attirait sur ses sujets, chaque fois il conjurait Moïse de les faire cesser, promettant de laisser partir le peuple ; mais le fléau n'avait pas plus tôt disparu, que Pharaon revenait à son premier endurcissement, jusqu'à ce qu'enfin Dieu le frappa de la dixième, qui fut la plus terrible de toutes.

Le Seigneur, avant de frapper l'Egypte de la dixième plaie, envoya Moïse et Aaron vers les enfants d'Israël, pour leur dire que ce mois serait signalé par leur sortie de l'Egypte. Tous devaient se rendre à Ramessès, au plus tard le neuvième jour du mois courant ; et le quatorzième sur le soir, le chef de chaque famille devait immoler un agneau au Seigneur. Tous les enfants d'Israël devaient participer à cette cérémonie. On devait réserver du sang de la victime ; y tremper des branches d'hysope, et marquer de ce sang les deux montants et le linteau de la porte de chacune des maisons où se ferait le repas. L'agneau devait être rôti tout entier, le corps, la tête et même les entrailles. Il ne fallait user, dans ce repas, que de pain azyme, et il était prescrit de manger, avec la chair de l'agneau, des laitues sauvages et amères. On devait se mettre en habit de voyageur, ceindre ses reins, avoir des chaussures aux pieds et un bâton à la main, manger debout et à la hâte. Les enfants d'Israël venaient de mettre à exécution le précepte que Moïse leur avait donné de la part du Tout-Puissant. C'était au milieu de la nuit ; de toutes parts régnait le calme et le silence, lorsque le souverain Maître de la vie des hommes envoya ses anges exterminateurs, qui mirent à mort tous les premiers-nés des Egyptiens, depuis le fils de Pharaon, associé à l'empire, jusqu'au fils aîné de la dernière des esclaves. Toutes les maisons furent frappées, excepté celles dont les portes étaient marquées du sang de l'agneau. Alors un cri universel se fit entendre dans toute l'étendue de l'Egypte. Pharaon, effrayé, au désespoir de la mort de son fils, se lève au milieu de la nuit, avec ses courtisans ; il envoie, malgré les ténèbres de la nuit, chercher Moïse et Aaron, et leur dit : « Retirez-vous promptement de mes Etats, vous et les enfants d'Israël, et sacrifiez au Seigneur votre Dieu comme vous l'entendrez ». Le peuple, accablé sous les coups terribles que leur attirait un monarque jusqu'alors opiniâtre, pressait également les Israélites de sortir, le plus tôt possible, de leur pays, « car », disaient-ils, « si les Hébreux ne s'en vont pas nous mourrons tous.

Au sortir de l'audience, Moïse se rendit à Ramessès, et donna sur-le-champ ses ordres pour le départ. Les enfants d'Israël profitèrent de l'extrême impatience où étaient leurs ennemis de les voir partir, pour leur demander ce qu'ils avaient de plus précieux : leurs vases d'or, d'argent, leurs meubles les plus riches, leurs habits le plus magnifiques, selon que le souverain Maître de toutes choses leur en avait manifesté sa volonté, par l'organe de Moïse, pour les payer de leurs longs et pénibles travaux, et en dédommagement des maisons et des plantations qu'ils abandonnaient. Lorsqu'ils sortirent de l'Egypte, ils étaient au nombre de près de six cent mille, capables de porter les armes. D'innombrables troupeaux marchaient sous la conduite de leurs guides, ainsi que des chariots et des bêtes chargés de richesses, que l'Egypte, épouvantée, avait mises entre leurs mains. Les enfants d'Israël ayant quitté Ramessès, se dirigèrent vers Socoth. Dès cette première marche le Seigneur leur donna une nouvelle preuve de sa protection. Il forma une espèce de grande colonne, dont la base était fort large et dont la pointe s'élevait extrêmement haut ; elle était composée de vapeurs épaisses et condensées. Durant le jour, cette colonne avait les couleurs d'une belle nuée ; mais durant la nuit, elle paraissait toute de feu et lumineuse comme le soleil. Un des Esprits célestes était chargé de la conduire. Quant il fallait se mettre en marche, la colonne se levait du milieu du camp, et se plaçait à la tête des tribus, sur le pavillon de celle qui devait partir la première. On marchait tandis qu'elle était en mouvement, et on suivait exactement sa détermination. Lorsqu'il était temps de s'arrêter, elle retournait au milieu du camp. Cette même colonne se développait en s'élevant, et s'inclinait du côté du soleil, pour protéger les voyageurs contre les ardeurs de cet astre, qui, sans ce préservatif, eussent été intolérables, au milieu des sables brûlants du désert. Ces deux miracles subsistèrent pendant de longues années qu'ils furent errants dans la solitude ; il ne se passa pas un jour, pas une nuit qu'ils n'en profitassent.

Le troisième jour depuis le départ de Ramessès, on se trouva sur les bords de la mer Rouge. Les Egyptiens venaient d'enterrer leurs morts ; ils étaient encore plongés dans le deuil et la douleur. Cependant, Pharaon se repentit d'avoir congédié les enfants d'Israël. Par ses ordres, on assemble ses troupes, on met sur pied deux cent mille hommes, on équipe cinquante mille chevaux, on arme six cents chariots choisis ; on prépare le char du monarque, les généraux se mettent à la tête des troupes et le roi prétend commander en personne. L'armée formidable part et marche sur les traces des Israélites ; ceux-ci, se voyant cernés de toutes parts, murmurèrent hautement contre Moïse ; mais celui-ci, après s'être adressé au trône de la miséricorde pour obtenir le pardon des murmurateurs, donna ordre aux enfants d'Israël de se tenir prêts pour continuer leur marche. En même temps la colonne, qui était à leur tête, se plaça à l'extrémité de leur camp, entre les deux armées ; d'un côté elle était brillante et guidait leur marche, tandis que de l'autre, sombre et obscure, elle dérobait aux Egyptiens les mouvements des Hébreux. Moïse, en ce moment, étendit la main sur la mer, et les eaux se divisèrent, laissant vide un chemin large et spacieux. Le Seigneur fit souffler avec impétuosité un vent brûlant qui le dessécha et le rendit ferme sous les pieds de ses serviteurs, qui entrèrent dans cette route miraculeuse, où jamais homme n'était passé. Le jour commençait à peine à paraître, lorsque les Egyptiens s'aperçurent que leur proie leur échappait. Ils partirent avec précipitation ; et, trouvant le chemin tout frayé au fond de l'abîme, ils s'y jetèrent en aveugles : les chevaux, les chariots et les cavaliers y entrèrent sous la conduite de Pharaon. Le Seigneur dit alors à Moïse : « Etendez la main sur la mer ». Moïse le fit ; aussitôt les eaux amoncelées retombent d'elles-mêmes dans le lit qu'elles avaient abandonné : elles enveloppent les Egyptiens, les chevaux, les chars, et toute l'armée de Pharaon sans qu'il en échappe un seul homme pour en porter la nouvelle dans son pays. Les flots rejetèrent sur le rivage leurs cadavres et tous les bagages. On se saisit de ces riches dépouilles que Moïse fit distribuer par tribu et par famille. Ensuite, pour célébrer ce prodige de la protection divine, il chanta, avec tout son peuple, un magnifique cantique d'action de grâces.

Dès le lendemain de la grande victoire remportée par la protection du Dieu des armées, Moïse, au mouvement de la colonne, donna le signal du départ ; on entra dans le désert qu'il fallait traverser pour arriver à la terre promise. Mais bientôt les provisions étant épuisées, les Israélites éclatèrent en murmures. « Plût à Dieu que nous fussions tous morts en Egypte », disaient-ils ; « alors nous étions assis auprès de marmites pleines de viandes et nous avions du pain à satiété. Pourquoi nous avez-vous amenés dans cette affreuse solitude pour y mourir de faim ? » Moïse eut recours au Seigneur ; puis ayant repris fortement les murmurateurs : « Dès ce soir », leur dit-il, « le Seigneur vous donnera les viandes que vous désirez ; et, demain matin, il manifestera sa gloire d'une manière encore plus merveilleuse en vous envoyant du pain ». En effet, le soir étant arrivé, une nuée de cailles couvrit le camp. Ils s'en saisirent aussitôt, et elles leur fournirent une nourriture abondante et délicieuse. Le lendemain, de grand matin, ils aperçurent tous les environs du camp couverts d'une espèce de rosée semblable à ces petits grains de gelée blanche qui couvrent la superficie de la campagne en hiver. « C'est là le pain que le Seigneur a promis de vous donner », leur dit Moïse : « que chacun ramasse ce qui est nécessaire pour sa famille, un gomor pour chaque personne (environ trois litres) ». On se mit à l'ouvrage ; et ceux qui, par avidité, en firent une plus ample provision, se trouvèrent, à leur retour, n'en avoir pas davantage que les autres. Il n'était pas permis non plus d'en garder pour le lendemain, autrement elle se corrompait. Mais le sixième jour de la semaine on pouvait en ramasser le double, parce que le lendemain, qui était le jour du sabbat, il n'en tombait pas.

On quitta bientôt le désert de Sin et on s'arrêta à Raphidim, non loin de la montagne d'Horeb. Le premier soin des voyageurs fut de chercher des fontaines, mais inutilement ; alors les murmures recommencèrent. Moïse eut recours au Seigneur : « Que ferai-je », s'écria-t-il, « pour contenter ce peuple ? » — « Ne craignez pas », lui répondit le Seigneur, « allez à la tête du camp ; choisissez quelques anciens, conduisez-les sur la montagne d'Horeb, je vous y précéderai ; vous frapperez le rocher de votre verge et il en sortira de l'eau en quantité ». Moïse exécuta les ordres de Dieu ; au premier coup de baguette, des ruisseaux sortirent de la dureté du roc, et des eaux limpides coulèrent à travers les vallées sèches et arides. Durant tout le temps que les Israélites demeurèrent dans ces lieux, les eaux réglèrent leur cours sur leur marche, et fournirent sans interruption à leurs besoins. A peine était-il sorti de cette passe qu'il en survint une autre. Les enfants d'Amalec, petit-fils d'Esaü, se présentèrent à la rencontre des Israélites pour leur barrer le passage ; ils conduisaient une multitude de combattants, couverts de leurs armes. Moïse ne fut pas épouvanté de cet appareil ; plein de confiance en Dieu, il fit prendre les armes, et donna le commandement à Josué, fils de Nun, chef de la tribu d'Ephraïm. La victoire sur les Amalécites fut complète.

Cependant le signal du départ fut donné ; les enfants d'Israël partirent de Raphidim le premier jour du troisième mois depuis la sortie de l'Egypte, et entrèrent dans le désert de Sinaï. Ils dressèrent leurs pavillons au pied de la montagne. Comme il était à craindre que les vérités que Dieu avait enseignées aux hommes, dès le principe, ne vinssent à s'altérer et à s'effacer entièrement de la mémoire, Dieu voulut les renouveler et les donner par écrit. Moïse s'étant retiré au sommet de la montagne pour prier, le Seigneur lui fit entendre sa voix et lui dit : « Allez, Moïse, retournez vers vos Hébreux, et dites-leur de ma part : Vous avez vu avec quelle sévérité j'ai traité les Egyptiens, et comment je vous ai délivrés de leurs mains ; je vous ai choisis pour être mon peuple. Si vous écoutez ma voix, si vous gardez mon alliance, je ferai de vous la portion choisie de mon héritage : vous serez mon royaume, vous serez la nation sainte ». Moïse descendit de la montagne, assembla les enfants d'Israël, leur répéta fidèlement ce que le Seigneur lui avait dit, et termina en leur demandant une réponse positive et précise. Tous s'écrièrent d'une voix unanime : « Nous ferons ce que demande le Seigneur ». Moïse alla porter la résolution de son peuple. « Eh bien ! reprit le Seigneur, vous serez mon interprète auprès d'eux. Retournez au camp, purifiez-les aujourd'hui et demain ; qu'ils lavent leurs vêtements et qu'ils soient prêts pour le troisième jour ; car c'est celui que le Seigneur a choisi pour descendre dans l'appareil de sa gloire, en présence des enfants d'Israël. Etablissez des barrières autour du Sinaï, et dites au peuple qu'il se garde de les franchir. Quiconque passera outre sera puni de mort. Moïse descendit et fit tout ce que le Seigneur lui avait commandé.

Le troisième jour arriva ; toute la multitude des enfants d'Israël était dans l'attente, lorsqu'au lever du soleil, de grands éclats de tonnerre se font entendre ; des éclairs brillent, enflamment l'air et le sillonnent sans interruption ; une nuée épaisse et sombre couvre la montagne et en dérobe la vue. Du sein de la nue, on entend le son aigre de la trompette, qui convoque les enfants d'Israël ; mais, saisis de frayeur, ils se tiennent dans leurs tentes. Moïse lui-même, peu rassuré, eut de la peine à les faire sortir ; il y réussit enfin, et les rangea dans l'espace libre qui était entre le camp et les barrières placées au pied de la montagne. Ensuite, il s'avança au delà, et s'entretint avec le Seigneur. Il reçut ordre de monter plus haut. Cependant l'air paraissait toujours en feu, le tonnerre ne cessait point de gronder, la fumée s'épaississait et sortait avec des tourbillons de flammes, comme d'une fournaise ardente ; le son de la trompette devenait plus vif et plus perçant ; un moment après, du milieu de la nue, on entendit distinctement ces paroles terribles : « C'est moi qui suis le Seigneur votre Dieu, qui vous ai tirés de la terre d'Egypte, de la maison de servitude : 1° Vous n'aurez point de dieux étrangers en ma présence ; — 2° Vous ne prendrez point en vain le nom du Seigneur votre Dieu ; — 3° Souvenez-vous de sanctifier le jour du sabbat ; — 4° Honorez votre père et votre mère, afin que vous viviez longtemps sur la terre, que le Seigneur votre Dieu vous donnera ; — 5° Vous ne tuerez pas ; — 6° Vous ne commettrez pas de fornication ; — 7° Vous ne déroberez pas ; — 8° Vous ne porterez pas de faux témoignages contre votre prochain ; — 9° Vous ne désirerez point la femme de votre prochain ; — 10° Vous ne désirerez pas sa maison, son serviteur, sa servante, son bœuf, son âne, et quelque chose qui lui appartienne ».

Lorsque le Seigneur eut cessé de parler, on vit de nouveau les éclairs, les flammes et la fumée qui s'échappaient de la montagne ; on entendit le bruit du tonnerre, le son des trompettes qui retentissaient avec le même éclat qu'auparavant. Alors les Hébreux, saisis, épouvantés, se retirèrent dans leurs tentes et dirent à Moïse : « Parlez-nous vous-même ; mais que le Seigneur ne nous parle point, de peur que nous ne mourions ». Moïse s'étant enfoncé dans ces redoutables ténèbres qui couvraient la montagne, représenta au Seigneur les alarmes de son peuple. « Je l'ai entendu », lui dit le Seigneur, « je ne m'en tiens pas offensé : puissent-ils toujours conserver cette crainte salutaire et garder à jamais mes préceptes ! allez, dites-leur de retourner dans leur camp. Pour vous, revenez ici, afin que je vous fasse connaître mes volontés ». Moïse fit ce que le Seigneur lui avait commandé, puis se rendit sur la montagne sainte, accompagné de Josué. Ils demeurèrent six jours au milieu de la nuée ; le septième, le Seigneur appelant son serviteur, il quitta à l'instant Josué et monta, à travers la nuée, jusqu'au sommet du Sinaï. Il y demeura seul en la compagnie de son Dieu, pendant quarante jours et quarante nuits, sans penser à prendre aucune nourriture ; pendant ce temps, le Seigneur lui donna ses ordres sur un grand nombre d'observances et de cérémonies qui avaient pour objet le culte divin et la construction du tabernacle. Enfin, le quarantième jour, il remit à Moïse deux tables de pierre sur lesquelles les dix préceptes, qui venaient d'être promulgués avec tant d'éclat, étaient gravés du doigt de Dieu. « Allez », dit le Seigneur, « descendez de la montagne, le peuple que vous avez tiré de la servitude d'Egypte a péché contre moi, il est tombé dans l'idolâtrie ; je l'exterminerai dans ma fureur, et vous rendrai chef d'un grand peuple ». — « Je vous en conjure », reprit Moïse, « ne vous irritez pas contre ce peuple, c'est le vôtre ; vous avez brisé ses liens par la force de votre bras tout-puissant ». Le serviteur de Dieu descendit de la montagne ; il marchait d'un air triste, tenant en ses mains les tables de la loi. Josué le joignit ; il ne savait à quoi attribuer l'abattement de son maître. En approchant du pied de la montagne, il entendit des bruits confus: « Ne sont-ce pas là », dit-il, « les clameurs de deux armées qui combattent ? » — « Vous vous trompez, Josué », lui répondit Moïse ; « ce que vous entendez sont les clameurs insensées d'hommes qui se divertissent ». Moïse n'en dit pas davantage. Et, comme il approchait du camp, il aperçut un veau d'or élevé sur une colonne et les enfants d'Israël qui chantaient, dansaient autour d'une manière désordonnée. L'indignation le saisit ; il jette à terre les tables, les brise au pied de la montagne. Puis, s'avançant au milieu de la troupe étonnée, il prend l'idole, la renverse, la broie, la réduit en poudre qu'il jette dans l'eau pour la faire boire aux coupables et leur montrer la vanité de leur idole. Se plaçant ensuite à l'entrée du camp, il ordonna à ceux de la tribu de Lévi qui, la plupart, n'avaient pas participé au crime de l'idolâtrie, de prendre leurs épées, de passer et de repasser dans le camp, mettant à mort tous les coupables, sans aucune distinction : il fut obéi. Les prévaricateurs, consternés, accablés de remords, acceptèrent le juste arrêt prononcé contre eux, et trois mille des plus coupables expirèrent, par leur mort, le crime de la nation. Le lendemain, Moïse dit au peuple : « Vous méritez de grands châtiments ; mais je vais intercéder pour vous ». Arrivé à l'endroit où il avait coutume de prier, le saint législateur se prosterna, comme s'il avait été lui-même le coupable : « Seigneur », s'écria-t-il, « je sais que ce peuple ingrat a commis un grand crime ; mais, je vous en prie, pardonnez-lui cette faute ou effacez-moi de votre livre des vivants ». A force de prières et de supplications, il obtint que le Seigneur continuerait de conduire le peuple. Il sollicita ensuite la faveur de voir sa gloire. « Préparez-vous à retourner demain sur la montagne », lui dit le Seigneur ; « taillez deux tables de pierre semblables à celles que vous avez brisées à la vue des prévarications d'Israël : j'y écrirai de ma main les mêmes ordonnances ; personne ne vous accompagnera ». Moïse fit ce qui lui avait été ordonné ; il partit à l'aube du jour, tenant en ses mains les deux tables de pierre, et arriva au sommet de la montagne. C'est alors que le Très-Haut, qui l'y avait appelé, descendit vers lui sous le voile d'une nuée ténébreuse, et, pendant que Moïse se tenait debout en l'invoquant, il passa avec sa gloire, lui faisant entendre son grand nom, Jéhovah, le Dieu puissant, compatissant et miséricordieux, lent à se mettre en colère, plein de bonté et la vérité même, qui fait sentir sa miséricorde jusqu'à mille générations, qui efface le péché, l'iniquité et le crime, et devant qui personne n'est innocent par lui-même. Dans ce moment, Moïse effrayé se prosterna le visage contre terre, et s'écria : « Mon Dieu, si j'ai trouvé grâce devant vous, je vous en prie, marchez avec nous ; oubliez nos iniquités, effacez-les, et souvenez-vous que vous nous avez choisis pour votre héritage ». Le Seigneur lui donna un grand nombre d'ordonnances et lui commanda de les écrire ; lui-même traça de sa main les dix préceptes fondamentaux de la loi sur les deux tables de pierre. Moïse rapporta au peuple le renouvellement de l'alliance qu'il avait contractée en leur nom, et les lois qu'on leur imposait. Cette première fois, il publia les ordonnances du Seigneur, la face découverte. Dorénavant, il ne leur parla plus que la face couverte d'un voile ; il l'ôtait lorsqu'il entrait dans le tabernacle pour s'entretenir avec Dieu.

Le saint législateur ne mit aucun retard dans l'exécution des volontés du Seigneur. Il assembla les enfants d'Israël et les engagea à offrir ce qu'ils

avaient de plus précieux pour la construction du **tabernacle, les habille-**
ments du pontife et des sacrificateurs ; en un mot, pour **tout ce qui devait**
servir au culte du Seigneur et aux cérémonies de la religion. Il avait à peine
fini de parler, que chacun courut à sa tente pour y prendre ce qu'il destinait au Seigneur. Les vases d'or, d'argent, de cuivre ; les bois les plus précieux ; l'hyacinthe, la pourpre, l'écarlate, le byssus, les peaux les plus
belles et les mieux teintes, rien n'était épargné. Tout était offert avec tant
de profusion, que Moïse fut obligé de faire crier par un héraut qu'on n'ap-
portât plus rien. Dieu lui-même avait choisi deux hommes qu'il avait remplis de l'esprit de sagesse, d'intelligence, d'habileté, pour inventer et exécuter tous les genres d'ouvrages en or, en argent, en cuivre, pour la coupe
et la sculpture des pierres. C'était Béséléel et Ooliad ; ils présidaient à
tout et dirigeaient les travaux d'un grand nombre d'ouvriers. Tout fut
achevé pour le premier jour de la seconde année : on dressa le tabernacle,
fait selon le modèle qui avait été montré à Moïse, sur la montagne [1]. Moïse,
par ordre du Seigneur, choisit Aaron pour grand prêtre ou chef de la religion. Ses quatre fils, Nadab, Abiü, Eléazar, Ithamar, furent consacrés
prêtres du Dieu vivant. Désormais, le souverain pontife devait être choisi
parmi eux. Aussitôt que les ouvrages qui concernaient l'Arche d'alliance
et autres furent terminés, Moïse se fit apporter la grande quantité de
baume qu'il avait préparée par ordre du Seigneur, et s'en servit pour consacrer l'Arche, le tabernacle, le chandelier d'or, les autels, tables, etc.....
La cérémonie achevée, le Seigneur sembla prendre possession de la demeure
qu'on venait de lui consacrer au milieu de son peuple. La nuée qui servait
de guide et de lumière aux Hébreux abandonna la tente ou ancien tabernacle, et, s'approchant du nouveau, elle le couvrit et le remplit de la gloire
et de la majesté de Dieu. Les ténèbres qu'elle y forma durant quelques
moments, saisirent les Israélites d'une religieuse frayeur. Moïse lui-même
ne pouvait y entrer, tant la nuée lui rendait redoutable la présence du
Seigneur : cependant elle se retira peu à peu, laissant vides les apparte-
ments du sanctuaire, et s'élevant sous sa forme ordinaire de colonne, au-
dessus du nouveau tabernacle, pour continuer à guider le peuple dans sa
marche. Moïse, encouragé par ces signes si consolants, passa à la consécration des ministres du Seigneur. Il se fit apporter les magnifiques habits
du pontife, ceux des prêtres, l'huile ou le baume nécessaire pour les onc-

---

1. C'était une espèce de tente construite de bois de Sétim et recouverte de lames d'or et d'étoffes précieuses ; elle avait trente coudées de long sur dix de haut, et autant de large. Un voile riche et orné de
magnifiques broderies, partageait le tabernacle en deux. La partie, dans laquelle on entrait d'abord, s'appelait *le Saint*, et la partie cachée par le rideau s'appelait *le Saint des Saints* ou le sanctuaire. Dans ce
dernier compartiment était placée l'Arche d'alliance ; c'était un petit coffre de bois précieux ; elle avait
deux coudées et demie de long sur une et demie de haut ; elle était revêtue au dedans et au dehors de
l'or le plus précieux ; ornée tout alentour d'une couronne, aussi d'or, et surmontée d'un couvercle revêtu
d'or, qu'on nommait *Oracle* ou propitiatoire, parce que c'était de là que Dieu rendait ses oracles. Sur ce
propitiatoire étaient deux chérubins d'or massif qui étendaient leurs ailes le long de l'Arche, comme pour
servir de trône à la Majesté et à la sainteté de Dieu. Cette Arche renfermait les tables de la loi, d'où lui
vient le nom d'Arche des témoignages, d'Arche d'alliance. Elle renfermait aussi de la manne contenue
dans un vase d'or.

Dans la partie du tabernacle appelée *le Saint*, il y avait d'un côté *le chandelier d'or* à sept branches ;
de l'autre, *la table des pains de proposition*, que l'on renouvelait tous les jours de sabbat, et qui ne pouvaient être consommés que par les prêtres : au milieu était l'autel des parfums, sur lequel on offrait au
Seigneur, soir et matin, un encens d'excellente odeur. Le tabernacle était recouvert d'un magnifique
pavillon de cent coudées de long sur cinquante de large, soutenu par des colonnes dont les chapiteaux
étaient d'argent et les bases de cuivre. L'espace qui se trouvait entre ce pavillon et le tabernacle s'appelait *le parvis* ; c'est dans cet espace, et vis-à-vis l'entrée du tabernacle, que se trouvait *l'autel des holocaustes*, sur lequel on brûlait la chair et la graisse des victimes ; entre cet autel et le tabernacle était *la*
mer d'airain, grand bassin d'airain où les prêtres se lavaient avant de s'acquitter des fonctions de leur
ministère.

tions, et on conduisit, à l'entrée du parvis, les victimes destinées au sacrifice. Après ces préparatifs, Aaron et ses quatre fils se présentèrent, et Moïse procéda à la cérémonie : il commença à les purifier dans le bassin placé à l'entrée du sanctuaire, puis les revêtit de leurs habits ; il prit alors le baume des onctions, en fit sept aspersions sur l'autel des holocaustes et sur tous les ustensiles destinés aux sacrifices, sur le grand bassin, sur sa base. A l'égard d'Aaron et de ses fils, il leur répandit sur la tête le baume de la sanctification et leur en oignit les mains. Pour terminer, il fit la fonction de sacrificateur. Aaron et ses fils mirent leurs mains sur la tête de trois victimes différentes : elles furent égorgées, immolées, brûlées sur l'autel, et Moïse trempa son doigt dans le sang pour faire les onctions aux nouveaux prêtres. Il consacra aussi leurs vêtements avec du sang des victimes mêlé avec le baume, dont il arrosa les prêtres revêtus de leurs habits. Cette cérémonie dura sept jours. Le huitième jour arrivé, Moïse mit le grand prêtre et ses enfants dans l'exercice de leurs fonctions ; ceux-ci offrirent les victimes avec tous les rits prescrits par la loi. Moïse et Aaron entrèrent dans le sanctuaire pour offrir au Seigneur les vœux des enfants d'Israël, puis reparurent dans le parvis, et bénirent l'assemblée. Alors un feu, allumé par le souffle de Dieu, se précipita sur l'autel, consuma l'holocauste et en dévora toutes les graisses. Le prodige fit impression, et la multitude se prosterna la face contre terre, pour adorer la majesté du Maître qu'ils avaient l'honneur de servir et qui approuvait la consécration de ses ministres.

Les enfants d'Israël campaient depuis une année devant la montagne du Sinaï, lorsque la colonne donna le signal du départ. Alors l'Arche, du milieu du camp, est transportée à la tête. La tribu de Juda tient le premier rang ; Issachar et Zabulon sont à ses côtés. Vient ensuite la tribu de Ruben marchant sur les traces de Juda ; Siméon et Gad sont à ses côtés. Suit la tribu d'Ephraïm ; Manassès et Benjamin sont à ses côtés. Enfin les tribus de Dan, d'Asser et de Nephtali ferment la marche, et forment le plus magnifique spectacle que peut-être on ait jamais vu. C'était une armée de plus de six cent mille combattants, sans y comprendre un peuple entier de deux millions tant de femmes que d'enfants, de vieillards, de prosélytes et de serviteurs conduits par le Tout-puissant, à la conquête de la Terre promise. Après trois jours d'une marche lente, interrompue pour le temps du repos et de la nourriture, toujours protégés contre les ardeurs du soleil, fortifiés par la manne, la fatigue parut excessive, insupportable aux lâches, qui se plaignirent hautement. Le Seigneur fut indigné, et un feu subit, allumé par le souffle de sa colère, se précipita du haut du ciel sur l'extrémité du camp, et dévora les murmurateurs. L'alarme se répandit partout : on courut à Moïse en poussant de grands cris. Le saint homme se prosterna devant le Seigneur, lui présenta les larmes de toute la nation, et le feu s'ensevelit à l'instant dans les entrailles de la terre. On donna à ce lieu le nom d'*Embrasement*. Le deuxième jour du quatrième mois, on arriva à Cadesbarné, en vue de la Terre promise. Moïse, par ordre du Seigneur, choisit douze hommes, un de chaque tribu, pour examiner le pays, les habitants, leur valeur et leurs forces. Il leur recommanda aussi de voir si le terrain était bon, fertile, et si les villes étaient fortifiées. Ces députés partirent, et firent ce qu'on leur avait commandé. A leur retour, ils s'arrêtèrent près d'un torrent, cueillirent des figues, des grenades et surtout une grappe de raisin prodigieuse. Ils furent obligés d'en couper les branches pour la passer sur un long levier ; et deux hommes la portaient. Enfin, après quarante jours d'absence, les députés arrivèrent au camp de Cadesbarné. Dès qu'on les vit paraître, on s'assembla près de Moïse et d'Aaron, à qui les douze voyageurs rendirent publiquement compte de leur mission. Ils firent d'abord parler pour eux ces beaux fruits, et, les montrant au peuple : « Jugez », dirent-ils, « de la fertilité de cette terre que nous venons de reconnaître. On ne vous a pas trompés lorsqu'on vous a dit que là coulaient des ruisseaux de lait et de miel ». Jusque-là Moïse n'avait qu'à se féliciter. Mais quelle fut sa surprise lorsqu'il les entendit changer de langage! « Il s'en faut bien », continuèrent-ils, « que la conquête en soit facile; le pays est plein de villes grandes et fortifiées, des hommes d'une force extraordinaire les défendent ». Alors le découragement se peignit sur tous les visages, et les murmures se firent entendre dans tous les rangs. Cependant deux d'entre les députés, Caleb et Josué, s'efforçaient de détromper la foule : « On vous trompe », disait Caleb : « ne nous laissons pas abattre, présentons-nous devant ces peuples, et ils disparaîtront en notre présence ». Mais leurs lâches collègues les contredisaient : « Comment nous présenterions-nous devant ces peuples », disaient-ils, « devant des hommes dont la taille est demesurée ? Nous y avons vu des géants monstrueux, descendants d'Enac, dont la figure seule inspire la terreur aux plus intrépides. Nous ne paraissions auprès d'eux que comme des sauterelles ». La nuit se passa tout entière en gémissements et en larmes. Le matin, ce ne fut qu'une confusion effroyable dans tout le camp. On criait, on murmurait contre Moïse et Aaron. « Plût à Dieu », disait la multitude, « que nous fussions tous morts en Egypte ou dans cette vaste solitude! Non, nous ne voulons pas entrer dans cette terre dont on nous parle, pour y être immolés par le fer de nos ennemis ». Et ils se disaient les uns aux autres : « Choisissons-nous un chef et retournons en Egypte ». Cependant Moïse et Aaron s'efforçaient de les rassurer, de les faire revenir à de meilleurs sentiments : tout fut inutile. Dans cette extrémité, ils se prosternèrent, implorant le secours du Tout-Puissant, tandis que Caleb et Josué, ambassadeurs fidèles, déchiraient leurs vêtements, se jetaient au milieu de la foule pour apaiser le tumulte et ranimer la confiance. Loin d'être touchés, les mutins redoublèrent leurs cris séditieux, et se préparaient à lapider ceux qui s'efforçaient de les calmer. Mais, tout à coup, la colonne de nuée, qui reposait sur le tabernacle, se changea en un feu menaçant, et laissa entrevoir à ces furieux toute l'indignation d'un Dieu outragé, près de les exterminer. Moïse lui-même, tremblant pour eux, courut demander grâce. Le Seigneur répondit avec bonté : « Je leur pardonne en faveur de vos prières. Ils ne périront pas tous en un jour comme je l'avais résolu ; mais dites à votre peuple : Voici l'arrêt de Jéhovah : Vous serez traités comme vous l'avez souhaité ; vous tous qui, depuis l'âge de vingt ans et au dessus, avez murmuré contre moi, vous mourrez dans ce désert, vos cadavres y pourriront; vous n'entrerez pas dans la terre que j'ai promise à vos pères avec serment. Je n'excepte de ma sentence que Caleb et Josué. Vous avez dit que vos enfants seraient la proie de vos ennemis, et moi je vous dis que ces enfants, je les introduirai dans le pays que vous avez dédaigné. Vous, vous mourrez, et vous serez ensevelis dans les sables des déserts, et eux cependant souffriront à cause de vos infidélités et seront errants avec vous l'espace de quarante années, jusqu'à ce que les cadavres de leurs pères soient consumés ». Dès lors, cette terrible sentence commença à s'exécuter sur les plus coupables. Les dix députés infidèles tombèrent morts frappés de la main de Dieu, en présence de la multitude.

Il fallut donc, après quelques jours de repos, se résoudre à quitter le voisinage de la Terre promise et reprendre la route du désert pour y subir, pendant près de quarante ans, l'arrêt porté contre eux par le juste Juge. Le voyage commençait à s'effectuer, lorsque survint une révolte la plus audacieuse qui eût encore éclaté. Coré, de la tribu de Lévi, était choqué de voir Aaron élevé à la dignité de souverain Pontife. Dathan et Abiron, de la tribu de Ruben, l'aîné de Jacob, ne pouvaient souffrir qu'un Moïse, de la tribu de Lévi, fût en possession de toute l'autorité. Ces trois ambitieux se soulevèrent et entraînèrent dans leur révolte deux cent cinquante hommes des plus distingués parmi les enfants d'Israël. Tout étant disposé, les chefs de la conjuration, suivis de leurs complices, allèrent effrontément trouver Moïse et Aaron : « C'est assez dominer parmi nous », dirent-ils ; « déposez cette dignité dont vous vous êtes fait un honneur jusqu'à ce jour. Ne sommes-nous pas tous également sanctifiés ? Pourquoi vouloir dominer sur les autres avec orgueil ? » Moïse, entendant ces paroles séditieuses, tomba la face contre terre. Puis, subitement inspiré, il se releva et parla en ces termes à Coré et à sa troupe : « Le Seigneur décidera lui-même de la justice de vos prétentions ». Chacun sait la terrible punition de ces impies. Ce fut au peuple une nouvelle occasion de murmurer : il en fut puni par un embrasement qui consuma quatorze mille sept cents hommes ».

Tous les événements dont nous venons de parler eurent lieu pendant les deux premières années de la sortie d'Egypte. Durant les trente-huit qui suivirent, l'Ecriture ne rapporte rien de remarquable, touchant les Israélites ; elle fait mention de cinquante et une stations qu'ils firent dans le désert de l'Arabie, toujours protégés par la main du Seigneur. La colonne les conduisait, la manne les nourrissait, Dieu continuait de se communiquer à Moïse ; et, par un prodige de sa divine bonté, les vêtements, ainsi que les chaussures de tant de personnes, ne s'usaient pas. Enfin, dans le cours du premier mois de l'année mosaïque, la quarantième depuis la sortie d'Egypte, on campa à Cadesbarné, fort près de la Terre promise où l'on se trouvait trente-huit ans auparavant. L'eau étant venue à manquer, le peuple s'assembla en tumulte autour de Moïse et de son frère : « Plût à Dieu », s'écriaient-ils, « que nous fussions morts avec nos frères ! pourquoi nous conduire dans cette solitude pour y mourir de soif, nous et nos bestiaux ? » Cependant Moïse et Aaron se prosternant le visage contre terre : « Seigneur, Dieu d'Israël », s'écrièrent-ils, « écoutez les cris de votre peuple, ouvrez les trésors de votre miséricorde, donnez-leur une source abondante d'eau vive, qu'ils se désaltèrent et qu'on ne les entende plus murmurer ». Dieu fut touché des instances de ses serviteurs ; il leur ordonna d'assembler le peuple autour du rocher situé au haut de la montagne, et de lui ordonner, en son nom, de fournir de l'eau. Moïse prit sa verge, assembla le peuple, et, accompagné de son frère, il se plaça auprès du rocher. Toute la multitude était dans l'attente. Cependant quelque peu de défiance passa dans son cœur ; il ne douta pas que Dieu pût, mais qu'il voulût faire le miracle ; cette incertitude se communiqua à son frère ; il frappa la pierre, et elle n'obéit pas ; il frappa un second coup, mais avec cette foi vive et cet humble repentir qui opèrent des prodiges, et à l'instant l'eau sortit en abondance. Les serviteurs du Tout-Puissant avaient commis une faute : « Vous ne m'avez point cru », leur dit le Seigneur, « vous avez hésité, et vous ne m'avez pas honoré en présence des enfants d'Israël ; vous ne les introduirez pas dans la Terre promise ». Cette source fut nommée *l'Eau de contradiction*, parce qu'il s'était élevé des murmures en ce lieu contre le Seigneur.

Aaron mourut peu de temps après. Les quarante années de pénitence étaient écoulées : le nombre de ceux que le Seigneur avait condamnés à périr dans le désert se trouvait bien petit. On était sur le point de prendre possession de la terre promise. Les enfants d'Israël étaient campés dans les plaines de Moab, lorsque Moïse et le grand prêtre Eléazar, par ordre du Seigneur, firent le dénombrement du peuple : il fut de six cent un mille sept cent trente hommes capables de porter les armes. Dans ce nombre, il ne se trouva pas un seul, de tous ceux qui étaient sortis de l'Egypte, âgés de vingt ans et au-dessus, si ce n'est Caleb et Josué, selon l'arrêt qui avait été prononcé. Alors le Seigneur dit à Moïse : « Vous irez sur les hautes montagnes d'Abarim, et, de la pointe de Phasga, au sommet du mont Nébo, vous considérerez à loisir toutes ces belles régions que je vais donner à mon peuple. Je ne vous accorde que cette dernière consolation, parce que vous m'avez offensé aux Eaux de contradiction, conjointement avec votre frère. Plein de tendresse et de sollicitude pour son peuple, Moïse dit alors au Seigneur : « Je vous conjure, Dieu tout-puissant, vous qui connaissez le cœur de tous les hommes, et qui disposez de leurs jours, daignez faire connaître celui que vous choisissez pour veiller sur les enfants d'Israël, les conduire dans la Terre promise et combattre à leur tête, qu'ils ne soient pas comme des brebis sans pasteur ». — « Prenez Josué, fils de Nun », lui dit le Seigneur ; « c'est à lui que j'ai communiqué, comme à vous, la plénitude de mon esprit ; imposez-lui les mains, donnez-lui vos ordres, en présence du grand prêtre et de la multitude ». Nul choix ne pouvait être plus conforme aux inclinations de Moïse. Depuis quarante ans Josué était son disciple, son confident, son ami ; âgé alors de quatre-vingt-treize ans, il s'était formé à l'école de ce grand homme ; et sa droiture, sa bravoure, son expérience le rendaient recommandable au peuple. Moïse s'empressa de mettre ces ordres à exécution. Il assemble le peuple, le grand prêtre, les princes des tribus, et les anciens s'approchent : il montre Josué, déclare le choix que Dieu en a fait, leur commande d'obéir désormais à ce chef comme à lui-même, puis instruit le nouveau conducteur du peuple de Dieu de ce qu'il doit à ses sujets de soins, de vigilance et de dévouement ; il représente à la nation ce qu'elle doit à son chef de soumission, de respect et d'obéissance ; enfin, il lui impose les mains et l'associe au gouvernement que bientôt il doit lui abandonner tout entier.

Avant de se séparer de ses frères, Moïse les assembla plusieurs fois, afin de leur faire part de ses dernières volontés. Il leur rappelait les merveilles que Dieu avait opérées en leur faveur, et leur recommandait d'être fidèles à la loi du Seigneur. Cependant il reçut l'ordre définitif de se rendre sur la montagne où il devait terminer le cours de sa vie. Il assembla une dernière fois le peuple, pour lui dire un solennel adieu, et pour lui donner sa bénédiction, comme un bon père de famille la donne à ses enfants qu'il aime. Ensuite il se sépara de la multitude consternée et, accompagné d'Eléazar et de Josué, qui devaient être les témoins de sa mort, il gravit la montagne de Nébo ; puis, de la pointe la plus élevée, nommée Phasga, le Seigneur lui ordonna de porter ses regards sur la terre de Chanaan. Il la considéra tout entière : « Voilà », lui dit-il, « le magnifique pays que j'ai promis, par serment, à Abraham, à Isaac et à Jacob, de donner à leur postérité. Je vais remplir mes promesses ; vous avez vu cette terre, mais vous n'y entrerez pas ». Comme le Seigneur achevait ces paroles, Moïse, âgé de cent vingt ans, expira sur cette montagne, dans la terre de Moab, mais si sain et si vigoureux qu'il ne sentait encore aucune infirmité de la vieillesse : sa vue n'était pas affaiblie, et aucune de ses dents n'était ébranlée. C'est ainsi qu'il rendit son âme à Dieu, laissant son corps entre les mains de ses deux fidèles amis, Eléazar et Josué.

Voici les principales caractéristiques de Moïse. On le représente : 1° exposé sur le Nil dans une corbeille de jonc et sauvé par la fille de Pharaon ; 2° à genoux devant le buisson ardent, ou détachant sa chaussure pour s'en approcher ; 3° tenant à la main la baguette dont il se servit pour opérer tant de prodiges en Egypte et dans le désert ; 4° frappant le rocher de cette verge miraculeuse pour en faire sortir l'eau qui doit désaltérer le peuple d'Israël ; 5° faisant passer la mer Rouge aux Hébreux, et ensevelissant sous ses eaux l'armée de Pharaon ; 6° désignant la manne aux Israélites ; 7° tenant à la main les tables de la loi qu'il apporta du Sinaï ; 8° brisant ces mêmes tables à la vue des Hébreux qui se livrent à des actes d'idolâtrie ; 9° le front rayonnant et formant des cornes lumineuses, après son séjour sur le Sinaï ; 10° lisant au peuple le livre d'alliance ; 11° envoyant des émissaires pour explorer la terre promise ; 12° arborant le serpent d'airain pour guérir ceux qui avaient été mordus par des reptiles ; 13° déroulant un cartouche où on lit ces mots : « Vous verrez votre vie suspendue devant vous », paroles tirées des malédictions prononcées par le législateur contre les Hébreux infidèles ; 14° figurant, mais rarement, dans les sujets de la transfiguration.

CULTE ET RELIQUES. — ÉCRITS.

C'était, ce semble, à Eléazar et à Josué, malgré l'excès de leur douleur, à se charger du soin de la sépulture de leur maître ; mais Dieu, pour des raisons qu'il n'a pas révélées, en ôta la commission aux hommes, pour la confier au premier des anges. L'esprit de lumière trouva de la résistance du côté de l'esprit de ténèbres ; celui-ci s'opposa de tout son pouvoir à l'enlèvement du corps. Cependant l'archange saint Michel lui commanda, au nom du Très-Haut, de ne pas le troubler dans son opération, et enterra le corps dans une vallée de la terre de Moab ; il le fit si secrètement que jamais on n'a pu rien savoir sur l'endroit de la sépulture du Prophète.

Les Juifs choisirent deux jours de l'année pour rendre un culte religieux à la mémoire de Moïse ; l'un était le 23 du septième mois, appelé *Tisri* : ils nommaient cette fête *Réjouissance de la Loi* et *Bénédiction*, et ils la faisaient pour honorer le testament de la mort de Moïse. L'autre jour était le 7 du douzième et dernier mois de leur année, appelé *Adar* : c'était une fête lugubre qui consistait en un jeûne public pour pleurer la mort du Prophète, qu'ils croyaient être arrivée en ce jour. Les Chrétiens ont choisi le 4 septembre pour rendre leur culte à Moïse. Les Grecs, outre ce jour, qui leur est commun avec les autres nations, célèbrent encore la mémoire de Moïse, d'Aaron et des autres Saints du quatrième âge du monde, le premier dimanche de Carême.

Moïse est le plus ancien de tous les auteurs dont les écrits soient parvenus jusqu'à nous. Parmi ceux qui portent son nom, il y en a cinq que l'on ne peut lui contester sans témérité, savoir : les livres de la Genèse, de l'Exode, du Lévitique, des Nombres et du Deutéronome, que l'on comprend ordinairement tous sous le nom de Pentateuque.

Quoique nous n'ayons point de preuves certaines du temps auquel Moïse a écrit le Pentateuque, il y a cependant lieu de croire qu'il ne mit ce grand ouvrage en l'état où il est encore aujourd'hui, que la quarantième année du voyage des Israélites dans le désert.

Les Hébreux donnent à chacun de ces livres un nom qui est tiré des premiers mots par où ils commencent. Ainsi ils nomment la Genèse *Beresith*, c'est-à-dire *au commencement* parce que c'est le premier mot de ce livre. Ils donnent à l'Exode le nom de *Veele Schemoth*, par la même raison, et ainsi des autres. Les Grecs, au contraire, donnent à ces livres des titres tirés du sujet qui y est traité. Ils nomment le premier la *Genèse*, parce que l'on y trouve la création du monde, qu'on y voit l'accroissement du genre humain et la naissance du peuple de Dieu. Ils donnent au second le nom d'*Exode*, parce qu'on y raconte la sortie d'Egypte, et ainsi des autres.

Ce livre est comme une préface dans laquelle il prépare l'esprit et le cœur du peuple auquel il voulait prescrire les lois qui sont décrites dans les livres suivants. Il y donne l'histoire de la création du monde, la généalogie des patriarches qui ont vécu avant et après le déluge, surtout celle de Seth et de Sem. Il y marque avec soin l'accroissement du genre humain, sa corruption, la peine de ses crimes dans les eaux du déluge, la dispersion des hommes arrivée après la construction de Babel, la vocation d'Abraham et le choix que Dieu avait fait de la race de ce patriarche pour son peuple particulier, d'où devait naître le libérateur du genre humain. On y voit aussi l'histoire d'Isaac, de Jacob, de Joseph et de leurs descendants, jusqu'à la mort de ce dernier patriarche, arrivée l'an du monde 2369.

Ce livre, dans l'hébreu, commence par la conjonction *et* : ce qui marque que les événements qu'il contient sont liés avec ce qui est rapporté dans la Genèse, dont l'Exode est la suite. Moïse y décrit d'abord l'occasion et les motifs de la persécution suscitée contre les Israélites par le roi d'Egypte ; le cri des Israélites vers le Seigneur pour être délivrés de la cruelle servitude sous laquelle ils gémissaient depuis longtemps ; leur délivrance miraculeuse, la promulgation de la loi, l'alliance que Dieu fit avec les Israélites, et la manière dont il établit leur république. L'Exode contient l'histoire de cent quarante-cinq ans, depuis la mort de Joseph jusqu'à l'érection du tabernacle au pied du mont Sinaï, l'an du monde 2518.

On a donné au livre III du Pentateuque le nom de *Lévitique*, parce qu'il traite à fond de toutes les fonctions des Prêtres et des Lévites. Les Hébreux l'ont nommé *Vaiicra*, c'est-à-dire, *Et il a appelé*, parce qu'il commence par ce terme dans le texte original. Outre les lois qui regardent les devoirs des Prêtres et des Lévites, Dieu y prescrit les cérémonies de la religion, les différentes sortes de sacrifices, les parties des victimes qui devaient être consumées sur l'autel, et celles qui devaient appartenir aux prêtres qui les offraient ; la consécration d'Aaron et de ses fils, la distinction des animaux purs et impurs, les principales fêtes de l'année et la manière de les célébrer, l'observation de l'année septième ou l'année sabbatique, et de l'année quarante-neuvième ou année du jubilé. On y lit de plus ce qui arriva au peuple de Dieu, lorsqu'il était encore au pied de la montagne du Sinaï, pendant l'espace d'un mois et demi.

Le livre IV du Pentateuque est appelé par les Hébreux *Vajedabber*, c'est-à-dire : *Et il parla*, parce qu'il commence par ces mots dans le texte original. Les Grecs, et après eux les Latins, l'ont intitulé : *les Nombres*, à cause du dénombrement du peuple et des Lévites, qui est à la tête du livre. Il comprend l'histoire de tout ce qui s'est passé depuis le premier jour du second mois de la seconde année de la sortie des enfants d'Israël hors de l'Egypte, jusqu'à la quarantième année ; ainsi il renferme l'histoire d'environ trente-neuf ans. On y fait le dénombrement de tous les enfants d'Israël, depuis vingt ans et au dessus ; on y rapporte la manière dont les Israélites campaient autour du tabernacle, la consécration des Lévites au service du Seigneur en la place des premiers-nés de tout Israël, etc., etc.

Les Grecs appellent le livre V de Moïse *Deutéronome*, c'est-à-dire *seconde loi*, non que la loi rapportée dans ce livre soit différente de celle que Dieu donna à Moïse sur la montagne du Sinaï, quelque temps après la sortie d'Egypte, mais parce qu'elle a été publiée et recommandée de nouveau en faveur de ceux qui n'étaient pas encore nés ou en un âge de raison, lorsqu'elle fut publiée pour la première fois. Les Juifs l'appellent : *Elle haddebarim*, c'est-à-dire : *Ce sont les paroles*, parce qu'il commence par ces mots dans l'hébreu. On lui a donné aussi le nom de livre des *répréhensions*, parce que Moïse y fait des reproches assez durs aux Israélites de leur ingratitude et de leur infidélité envers le Seigneur. Les rabbins le nomment quelquefois *Misné*, qui signifie la même chose que le double ou la répétition de la loi. Le Deutéronome qui, selon la pensée de saint Jérôme, était « la figure de la loi évangélique, rapporte de telle manière les choses qui avaient déjà été dites dans les trois livres précédents, qu'il ne laisse pas de faire une histoire nouvelle ». Le Deutéronome contient l'histoire d'environ cinq ou six semaines, c'est-à-dire ce qui s'est passé dans le désert depuis le commencement du onzième mois de la quarantième année de la sortie d'Egypte, jusqu'au septième jour du douzième mois de la même année, qui était du monde la 2553º.

On a faussement attribué à Moïse : 1º le *psaume* LXXXIXº et les dix suivants, pour la seule raison que le psaume LXXXIXº portait en titre : « Prière de Moïse, l'homme de Dieu » ; Origène était de ce sentiment aujourd'hui abandonné ; — 2º le *Livre de Job* : Bellarmin, Lambécius et quelques autres écrivains des derniers siècles étaient de cet avis ; — 3º une *Apocalypse* ou *Révélation* ; — 4º une *Ascension*, ouvrage cité souvent chez les anciens ; — 5º des *Discours mystérieux*, contenant plusieurs prophéties touchant David et Salomon ; — 6º un *testament* composé, selon la Stichométrie de Nicéphore, de onze cents versets ; — 7º une *Petite Genèse* dont plusieurs anciens ont transcrit des passages que nous avons encore aujourd'hui ; — 8º un livre de la *Vie de Moïse*, où semble avoir puisé l'historien Josèphe.

Il n'est pas aisé de fixer le temps auquel on a composé ces livres apocryphes ni d'en découvrir les auteurs : ce que l'on peut dire de plus certain, c'est que la plupart étaient déjà publiés au IIe siècle de l'Eglise, comme il paraît par les fragments que Clément d'Alexandrie et Origène en ont rapporté dans leurs écrits.

Nous nous sommes servi, pour composer cette biographie, des *Femmes de la Bible*, par Mgr Darboy ; des *Saints de l'Ancien Testament*, par Baillet ; des *Merveilles du peuple de Dieu*, ouvrage anonyme, de l'*Histoire des Auteurs sacrés et ecclésiastiques*, par Dom Ceillier ; du *Dictionnaire des Antiquités*, par l'abbé Martigny ; et des *Caractéristiques des Saints*, par le révérend Père Cahier.

SAINT MARCEL, MARTYR

A CHALON-SUR-SAONE, AU DIOCÈSE D'AUTUN.

178. — Pape : Saint Eleuthère. — Empereur romain : Marc-Aurèle.

> Quoique la mort soit le supplice du pécheur, quand elle se présente au juste sous les coups du méchant, elle devient la couronne du martyre.
> Saint Augustin, lib. VI *contra Julian.*

Les édits que l'empereur Marc-Aurèle fit publier contre les chrétiens, dans toutes les provinces de l'empire, donnèrent toute liberté aux préfets et aux juges des villes particulières, lesquels, encore plus animés par leur haine pour la véritable religion, que par le désir d'obéir aux ordres du prince, exercèrent partout des cruautés inouïes contre les fidèles ; on voyait de tous côtés leur sang couler à flots. Mais, de toutes les villes qui servirent de théâtre à un si triste spectacle, il n'y en eut point où la fureur des idolâtres éclatât plus que dans celle de Lyon, l'une des principales villes des Gaules. On y arrêtait indifféremment et sans nulle distinction de sexe, d'âge ni de condition, tous les serviteurs de Jésus-Christ, et, après les avoir tourmentés par mille sortes de supplices, pour ébranler leur constance, on les mettait cruellement à mort. Parmi ceux qui furent arrêtés prisonniers, on remarque particulièrement le prêtre Marcel et le diacre Valérien, chefs de cinquante généreux confesseurs du nom de Jésus-Christ. Jeunes et ardents collègues des apôtres de Lyon et d'Autun, ils avaient vu s'ouvrir miraculeusement les portes de leur prison. Un ange était venu les rendre, comme saint Pierre, à la liberté, afin qu'ils pussent employer l'activité de leur zèle et les forces de leur jeunesse à prêcher l'Evangile dans les belles contrées qu'arrose la Saône, et donner là aussi le divin spectacle du martyre qui convertit les peuples. Le bruit de leur évasion se répandit bientôt dans la ville ; et l'exécuteur des édits impériaux frémit de fureur en voyant qu'une proie si importante lui échappait. On se mit à leur poursuite ; mais les deux apôtres, protégés par la même main qui les avait tirés de la prison, trompèrent toutes les recherches. Les voilà qui suivent tranquillement la vallée de l'Arar, semant sur leur passage la parole du salut. Valérien a pris la grande voie militaire qui longe la rive droite et ne s'arrête qu'à Tournus (*castrum Trenorchii*), station et grenier des légions romaines. Marcel s'est jeté dans les forêts de la rive gauche, prêche, chemin faisant, la foi aux Séquanes et arrive près des portes de Châlon, qu'il voit, non sans gémir, couronnées de l'image du Soleil. Là, par une circonstance fortuite, ou plutôt, disent les Actes du Saint, par un effet de la volonté providentielle qui se cache souvent sous les causes secondes et que dans notre ignorance nous appelons le hasard, il trouve une gracieuse hospitalité chez un homme riche nommé Latinus. A l'entrée de la splendide demeure s'étend une sorte de cour intérieure (*atrium*) où se trouve la statue équestre de Mars escortée de celles de Mercure et de Minerve. A la vue de ces idoles qui attristent son regard, le Saint éprouve au fond de son âme d'apôtre un vif sentiment de douleur et de pitié qu'il ne peut cacher à son hôte ; et saisissant aussitôt cette occasion de l'instruire, il lui dit avec une douceur et un zèle tout évangéliques : « Qu'attendez-vous de ces prétendues divinités que je vois ici ? Vaines images, muettes, sourdes, insensibles et impuissantes comme la pierre dont on les a faites, peuvent-elles donc exaucer vos vœux ou même les entendre ? En vérité, ils ne sont pas loin de leur ressembler ceux qui croient que dans ces œuvres de la main de l'homme il y a quelque chose de supérieur à l'homme. Que ne renoncez-vous bien vite à cette ridicule et misérable superstition ? » Ce piquant début est pour Latinus comme un trait de lumière. Il s'étonne d'avoir été jusque-là si insensé et si aveugle, prie l'apôtre de continuer son enseignement et se trouve bientôt en état de recevoir le baptême avec toute sa maison.

Marcel, que ce succès prompt et inespéré comme un miracle de la grâce comblait de joie, aurait bien voulu rester plus longtemps dans ce lieu pour ajouter à ses conquêtes déjà nombreuses des conquêtes nouvelles. Mais les événements de Lyon et son évasion elle-même faisaient grand bruit. L'édit de l'empereur venait d'être publié dans toutes les villes de la province, et les chrétiens étaient recherchés avec une recrudescence d'acharnement et de fureur. Il crut prudent de s'éloigner pour laisser passer la violence de l'orage, traversa la Saône dans un lieu écarté, afin d'éviter la ville, et se dirigea du côté de Dijon, en suivant la route qui est appelée par le vieil historien *Argentomagensis agger* [1]. Tout à coup il se trouve inopinément au milieu d'une fête païenne. C'est le gouverneur lui-même, le haut intendant de la navigation de la Saône (*præfectus navium Araricarum*), c'est Priscus qui est là, préparant un sacrifice solennel et un festin en l'honneur de ses dieux. Le voyageur, qu'on ne connaissait pas, est poliment invité à y prendre part. Alors la scène change, le rôle d'apôtre commence ; Marcel refuse et motive hardiment son refus en jetant contre le culte des idoles quelques énergiques paroles. Aussitôt on crie : « Un chrétien, un chrétien ! » — « Oui, je suis chrétien », répondit Marcel. — « C'est le prisonnier de Lyon ! voyons si nous ne le forcerons pas à rétracter son refus d'adorer les dieux ». Et séance tenante on l'attache, par un jeu cruel et nouveau sans doute pour égayer la fête, à deux branches d'arbre violemment courbées, afin qu'en se redressant elles lui disloquent les membres et que la douleur triomphe de son obstination. Leur attente barbare est trompée : le martyr reste inébranlable. « Il se réjouit », disent ses Actes, « de souffrir sur le bois, à l'exemple de Jésus-Christ, et de pouvoir unir sa passion à celle du divin Rédempteur qui avait voulu expirer sur la croix, afin que, comme le crime était venu d'un arbre, l'expiation en vînt aussi ».

Alors Priscus, jugeant qu'il valait mieux pour l'exemple donner son supplice en spectacle au peuple, le fit conduire devant une statue colossale de Saturne, qui s'élevait sur la rive droite de la Saône et semblait présider aux eaux dormantes de la rivière. Là devait tomber la tête du chrétien, s'il refusait d'adorer l'idole. — « Marcel », lui dit-il, « car c'est bien toi, il n'y a plus de doute possible, ne sais-tu pas que les édits sacrés de notre divin empereur ordonnent que quiconque refuse ses adorations à Saturne, au tout-puissant Jupiter et à toutes les divinités de leur céleste race, soit puni de mort ? Si donc tu n'obéis à l'instant même, je vais te faire périr dans d'affreux supplices ». — « Vos dieux n'ont été que de misérables mortels souillés de crimes. Au lieu de régner au ciel, ils sont dans les enfers où ils souffrent les tourments qu'ils méritent. Il n'y a qu'un seul véritable Dieu

---

1. Peut-être, disent les Bollandistes, est-ce la route d'Argilly, ancienne villa des ducs de Bourgogne, à cinq heures de Châlon, du côté de Dijon?

tout-puissant : c'est celui qui était avant tous les siècles, qui est aujourd'hui et qui sera toujours. Quant à vos supplices, je ne les crains pas, je ne redoute que les peines éternelles et vraiment redoutables dont ce Dieu, si j'adorais vos idoles, punirait mon apostasie. Donc, je vous le répète, je suis chrétien. Voilà ma profession de foi nette et claire : elle est irrévocable ».
Priscus furieux ordonne qu'on torture sur le chevalet l'intrépide confesseur de Jésus-Christ et qu'on lui déchire le corps à coups de verges, au pied de la statue de Saturne. Après avoir ainsi offert l'hommage de la vengeance au dieu insulté, il fait conduire le Saint de l'autre côté de la Saône, devant la statue du Soleil qui protégeait la rive gauche, afin que d'autres supplices réparent aussi l'outrage que cette autre divinité avait également reçu. Ce ne fut pas tout encore. A environ deux milles de la ville, toujours du côté de la rive gauche, était un lieu nommé *Ubiliacus*, où, au milieu d'un *atrium* sacré, s'élevait une haute colonne surmontée de la statue d'un dieu honoré dans le pays d'un culte spécial et qu'on appelait *Bacon*. C'était ou Bacchus sous un nom gaulois ou quelque divinité topique, particulière aux Châlonnais. Le martyr, qui avait insulté toutes les divinités païennes, est donc traîné devant cette troisième idole, pour offrir par de nouveaux tourments une réparation nouvelle. Là, ses membres, déchirés par les verges, meurtris par les chaînes, sont une seconde fois étendus sur le chevalet et soumis en même temps à une plus cuisante torture, celle du feu. « Sacrifie », lui criait Priscus, « ou je saurai bien encore trouver d'autres supplices ». Mais l'invincible soldat de Jésus-Christ opposait toujours à un tourment plus cruel une constance plus inébranlable, triomphait des bourreaux et répondait aux instances menaçantes du tyran : « Comment voulez-vous que celui qui étreint de toutes les forces de sa conviction, qui garde dans le plus intime de son cœur la foi au Dieu vivant, puisse sacrifier à d'insensibles idoles de pierre, simulacres du démon ? Oublier mon Créateur pour celui qui est son ennemi et le mien, prostituer mon âme qui vient du ciel à l'adoration de prétendues divinités, c'est un crime, c'est une honte auxquels je ne descendrai jamais. J'offre tous les jours au seul vrai Dieu une hostie sans tache, et je pourrais me souiller par un sacrifice impie ! Non, jamais. Je veux imiter mes glorieux compagnons qui viennent de me donner l'exemple du martyre. Et si je n'ai pas combattu avec eux, à Lyon, sur le même champ de bataille, comme eux je mourrai ici pour ma foi, pour mon Dieu ».

Le barbare Priscus, poussé à bout et vaincu, entre comme dans un accès de folie furieuse. Emporté par la rage du dépit, il ordonne que Marcel, à l'instant et dans le lieu même, soit enterré debout et tout vivant jusqu'à la ceinture : voulant, par une cruauté sans exemple, que le chrétien son vainqueur n'eût pas même le repos de la tombe. Pendant tout le temps que dura ce supplice inouï, le Saint, les yeux levés en haut, ne cessa de louer Dieu de cœur et de bouche. Il s'estimait trop heureux d'avoir pu prêcher l'Evangile dans cette contrée, gagner des âmes à Jésus-Christ et retrouver la couronne du martyre qui lui avait échappé une première fois. Encore un peu de temps et il allait rejoindre ses frères de Lyon. Cette mort anticipée dura trois jours, après lesquels le divin Maître permit enfin à sa grande âme de s'envoler au ciel, le 4 septembre, vers l'an 178.

On le représente : 1° lié à deux arbres, ou à deux fortes branches violemment rapprochées ; 2° enfoui dans un trou, jusqu'à la ceinture, pour marquer les divers genres de supplices qu'il a endurés.

CULTE ET RELIQUES.

Le corps du bienheureux saint Marcel est conservé à peu près en entier, dans une grande et belle châsse portée par un groupe d'anges en marbre blanc de la plus grande beauté, qui se voit au fond du sanctuaire de la belle église de Saint-Marcel-lès-Châlon, près Châlon-sur-Saône, où chaque année un grand concours de fidèles de la ville et de toute la province viennent célébrer avec pompe la fête de leur saint apôtre.

Le culte de saint Marcel est commun dans tout l'ancien royaume de Bourgogne. Plusieurs églises, même dans les pays frontières, lui sont consacrées.

Pour l'ancien royaume de Bourgogne, on peut citer l'église de Saint-Marceau d'Orléans (dans toute cette partie de la France, à Paris comme à Orléans, on prononce Marceau pour Marcel), belle et grande paroisse près d'Orléans, sur le bord de la Loire, qui possède une portion considérable des reliques de saint Marcel, renfermées dans une châsse fort grande et remarquable par son style. Là, comme à Châlon, le culte du saint martyr est en grande vénération, ainsi que ses précieuses reliques qu'on porte chaque année à la procession si touchante de la délivrance d'Orléans.

La conservation des reliques de ce grand Saint est due à la vigilance des révérends Pères Bénédictins, qui ont toujours possédé l'abbaye de Saint-Marcel depuis sa fondation jusqu'à la révolution de 1793.

Tiré de l'*Histoire de saint Symphorien et son culte*, par M. l'abbé Dinet.

SAINT MARIN D'ARBE, TAILLEUR DE PIERRES,

DIACRE DE RIMINI, EN ITALIE, ET SOLITAIRE.

Vers 307. — Vacance du Saint-Siége. — Empereur romain : Galère.

> *Charitas via quædam est ad virtutem proclivior.*
> La charité est une sorte de voie qui s'incline vers la vertu.
> *Saint Jean Chrysostome.*

Marin naquit à Arbe, en Dalmatie, de parents chrétiens, lorsque les empereurs romains étaient le plus acharnés contre la religion chrétienne. Son éducation fut toute sainte, et il commença à craindre Dieu dès ses plus tendres années. Comme il était de condition médiocre, il exerça, pour gagner sa vie, la profession de tailleur de pierres ; il se joignit pour cela à saint Lée, ou Léo, son compatriote. Le peu de dépense qu'il faisait pour sa propre personne lui laissait toujours quelque chose pour faire l'aumône ; il employait la principale partie de la nuit et du temps de son repas à la prière ; et, pour les jours destinés au service de Dieu, il les passait presque tout entiers dans des exercices de dévotion.

En ce temps-là, la ville de Rimini, en Italie, ayant été détruite, lorsqu'il s'agit de la rebâtir, saint Marin et saint Léo, espérant y faire un gain considérable, s'y transportèrent avec beaucoup d'autres de leur pays ; mais ils furent bien étonnés d'y trouver une multitude de chrétiens de grande naissance que l'on avait condamnés à ce travail, et à qui les intendants des ouvrages donnaient des tâches qui surpassaient leurs forces : et comme ils ne pouvaient les achever, ils étaient rompus de coups de bâton et de nerfs de bœufs. Cette cruauté engagea nos Saints à les aider à tirer les pierres des carrières, à porter les lourds fardeaux dont on les chargeait, et à leur rendre mille autres bons services ; ils achetèrent même une bête de somme pour les soulager dans le transport des matériaux qu'on les contraignait de porter dans des hottes, sur leurs épaules. Après trois ans de cet exercice de charité, qui ne les empêchait pas de travailler de leur métier pour leur subsistance, et pour continuer leurs aumônes, saint Léo se retira sur le mont Feltro, où, depuis, on a bâti une ville épiscopale qui porte son nom, Léopole ou San-Léone.

Pour saint Marin, il demeura à Rimini jusqu'à ce que les constructions fussent achevées, continuant toujours d'assister les fidèles de toutes les manières qui lui étaient possibles. Malgré ses grandes fatigues, il ne laissait pas de s'acquitter fidèlement de ses prières et de ses dévotions ordinaires, et d'affliger son corps par de longs jeûnes et d'autres austérités peu compatibles avec un travail si opiniâtre. Mais, quand la ville fût toute rebâtie, le Saint-Esprit le remplit si abondamment de sa lumière et du don de la parole, qu'il commença à prêcher la foi pour attirer les idolâtres à la connaissance de Jésus-Christ. Sa prédication ne fut pas sans fruit : il eut le bonheur de convertir plusieurs païens, et même quelques prêtres des idoles, qui quittèrent cet exercice impie et sacrilége, pour faire profession du Christianisme. Le démon ne pouvait souffrir cet heureux succès ; voici le moyen qu'il employa pour le traverser : Une femme de Dalmatie soutint que saint Marin était son mari et qu'il devait la prendre auprès de lui. Son effronterie alla jusqu'au point de l'assigner pour cela devant le juge, et de l'accuser en même temps d'être chrétien. L'homme de Dieu ne craignait ni la mort ni les tourments ; mais, appréhendant que le préfet, par aversion de sa religion, ne l'obligeât d'habiter avec cette méchante femme, qui ne lui était rien, il s'enfuit secrètement sur le mont Titan, auquel il a donné son nom, et il y demeura caché un an entier, dans une grotte, sans voir personne, et dans une séparation complète de tout ce qu'il y avait d'hommes sur la terre.

Sa vie, dans cette caverne, fut admirable : il ne prenait que des racines et des herbes sauvages qu'il trouvait aux environs, avec de l'eau qui coulait goutte à goutte de la roche : encore ne les prenait-il qu'après None, pour observer un jeûne continuel. Son sommeil était si court, qu'il ne méritait pas d'être appelé repos : quel repos pouvait-il prendre sur une pierre qui, bien loin de soulager son corps, le tourmentait encore par sa dureté ? Il observait à la lettre ce que Notre-Seigneur recommande dans l'Evangile : de prier toujours et de ne jamais cesser ; car, ou il chantait des psaumes, ou il était appliqué à la contemplation des vérités divines. Le malin esprit, ne pouvant supporter une si grande sainteté, faisait souvent paraître autour de sa porte toutes sortes de bêtes sauvages qui jetaient des cris et des hurlements épouvantables ; mais le Saint, se munissant du signe de la croix, demeurait intrépide, et contraignait, par sa constance, cet ennemi des hommes de quitter le champ de bataille. Après un an, il fut découvert par des bouviers qui le firent connaître dans la ville. La femme qui lui avait déjà fait un procès, vint le trouver pour lui réitérer ses poursuites ; mais, comme elle n'agissait que par l'opération du démon dont elle était possédée, le Saint, ayant fait sur elle le signe salutaire de la croix, et l'ayant heureusement délivrée d'un hôte si pernicieux, la renvoya toute convertie.

Sa réputation se répandit par tout le pays, et plusieurs le vinrent trouver pour recevoir de sa charité ou de l'instruction dans leur ignorance, ou du soulagement dans leurs peines. Il fit de grandes conversions : un patricien, qui voulait le chasser de sa grotte, ayant été pour cela puni sur-le-champ de paralysie, il lui guérit le corps et l'âme, lui faisant embrasser la foi avec cinquante-trois personnes de sa famille. L'évêque de Rimini (Italie, légation de Forli), touché de tant de merveilles, l'appela à la ville et lui conféra l'Ordre de diacre, afin qu'il pût baptiser solennellement ceux qu'il attirait à la religion chrétienne. Il fit aussi saint Léo, prêtre. Saint Marin s'en retourna ensuite dans sa caverne, où il continua ses exercices jusqu'à sa mort, qui arriva vers l'an 307.

Son corps fut enterré dans sa propre cellule qu'il avait changée en oratoire. On a, depuis, en cet endroit, bâti une ville que l'on appelle San-Marino ; elle n'est éloignée de San-Leone que de cinq milles. Elle est capitale d'une petite république, qui est appelée la République de Saint-Marin, dans les Etats de l'Eglise.

On y vénère les reliques de saint Marin avec une grande dévotion, dans une église qui est desservie par un archiprêtre, un maître de chapelle et dix prêtres. Ce Saint est encore honoré à Pavie, à Rimini, et dans plusieurs autres diocèses d'Italie.

Pour la grotte où il a vécu si saintement, on la nomme *Pœnitentia Sancti Marini :* « La pénitence de saint Marin ».

On représente saint Marin : 1° Ayant près de lui le ciseau et les outils propres au tailleur de pierres ; 2° condamnant un ours, qui avait dévoré son âne, à continuer les services de cet animal qui, probablement, lui aidait à transporter des matériaux de construction.

Acta Sanctorum ; Pierre de Natalibus.

SAINTE ROSE DE VITERBE, VIERGE,

DU TIERS ORDRE DE SAINT-FRANÇOIS

1252. — Pape : Innocent IV. — Empereur d'Allemagne : Conrad IV.

Omnia possum in eo qui me confortat.
Je peux tout en celui qui me fortifie.
Philipp., IV, 13.

Sainte Rose naquit en 1235, à Viterbe, capitale du Patrimoine de Saint-Pierre, de parents plus remarquables par leurs vertus que par leur fortune ou l'éclat de leur origine. Son père, qui s'appelait Jean, fut un homme estimé pour son incomparable droiture ; Catherine, sa mère, était un modèle de sagesse, de modestie, et d'inébranlable fidélité à ses devoirs religieux.

A peine venue au monde, elle fut apportée sur les fonts baptismaux, où elle reçut le nom de Rose. Dès les premiers moments de sa vie, elle donna quelques marques de sa future grandeur. Jamais elle ne demanda le sein de sa mère, jamais on ne l'entendit vagir ni crier, jamais on ne la vit pleurer. C'est pour un meilleur usage sans doute qu'elle réservait ses larmes et ses cris. Son visage toujours calme, tranquille et doux, s'éclairait parfois d'un intelligent et gracieux sourire ; et bientôt son regard qui s'élevait et se fixait angéliquement vers le ciel, laissait sous la puissance et le charme d'une religieuse admiration les personnes étonnées qui l'abordaient. On n'a jamais douté que Dieu ne lui eût avancé l'usage de la raison.

Ses parents ne tardèrent pas à reconnaître le prix et la beauté du trésor que le ciel leur avait confié ; aussi employèrent-ils tout ce que put leur suggérer leur amour et leur foi pour mettre cette enfant sur la voie de ses destinées. Sa langue n'était pas encore déliée qu'ils lui apprenaient à prononcer les saints noms de Jésus et de Marie. Ils n'auraient pas voulu que d'autres paroles sortissent les premières de sa bouche. Et comme les premières actions sont aussi celles qui forment le pli de l'âme, ils dirigèrent les siennes vers la piété. Cependant ils n'eurent pas besoin de beaucoup d'efforts pour la former à la vertu. Vivement excitée par la grâce, sa nature s'y portait avec ardeur. Elle n'avait de goût que pour les choses de Dieu. Dès l'âge de deux ans, elle écoutait avec une insatiable avidité les instructions sur les vérités éternelles que son père et sa mère lui adressaient avec une touchante et naïve simplicité. Au lieu de s'amuser comme tous les enfants de son âge, elle passait la plus grande partie de son temps devant les saintes images qui ornaient les murs de sa modeste demeure, particulièrement devant celles de la très-sainte Vierge et du divin Précurseur ; et là, immobile, à genoux, les mains jointes, elle exprimait plus encore par la vivacité de son regard que par les mouvements de sa langue, les sentiments de vénération, de tendresse, et de filiale confiance dont son âme était pénétrée.

Quand elle fut capable de marcher, elle ne sortait avec plaisir que pour aller à l'église. Elle s'y tenait dans une posture si modeste et si recueillie, que les assistants en étaient tout édifiés. Les cérémonies augustes de notre sainte religion produisaient une impression profonde sur son cœur. La parole divine, qu'elle semblait écouter de l'oreille et des yeux, la remplissait des plus tendres émotions. De retour à la maison, elle répétait les plus longs discours, reproduisait les accents et imitait les gestes des prédicateurs avec tant de naturel, de grâce, de conviction et de feu, qu'elle charmait, attendrissait, et souvent ramenait à Dieu ceux de ses auditeurs qui avaient eu le malheur de s'en éloigner.

Rose avançait moins en âge qu'en vertu. Elle avait le cœur tellement rempli de son Dieu, qu'elle ne pensait qu'à lui et n'aimait qu'à entendre parler de lui. De là vient ce grand goût qu'elle ressentit pour la retraite et ce plaisir si vif qu'elle éprouvait d'aller à l'église, surtout dans celle de Saint François pour lequel elle avait une singulière dévotion.

Quand elle assistait à la célébration des divins mystères, on voyait que son recueillement et ses transports redoublaient à mesure qu'elle en appréciait davantage la sainteté et la grandeur. Tantôt, pleinement absorbée dans l'adoration de la souveraine Majesté présente, elle paraissait comme anéantie : tout se taisait dans ses membres, sur ses lèvres et dans ses traits. Tantôt, la poitrine haletante, le regard vivement fixé sur l'autel, le visage ardent, la bouche entr'ouverte, il semblait que son âme, incapable de résister au feu qui la dévorait, était sur le point de quitter son corps pour s'élancer vers le divin objet de son amour.

Dès que cette pieuse enfant fut capable de produire des actes de vertu, le premier soin du Père céleste fut de la porter à se rendre en tout conforme à Jésus, son divin modèle. Aussi prit-elle de bonne heure la résolution de l'imiter dans son humilité, son silence, son esprit de pauvreté, l'amour pour les souffrances, l'obéissance à ses parents. Dès l'âge le plus tendre, elle manifesta un grand éloignement pour le monde, pour ses conversations, ses amusements et ses vanités. Si elle fuyait même la société des petites filles de son âge, ce n'était certes point par orgueil. Ne trouvant, au contraire, rien en soi qu'elle n'eût reçu, elle se considérait comme un ver de terre digne du mépris et de la réprobation de tous.

Quoique ses parents ne fussent pas dans une position à lui donner du superflu, elle se plaignait toujours d'une trop grande abondance. Elle en vint donc à se constituer bien pauvre au sein même de sa pauvreté. Couverte d'une simple robe en laine fort rude et fort grossière, qui servait moins à conserver la décence qu'à déchirer ses chairs, elle marchait, hiver et été, les pieds nus, la tête découverte et les cheveux en désordre livrés au caprice des vents. Cette simplicité plus qu'ordinaire dans le vêtement était accompagnée d'une simplicité non moins étonnante dans la nourriture. Comme elle n'acceptait jamais des aliments plus propres à flatter le goût qu'à soutenir les forces, on était obligé de recourir à la violence pour lui faire prendre le nécessaire. Elle se contentait le plus souvent d'un peu de pain pour sa journée, préludant ainsi à ces mortifications sévères, à ces jeûnes incroyables auxquels elle devait se livrer dans la suite. « Ceux qui sont à Jésus-Christ », dit saint Paul, « crucifient leur chair ». Ce ne sera donc pas assez pour notre sainte enfant de l'humilier aux yeux de tous et de la priver de tout, il faudra qu'elle la torture en la flagellant. Au cilice elle joint par conséquent la discipline.

Mais si elle est remplie d'une sainte cruauté contre elle-même, son âme compatissante et sensible s'émeut de la plus touchante tendresse à l'égard des membres souffrants de Jésus-Christ. La moindre peine, la plus légère douleur dans son prochain, suffit pour la faire pâlir ou lui tirer des larmes. Pour le soulager, elle commence toujours par implorer sur elle le secours du Tout-Puissant, et lui adresse ensuite les paroles les plus affectueuses et les plus consolantes. Quoiqu'elle fût bien petite, les personnes âgées l'écoutaient avec plaisir, parce qu'on sentait que c'était plus que l'âme d'une enfant qui parlait par sa bouche. Mais on peut dire que, si elle est parvenue à guérir bien des blessures et à faire renaître la joie et l'espérance dans les cœurs affligés, c'est parce que, dès le premier abord, elle devenait infirme avec les infirmes, souffrante avec ceux qui souffraient.

C'est encore à l'égard des pauvres qu'éclatait son incompréhensible charité. Considérant son divin Jésus en leur personne, elle les aimait plus qu'elle-même. Malgré sa pauvreté, elle trouva toujours le moyen de les secourir. Ceux qui ne pouvaient aller implorer la charité publique, parce qu'ils étaient retenus chez eux par quelque infirmité, excitaient plus particulièrement sa compassion. Elle se faisait indiquer leur demeure, et leur apportait, quelque temps qu'il fît, toujours pieds nus et la tête découverte, à travers la pluie, la glace et les neiges, tout ce qu'elle avait pu se procurer. Quand elle en apercevait dans les rues, sans attendre qu'ils vinssent s'humilier en lui tendant une main suppliante, elle courait à leur rencontre, les abordait d'un air affable, et après leur avoir adressé quelques mots empreints de la plus respectueuse tendresse, elle leur glissait furtivement tout ce qu'elle possédait. Le plus souvent, ce n'était que le petit morceau de pain qu'elle avait accepté pour sa journée, et dont elle cachait soigneusement à sa mère le pieux emploi qu'elle en avait fait. Comme les nécessiteux connaissaient son extrême bonté, ils se rendaient chaque jour en assez bon nombre devant sa porte. Quand ses parents étaient absents, elle s'emparait de toutes les provisions, et les leur distribuait avec autant de plaisir et de joie qui si elle avait elle-même reçu les plus précieux trésors. Mais quand son père ou sa mère se trouvaient à la maison, la portion était naturellement beaucoup moins abondante. Alors, elle accompagnait son offrande de paroles si cordiales et si tendres, le sentiment qui se peignait sur ses traits était tellement rempli de tristesse et de douleur, que les malheureux, étonnés, se retiraient tout satisfaits et fort contents. Ils la célébraient partout comme la charité même personnifiée dans l'âme d'une enfant.

Mais si Rose était pleine de tendresse et de charité pour les pauvres, nous pouvons dire qu'elle portait au souverain degré l'amour, le respect et l'obéissance qu'une enfant doit à ses parents. Vivement convaincue qu'ils étaient auprès d'elle les plus augustes représentants de Dieu sur la terre, elle leur manifestait par ses paroles et ses actions ces sentiments de pieuse déférence, de sincère estime et de vénération parfaite qu'elle leur portait du fond de l'âme. Avec quelle perspicacité n'entrevoyait-elle pas leurs besoins pour y suppléer ! avec quelle promptitude, quelle bonne grâce, n'exécutait-elle pas leurs ordres, ne prévenait-elle pas leurs désirs ! Épanchements de cœur, douces paroles, manières aimables, airs souriants, elle avait recours à tous les moyens pour leur témoigner cette affection grande, vaste, profonde dont elle était pénétrée à leur égard.

L'exemple de tant de vertus la faisait déjà vénérer comme une sainte. De tous les côtés on se réunissait sur les chemins qu'elle devait parcourir pour la voir ou l'entendre. Cet empressement ne lui causait ni confusion ni vaine gloire, mais il lui faisait de la peine parce qu'il interrompait la continuité de ses entretiens avec son Dieu. L'attrait puissant qu'elle avait pour la vie contemplative la poussait vers la retraite ; dès l'âge de sept ans, elle prit le parti de s'enfermer.

Il n'y avait à cette époque dans Viterbe qu'un seul couvent : c'est celui où son père et sa mère étaient employés comme serviteurs. Les religieuses qui l'habitaient n'étaient originairement que de jeunes filles qui s'étaient réunies sous la conduite d'une pieuse dame pour s'édifier mutuellement par la pratique des vertus. Mais de plus en plus désireuses de s'élever à la perfection, elles s'engagèrent à observer la clôture, s'astreignirent à une vie pauvre, et adoptèrent la Règle de saint Damien, religieux de l'Ordre de Saint-Benoît. C'est pour cela qu'en confirmant leur institut, le pape Grégoire IX leur donna le titre de Religieuses de Saint-Damien. Les Viterbiens furent tellement impressionnés par la vie calme et sainte de ces bonnes Sœurs, que dans la crainte qu'elles ne fussent obligées de se disperser, faute d'espace et d'air, ils leur construisirent, aux frais de la ville, un monastère et une église connue sous le nom de Sainte-Marie des Roses.

Notre petite enfant fit des efforts incroyables pour entrer dans cette pieuse retraite ; mais Dieu, qui voulait la faire passer par un état de contemplation pure pour l'envoyer ensuite dans le monde travailler à la conversion des âmes, ne permit pas qu'elle y fût admise. La supérieure lui objecta son âge encore trop tendre, et l'absence complète de ressources qu'elle pouvait offrir à une communauté, dont les membres ne subsistaient que par le peu de biens que chaque novice apportait à son entrée. Ce refus ne fit qu'augmenter son penchant pour la solitude. Elle s'en créa une dans la maison de son père, où elle s'enferma dès l'âge de sept ans, bien résolue d'y passer tous les jours et tous les moments de sa vie.

A peine y fut-elle entrée, que, suivant les transports de son amour pour Jésus souffrant, elle se livra, pour l'imiter et lui plaire, à tous les exercices de la plus austère pénitence et de l'union la plus intime avec son Dieu. Sans cesse revêtue du cilice qu'elle porta directement appliqué sur la chair, chaque jour elle se donnait plusieurs fois la discipline, mais si longuement et avec tant de force, qu'épuisée de fatigue elle tombait sans connaissance sur le pavé au milieu d'une véritable mare de sang. A part les trois et les sept jours de suite qu'elle passait souvent sans prendre aucune sorte de nourriture, elle ne se permettait jamais que du pain et de l'eau, et encore en quantité si minime qu'elle ne pouvait évidemment subsister que par un secours extraordinaire de la Divinité. Lorsqu'elle était vaincue par le sommeil, elle se jetait toute vêtue sur son misérable lit, et dès le premier réveil, hâté sans doute par ses cuisantes douleurs, elle se levait pour recommencer le cours de nouvelles tortures. Effrayés à la vue de ces incroyables excès, ses parents firent, dès le principe, les efforts les plus énergiques pour la retirer de son infect et ténébreux cachot, et obtenir d'elle une autre ligne de conduite. Mais elle leur montra, les yeux en larmes, que la gloire de Dieu et l'intérêt de sa pauvre âme réclamaient une vie bien austère, et elle redoubla le nombre de ses jeûnes, l'âpreté de ses cilices et la rigueur de ses macérations.

Or, la souffrance voulue, aimée, recherchée, purifie le cœur, ennoblit les sentiments, élève les pensées, détache l'esprit de la terre et le porte vers le ciel. De là vient que cette aimable enfant avait tant de facilité pour la prière. Elle y passait toute la journée et la plus grande partie des nuits, et son âme s'y absorbait tellement que les bruits les plus forts semblaient ne pas lui parvenir. Rien ne pouvait la distraire. Ses parents et les personnes étrangères qui se rendaient auprès de sa cellule pour contempler, à travers la porte qu'entr'ouvrait doucement leur pieuse indiscrétion, le spectacle admirable de son angélique ferveur, la trouvaient souvent plongée dans une méditation si profonde que son corps insensible et fixe la faisait regarder comme morte ou évanouie. C'est en vain qu'on s'empressait pour lui faire reprendre ses sens. Ce n'était qu'après plusieurs heures et quelquefois au bout d'une journée entière, que, sortant de son ravissement et de son extase, elle revenait au mouvement et à la vie.

Ces entretiens intimes et continus avec Dieu étaient pour elle la source d'une science, d'une force et d'un bonheur que l'Esprit-Saint peut bien communiquer, mais que toute l'activité humaine ne saurait acquérir. Ainsi, lorsque pour répondre aux diverses questions qu'on lui adressait, elle se mettait à parler de la Puissance, de la Miséricorde, de la Justice, de la Beauté, de la Gloire et de toutes les perfections de Dieu, elle le faisait avec des sentiments si tendres et si élevés, des expressions si simples mais si ardentes, des mouvements si entraînants et si vifs, une fécondité si soudaine et si inépuisable, que tous ceux qui l'entendaient proclamaient bien hautement que c'était dans le sein même de l'éternelle Vérité qu'elle puisait des connaissances si extraordinaires et si sublimes, que c'était celui-là même qui avait inspiré les Prophètes et tous les écrivains sacrés qui s'exprimait par ses lèvres. De même, lorsque les visiteurs, s'apitoyant sur son âge et la rigueur de ses pénitences, lui recommandaient d'apporter quelque adoucissement à ses rudes pratiques, elle exposait le bonheur qu'il y a dans la souffrance avec tant de charme et d'éloquence, qu'on ne tardait pas à s'apercevoir que c'était une véritable félicité pour elle que de souffrir. Et, en effet, la plus grande de ses douleurs était de ne pas en avoir. Ce n'est pas certes qu'elle ne ressentît tout ce que la douleur a de pénible et de poignant, mais sachant que la souffrance contribue à nous rendre plus conformes à notre divin Modèle, non-seulement elle se complaisait dans les tourments, mais encore elle avait recours à mille moyens pour s'en créer davantage.

Cependant ces privations rigides, ces flagellations si souvent répétées, cette claustration sévère dans un lieu étroit et peu aéré, jointes à l'occupation constante de son esprit et de son cœur, lui occasionnèrent, à l'âge de huit ans, une maladie sérieuse qui dura près de quinze mois, et faillit à plusieurs reprises la conduire au tombeau. Elle se déclara par une faiblesse excessive qui dégénéra bientôt en consomption. Quel touchant spectacle que celui de cette petite vierge, étendue sur sa pauvre couchette, continuellement brûlée par la fièvre, n'exhalant jamais une seule plainte, n'ouvrant jamais la bouche que pour bénir le Seigneur, ne gardant le silence que pour s'occuper à la prière avec autant de calme et d'application que si elle avait été en parfaite santé ! Ce qui l'affligeait le plus, c'était d'être obligée de garder le repos sans qu'il lui fût permis de se macérer comme à l'ordinaire. Aussi se plaignait-elle auprès de ses parents, de ses amis et des personnes étrangères, de sa trop grande délicatesse, et elle leur demandait à tous avec les plus pressantes instances que, puisque son bras était trop faible pour lui faire expier ses péchés par des peines volontaires, ils voulussent bien suppléer à sa fâcheuse impuissance en la fustigeant de toute leur force pour l'amour de son adorable Jésus qui avait été si rudement flagellé pour elle. Des larmes coulaient sur tous les visages, des sanglots s'échappaient de toutes les poitrines, lorsqu'on voyait cette pauvre enfant épuisée par de longues douleurs, n'ayant presque plus qu'un souffle de vie, se redresser péniblement sur sa couche, et demander les mains jointes, les yeux en pleurs et d'une voix plus qu'attendrissante, qu'on ajoutât de nouveaux tourments à ceux qu'elle endurait. Mais si les hommes refusaient d'accéder à ses désirs, le ciel les accomplissait de la manière la plus prompte et la plus rigoureuse : ses douleurs devenaient de plus en plus vives, et il arriva un moment où, la fièvre étant tombée, sa faiblesse fut tellement grande, que toute pâle et entièrement épuisée, elle parut ne plus exister.

La veille de la Saint-Jean-Baptiste, elle eut une vision bien douce et que nous ne pouvons nous empêcher de relater, parce qu'elle fut de la plus haute conséquence pour tout le reste de sa vie. Comme ses forces faiblissaient toujours, et que depuis quelque temps on attendait d'heure en heure son dernier soupir, sa cellule et toute la maison étaient remplies de jeunes filles et de pieuses dames, ses amies, qui voulaient l'assister à cet instant suprême. Or, au moment où immobile et sans pouls on la regardait comme déjà trépassée, tout d'un coup ses paupières s'ouvrent, son regard se fixe, son visage étincelle de joie, une vigueur extraordinaire se répand dans tous ses membres, et se dressant précipitamment sur sa couche, elle s'écrie : « Vous toutes qui êtes ici, pourquoi ne saluez-vous pas la Reine du monde ? ne voyez-vous pas Marie, l'auguste Mère de mon Dieu, qui s'avance ? Hâtons-nous d'aller à sa rencontre : prosternons-nous devant sa majesté ». Elle se lève à ces mots, se dirige d'un pas rapide et ferme vers la porte de sa cellule, tombe à genoux avec toutes les personnes présentes, et tandis que l'humilité, la modestie, la dévotion la plus tendre et l'amour le plus vif sont peints sur tous ses traits, son regard reste constamment attaché sur l'objet qui l'attire. Elle ne prononce pas un seul mot. Il semblait que son âme, complétement absorbée dans la contemplation du grand spectacle qui s'offrait à ses yeux, était incapable de faire sortir son corps de l'immobilité complète où il était plongé.

La céleste Reine lui apparaissait dans tout l'éclat de ses grâces et le charme de sa bonté. Elle était revêtue des ornements les plus magnifiques, et la lumière vive, immense, dont elle était environnée et qui la pénétrait tout entière, n'avait cependant rien que de très-agréable et de très-doux. La puissance et la grandeur, qui se révélaient dans son port majestueux et sur sa resplendissante figure, étaient admirablement rehaussées par l'attrait de cette miséricordieuse tendresse qui forme le fond de sa nature. Autour d'elle se tenaient en couronnes brillantes plusieurs groupes de glorieuses amantes de Jésus. Elles étaient moins grandes, moins lumineuses et moins belles que leur divine Souveraine. Leur visage, tout rayonnant d'innocence et d'amour, de bonheur et de joie, se montrait encadré dans des bandeaux de longs et éclatants cheveux qui coulaient en ruisseaux d'or sur leurs virginales épaules.

Dès que cette bienheureuse enfant eut recouvré la respiration et la parole que lui avaient fait perdre le ravissement de ses sens et la surabondance de sa félicité, elle rompit tout à coup le silence et s'écria : « O ma Reine, ô ma joie, ô ma consolation, ô mon bonheur ! vous avez quelque recommandation à me faire, quelque ordre à me donner ; parlez, parlez, car votre servante vous écoute ».

Alors la Mère de Dieu s'approche, l'embrasse avec la plus affectueuse tendresse, et de cette voix calme, délicieuse, ravissante qui porterait la sérénité, la force et le bonheur dans les cœurs les plus faibles et les plus troublés, elle lui dit : « Rose très-pure, dont la tige qui repose au sein même du plus brillant des lis s'est couronnée de la plus belle et la plus odoriférante des fleurs, vous me voyez pompeusement parée, comme l'épouse d'un grand roi, ornée de joyaux précieux, environnée de vierges innocentes et richement vêtues. Prenez à notre exemple les ornements les plus somptueux que vous pourrez trouver, et après avoir visité les églises de Saint-Jean-Baptiste et de mon bien-aimé serviteur, le pauvre François [1], vous irez dans celle de Sainte-Marie du Coteau, où l'on vous coupera les cheveux. Vous vous dépouillerez ensuite de toutes ces futiles livrées du monde, et dona Sita vous imposera le saint habit de la pénitence. Pour la corde, vous prendrez celle de votre petit ânon. Après avoir ainsi célébré vos noces avec le grand Roi de la gloire et rendu vos actions de grâces au Très-Haut, vous retournerez dans votre cellule où, revêtue de l'habit du Tiers Ordre de Saint-François, vous vous appliquerez à prier et à louer votre Dieu. Plus tard, quand le moment sera venu, vous vous armerez de confiance et de courage, et avec tout le zèle dont vous serez capable, vous parcourrez les villes pour reprendre, convaincre, exhorter, et ramener les égarés dans les sentiers du salut. Si une telle conduite vous attire des sarcasmes et des railleries, des persécutions et des peines, vous les supporterez avec patience, car elles seront pour vous une source de mérites et un sujet de précieuses récompenses. Mais malheur à ceux qui vous feront de l'opposition et s'obstineront à vous entraver dans l'accomplissement de votre mission ! ils seront en proie aux plus tristes calamités, tandis que ceux qui vous seconderont dans vos pieux efforts se verront enrichis de toutes les grâces du Seigneur ». Après avoir dit ces mots, elle la bénit et se re-

---

1. C'est l'église que possèdent encore les RR. PP. Conventuels et qui leur fut concédée en 1236 par le pape Grégoire IX. Elle est située sur l'emplacement de l'ancien fort Saint-Ange, qui servait de palais aux souverains Pontifes quand ils résidaient à Viterbe.

tire, la laissant comme plongée dans un océan de bonheur et de joie.

Rose, accompagnée d'une foule immense accourue à la première nouvelle de ce qui se passait, se rendit dans les églises de Saint-Jean-Baptiste et de Saint-François, où elle versa beaucoup de larmes d'amour, de reconnaissance et de joie ; mais c'est surtout dans celle de Sainte-Marie du Coteau qu'elle fut obligée de laisser un libre cours à ses ardeurs et à ses transports. Après la messe qu'on célébra solennellement à son intention, elle se dépouilla de tous ses atours mondains, se prosterna au pied de l'autel et fit à haute voix, entre les mains du prêtre et en présence de tout le peuple, les trois vœux de pauvreté, d'obéissance et de perpétuelle virginité. Se tournant ensuite vers la dame Sita, elle la pria de terminer la cérémonie commencée par le ministre du Seigneur. Celle-ci se croyait trop indigne de lui rendre un semblable office : « Telle est la volonté de Marie, notre Mère Immaculée », repartit l'enfant : « refuseriez-vous d'accomplir un si saint devoir ? » Sita se soumit : elle lui coupa les cheveux et la revêtit de l'habit du Tiers-Ordre de la Pénitence, que le prêtre lui avait imposé.

Lorsque après la cérémonie elle se retourna vers le peuple pour revenir à sa place, un cri d'admiration s'échappa de toutes les poitrines, des larmes de tendresse coulèrent de tous les yeux. Un ébranlement instantané se produisit dans cette foule immense. Chacun voulait l'approcher pour la voir, pour la toucher. Il y a dans la sainteté comme une vertu puissante qui assiège les cœurs et les attire. Comment d'ailleurs ne pas être ému à l'aspect d'une petite fille de dix ans qui, avec une connaissance pleine et entière, vient de se donner à Dieu sans réserve et pour toujours ? Ses pieds nus, son corps miné par les privations, ses yeux amoureusement collés sur un crucifix qu'elle pressait dans ses mains, son front où, avec une céleste sérénité, rayonnait la plus aimable candeur, son visage d'ange qui se détachait radieux et tendre des plis informes d'une grossière tunique, comme le ferait un lis délicat et pur du milieu d'âpres épines, produisaient un effet merveilleux dans les âmes.

Quand elle fut hors de l'église, on voulut l'entendre. La parole s'élança de ses lèvres abondante, majestueuse, enflammée. Elle parla avec tant de véhémence et de sentiment du malheur de ceux qui vivent loin de Dieu ; elle fit sur son crucifix, qu'elle inondait de pleurs, un tableau si pathétique, si navrant et si vif de l'état déplorable où le péché avait réduit son aimable Jésus ; elle employa pour porter les coupables au repentir, des raisons si énergiques et si entraînantes, qu'il n'y eut pas de cœur qui ne fût atterré, qui ne s'avouât vaincu. Les sanglots firent irruption partout ; de tous les côtés ce ne fut qu'une immense explosion de voix qui s'élevaient vers le ciel pour implorer miséricorde et pardon. Jamais peut-être la parole de Dieu, si efficace, si pénétrante quand elle est maniée par une âme innocente et pure, n'avait agi avec tant de puissance et de supériorité, sur la masse d'un grand peuple, par la bouche d'une simple petite enfant.

Dès qu'elle eut fini de parler, Rose se hâta de revenir à sa demeure. Une inspiration secrète la portait à se retrouver seule avec Dieu seul. Se dérobant donc au plus tôt à la foule serrée qui l'accompagnait, elle s'enferma dans le silence de sa cellule, et se mit à répandre devant son céleste Epoux les sentiments de joie, d'humilité, de confusion, de reconnaissance, d'amour, d'abandon complet d'elle-même, dont son âme débordait. Mais Jésus ne l'avait rappelée à la solitude que pour lui parler plus intimement au cœur. Il lui fit entrevoir que s'il l'avait épousée dans l'Ordre de la Pénitence, c'était pour qu'elle s'assimilât plus parfaitement à lui par la douleur.

Dès ce moment on la voit multiplier ses privations et aggraver ses tortures. Elle se frappe la poitrine avec une grosse pierre qu'elle s'est préparée à cet effet. Chaque jour, et plusieurs fois par jour, elle se déchire le corps par de rudes flagellations, qu'elle se donne pendant des heures entières. Peu lui importe que le sang s'échappe à gros bouillons et inonde le pavé ; lorsque les pans grossiers de sa robe de bure se sont fortement collés sur ses larges plaies, elle les en arrache violemment pour emporter des lambeaux de chair.

Un jour que son âme s'exhalait comme à l'ordinaire dans les sentiments de la compassion la plus ardente, Jésus-Christ lui apparut suspendu à la croix, les mains et les pieds cloués, la tête couronnée d'épines, le visage meurtri, défiguré, les membres affreusement tendus et disloqués, les chairs déchirées jusqu'aux os, tout le corps inondé d'un sang écumant qui jaillissait des plaies larges et profondes qu'il avait reçues de ses bourreaux.

A cette vue, un cri perçant s'échappe de ses lèvres : une douleur aiguë, vive, terrassante la saisit dans tous ses membres ; elle tombe évanouie la face contre terre. Quand elle se relève, sa poitrine est trop oppressée, sa bouche ne peut proférer un seul mot ; mais pendant que son regard se fixe avec une poignante avidité sur la grande et muette Victime, un travail inconnu se fait dans tout son être : ses veines se gonflent, ses nerfs s'irritent, sa sensibilité s'aiguise, et son cœur, qui s'élargit et se creuse, devient comme un abîme où, du sein de Jésus, se précipitent avec excès toutes les amertumes, toutes les angoisses, toutes les douleurs. Excitée par tant de maux, et pareille à cette épouse infortunée qui, voyant tout à coup l'objet de ses tendresses ensanglanté, broyé, expirant dans quelque terrible catastrophe, porte instinctivement un bras nerveux contre elle-même et semble, en se torturant, adoucir et même conjurer la rigueur d'un trop funeste sort, Rose s'arrache les cheveux, saisit d'une main crispée la grosse pierre qui gît à ses côtés, s'en donne des coups affreux sur les épaules et la poitrine, et lorsque les flots de sang qui s'échappent par sa bouche ont ouvert un libre passage à sa voix, elle s'écrie : « O mon Jésus, qui vous a donc réduit à ce lamentable état ? qui vous a si inhumainement meurtri, déchiré ? qui vous a si cruellement percé et attaché à cet horrible bois ? » — « C'est mon amour, mon ardent amour pour les hommes », répond le Sauveur ; « c'est le péché dont ils se rendent coupables ». — « Votre amour pour les hommes ! » reprend cette admirable enfant, « c'est donc pour moi que vous avez tant souffert !!... Le péché des hommes ! c'est donc moi, misérable pécheresse, qui vous ai causé tous ces tourments ! » Alors, transportée de toutes les fureurs d'un saint désespoir, elle pousse les cris les plus lamentables, verse par torrents les larmes les plus amères, et se déchire, se torture, se frappe jusqu'à se briser les os.

Considérant ensuite que ce ne sont pas seulement ses péchés, mais ceux de tous les hommes, qui ont occasionné tant de souffrances à son Dieu, et qui arment chaque jour sa justice contre la terre, elle s'interpose entre le ciel irrité et le monde coupable. Elle conjure le Seigneur de faire tomber sur sa tête tous les traits de sa colère, et de fermer les yeux sur les crimes de tant d'hommes qui ne savent ce qu'ils font. Pour obtenir, sur Viterbe surtout, ces trésors de miséricorde qu'elle implore avec tant d'ardeur, elle cherche à émouvoir son divin Epoux en s'associant de plus en plus à ses souffrances, et en s'arrachant la peau et des morceaux de chair avec les ongles ou un couteau. Incapable de lutter longtemps contre les douleurs inexprimables qu'elle éprouve, elle tombe une seconde fois sans connaissance sur le pavé, et ne se relève que pour continuer à se meurtrir en contemplant son Jésus crucifié.

Cependant la vision disparaît. Mais en se retirant, le Sauveur ne calme point ses souffrances. Il lui laisse seulement une soif brûlante du salut des âmes, qui triomphe un instant de son excessive faiblesse, et la porte à parcourir toutes les rues de la cité pour ramener le peuple à des sentiments de vertu. Elle le convoque à grands cris sur les principales places ; et là, pour se faire entendre de la foule nombreuse qui, poussée par la curiosité, l'esprit de foi et le souffle du Tout-Puissant, débouche par toutes les avenues, elle s'abandonne aux célestes inspirations de son cœur. Le crucifix qu'elle tient dans ses mains, le feu divin qui brille dans ses yeux, l'expression touchante que revêt son visage ensanglanté, la peinture vive, énergique et vraie qu'elle présente des affreux désordres où l'on vit, et des châtiments terribles dont on est menacé, font une impression si profonde sur les esprits que quelques-uns même, qui n'étaient venus que dans le but avoué de contredire et de se moquer, s'en retournent tout silencieux et tout émus. Elle renouvelle plusieurs fois ses instructions sur les diverses places ; et lorsque le soir est venu, elle se rend dans l'église de Sainte-Marie du Coteau pour y achever publiquement devant Dieu par ses prières, ses gémissements et ses larmes, ce que ses prédications ont si heureusement commencé. Mais à peine s'est-elle prosternée devant le très-saint Sacrement et a-t-elle, en se frappant la poitrine, élevé vers son céleste Epoux une voix suppliante, qu'épuisée de sollicitudes, de tourments et de fatigue, elle s'affaisse et s'évanouit pour la troisième fois.

On la transporte dans sa demeure ; mais aussitôt qu'elle a repris ses sens, le feu divin la ressaisit et l'embrase. Elle se dégage des bras de ceux qui veulent la retenir, et va de nouveau parcourir toutes les rues de la ville en criant au peuple, avec une voix lamentable, de se convertir et de détourner par de ferventes supplications les coups vengeurs dont le ciel est sur le point de le frapper. La cité tout entière s'émeut. Les catholiques font de dignes fruits de pénitence, et plusieurs de ceux qui se sont laissés aller à l'erreur, ouvrent leurs yeux à la foi et leur cœur au repentir. Mais les principaux chefs du parti impérial, craignant que, par suite de ses prédications, les Viterbiens ne secouent le joug de Frédéric II pour rentrer dans l'obédience du Saint-Père, conçoivent le dessein de la perdre. Les dangers ne l'intimideront pas. La gloire de Dieu, le soin de sa perfection, le salut des âmes sont les seuls principes que consultera sa conscience et dont elle suivra, sans faste comme sans faiblesse, les impérieuses lois.

Aussi, quelques mois s'étaient à peine écoulés, qu'un changement notable s'était déjà produit dans tous les quartiers de Viterbe. Il n'y était plus question de meurtres, de rapines, de vengeances, d'injures et de haines. Le crime avait fait place à la vertu ; la religion s'élevait partout triomphante ; et la foi, redevenue la règle des croyances et des mœurs, apportait chaque jour de nouvelles richesses à la couronne de gloire que chacun se tressait pour l'éternité.

Il y avait déjà près de quatre ans qu'avec la bonne odeur de ses vertus, la petite Rose répandait, au sein de Viterbe, le charme toujours croissant de sa parole, de ses miracles et de ses bienfaits. L'empire qu'elle y avait acquis était tellement puissant, qu'elle semblait tenir en ses mains le ressort de toutes les âmes, diriger les aspirations de tous les cœurs, communiquer à toutes les volontés le mouvement et l'énergie. Rose voyait avec un sentiment d'inexprimable satisfaction le ravissant spectacle qu'offrait cette heureuse cité ; mais loin d'en attribuer la cause à ses bons exemples, à ses prédications et à son zèle, elle levait sans cesse ses mains vers le ciel pour remercier le Seigneur d'avoir ouvert le trésor de ses miséricordes sur sa chère patrie, et ramené dans les sentiers du salut tant de malheureux qui couraient en aveugles vers les abîmes de la perdition. Connaissant, en effet, le prix des âmes par les tourments horribles auxquels Jésus s'est assujéti pour les sauver, elle ressentait les peines les plus cuisantes, en présence des pernicieux efforts que faisaient les courtisans de Frédéric II pour arrêter le torrent qui portait la population tout entière vers la piété. Il n'y avait pas d'injures, de dérisions, de sarcasmes, de calomnies, de persécutions, qu'ils n'employassent pour décourager et faire retomber dans l'impiété ceux qui se livraient au service du Seigneur. Mais plus la malice de ces ennemis devenait redoutable, plus notre admirable enfant se montrait vigilante et active pour en paralyser les mauvais effets. Tandis que, dans le silence de sa retraite, elle redoublait ses prières, ses jeûnes, ses macérations et ses veilles, on la voyait multiplier au dehors ses courses et ses instructions pour encourager les faibles et soutenir les forts.

Mais les hérétiques, humiliés et vaincus, ne devinrent que plus opiniâtres, plus ardents et plus furieux. Ils se concertèrent ; et, pour l'empêcher de les combattre et de mettre au grand jour l'odieuse trame de leur conduite, pour l'empêcher surtout de diminuer la sympathie des Viterbiens pour Frédéric, en activant leur amour pour la religion et le souverain Pontife, ils lui signifièrent que, si elle paraissait encore en public pour continuer ses prédications, elle ne tarderait pas à recevoir le châtiment de son imprudence et de sa témérité.

Rose ne se laissa pas intimider. Elle répondit qu'ici-bas il n'y avait qu'un seul Être dont elle portât la crainte dans son cœur : celui dont relevait l'univers entier, celui qui les jugerait eux-mêmes un jour, celui que nous devons aimer par-dessus tout, parce qu'il nous a créés et rachetés, celui par conséquent à qui nous devons obéir de préférence à tous, le Dieu du ciel et de la terre ; que ce Dieu lui avait commandé de faire connaître, respecter, pratiquer la religion qu'il était venu fonder ; de réprimer la coupable audace des hommes aveugles ou pervertis, qui, excités par l'ennemi de tout bien et conduits par le misérable appât de quelques avantages temporels, s'appliquent à rendre infructueux le travail et les souffrances de leur Sauveur. Elle dit que le Seigneur lui ayant prescrit d'exercer son ministère malgré les contradictions et les dangers personnels auxquels pourrait l'exposer l'accomplissement de sa suprême volonté, elle poursuivrait sa mission avec ardeur, dans toute l'étendue et jusqu'au temps qu'il lui avait plu de déterminer. Elle ajouta que la puissance dont ils s'étayaient ne lui en imposait point ; que leurs menaces et leurs mauvais desseins ne lui feraient modifier en rien les voies où elle était entrée depuis plusieurs années ; que loin de trembler devant la prison, l'exil, les tortures et la mort la plus violente, elle s'estimerait trop heureuse d'avoir à les subir pour l'amour d'un Dieu qui avait tant souffert pour elle, et qui lui montrait déjà du haut du ciel la place réservée à sa constance et à sa fidélité ; qu'ils pouvaient donc exécuter leurs projets en faisant tomber sur sa tête les coups les plus multipliés de leur fureur : car tant que Dieu n'aurait pas fixé le terme de son céleste mandat, et qu'il lui resterait un souffle dans la poitrine, un mouvement dans le cœur, un filet de voix sur les lèvres, elle s'en irait, armée de confiance et de courage, annoncer au peuple, avec tout le zèle dont elle était capable, les vérités si importantes de la foi.

A cette protestation si énergique et si ferme, la colère des hérétiques s'exalta jusqu'à la rage ; ils allèrent trouver le Préfet, lui firent une fausse et très-noire peinture des excès prétendus auxquels Rose se livrait contre le gouvernement de l'Empereur ; lui dirent qu'excités par ses discours subversifs, les Viterbiens, qui n'avaient déjà qu'une froide insouciance pour Frédéric, étaient sur le point de se soulever pour se remettre sous la protection du Saint-Père ; que s'il voulait prévenir le danger de cette imminente révolte, et faire revivre dans la ville et la province de Viterbe l'esprit d'attachement et de soumission au César, leur maître, il n'avait qu'un seul parti à prendre : celui de se débarrasser de Rose en la faisant immédiatement sortir de la cité. Le comte de Chieti fut bouleversé au seul mot de soulèvement ; il mande aussitôt Rose et ses parents, et sans se donner le temps de les accuser ou de les entendre, il fulmine contre eux la sentence d'un exil immédiat. Rose sortit aussitôt de la ville avec ses parents ; mais quand ils se trouvèrent dans la campagne, leur perplexité devint extrême. Des nuages sombres et agités roulaient dans le ciel ; la nuit était humide et noire ; un vent aigu, glacial, soufflait sans interruption du côté du Nord ; et la neige qui commençait à tomber à gros flocons, eut, en quelques instants, couvert la plaine, effacé la trace des chemins, comblé tous les enfoncements du sol, et fait disparaître, sous une nappe immense, la mince lame de glace qui s'était formée sur les ruisseaux, les marécages et les étangs.

Après plusieurs heures de fatigue, ils arrivèrent transis, à demi morts, à l'extrémité d'une des gorges de la montagne où ils s'étaient engagés. Obligés d'aller toujours en avant, ils durent gagner les hauteurs. Leurs forces étaient épuisées, les ténèbres étaient horribles, et à mesure qu'ils s'élevaient, le terrain devenait plus escarpé, le vent plus impétueux, le froid plus intense, la neige plus épaisse. Ils se blottirent donc contre un rocher ; et pour ne pas se laisser surprendre par un sommeil funeste, ils attendirent debout l'arrivée du jour. Dès que l'aurore parut, ils se remirent en marche, et après avoir erré longtemps, ils arrivèrent à une heure assez avancée de la matinée en face de la forteresse de Soriano qui se montrait avec son étendard sur un des rochers opposés. Ce ne fut que vers midi qu'ils entrèrent dans la ville, et qu'ils reçurent de la charité d'un de ses habitants un morceau de pain pour soutenir leur frêle existence, ainsi qu'un pauvre gîte pour reposer leurs membres harassés. A la vue de tous les épouvantables désordres dont cette malheureuse ville était le théâtre, Rose sentit son cœur se déchirer. Pendant plusieurs jours elle ne put prendre aucune sorte de nourriture, ni goûter un seul instant de repos. Les outrages que recevait son Bien-Aimé se répercutaient dans son âme et y produisaient une indéfinissable tristesse, une affliction suprême que ses forces paraissaient incapables de supporter.

Quelques mois s'étaient à peine écoulés depuis l'arrivée de Rose dans cette ville, que, touchés jusqu'au fond de l'âme de la ferveur, du zèle et de la haute sainteté dont cette jeune fille donnait de si constantes marques, incapables de résister à la lumière de vérité qui éclatait dans ses paroles, entraînés d'ailleurs par la force des nombreux et surprenants prodiges qu'elle semait chaque jour sous ses pas, tous les habitants, riches ou pauvres, finirent par se rendre à ses exhortations, abandonnèrent leurs erreurs, renoncèrent à leur vie de désordre, et se livrèrent entièrement et pour toujours à la pratique de leur sainte religion. Ce n'étaient pas seulement les habitants de Soriano qui retiraient de si précieux fruits de salut des prédications de cette admirable enfant. De tous les villages d'alentour, on voyait encore accourir des hommes et des femmes, qui, surpris des étonnantes merveilles qu'ils en entendaient raconter, lui amenaient leurs malades, se recommandaient à ses prières, prêtaient une oreille attentive à ses exhortations, et s'en retournaient dans leurs demeures, aussi résolus à changer de vie que vivement contents des guérisons et des autres bienfaits qu'ils avaient obtenus.

Rose ayant appris que les habitants de Vitorchiano, égarés par une magicienne que soudoyait le gouvernement de l'empereur, avaient conçu une haine profonde contre les enseignements et les pratiques de la religion, s'étaient séparés du Saint-Siége et vivaient dans un effrayant amas d'iniquités, il n'en fallut pas davantage pour l'attirer dans ce nouveau centre d'incessantes fatigues et de périlleux combats. Elle rassemble donc le peuple de Soriano, se réjouit avec lui des grâces nombreuses qu'il a reçues du ciel dans le courant de cette année, le conjure de rester fidèle aux promesses qu'il a faites au Seigneur, et après lui avoir dit que, pour obéir aux inspirations de son cœur aussi bien qu'aux ordres du Très-Haut, elle ne l'oubliera jamais dans ses humbles prières, elle lui annonce que sa mission l'appelle ailleurs, et qu'elle est sur le point de le quitter. A ces mots, un cri de douleur s'échappe de toutes les poitrines, les sanglots éclatent de toutes parts, les larmes coulent sur tous les visages, tous les bras se tendent pour la retenir : il n'y a personne qui ne sente vivement la grandeur de la perte qu'on va faire. Les pauvres se souviennent qu'elle les a nourris ; les malades, qu'ils lui doivent leur santé ; les pécheurs, leur conversion ; les justes, leur avancement dans la connaissance et l'amour de Dieu ; tous, qu'ils en ont obtenu quelque signalé bienfait : il leur semble que cette jeune fille c'est leur espérance, leur félicité, leur vie qui va s'enfuir. Rose cherche à les consoler en leur rappelant qu'ils ont dans le ciel un Père tendre, une Mère dévouée qui veilleront sur eux, les secourront dans leurs besoins, les combleront de leurs faveurs ; et pour se soustraire aux émotions qui gagnent de plus en plus son âme, elle se hâte de s'ouvrir un passage à travers cette foule désolée, et de prendre avec ses bien-aimés parents le chemin de Vitorchiano. Après s'être recommandée à la très-sainte Vierge, à son bon Ange, au divin Précurseur, à son séraphique Père, elle s'avance au nom de Dieu, entre dans la ville et commence sa mission.

Les Vitorchianiens connaissaient déjà Rose, sinon de vue, du moins de réputation. La plupart avaient assisté à ses prédications à Viterbe ou à Soriano, et tous en avaient entendu parler comme d'une fille extraordinaire par son éloquence, ses miracles et ses vertus. Aussi à peine eut-elle paru dans la ville, que le bruit de son arrivée se répandit avec la rapidité de l'éclair jusque dans les campagnes environnantes. De tous les côtés on vit accourir une multitude d'hommes, de femmes, de personnes de tout âge, de toute condition, qui se groupèrent en masse ardente, compacte, autour d'elle, brûlant de la voir et de l'entendre. Elle n'avait pas encore ouvert la bouche pour parler, qu'un ébranlement subit s'était produit dans cette vaste assemblée : l'émotion avait gagné toutes les âmes, les larmes avaient surgi dans tous les yeux. Ses pieds nus ; sa tête découverte ; sa pose modeste et calme ; son regard humblement baissé ; son crucifix que d'une main amoureusement tremblante elle pressait sur son cœur ; son visage pâle, angélique, animé mais tranquille, sur lequel, à travers le caractère sacré de la souffrance, semblait se peindre la douce et ravissante candeur d'une âme divinisée ; sa robe grossière, usée, que soutenait une corde plus pauvre encore, et dont la couleur sombre relevait si bien l'admirable sérénité de son front, pareille à ce nuage obscur, qui, en nous laissant entrevoir par une légère fissure l'astre paisible des nuits, semble le revêtir d'un éclat plus radieux et plus pur : tout cela donnait à cette intéressante petite fille un air de piété tendre, de grandeur aimable, d'attrayante et sublime majesté, qui, en lui gagnant les cœurs, les portait à épouser ses sentiments, à se soumettre à ses volontés avant même qu'elle les eût manifestées. Lorsque la foule eut cessé de s'accroître, Rose leva un instant vers le ciel son regard mouillé de pleurs, et ensuite, d'une voix entrecoupée de sanglots, elle laissa tomber sur ce peuple attendri les grandes et douloureuses pensées qui remplissaient son âme. Elle exposa les calamités terribles et nombreuses dont le démon, toujours ingrat envers ceux qui le servent, avait accablé cette ville autrefois bénie du ciel ; fit voir les fourberies insignes dont il avait usé pour les séduire et les entraîner ; et après leur avoir montré le tort qu'ils avaient eu de renoncer à leur ancienne foi pour se jeter dans un parti qui, en pervertissant les esprits par le mensonge, et le cœur par l'excitation à tous les déréglements, les conduisait à leur éternelle perte, elle les conjura de revenir à un Dieu dont la justice est toujours désarmée par les larmes d'une sincère pénitence. Une semaine ne s'était pas encore écoulée qu'on voyait les plus notables habitants du pays vivre d'une manière conforme à ses désirs, et ne pas craindre, pour mieux satisfaire au Seigneur, de se livrer publiquement aux exercices de la pénitence la plus austère. De tous les hérétiques, indifférents, impies, que l'on comptait par milliers dans la ville et sur le territoire de Vitorchiano, il n'y en eut que quelques-uns qui, captivés par les plaisirs d'une vie licencieuse, refusèrent obstinément d'ouvrir les yeux à la lumière.

Pour triompher de leurs préjugés et montrer avec une grande évidence la divinité de notre sainte religion, elle fait apporter sur la place publique une immense quantité de bois, et après en avoir fait faire un bûcher, elle fait signe de l'allumer. Les étincelles et la fumée s'élèvent, la ramée pétille, l'embrasement s'élargit ; la chaleur et l'effroi rayonnent de toutes parts. Or, pendant que les assistants se reportent vivement en arrière, et qu'en tourbillons impétueux les flammes s'élancent vers le ciel, Rose s'avance avec un visage calme, et, d'un pas ferme et assuré, elle entre dans le feu !..... Un cri perçant, terrible, s'échappe de toutes les poitrines ; instinctivement, tous les bras se portent en avant pour la retirer. Mais quel n'est pas l'étonnement général lorsque, à travers l'effrayant manteau de flammes qui l'environnent, on la voit monter tranquillement jusqu'au faîte du bûcher !!... Là, elle se tient debout, croise les mains sur sa poitrine, et, le regard amoureusement fixé vers le ciel, elle semble s'entretenir avec son Bien-Aimé. Cette pose, cet air extatique, cette bouche qui s'entr'ouvre délicieusement sous l'inspiration de sa prière, ce visage sur lequel commence à s'épanouir la splendeur d'un séraphique sourire, ce trône de feu qui la tient élevée dans l'espace et qui, en s'écroulant peu à peu sous l'empire de l'élément destructeur, semble lui redire qu'une âme, créée pour Dieu, doit se détacher des périssables grandeurs de la terre pour s'envoler vers les éternelles munificences des cieux ; et ces flammes qui, en arrivant à ses pieds, perdent leur direction ordinaire, s'écartent avec un apparent respect, l'enveloppent sans la toucher, et se recourbent en voûte au-dessus de sa tête pour s'évanouir ensuite en flèche allongée dans d'incommensurables hauteurs : tout cela lui donne un tel aspect de grandeur et de majesté, qu'elle ne ressemble plus à une simple mortelle. Bientôt son visage s'éclaire du plus vif enthousiasme, ses sentiments débordent, et, comme autrefois sainte Crescentia dans sa chaudière de plomb fondu, de résine et de poix bouillantes, elle entonne, d'une voix douce mais forte, l'admirable cantique : « Soyez béni, Seigneur, puissant Dieu de nos Pères », que les trois jeunes Hébreux firent pour la première fois entendre dans la fournaise de Babylone. Pendant qu'elle invite ainsi les anges et les astres, la lumière et les ténèbres, la chaleur et le froid, le tonnerre et l'éclair, les montagnes et les vallées, les fleuves et les mers, les plantes et tous les êtres animés, à bénir Celui qui, assis dans les hauteurs, s'incline pour regarder en bas, dans le ciel et sur la terre, tout ce que sa main a tiré du néant, le peuple est là, stupéfait, l'œil fixe, la bouche béante, incapable de faire un seul mouvement, de prononcer une seule parole. Mais, quand elle en vient à ces mots : *Benedicite, filii hominum, Domino*, et que s'adressant directement à l'assemblée, elle s'écrie : « Enfants des hommes, bénissez le Seigneur, louez-le, et glorifiez-le dans tous les siècles » ; une explosion immense de voix se fait entendre. Tout le monde répète : « Enfants des hommes, bénissons le Seigneur, louons-le et glorifions-le dans les siècles des siècles ». Cependant le bûcher creusé, dévoré par le feu, s'affaisse, et la jeune fille précipitée tout d'un coup dans les vastes profondeurs de cette masse brûlante, disparaît sous un épais nuage de flammes, d'étincelles et de fumée. Mais en un instant elle se relève, remonte à la surface, et, le front serein, les mains posées sur son cœur, elle va, elle vient, elle se promène sur ce piédestal embrasé, comme elle l'aurait fait sur un gazon de verdure ou dans un jardin émaillé de fleurs. Enfin, quand le bois eut été réduit en cendres, et que le feu se fut éteint, le peuple, incapable de maîtriser les pieux mouvements de son cœur, se précipita vers la petite Rose pour la voir de plus près, pour la toucher, pour l'embrasser. Frappé de l'extérieur humble, modeste, empreint de la pensée et de l'amour de Dieu, que cette chère enfant conservait au milieu de l'empressement inexprimable dont elle était l'objet, il éprouvait une véritable joie à proclamer sa sainteté et à remercier hautement le Seigneur de l'avoir fait entrer dans une religion dont la divinité se manifestait par de si grands miracles et de si belles vertus.

Quelque temps après, Rose quitta Vitorchiano, et parcourut toute la province, laissant partout les traces des plus signalés bienfaits. C'était une multitude de malades à qui elle avait rendu la santé, de pécheurs qu'elle avait convertis, de justes qu'elle avait enflammés de l'amour de la vertu, d'hostilités systématiques contre la religion et de haines invétérées entre citoyens qu'elle avait fait disparaître. Quand elle eut ainsi ramené à Dieu toutes les âmes qu'elle avait pour mission d'évangéliser, elle prit avec ses parents le chemin de Viterbe, après la mort de Frédéric. A la nouvelle de son retour, les habitants de cette cité entrèrent dans une jubilation extraordinaire, et se transportèrent en foule à sa rencontre. Elle aurait voulu regagner sa demeure par les voies les plus solitaires et les plus détournées ; mais, entraînée par la multitude, qui la pressait de toutes parts et lui enlevait la liberté de ses mouvements, elle fut obligée de suivre la route que lui traçaient les longues files d'un peuple échelonné en plusieurs rangs sur le chemin qui conduisait à sa maison. En revoyant, après seize ou dix-huit mois d'une pénible séparation, l'enfant bénie qu'ils regardaient comme la consolatrice des affligés, le secours des pauvres, la lumière des âmes, la libératrice de la patrie, ces bons habitants ne pouvaient contenir les cris de leur réjouissance et de leurs transports.

Dès qu'elle fut arrivée dans sa cellule, Rose ne pensa plus qu'à mettre à exécution le projet qu'elle avait formé depuis si longtemps. Elle voulut se séparer du monde pour vivre seule avec Dieu seul. Ne sortant qu'une fois le jour pour aller entendre la sainte messe ou s'entretenir avec son confesseur, sans le consentement duquel elle ne faisait ni n'entreprenait jamais rien, elle rentrait au plus tôt dans sa solitude pour continuer avec son céleste Epoux, dans la mortification et la prière, cette union de pensées et de cœur qu'elle brûlait de rendre chaque jour plus parfaite. Mais comme sa porte était continuellement assiégée par une multitude de personnes qui venaient prendre ses conseils, ou se recommander à sa charité, elle rechercha une retraite plus profonde.

Le monastère de Sainte-Marie des Roses fixa plus que jamais ses regards. La vie pauvre, innocente, retirée, des sœurs qui l'habitaient, donna une nouvelle force à l'attrait puissant qui l'avait toujours portée vers cette maison. Sans se laisser arrêter par la considération du refus qu'elle avait déjà éprouvé, elle se recommanda à son divin Maître, à la très-sainte Vierge, à son séraphique Père saint François, et alla se jeter aux pieds de la Supérieure. Elle lui fit une vive et saisissante peinture des obstacles qu'elle trouvait dans la maison de son père pour s'entretenir avec son Bien-Aimé, et la conjura, les larmes aux yeux, de vouloir bien l'admettre au sein d'une communauté où l'appelaient depuis si longtemps les besoins de sa pauvre âme et toutes les plus chères affections de son cœur. Par une adorable et bienfaisante disposition de la Providence, la Supérieure ne crut pas devoir accéder à sa prière. Persuadée, sans doute, que cette angélique petite fille travaillerait davantage à la gloire de Dieu et au salut des âmes dans la maison de son père que dans un couvent, elle invoqua différents prétextes pour ne pas la recevoir. Quelque pénible que ce sacrifice dût être à son cœur, Rose s'y soumit instantanément, sans difficulté, de bonne grâce.

A peine fut-elle rentrée dans sa cellule que la démarche que vinrent faire auprès d'elle plusieurs jeunes filles, ses anciennes amies, lui dévoila tout à coup le secret de ce double penchant pour la retraite et pour la sanctification du prochain, qu'elle n'avait jamais cessé de ressentir. Ces jeunes compagnes avaient conservé leur ferveur pendant les dix-huit mois de son absence, et elles n'eurent rien de plus pressé, à son retour, que de la supplier de les reprendre sous sa conduite. Son confesseur, Pierre Capostoti, curé de Sainte-Marie du Coteau, l'engagea fortement à condescendre à leur désir; et dès lors sa maison fut presque transformée en véritable couvent. A part les quelques moments de récréation qui suivaient le principal repas, leur silence n'était interrompu que par la récitation du saint office, le chant des psaumes et des cantiques, les lectures spirituelles, et les exhortations courtes mais enflammées que la petite Sainte leur adressait sur les vertus les plus propres à leur sexe, à leur âge et à leur condition. Elle leur parlait de l'humilité, qui est le fondement nécessaire de toute perfection ; de la modestie, qui est la plus puissante sauvegarde de l'innocence, le plus bel ornement de la virginité, et qui, pareille à ce parfum dont s'embaume le souffle du matin, révèle par sa seule présence, dans le cœur qu'elle pare, un trésor de mérites et de sainteté. « Or, la fille vraiment modeste », ajoutait-elle, « c'est celle qui, convaincue des dangers que lui offre le monde, pénétrée de sa propre faiblesse, faisant ses délices de converser intérieurement avec son divin Jésus, n'aime pas à s'épancher au dehors, vit sous les yeux de sa mère, évite la société des hommes, parle peu et avec circonspection, craint autant d'être vue que de voir ». Elle les entretenait de la nécessité de la pénitence, de l'oraison, du travail. « En affaiblissant les appétits déréglés de notre nature », leur disait-elle, « les mortifications la rendent plus apte à se plier à la loi de Dieu et à suivre les mouvements de la grâce. La prière, qui élève notre esprit et notre cœur vers Dieu, leur découvre de ce haut point de vue la vanité des biens et des plaisirs d'ici-bas, les remplit de lumière, de force, de consolation, et leur fait pressentir le calme et les félicités de la céleste patrie. Le travail a ses peines, mais il nous procure de bien grands avantages. Non-seulement il nous préserve de l'oisiveté, source funeste de tant de vices, mais, se transformant en prière par l'offrande que l'on en fait à Dieu, il nous enrichit de mérites, et nous est un moyen de satisfaire pour nos péchés ». Elle les engageait aussi à obéir à leurs parents et à leurs supérieurs, quels qu'ils fussent; à tenir sans cesse leurs yeux fixés sur Notre-Seigneur Jésus-Christ et sa très-sainte Mère, dont nous devons retracer en nous une vivante image; à fuir les divertissements du siècle, le luxe des parures, et la mode des ajustements, frivolités auxquelles ne devraient pas s'attacher les pensées d'une âme faite pour Dieu; à se comporter comme des anges de paix et de douceur au sein de leurs familles, souffrant avec résignation la mauvaise humeur des personnes qui les entourent, et recevant comme un précieux bienfait toutes les contrariétés que le ciel ne cesse de nous envoyer. Mais le sujet le plus ordinaire de ses entretiens, c'était la fidélité exacte et scrupuleuse à tous les exercices de piété; l'amour de Dieu, qui doit toujours dominer dans notre cœur, et qui doit être le principe comme la fin de nos actes, de nos désirs, de nos pensées; la dévotion à la très-sainte Vierge, qui, par suite des innombrables faveurs dont elle est la source, est une marque de prédestination et de salut.

C'est dans de pareils principes que Rose s'appliquait à élever ses bien-aimées compagnes. Ses efforts ne tardèrent pas à être couronnés du plus heureux succès. Elles firent, en effet, des progrès si rapides dans la vertu, qu'après quelques jours seulement, les Viterbiens les reconnaissaient à la simplicité de leur tenue, à la modestie de leurs regards, à la gracieuse candeur de leurs traits, à l'exemplaire régularité de leur vie, à ce quelque chose de pur, d'indéfinissable, de divin, qui s'épanche d'un cœur que Dieu seul possède, où Dieu seul agit. Quoique leur vie de recueillement et de prière les mît à l'abri de la plupart des dangers qu'offre le monde, elles conçurent un vif désir de se plonger dans une retraite absolue. Pierre Capostoti fit pour elles l'acquisition d'un terrain attenant au monastère de Sainte-Marie des Roses, et adapta aux besoins de leur communauté les quelques bâtiments qui s'y trouvaient. A peine furent-elles établies dans ce nouveau couvent que, malgré la faiblesse de leur sexe et leur jeunesse, elles se livrèrent à l'exercice des plus sublimes et des plus austères vertus. Elles se levaient de grand matin, récitaient l'office, faisaient de longues méditations, chantaient des psaumes, se donnaient la discipline, s'imposaient de continuelles privations, et, non contentes de prier et de se mortifier ainsi le jour, elles consacraient à ces saintes pratiques la majeure partie de la nuit. Quelque sévère que soit en elle-même la Règle du Tiers Ordre de Saint-François qu'elles s'étaient empressées d'adopter, leur piété les poussait bien au-delà de ses prescriptions: encore faut-il ajouter que, pour ménager leur santé, Rose fut contrainte d'arrêter, par ses paroles, le trop impétueux élan que leur imprimaient ses exemples.

Quoique ses forces allassent toujours en s'affaiblissant, on la voyait redoubler ses prières, ses macérations et ses jeûnes. Unie sans cesse d'esprit et de cœur à son divin Jésus, elle vivait complétement absorbée en lui. N'ayant déjà plus de sommeil, ne prenant qu'un peu de pain et d'eau tous les huit ou quinze jours, elle ne semblait sortir de ses visions et de ses extases que pour ensanglanter, à coups de fouets armés de pointes et de nœuds, cette mince et livide couche de chair qui couvrait à peine ses os disloqués, à demi brisés. Ses compagnes auraient voulu, pour prolonger une existence qui leur était si chère, suspendre le cours de ses violences et de ses transports. Mais elles ne pouvaient que l'approcher, fixer sur elle un regard attendri, tomber à ses genoux, et se retirer silencieuses, émues, tout embrasées.

Attirées par le charme d'une vie si céleste et si pure, de nombreuses filles de Viterbe venaient chaque jour implorer la faveur de passer quelque temps dans leur pieuse solitude. Elles y suivaient ponctuellement la règle de la communauté, prenaient part à tous les exercices publics, ne faisaient pas difficulté d'entrer dans la carrière des mortifications et des pénitences, et après s'être enflammées d'ardeur pour la perfection au contact de ces petits anges de la terre, elles allaient exhaler au dehors le délicieux parfum de leur piété. Ce n'était pas seulement une conduite régulière, profondément chrétienne, qu'elles menaient dans le monde, il y avait dans leur maintien, leur conversation, toute leur manière d'agir, quelque chose de si candide, de si ravissant et de si doux, qu'on ne pouvait les voir ou les entendre sans éprouver le sentiment du devoir et l'amour de la vertu. En présence des fruits merveilleux que produisaient de semblables retraites, Pierre Capostoti se proposait d'élargir la sphère de ses récentes constructions, lorsque, par une disposition de la Providence, la petite communauté fut supprimée par le pape Innocent IV, à la demande des sœurs de Saint-Damien, qui craignaient d'être privées des aumônes qu'elles recevaient du dehors. Rose et ses compagnes se soumirent toutes avec résignation et amour à la volonté du Très-Haut, retournèrent immédiatement, contentes et heureuses, au sein de leurs familles, bénissant Dieu de les avoir gardées plus longtemps que d'autres dans un asile où elles avaient reçu tant de grâces, se promettant aussi de suivre en leur particulier, autant que possible, la Règle qu'elles avaient adoptée et dont elles avaient recueilli de si précieuses faveurs.

A peine Rose fut-elle rentrée dans sa cellule, qu'elle tomba gravement malade. Les rudes privations qui avaient paralysé et comme desséché ses organes; les coups affreux par lesquels elle avait déchiré son corps; l'amour divin qui la dévorait jusqu'au fond des entrailles et ne lui laissait pas un instant de repos, avaient fini par altérer sa santé et joindre à l'acuité de ses souffrances une maladie de langueur qui ne pouvait se terminer que par la mort. « O terre », s'écriait-elle souvent dans les angoisses de son amour, « terre arrosée du sang de mon Dieu, mais qu'enveloppent en trop grand nombre les funestes effets de la malédiction dont il t'a frappée, que ton séjour est douloureux pour mon âme! Que ne puis-je briser les liens qui me retiennent captive et prendre mon vol vers l'éternité! Nuit et jour, Seigneur, j'élève vers vous la voix de ma prière, pourquoi donc dérober à vos embrassements un cœur qui n'aspire qu'après vous! Filles de Jérusalem, je vous en conjure, si vous voyez Celui que mon âme chérit, que mon cœur adore, dites-lui qu'abattue par la tristesse, loin de lui je ne saurais vivre, loin de lui je me sens mourir! » Tandis que par des accents si enflammés et si purs, cette tendre épouse de Jésus faisait couler les larmes de tous ceux qui se pressaient autour d'elle pour adoucir, au moyen de quelques consolantes paroles, les trop vives amertumes de ses douleurs, le ciel, qui depuis longtemps enviait une si belle fleur à la terre, se préparait à la cueillir. C'est le divin Maître lui-même qui lui fit connaître le moment prochain où devait se fermer le cercle de ses jours.

Nous n'essayerons pas de peindre les enivrants transports qu'éprouva cette petite Sœur en apprenant qu'elle allait quitter ce monde pour s'envoler dans les cieux. « Je me suis réjouie de ce qu'on vient de me dire », s'écria-t-elle, « j'irai bientôt dans la maison du Seigneur » ; et dès ce moment son âme s'élance par toutes ses aspirations vers le ravissant objet de ses désirs, et semble ne retomber sur la terre, que pour rebondir et s'élever plus haut vers son Dieu. Tous ses actes, toutes ses affections, toutes ses pensées ne tendent plus que vers le ciel. Quelques heures avant de passer à l'autre vie, elle voulut recevoir par la participation au corps sacré de son divin Epoux, un gage de cette union beaucoup plus intime et mille fois plus parfaite qu'elle allait contracter avec lui dans l'éternité. A peine le divin Maître eut-il pris possession de son âme, que, plongée tout à coup dans la contemplation la plus profonde, elle perdit le sentiment des objets extérieurs et resta quelque temps sans donner aucun signe de vie. La respiration s'était éteinte, le pouls ne battait plus, la pâleur couvrait ses traits, ses membres étaient frappés d'une immobilité complète. Quand elle eut repris l'usage de ses sens, ses forces se trouvèrent tellement affaiblies qu'elle fut obligée de se recoucher pour recevoir l'Extrême-Onction. Après avoir remercié le Seigneur de toutes les grâces qu'il venait de lui accorder, Rose dit un dernier adieu à ses bons parents ainsi qu'à ses jeunes compagnes ; puis elle rentra aussitôt en elle-même pour se préparer de plus en plus au grand passage de l'éternité. Elle demandait pardon à Dieu des péchés de sa vie, le remerciait des innombrables bienfaits dont il l'avait comblée, lui faisait un sacrifice de tout ce qu'elle avait de plus cher. Elle n'interrompit ces actes de contrition, de reconnaissance et d'amour, que pour supplier la divine Marie, l'auguste Précurseur, son séraphique Père saint François, tous les bienheureux habitants de la céleste patrie, de recevoir son âme et de la présenter à son aimable Epoux ; et tandis que sa langue répétait avec une indicible ardeur ce cri d'espérance et d'amour : « O Jésus ! ô Marie ! » son âme brûlante et pure prit son essor vers les cieux, le 6 mars 1252.

Sainte Rose peut servir de modèle aux jeunes enfants et à toutes les vierges chrétiennes par son affectueux respect envers ses parents, par sa profonde modestie et par son angélique pureté ; aux hommes apostoliques, par son zèle ardent et son inaltérable patience ; aux pénitents les plus rigides, par la continuité de ses jeûnes et les acerbes macérations de son corps ; aux anachorètes, par son amour pour la solitude et les occupations célestes de son esprit ; à tous les chrétiens, par sa fidélité constante aux devoirs religieux et par l'exercice continuel de toutes les vertus.

On la représente souvent tenant des roses à la main ou dans son tablier. Un jour qu'elle portait aux pauvres des morceaux de pain, elle fut rencontrée par son père qui voulut voir ce qu'elle portait ; elle ouvrit son tablier, et, au lieu de pain, elle ne trouva plus que des roses. — On la peint aussi recevant la communion, ou à genoux près d'un autel et voyant en songe les instruments de la passion de Jésus-Christ.

CULTE ET RELIQUES.

Aussitôt après sa mort, son corps devint tout resplendissant de lumière et n'éprouva pas la plus légère altération ; il s'en exhala une odeur si agréable que toute la maison en fut embaumée. Elle fut inhumée sans bière et avec son habit religieux, dès le soir même, à côté des fonts baptismaux, dans l'église Sainte-Marie du Coteau. Cette cérémonie eut lieu le plus secrètement possible et à l'insu du peuple, dont on craignait les pieux larcins. Une multitude immense inondait chaque jour les avenues de sa demeure ou de son tombeau : elle venait remercier la Sainte de ses faveurs, implorer sa protection, et transformer en précieuses reliques les différents objets qu'elle faisait toucher à ses vêtements, à son lit, aux murs de sa chambre, au pavé qu'avaient foulé ses pieds, à la terre qui couvrait son corps. A la demande du clergé, des magistrats et de tout le peuple de Viterbe, le pape Innocent IV ordonna des informations sur la vie et les miracles de sainte Rose ; mais il mourut avant la fin de la procédure. En 1258, Rose apparut au pape Alexandre IV, qui était alors à Viterbe, et lui dit d'exhumer son corps et de le transporter dans le couvent de Saint-Damien. Quant il eut été levé de terre, on le renferma dans une belle châsse en bois, richement ornée et couverte de draperies en velours cramoisi bordé d'or ; quatre cardinaux chargèrent sur leurs épaules cette précieuse dépouille, et, accompagnés du Pape, de tout le Sacré Collège, de tous les magistrats et d'une foule immense, ils la transportèrent solennellement dans le monastère des Sœurs de Saint-Damien, qui prit dès lors le nom de Sainte-Rose.

Comme les miracles se multipliaient à son tombeau, Alexandre IV permit aux Viterbiens de célébrer solennellement sa fête le 4 septembre, jour anniversaire de la translation de ses reliques. Il leur en accorda même une seconde qu'il fixa au 6 mars. Les Pontifes qui montèrent après lui sur le Siège apostolique, favorisèrent le pieux mouvement qui portait les cœurs à proclamer la sainteté de cette enfant. Le pape Eugène IV, dans une bulle qu'il expédia contre les usurpateurs des biens du couvent de Sainte-Rose, après avoir hautement approuvé la vénération et le culte que tout le monde lui rendait, ne fit pas difficulté de lui donner le titre de Sainte. Nicolas V ordonna au conseil de la ville de Viterbe d'offrir tous les ans à la petite Bienheureuse, pendant la procession de la Chandeleur, trois cierges de cire blanche, pour honorer, par ce mystérieux symbole, la lumière qu'elle avait répandue dans les âmes, l'ardent amour dont elle avait été consumée, la virginale innocence qu'elle n'avait jamais perdue. Enfin, le pape Calixte III décréta qu'elle serait inscrite dans le catalogue des Saints, et que l'Église universelle lui rendrait le culte dû aux Saints. A peine cette décision fut-elle connue que l'on s'empressa de lui ériger des autels dans les églises d'*Ara-Cœli* et de Sainte-Catherine à Rome, de Sainte-Marie du Coteau et de Saint-Sixte à Viterbe, ainsi que dans celles de Vitorchiano, de Bolsena, de Tivoli, de Fabriano, de Foggia, etc. Des populations entières se rendirent à son tombeau, et encore de nos jours, elle est innombrable la multitude de ceux qui viennent se mettre sous sa protection.

Parmi les souverains Pontifes qui, après Alexandre IV, Innocent VII, Martin V, Eugène IV, se sont fait un point de religion de visiter son sanctuaire, nous citerons Nicolas V, Pie II (1459, 1460, 1462), Alexandre VI (28 octobre, 6 décembre 1493), Jules II, Léon X, Clément VII, Jules III, Grégoire XIII, Clément VIII, Benoît XIII, qui éleva son office au rite de deuxième classe, Pie VI, Pie VII et l'immortel Pie IX.

Les plus illustres princes et princesses se sont aussi estimés très-heureux de pouvoir courber leur front devant ses saintes dépouilles. Qu'il suffise de nommer l'empereur Sigismond, qui se rendit à son sanctuaire à la tête de quinze cents de ses seigneurs ; l'empereur Frédéric III et son épouse Éléonore ; le roi de France Charles VIII, qui fut tellement frappé de voir son corps dans un état parfait de conservation, qu'il appela Viterbe, *la ville de Rose* ; le grand-duc de Toscane, Côme III ; le roi d'Angleterre, Jacques III et son épouse Clémentine Subieschi ; Yolande Béatrix de Bavière ; le roi d'Espagne, Charles IV, l'infante Marie-Louise, reine du Portugal, et son fils ; l'empereur d'Autriche, François Ier, avec son épouse Caroline et une de ses filles.

Quant aux cardinaux, évêques ou prêtres de tous les pays du monde qui viennent chaque année se recommander à ses suffrages, il serait impossible de les énumérer. Ce qui entretient dans les cœurs la dévotion envers sainte Rose, c'est la puissance sans bornes dont elle jouit auprès du Seigneur.

En 1357, un incendie s'étant déclaré dans la chapelle où reposaient ses vénérables reliques, la châsse et toutes les draperies dont elle était couverte furent consumées ; mais le corps fut retrouvé intact, et Dieu permit seulement que les chairs de la Sainte, qui jusqu'alors avaient conservé toute leur blancheur, prissent une couleur brune presque noirâtre. On fit faire une châsse semblable à celle que le feu avait détruite, on y plaça le corps et on le recouvrit de draperies de même nature et de même forme que les précédentes. Mais en 1615, le cardinal Mutio, évêque de Viterbe, fit remplacer les vêtements en velours par une tunique grise pareille à celle des Sœurs Clarisses. En 1658, 1675 et 1750, cette tunique éprouva de nouvelles modifications sous le rapport de la matière, de la forme et de la couleur ; mais depuis 1760, elle est en armoisine noire et tout à fait semblable à celle que portent en ce moment les Sœurs de Sainte-Claire. Quant à la châsse en bois, elle fut remplacée en 1699 par la belle urne transparente où la Sainte repose maintenant, et qui, pour plus de facilité, s'ouvre par le côté.

Depuis plus de six cents ans qu'il existe, le précieux corps de sainte Rose n'a pas encore éprouvé d'autre changement que celui de la couleur. Tous ceux qui l'ont vu, touché, s'accordent à dire qu'il est aussi entier, aussi moelleux, aussi souple que s'il était vivant. Le célèbre Papebrock, qui l'examina en 1661, affirme dans son *Itinéraire de Rome en Flandre*, qu'il n'en a jamais rencontré de si parfait. Son Éminence Mgr le cardinal Morlot, archevêque de Paris (1857-1862), plusieurs prêtres, plusieurs religieux qui l'ont considéré de bien près et qui ont fait mouvoir sa tête, ses bras, ses mains, ses pieds, ont affirmé qu'à l'exception du degré de chaleur, il est encore tel qu'il devait être aussitôt après le trépas. Un pareil état de conservation ne peut avoir pour cause qu'une miraculeuse intervention du Tout-Puissant.

Extrait de la *Vie de sainte Rose de Viterbe*, par l'abbé Carascud, aumônier du lycée Louis le Grand. — Cf. *Acta Sanctorum* ; Wadding.

SAINT SULPICE,

VINGTIÈME ÉVÊQUE DE BAYEUX ET MARTYR (844).

Saint Sulpice occupait le siège de Bayeux vers le milieu du IXe siècle, c'est-à-dire à l'époque où les Normands, ravageant toute la France, s'acharnaient avec une fureur particulière à détruire les églises et les monastères, et tous les monuments consacrés à Dieu. Alors florissait, non loin de Bayeux, dans une paroisse nommée *Liberiacum* (peut-être Livry, au département de Seine-et-Oise) un monastère placé sous l'invocation de saint Jean-Baptiste : ce lieu s'appelle encore aujourd'hui Val-Sainte *(Vallis Sancta)*. Le saint prélat s'était, selon son habitude, retiré dans ce monastère pour vaquer plus librement à l'oraison dans la compagnie des moines. Les barbares survinrent, envahirent le monastère et tuèrent saint Sulpice (844). Peu de temps après, son corps fut trouvé sous les ruines de l'église, et enseveli au même lieu.

Le 21 juillet 984, Simon, abbé de Saint-Ghislain, près de Mons, en Belgique, étant venu en pèlerinage au mont Saint-Michel, se rendit au bourg de *Liberiacum* et visita Val-Sainte, où il reçut l'hospitalité. Apprenant que le corps de saint Sulpice était enseveli en ce lieu, il projeta de l'enlever. Il vint donc l'année suivante, accompagné de plusieurs des siens, et, trompant le gardien du tombeau, il enleva le saint corps. Les reliques de saint Sulpice furent gardées avec beaucoup de vénération dans l'abbaye de Saint-Ghislain jusqu'à la Révolution française ; aujourd'hui elles sont conservées en grande partie dans la chapelle des religieuses de l'hospice.

L'abbé de Saint-Ghislain donna une des côtes de saint Sulpice au monastère bénédictin de Saint-Vigor, situé près de Bayeux. Cette relique, canoniquement reconnue après la Révolution française, se garde religieusement dans l'église paroissiale de Saint-Vigor (diocèse de Bayeux). De tout temps, le tombeau de saint Sulpice a attiré une grande multitude de pèlerins ; les mères pieuses, en particulier, y portent leurs enfants malades pour que le Saint les guérisse.

Propre de Bayeux.

SAINTE ROSALIE DE PALERME,

VIERGE ET SOLITAIRE SUR LE MONT PELLEGRINO, EN SICILE (1160).

Rosalie, du sang royal de Charlemagne, naquit à Palerme (Sicile) en 1130. Son père, seigneur de Roses et de Quisquina, était un chevalier renommé par sa valeur et que Roger, roi de Sicile, s'attacha en le fixant à sa cour et en lui donnant pour épouse une de ses parentes ; il lui assigna de grands domaines et une demeure dans son palais. Sa fille reçut une éducation en rapport avec sa haute position et s'appliqua tellement à la pratique de la vertu et à l'amour de Dieu, que la beauté de son âme surpassa celle de son visage qui faisait l'admiration de tous ceux qui la voyaient. La sainte Vierge veillait avec un soin jaloux sur la pureté de la jeune enfant, et, quand des seigneurs de Sicile recherchèrent sa main, elle lui apparut et lui conseilla de se retirer du monde si elle voulait se conserver pour son Fils. Rosalie n'hésita pas, quoiqu'elle n'eût encore que quatorze ans; quittant le palais de son père, elle n'emporta avec elle qu'un crucifix et ses instruments de discipline. Sous la conduite de deux anges qui lui servaient de guide, elle arriva sur la montagne de Quisquina. Ses guides lui indiquèrent pour sa retraite une caverne située au milieu d'un bois qui en couvrait le sommet. Dans cette grotte, placée sous les neiges qui enveloppent cette montagne pendant plusieurs mois, Rosalie passa de longues années, partageant son temps entre l'oraison, la lecture et la prière. Pour se nourrir, elle avait des racines, et, pour se désaltérer, l'eau qui tombait des rochers. Souvent elle recevait la visite des anges et de Notre-Seigneur qui venaient converser avec elle. Parfois elle se délassait en gravant sur la pierre de sa cellule ces mots qu'on lit encore aujourd'hui : *Ego Rosalia, Sinibaldi Quisquini et Rosarum domini filia, amore Domini mei Jesu Christi in hoc antro habitare decrevi*. On voit aussi dans cette caverne une petite fontaine qu'elle creusa pour réunir les eaux qui filtraient à travers les parois de la grotte ; il y a encore un autel grossier et un long morceau de marbre sur lequel elle prenait son repos, un siége taillé dans le roc et une vigne fort ancienne qui, selon la tradition, fut plantée par sainte Rosalie.

Cependant, par ordre de sa famille désolée, on cherchait après la Sainte dans toute la Sicile. Les anges l'avertirent qu'elle serait bientôt découverte si elle restait sur le mont Quisquina ; alors Rosalie, prenant d'une main son crucifix et de l'autre le bourdon des pèlerins, se dirigea vers le mont Pellegrino. Les anges, cette fois encore, la conduisaient. Ils lui montrèrent dans la partie la plus élevée de cette montagne une grotte que Dieu lui destinait. Elle avait une ouverture à peine suffisante pour passer, on y voyait peu clair, et le sol était tellement détrempé par les eaux qu'à peine Rosalie put trouver un coin pour se reposer sans être dans la boue. La voûte était très-basse, de sorte que la Sainte était presque toujours courbée. C'est dans cette affreuse retraite qu'elle passa les dernières années de sa vie, n'ayant que des herbes et des glands pour se nourrir. Après dix-huit années de cette vie austère et pénitente, Notre-Seigneur l'appela à lui pour lui donner la récompense qu'elle avait si bien méritée (4 septembre 1160).

Son culte se répandit rapidement par toute l'Europe et passa jusqu'en Afrique. Les deux grottes qu'elle avait habitées devinrent deux sanctuaires visités et très-fréquentés. Cependant son corps n'avait pas été retrouvé. L'eau, en tombant sur elle goutte à goutte, l'avait enveloppée d'une pierre transparente comme l'albâtre et dure comme le cristal. De nombreuses recherches avaient été faites, on avait creusé partout et on n'avait rien découvert. Une opinion s'était répandue parmi le peuple de Palerme, que ce corps saint ne se retrouverait que le jour où la vengeance divine s'appesantirait sur la ville. Le 29 mai, la peste éclatait à Palerme et, quelques jours après, on retrouvait le corps que l'on cherchait en brisant cette longue pierre d'albâtre dont nous avons parlé. Cependant la peste continuait ses ravages et beaucoup de pestiférés obtenaient leur guérison en invoquant sainte Rosalie. Le 22 janvier 1625, après bien des hésitations, ce corps vénéré était exposé en public, et la peste cessait subitement. A la suite de ces éclatants miracles, on éleva à sainte Rosalie une magnifique chapelle et on y déposa ses ossements, enfermés dans une belle châsse d'argent. Depuis cette époque la grotte du mont Pellegrino est devenue un sanctuaire tout couvert de marbre et de dorures. A la suite d'un éclatant miracle, le culte de sainte Rosalie se répandit dans les Indes et son nom devint populaire en Orient.

On la représente : 1° gravant sur l'entrée de sa grotte la formule du vœu qu'elle fit de passer ses jours dans cette retraite ; 2° couronnée de roses blanches, en mémoire de son nom et de sa virginité.

Acta Sanctorum, 4 septembre. — On peut voir dans ce recueil (tome II de septembre), une suite de vingt-trois magniques gravures, représentant les diverses phases de la vie de la Sainte.

Vᵉ JOUR DE SEPTEMBRE

MARTYROLOGE ROMAIN.

Saint LAURENT JUSTINIEN, premier patriarche de Venise, qui, par ses vertus et par ses miracles, honora la chaire épiscopale sur laquelle il fut, contre son gré, élevé en ce jour. Son décès est mentionné au 8 janvier. 1455. — Dans un faubourg de Rome, saint Victorin, évêque et martyr, qui, illustre par sa sainteté et par ses miracles, fut élu évêque d'Amiterne par tout le peuple de cette ville. Depuis, sous Trajan, ayant été relégué, avec d'autres serviteurs de Dieu, à Contillan, où se trouvent des eaux fétides et sulfureuses, il y fut suspendu la tête en bas par le juge Aurélien, et, après avoir supporté durant trois jours cet état violent pour le nom de Jésus-Christ, il alla tout triomphant recevoir la couronne de gloire. Les chrétiens enlevèrent son corps et le portèrent à Amiterne, où ils lui donnèrent une sépulture honorable. vi⁰ s. — A Porto, la naissance au ciel de saint Herculan, martyr. Vers 172. — A Capoue, les saints martyrs Quince, Arconce et Donat. — Le même jour, saint Romule, préfet du palais de Trajan, qui, pour avoir blâmé la cruauté de l'empereur contre les chrétiens, fut battu de verges et décapité. — A Mélitine, en Arménie, le martyre des saints soldats Eudoxe, Zénon, Macaire et leurs compagnons, au nombre de onze cent quatre, qui, ayant déposé la ceinture militaire, furent massacrés durant la persécution de Dioclétien pour la foi de Jésus-Christ. — A Constantinople, les saints martyrs Urbain, Théodore, Ménédème et soixante-dix-sept autres, tous ecclésiastiques, qui, par ordre de l'empereur Valens, furent brûlés sur un vaisseau, au milieu de la mer, en haine de la foi catholique. 370. — Au monastère de Sithiü, dans le territoire de Thérouanne, saint BERTIN, abbé. 709. — A Tolède, sainte Obdulice, vierge.

MARTYROLOGE DE FRANCE, REVU ET AUGMENTÉ.

Au diocèse de Soissons, saint Ansery ou Anseric, vingtième évêque de ce siége et confesseur, dont nous donnerons la vie au 7 de ce mois. 552. — A Laon, saint GENNEBAUD ou GÉNEBAUD, premier évêque de cet ancien siége et confesseur. 550. — Au diocèse de Verdun, saint Arateur, quatrième évêque de ce siége qu'il tint pendant trente-trois ans. Il remplit parfaitement la signification de son nom par son travail continuel dans le champ du Seigneur. Son corps fut mis dans un cercueil de pierre qu'on voit encore à présent derrière le maître-autel de l'église des Religieuses de l'abbaye de Saint-Maur de cette ville, près de ceux de ses prédécesseurs. Vers 454. — A Auch, saint TAURIN, premier évêque de l'ancien siége d'Eauze (Elusa), diocèse actuel d'Auch. — Au diocèse de Besançon, mémoire de saint Agnan, archevêque de ce siége et confesseur. Profondément instruit dans les lettres sacrées, il joignait à la sainteté de la vie un talent remarquable pour la prédication. Ce fut pendant son épiscopat qu'eut lieu l'invention des reliques des saints Ferréol et Ferjeux, apôtres de Besançon. Son corps fut inhumé auprès d'eux ; dans les anciennes litanies de Besançon, il est nommé le premier parmi les évêques confesseurs. 374. — A Laon, sainte Preuve ou Proba, vierge, massacrée par des impies près de Guise (Aisne), au diocèse de Soissons. Nous parlerons de ses reliques au 7 de ce mois, dans la vie de sainte Grimonie, vierge et martyre à La Capelle. vi⁰ s. — Dans l'ancien Auxerrois, les saints Félix et Modérat, martyrs. 385. — A Tonnerre (Yonne), au diocèse d'Auxerre, le décès de la vénérable Marguerite de Nevers ou de Bourgne, comtesse de Tonnerre [1]. 1308. — Au mont Valérien, colline du département de la Seine, au-dessus de Suresnes, et près de la rive gauche de la Seine, le vénérable Pierre de Bourbon ou de Burbone, reclus. 1639. — A Tours, saint Corentin, premier évêque de Quimper et confesseur, dont nous donnerons la vie au 12 décembre. 401. — A Evreux, invention et translation du corps de saint Taurin, premier évêque de ce siége, et dont nous avons donné la vie au 11 août. Vers 912. — En Auvergne, saint Pierre de Pibrac, confesseur [2]. 1080. — Au diocèse de Versailles, saint Etern, évêque d'Evreux et martyr, cité aux martyrologes du 16 juillet, du 13 août et du 1ᵉʳ septembre. Vers 663. — Au diocèse d'Arras, le vénérable ALVISE, évêque de ce siége et confesseur. 1147. — Au même diocèse, saint Bertin, fondateur et abbé du monastère de Sithiü, appelé depuis Saint-Bertin, à Saint-Omer. 709.

---

1. Chastelain, dans son *Martyrologe universel*, lui donne le titre de Vénérable. Loin de nous la pensée de vouloir contester la sainteté de cette charitable princesse ; cependant nous devons faire observer, dans l'intérêt de la vérité, que rien ne prouve qu'on lui ait rendu, même à Tonnerre, un culte public. Tous les ans, il est vrai, on célèbre dans l'hôpital de cette ville l'anniversaire de sa mort, mais par un service funèbre pour le repos de son âme, ce qui est incompatible avec tout acte de culte public.

2. Pierre de Pibrac naquit, en 1008, à Langeac (Haute-Loire, arrondissement de Brioude), d'une famille noble qu'on croit subsister encore dans celle de Flageac. Au sortir d'une jeunesse passée dans les veilles, les jeûnes et la prière. Il fut élu archiprêtre de Langeac, du consentement unanime du clergé et du peuple, touchés de sa rare prudence et de l'admirable sainteté de ses mœurs. Mais notre Saint, soupirant après une vie plus parfaite, se retira bientôt, par l'inspiration de Dieu, dans un lieu solitaire, nommé Pibrac, anciennement consacré à la très-sainte Vierge. Il y bâtit un temple au Seigneur, sous l'invocation de la Mère de Dieu ; et là, par le conseil de Durand, évêque de Clermont, il prit l'habit des Chanoines réguliers, vivant en communauté sous la Règle de Saint-Augustin. Il jeta les fondements de son monastère vers l'an 1062. L'évêque de Clermont, instruit que les Etats de la province avaient fait au Saint et à ses religieux la concession de plusieurs églises, lui en abandonna aussi un grand nombre, du consentement de ses chanoines. Orné de toutes les vertus, épuisé de travaux, chargé d'années et de mérites, le serviteur de Dieu rendit son âme à Dieu le 5 septembre 1080. Son tombeau a été honoré de la gloire des miracles, dont il avait reçu le don pendant sa vie.

MARTYROLOGES DES ORDRES RELIGIEUX.

Martyrologe des Chanoines Réguliers. — Saint Laurent Justinien, chanoine régulier, premier patriarche de Venise, qui, par ses vertus et ses miracles, honora la chaire épiscopale sur laquelle il fut, contre son gré, élevé en ce jour. 1455.

Martyrologe des Dominicains. — En Piémont, la bienheureuse CATHERINE DE RACCONIGI, vierge, du Tiers Ordre de Saint-Dominique, qui brilla par une admirable charité et par l'abondance des grâces divines. 1480.

Martyrologe des trois Ordres de Saint-François. — A Toringie, en Perse, le bienheureux GENTIL DE MATELICA, martyr, de l'Ordre des Frères Mineurs, qui, après beaucoup de travaux supportés pour la diffusion de l'Evangile, fut massacré par les Sarrasins, et, transporté à Venise, fut enseveli honorablement dans l'église des Frères Mineurs. 1340.

Martyrologe de l'Ordre des Frères Mineurs. — De même que chez les Franciscains.

Martyrologe des Ermites de Saint-Augustin. — A Pamiers, saint Antonin, martyr, neveu de Thierry, roi de France, qui, ayant embrassé la Règle de Saint-Augustin, devint illustre par ses vertus et ses miracles, et fut couronné du martyre par la main des impies, pour la foi chrétienne. Il souffrit le 2 septembre, et ses reliques sont conservées avec beaucoup de vénération dans l'église de Palencia, en Espagne [1]. IIe s.

ADDITIONS FAITES D'APRÈS LES BOLLANDISTES ET AUTRES HAGIOGRAPHES.

Au diocèse de Naples, sainte Candide la Jeune, vierge, citée au martyrologe romain du jour précédent. 586. — Dans la Volhynie (autrefois à la Pologne, aujourd'hui un des gouvernements de la Russie), saint Gleb ou Cleph, appelé aussi David, duc de Kiovie ou Kiev. Rappelé du monastère de Cluny pour être fait roi de Pologne, il fut massacré par les émissaires de Zuantopèle, son frère. XIe s. — En Angleterre, saint Alton, moine écossais et abbé en Allemagne, fondateur de l'abbaye d'Altmunster. Il est honoré en Allemagne le 9 février, jour sous lequel nous l'avons déjà cité dans les additions des Bollandistes. 760. — A Ostie, bourg et petit port des Etats romains, les saints Censurin, préfet du prétoire, Cyriaque ou Quiriace, évêque, Maxime, prêtre, Archélaüs, diacre, Aurée, sainte femme, les saints Félix, Maxime, Taurin, Erculan ou Herculan, Vénère, Storocin, Mennas, Commode, Hermès, Maur, Eusèbe, Rustique, Monache, Amandin, Olipe, Cypre, soldats, et Théodore, tribun, tous martyrs. 252. — A Alexandrie d'Egypte, aujourd'hui Iskanderieh, sainte Rhaïs ou Héraïs de Tamma, vierge et martyre. Vers 308. — Dans la même ville, les saints martyrs Nimfide ou Nymphe, et Saturnin. — En Egypte, les saints martyrs Taurin, Némorat, Saturnin, Arapollin, cités par les apographes de saint Jérôme. — En Perse, saint Abdas, évêque et martyr, et ses compagnons, victimes de la persécution suscitée contre les chrétiens par le roi Yezdedgerd Ier et continuée par son successeur Varane V. Vers 420. — A Tortone *(Dertona)*, ville forte de la Haute-Italie, saint Alpert de Cessima, prêtre et confesseur. — A Ravenne, en Italie, le bienheureux Ursicin, vingt-septième évêque de ce siège qu'il illustra pendant trois ans, six mois, et neuf jours. Son corps fut déposé dans la basilique de Saint-Vital de cette ville. 537 ou 538. — A Côme, en Lombardie, saint Victorin, évêque et confesseur, dont le corps fut déposé dans la basilique de Saint-Abonde de cette ville. 644. — En Russie, saint Romain ou Borise, frère de saint Gleb, mentionné plus haut, et fils de Vladimir Ier, *le Grand*, prince de Russie. 1015. — Au monastère bénédictin de Saint-Jacques de Pontida, en Lombardie, le bienheureux Albert de Bergame, fondateur et premier abbé de ce monastère. Son corps, d'abord enseveli dans l'église de son abbaye, fut transféré, dans la suite, dans la basilique de Sainte-Marie-Majeure de Bergame. 1099. — Au monastère de Pulsano, diocèse de Siponto, dans l'ancienne Apulie, le bienheureux Jourdain, abbé général de l'Ordre de Pulsano (cet Ordre n'existe plus), fondé, en 1118, sur le mont Gargan, par saint Jean de Mathera (20 juin). Milieu du XIIe s.

---

1. Nous avons donné sa vie au 2 septembre.

SAINT GENNEBAUD [1] OU GÉNEBAUD,

PREMIER ÉVÊQUE DE LAON ET CONFESSEUR.

550. — Pape : Vigile. — Roi de France : Childebert Ier.

> Dieu ne se souvient pas des fautes de celui qui n'a pas oublié de les effacer par les rigueurs de la pénitence. *Saint Grégoire le Grand.*

Un des premiers soins du roi Clovis Ier, après son baptême, fut de réparer les dommages que son armée, encore toute païenne, avait faits aux églises. Il donna à saint Remi, quinzième évêque de Reims (459-533), des sommes considérables d'argent et beaucoup de terres, entre autres, Anizy, Coucy et Leuilly. Le saint prélat employa ces richesses à former de nouveaux évêchés et à doter plusieurs églises.

Laon était une des plus fortes places des Gaules : les Vandales et les Huns n'avaient pu s'en emparer ; elle faisait partie de l'archevêché de Reims. Remi résolut de l'en détacher et de fonder à Laon, sa ville natale, un nouvel évêché qui comprendrait le comté de Laonnois et la Thiérache. En 497, il érigea en cathédrale l'église de Sainte-Marie ou de Notre-Dame, dans laquelle il avait prié avec tant de ferveur dans sa jeunesse, et il attribua aux évêques de ce nouveau siége la terre d'Anizy, qu'ils ont possédée jusqu'à la Révolution. Il restait à Remi à choisir un sujet digne et qui répondît à ses espérances. Il jeta les yeux sur un pieux laïque, noble de naissance, fort savant dans les lettres saintes et humaines ; il se nommait Gennebaud et avait épousé la propre nièce de Remi ; puis, touché par un mouvement particulier de la grâce, il s'était séparé de sa femme pour vivre dans la continence. Une fois consacré évêque, Gennebaud en remplit pendant quelques années toutes les fonctions avec un zèle et une vigilance dirigés d'après les règles de la prudence la plus consommée. Les vertus qu'il pratiquait, l'édification qui en résultait pour son peuple, les encouragements mêmes qu'il recevait de son métropolitain, contribuèrent malheureusement à lui donner trop de confiance en ses propres forces et en la pureté de ses intentions. Il se relâcha peu à peu de sa réserve et de sa sévérité à l'égard de celle qui avait été sa légitime épouse ; il lui permit, à son palais, des visites et des entretiens qui devinrent de plus en plus fréquents. Il oublia qu'il ne devait pas se croire plus fort ni plus ferme que David, ni plus sage que Salomon, qu'il y a dans l'Ecriture une parole qui ne s'est que trop souvent vérifiée : « Celui qui s'expose au péril y périra » : *Qui amat periculum in illo peribit.* La force de la tentation devenait de jour en jour plus violente. Gennebaud aurait dû, selon le précepte du Maître, employer le fer et le feu pour rompre sur-le-champ avec l'occasion prochaine : « Si votre œil vous scandalise, arrachez-le ; si c'est votre bras, coupez-le et jetez-le loin de vous ; il vaut mieux que vous entriez dans la vie avec un bras et un œil de moins que d'être avec vos deux bras et vos deux yeux jeté

---

[1] *Alias :* Guénebaud, Guinibold, Gombaut, Génebault, Ginebault.

dans les ténèbres extérieures, où il y aura des pleurs et des grincements de dent ». Gennebaud était aveuglé par la tendresse qu'il avait pour sa femme : il succomba une première fois. Et quand, après quelques mois, cette femme lui envoya dire qu'elle avait mis au monde un fils, Gennebaud rentra en lui-même et fut couvert de confusion. Ce ne furent que pleurs et gémissements sur son infidélité à ses engagements. La faute qu'il avait commise était énorme ; il pouvait l'effacer par un sincère repentir et une sérieuse pénitence ; mais quelle n'est pas la fragilité de l'homme quand, par une présomption blâmable, il néglige les moyens que notre divin Sauveur nous a prescrits pour ne pas provoquer les attaques du démon et ne pas être victime de ses suggestions. *Vigilate et orate, ut non intretis in tentationem :* « Veillez et priez, afin de ne pas succomber à la tentation ». Gennebaud permit de nouveau à sa femme de continuer ses assiduités. Il en résulta un nouveau crime. Le premier fruit de son incontinence avait reçu le nom significatif de *Latro* (larron); *Vulpecula* fut celui de l'enfant qui naquit après cette seconde faute, comme ayant été engendré par la fraude d'une mère artificieuse et rusée. Nous laissons pour ce qui suit la parole au naïf et savant annaliste Flodoard :

« Le Seigneur ayant de nouveau jeté sur Gennebaud un regard semblable à celui qu'il avait jeté sur Pierre, il se repentit et, pénétré de componction, il supplia saint Remi de venir à Laon. Après l'avoir reçu avec la vénération due à ses vertus, ils se retirèrent ensemble dans un appartement secret. Là, Gennebaud éclate en gémissements ; prosterné aux pieds de son saint protecteur, il s'accuse et veut se dépouiller de son étole-épiscopale. Saint Remi l'interroge et veut connaître exactement la cause d'une si grande douleur ; les larmes, les sanglots lui coupent la voix, le coupable peut à peine parler. Cependant il raconte son crime sans déguiser aucune circonstance. L'homme de Dieu, le voyant si profondément contrit, essaie de le consoler avec douceur : il proteste qu'il est moins affligé de ses fautes que de sa défiance en la bonté et la miséricorde de Dieu, auquel rien n'est impossible, qui ne rejette jamais le pécheur pénitent, et qui, même, a donné son sang pour les pécheurs. Ainsi le sage et charitable archevêque s'efforce de relever Gennebaud de sa chute, lui montrant par divers exemples qu'il pourra facilement trouver grâce devant Dieu pourvu qu'il veuille offrir au Seigneur de dignes fruits de repentir. Après l'avoir ainsi ranimé par ses saintes exhortations, Remi lui inflige une pénitence : il fait construire une petite cellule, éclairée par une petite fenêtre, avec un oratoire près de l'église de Saint-Julien à Laon, et y renferme l'évêque pénitent. Pendant sept ans, Remi prit soin du diocèse du reclus, officiant alternativement un dimanche à Reims, et l'autre à Laon.

« La miséricorde de Dieu montra bientôt combien, en cette réclusion, Gennebaud avait profité, à quelle rigueur de contrition et de continence il s'était condamné, et combien dignes furent les fruits de sa pénitence : car la septième année, la veille de la Cène de Notre-Seigneur Jésus-Christ, il passait la nuit dans la pénitence et dans la prière, pleurant amèrement sur lui-même, de ce qu'après avoir été élevé autrefois à l'honneur et autorité de réconcilier les pécheurs à Dieu, il n'était pas même digne, à cause de ses crimes, de se mêler dans l'église entre les pénitents ; environ sur le minuit, un ange du Seigneur vint à lui avec une grande lumière, dans l'oratoire où il était prosterné en terre, et lui dit : « Les prières que ton père saint Remi a faites pour toi sont exaucées, ta pénitence a été agréable au Seigneur, et ton péché t'est remis. Lève-toi de ce lieu, va remplir ton ministère épiscopal, et réconcilie au Seigneur ceux qui font pénitence de leurs iniquités ».

« Gennebaud, frappé d'une trop grande terreur, ne pouvait répondre. Alors l'ange du Seigneur le rassure et l'exhorte à se réjouir de la miséricorde de Dieu envers lui. Enfin, réconforté, l'évêque répond qu'il ne peut sortir, parce que son seigneur et père saint Remi a emporté la clef et scellé la porte de son sceau. Alors l'ange : « Pour que tu ne doutes pas », dit-il, « que j'ai été envoyé par le Seigneur, comme le ciel t'est ouvert, qu'ainsi cette porte soit ouverte ». Et aussitôt, sans briser le cachet, la porte s'ouvrit. Gennebaud, alors, se prosternant en croix sur le seuil, s'écria : « Quoique le Seigneur Jésus-Christ lui-même ait daigné venir à moi, indigne pécheur, je ne sortirai point d'ici que celui qui m'y a enfermé en son nom ne vienne m'en tirer ». A cette réponse l'ange se retire.

« Cependant saint Remi passait cette même nuit en prières dans le caveau situé sous l'église de Notre-Dame de Reims. Le saint homme, fatigué de veiller, est ravi en extase et voit un ange à ses côtés qui lui raconte ce qui vient de se passer, et lui ordonne d'aller en toute hâte à Laon, de rétablir Gennebaud sur son siége et de lui persuader de remplir son ministère pastoral. Le bienheureux se lève sans hésiter et se rend à Laon. Là il trouve Gennebaud prosterné sur le seuil de sa cellule et la porte ouverte sans que le sceau en ait souffert. Alors, lui ouvrant ses bras en versant des larmes de joie, et louant la miséricorde du Seigneur, il le relève, le rend à son siège et au ministère épiscopal, et retourne à Reims plein d'allégresse.

« Quant à Gennebaud, soutenu par la grâce de Dieu, il passa ensuite tout le reste de sa vie dans l'exercice de l'humilité, publiant hautement ce que le Seigneur avait fait pour lui. Aussi mourut-il dans la paix, compté au nombre des Saints du Seigneur, après avoir longtemps (cinquante ans) occupé le siége de Laon ».

En 549, étant fort âgé, il députa son archidiacre, Médulphe, au cinquième concile d'Orléans, assemblé contre les erreurs de Nestorius et d'Eutychès. Il mourut le 5 septembre, jour où il est mentionné au martyrologe romain. Depuis l'année 1852, sa fête se célèbre le 4 septembre dans le diocèse de Soissons et Laon. Longtemps on a conservé à la cathédrale de Laon les reliques de saint Gennebaud, et plusieurs chapelles y ont été érigées en son honneur.

La chute de saint Gennebaud doit nous inspirer une grande défiance de nous-mêmes. Souvenons-nous qu'il n'est pas de péché si énorme commis par un homme, qui ne puisse être commis par tout autre homme. Et si nous avons eu le malheur de commettre de grandes fautes, ne désespérons jamais de la miséricorde de Dieu, pourvu que nous lui demandions la grâce d'une sincère pénitence et d'un ferme propos de ne plus nous exposer à tomber dans les mêmes fautes.

<small>Flodoard; Hincmar; les Bollandistes; Arnaud d'Andilly; Dom Lelong; Carlier; Colliete.</small>

SAINT BERTIN,

FONDATEUR ET ABBÉ DE SITHIU, AU DIOCÈSE D'ARRAS.

709. — Pape : Constantin. — Roi de France : Childebert III.

> *Non est alia via ad vitam, nisi via sanctæ crucis et quotidianæ mortificationis.*
> Il n'y a pas d'autre chemin qui mène à la vie que celui de la sainte croix et de la mortification continuelle. *Thomas à Kempis.*

Saint Bertin naquit vers le commencement du septième siècle, aux environs de Constance, sur les bords du Rhin. Sa famille, noble et riche, le destinait à occuper un rang distingué dans le monde ; mais Dieu jugea à propos de l'appeler à son service. Dès le berceau on remarqua en lui une inclination particulière pour les choses saintes ; il n'avait rien des défauts ordinaires de l'enfance. Plus on s'efforçait de tourner ses pensées vers la gloire mondaine, plus il se sentait pressé de s'attacher à la seule gloire qui ne passe pas. Ces dispositions ne firent que grandir avec l'âge. Aussi dès qu'il lui fut possible de disposer de sa personne, résolut-il de se consacrer à Dieu dans la solitude. Suivant les traces de son parent, saint Omer, il se retira, vers l'an 620, en compagnie de Mommolin et d'Ebertramne, aussi originaires des environs de la ville de Constance, au monastère de Luxeuil, dont la renommée disait tant de bien. Il y fut reçu par saint Eustaise.

Quoiqu'il fût très-jeune encore, ses premiers pas dans la vie monastique furent des pas de géant. Il parvint bientôt à un assez haut degré de perfection pour devenir le modèle de ses frères. Mais la pratique de la vertu ne lui faisait point négliger l'étude. Heureux rival de ses compagnons Mommolin et Ebertramne, il fit de rapides progrès dans la connaissance de l'Ecriture sainte et de la discipline ecclésiastique. Mais toujours l'esprit de mortification et de prière présidait à ses travaux, en même temps que l'humilité lui en cachait les glorieux résultats. Bref, il devint en peu de temps un modèle de vertu et de savoir, un religieux vraiment accompli.

Il avait passé environ vingt ans dans cette florissante solitude, quand son parent Omer fut appelé à occuper le siége de Thérouanne. Il est probable que ce fut ce prélat qui appela dans son diocèse, pour l'évangéliser, Bertin, Mommolin et Ebertramne.

Quoi qu'il en soit, ces trois apôtres se rendirent dans ce pays, prêchant avec succès dans différentes parties de la Gaule, qu'ils traversèrent. A leur parole, les idoles tombaient, les ténèbres se dissipaient, les vices et la superstition faisaient place aux vertus chrétiennes ; grâce à la coopération des trois missionnaires, et surtout à leurs exemples, saint Omer eut la joie de voir bientôt la face de son diocèse entièrement changée.

Les fonctions d'apôtres ne diminuaient en rien leur ferveur monastique ; ils alliaient au zèle des œuvres extérieures ce goût d'oraison et de solitude, qui constitue le véritable religieux. Saint Omer avait déjà bâti sur une colline [1] un oratoire, qu'il destinait à être son tombeau ; il y plaça les trois

1. Où est aujourd'hui le village de Saint-Mommolin.

missionnaires, qui s'y construisirent un petit édifice connu sous le nom de *Vieux Monastère*, et y vécurent sous la Règle de Saint-Colomban. Saint Omer, suivant un auteur, désirait nommer Bertin directeur de cette œuvre naissante, bien qu'il fût le plus jeune des trois; mais il ne put triompher de son humble résistance. Mommolin, le plus âgé, dut accepter ce poste; et ses deux compagnons, qui professaient pour lui le plus tendre respect, se soumirent à ses ordres avec joie. Bientôt des disciples vinrent se réunir à eux; et au bout de quelques années le nombre en devint si considérable, qu'il fallut songer à créer un autre établissement.

Parmi les nouveaux convertis, se trouvait le seigneur Adrowald, qui avait donné à Omer une de ses terres, appelée Sithiü, éloignée d'une lieue environ du *Vieux Monastère*, dans le but d'y construire un hôpital. La présence des saints missionnaires inspira à Omer d'autres pensées; il estima qu'un monastère dirigé par de tels hommes serait plus utile que tout autre établissement. Il n'eut pas de peine à faire partager son opinion à Adrowald. En conséquence, il le détermina à faire aux Saints la concession du terrain, consistant en une colline et un vaste marais, au milieu duquel apparaissait l'île de Sithiü. Mais déjà à cette époque, Ebertramne avait été placé par saint Mommolin à la tête de l'abbaye de Saint-Quentin; en sorte que celui-ci et son compagnon durent seuls s'occuper de la construction du nouveau monastère. Ils ne voulaient rien décider sans la volonté de Dieu, clairement manifestée; c'est pourquoi, ne sachant où fixer l'emplacement, ils se mirent dans une barque, et la laissèrent errer sans rames, au gré des flots. Remontant le cours de la rivière, comme si elle eût été poussée par une main vigoureuse, la nacelle parcourut la vaste étendue d'eau et s'arrêta en un certain endroit : les deux Saints y descendirent en chantant ce verset du psaume : « Voici pour toujours le lieu de mon repos; j'y habiterai, parce que c'est le lieu de mon choix ». Or, ce lieu était l'île de Sithiü. Immédiatement on se mit à l'œuvre; mais, selon l'opinion la plus commune, Mommolin [1] fut appelé, sur ces entrefaites, à occuper le siége de Noyon, en sorte que Bertin resta seul chargé de poursuivre l'entreprise [2].

En peu de temps, le monastère fut construit, avec son église dédiée à saint Pierre. Cent cinquante, et même deux cents moines, y vinrent aussitôt prendre place. Bertin, devenu abbé, établit parmi eux une parfaite discipline; on put admirer, dans ce nouveau rejeton de Luxeuil, les vertus de la mère commune. Le Saint exerçait sur son troupeau une vigilance assidue; mais il avait soin de toujours donner l'exemple, « de peur », dit son historien citant saint Paul, « qu'après avoir prêché aux autres, il ne fût lui-même réprouvé ». On observait dans toute sa rigueur la Règle de Saint-Colomban. La nourriture consistait en un peu de pain et quelques herbes ou racines; on ne buvait que de l'eau. Comme à Luxeuil, les moines formaient différents chœurs, qui se relevaient continuellement pour chanter les louanges du Seigneur. La prière ne discontinuait pas, même pendant le travail. Le silence, l'esprit de mortification, de chasteté, d'obéissance, etc., faisaient de cette retraite un spectacle digne de l'admiration des anges et des hommes. D'autre part, on s'adonnait aux travaux les plus pénibles. L'œil s'étonne encore aujourd'hui à considérer ce qu'il a fallu de patience et d'efforts à ces pieux solitaires, pour transformer un vaste marais en une plaine fertile, par des exhaussements qui épouvanteraient aujourd'hui les plus hardis entrepreneurs. Un abandon entier à la Providence suppléait au

1. Voir sa vie au 16 octobre.
2. On estime que la plaine a été exhaussée de plus de dix-sept pieds dans toute son étendue.

défaut de ressources matérielles. Mais Dieu ne délaissait point ses fidèles serviteurs; toujours le secours venait en proportion du besoin. Bientôt même quelques nobles de la contrée enrichirent le monastère en considération des vertus qu'ils y voyaient éclater.

Le fonds marécageux sur lequel le nouveau monastère était bâti ne permettant d'y aborder qu'en nacelle, hormis d'un seul côté, il n'était pas possible d'y établir un cimetière. Saint Omer accorda à Bertin, pour cet usage, l'église qu'il avait dédiée à la sainte Vierge sur la colline voisine. L'acte, signé par saint Omer, déjà aveugle, est du 6 mai 662, sixième année de Clotaire III. On y lit en substance qu'Omer, par la grâce du Christ évêque de Thérouanne, a construit, en commun avec les moines, et en l'honneur de sainte Marie, Mère de Notre-Seigneur Jésus-Christ, une basilique dans laquelle son corps doit être enseveli après sa mort, parmi ceux des moines qui viendront de tous côtés à Sithiü pour y servir Dieu sous l'habit religieux. Il ajoute qu'il met cette basilique sous le patronage de l'abbé Bertin, ainsi que le monastère de Sithiü lui-même, sous toute liberté et immunité du pouvoir épiscopal, selon qu'il est d'usage d'en accorder le privilége aux monastères anciens ou nouveaux; en sorte que jamais à l'avenir aucun pontife ni clerc ne puisse revendiquer ni transporter à Thérouanne rien de ce que les moines de ladite basilique, vivant régulièrement sous la liberté évangélique, auront pu recevoir soit d'un roi, soit d'un particulier, en champs, esclaves, or, argent, livres sacrés, ou toute autre espèce d'objets servant au culte divin ou à leurs besoins propres, tout ce qui peut être offert à l'autel, en quelque temps qu'ils l'aient reçu; qu'on ne pourra prendre aucun repas sur leurs terres, à moins d'y avoir été invité par l'abbé, afin qu'ils vivent à jamais sans inquiétude et sans trouble sous la sainte règle, et puissent mieux prier Dieu pour le bien de l'Eglise, pour la santé du roi et la stabilité du royaume, etc. Saint Mommolin signa cet acte en qualité d'évêque de Noyon, et parmi plusieurs autres prélats et personnages recommandables.

En suite de cette concession, quelques moines s'établirent autour de cette église, et y formèrent une communauté, qui fut convertie en Chanoines réguliers, en 820. Vers 648, la ville de Saint-Omer s'étant bâtie autour de la colline et ayant obtenu l'honneur d'un siége épiscopal, cette même église devint cathédrale.

La même année, sixième de Clotaire III, saint Bertin échangea, avec son ami Mommolin, une propriété nommée Vausune, dans le Cotentin, contre quatre villas que celui-ci tenait déjà par échange de saint Ebertramne, abbé de Saint-Quentin. Le roi Clotaire et la reine Bathilde signèrent ce traité. Quand le saint évêque de Thérouanne mourut, saint Bertin s'empressa de remplir son vœu, en inhumant ses restes sacrés devant l'autel dédié à la bienheureuse Vierge Marie.

Dieu récompensa les vertus de l'abbé de Sithiü par le don des miracles. Son historien cite avec complaisance le trait suivant : Un riche comte, nommé Walbert, dont il était le confesseur, avait coutume de venir avec son épouse Régentrude, voir le saint abbé pour écouter ses leçons, et recevoir sa bénédiction après la communion. Un jour qu'il avait manqué à ce devoir, on vint prévenir Bertin que son ami Walbert était retourné chez lui, sans lui rendre sa visite accoutumée. « Je le sais », répondit le Saint ; « et Walbert, avant d'arriver chez lui, aura lieu de se repentir d'avoir négligé la bénédiction d'un vieillard ». En effet, peu après, un messager vint annoncer que le comte avait fait une chute de cheval et était sur le point d'expirer.

Il demandait pardon de sa faute, en acceptait la punition, se recommandait aux prières de son père spirituel, et le suppliait surtout de bénir quelque breuvage qu'il pût boire avant de mourir. Bertin commanda aussitôt à un jeune moine d'aller chercher du vin dans un vase qu'il lui désigna : et comme le religieux affirmait que depuis un mois il n'était pas entré dans ce vase une seule goutte de vin, l'abbé lui enjoignit de nouveau d'obéir : ce que celui-ci ayant fait, il trouva le vaisseau rempli d'un vin délicieux. Bertin en bénit une coupe qui fut portée en diligence à Walbert. Au récit du miracle qui venait de s'opérer, le mourant but avec confiance le breuvage bénit, et recouvra aussitôt la santé. Plein de reconnaissance envers Dieu, il donna à l'abbé de Sithiü de nombreux domaines ; et, peu après, renonçant au siècle, par le conseil du bienheureux, il alla prendre l'habit monastique à Luxeuil. Son fils, nommé Bertin, du nom de notre Saint, entra fort jeune à Sithiü, et y vécut très-saintement. On conservait ses reliques dans l'église de Saint-Omer. Beaucoup d'autres seigneurs, nouvellement convertis, vinrent aussi embrasser la règle sous la direction de Bertin, qui voyait chaque jour le nombre de ses enfants augmenter.

En 675, le bienheureux signa, en compagnie de saint Mommolin et de plusieurs autres évêques, le testament de saint Amand, évêque de Maëstricht, en faveur de l'abbaye d'Elnon. En 682, Thierry III, roi de Bourgogne et de Neustrie, accorda à notre Saint l'exemption pour tout ce qu'il possédait sur le territoire d'Attigny. En 684, un seigneur, nommé Analfride, donna à Bertin le monastère d'Honnecourt qu'il avait fondé dans sa propriété sur l'Escaut, près de Cambrai, et dont sa fille Auriane était abbesse. Il en réservait seulement l'usufruit pendant sa vie et celle de sa fille. Après la mort de cette dernière, l'établissement passa aux mains de Bertin, qui en fit un monastère d'hommes.

Un autre seigneur, nommé Hérémar, avait donné à saint Bertin sa terre de Wormholt. En 695, le Saint y fit construire un monastère et y envoya quelques-uns de ses religieux, sous la direction de saint Winnoc, son disciple. C'était un jeune religieux qu'il avait élevé dès l'enfance, et qui avait dignement profité de ses leçons. Il jeta dès le début un grand éclat sur sa nouvelle fondation. L'église fut dédiée à saint Martin [1]. Suivant Jean d'Ypres, Bertin fit construire entre Wormholt et Sithiü un hôpital pour les pauvres, avec un chemin qui reliait les deux monastères. Le même auteur ajoute qu'entre les deux portes de Sithiü on avait établi une communauté de femmes appelées *converses*, qui, sans faire de profession régulière, portaient un habit religieux, servaient les pauvres à l'hôpital, réparaient les linges et les ornements d'église, et étaient chargées de recevoir les mères, les sœurs et les autres parents des moines, à qui l'entrée du monastère était interdite.

Notre Saint avait une dévotion particulière à la sainte Vierge, à qui son couvent était consacré. Un auteur n'hésite point à dire que c'est à cette première impulsion que le monastère dut d'avoir toujours conservé une si grande dévotion à Marie, et d'avoir donné tant de Saints au ciel. C'est ainsi que Dieu semblait combler son serviteur de faveurs spirituelles et temporelles. Les ravages du temps, les incursions des barbares, en 847 et 868, et surtout les incendies, en 881, 1000, 1031 et 1152, en détruisant les monuments de l'abbaye de Saint-Bertin, nous ont privés de détails sur la longue administration de saint Bertin. Nous savons seulement que Dieu bénit en tout ses travaux, et qu'il fut l'instrument de beaucoup de prodiges, que

---

1. Elle est devenue plus tard l'église paroissiale de Saint-Martin-en-l'Ile.

son humilité ne parvenait pas toujours à cacher. Mais le plus grand de ses miracles, pour parler le langage de son historien, ce fut ce zèle infatigable au service de Dieu, et cette vigilance incessante sur les âmes qui lui étaient confiées. Il avait fondé et consolidé un monastère qui ne le cédait en rien aux plus florissants de cette époque ; pendant cinquante-sept ans, il l'avait administré avec sagesse, soutenu par ses exemples, embaumé par ses vertus ; la discipline la plus sévère y régnait ; il crut que l'heure de la retraite était venue pour lui : car il avait atteint près de cent ans. Il songea alors à se démettre de sa charge. Son grand âge en était le prétexte : au fond, le saint vieillard désirait consacrer ses derniers jours à se préparer à l'éternité. Il choisit pour son successeur le pieux moine Rigobert, et rentra dans la vie commune. Dès ce moment, il ne s'appliqua plus qu'à la contemplation des choses divines. Il avait élevé, du vivant de saint Omer, un petit oratoire en l'honneur de la sainte Vierge, près du cimetière de ses moines, et l'avait fait bénir par le pontife : c'était là qu'il venait habituellement se renfermer, passant les nuits en oraison, macérant son corps par les jeûnes et les veilles, avec toute la ferveur d'un jeune soldat du Christ. Il ordonna à Rigobert de construire, dans l'église du monastère, une chapelle à saint Martin, pour lequel il avait toujours eu une grande dévotion. Cette chapelle a été conservée avec soin pendant toute la durée de l'abbaye de Saint-Bertin

Malgré son âge et ses vertus, le bienheureux n'était point encore à l'abri du tentateur. L'histoire raconte qu'une jeune libertine, inspirée par le démon, vint un jour, sous prétexte de parler des intérêts du couvent, mais dans l'intention secrète de lui tendre des piéges. Saint Martin apparut alors au vieillard pour lui prévenir de cette ruse perfide. Et lui, plein d'une sainte indignation, s'arma du signe de la croix et chassa cette misérable. Mais, pour éviter le retour d'un semblable péril, il interdit l'entrée du monastère aux femmes, sous peine d'excommunication. A la fin du XIIIe siècle, cette loi était encore sévèrement maintenue.

Rigobert n'exerça sa charge que peu d'années. A l'imitation de son bienheureux maître, il rentra dans la vie privée et se consacra exclusivement aux œuvres de la piété. Bertin nomma à sa place Erlefride, qui avait été élevé à Sithiü dès le bas-âge, et qui soutint dignement l'œuvre de ses prédécesseurs.

Notre Saint, plein de mérites et de vertus, attendait avec calme sa récompense. Quand il sentit son heure approcher, il assembla ses religieux, et leur recommanda de ne point quitter le lieu où il les avait établis, mais d'y persévérer dans le service de Dieu et la pratique des bonnes œuvres. Puis il s'endormit paisiblement dans le Seigneur, le 5 des ides de septembre (9 septembre) 709. Il avait passé cinquante-neuf ans à Sithiü. Il fut enseveli avec de grands honneurs par l'abbé Erlefride, dans la chapelle de Saint-Martin, qu'il avait fait reconstruire.

On le représente portant un petit navire sans mât ; nous avons donné la raison de cette carastéristique.

CULTE ET RELIQUES.

Quelques années après sa mort, l'abbé Erlefride établit un autel sur le tombeau même du Saint ; de nombreux miracles s'y opérèrent dans la suite. Nous citerons entre autres la guérison d'Adèle ou Alice, femme d'Arnould, comte de Flandre, qui, étant atteinte d'une maladie incurable, obtint des évêques de Thérouanne et de Cambrai, et de l'abbé de Saint-Bertin, la permission de visiter la châsse du bienheureux, faveur qui n'avait été accordée à aucune femme avant elle, pas même à une reine. Soutenue par les deux évêques, elle s'approcha avec crainte des reliques vénérées, y pria avec ferveur et fut incontinent guérie.

En 1050 ou 1052, le corps de saint Bertin fut retrouvé dans une crypte, sous la vieille chapelle de Saint-Martin, où on l'avait caché pour le soustraire à la fureur des Normands. En 1237, Pierre, évêque de Thérouanne et de Cambrai, enferma les précieuses reliques dans une châsse d'or et d'argent, enrichie de pierres précieuses, et en fit la translation avec une grande solennité.

Le monastère fondé par saint Bertin a jeté un grand éclat sur l'Eglise de France. Ses annales ne comptent pas moins de vingt-deux Saints, outre un grand nombre de prélats sortis de son sein. Il eut encore la gloire d'abriter dans ses murs saint Anselme et saint Thomas de Cantorbéry, persécutés, l'un par Henri Ier, et l'autre par Henri II, rois d'Angleterre. Et plus tard, quand les moines de cette même ville de Cantorbéry furent expulsés, en 1207, par le roi Jean, cent d'entre eux vinrent demander asile à leurs frères de Saint-Bertin, et en furent accueillis avec une touchante hospitalité.

Le martyrologe romain et celui de France, ceux d'Usuard, d'Adon et de Florus, les calendriers de Buccelin, de Trithemius, de du Saussay, de Chastelain, de Monalus, d'Ypez, font mémoire de saint Bertin. Sa fête est fixée au 5 septembre.

Lorsque, dans les années de la Révolution française, non-seulement on chassait les religieux de leurs maisons, mais on dilapidait et on profanait encore ce qu'il y avait de plus saint et de plus sacré, la châsse de saint Bertin, ayant été achetée par un particulier, une femme pieuse de la ville de Saint-Omer, nommée la veuve Coulon, devant qui elle fut ouverte, pria cet homme avec instance qu'il lui permît d'emporter chez elle les ossements qu'elle contenait. Ce qu'ayant obtenu, elle les recueillit avec la plus grande dévotion et les conserva jusqu'à ce que la paix ayant été rendue à l'Eglise de France, le lundi de la semaine de la Passion, 24 mars 1806, Mgr Charles de La Tour-d'Auvergne-Lauraguais, évêque d'Arras, accompagné du clergé, s'y transporta processionnellement et avec la plus grande solennité, au milieu d'une foule immense de peuple, qui, de tous les quartiers de la ville, était accourue pour assister à la cérémonie faite à la maison de ladite veuve, et également au transport desdits ossements dans l'église de Saint-Denis.

Là, après la messe qui fut suivie d'un discours analogue à la cérémonie, Mgr l'évêque fit faire l'ouverture de la boîte dans laquelle étaient renfermés les ossements que la veuve Coulon avait conservés pieusement chez elle. Cette ouverture eut lieu en présence d'un grand nombre de personnes. Mgr l'évêque reconnut les ossements, auxquels était joint l'authentique, pour être les précieux restes de la dépouille mortelle de saint Bertin, qui avaient été renfermés dans l'ancienne châsse, lorsqu'on en fit l'ouverture en 1688 ; il fit dresser procès-verbal du tout par deux notaires et deux chirurgiens, et authentiqua de nouveau ces précieuses reliques et les recommanda à la vénération publique ; puis, après les avoir montrées aux fidèles présents à la cérémonie, il apposa son sceau sur la boîte qui les contenait, après y avoir renfermé les deux authentiques, et elle fut déposée dans la sacristie, pour y rester jusqu'à ce qu'on la renfermât dans la châsse à ce destinée. M. Ducrocq, desservant de Saint-Denis, charmé de posséder dans son église ce trésor précieux, s'empressa, de concert avec les marguilliers, de donner une chapelle pour l'y placer. C'est celle qui se trouve la première collatérale du côté de l'Evangile.

Nous avons extrait cette biographie de la *Vie des Saints de Franche-Comté*, et nous l'avons complétée avec des *Notes locales* fournies par M. Villy, curé de Saint-Denis, à Saint-Omer. — Cf. *Le Légendaire de Morinie* et les *Vies des Saints du diocèse de Cambrai et d'Arras*, par l'abbé Destombes.

LE BIENHEUREUX GENTIL DE MATELICA,

FRÈRE MINEUR, MARTYR A TORINGIE, EN PERSE

1340. — Pape : Benoît XII. — Roi de France : Philippe VI *de Valois*.

> *Non solum de salute tua, verum etiam de multorum meditare.*
> Ne pensez pas seulement à votre propre salut, mais aussi à celui des autres. *Saint Augustin.*

Le bienheureux Gentil de Matelica appartenait par sa naissance à une famille noble de Matelica, petite ville de la Marche d'Ancône. Son enfance fut tout embaumée de piété et de pureté, et, à peine parvenu à l'adolescence, il se consacra à Dieu dans l'Ordre séraphique.

Après de brillantes études, il fut promu au sacerdoce, puis envoyé au Mont-Alverne. Ce lieu, célèbre à tout jamais par le séjour qu'y avait fait saint François, et par le prodige des stigmates qu'il y reçut, était la demeure de religieux choisis parmi les plus fervents. Le bienheureux Gentil, tout pénétré des souvenirs que lui rappelait la sainte montagne, s'appliqua avec un zèle indicible à marcher sur les traces du séraphique Père, et bientôt il apparut comme un modèle accompli de toutes les vertus.

Les religieux du Mont-Alverne, justes appréciateurs de ses mérites, l'élevèrent par deux fois à la charge de gardien. Gentil, par ses qualités aimables, gagna les cœurs de tous ses Frères; en même temps, il sut leur inspirer une sainte ardeur pour leur perfection, et maintenir parmi eux l'observance de la Règle dans toute sa pureté.

Le bienheureux Gentil parlait peu; mais, en revanche, il priait beaucoup. Non content de consacrer à l'oraison une grande partie du jour, il passait très-souvent la nuit aux pieds du très-saint Sacrement, absorbé dans la contemplation des choses divines, et le cœur rempli d'une joie toute céleste. Dans ses entretiens prolongés avec Dieu, il puisait ces heureuses inspirations qu'on remarquait dans ses discours, empreints de cette éloquence douce et persuasive qui va droit au cœur.

Il saisissait toutes les occasions d'annoncer au peuple la parole de Dieu; et le peuple était toujours avide de l'entendre. L'éloquence de sa prédication, soutenue par une vie austère et par un zèle que rien ne rebutait, ramena dans les sentiers de la vertu de nombreuses victimes du vice. Le miracle venant aussi à l'appui de sa parole, il put faire connaître la vérité à des âmes que l'erreur avait enveloppées de ses ténèbres épaisses. Après avoir évangélisé diverses contrées de l'Italie, pendant plusieurs années, notre Bienheureux obtint de ses supérieurs la permission d'aller prêcher la foi dans le Levant.

Avant de partir, il alla dire adieu à son père. Celui-ci, infirme et avancé en âge, se plaignait amèrement de ce que son fils le délaissait ainsi au déclin de sa vie : « Mon fils », lui disait-il, « vous ne voulez donc pas rester pour fermer les yeux à votre père, et le déposer dans la tombe ? » — « Mon père », répondit le Bienheureux, « je vous promets devant Dieu de revenir vous assister à vos derniers instants, et vous rendre les derniers devoirs ». — Consolé par cette promesse, le vieillard bénit son fils et le laissa aller.

Gentil parcourut successivement l'Egypte et la Palestine, puis il s'enfonça dans l'intérieur de la Perse. Cependant, malgré tous ses efforts et toute sa bonne volonté, il n'avait pu arriver à parler la langue arabe. Aussi, découragé, songeait-il à reprendre le chemin de l'Europe. C'était une épreuve par laquelle Dieu faisait passer son serviteur; bientôt il lui fit connaître sa sainte volonté.

Celui qui donne, quand il lui plaît et à qui il lui plaît, la vocation apostolique, le Sauveur Jésus, lui apparut un jour, et lui dit, comme autrefois au Prophète : « Voici que j'ai placé ma parole sur tes lèvres; partout où je t'enverrai, tu iras; et tout ce que je t'aurai révélé, tu le diras de ma part à ces nations infidèles ». Au même instant, rempli de l'Esprit de Dieu, le Bienheureux reçoit le don des langues, et parle avec la plus grande facilité l'arabe et l'idiome persan.

Les conversions qu'il put alors opérer furent vraiment prodigieuses; on évalue à quinze mille au moins le nombre des infidèles et des Juifs auxquels il conféra le baptême. Le saint missionnaire ne négligeait rien de ce qui pouvait affermir dans la foi ses chers néophytes ; ses jeûnes étaient continuels, son vêtement rude et pauvre, et, par amour pour Jésus-Christ, il méprisait comme de la boue toutes les choses de la terre. Exact observateur de la pauvreté évangélique, il ne prélevait sur les aumônes qui lui étaient faites que ce qui était strictement nécessaire à sa subsistance pour le jour présent, et, sans se préoccuper du lendemain, il faisait distribuer tout le reste aux autres pauvres.

Aussi, la confiance que ces peuples avaient pour leur apôtre était sans bornes. Lorsqu'on leur demandait quelle était leur croyance, ils répondaient : « Nous croyons la foi de frère Gentil ». Le ciel, d'ailleurs, confirmait par de nombreux prodiges la prédication du missionnaire. Ainsi, maintes fois, pendant qu'il prêchait, des multitudes d'oiseaux de différentes espèces venaient se rassembler autour de lui ; et, à la vue de l'auditoire émerveillé, ils paraissaient l'écouter avec attention.

Le don de prophétie ne manqua pas non plus à notre Bienheureux. Le Schah de Perse, ayant fait arrêter et jeter en prison tous les marchands vénitiens qui trafiquaient dans ses Etats, la république de Venise envoya à ce prince une ambassade, à la tête de laquelle était le célèbre Marc Cornaro. Ces ambassadeurs rencontrèrent sur leur chemin notre Bienheureux et l'emmenèrent avec eux. Chemin faisant, Cornaro tomba malade et fut, en peu de jours, réduit à l'extrémité. Gentil ne cessa de lui prédire sa prompte guérison, les vicissitudes et les épreuves qui l'attendaient, et il lui annonça enfin qu'un jour il serait, lui Cornaro, doge de Venise. Tout arriva comme le serviteur de Dieu l'avait prédit.

Gentil entreprit le pèlerinage du Mont-Sinaï, où reposent les reliques de sainte Catherine, vierge et martyre. Il y alla avec toute l'ambassade vénitienne. Or, un jour, il disparut soudain du milieu de ses compagnons de voyage ; son absence dura huit jours, après lesquels il reparut au milieu des pèlerins étonnés. Son extérieur était aussi calme que s'il n'eût point bougé de place. Cornaro le pressa par toutes sortes de questions de lui découvrir où il était allé et ce qu'il avait fait pendant ces huit jours. Le serviteur de Dieu ne put s'empêcher d'avouer confidemment à son interlocuteur qu'il était allé en Italie, assister son père à ses derniers instants, qu'il avait présidé les funérailles, et pris part ensuite au conseil de famille pour le règlement des affaires.

Dès son retour en Italie, Cornaro alla aux informations, et tous les habitants de Matelica lui attestèrent qu'en effet Gentil était venu passer huit jours dans sa ville natale, qu'il avait assisté à la dernière maladie de son vieux père et qu'il n'était reparti qu'après les obsèques. La présence du Bienheureux dans sa patrie coïncidait exactement avec l'époque et la durée de sa disparition sur le Mont-Sinaï.

Gentil parcourut ensuite en apôtre l'Arabie et la Perse, remportant chaque jour de nouvelles victoires sur la secte impie de Mahomet. Il vint jusqu'à Trébizonde et Sarmastro, qu'il évangélisa, ainsi que les contrées environnantes. Son zèle y brilla avec plus d'éclat que jamais, autorisé par une infinité de miracles et récompensé par de nombreuses conversions d'infidèles.

Cependant, Dieu voulait couronner les travaux de son fidèle serviteur par l'auréole du martyre. Comme il prêchait à Toringie, ville de la Perse septentrionale, les farouches sectateurs de Mahomet, irrités des nombreuses conquêtes spirituelles qu'il faisait sur eux et des prodiges éclatants qu'il opérait, le mirent cruellement à mort, le 5 septembre de l'année 1340.

Les précieuses reliques du saint martyr, obtenues à prix d'argent, par un noble Vénitien, nommé Nicolas Querini, furent transportées à Venise et déposées dans l'église des Frères Mineurs Conventuels, où elles sont encore. De nombreux prodiges accompagnèrent leur translation.

Le culte immémorial du serviteur de Dieu fut solennellement approuvé par le pape Pie VI ; et, depuis, sa fête est célébrée par les Frères Mineurs, Observants et Conventuels, et par le clergé de Matelica, le 5 septembre, jour anniversaire de sa précieuse mort.

Tiré des *Annales Franciscaines*, tome VI.

SAINT LAURENT JUSTINIEN,

PREMIER PATRIARCHE DE VENISE ET CONFESSEUR

1455. — Pape : Calixte III. — Empereur d'Allemagne : Frédéric III.

> Le premier sacrifice de justice que l'homme doit faire à Dieu, celui qui lui est le plus agréable et qui le fait avancer davantage dans la perfection, c'est le sacrifice d'un cœur contrit à cause de ses péchés passés.
> *Esprit de saint Laurent Justinien.*

Saint Laurent Justinien, né à Venise en 1381, était fils de Bernardo Justiniani, qui tenait un rang distingué parmi la première noblesse seigneuriale. Sa mère se nommait Querini, et était issue d'une maison qui n'était pas moins illustre que celle de son père. Celle-ci resta veuve de bonne heure, avec plusieurs enfants en bas âge. Malgré sa jeunesse, elle ne pensa qu'à se sanctifier dans son état, résolue de n'en jamais changer. Elle se regarda comme dévouée à la pénitence et à la retraite, et ne s'occupa plus que du jeûne, de la prière et des autres bonnes œuvres. L'éducation de ses enfants fut aussi un de ses principaux soins.

On remarqua dans Laurent, pour ainsi dire dès le berceau, une docilité peu commune et une grandeur d'âme extraordinaire. Il ne perdait point son temps comme ceux de son âge ; il aimait à s'entretenir avec des personnes raisonnables ou à s'occuper à des choses sérieuses. Sa mère le grondait quelquefois, pour le prémunir contre l'orgueil, le tenir dans l'humilité, et le portait à ce qu'il y avait de plus parfait. Il répondait alors qu'il tâcherait de mieux faire et qu'il ne désirait rien tant que de devenir un saint. Persuadé qu'il n'était sur la terre que pour servir Dieu afin de régner éternellement avec lui, il lui rapportait toutes ses pensées et toutes ses actions.

A l'âge de dix-neuf ans, il se sentit intérieurement appelé à se consacrer au service du Seigneur d'une manière particulière. Dans une vision qu'il eut, il lui sembla voir la Sagesse éternelle sous la forme d'une femme respectable et environnée d'une lumière plus éclatante que celle du soleil ; il crut en même temps entendre ces paroles : « Pourquoi, errant d'objet en objet, cherchez-vous votre repos hors de moi ? Vous ne trouverez qu'avec moi ce que vous désirez ; le voilà dans vos mains. Cherchez-le en moi qui suis la

Sagesse de Dieu. En me prenant pour votre épouse et pour votre partage, vous posséderez un trésor inestimable ». Il fut si touché de l'honneur et de l'avantage que renfermait cette invitation de la grâce, qu'il se sentit enflammé d'une nouvelle ardeur de se livrer entièrement à la recherche de la connaissance et de l'amour de Dieu.

Il ne douta plus qu'il ne fût appelé à l'état religieux, où il devait trouver plus sûrement tous les moyens propres à le faire parvenir à la grande fin qu'il se proposait. Mais il ne voulut point se déterminer qu'il n'eût auparavant consulté Dieu par une humble prière. Il demanda aussi conseil à Marin Querini, son oncle maternel. C'était un saint et savant prêtre, qui était chanoine régulier de la congrégation de Saint-George, dite d'*Alga*, parce que le monastère était dans une petite île de ce nom, éloignée d'un mille de Venise. (Le couvent et l'église sont aujourd'hui entre les mains d'une communauté de Carmes réformés.) Ce sage directeur, voyant que Justinien avait une forte inclination pour l'état religieux, lui conseilla d'essayer d'abord ses forces en s'accoutumant peu à peu à la pratique des austérités. Il obéit, et il commença à coucher pendant la nuit ou sur des morceaux de bois ou sur la terre nue. S'étant un jour représenté d'un côté les honneurs, les richesses et les plaisirs du monde, et de l'autre, les rigueurs de la pauvreté, des jeûnes, des veilles et du renoncement, il se dit à lui-même : « Mon âme, es-tu assez courageuse pour mépriser ces délices et pour marcher sans interruption dans les voies de la pénitence et de la mortification ? » Puis, ayant fait une pause de quelques instants, il jeta les yeux sur un crucifix, et continua de la sorte : « Vous êtes mon espérance, ô mon Dieu ! en vous se trouvent la consolation et la force ». On le vit dès ce moment macérer sa chair par les austérités de la pénitence, et se livrer avec une ardeur infatigable à tous les exercices de la religion. Sa mère et ses amis, craignant qu'il ne ruinât sa santé, voulurent le détourner du dessein qu'il avait résolu d'exécuter, et lui proposèrent un établissement honorable dans le monde. Ne sachant comment éviter les pièges que lui tendait une fausse tendresse, il s'enfuit secrètement, et alla prendre l'habit chez les chanoines réguliers de la congrégation de Saint-George d'Alga.

Il ne trouva point dans la communauté d'austérités qu'il n'eût déjà pratiquées, et ses supérieurs furent obligés de modérer l'activité de son zèle à cet égard. Malgré sa jeunesse, il l'emportait sur tous les frères par la rigueur de ses jeûnes, et par la longueur de ses veilles. Jamais il ne se permettait de récréation qu'elle ne fût utile ; il prenait de sévères disciplines ; il ne se chauffait point, même dans les plus grands froids ; il ne mangeait que pour soutenir son corps et ne buvait jamais hors de ses repas. Lorsqu'on lui proposait de boire, sous prétexte que la chaleur était excessive, qu'il était accablé de fatigue, il avait coutume de faire cette réponse : « Si nous ne pouvons supporter la soif, comment pourrons-nous souffrir le feu du purgatoire ? » Cette disposition à souffrir produisait en lui une patience invincible dans toutes les épreuves. Pendant son noviciat, il lui vint au cou un mal pour la guérison duquel il fallut employer le fer et le feu. Le moment de l'opération étant arrivé, il rassurait de la sorte les spectateurs qui tremblaient : « Pourquoi craignez-vous ? Pensez-vous que je ne puisse recevoir la constance dont j'ai besoin, de Celui qui sut non-seulement consoler, mais délivrer même des flammes les trois enfants jetés dans la fournaise ? » Il souffrit l'opération sans laisser échapper aucun soupir et en ne prononçant que le nom sacré de Jésus. Il montra dans la suite le même courage, lorsqu'on lui fit une incision douloureuse. « Coupez hardiment », disait-il au chirurgien qui tremblait; « votre instrument n'approche pas des ongles de fer avec lesquels on déchira les martyrs ».

Il arrivait toujours le premier aux exercices publics, et il en sortait le dernier. Matines finies, il ne suivait point les frères qui allaient se reposer, mais il restait dans l'église jusqu'à Prime, qui se disait au lever du soleil. Rien ne le flattait plus que de pouvoir pratiquer l'humilité ; les bas emplois étaient ceux qu'il choisissait de préférence, et il portait toujours les plus mauvais habits de la communauté. Il obéissait aussitôt que le moindre signe lui manifestait la volonté du supérieur. Dans les entretiens particuliers, il sacrifiait son jugement à celui des autres, et cherchait en tout la dernière place, autant qu'il le pouvait faire sans affectation. Quand il allait quêter dans les rues, il cherchait toutes les occasions de s'attirer le mépris et les railleries des gens du monde. Ayant un jour été dans un endroit où l'on ne pouvait manquer de le tourner en ridicule, son compagnon le lui fit remarquer ; mais il lui répondit avec tranquillité : « Allons hardiment quêter des mépris. Nous n'avons rien fait si nous n'avons renoncé au monde que de parole ; il faut en triompher aujourd'hui avec nos sacs et nos croix ». Il savait que les humiliations acceptées et souffertes avec joie sont le plus sûr moyen de remporter une victoire complète sur soi-même et de détruire ce fonds d'orgueil qui est en nous un des principaux obstacles à la vertu. Il comprenait encore combien il est avantageux de ne se pas contenter de celles que la Providence envoie et d'y en ajouter de volontaires, pourvu toutefois qu'on le fasse avec prudence et que l'on évite tout ce qui pourrait sentir l'affectation. Dans le cour de ses quêtes, il se présentait souvent à la maison où il était né ; mais il n'y entrait point : il restait dans la rue et demandait l'aumône à la porte. Sa mère n'entendait jamais sa voix sans être attendrie. Elle avait beau recommander à ses domestiques de lui donner avec prodigalité, il ne recevait que deux pains ; après quoi, il souhaitait la paix à ceux qui l'avaient assisté, et se retirait comme s'il eût été étranger. Le magasin où était la provision annuelle de la communauté ayant été brûlé, il dit à un frère qui se lamentait : « Pourquoi avons-nous fait vœu de vivre dans la pauvreté ? Dieu nous a fait cette grâce afin que nous puissions la ressentir ! » C'était ainsi qu'il découvrait son amour pour les humiliations et les souffrances, et qu'il pratiquait toutes les vertus qui en sont les suites et qui en font le principal mérite.

Dès qu'il eut renoncé au monde, il s'accoutuma tellement à se rendre maître de sa langue, qu'il ne disait jamais rien pour se justifier ou s'excuser. Ayant été un jour accusé dans le chapitre d'avoir transgressé un point de la règle, il garda le silence, malgré la fausseté de l'accusation. On doit encore remarquer qu'il était alors supérieur ; il quitta sa place ; puis, ayant fait quelques pas les yeux baissés, il se mit à genoux, demanda pardon aux frères et pria qu'on lui imposât une pénitence. L'accusateur en eut tant de confusion qu'il alla se jeter aux pieds du Saint, déclarant qu'il était innocent, et se condamna hautement lui-même. Laurent redoutait si fort la dissipation que depuis le jour de son entrée dans le monastère jusqu'à celui de sa mort il n'entra dans la maison paternelle que pour assister sa mère dans ses derniers moments.

Quelque temps après sa retraite, il fut exposé à une rude épreuve de la part d'un de ses anciens amis qui occupait une des premières places de la république et qui était arrivé depuis peu de l'Orient. Celui-ci s'imagina qu'il viendrait à bout de le faire changer de dessein, et il résolut d'employer tous les moyens possibles pour y réussir. Il prit donc la route du monastère de Saint-George, accompagné d'une troupe de musiciens, et on lui permit d'entrer à cause de sa dignité. Lorsqu'il aperçut Laurent, il fut extrêmement frappé de sa modestie et de sa gravité ; et l'étonnement où il était lui fit garder quelque temps le silence. S'étant à la fin fait violence, il lui dit tout ce que l'amitié peut inspirer de plus tendre pour l'engager à entrer dans ses vues. Comme ces moyens ne lui réussissaient point, il eut recours aux reproches et aux invectives qui n'eurent pas plus de succès. Lorsqu'il eut fini de parler, le Saint fit un discours si touchant sur la mort et sur les vanités du monde, que son ami, touché d'une vive componction, était hors de lui-même. Il en vint au point qu'ayant rompu sans différer tous les liens qui le retenaient dans le siècle, il résolut d'embrasser l'état pour lequel il n'avait eu que du mépris. Il prit l'habit à Saint-George, fit son noviciat avec une ferveur qui ne se démentit point dans la suite, devint l'objet de l'admiration et de l'édification de toute la ville, et mourut enfin de la mort des justes.

Saint Laurent fut élevé au sacerdoce, dont il était si digne par ses vertus. L'esprit de prière et de componction dont il était doué dans un si haut degré, la connaissance qu'il avait des choses spirituelles et des voies intérieures de la piété, le mettaient en état de travailler avec beaucoup de fruit à la sanctification des âmes. Les larmes qui lui échappaient dans ses exercices, et surtout pendant la célébration de la messe, faisaient une vive impression sur les assistants et réveillait leur foi ; il fut aussi favorisé de divers ravissements.

Ayant été élu malgré lui général de son Ordre, il le gouverna avec une sagesse admirable. Il en réforma la discipline au point qu'il en fut depuis regardé comme le fondateur. Dans ses discours, tant publics que particuliers, il parlait de la vertu avec une telle onction que tous les cœurs en étaient attendris. Il ranimait les tièdes, remplissait les présomptueux d'une crainte salutaire, inspirait de la confiance aux pusillanimes, et les portait tous à la ferveur. Sa maxime ordinaire était qu'un religieux doit trembler au nom de la moindre transgression. Il recevait peu de sujets dans son Ordre, et il éprouvait longtemps ceux qu'il jugeait dignes d'être admis. Il se fondait sur ce que la perfection et les devoirs de l'état religieux sont pour peu de personnes, et que ce n'est pas toujours dans le grand nombre que se trouvent la ferveur et l'esprit essentiel à la religion. Il est aisé de comprendre que s'étant fait de pareils principes, il examinait scrupuleusement tous les postulants. La première chose qu'il exigeait de ses disciples était une humilité profonde ; il leur enseignait que cette vertu purifie non-seulement l'âme de tout orgueil, mais qu'elle lui inspire aussi le vrai courage en lui apprenant à ne mettre sa confiance qu'en Dieu. Il la comparait à une rivière qui est basse et tranquille en été, mais qui est haute et profonde en hiver. « L'humilité », disait-il en suivant la même comparaison, « garde le silence et ne s'élève point dans la prospérité, tandis que dans l'adversité elle est haute, magnanime, remplie de joie et d'un courage invincible. Il n'y a rien », continuait-il, « où les hommes soient plus exposés à se méprendre ; peu connaissent ce que c'est que cette vertu ; elle n'est possédée que de ceux auxquels Dieu l'a donnée par infusion en récompense de leurs efforts redoublés et de l'esprit de prière qui était en eux. L'humilité qui s'acquiert par des actes répétés n'est qu'une préparation à celle-ci, quoique nécessaire et indispensable ; aussi est-elle toujours aveugle et imparfaite. L'humilité infuse éclaire l'âme dans toutes ses vues ; elle lui fait voir clairement toutes ses misères et lui en donne le sentiment ; elle lui communique cette vraie science qui consiste à connaître que Dieu seul est tout et que nous ne sommes rien ». Durant les guerres et les autres calamités publiques, il exhortait les magistrats et les sénateurs à se bien pénétrer de leur bassesse, parce que cette disposition était la plus propre à attirer sur eux les regards de la miséricorde divine.

Depuis le temps où il reçut la prêtrise jusqu'à sa mort, il ne manqua jamais de célébrer la messe tous les jours, à moins qu'il n'en fût empêché par la maladie. Il disait à ce sujet qu'on a bien peu d'amour pour Jésus-Christ quand on ne tâche pas de s'unir à lui aussi souvent qu'on le peut. Il inculquait fréquemment cette maxime, qu'il y aurait autant de folie à prétendre à la chasteté en menant une vie molle, oisive et sensuelle, qu'il y en aurait à vouloir éteindre le feu en jetant de l'huile dessus. Il ne cessait de rappeler aux riches l'obligation où ils sont de faire l'aumône s'ils veulent se sauver. On ne trouvait point dans ses discours des pensées étudiées ; mais il y régnait une onction de laquelle on ne pouvait se défendre.

Le pape Eugène IV, qui connaissait l'éminente vertu de Laurent, le nomma évêque de Venise en 1433. Le Saint employa tous les moyens possibles pour ne point accepter cette dignité ; il engagea même ceux de son Ordre à écrire au Pape, pour le prier de le laisser dans sa solitude : mais tout fut inutile ; il fallut obéir. Il prit possession de son Eglise avec tant de simplicité et si secrètement que ses propres amis ne le surent que quand la cérémonie fut faite. Il passa toute la nuit suivante en prières devant un autel, pour attirer sur lui les grâces du ciel ; il fit la même chose la nuit qui précéda son sacre. Il fut admirable par sa piété sincère envers Dieu, par l'ardeur de son zèle pour la gloire du Seigneur, par son extraordinaire charité envers les pauvres. Il ne diminua rien des austérités qu'il avait pratiquées dans le cloître. Son assiduité à la prière lui mérita des lumières toutes célestes, cette fermeté invincible, cette activité infatigable dont toute sa conduite porta l'empreinte ; il sut pacifier les dissensions intestines qui agitaient l'Etat, et gouverner son diocèse dans les temps les plus orageux avec autant de facilité qu'il eût gouverné un monastère. Son ameublement se ressentait de son amour pour la simplicité et pour la pauvreté : et comme on lui représentait qu'il devait quelque chose à sa naissance, à la dignité de son siège et à la république, il répondit que la vertu était le seul ornement du caractère épiscopal, et qu'un évêque ne doit avoir d'autre famille que les pauvres de son diocèse. Sa maison n'était composée que de cinq personnes ; il mangeait sur la vaisselle de terre ; il n'avait pour lit qu'une paillasse couverte de haillons, et n'avait qu'une mauvaise soutane pour vêtement. Sa sévérité envers lui-même, jointe à un grand fonds d'affabilité et de douceur envers les autres, le faisait universellement respecter. Il acquit un tel ascendant sur tous les esprits et sur tous les cœurs, qu'il vint facilement à bout de réformer divers abus qui s'étaient glissés dans le clergé et principalement parmi les laïques. Son troupeau l'aimait et le respectait, et il n'y avait personne qui ne se soumît avec docilité à toutes ses ordonnances. Si l'exécution de ses pieux desseins éprouvait d'abord quelques difficultés, il savait en triompher par sa douceur et par sa patience.

Son zèle contre les théâtres lui suscita quelques ennemis. Un d'entre eux, qui était puissant, s'éleva avec beaucoup d'indécence contre un mandement qu'il avait donné à cet égard ; il faisait passer le saint évêque pour un homme qui voulait porter dans le monde la rigidité du cloître, pour un moine minutieux que de vains scrupules agitaient, et il fit tous ses efforts pour soulever le peuple contre lui. Une autre fois, Justinien fut insulté publiquement dans les rues, et traité d'hypocrite. Il écouta les injures dont on le chargeait sans changer de visage et sans rien perdre de sa tranquillité. Il n'était pas moins insensible aux louanges et aux applaudissements qu'on lui donnait : on ne remarquait en lui aucun mouvement de tristesse ni de quelque passion que ce fût ; il jouissait d'une égalité d'âme que rien n'était capable d'altérer.

La première visite qu'il fit de son diocèse opéra des fruits incroyables. Il fonda quinze monastères et un grand nombre d'églises ; il réforma tous les abus qui s'étaient introduits par rapport à la célébration de l'office divin et à l'administration des sacrements. Il établit un si bel ordre dans sa cathédrale, qu'elle devint le modèle de toute la chrétienté ; il y fonda de nouvelles prébendes, afin qu'elle fût desservie avec plus de décence et de dignité. Il érigea dix paroisses à Venise, et il y en eut alors trente dans cette ville, au lieu de vingt qui y étaient auparavant. On voyait tous les jours une multitude innombrable de peuple dans son palais : les uns venaient y chercher de la consolation dans leurs peines, ou des secours dans leurs misères ; les autres venaient consulter le Saint dans leurs doutes. Sa porte n'était jamais fermée aux pauvres. Il aimait mieux distribuer du pain et des habits, pour faire éviter le mauvais emploi de l'argent, qui n'est que trop commun, même parmi les indigents ; ou s'il en donnait, c'était toujours en petite quantité. Des dames pieuses portaient ses aumônes aux pauvres honteux ou à ceux qui avaient subi des pertes considérables. Dans les charités qu'il faisait, il n'avait égard ni à la chair ni au sang. Quelqu'un étant venu le trouver de la part de Léonard son frère, il le renvoya en lui disant : « Retournez vers celui qui vous a envoyé, et je vous charge de lui dire qu'il est en état de vous assister lui-même ». Personne ne porta jamais plus loin que lui le mépris de l'argent. Il confia le soin de son temporel à un économe fidèle, et il avait coutume de dire à ce sujet : « Il est indigne d'un pasteur des âmes d'employer une partie considérable d'un temps qui est si précieux, à entrer dans les petits détails qui ont l'argent pour objet ».

Les Papes témoignaient à Laurent beaucoup de vénération. Eugène IV lui ayant mandé de venir le voir à Bologne, le Saint-Père le reçut avec de grandes marques de distinction, et l'appela « l'ornement de l'épiscopat ». Nicolas V, qui avait pour lui les mêmes sentiments, cherchait toutes les occasions de lui donner des preuves efficaces de son estime. Enfin il en trouva une à la mort de Dominique Michelli, patriarche de Grado, laquelle arriva en 1451. Il transféra la dignité patriarcale au siége de Venise. Le sénat de cette ville, toujours jaloux de sa liberté, éleva de grandes difficultés ; il craignait que ses droits et ses priviléges ne fussent lésés en quelques circonstances. Pendant que l'on agitait cette affaire avec beaucoup de vivacité, Laurent se rendit dans le lieu où le sénat était assemblé, et y déclara qu'il aimait mieux quitter une place pour laquelle il n'était pas propre et qu'il occupait depuis dix-huit ans contre sa volonté, que d'aggraver, par l'addition d'une nouvelle dignité, le fardeau qu'il avait tant de peine à porter. Le discours qu'il fit en cette occasion marquait de sa part un si grand fonds de charité et d'humilité, que le doge lui-même ne put retenir ses larmes ; il en vint jusqu'à prier Laurent de ne point penser à sa démission, et de se conformer au décret du Pape, dont l'exécution serait utile à l'Eglise et honorable à leur pays. Les sénateurs applaudirent au doge, et la cérémonie de l'installation du nouveau patriarche se fit au grand contentement de toute la ville.

Laurent se regarda comme un homme qui avait contracté une nouvelle obligation de travailler avec ardeur à l'accroissement du règne de Jésus-Christ et à la sanctification des âmes confiées à ses soins. On vit alors de la manière la plus sensible ce que peut un Saint dans les grandes places. Laurent trouvait du temps pour se sanctifier lui-même et pour rendre service au prochain. Jamais il ne se faisait attendre par sa faute ; il quittait tout pour donner audience à ceux qui voulaient lui parler, sans distinction de pauvres ou de riches. Il recevait toutes les personnes qui se présentaient avec tant de douceur et de charité, les consolait d'une manière si touchante et paraissait si parfaitement libre de toute passion, que l'on ne s'imaginait pas qu'il eût participé à la corruption originelle. Chacun le regardait comme un ange descendu sur la terre. Ses conseils étaient toujours proportionnés à l'état des personnes qui s'adressaient à lui. On rendait si universellement justice à sa vertu, à sa sagesse et à ses lumières, que l'on ne voulait plus examiner de nouveau à Rome les causes qu'il avait décidées, et que dans le cas d'appel, on y confirmait toujours les sentences qu'il avait portées. Plein de mépris pour lui-même, il était insensible à l'idée que l'on pouvait se former de sa personne. Si quelqu'un le louait, il en prenait occasion de s'humilier davantage devant Dieu et devant les hommes. Il cachait ses bonnes œuvres autant qu'il lui était possible. Quand il lui échappait de ces larmes qui avaient leur source dans l'amour divin ou dans la vivacité de sa componction, il s'accusait de faiblesse et d'une excessive sensibilité d'âme. Il était entièrement mort à lui-même. Un domestique lui ayant un jour présenté à table du vinaigre au lieu de vin et d'eau, il le but sans rien dire. Tout, jusqu'à sa bibliothèque, annonçait en lui l'amour de la pauvreté.

La république fut agitée de son temps par de violentes secousses, et menacée des plus grands dangers. Un saint ermite, qui depuis plus de trente ans servait Dieu avec ferveur dans l'île de Corfou, assura qu'il avait su d'une manière surnaturelle que l'Etat avait été sauvé par les prières du saint évêque. Le neveu de Laurent, qui a écrit sa vie dans un style pur et élégant, rapporte, comme témoin oculaire, qu'il fut favorisé du don des miracles et de celui de prophétie.

Il avait soixante-quatorze ans lorsqu'il composa son dernier ouvrage, intitulé *les Degrés de perfection*. Il l'eut à peine achevé, qu'il fut pris d'une fièvre violente. Voyant ses domestiques occupés à lui préparer un lit, il leur dit tout troublé : « Que voulez-vous donc faire ? Vous perdez votre temps. Mon Seigneur est mort étendu sur une croix. Est-ce que vous ne vous rappelez point que saint Martin disait dans son agonie, qu'un chrétien doit mourir sur la cendre et le cilice ? » Il voulut absolument qu'on le couchât sur la paille. Tandis que ses amis pleuraient autour de lui, il s'écriait dans des ravissements de joie : « Voilà l'Epoux : allons au-devant de lui » ; puis, levant les yeux au ciel, il ajoutait : « Seigneur Jésus, je m'en vais à vous ». D'autres fois, il se livrait aux sentiments de cette sainte frayeur qu'inspire la pensée des jugements de Dieu. Quelqu'un lui disant un jour qu'il devait être pénétré de joie puisqu'il allait recevoir la couronne, il se troubla et répondit : « La couronne est pour les soldats courageux, et non pour des lâches tels que moi ». Sa pauvreté était si grande qu'il n'avait rien dont il pût disposer. Il fit cependant son testament, et ce fut seulement pour exhorter tous les hommes à la vertu, et pour ordonner qu'on l'enterrât comme un simple religieux dans le couvent de Saint-George. Mais, après sa mort, le sénat ne voulut point permettre que cette dernière clause fût exécutée. Durant les deux jours qui précédèrent sa mort, les différents corps de la ville vinrent recevoir sa bénédiction. L'entrée de sa chambre fut ouverte aux pauvres comme aux riches, et il fit à tous des instructions fort touchantes. Marcel, un de ses disciples bien-aimés, pleurant amèrement, il le consola, en lui disant : « Je vais vous précéder : mais vous me suivrez bientôt. Nous nous réunirons à Pâques prochain ». La prédiction fut vérifiée par l'événement. Ayant fermé les yeux, il expira tranquillement le 8 janvier 1455, dans la soixante-quatorzième année de son âge. Il y avait vingt-deux ans qu'il était évêque, et quatre qu'il était patriarche. On ne l'enterra que le 17 mars, à cause d'une contestation qui s'éleva touchant le lieu de sa sépulture.

On lui met souvent la croix à la main, pour marquer non-seulement sa haute dignité, mais aussi le souvenir de l'abnégation qu'il professa dès sa première jeunesse. — Parfois on peint près de lui la ville de Venise, d'où il détourne la foudre que Notre-Seigneur s'apprête à lancer. C'est que ses prières sauvèrent plus d'une fois cette cité menacée par les fléaux du ciel.

CULTE ET RELIQUES. — SES ÉCRITS.

La sainteté de saint Laurent ayant été attestée par plusieurs miracles après sa mort, le pape Sixte IV commença à faire faire les procédures de sa canonisation, qui furent continuées par les papes Léon X et Adrien VI. Enfin, le pape Clément VII donna le décret de sa béatification en 1524, avec permission d'en faire la fête et l'office public dans toutes les églises de la république de Venise. Longtemps auparavant on avait commencé à dresser des autels sous son nom à Venise, à placer ses statues dans les Eglises, à lui bâtir des chapelles et à l'invoquer; on le regardait déjà comme le protecteur, ou le saint tutélaire de la ville et de toute la seigneurie, après saint Marc. En 1597, le cardinal Laurent Priolo, patriarche de Venise, se disposait à faire la translation solennelle de ses reliques, en vertu d'un décret de la sacrée Congrégation des Rites, en date du 1er février, quand la mort du patriarche en fit suspendre l'exécution. Le pape Clément VIII accorda, par un bref apostolique, des indulgences à ceux qui visiteraient les églises des Chanoines réguliers de la Congrégation de Saint-George d'Alga, dans toute l'Italie, le jour de la fête de saint Laurent Justinien. Son culte fut introduit en Sicile, et surtout à Palerme, qui le mit au nombre de ses saints patrons, parce qu'elle fut garantie de la peste, en 1626, par son intercession. Cette dévotion publique fut autorisée par un décret de la Congrégation des Rites, le 26 février 1628. Saint Laurent fut canonisé le 1er novembre 1690 par le pape Alexandre VIII. Sa fête, érigée en semi-double dans l'office romain, fut remise au 5 septembre par ordre du Saint-Siége et de la Congrégation des Rites.

Ses reliques sont conservées à Venise dans l'église cathédrale de Saint-Pierre du Château, et placées sous le maître-autel.

Saint Laurent Justinien nous a laissé un grand nombre de traités et de sermons, recueillis en un fort volume in-folio, imprimé à Bresse en 1560, et à Venise en 1755. La meilleure édition que nous en ayons, est celle qui parut à Venise en 1751, 2 vol. in-fol. On y trouve une vaste érudition, une profonde sagesse, beaucoup de véhémence, de force et de noblesse dans le style.

Acta Sanctorum; Godescard, et *Esprit des Saints*, par l'abbé Grimes.

LA BIENHEUREUSE CATHERINE DE RACCONIGI,

DU TIERS ORDRE DE LA PÉNITENCE DE SAINT-DOMINIQUE

1547. — Pape : Paul III. — Roi de Sardaigne : Charles III.

> Dans son amour généreux pour Jésus-Christ, elle eût rougi de se voir un seul instant sans croix et sans souffrances : aussi le bien-aimé de son cœur ne le permit jamais.
> *Éloge de la Bienheureuse.*

Catherine de Mattéi naquit à Racconigi, l'an 1486. Son père était un simple artisan du nom de Georges, et sa mère s'appelait Bilia ; ils la firent baptiser dans l'ancienne église paroissiale de Saint-Jean, et sur les mêmes fonts baptismaux qui s'y trouvent encore aujourd'hui.

Dès l'âge de cinq ans, sa dévotion était admirable; elle éprouvait le plus grand plaisir à s'entretenir dans la prière, devant une petite image de la très-sainte Vierge qui se trouvait dans sa maison : aussi ces belles dispositions, dans lesquelles elle grandissait, faisaient d'elle la consolation de ses parents. Ses délices étaient de demeurer retirée à la maison, afin de pouvoir plus facilement élever son cœur vers Dieu. Sa mère n'omettait rien pour cultiver ces belles vertus naissantes. Un matin, après avoir entendu la messe, étant occupée à prier dans sa petite chambre, elle y vit entrer une colombe toute blanche, qui vint se poser sur son épaule. Dans la crainte que ce ne fût un artifice du démon pour la tromper, elle fit aussitôt sur elle le signe de la croix, en disant : « Jésus, ô Jésus ! » Au même instant elle vit sortir du bec de la colombe un rayon de lumière qui alla mourir dans sa bouche, et elle entendit ces paroles : « Prends, ma petite fille, et bois ce vin. Par la vertu de cette liqueur, tu n'auras plus faim ni soif des choses du monde, et tu sentiras s'augmenter en toi la faim et la soif de l'amour de Dieu et du salut des âmes ».

Pendant qu'elle goûtait la suavité de cette liqueur céleste, une femme lui apparut, vêtue d'une robe blanche et d'un manteau noir. « Que le nom de Jésus », lui dit-elle, « soit toujours dans ton cœur, ô ma fille ». — « Qui êtes-vous », lui demanda Catherine, « et comment avez-vous fait pour entrer ici, la porte étant fermée ? » — « Je suis », répondit la dame, la mère de Jésus ton Rédempteur; aussi ne crains rien. Je veux que tu te donnes tout entière à mon Fils ». — « Et votre Fils, où est-il ? » — « Bientôt tu le verras. Mais sache, ma fille, que comme le grand froid fait perdre leur beauté aux plantes, fait périr les fleurs et les fruits, ainsi t'arriverait-il aussitôt que viendrait à te manquer la grâce de mon Fils. C'est pourquoi je veux que tu lui sois unie par l'amour, et que tu te donnes toi-même à lui, avec tout ce que tu as de plus cher ». — « Pauvre comme je suis, que pourrais-je jamais lui donner ? » — « Mon Fils ne veut rien que ton cœur ; tu le donneras à mon fils chaque fois que volontiers tu obéiras à ses commandements et souffriras quelque peine pour l'amour de lui ».

Vers l'âge de sept ans, Catherine eut une autre vision, mais qui fut la marque des tribulations que lui gardait l'avenir. Allant un jour pour satisfaire sa dévotion au couvent des Pères Servites, elle vit peinte sur la muraille une représentation de saint Pierre, martyr. Pendant qu'elle considérait avec admiration la palme, emblème glorieux de son martyre, et les traces de ses blessures, elle sentit naître en son cœur un vif désir de mourir pour la foi. Elle se mit donc à prier le saint martyr de l'enseigner et de la fortifier dans la foi, le suppliant de lui obtenir une charité ardente qui la rendît de plus en plus chère à son céleste époux, et imitatrice de ses afflictions et de ses tourments. Sa prière achevée, le saint martyr lui apparut entouré d'une splendide lumière et tenant à la main un calice plein de sang. Prends, ma fille », dit-il, « prends ce calice et goûte le très-précieux sang de Jésus-Christ, en signe qu'un jour tu boiras au calice de son amère passion ». A peine l'eut-elle goûté, qu'elle se sentit comme enivrée de sa suavité et de sa douceur.

Jésus lui apparut alors sous la forme d'un enfant de dix ans environ, paraissant porter une croix sur l'épaule. « Rassure-toi », lui dit-il, « mon épouse, celui qui est venu n'est pas le démon, mais Pierre, mon fidèle serviteur, le même que je t'ai donné pour maître ; il a bu déjà, lui, le calice de ma passion, en souffrant le martyre pour mon amour. Afin donc que tu puisses lui ressembler, ainsi qu'à moi, selon ta demande, tu porteras cette croix pour mon amour ». En disant cela, l'enfant Jésus mit la croix sur l'épaule de Catherine, et pour lui donner courage, il ajouta : « Au commencement elle te paraîtra dure et pesante, mais mon amour croissant en toi, à la fin elle te semblera douce et légère ». Il lui montra aussi une couronne de roses très-belles et lui dit : « Toutes les afflictions te paraîtront des roses, si tu les supportes avec bonne volonté ». Dès ce moment, Catherine commença à éprouver une merveilleuse ardeur de souffrir pour l'amour de Jésus-Christ, ardeur qui crût à un tel point, que, bien que petite enfant, elle souhaitait d'aller vers les infidèles prêcher la religion de Jésus et mourir martyre. Vers le même temps, le démon se mit, de son côté, à la tenter fortement et à lui faire une guerre acharnée. Mais les Saints et Jésus lui-même ne manquaient pas de venir la consoler et de la fortifier.

Pendant ces mêmes années de sa plus tendre enfance, déjà Catherine commençait à avoir ses entretiens dans le ciel. Même au plus fort de son travail, elle élevait ses pensées au-dessus de la terre, et tout lui devenait une occasion de méditer. Lorsqu'elle montait l'escalier, la marche d'en bas lui mettait en esprit la bassesse du péché, et à mesure que de l'une à l'autre elle atteignait le haut, elle se représentait les différents degrés de la vertu, jusqu'à ce qu'enfin, arrivée dans sa chambre, l'objet de sa méditation était la beauté et la dignité de l'âme quand elle a le bonheur de posséder la grâce, et la sublime demeure que Dieu lui réserve dans le ciel.

A la vue des images des saints, notre jeune vierge se prenait à méditer leurs vertus, et s'enflammait du désir de les imiter. Une fois, une image de sainte Catherine vint à tomber sous ses yeux, et remarquant que cette sainte tenait de la main droite le crucifix et une branche de lis, et de la gauche un cœur élevé, cette vue la fit entrer en méditation. « Le lis », se disait-elle à elle-même, « signifie la pureté ; la croix, le souvenir continuel de la passion du Sauveur ; le cœur élevé, le détachement vrai des choses de cette terre ». En sorte qu'elle priait la sainte de lui obtenir la grâce de l'imiter.

Un an après ces derniers événements (1495), un jour que Catherine, occupée à son travail, songeait à la grande pauvreté de sa mère, et combien étaient grands les maux qu'elle lui faisait souffrir, l'émotion de cette pensée la mit tout en larmes, et se tournant vers son céleste Époux, elle lui recommanda sa famille avec une telle ferveur, qu'elle obtint bientôt d'abondants secours, et d'une façon tout à fait prodigieuse.

Vers le même temps il arriva que Catherine ayant cassé un plat, sa mère la réprimanda en termes durs, et alla même jusqu'à la menacer de la châtier si jamais pareille chose lui arrivait. Or, apprêtant un jour la table, l'enfant laissa tomber un verre qui se rompit en mille pièces. Se rappelant la menace de sa mère, Catherine se mit à pleurer et à prier Jésus et sa céleste Mère de vouloir bien lui venir en aide. Elle fut exaucée, car par un miracle extraordinaire elle put remettre le verre en son premier état et réparer le dommage sans que sa mère s'aperçût de rien. Son père ayant un jour adressé à sa femme des menaces, même suivies d'effets, parce qu'elle n'avait pas bien préparé le souper du dernier jour de carnaval, Catherine, pénétrée de douleur, en pleura jusqu'au lendemain matin, qui était le premier jour de Carême. Seule à la maison, parce que sa mère s'était retirée près de l'un de ses frères, l'heure de dîner arrivant, elle voulut faire effort pour manger, mais les grosses larmes qui lui tombaient des yeux l'en empêchèrent. En même temps elle poussait vers son Jésus d'affectueux soupirs, espérant son aide et sa consolation de lui seul. Au même moment elle vit entrer et venir à elle un jeune enfant de quatorze ans environ, lequel, après l'avoir saluée, lui demanda ce qui la faisait tant pleurer. Catherine lui raconta l'événement arrivé dans sa maison. Alors il la consola par ces paroles : « Aie bon courage, parce que tu seras délivrée de tous périls, et je ne te manquerai pas dans tes nécessités. Pour ta mère, dont l'amour fait ton affliction à cette heure, sa douleur présente sera bientôt soulagée ».

Le démon, jaloux des dons si grands que la jeune enfant recevait du Seigneur, chercha par tous les moyens et par les tentations les plus fortes, à la détourner du droit chemin de la vertu. Un jour de dimanche qu'elle entendait la messe dans l'église des Pères Servites, au moment de la consécration, un démon sous figure d'homme se présente à elle et lui dit : « Pourquoi te prosternes-tu devant un peu de pain trempé dans un peu d'eau ? Si tu penses que Jésus soit là, tu te trompes grandement, et tu es bien sotte de croire de pareilles choses ».

A ces paroles, la pauvre enfant, tout effrayée, se tourne vers son Jésus, lui adressa une fervente prière, puis levant les yeux au ciel, elle vit sur l'autel Jésus sous la forme d'un enfant de trois ans, percé de cinq plaies, dont le sang dégouttait dans le calice. Une autre fois, sous les apparences d'un ange envoyé de Dieu, le démon se présenta à elle et lui dit de l'adorer. « Si tu étais vraiment celui que tu dis », lui répondit-elle, « tu ne réclamerais pas de moi un pareil honneur, mais tu le voudrais pour Dieu seul. Inutile de feindre à présent, je vois bien que tu es le déchu du ciel, puisque tu t'obstines dans ton antique orgueil : va au lieu auquel il a été condamné ».

Dès les premières années de Catherine, sa sainteté commença à être manifestée, même par des miracles. Un matin, de très-bonne heure, un saint prêtre était à prier. Pendant qu'il se trouvait absorbé en Dieu et contemplait sa beauté, son ange gardien lui dit de descendre des hauteurs de sa contemplation, et qu'il verrait une admirable créature. Le prêtre lui répondit : « Il m'est pénible de laisser Dieu pour voir une créature ; toutefois, si telle est la volonté du Seigneur, ainsi soit-il ». Retournant donc à ses sens, il vit une petite fille de dix ans, revêtue d'une robe toute resplendissante. Le serviteur de Dieu lui demanda aussitôt qui elle était. « Je suis », répondit-elle, « Catherine de Racconigi, pauvre des biens temporels, mais, par la grâce de Dieu tout-puissant, riche des biens spirituels. Je vous prie de vous souvenir de moi dans vos prières, afin que j'obtienne du ciel tous les secours qui me sont nécessaires. C'est par ce motif que j'ai été amenée ici ». Et cela dit, elle disparut. Ce même prêtre raconta le fait à l'un de ses amis, qui étant venu trouver Catherine, lui demanda comment elle s'était introduite dans ce lieu. Après de longues instances, Catherine lui répondit : « Je n'en sais rien, sinon que c'est un ange qui m'y a conduite ».

Vers l'âge de treize ans, Catherine alla dans une église, où elle entendit un prédicateur qui faisait le panégyrique de sainte Catherine de Sienne, dont ce jour-là on célébrait la fête. De retour à la maison, elle alla dans sa chambre, et se mettant à prier avec une grande ferveur et une grande abondance de larmes, elle s'accusait de la négligence qu'elle pensait avoir apportée jusque-là au service de Dieu. Se sentant donc excitée pour lui de l'aiguillon d'un vif amour, elle appela à son aide Jésus-Christ, la bienheureuse Vierge Marie, et sainte Catherine, les priant de l'assister dans l'offrande qu'elle désirait faire. « Voici », dit-elle, « que je m'offre tout entière à vous, ô Père céleste, à Jésus votre Fils unique et l'Epoux bien-aimé de mon âme, à l'Esprit-Saint, et à Marie, Reine des vierges. A vous, oui à vous, je fais le vœu perpétuel de virginité ».

Puis se tournant d'une façon particulièrement affectueuse vers la bienheureuse Vierge : « Marie, ma très-chère mère », lui dit-elle, « je suis une faible créature, incapable par moi seule de conserver un si grand trésor. Aussi je m'abandonne entièrement entre vos mains, et je vous prie de toute mon âme de vouloir bien m'aider à me conserver toujours pure de toute souillure. Que de cette promesse soient témoins, je le veux, tous les anges et les saints du ciel, et particulièrement saint Pierre, saint Jérôme et sainte Catherine de Sienne ». Ce vœu fut suivi d'une impression de contentement dont elle demeura toute remplie. La nuit suivante lui apparut sainte Catherine de Sienne entourée d'une vive lumière, tenant à la main deux très-belles roses, l'une blanche, l'autre rouge. Elle l'assura que son vœu avait été agréable à Jésus et à Marie, et qu'ils l'aideraient toujours à conserver son cœur chaste et vierge. Elle lui dit pourquoi son divin Epoux lui envoyait ces deux roses. La rouge, pour lui rappeler l'amour très-ardent que Jésus avait montré non-seulement à elle, mais à tout le genre humain, lorsqu'il répandit son sang pour le salut de tous. La blanche, pour qu'elle eût toujours présent à sa pensée dans quelle pureté et quelle innocence elle devait conserver son cœur, afin qu'il demeurât digne de Jésus. Ensuite, lui ayant donné sa sainte bénédiction, elle disparut, laissant dans la chambre un parfum céleste.

Afin de vaquer plus commodément à la prière, ou pour mieux conserver la pureté de son cœur, Catherine ressentit dès lors des désirs plus vifs de la retraite et de la solitude. La conversation lui était devenue si insupportable qu'elle fuyait le monde autant qu'il lui était possible, excepté lorsque l'honneur de Dieu et le bien du prochain la mettait dans l'obligation d'agir autrement.

Notre jeune vierge, s'apercevant que les embûches et les tentations contre la sainte vertu ne faisaient qu'augmenter de plus en plus, prit la coutume d'invoquer divers saints et en grand nombre, principalement au jour de leur fête, en les priant de tout cœur d'intercéder pour elle.

A la fête de saint Etienne, premier martyr, Catherine, s'étant levée avant le jour, se mit à prier le Saint afin qu'il daignât lui conserver la pureté de la même manière qu'il avait conservé la sienne, lorsqu'il fut élu par les

Apôtres pour remplir le ministère de diacre. Elle lui exposa que, toute jeune encore, elle se trouvait affaiblie et agitée de diverses tribulations, qu'un grand nombre d'hommes impurs lui tendaient des piéges, lui tenaient de mauvais discours, et donnaient de grands assauts à sa vertu. Enfin elle lui dit qu'elle était grandement tourmentée par les démons, qu'elle désirait plutôt mourir que de vivre au milieu de tant de périls de son âme et de son corps. En parlant ainsi au saint martyr, la pauvre enfant fondait en larmes. Saint Etienne, entouré d'une splendeur céleste, lui apparut et la consola en lui disant : « O ma sœur, sèche tes larmes, console-toi, parce que Dieu a exaucé tes prières. Oui, par sa sainte grâce tu seras délivrée des tentations contre la modestie. A présent, prépare-toi à recevoir le Saint-Esprit ».

Au même instant survint le séraphin qui dès son enfance avait été donné pour gardien à la Bienheureuse ; il la consola par ces paroles : « La conservation de ta pureté, que tu as demandée au Seigneur avec tant de larmes, tu l'as obtenue. Maintenant donc, prépare-toi à recevoir le Saint-Esprit ». Ces mots étaient à peine achevés, que du ciel descendit une lumière merveilleuse formée de rayons qui se posèrent sur la tête de Catherine. En même temps elle sentit se répandre dans son cœur une douceur inexprimable et une chaleur si vive qu'elle semblait être en feu ; elle entendit aussi ces paroles : « Je suis venu habiter en toi, afin de purifier, d'illuminer, d'embraser ton cœur et de te donner la vie ».

Depuis ce merveilleux événement, il demeura sur le visage de Catherine une teinte d'un rouge et d'un blanc mêlés, et il sortait d'elle comme un éclat lumineux. Ses voisins, étonnés et pensant qu'elle usait pour cela de quelque industrie, lui demandèrent ce qu'elle mettait sur son visage pour le rendre si éclatant. Catherine répondit en souriant que son seul secret était un peu de pain, voulant parler de la sainte Eucharistie. En effet, c'était ce divin sacrement qui colorait son âme de blanc et de rouge. Mais plus grand encore était l'étonnement de ceux de a famille, qui savaient bien qu'elle n'usait d'aucune industrie, mais qu'au contraire elle jeûnait fréquemment au pain et à l'eau, et différait souvent son repas jusqu'au soir. Pendant un grand nombre d'années, elle pratiquait cette austérité tout le temps de l'Avent, le dimanche excepté ; elle faisait de même en Carême, et il n'était pas rare qu'elle demeurât un jour entier sans boire ni manger. Elle poussa même la rigueur de son jeûne jusqu'à ne prendre de la nourriture que trois fois par semaine. Le but de toutes ces austérités était de perdre cette beauté naturelle dans la crainte qu'elle ne devînt pour quelqu'un une occasion de péché. Et parce qu'un traitement si austère ne lui semblait pas suffisant, elle se ceignait la taille d'une corde épaisse qu'elle changea peu après contre une ceinture de fer qu'elle serrait si fortement, qu'elle la faisait entrer jusque dans la chair. Elle portait en outre un cilice, qu'elle ne quitta jamais, si ce n'est dans les dernières années de sa vie, lorsque l'âge eut diminué sensiblement ses forces. Son appui pour se conserver pure de toute souillure, fut surtout l'exercice fréquent de la prière et de la méditation. Aussi son père spirituel put assurer que jamais, dans le cours de sa vie, elle n'avait commis une faute grave.

Vers l'âge de quinze ans, se trouvant malade, son occupation était de considérer les graves et nombreux périls dont elle était entourée ; elle se comparait à une herbe verte et fleurie que la faux du moissonneur va bientôt couper, ou que les rayons d'un soleil trop ardent jaunissent et dessèchent, et elle se disait à elle-même : « Moi jeune, florissante, et de vives couleurs, quand la mort sera venue je ne serai plus que pourriture et mauvaise odeur, et bien pis encore que cela, si alors j'avais le malheur d'être éloignée et séparée de Dieu, par le péché mortel. Ah! malheureuse! quelle serait alors ma difformité et ma puanteur devant Dieu et ses Saints! » Mais pleine de foi et d'une sainte crainte, elle ajoutait : « O mon Dieu, ô mon espérance, ô Mère de miséricorde, ô mes saints anges gardiens, aidez-moi, assistez-moi. Viennent sur moi tous les maux, et la mort même, mais qu'il ne m'arrive jamais le malheur de commettre un péché mortel ».

Pour mieux conserver la belle vertu de pureté, Catherine désirait ardemment revêtir le plus tôt qu'il lui serait possible l'habit religieux, ainsi que la très-sainte Vierge le lui avait prédit dès ses premières années. Ce fut alors qu'elle prévit par quelle voie devait s'accomplir un souhait qu'elle avait si fort à cœur, et elle annonça la fondation d'un couvent de Pères Dominicains, bien qu'alors il n'y eût aucune apparence de cet événement. Elle avait pour confesseur le Père Alexandre, religieux des Servites de Marie. Ces bons Pères, ayant entendu dire qu'elle désirait prendre l'habit religieux tout en restant dans sa maison, le Père Alexandre lui offrit celui des sœurs de son Ordre. « Non », lui répondit-elle, « l'habit que je veux revêtir est celui de Saint-Dominique ». — « Mais vous savez bien », repartit le Père, « qu'il n'existe ici aucun couvent de cet Ordre ». — « Dieu », ajouta Catherine, « fera en sorte qu'il y en ait ». Voyant plus tard les commencements de la réalisation de cette prophétie, le Père Alexandre raconta tout ce qui s'était passé à un seigneur nommé Claude, et ce dernier, à partir de cette époque, prit en grande estime la sainteté de Catherine.

Elle reçut plusieurs fois d'une manière sensible les dons du Saint-Esprit, et entre autres, d'une façon toute spéciale, le don de science, qui la rendit capable de résoudre les plus hautes questions de la religion. Cependant son ardeur de souffrir pour l'amour de Jésus-Christ allait toujours croissant. Dans la vingt-quatrième année de son âge, le troisième jour après Pâques, méditant, vers l'aurore, le mystère de la longue oraison et de la sueur de sang du Sauveur au jardin, elle priait avec ferveur son divin époux Jésus de lui accorder la grâce de lui ressembler dans ses souffrances. Au même moment Jésus lui apparut revêtu d'une robe d'un rouge enflammé, et tout resplendissant de merveilleux rayons de lumière, qui s'échappaient de ses plaies sacrées, et lui dit : « O mon épouse ! grand est ton désir de souffrir, mais tu ne connais pas bien ta faiblesse ». — « O mon espérance », répondit Catherine, « mes forces sont moins que rien, et de moi-même je suis incapable de tout ; il me faut en toutes choses votre puissant secours ».

Cette vivacité de son amour et la profondeur de son humilité lui méritèrent d'entendre cette réponse de la bouche de Jésus : « Ta grande foi mérite d'être exaltée, c'est pourquoi je me fais une joie de te rendre participante des douleurs que j'ai endurées aux pieds et aux mains ». A ces mots, le Sauveur étendit ses divines mains vers celles de Catherine, et il jaillit de ses plaies sacrées comme un dard de sang qui traversa les mains de son épouse bien-aimée. La même merveille eut lieu aux pieds, et elle était accompagnée d'une souffrance telle, que Catherine sentait ses forces l'abandonner par la violence de la douleur. Les pieds et les mains gardèrent la trace des blessures reçues. Ces signes de la passion du Sauveur demeurèrent visibles pendant quelque temps, et après la mort de Catherine, un grand nombre de personnes déposèrent sous serment avoir vu sur son corps ces sacrés stigmates.

Mais bientôt l'humilité de Catherine la contraignit à demander à Dieu la grâce que ces signes fussent cachés. Elle l'obtint ; les mains restèrent cependant tellement endolories et faibles, qu'elle pouvait à grand'peine vaquer aux services de la maison. Elle endurait en son corps tous les tourments du Rédempteur ; car, outre les stigmates des pieds et des mains, elle avait encore la plaie du côté et la couronne d'épines. Cette dernière lui causait de si grandes douleurs, qu'elle ne pouvait faire que les personnes présentes ne s'en aperçussent.

Quelquefois aussi le sang qui sortait de ses plaies était si abondant, que non-seulement ses habits de dessus, mais ceux de dessous en demeuraient trempés. Une fois, entre autres, elle avait donné l'une de ses robes à laver à des personnes de sa famille qui, connaissant déjà la sainteté de Catherine, songèrent à la retenir par dévotion et à la changer contre une semblable. Catherine, s'étant aperçue de cette pieuse ruse, ne voulut jamais s'y prêter, mais elle dit et elle fit tant, que ses parentes furent obligées de lui rendre son vêtement.

Nous ne devons pas être étonnés qu'une âme que Dieu traitait avec une telle familiarité ait possédé le don de prophétie. Catherine prédit les guerres du Piémont, qui ne devaient arriver que vingt-cinq ans après sa prédiction. Le Seigneur fit encore d'autres libéralités à sa fidèle servante. Le jour de l'Exaltation de la sainte croix, Catherine étant malade, le Seigneur Jésus lui apparut avec deux anges qui marchaient devant lui, portant une grande croix. Jésus prit cette Croix, la posa sur l'épaule de Catherine, et lui dit ces paroles : « Voilà, ô mon épouse, la croix que tu auras à porter tout le temps de ta vie. Elle te paraîtra pesante, mais elle ne t'en sera que plus glorieuse ».

A partir de ce jour, Catherine ne resta pas un instant sans peine ni douleurs. Néanmoins elle sentit se renouveler en elle le désir d'aller chez les infidèles pour y propager la foi, et elle demeura pendant plusieurs mois avec le dessein de l'accomplir, jusqu'à ce que, ne trouvant aucun moyen d'en venir à bout, elle y renonça, mais non sans un vif regret.

Catherine n'avait plus qu'une seule pensée : l'amour de Dieu et du prochain. L'unique désir qui l'embrasait était celui d'un cœur pur et saint, digne d'être offert tout entier à son cher Jésus. Sa sollicitude pour l'entretenir dans cette pureté était si grande, qu'il était facile de la remarquer même dans le soin et la vigilance qu'elle mettait à tenir toutes choses dans une grande propreté, soit dans ses vêtements, soit dans sa maison. C'est un adage du Saint-Esprit, que la netteté extérieure est l'indice de la pureté de l'âme.

S'étant donc un jour levée de grand matin, et se tenant en oraison, elle vit apparaître Jésus, accompagné d'une grande multitude de saints, parmi lesquels se trouvaient saint Dominique, sainte Catherine de Sienne et saint Pierre, martyr. Ce dernier lui ouvrit le côté gauche, entre les deux côtes, et lui retira son cœur, mais avec des douleurs si vives qu'elle crut en mourir. Saint Pierre, se tournant vers le Sauveur, le pria de vouloir bien rendre ce cœur qu'il lui présentait pur de toute souillure. Jésus, avec un visage serein, y consentit. Catherine, devenue toute joyeuse, s'enhardit à lui adresser, avec beaucoup de larmes, la prière de lui rendre son cœur devenu pur. Jésus exauça sa bien-aimée, et, lui donnant sa bénédiction, il partit. Alors Catherine fut prise d'une si vive douleur qu'elle paraissait sur le point d'expirer. Ses parents accoururent près d'elle, et craignant qu'elle ne vînt à mourir, envoyèrent chercher un prêtre, avec prière de venir aussitôt l'entendre en confession et lui faire la recommandation de l'âme, comme on a coutume pour ceux qui vont mourir. Le prêtre arriva ; mais voyant que Catherine avait le teint et le visage comme à l'ordinaire, et les couleurs aussi vives que si elle n'avait éprouvé aucun mal, il fut saisi d'étonnement, et il soupçonna que la cause de cette maladie n'était pas ordinaire. Il lui ordonna donc de ne lui rien cacher. Contrainte par l'obéissance, mais humiliée profondément, Catherine lui raconta son merveilleux secret. Cet événement arriva le 3 août 1512, dans la vingt-sixième année de son âge. Néanmoins le Seigneur voulut que sa servante éprouvât cet état d'aridité spirituelle qui plonge l'âme dans une telle obscurité et mélancolie, qu'il lui semble être en disgrâce avec Dieu. Epreuve douloureuse dont Dieu use envers les âmes bonnes sans doute, mais qu'il veut encore embellir et rendre plus parfaites.

Par ses grandes mortifications et ses pénitences, Catherine cherchait à perdre la beauté qu'elle avait reçue de la nature, mais sans y réussir. La beauté de son âme était si grande, qu'elle se répandait sur son visage et l'éclairait comme un miroir. Aussi eut-elle à lutter contre un grand nombre de séducteurs qui tendirent des embûches à son honnêteté ; ils lui faisaient de riches promesses, espérant par là l'ébranler dans ses saintes résolutions. Mais, par la sagesse de ses réponses, Catherine détruisait bientôt toutes leurs espérances. Toutefois s'apercevant, à sa grande douleur, que sa beauté était pour le prochain l'occasion d'offenser Dieu, elle le pria de vouloir bien la lui retirer. Sa prière fut exaucée, et en peu de temps il s'opéra sur son visage un tel changement que ses parents en demeurèrent pour la plupart étrangement surpris.

Non-seulement les hommes, mais les démons avec eux, faisaient tous leurs efforts pour lui faire perdre la vertu de pureté. Pensées déshonnêtes, imaginations impures, songes immondes, telles étaient leurs armes. Mais Catherine les repoussait toutes par l'oraison et la mortification. L'objet de ses méditations était l'incarnation et la passion du Fils de Dieu, la beauté de l'âme ornée de la vertu de modestie, la bassesse de ceux qui s'abandonnent au vice contraire, et les éternels tourments qui les attendent dans l'enfer. Elle macérait son corps par la pénitence, elle fuyait l'oisiveté, qui est la mère de tous les vices, et faisait en sorte d'être toujours occupée. Jésus, voyant la fidélité de son épouse, la consolait de temps en temps, lui apparaissant entouré d'une éblouissante clarté et chassant de sa chambre tous ces esprits immondes.

Mais la plus grande épreuve qu'elle eut à endurer lui advint en l'année 512. C'était le 11 avril. A dater de ce jour, et pendant sept jours consécutifs, elle se vit fatiguée de tentations continuelles contre la modestie. Elle ne trouvait de soulagement que dans la prière, sans pouvoir même prendre ni sommeil, ni repos. Ce qu'elle s'efforçait de manger ou de boire ne lui était d'aucun secours ; loin de là, elle le rejetait aussitôt, et tout le jour elle fondait en larmes, mais sans allégement de son mal. Elle implorait l'assistance de Jésus et de Marie, mais elle n'en ressentait aucune consolation. Elle appelait par ses cris les Saints qui lui avaient été donnés pour gardiens, et par-dessus tous saint Pierre et sainte Catherine de Sienne ; elle les faisait souvenir de leurs promesses, et se plaignait à eux au milieu des lamentations et des larmes.

Ne recevant aucun soulagement et ne retirant aucun profit des jeûnes austères par lesquels elle affligeait son corps, elle imagina un autre moyen pour étouffer cette tentation. Pleine d'angoisses, elle va trouver son confesseur, et lui raconte tout. L'homme de Dieu lui conseille de se jeter, en posture de suppliante, devant Dieu, et d'attendre de lui le secours dont elle a besoin. Catherine obéit. Elle se met à genoux dans sa chambre, et là elle s'offre de nouveau à la divine Majesté, détestant avec des larmes et des soupirs toutes les erreurs de sa vie passée, accusant sa négligence dans le service de Dieu, et son ingratitude monstrueuse pour tant de faveurs reçues de son amour. Enfin, elle le prie de traiter son âme, non plus selon que l'exigeait son indignité, mais uniquement selon le bon plaisir de sa grande miséricorde et les mérites de sa rédemption surabondante. Pendant ces prières et ces soupirs, Jésus-Christ lui apparut, le visage doux et serein, et lui dit : « Ne crains pas, puisque je suis avec toi ».

Pendant que Jésus lui parlait, apparurent deux anges qui, avec un cordon d'une blancheur céleste, ceignirent les reins de Catherine. « De la part de Dieu », lui dirent-ils, « nous te ceignons de la ceinture de la chasteté, qui ne se déliera jamais ». Depuis lors, et jusqu'à la fin de sa vie, elle ne fut plus molestée ni par les aiguillons de la chair, ni, à leur occasion, par les troubles de l'esprit ; au contraire, on eût dit qu'elle infusait le don de chasteté à tous ceux qui avaient le bonheur de l'entretenir. Se sentant ainsi hors de danger, elle redouta moins d'aider de sa conversation ceux qui avaient besoin de son secours.

Alors commença à se répandre le bruit de sa sainteté ; une multitude de personnes pieuses venaient la visiter. Elle en éprouvait un grand déplaisir. Son humilité lui faisait désirer de fuir le monde, afin que personne ne s'occupât ni ne parlât d'elle. Il lui vint la pensée de disparaître, de passer les Alpes, et de chercher quelque lieu solitaire pour y mener la vie érémitique, ou au moins d'entrer dans quelque monastère. On était alors au mois de novembre ; la campagne était couverte de givre, et Catherine, encore mal remise d'une longue maladie, se leva dès quatre heures du matin, à l'insu de sa mère, pour mettre son projet à exécution. Cependant, avant d'y procéder, elle se mit à genoux afin d'invoquer le Saint-Esprit. Elle lui demanda qu'il la gardât de tout danger et qu'il la dirigeât dans son chemin. Sa pensée était d'aller d'abord à un monastère de femmes situé dans le voisinage, et puis de passer les Alpes. Mais comme elle allait sortir de la maison, elle entendit une voix qui lui dit : « Arrête ; où veux-tu aller ? » Catherine regarda autour d'elle, et ne voyant personne de qui pût venir cette voix, elle ne doute pas que c'est un ordre de Dieu qui veut l'empêcher de partir, et elle demeure. Quelques jours après, Jésus-Christ lui assura, par l'entremise de sainte Marguerite, vierge et martyre, que la volonté de Dieu était qu'elle ne partît pas. Il lui fit savoir qu'il ne lui avait pas prodigué tant de dons pour qu'elle s'enfermât dans un monastère, mais bien afin que, par ses saintes conversations et par l'exemple de sa vie, elle procurât l'honneur de Dieu et le salut d'un grand nombre d'âmes.

L'Italie était alors agitée de guerres épouvantables, qui causaient la perte de beaucoup d'âmes : aussi Catherine répandait souvent des larmes de douleur. Sa tristesse cependant était quelquefois adoucie par la conversion de quelques âmes qu'elle gagnait à Dieu. Tous ceux qui avaient le bonheur de traiter avec elle se sentaient animés à la pratique du bien. Par ses visions, Catherine connut clairement la nécessité où elle se trouvait de vivre parmi les pécheurs, et qu'ainsi elle ne pouvait s'éloigner du bruit du monde. Elle pria donc le Seigneur de lui enseigner la manière d'y élever l'édifice de sa sainteté. Le Seigneur l'exauça en lui envoyant la vision suivante : il lui sembla qu'on allait construire un temple immense, dont il lui fut dit qu'elle aurait à creuser les fondements. Lorsque le fossé eut atteint la taille d'un homme, et qu'on fut au moment de placer le fondement, elle apprit par Jésus-Christ que par ce fondement elle devait entendre l'humilité. « A l'aide de l'humilité », lui disait-il, « l'homme se considère vil et abject aux yeux de Dieu, et plus il se met au dernier rang, plus il s'élève, à l'exemple de ma très-sainte Mère, qui, pour avoir été la plus humble des créatures, fut élevée par Dieu au-dessus de toutes ». Jésus ajouta qu'elle devait élever le mur en se servant du fil à plomb, ce qui signifiait les tribulations, les chagrins, les peines par lesquelles Dieu redresse la voie où il fait marcher ceux qu'il aime. Le mur élevé, Jésus lui recommanda de faire une fenêtre carrée, séparée par une croix au milieu, dont les côtés devaient lui permettre de passer la tête et de regarder dehors. Catherine demanda ce que voulait dire cette fenêtre, et il lui fut expliqué que la fenêtre, disposée intérieurement en forme de croix, signifiait le souvenir de la passion et de la mort du Sauveur. Jésus termina en lui disant que, de même qu'en se mettant à la fenêtre de sa maison, on a la clarté de la lumière, ainsi sa lumière dans la voie de la sainteté serait la méditation de la passion et la considération de la mort qu'il avait endurées.

La bienheureuse Vierge Marie avait promis à Catherine qu'elle revêtirait l'habit de Saint-Dominique. Or, vingt-trois années s'étaient déjà écoulées depuis cette promesse, et ne voyant aucun indice que la prophétie dût s'accomplir, l'incertitude la prit ainsi que la crainte d'avoir été déçue par le démon. Mais bientôt une nouvelle révélation lui donna l'assurance que la promesse venait de Dieu, que tout arriverait selon ce qui lui avait été annoncé, et que sous peu se fonderait à Racconigi un couvent des religieux de Saint-Dominique. En effet, on jeta bientôt les fondements sur lesquels s'éleva un couvent que l'on voit encore aujourd'hui.

Quelque temps avant que Catherine revêtît l'habit de la Pénitence, certains méchants esprits, voyant d'un mauvais œil les choses merveilleuses qu'elle opérait, la citèrent au tribunal de l'inquisition, en l'accusant d'hérésie et de magie. Par là ils espéraient lui faire perdre la grande réputation dont elle jouissait auprès d'un grand nombre, et que l'éclat des plus belles vertus rendait plus brillante de jour en jour. Catherine se rendit à Turin pour se justifier. Dieu, qui protége ses serviteurs fidèles, fit que non-seulement elle fut reconnue innocente, mais que sa réputation et son renom de vertu ne firent que s'accroître auprès des personnes de haute condition.

Le bruit de sa sainteté commença dès lors à arriver jusqu'aux oreilles du duc de Savoie et de l'archevêque de Turin, qui tous deux l'honorèrent publiquement. A partir de cette époque, non-seulement elle fut appelée et reçue avec de grands honneurs par la sœur du duc de Savoie et par les autres princesses de cette illustre maison, mais on l'invita même à se rendre en des pays éloignés. Ainsi, elle dut plusieurs fois aller à Casale sur les instances d'Anne, marquise de Montferrat, parente du roi de France. Cette pieuse dame alla jusqu'à prier Catherine de vouloir bien fixer pour toujours sa demeure dans cette ville ; mais l'humble vierge ne voulut jamais y consentir. La marquise de Montferrat a assuré plusieurs fois, que dans ses afflictions elle n'éprouvait jamais une plus grande assistance que des conversations de Catherine ; elle ajoutait même que rien qu'à la regarder, elle se sentait toute renouvelée.

Parvenue à la vingt-huitième année de son âge, Catherine revêtit enfin l'habit de Saint-Dominique, qu'elle avait tant désiré. Rien ne put ébranler la résolution de Catherine, ni les calomnies élevées contre elle et contre les religieux dominicains, ni les contradictions du monde, qui fit tout son possible pour l'empêcher de la mettre à exécution.

En même temps que Catherine, une autre jeune fille avait revêtu l'habit de la Pénitence ; mais elle était si pauvre, que faute d'argent elle n'avait pu se procurer le vêtement nécessaire. Catherine l'ayant su, dit et fit tant auprès de sa mère, qu'elle en obtint la permission de donner à sa compagne l'argent qui était à la maison. Cette belle action lui obtint de Dieu une grande augmentation de charité. Depuis ce moment, elle cherchait toutes les occasions de faire des œuvres charitables. Jamais elle ne laissait partir un pauvre de sa maison sans lui avoir donné quelques secours. Elle travaillait plus longtemps et avec plus de diligence que par le passé à son état de tresseuse, afin de pouvoir ramasser quelque argent de plus, et soulager ainsi un plus grand nombre de nécessiteux. Souvent, après avoir passé une grande partie de la nuit en prières, elle se mettait au travail avant le jour, afin de pouvoir satisfaire son ardente charité envers le prochain. Dans ses repas, il lui arrivait fréquemment de se priver d'une partie de sa nourriture pour la porter à des malades qui se trouvaient dans le besoin. Quant à l'estime qu'elle faisait de cette vertu, on peut encore en juger par la réponse qu'elle fit une fois à quelques personnes de sa famille qui voulaient lui persuader de laisser à sa mère le soin des affaires de la maison, sous le prétexte que, ne mesurant pas ses moyens, elle donnait aux pauvres, par amour de Dieu, plus qu'elle ne pouvait. « Je ne le ferai pas », répondit-elle, « je ne le ferai pas, parce que je me priverais de l'occasion de faire l'aumône aux pauvres ; et, si je n'avais autre chose à donner, je leur donnerais ma propre robe ».

Le démon, n'ayant pu détourner la servante de Dieu de sa résolution de revêtir l'habit religieux, ne négligea rien pour troubler son âme sous la captieuse abondance des raisonnements trompeurs. Par exemple, il lui donnait à entendre qu'elle aurait mieux fait de se marier et de servir Dieu en liberté, ou tout au moins sous un habit plus en faveur, et mille autres raisons du même genre, qu'il lui mettait dans l'esprit. Fatiguée de ces obsessions, Catherine obtint de Notre-Seigneur d'en être délivrée.

Le désir que Catherine ressentit dès ses plus tendres années, de donner sa vie pour l'amour de son Dieu, fut satisfait en partie par ses grandes et continuelles souffrances pour le salut des pécheurs, en sorte que sa vie peut être appelée un long et continuel martyre. L'amour qu'elle portait à Dieu et au prochain était si fort, que rien ne l'affligeait tant que la pensée de l'offense de Dieu et de la ruine des âmes. Bien des fois, à la nouvelle que quelqu'un était tombé en péché mortel, elle se mettait à répandre des larmes de douleur, et souvent son affliction la rendait malade et la contraignait de demeurer au lit. Ce fut alors que naquit en elle ce désir de supporter les peines dues à tous les pécheurs, afin de fermer ainsi la porte de l'enfer et d'empêcher qu'aucune âme n'y tombât à l'avenir.

A la prière de plusieurs de ses fils spirituels, Catherine alla séjourner pendant quelque temps à Saluces, en compagnie d'un prêtre de sa famille. Pendant son séjour dans cette ville, étant un jour à prier dans une église, une femme de mauvaise vie passa devant elle ; Catherine jeta sur elle un regard si tendre, que la pauvre malheureuse rentra en elle-même, et résolut de suivre Catherine jusqu'à Racconigi, où elle pourrait lui parler plus librement. Une fois devant elle, elle se jeta à ses pieds, et, parmi les larmes et les soupirs, elle lui fit le récit de toute sa vie passée. Après l'avoir écoutée avec bonté, Catherine, par de douces paroles, l'instruisit du genre de vie qu'elle devait mener à l'avenir. Notre pauvre pécheresse alla donc se confesser, et, rentrée chez elle, elle édifia par ses exemples autant qu'elle avait scandalisé par le passé.

En 1519, un soir du mois de mars, elle fut prise d'épouvantables souffrances de l'esprit et du corps. Cette recrudescence de douleurs lui provenait toujours de son grand désir d'endurer toutes sortes de tourments pour le salut des pécheurs contre lesquels elle voyait que Dieu était plus indigné. Les circonstances même du temps où l'on se trouvait ravivaient en elle ce désir de souffrir. C'était, en effet, le mois de mars et l'époque du carnaval, pendant laquelle chacun se laissait aller à toutes sortes de vices. C'était pour elle une occasion de méditer sur l'aveuglement des hommes, et les entraînements misérables de la vie humaine, par lesquels tant de chrétiens se précipitent dans l'enfer. Ces réflexions l'affligeaient grandement, et la portaient à s'offrir à Dieu pour souffrir jour et nuit au profit des pécheurs, et à invoquer sur eux la divine miséricorde. Comme elle persévérait donc dans ses prières pour le bien de l'Eglise, et pour le salut des âmes, elle eut de Jésus cette réponse : « J'accepte ton offre, mais les douleurs que tu auras à endurer seront si violentes qu'à grand'peine tu échapperas à la mort ». Et, en effet, peu de jours après elle se sentit surprise de maux si violents qu'elle fut obligée de garder le lit pendant onze semaines. Durant ce temps elle restait souvent cinq jours sans rien prendre ; si les prières des siens la persuadaient d'essayer de quelque nourriture, elle la rejetait presque aussitôt. Les médecins eux-mêmes, voyant qu'elle ne pouvait plus conserver aucun aliment, et qu'un mal en appelait un autre, ne tardèrent pas à la déclarer perdue, et par trois fois ils furent très-surpris de la retrouver vivante. Ce n'était pas seulement pour tous les hommes en général, mais encore pour tous ceux dont les besoins particuliers lui étaient connus, qu'elle offrait ses prières et sa personne même à Notre-Seigneur ; car jamais il n'est arrivé que quelqu'un se soit recommandé à ses prières sans en avoir reçu quelques secours. Dieu exauçait toujours ses demandes, et pour les besoins de l'âme et pour ceux du corps.

Voici quel genre de vie suivait en son particulier Catherine. En se levant le matin, elle formait la résolution d'employer le jour présent à disposer toutes ses actions selon la plus grande gloire de Dieu. Le long du jour, elle élevait fréquemment son esprit et son cœur vers Dieu par de ferventes oraisons jaculatoires. Le soir, avant d'aller au lit, elle rappelait à sa mémoire de quelle manière elle avait employé la journée. Reconnaissait-elle y avoir fait quelque chose de bien, elle en rendait grâces à Dieu ; au contraire, remarquait-elle quelque action digne de blâme, elle en demandait humblement pardon, détestant de tout son cœur le plus léger manquement. Son application était plus grande encore lorsqu'elle allait à l'église pour se confesser. Alors elle cherchait dans sa conscience tout ce qui lui semblait avoir offensé Dieu, et après la confession elle lui demandait la grâce de changer de vie et de faire tout pour son honneur et pour sa gloire. Ce fut par là qu'elle arriva à un haut degré de perfection et de sainteté. De son côté, l'esprit malin s'appliquait à lui susciter mille troubles pour empêcher les grands biens qu'elle faisait par ses prières. Ce fut alors que le bruit se répandit qu'une peste mortelle avait envahi Turin et les environs. Catherine aussitôt se mit à prier sans interruption pour les populations frappées de ce fléau. La violence du fléau dans les villes et les campagnes voisines fut telle, et le nombre des victimes si considérable, que le pays et les maisons restèrent vides de leurs habitants. Seule, la ville de Racconigi demeura hors des atteintes de ce mal.

La sainteté de Catherine fut manifestée à un grand nombre de personnes, soit au dedans par des inspirations, soit au dehors par des visions et des signes extérieurs. Alors vivait à Savigliano, et sous le même habit que notre Sainte, une autre Catherine, célèbre par les lumières dont Dieu l'éclairait. Toutes les fois qu'on l'interrogeait sur le compte de notre Catherine, elle ne manquait jamais de la combler de louanges, l'appelant une grande sainte. Une autre vierge, qui ne connaissait Catherine que de réputation, la vit au ciel placée si haut qu'à peine pouvait-elle l'atteindre du regard. Une veuve, sa compagne, lui vit un jour sur la tête une lumière ressemblant à une étoile, et à cette splendeur comme à l'éclat subit de son visage, ceux qui vivaient avec elle étaient avertis de la présence de quelque esprit céleste. Un prêtre a raconté qu'entrant un jour dans sa chambre, où elle était malade, il la vit élevée en l'air au-dessus de son lit, et qu'il l'entendit parler comme une personne ravie en esprit. Cette sainteté n'était pas profitable à Catherine seule. Un grand nombre de pécheurs y trouvèrent un aide pour se convertir.

Bien que Catherine fût généralement aimée et vénérée, néanmoins il ne manqua pas de méchants à qui sa sainte vie était un reproche qui les couvrait de confusion. Ils cherchèrent donc par toutes sortes de moyens à lui faire perdre la réputation dont elle jouissait. Pour y réussir, plusieurs d'entre eux rapportèrent au supérieur de son Ordre tant de calomnies qu'ils avaient inventées sur son compte, que ce religieux, ajoutant foi à ces mauvais bruits, fut amené à devenir l'instrument de leur malignité. Pendant la durée de cette mauvaise disposition du supérieur envers Catherine, elle lui demanda de vouloir bien lui laisser son confesseur accoutumé, afin d'avoir une personne de confiance pour répondre aux lettres que des princes et des hommes du premier mérite lui adressaient. Mais ce religieux ne consentit jamais à le lui accorder. Cependant Dieu mit fin à cette persécution sans motif.

Les ennemis de Catherine devinrent alors plus furieux que jamais, et cherchèrent à la faire mourir en l'empoisonnant. Mais Dieu, qui protége ses serviteurs, fit qu'elle n'en ressentit aucun mal. Voyant alors l'inutilité de leurs tentatives, ils firent tant par leurs menées auprès des uns et des autres, qu'ils obtinrent qu'elle fût bannie de Racconigi. Le jour fixé pour son bannissement étant arrivé, elle fut obligée, au milieu des moqueries et des insultes de quelques libertins, d'abandonner la maison paternelle pour se rendre sur une terre étrangère. Elle se dirigea donc vers Caraman, pays éloigné de deux milles de Racconigi. Les ennemis de Catherine, voyant qu'ils n'avaient pu réussir dans leurs projets en la chassant de son pays, et voulant accomplir des desseins encore plus fâcheux qu'ils nourrissaient contre elle, s'adjoignirent un supérieur de l'Ordre pour la faire retourner à Racconigi.

Catherine ayant su que ce supérieur se trouvait à Racconigi, et sachant en outre qu'il ne lui était pas défendu de venir de temps en temps dans sa patrie, mais seulement d'y faire de longs séjours, alla trouver ce supérieur pour lui témoigner son respect. Alors ce dernier lui manifesta sa volonté, qui était qu'elle revînt dans sa patrie. Mais Catherine lui répondit : « Mon Père, je suis fille d'obéissance, et je suis prête à obéir jusqu'à la mort en tout ce qui est conforme à la règle à laquelle je me suis engagée ; mais pour tout le reste, je n'entends pas m'y regarder comme obligée. Or, d'un côté ma règle ne m'imposant pas de demeurer à Racconigi, et de l'autre la volonté de Dieu y étant contraire, veuillez m'excuser si je vous désobéis ». Le supérieur, mécontent de cette réponse, et de plus mal informé sur l'intégrité de la vie de Catherine, défendit aux couvents voisins de s'occuper de sa direction spirituelle, défense qui dura deux ans, et jusqu'à l'expiration de son gouvernement.

Parmi tant de persécutions, Catherine ne cessait de prier pour ses ennemis. Dieu voulut enfin la consoler en changeant le cœur de ses persécuteurs, dont plusieurs se repentirent de leurs mauvais procédés à son égard. Catherine avait reçu de Notre-Seigneur le don des miracles, et surtout celui de connaître les secrets des cœurs. Ce don, elle ne l'employait jamais que pour le bien des âmes et pour la plus grande gloire de Dieu.

Ses prières et ses pénitences les plus abondantes étaient surtout pour ses amis et ses enfants spirituels, que Notre-Seigneur lui avait confiés d'une façon toute spéciale. Dieu l'éclairait d'un grand nombre de révélations à leur sujet. Non-seulement elle savait les secrets de ceux qui étaient encore de ce monde, mais encore ceux aussi des défunts passés dans l'autre. Elle disait une fois avoir eu la connaissance que tous étaient en lieu de sûreté ; elle les nommait par leur nom, et elle savait en outre ceux qui jouissaient déjà de la gloire du paradis, et ceux qui demeuraient encore arrêtés dans le purgatoire. Un jeudi saint, elle fut ravie en esprit, et il lui fut donné de contempler la gloire de Dieu. Elle vit sur un trône élevé le divin Sauveur qui avait à ses pieds un grand livre fermé de sept sceaux. Le livre fut ouvert, et il lui fut accordé d'y voir inscrits son nom et celui de ses enfants spirituels. Ces célestes visions lui arrivaient spécialement dans le temps de l'oraison, exercice pour elle si fréquent, qu'ordinairement il ne se passait jamais une demi-heure, ou tout au plus une heure, sans qu'elle se mit à prier. Dans la vigueur et la force de l'âge, elle y employait même une grande partie de la nuit.

Cependant l'heure de sa mort approchait. Le Père Morelli, qui avait compris qu'elle en connaissait le moment, lui demanda si l'année 1546, dans laquelle on se trouvait, serait la dernière de sa vie. Catherine répondit : « Ce n'est pas encore cette année, mais l'autre qui vient après ». L'année 1547, qui fut la dernière de sa vie, Dieu opéra de grands miracles en faveur de ceux qui l'invoquaient par les mérites de sa fidèle servante. Nous en rapporterons seulement quelques-uns. La comtesse Françoise de Cacconato était tourmentée de graves douleurs au côté. Quatre mois de remèdes assidus, au lieu de la calmer, n'avaient fait qu'augmenter cruellement ses souffrances. Voyant donc l'inutilité des secours humains, elle se souvint de Catherine, et pria Dieu en disant : « Si ce qui se dit des miracles de sœur Catherine est vrai, je vous prie, ô mon Dieu, de vouloir bien me délivrer par ses mérites ». Au même moment elle se sentit délivrée de tout mal.

Depuis de longues années, un homme était travaillé du mal caduc. Les remèdes qu'il avait pris avec soin ne lui avaient rien fait. Il alla trouver Catherine, et dans un sentiment de grande confiance, il la pria de vouloir bien lui obtenir de Dieu la santé. La Sainte le lui promit, et jamais depuis il ne ressentit la moindre atteinte de ce mal affreux.

Parvenue aux derniers temps de sa vie, Catherine, qui jusque-là avait été affligée principalement en son corps, se vit accablée en son esprit et son cœur ; aussi dit-elle que les douleurs dont sa jeunesse avait été flagellée étaient bien plus aisées à endurer que les angoisses spirituelles de sa vieillesse. Le Père Morelli atteste qu'il lui était souvent arrivé de la voir si affligée, qu'elle en faisait compassion.

Enfin le temps était arrivé où Dieu allait soustraire Catherine à tant de douleurs, et l'appeler aux joies de son éternité glorieuse. Le moment venu, elle tomba dans une longue et grave maladie qui pour elle fut la dernière. Parlant un jour avec le médecin des remèdes qu'elle devrait prendre pour se guérir, elle lui dit : « Tout remède est inutile, attendu que je n'ai plus que quatre mois à vivre ». On était alors dans les premiers jours de mai. Il faut renoncer à donner une idée de la patience, de la résignation avec laquelle elle supporta les douleurs de cette maladie, ainsi que les actes fréquents d'amour qu'elle envoyait à son Dieu. Elle ne paraissait plus être une créature de ce monde, mais un ange du ciel. Tous ceux qui s'approchaient de son lit emportaient d'elle les instructions toutes célestes qui les remplissaient d'amour pour le paradis.

Cependant son état devenait chaque jour plus grave, et celui qui devait mettre fin à son exil avançait à grands pas. On lui administra les sacrements. En recevant pour la dernière fois son aimable Jésus, ce Jésus qui tout le temps de sa vie avait été son époux et sa douce espérance, son cœur fut inondé d'un tel amour, qu'elle fut contrainte de s'écrier : « Le cœur me bout si fort, qu'il me semble avoir en moi une fournaise ardente. Ah ! pourquoi se fait tant attendre le moment où je volerai dans les bras de mon Epoux céleste ? » Malgré le désir ardent qui brûlait Catherine de quitter bientôt ce monde, néanmoins, en pensant aux périls dans lesquels elle laissait ses enfants spirituels, elle adressait à Dieu la prière de saint Martin : « Seigneur », disait-elle, « s'il peut être utile aux âmes que je reste encore en ce monde, que votre volonté se fasse ».

Le bruit de sa mort prochaine s'étant répandu, un grand nombre de ses filles spirituelles vinrent entourer son lit. Catherine leur donna un regard maternel, et réunissant ce qui lui restait encore de forces, elle leur adressa une exhortation si émouvante, que toutes éclatèrent en sanglots. Elle les encouragea à la haine du monde, à aimer Dieu de tout leur cœur, et à mettre en Jésus et Marie toute leur confiance. Enfin elle leur promit de les protéger du haut du ciel, et de continuer de les aimer avec la tendresse d'une mère. Mais l'heure de la mort est sonnée ; déjà le ciel se prépare à ouvrir ses portes à cette âme bénie, et la terre pleure de se voir ravir un si précieux trésor. L'aurore du 4 septembre vient de poindre, et avec elle le signal que Catherine va rendre son dernier soupir. Au milieu de ceux qu'elle a honorés de son intimité, et qui l'assistent les larmes aux yeux, un religieux bénédictin d'une abbaye voisine fait pour elle les prières de la recommandation de l'âme. Pendant que les assistants l'entouraient, tenant fixés sur elle leurs yeux pleins de larmes, Catherine leva les siens au ciel, et dans un doux sourire elle rendit l'âme, et la remit dans les bras de son Dieu.

On voit au-dessus de l'autel, dans la chapelle qui lui a été bâtie à Racconigi, le divin Rédempteur rendant à l'épouse bien-aimée son cœur, enrichi de rayons en forme de croix, et sur lequel on lit ces mots : « Jésus mon espérance ». — Dans le couvent de Sainte-Marguerite, à Chieri, elle est représentée parée de l'auréole des Saints, couronnée d'épines, ayant une grande croix sur l'épaule gauche, une petite croix sur la poitrine, les stigmates et un lis dans les mains, trois anneaux au doigt, et l'Esprit-Saint au-dessus de sa tête.

CULTE ET RELIQUES.

A peine Catherine eut-elle rendu le dernier soupir, que son corps exhala un parfum des plus suaves. Le peuple de Caraman vint en foule le visiter, et tous pleuraient la grande perte qu'ils avaient faite. Son corps fut inhumé, au milieu d'un grand concours de peuple, dans le cimetière public. Cinq mois après sa mort, son corps ayant été trouvé aussi frais et aussi flexible que si elle eût été endormie d'un sommeil de paix, et de plus exhalant une odeur céleste, on en fit la translation. Arrivées à Garessio, ses précieuses dépouilles furent placées dans l'église des Dominicains, sous l'autel du chapitre qui lui est consacré, où elles commencèrent à être en grande vénération, à cause des nombreux miracles opérés par l'intercession de Catherine.

Dans plusieurs provinces, non-seulement du Piémont, mais des royaumes de Naples et d'Espagne, ses reliques furent vénérées sur les autels, et ses images exposées au culte public. A Turin et à Chambéry, on l'implorait dans les prières qui se faisaient à l'église. La chambre habitée par elle à Racconigi, fut convertie en chapelle. Sur l'autel, on voit exposé dans un élégant et précieux reliquaire, donné par Mgr Fransoni, archevêque de Turin, un os de la Bienheureuse ; c'est un fémur tout entier, et parfaitement conservé. Dans le bourg de Sainte-Victoire, près d'Albe, on érigea une chapelle en son honneur, et chaque année, le jour du 4 septembre, on y célèbre encore solennellement sa fête avec un grand concours de peuple.

A la vue de ce culte général, le maître général de l'Ordre de Saint-Dominique, Pie-Joseph Gaddi, demanda et obtint du pape Pie VII, le 9 avril 1808, l'approbation de ce culte public, que Catherine fût honorée du titre de Bienheureuse, et que l'on pût célébrer la messe et un office propre en son honneur.

On lui rend aussi un culte à Caraman, petit bourg célèbre par son antique abbaye de Sainte-Marie, et bien plus encore par le séjour qu'y a fait la Sainte.

De toutes les reliques de la bienheureuse Catherine, que possède Caraman, la plus insigne est un bras, reconnu et déclaré authentique, le 5 août 1811. Cette relique sacrée est exposée publiquement à la vénération du peuple, pendant tout le cours de la neuvaine, et aussi le jour de la fête de la Bienheureuse, qui se célèbre avec une grande pompe dans l'église paroissiale, le quatrième dimanche de septembre, jour auquel a lieu une procession solennelle. Le 4 septembre, anniversaire de sa précieuse mort, il y a indulgence plénière pour tous ceux qui, étant confessés et ayant communié, visitent la chapelle où, ce même jour, et pendant la neuvaine qui le précède, et qui attire en foule les dévots de notre Bienheureuse, se célèbrent un grand nombre de messes.

Lors de la suppression des Réguliers en Piémont, au commencement de ce siècle, le couvent et l'église de Garessio furent vendus et détruits. Les reliques de la Bienheureuse furent transportées dans la paroisse du faubourg supérieur du Garessio et exposées à la vénération publique dans une chapelle qui lui fut consacrée. On la revêtit d'un corps en cire des vêtements du Tiers Ordre, et chaque année on y célèbre avec solennité la fête de l'illustre Dominicaine.

A la publication du décret du Saint-Siége qui approuvait le culte de la Bienheureuse, on célébra à Turin une grande fête en son honneur, et on lui éleva une chapelle dans l'église de Saint-Dominique. Cette chapelle subsiste encore aujourd'hui. Catherine est encore honorée dans d'autres églises de Turin. Les fabricants et les ouvriers en rubans célèbrent sa fête le premier dimanche de septembre ; car, suivant l'usage des jeunes filles de Racconigi, Catherine, de son temps, avait appris et exercé leur métier. Chaque année, ils portent le portrait de la Bienheureuse à l'église qu'ils ont choisie, et célèbrent sa fête avec une grande solennité.

A Chieri, le culte de la Bienheureuse a longtemps été en usage. Une des plus grandes chapelles de l'église de Saint-Dominique lui est consacrée ; elle est la patronne des Tertiaires, qui célèbrent chaque année sa fête avec une grande dévotion. Aujourd'hui l'église est devenue, par suite de la nouvelle loi contre les religieux, la propriété du gouvernement, et le monastère un collége.

A Poirino, bourg de sept mille âmes, à cinq lieues de Racconigi, vers l'orient, notre Bienheureuse reçoit des fidèles des honneurs et une vénération que rien ne peut interrompre.

Extrait de la *Vie de la Bienheureuse*, par un membre du Tiers Ordre de Saint-Dominique, et de l'*Année Dominicaine*.

SAINT TAURIN, MARTYR,

ÉVÊQUE DE L'ANCIEN SIÉGE D'EAUZE, DIOCÈSE ACTUEL D'AUCH

Époque incertaine.

> Il est beau sans doute d'admirer les travaux des Saints, mais il est utile au salut de suivre leurs enseignements. *Saint Jean Climaque.*

Saint Taurin fut le quatrième successeur de saint Paterne, que saint Sernin, l'apôtre, non-seulement de Toulouse, mais encore de toutes les contrées voisines des Pyrénées, établit premier évêque d'Eluse ou Eauze, alors métropole de la Novempopulanie, comme on appela longtemps la Gascogne actuelle. Il remplissait tous les devoirs d'un habile et vigilant pasteur, lorsqu'une nuée de barbares, attirés par l'appât d'un riche butin, vinrent menacer la cité épiscopale.

Forcé de s'éloigner avec une partie de son troupeau, Taurin se réfugia dans Auch, où il eut soin d'apporter les corps de saint Paterne, de saint Servand, de saint Optat et de saint Pompidien, ses prédécesseurs, l'autel consacré à Marie par saint Sernin et saint Paterne, quand ils avaient fondé le siége d'Eauze, et des reliques, qui nous montrent combien était cher et précieux, aux yeux des premiers fidèles, tout ce qui rappelait plus spécialement le souvenir de la Mère du Sauveur. C'étaient des cheveux de la sainte Vierge, un morceau d'une de ses robes et quelques parcelles, soit de la pierre de son sépulcre, soit de la terre sur laquelle elle rendit le dernier soupir. Du reste, cette fuite et les circonstances qui l'accompagnèrent avaient, dit-on, été prédites par saint Paterne; car, à son lit de mort, le disciple de saint Sernin aurait fait entendre ces paroles prophétiques : « Moi, le premier, trois après moi, et nul autre ensuite ; après quoi le siége sera changé. Que celui qui emportera d'ici l'autel et les reliques de la Vierge, ne laisse ni moi, ni eux ».

Auch, où se retira saint Taurin, se partageait, à cette époque, en deux cités très-distinctes : *Climberris*, la ville gauloise, très-amoindrie, sans doute, sur la crête et sur les flancs de la colline, et l'*Augusta Auscorum*, la ville romaine ou la *ville claire*, comme on l'appela quelquefois depuis, sur les rives du Gers. Saint Sernin y avait semé l'Evangile dans le premier siècle de l'ère chrétienne ; une ancienne tradition qui s'est perpétuée à travers les âges, et que nous trouvons mentionnée dans plusieurs documents très-respectables de la métropole d'Auch, veut même qu'ayant, pendant qu'il prêchait à Auch, appris par révélation la mort de saint Pierre, martyrisé à Rome sous Néron, il se soit empressé de bâtir sur la rive gauche du Gers un oratoire, en l'honneur du prince des Apôtres. La foi y avait fait des prosélytes depuis cette première prédication, et bientôt l'oratoire de Saint-Pierre n'avait plus suffi. Un autre avait été élevé à quelques pas de là, vers le nord, hors des murs d'enceinte des deux cités.

Après avoir élevé sur le sommet de la colline une petite chapelle dans laquelle il plaça l'autel de la sainte Vierge et une partie des reliques qu'il avait apportées d'Eauze, il alla déposer le reste dans l'oratoire de Saint-Jean, et y établit son siége pontifical. C'était s'y fixer lui-même, et comme il voulut garder près de lui les corps de ses prédécesseurs, il les enterra dans cet oratoire près du maître-autel. La présence de saint Taurin, l'exemple de ses vertus, ses pressantes exhortations ne pouvaient que raviver à Auch la piété des chrétiens et en augmenter le nombre. Aussi est-il généralement regardé comme le premier évêque de cette ville. Il est vrai que c'est à lui que remontent et que s'arrêtent les plus anciens documents de cette Eglise. Nous inclinerions, toutefois, à croire que le siége d'Auch existait déjà. C'était l'usage à peu près constant de la primitive Eglise, lorsque la foi avait été prêchée avec quelque succès dans une ville un peu importante, et surtout lorsqu'elle y avait fait des progrès, d'y placer non point un ou plusieurs prêtres, mais un évêque. Or, quand saint Taurin parut à Auch, saint Sernin y avait jeté la semence évangélique depuis un assez bon nombre d'années, et cette semence y avait fructifié au point de nécessiter deux oratoires et un cimetière.

Cependant, l'enceinte d'une ville était trop étroite pour le zèle de l'homme apostolique. A cette âme ardente il fallait un théâtre plus vaste ; la charité est quelquefois affamée de conquêtes autant que l'ambition. Comme celle-ci, la première sait, quand il le faut, aller presque jusqu'à une imprudente témérité. Le bruit se répand un jour que pour accomplir nous ne savons quel rite du culte druidique, une foule nombreuse se réunissait dans le bois de Berdale, alors plus étendu qu'il ne l'est de nos jours, car il ne se terminait qu'à une petite distance d'Aubiet. A cette nouvelle, le hérant de l'Evangile ne se contient point. Bravant tous les périls et souriant peut-être au sort qui l'attendait, il court attaquer l'erreur jusque dans son repaire.

Le sacrifice était commencé. Tout à coup, au milieu du silence religieux, une voix se fait entendre. C'était Taurin ! A la multitude abusée, en présence des prêtres qui l'égaraient, il dit tout ce qu'avait de vide, d'indigne et de mensonger le culte des fausses divinités qui surprenaient ses adorations, et au contraire tout ce qu'avait apporté à la terre de vertus, de consolations et de liberté, le Dieu dont il était, lui, le ministre. La foule s'étonne d'abord de la hardiesse et de la nouveauté de ce langage ; elle hésite quelques instants : mais bientôt, poussée par les druides, elle se jette sur l'intrépide apôtre et l'accable sous une grêle de pierres et de coups de bâtons. Il respirait encore, lorsqu'un idolâtre, plus emporté que les autres, lui brise le crâne d'un premier coup de hache, et d'un second lui tranche entièrement la tête. Une ancienne tradition prétend que le Saint renouvela aux yeux de ses meurtriers le miracle de saint Denis de Paris, et qu'il porta, avec son tronc mutilé, sa tête jusque dans la rue d'Auch, qui depuis reçut son nom et qui était située près des terrasses de l'archevêché. C'est là que les chrétiens allèrent chercher ses restes sacrés pour les ensevelir dans l'église de Saint-Jean, à côté des restes de ses prédécesseurs sur le siége d'Eluse.

CULTE ET RELIQUES.

La fête de saint Taurin se célèbre dans tout le diocèse d'Auch, avec la même pompe que les plus grandes solennités, le 5 septembre qu'on croit être celui de son martyre. On l'invoque contre les maux de tête. Quant le siége pontifical eut été transféré, vers l'an 850, dans l'ancienne chapelle bâtie par saint Taurin sur la crête de la colline, et devenue plus tard l'église de Sainte-Marie, les archevêques songèrent à transporter près d'eux ses reliques. Aucun monument parvenu jusqu'à nous ne nous indique l'époque de cette translation. Quoi qu'il en soit, le corps de saint

Taurin fut descendu dans une crypte avec ceux de saint Léothade et de saint Austinde. En 1610, Mgr Léonard de Trapes fit l'invention de ses reliques.

Pendant la révolution, le chef de saint Taurin disparut, ainsi que le grand buste en argent qui le renfermait; quant au sarcophage qui renfermait le reste du corps, il fut respecté, ainsi qu'on le constata dans la visite faite le 4 février 1857, par Mgr de Salinis. Voici l'inventaire des reliques de saint Taurin, tel qu'il fut fait à cette époque :

Douze côtes ou fragments de côtes; — De plus, quatre petits fragments; — Sept vertèbres entières ou à peu près, dont deux cervicales unies et deux autres encore cervicales, mais séparées; — Seize fragments d'autres vertèbres; — Partie supérieure du larynx; — Un grand fragment de la partie supérieure de l'omoplate gauche; — La clavicule droite; — Deux fragments d'humérus; — Un fragment notable de chacun des deux radius; — Un fragment d'un cubitus; — Les deux fémurs moins leurs têtes; — Une tête de fémur séparée; — Le péroné gauche entier; — Le péroné droit fracturé en deux; — Les deux tibia; — Les deux rotules; — Les deux calcaneum avec un astragale; — Quatre os du tarse; — Douze des os longs des pieds ou des mains; — Quatre fragments des os des îles; — Un très-petit fragment d'étoffe; — Deux vases de cendres.

Extrait des *Vies des saints Évêques de la métropole d'Auch*, par M. J.-J. Monlezun, chanoine d'Auch et du Puy.

LE VÉNÉRABLE ALVISE, ÉVÊQUE D'ARRAS ET CONFESSEUR (1147).

Alvise naquit dans l'ancien diocèse de Thérouanne, à la fin du onzième siècle, et entra, jeune encore, à l'abbaye de Saint-Bertin pour s'y former à la science et à la vie religieuse.

Il devint prieur de Saint-Vaast d'Arras. Après deux années de séjour dans cette abbaye, les religieux d'Anchin, vivement sollicités par l'abbé de Saint-Bertin d'adopter la réforme de Cluny, élurent Alvise pour les gouverner (1112). Il emporta les regrets unanimes des religieux d'Arras, et lui-même abandonna avec beaucoup de peine cette communauté. Bientôt on vit briller à Anchin, comme à Saint-Vaast d'Arras, toutes les vertus monastiques.

Depuis près de vingt années déjà l'abbaye d'Anchin prospérait sous la sage direction d'Alvise, lorsqu'il fut élu évêque d'Arras, en 1131. Il témoigna, en apprenant son élection, de vives répugnances, et répondit par un refus. Il fallut que le pape Innocent II, qui se trouvait alors à Pontoise, lui enjoignît de se soumettre et d'accepter. Le roi de France, Louis le Gros, lui écrivit aussi pour le presser de permettre qu'on lui imposât les mains. Il écrivit en même temps à Thierry d'Alsace, comte de Flandre, ainsi qu'au clergé et au peuple d'Arras, pour les féliciter sur cette élection. Dès la première année de son épiscopat, Alvise s'appliqua à réformer les maisons religieuses, persuadé que leur bonne direction est de nature à procurer l'édification publique et à attirer sur un diocèse les bénédictions du ciel. En 1134, il se rendit, avec son métropolitain, l'archevêque de Reims, au concile de Pise où se trouva saint Bernard, et qui eut pour résultat l'excommunication de l'antipape Anaclet, compétiteur d'Innocent II. En revenant en France, l'évêque d'Arras fut arrêté et maltraité par des gens du parti de l'antipape. Plusieurs autres prélats furent saisis en même temps et partagèrent sa captivité. Cette arrestation ne fut point de longue durée.

Ami et compatriote du célèbre Suger, abbé de Saint-Denis, Alvise fut invité par cet homme d'Etat (1144), à assister à la consécration de l'église de son monastère, monument non moins remarquable par le style de son architecture et la richesse de sa décoration, que par sa destination à devenir la sépulture des rois de France. Dans la croisade prêchée par saint Bernard et conduite par Louis VII, Alvise fut envoyé, comme ambassadeur, près de l'empereur grec Manuel Comnène, pour lui demander passage sur ses États; mais il tomba malade à Philippe et y mourut (1147). Son corps fut inhumé hors de la ville, dans l'église de Saint-Georges, devant l'autel, où son tombeau devint un objet de vénération.

Parenty, chanoine d'Arras, dans le *Légendaire de la Morinie*.

VIe JOUR DE SEPTEMBRE

MARTYROLOGE ROMAIN.

Saint ZACHARIE, prophète, qui, dans sa vieillesse, étant revenu de la Chaldée dans sa patrie, fut enterré auprès du prophète Aggée. ve s. av. J.-C. — Dans l'Hellespont, saint Onésiphore, disciple des Apôtres, dont saint Paul fait mention dans son Epître à Timothée. Après avoir été cruellement flagellé en ce lieu, avec saint Porphyre, par ordre du proconsul Adrien, il fut traîné par des chevaux indomptés, et rendit son âme à Dieu dans ce supplice. — A Alexandrie d'Egypte, les saints Fauste, prêtre, Macaire, et dix de leurs compagnons[1] qui, sous l'empereur Dèce et le président Valère, ayant eu la tête tranchée pour le nom de Jésus-Christ, obtinrent la palme du martyre. Vers 249. — En Cappadoce, les saints martyrs Cottide ou Quottide, diacre, Eugène, et leurs compagnons. — En Afrique, les saints évêques Donatien, Préside, Mansuet, Germain et Fuscule, qui, durant la persécution des Vandales, furent cruellement maltraités à coups de bâton par l'ordre d'Hunéric, roi arien, pour avoir soutenu la vérité catholique, puis envoyés en exil. Un de ces saints évêques, nommé Létus, homme courageux et fort savant, après avoir été longtemps enfermé dans un cachot infect, fut brûlé vif. 484. — A Vérone, saint Pétrone, évêque et confesseur. Vers 450. — A Rome, saint Eleuthère, abbé, grand serviteur de Dieu, dont saint Grégoire, pape, a écrit que, par ses prières et par ses larmes, il avait ressuscité un mort[2]. Vers 585.

MARTYROLOGE DE FRANCE, REVU ET AUGMENTÉ.

Au diocèse de Sens, les saints martyrs Augustin et Sanctien ; et sainte Béate, vierge et martyre, sœur de saint Sanctien. Ils vinrent d'Espagne en France, et furent décapités, en haine de la religion catholique, à Sauncéia, à deux milles de la ville de Sens, où ils furent ensevelis dans un oratoire que les chrétiens bâtirent en leur honneur. Plus tard, leurs reliques furent transférées à Saint-Pierre de Sens. 273 ou 274. — A Mauprevoir (Vienne, arrondissement de Civray, canton d'Availles), au diocèse de Poitiers, sainte Impère, dont les actes sont perdus, mais dont le culte est fort ancien. — Dans la Haute-Marne, le martyre des saints Félix et Augebert. Originaires de la Grande-Bretagne, ils furent faits prisonniers dans une guerre, amenés en Gaule et vendus comme esclaves. Saint Grégoire le Grand, qui s'occupait alors du rachat des captifs, paya leur rançon et les plaça dans un monastère où ils reçurent le baptême. Désignés plus tard pour une mission en Angleterre, Félix fut ordonné prêtre et Augebert diacre ; mais, avant d'avoir atteint le but de leur voyage, ils furent massacrés par des païens. On désigne entre Villars-en-Azois (arrondissement de Chaumont-sur-Marne) et Silvarouvres, l'endroit où ils furent martyrisés ; cette dernière paroisse possède, ainsi que Sexfontaines, des reliques de ces généreux athlètes de la foi. VIIe s. — Au diocèse de Saint-Claude, saint Taurin, premier évêque d'Auch, dont nous avons donné la vie au jour précédent. — Au diocèse de Montpellier, saint Raymond Nonnat, dont nous avons donné la vie au 31 août. 1240. — Aux diocèses de Soissons et de Meaux, saint CAGNOALD ou CHAGNOALD, moine de Luxeuil et évêque de l'ancien siège de Laon. 632. — A Liége, ville de Belgique, sur la Meuse, translation des reliques de saint Hubert, évêque de Maëstricht et de Liége, dont nous donnerons la vie au 3 novembre. — En Lorraine, translation des reliques de saint Chlodulphe ou Chloud, évêque de Metz et confesseur, dont nous avons donné la vie au 8 juin. — A Maroilles (Nord), au diocèse de Cambrai, translation des reliques de saint Humbert, prêtre et religieux, dont nous

---

1. Ce sont, d'après les Bollandistes : les saints Bibon ou Abibon, diacre ; Denis, lecteur ; Cyriaque, acolyte ; Andronique, soldat ; Théoctiste, André, Sarapambon ; et les saintes Andropélagie, Thècle ou Théocle, et Calodote. — Le Père Sollier.

2. La simplicité du cœur et l'esprit de componction furent les vertus qui caractérisèrent principalement saint Eleuthère. Il fut élu abbé du monastère de Saint-Marc, près de Spolète, en Italie. Ayant plus tard quitté le gouvernement de cette abbaye, il se retira dans celle de Saint-André, à Rome, où il mourut vers l'an 585. On porta depuis son corps à Spolète. — Godescard, Baillet.

avons donné la vie au 25 mars. — A Tarentaise (Savoie), translation des reliques de saint Pierre, archevêque de ce siége, dont nous avons donné la vie au 8 mai. — A Vannes, translation de saint Vincent Ferrier, confesseur, dont nous avons donné la vie au 5 avril. — A Mayence, saint Magne ou Mang, confesseur, fondateur et premier abbé de Fussen, sur le Leck, en Bavière (Cercle du Haut-Danube) [1]. Vers 666. — A Avignon, saint Marcien de Saignon, abbé de Saint-Eusèbe et confesseur, dont nous avons donné la vie au 25 août. 1010. — A Dreux (Eure-et-Loir), au diocèse de Chartres, sainte Eve, vierge et martyre, patronne de Dreux, et dont le corps repose dans l'église Saint-Etienne de cette ville. — A Saint-Julien-le-Pauvre (Cher), au diocèse de Bourges, saint Saphire ou Saffler, confesseur. — A Metz, saint Gondulphe, évêque de ce siége qu'il tint pendant six ans et huit mois (816-823). Il assista (821) au concile de Thionville (Moselle), tenu contre ceux qui maltraitaient les clercs. Son corps fut enseveli dans l'abbaye de Gorze, au diocèse de Metz. — Au diocèse de Cahors, sainte Rosalie de Palerme, vierge et recluse, dont nous avons donné la vie au 4 septembre. 1160. — Au diocèse de Rodez, saint Julien de Brioude, soldat et martyr, dont nous avons donné la vie au 28 août. IVe s. — Au diocèse de Nevers, saint Imbert, prêtre et abbé, dont le corps repose dans l'église paroissiale de Chantenay (Nièvre, arrondissement de Nevers, canton de Saint-Pierre-le-Moutier).

MARTYROLOGES DES ORDRES RELIGIEUX.

Martyrologe de l'Ordre de Saint-Basile. — A Thessalonique, saint Fantin, de l'Ordre de Saint-Basile, qui souffrit beaucoup de mauvais traitements de la part des Sarrasins, fut expulsé du monastère où il avait vécu avec une admirable abstinence, et, après avoir amené beaucoup d'âmes dans la voie du salut, mourut dans une heureuse vieillesse [2]. IVe s.

Martyrologe de l'Ordre des Chanoines réguliers. — En Afrique, les saints évêques Létus, Donatien, Préside, Mansuet, Germain, Fuscule ou Floscule, de l'Ordre des Chanoines réguliers ; le premier, évêque de Lepta ou Leptis la Petite (Byzacène), homme courageux et fort savant, fut brûlé vif durant la persécution des Vandales, par l'ordre d'Hunéric, prince arien, parce qu'il défendait la vérité catholique ; les autres, après avoir été cruellement battus à coups de bâton, furent envoyés en exil. 484.

Martyrologe de l'Ordre des Camaldules. — Saint Etienne, roi de Hongrie, dont il est fait mention le 2 septembre [3]. 1038.

Martyrologe de l'Ordre des Déchaussés de la Très-Sainte Trinité. — La fête de l'ange gardien de notre Ordre.

Martyrologe de l'Ordre des Frères Mineurs. — Sainte Jeanne-Françoise Frémyot de Chantal, veuve, dont la fête se célèbre le 21 août [4]. 1641.

Martyrologe de l'Ordre de la bienheureuse vierge Marie du Mont-Carmel. — Saint Jérôme Emiliani, confesseur, dont la fête se célèbre le 20 juillet [5]. 1537.

Martyrologe de l'Ordre des Ermites de Saint-Augustin. — A Gênes, au monastère de Saint-Thomas, la bienheureuse Limbanie, vierge, de l'Ordre de Saint-Augustin, remarquable par son admirable pénitence et ses sublimes contemplations, dont l'âme s'envola au ciel, le 12 du mois d'août. XIIIe s.

Martyrologe de l'Ordre des Servites de la bienheureuse vierge Marie. — Sainte Rose de Sainte-Marie, vierge, dont la naissance au ciel se célèbre le 26 août [6]. 1617.

Martyrologe de l'Ordre de Saint-Jérôme. — Sainte Rose de Viterbe, vierge, mentionnée au 4 septembre [7]. 1252.

Martyrologe de l'Ordre des Carmes déchaussés. — Saint Alexis, confesseur, dont la naissance au ciel est le 17 juillet [8]. 404.

---

1. Magne, disciple de saint Gall, mena la vie solitaire dans la Souabe avec une sainteté si merveilleuse qu'il avait reconquis le pouvoir absolu que le premier homme exerçait sur les animaux. Saint Colomban lui avait prédit qu'il convertirait les habitants des Alpes Juliennes. Après la mort du saint abbé, Magne, pour accomplir la prophétie de son maître, se rendit à Kempten *(Campidonum).* Il y avait en ce lieu un château fort, occupé par un affreux démon qui avait pris la figure d'un dragon, et qui, sous cette forme, usurpait, chez ces pauvres montagnards, les honneurs qui ne sont dus qu'à Dieu seul. Magne alla pour l'attaquer : s'étant muni du secours de la prière, il toucha, du bout du bâton qu'il portait en mémoire de saint Colomban, la gorge de l'animal qui se gonflait de fureur ; et aussitôt le monstre expira sur place ; avec lui disparut toute la troupe des autres démons qui occupaient le pays. Ce miracle convertit beaucoup d'infidèles, et mérita à saint Magne le titre d'apôtre de la Souabe. — *Propre de Mayence.*

2. Cf. Martyrologe des Bollandistes, au 24 juillet; martyrologe des Basiliens, au 31 juillet; et martyrologe romain, au 30 août.

3. Nous avons donné sa vie au 2 septembre. — 4. Nous donnerons sa vie au 13 décembre. — 5. Nous avons donné sa vie à ce jour. — 6. Nous avons donné sa vie au 30 août. — 7. Voir sa vie à ce jour. — 8. Voir à ce jour.

ADDITIONS FAITES D'APRÈS LES BOLLANDISTES ET AUTRES HAGIOGRAPHES.

Chez les Franciscains, le bienheureux Vincent d'Aquila, confesseur de l'Ordre des Frères Mineurs, homme d'une grande humilité et d'une oraison, d'une abstinence et d'une patience admirables. Doué de l'esprit prophétique, il brilla de l'éclat de nombreux miracles. 1504. — Au diocèse de Naples, sainte Rosalie de Palerme, vierge et recluse, dont nous avons donné la vie au 4 septembre. 1160. — A Albe *(Alba Pompeia)*, dans le Piémont (ancien duché de Montferrat), saint Frontignan de Carcassonne, diacre et martyr. Son corps, qui reposa longtemps dans une église dédiée sous son invocation, à un mille d'Albe, a été transféré en 1455, dans la cathédrale de cette ville, où on le voit encore aujourd'hui. — A Venise, ville et port du royaume d'Italie, le bienheureux Pierre Acotanto, célèbre par sa charité pour les pauvres. De nombreux miracles s'accomplirent à son tombeau. Son corps, d'abord enseveli dans un coin inconnu du cimetière de Venise, fut retrouvé intact en 1250 ; on le transporta solennellement, en 1340, dans l'église Saint-Basile de cette ville, où il fut placé sur l'autel. Le pape Clément XIII a autorisé son culte. 1180 ou 1187. — En Ecosse, sainte Bèges, appelée aussi Bées, Végue et Vée, vierge, irlandaise de naissance. Après avoir mené quelque temps la vie anachorétique, elle fonda les monastères de Copeland, de Heorthu et de Hartlepole, dans le comté de Durham (Angleterre). On croit qu'elle mourut dans le monastère de Hacanos, à trois milles de Scarborough (comté d'York) ; son corps fut depuis transféré à Withby. Vers 650. — Dans l'ancien monastère de Sainte-Lucie, près de Syracuse, en Sicile, saint Fauste, abbé et confesseur. Vers 607.

SAINT CAGNOALD OU CHAGNOALD[1],

MOINE DE LUXEUIL ET SIXIÈME ÉVÊQUE DE LAON

632. — Pape : Honoré Ier. — Roi de France : Dagobert Ier.

> Dieu aime beaucoup l'âme qui s'est donnée tout entière à lui, et qui n'est attachée qu'à lui seul.
> *Saint Macaire.*

Saint Cagnoald descendait d'une illustre famille, d'origine franque, qui s'était fixée d'abord en Bourgogne, puis dans la Brie. Son père Cagnéric, ou Agnéric, était un puissant seigneur, conseiller et commensal de Théodebert, roi d'Austrasie. Sa mère Leudegonde se distinguait par une grande sagesse et une piété vraiment chrétienne. Son frère Burgondofaron, ou plus simplement Faron, après avoir occupé des emplois importants à la cour, se sépara de son épouse, qui prit le voile, et fut promu à l'évêché de Meaux, où ses grandes vertus l'ont fait mettre au rang des Saints. Sa sœur Burgondofare, ou simplement Fare, se consacra aussi à Dieu, et fonda le monastère d'Eboriac, appelé de son nom Faremoutier, dont elle fut la première abbesse : l'Eglise l'honore aussi comme Sainte. D'autre part, saint Agile était son cousin germain, comme fils de son oncle Agnoald.

Il était difficile que Cagnoald, enveloppé, pour ainsi dire, de cette atmosphère de sainteté, ne fût pas de bonne heure initié à la pratique des vertus. Aussi prit-il dès sa jeunesse le goût des choses saintes. L'école naissante de Luxeuil jetait déjà un grand éclat : Cagnéric résolut d'y envoyer son fils, dès qu'il fut en âge de commencer son éducation. Là, le disciple de

---

1. En latin *Chagnoaldus, Chainoaldus, Agnoaldus, Hagnoaldus, Chagnulfus*; en français vulgaire, saint *Chagnon*.

Colomban trouva une foule de jeunes gens des plus nobles familles : Achaire, Ragnachaire, Donat, Agile, son parent, et beaucoup d'autres avec lesquels il rivalisa d'efforts dans la vertu et dans la science.

Il paraît que Cagnoald sut se distinguer dans cette troupe d'élite, car saint Colomban se prit pour lui d'une amitié particulière. On lit dans la *Vie de saint Faron*, qu'il l'appelait l'*enfant dévoué à Dieu*. Aussi voulut-il qu'il fût élevé au sacerdoce : honneur assez rare alors au sein des monastères. Il l'attacha même à sa personne en qualité de ministre. C'était le nom qu'on donnait aux religieux spécialement chargés de servir l'abbé, et de l'accompagner dans ses excursions. Cet office procura à Cagnoald l'insigne honneur de voir Colomban de plus près, d'être, en quelque sorte, le confident de tous ses secrets, et le témoin obligé des faveurs dont le ciel le comblait. On présume que ce fut peu après 590 que Cagnoald entra à Luxeuil, c'est-à-dire au moment même de la fondation du monastère.

Quand saint Colomban, vers l'an 610, fut obligé de fuir devant la colère du roi Thierry, Cagnoald ne put l'accompagner ; car défense avait été faite au saint abbé d'emmener avec lui d'autres religieux que ceux qui étaient Irlandais ou Bretons d'origine. Les satellites du prince furent obligés d'user de violence pour empêcher les disciples désolés de suivre leur maître ; et, longtemps après le départ de Colomban, aucun moine ne pouvait encore impunément sortir du monastère, tant était grande la haine dont Thierry poursuivait le noble exilé ! Ce ne fut qu'à la prière de saint Agile, et grâce à un miracle, que cette sévère défense fut levée. Cagnoald se hâta de saisir l'occasion pour rejoindre son maître.

L'ordre de Thierry avait été que Colomban fût reconduit en Irlande ; mais le ciel s'opposa à l'exécution de ce projet. L'abbé de Luxeuil songea alors à se rendre chez Théodebert, roi d'Austrasie, et son chemin était par la Brie. Or, le seigneur Cagnéric demeurait à *Pipimisium*, près de Meaux. Colomban vint l'y voir, et en fut reçu avec les honneurs dus à sa sainteté. Il paraît qu'il y passa quelque temps ; Cagnéric voulut même renvoyer les gardes que Clotaire lui avait donnés pour le conduire à Metz : dans l'espoir, dit l'historien, de le retenir plus longtemps, afin de profiter lui-même, et de faire profiter toute sa famille des exemples et des leçons de l'homme de Dieu. Ce fut alors que Colomban bénit Burgondofare, encore enfant, et la consacra à Dieu. On peut sans invraisemblance supposer que Cagnoald se réunit là à son maître si regretté, et accompagna saint Eustaise dans le voyage qu'il y fit. Nous lisons, en effet, dans la *Vie de saint Eustaise*, que ce Saint alla deux fois chez Cagnéric ; ce qui permet de conjecturer que ce fut là qu'il rejoignit Colomban. En tous cas, nous voyons Cagnoald suivre saint Colomban à Brégentz, partageant ses fatigues, spécialement dévoué à son service, et imitant les vertus dont il contemple en lui un si parfait modèle. Il fut témoin du prodige par lequel Dieu vint en aide à la détresse de la pieuse colonie ; il mangea de ces oiseaux miraculeux dont la saveur, au rapport de saint Eustaise, surpassait ce qu'il y a de plus délicat sur la table des rois. Bien plus, il devint lui-même l'instrument de la puissance divine, dans une circonstance que le moine Jonas raconte en ces termes :

« Dans le temps où Colomban, retiré dans la solitude, sous un rocher, consumait son corps par des jeûnes, et n'avait pas d'autre nourriture que des fruits sauvages, un ours vint porter le ravage dans la forêt, et se mit à dévorer et à abattre tous les fruits sur son passage. Quand approcha l'heure du repas, Colomban envoya son ministre Cagnoald chercher la provision ordinaire. Celui-ci obéit ; mais, voyant les ravages causés par l'ours, il revint en diligence en informer son père. Colomban lui ordonne de retourner, et de faire la part de l'ours et la sienne. Cagnoald, sans hésiter, retourne, prend une baguette, trace une ligne de démarcation, et commande à l'ours, au nom de l'homme de Dieu, de respecter ces limites. Chose prodigieuse ! continue l'historien, l'animal, obéissant, n'osa pas enfreindre la défense, et se contenta de la part qui lui était assignée, tant que le saint abbé resta dans ce lieu ».

En 612, lorsque Thierry battit près de Tolbiac son frère Théodebert, Cagnoald était encore avec saint Colomban, comme le témoigne le trait suivant raconté par le même historien : « Dans ce temps-là, l'homme de Dieu habitait le désert, et se contentait du service d'un seul ministre. A l'heure où s'engageait le combat de Tolbiac, le Saint lisait assis sur un tronc d'arbre ; tout à coup, le sommeil le prit, et il vit ce qui se passait entre les deux rois. S'étant aussitôt éveillé, il appelle son ministre, lui raconte le sanglant combat qui se livre entre les princes, et déplore en soupirant la quantité de sang qui doit s'y répandre. Le ministre lui dit, dans un accès de hardiesse : « O mon père ! appuyez le roi Théodebert de vos prières, afin qu'il triomphe de notre ennemi commun Thierry ». Colomban répondit : « Le conseil que vous me donnez est aussi insensé qu'irréligieux. Ce n'est point ainsi que l'entend le Seigneur, qui nous ordonne de prier pour nos ennemis. C'est au juste Juge à décider entre les deux rois ». Cagnoald, s'étant informé plus tard du jour et de l'heure de la bataille de Tolbiac, constata l'exactitude de la révélation faite à Colomban ».

La victoire ayant livré tous les Etats de Théodebert à Thierry, Colomban fut obligé de partir pour l'Italie. Ce fut alors que Cagnoald se sépara de lui, sans doute par ses conseils : Colomban prévoyait peut-être les desseins de la Providence sur son fidèle ministre. Rentré à Luxeuil avec saint Eustaise, Cagnoald y reprit les exercices de la vie cénobitique. L'histoire se tait de nouveau sur lui, jusqu'au jour où sa sœur Burgondofare, réalisant la prédiction de saint Colomban, songea à jeter les fondements de son monastère d'Eboriac. Pour s'aider dans cette grande entreprise, elle demanda à saint Eustaise deux de ses moines, et celui-ci lui envoya son propre frère Cagnoald, et un autre religieux d'une grande vertu, Walbert, qui secondèrent puissamment Burgondofare dans son entreprise. Ils établirent à Eboriac la Règle de Saint-Colomban, et le merveilleux succès qui signala le début de ce monastère prouve quelle bénédiction Dieu attache aux travaux de ses Saints.

Cagnoald était encore occupé à cette œuvre, quand le siège de Laon étant venu à vaquer par la mort de Richebert, il fut désigné pour le remplir. Ce fut en vain que, par humilité, il s'efforça de détourner cette charge de ses épaules. Les instances unanimes du peuple et du clergé triomphèrent de sa résistance. Lecointe et Cl. Robert rapportent cet événement à l'an 619 ; les frères Sainte-Marthe, à l'an 623. Cette dernière date nous paraît plus vraisemblable, à cause de l'âge de Burgondofare, qui, étant encore enfant en 610, quand saint Colomban la bénit, devait cependant être parvenue au moins à l'âge de vingt ans, quand elle fonda son monastère.

On ne sait rien des actes qui signalèrent l'épiscopat de saint Cagnoald. Seulement, nous le voyons, en 625, assister au concile de Reims, dont il signe les décrets, en compagnie de trente-neuf pontifes, entre autres de saint Donat, évêque de Besançon, qui avait été élevé avec lui à Luxeuil ; de saint Sulpice, évêque de Bourges ; de Pallade, évêque d'Auxerre ; de saint Anséric, évêque de Soissons ; de saint Bertrand, évêque de Cambrai ; de

Hadouin, évêque du Mans ; de saint Arnoul, évêque de Metz, etc. Les canons dressés en ce concile sont au nombre de vingt-cinq [1].

De plus, nous savons qu'il remplit ses fonctions de manière à s'attirer l'estime universelle. Sa vie toute apostolique, sa prudence consommée, sa douceur, sa piété, sa charité, surtout envers les pauvres et les malades, lui concilièrent l'affection et la vénération de tout son peuple.

Le 22 novembre 631, nous le voyons encore souscrire, en compagnie de plusieurs évêques et d'autres personnages importants, l'acte par lequel saint Eloi, encore laïque, dote le monastère qu'il a fondé à Solignac, près de Limoges, sous la Règle de Saint-Colomban.

On croit que saint Cagnoald mourut le 23 août de l'année suivante, 632, comme semble l'indiquer une lettre de saint Paul, évêque de Verdun, à saint Didier, évêque de Cahors, où on lit ces mots : « Vous saurez que *Chaïnoald* vient de payer son tribut à l'humanité, frappé de mort subite ». Cependant, comme il n'est pas certain que cette lettre ait été écrite en 632, quelques auteurs ont cru pouvoir reculer la mort de saint Cagnoald à 633. D. Lelong la rapporte à l'an 638. Les auteurs du *Gallia christiana* la placent même en 640. Nous laissons à la critique ce point à éclaircir. Quant au genre de sa mort, il paraît que ce fut l'apoplexie. Il en fut frappé au milieu de ses frères, les moines de l'abbaye de Saint-Vincent, monastère illustre fondé par la reine Brunehaut, vers l'an 585. C'était là que le Saint vivait, adonné à tous les exercices de la vie monastique, suivant l'usage des saints évêques de cette époque.

On le représente en groupe avec saint Faron, évêque de Meaux, et sainte Fare, sa sœur. On voit quelquefois un ours près de lui : nous avons donné dans sa vie la raison de cette caractéristique.

CULTE ET RELIQUES.

Saint Cagnoald fut inhumé dans l'abbaye de Saint-Vincent, sous la seconde arcade du chœur. Son corps resta en terre jusqu'au temps de l'abbé Hugues, lequel, ayant restauré le chœur de l'église, y découvrit ce précieux trésor en 1196. Il le fit lever de terre et le mit dans une châsse qui fut brisée par les Anglais. Dans la première moitié du vi siècle, l'abbé Simon de La Porte fit mettre le chef de saint Cagnoald dans un grand vase d'argent, et les autres ossements dans une châsse de bois, laquelle fut renouvelée en 1643, sous l'épiscopat de Philibert de Brichanteau, évêque de Laon. Lors de cette translation, Messieurs du chapitre obtinrent de conserver un fémur entier pour leur cathédrale. En 1623, les religieux de Faremoutier demandèrent et obtinrent de l'abbé du monastère de Saint-Vincent quelques-unes de ses reliques. Pendant la peste qui sévit dans la ville de Laon, en 1628, la dévotion du peuple envers saint Cagnoald se manifesta d'une manière extraordinaire ; sa châsse, exposée à la cathédrale, était sans cesse entourée d'un grand nombre de fidèles. Au bout de huit jours, le fléau avait entièrement cessé ses ravages. Plusieurs fois les Laonnais avaient éprouvé les effets de la puissance de leur Saint auprès de Dieu : et, en cas d'épidémie, sa châsse était leur meilleure ressource. Mais ce n'était pas sans des précautions extrêmes que les religieux de Saint-Vincent consentaient à se dessaisir momentanément de ce précieux dépôt. Il leur fallait une caution de la promesse, signée par les principaux de la ville et du clergé, que la châsse leur serait remise dans les délais convenus, intacte et entière, telle qu'elle leur avait été confiée ; tant était grande alors la dévotion des peuples dans les restes mortels des amis de Dieu ! On conservait encore, à Saint-Vincent, l'anneau pastoral de saint Cagnoald, en argent doré, dans la vertu merveilleuse duquel les femmes enceintes avaient une grande confiance.

Toutes ces reliques ont disparu pendant la Révolution française ; l'abbaye de Saint-Vincent a été en partie démolie par des acquéreurs des biens nationaux. Ce qui reste de ses anciens bâtiments, et les beaux jardins qui les entourent, a été acheté, en 1860, par les religieux de la Compagnie de Jésus, qui y ont établi leur noviciat de troisième année, pour ceux des leurs qui se dis-

---

1. Voir les *Conciles généraux et particuliers*, par Mgr Paul Guérin, t. 1er, p. 505.

posent à prononcer les grands vœux. Leur séjour, dans cette ancienne et célèbre abbaye, servira à raviver la foi dans une ville qui a perdu une partie de son lustre en perdant ses évêques.

Extrait de la *Vie des Saints de Franche-Comté*, et de *Notes* fournies par M. Henri Congnet, chanoine de Soissons.

SAINT ZACHARIE,

LE ONZIÈME DES DOUZE PETITS PROPHÈTES (v° siècle avant J.-C.).

Zacharie, fils de Barachie et petit-fils d'Addo, commença à prophétiser l'an du monde 3484, le huitième mois de la seconde année du règne de Darius, premier fils d'Hystaspe et roi de Perse (521-485). Contemporain du prophète Aggée, il y a apparence qu'il se joignit à lui pour engager les Juifs à reprendre l'œuvre de la reconstruction du temple, interrompue depuis longtemps. Il les exhorta aussi à se convertir au Seigneur et à ne pas imiter l'endurcissement de leurs pères, si souvent châtiés pour n'avoir pas écouté les Prophètes. Dieu fit voir à Zacharie, dans deux visions différentes, et sous plusieurs figures, la succession des quatre monarchies, savoir : des Assyriens, des Chaldéens, des Perses et des Grecs, qui devait se terminer au règne de Jésus-Christ dont il décrit la vie et la passion. Il parle aussi de son entrée à Jérusalem et des trente pièces d'argent qui furent le prix de son sang. Zacharie est le plus fécond, mais aussi, au jugement de saint Jérôme, le plus obscur des douze petits Prophètes. Sa prophétie, dans nos Bibles, contient quatorze chapitres.

Une controverse, jusqu'ici demeurée sans solution définitive, s'est élevée entre les commentateurs, au sujet d'un texte fameux de l'Evangile, qui paraissait se rapporter à Zacharie. « Je vous ai envoyé », disait Notre-Seigneur aux Juifs, « des prophètes, des sages, des docteurs ; vous les avez égorgés. Aussi le sang des justes versé sur la terre depuis l'innocent Abel jusqu'à Zacharie, fils de Barachie, que vous avez tué entre le temple et l'autel, retombera sur vos têtes [1] ». Toutefois la tradition juive ou chrétienne n'a gardé aucun souvenir du meurtre du prophète Zacharie. On peut donc adopter sur ce point le système de saint Epiphane, qui appliquait les paroles de Notre-Seigneur au grand-prêtre Zacharie, mis à mort entre le temple et l'autel, sous le règne de Joas (870-831).

Les Grecs et les Moscovites honorent la mémoire du prophète Zacharie au 8 février ; les Latins lui ont assigné le 6 septembre. Quelques synaxaires grecs marquent aussi sa mémoire au 16 mai, et les Egyptiens font sa fête le 9 septembre.

On lit dans l'historien grec Sozomène (v° s.), que le corps du prophète Zacharie fut trouvé dans le territoire d'Eleuthéropolis, dans un bourg nommé Caphar. Il était intact, vêtu d'une robe blanche, et mis dans un cercueil de plomb, enfermé dans un autre de bois.

On le représente, comme les autres Prophètes, déroulant un cartouche où se lisent les principaux textes de sa prophétie.

Baillet : *Vies des Saints de l'Ancien Testament* ; Darras : *Histoire générale de l'Eglise* ; Dom Ceillier : *Histoire des Auteurs sacrés et ecclésiastiques*.

---

1. On peut voir, dans la collection des Bollandistes, au 6 septembre, les arguments que le Père Stilting a réunis pour soutenir l'identité du Zacharie dont parle Notre-Seigneur avec le Prophète. Bergier, dans son *Dictionnaire de Théologie*, les a repris en sous-œuvre et développés avec une nouvelle force.

VIIᵉ JOUR DE SEPTEMBRE

MARTYROLOGE ROMAIN.

A Nicomédie, la naissance au ciel de saint Jean [1], martyr, qui, voyant affichés sur la place publique de cruels édits contre les chrétiens, s'enflamma du zèle de la foi, et, y portant la main, les arracha et les mit en pièces ; ce qui étant rapporté aux empereurs Dioclétien et Maximien qui se trouvaient alors à Nicomédie, ils ordonnèrent qu'on éprouvât sur lui tous les genres de supplices : l'illustre martyr les souffrit avec tant de joie et de sérénité d'âme, qu'on ne put même reconnaître sur son visage la moindre marque de tristesse. 303. — A Césarée, en Cappadoce, saint Eupsyque, martyr, qui, accusé d'être chrétien, fut mis en prison sous l'empereur Adrien. Remis en liberté peu après, il vendit aussitôt son patrimoine et en donna l'argent, moitié aux pauvres, moitié à ses délateurs, qu'il regardait comme ses bienfaiteurs ; mais, arrêté une seconde fois, il fut déchiré par tout le corps sous le juge Saprice, puis percé d'un coup d'épée qui consomma son martyre. IIᵉ s. — A Pompéiopolis, en Cilicie, saint Sozont, martyr, qui fut jeté dans le feu sous l'empereur Maximien, et y rendit l'esprit. Vers 303. — A Aquilée [2], saint Anastase, martyr. Vers 304. — Dans le diocèse d'Autun, sainte REINE, vierge et martyre, qui, sous le proconsul Olybrius, endura les supplices du cachot, du chevalet, et des torches ardentes ; condamnée ensuite à la peine capitale, elle s'envola vers son céleste Epoux. 253. — A Troyes, saint MESMIN ou MÉMIERS, diacre, et ses compagnons, martyrs, mis à mort par Attila, roi des Huns. 451. — A Orléans, le décès de saint EUVERT ou EUVERTE, évêque, qui, d'abord sous-diacre de l'Eglise romaine, fut ensuite désigné par une colombe miraculeuse comme évêque de cette ville. 340. — Dans les Gaules [3], saint Augustal ou Autal, évêque et confesseur. IIIᵉ ou IVᵉ s. — A Capoue, saint Pamphile, évêque. IVᵉ ou Vᵉ s. — Dans le diocèse de Paris, saint CLOUD, prêtre et confesseur 560.

MARTYROLOGE DE FRANCE, REVU ET AUGMENTÉ.

Au diocèse de Bayeux, saint Césaire, archevêque d'Arles, dont nous avons donné la vie au 27 août. 542. — Au diocèse de Chartres, saint Cloud, prêtre et religieux, cité au martyrologe romain de ce jour. — Au diocèse de Cologne, sainte Reine, vierge et martyre, citée au martyrologe romain de ce jour. — Au diocèse de Tarbes, saint Sever, confesseur, dont nous avons parlé au martyrologe de France du 1ᵉʳ août. — Au diocèse de Rennes, saint Euvert, évêque, cité au martyrologe romain de ce jour. — A Dendermonde ou Termonde, ville de Belgique (Flandre orientale), saint Hildiart ou Heldouard, évêque (de Toul, disent presque tous les hagiographes, mais la chose est fort douteuse [4]) et glorieux prédicateur de l'Eglise, qui convertit, par sa patience autant que par la force de sa parole, le seigneur de ce lieu, avec tout son peuple encore idolâtre, et s'endormit ensuite en paix, comblé de mérites. L'église collégiale de Notre-Dame de Termonde possède ses reliques. Il est nommé aussi au martyrologe de France du 29 décembre. Vers 750. — Au diocèse de Reims, saint Vivant ou Vivence, neuvième archevêque de ce siège et confesseur, issu d'une noble famille de Laon, il se faisait distinguer dans Rome par sa piété et par sa science, lorsque la mort de saint Donat ou Donatien (389) laissa le siège de Reims vacant : il y fut nommé

---

1. Ce ne fut qu'au VIIIᵉ siècle que l'on commença à donner à ce Martyr le nom de Jean ; on ignore d'après quels Actes. Le savant bollandiste Papebrock pensait (Acta Sanctorum, tome III d'avril) qu'il n'était autre que le célèbre martyr saint Georges ; mais, plus tard, un de ses successeurs, Jean Stilting, rejeta cette opinion (Acta Sanctorum, tome III de septembre). Le martyrologe romain le nomme sous le 7 septembre, quoiqu'il ait souffert le 24 ou tout au plus le 25 février 303. — Godescard et Baillet.
2. Les Bollandistes disent : « A Salone, en Dalmatie (Illyrie Occidentale) ».
3. Les Bollandistes disent : « A Arles ».
4. M. l'abbé Guillaume, chanoine de Nancy, dans son Histoire de l'Eglise de Toul et de Nancy (5 vol. in-8º), renie absolument saint Hildouard pour prélat toulois.

par le pape saint Sirice et gouverna sagement pendant cinq ans ce vaste diocèse. On l'inhuma dans l'église de Saint-Agricole. Au IXᵒ s., l'archevêque Hincmar (845-882) transféra ses reliques à Braux-sur-Meuse, et y fonda, sous son invocation, une église collégiale. 395. — A Die (Drôme), au diocèse actuel de Valence, saint ÉTIENNE DE CHATILLON, évêque de cet ancien siége et confesseur. 1208. — A Toul, diocèse actuel de Nancy, saint Gauzlin, évêque de cet ancien siége, et dont nous avons donné la vie au 31 août. 962. — A Maubeuge (Nord), au diocèse de Cambrai, sainte MADELBERTE ou AMALBERTE, vierge, abbesse de ce monastère. 705. — Au diocèse d'Albi, sainte Carême ou Carissime, vierge. Aspase et Hélène, personnages de haute noblesse, furent ses parents. Elle fit de bonne heure le vœu de virginité, et refusant la main d'un riche seigneur qui l'avait demandée en mariage, elle s'enfonça dans une épaisse forêt, à deux milles d'Albi. Gilmonde, sa nourrice, envoyée à sa recherche, la découvrit, mais, témoin d'un miracle que fit devant elle la pieuse recluse, elle n'osa point prévenir ses parents. Plus tard, sur l'invitation de saint Eugène de Carthage, elle se retira dans le monastère de Viants ou Vioux *(Viantium,* Ordre de Saint-Augustin) que ce prélat venait de fonder à une lieue de Gaillac. Elle y mourut et y fut ensevelie : plus tard ses reliques furent transférées dans la cathédrale d'Albi. Vᵉ s. — A Valenciennes (Nord), au diocèse de Cambrai, translation des reliques de saint Saulve et de saint Super, son compagnon, martyrs à Beuvrage, et dont nous avons donné la vie au 26 juin. 768. — A Dendermonde ou Termonde, ville de Belgique (Flandre orientale), sainte Christienne ou Chrétienne, dont les actes sont perdus, mais dont le culte ne s'est pas encore éteint. Époque incertaine. — Au diocèse de Soissons, saint ANSERY ou ANSERIC, vingtième évêque de ce siége et confesseur. 552. — Au même diocèse, sainte GRIMONIE, vierge et martyre à la Capelle. IVᵉ s. — Au diocèse de Beauvais, saint EUSTACHE, abbé de Flay, aujourd'hui Saint-Germer, et confesseur. 1211. — Au diocèse de Sens, sainte Bénédicte, appelée aussi Béate ou Benoîte, vierge, citée au martyrologe romain du 29 juin. Vers 294. — A Châlons-sur-Marne, saint Alpin, évêque de ce siége et confesseur [1]. Vers 455. — A Metz, le bienheureux DIERRY ou THIERRY Iᵉʳ, évêque de ce siége et confesseur. 984. — Au Grand-Lucé (Sarthe, arrondissement de Saint-Calais), au diocèse du Mans, saint Facile ou Faziou, martyr, appelé aussi quelquefois Faciole. Époque incertaine.

MARTYROLOGES DES ORDRES RELIGIEUX.

Martyrologe de l'Ordre des Chanoines Réguliers. — Saint Euvert ou Euverte, confesseur, chanoine régulier dans le monastère de Latran et sous-diacre de l'Eglise romaine. Une colombe qui, à deux reprises différentes, s'était placée sur sa tête, l'ayant désigné, il fut fait évêque d'Orléans ; célèbre par ses vertus, par son zèle pour la religion catholique, il convertit à la foi de Jésus-Christ, dans l'espace de trois ans, près de sept mille païens, et s'envola au ciel. 340.

Martyrologe de l'Ordre des Camaldules. — A Gubbio, en Italie, saint JEAN DE LODI *(Joannes a Laude)*, évêque de cette ville et confesseur, auparavant prieur du monastère de Font-Avellane. Brisé par les jeûnes, les veilles et l'austérité de sa vie, il émigra vers le ciel, célèbre par ses miracles. 1106.

Martyrologe de l'Ordre des Frères Prêcheurs. — A Viterbe, la bienheureuse Rose, vierge [2]. 1252. — A Châlon-sur-Saône, saint Marcel, martyr [3]. 178.

Martyrologe des trois Ordres de Saint-François. — Saint Laurent Justinien, évêque et confesseur, dont la mémoire se célèbre le 5 de ce mois [4]. 1455.

Martyrologe de l'Ordre des Frères Mineurs. — De même que chez les Franciscains.

Martyrologe de l'Ordre de la bienheureuse Vierge Marie du Mont-Carmel. — L'Octave de la dédicace des églises de l'Ordre des Carmes.

Martyrologe de l'Ordre des Ermites de Saint-Augustin. — A Cordone, en Espagne, saint Raymond Nonnat, cardinal et confesseur, de l'Ordre de la bienheureuse vierge Marie de la Merci pour la rédemption des captifs, célèbre par la sainteté de sa vie et par ses miracles. Sa naissance au ciel se célèbre le 31 août et se fait solennellement dans notre Ordre en ce jour [5]. 1240.

---

1. Saint Alpin naquit de parents nobles et chrétiens à Baye, dans l'arrondissement d'Epernay. Il fut élevé à l'école de saint Loup de Troyes et fit sous un aussi habile maître de rapides progrès dans la piété et dans les lettres. On eut bientôt partout la plus haute idée de sa sainteté, et quand Provinctus, évêque de Châlons, mourut, le clergé et le peuple le choisirent pour lui succéder. A cette nouvelle il prit la fuite et ne céda qu'à l'autorité de saint Loup, son maître. Il eut à gouverner son Eglise dans des temps très-difficiles et fit preuve d'une habileté rare. Attila avait envahi la France et menaçait les plaines de Châlons. Affligé à l'idée des maux qui attendaient son peuple, il s'adressa au ciel avec ferveur et obtint que son troupeau fût épargné. Il mourut au milieu du vᵉ siècle et fut enterré au lieu de sa naissance. En 869, on transporta son corps à Saint-André, hors des murs. Cette église, plus tard enfermée dans l'enceinte de Châlons, prit le nom du Saint dont elle possédait les cendres. Les ossements de saint Alpin, relevés en 1326, découverts et authentiqués de nouveau en 1756, ont été, pendant la Révolution, profanés et dévorés par des pourceaux qu'on avait enfermés dans cette église au nombre de sept cents. — *Notes locales.*

2. Nous avons donné sa vie au 4 septembre. — 3. Voir sa vie au 4 septembre. — 4. Voir au 5 septembre. — 5. Nous avons donné sa vie au 31 août.

Martyrologe de l'Ordre des Servites de la bienheureuse Vierge Marie. — De même que chez les Frères Prêcheurs.
Martyrologe de l'Ordre des Carmes déchaussés. — De même que chez les Carmes.

ADDITIONS FAITES D'APRÈS LES BOLLANDISTES ET AUTRES HAGIOGRAPHES.

A Saluces, ville d'Italie, dans les anciens Etats Sardes (Intendance de Coni), saint Jafroi (*Theofredus*), martyr, un des soldats de l'illustre légion thébéenne. ive s. — Encore à Saluces, et à Aoste (*Augusta Salassiorum*), ville du Piémont, saint Grat ou Grate, évêque et patron de cette dernière ville. Vers 810. — A Hexham, ville d'Angleterre, dans le comté de Northumberland, les saints Alcmond et Thilberth, évêques de cet ancien siège (transféré à Durham) et confesseurs. Au xie siècle, leurs reliques furent portées à Durham, et elles y ont été honorées jusqu'à la prétendue réforme. La ville de Hexham fut, par l'intercession de ses deux saints évêques, préservée de la destruction dont la menaçait Macolm Ier (943-958), roi d'Ecosse. 780 et 789. — A Capoue, ville de l'ancien royaume de Naples (Terre de Labour), saint Sinote, martyr, que l'on croit avoir succédé à saint Prisque, premier évêque de ce siège. Sur la fin du Ier siècle. — A Raphoe, bourg et paroisse d'Irlande, dans le comté de Donegal, saint Eanan, évêque de cet ancien siège et confesseur. Il y a dans ce bourg une église dédiée sous son invocation. viiie ou ixe s. — A Citta di Castello (*Tifernum Tiberinum*), ville de l'ancien Etat ecclésiastique, saint Ventura, prêtre et martyr. On raconte que son corps fut d'abord enseveli sans honneur sous un monceau de pierres où il demeura quelque temps; mais qu'une colombe ayant un jour frappé de son bec les cloches de l'église Saint-Barthélemy de Citta di Castello, le peuple accourut pour se rendre compte de ce bruit inaccoutumé; la colombe quitta alors le clocher et alla se percher sur le monceau de pierres, puis revint à l'église et frappa de nouveau sur les cloches de Saint-Barthélemy. La chose s'étant répétée plusieurs fois, les habitants de la ville allèrent fouiller les décombres dont nous avons parlé : ils découvrirent alors le corps du Martyr et l'ensevelirent honorablement dans la basilique de Saint-Barthélemy, qu'on appelle aujourd'hui Saint-Ventura. On y voit encore de nos jours son tombeau, au côté gauche du maître autel. Vers 1250. — A Noli (*Naulium*), à trois lieues de Savone, dans l'Etat de Gênes, les saints Paragoire, Parthée, Parthénopée ou Parthempée, et Séverin, martyrs en Corse. On voit, hors des murs de Noli, une église dédiée sous leur invocation; un tableau représente saint Paragoire monté sur un cheval : autour de lui sont rangés ses compagnons; d'où l'on a induit que saint Paragoire était un seigneur du pays, et que les saints Parthée, Parthempée et Séverin étaient ses esclaves. Epoque incertaine. — Au Japon, le martyre des bienheureux Thomas Tzugi, Louis Maqui et Jean, son fils, tous trois Japonais et dont le premier était prêtre de la Compagnie de Jésus. 1627.

SAINTE REINE, VIERGE ET MARTYRE

A ALISE, AU DIOCÈSE DE DIJON

253. — Pape: Saint Luce Ier. — Empereur romain: Volusien.

> Embellie de toutes les grâces de la nature, faible image de la beauté de son âme, elle ressemblait à une fleur qui s'élève suave et gracieuse du sein des épines.
> *Eloge de la Sainte.*

Sainte Reine, issue d'une famille puissante, mais païenne, naquit vers l'an 236 à Alise [1] (*Alesia, Alixia*), ville forte de l'ancienne Gaule capitale des Manubiens, célèbre par son antiquité, sa grandeur et sa longue résistance à Jules César, qui ensevelit dans ses ruines la liberté gauloise. Son père, nommé Clément, était l'un des premiers seigneurs du pays, mais aussi des plus attachés à l'idolâtrie. L'histoire ne nous apprend point le nom de

---

1. Le nom d'Alise signifie source du salut. Le peuple des Manubiens faisait partie de la république éduenne. Alise est aujourd'hui un bourg de la Côte-d'Or, à douze kilomètres nord-est de Semur.

sa mère ; elle dit seulement qu'elle mourut dans ses couches, après avoir mis au monde cette illustre fille. La Providence de Dieu la fit donner à une nourrice, qui, étant chrétienne, eut soin de lui faire administrer le baptême, afin de nourrir son âme du lait de l'Eglise, avant de nourrir son corps du lait de ses mamelles. Dès que son père sut qu'elle avait été baptisée, il entra dans une violente colère, et, oubliant les sentiments de la nature et l'amour qu'il devait à son propre sang, pour n'envisager que ses fausses divinités, il la chassa de sa maison, et lui fit défense d'y rentrer jamais. Sa nourrice, chez qui elle se retira, la reçut à bras ouverts, et, la considérant comme sa propre fille, elle ne négligea rien pour lui donner une sainte éducation. La grâce, secondant ces bonnes intentions, imprima aisément dans son âme toutes les maximes de la piété chrétienne, et particulièrement un grand désir de la chasteté, une modestie angélique, un recueillement continuel, une tendresse extrême pour Jésus-Christ qu'elle choisit dès lors pour son Epoux, une humilité profonde et une fidélité inviolable à sa religion. L'occupation de cette innocente vierge était de conduire les troupeaux de sa nourrice, qui permettait plutôt cet emploi à sa vertu qu'à sa condition, dans la solitude de Grignon, qu'elle préférait aux plus charmantes compagnies d'Alise, parce qu'elle y conversait plus à son aise avec son Dieu, et l'y entretenait plus familièrement de ses chastes ardeurs. Là, elle avait tout le temps de faire oraison, de considérer la vanité des choses de la terre, et de s'enflammer de l'amour des choses célestes. Elle s'y employait aussi à la lecture de la vie des Martyrs ; le récit de leurs combats et de leurs victoires la fortifiait dans la foi, et allumait dans son cœur un ardent désir de répandre son sang pour la gloire de son Epoux céleste.

Ses vœux furent bientôt exaucés ; car, en ce même temps, le cruel Dèce, qui n'était monté sur le trône des Romains que par le massacre des deux Philippe, père et fils, empereurs légitimes, ayant excité la septième persécution contre l'Eglise, et envoyé des édits contre les chrétiens à tous les gouverneurs des provinces, celui qui commandait dans les Gaules, nommé Olybrius, vint à Alise pour y persécuter les serviteurs du vrai Dieu. Etant au pied de la montagne d'Alise, au lieu dit maintenant les Trois-Ormeaux, il rencontra notre petite Bergère. Comme la nature et la vertu l'avaient embellie, il ne l'eut pas plus tôt aperçue qu'il résolut de l'épouser. Il fit donc arrêter son chariot pour la considérer : « Ah ! mon Sauveur ! » s'écria la Sainte quand les gardes la firent approcher, « vous êtes l'Epoux des âmes chastes et le Protecteur des vierges ; souffrirez-vous qu'un homme corrompe ma fidélité, et triomphe de la faiblesse de mon âge et de mon sexe au préjudice du sacrifice que je vous ai fait de mon âme et de mon corps ; ne permettez pas, mon Dieu, que l'on me fasse cette injure et que l'on m'enlève un trésor dont je ne suis que la dépositaire ; faites-moi la grâce de mourir plutôt que de le perdre ; cette mort me rendra doublement votre épouse, comme vierge et comme martyre ». Ce discours fit assez connaître qu'elle était chrétienne ; mais Olybrius, que sa passion flattait, croyant que, par de folles promesses ou par des menaces, il en viendrait aisément à bout, la fit arrêter pour lui être amenée le lendemain dans son palais. Elle passa tout ce temps dans la prison à demander des grâces au ciel pour conserver sa virginité et demeurer constante dans sa foi.

L'heure étant venue de comparaître devant le juge, elle imprima sur elle-même le signe de la croix, et entra dans le prétoire avec une sainte joie qui donna de nouveaux charmes à sa beauté. Olybrius ne lui parla d'abord que de sa religion, sachant bien que, s'il pouvait lui faire abandonner Jésus-Christ, il l'obligerait ensuite plus facilement à s'abandonner elle-même à lui : « Je suis chrétienne », lui répondit la Sainte, « et je préfère cette qualité que j'ai reçue par le baptême, à toutes celles que la nature et la fortune pourraient me donner. Je me fais gloire d'être la servante de Jésus-Christ, mon Seigneur et mon Dieu ; je me suis entièrement consacrée à lui, et jamais rien ne sera capable de m'en séparer ; je signerai de mon sang cette profession, et je souffrirai volontiers tous les tourments imaginables pour la soutenir jusqu'à la mort ». Nous ne savons si l'amour du tyran l'emporta sur sa cruauté, ou s'il se persuada qu'avec le temps elle changerait de sentiment ; mais il ne passa pas outre, et se contenta de la faire mettre en prison jusqu'à son retour d'Allemagne, où il était appelé pour repousser les Barbares qui venaient de forcer les frontières de l'empire.

Le propre père de sainte Reine fut l'exécuteur de cette sentence. Quand il l'eut entre ses mains, il la fit enfermer dans l'une des tours du château de Grignon, qui lui appartenait. Une respectable tradition rapporte qu'elle fut aussi emprisonnée à Flavigny, dans un caveau souterrain, sur l'emplacement duquel s'éleva plus tard un monastère de l'Ordre de Saint-Benoît. L'église des Bénédictins est entièrement détruite. Sous l'emplacement du chœur, il existe encore une voûte souterraine connue sous le nom de *prison de sainte Reine*. Là, ce père barbare et impitoyable la fit ceindre d'un anneau de fer, dont la circonférence montre que son corps était extrêmement mince; cet anneau tenait à une chaîne composée de 47 chaînons et longue de onze pieds, laquelle était attachée de côté et d'autre à la muraille par ses deux extrémités; en sorte que cette innocente Vierge se voyait forcée de demeurer debout jour et nuit, sans pouvoir changer de place. Ce supplice était sans doute au-dessus de ses forces, et il n'eût pas été de longue durée, si la grâce ne l'eût soutenue pour le supporter avec une patience invincible. Cependant, sans aucun autre secours humain que celui d'un chrétien nommé Théophile, qui lui portait, en cachette, du pain et de l'eau pour sa subsistance, elle attendit en cet état le retour d'Olybrius. Dès qu'il fut arrivé, il demanda des nouvelles de sa prisonnière ; et, apprenant que son cœur était encore plus fortement attaché à Jésus-Christ, que son corps ne l'était aux fers dont on l'avait garrottée, il la fit venir devant lui, espérant gagner sur elle par les caresses ce qu'il n'avait pu obtenir par les tourments. Il employa pour cela tout ce qu'un amour passionné est capable d'inventer. Il lui jura même sur les dieux tutélaires de l'empire, que, si elle voulait leur sacrifier, il la ferait la première dame des Gaules, en partageant avec elle les honneurs de sa charge ; mais, la voyant toujours inflexible, il changea ses douceurs en cruautés. Il la fit étendre sur le chevalet, pour y être cruellement fouettée. Ce spectacle tira les larmes des yeux des assistants : ceux qui connaissaient sa naissance et son mérite l'exhortaient à obéir aux volontés du préfet; les jeunes filles la sollicitaient de ne point perdre une si belle fortune, pour soutenir opiniâtrément le parti d'un crucifié ; mais elle demeura toujours constante à publier les louanges de son Epoux, son plus grand désir étant de verser jusqu'à la dernière goutte de son sang pour lui témoigner sa fidélité. Olybrius, que ses paroles aigrissaient de plus en plus, commanda qu'on lui arrachât tous les ongles, et que, l'ayant suspendue en l'air, on lui déchirât la peau de tous côtés avec des peignes de fer. Ce supplice, qui faisait horreur aux bourreaux et au tyran même, qui se couvrit le visage de son manteau pour ne le point voir, ne fit qu'augmenter la joie et le courage de cette sainte et illustre martyre.

Après ce cruel tourment, qui ne finit qu'avec le jour, elle fut jetée dans un affreux cachot pour y passer toute la nuit. Là, par la permission de Dieu, elle entra dans une agonie semblable à celle que ressentit son Bien-Aimé au jardin des Oliviers, afin que, lui ressemblant plus parfaitement, elle portât aussi avec plus de droit l'auguste qualité de son Épouse. L'obscurité de cette prison, où elle était toute seule, le souvenir des supplices qu'elle venait d'endurer, la pensée de ceux qui leur devaient bientôt succéder, et les cuisantes douleurs que lui causaient ses plaies, lui remplissaient l'imagination ; de plus, la grâce sensible et les consolations célestes qui la soutenaient auparavant, s'étant éloignées, elle se trouva plongée dans un océan d'amertumes, d'où il lui semblait impossible de sortir. Mais cette furieuse tempête, qui ne produisit qu'une douce pluie de larmes, qu'elle répandait dans le fort de son oraison, se dissipa presque en un moment. Vers minuit, étant ravie en extase, elle vit une grande croix, qui touchait de la terre au ciel ; au sommet était une colombe d'une blancheur admirable, qui lui dit ces mots : « Je vous salue, Vierge prudente, plus Reine d'effet que de nom ; vos héroïques vertus vous ont rendue agréable à Dieu et aux anges. Vous vous êtes préparée, par votre virginité et par votre patience, une couronne immortelle que vous recevrez des mains de votre Époux ». Et, pour marque que cette vision n'était pas une illusion, elle se trouva, à l'heure même, parfaitement guérie de toutes ses plaies, et sentit son esprit si puissamment fortifié, qu'elle n'attendit le jour qu'avec impatience, afin d'endurer de nouveaux tourments.

Le lendemain, Olybrius la fit encore comparaître devant son tribunal ; mais il fut bien étonné de la voir en pleine santé, et plus belle qu'elle n'avait jamais été. L'amour qu'il avait eu pour elle se ralluma ; il reprit ses premières caresses, et la sollicita avec plus de passion qu'auparavant, de vouloir bien être son épouse, et d'adorer les idoles ; mais elle méprisa toutes ses vaines promesses ; puis, après lui avoir reproché qu'il ne se servait de la religion que comme d'un prétexte pour couvrir son impudicité, elle lui protesta de nouveau qu'elle serait fidèle à Jésus-Christ jusqu'à la mort, et que les supplices les plus rigoureux n'ébranleraient jamais sa constance. Cette franchise de notre incomparable Vierge le mit au désespoir ; et, pour s'en venger, il la fit étendre et attacher en forme de croix, et ordonna, qu'en cet état, on lui brûlât les côtés avec des torches ardentes. Ce supplice, qui était plus sensible que les autres, ne fit aucune impression sur son cœur ; elle n'en témoigna que de la joie, et elle ressentit même une sainte complaisance de se voir crucifiée à l'imitation de son céleste Époux. Le tyran, s'apercevant du plaisir qu'elle prenait en ce supplice, la fit promptement détacher et jeter, les pieds et les mains liés, dans une grande cuve d'eau froide, afin que, passant d'une extrémité à l'autre, elle souffrît des douleurs plus insupportables. Mais cette nouvelle invention ne servit qu'à couronner plus glorieusement sa patience. La colombe, qui l'avait consolée dans la prison, lui apparut derechef et l'invita à venir recevoir dans le ciel la récompense due à ses victoires. Sa voix fut entendue de plus de huit cent personnes, qui, ayant vu cette colombe, se convertirent à la foi et confessèrent sur-le-champ qu'ils ne reconnaissaient point d'autre Dieu que celui que Reine adorait. Cette conquête, qu'elle avait souvent demandée à son Bien-Aimé, la combla d'allégresse, et renouvela son courage pour recevoir le coup de la mort.

Olybrius, désespérant enfin de rien gagner sur cette innocente victime, la condamna à avoir la tête tranchée. Le peuple, ayant appris cet arrêté, courut en foule au lieu destiné pour l'exécution, qui était hors de la ville d'Alise. Elle obtint des bourreaux une heure de délai, tant pour faire sa prière que pour haranguer l'assistance. Elle parla avec tant de grâce, de majesté, de vigueur et de résolution, qu'il n'y eut personne qui ne se sentît touché de son discours. On admirait la constance d'une fille jeune, noble et belle, qui affrontait la mort sur un échafaud avec plus de courage que ne font les plus braves soldats à la tête d'une armée. Quoiqu'elle eût toujours vécu dans l'innocence, elle avoua toutefois publiquement qu'elle n'était qu'une pécheresse ; et, adressant la parole aux fidèles qui étaient présents, elle les conjura d'employer leurs prières et leurs larmes auprès de Dieu pour lui obtenir le pardon de ses péchés, qu'elle allait tâcher d'expier par l'effusion de son sang. Elle les exhorta aussi à la persévérance et au mépris des tourments et de la vie. Enfin, elle présenta généreusement le cou au bourreau, qui lui trancha la tête le 7 septembre, l'an de grâce 253, selon la plus exacte chronologie. Son âme monta visiblement au ciel en la compagnie des anges, dont elle avait si parfaitement imité la pureté dans une chair corruptible.

Dans les anciennes peintures de l'église de Flavigny, on la voit étendue et attachée en forme de croix. — On la représente ordinairement la palme à la main et ayant un agneau à ses pieds ; on lui donne aussi une tour pour appui, afin de la distinguer de sainte Agnès.

CULTE ET RELIQUES.

Son corps fut enterré par les chrétiens au bas de la montagne d'Alise, avec la chaîne de fer qui avait été un des plus rudes instruments de son martyre. Quelques siècles après, on bâtit, sur son tombeau, une magnifique église, avec un monastère de l'Ordre de Saint-Benoît. Mais, par la vicissitude du temps et plus encore par l'avarice de quelques abbés commandataires, qui s'approprièrent injustement tout le revenu de cette abbaye et la laissèrent sans religieux, la mémoire de ce saint lieu fut tellement abolie, que l'on ne connaissait plus l'endroit du tombeau de la Sainte. Cependant Cigile ou Egile, abbé de Flavigny, désirant découvrir un si grand trésor pour enrichir son monastère, conféra de son dessein avec Jonas, évêque d'Autun, et Salocon, évêque de Dol : ces prélats l'approuvèrent ; il alla donc, avec toute la noblesse du pays, en procession à l'église où il croyait que ce précieux gage était caché. Une colombe, qui descendit du ciel, favorisa son entreprise, en venant se reposer en un endroit de ce temple. Egile y fit creuser par ses religieux, et l'on trouva le sépulcre que l'on cherchait. Le corps de notre sainte Martyre y fut trouvé avec son chef couvert encore de ses cheveux, ainsi que la chaîne de fer dont nous avons parlé. Ce riche dépôt fut porté, avec toute la pompe possible, à l'abbaye de Flavigny, où il a été religieusement conservé. Cette translation se fit l'an 864, sous le règne de Charles le Chauve, et tous les ans on en solennisait la mémoire le 22 mars, dans la même abbaye.

Il y avait, dans la paroisse de Saint-Eustache, à Paris, une célèbre Confrérie érigée en son honneur par Paul V, l'an 1608. Sa mémoire était autrefois en très-grande vénération en Angleterre, avant que le schisme et l'hérésie l'eussent séparée de l'Eglise catholique. Un honnête marchand de Paris, de la paroisse de Saint-Eustache, trafiquant en cette île, trouva une belle image de pierre de notre Sainte ; il l'apporta en France et la fit placer au coin de l'autel de la chapelle de cette Confrérie, où elle était encore en 1685. Au moment de la Terreur, les agents du district de Semur s'emparèrent des reliquaires et des châsses; mais ils laissèrent intact le véritable trésor. Il enrichit la belle église paroissiale. Le chef est dans un buste doré, le cœur, dans un cœur en argent surmonté d'une couronne ouvragée, et le reste du corps, dans une arche en bois peint. Auprès se trouve la chaîne agencée de quarante-sept anneaux. Chaque année, le dimanche de la Trinité et le dimanche qui suit la fête de sainte Reine, les reliquaires sont portés en triomphe par les rues de la cité. La procession ne se rend plus au village d'Alise-Sainte-Reine, lieu de son martyre.

Les mérites de sainte Reine sont si connus dans toute l'Europe par les miracles continuels que Dieu a opérés, et opère encore tous les jours par son intercession, à Flavigny, à la fontaine d'Alise et autres lieux où elle est honorée, qu'il serait inutile d'en rapporter ici aucun en particulier et impossible de les rapporter tous en détail. On va à Sainte-Reine pour la gale et la teigne, et l'on y bâtit un célèbre hôpital où les personnes affligées de ces maux sont reçues et traitées avec beaucoup de soin et de charité.

Son culte devint célèbre, surtout en Bourgogne et dans le Nivernais. Une source abondante, dans la commune de Menestreau, porte le nom de la Sainte, et la chapelle du château de Villiers, dans la même commune, est sous son vocable. Au diocèse de Troyes, on compte trois chapelles dédiées à la vierge d'Alise et qui sont l'objet d'un pieux pèlerinage : ce sont les chapelles de Roche, de Bérulle et de Brevonnes. La chapelle de Roche obtint des reliques de la Sainte, en 1851. On voit, à côté de cette chapelle, une petite fontaine, appelée *fontaine de Sainte-Reine*.

Nous nous sommes servi, pour revoir et compléter cette biographie, de la *Vie des Saints de Dijon*, par l'abbé Duplus; du *Légendaire d'Autun*, par l'abbé Pequegnot; de la *Vie des Saints de Troyes*, par l'abbé Defer; de l'*Hagiologie Nivernaise*, par Mgr Crosnier; et de *Notes locales* fournies par M. Grognot, curé de Flavigny.

SAINT EUVERT[1], ÉVÊQUE D'ORLÉANS

340. — Pape : Saint Jules 1er. — Empereur romain : Constantin II.

*L'âme qui aime Dieu court vers lui par la charité,
comme si l'amour lui donnait des pieds.*
Hugues de Saint-Victor.

Euvert, sous-diacre de l'Eglise romaine, fut élevé à la dignité épiscopale et placé sur le siége d'Orléans, au temps de Melchiade et Sylvestre, souverains pontifes, et sous l'empire de Constantin. Etant venu en Gaule pour racheter ses frères, Eumorphius et Cassia, qui étaient captifs, il arriva dans les murs d'Orléans au moment où l'on était occupé d'élire un évêque après la mort de Désinien. Reçu, en qualité d'hôte, par un portier de l'église, celui-ci obtint de lui qu'il assisterait à l'élection qui aurait lieu le lendemain. Ils allèrent ensemble à la porte de l'église de Saint-Etienne et s'y tinrent. Or, pendant que les pontifes étaient en prières avec le clergé, une colombe, qui descendait du ciel, vint, à la vue de tout le monde, se poser sur la tête d'Euvert. Les prélats s'informèrent avec soin, mais sans le pouvoir découvrir tout de suite, sur la tête de qui la colombe s'était posée. Ils se mirent de nouveau en prières, et, aux yeux de tous, la colombe se posa encore une fois sur la tête d'Euvert. On amena ensuite les deux candidats entre lesquels la cité s'était partagée : ils furent placés devant l'autel avec Euvert, et, descendant une troisième fois, la colombe se posa encore sur la tête d'Euvert seulement. Alors tous de s'écrier : Il est digne, il est juste, voici celui que le Seigneur a choisi pour être son pontife.

Désigné pour être évêque, il fut ordonné diacre dans l'église de Saint-Marc, hors des murs ; de là, ramené dans la cité, il fut consacré prêtre et évêque dans l'église de Saint-Etienne, à la grande admiration du peuple. Un an après son ordination, il éteignit par ses prières un incendie qui menaçait de dévorer toute la ville. Il rendit l'ouïe aux sourds, la vue aux aveugles, la parole aux muets, la santé aux paralytiques et aux malades de tout genre. Comme l'église de Saint-Etienne ne pouvait plus contenir la multitude des fidèles qu'il avait convertis du paganisme à la religion du Christ, réunissant avec les dons des fidèles un trésor trouvé miraculeusement, aidé en outre par les libéralités de Constantin, il fit construire, avec

---

1. *Alias :* Euverte, Evurce, Evorce, Emirte, Emirce.

une magnificence extraordinaire, la basilique de Sainte-Croix, selon le plan qu'un ange lui en avait tracé sur la neige. Voici à quelle occasion :

En creusant les fondations de l'église, on trouva un trésor que l'évêque envoya, par son archidiacre Mansuet, à l'empereur comme au propriétaire légitime de cette épave ; mais pieux et magnifique, le prince rendit non-seulement le trésor, mais y ajouta une autre somme égale, plus sept livres d'or et l'impôt du territoire d'Orléans pendant trois ans, et donna tout pour la construction de la basilique. Elle fut achevée au bout de trois ans ; Euvert en fit la dédicace solennelle, le jour où l'on célèbre l'invention de la Sainte-Croix. Pendant qu'il officiait, un nuage lumineux fut vu au-dessus de sa tête, ainsi qu'une main qui, les doigts étendus, bénissait par trois fois. Tous les assistants ne furent pas témoins de ce miracle, mais seulement le pontife célébrant, son sous-diacre Baudille, plus tard apôtre de Nîmes et martyr, la vierge Præcopie, et un certain Eleusinus, assis près du seuil parmi les pénitents. Le bruit de ce prodige se répandit si vite et si loin que, dans l'espace de trois jours, sept mille païens, admirant ce qui s'était passé, reçurent le baptême. Telle est l'origine du sceau du chapitre d'Orléans, sur lequel on voit représenté, avec une croix, un nuage qui entoure une main bénissante.

Des députés allèrent, de la part de l'évêque, chercher des reliques à Jérusalem, à Soissons et à Rome, et il plaça celle de la sainte Croix au milieu de l'autel ; celles des saints martyrs Crépin et Crépinien, dans la partie droite, et dans la partie gauche celles des bienheureux Apôtres Pierre et Paul. Il s'appliqua pendant vingt ans à ruiner, dans son diocèse, les superstitions païennes, et après avoir conquis à Jésus-Christ presque tout l'Orléanais, et désigné saint Agnan pour son successeur, il fut saisi par la fièvre et rendit son âme à Dieu le 7 septembre 340, comme il l'avait prédit longtemps d'avance.

Dans les représentations qu'on a données de lui, on voit une colombe qui se pose sur sa tête, pendant que le peuple est réuni pour l'élection d'un évêque.

CULTE ET RELIQUES.

Le corps de saint Euvert fut enterré, au milieu d'une grande pompe, à l'orient de la ville et hors des murs, sur un monticule, dans la propriété de Tétradius, homme riche et puissant, qui fit bâtir sur son tombeau, en l'honneur de la sainte Vierge, un oratoire qui devint par la suite l'église abbatiale de Saint-Euvert. Vers l'an 731, par suite des craintes qu'inspiraient les Sarrasins, on transporta ses reliques dans l'intérieur de la ville et on les déposa dans l'église de Saint-Étienne, où elles restèrent quelques années. Il existe encore quelques parcelles de ses reliques dans la chapelle des Prêtres de la Miséricorde, qui possèdent aujourd'hui l'église et les bâtiments de l'ancienne abbaye. La fête de saint Euvert se fait le 7 septembre, et celle de sa translation le 12 juin. Son culte était autrefois aussi célèbre en Angleterre qu'en France, et les Protestants n'ont point effacé son nom du calendrier de leur nouvelle liturgie.

Acta Sanctorum ; Les Évêques d'Orléans, par M. Pelletier, chanoine et vicaire général.

SAINTE GRIMONIE,

VIERGE ET MARTYRE A LA CAPELLE, DIOCÈSE DE SOISSONS .

IVᵉ siècle.

> La force des justes consiste à vaincre la chair, à étouffer les voluptés de la vie présente.
> La *Vénérable Bède*.

Grimonie, née en Hibernie (Irlande), était fille du roi du pays. Sa famille était encore attachée au culte des idoles ; par une grâce toute spéciale, Grimonie eut le bonheur d'être instruite des vérités du christianisme et fut baptisée à l'âge de douze ans, à l'insu de ses parents. Elle se sentit dès ce moment décidée à servir uniquement Notre-Seigneur Jésus-Christ et à lui consacrer sa virginité. Elle employait le plus de temps qu'elle pouvait à la prière et à la méditation, et s'exerçait aux jeûnes et à toutes sortes de mortifications.

Quand elle fut en âge d'être mariée, son père voulut l'unir à un des plus nobles et des plus riches gentilshommes du pays, et déjà il faisait faire les préparatifs de la cérémonie, lorsqu'on vint lui annoncer que la jeune fille n'était plus dans son appartement et que sans doute elle avait pris la fuite. Après bien des recherches, on la trouva à genoux dans un lieu solitaire et on la ramena à la maison paternelle. « Pourquoi avez-vous fui ? » lui demanda le père irrité. « C'est que j'ai choisi un autre époux, Jésus-Christ mon Sauveur et mon Dieu ; je l'aime de tout mon cœur et je veux lui rester fidèle jusqu'à la mort ». A ces mots, le père entre en fureur et ordonne qu'on la renferme dans une prison obscure, pour expier l'injure qu'elle faisait à lui-même, à son fiancé et à ses dieux.

Cette prison fut pour la jeune vierge comme un temple où elle passait ses journées à prier, toute disposée à souffrir toutes sortes de tourments pour témoigner à son Dieu sa fidélité. Ce fut inutilement que sa mère vint la supplier d'obéir à la volonté de son père. Le Seigneur ne devait pas délaisser cette fidèle épouse ; il envoya un de ses anges pour la délivrer : « Levez-vous, Grimonie », lui dit l'ange, « les portes de votre cachot sont ouvertes, sortez au plus vite et dirigez-vous vers la mer ». La vierge s'enfuit en effet, sous la conduite et la protection de Dieu ; elle trouva un navire tout prêt à mettre à la voile, elle y monta et le vaisseau partit. Pendant la traversée, il s'éleva une furieuse tempête, et l'on croyait le naufrage inévitable, lorsque Grimonie se jeta à genoux ; levant alors les yeux et les bras vers le ciel, elle conjura le Seigneur d'avoir pitié de tout l'équipage. Sa prière fut exaucée, les flots s'apaisèrent et le vaisseau put débarquer la jeune vierge dans la Gaule-Belgique, où l'empereur Valentinien protégeait les catholiques. Tout le désir de Grimonie était de passer le reste de ses jours dans la solitude, et de renoncer à tout commerce avec les hommes. Dans ce dessein, elle s'enfonça dans les forêts de la Thiérache *(Therascia)* jusqu'à un endroit nommé *Dorumum* (c'est aujourd'hui le bourg de La Capelle). Là, toutes ses journées et une partie de ses nuits étaient partagées entre la prière, les pieuses méditations et les exercices de la pénitence. Des racines et des fruits sauvages étaient toute sa nourriture. L'eau limpide d'un ruisseau suffisait pour la désaltérer. Dieu se plaisait à la combler de toutes sortes de consolations spirituelles. La contemplation des œuvres de la création lui causait de fréquents ravissements et lui faisait apprécier davantage le bonheur d'être soustraite aux dangers de la maison paternelle.

Cependant les parents de Grimonie n'étaient pas restés en repos après sa fuite. Ils avaient envoyé des soldats à sa recherche, avec ordre de la ramener vivante ou morte. Leurs perquisitions furent longtemps sans résultat. Ils apprirent enfin qu'une jeune fille errante avait profité du départ d'un navire pour gagner le continent; ils s'embarquèrent aussitôt, et à force de courses et d'informations, ils apprirent qu'une jeune étrangère nouvellement arrivée était déjà en grande réputation de vertu, et qu'elle vivait seule au milieu de la forêt voisine.

Les soldats parcoururent la forêt et se trouvèrent tout à coup devant celle qu'ils cherchaient. Leur vue n'effraya pas Grimonie, mais elle se douta de leur dessein. Ils firent tous leurs efforts pour la déterminer à les accompagner et à retourner dans leur pays où des noces splendides l'attendaient. Grimonie ne se laissa pas éblouir par leurs promesses, elle leur parla du bonheur dont elle jouissait dans cette solitude, en servant Notre-Seigneur Jésus-Christ, le divin Époux de son cœur; enfin elle protesta avec fermeté que rien au monde ne pourrait l'arracher de ces lieux. Les barbares, voyant que leurs efforts étaient inutiles et que Grimonie ne consentirait jamais à renier Jésus-Christ pour adorer leurs dieux, se jetèrent sur elle et lui tranchèrent la tête. Après avoir caché le corps de la Sainte sous un amas de terre, ils reprirent le chemin de l'Hibernie. On pense que ce martyre coïncide avec les premières années du IV° siècle.

CULTE ET RELIQUES.

L'endroit précis où reposait le corps de sainte Grimonie resta longtemps ignoré. Voici comment la tradition constante du pays rapporte la découverte de ce précieux trésor. Une clarté mystérieuse apparaissait de temps en temps en un certain lieu de la forêt. Un jour où elle parut encore plus brillante que de coutume, les habitants se rassemblèrent et creusèrent la terre à l'endroit même d'où partait la lumière, et ils trouvèrent un corps parfaitement conservé; ils ne doutèrent pas que ce ne fût celui de la vierge martyrisée dont leur avaient parlé leurs pères. Des miracles s'opérèrent, des malades recouvrèrent la santé en priant devant ces précieuses reliques. La reconnaissance du peuple le porta à bâtir une petite chapelle sur son tombeau. Bientôt on y accourut de toutes parts pour implorer l'assistance de sainte Grimonie. Des maisons s'élevèrent autour de ce sanctuaire; et, le nombre des pèlerins augmentant toujours, il se forma le village de La Capelle qui fut dans la suite érigé en bourg par le roi François Ier. Une belle église remplaça peu après l'oratoire primitif et on y déposa avec honneur les reliques de la Sainte.

Dans une des guerres dont la Thiérache fut le théâtre, La Capelle fut livrée aux flammes. Quelques habitants se montrèrent plus empressés de sauver les reliques de leur patronne, que de protéger leurs propres maisons; ils coururent aussitôt à l'église, enlevèrent rapidement la châsse de sainte Grimonie et la transportèrent à un village situé à quatre lieues plus loin, appelé Lesquielles, et où l'on conservait déjà des reliques de sainte Preuve. Lesquielles était alors un poste important et avait un château fort. Son église, dédiée à saint Jean-Baptiste, était desservie par douze prêtres. (L'anniversaire de cette translation se célèbre encore aujourd'hui à Lesquielles avec la plus grande solennité et au milieu d'un grand concours de pieux pèlerins.)

Les guerres incessantes entre les seigneurs de ces contrées obligèrent les habitants à cacher dans la terre leur précieux trésor. Il y resta longtemps, jusqu'à ce qu'il plût à la Bonté divine de réveiller la foi et la confiance des fidèles par de nombreux miracles opérés par l'invocation de sainte Grimonie et de sainte Preuve. Anselme de Magny, qui occupa le siège épiscopal de Laon de 1215 à 1238, voulut vérifier par lui-même ce qui se passait à Lesquielles; il s'y transporta le 7 septembre 1231, leva de terre les corps des deux Saintes, en fit la vérification en présence de témoins et les exposa à la vénération des fidèles. On possède encore l'original du procès-verbal d'Anselme, et parmi les signatures se trouve celle d'un nommé Jean Lequeux, un des échevins du pays.

Une nouvelle reconnaissance et exposition des reliques eut lieu le mardi de la Pentecôte de l'année 1389 par Philippe de Grumelly, doyen de la chrétienté de Guise et curé de Lesquielles. En 1535, les reliques de sainte Grimonie et de sainte Preuve furent, avec l'autorisation de l'évêque de Laon, Louis Bourbon de Vendôme, mises dans de nouvelles châsses par Pierre Albain, abbé du monastère de Bohéries.

Pendant la guerre de François Ier avec les impériaux, le prieuré de Lesquielles fut livré aux flammes par le comte de Nassau et Adrien de Croï, comte de Rœux et gouverneur des Flandres et de l'Artois.

Ce dernier s'empara des reliques de sainte Grimonie et de sainte Preuve, les fit vérifier par Baudouin de Mol, abbé de Bohéries, et en fit présent, en 1540, aux chanoines réguliers de Saint-Augustin de l'abbaye de Notre-Dame de Hénin-Liétard, au diocèse d'Arras. Elles y sont restées enveloppées séparément et scellées dans des morceaux de soie jusqu'en 1638, époque à laquelle Robert de Mallebranche, abbé du monastère, en fit faire la reconnaissance, et retrouva tous les anciens procès-verbaux qui en constataient l'authenticité. En 1639, il déposa les ossements sacrés dans quatre châsses. En 1748, l'abbé de Hénin-Liétard, nommé Desjardins, ouvrit les châsses, avec l'autorisation de Mgr Baglion de la Salle, évêque d'Arras, et en retira un os de sainte Grimonie et un autre os de sainte Preuve, les mit dans deux boîtes scellées et cachetées pour être présentées à l'évêque de Laon, qui les fit rendre à l'église de Lesquielles. La reconnaissance en fut faite par l'autorité épiscopale en 1749. Au commencement de la Révolution française, des personnes pieuses et intelligentes, prévoyant la profanation dont ces saintes reliques pourraient être l'objet, retirèrent secrètement de la châsse les procès-verbaux et les ossements sacrés, après leur avoir substitué des ossements communs. Lorsque, en 1795, le libre exercice de tous les cultes eut été proclamé par le gouvernement républicain, les habitants de Lesquielles firent construire deux châsses, et le 30 avril de la même année, les vraies reliques de sainte Grimonie et de sainte Preuve y furent déposées. Le 24 avril 1803, Mgr Leblanc de Beaulieu les vérifia et en reconnut l'authenticité. On rapporte que plusieurs guérisons ont été récemment obtenues par l'invocation de ces saintes Vierges martyres. Trois fêtes solennelles sont célébrées chaque année à Lesquielles : le 20 avril, anniversaire du martyre ; le mardi de la Pentecôte, jour de la translation de ses reliques de La Capelle à Lesquielles ; la troisième, le 7 septembre, en mémoire de l'élévation de son corps par l'évêque Anselme. La portion des reliques des deux Saintes qui étaient restées en 1748 en la possession de l'abbaye de Hénin-Liétard ont été également sauvées de la profanation, à l'époque de la Révolution française ; depuis la restauration du culte, elles reposent dans deux beaux reliquaires placés sous le maître autel de l'église paroissiale de Hénin-Liétard (Pas-de-Calais).

Dans la distribution des ossements de sainte Grimonie et de sainte Preuve, que fit en 1748 le R. P. Desjardins, abbé du monastère de Hénin-Liétard, il en offrit une portion à l'évêque d'Arras, qui était en même temps abbé commendataire de l'abbaye de Saint-Vincent de Laon. Sur les instances des religieux, le prélat consentit à leur faire présent d'un tibia de sainte Preuve et d'un péroné de sainte Grimonie. En 1755, les moines à leur tour consentirent à se dessaisir d'une partie de ce péroné, en faveur de La Capelle. La portion du péroné de sainte Grimonie qu'avaient gardée les moines de Saint-Vincent appartient aujourd'hui à Saint-Martin de Laon. Cette relique est enveloppée dans un parchemin double qui n'est autre que l'authentique donnée par Mgr de Rochechouart, évêque de Laon de 1741 à 1777. La pièce est datée de 1750. L'autre portion du péroné, donnée en 1755 à La Capelle, a été en 1793 sauvée de la profanation révolutionnaire, puis reconnue et vérifiée en 1804 par M. Roger, curé-doyen de La Capelle, et depuis par Mgr Leblanc de Beaulieu. Le pèlerinage de La Capelle est assez fréquenté. On invoque sainte Grimonie pour la vue. La fontaine de la Sainte existe encore, et la chapelle qui la recouvre en partie a été construite en 1854.

Nous devons cette notice à l'obligeance de M. Henri Congnet, du chapitre de Soissons, qui l'a tirée des *Bollandistes*, du *Bréviaire de Laon* (1748), de l'*Histoire du diocèse de Laon* (1783), de l'*Histoire de Guise*, par l'abbé Pécheur, de l'*Histoire de la Sainte*, par l'abbé Lescot, et de *Procès-verbaux* authentiques faits à diverses époques.

SAINT MESMIN OU MÉMIERS ET SES COMPAGNONS

MARTYRS A BROLIUM, AUJOURD'HUI SAINT-MESMIN, AU DIOCÈSE DE TROYES

451. — Pape : Saint Léon le Grand. — Empereur d'Occident : Valentinien III.

> Seigneur, vous nous avez livrés comme des brebis destinées à la mort. *Ps.* XLIII, 12.

C'était le temps où saint Loup gouvernait glorieusement l'Eglise de Troyes. Sous sa houlette pastorale, la cité jouissait d'une paix profonde et sans mélange. L'idolâtrie disparaissait chaque jour et faisait place à la foi du Christ ; les études sacrées florissaient à l'ombre du sanctuaire, et la milice sainte, dont les rangs devenaient plus nombreux et plus serrés, réjouissait, par ses progrès rapides dans la science et la vertu, le cœur de l'illustre prélat. Parmi ces jeunes lévites se trouvait Mesmin (*Memorius*) : une piété plus tendre, une innocence plus angélique, une inclination plus marquée pour les cérémonies du culte l'avaient fait distinguer de ses condisciples et lui avaient mérité l'honneur du diaconat. Avec quel respect il portait sur sa poitrine l'Evangile de Jésus-Christ ! Avec quel saint tremblement il montait les degrés de l'autel, pour assister le Pontife, quand il immolait solennellement la victime du salut ! Remplissant ici-bas la fonction de l'ange au ciel, il en rappelait le recueillement et la modestie : bientôt il devait en partager la gloire.

Des bruits sinistres circulent dans la ville. Un ennemi redoutable approche, ne laissant après lui que ruines et désolation : c'est Attila, le roi des Huns. Déjà sa tente est dressée, et son camp installé dans les plaines de Méry-sur-Seine ; la terreur se répand partout ; les campagnes sont délaissées : c'est derrière les faibles murailles de Troyes qu'on vient chercher asile contre l'ennemi commun. Ainsi fuit la brebis eh présence du lion ; ainsi l'oiseau timide en face du vautour. Saint Loup n'est pas non plus sans inquiétude ; il redouble ses jeûnes, il prolonge ses veilles, il s'offre en holocauste pour ses ouailles chéries. Dieu a entendu sa prière ; mais d'autres victimes doivent apaiser le courroux du ciel.

Un soir que la fatigue a épuisé les forces du saint prélat et fermé ses paupières dans un repos mérité, un ange lui apparaît en songe et lui fait entendre ces paroles : « Ne crains rien, soldat du Seigneur ; ne laisse pas l'inquiétude déchirer ton âme, car tes prières et tes gémissements ont touché le cœur de Dieu. Prends courage ; ta puissance est grande auprès du Très-Haut. Voici que tes larmes ont lavé les péchés de ton peuple ; elles ont éteint l'incendie allumé contre ta ville par la colère du Seigneur. Non-seulement Troyes ne passera point par les flammes, mais elle aura la gloire de donner au ciel des citoyens nouveaux, empourprés de leur sang. Tu élèves dans ton église de jeunes disciples, qui recueillent avec avidité les paroles saintes dont tu les nourris, et qui marchent à l'envi sur tes traces dans le chemin des bonnes œuvres ; Dieu en destine quelques-uns à la couronne du martyre. Je te dirai leurs noms pour éviter toute erreur. C'est d'abord Mesmin, honoré du diaconat ; sept autres jeunes gens parmi ceux qui fréquentent tes écoles lui seront adjoints comme victimes. Quand le barbare ennemi approchera de la ville, tu lui enverras ceux que je t'ai désignés, portant avec eux la croix et le texte des Evangiles. Ne t'effraie point de leur mort ; c'est ainsi que Dieu les appelle au séjour des bienheureux ». Après ces mots, l'ange disparut.

Saint Loup s'éveille ; il rend grâces à Dieu et passe le reste de la nuit en prières. Au point du jour, il assemble ses disciples et leur fait part de sa vision céleste. Ses yeux s'humectent de larmes, car il pense à la mort cruelle qui attend ses enfants ; mais eux, pleins d'un intrépide courage, et enflammés par la perspective d'un glorieux martyre, font résonner les airs de leurs chants d'allégresse.

Quelques jours se passent encore ; puis bientôt arrive l'heure du sacrifice. L'ennemi campe à Méry-sur-Seine ; il faut obéir à l'ordre du ciel. Les généreuses victimes sont prêtes : Mesmin et ses compagnons, parmi lesquels certains auteurs comptent deux diacres, du nom de Félix et Sensatus, et un sous-diacre, Maximien, ont revêtu leurs aubes les plus précieuses ; le peuple se presse autour d'eux et les accompagne au chant des psaumes jusqu'aux portes de la ville, où ils donnent à tous le baiser de paix et reçoivent du Pontife ému sa dernière bénédiction.

Ils arrivent à Brolium, aujourd'hui Saint-Mesmin, sur la rive de la Seine. Attila, monté sur un coursier fougueux, est environné de ses farouches guerriers. Mesmin s'avance respectueusement pour s'acquitter de son message ; Attila l'aperçoit et vient au-devant de lui. Tout à coup, un tourbillon s'élève et lance un nuage de poussière dans les yeux des barbares. En même temps, la blancheur éclatante des aubes des lévites, le miroitement de l'or qui environne le texte des Evangiles effraient le cheval ombrageux d'Attila, qui renverse son cavalier. Attila se relève aussitôt, mais la colère enflamme son visage : « Qui sont ces gens ? » s'écrie-t-il irrité. « Seigneur », dit Mesmin, « nous sommes envoyés par Loup, notre évêque, pour vous supplier de sa part de ne point réduire en captivité la ville de Troyes ». L'un des officiers du roi des Huns prend alors la parole : « Ces gens », dit-il, « sont cause de l'accident qui vous est arrivé : ce sont des magiciens ; ordonnez qu'ils périssent par le glaive ». — « Vous me donnez un bon conseil », répond le roi ; « allez, faites-leur trancher la tête ».

Aussitôt les soldats fondent sur les jeunes clercs sans défense, et en font un affreux massacre. Mesmin allait aussi tomber sous les coups de ces furieux, quand Attila les arrêta par ces paroles : « Ne frappez point celui-ci », dit-il en montrant le chef de l'ambassade ; « qu'il s'en retourne et qu'il annonce dans sa ville ce qui vient de se passer. Brisez les vases qu'ils portaient comme les instruments de leur magie, et brûlez-en une partie ».

Les flammes dévoraient l'image de la croix, quand un fragment, se détachant, sauta dans l'œil d'un serviteur qui tomba en poussant de grands cris. Mesmin dit alors à Attila : « Si vous croyez en mon Dieu, il est assez puissant pour guérir ce jeune homme ». Et faisant en même temps un signe de croix sur l'œil du blessé, il lui rendit l'usage de la vue.

Ce miracle n'opéra nullement la conversion du prince, car, cédant aux instances de l'officier qui déjà avait conseillé le massacre des jeunes lévites, il ordonna la mort de Mesmin. Celui-ci demanda quelque temps pour prier, et, lorsqu'il eut conjuré le ciel d'accepter son sang pour le salut de sa patrie : « Achevez ce que vous avez commencé », dit-il à ses bourreaux. Aussitôt sa tête roula sur le sol et fut jetée à la rivière.

Cependant un des sept avait échappé au carnage. A la faveur des buissons qui bordaient la Seine en cet endroit, il avait pu attendre la nuit, profiter des ténèbres pour couvrir de branchages les corps des martyrs et retourner à la ville. Grande fut la consternation des citoyens, quand il raconta ce qui s'était passé. Saint Loup ne put retenir ses larmes ; toutefois il bénit le Seigneur et ses conseils mystérieux, et s'imposa une rude pénitence, comme s'il eût été la cause de ce malheur.

CULTE ET RELIQUES.

Saint Mesmin et ses nobles compagnons furent inhumés à Brolium, et quand Attila se fut momentanément éloigné de la terre qu'il dévastait, saint Loup vint avec plusieurs personnes, fit jeter des filets dans la rivière, et en retira la tête du saint martyr Mesmin, qui fut réunie à son corps. Il eût désiré remporter dans sa ville épiscopale les restes précieux du chef de l'ambassade ; mais un obstacle invisible s'opposait à ce dessein. Saint Loup comprit alors que le diacre martyr voulait être inhumé au lieu même de son triomphe, et le corps reçut à Brolium les derniers honneurs. On en conserve encore aujourd'hui une partie considérable dans l'église paroissiale de Saint-Mesmin.

Visitées, en 1544, par Mgr Louis de Lorraine, plus connu sous le nom de cardinal de Guise, ces saintes reliques le furent de nouveau, le 30 septembre 1828, par l'un des vicaires généraux de Mgr de Seguin des Hons. Elles avaient été sauvées des fureurs révolutionnaires, en 1792, par Jacques Porentru, Jean-Baptiste Berthier et Etienne Herluison, habitants de Saint-Mesmin.

Quant aux reliques des jeunes compagnons de saint Mesmin, elles reposèrent longtemps dans l'abbaye de Saint-Martin-ès-Aires sous le nom de *Reliques des saints Innocents*. La Révolution en a fait perdre la trace.

Aucun monument, après l'église de Saint-Mesmin, ne rappelle aujourd'hui le souvenir du diacre martyr. Mais autrefois, une chapelle, dont les ruines forment un petit tertre gazonné que surmonte une croix, existait sous le vocable du Saint, dans la contrée du pays qui s'appelle encore *la Chapelatte*. Une autre chapelle, à l'ouest du village, près de la station actuelle du chemin de fer, a également abrité, plus tard, les corps des saints Martyrs ; mais, comme la première, elle a depuis longtemps disparu.

Nous avons emprunté cette biographie à la *Vie des Saints de Troyes*, par l'abbé Defer.

SAINT ANSERY [1] OU ANSERIC D'ÉPAGNY,

VINGTIÈME ÉVÊQUE DE SOISSONS ET CONFESSEUR

552. — Pape : Vigile. — Roi de France : Childebert Iᵉʳ.

Si quis innocentiam retinet, et nihilominus humilitatem jungit, is geminum animæ possidet decorem.
Celui qui a gardé l'innocence du cœur, et qui sait y joindre l'humilité, possède les deux beautés de l'âme.
Saint Bernard.

Ansery *(Ansericus)* naquit à Epagny, village situé à quatre lieues de Soissons, de parents pieux, auprès desquels il apprit, dès son enfance, à aimer et à servir le Seigneur. Après la mort de l'évêque Landulphe, le clergé et le peuple furent unanimes pour élire Anseric. Il résista longtemps, et ne donna son consentement que pour ne pas se mettre en opposition avec la volonté de Dieu, qui venait de se manifester. La dignité

1. *Alias :* Ansard, Hansard.

épiscopale, loin de l'éblouir et de l'enfler d'orgueil, ne lui inspira que des sentiments de la plus profonde humilité. Il ne changea rien à sa manière de vivre qui l'avait rendu, pendant sa cléricature, l'objet de la vénération des Soissonnais. Il redoubla même ses austérités et ne fut que plus assidu à la prière. Aussi sa parole, ses conseils, ses exhortations, et au besoin ses réprimandes, étaient toujours écoutées et reçues avec respect et désir de s'y conformer ; on savait qu'il ne prescrivait rien dont il ne donnât le premier l'exemple. Les populations étaient avides de le voir célébrer les saints mystères ou administrer les sacrements, tant il s'acquittait de ces fonctions avec une modestie, une piété, un recueillement qui ravissaient les plus indifférents. Sa sainteté fut récompensée plus d'une fois par le don des miracles et la guérison des maladies.

Au lieu de sa naissance, à Epagny, par ses prières et sa foi vive, il fit jaillir une source abondante qui existe encore et est toujours appelée *Fontaine du pied de saint Ansery*, parce que le Saint, ayant mis le pied sur un roc, s'écria : « Au nom du ciel, qu'il y ait ici une fontaine ». Cette eau a eu souvent la vertu de rendre la santé aux malades.

Saint Anseric parut avec honneur à la cour de Clotaire II et de Dagobert Ier, son fils. Il ne pouvait y inspirer que l'horreur du vice et l'amour de la religion et des bonnes mœurs. Anseric était lié d'amitié avec plusieurs saints évêques ou laïques : saint Arnoul de Metz, saint Faron de Meaux, saint Eloi de Noyon, saint Ouen de Rouen, travaillaient tous, par leurs exemples et leurs exhortations, à rendre de plus en plus chrétiennes des populations qui conservaient encore quelques restes de coutumes païennes et barbares.

Saint Anseric aimait et favorisait en toute occasion les communautés religieuses de son diocèse ; sa générosité à leur égard ne connaissait pas de bornes. Il allait même jusqu'à se dessaisir en leur faveur d'une partie de ses droits épiscopaux. C'est ainsi qu'il sollicita et obtint du pape saint Grégoire le Grand la confirmation du *Privilège de saint Médard*, de Soissons, privilège qui soustrayait ce célèbre monastère à la juridiction et visite de l'ordinaire, le constituait chef de tous les monastères des Gaules, le plaçait sous la protection du roi et sous l'autorité immédiate du Saint-Siège, lui donnait la liberté d'élire ses abbés, etc.

Saint Anseric n'avait pas moins de zèle pour restaurer ou bâtir les églises destinées au service des paroisses. Le nombre des fidèles s'étant considérablement accru à l'extrémité du faubourg de Crouy, au-delà du faubourg de Saint-Waast et de l'abbaye de Saint-Médard, il construisit en ce lieu une nouvelle église qu'il dédia à saint Etienne, et qui prit plus tard le nom de Saint-Paul. Il y adjoignit une communauté de clercs, à qui il donna de sages règlements. Anseric venait s'y retirer pendant des semaines entières, soit pour y vivre lui-même dans la solitude et le recueillement, soit pour instruire les jeunes clercs dans les saintes Lettres et les initier aux pratiques de la vie sacerdotale.

Un grand événement de l'épiscopat de saint Anseric est une translation des reliques de saint Crépin et de saint Crépinien, martyrs de Soissons. Après avoir séjourné longtemps dans un oratoire de la rue actuelle de la Congrégation, leurs reliques avaient été renfermées dans la crypte de la basilique de Saint-Crépin le Grand, élevée au faubourg de ce nom. La pratique constante de l'Eglise de Jésus-Christ a toujours été de conserver précieusement les corps des Saints et de n'ouvrir leurs tombeaux que dans des circonstances assez rares. Anseric assembla son clergé et demanda son avis ; consulta plusieurs évêques, ordonna des jeûnes et des prières pour connaître la volonté de Dieu et obtenir la faveur de reconnaître le précieux trésor, caché depuis longues années aux yeux des fidèles. Après avoir pris ces sages précautions, il fixa au 10 juin la solennité de l'ouverture du tombeau et de la translation des corps. Plusieurs de ses collègues s'y rendirent avec empressement, entre autres saint Eloi, saint Faron et saint Ouen. La crypte ayant été ouverte, une suave odeur sortit des deux cercueils et se répandit dans toute l'enceinte sacrée : des larmes de joie sortaient de tous les yeux. Les pontifes baisèrent avec respect les saints ossements, mirent à part les deux têtes des martyrs, enveloppèrent dans la soie le reste des reliques et les renfermèrent dans la magnifique châsse travaillée par saint Eloi lui-même. Les évêques la portèrent sur leurs épaules et la déposèrent au-dessus de l'autel principal de la basilique. Le chef de saint Crépin fut placé dans les archives ou trésor de l'église ; celui de saint Crépinien fut donné à saint Eloi. Plusieurs miracles s'opérèrent pendant cette translation. Les relations du temps citent surtout la guérison instantanée et complète d'une femme de Paris. Horriblement tourmentée par le démon, elle s'était en vain adressée à la très-sainte Vierge pour en être délivrée ; Dieu, par un dessein tout particulier de sa Providence, voulant exciter la confiance dans l'intercession de nos saints martyrs. Elle entre dans le chœur, aussitôt les accès de son mal redoublent, les prélats et le peuple en sont effrayés ; tous se prosternent en gémissant devant la châsse de saint Crépin et de saint Crépinien ; la femme, avec humilité et confiance, se traîne auprès des saintes reliques : à peine elle les a touchées qu'elle se sent entièrement délivrée du malin esprit qui la possédait.

Anseric ne s'occupait pas tellement du bien spirituel de ses ouailles, qu'il négligeât leurs affaires temporelles : de graves difficultés s'étaient depuis longtemps élevées entre les habitants de Soissons, au sujet de la mesure du vin : l'évêque fit un dernier effort pour apaiser cette vieille querelle. Ayant convoqué le clergé et le peuple, il leur parla avec tant d'onction et de charité que tous s'en rapportèrent, sur ce point litigieux, à sa décision. Sur-le-champ, il fit faire une mesure de cuivre appelée depuis demi-setier, pour servir de type et d'étalon. Cet instrument s'est conservé pendant plusieurs siècles dans le trésor de la cathédrale, et à certains jours le peuple le venait baiser avec respect, comme ayant servi à établir la paix et la concorde dans la ville.

Une maladie contagieuse ravageait la ville de Soissons et ses environs, Anseric se mit en prière pour conjurer le fléau. Tout à coup une voix se fit entendre dans les airs : « Quel mal pouvons-nous faire à cette ville ? à la porte de l'Orient reposent les corps de saint Crépin et de saint Crépinien ; du côté de l'Occident est le lieu où ils ont versé leur sang ; dans l'enceinte de ses murailles il y a la poussière et le lieu de leur sépulture ; nous ne pouvons plus rien ici, il faut laisser la ville sous leur tutelle ». Après ces paroles, la maladie contagieuse disparut entièrement.

Cependant Anseric avançait en âge et se préparait à rendre compte de son administration à Celui qui juge les princes de l'Eglise aussi bien que les simples fidèles. Il se prépara avec foi et confiance au dernier passage. Sa vie avait été tout entière consacrée à travailler à sa propre sanctification et au salut de son peuple. Il demanda les derniers sacrements et rendit le dernier soupir entre les bras de ses clercs, vers 552. Après sa mort il apparut à sainte Salaberge de Laon : « Me reconnais-tu ? » lui dit-il en s'avançant vers elle. « Non », répondit-elle. « Je suis Anseric, évêque de Soissons ;

viens, viens, que je te montre les portes du paradis, la cité du Très-Haut et les siéges des douze Apôtres, tout brillants d'or et de pierreries. Voici le lieu qui t'est préparé ». Après ces mots il disparut.

CULTE ET RELIQUES.

Le corps de saint Anseric fut déposé dans la collégiale de Saint-Etienne (aujourd'hui Saint-Paul), sur la route qui conduit de Soissons à Crouy. Les bâtiments de ce couvent, vendus à la Révolution, sont divisés en plusieurs habitations particulières. Il ne reste aucun vestige de l'église. Son tombeau était visité par les fiévreux et les possédés, qui venaient y demander leur guérison. Jusqu'en 1789, une pierre placée sur le marche-pied de l'autel indiquait le lieu où il avait été primitivement enseveli ; mais ses reliques n'y étaient plus, elles avaient été transportées dans le trésor de la cathédrale, d'où elles ont disparu avec tant d'autres. Le village d'Epagny n'a pas oublié son saint protecteur. Chaque année sa fête s'y célèbre très-solennellement, et encore aujourd'hui une de ses portes porte le nom de Saint-Anseric.

Nous devons cette notice à M. Henri Congnet, du chapitre de Soissons. — Cf. *Acta Sanctorum*, tome Ier de septembre; *Gall. Christ.*; *Hist. de Soissons*; l'abbé Pécheur, *Annales*.

SAINT CLOUD OU CLODOALD, FILS DE FRANCE,

PRÊTRE ET RELIGIEUX

560. — Pape : Pélage Ier. — Roi de France : Clotaire Ier.

> Le cœur de l'homme, faussé et perverti, place le bonheur des mortels dans la splendeur des palais, sans s'inquiéter de la souillure et de la ruine des âmes.
> *Saint Augustin.*

Saint Clodoald, vulgairement appelé saint Cloud, est le premier prince français que l'Eglise ait honoré d'un culte public. Il naquit en 522. Son père Clodomir, roi d'Orléans, l'aîné des fils de sainte Clotilde, ayant défait en bataille rangée saint Sigismond, roi de Bourgogne, et l'ayant fait son prisonnier de guerre, avec sa femme et ses enfants, les fit tous cruellement mourir, sans que ni le respect de la dignité royale dont Sigismond était revêtu, ni la considération de la parenté (car il était son cousin issu de germain), ni les remontrances de saint Avit, abbé de Micy, qui fit son possible pour le détourner de ce meurtre, pussent rien gagner sur la férocité de son esprit. Cette inhumanité fut bientôt sévèrement punie, non-seulement en sa personne, mais aussi en celles de ses propres enfants. Ayant remporté une seconde victoire près de Vienne, en Dauphiné, sur Gondemar, frère de saint Sigismond, comme il poursuivait les fuyards avec ardeur, il s'éloigna trop de ses gens et tomba entre les mains d'une troupe d'ennemis qui le tuèrent, lui coupèrent la tête et la mirent au bout d'une lance pour la faire voir aux Francs.

Après sa mort, ses enfants : Thibault, Gonthaire et Clodoald, vulgairement Cloud, se trouvèrent sous la conduite de sainte Clotilde, leur grand'-mère, qui les éleva chrétiennement et avec le plus grand soin, en attendant qu'ils partageassent les Etats de leur père, gouvernés pendant ce temps par des lieutenants. Mais Childebert, roi de Paris, leur oncle, qui convoitait le royaume d'Orléans, leur héritage, invita Clotaire, roi de Soissons, à partager son infâme dessein. Il s'agissait de faire mourir leurs neveux ou de les reléguer dans un cloître. Clotaire opina pour la mort. Ces oncles barbares égorgèrent de leurs propres mains les deux aînés, Thibault et Gonthaire. Cloud, par une protection spéciale de la Providence, échappa au massacre. Bientôt après, il se coupa lui-même les cheveux, cérémonie par laquelle il déclarait qu'il renonçait à la royauté. Depuis, il trouva diverses occasions de recouvrer les Etats de son père; mais il ne voulut point en profiter. La grâce lui avait ouvert les yeux sur la vanité des grandeurs terrestres. Il préféra une vie humble et tranquille dans les rigueurs de la solitude, à une vie éclatante, mais périlleuse dans un palais royal et au milieu d'une foule de courtisans; il se consacra entièrement au service de Dieu. Son étude ne fut plus que la lecture des livres sacrés; son plaisir, de coucher sur le cilice, et sa joie de mortifier son corps par des austérités continuelles.

Après avoir distribué aux églises et aux pauvres les biens que ses oncles n'avaient pu lui ravir, il se retira auprès d'un saint religieux, nommé Séverin, qui menait une vie solitaire et contemplative dans un ermitage aux portes de Paris. Le jeune prince reçut de ses mains l'habit religieux, et demeura quelque temps en sa compagnie, pour s'y former à toutes les vertus monastiques. Childebert et Clotaire ne purent pas ignorer que c'était lui; mais, comme ils le virent sans prétention, ils le laissèrent en liberté et lui donnèrent même quelques héritages pour vivre plus commodément dans le lieu de sa retraite. Cependant, ne se croyant pas assez solitaire, ou pour quelques raisons que son histoire ne marque pas, il quitta les environs de Paris et se retira secrètement en Provence, hors de la vue et de l'entretien de toutes les personnes de sa connaissance. Pendant qu'il se construisait, de ses propres mains, une petite cellule, un pauvre se présenta devant lui et lui demanda l'aumône. Il était lui-même si pauvre, qu'il n'avait ni or, ni argent, ni provisions qu'il pût lui donner; mais il se dépouilla généreusement de sa propre cuculle et lui en fit présent. Cet acte de charité fut si agréable à Dieu, que, pour en découvrir le mérite, il rendit la nuit suivante cette cuculle toute lumineuse entre les mains du pauvre qui l'avait reçue. Les habitants des environs furent témoins de ce miracle, et reconnurent par là que saint Cloud était un excellent serviteur du Christ. Ils le vinrent donc trouver pour honorer sa sainteté et pour recevoir ses instructions; mais leurs trop grandes déférences leur firent perdre un si précieux trésor : car saint Cloud, voyant qu'il n'était pas plus caché en Provence qu'à Paris, s'en retourna dans son premier ermitage. Peut-être que l'appréhension d'être élevé à la prélature l'avait fait fuir, et que le sujet de sa crainte était passé par l'élection d'un autre à cette dignité.

A peine fut-il revenu qu'Eusèbe, alors évêque de Paris, l'ordonna prêtre à la sollicitation du peuple, qui ne put souffrir un si saint homme dans un Ordre inférieur. Les exemples des vertus qu'il fit paraître dans cette dignité, le firent encore plus respecter qu'auparavant. On admirait en lui le pouvoir de la grâce, qui, d'un prince, ou pour mieux dire d'un roi légitime, avait fait un humble serviteur de la maison de Dieu. On louait hautement son humilité, sa modestie, son détachement des choses du monde, son amour pour la pénitence et sa charité incomparable. Ce grand homme ne put souffrir longtemps ces honneurs, et, pour les éviter, il se retira sur une montagne, le long de la Seine, à deux lieues au-dessous de

Paris, en un lieu que l'on appelait Nogent, mais qui, depuis, a changé de nom pour prendre celui de Saint-Cloud. Après y avoir vécu quelque temps solitaire, il y fit bâtir un monastère qu'il dota des biens que les rois, ses oncles, lui donnèrent. Il le fit dépendant, avec son église et tous ses revenus, de l'église cathédrale de Paris, dont il était le prêtre, comme ils en dépendaient encore en 1685. Il y gagna plusieurs personnes à Jésus-Christ, qui furent ravies d'y vivre religieusement sous sa conduite. Enfin, il y mourut saintement le 7 septembre, vers l'an 560. Sa mort, qu'il avait prédite avant qu'elle arrivât, fut suivie de plusieurs miracles. On enterra son corps dans le même monastère, qui, depuis, a été changé en collégiale. Cette église est aujourd'hui paroissiale, et l'on y garde encore quelques-unes des reliques du Saint.

Les quatre Martyrologes ordinaires font une honorable mention de ce bienheureux prince. Les Parisiens célèbrent sa fête avec beaucoup de piété ; et, durant toute son octave, il y a un grand concours de peuple qui visite son église.

On peut voir dans toute son histoire, que ce que le monde appelle *infortune* est souvent le chemin du vrai bonheur, et que Dieu sait admirablement tirer le bien du mal, l'élévation de la plus grande humiliation. Ainsi, la véritable prudence est de s'abandonner entièrement à la conduite de sa divine Providence, et d'aimer les états, même les plus bas et les plus humiliés, où il lui plaît de nous mettre.

On le représente çà et là comme solitaire, agenouillé devant une croix, et la couronne à terre près de lui.

Saint Grégoire de Tours, *Hist. Franc.*; Mabillon.

SAINTE MADELBERTE OU AMALBERTE [1],

ABBESSE DU MONASTÈRE DE MAUBEUGE, AU DIOCÈSE DE CAMBRAI

705. — Pape : Jean VI. — Roi de France : Childebert III.

> C'est faire une prière très-agréable à Dieu que de reconnaître qu'on doit à sa miséricorde le bien qu'on a pu faire. *Saint Grégoire le Grand.*

Madelberte était la plus jeune des filles de saint Mauger, surnommé Vincent, et de sainte Vaudru. Elle se retira avec sa tante, sainte Aldegonde, à Maubeuge, quand celle-ci y alla fonder un monastère. C'est là que, toute petite encore, elle acheva de se former sous la direction d'une maîtresse si sage, et déjà si expérimentée dans les voies du salut. Les vertus naissantes, que la jeune enfant avait pratiquées jusque-là dans sa famille, prirent alors un nouveau développement : aussi inspirait-elle à toutes ses compagnes une sorte de respect et de religieuse vénération. « Elle préparait et ornait sa lampe », dit l'auteur de sa vie, « afin que, quand l'époux des âmes viendrait frapper à la porte, il ne fût point obligé d'attendre, et qu'elle entrât

1. *Alias :* Mauberte.

avec lui dans la gloire du ciel ». « Car », disait aussi la vierge Aldegonde à sa nièce, « quand Dieu découvre des âmes remplies de son amour et embrasées du désir de lui plaire, il les attire doucement à lui par les attraits de sa grâce, afin qu'elles croissent toujours de plus en plus dans la ferveur, qu'elles tendent avec une continuelle ardeur vers les biens célestes, et que, méprisant les vaines délices du siècle, elles marchent d'un pas ferme et inébranlable dans la voie qui conduit au ciel ».

La jeune et pieuse Madelberte se montrait docile à ces sages instructions, et elles lui inspiraient toujours une ardeur plus vive pour le bien. A peine entrée dans le monastère de Maubeuge, elle se distinguait déjà par sa parfaite régularité, sa douceur, sa bonté et son esprit d'obéissance. Ce fut surtout par une vigilance continuelle sur elle-même qu'elle surmonta les saillies ordinaires de l'enfance et de la jeunesse, et qu'elle montra toujours dans sa conduite une aimable et modeste gravité.

Sa charité pour les pauvres et les malheureux se révélait aussi très-souvent par les actes les plus touchants. Elle ne savait rien leur refuser, et elle se faisait un bonheur de pouvoir procurer quelque adoucissement à leurs peines ou à leurs privations. Ce sentiment s'était déjà beaucoup développé dans son cœur au sein de sa famille, en présence de ses parents qui lui donnaient, les premiers, l'exemple de la compassion pour les indigents et les affligés, mais il semblait augmenter encore à mesure que l'âge donnait à Madelberte une plus exacte intelligence des besoins du pauvre.

Ces œuvres si saintes et si méritoires de la vénérable vierge avaient déjà répandu un vif éclat ; mais elles brillèrent surtout aux yeux de tous, quand, à la mort de sa sœur sainte Aldétrude, ou Adeltrude, elle fut chargée de la direction du monastère. Elle devint véritablement alors le modèle comme la supérieure de ses compagnes, qui pouvaient reconnaître dans toute sa conduite les exemples des vertus qui conduisent à la perfection de leur saint état. Sans cesse recueillie en la présence de Dieu, Madelberte se laissa diriger en toutes choses par ses inspirations et ses volontés. Sa prière était pour ainsi dire continuelle, et ses mortifications aussi grandes que multipliées. Une douce gaîté brillait dans les traits de son visage sur lequel respiraient l'innocence, la douceur et la bonté. Lorsque l'esprit de ténèbres cherchait à la troubler par ses attaques, elle recourait avec confiance à Jésus-Christ, et répandant des larmes en sa présence, elle s'écriait avec le Prophète : « O mon Dieu, dirigez mes pas dans la voie de vos commandements, afin que je ne sois pas ébranlée. Je vous offrirai de tout mon cœur un sacrifice de louanges, et je bénirai sans cesse votre saint nom ». Lorsqu'elle s'occupait de bonnes œuvres, Dieu permettait quelquefois aussi que le démon cherchât à l'inquiéter par de vaines terreurs, mais toujours elle savait repousser ses attaques et découvrir les embûches qu'il lui tendait. Ces luttes et ces victoires augmentèrent encore les mérites de la sainte abbesse, la rendirent plus expérimentée dans la direction des âmes, et lui donnèrent la connaissance parfaite des moyens d'avancer dans la vie spirituelle. Sainte Madelberte gouverna sa communauté l'espace de neuf ans, et mourut vers l'an 705 dans les plus admirables sentiments de piété.

On représente sainte Madelberte, en groupe, avec saint Vincent de Soignies, son père ; sainte Vaudru, sa mère ; sainte Adeltrude, sa sœur, et ses deux frères : saint Landry, évêque de Meaux, et saint Deutlin.

CULTE ET RELIQUES.

Son corps, déposé avec honneur dans l'église du monastère, y devint aussitôt un objet de vénération pour les habitants de la contrée, qui avaient une grande confiance dans la puissance de ses prières. Quelques guérisons extraordinaires servirent encore à accroître cette dévotion des fidèles envers leur nouvelle patronne. Les auteurs en rapportent une entre autres, qui arriva peu de temps après la mort de la Sainte, et qui fit grand bruit dans tout le pays.

Un homme très-religieux, des environs de Maubeuge, était devenu complétement sourd de l'oreille droite. Cette infirmité l'affligeait beaucoup, et il demandait souvent à Dieu qu'il daignât le guérir. Une nuit, pendant son sommeil, il crut entendre une voix qui lui disait : « Levez-vous, allez au monastère de Maubeuge, dans l'église de Saint-Pierre, où repose le corps de la vierge Madelberte : vous serez guéri auprès de son tombeau ». Le matin venu, cet homme se hâta d'exécuter l'ordre qui lui avait été donné, et se rendit au monastère, où l'on venait de commencer le saint sacrifice. Là, il se prosterne avec piété, et continue dévotement les prières de la messe. Tout à coup, au moment où le prêtre chantait l'évangile, il commence à éprouver une transpiration extraordinaire. Son visage pâlit, ses membres tremblent et une humeur aqueuse s'échappe de son oreille malade. Au même instant il se sent guéri de son infirmité, qui ne reparut plus dans la suite.

Les reliques de sainte Madelberte restèrent à Maubeuge jusqu'en 722. A cette époque elles furent transportées à Liége par saint Hubert, le premier évêque de ce siège qui continuait celui de Maëstricht. On les plaça dans l'église cathédrale, après les avoir renfermées dans une châsse, où se trouvaient aussi celles de saint Théodard, l'un des prédécesseurs de saint Hubert. Elles étaient encore très-bien conservées en l'année 1489, époque à laquelle on les visita.

Les églises de Liége et de Mons avaient un office et une messe propres au jour de la fête de cette Sainte, dont le nom se trouve aussi dans un grand nombre de martyrologes. Elle était surtout honorée le 7 septembre.

Extrait de la *Vie des Saints des diocèses de Cambrai et d'Arras*, par l'abbé Destombes.

SAINT ÉTIENNE DE CHATILLON,

ÉVÊQUE DE L'ANCIEN SIÉGE DE DIE, EN DAUPHINÉ

1208. — Pape : Innocent III. — Roi de France : Philippe II.

> *Non est bonus qui bonum facit, sed qui incessabiliter facit.*
> L'homme bon n'est pas celui qui fait le bien, mais celui qui ne cesse jamais de le faire.
> Saint Bernard.

Saint Etienne naquit vers 1155, d'une famille illustre, à Châtillon, chef-lieu de la petite province des Dombes, qui était alors du diocèse de Lyon. Il se montra, dès ses jeunes ans, doux, modeste, caressant, officieux, et fit paraître dans l'enfance même la prudence et la retenue d'un vieillard. Il apporta à l'étude d'excellentes dispositions, et fit dans les sciences des progrès qui l'élevèrent bientôt au-dessus de ceux qui les lui enseignaient ; mais il écoutait en même temps un autre maître qui lui parlait au cœur et qui lui inspirait un ardent amour pour la véritable sagesse. Ce fut pour suivre ses conseils qu'il méprisa les plaisirs de la vie, les biens de la terre et tout ce que le monde a de plus spécieux pour captiver les hommes. Dans cette voie étroite, on le vit marcher humble, chaste et sobre. Dès lors surtout, il pratiqua l'abstinence d'une manière fort rigoureuse : non content de jeûner fréquemment, il fit vœu de ne manger jamais de viande. La prière faisait sa principale occupation, et le reste de son temps était employé à la méditation des vérités saintes et à l'exercice des œuvres de miséricorde.

Tout le monde était en admiration devant le jeune Etienne, et cette admiration était d'autant plus grande qu'on rencontrait rarement de si beaux modèles au milieu du siècle et surtout au sein des richesses et de l'opulence. On vit alors les sentiments se partager à son sujet. Les personnes sages louaient sa conduite, mais les gens du monde, qui de tout temps ont contredit la vertu, ne voyaient dans sa manière d'agir qu'une misanthropie condamnable. Pour lui, sans se mettre en peine de ce que l'on débitait sur son compte, et méprisant les applaudissements et le blâme des hommes, il ne prenait de conseils que de cet oracle du Prophète : « Il est avantageux à l'homme de porter le joug du Seigneur dès sa jeunesse ». Poussé par le désir de ne vivre que pour Dieu et dégoûté de la vie séculière par tout ce qu'il avait remarqué dans le monde, il résolut d'y renoncer entièrement pour se délivrer des pièges qu'il lui tendait. A l'âge de vingt-six ans, il se retira dans la Chartreuse de Portes, en Bugey, lieu déjà illustré par plusieurs personnages.

Sa vertu se trouvant en sûreté dans cet asile, prit de si grands accroissements, que bientôt elle parut égaler celle de ces saints religieux. S'offrant tous les jours en holocauste, il s'efforçait, comme ces modèles, de mourir au monde, afin de faire vivre Jésus-Christ seul dans son cœur. Il réduisait son corps en servitude par les veilles, les jeûnes, les macérations. Selon la coutume des Chartreux, il portait le cilice et pratiquait beaucoup d'autres austérités permises par la Règle ou autorisées par l'exemple des supérieurs. La Règle ordonnait que trois jours de la semaine on n'aurait pour toute nourriture que du pain, de l'eau et du sel. Etienne, enchérissant encore sur ce point, ne voulut presque jamais autre chose sur sa table ; encore, à côté de ce morceau de pain, se trouvait-il un manuscrit sur lequel il avait toujours les yeux fixés, nourrissant ainsi le corps et l'âme tout à la fois. Son amour et sa dévotion envers l'adorable sacrement de nos autels étaient si grands qu'en célébrant les saints mystères, son visage était inondé par les larmes que faisait couler la reconnaissance. Sa préparation et son action de grâces absorbaient toute sa vie, puisque c'était pour se rendre digne de recevoir son Dieu dans la communion et pour le remercier de s'être communiqué à lui, qu'il passait la nuit et le jour en oraison, en méditation, à chanter les louanges du Seigneur. C'est au fond de cette solitude qu'il faisait servir le silence, la prière et les mortifications à sa sainteté dont il avait soin de dérober l'éclat aux autres religieux par son humilité. Ce qui commença à la faire découvrir au dehors, fut le besoin qu'eurent les Chartreux de Portes d'un prieur pour les gouverner, à la place de celui qui venait de mourir. Ils jetèrent les yeux sur Etienne, et pour vaincre la répugnance qui le faisait résister à leur choix, tous joignirent leurs instances et le contraignirent de se rendre. Ils ne s'étaient point trompés dans le jugement qu'ils avaient porté sur sa sainteté et ses talents, car il serait difficile de faire connaître toute la prudence, toute la fermeté et tout le zèle qu'il déploya dans sa charge de prieur qui, suivant l'institut des Chartreux, demandait encore plus de sainteté que d'instruction. Ainsi sa renommée, mêlée à la bonne odeur de ses vertus, remplit non-seulement le pays d'alentour, mais s'étendit fort au loin ; car ce n'était pas seulement à ceux qui étaient sous sa direction qu'il était utile, mais il s'efforçait encore de l'être à beaucoup d'autres. Un concours nombreux d'étrangers, animés du désir de leur salut, se rendaient continuellement à la Chartreuse de Portes, où le saint prieur leur distribuait le pain de vie avec une tendre sollicitude. Aussi un bon nombre de chrétiens égarés durent-ils à ses sages conseils leur retour dans le sentier de la vertu.

La Providence le formait insensiblement, par les fonctions de cet emploi, à l'épiscopat auquel elle le destinait ; et Dieu ne tarda pas à placer sur le chandelier cette lumière ardente, afin qu'elle brillât dans toute l'Eglise.

Le diocèse de Die, en Dauphiné, venait de perdre son pasteur ; le chapitre de la cathédrale et le peuple se rassemblèrent pour lui nommer un successeur. Les sentiments étaient partagés et le choix se portait sur différents candidats dont quelques-uns n'étaient point étrangers à l'intrigue. Les plus sages jetèrent les yeux sur Etienne, et réunirent les suffrages en sa faveur par l'éloge qu'ils firent de sa sainteté, de sa prudence, de son discernement et de sa piété. Mais comme on avait bien prévu que la violence seule pourrait l'arracher à sa chère solitude, on se hâta d'envoyer auprès du Pape pour obtenir la bulle de confirmation, tandis que celui qui en était l'objet, retiré dans la profondeur du désert, ignorait absolument tout ce qui se passait à son sujet. Le souverain Pontife, instruit de ce choix, fit éclater sa joie, félicitant le diocèse de Die et publiant tout haut qu'une telle élection ne pouvait venir que de Dieu. On voit par là que la réputation de sainteté d'Etienne avait traversé bien d'autres montagnes que celles du Bugey, et qu'elle était parvenue jusqu'au souverain Pontife. Le Pape ayant donc imprimé à cette élection le sceau de l'autorité apostolique, donna des ordres pour que le nouveau pasteur se chargeât sans délai du soin de son troupeau. Les chanoines, munis de cet ordre, volèrent auprès de l'humble Chartreux, lui montrèrent les lettres du vicaire de Jésus-Christ et le conjurèrent, au nom de l'Eglise qui l'avait élu, de se rendre à leurs vœux. Etienne, après avoir lu ces lettres et entendu les députés de Die, leur tint cet humble langage : « Je m'étonne que des hommes, sages comme vous l'êtes, aient jeté les yeux sur un religieux ignorant et inconnu, sans expérience, élevé dans le désert, qui ne connaît ni les affaires de l'Eglise, ni celles du siècle, qui ne possède aucune des vertus nécessaires à un évêque, et qui doit tout son temps à la pénitence ; je m'étonne que vous vouliez lui imposer un si pesant fardeau. Changez de sentiments, je vous en prie, cessez de me faire violence ; je n'adhérerai jamais à votre demande ». Comme ils le pressaient et le suppliaient encore avec plus d'instance, il leur adressa les paroles du bienheureux Hugues, auparavant Chartreux comme lui, ensuite évêque de Lincoln, et qui était depuis deux ans en odeur de sainteté. « Soyez persuadés qu'il n'est pas en mon pouvoir de me rendre à vos idées ; je suis religieux et soumis à la volonté d'un autre auquel je dois obéir jusqu'à la mort. Or, il n'est pas convenable que j'abandonne le soin de cette maison, pour prendre en main le gouvernement de votre Eglise ».

Après cette réponse, les chanoines, voyant qu'ils ne pourraient rien gagner sur son esprit, sans contester plus longtemps, se retirèrent et obtinrent de nouvelles lettres du Pape qui mandait au prieur de la Grande-Chartreuse d'obliger celui de Portes à se soumettre. Dès lors, les députés de l'Eglise de Die revinrent vers Etienne ; mais instruit de leur arrivée, il prit la fuite et alla se cacher dans le désert. Le vénérable Guigues, prieur de la Grande-Chartreuse, donna ordre de le chercher et le força, en vertu de la sainte obéissance, à se rendre à la demande du clergé et du peuple de Die, et aux ordres du souverain Pontife. Les chanoines, ravis et pleins de joie, le conduisirent à Vienne, et trois archevêques lui donnèrent l'onction épiscopale dans cette ville, l'an 1202.

De Vienne, le nouvel évêque se hâta d'aller à Die, où il fut reçu avec les plus éclatants témoignages d'allégresse. Installé dans le palais épiscopal, il y vécut avec la même simplicité que dans sa cellule, suivant, autant que possible, les exercices pieux de son Ordre, cherchant même à les faire d'une manière encore plus parfaite ; il assistait régulièrement au chœur avec ses chanoines, célébrait tous les jours la sainte messe, avec une dévotion qui étonnait autant qu'elle édifiait.

A l'exemple du Sauveur, Etienne, dès les premiers jours de son épiscopat, se fit une Règle de pratiquer lui-même les choses qu'il devait apprendre aux autres, et l'on fut extrêmement surpris de voir celui qu'on avait cru seulement un religieux et un homme de piété, remplir toutes les fonctions épiscopales avec tant de sagesse et de dignité : sa vigilance et son zèle s'étendaient à tout.

Les visites qu'il fit dans son diocèse lui acquirent la triste conviction que le peuple profanait habituellement le saint jour du dimanche, en le consacrant au démon par le négoce, la danse, les jeux, la fréquentation des cabarets et des spectacles les plus dangereux pour les mœurs. Etienne, affligé de ces abus, s'appliqua par des discours paternels mais solides, à montrer l'énormité d'une telle prévarication et l'injure qu'elle faisait à Dieu. Mais une partie de cette population aveugle et grossière, bien loin de se rendre à ses exhortations, les méprisa au point de ne plus vouloir les écouter. Le zélé prélat ne se découragea point ; il se rappela qu'il était pasteur et non mercenaire, et résolut de prêcher à temps et à contre-temps. Mais il eut recours à une arme encore plus efficace que la parole, pour vaincre le démon et ramener son peuple à ses devoirs, ce fut la prière. Cette prière opéra des prodiges ; les mœurs furent réformées, les vices cessèrent, et le diocèse de Die n'offrit plus que le spectacle des vertus qu'on admirait parmi les premiers chrétiens.

La grandeur et les soins de l'épiscopat ne firent pas oublier à Etienne la Chartreuse de Portes, où il avait coulé des jours si heureux. Il y retournait fréquemment ; y vivait comme les autres religieux, retiré dans sa cellule et se donnant tout entier à l'oraison et à la contemplation. Jamais les attributs de sa dignité ne l'accompagnaient dans ce paisible lieu ; mais la Règle retrouvait en lui un humble disciple de saint Bruno, qui se pliait avec bonheur aux saintes lois de l'obéissance. Il n'y portait pas d'autres habits que celui de l'Ordre ; son lit, sa table, son ameublement, n'étaient pas différents de ceux du dernier religieux. Souvent il se faisait un plaisir de se rendre dans les lieux de piété qui lui étaient connus, et là, rassemblant tous les frères, il leur adressait des paroles pleines de douceur et d'onction. Cette tendre charité s'étendait à tous les malheureux, et les pieux auteurs de sa vie rapportent une infinité de traits qui prouvent que Dieu le faisait participer à sa puissance pour guérir miraculeusement les malades, chasser les démons et soulager les pauvres. Il les aimait et les traitait comme des frères, il voyait en eux Jésus-Christ souffrant ; aussi jamais il ne les laissait à sa porte, mais il les faisait entrer chez lui et leur servait même à manger, conversait avec eux, les instruisait, les consolait, et ne les renvoyait qu'après les avoir comblés de sa bienveillance et de ses bienfaits.

La mesure des travaux qui lui étaient prescrits se trouva comblée en peu de temps. Dieu, voulant terminer son laborieux pèlerinage et l'introduire dans l'héritage de la céleste patrie, lui envoya une maladie qui changea en tristesse la joie que son Eglise avait de le posséder. L'amour que son clergé et les laïques lui portaient, parut dans les soins que chacun voulait lui prodiguer, et vint adoucir les souffrances qu'endurait ce saint pasteur. Il avait annoncé l'heure de sa mort, et en l'attendant avec une tranquillité admirable, il bénissait son peuple et son clergé, les exhortait à vivre dans une grande concorde, priait avec ferveur et donnait ses avis sur ce qu'il y aurait à faire quand il ne serait plus parmi eux. Pendant qu'on lui administrait les derniers sacrements, qu'il reçut avec la plus touchante piété, une femme malade et abandonnée des médecins, lui demanda une bénédiction particulière. Le moribond étendit vers elle une main défaillante, et appela sur sa tête les dons du ciel qu'elle réclamait pour sa guérison. Au grand étonnement de tous les assistants, cette femme, pleine de foi, s'en retourna comme celle qui avait mis tant d'empressement à toucher les habits de Jésus-Christ. C'est ainsi que cet homme de Dieu rendit la santé aux autres, tandis que lui-même, affaibli par la maladie, s'en allait mourant ; mais il ne demandait point pour lui la même faveur, car il témoignait par ses vœux le désir qu'il avait d'aller bientôt finir dans le ciel cette longue prière qu'il avait commencée sur la terre. Ce moment heureux pour lui arriva le 7 septembre 1208. Il était âgé de cinquante-trois ans, et en avait passé vingt et un dans la Chartreuse de Portes et six dans l'épiscopat. Sa dépouille mortelle fut ensevelie dans la chapelle dédiée à la sainte Vierge, dans sa cathédrale.

Saint Etienne est ordinairement représenté en chaire, et tandis qu'il prêche on voit apparaître des démons au milieu de l'auditoire. Le Saint les avait forcés de venir rendre témoignage par leur présence à ses paroles sur la sanctification du dimanche méprisée et profanée par le peuple.

CULTE ET RELIQUES.

Aussitôt après sa mort, des guérisons miraculeuses se firent tous les jours à son tombeau et engagèrent l'archevêque de Vienne et ses suffragants à écrire au pape Grégoire IX pour lui demander que le saint évêque fût inscrit au catalogue des Saints. Le souverain Pontife permit de rendre un culte public au saint thaumaturge et d'implorer sa protection. Dès lors la foule des solliciteurs redoubla, et le tombeau du saint Évêque devint si illustre que chaque nouvel évêque de Die y allait faire une prière avant de prendre possession et jurait sur la relique de respecter les exemptions du chapitre. Cependant le Calvinisme s'étant introduit dans le Dauphiné, pénétra dans la ville de Die, et dès lors la dévotion à saint Etienne diminua avec la foi aux vérités saintes. La rage des Huguenots les porta à détruire les églises et à brûler les reliques des Saints. Maîtres de Die, ils ouvrirent le tombeau de saint Etienne ; son corps, qu'ils trouvèrent encore entier comme au moment de sa mort, ne sut pas commander leur respect. Ils l'enlevèrent et le jetèrent au feu, l'an 1561.

Mgr Devie, voulant faire honorer dans son diocèse un si puissant protecteur qui lui appartient par sa naissance, a fait insérer son nom dans le calendrier, et ordonné que l'office en serait fait désormais le 7 du mois de septembre.

Extrait de l'*Histoire hagiologique du diocèse de Belley*, par Mgr Depéry. — Cf. Surius ; *Acta Sanctorum* ; *Gallia Christiana* ; *De rebus gestis episcoporum Diensium*, par Jean Colombi ; *Chronicum chartusianum*, par Pierre Dorland, chartreux ; *Ephémérides de l'Ordre des Chartreux*, par Dom Levasseur ; et l'*Histoire de Bresse*, par Samuel Guichenon.

SAINT EUSTACHE, ABBÉ DE FLAY,

AUJOURD'HUI SAINT-GERMER, AU DIOCÈSE DE BEAUVAIS

1211. — Pape : Innocent III. — Roi de France : Philippe II.

> Un homme doit être regardé comme d'autant plus parfait, qu'il a une haine plus profonde et plus pure pour le mal. *Saint Bonaventure.*

Eustache naquit dans le Beauvaisis, et donna de bonne heure des signes non équivoques de la sainteté à laquelle il devait parvenir. Sa science et ses vertus, et, en particulier, la pureté et la touchante simplicité de ses mœurs, lui méritèrent d'être admis, jeune encore, dans les rangs du clergé. Philippe de Dreux, évêque de Beauvais, juste appréciateur de son mérite, lui accorda sa bienveillance et son amitié, le fit son secrétaire et lui conféra la prêtrise.

Pieux, instruit, de bon conseil, fortement attaché à ses devoirs, le Saint devint de jour en jour plus cher au Pontife. Il gagna aussi l'estime et l'affection des religieux de Flay. Ceux-ci recoururent souvent à ses conseils, et, après la mort de Hugues le Pauvre, ils l'élurent pour leur abbé. Un historien nous a conservé la lettre qu'ils écrivirent, en cette circonstance, à Philippe de Dreux, pour le prier de ratifier leur choix. « Après avoir imploré », disaient-ils, « la clémence du Saint-Esprit, sans le secours duquel toute prière est vaine, nous avons élu votre secrétaire, homme honorable, simple et droit, à qui, de toute part, on rend un bon témoignage. Nous vous le présentons, père vénérable, afin que vous daigniez étendre sur lui votre main pour le bénir ».

Quoiqu'il en coûtât beaucoup à l'évêque de Beauvais de se séparer d'Eustache, sachant combien son élection devait être utile à l'Eglise, il consentit à la ratifier. Suivant l'usage usité en ces temps, le nouvel élu promit soumission et obéissance à Philippe, à ses successeurs, ainsi qu'à l'Eglise de Beauvais, et reçut du prélat l'institution canonique.

Notre Saint gouverna son abbaye avec autant de prudence que de bonté. Sa charité et sa douceur le faisaient considérer moins comme un supérieur que comme un père. Mais les religieux de Flay ne jouirent pas longtemps de sa présence au milieu d'eux. Pour appeler ses enfants à une nouvelle croisade contre les infidèles, combattre la monstrueuse hérésie des Albigeois, et détruire les vices et les désordres dont beaucoup de chrétiens donnaient le triste exemple, l'Eglise réclamait le concours des prêtres animés d'un saint zèle et doués du talent de la parole. Le courage, le dévouement et l'éloquence d'Eustache ne lui firent pas défaut. Il alla partager les travaux apostoliques du célèbre Foulques de Neuilly, et de plusieurs autres prédicateurs choisis parmi les Prémontrés et les Cisterciens. D'éclatants succès couronnèrent ses efforts : partout où il éleva la voix, il réveilla la crainte des jugements de Dieu, et fit naître de généreuses résolutions.

Les fruits que l'Eglise recueillit des prédications d'Eustache engagèrent l'illustre pontife Innocent III à envoyer le Bienheureux en Angleterre, avec le titre de légat apostolique. Là aussi, la religion avait de grands maux à déplorer. On y voyait un triste mélange de corruption et d'ignorance : le saint jour du dimanche était profané ; l'impitoyable usure dévorait la substance du pauvre ; les cimetières et l'entrée des églises servaient à des opérations mercantiles.

Eustache parut au milieu de ce peuple comme un apôtre des premiers siècles : il en avait la foi, le zèle et la charité ; il travailla avec ardeur à réformer les mœurs des chrétiens et à leur inspirer l'amour de la chasteté. Ses exemples et ses discours, souvent accompagnés de miracles, opérèrent beaucoup de conversions. Non loin de Cantorbéry, le Saint bénit une fontaine, en un lieu appelé Vui : à dater de ce moment, un grand nombre de malades y trouvèrent leur guérison. De nos jours, le souvenir de ces miracles est encore vivant dans cette contrée. Les hérétiques eux-mêmes appellent la fontaine de Vui le *Puits Saint-Eustache* ou *le Saint Puits*. Ils vont y puiser de l'eau qu'ils conservent dans leurs demeures pour la guérison des yeux, le soulagement des enfants malades et des personnes atteintes de la fièvre. A Rumesnel, pays peu éloigné de Vui, Eustache donna une nouvelle preuve de la puissance que Dieu lui avait accordée. Comme l'eau salubre y manquait, il fit jaillir d'une roche, avec son bâton, une source d'eau vive qui coule toujours, et rend ainsi un témoignage durable à la sainteté du glorieux ministre de Jésus-Christ. Cependant, notre saint prédicateur fut arrêté dans ses travaux, au moment où il opérait les plus heureux fruits de salut. Quelques membres du clergé, au lieu de se réjouir de ses succès, lui firent un crime de son zèle et l'accusèrent de porter la faux dans la moisson d'autrui. Eustache, n'ayant plus la liberté nécessaire à un apôtre, se vit dans la triste et douloureuse nécessité de regagner son monastère, avant d'avoir terminé une mission commencée sous des auspices si favorables.

Innocent III apprit avec douleur les épreuves que son légat venait de subir ; mais, désirant que cette mission produisît tous les fruits qu'il en attendait, il ordonna bientôt au Saint de retourner en Angleterre. Celui-ci, docile à la voix du Pontife, alla reprendre à York le cours de ses prédications. Il s'appliqua surtout à rappeler au devoir les violateurs du dimanche, promettant le pardon au repentir, et menaçant les cœurs endurcis des plus sévères châtiments. Plusieurs fois, la vengeance du ciel poursuivit les coupables qui, au mépris de ses salutaires avertissements, persévéraient dans leur sacrilége conduite. Lorsqu'un pécheur venait lui avouer ses fautes, avant de l'admettre à la pénitence, il en exigeait la promesse de cesser tout travail, depuis le samedi, à l'heure de None, jusqu'au lundi, au lever du soleil. N'est-il pas permis de croire que les missions et les miracles d'Eustache ont contribué, pour une large part, à graver profondément, dans le cœur des Anglais, ce respect pour le dimanche, qui a survécu même à l'invasion de l'hérésie ?

Pour donner à la piété des fidèles un aliment et une consolation, Eustache les exhorta vivement à entretenir dans chaque église une lampe destinée à rappeler la présence de Jésus-Christ au milieu d'eux. Il n'eut pas de peine à obtenir ce sacrifice de la reconnaissance et de la foi des chrétiens qui venaient de rentrer en grâce avec Dieu : ceux-ci consentirent aussi à consacrer une partie de leurs revenus et de leurs gains à la sépulture des pauvres. Mais, comme Eustache voulait profiter de ces bonnes dispositions pour donner à ces œuvres un caractère de durée, Richard Ier, roi d'Angleterre, sous le spécieux prétexte de protéger les anciennes coutumes de son royaume, lui suscita de toutes parts des obstacles et des contradictions.

Eustache ne recula pas devant ces nouvelles difficultés. Son zèle augmentant avec les obstacles, il parla avec une nouvelle force contre les contempteurs de la loi du dimanche. Il rappela aux pécheurs impénitents la sévérité de la justice divine, jusqu'au jour où il connut, à l'épuisement de ses forces, que la fin de sa vie n'était pas éloignée. Le Saint pouvait aller attendre en paix dans son abbaye le jour de la récompense éternelle, car il avait combattu vaillamment les combats du Seigneur.

Réuni, pour ne plus s'en séparer, à ses bien aimés religieux, Eustache les conduisit à la perfection de leur état par ses vives et fréquentes exhortations, mais plus encore par ses saints exemples. Après leur avoir laissé l'édifiant spectacle de son humilité, de ses continuelles oraisons, de ses austérités et de ses veilles, il entra plein de mérites dans la joie de son Dieu. Sa mort arriva en l'année 1211, le jour de la Nativité de la Mère de Dieu, pour laquelle il avait toujours eu une tendre dévotion.

Le corps du vertueux abbé fut d'abord inhumé au milieu de la nef de l'église abbatiale de Flay. On l'en retira quelque temps après pour le déposer dans un caveau de l'élégante chapelle qu'avait fait construire Pierre de Vessencourt, l'un de ses successeurs.

Le nom d'Eustache se trouve dans plusieurs martyrologes : il est cité avec honneur parmi les principaux Saints de l'Ordre de Cîteaux.

Vies des Saints de Beauvais, par l'abbé Sabatier.

LE BIENHEUREUX DIERRY OU THIERRY Ier,

ÉVÊQUE DE METZ ET CONFESSEUR (984).

Thierry naquit en Saxe ; il était fils du comte Evrard et d'Amalrade, sœur de sainte Mathilde, épouse de Henri l'Oiseleur, roi de Germanie. Par sa mère, il se trouvait cousin germain de l'empereur Othon le Grand et de saint Brunon, archevêque de Cologne. Thierry apporta en naissant toutes les excellentes dispositions qu'on pouvait souhaiter dans un enfant de sa qualité. Après avoir reçu de sa mère les premières leçons de la sagesse et de la piété, il fut envoyé à Saint-Gall, où il étudia dix ans sous le célèbre Kérold, moine de cette abbaye. De Saint-Gall, Thierry alla continuer ses études à la cathédrale d'Halberstadt, dont il devint chanoine. Brunon, archevêque de Cologne, son parent, l'appela auprès de lui pour le perfectionner dans les sciences et la vertu. Les progrès qu'il y fit engagèrent le saint prélat à le faire nommer à l'évêché de Metz, en 961. Le pieux évêque fit beaucoup de bien pendant son long épiscopat. Une des premières choses qu'il crut devoir faire, fut de former une association entre sa cathédrale et celle d'Halberstadt, en reconnaissance de ce qu'il avait reçu dans cette dernière une partie de son éducation et y avait possédé une prébende. Ayant accompagné, en 965, Brunon, son cousin, à la cour de Lothaire, roi de France, il reçut le dernier soupir du saint prélat, qui mourut à Reims, et ramena son corps à Cologne. Après la mort de Brunon, l'empereur Othon Ier, qui appréciait les talents et la vertu de Thierry, le choisit pour un de ses principaux conseillers, et voulut l'avoir toujours auprès de lui, même pendant ses voyages. L'évêque de Metz accompagna plusieurs fois le monarque en Italie.

Ce fut en ces voyages que le bienheureux Thierry recueillit ce grand nombre de reliques dont il enrichit son église, et en particulier l'abbaye de Saint-Vincent, qu'il avait fondée en 968, dans une île de la Moselle, tout près de sa ville épiscopale. En 970, il reçut de Corfou le corps de sainte Lucie, qu'il plaça dans un oratoire particulier de l'église abbatiale de Saint-Vincent. Il y transféra aussi les reliques de saint Livier, martyr messin. Ce fut encore lui qui transféra à Epinal, dans les Vosges, le corps de saint Goëric, l'un de ses prédécesseurs, et qui donna par là occasion à la formation de cette ville. Mais l'objet qui l'occupa toujours le plus, fut son abbaye de Saint-Vincent. Il la dota richement et la peupla de religieux tirés de Gorze et de Saint-Arnould. Le goût des études régnait dans ces deux maisons, et son école devint une des plus fameuses du pays, sous l'habile direction d'Adalbert et de Sigebert de Gemblours. Thierry fit du bien aux autres monastères de son diocèse, et concourut aussi à la fondation de plusieurs, en particulier de Vergaville, de Bouxières et de Chaligny. Il travailla avec zèle à la réforme des célèbres abbayes de Saint-Gall et de Senônes.

En 980, Thierry accompagna Othon II en Italie et le suivit dans toutes ses expéditions. Il lui fut surtout d'un grand secours dans la malheureuse campagne de Calabre, où l'empereur, emporté par son courage, alla tomber imprudemment au milieu des Grecs et des Sarrasins. Le saint évêque de Metz fut chargé par l'impératrice Théophanie de le délivrer des mains des ennemis. En 983, Othon étant tombé malade à Rome, Thierry l'assista à la mort et lui rendit les derniers devoirs. Il mourut lui-même l'année suivante, dans les exercices de la plus rigoureuse pénitence, et fut enterré dans l'église de l'abbaye Saint-Vincent.

Lorsqu'on leva de terre son corps, plus de trois cents ans après sa mort, on trouva intactes la chape et la chasuble violettes dans lesquelles il avait été enveloppé. On les possédait encore à la fin du siècle dernier. Pendant longtemps on s'est servi de la chasuble le jour de la fête du bienheureux Thierry, qui se faisait à l'abbaye de Saint-Vincent le 7 septembre.

Notice due à l'obligeance de M. l'abbé Noel, curé-archiprêtre de Beley.

SAINT JEAN DE LODI, ÉVÊQUE DE GUBBIO, EN ITALIE,

DE L'ORDRE DES CAMALDULES (1106).

Le bienheureux Jean de Lodi, ainsi surnommé parce qu'il naquit en cette ville d'Italie, fut élevé par ses parents dans la pratique de la vertu, méprisa le monde de bonne heure, se dévoua au service des pauvres et des malades et s'exerça dès lors à la mortification. Il vécut pendant quelque temps dans une cabane qu'il s'était construite près d'une église et s'y livra à de grandes austérités. Le désir d'une plus grande perfection le conduisit au monastère de Font-Avellane, dont le célèbre saint Pierre Damien était alors supérieur. Sous la direction de ce maître habile, Jean fit de si grands progrès dans la voie du salut, que saint Pierre crut devoir le faire élever aux ordres sacrés. Sa vertu jetait un tel éclat, qu'à la mort du pieux abbé, les religieux de Font-Avellane crurent devoir, malgré sa résistance, le choisir pour remplacer le bienheureux docteur en qualité de prieur. Il montra dans cet emploi une si grande prudence jointe à une charité si parfaite, que le clergé et le peuple de la ville de Gubbio, dont le siège épiscopal était vacant, eurent l'idée de le demander pour évêque au légat du Pape. Celui-ci y consentit volontiers et ordonna à Jean d'accepter ce fardeau qui alarmait son humilité. Devenu pasteur des âmes, le serviteur de Dieu se dévoua tout entier à leur sanctification, en même temps qu'il conservait toutes les pratiques de la vie religieuse. Le temps de son épiscopat ne fut pas de longue durée ; car il mourut l'année qui suivit celle de son sacre, c'est-à-dire le 7 septembre 1106, à l'âge de quatre-vingts ans. Le pape Pascal II le mit au nombre des Saints ; et l'on en fait la fête dans l'Ordre des Camaldules le jour de sa mort. Son corps est conservé sans corruption dans la cathédrale de Gubbio.

Acta Sanctorum.

VIII° JOUR DE SEPTEMBRE

MARTYROLOGE ROMAIN.

La Nativité de la bienheureuse et toujours Vierge Marie, Mère de Dieu.— A Nicomédie, saint Adrien, avec vingt-trois autres saints Martyrs, qui, après des supplices multipliés, ayant eu les jambes rompues sous les empereurs Dioclétien et Maximien, consommèrent leur martyre le 4 mars. Les chrétiens portèrent leurs reliques à Byzance, et leur donnèrent une sépulture honorable. Dans la suite, le corps de saint Adrien fut porté à Rome à pareil jour, qui est celui que l'Eglise a particulièrement consacré à honorer sa mémoire. 306. — A Alexandrie, les saints martyrs Ammon, Théophile, Néotère, et plusieurs autres, au nombre de vingt-deux [1]. — A Antioche, les saints Timothée et Fauste, martyrs. — A Gaza, en Palestine, les saints martyrs Eusèbe, Nestabe et Zénon, frères, qui, du temps de Julien l'Apostat, furent mis en pièces et massacrés par une troupe de païens qui vint fondre sur eux. Vers 362. — Dans la même ville et sous le même empereur, saint Nestor, martyr, qui, ayant été cruellement maltraité par ces mêmes païens furieux, rendit l'esprit. — A Valence, en Espagne, saint Thomas de Villeneuve, archevêque, recommandable par son ardente charité envers les pauvres. Il fut canonisé par le pape Alexandre VII : sa fête se célèbre le 22 de ce mois [2]. 1555. — A Freisingen (Bavière), saint Corbinien, premier évêque de ce siége ; ordonné par le pape Grégoire II, et envoyé pour prêcher l'Evangile, il produisit des fruits abondants en France et en Allemagne ; enfin, après s'être rendu célèbre par ses vertus et ses miracles, il mourut en paix [3]. 730.

MARTYROLOGE DE FRANCE, REVU ET AUGMENTÉ.

Au diocèse de Troyes, sainte Béline, vierge et martyre. Elle naquit à Landreville (Aube, arrondissement de Bar-sur-Seine, canton d'Essoyes) d'une famille d'honnêtes cultivateurs, et se distingua par une grande piété et une infatigable charité. Le seigneur du pays, Jean de Pradines, la surprit pendant qu'elle gardait le troupeau de son père, et, comme elle refusa de répondre à ses coupables désirs, il lui trancha la tête. Béline fut canonisée cinquante ans après sa mort, avec une pompe extraordinaire ; son chef, enfermé dans un riche reliquaire d'argent émaillé, garni de pierres fines, fut porté en grande solennité à l'abbaye de Mares, au diocèse primitif de Langres. Il existe, à quatre cents pas environ de Landreville, une chapelle construite en l'honneur de la vierge martyre ; à quelque distance se trouve une fontaine qui porte son nom et dont l'eau miraculeuse a guéri plusieurs infirmités. Landreville possède un buste de la Sainte, renfermant, croit-on, quelques-uns de ses ossements sacrés. 1153. — A Martres, au diocèse de Toulouse, saint Vidian, martyr, dont nous avons donné la notice au 27 août. VIII° s. — Dans l'ancienne abbaye cistercienne de Disenberg ou Disibodenberg, entre Creuznach et Sobernheim, au diocèse de Trèves, saint Disen ou Disibode, fondateur de cette abbaye et évêque régionnaire. Vers 700. — Au diocèse de Viviers,

---

1. Ce sont, d'après les Bollandistes, les saints Faust, Sérapion, Pie, Théophile, Némèse, Arion, Ammon, Pierre, Sabin, Démètre, Didyme, Mitisore, Paulte, Achille, Isidore, Magit, Orosée, Silvain, Arapion, Sévère, un autre Démètre et un autre Sévère.

2. Nous donnerons sa vie au 22 septembre.

3. Corbinien naquit à Châtres, aujourd'hui Arpagon (Seine-et-Oise), au diocèse de Versailles, et mena pendant quatorze ans, à une demi-lieue de sa ville natale, la vie d'un reclus, dans une cellule qu'il avait fait construire près d'une chapelle appelée Saint-Germain de Paris (aujourd'hui paroisse de Saint-Germain les Châtres). La réputation de sa sainteté lui attira une foule de disciples, et Corbinien fonda ainsi une communauté religieuse. Ayant fait un pèlerinage à Rome, il fut consacré évêque par le Pape auquel il avait demandé sa bénédiction : il fixa son siège épiscopal à Freisingen, remplit avec succès sa mission apostolique, et s'endormit dans le Seigneur le 8 septembre 730. Son corps fut déposé dans la cathédrale de Freisingen : ses reliques passèrent depuis à Mais (Tyrol) et à Trente, et revinrent en dernier lieu à Freisingen où elles sont encore. — Cf. Continuateurs de Godescard.

saint Adrien de Nicomédie, cité au martyrologe romain de ce jour. — A Dijon, NOTRE-DAME DE BON-ESPOIR. — A Longpont (Seine-et-Oise), au diocèse de Versailles, Notre-Dame de Bonne-Garde ou de Longpont. Son origine est tellement ancienne qu'on ne saurait lui assigner une époque bien certaine. Une tradition respectable en attribue la fondation au glorieux martyr saint Yon, prêtre, disciple de saint Denys. Le 7 juin 1851, Mgr l'évêque de Versailles érigea canoniquement, dans ce sanctuaire, une association sous le titre de Confrérie de Notre-Dame de Bonne-Garde : Pie IX l'enrichit de nombreuses indulgences. Le 9 octobre 1850, l'église, réparée par les soins de l'Etat, a été consacrée par les soins de Mgr de Versailles. — A Tourzel (canton de Neschers), au diocèse de Clermont, Notre-Dame de Ronzières : ce sanctuaire, d'architecture romane du xie siècle, possède une statue miraculeuse d'une grandeur plus qu'ordinaire, représentant une vierge à la chaise qui tient l'enfant Jésus dans ses bras. — Tout près de Bellac, au diocèse de Limoges, Notre-Dame de Lorette ou de Vadat, sanctuaire qui date de 1621 et où affluent de nombreux pèlerins, — A l'est de Bellac, et à un quart de lieue de Châteauponsat, au diocèse de Limoges, Notre-Dame de Châteauponsat, sanctuaire placé sur le sommet du coteau sur le flanc duquel la ville est assise, et dont l'origine remonte à l'an 1212. On y vient en pèlerinage pour demander d'être guéri ou préservé de la fièvre. — Dans le canton de Massiac (arrondissement de Saint-Flour), au diocèse de Saint-Flour, Notre-Dame de Vauclaire, ainsi appelée de la multitude des aveugles qui y ont vu la clarté du jour. Le sanctuaire, qualifié d'ancien par les historiens du xviie siècle, est cher à la piété des populations qui s'y pressent en foule. — Au canton de Mercœur, diocèse de Tulle, Notre-Dame de Belpeuch *(Bellum podium)*, dont le sanctuaire, situé sur le point culminant d'une montagne, remonte au moins au xie siècle. — A Servières, au diocèse de Tulle, Notre-Dame du Roc, dont le sanctuaire, bâti sur le flanc d'un rocher, date de 1691. — A Corrèze, au diocèse de Tulle, Notre-Dame du Pont du Salut, signalée par les Pères du Concile de Bourges (1852) comme un des sanctuaires de la sainte Vierge les plus remarquables du diocèse : il remonte au xve siècle. — A Lestards, au diocèse de Tulle, Notre-Dame de la Bissière, dont le sanctuaire appartient à la première moitié du xve siècle. — Dans l'arrondissement d'Ussel, au diocèse de Tulle, Notre-Dame d'Eygurande, dont le sanctuaire date de 1720. A cinquante pas de la chapelle est une fontaine où les uns vont boire pour être guéris de la fièvre, où les autres vont laver leurs membres souffrants, et où quelquefois même l'on plonge les petits enfants malades ; très-souvent la sainte Vierge a donné à cette eau, bue avec confiance, la vertu de guérir. — A Ennetières, arrondissement de Lille, diocèse de Cambrai, Notre-Dame de Paix, ainsi appelée parce qu'on avait recours à elle pour obtenir la paix entre les peuples et la paix domestique. Ce sanctuaire remonte au-delà du xve siècle. — A Dunkerque, au diocèse de Cambrai, Notre-Dame des Dunes, dont le sanctuaire doit son origine à une statuette de la sainte Vierge, trouvée en terre au commencement du xve siècle, près des dunes, lorsqu'on relevait les fortifications de la ville, que les Anglais venaient de raser. — Au diocèse d'Orléans, Notre-Dame de Cléry, que Philippe VI de Valois édifia à ses frais et dont il posa la première pierre en 1320. Ce sanctuaire a vu s'agenouiller sur des dalles Louis XI, Charles VIII, Anne de Bretagne, Louis XII, Henri III, et Louis XIV. C'est un édifice remarquable et plein d'intérêt ; long de quatre-vingts mètres, il a trois nefs avec une grosse tour, deux campaniles, des contre-forts vigoureux qui l'étreignent sans l'écraser, et un portail élégant. Sa nef principale, éclairée par vingt-trois croisées, se déploie avec majesté dans une longueur de soixante et onze mètres sur une largeur de dix mètres ; chacune des basses nefs a près de six mètres, et la voûte vingt-cinq mètres. En 1854, Mgr Dupanloup, évêque d'Orléans, eut l'heureuse idée de fonder une communauté d'Oblats pour remplacer l'ancienne collégiale, et y vint lui-même en pèlerinage le 8 septembre. — Au diocèse de Versailles, Notre-Dame de Pontoise, sanctuaire qui remonte au-delà du xiiie siècle. Saint Louis y vint mêler ses ferventes prières à celles de ses sujets. — A Clichy-en-l'Aunois, dans la forêt de Bondy, diocèse de Versailles, Notre-Dame des Anges, dont le sanctuaire date de 1212. La nouvelle chapelle a été inaugurée le 8 septembre. 1808. — A Faveroles, diocèse de Blois, Notre-Dame d'Aigues-Vives, dont il ne reste plus que des ruines, où les pèlerins fréquentent encore. — A Blois, dans le faubourg de Vienne, Notre-Dame des Aides où, dans les calamités publiques et privées, les fidèles vont réclamer la protection de Marie. Pie IX vient de donner un nouveau lustre à cette chapelle, en autorisant le couronnement de la statue qu'on y vénère. — A Salbris, diocèse de Blois, Notre-Dame de Pitié, où l'on vient en pèlerinage pour recommander à Marie les enfants près de naître, ou les nouveau-nés sujets aux convulsions. — A Albert, au diocèse d'Amiens, Notre-Dame de Brébières, ainsi appelée probablement de l'endroit où un berger trouva la statue qu'on vénère, et où paissaient beaucoup de brebis. Le sanctuaire paraît dater du xive siècle. Le 27 avril 1862, la ville d'Albert érigea sur le portail sud de cette église une statue monumentale de Notre-Dame. Trois évêques et vingt-cinq mille personnes au moins prirent part à cette cérémonie. — A Saint-Michel-des-Andaines, au diocèse de Séez, Notre-Dame des Prises, chapelle d'une haute antiquité, bâtie, dit la légende, dans un lieu désigné par la sainte Vierge elle-même : elle a été restaurée au commencement du xviiie siècle. — A Longny, au diocèse de Séez, Notre-Dame de Longny, dont le sanctuaire date du xvie siècle. — A Saint-Cyr-la-Rosière, au diocèse de Séez, Notre-Dame de Clémencé, chapelle qui remonte au xve siècle. — A Marquaix, près de Roisel, au diocèse d'Amiens, Notre-Dame de Moyen-Pont, ainsi appelée du pont qui conduit à la petite île où elle est située, entre les deux bras de la rivière de

Coulonge. Ce sanctuaire date de l'époque des croisades. — Au canton de Songeons, diocèse de Beauvais, Notre-Dame de Ville-en-Bray, sanctuaire placé au haut d'une colline et que la tradition locale fait remonter au IXᵉ siècle. Sa célébrité lui valut, en 1627, l'honneur de devenir le siége d'une confrérie du Rosaire. Chaque année y attire environ quinze mille pèlerins. — A Saint-Marcouf, au canton de Montebourg, diocèse de Coutances, Notre-Dame des Gougins, chapelle érigée au IVᵉ siècle par des marins qui, près d'être submergés dans une tempête, avait fait vœu s'ils échappaient au danger, d'élever un sanctuaire a la sainte Vierge, là où les jetterait la vague furieuse. — A Brain, à deux lieues d'Angers, Notre-Dame de la Réale ou la Royale, fondée par Richard Cœur-de-Lion, roi d'Angleterre, le 4 août 1189 : c'est un des pèlerinages les plus fréquentés de l'Anjou. — A Angers, Notre-Dame l'Angevine. Les fidèles appellent ainsi la fête de la Nativité de la sainte Vierge, parce que ce fut à Angers, vers l'an 430, que cette fête fut célébrée pour la première fois dans l'Eglise, en vertu d'une révélation que reçut à ce sujet Maurille, évêque d'Angers. — A Villaine, à deux lieues de la Flèche, au diocèse du Mans, Notre-Dame de l'Aubinière. La tradition rapporte que la statue vénérée de ce sanctuaire fut trouvée à une époque très-ancienne dans un buisson d'aubépine fleurie : elle est de couleur noire, d'un bois dur, haute de la main, renfermée dans une châsse vitrée sur le devant et placée sur le tabernacle de l'autel. — A Saint-Remy du Plain, au diocèse du Mans, Notre-Dame de Toutes-Aides, chapelle placée sur la crête d'un monticule, et qui date des premiers temps du christianisme. Elle a été restaurée en 1837, et, depuis lors, elle compte annuellement plus de trois mille pèlerins. — Dans la paroisse des Gardes, diocèse d'Angers, Notre-Dame des Gardes, chapelle bâtie au XVᵉ siècle par Antoine de l'Eperonnière, sieur du Pineau, par suite d'un vœu qu'il fit à la sainte Vierge par l'intercession de laquelle il avait été délivré des mains des corsaires. — A Evron, au diocèse de Laval, Notre-Dame de l'Epine ou d'Evron, sanctuaire fort ancien qui possède une belle statue de Marie, donnée par Robert Iᵉʳ, vicomte de Blois ; et, de plus, une relique insigne, quelques gouttes du lait de la sainte Vierge. — A Lescouet, diocèse de Saint-Brieuc, Notre-Dame du Mont-Carmel, création toute récente qui ne date que de 1821 ; la chapelle a été bénie le 8 septembre 1829. — Aux Quillio, diocèse de Saint-Brieuc, Notre-Dame de Lorette, petite chapelle de style gothique, bâtie il y a quelques années, sur le point culminant d'une hauteur, et qui possède un morceau du voile de la sainte Vierge. — A Saint-Guéno, diocèse de Saint-Brieuc, Notre-Dame du Tertre ou des Sept-Douleurs, dont le sanctuaire a été restauré en 1824 : on y vient prier dans les temps de calamités, demander la santé des infirmes ou des malades en danger. — A deux kilomètres du bourg de Dolo, diocèse de Saint-Brieuc, Notre-Dame du Chêne, dont l'oratoire n'est autre que la statue de Marie dans le tronc d'un vieux chêne, rongé en partie par le temps. Les mères viennent y prier pour leurs enfants qui tardent à parler ou à marcher. — Dans la paroisse de Saint-Aubin, à Rennes, Notre-Dame de Bonne-Nouvelle, dont le sanctuaire date du XIVᵉ siècle. En 1634, les habitants de Rennes, délivrés miraculeusement de la peste, enrichirent cet oratoire d'un édicule en argent, du poids de cent dix-neuf marcs, et représentant la ville avec ses murs, ses tours, ses églises ou édifices les plus remarquables ; et, au-dessus, l'image de Notre-Dame. La Révolution s'empara de ce trésor ; mais, en 1861, un édicule nouveau, reproduction de celui de 1634, vint enrichir le sanctuaire vénéré. — A Vion, dans le diocèse du Mans, Notre-Dame du Chêne, sanctuaire qui date du XVᵉ siècle. Le nombre toujours croissant des pèlerins a décidé l'autorité ecclésiastique à faire construire, en 1860, près de la chapelle, une belle et vaste maison pour les missionnaires chargées de la desservir. — A Lestelle, au diocèse de Bayonne, Notre-Dame de Bétharam ou du Beau-Rameau, ainsi appelée d'une branche au feuilles d'or qu'une jeune fille, tombée dans les eaux du Gave, et sauvée par l'intercession de la sainte Vierge, déposa par reconnaissance sur l'autel de Marie. Cette chapelle a toujours été le lieu de dévotion le plus fréquenté de tout le Béarn. Pie IX, par un indult du 28 mars 1852, a enrichi ce sanctuaire de nombreuses indulgences. — A Nouillan de Montoussé, dans la vallée de la Neste, diocèse de Tarbes, Notre-Dame de Nestès, sanctuaire fort ancien. En 1848, on rebâtit la chapelle détruite par la Révolution ; au mois de septembre 1856, l'évêque de Tarbes la bénit, et le culte de Marie y reprit son ancien éclat. — A cinq kilomètres d'Alby, Notre-Dame de la Drèche (de *dexterâ*), ainsi appelée parce qu'elle est située sur la rive droite du Tarn. L'ancien sanctuaire tombant en ruines, Mgr d'Alby bénit, le 20 mai 1861, la première pierre du nouvel édifice que l'on élevait sur l'emplacement de l'oratoire primitif. — Au diocèse de Mende, Notre-Dame de Fournels, dont le sanctuaire, selon la tradition, date du XIᵉ siècle. Cette dévotion si ancienne se maintient toujours. — A Odeillo, au diocèse de Perpignan, Notre-Dame de Fout-Romeu (Fontaine du pèlerin), dont le sanctuaire date du XIIᵉ siècle. Derrière le maitre-autel de l'oratoire est une fontaine qui coule sous le pavé de l'église et va verser ses eaux à l'extérieur, dans une piscine où se lavent les malades pour obtenir la guérison de leurs infirmités. — A Combret, au diocèse de Rodez, Notre-Dame de Consolation, confrérie fondée en 1483, tombée pendant la Révolution, et rétablie par l'évêque de Rodez, en 1846, à la demande des habitants. — Près de Saint-Sernin, au diocèse de Rodez, Notre-Dame d'Orient (*Auriens* abréviation d'*aures habens*), ainsi appelée pour marquer que Marie qu'on y invoquait, écoutait toutes les demandes qu'on déposait à ses pieds. Son origine remonte au-delà du XIIIᵉ siècle. — Sur l'ancien emplacement de la paroisse du Peyrat, au diocèse de Rodez, Notre-Dame du Lez, bâtie par les chevaliers de Saint-Jean de Jérusalem. La chapelle vient d'être restaurée, par le zèle d'un bon prêtre, à l'aide d'une quête dans les paroisses voisines, et depuis lors cette dévotion a repris son ancien lustre. — Au canton de Caylus, diocèse de Montauban, Notre-Dame de Livron (c'est-à-dire de Délivrance, antique chapelle, située au fond d'une petite vallée, et dont l'origine paraît remonter jusqu'au temps des croisades ; près de là jaillit une source d'eau d'une limpidité remarquable et d'une abondance merveilleuse qui opère beaucoup de guérisons. — A Saint-Nazaire, arrondissement de Moissac, diocèse de Montauban, Notre-Dame de Belle-Cassagne, dont l'origine remonte au XIIIe siècle, et dont la statue primitive a été remplacée par une nouvelle, le 8 septembre 1858. — Dans l'arrondissement de Castel-Sarrasin, diocèse de Montauban, Notre-Dame d'Alem, fondée par le connétable Louis de Sancerre, ami et compagnon de Bertrand du Guesclin. Démolie en 93, la chapelle a été relevée en 1808, par la piété d'un habitant de Castel-Sarrasin. — Aux environs de Narbonne, diocèse de Carcassonne, Notre-Dame de Fonfroide, fondée au commencement du XIIe siècle par Ermengarde, vicomtesse de Narbonne. Des religieux Bernardins sont établis dans le monastère contigu, et exercent l'hospitalité envers les pèlerins. — A Fleury, canton de Durban, diocèse de Carcassonne, Notre-Dame de Liesse, oratoire fort ancien, reconstruit dans le style ogival vers la fin du XVIe siècle. — A Cuxac, diocèse de Carcassonne, Notre-Dame de Magrie (de matre Dei), qui remonte à une haute antiquité. On y prie pour la guérison des malades, surtout des enfants. — A Fabrezan (canton de Lézignan), diocèse de Carcassonne, Notre-Dame de Consolation, chapelle champêtre, placée sur un mamelon, d'où la vue se perd dans un horizon sans bornes. Vendue et livrée, depuis 93, à des usages profanes, elle a été rachetée en 1840 et parfaitement restaurée par la piété du pasteur et des fidèles de Fabrezan. — A Tuchan, diocèse de Carcassonne, Notre-Dame de Faste ou Bonne-Nouvelle (de faustâ) fondée par des marins que la sainte Vierge avait délivrés d'une affreuse tempête. — Au milieu du cimetière de la paroisse de Villardonnet, canton de Mas-Cabardès, diocèse de Carcassonne, Notre-Dame de Canabès, chapelle bâtie par Charlemagne en mémoire d'une célèbre victoire qu'il remporta par l'intercession de Marie. On vient y prier pour les personnes frappées de cécité, ou percluses de leurs membres, ou atteintes d'aliénation. — A Gourdan, canton de Saint-Bertrand, archidiocèse de Toulouse, Notre-Dame de Polignan, sanctuaire qui date de la Renaissance : à côté de la chapelle se voit le petit séminaire diocésain, ancien monastère de Franciscains. — A Montgiscard, archidiocèse de Toulouse, Notre-Dame de Roqueville, sanctuaire d'une haute antiquité, enrichi de nombreuses indulgences par les souverains pontifes Innocent X, Clément XI, Clément XIII, Pie VII, et restauré en 1851 par les soins du curé de Montgiscard. — Au canton de Caraman, archidiocèse de Toulouse, Notre-Dame de Saussens, visitée, de temps immémorial, par de nombreux pèlerins, et où les mères ont l'habitude de venir consacrer leurs enfants nouveau-nés. — A Bruguières, canton de Fronton, archidiocèse de Toulouse, Notre-Dame de Grâce, bâtie au sommet d'une belle colline, dans une solitude qui porte au recueillement et à la piété. Ce sanctuaire remonte au moins au commencement du XVe siècle ; Grégoire XVI l'a enrichi d'indulgences. — Au canton de Montégut, archidiocèse de Toulouse, Notre-Dame d'Alet, chapelle qui date de la fin du XIe siècle. — Au diocèse de Troyes, NOTRE-DAME DU VALSUZENAY. — Près de Périgueux, NOTRE-DAME DES VERTUS. — Au canton de Brando, diocèse d'Ajaccio, en Corse, Notre-Dame de la Vasina, un des plus célèbres pèlerinages de cette île. — Près de Sierck, au diocèse de Metz, Notre-Dame de Rustroff, chapelle qui date du XVe siècle. C'est un pèlerinage très-fréquenté : en 1842, on y a vu jusqu'à vingt-trois processions en un seul jour. — A Lyon, Notre-Dame de Fourvières (Forum vetus), sanctuaire bâti sur l'emplacement d'un édifice autrefois splendide construit par l'empereur Trajan sur une colline voisine de la ville. Il date de 840 : Chaque siècle s'est plu à l'agrandir. En 1853, le clocher a été surmonté d'une statue colossale de la Vierge en bronze doré, étendant sur la ville ses mains pleines de bénédictions. L'infortuné Pie VII, de passage à Lyon, lors de sa captivité, a béni ce sanctuaire. — A deux kilomètres de Poligny, diocèse de Saint-Claude, Notre-Dame de Vaux (de Vallibus), ancien prieuré de l'Ordre de Saint-Benoît. On lui consacre les premiers fruits de la terre. — Dans le Beaujolais, diocèse de Lyon, Notre-Dame de Brouilly, élevée sur la montagne de ce nom par la population de ce pays, en vue de conjurer l'oïdium qui ravageait les riches vignobles de la contrée. La chapelle a été bénite le 8 septembre 1857. — Au canton d'Orgelet, diocèse de Saint-Claude, Notre-Dame d'Onoz, sanctuaire d'une haute antiquité qui attire tous les ans de nombreux pèlerins du Jura, de la Bresse, du Bugey, du Lyonnais et de la Bourgogne. — Au canton de Clelles, diocèse de Grenoble, Notre-Dame d'Esparon, gardée par un ermite qui accueille les voyageurs fatigués ou les guide à travers les forêts, les rochers, les défilés obscurs et les gorges profondes de ces lieux. — Près de Cuisery, au diocèse d'Autun, Notre-Dame de la Chaux, sanctuaire dont l'origine se perd dans la nuit des temps. — Dans l'arrondissement de Lure, diocèse de Besançon, Notre-Dame de Haut, que la tradition fait remonter à l'origine même du christianisme. Elle tire son nom de la montagne sur laquelle elle s'élève. — A Montpellier, Notre-Dame des Tables, dont le sanctuaire fut consacré vers 817 par Ricuin Ier, évêque de Maguelone. Il a été visité par les plus hauts personnages : neuf papes, Urbain II, Gélase II, Calixte II, Innocent II, Adrien IV, Alexandre III, Clément IV, Clément V et Urbain V se sont agenouillés sur ses dalles. — Au canton de Claret, diocèse de Montpellier, Notre-Dame de Lanteyrargues. Grégoire XVI a attaché une indulgence plénière à la visite de cette sainte chapelle. — A Saint-Guiraud, diocèse de Montpellier, Notre-Dame la Noire, sanctuaire antérieur au Xe siècle, et dont l'autel a été déclaré privilégié à perpétuité par un bref de Pie IX en date du 4 mai 1855. — Au diocèse de Verdun, NOTRE-DAME DE BENOÎTE-VAUX. — A Fontanès, canton de Sommières, diocèse de Nîmes, Notre-Dame de Prime-Combe, dont le sanctuaire primitif, qui remontait au IX⁰ siècle, a été restauré en 1853 et 1865, par le grand séminaire de Nîmes. — Au canton de Moustiers-Sainte-Marie, diocèse de Digne, Notre-Dame de Beauvoir (*de bello visu*), dont l'origine paraît remonter jusqu'à l'an 433. Cette chapelle est comme suspendue entre deux montagnes; le chemin par où l'on y monte forme comme un large couloir contenant les quatorze stations du chemin de la Croix et autant d'oratoires. — A six kilomètres de Bonifacio, diocèse d'Ajaccio, Notre-Dame de la Trinité ou des Aubergines, ainsi appelée parce qu'à la fête du 8 septembre on y mange des gâteaux préparés avec des aubergines. Le sanctuaire est adossé à un couvent de Capucins qui veillent à sa garde. — Au diocèse de Chambéry, Notre-Dame de Myans, dont le sanctuaire existait dès le XI⁰ siècle. La chapelle a été confiée, depuis peu d'années, aux Pères de la Compagnie de Jésus. — Au diocèse de Viviers, Notre-Dame de Châlons, chapelle bâtie dans une clairière de la forêt de Laws, sur la rive du Rhône, à l'ouest de Bourg-Saint-Andéol. Elle date du XII⁰ siècle. — A Chapias, diocèse de Viviers, Notre-Dame de la Délivrance, fondée par deux prêtres que la sainte Vierge avait sauvés, pendant la Terreur, du glaive des soldats envoyés à leur recherche. — Au diocèse de Perpignan, Notre-Dame de Força-Réal ou des Sept-Douleurs, ermitage construit sur les ruines d'un château fort bâti en 1258 par les rois d'Aragon. Dévasté en 93, le sanctuaire a été restauré en 1819 et bénit le 13 octobre 1822. — Au canton de Gramat, diocèse de Cahors, Notre-Dame de Roc-Amadour, dont le sanctuaire primitif fut, dit-on, bâti des propres mains du Zachée de l'Evangile. C'est le plus curieux et peut-être le plus pittoresque du monde entier : il est situé au haut d'une énorme montagne. Les protestants du XVI⁰ siècle et les Vandales du XVIII⁰ l'ont réduit au plus déplorable état; mais l'antique pèlerinage est toujours vivace, et on y compte jusqu'à quarante mille pèlerins pendant l'octave de la Nativité. — A Allauch, près Marseille, NOTRE-DAME DU CHATEAU. — Près d'Apt, au diocèse d'Avignon, NOTRE-DAME DES LUMIÈRES. — Au diocèse de Digne, NOTRE-DAME DE LURE. — Près de Limoux, diocèse de Carcassonne, NOTRE-DAME DE MARCEILLE. — A Cadouin (Dordogne, arrondissement de Bergerac), fête du SAINT-SUAIRE.

MARTYROLOGES DES ORDRES RELIGIEUX.

Martyrologe de l'Ordre des Déchaussés de la Sainte-Trinité. — La Nativité de la bienheureuse Marie, Mère de Dieu, toujours Vierge. Ce jour, notre Père saint Félix obtint de la Mère de Dieu l'éclatante faveur d'aller chanter les louanges de Dieu avec elle et tous les habitants du ciel.

ADDITIONS FAITES D'APRÈS LES BOLLANDISTES ET AUTRES HAGIOGRAPHES.

A Volterra (*Volaterræ*), ville forte de la Toscane, dans la province de Pise, saint Ugon, évêque de ce siège et confesseur. D'une famille princière de Volterra, il fit ses études à l'Université de Padoue. Ses vertus et sa science lui ouvrirent bientôt la porte des honneurs, et il devint successivement chanoine de Padoue, chanoine de Volterra, puis évêque de cette dernière ville. Il occupa ce siège pendant vingt-deux ans, et sut conserver toujours le trésor de la foi orthodoxe au milieu des troubles et des schismes qui désolèrent son diocèse à cette époque, principalement par suite de la lutte entre les Guelfes et les Gibelins. Il mourut dans un âge fort avancé et fut enseveli dans son église cathédrale. On dit qu'il s'échappa de son tombeau, durant de longues années, une liqueur balsamique qui remplissait l'église d'une merveilleuse odeur. En 1540 et en 1631, il se fit des reconnaissances et des translations de ses précieuses reliques. 1184. — A Venise, en Italie (Vénétie), la bienheureuse Comtesse de Tagliapetra. Dès son jeune âge, elle fut prévenue des dons de la grâce, et marcha à grands pas dans la voie de la perfection. Elle avait atteint le faîte de la sainteté dès l'âge de treize ans lorsque Dieu, la voyant mûre pour le ciel, l'appela à lui pour orner sa tête de la couronne de la virginité. Son corps fut déposé dans la basilique de Saint-Vite de Venise, où elle a une chapelle dédiée sous son invocation. 1308. — A Pésaro, ville forte d'Italie, la bienheureuse Séraphine, veuve, abbesse de l'Ordre de Sainte-Claire. Elle était de l'illustre famille des Colonna, et avait épousé François-Alexandre Sforza, duc de Pésaro. Celui-ci, jeune homme fier et arrogant, et, de plus, débauché à l'excès, conçut bientôt une passion criminelle pour une jeune femme de Pésaro. Après avoir fait souffrir mille mauvais traitements à son épouse légitime, il la força de se retirer dans un monastère de Clarisses, après l'avoir calomnieusement accusée d'adultère. Séraphine y brilla pendant dix-huit ans de l'éclat de toutes les vertus, et surtout par son humilité et sa charité pour les pauvres. Élue abbesse, elle fut le modèle de la vraie religieuse, et acquit à sa communauté une grande réputation de régularité et de sainteté. Son corps se montre encore aujourd'hui à Pésaro, exempt de toute marque de corruption. 1478. — Au Japon, les bienheureux martyrs Antoine de Saint-Bonaventure, espagnol, prêtre de l'Ordre des Frères Mineurs ; Dominique Naugazaki, japonais, laïque profès de l'Ordre des Frères Mineurs ; Dominique Castellet, espagnol, prêtre de l'Ordre des Frères Prêcheurs ; Thomas de Saint-Hyacinthe et Antoine de Saint-Dominique, japonais et laïques de l'Ordre des Frères Prêcheurs ; Jean Tonaki, Dominique, Michel, Thomas, Paul, Jean Smamura, Paul Aibara, Romain, Léon, Jacques Faiascida, Matthieu Alvarez, Michel Jamada, Laurent, Louis Nisaci, François, Dominique et Louis, tous japonais et du Tiers Ordre de Saint-Dominique. 1628.

LA NATIVITÉ DE LA BIENHEUREUSE VIERGE MARIE

A JÉRUSALEM[1], DANS LA MAISON PROBATIQUE.

> *Quæ est ista quæ progreditur quasi aurora consurgens?*
> Cantiques, VI, 9.
>
> Marie naît pour devenir : 1° l'instrument du salut du monde ; 2° la médiatrice des anges et des hommes ; 3° la réparatrice de l'univers.
> L'abbé Combalot, *Conf. sur les grand. de Marie.*

C'est avec beaucoup de raison que l'Eglise, adressant aujourd'hui la parole à la glorieuse Vierge, lui dit, dans un tressaillement de joie : « Votre naissance, ô Vierge mère de Dieu, a rempli tout le monde de consolation et d'allégresse, parce que le Soleil de Justice, Jésus-Christ notre Dieu, est né de vous, lui qui nous a tirés de la malédiction où nous étions plongés, et nous a comblés de bénédictions, et qui, ayant ruiné l'empire de la mort, nous a fait entrer dans la vie éternelle ». En effet, qui est-ce qui ne se doit pas réjouir au jour et au moment de la naissance de cette aimable princesse ? Si l'ange Gabriel assura Zacharie que plusieurs se réjouiraient à la naissance de saint Jean-Baptiste, son fils, qui ne devait être que l'ange, le prophète et le précurseur du Messie ; avec combien plus de sujet doit-on tressaillir d'allégresse à celle de Marie, qui doit bientôt en être la mère ! Cette fête n'est pas pour une ville ou pour un peuple seulement : elle est pour tout le monde. Elle est pour les Juifs et pour les Gentils, pour les pécheurs et pour les justes, pour les vivants et pour les morts. Elle est pour les siècles qui ont été et qui seront : elle est pour le temps et pour l'éternité. Enfin, c'est une fête universelle, parce que le bien qu'elle promet et qu'elle annonce n'est pas un bien particulier et limité, mais un bien qui s'étend à toutes sortes d'âges, de conditions et de personnes. Le Père éternel y prend part, parce qu'il lui naît une épouse, qui, représentant sa fécondité, donnera une nouvelle nature et une nouvelle naissance à son Fils unique. Le Verbe divin y prend part, parce qu'il lui naît une Mère, qui le revêtira d'un corps mortel pour être le Sauveur et le Rédempteur du monde. Le Saint-Esprit y prend part, parce qu'il lui naît un temple vivant, qui sera le plus digne sujet des influences et des opérations de sa grâce. Les anges et les hommes y prennent part, parce qu'il leur naît une Dame, une Maîtresse et une Reine, qui contribuera de sa substance et de son sang à leur produire un réparateur. Les Pères des limbes y prennent part, parce qu'il leur naît une Aurore, qui les assure que le temps de leur délivrance est proche.

---

1. Quatre villes se disputent l'honneur d'avoir vu la naissance de Marie : Jérusalem, Nazareth, Séphoris et Bethléem. Après avoir examiné attentivement et pesé les témoignages, nous inclinons à croire que la bienheureuse nativité de Marie eut lieu dans la maison probatique de Jérusalem. — L'abbé Bourassé, chanoine de Tours. — Voir, pour plus de détails, notre *Vie de la sainte Vierge.*

Enfin, tous les siècles passés et à venir y prennent part, parce qu'il leur naît une Souveraine qui sera, par son Fils, Homme-Dieu, la source de leur rétablisssement et de leur bonheur.

Les princes et les grands de la terre ont toujours célébré avec beaucoup de solennité le jour anniversaire de leur naissance, y faisant de grandes largesses au peuple, et donnant des jeux et des spectacles publics : voilà ce que les saintes lettres nous apprennent de Pharaon, d'Antiochus et d'Hérode ; Macrobe, des anciens Romains ; Hérodote, des rois de Perse, et l'Histoire ecclésiastique, de la plupart des Césars et des Augustes. Les plus sages ont condamné cette coutume et en ont publié l'erreur et la vanité. Jérémie, bien loin de bénir le jour de sa naissance, ne lui donne que des malédictions ; Job souhaite que celui où il était né soit effacé du nombre des jours, et qu'on ne le compte jamais ; et Salomon préfère celui où nous mourons à celui qui nous a donné la vie ; l'Eglise même, en parlant des Saints, dans son Martyrologe, ôte le nom de naissance au jour qu'ils sont venus au monde pour le donner à celui de leur mort. Mais, si ce pieux sentiment est le plus juste et le plus raisonnable à l'égard de notre aimable Souveraine, la naissance de Marie n'est, ni pour elle ni pour nul autre, un sujet d'affliction et de regret, mais plutôt un sujet de consolation et de joie. En effet, ce qui portait Job, aussi bien que d'autres Saints, à regretter le jour de sa naissance, c'est qu'ils étaient nés pécheurs et les objets de la haine et de l'indignation de Dieu ; qu'ils étaient nés misérables et sujets aux châtiments rigoureux de la justice divine ; qu'ils étaient nés fragiles et dans une pente et une inclination continuelles au péché. Or, toutes ces raisons n'ont point lieu dans Marie. Elle n'est point née criminelle et haïe de Dieu, mais toute sainte et chérie de sa divine Majesté. Elle n'est point née misérable et couverte de malédictions, mais parfaitement heureuse et comblée de grâces et de bénédictions. Elle n'est point née fragile, infirme et portée au péché, mais forte, vigoureuse et dans l'incapacité de commettre aucun péché.

Marie n'a jamais contracté le péché originel, et son âme, au moment de son union avec son corps, a été préservée de toute souillure. Il faut inférer de ce principe qu'elle était, dès le temps de sa naissance, l'objet de l'amour et des complaisances de Dieu ; car, comme dans les hommes il n'y a point de milieu entre le péché et la grâce ; aussi, en Dieu, à leur égard, il n'y a point de milieu entre l'amour et la haine. Il aime tous ceux qu'il ne hait pas, et il hait tous ceux qu'il n'aime pas ; puisque, dès lors, Marie n'était point l'objet de la haine et de l'aversion de Dieu, il faut nécessairement dire qu'elle était l'objet de son amour. Mais c'est peu dire, qu'elle était l'objet de son amour : disons que Dieu, dès ce moment, l'aimait excellemment, l'aimait singulièrement, l'aimait souverainement. L'Epoux, dans le Cantique des cantiques, nous exprime ce mystère par une gradation merveilleuse : il l'appelle son amie et sa bien-aimée : *Surge*, lui dit-il, *amica mea, speciosa mea, et veni, columba mea, in foraminibus petræ, in caverna maceriæ* : « Levez-vous, la plus chère, aussi bien que la plus belle de mes amantes ; c'est assez, ma colombe, être renfermée dans les trous de la pierre et dans le caveau de la masure », c'est-à-dire, dans le sein de votre mère, auparavant stérile ; venez, hâtez-vous, et paraissez au jour. Il lui donne le même nom en cent autres endroits du même cantique ; mais il ne se contente pas de l'appeler sa Bien-Aimée, il l'appelle encore absolument la Bien-Aimée. Il faut remarquer que parmi les noms de Notre-Seigneur, un des plus charmants est celui de *dilectus*, le Bien-Aimé. L'Epouse, dans le cantique, l'appelle souvent son Bien-Aimé. Le Père éternel, sur le mont Thabor, l'honore aussi du même titre : « C'est là », dit-il, « mon Fils bien-aimé, en qui je prends mes complaisances ». Mais le Roi-Prophète l'appelle par deux fois absolument le bien-aimé : *Rex virtutum dilecti, dilecti :* le bien-aimé, selon sa Personne divine, parce que, comme dit saint Paul, il est le Fils de la dilection du Père : *Filius dilectionis;* le bien-aimé, selon sa nature humaine, parce qu'il est le plus beau et le plus aimable des enfants des hommes ; le bien-aimé à l'égard de Dieu, le bien-aimé à l'égard des créatures capables d'amour : *Dilectus, dilectus.* Mais il ne s'approprie pas tellement ce nom, qu'il ne le communique aussi à son épouse : « Je vous conjure », dit-il aux filles de Jérusalem, « de ne point éveiller la bien-aimée qu'elle ne le veuille ». Et remarquez que, selon l'hébreu, il n'y a pas *Dilectam*, la bien-aimée ; mais *Dilectionem, amorem, delicias,* la dilection même, l'amour même et les délices mêmes, pour nous faire entendre que Marie a été l'amour et les délices de Dieu, et que, comme il est impossible que l'amour soit sans amour, ainsi il ne s'est pu faire que Marie fût un moment sans être aimée. Enfin, l'Epoux l'appelle *Carissimam in deliciis;* c'est-à-dire, celle qu'il aime au-dessus de toutes les autres, et dans laquelle il prend son plus grand plaisir. Les saints Pères en parlent de même. Saint Bonaventure, dans son livre intitulé : *De Speculo,* dit excellemment : *Quid mirum si præ omnibus diligat quæ præ omnibus est dilecta !* Quelle merveille que cette admirable Vierge aime Dieu plus que toutes les autres, elle qui a été aimée au-dessus de toutes les autres. Et saint Anselme appelle l'amour de Dieu pour elle, immense, ineffable, impénétrable.

Mais, pourquoi le Seigneur a-t-il eu tant d'amour pour elle ? Il en rend lui-même la raison au même cantique, par une autre gradation non moins remarquable que la première : « Vous êtes belle », lui dit-il premièrement, « vous êtes agréable, vous êtes charmante » : *Pulchra es, speciosa, formosa.* Et ne croyez pas qu'il parle de l'une et de l'autre beauté, de celle du corps et de celle de l'âme. Marie les possédait toutes deux. Elle était belle de la beauté corporelle, quoiqu'elle eût été conçue par la voie d'une génération ordinaire ; le Saint-Esprit, néanmoins, s'était appliqué à lui former un corps parfaitement beau. C'est ce qui fait qu'elle est comparée à ce qu'il y a de plus beau dans le monde corporel : à l'aurore dans sa naissance, à la lune dans son plein, et au soleil dans son midi. Saint Denis, dans l'une de ses lettres, nous assure qu' « elle était si belle, que, sans la foi qui nous apprend qu'il n'y a qu'un seul Dieu, on l'eût prise pour une divinité ». Et saint Ambroise ajoute que « ses charmes étaient si purs qu'ils inspiraient la chasteté à ceux qui la regardaient ». Elle était belle de la beauté spirituelle : car la beauté naît de l'ordre et de la variété. Or, dans l'âme de Marie, tout était merveilleusement bien ordonné : l'esprit était soumis à Dieu, le sens était soumis à l'esprit, et la chair obéissait à l'un et à l'autre avec une juste dépendance ; la volonté ne prévenait point le jugement, l'appétit ne prévenait point la raison, et les passions ne s'élevaient qu'autant qu'une sage discrétion leur permettait de paraître. Il s'y trouvait aussi une excellente variété de toutes sortes de vertus. La blancheur d'une pureté plus qu'angélique, le vermeil d'une charité toute brûlante, et les ombres d'une humilité très-profonde.

Mais l'Epoux ne se contente pas de dire qu'elle est belle, il ajoute « qu'elle est toute belle » : *Tota pulchra es.* Belle dans tous les âges et dans tous les états de sa vie, belle dans toutes les facultés de son corps et de son âme, belle dans toutes ses pensées, ses désirs et ses actions ; belle dans son entendement par les dons de sagesse et de conseil, belle dans sa volonté par son attachement inviolable à Dieu, belle dans son appétit par les vertus de force et de tempérance, belle en tout, et universellement belle. Enfin, il dit que « sa beauté surpasse toutes les autres beautés, et qu'elle est la plus agréable de toutes les femmes » : *Pulcherrima inter mulieres.* Ce qu'un savant auteur exprime par ces paroles : *Omnium pulchritudinum pulcherrima pulchritudo :* « La plus belle et la plus charmante beauté de toutes les beautés ». C'est donc là ce qui la rendait, dès le moment de sa naissance, l'objet de l'amour de Dieu ; et c'est aussi ce qui nous doit obliger à lui rendre en ce moment nos humbles devoirs, et à lui offrir notre cœur et notre amour, afin que l'aimant, nous puissions être aimés d'elle, suivant ce qu'elle dit au chap. VIII des *Proverbes : Ego diligentes me diligo :* « J'aime ceux qui ont de l'amour pour moi ».

Si la sainte Vierge n'est pas née criminelle et objet de la haine de Dieu, elle n'est pas non plus née misérable et sujette au châtiment de la justice. Il est vrai que, selon la parole de son Epoux, « elle a été un lis entre les épines » : c'est-à-dire qu'elle a passé toute sa vie au milieu des épines de toutes sortes de peines et d'afflictions. Mais cela ne fait pas qu'on la puisse appeler « misérable ». Les épines dont elle a été environnée n'étaient pas les effets de la malédiction que Dieu donna à Adam, lorsqu'il lui dit que la terre serait maudite sous son travail, et qu'elle lui produirait des épines et des ronces ; c'étaient, au contraire, les effets d'une providence douce et amoureuse, qui voulait que Marie souffrît pour mériter de plus grandes récompenses, pour coopérer plus noblement à notre Rédemption, et pour nous donner de plus beaux exemples de vertus. Disons plutôt que Marie est née bienheureuse et le vase précieux où la Bonté divine a répandu ses plus grands trésors. En effet, l'amour de Dieu ne peut être stérile, et les théologiens mêmes, considérant sa propriété, disent que, bien que de sa nature il soit effectif, il ne se termine, néanmoins, à la créature que d'une manière efficiente, et en lui faisant du bien ; puis donc qu'il est constant que Dieu a eu pour Marie un amour immense au moment de sa naissance, ne doutons point que, dès lors, il ne l'ait comblée d'une infinité de biens. Je trouve qu'il lui a communiqué trois plénitudes : une plénitude de grâce et de sainteté dans l'essence de son âme ; une plénitude de lumière et de sagesse dans son entendement ; et une plénitude de vertu et de perfection dans sa volonté. Il lui a communiqué une plénitude de grâce et de sainteté ; l'ange Gabriel lui dit depuis qu'elle était pleine de grâce : *Gratia plena ;* saint Epiphane, dans un livre qu'il a fait sur ses louanges, et saint Anselme, dans un traité de ses excellences, assurent que sa grâce était immense, ineffable et digne de l'étonnement de tous les siècles : cela ne doit pas être borné au temps de sa mort, de son enfantement et de son annonciation ; mais on le peut et on le doit étendre à tous les moments de sa vie ; car, comme elle était destinée à être la Reine des Saints et la Mère du Saint des Saints, il était nécessaire qu'elle fût préparée de bonne heure par une grâce suréminente à une dignité si élevée. Et c'est encore ce qui fait que les mêmes Pères et plusieurs autres l'appellent une Mer spirituelle, un Abîme et un Océan de grâce, un Trésor de sainteté, et un grand Miracle, et même le plus grand miracle dans l'ordre des créatures qui soit sorti des mains du Tout-Puissant. Dieu lui a aussi communiqué une plénitude de lumière et de sagesse ; car c'est elle qui dit au livre des *Proverbes*, chap. VIII, selon l'application que l'Eglise lui en fait dans ses offices : « Je suis la sagesse, et le conseil est ma demeure ; je me trouve dans les délibérations les plus étudiées, et les avis les plus judicieux viennent de moi ». Aussi, Denis le Chartreux reconnaît en elle une sagesse infuse très-lumineuse et très-abondante, saint Bernardin de Sienne assure que même, dans sa première sanctification, elle a reçu une science si claire et si pénétrante, qu'elle connaissait parfaitement les créatures et le Créateur ; et le même saint Anselme préfère sa lumière sur nos divins mystères à celle de tous les Apôtres, et dit qu'elle la surpasse en mérite et en évidence, sans aucune comparaison. Enfin, Dieu lui a communiqué une plénitude de vertu ; car elle les possédait toutes au moment où elle est venue au monde, et, comme elle avait déjà la lumière de la raison et l'usage de ses facultés intellectuelles, elle en fit les actes les plus éminents et les plus héroïques. Ainsi, elle adora Dieu dans l'unité de son essence et dans la trinité de ses personnes ; elle s'abaissa devant sa majesté jusque dans le centre de son propre néant ; elle se consacra à son service de toute l'étendue de son âme ; elle le remercia de toutes ses forces des grâces qu'elle avait reçues de sa bonté ; elle s'abandonna à sa conduite pour toutes les dispositions de sa providence ; elle s'offrit à toutes sortes de peines et de souffrances pour sa gloire ; enfin, elle s'éleva vers lui par les grands efforts de son amour. Ce n'était qu'une enfant d'un jour, d'une heure, d'un moment ; mais, ses actes surnaturels étaient déjà plus saints et plus parfaits que ceux de tous les Chérubins et de tous les Séraphins, et elle avait plus de vertus elle seule que toutes les autres créatures ensemble.

La sainte Vierge n'est pas née fragile et sujette au péché, mais dans une heureuse incapacité de le commettre. Ce n'est pas qu'elle fût impeccable par sa nature, comme Jésus-Christ, son Fils unique, qui, étant Dieu, ne pouvait pas pécher ; ni qu'elle le fût par la vision glorieuse, qui, au plus, ne lui a été donnée pendant cette vie que pour quelques moments ; mais elle l'était, d'un côté, par la parfaite intégrité de sa nature, qui n'avait rien qui la détournât du bien ni qui l'inclinât au mal ; de l'autre, par la force et l'éminence de sa grâce, qui la remplissait et la possédait tellement, qu'elle n'agissait plus que par ses mouvements ; par l'abondance et l'efficacité des secours divins, qui la portaient en toutes choses à ce qu'il y avait de plus parfait ; par une suave conduite de la divine Providence, qui éloignait d'elle tout ce qui était capable de la solliciter au péché. Cette impeccabilité est sans doute beaucoup au-dessous de celle du Fils de Dieu ; mais elle suffit pour exclure toutes sortes de péchés et de défauts et de fait, le Concile de Trente, sess. VI, c. II, enseigne que la sainte Vierge n'en a jamais commis, et qu'elle a conservé son innocence sans tache et sans aucun défaut jusqu'à la fin de sa vie.

Ainsi, les raisons que les Saints ont eues de donner des malédictions au jour de leur naissance, ne se trouvent nullement en Marie ; au contraire, elle a toutes sortes de sujets de bénir le moment auquel elle a paru sur la terre. Nous devons aussi, pour le même sujet, en faire une grande fête, et nous réjouir avec elle des grâces dont elle a été comblée en ce moment, d'autant plus qu'elle ne les a pas moins reçues pour nous que pour elle-même, et que les plus précieux dons qui lui ont été conférés, l'ont été par suite du grand œuvre de notre Rédemption.

Pour plus de détails sur cette illustre nativité de la sainte Vierge, nous renvoyons le lecteur à sa vie, dans le tome XVIe de cet ouvrage, et au discours sur sa Conception. Nous n'en dirons que deux mots. Ayant été conçue dans le sein de sainte Anne, après une longue stérilité, et ayant demeuré neuf mois dans ses entrailles, selon la coutume des autres enfants, elle naquit le 8 septembre, sur les montagnes de Judée, et dans la maison des bergeries de saint Joachim, son père. Peu de temps après, on offrit pour elle le sacrifice ordonné, pour effacer le péché originel, bien qu'elle ne l'eût pas contracté, et on lui donna le nom de Marie ; au bout de quatre-vingts jours, sainte Anne, pour obéir à la loi, la porta au temple, afin d'y faire les cérémonies de sa purification ; mais elle ne l'y laissa pas, pour cette fois attendant, pour la dédier aux saints autels, qu'elle fût en état de marcher toute seule. Dieu, de son côté, lui donna un ange gardien, qui, selon Ildefonse et le B. Pierre Damien, fut saint Gabriel ; car, comme dit le premier au sermon de l'Assomption : *Tota Virginis causa ei a Domino commissa prædicatur :* « Tout ce qui touchait la sainte Vierge fut commis à saint Gabriel par la sage providence de Dieu ».

L'Eglise n'a pas toujours célébré cette fête. On n'en trouve aucun vestige dans les auteurs français, avant le B. Fulbert, évêque de Chartres, qui vivait au commencement du xie siècle ; il n'en est parlé ni dans le Concile de Mayence, célébré l'an 813, ni dans les *Capitulaires* de Charlemagne et de Louis le Débonnaire, ni dans les livres ecclésiastiques de ce temps-là. Mais le même Fulbert, au premier tome de la *Nativité ;* saint Bernard, dans son Epître CLXXIV^e, et Pierre, abbé de Celles, au sixième livre, Epître XXIIIe, en font mention comme d'une fête célébrée avec beaucoup de solennité. Pour les autres pays, il n'est pas non plus certain quand elle a commencé à s'y solenniser. Saint Augustin, aux sermons XXe et XXIe des *Saints*, fait assez paraître qu'elle lui était inconnue et qu'on ne la célébrait pas encore de son temps dans l'Eglise, puisqu'il dit qu'on ne célébrait aucune autre naissance que celle de Notre-Seigneur et celle de saint Jean-Baptiste ; cela venait de ce que l'Ecriture sainte ne parle que de ces deux, et que les premières fêtes de l'Eglise ont été établies pour honorer les mystères marqués dans les livres du Nouveau Testament. Il est vrai que, dans l'office de ce jour, on lit un sermon du même saint Augustin, qui est le XVIIIe des *Saints*, avec ces mots : *Gaudeat terra nostra tantæ Virginis illustrata natali* : « Que notre terre se réjouisse, étant ennoblie par la naissance d'une telle Vierge ». Mais il faut remarquer que saint Augustin n'a pas fait ce sermon pour le jour de la Nativité de Notre-Dame, mais pour celui de son Annonciation, et qu'il n'a pas écrit *natali*, naissance, mais *solemni*, solennité. De sorte que c'est l'Eglise qui, par un pieux accommodement, a changé le mot *solemni* en *natali*. Quelques auteurs ont écrit qu'il fallait rapporter cet établissement au pape Innocent IV, qui vivait l'an 1250 : il aurait été porté à le faire par un vœu que les cardinaux avaient fait, avant son élection, pour l'heureux succès d'une si grande affaire, lorsque l'Eglise était travaillée, depuis près de deux ans, par un schisme très-dangereux. Mais il n'y a nulle apparence que cette fête, étant déjà si célèbre en France, comme il paraît par ce que nous venons de dire de Fulbert de Chartres, de saint Bernard et de Pierre de Celles, ne fût pas encore reçue et autorisée en Italie. Ce que fit donc Innocent IV, ce fut de lui donner une octave, comme le pape Grégoire XI lui donna depuis une vigile.

L'*Ordo* romain et le *Sacramentaire* de saint Grégoire, qu'il faut rapporter aux VIe et VIIe siècles, en font mention ; mais il n'est pas sûr que ce ne soient point des additions que l'on y a faites, dans la suite des temps, comme on en a fait souvent aux rituels et aux livres des divins offices ; nous en avons aussi une mémoire illustre dans le livre de *la Virginité* de saint Ildefonse, qui vivait en 667. Mais plusieurs croient que ce livre n'est pas de lui ; au moins n'est-il pas de ces ouvrages indubitables. Ainsi, nous ne pouvons marquer précisément le temps et le siècle où cette fête a commencé. Baronius estime que ce fut peu de temps après le Concile d'Ephèse : l'hérésie de Nestorius condamnée, et la glorieuse Vierge authentiquement reconnue et déclarée Mère de Dieu, sa dévotion s'accrut merveilleusement dans le cœur des fidèles ; mais elle ne fut pas d'abord universelle, et il y a de l'apparence qu'ayant été instituée dans quelque église particulière, elle ne se répandît ensuite dans les autres qu'avec succession de temps. Cependant le P. Thomassin, dans son livre de *l'Institution des Fêtes*, croit qu'elle a commencé par la France, et que c'est de là qu'elle s'est étendue en Espagne, en Italie et dans les autres nations ; comme il ne lui donne commencement en France qu'un peu avant Fulbert de Chartres, il ne la fait pas plus ancienne dans tous les autres pays de la chrétienté.

Selon Du Saussay, dans son Martyrologe, saint Maurille, évêque d'Angers, qui vivait aux iv° et v° siècles, en fut l'auteur. Et, de fait, cette fête s'appelait autrefois l'*Angevine* ; mais il faudrait qu'elle eût été longtemps renfermée dans son diocèse, sans être reçue en d'autres lieux, puisque, comme nous l'avons dit, les calendriers des divins offices du ix° siècle n'en font nulle mention.

Quoi qu'il en soit, nous ne doutons point que les fidèles ne se soient toujours réjoui de la naissance de cette divine Aurore, qui n'a paru sur cette terre que pour nous annoncer le lever du Soleil de Justice. Faisons-lui paraître aussi notre amour en prenant part à cette joie ; mais comme elle nous demande plutôt notre sanctification que nos applaudissements, imitons sa diligence à se consacrer au service de son Dieu. Elle n'a pas attendu, pour le faire, qu'elle fût dans un âge avancé, elle l'a fait dès sa naissance, elle l'a fait même dès le moment de sa conception. N'attendons pas non plus, pour le faire, au temps de notre mort ; mais faisons-le dès à présent. Nos jours et nos années ne sont pas trop longs pour rendre à Dieu ce que nous lui devons. Il nous a aimé de toute éternité ; il nous a fait du bien dès le moment de notre formation dans le sein de nos mères, et il ne cesse point de nous en faire : répondons à tant de grâces par un attachement inviolable à son service, et que rien ne soit capable de nous en détourner.

Nous avons conservé, pour cette notice, le récit du Père Giry.

SAINT ADRIEN, MARTYR A NICOMÉDIE

306. — Pape : Saint Marcel. — Empereur romain : Galère.

> La vertu de force consiste à braver toute crainte dans les dangers, à ne redouter que la honte et la bassesse, et à supporter l'adversité avec courage.
> *Saint Jérôme.*

Adrien, officier des armées de l'empire, fut un de ceux que l'empereur Maximien-Galère chargea de persécuter les chrétiens : il avait environ vingt-huit ans ; depuis treize mois seulement il avait épousé Natalie, jeune fille d'une excellente beauté et d'une noblesse égale à la sienne : elle était chrétienne, mais elle cachait encore sa religion, pour ne pas s'exposer à la fureur du tyran. Adrien admirait la joie que les martyrs faisaient paraître au milieu de leurs supplices, le mépris qu'ils faisaient de leurs corps et de leur vie, les louanges qu'ils donnaient à Jésus-Christ, les descriptions qu'ils faisaient de la gloire des Saints dans le ciel et des peines des damnés dans les enfers ; leur courage invincible, qui ne se laissait fléchir ni par les belles promesses, ni par les menaces les plus terribles qu'on leur faisait : tout cela lui paraissait si extraordinaire, que, n'en pouvant comprendre les raisons, il résolut de s'adresser à eux-mêmes pour en être éclairci. Il leur demanda donc les motifs qui les rendaient si constants et si intrépides parmi les tourments. Les saints confesseurs lui dirent des choses si touchantes, que la grâce qui accompagnait leurs paroles lui ouvrant entièrement les yeux, il appela sur-le-champ les greffiers qui avaient l'ordre d'écrire tout ce qui se passait, et leur dit : « Ecrivez aussi ma confession, et mettez-moi du nombre de ces généreux Martyrs ; car je suis chrétien comme eux, et je veux mourir avec eux pour l'amour de Jésus-Christ ». Les greffiers coururent en même temps au palais dire à Maximien qu'Adrien s'était fait inscrire sur leurs registres. « Voyons », dit l'empereur, « ce qu'il dit ; c'est sans doute quelque accusation qu'il fait contre les chrétiens ». — « Bien loin de cela », lui repartirent ces officiers ; « il n'accuse personne que lui-même, et il déclare hautement qu'il fait profession de la religion chrétienne ».

Le tyran, extrêmement surpris de cette nouvelle, l'envoya chercher à l'heure même : et dès qu'il l'aperçut, il lui dit : « Quelle folie vient-on de me dire de toi, Adrien ? Veux-tu périr misérablement comme ces insensés de chrétiens ? Demande-moi pardon de ta faute, et avoue, en présence de tous ceux qui sont ici, que tu ne savais ce que tu faisais, lorsque tu as commandé aux officiers d'écrire ton nom parmi ceux des ennemis de nos dieux ». — « Je n'ai point fait de folie, ô empereur ! » répondit Adrien, « mais je suis revenu de la folie où j'étais d'adorer des idoles qui ne méritent que notre exécration ; ce n'est point à vous, mais au vrai Dieu, que je dois demander pardon de tous les crimes que j'ai commis contre lui, et de l'idolâtrie dans laquelle j'ai vécu jusqu'à présent ». Maximien ne put entendre cette généreuse confession qu'avec la dernière impatience. Il l'envoya chargé de chaînes en prison, pour y attendre ses ordres en la compagnie des autres martyrs.

Un domestique du nouveau Confesseur alla en diligence avertir Natalie de son emprisonnement. Elle en pensa d'abord mourir de douleur ; mais quand elle apprit que ce n'était pas pour avoir rien fait contre le service du prince qu'on l'avait arrêté, mais pour avoir confessé Jésus-Christ, sa douleur se changea en une joie qui ne peut être exprimée. Elle courut aussitôt à son cachot et alla se jeter à ses pieds, qu'elle ne regardait plus que comme les pieds d'un martyr. « Que vous êtes heureux, Adrien », lui dit-elle, « en baisant les chaînes dont il était garrotté ; vous avez trouvé aujourd'hui un trésor que vos parents ne vous ont pas laissé ; vous possédez dans votre jeunesse des richesses immenses que vous n'eussiez peut-être pas acquises en votre vieillesse. Vous avez Jésus-Christ dans votre cœur, ne le perdez pas par lâcheté : c'est lui qui vous récompensera de toutes les peines que vous endurerez ici pour la gloire de son nom. Vous avez déjà triomphé de l'enfer par votre confession, il ne vous reste plus qu'à recevoir la couronne qui vous est préparée dans le ciel ; n'appréhendez point les supplices des hommes, ils ne dureront qu'un moment et ils seront récompensés par des délices éternelles ; demeurez ferme sur la croix que vous avez embrassée ; que la vue des honneurs que vous pourriez espérer en ce monde, que l'amour de vos parents qui vous solliciteront, que le désir des biens de la terre qui vous tenteront, ne soient point capables de vous séparer de Jésus-

Christ. Toutes ces choses sont périssables, et vous n'en auriez la jouissance que durant votre vie, qui passera en un instant. Ah! voudriez-vous, pour des avantages si fragiles, perdre un bien qui ne finira jamais et dont personne ne pourra vous ravir la possession? N'écoutez point les flatteries de vos amis, qui feront leur possible pour vous dérober votre foi; détestez leurs vaines caresses et méprisez les pernicieux conseils qu'ils voudront vous donner. Regardez ces généreux confesseurs qui sont auprès de vous, imitez leur patience et n'ayez pas moins de fermeté qu'eux pour soutenir la fureur du tyran et la violence des supplices auquels vous allez être exposé ».

Puis, se prosternant aux pieds des autres martyrs, elle leur disait en baisant leurs fers : « Je vous conjure, serviteurs de Dieu, de confirmer dans la foi ce fidèle que vous avez gagné à Jésus-Christ. Exhortez-le à la persévérance, rappelez-lui souvent la gloire qui suivra son martyre. Il est le fruit de vos tourments, vous êtes ses pères selon l'esprit, ne souffrez pas que ses parents selon la chair vous le ravissent; animez son courage par vos pieuses exhortations, et rendez-le invincible comme vous, afin qu'il triomphe de tous les ennemis de son salut ». Quand elle prit congé de cette illustre compagnie, elle fit promettre à Adrien de la faire avertir de tout ce qui se passerait, afin qu'elle pût être présente à tous les supplices qu'on lui ferait endurer.

Quelques jours après, on leur signifia que, dans peu de temps, ils devaient comparaître devant le tribunal de l'empereur. Adrien voulut en donner avis à sa femme, selon la promesse qu'il lui en avait faite; et, ayant gagné le geôlier, il obtint de lui permission, sur sa parole, d'aller faire un tour dans sa maison. Comme il était en chemin, un de ses amis, qui le reconnut, courut devant lui et, croyant porter une nouvelle fort agréable à Natalie, il alla promptement lui dire que son mari était en liberté, et qu'elle aurait bientôt la consolation de le voir chez elle. En effet, elle l'aperçut presque en même temps; mais, s'imaginant qu'il n'avait obtenu sa délivrance qu'au préjudice de sa foi, elle lui ferma la porte, en lui disant : « Retirez-vous d'ici, perfide que vous êtes! est-ce ainsi que vous en avez imposé au vrai Dieu, et qu'après l'avoir confessé vous l'avez abandonné? Je ne veux point écouter un homme qui a employé sa langue à renier son Créateur. Quelle foi ajouterai-je à des paroles qui ont servi à renoncer à Jésus-Christ? Ah! malheureux Adrien, pourquoi n'as-tu pas achevé le bien que tu avais si généreusement commencé? Qui a rompu les liens sacrés qui te tenaient attaché aux autres saints martyrs? Qui t'a séduit pour te séparer de la compagnie des anges? Tu as pris la fuite, et tu n'avais pas encore combattu; tu as rendu les armes avant d'avoir vu les ennemis. Où sont les blessures que tu as reçues? Je ne vois nulle plaie sur ton corps; il n'est ni percé de flèches, ni meurtri par la torture. Je ne m'étonne pas de ta lâcheté; tes parents t'ont élevé dans l'idolâtrie, et, par leurs abominations, ils t'ont rendu indigne d'être une victime immolée à Jésus-Christ. Que je suis infortunée d'avoir épousé un idolâtre! Hélas! je croyais, il y a quelques heures, être la femme d'un martyr; mais je me vois maintenant la femme d'un traître à son Dieu, d'un apostat et d'un blasphémateur. Ma joie a été courte, et la douleur que j'ai de ta perfidie durera longtemps ».

Après ces reproches qui l'enchantaient et fortifiaient sa foi, Adrien lui expliqua comment il était sorti de prison pour un instant, et lui annonça la nouvelle de son prochain martyre. Natalie, ne se sentant plus de joie, l'accompagna à sa prison. En chemin il lui demanda ce qu'elle ferait des grands biens qu'il lui laissait. « Bannissez de votre esprit ces pensées de la terre », dit-elle avec son zèle ordinaire ; « ne pensez qu'à la grâce que vous allez recevoir ; les richesses que vous laissez entre mes mains ne sont que des amusements de peu de durée ; bientôt vous en posséderez d'éternelles que les hommes ne pourront pas vous ôter. Soyez inébranlable dans votre résolution, et que la violence des supplices ne vous fasse pas perdre la crainte des jugements de Dieu, qui sera le témoin et le juge de tout ce que vous ferez ».

Dès qu'ils furent arrivés à la prison, Natalie se prosterna aux pieds des saints martyrs, baisa leurs chaînes, nettoya et pansa leurs plaies ; puis, s'étant fait apporter le plus beau linge de sa maison, elle les enveloppa avec une piété admirable. Plusieurs dames de noble condition l'imitèrent dans ces pieuses fonctions, et elle les continua pendant sept jours qu'elle demeura auprès de ces généreux confesseurs, en attendant le martyre de son mari. Au bout de ce temps, l'empereur les appela devant son tribunal, où ils furent conduits tous garrottés d'une même chaîne. Mais leur faiblesse était si grande à cause des supplices précédents, qu'ils ne pouvaient presque se soutenir, et qu'on fut obligé de les porter. Adrien les suivait les mains liées derrière le dos. Le tyran ne jugea pas à propos de les appliquer à la question, parce qu'ils n'étaient plus en état de la souffrir, à cause des plaies qu'ils avaient déjà reçues ; c'étaient plutôt des squelettes affreux que des hommes composés de chair et d'os ; il les fit réserver afin que leurs tourments fussent prolongés avec leur vie. Pour Adrien, qui était jeune et n'avait encore rien souffert que la prison, il le fit battre à grands coups de bâton : les bourreaux exécutèrent cet ordre avec tant de cruauté qu'on voyait les entrailles du martyr.

Pendant cette exécution, tous les autres martyrs étaient en prière, pour demander à Dieu la grâce de la persévérance pour Adrien, dont la naissance, la jeunesse et la délicatesse leur faisaient toujours appréhender qu'il ne se rendît ; et la vertueuse Natalie, de son côté, l'encourageait sans cesse à demeurer ferme dans la foi. Tous les martyrs furent ensuite reconduits en prison. Natalie, ne pouvant contenir la joie dont son cœur était rempli, de ce que son mari sortait glorieux du lieu du supplice, lui mit la main sur la tête, et lui dit : « Que vous êtes heureux, Adrien, d'avoir été trouvé digne de souffrir dans la compagnie des Saints ! Quelle satisfaction pour vous d'avoir répandu votre sang en l'honneur de Jésus-Christ pour celui qu'il a versé pour vous ! Soyez à présent en paix en attendant la couronne qu'il vous a préparée ». Puis, essuyant le sang qui coulait encore de ses plaies, elle se l'appliquait par dévotion sur elle-même. Les autres confesseurs louaient aussi la constance d'Adrien et lui donnaient le baiser de paix. « Je suis le fruit de vos souffrances », leur disait-il, « et c'est vous qui m'avez engendré à la foi ; continuez de prier pour moi, afin que le démon ne triomphe pas de ma faiblesse, que vous voyez être déjà extrême pour le peu que j'ai souffert ». — « Confiez-vous en Dieu », répondaient les saints martyrs ; « Satan, avec toute sa malice, ne pourra rien contre vous ; votre patience l'obligera de se retirer dans les enfers. Nous avons eu quelque crainte, lorsque vous n'étiez qu'un homme, mais maintenant que vous êtes élevé au-dessus de la nature, nous n'appréhendons plus rien de vos ennemis ; ne craignez donc plus, Jésus-Christ assurera votre victoire ».

Pendant ces divins entretiens, les diaconesses et d'autres dames pieuses pansaient leurs plaies. Mais leur charité fut bientôt traversée par la cruauté du tyran, qui fit défendre de les laisser entrer dans la prison. Natalie, qui était la plus zélée de toutes, et qui ne pouvait se résoudre à abandonner son mari et tant d'illustres serviteurs de Dieu, se coupa les cheveux et prit un habit d'homme, afin de pouvoir les visiter et leur donner l'assistance dont ils avaient besoin. Dès que les autres dames le surent, elles suivirent son exemple ; et ainsi les martyrs, malgré la dureté de l'empereur, furent parfaitement secourus dans leurs misères. Mais cette pieuse industrie ne leur fut pas longtemps nécessaire ; car Maximien, appréhendant qu'ils ne mourussent dans les fers sans avoir éprouvé les derniers efforts de sa rage, les condamna à avoir les jambes et les bras coupés. Adrien et ses compagnons expirèrent dans les douleurs de ce supplice, le 4 mars, vers l'an 306.

On le représente avec les mains et les pieds coupés, et ce supplice l'a fait choisir pour patron des bourreaux. On place quelquefois près de lui un lion, pour symboliser la magnanimité. Les geôliers l'ayant pris aussi pour patron, il est çà et là représenté avec des clefs, comme allusion à ce patronage. On voit dans l'église de Cany, arrondissement d'Yvetot (Seine-Inférieure), une image de saint Adrien, sculptée au XVIIe siècle et habillée en guerrier romain.

CULTE ET RELIQUES.

Les fidèles enlevèrent les corps saints et les firent transporter à Byzance, aujourd'hui Constantinople, pour les soustraire aux profanations des tyrans. Dans la suite, ces précieuses reliques furent rapportées à Rome : c'est ce qui a donné sujet aux Grecs de marquer la mémoire de saint Adrien le 26 août, jour de la première translation ; et, pour la même raison, l'Eglise romaine, dans son bréviaire et dans son martyrologe, en fait mention le 8 septembre, parce que c'est en ce jour que son corps fut transféré de Constantinople à Rome. On les porta depuis en Flandre.

L'an 1110, une grande partie de ses reliques, qui avaient été apportées à Raulincourt, furent transférées à Grammont, ville de Flandre, dans l'abbaye de Saint-Pierre qui a pris le nom de Saint-Adrien, suivant la remarque du docte Aubert de Miré, dans son *Recueil des Saints de Flandre*. On l'invoque ordinairement, avec saint Sébastien et saint Roch, contre les maladies contagieuses. On voit, en divers endroits de la chrétienté, particulièrement en France, plusieurs églises et chapelles consacrées en son honneur. Les princes chrétiens implorent encore son secours, afin de l'avoir pour protecteur dans leurs armées. Nous en avons vu un bel exemple dans la vie de saint Henri, empereur : il voulut se servir de l'épée de ce saint Martyr, que l'on garde dans la ville de Walbeck, en Allemagne, lorsqu'il fut obligé de combattre les ennemis de la religion et de son Etat.

Acta Sanctorum; les *Eglises de l'Arrondissement d'Yvetot*, par l'abbé Cochet.

NOTRE-DAME DE BON-ESPOIR, A DIJON

L'église Notre-Dame de Dijon est aux yeux de l'artiste un chef-d'œuvre d'architecture. Rien de plus élégant que son péristyle, autrefois peuplé de statues, décoré d'emblèmes et d'inscriptions, peint et doré ; rien de plus hardi que sa voûte aérienne « qui se soutient d'elle-même et semble dédaigner tout autre appui ». On la dirait suspendue aux mains des anges. Rien de plus gracieux que ses colonnettes fuselées qui découpent les galeries du chœur, de la grande nef et du portail, où s'élancent en faisceaux jusqu'à la voûte, et là se courbent en délicates nervures. C'est un bijou. Aux yeux du chrétien c'est plus encore, c'est un monument de la piété de nos pères et de leur dévotion à l'image miraculeuse de la Vierge-Noire, Notre-Dame de Bon-Espoir.

Cette image, vénérée, dès le xi° siècle, sous le titre de Notre-Dame de Bon-Apport, dans la chapelle de Notre-Dame du Marché *(de Foro)*, hors des murs de Dijon, attirait tant de pèlerins que des chanoines de Saint-Etienne firent une œuvre pie en bâtissant un hospice pour les héberger. En 1252, soit que ce sanctuaire fût devenu trop étroit pour contenir la foule, soit qu'il menaçât ruine, les Dijonnais élevèrent pour le remplacer l'église actuelle de Notre-Dame, et y disposèrent, afin de recevoir la sainte image, une chapelle voûtée, sans fenêtres, haute de vingt pieds et couronnée d'une galerie circulaire. Cette chapelle fut aussitôt la plus fréquentée : le peuple y suivit sa Reine, se pressa aux pieds de son trône de grâces et couvrit les murs d'*ex-voto*, témoignages plus nombreux chaque jour de sa gratitude et de la bonté de Marie. C'étaient des lampes en vermeil et en argent, qui brûlaient nuit et jour ; des flambeaux, symboles d'une ardente dévotion ; des tableaux qui rappelaient les grâces obtenues ; des mains, des bras en argent ou en cire, des béquilles sans nombre... Aux colonnes qui soutenaient la voûte, comme à la tour de David, pendaient des boucliers, des écus, des épées, des armes de toute espèce, des étendards consacrés à la sainte Vierge par des héros et des ducs de Bourgogne, comme des trophées que lui érigeait la reconnaissance.

L'un des tableaux représentait Philippe Pot, seigneur de la Roche-Nolay, grand chambellan de Bourgogne et chevalier de la Toison-d'Or, à genoux devant Notre-Dame de Bon-Espoir avec sa devise *Tant L vaut*, en souvenir d'une grâce merveilleuse dont il se crut redevable à Notre-Dame. Entraîné par le zèle de la religion et l'amour de la gloire si naturel aux nobles cœurs, il était allé au secours de Constantinople assiégé par les Turcs. Trahi par la fortune, il tomba aux mains des janissaires qui le conduisirent à Mahomet II et lui racontèrent combien vaillamment ce gentilhomme s'était battu. Le sultan admira son air noble, son courage et sa fierté, et essaya de l'attirer à son service. Philippe, en vrai chevalier chrétien, résista aux promesses et aux menaces, aux égards et aux mauvais traitements. Mahomet dépité lui dit : « Si tu peux vaincre l'ennemi que je t'opposerai, je te renverrai dans ta patrie ». Philippe tout joyeux invoque Notre-Dame de Bon-Espoir dont il porte l'image sur lui et attend le combat. Le jour venu, on l'amène dans une espèce de cirque, en présence du sultan entouré de sa cour, on lui donne un cimeterre, et on lâche contre lui un lion furieux et affamé. A la vue de cet adversaire, le héros chrétien lève son regard vers le ciel, invoque la sainte Vierge et s'écrie : *Tant L vaut*. Le lion rugit et s'élance, mais d'un coup de cimeterre il lui coupe les deux pieds de devant, d'un autre coup lui enlève la langue, et le perce au cœur en répétant son cri de victoire : *Tant L vaut !*... Mahomet tint parole et le renvoya libre.

Un autre tableau en tapisserie qui orne maintenant l'Hôtel de Ville atteste la protection dont la sainte Vierge entoura Dijon, en 1513. Assiégée par quarante mille Suisses, la cité avait jeté vers Louis XII un cri de détresse ; mais le roi, obligé de défendre ses frontières du nord contre l'empereur et le roi d'Angleterre, et de veiller sur la Guyenne menacée par les Espagnols, ne put envoyer que six mille hommes, sous la conduite de la Trémouille. La place n'était pas en état de défense et, malgré les prodiges de valeur, elle allait succomber. La Trémouille demanda à capituler ; les conditions qu'on lui fait sont inacceptables... Dans cette détresse la population entière accourt à Notre-Dame, descend l'image miraculeuse, et la porte en procession sur les remparts, et le lendemain, 13 septembre, jour de l'assaut général, la paix est conclue et le siége est levé! Dans l'enthousiasme de la reconnaissance, tous les corps de la ville demandent qu'une procession solennelle d'action de grâces soit faite ce jour même, et, tous les ans, à pareil jour.

Cet événement donna lieu au rétablissement de la confrérie érigée en l'honneur de Notre-Dame. Restituée à la piété des fidèles, après la Révolution, elle fleurit de nos jours aussi fervente qu'à son berceau. Il donna aussi au culte de Marie un élan merveilleux dans tout le duché : en 1603, les habitants de Flavigny, désolés d'une sécheresse qui dévorait les moissons et les vignes, vinrent en procession jusqu'à Notre-Dame de Bon-Espoir, et leurs récoltes furent sauvées. Quelques jours après, c'étaient ceux de Saint-Seine, conduits par leur pasteur et les religieux de l'abbaye. En 1693, la province fut menacée du fléau contraire : des pluies torrentielles noyaient les champs et empêchaient les semences de lever, toutes les campagnes étaient désespérées, les animaux domestiques mouraient et la famine menaçait. Le 27 mai, on descendit l'image miraculeuse de la Vierge-Noire et on la porta en procession dans l'église des Ursulines : comme aux jours qui suivirent le déluge, l'arc-en-ciel apparut aussitôt et le soleil vint mûrir les blés et les raisins. On célébra une messe solennelle d'action de grâces, le 4 juin, dans toutes les paroisses de la ville, et la neuvaine fut close par une procession générale dont la magnificence et l'entrain ne se peuvent décrire.

La dévotion et la reconnaissance de nos aïeux envers « leur sainte patronne et maîtresse » se manifestaient sans cesse par de riches offrandes et de pieuses fondations. Philippe le Hardi, après la bataille de Rosbecque, donna la fameuse horloge du flamand Jacques Marc. Philippe le Bon fonda, en 1402, le chant du *Salve Regina :* tous les jours, à la tombée de la nuit, les cloches de Notre-Dame appelaient les fidèles ; les prêtres entouraient l'autel de la Vierge-Noire et chantaient l'antienne sacrée, à l'exemple des fils de saint Bernard et de saint Dominique. Le souverain pontife Pie II, jaloux d'encourager cette dévotion, accorda cinquante jours d'indulgence à tous ceux qui assistaient au chant du *Salve*, les jours ordinaires, et cent cinquante, aux principales fêtes de l'année.

Les seigneurs, les prêtres, les fidèles, les corporations et les religieux suivirent l'exemple de leurs nobles ducs, et ce fut dans tous les Ordres de la ville une sainte émulation. Tantôt Notre-Dame reçoit une statue en argent, du poids de cent vingt marcs, tantôt des croix en argent, soutenues par des chérubins et ornées de pierres précieuses, des lampes, des couronnes, des cœurs émaillés d'or, des bas-reliefs ou des peintures. L'une des fondations les plus populaires était celle des Litanies de la sainte Vierge, que l'on chantait tous les samedis après le salut.

A la fin du xvie siècle, on s'imagina que la chapelle de Notre-Dame, où l'obscurité était ménagée à dessein pour aider au recueillement, faisait mauvais effet et nuisait à l'harmonieuse unité de l'église, et on la démolit ; c'est alors que les monuments de piété que les siècles avaient réunis et respectés furent dispersés çà et là.

Pendant la Révolution, le portail fut martelé avec un art infernal et ses statues brisées. Si la Vierge-Noire échappa aux mains sacriléges, ce fut grâce au stratagème d'une femme pieuse qui la demanda afin de s'en chauffer, disait-elle, pendant l'hiver. Au rétablissement du culte, elle la rendit à l'église.

Notre-Dame de Bon-Espoir, replacée sur son trône, dans le transept de son église, a préservé Dijon de l'invasion du choléra, en 1832 et en 1854 ; et chaque jour, entourée d'une cour fervente, elle bénit les enfants comme elle bénit les mères, elle sourit aux projets de la jeunesse, apaise les cœurs agités et montre à tous la couronne immortelle due à la persévérance.

<small>Tiré des *Saints de Dijon*, par l'abbé Duplus.</small>

NOTRE-DAME DU VALSUZENAY,

AU DIOCÈSE DE TROYES

Sur le bord de l'antique forêt du *Der* est un agréable vallon, appelé le *Valsuzenay*. Ce nom celtique (*Val-sur-Zeneth*, c'est-à-dire vallon de la source de la Prêtresse ou de la Vierge), francisé seulement au siècle dernier, semble indiquer qu'avant l'établissement du Christianisme, cet endroit fut souillé par le culte druidique, et qu'une prêtresse ou vierge gauloise y faisait son séjour.

Aujourd'hui, la Reine auguste de ce lieu, Celle dont le nom remplit la contrée tout entière du bruit de sa puissance et de ses bienfaits, est la Mère de Dieu elle-même, la Vierge Marie, et, depuis plusieurs siècles, un humble monument abrite son image miraculeuse.

Dans le cours de l'année, on voit souvent de nombreux fidèles, conduits par leurs pasteurs vénérables, aller offrir à Notre-Dame du Valsuzenay leurs hommages et leurs prières. On voit souvent de dévots pèlerins remporter dans leurs maisons l'eau sacrée de la source voisine ou faire brûler devant l'autel de Marie un cierge béni, symbole de leur foi ardente et de leur vive confiance. Mais c'est surtout le 8 septembre que l'affluence est considérable. En ce jour, trois ou quatre mille personnes entrent dans l'antique chapelle, s'agenouillent pieusement devant l'image miraculeuse, et vont boire à la fontaine.

L'origine de ce pèlerinage remonte à plusieurs siècles. Voici la tradition qui se conserve dans le pays, telle qu'elle est consignée dans une *Notice historique sur Vendeuvre et ses environs :*

« L'ancien grand chemin de Bar-sur-Seine à Brienne, par Vendeuvre, passait près du lieu où fut élevée la chapelle que l'on voit encore aujourd'hui. Un pauvre homme y embourba son char et ses chevaux. Il eut recours à la Vierge Marie. Au même instant, une image de la Mère de Dieu lui apparut. Secouru dans son malheur, il édifia une chapelle au-dessus de la claire fontaine qui remplaça le gouffre où il avait failli périr, et il y plaça l'image miraculeuse. Ce lieu devint l'objet d'une grande dévotion, et un village se groupa autour de la modeste chapelle ».

Le village a disparu au XVIe ou XVIIe siècle, et la chapelle s'est trouvée isolée ; mais les populations n'en ont pas oublié la route. La divine protectrice de la contrée sut toujours les attirer à son autel par les bienfaits signalés dont elle fut la généreuse dispensatrice. La tradition orale a conservé le souvenir de certains faits merveilleux qui ont contribué à soutenir la célébrité dont la Vierge du Valsuzenay jouit encore de nos jours. Une pieuse mère de famille de Vendeuvre mit au monde un enfant qui mourut sans baptême. Grande fut sa désolation à cette triste nouvelle : son fils chéri ne verrait jamais Dieu ! Mais sa foi, et surtout sa confiance en Marie, lui fit trouver un remède à sa douleur. Elle insista pour que l'innocente créature fût déposée aux pieds de la Madone du Valsuzenay ; elle éleva son cœur et sa prière vers la Consolatrice des affligés, et soudain l'enfant donna signe de vie, put être baptisé, et s'envola aussitôt dans la compagnie des Anges.

Depuis ce temps, les mères ont recours à Notre-Dame du Valsuzenay dans de semblables circonstances, et l'on affirme que la miséricorde de la Mère de Dieu s'est plusieurs fois manifestée par des prodiges. De nos jours encore, on porte dès leur naissance les enfants à la chapelle, et l'on y fait des neuvaines pour les mettre sous la protection spéciale de la sainte Vierge.

La sainte image, objet de la vénération des habitants du Valsuzenay, de Vendeuvre et des environs, est en bois ; elle représente la divine Mère debout, tenant dans ses bras l'Enfant-Dieu. Des peintures rehaussées d'or, dans le goût du moyen âge, décorent la statuette, haute d'environ quarante centimètres, à laquelle les populations sont très-attachées. On aime à la couvrir d'ornements, et, aux jours de fête, on pose sur la tête de l'enfant et sur celle de sa mère des couronnes royales.

Une indulgence plénière vient d'être accordée à ceux qui visitent la chapelle du Valsuzenay les jours de la Conception, de la Nativité, de l'Annonciation, de la Purification et de l'Assomption, et une indulgence partielle de sept ans et sept quarantaines à ceux qui la visitent une fois par mois. (3 février 1865.)

Extrait de la *Vie des Saints de Troyes*, par l'abbé Defer.

NOTRE-DAME DES VERTUS, PRÈS PÉRIGUEUX

La ville de Périgueux possède dans sa banlieue un pèlerinage à Notre-Dame, dont on ne connaît pas la date et qui a été longtemps fréquenté, non-seulement par les habitants de la cité, mais encore par les populations du voisinage. On y est venu de contrées très-éloignées, et si Notre-Dame des Vertus n'a pu obtenir la renommée d'autres sanctuaires bien connus, elle a pourtant une gloire qui lui est propre, et, dans le rayon étroit où elle s'est trouvée, elle a justifié bien souvent son nom par de nombreux bienfaits et des prodiges signalés.

Lorsque, en sortant de Périgueux, on prend la route de Bergerac, il faut, à une légère distance, franchir le coteau rapide de la Rampinsole, et on arrive dans une petite vallée : c'est ici, en tournant un peu sur la gauche, que se trouve le sanctuaire du pèlerinage de Notre-Dame des Vertus. L'église qu'on voit aujourd'hui n'est pas très-ancienne ; elle a remplacé une chapelle primitive.

Nous ne savons pas malheureusement l'époque où ce pèlerinage commença, et nous ne connaissons que par la tradition orale le fait qui lui donna naissance. En voici le récit. Qu'on ne soit pas étonné de la simplicité des choses que nous avons à raconter ; la plupart des pèlerinages, et des plus illustres, n'ont pas commencé autrement :

Une pauvre bergère, conduisant les brebis de son maître dans la partie la plus fertile de ce vallon, s'aperçut qu'elles montaient de préférence auprès d'un fourré épais, qui ne semblait pas devoir leur fournir la nourriture nécessaire ; malgré ses soins, elles revenaient sans cesse à ce lieu choisi par elles. Lasse de ses efforts, elle les laissa aller librement à leur guise, d'autant que ces animaux ne dépérissaient nullement, ils avaient au contraire une très-belle mine. Le maître du troupeau avait blâmé plusieurs fois l'enfant de ne pas conduire les brebis en un meilleur pâturage, et malgré les représentations de celle-ci, il ne cessait de lui faire des reproches. Il finit par la renvoyer de sa maison, disant qu'il voulait une bergère plus obéissante à ses ordres. Elle fut donc remplacée par une autre fille qui exécuta fidèlement les ordres reçus : mais qu'arriva-t-il ? Les brebis, qui étaient auparavant belles et grasses, devinrent bientôt maigres et chétives. Le maître étonné ne savait comment expliquer ce qu'il voyait ; il ne crut pouvoir mieux faire que de rappeler sa première bergère, en lui confiant absolument son troupeau, sans aucune observation. Elle revint en effet et conduisit les brebis, comme auparavant, où elles voulaient aller, sans les contraindre en rien : elles revinrent vers cet épais fourré de ronces et de buissons, et en peu de jours elles furent grasses et belles comme la première fois.

Il y avait là évidemment une chose étonnante et merveilleuse. On voulut savoir ce qu'il en était ; on examina le lieu, on enleva les ronces pour considérer de plus près les herbes, et c'est alors qu'on découvrit une petite statue de Notre-Dame. Cette statue en pierre représentait la sainte Vierge assise et tenant sur ses genoux le corps inanimé de son Fils. C'est celle que nous possédons encore. La nouvelle s'en répandit bientôt dans les environs ; tout le voisinage arriva pour considérer cette image qu'on reconnut être celle de la Mère de Dieu, et on la porta aussitôt en triomphe à l'église voisine de Sanilhac.

La découverte miraculeuse de la statue de Marie ne fut pas le seul prodige arrivé en cette circonstance. La tradition, en effet, nous rapporte que cette statue, portée triomphalement dans l'église de Sanilhac, n'y resta pas longtemps ; car, au lendemain, le peuple, curieux de revoir l'image précieuse, revint en foule dans le lieu saint ; mais l'image avait disparu et repris sa première place au milieu du buisson qui la cachait. On la reporta de nouveau dans l'église paroissiale, mais le même fait se reproduisant toujours, il fut aisé de comprendre que c'était la volonté de Marie d'être honorée ailleurs que dans l'église où le peuple avait coutume de se rassembler. On voulut cependant essayer un autre expédient, et on transporta la statue dans l'église de la paroisse voisine de Saint-Pierre-ès-Liens, qui se trouvait du côté opposé à Sanilhac, en venant vers Périgueux. L'image miraculeuse revint à l'endroit où elle avait été trouvée ; le buisson reconquit encore miraculeusement son trésor, et il fut démontré aux yeux de tous que la Mère de Dieu voulait être honorée dans ce lieu qu'elle avait choisi elle-même. On se hâta d'y construire une petite chapelle qui conservait la divine image, afin que les populations pussent se prosterner et porter leurs hommages là où Marie s'était arrêtée : *Adorabimus in loco ubi steterunt pedes ejus.*

Cette première chapelle n'existe plus ; elle est remplacée depuis deux siècles par une grande église, et tandis que les paroisses de Sanilhac et de

Saint-Pierre-ès-Liens ont disparu, Notre-Dame des Vertus reste toute seule, ayant hérité du titre paroissial qu'elle n'avait pas eu encore. Les deux anciennes églises sont ruinées, c'est à peine si on en découvre la trace ; la nouvelle leur succède glorieusement.

Il faut se demander maintenant à quelle époque probable remontent les faits que nous avons racontés. Nous sommes malheureusement réduit à faire des conjectures. La première chapelle fut reconstruite et agrandie au milieu du XVIIe siècle ; nous le savons, non-seulement par l'aspect du monument qui est sous nos yeux, mais par une tradition écrite qui est incontestable. Si cette reconstruction fut nécessitée par le mauvais état et presque la ruine de la première chapelle, il faudrait en conclure que ce pèlerinage est très-ancien, et remonte au moins à l'époque romane ; car les églises de ce temps commençaient à se détériorer et à vieillir il y a deux siècles, et elles sont aujourd'hui à peu près les monuments les plus anciens que nous possédons.

La statue de Notre-Dame des Vertus porte les marques d'une haute antiquité : son caractère sévère, ses contours un peu raides, ses vêtements sans richesse et sans grâce la font remonter au temps qui a précédé l'art gothique, et on peut sans difficulté lui attribuer quelques siècles encore. Nous ne donnons que des conjectures. Selon toutes les probabilités, la première chapelle a dû exister pendant trois ou quatre siècles ; nous arriverions donc au XIIIe siècle et peut-être au XIIe. Rien ne nous autorise à penser qu'il y ait eu plus de deux monuments construits en cet endroit.

Il y a donc six ou sept siècles que Notre-Dame des Vertus est honorée parmi les Périgourdins. Plusieurs générations sont venues s'agenouiller devant l'image miraculeuse de Marie ; elles sont arrivées là, conduites par la crainte, le repentir ou l'espérance ; et cette petite place, choisie entre tant d'autres, a été le rendez-vous de toute la contrée. Ces âmes pieuses venaient invoquer la Mère de Dieu, et elles étaient heureuses de répandre devant elle leurs prières avec leurs larmes.

Les petits enfants ont été particulièrement l'objet des faveurs de Notre-Dame des Vertus ; on les consacre à Marie devant son autel, lorsqu'ils sont malades, en faisant lire sur eux l'Evangile de la messe de la sainte Vierge. Les parents les mettent sur l'autel même ; là, ils les revêtent de nouveaux habits et abandonnent les anciens, comme un témoignage assuré que le mal aura disparu. On y porte de préférence les enfants rachitiques et ceux qui n'ont pas une bonne croissance ou qui dépérissent tout à coup. Combien de mères affligées sont revenues chez elles heureuses d'avoir invoqué ici Marie, et ont vu leurs prières exaucées !

Les pèlerins de Notre-Dame des Vertus témoignent principalement leur dévotion en faisant brûler des cierges devant la statue de Marie. Cette cire consumée par la flamme est une image du cœur chrétien, qui lui aussi brûle et se consume d'amour. Aux fêtes de septembre, l'église est souvent toute remplie de ces cierges ; les fidèles les tiennent à la main, les mettent sur des chandeliers ou les posent sur les dalles. Généralement ces cierges sont petits et souvent renouvelés ; ils sont aussi l'offrande du pauvre et comme son obole.

L'usage s'est établi d'écrire des lettres qu'on place au pied de l'image de Marie. Ces lettres expriment les grâces qu'on demande à Dieu par l'intercession de sa Mère.

On offre encore des fleurs, des vases, des couronnes, des cœurs en or et en argent, et d'autres objets à l'autel de Marie ; on habille la Madone avec de beaux vêtements donnés par des pèlerins reconnaissants et travaillés par des mains pieuses. Lorsque l'affluence est considérable, on descend la divine image du lieu élevé où elle se trouve, on enlève ses habits de soie et d'or, et on la place sur un petit trône à la portée des fidèles, afin qu'ils puissent satisfaire leur dévotion en baisant le corps du Fils et les vêtements de la Mère. On remarque quelques endroits où la pierre est usée par les lèvres des pèlerins. Ce témoignage de la piété populaire est très-fréquent ; chacun veut passer à son tour pour regarder attentivement la douce image, la baiser et faire ensuite son offrande. Enfin, on ne manque pas de faire toucher à la Madone des objets de piété qu'on conserve avec soin.

Le pèlerinage de Notre-Dame des Vertus n'a jamais cessé d'être fréquenté; mais la dévotion populaire, si générale autrefois, s'était bien amoindrie, et le nombre des pèlerins diminuait sensiblement. L'autorité ecclésiastique s'en émut et songea sérieusement à rétablir les anciennes traditions. En 1853, Mgr George fit prêcher une retraite à Notre-Dame pour renouveler le sentiment des populations envers ce sanctuaire, et témoigna le désir de restaurer le pèlerinage ; mais il n'eut pas le temps de mettre à exécution ses projets. La providence réservait cette nouvelle gloire à Mgr Dabert. En 1866, il envoyait à Notre-Dame M. l'abbé Van Hesteren, ancien misssionnaire, et remettait à son zèle intelligent le soin de relever l'antique pèlerinage périgourdin. Ce prêtre infatigable s'est mis aussitôt à l'œuvre ; il a institué une Association, il a établi des prières quotidiennes dans le sanctuaire, il a cherché des secours, et après divers travaux et plusieurs voyages, il a réalisé une partie des projets qu'il médite. Une très-belle maison, admirablement située, est bâtie à côté de l'église ; elle est destinée à recevoir les dames qui viennent faire leur pèlerinage ou qui voudraient y faire une retraite de quelques jours.

Extrait du *Pèlerinage de Notre-Dame des Vertus*, par le R. P. Carles, de Toulouse.

NOTRE-DAME DE MARCEILLE, PRÈS LIMOUX,

AU DIOCÈSE DE CARCASSONNE

A un kilomètre de la ville de Limoux, sur un coteau qui domine la rive droite de l'Aude, s'élève une église champêtre consacrée à la Mère de Dieu. Rien n'est gracieux et pittoresque comme les avenues de ce sanctuaire. Du côté de Limoux les pèlerins y arrivent par une belle route qui serpente entre deux lignes d'ombrages, à travers des prairies et des jardins bordés d'acacias et d'aubépines. Des autres parts, ils y viennent par les contrées montueuses des Corbières, qui offrent un mélange de pics sauvages, de riants coteaux et de fraîches vallées.

L'origine du pèlerinage de Marceille se perd dans la nuit des temps. Selon une tradition antique, il serait dû à l'intervention miraculeuse de Marie. Un laboureur, livré à la culture de son champ, voit tout à coup ses bœufs arrêtés par un obstacle. C'est en vain qu'il veut les presser, ils opposent une résistance invincible. Etonné, il fait le signe de la croix et s'agenouille. Il creuse ensuite la terre, et bientôt s'offre à ses regards une madone de bois, à la figure brune, mais au sourire séduisant. Heureux de sa bonne fortune, il apporte cette image à sa famille qui l'accueille avec bonheur. Le lendemain, quelle n'est pas sa surprise ! la Vierge avait disparu. Retourné à son champ, il la retrouve à la place où il l'avait découverte la veille. Vainement il l'emporte encore ; le jour suivant le prodige se renouvelle : la statue disparaît de nouveau pour regagner le lieu de prédilection.

La nouvelle de ce merveilleux événement ne tarda pas à se répandre dans la contrée. La piété des populations y vit une preuve éclatante de la puissance et de la bonté de Marie ; et bientôt, secondant des désirs si hautement manifestés, elles élevèrent avec enthousiasme un modeste sanctuaire à la statue miraculeuse. Un tableau conservé jusqu'à la Révolution consacrait le souvenir de cette légende. Il périt alors avec des documents historiques qui en justifiaient le fondement.

Aussi loin qu'on peut remonter dans le passé, on ne peut qu'être frappé de l'ardente dévotion des fidèles à Notre-Dame de Marceille ; toutefois, depuis la restauration du culte et pendant le cours du XIX° siècle, cette dévotion a acquis progressivement une plus grande énergie. En 1835, lorsque le choléra envahit l'Europe et désola notre capitale pour venir expirer au pied des Pyrénées, la piété des fidèles se manifesta avec un élan extraordinaire. On vit, aux fêtes de septembre, accourir à Marceille des processions de tous les villages voisins. Le deuxième dimanche, on aurait pu compter jusqu'à trente mille personnes. C'était un magnifique spectacle. Le matin, la foule se pressait dans l'église, et le soir la ville était inondée d'étrangers. En 1855, ce fléau retourné dans nos contrées ayant cessé ses ravages, plus de soixante mille personnes vinrent, pendant les fêtes, implorer Marie en faveur des victimes et la remercier de les avoir protégées contre ses terribles effets.

De tous les pèlerinages du Midi, celui de Limoux est le plus fréquenté ; à ce point que l'autorité diocésaine, désireuse de seconder les manifestations d'une piété si touchante, a dû permettre que la fête de septembre, bornée jadis à l'octave, se prolongeât jusqu'à la fin du mois. Elle n'attire pas seulement les simples fidèles ; tous les prêtres de la contrée, jusqu'à l'extrémité du diocèse et aux diocèses voisins, viennent y offrir les saints mystères et rehausser par leur présence l'éclat des cérémonies. Leur affluence permet aux pèlerins, même les plus attardés, d'assister au saint sacrifice, puisqu'il se renouvelle sur tous les autels sans interruption depuis la première heure du jour jusqu'à midi.

Avant de pénétrer dans l'église, il faut gravir la colline en suivant la voie sacrée, pavée, très-inclinée, d'une longueur d'environ deux cents mètres, mais divisée par cinquante-deux bandes en pierre taillée qui servent aux pèlerins de stations pour leurs prières. Vers le milieu de la montée, une fontaine intarissable opère des guérisons miraculeuses. Au-dessus s'étend une terrasse agréable à ceux qui veulent se délasser et jouir d'une magnifique perspective. A l'arrivée, un porche mérite d'attirer les regards. Il fut construit en 1488, comme l'indique le millésime gravé sur la pierre et le style de son architecture. De chacun de ses angles s'élancent gracieusement des faisceaux de colonnettes qui vont se perdre à la clé d'une voûte ogivale. La porte du temple est à deux vantaux. Au milieu, sur une console, repose la statue en pierre de la Vierge, de grandeur naturelle. Un homme du peuple en détacha la tête, en 1793, et la jeta dans le puits ; elle a été retrouvée et remise en place.

Dès qu'on a franchi le seuil, on est frappé des vastes proportions du vaisseau présentant la forme d'une croix latine, dirigée de l'Orient à l'Occident, d'une longueur de quarante mètres sur dix-sept de large. Naguère ses parois étaient flanqués de pilastres, de chapiteaux, de corniches qui masquaient la véritable architecture en pierre, de la fin du xiv° siècle. Les colonnettes de la nef ont été restituées et peintes comme elles l'étaient autrefois ; la voûte construite, en 1783, par Bernard Rippa, artiste italien, est aujourd'hui décorée ; tout autour, des médaillons figurent par des allégories les litanies de la sainte Vierge ; les tableaux en relief du chemin de croix ont reçu un coloris qui en relève l'effet et l'harmonise avec le reste de l'église. La chaire, pratiquée dans le mur comme une lanterne des anciens palais de justice, a été remise à neuf et embellie par des peintures et des vitraux. Tous ces travaux donnent à l'ensemble beaucoup d'élégance.

Une pratique des plus édifiantes, propre à ce pèlerinage et capable d'impressionner jusqu'aux larmes ceux qui en sont les témoins, est l'ascension de la côte ou voie sacrée. Le 7 septembre, vers les huit heures du soir, une multitude de pèlerins, de tout âge et des deux sexes, récitant des prières, se traînent péniblement à genoux vers l'église. A l'entrée de la voie, comme un souvenir du chemin du Calvaire, s'élève une croix au pied de laquelle ils viennent se recueillir et s'armer de la force nécessaire pour accomplir ce douloureux voyage. A mi-côte ils s'arrêtent à la fontaine miraculeuse qui, en toute saison, ne coule que goutte à goutte et guérit mille espèces de maux, selon l'inscription gravée en lettres d'or sur le marbre : *Mille mali species Virgo levavit aquâ*. Là, ils font leurs ablutions, puisent l'eau merveilleuse pour des parents et des amis que la vieillesse ou les infirmités retiennent chez eux. Animés d'une confiance nouvelle, ils reprennent avec plus de courage le chemin qui les conduit auprès de l'image bénie. Leurs vœux sont enfin remplis, les voilà sous le regard si doux de cette bonne Mère. Semblables à l'enfant à qui les caresses maternelles font oublier le sujet de ses douleurs, eux aussi, dans les épanchements de l'amour et de la reconnaissance, ne pensent plus aux fatigues de cette pénible ascension. Durant cette nuit et celles qui précèdent les dimanches suivants, l'église, parée comme en un jour de solennité, demeure ouverte aux fidèles dont la piété regarderait comme perdu le temps donné au sommeil. Les uns, recueillis auprès de la Statue, prient dévotement, d'autres font le chemin de la croix, tandis que des chœurs étrangers de jeunes filles chantent alternativement des hymnes et des cantiques à la gloire de Marie.

Le 8 septembre, le spectacle est plus magnifique encore ; la foule arrive plus nombreuse et plus animée. Ce sont des flots de peuple qui débouchent par toutes les routes et tous les sentiers. Lorsque du haut du plateau on contemple ces lignes dans la campagne, on dirait des banderolles aux mille couleurs qui se détachent sur la verdure des champs. Cependant une cérémonie bien autrement touchante se passe dans l'intérieur de l'église. A l'issue de la sainte Messe, les fidèles se pressent autour de la niche pour y baiser la Statue vénérée. Le riche et le pauvre y rivalisent d'offrandes. Les dons consistent d'ordinaire en pièces de monnaie d'or et d'argent. Ces scènes si touchantes ne se produisent pas seulement le jour de la nativité de la Vierge, les dimanches et tout le mois de septembre ; elles se renouvellent, avec moins d'éclat sans doute, dans tout le cours de l'année. Fréquemment des familles entières de la ville, des villages, même des diocèses voisins, viennent accompagnés d'un prêtre solliciter la protection de Notre-Dame.

Dès sa promotion à l'évêché de Carcassonne, Mgr de la Bouillerie manifesta une dévotion particulière à ce pèlerinage. En fixant la fête de l'adoration perpétuelle au 15 septembre, en présidant chaque année, assisté de ses principaux ministres, à cette auguste cérémonie, Sa Grandeur en a rehaussé l'éclat. Ce n'était toutefois que le prélude de ses faveurs. Il n'existe dans la chrétienté que très-peu d'églises consacrées à la Vierge, dont l'image soit couronnée en vertu d'une concession du Saint-Siége. On cite, à Paris, Notre-Dame des Victoires ; à Rome, Sainte-Marie-Majeure ; en Italie, Notre-Dame de Lorette. En 1862, le Saint-Père, cédant à la piété filiale de l'évêque de Carcassonne, pendant son séjour à Rome, a accordé ce privilége à Notre-Dame de Marceille. C'est Monseigneur lui-même qui fit hommage de la couronne, qui, par une lettre pastorale pleine d'onction, convia les fidèles à la cérémonie, et qui la présida le 14 septembre de la même année, au milieu de son chapitre, d'un nombreux clergé, des représentants des communautés religieuses, des magistrats de la cité et d'une grande multitude de fidèles.

Extrait d'une *Notice sur le pèlerinage de Notre-Dame de Marceille* ; Limoux, 1864.

LE SAINT SUAIRE DE CADOUIN,

AU DIOCÈSE DE PÉRIGUEUX

Le Périgord possède depuis plusieurs siècles une vénérable Relique dans l'église abbatiale de Cadouin ; c'est un des suaires qui ont enveloppé le corps de Notre-Seigneur Jésus-Christ dans son tombeau. On sait par l'Evangile qu'il y a eu plusieurs linges ou suaires qui servirent à l'ensevelissement du Sauveur. Celui dont nous parlons était placé sur sa tête et couvrait immédiatement ses membres ; c'est un Suaire d'honneur, que, d'après la tradition, la Vierge Marie tissa elle-même de ses mains. Ceux qui l'ont vu de près ont admiré la finesse de ce tissu et la beauté particulière des deux bordures aux couleurs variées, qui sont un ouvrage oriental d'une très-grande délicatesse. Cette Relique est précieuse à l'égal de la vraie croix, des clous et de la couronne d'épines ; car elle a été teinte du sang de Jésus-Christ.

Après l'Ascension du Fils de Dieu, un juif converti à la foi chrétienne déroba le Suaire de la tête de Notre-Seigneur Jésus-Christ, et le conserva toute sa vie avec affluence de richesses. Etant sur le point de mourir, il fit deux parts de son héritage, et interrogea ses enfants pour savoir qui prendrait le Suaire, et qui aurait les richesses. L'aîné préféra l'argent, et en peu de temps il fut réduit à une extrême pauvreté ; le plus jeune prit le Suaire, et avec la foi il accrut sa fortune. Ses descendants fidèles le gardèrent jusqu'à la septième génération. Il passa ensuite entre les mains des juifs infidèles, qui, l'ayant gardé avec respect, devinrent aussi très-riches et le furent longtemps. Mais après beaucoup de discussions et de débats entre les chrétiens et les juifs, les premiers, prétendant que le Suaire leur appartenait comme héritiers de Jésus-Christ, les autres le revendiquant comme un héritage de leurs pères, ils eurent enfin recours à Mahuvias, roi des Sarrasins, comme à leur juge. Celui-ci, ayant fait allumer un grand bûcher, pria Jésus-Christ de vouloir lui-même décider le procès, puisqu'il avait bien voulu porter sur sa tête ce Suaire sacré pour le salut des siens. Le Suaire est jeté dans le feu, mais voilà qu'il s'envole promptement bien au-dessus des flammes d'où, après avoir voltigé assez longtemps comme en se jouant, il descend enfin à la vue de tous et va se poser lentement entre les mains d'un chrétien perdu dans la foule. Tous alors levèrent les mains vers le ciel et après s'être humiliés et prosternés en terre, ils le portent en triomphe dans la ville de Jérusalem en chantant des cantiques de louange, et enfin le déposent avec respect dans les armoires de l'église.

Ce premier récit est tiré du vénérable Bède, qui le fit sur la relation d'Arculphe : Le Suaire, ajoute-t-il, avait huit pieds de longueur ; il fut vu et baisé par notre frère Arculphe, qui en a rendu témoignage.

Après l'histoire de son invention, disons celle de son transport dans le Périgord.

« Adhémar de Monteil, évêque du Puy et légat du Saint-Siége dans la première croisade, rencontra le saint Suaire à Antioche, où on l'avait porté avec beaucoup d'autres reliques pour le soustraire aux profanations des Musulmans, qui étaient maîtres de la ville sainte. Il en fit l'acquisition en 1098 ; mais, étant sur le point d'être enlevé par la maladie qui fit mourir tant de guerriers, il remit son trésor à un prêtre de son Eglise. Ce prêtre se hâta de s'embarquer ; frappé à mort lui aussi pendant la traversée, il laissa son dépôt à un ecclésiastique attaché à sa personne et originaire des environs de Cadouin. Voici comment le prêtre périgourdin s'y prit pour sauver la relique en la cachant à l'ardente convoitise de ses compagnons chrétiens. Il prit un baril au milieu duquel il mit un morceau de bois qui le divisa en deux. Dans l'une de ces parties il mit le linge sacré, et dans l'autre sa boisson. De cette sorte il le porta dans son pays natal. Rentré en Périgord, il cacha le Suaire avec son histoire dans une église dont il faisait le service et qui était voisine de Cadouin. Fort peu de temps après, en l'absence du prêtre, un violent incendie consuma le village et l'église ; mais le saint Suaire, déposé dans un coffret près de l'autel, demeura intact. Les religieux, qui depuis peu habitaient Cadouin, apprirent cette merveille : ils accoururent et l'emportèrent dans leur monastère. C'était en l'année 1117. Mais le prêtre étant de retour, et n'ayant point retrouvé son précieux trésor, vint chez les moines pour le recouvrer. Ceux-ci ne voulant pas le céder, il les supplia très-humblement de le recevoir au milieu d'eux, afin de rester toute sa vie le gardien de la relique qu'il avait eue en sa possession ».

Il mourut à Cadouin et fut enterré sous le pavé de la chapelle de Sainte-Madeleine, non loin du Suaire qu'il avait tant chéri.

Si on voulait savoir comment et en quel lieu fut gardé le saint Suaire depuis la Résurrection de Jésus-Christ jusqu'au septième siècle, où il fut sauvé des flammes, il suffirait de remarquer qu'au rapport de saint Athanase, deux ans avant que les Romains se fussent emparés de Jérusalem, les fidèles, avertis par des révélations célestes, sortirent en grand nombre de la ville et se retirèrent en d'autres provinces, emportant avec eux les saintes reliques et autres objets précieux ; que plus tard, au témoignage d'Eusèbe, sous l'empire de Trajan, ils y retournèrent. En l'année 636, les Mahométans entrèrent dans la cité sainte, mais elle ne se rendit qu'à la condition, faite par l'évêque Sophronius, que les chrétiens pourraient y exercer librement leur religion. En effet, dit Baronius (an 643), les fidèles gardèrent leurs églises et les pèlerins y venaient de toutes parts. Le saint Suaire fut donc fidèlement gardé et on put suivre sans peine les détails de son histoire.

Enfin, depuis qu'il fut sauvé miraculeusement des flammes, sous le roi Mahuvias, jusqu'à la première croisade, où il fut acheté par l'évêque Adhémar, nous avons quatre siècles. Que devint le saint Suaire pendant ce temps ? Nous savons que les chrétiens de Jérusalem le gardèrent dans une église ; plus tard il fut transféré à Antioche, et il faut admettre que ce fut vers l'an 1000, au temps où les fidèles étaient affligés par les Mahométans, qui, en haine de la religion, détruisirent l'église du Saint-Sépulcre. La tradition du saint Suaire dut se conserver avec soin, puisque l'évêque Adhémar le reconnut, se le procura et ne voulut le confier qu'à sa mort à un prêtre de son église, qui à son tour le légua, avec son histoire, à un ecclésiastique du Périgord.

A peine arrivé dans le Périgord, il attire des foules considérables, et les religieux de Cadouin construisent en son honneur la belle église que l'on voit encore. A partir du xiie siècle, l'histoire de Cadouin devient vraiment magnifique. Les papes, les rois et les évêques s'intéressent à cette abbaye qui possède un si grand trésor ; ils y viennent des quatre coins de l'Europe ; le roi Louis la visite en partant pour la dernière croisade et, avec les sommités sociales, le peuple y accourt en foules nombreuses. L'affluence était telle qu'il fallut bâtir à Cadouin un hôpital et plus de soixante maisons pour les étrangers. Cette dévotion brilla d'une grande splendeur pendant quatre cents ans et fut une des plus grandes dévotions de l'univers.

Des hommages nombreux et éclatants furent rendus au saint Suaire. Des miracles sans nombre éclatèrent ; une confrérie célèbre s'établit à Cadouin, qui s'étendait à l'Europe entière. Nous ne parlerons pas des voyages du saint suaire à Toulouse, où il resta de longues années, à Paris, à Poitiers, à Obazine, et des hommages extraordinaires qu'il reçut partout sur son passage. Cette odyssée est merveilleuse. De vives contestations s'élevèrent à son sujet : les villes et les monastères, les papes et les rois y prirent part ; ils voyaient donc dans ce suaire autre chose qu'un linge vulgaire. Mais le xviie siècle amène un fait qui domine toute cette histoire et la marque d'un cachet suprême d'authenticité : c'est le procès-verbal de Mgr de Lingendes, évêque de Sarlat. Qu'on lise attentivement cette pièce importante, qu'on étudie le caractère de l'évêque, les circonstances et les personnes qui concourent dans cette action, qu'on en remarque les moindres détails, et on y verra la Providence de Dieu qui conserve attentivement la mémoire d'une relique si précieuse. En même temps, les religieux de Cadouin écrivent son histoire et ils en font hommage à la reine régente, Anne d'Autriche, mère de Louis XIV. Ils ne craignent pas d'appeler le saint suaire de Cadouin, *le plus riche joyau* du premier royaume de l'univers et *le plus bel apanage* du domaine royal.

Le vent mauvais qui ne cessa de souffler au xviiie siècle diminua sans l'interrompre le flot des fidèles visiteurs. La Révolution profana l'Eglise sans la détruire, assassina le prieur et brûla en place publique l'histoire du couvent, les titres et les manuscrits. Le principal, l'essentiel, le saint Suaire fut heureusement caché et échappa ainsi à la fureur des impies.

Cadouin est tout près de la station du Buisson, sur la ligne ferrée de Périgueux à Agen.

Les ostensions de la sainte relique se font régulièrement trois fois l'année : le second dimanche après Pâques, appelé le dimanche du Bon-Pasteur ; le dimanche de la Pentecôte et le 8 septembre. Elles durent huit jours chaque fois, et le souverain pontife Pie IX a accordé une indulgence plénière à chacun de ces jours. Par une disposition particulière de Mgr l'évêque de Périgueux, la grande fête de Cadouin et l'ostension la plus solennelle ont lieu tous les ans au mois de septembre.

Le Suaire de Cadouin a huit pieds de long et quatre pieds de large. Il mesure deux mètres quatre-vingt quatre centimètres en longueur et un mètre vingt-quatre centimètres en largeur.

Outre de petites parcelles de la sainte Croix, le diocèse de Périgueux possède deux autres reliques bien précieuses de la Passion, deux épines de la sainte Couronne. La première est dans l'église de Saint-Cyprien ; l'autre appartient à M. de Montferrand, et se trouve dans la chapelle de son château de Montréal. Celle-ci est brisée et attachée avec un fil. Outre le Suaire de la tête du Sauveur, Cadouin possède encore un petit fragment, grand comme le bout du doigt, du *bandeau* dont se servirent les Juifs pour voiler les yeux du Sauveur au moment de la Passion, quand ils le frappaient en lui disant : *Prophétise ;* dis-nous donc qui t'a frappé. Le *saint bandeau* vint à Cadouin avec le Suaire et l'accompagna toujours.

De grandes fêtes ont eu lieu le 5 septembre 1866, à l'occasion de la translation du saint Suaire dans la châsse précieuse achetée en son honneur.

Extrait d'une intéressante brochure ayant pour titre : *Histoire du saint Suaire de Cadouin*, par le R. P. Carles, missionnaire du Calvaire de Toulouse.

NOTRE-DAME DU CHATEAU, A ALLAUCH,

AU DIOCÈSE DE MARSEILLE

Le sanctuaire de Notre-Dame du Château s'élève presque sur le sommet d'une masse rocheuse dont les flancs supportent l'antique village d'Allauch. Au pied des rochers prend naissance une petite plaine, de forme très-irrégulière, coupée çà et là de coteaux de pins ou d'oliviers, et qu'entourent, de chaque côté, deux lignes de collines nues pour la plupart et découronnées, qui aboutissent à la mer. A l'autre bout de la plaine apparaît Marseille assise sur les bords de la Méditerranée, dont les flots bleus, comme le ciel de Provence, viennent expirer à ses pieds. Notre-Dame du Château regarde donc à la fois le magnifique sanctuaire de Notre-Dame de la Garde et la tour de Notre-Dame de Sainte-Espérance ; à droite, on aperçoit, comme adossé aux rochers qui le dominent, le vieux pèlerinage de Notre-Dame des Anges ; tandis qu'on distingue, à gauche, perdu dans un bouquet de pins, le gracieux oratoire dédié à Notre-Dame de la Salette.

La tradition veut que ce sanctuaire remonte à une époque plus reculée que celui de Notre-Dame de la Garde. Mais la destruction des archives de la commune d'Allauch, vers le commencement du xvi° siècle, ne nous permet pas de donner à l'appui de cette assertion les preuves rigoureuses que l'on serait en droit d'exiger. Bien plus, grâce à d'impardonnables négligences, l'histoire complète de cette chapelle nous échappe non moins que son origine. Cette histoire existe cependant, composée par la foi de nos pères et la miséricordieuse puissance de notre Mère du ciel. Les Anges la savent. Pour nous, réduits à des soupçons qui sont encore pleins de charmes, nous voulons dire au moins ce que nous avons retenu des anciennes traditions de notre pays et ce que nous ont appris quelques rares documents et surtout un précieux manuscrit de 1713, dû à la pieuse érudition d'un vénérable curé de la paroisse d'Allauch.

Dès les premiers âges de l'Eglise, les religieux Cassianites vinrent établir au quartier de Saint-Pierre un couvent, autour duquel ils attirèrent bientôt un certain nombre de cultivateurs qui défrichèrent les terrains de cette localité. Les fils de saint Cassien, frappés de la beauté du site où s'élève aujourd'hui le sanctuaire de Notre-Dame du Château, fondèrent sur ces hauteurs un modeste oratoire en l'honneur de la très-sainte Vierge. C'est là qu'ils se rendaient, à certaines époques de l'année, avec tous leurs sujets, pour offrir à la Reine des cieux, avec le tribut de leur foi et de leur amour, d'humbles, mais sincères offrandes.

Peu à peu les habitants de Saint-Pierre, ainsi que les paysans de la vallée de l'Huveaune, ou quartier de Laza, suivant les goûts ou cédant aux nécessités de ces temps encore barbares, abandonnèrent la plaine et vinrent fixer leurs demeures au pied de la chapelle de Marie. Ils devaient, en changeant de position, changer aussi de maîtres. Le vénérable chapitre de la Major ne tarda pas, en effet, à succéder aux religieux de Saint-Pierre dans la possession de ce territoire. Le nouveau seigneur bâtit, sur la montagne, un château flanqué de tours et entouré de remparts, dont on retrouve encore aujourd'hui des vestiges à demi effacés. Cette grandiose et formidable demeure, où les membres du sacré Chapitre venaient s'abriter au temps des vacances, fut placée sous la protection de celle que l'Eglise appelle la Tour de David. Le modeste oratoire des Cassianites fut remplacé par la chapelle actuelle qui dominait le château et toute la contrée environnante. Depuis cette époque, Marie a toujours été invoquée dans ce sanctuaire sous le titre de Notre-Dame du Château, et sa fête est restée fixée au 8 septembre, jour où l'Eglise célèbre sa glorieuse Nativité.

Nous devons cette notice à l'obligeance de M. Antoine Ricard, chanoine honoraire de Marseille.

NOTRE-DAME DE BENOITE-VAUX, AU DIOCÈSE DE VERDUN.

Benoite-Vaux *(Benedicta Vallis)*, au département de la Meuse, est un petit hameau perdu au milieu des forêts et qui dépend de la commune de Rambluzin (arrondissement de Verdun, canton de Souilly). On y voyait autrefois un couvent de Prémontrés fondé en 1138 ou 1140, partie par Albéron de Chiny, évêque de Verdun, et partie par Bertrand et Albert le Loup, son neveu, seigneurs de Faverolles, qui est le nom primitif de cette abbaye. Ni les Révolutions ni les changements qu'a subis l'église de Benoite-Vaux n'ont rien diminué de la confiance des populations en la Vierge qu'on y invoque : aujourd'hui encore elle est le but d'un pèlerinage qui tend à devenir d'autant plus fréquenté que les marques de la protection de l'Avocate immaculée s'y manifestent plus sensibles et plus nombreuses.

Près de la chapelle se trouve une fontaine dont l'eau intarissable et miraculeuse a guéri nombre d'infirmités. Le sanctuaire est desservi par des religieux de la Congrégation de Notre-Sauveur, enfant du bon père de Mattaincourt. Mgr Rossat, évêque de Verdun, a fait aussi de l'abbaye actuelle une maison de retraite pour son clergé.

C'est particulièrement au 8 septembre que les pèlerins affluent à Benoîte-Vaux ; des processions de tous les pays d'alentour s'y sont rendues à toutes les époques, et ces démonstrations catholiques se continuent encore de nos jours.

L'invasion étrangère de 1870-1871 a appauvri les religieux de Benoîte-Vaux ; mais l'insatiable avidité de l'ennemi n'a pas été plus loin : la chapelle n'a été ni pillée ni profanée. Au lendemain de la paix, les Meusiens sont accourus avec reconnaissance auprès de leur Madone vénérée et lui ont demandé pour la France des jours meilleurs ; les mois de mai, juin, juillet, août et septembre 1871 ont vu un concours prodigieux de pèlerins.

Cf. *Notre-Dame de Benoîte-Vaux*, par le R. P. Chevreux, de la Congrégation de Notre-Sauveur.

NOTRE-DAME DE LURE, AU DIOCÈSE DE DIGNE.

Vers le milieu du Vᵉ siècle, saint Donat, disciple de saint Marius ou Mary, abbé de Beuvon ou Val-Benoît, se retira dans une gorge de la montagne de Lure (Basses-Alpes), où il fonda la première abbaye de Notre-Dame de Lure. Ce moine bénédictin mourut en 490, et fut inhumé dans l'abbaye.

Il est probable que l'abbaye des premiers anachorètes fut bâtie non loin de la chapelle actuelle de Notre-Dame de Lure, comme semblent l'indiquer des ruines éparses à l'entour. Le couvent fut ruiné par les Sarrasins et la chapelle reconstruite par quelques grands seigneurs qui en firent hommage à Guignes, abbé de Boscodon et de Chalais ou Chales. Il n'est plus resté du monastère de Lure que le pèlerinage et l'oratoire de Notre-Dame de Lure, seul vestige actuel des diverses fondations qui se sont succédé en cet endroit.

La statue de Notre-Dame de Lure, due, dit-on, au ciseau inexpérimenté de saint Donat, est vénérée par les pèlerins et invoquée surtout en temps de sécheresse.

C'est la deuxième fête de la Pentecôte, le 15 août et le 8 septembre, que les populations d'alentour affluent à ce sanctuaire bas-alpin. De grands tilleuls ombragent la place qui s'étend devant la chapelle. C'est là que les habitants des villages voisins et spécialement ceux de Reillanne campent et allument de grands feux pour se réchauffer, tant l'air est vif dans ces montagnes.

Notice due à l'obligeance de M. Antoine Ricard, chanoine honoraire de Marseille.

NOTRE-DAME DES LUMIÈRES, PRÈS APT, AU DIOCÈSE D'AVIGNON.

En 1661, un riche propriétaire de Goult, village situé aux environs de la ville d'Apt (Vaucluse), aperçut, en visitant les ruines d'une antique chapelle autrefois dédiée à Notre-Dame, une vive lumière qui entourait un jeune enfant d'une grande beauté. Au même instant, il fut miraculeusement guéri d'une grave infirmité qui le tourmentait depuis douze ans.

D'autres personnes notables et sérieuses ayant aperçu les mêmes lumières dans la nuit sombre, Mgr l'Evêque de Cavaillon autorisa la reconstruction du sanctuaire, qui fut béni le 1ᵉʳ juin 1663. Huit ans après, les Carmes bâtirent un couvent sur les ruines d'une autre chapelle voisine dédiée à saint Michel. Bientôt on songea à édifier une église plus considérable pour contenir l'affluence des pèlerins. Elle fut consacrée le 13 septembre 1669 par Mgr l'Evêque de Cavaillon.

Après la Révolution, le pèlerinage reprit son ancienne popularité, aujourd'hui fixée par le ministère des Oblats de Marie immaculée, qui y ont établi une résidence depuis 1837. Une hôtellerie y reçoit les nombreux pèlerins, très-nombreux surtout à l'époque des *concours*, qui commencent le 8 septembre de chaque année et se prolongent durant l'octave, au milieu de l'entrain naïf de la piété provençale. Pie IX a enrichi ce pèlerinage de plusieurs indulgences ; il a même accordé à Notre-Dame des lumières l'honneur du couronnement.

Notice due à l'obligeance de M. Antoine Ricard, chanoine honoraire de Marseille.

IX° JOUR DE SEPTEMBRE

MARTYROLOGE ROMAIN.

A Nicomédie, les saints martyrs DOROTHÉE et GORGON, qui, parvenus aux plus hautes dignités à la cour de Dioclétien, ne laissèrent pas de témoigner de l'horreur pour la persécution que cet empereur exerçait contre les chrétiens ; aussi les fit-il suspendre en l'air et déchirer par tout le corps à coups de fouets, en sa présence ; puis les ayant fait écorcher, il ordonna de répandre du sel et du vinaigre sur leurs chairs mises à nu, pour ensuite les faire rôtir sur un gril, et enfin étrangler avec une corde. Longtemps après, le corps de saint Gorgon fut apporté à Rome, et enseveli sur la voie Latine, et de là transféré dans la basilique de Saint-Pierre. 304. — Au pays des Sabins, à trente milles de Rome, les saints martyrs Hyacinthe, Alexandre et Tiburce. — A Sébaste, en Arménie, saint Sévérien, soldat dans l'armée de l'empereur Licinius. Parce qu'il visitait fréquemment quarante martyrs détenus en prison, il fut suspendu avec une pierre aux pieds, par l'ordre du président Lysias, et déchiré à coups de fouets, supplice dans lequel il rendit le dernier soupir. IV° s. — Le même jour, saint Straton, qui, attaché à deux arbres et démembré pour Jésus-Christ, consomma ainsi son martyre. — De plus, les saints martyrs Rufin et Rufinien, frères [1]. — A Rome, saint SERGE I°r, pape et confesseur. 701. — Au territoire de Thérouanne, saint OMER, évêque. 670. — En Irlande, saint Quéran ou Kiaran, abbé [2]. 548.

MARTYROLOGE DE FRANCE, REVU ET AUGMENTÉ.

Au diocèse de Versailles, saint Gorgon, cité au martyrologe romain de ce jour. — Au diocèse de Carcassonne, saint Adrien de Nicomédie, soldat et martyr, dont nous avons donné la vie au jour précédent. 306. — Dans l'ancien diocèse de Rieux, diocèse actuel de Toulouse, saint Vidian, martyr à Martres, et dont nous avons donné la vie au 27 août. VIII° s. — A Saint-Nectaire, au diocèse de Clermont-Ferrand, saint Auditeur, frère des saints Baudime et Nectaire, compagnons comme lui de l'apostolat de saint Austremoine [3]. — Aux diocèses de Paris, de Saint-Brieuc et du Mans, sainte Argariarga ou Osmane, vierge, princesse d'Irlande. Ses parents, encore idolâtres, voulurent la marier à un prince païen : Osmane se déroba à la surveillance de la maison paternelle, et accompagnée d'une de ses femmes, honorée au diocèse du Mans (22 juin) sous le nom de sainte Cérotte, elle s'embarqua sur un vaisseau qui faisait voile pour la Gaule et vint aborder à la côte de Saint-Brieuc, où, s'étant construit une cabane de feuillage, elle y mena longtemps une vie de contemplation et de pénitence. Après sa mort, son tombeau devint célèbre par les miracles qui s'y opérèrent. Au IX° siècle, on bâtit une église sur l'emplacement de sa cellule ; plus tard, on construisit à quelque distance de là un autre oratoire, et ce fut l'origine de la paroisse de Sainte-Osmane (Sarthe, arrondissement et canton de Saint-Calais). Pendant les ravages des Normands, son corps fut porté à Saint-Denis, près Paris, et placé dans une châsse de fer doré ; 93 profana et dispersa ces précieuses reliques. VII° s. — Au diocèse du Puy, saint Pierre de Pibrac, abbé, cité au martyrologe de France du 5 septembre, jour auquel nous avons donné quelques détails sur sa vie. 1080. — A Poitiers, le bienheureux PIERRE CLAVER, apôtre des nègres. 1654. — Dans les solitudes du Maine, saint Ulface, compagnon des saints Almire et Bomer, et ami de saint Innocent, évêque du Mans. Né au pays d'Auvergne, il fut d'abord moine de Micy ou Saint-Mesmin ; il vint plus tard dans les déserts du Maine et fixa son séjour sur la rivière de la Braye, où il devint le supérieur d'une abbaye florissante qui a donné naissance au bourg actuel de Saint-Ulface (Sarthe,

---

1. Les Bollandistes les appellent Rufe et Rufien, et disent qu'ils périrent par le glaive.
2. Saint Kiaran, qu'on surnomme *le Jeune* pour le distinguer d'un autre Saint du même nom qui était contemporain de saint Patrice, apôtre de l'Irlande (372-464), était d'une extraction vile aux yeux du monde : il se convertit en entendant lire à l'église un passage de l'Evangile. Deux monastères, l'un dans l'île d'Inis-Aingean, l'autre dans le West-Méath, lui doivent leur fondation. — Godescard.
3. Voir au 2 janvier et au 9 décembre.

arrondissement de Mamers, canton de Montmirail). Ses reliques se conservent à Tulle. VII⁰ s. — Au diocèse de Saint-Malo, saint Onnein, religieux de l'abbaye bénédictine de Saint-Meen de Gaël (S. *Melanus*, fondée vers 565 par Judicaël, seigneur du pays), au diocèse de Rennes. X⁰ s. — A Vence (Alpes-Maritimes), au diocèse de Nice, saint Véran, évêque de cet ancien siège et confesseur. Fils de saint Eucher, évêque de Lyon, il fut d'abord moine de Lérins. Son corps fut déposé dans son église cathédrale et levé de terre en 1495. Aujourd'hui son chef s'y conserve dans un buste de bronze doré. Vers 480. — A Séez, saint Frogent, évêque. 763.

MARTYROLOGES DES ORDRES RELIGIEUX.

Martyrologe de l'Ordre des Chanoines Réguliers. — A Rome, saint Serge, pape et confesseur, d'abord clerc régulier de l'église de Latran, et par la sainteté de qui les Saxons furent convertis à la foi de Jésus-Christ. 702.

Martyrologe des trois Ordres de Saint-François. — A Pesaro, en Italie, la bienheureuse Séraphine, veuve, de l'Ordre de Sainte-Claire, illustre par la noblesse de son origine, ses vertus, sa patience admirable, surtout dans l'adversité, et la gloire de ses miracles; elle émigra au ciel la veille de ce jour [1]. 471.

Martyrologe de l'Ordre des Frères Mineurs. — De même que ci-dessus.

Martyrologe de l'Ordre des Ermites de Saint-Augustin. — A Lima, dans le royaume du Pérou, sainte Rose de Sainte-Marie, vierge, du Tiers Ordre de Saint-Dominique, dont la fête se fait le 30 août et se célèbre aujourd'hui dans notre Ordre [2]. 1617.

Martyrologe de l'Ordre des Mineurs Capucins de Saint-François. — De même que chez les Frères Mineurs.

Martyrologe de l'Ordre des Carmes déchaussés. — Saint Jérôme Emiliani, confesseur, dont la fête se fait le 20 juillet [3]. 1537. — Dans les Etats de l'Eglise et en Etrurie, saint Alexis, confesseur, dont la fête se célèbre le 17 juillet [4]. 404.

ADDITIONS FAITES D'APRÈS LES BOLLANDISTES ET AUTRES HAGIOGRAPHES.

La fête du TRÈS-SAINT NOM DE MARIE. — En Castille, contrée d'Espagne, entre les Asturies et l'Andalousie, sainte Marie Torribia ou de la Cabesa, épouse de saint Isidore le Laboureur [5]. Vers 1175. — En Egypte, saint Dorothée le Thébain, anachorète. Tout en se livrant à l'exercice de l'oraison, il employait tout le jour à ramasser des pierres le long du rivage, pour bâtir des cellule à ceux qui ne pouvaient le faire ; la nuit, il faisait des paniers ou des cordes avec des feuilles et des écorces de palmiers, et les vendait pour vivre. Malgré ses austérités, il parvint à un âge fort avancé. Pallade, écrivain ecclésiastique, évêque d'Hélénople et ami de saint Jean Chrysostome, fut son disciple. Vers la fin du IV⁰ s. — En Palestine, un autre saint Dorothée, archimandrite. Il fut d'abord moine de Saint-Léride, près de Gaza (aujourd'hui Gazzah) ; après la mort de son abbé, le vénérable Jean, il quitta ce monastère et en bâtit lui-même un autre entre Gaza et Majume, et en prit la conduite. Vers la fin du VI⁰ s. — Sur le bord du Pont-Euxin, saint Dorothée de Trébizonde, surnommé *le Jeune*, moine de Genne (royaume de Pont), puis fondateur et abbé du monastère de Chiliocum, sous la Règle de Saint-Arsène. XI⁰ s. — Chez les Grecs, saint Théophane, confesseur, qui, d'après les menées grecques, passa soixante-quinze ans dans la solitude, recevant sa nourriture de la main d'un ange. Vers 300. — Chez les Grecs, saint Sévère, martyr, qui périt par le glaive. — Chez les Grecs encore, saint Chariton, qui fut décapité en haine de la religion. — Chez les Grecs encore, saint Artémidore, qui périt dans les flammes. — A Césarée de Cappadoce, aujourd'hui Kaïsarieh, sur l'Halys, les saints martyrs Donat, Cléase ou Eléasse, Fortunat et Ammone. — Chez les Parthes (probablement), saint Marc et ses deux compagnons, martyrs. — A Alcala del Rio, dans l'Andalousie, saint Grégoire, confesseur. Il y a dans cette ville une église dédiée sous son invocation et fondée par Ferdinand le Catholique et Isabelle de Castille. On y voit son tombeau, et, de plus, une châsse dorée qui renferme ses précieux restes. Vers 504. — A Stafford, ville d'Angleterre, chef-lieu du comté de ce nom, saint Bertellin ou Beccelin, appelé vulgairement Bertaume (*Bertelmus*), ermite et confesseur. Son corps, déposé dans l'église de Stafford, y a été de tout temps l'objet de la vénération des fidèles. VIII⁰ s. — Au diocèse d'Aquila, sur

---

1. Nous en avons dit un mot aux additions des Bollandistes, au 8 septembre. — 2. Nous avons donné sa vie au 30 août. — 3. Voir sa vie au 20 juillet. — 4. Voir au 17 juillet.

5. On la représente tenant une lanterne d'une main et une burette d'huile de l'autre, pour rappeler qu'elle allait chaque jour, et de grand matin, dans une chapelle dont elle entretenait le luminaire. — On la voit aussi traversant une rivière (la Xamara) sur son tablier qui lui sert de barque. On peut voir l'explication de cette caractéristique et d'autres détails sur notre Sainte dans la vie de saint Isidore le Laboureur, tome V, page 432.

l'Aterno, dans l'Abruzze ultérieure deuxième, saint Tuce *(Tutius)*, ermite et confesseur. Ses reliques se gardent dans l'église collégiale et paroissiale de Saint-Marc d'Aquila. Boniface VIII a accordé de nombreuses indulgences à la visite de son tombeau. Époque incertaine. — Dans l'ancienne abbaye bénédictine de Barking, au comté d'Essex, en Angleterre, sainte Wulfhilde, appelée aussi Wilfride et Vulfride, abbesse, dont nous parlerons au 9 décembre. 990.

SAINT GORGON ET SAINT DOROTHÉE,

MARTYRS A NICOMÉDIE, EN BITHYNIE

304. — Pape : Saint Marcellin. — Empereur romain : Dioclétien.

> C'est un devoir de l'homme sage et juste de ne placer ses richesses que dans la justice.
> *Lactance.*

Saint Gorgon était intendant général des offices du palais et de la chambre de l'empereur, et saint Dorothée exerçait avec zèle les mêmes emplois, sous l'autorité de Gorgon, auquel il ne le cédait ni par la magnanimité de sa vertu, ni par la fermeté de sa foi. Ces deux fidèles adorateurs de Jésus-Christ ne négligeaient aucune occasion de répandre la vérité, dont ils étaient des témoins irréprochables. Ils brillaient dans le palais du prince comme des flambeaux éclatants ; et par leurs sages exhortations ils maintenaient presque tous les officiers de la demeure impériale dans l'amour et le zèle ardent de la foi chrétienne. Aussi pouvait-on croire que parmi eux s'accomplissait cette parole du roi David : « Qu'il est doux, qu'il est agréable pour des frères de vivre ensemble dans la paix ! » Dioclétien, rugissant de colère contre les serviteurs de Dieu qu'il retenait dans les fers, ordonna de préparer un trône dans la grande salle du palais, et d'amener en sa présence les confesseurs qui étaient dans les chaînes. Il fit apporter aussi les statues de ses dieux, avec l'encens que les chrétiens devraient brûler devant ces idoles. Les saints martyrs entrèrent alors, mettant toute leur confiance dans le Seigneur ; ils méprisèrent comme du fumier tous ces vains simulacres qu'on voulait leur faire adorer, et se mirent à chanter à plusieurs reprises : « Les dieux des nations sont des démons ; c'est le Seigneur qui seul a fait les cieux ».

Transporté de rage, Dioclétien commanda de frapper les uns avec des lanières de cuir et des fouets à balles de plomb, de déchirer les autres avec des peignes de fer, de suspendre ceux-ci au chevalet, d'écorcher ceux-là tout vifs. Puis ayant remarqué un des confesseurs qui semblait résister avec plus de fermeté à ses ordres sacriléges, il voulut qu'on lui fît souffrir des tourments encore plus cruels. A cette vue, le bienheureux Gorgon ne put s'empêcher de crier hardiment à l'empereur : « César, pourquoi infliges-tu à notre compagnon une peine plus sévère qu'à nous-mêmes ? ne sommes-nous pas tous condamnés par une même sentence ? Le crime dont il est accusé, ne l'avons-nous pas tous commis et confessé ? Oui, notre foi, notre culte, nos sentiments sont unanimes. Jusqu'à présent, ô empereur, nous t'avons servi fidèlement, laisse-nous désormais servir notre Dieu, qui nous a créés. Nous t'appartenions jusqu'à cette heure ; maintenant, que tu le veuilles ou non, nous sommes à Dieu. Oui, nous nous sommes enrôlés sous ses étendards ; nous avons reçu la marque de son service ; reprends, si tu le veux, le baudrier militaire que tu nous avais donné ; nous pourrons même alors suivre plus librement le Christ, notre roi. Encore un mot, César ; je t'exhorte à calmer cette fureur insensée, si tu ne veux pas, malheureux, être livré aux peines éternelles. Les tourments que tu fais subir aux serviteurs de Dieu auront une fin ; mais les supplices que tu te prépares ne cesseront jamais ».

Dioclétien ayant entendu ces paroles du bienheureux Gorgon, en fut troublé jusqu'au fond de l'âme ; il ne savait que répondre, tant sa colère était à son comble ; cependant quel parti prendre à l'égard d'un officier de ce rang, qui avait vécu dans son intimité, et toujours habité le palais impérial depuis son enfance ? On ne pouvait perdre un homme aussi distingué par sa vertu et sa haute sagesse, un personnage issu du plus noble sang de l'empire. L'empereur le fit donc approcher avec son collègue Dorothée, et chercha à les gagner tous deux par la douceur. Il leur promettait même des honneurs plus considérables et un grade très-élevé dans la milice, s'ils voulaient revenir à l'ancien culte. Mais les bienheureux, après avoir adressé du fond de leur cœur à Dieu une fervente prière, repoussèrent énergiquement les offres de l'empereur. Celui-ci ordonna alors de les charger de chaînes et de les jeter dans un cachot ténébreux, jusqu'à ce qu'il eût décidé ce que l'on devait en faire. Mais dès le lendemain il commanda de dresser encore son tribunal, et d'appeler les bourreaux avec tous leurs instruments de supplice. On amène les bienheureux Gorgon et Dorothée, en les avertissant qu'il y va pour eux de la vie. « Songez », leur dit l'empereur, « à sauver votre honneur et votre vie ; car vous allez, selon le parti que vous prendrez, subir une mort honteuse, ou obtenir de grandes faveurs. Si, obéissant à mes ordres, vous voulez vivre, vous aurez le premier rang parmi les grands de l'empire ; si vous préférez mourir, on vous arrachera la vie dans les plus atroces tourments. Votre opiniâtreté et l'injure faite aux dieux immortels ne pourraient demeurer impunies ». Le bienheureux Gorgon répondit alors pour tous les deux : « Le Christ qui nous a appelés à la foi, nous soutiendra par sa grâce dans l'épreuve que tu prépares. Voici que le Christ nous attend pour nous conduire à la gloire éternelle. La souffrance que nous allons affronter par ton ordre passera vite ; mais la récompense promise à nos travaux n'aura jamais de fin ».

L'empereur, sans leur répondre, commande qu'on les suspende au chevalet, et les fait ensuite déchirer de coups ; on arrache leur peau avec des ongles de fer, et l'on arrose ensuite ces plaies vives avec du vinaigre mêlé à du sel. Les saints martyrs, pendant cet affreux supplice, regardaient le ciel avec un visage riant et disaient : « Grâces vous soient rendues, Seigneur Jésus-Christ, qui avez daigné nous fortifier au milieu des tourments ; nos cœurs se portent vers vous, et nous espérons vous contempler bientôt face à face, et jouir de votre sainte présence qui fait la joie des anges, et qui est à elle seule l'éternelle vie et l'éternel bonheur ». Dioclétien, voyant cette allégresse des Bienheureux, sentait redoubler sa rage, et ne savait plus que faire pour les tourmenter davantage. Pendant que ses cruels ministres s'acharnaient sur leurs victimes, celles-ci se réjouissaient dans le Seigneur, et semblaient ne ressentir aucune douleur. Enfin les bourreaux, après s'être longtemps consultés, résolurent de les placer sur un gril au-dessus de charbons ardents, afin que les parties de leurs corps demeurées encore intactes fussent successivement exposées au feu, et que la douleur se fît sentir d'autant plus vive, que la combustion serait plus lente.

Les saints martyrs, voyant ces apprêts, sentirent s'augmenter leur allégresse ; et quand on les eut placés sur les charbons ardents, ils s'écrièrent : « Gloire vous soit rendue, Seigneur, qui avez daigné recevoir vos serviteurs comme des hosties vivantes ; la fumée qui s'échappe de nos corps et monte vers vous, nous obtient le pardon de nos fautes ; elle nous méritera de siéger dans le paradis à côté de vos fidèles martyrs dont nous partageons les souffrances. Souvenez-vous, Seigneur, de notre fragilité et de votre bonté miséricordieuse ; fortifiez-nous dans cette dernière épreuve. Que votre main se lève et nous protége contre les assauts du démon ; venez, Seigneur, secourez-nous, et à cause de votre nom, délivrez vos serviteurs ». A peine avaient-ils fini cette prière que toute l'ardeur du feu qui les consumait s'éteignit ; leur face resplendit comme la lumière du soleil ; et il semblait à tous les assistants que leurs membres reposaient sur un lit de fleurs, sans ressentir la moindre souffrance.

On les détacha alors du gril, et on les releva. Les fidèles qui avaient assisté à leur torture, et qui cachaient jusqu'à ce moment leur foi, sentirent se renouveler leur courage en voyant la constance des généreux martyrs. Eux cependant continuaient à chanter au Seigneur avec le Psalmiste : « Il vaut mieux se confier au Dieu du ciel, qu'aux princes de la terre ». Pour Dioclétien, il gémissait de se voir vaincu par leur invincible fermeté ; et n'espérant plus désormais d'en triompher par les tourments, il rendit contre eux une sentence capitale. Les bourreaux alors les saisirent ; mais rendus au lieu du supplice, les martyrs obtinrent de pouvoir prier pendant quelques moments ; leur prière achevée, ils donnèrent le baiser de paix aux chrétiens qui les entouraient, et se livrèrent aux bourreaux. Ils furent aussitôt attachés ; et la corde ayant été passée à leur cou, ils furent cruellement mis à mort.

On les représente en groupe, parfois on leur adjoint saint Pierre, également martyr à Nicomédie, parce qu'ils étaient tous trois camériers de Dioclétien.

CULTE ET RELIQUES.

Les fidèles, ayant recueilli les glorieuses dépouilles de nos saints Martyrs, leur donnèrent une honorable sépulture, et aussitôt il se fit à leurs tombeaux de nombreux miracles : les infirmes y recouvraient la santé, les démoniaques y obtenaient leur délivrance, par les mérites des bienheureux Martyrs tout-puissants auprès de Dieu. Quelques années plus tard, le corps de saint Gorgon fut transporté à Rome, et déposé, sur la Voie Latine, entre les deux Lauriers, où il fut entouré des plus magnifiques honneurs. Le Christ a voulu par là confier aux bienheureux Martyrs un plus glorieux patronage, et après leur entrée dans la patrie éternelle, diviser leur corps, afin que l'un protégeât la Grèce, et l'autre la sainte Eglise romaine ; mais, quoiqu'ils soient ainsi séparés, leur présence se fait tout entière sentir à chacun des tombeaux que l'on vient honorer. En Grèce, on implore le secours de Dorothée ; et son divin compagnon qui repose à Rome vient avec lui exaucer les vœux des suppliants ; les Romains, à leur tour, se rendent en foule pour prier au sépulcre de saint Gorgon ; et le bienheureux Dorothée accourt avec lui afin de favoriser les habitants de la grande cité.

Les reliques de saint Gorgon furent transférées, en 766, par le vénérable Chrodegand, évêque de Metz, dans le monastère de Gorze. Plus tard, elles furent données à la vénérable Philippe de Gheldres, religieuse au monastère de Sainte-Claire de Pont-à-Mousson, par son fils, le cardinal de Lorraine, abbé de Gorze et évêque de Metz, probablement en 1542, après la ruine de l'abbaye par Guillaume de Furstemberg. Le 11 novembre 1595, les Clarisses rendirent deux ossements, l'un d'une épaule et l'autre d'un bras, à l'église paroissiale de Gorze, qui n'en possédait plus : ils ont dû périr pendant la grande Révolution.

En 1791, la dernière abbesse des Clarisses, Marie-Charlotte Barbel, emporta à Essey-en-Woëvre, canton de Thiaucourt, où elle mourut en 1815, la châsse dite de Saint-Gorgon, qui est restée dans l'église paroissiale. Le 20 novembre 1796, le 8 juillet 1805 et le 28 avril 1807, les reliques y contenues furent visitées, reconnues et approuvées canoniquement. Elles consistent en plus de vingt grands ossements avec de nombreux fragments, qui appartiennent à sept sujets différents, dont plusieurs du sexe féminin. Voici l'explication de ce fait énorme. Quand l'église abbatiale de Gorze fut pillée, probablement en 1542, toutes les reliques furent jetées de leurs châsses et reliquaires sur le pavé, puis recueillies et réunies par les religieux, comme le constate cette note sur parchemin et conservée dans la châsse d'Enez : *Reliques de Gorze qui ont été prinses parmi l'esglise quand elle fust pillée par les gens armés* ; et qui a été interpolée par la surcharge suivante, accusant une main différente et une époque plus récente : Reliques *du corps de saint Gourgon.* Ainsi cette châsse contient non-seulement quelques reliques de saint Gorgon, mais d'autres reliques vénérées dans l'église de Gorze, et toutes sont confondues et vénérées sous le même nom. Un fragment de cubitus en a été pris et déposé dans l'église d'Euvezin, qui est voisine, le 18 août 1849, un fragment de crâne avait déjà été retiré de la même châsse par les Clarisses, et donné à l'église paroissiale de Feys-en-Haye, dans la même contrée, où il est encore ; est-il plus certainement du saint Martyr que le plus grand nombre des ossements de la châsse d'Enez, nous n'oserions le dire ; mais si le chef, qui était autrefois dans l'Eglise de Metz et qui probablement se trouve confondu dans l'espèce d'ossuaire de la sacristie de Sainte-Glossinde (chapelle de l'évêché) où sont rassemblées pêle-mêle de nombreuses reliques, pouvait être reproduit, il serait curieux d'en rapprocher le fragment vénéré dans l'église de Feys.

Nous avons extrait cette biographie des *Actes des Martyrs*, par les révérends Pères Bénédictins, et nous l'avons complétée avec des *Notes* dues à l'obligeance de M. Noël, curé de Briey, et de M. J.-F. de Blaye, curé d'Imling.

SAINT OMER OU AUDMAR, MOINE DE LUXEUIL

ET ÉVÊQUE DE L'ANCIEN SIÉGE DE THÉROUANNE, AU DIOCÈSE D'ARRAS

670. — Pape : Vitalien. — Roi de France : Clotaire III.

> Le Christ est la vérité, et celui qui suit le Christ aime la vérité et toute vertu.
> *Thomas à Kempis.*

Saint Omer naquit, vers la fin du VIe siècle, à Guldindal ou Goldenthal, (le Val d'Or), près de Constance, de parents également illustres par leur piété et par leur naissance. Son père s'appelait Friulphe et sa mère Domitta. Ils eurent grand soin de former dans les lettres et la vertu ce cher fils, qui était l'unique fruit de leur mariage. Après la mort de Domitta, la grâce croissant en lui avec l'âge, il résolut de renoncer au monde et de se faire religieux ; il détermina même son père à l'y suivre. Ils vendirent donc leurs biens pour en distribuer l'argent aux nécessiteux ; et ainsi, pauvres des biens de la terre, mais riches des biens du ciel, morts au monde et ne vivant qu'en Jésus-Christ, fidèles à la grâce et ennemis du démon, ils se rendirent au monastère de Luxeuil, dans la Franche-Comté, où ils furent cordialement accueillis par l'abbé saint Eustaise (612 ou 615), qui, après les avoir soumis à de rudes épreuves, pour les débarrasser de tout lien terrestre et surtout de leur mutuel attachement, les admit ensemble à la profession. Friulphe y persévéra jusqu'à la fin et mourut saintement.

Saint Omer se rendit bientôt le modèle des autres frères. Il était chaste de corps et d'esprit, le premier à l'obéissance et à la pratique de l'humilité, le plus éclairé dans la science de Jésus crucifié, le plus aimable par sa charité et par sa douceur, et le plus exact dans l'austérité des jeûnes et des veilles. Cette ferveur ne se ralentit point dans la suite des années, comme il n'arrive que trop souvent aux jeunes gens qui commencent à servir Dieu avec beaucoup d'ardeur, et se relâchent après par leur négligence ; elle augmenta tellement, que sa réputation se répandit par toute la France. Le roi Dagobert, en étant informé, le fit élire évêque de Thérouanne par les suffrages libres du clergé et du peuple ; saint Achair, évêque de Noyon, y contribua beaucoup.

Saint Omer trouva dans son diocèse une occupation digne de son zèle apostolique. Les Morins (c'est ainsi qu'on appelait les peuples du diocèse de Thérouanne), étaient malheureusement retombés dans l'idolâtrie, d'où ils avaient été tirés par les prédications de saint Victoric et de saint Fuscien, illustres martyrs de Jésus-Christ, à Amiens, où ils furent mis à mort par la cruauté du préfet Rictiovare. Il travailla avec tant d'application à ramener ses ouailles à la religion chrétienne, qu'après les avoir éclairées des lumières de l'Evangile, il fit brûler leurs idoles et bannit entièrement de son diocèse le culte des faux dieux. Il fut assisté, dans cette sainte expédition, par saint Bertin, saint Mommolin et saint Bertrand, qui, tous trois, secondèrent merveilleusement son zèle, comme ses fidèles disciples.

On rapporte de saint Omer un événement surprenant qui arriva lorsqu'il était à Boulogne, petite ville de son diocèse ; et, comme il peut servir d'un grand exemple pour montrer l'obéissance que l'on doit à ses supérieurs, nous avons cru ne devoir pas l'omettre ici. Un clerc lui demanda permission d'aller se divertir sur le bord de la mer. Le Saint, à qui Dieu avait révélé le malheur qui lui arriverait s'il y allait, lui défendit expressément de le faire. Le clerc ne laissa pas de passer outre, et, ayant trouvé un petit bateau qui servait à passer la rivière à l'endroit où elle se décharge dans la mer, il se mit dedans pour se promener le long du rivage ; mais une furieuse tempête s'étant élevée tout à coup, il se vit bientôt en danger de faire naufrage. Le péril le fit rentrer en lui-même ; il eut regret de sa faute, et, se voyant à la merci des vents sans savoir où il était, il implora l'assistance du saint Evêque. Après sa prière, il aborda à terre ; mais il fut bien surpris de se voir à la côte d'Angleterre. La crainte de tomber entre les mains des pirates, dans un pays si éloigné, lui fit redoubler ses prières ; il conjura de nouveau le Saint de ne le point abandonner. Se confiant en sa bonté pastorale, qu'il savait bien être informée par un esprit prophétique du péril où il était, il remonte sur son bateau, et, faisant une heureuse navigation, il arrive presqu'en un moment au même lieu d'où il était parti. Il courut aussitôt au Saint, se prosterna devant lui pour lui demander pardon de sa désobéissance, lui raconta tout ce qui s'était passé, et le remercia de la grâce qu'il avait obtenue par le mérite de son intercession. Saint Omer le reprit sévèrement de sa faute, et, lui ayant fait faire réflexion sur la punition que Dieu tire de ceux qui méprisent les ordres de leurs supérieurs, il lui fit défense de dire à qui que ce fût la merveille qui était arrivée: ce que le jeune homme exécuta fidèlement, ne l'ayant révélée qu'après la mort du saint Evêque.

Mais, quoiqu'il fît son possible pour demeurer caché aux yeux des hommes, le ciel découvrit, par le prodige suivant, combien il était agréable à Dieu. Faisant la visite de son diocèse, il se reposa sous un arbre près d'un village appelé Jernac (présentement Journi), pour se délasser un peu de la fatigue du chemin. A son réveil, il fit planter, au même endroit où il s'était assis, une croix de bois, sur laquelle, la nuit suivante, on vit paraître une admirable clarté. Depuis, les fidèles honorèrent singulièrement ce même lieu, comme ayant été consacré par la présence d'un si saint homme.

Tous les malades qui le visitent par dévotion y reçoivent la guérison de leurs maux.

Entre les conversions qu'il fit, on remarque particulièrement celle d'Adroald. C'était un seigneur des plus considérables du pays par sa naissance et par ses richesses, mais il faisait une guerre cruelle aux chrétiens, et était tellement adonné au culte des faux dieux, que l'on perdait l'espérance de le gagner à Jésus-Christ. Saint Omer entreprit cette conversion qui eut un plein succès. Dès lors, Adroald pratiqua généreusement les conseils évangéliques : car, n'ayant point d'enfants, il donna tous ses biens à l'Eglise, et particulièrement la terre de Sithiü, où le Saint fit bâtir un beau monastère en l'honneur de la sainte Vierge. « Que vous êtes louable et heureux, Adroald », s'écrie l'historien de cette vie, « de vous être ainsi dépouillé des biens de la terre pour en revêtir Jésus-Christ ! Vous avez renoncé à un héritage temporel pour vous rendre l'héritier du ciel ; vous n'aviez point de postérité, et, par votre libéralité, vous en avez acquis une si nombreuse, qu'elle subsistera jusqu'à la fin des siècles ».

Après avoir gouverné avec une vigilance vraiment pastorale l'église de Thérouanne, près de trente années, la Providence divine le priva de la vue du corps, afin qu'étant spirituellement éclairé des lumières de la foi, il s'approchât davantage du ciel, où il devait bientôt recevoir la récompense de tous ses travaux. Cette cécité néanmoins ne l'ayant pas empêché d'assister, avec plusieurs autres évêques, à la translation du corps de saint Vaast, qui se fit environ l'an 667, il y recouvra la vue par l'attouchement des saintes reliques. Mais notre Saint, qui avait déjà goûté combien il était avantageux d'avoir les yeux fermés à toutes les choses du monde, pour contempler avec moins de trouble les perfections de la divinité, supplia le même saint Vaast de lui renvoyer son infirmité, afin que rien ne fût capable de le distraire de la considération des choses célestes. Heureux état dans lequel, ne pouvant plus voir la lumière corporelle, on peut contempler fixement la lumière du ciel, converser avec les anges, considérer à son aise les beautés ravissantes du paradis, et se rassasier, pour ainsi dire, de la vue continuelle de Jésus-Christ !

En 667 selon les uns, 670 suivant d'autres, saint Omer étant en tournée, fut pris de la fièvre dans un lieu nommé Wavrans, ou Wauvrans (à quelque distance de Saint-Omer, à trois milles de Saint-Bertin) : il comprit alors que sa dernière heure approchait. Il se fit porter à l'église, où, fondant en larmes, il offrit à Dieu l'encens de ses prières, et reçut, avec les sentiments de la plus touchante piété, le corps et le sang du Sauveur. Après la communion, il se mit au lit, où, parmi le chant d'une mélodie céleste, son âme quitta sa demeure pour aller se présenter devant la majesté de Dieu. Il s'exhala, en ce moment, de son corps, une si suave odeur, qu'elle surpassait celle des plus excellents parfums.

Dans les sceaux de la ville de Saint-Omer, il tient souvent un écusson chargé de la croix à deux branches qui est le blason de la cité. Comme on le voit, cet attribut indique le patronage du Saint, et non une circonstance de sa vie. — On le représente faisant sourdre une fontaine pour baptiser un enfant maladif et aveugle qu'on lui présentait, mais qui recouvra la vue avec la santé en recevant le sacrement. On le voit aussi, tantôt ayant dans ses mains une petite église, et à ses pieds un enfant qui semble sortir de terre ; tantôt debout, tenant sa crosse et deux grappes de raisin, et ayant à ses pieds une châsse.

CULTE ET RELIQUES.

L'abbé Bertin, instruit de son décès par révélation, s'empressa de se rendre à Wavrans, à la tête de tous ses religieux. Omer lui avait spécialement recommandé de l'ensevelir dans l'église de la Sainte-Vierge, qu'il avait construite dans ce but. Les funérailles se firent avec une grande pompe, mais au milieu du deuil universel; chacun pleurait un guide, un ami, un père.

L'église où il fut enterré devint plus tard la cathédrale de Saint-Omer. Son corps y fut conservé, moins quelques parties concédées à diverses églises. Au dix-septième siècle, on voyait encore au monastère de Saint-Bertin le pluvial de saint Omer, espèce de manteau ainsi appelé à cause du capuchon qui se relevait pour protéger contre la pluie. Hugues, abbé de Saint-Quentin, ayant essayé d'enlever le corps du Saint, pour en enrichir son monastère, ne put dépasser le village de Lisbourg : car tout à coup la bière devint si lourde, qu'aucune force humaine ne put l'enlever de terre : ce qui donna le temps à Folquin, évêque de Thérouanne, de venir reprendre les reliques sacrées. Ce prélat établit même, à cette occasion, une fête qui se célébrait au mois de juin. Et, pour éviter à l'avenir un pareil accident, il enterra le corps sacré dans un lieu secret.

Il fut découvert en 953, et l'authenticité de ces saintes reliques fut plusieurs fois reconnue dans l'église Notre-Dame. En 1269, le chef du Saint fut mis à part. Avant la révolution française, ce chef était renfermé dans un buste très-riche, donné par Mahaud ou Mathilde, comtesse de Flandre. Il était derrière une grille dont le chapitre et les échevins avaient chacun une clef. On le descendait à certaines fêtes avec beaucoup de solennité, et alors il était gardé par deux chanoines en chape et par deux échevins. Le corps du Saint était placé sur le grand-autel, dans une châsse aussi précieuse par la richesse de la matière que par la beauté du travail.

L'ancienne cathédrale de Saint-Omer possède encore une partie notable du chef de son patron. Un orfèvre qui, pendant la révolution, acheta le reliquaire de vermeil qui renfermait cette précieuse relique, le remit à des personnes respectables, et l'authenticité fut reconnue le 3 septembre 1803; elle est maintenant renfermée dans un buste représentant un évêque. Une partie de ce chef a été transportée à Arras par le cardinal de La Tour d'Auvergne, évêque de cette ville, et il a donné en échange à l'église de Saint-Omer une portion des reliques de saint Vaast.

Vies des Saints des diocèses de Cambrai et d'Arras, par l'abbé Destombes ; *Légendaire de la Morinie* ; *Vie des Saints de Franche-Comté* ; Continuateurs de Godescard.

LE BIENHEUREUX PIERRE CLAVER,

APOTRE DES NÈGRES

1654. — Pape : Innocent X. — Roi d'Espagne : Philippe IV.

> Dans la vie religieuse, la route la plus courte et la plus sûre pour arriver à la perfection, est celle de l'obéissance aux supérieurs.
> *Maxime du bienheureux Pierre Claver.*

Don Pedro Claver et dona Anna, sa femme, appartenaient à deux des plus nobles familles d'Espagne. Mais ce qui les distinguait surtout, c'était une éminente piété. Ils vivaient dans le bourg de Verdu, en Catalogne, loin du monde et de ses plaisirs bruyants. Quoique jeunes encore, ils commençaient à s'affliger de la stérilité de leur union, et leurs plus ferventes prières à Dieu étaient pour avoir un fils. « Si vous n'y mettiez pas d'opposition », dit un jour la jeune femme à don Pedro, « je promettrais à Dieu de lui consacrer le fils qu'il nous donnerait... peut-être alors nous exaucerait-il ? » — « Si Dieu nous accorde un fils, chère Anna », répondit don Pedro, « il sera à lui avant d'être à nous : je ne me m'opposerai jamais, j'espère, à ses vues sur lui ; il est le maître : s'il l'appelle à son service, je l'en bénirai ».

Ces vœux si saints furent exaucés : Dieu leur donna un fils qui reçut le nom de Pierre. Ses pieux parents l'offrirent à Dieu, et ils lui firent sucer avec le lait la tendre piété dont ils étaient animés : l'enfant béni répondit à leurs soins au-delà de toutes leurs espérances. On eût dit qu'il aimait la vertu avant de la connaître ; il en devinait pour ainsi dire le prix, et, à mesure que sa raison la lui fit mieux comprendre, son âme s'y attacha davantage. Quand il fut en âge d'étudier, on résolut de l'envoyer à Barcelone : c'était un sacrifice bien plus grand pour sa mère ; mais elle l'aimait plus pour Dieu que pour elle-même, et ce voyage était dans les vues de la Providence, qui destinait le jeune Pierre à la Compagnie de Jésus.

En effet, arrivé à Barcelone, le pieux écolier, pour éviter les piéges qui sont semés sous les pas du jeune homme dans les grandes villes, renferma tous ses plaisirs dans la société des Pères jésuites. C'était dans leur collége qu'il allait se délasser après l'étude ; c'était là qu'il avait choisi le directeur de sa conscience ; c'était là qu'il aimait à recevoir des conseils ; c'était là qu'il étudiait les modèles de la perfection à laquelle il se sentait appelé. Son corps seul sortait de cette sainte Compagnie ; son cœur, ses espérances, son avenir spirituel y restaient. Ses parents, auxquels il demanda la permission d'ensevelir ainsi dans un monastère l'honneur et l'appui de leur maison, la consolation de leur vieillesse, restèrent d'abord comme écrasés sous le poids de cette accablante nouvelle. Ils comptaient le partager avec Dieu dans l'état ecclésiastique, mais non le lui abandonner tout entier et lié par les vœux monastiques ! Mais ce premier mouvement de la nature fut bientôt arrêté avec le secours de la grâce ; ils accordèrent leur consentement et envoyèrent même leur bénédiction à ce fils chéri, qui entra au noviciat de Tarragone. Ses premiers sentiments furent de joie et de reconnaissance envers Dieu, se regardant comme le passager qui vient d'échapper au naufrage et touche la terre sur laquelle il sera désormais en sûreté.

Dès le premier jour, les exercices de la vie religieuse lui parurent aussi familiers que s'il les avait pratiqués toute sa vie ; on disait de lui que l'esprit qui avait prescrit les Règles de la Compagnie à son saint fondateur était passé dans le jeune Claver, pour les lui faire pratiquer. Il avait dès lors pour maxime qu'il faut : 1° chercher Dieu en toutes choses, et tâcher de le trouver en tout ; 2° faire tout pour la plus grande gloire de Dieu ; 3° employer toutes ses forces pour parvenir à une obéissance si parfaite, qu'on soumette sa volonté et son jugement au supérieur comme à la personne même de Jésus-Christ ; 4° ne rien chercher en ce monde que ce que Jésus-Christ lui-même y a cherché, c'est-à-dire à sanctifier les âmes, à travailler, à souffrir, à mourir même pour leur salut.

Pierre Claver était si saint que, lorsqu'il eut fait ses vœux, ses supérieurs le retinrent encore deux mois pour l'édification du noviciat. Son humilité lui persuada que ce délai lui était nécessaire pour se perfectionner dans les vertus religieuses. Au bout de ce temps il fut, selon l'usage, envoyé à Girone pour achever ses études. Il y fit de tels progrès, qu'en peu de temps il put prononcer deux discours, l'un en latin et l'autre en grec : ils lui attirèrent des applaudissements qui le couvrirent de confusion. Il étudiait par devoir seulement. Le désir, la curiosité de savoir, n'étaient pour rien dans son travail : l'esprit d'obéissance, le bon plaisir de Dieu, guidaient seuls toutes ses actions. « L'étude », dit le P. Pleuriau, « ne lui fit jamais rien omettre de ses exercices de piété ; son travail même était une prière. Il le commençait en s'adressant à Dieu ; il le continuait avec Dieu ; il le finissait absorbé en Dieu, lui demandant de lui apprendre surtout à l'aimer souverainement et uniquement ».

Quelle ne fut donc pas sa joie lorsqu'on l'envoya étudier la philosophie à Majorque, où il se promettait de recevoir surtout des leçons de sainteté du frère Alphonse Rodriguez, qui exerçait alors au collège l'office de portier, et que Dieu éclairait de lumières intérieures d'autant plus abondantes qu'il s'ensevelissait dans la fonction la plus obscure. Dès son arrivée, Pierre Claver va le trouver. Ces deux anges de la terre se reconnaissent en se voyant. Intérieurement éclairés sur le mérite l'un de l'autre, ils sont saisis mutuellement du même respect, de la même confiance, du même amour. Ils se prosternent en même temps l'un devant l'autre, ils se comprennent sans se parler, leurs âmes viennent de se joindre, de s'unir en Dieu pour ne plus se séparer! Ils demandèrent au supérieur la permission de se réunir tous les jours, à une heure fixée, pour s'entretenir de choses spirituelles. Dans ces célestes colloques, l'âme de Rodriguez passa tout entière dans celle de son bien-aimé disciple.

Pour récompenser et en même temps encourager le zèle de frère Alphonse à l'égard de son disciple, Dieu révéla au saint vieillard la gloire qu'il destinait à notre bienheureux et lui découvrit les trônes brillants de gloire et de majesté dont il est parlé dans l'Apocalypse. Tous ces trônes étaient occupés par les Saints qui avaient acquis le plus de mérites pendant leur vie sur la terre. Le frère Alphonse admirait cette gloire, ses yeux en étaient éblouis, son âme en était charmée; il jouissait de ces magnificences divines qui le ravissaient, lorsque son ange lui fit remarquer un trône vide plus élevé, plus éclatant que ceux dont il était environné. Encouragé par la bonté de son guide céleste, le saint religieux lui dit : « Ce trône, attend sûrement quelqu'un ! Pour qui donc est-il préparé ? » — « Pour ton disciple Claver », lui répondit l'ange. « Il le méritera par d'héroïques vertus et par le zèle prodigieux qui lui fera gagner à Jésus-Christ une multitude d'âmes dans les Indes Occidentales ».

De quelle vénération le même vieillard ne fut-il pas dès lors pénétré pour l'Apôtre qui devait sauver un si grand nombre d'âmes et procurer tant de gloire à Dieu ! Il crut devoir lui laisser pressentir les grands desseins de Dieu avant leur séparation; il alla le trouver et lui dit : « Mon cher frère, je ne puis assez vous exprimer la douleur de mon cœur à la pensée que Dieu est ignoré de la plus grande partie de la terre, parce que ses ministres manquent pour ces missions lointaines. Que de larmes ne demande pas la vue de tant de peuples qui s'égarent, parce qu'on ne leur présente aucune lumière pour les conduire, qui périssent, non qu'ils veuillent se perdre, mais parce qu'on ne fait aucun effort pour les sauver ! On voit tant d'ouvriers inutiles là où il y a peu de moissons !... Et là où elle est abondante, il y a si peu d'ouvriers !... Quelle multitude d'âmes n'enverraient pas au ciel, s'ils allaient en Amérique, tant de ministres qui vivent en Europe dans une sorte d'oisiveté ! On redoute la fatigue qu'il y aurait à les chercher, et on ne craint pas le péril et le crime qu'il y a de les abandonner; on méprise les richesses de ces contrées, on en méprise les hommes !

« La charité ne peut donc aller sur ces mers que la cupidité sillonne depuis si longtemps ? Il arrive dans les ports de l'Espagne des flottes entières chargées de leurs trésors : quel nombre d'âmes n'y pourrait-on pas conduire au port de la félicité éternelle ! Pourquoi faut-il que l'amour du monde soit plus ardent pour l'acquisition des uns, que ne l'est l'amour de Jésus-Christ pour l'acquisition des autres ? Tout barbares que paraissent ces hommes, ce sont des diamants, encore brutes à la vérité, mais dont la beauté dédommage assez de la peine qu'il en coûte pour les polir.

« O saint frère de mon âme ! quel vaste champ à votre zèle ! Si la gloire de la maison de Dieu vous touche, allez-y aux Indes ! Allez-y gagner tant de milliers d'âmes qui s'y perdent ! Si vous aimez Jésus-Christ, allez, oh ! allez recueillir son sang répandu sur des nations qui n'en connaissent pas le prix; travaillez avec lui jusqu'à la mort pour le salut des hommes....! »

Pierre Claver suivit les conseils de son saint ami. Il en reçut un présent bien cher à son cœur : c'étaient quelques livres, écrits de la main de son père spirituel. Après deux années de théologie, il obtint la permission d'aller travailler à la gloire de Dieu dans les Indes Occidentales.

Pour se rendre de Barcelone à Séville, lieu de l'embarquement, il passait si près de Verdu, qu'il n'avait qu'une lieue de plus à faire pour voir ses parents, dont il savait toute la tendresse pour lui, prendre congé d'eux et leur dire un dernier adieu ; car il ne devait plus les revoir en ce monde. C'était satisfaire un sentiment bien légitime, et donner à ces chers parents une consolation bien permise, il est vrai : mais c'était aussi l'occasion d'un mérite qui ne se présenterait plus, et notre Saint ne voulut pas la perdre. Il n'avait pas tant travaillé jusqu'ici à vaincre la nature pour la laisser triompher en ce moment. Il savait d'ailleurs que la douleur de ses pieux parents deviendrait aussi pour eux un mérite de plus. Il passa sans les voir et s'embarqua dans le courant d'avril 1610. Le voyage devait être long. Pierre Claver voulut en sanctifier tous les instants et les utiliser pour la gloire de Dieu.

Il se chargea du soin des malades de l'équipage, qu'il soignait avec le dévouement de la plus tendre charité ; il préparait leurs médicaments et les leur faisait prendre, essuyait leur visage, donnait lui-même à manger aux convalescents, disposait les plus malades à recevoir les Sacrements, et ne les quittait ni le jour ni la nuit. Obligé de manger à la table du capitaine, il tâchait de se dédommager de cet honneur en réservant ce qu'on lui servait de plus délicat pour ses chers malades, moins bien servis que lui.

Sa touchante bonté lui avait si bien attiré tous les cœurs, qu'il disposait de tout le monde. Il avait fixé une heure à laquelle tous les marins se réunissaient pour entendre l'explication du catéchisme, qui était suivie de la récitation du chapelet. On ne jurait plus, personne n'eût osé dire une parole inconvenante en sa présence, et si un matelot s'emportait, quand le Bienheureux était absent, il suffisait pour le calmer de lui dire qu'on en parlerait au P. Claver.

Malgré la rigueur du climat, le port de Carthagène était le rendez-vous de tout le commerce maritime. C'était là que les marchands d'esclaves les déposaient et les mettaient en vente. C'était là que d'autres marchands se rendaient pour les acheter et les revendre dans tous les pays environnants, spéculant sans pitié, comme sur de vils animaux, sur ces pauvres nègres venus du même père qu'eux, et comme eux rachetés par le sang de Jésus-Christ. Notre Saint ne put voir ces infortunés sans se sentir pour eux un cœur de père. Il obtint d'abord la faveur de travailler à leur salut, sous la direction du P. de Sandoval, qui mourut après avoir exercé ce saint ministère avec les plus grands fruits, épuisé de fatigue, couvert d'ulcères, accablé de douleurs, mais plus rempli encore de mérites, et heureux de laisser l'apostolat des nègres, comme un saint héritage, entre les mains du P. Claver. Se voyant seul chargé de cette belle mission, notre Saint y consacra toute sa vie. Au moyen d'aumônes, qu'il va quêter de porte en porte, il se procure des interprètes, se rend avec eux sur le rivage, dès qu'il apprend l'arrivée d'un bâtiment négrier, et il l'apprend toujours très-vite, car il a promis d'offrir plusieurs fois le saint sacrifice pour les personnes qui seraient les premières à lui apporter cette heureuse nouvelle, et tout le monde brûlait du désir d'obtenir un tel avantage. La plupart des malheureux nègres croyaient qu'on les arrachait à leur patrie, à leurs familles, pour teindre les pavillons avec leur sang, et caréner les vaisseaux avec leur graisse. Quel bonheur pour eux de rencontrer un ami parmi ces Européens qui les traitaient avec tant d'inhumanité !

Ils paraissaient tous émus, en voyant ce saint Prêtre si tendrement occupé d'eux, leur distribuer les petites provisions qu'il avait apportées ; les aider de sa main à descendre à terre ; recevoir les malades dans ses bras et les porter dans les chariots qu'il avait fait disposer pour eux. Il ne les quittait qu'après les avoir tous conduits dans les négreries ou dans les logements qui leur étaient destinés. Quand ils étaient tous casés, le bon père retournait les voir dans leurs cases, les uns après les autres, et, après les avoir recommandés à leurs maîtres, il leur promettait de revenir au plus tôt.

Il s'informait des enfants nés pendant le voyage : il les baptisait ; puis il s'occupait des plus malades qu'il disposait à recevoir les sacrements, s'ils étaient chrétiens ; ou à recevoir le baptême, s'ils ne l'avaient pas reçu. Ce ministère rempli, il passait aux malades moins pressés, et leur donnait des soins qu'on peut appeler leur rendre les services les plus bas, les plus répugnants à la nature, et, les appuyant ensuite sur sa poitrine, il les embrassait avec la plus compatissante affection.

Il allait chercher ces pauvres esclaves dans les négreries et dans les cases. Ces négreries étaient de vastes magasins, sombres et humides, où les esclaves étaient entassés pêle-mêle, comme on ne voudrait pas entasser les plus sales animaux. Là, point de lit, point de siége, pas une planche, pas une couverture, rien : les quatre murs, la terre du sol, et sur ce sol humide, dans cette espèce de cave à peine éclairée par quelques rares ouvertures qui semblaient ne laisser pénétrer qu'à regret un faible courant d'air, bien insuffisant pour tant de poitrines, on voyait des centaines de nègres ayant à peine l'espace nécessaire pour étendre leurs corps exténués par l'excès du travail. Hommes et femmes, vieillards et enfants, malades et infirmes, tous étaient jetés là sans le moindre sentiment de pitié, et dans un tel dénûment de toutes choses qu'ils appelaient la mort à grands cris, avant que la charité du saint Missionnaire ne leur eût appris à espérer et à souffrir. A cette situation désolante pour ces malheureux, il faut ajouter l'odeur fétide qui s'exhalait de ces poitrines, de ces corps, de ces plaies, et on aura la mesure des répugnances que notre héroïque Apôtre avait à supporter pour pénétrer dans ces lieux de misère et de douleur dont nous ne pouvons que donner une idée bien imparfaite.

Il n'est point d'industrie que sa charité n'employât pour gagner ces pauvres âmes à Notre-Seigneur : il savait qu'on ne pouvait s'en faire comprendre qu'en parlant à leurs sens. C'est pourquoi il avait composé quelques tableaux propres à leur représenter nos mystères. Avant de partir, il se livrait à de rigoureuses pénitences et ensuite allait devant le Saint-Sacrement implorer la miséricorde divine et les lumières du Saint-Esprit. Après son oraison, il prenait son bâton terminé en forme de croix, et, un crucifix de bronze sur la poitrine, et sur l'épaule une besace renfermant d'un côté ses petites provisions accoutumées pour les malades, de l'autre un surplus, les saintes huiles et tous les objets nécessaires pour préparer un autel, il se mettait en chemin avec le frère qui devait l'accompagner et qui pouvait à peine le suivre, tant l'ardeur de sa charité accélérait sa marche.

A son arrivée, il s'occupait d'abord des malades dont il lavait le visage avec des eaux parfumées, afin d'atténuer la force des mauvaises exhalaisons qui infectaient l'air; après quoi il leur donnait tous les soins que nous l'avons vu prodiguer aux nouveaux débarqués, administrait ceux qui étaient en danger et les laissait tous pénétrés de cet excès de charité qui leur apportait de si douces consolations. Le Bienheureux se rendait ensuite à l'endroit convenu pour faire le catéchisme à ceux qui n'étaient pas retenus par les travaux ou la maladie.

Il arrivait quelquefois que, parmi les esclaves, il y en avait dont les ulcères étaient un objet de dégoût pour les autres; alors le charitable Apôtre les mettait ensemble et les couvrait de son propre manteau. Et quand il n'avait pas l'occasion de l'employer à cet usage, il en faisait un siége pour les infirmes, afin qu'ils fussent assis moins durement. Souvent il le retrouvait dans un état si dégoûtant, qu'on était obligé de le laver à plusieurs reprises pour arriver à le nettoyer imparfaitement. Encore en obtenait-on difficilement la permission. La mortification du Bienheureux était telle, qu'il eût remis son manteau dans l'état où on le lui rendait alors, si ses interprètes ne l'en eussent empêché.

Le saint Apôtre ne se contentait pas d'enlever les âmes au démon, il s'employait avec le même soin à les conserver à Jésus-Christ; il les surveillait continuellement, comme un bon père fait à l'égard de sa famille. Il restait des heures entières sur la place publique, pour recueillir des aumônes; il allait ensuite, la besace sur le dos, les distribuer dans les négreries ou les cases, secourant encore plus les âmes que les corps. Les jours de fête, il allait chercher lui-même ses chers enfants et les conduisait à l'église du collége, pour leur faire entendre la messe. Jamais il n'en rencontrait dans les rues sans leur adresser des paroles d'édification. Il disait souvent aux vieillards, avec l'accent de l'autorité : « Songez, mon ami, que la maison est déjà vieille, et qu'elle menace ruine! Confessez-vous, pendant que vous en avez le temps et la facilité ». Aux pécheurs il jetait en passant ces paroles redoutables : « Dieu compte tes péchés! le premier que tu commettras sera peut-être le dernier! » Il n'en fallait pas davantage pour en convertir un grand nombre; d'autres étaient gagnés à Dieu par sa seule vue; saisis d'un irrésistible remords, on les voyait courir à lui, se jeter à ses pieds, lui demander sa bénédiction, le supplier de leur pardonner et lui promettre de vivre plus chrétiennement. Les nègres passaient toujours les premiers au confessionnal du Père Claver; il éloignait doucement les personnes de distinction : « Senor », disait-il aux hommes, « vous ne manquerez pas de confesseurs dans la ville, je suis celui des pauvres ». Et s'adressant aux femmes : « Senora, voyez mon confessionnal, il est beaucoup trop étroit pour l'ampleur de vos robes, il n'y peut entrer que de pauvres négresses; allez à un autre, je suis le confesseur des esclaves ». Mais plusieurs ne se décourageaient pas, et, comptant sur la charité du Bienheureux, ils attendaient patiemment que la foule des nègres fût écoulée, et obtenaient ensuite la faveur qu'ils désiraient. La fatigue de ce travail soutenu, l'odeur et la chaleur apportées par une telle agglomération de nègres, les piqûres des moustiques, dont il se laissait dévorer sans les éloigner jamais, le rude cilice qui le couvrait entièrement, toutes ces souffrances réunies accablaient l'infatigable Apôtre ; il tombait souvent sans connaissance. Le soir, il fallait le recevoir dans ses bras et le porter au réfectoire, où il ne prenait, pour rétablir ses forces, qu'un morceau de pain avec quelques patates grillées. Rentré dans sa chambre, il se délassait de sa journée de labeur, par de sanglantes disciplines et tout au moins deux heures d'oraison, souvent bien davantage ; il travaillait ainsi depuis six ans, lorsque, vers la fin de l'an 1622, il reçut l'ordre de se préparer à faire ses derniers vœux. Il en fut d'abord couvert de confusion, parce qu'il se regardait comme indigne de la dignité de profès : mais il y vit bientôt un moyen de se lier pour toujours à ses chers nègres ; il va se jeter aux pieds du supérieur, et lui exprime son désir d'ajouter aux vœux ordinaires celui de servir les esclaves jusqu'à la mort. On lui accorda cette faveur pour seconder les vues de Dieu sur lui. Il signa la formule de ces vœux : « Pierre, esclave des nègres pour toujours ». Ainsi, désormais, il n'a plus le droit d'avoir de cœur que pour les aimer, plus de force que pour les servir. Voyons quelques traits de toutes les vertus qu'il poussa jusqu'au dernier héroïsme, pendant les quarante années de son admirable apostolat : sa plus grande charité était pour les malades et les mourants ; si on venait la nuit demander un Père pour les assister au dernier moment, il voulait toujours que ce fût lui : « Appelez-moi à quelque heure que ce soit », disait-il au portier, « ceux qui travaillent beaucoup ont besoin de repos ; mais pour moi, qui fais si peu de chose ici, je n'en ai pas besoin ».

Quelque longue que fût la maladie, son zèle ne se lassait jamais. Un pauvre nègre resta infirme durant quatorze ans, et durant quatorze ans le charitable Père lui prodigua les plus tendres soins : il le prenait dans ses bras, et le déposait doucement sur son manteau ; il faisait son lit, puis il le recouchait avec le même soin, après l'avoir affectueusement embrassé. Dieu aidait ou consolait son zèle en lui révélant le danger de ses chers nègres près de mourir, ou le sort de leurs âmes sorties de ce monde. Une pauvre indienne, abandonnée dans une case, y rendait les derniers soupirs ; le Père se présente, la trouve sans pouls, sans mouvement : elle était froide..... il se met en prières, son cœur de père saignait cruellement !... Bientôt la malade reprend la vie, mais seulement ce qu'il en fallait au saint Apôtre pour la disposer à recevoir le baptême ; dès qu'elle fut ainsi purifiée, son âme quitta la terre pour retourner à Dieu.

Le Bienheureux venait un jour de passer toute une après-midi à visiter des malades, il rentrait au collège, accablé de fatigues, lorsque tout à coup il s'arrête, pousse un profond soupir : « Mon frère », dit-il à celui qui l'accompagne, « allons par ici ; entrons dans cette maison, nous n'y serons pas longtemps ». Il va et pénètre dans une demeure où deux pauvres femmes, fondant en larmes, le reçoivent avec la reconnaissance qu'elles auraient témoignée à un ange sauveur : « Où est la malade ? » demande le bon Père. On le conduit dans une petite chambre, où il trouve une femme à la mort. Il l'exhorte, la confesse, lui donne l'absolution, et elle meurt.

Appelé près d'une malade qu'il visitait habituellement, le Père Claver apprend qu'elle vient de mourir. Vivement affligé de n'être pas arrivé à temps pour la confesser, il prie avec larmes, conjurant la divine miséricorde de lui pardonner ce retard involontaire et demandant grâce pour l'âme à laquelle il n'avait pu donner les derniers secours. Mais tout à coup il se relève, son visage était radieux de bonheur : « Une telle mort », dit-il à la famille éplorée qui l'entourait, « une telle mort est plus digne de notre envie que de nos larmes. Cette âme n'est condamnée qu'à vingt-quatre heures de purgatoire ; tâchons d'abréger sa peine par l'ardeur de nos prières ». Et, tout étonné de ce qu'il venait de dire, l'humble Père se hâta de sortir, confus de l'opinion qu'il laissait de lui.

Les objets de sa préférence étaient les malades qui inspiraient à d'autres une invincible répulsion. Ne vivant que pour faire mourir en lui la nature, il saisissait avec empressement tous les moyens de la vaincre, ou plutôt de la maintenir sous la domination de la grâce, qu'il recevait avec d'autant plus d'abondance qu'il la secondait davantage ; il demeurait là où, par manque d'air vital, par les miasmes fétides et délétères qu'exhalaient la petite vérole, les plaies et une foule d'autres maladies, plusieurs jésuites n'ont pu faire que passer ou se sont évanouis au bout d'un instant ; et quand la nature menaçait de faiblir, voici comment il l'écrasait sans pitié : Appelé un jour chez don Ignatio Torme, riche armateur, pour confesser un nègre entièrement couvert d'ulcères, et qu'on avait jeté dans l'endroit le plus reculé, afin de n'en avoir ni l'odeur, ni la vue, le saint Jésuite fut épié dans cette œuvre de sublime dévouement par l'armateur et par quatre Espagnols, de ses amis, avides de contempler la charité si extraordinaire dont on leur avait tant parlé. Placés à distance et ne pouvant être vus, ils ne perdirent aucun des mouvements du Bienheureux.

Le saint Apôtre, au premier abord, est saisi d'horreur !... Il allait reculer !... mais à l'instant il s'arrête, confus de sa lâcheté... Il s'éloigne du malade, va se prosterner et gémir devant Dieu de ne savoir pas servir un frère racheté au prix du sang de Jésus-Christ. Il se donne une rude discipline et retourne au malade. Il avance, sur ses genoux, jusqu'à lui, il baise toutes ses plaies, confesse ce pauvre nègre et passe quelques moments près de lui, le consolant avec l'expression de la plus tendre affection. L'héroïque Apôtre se retire plus humilié que jamais de son peu de vertu, et bien persuadé qu'il avait manqué de charité au premier moment. L'armateur et ses amis, pénétrés de vénération pour le Bienheureux, seraient allés en ce moment se jeter à ses pieds pour lui demander sa bénédiction, s'ils n'avaient craint d'avouer leur pieuse indiscrétion.

Dieu récompensa par des miracles cette charité, qui était elle-même comme un miracle permanent. Le frère et l'interprète qui l'accompagnaient ne purent supporter l'odeur repoussante qui remplissait une case : ils s'enfuirent. Quelle ne fut pas leur surprise, en rentrant, de respirer un air pur et frais près d'un mourant couvert d'ulcères ?

Il guérit une négresse en posant sur elle son manteau : les sauvages débarqués le matin demandèrent à connaître une religion qui opère de telles merveilles et reçurent la grâce du baptême. Le baptême devenait aussi entre ses mains un moyen de guérison. On avait dit à un jeune esclave, dangereusement malade, que, s'il pouvait, pendant que le bon Père le confesserait, toucher seulement son chapelet, en demandant au bon Dieu de le guérir, à cause de tout le bien que le bon Père faisait aux nègres, il guérirait. Il le fit, et fut guéri. Plusieurs esclaves ayant été foudroyés, le Père Claver arrive, conduit par une inspiration céleste ; et, voyant les malheureux étendus sans vie, il lève les yeux et les mains vers le ciel, et obtient leur résurrection du Père des miséricordes.

Un jour, toute la maison de don Francisco de Sylva était en grande agitation : on avait trouvé une esclave étendue par terre sans mouvement ; le médecin, comme tout le monde, jugea qu'elle était morte d'une apoplexie foudroyante. Le Père Claver, apprenant cet événement, accourt chez don Francisco, qui lui dit en le voyant : « Ah ! mon Père, elle n'était point baptisée ! Quel malheur ! et qui l'aurait pu prévoir ! » — « Eh quoi ! dit le Bienheureux, « le bras de Dieu est donc raccourci ? C'est un bon Père ! Allons, un peu de foi et de confiance en lui !... Où est l'esclave ? » — « Venez, mon Père ». Et don Francisco le conduit près du cadavre. Le Père Claver adresse à Dieu une courte et fervente prière ; puis il appelle la morte et lui demande si elle veut être baptisée. Aussitôt elle ouvre les yeux : « Oh ! oui, mon Père, je le veux de tout mon cœur ? » Le bon Père la baptisa, et aussitôt elle se leva en pleine santé.

Un autre prodige résulta en quelque sorte de celui-ci. Le Père Claver avait défendu de jeter de l'eau qui avait servi au baptême de la négresse. Un domestique, ignorant cette défense, la jeta dans un vase où quelques plantes étaient desséchées depuis un à six mois. Peu de jours après, ces plantes reverdirent et produisirent des fleurs d'une rare beauté et du parfum le plus exquis.

Les étonnants travaux de Pierre Claver ne furent jamais un obstacle à sa régularité dans la maison à laquelle il était attaché. Il était le modèle de la plus parfaite observance dans l'intérieur, comme il était au dehors le modèle des vertus apostoliques. C'est ce qui fit désirer au recteur du collége de l'avoir pour ministre. Son humilité s'effraya de ce choix. Se voyant inférieur à tous ses frères, qu'il jugeait infiniment plus parfaits qu'il ne l'était lui-même, il s'étonna de la confiance qu'on lui témoignait, et se permit de faire observer à ses supérieurs l'insuffisance de son mérite et de sa capacité. Mais toutes ses instances furent vaines, il fallut obéir. On vit bientôt régner la plus grande régularité dans la famille dont il fut le père ; afin que, sous aucun prétex'e, nul ne fût dispensé de l'observance, il fit en sorte que tout le monde fût pourvu du nécessaire.

Craignant que les Frères, à cause de leur service, ne pussent éviter des retards et des inexactitudes, il faisait une partie de leurs travaux. Il balayait, rangeait, nettoyait, aidait le cuisinier, l'infirmier, le secrétaire : il était à tout, mettait la main à tout, et cherchait sur toutes choses à s'humilier et à servir tout le monde. Les malades étaient, pour ainsi parler, ses enfants gâtés ; il se faisait leur serviteur et leur infirmier : le Père recteur, voyant qu'il avait donné au Père Claver toutes les charges de la maison, en lui donnant celle de ministre, crut devoir la lui retirer ; mais la Compagnie de Jésus ne pouvait se résigner à laisser sous le boisseau une sainteté si éclatante : on le nomma maître des novices à Carthagène. Le Bienheureux se soumit comme toujours à la volonté de ses supérieurs ; mais, comme toujours, il s'humilia profondément devant Dieu de ce témoignage d'estime qu'il croyait si peu mériter. Il augmenta la rigueur de ses pénitences, et prolongea ses oraisons pour se préparer à porter cette nouvelle charge de maître des novices. Il s'agissait de former des Saints, et le Père Claver se trouvait si imparfait lui-même ! Cependant, encouragé par la pensée qu'en formant les autres à la perfection, il pourrait travailler davantage à se perfectionner lui-même, et qu'il trouverait un stimulant dans la nécessité d'appuyer de ses exemples les leçons qu'il serait obligé de donner, il entra en fonctions, appuyé sur sa confiance en Dieu.

Son premier soin fut d'enseigner à ses disciples à vivre de recueillement, d'oraison, d'humilité, de mortification et d'obéissance aveugle aux ordres des supérieurs. Les sujets les plus ordinaires de ses instructions furent ensuite : le détachement complet de tout ce qui peut retenir l'âme à la terre, et l'empêcher d'aller à Dieu et de s'unir à lui ; le désir ardent de tout ce qui peut l'élever à la plus sublime perfection ; les moyens de se vaincre, de se dompter, de briser sa volonté propre jusqu'à n'en avoir plus d'autre que celle de Dieu.

Ces enseignements étaient admirablement secondés par les exemples du maître : les novices assuraient que le Père Claver n'avait jamais exigé d'eux que ce qu'il pratiquait de la manière la plus parfaite. Mais notre saint Apôtre ne retranchait rien de ses occupations du dehors : on fut donc obligé de le décharger du noviciat pour qu'il pût se livrer tout entier à sa charité et à son zèle. Les malades de l'hôpital Saint-Sébastien ne lui suffirent plus. Il alla soigner et consoler les lépreux de l'hospice Saint-Lazare. Pendant les jours gras, un officier espagnol le rencontra hors de la ville, courant tout joyeux : « Eh ! mon bon Père, où allez-vous donc si allègrement ? » lui dit-il. — « Cher senor, je vais faire mon carnaval avec mes lépreux de Saint-Lazare », lui répondit avec gaîté cet autre Vincent de Paul. Il les réunissait à la porte de l'église, les exhortait à éviter la lèpre du péché, mille fois plus horrible aux yeux de Dieu, que la leur ne pouvait l'être aux yeux des hommes ; puis, s'asseyant sur une pierre, il les confessait. Si le temps était froid, il couvrait le pénitent de son manteau ; s'il le voyait trop souffrant, trop fatigué, il lui faisait poser sa tête sur ses genoux, le soutenait de son bras, ou le tenait doucement appuyé sur sa poitrine. Il avait une prédilection marquée pour les lépreux que leurs plaies plus hideuses avaient fait reléguer dans des loges séparées. Ces pauvres malheureux, qui n'avaient plus de bras, le bon, l'héroïque Père les faisait manger, et, si la souffrance leur retirait le goût, le courage d'accepter les aliments qu'il leur présentait, pour les exciter et les encourager, il allait jusqu'à en prendre un morceau dans le même plat, et le mangeait devant eux. Il faisait ce que fait la mère pour son fils enfant.

L'église de l'hospice tombait en ruines ; il sut trouver, pour la reconstruire, des ouvriers, des matériaux et de l'argent. Il fit plus, il travailla lui-même, portant le bois, les pierres, la terre, tout ce qui était le plus lourd. On lui envoyait ses repas du collége des Jésuites ; mais, comme il ne voulait pas, chez ses malades, être mieux nourri qu'ils ne l'étaient eux-mêmes, il leur distribuait, à tour de rôle, ce qu'on lui apportait ; et, pour satisfaire son esprit de mortification, aussi bien que sa charité, quand ses lépreux avaient fini, il reprenait le plat et mangeait leurs restes !

Une flotte espagnole amenait des prisonniers anglais et hollandais devant Carthagène, avec défense de toucher terre et de sortir du galion, sous aucun prétexte. Le Père Claver, qui courait après les âmes à sauver comme après une sainte proie, demande et obtient la permission de travailler à la conversion des hérétiques. Il a bientôt gagné le cœur d'un prélat anglais, qui eut le bonheur et le courage de se convertir ; son exemple est bientôt suivi : rebelles à la grâce qui les éclaire, plusieurs hérétiques, il est vrai, à défaut d'arguments, accablent d'injures le saint Apôtre, le frappent, déchirent ses vêtements. Mais leur violence même leur devient une occasion de salut ; car ils voient quelque chose de surnaturel dans la douceur du Père Claver ; sa patience, au milieu des outrages, les a vaincus : plus de six cents abandonnent l'erreur. Les Hollandais trouvèrent la santé de l'âme dans la maladie du corps. Une épidémie s'étant déclarée parmi eux, on les transporta à l'hôpital Saint-Sébastien ; là ils furent pris dans les filets de la charité de notre Bienheureux. Se voyant soignés, comme ils l'eussent été par les mains d'une mère, tous demandèrent à être catholiques, tous ne cessaient de répéter que la religion du Père Claver était la meilleure, puisqu'elle faisait tant de bien.

Avec les mêmes armes, il fit les mêmes conquêtes parmi les nombreux musulmans qui se trouvaient à Carthagène. Quelques-unes lui coûtèrent cependant de bien dures mortifications, de bien longues oraisons, des larmes bien amères! Mais Dieu finissait toujours par lui accorder le salut des âmes, qu'il achetait à ce prix, et souvent il faisait des prodiges pour lui donner cette consolation, après la lui avoir fait attendre quelquefois plusieurs années. Parmi les pauvres, qui venaient à la porte du collége recevoir les aumônes distribuées par le Père Claver, se trouvait un Turc d'une nature intraitable, insensible aux bienfaits, dur, cruel même : Ahmet ne répondait aux soins du bon Père que par l'insulte et l'outrage, et pourtant la meilleure part de l'aumône était toujours pour Ahmet. Ahmet était le mendiant de prédilection du saint Jésuite, parce qu'il lui était un sujet de mérite, et que c'était une âme bien difficile à gagner. Il y avait bien des années que durait cette lutte d'ingratitude d'Ahmet contre la charité du Père Claver, lorsqu'un matin, bien avant la distribution des aumônes, le pauvre musulman vient tomber aux pieds du saint Jésuite : « Mon Père! pardonnez-moi, je ne puis résister à tant de bontés! Instruisez-moi, mon Père, faites-moi chrétien. Votre religion rend meilleur que celle du Prophète! »

Les âmes les plus désespérées, les plus impies, des frénétiques, des apostats, ne pouvaient résister à la tendre charité de notre Bienheureux. Il est vrai que sa compassion incomparable ne reculait devant rien, pas même devant les miracles. Un de ses malades ayant envie de manger des fruits dont la saison était passée, le Père Claver lui en apporta des plus frais et des plus beaux qu'on eût jamais vus dans le pays : le prieur fit prendre des informations dans toute la ville et les environs, et il se convainquit que le Saint n'avait pu obtenir les fruits que de Dieu seul. Un jour qu'il distribuait ses aumônes dans une salle de l'hospice Saint-Sébastien, le ciel voulut le glorifier sur le théâtre même de ses vertus : on vit une lumière éblouissante entourer sa tête et se répandre sur son visage avec un éclat merveilleux : lorsque, pénétré de vénération, on se fut approché pour baiser la main qui, en faisant tant de bien, méritait tant de gloire, il avait disparu : son humilité avait obtenu un second miracle pour échapper aux applaudissements que lui attirait le premier. Son zèle ne pouvait être satisfait, tant qu'il lui restait une âme à sauver, une misère à adoucir, un cœur à consoler. Il voulut encore s'occuper des prisons de Carthagène, pénétrer dans tous les cachots, visiter chaque prisonnier.

Là, comme partout, il fit à Dieu d'admirables conquêtes. Les criminels les plus redoutables, il les soumit à son irrésistible et si douce influence ; les pécheurs les plus endurcis, il les convertit ; les natures les plus rebelles, il les vainquit. Tous les prisonniers le chérissaient : on n'entendait plus ni blasphème, ni impiété, ni jurement dans les prisons de Carthagène. Le Bienheureux en avait banni tout cela, tous se confessaient régulièrement, et les prières se faisaient chaque jour en commun.

Le bienheureux avait une grâce particulière pour adoucir aux criminels l'horreur de la sentence de mort qui pesait sur eux. Ils montaient au gibet avec joie, bénissant la divine Miséricorde qui leur donnait un tel moyen d'expiation : leur mort semblait un objet digne d'envie. Quand leur âme était partie vers la récompense éternelle due à leur repentir, on trouvait sur leur corps des instruments de pénitence, dont ils s'étaient servis pour expier eux-mêmes leurs crimes : ce qui était un sujet de grande édification.

Ces immenses travaux, qui auraient suffi pour épuiser et sanctifier tant de personnes à la fois, ne firent jamais négliger au Père Claver ses nègres bien-aimés, dont il s'était fait l'esclave, et l'esclave pour toujours.

Il redoublait ses soins pour ceux qui étaient destinés à quitter Carthagène, et dont le chagrin ne pouvait être plus grand que le sien. Il était continuellement avec eux, il les consolait. Le jour de l'embarquement, ce bon Père les accompagnait au port, leur renouvelait ses recommandations, les embrassait les uns après les autres, leur donnait sa bénédiction, les recommandait au capitaine, et ces pauvres enfants se séparaient de lui avec des cris de douleur qui lui brisaient le cœur. Il restait sur la plage jusqu'au moment où les vaisseaux levaient l'ancre. Alors les Indiens, restés sur le pont, lui faisaient encore des signes de tendres adieux, auxquels il répondait en versant des larmes; car il voyait leur âme exposée aux dangers d'une mer bien plus terrible que celle qui engloutit les corps, et il craignait que le démon en empêchât quelques-unes d'aborder au port du bonheur éternel. Pour ceux qu'on emmenait dans l'intérieur du pays, il allait les voir à peu près tous les ans; les pluies torrentielles, les orages violents, les chaleurs brûlantes, rien ne pouvait l'arrêter.

La ville de Carthagène ne renfermait pas seulement des païens, des hérétiques et des mahométans, il y avait des catholiques dont le mauvais exemple était bien propre à mettre obstacle à la conversion de ceux qui ne l'étaient pas encore. Depuis les premiers jours de septembre jusqu'aux derniers de décembre, une foule d'étrangers affluaient dans cette ville et semblaient apporter avec eux, allumer par leur présence, et laisser après eux toutes les passions. Le Père Claver entreprit de les exciter à la pénitence pendant leur séjour, et, lorsqu'ils étaient partis, de guérir les plaies qu'ils avaient faites. Les querelles, les jeux, les blasphèmes, semblaient fuir devant lui : il les poursuivait partout, dans la tente, dans l'atelier, dans les magasins. Un des désordres qui l'affligea le plus, était l'immodestie des femmes dans les formes de leurs vêtements. Voici comment il les combattit : il portait partout avec lui un petit tableau, qu'il avait fait faire d'après les lumières qu'il recevait dans ses oraisons ; ce tableau représentait plusieurs démons tourmentant une femme vêtue selon les exigences du monde. Quand le Père Claver rencontrait une femme qu'il savait être dans cet usage, il l'abordait tout simplement, en sortant de sa poche le petit tableau qu'il lui mettait sous les yeux, lui promettant, de la part de Dieu, qu'elle offensait ainsi sans scrupule, un traitement tout semblable pour l'avenir, si elle continuait à préférer la loi mondaine à la loi évangélique.

Ce moyen, qui aurait pu être une imprudence et une indiscrétion entre les mains d'un autre, avait, dans les siennes, les plus heureux résultats. Il ne se contentait pas de corriger les désordres de tous genres, il travaillait aussi à les prévenir, en s'occupant beaucoup des enfants. Il allait dans les maisons, demandait à voir les enfants, à qui il faisait toujours une courte instruction, proportionnée à leur âge, et il leur inspirait une tendre dévotion à la sainte Vierge.

Toutes les personnes distinguées de Carthagène auraient voulu recevoir ses avis particuliers et se mettre entièrement sous sa conduite; un très-petit nombre obtint cette faveur : il donnait toujours la préférence à ses chers esclaves. Les maîtres étaient obligés de les laisser passer avant eux. Il ne se présentait chez des personnes distinguées que pour les confesser en cas de maladie, ou pour leur demander l'aumône; hors ces deux cas, il n'allait jamais chez elles.

Parmi les dons surnaturels dont Dieu le favorisa, le plus remarquable est peut être celui de sauver les âmes du désespoir. Il délivra une femme d'une violente tentation de suicide, avec un crucifix qu'il lui dit de mettre sur son cœur pendant la messe. Il en rencontra une autre dans les rues de Carthagène, qu'il arrêta par ces mots, dits avec une grande douceur : « Où allez-vous ? » Elle se trouble et ne répond pas. — « Donnez-moi ce que vous portez », ajoute le saint Apôtre. La jeune femme obéit en tremblant. Elle sort de sa poche un bout de corde avec lequel elle voulait se pendre au premier arbre qu'elle rencontrerait placé loin du chemin hors de la ville, et le remet au Père Claver, en lui racontant le sujet de son désespoir. Il mit le baume des consolations célestes sur cette plaie, et la guérit. Étant continuellement uni à Dieu, il avait part à sa science de l'avenir. Dom Gabriella de Mendez, gouverneur de Sainte-Marthe, devait faire un voyage en Espagne avec sa famille ; Théodora, sa femme, alla voir le Père Claver et lui demanda sa bénédiction et ses prières : « Senora », lui dit-il, « allez avec la bénédiction de Dieu, ce voyage sera heureux ; mais peu après vous aurez à en faire un bien plus important ». — « De quel voyage parlez-vous donc, mon Père ? » reprit-elle. « Senora », dit-il, « je parle du grand voyage... » — « Mais, mon Père... » — « Oui, senora, peu après votre arrivée en Espagne, il faudra que vous alliez dans une autre vie : préparez-vous donc à ce grand voyage ». Cette prédiction se réalisa de point en point : Théodora mourut saintement après une heureuse traversée.

Il faudrait un livre entier pour raconter ses miracles ; nous nous contenterons d'en ajouter deux à ceux que nous avons déjà rapportés. Un jour, il se présente chez un malade pour lequel on l'avait appelé. Il était trop tard, le malade était mort. Le Bienheureux prend son crucifix, le pose sur le cadavre et dit à la famille, en sortant précipitamment : « Ne désespérez pas, Dieu peut le guérir ». Il n'avait pas fait dix pas dans la rue, qu'on court le rappeler. Il rentre près du mort et le trouve en parfaite santé. Dieu semblait se plaire à ne rien refuser à ce cœur si tendre et si compatissant. Une jeune négresse portait sur sa tête un panier plein d'œufs qu'elle allait vendre au marché. Un espagnol la rencontre sur son passage, pendant que l'attention de l'esclave, portée ailleurs, l'empêchait de le voir si près d'elle. L'espagnol, furieux de voir une négresse ne pas se déranger pour lui céder le pas, lui donne un soufflet si violent, que le panier tombe et avec lui tous les œufs. La pauvre négresse, désolée à la vue de ses œufs cassés, jetait des cris qui mirent tout le voisinage en émoi ; elle était inconsolable. Le Père Claver passait en ce moment ; il approche, demande la cause de ce mouvement, et, touché au cœur du malheur de la jeune esclave, il va jusqu'à elle pour la consoler. « Eh ! ma pauvre enfant, qu'y a-t-il ? qu'avez-vous pour pleurer ainsi ? » — « Ce que j'ai ? Voyez, mon Père ! voyez, c'était là tout mon bien ! » — « Eh bien ! ma fille », reprit le bon Père, « remettez vos œufs dans votre panier et ne pleurez plus ». En disant ces mots, il touchait les œufs du bout de son bâton les uns après les autres, et, à mesure que son bâton les touchait, les œufs revenaient à leur premier état. L'esclave les ramassait, croyant rêver ! Quand elle eut fini, elle se retourna pour remercier le bon Père : il avait disparu.

Mais il est temps d'aller jusqu'à la source de tant de sainteté, de pénétrer dans l'âme de notre Bienheureux, qui était comme le sanctuaire de toutes les vertus. Nous ne pouvons mieux peindre son amour pour Dieu qu'en disant qu'il lui était continuellement uni ; en passant dans les rues, il ne voyait rien, il n'entendait rien. Il suivait la voix, la lumière intérieure qui le conduisait, il allait où Dieu l'appelait. Tous les instants dont il pouvait disposer étaient pour l'oraison ; ce qui faisait dire au P. Sébastien de Morillo, recteur du collége : « Je n'ai jamais pu savoir le moment où le P. Claver finit son oraison. A quelque heure que j'entre dans sa chambre, je l'y trouve en prières et si perdu en Dieu, qu'il ne me voit ni ne m'entend ». Il prenait deux ou trois heures de sommeil, jamais davantage ; encore ce repos était-il interrompu par de brûlantes aspirations vers Dieu.

Il apparut souvent environné d'une auréole de lumière, dont les yeux ne pouvaient supporter l'éclat. Une fois qu'on entra dans sa chambre, après le coucher, on la trouva remplie d'une clarté éblouissante. On cherche inutilement le Saint ; enfin, on l'aperçoit en l'air, les genoux ployés, comme s'ils eussent posé à terre, et son crucifix dans ses mains. Il descendit doucement vers le sol avec le jour.

Son attrait le plus cher était la Passion de Notre-Seigneur ; il avait de petites images qui en représentaient le mystère ; il pressait dans ses mains celle qui rappelait le mystère qu'il voulait méditer, et de cette considération il s'élevait insensiblement jusqu'à la plus sublime contemplation. Les jours où ses occupations extérieures lui laissaient quelques instants de liberté, il allait faire une station à un grand crucifix placé dans le lieu le plus retiré de la maison, et plusieurs fois on l'entendit y prononcer de brûlantes paroles d'amour, alors qu'il s'y croyait absolument ignoré de tous les religieux. On s'assura que tous les vendredis il sortait mystérieusement de sa chambre, au milieu de la nuit, portant une corde au cou, une couronne d'épines sur la tête, une croix sur les épaules ; il allait dans les endroits les plus solitaires de la maison, faire autant de stations que Notre-Seigneur en fit pendant sa passion avant d'arriver au Calvaire.

Notre Bienheureux aimait à parler des indicibles souffrances du divin Sauveur ; il en parlait souvent, et toujours avec des larmes de reconnaissance et d'amour qui ravissaient ceux qui avaient le bonheur de l'entendre. Pendant la semaine sainte, son visage portait l'empreinte d'une si grande douleur, que les plus indifférents en étaient profondément impressionnés, et voyaient en lui l'image vivante de Jésus allant au Calvaire pour y expier tous les péchés du monde.

Quand les nègres étaient malades, et que le Bienheureux devait leur apporter le saint Viatique, il allait auparavant balayer et nettoyer lui-même leur case ; il la parfumait et mettait sur leur lit un couvre-pieds d'étoffe de soie, qu'il s'était fait donner pour cet usage, afin de témoigner plus de respect pour la présence de Notre-Seigneur Jésus-Christ, et faire mieux comprendre la nécessité de ce respect à tous les nègres présents. Et, malgré ses immenses occupations, il se confessait chaque matin avec une grande douleur et une grande abondance de larmes ; puis il passait une demi-heure devant l'autel pour se préparer à y monter. Il offrait le saint Sacrifice avec une ferveur séraphique dont les assistants étaient pénétrés jusqu'aux larmes.

Après Dieu, c'était la divine Marie que le Bienheureux aimait le plus tendrement. Il portait sur sa poitrine un petit livre de méditations sur les mystères de la vie de la sainte Vierge : de petites gravures représentaient chacun de ces mystères. Le Bienheureux les regardait souvent avec amour, les baisait, les pressait sur son cœur, et les méditait habituellement ; il appelait Marie *la Mère du bel amour*. On l'entendit souvent répéter au milieu de ses ravissements : « O bonne Mère ! apprenez-moi, je vous en conjure, apprenez-moi à aimer votre divin Fils ! Obtenez-moi une étincelle de ce pur amour dont votre cœur brûle toujours pour lui !.... ou prêtez-moi le vôtre, afin que je puisse le recevoir dignement en moi ! »

La veille des fêtes de la sainte Vierge, Pierre Claver se préparait à les célébrer par une augmentation de pénitences corporelles. Il confessait, dans l'après-midi, les enfants des écoles, pour leur inspirer de bonne heure l'amour de Marie. Le lendemain, il prenait part au dîner qu'il servait à ses pauvres mendiants, à la porte du collége, et pendant lequel il faisait faire de la musique pour les réjouir, disait-il, en l'honneur de Marie ; après le dîner, ou le petit festin de ses pauvres, comme il l'appelait, il leur faisait une exhortation sur la fête, puis il récitait le chapelet auquel tous répondaient.

Notre Bienheureux avait une si grande dévotion pour l'Immaculée Conception et l'Assomption de la sainte Vierge, qu'il la félicitait souvent, avec des larmes de consolation, de ces deux priviléges ; il aimait à en parler à ceux qui avaient le bonheur de posséder sa confiance : et il lui arriva même une fois, chez un ami, de s'oublier jusqu'au ravissement. Non content d'implorer la protection de son ange gardien, de saint Pierre, son patron, et de saint Ignace de Loyola, qu'il appelait son père, il avait encore choisi vingt-quatre Saints pour le protéger à chaque heure du jour et de la nuit, afin, disait-il, qu'il n'y eût pas une seule heure de sa vie où il ne se sentît appuyé près de Dieu par un avocat particulier.

Sa charité pour le prochain le suivait au-delà de cette vie. Il offrait le saint Sacrifice, augmentait ses pénitences, imaginait de nouvelles mortifications pour le soulagement des âmes du purgatoire ; il demandait pour elles les prières des pieux fidèles, et tâchait de faire bien comprendre à ses nègres la nécessité de prier pour leurs frères morts.

On pourrait appeler sa vie un martyr continuel. Chaque partie de sa vie était une souffrance qu'il unissait à celle de son Sauveur sur la croix. Pendant les quarante-quatre années qu'il vécut dans la Compagnie de Jésus, il ne se permit jamais un seul regard de curiosité. La beauté de la campagne, la parure même des autels, spectacles si innocents, il en privait ses regards. Sa chambre avait vue sur le port : il ne l'ouvrit pas une fois, il n'osait pas même regarder à travers les carreaux à l'arrivée des flottes qui faisaient accourir la ville entière, ne reconnaissant d'autre patrie que le ciel. Les nouvelles d'Espagne ne pouvaient que lui être indifférentes ; il s'informait seulement s'il y avait des malades sur les vaisseaux arrivants, et quelquefois aussi si les princes chrétiens étaient en paix. Ses repas ressemblaient à la légère collation qu'on prend pour les jeûnes les plus rigoureux. Il refusait la viande, disant qu'elle était trop nourrissante pour sa constitution ; il couchait sur une simple natte ou sur une peau de bœuf : un morceau de bois lui servait d'oreiller. Pendant plusieurs années il se contenta même de la terre nue, et quand il était malade, il descendait de son lit la nuit pour s'étendre sur le plancher. Il se donnait régulièrement trois disciplines jusqu'au sang. Il portait deux croix de bois grossièrement taillées : l'une sur son dos, la seconde sur sa poitrine ; chaque partie de son corps avait un instrument particulier de pénitence. Ce vêtement de douleur était complété par une couronne d'épines et des gants qu'il avait faits lui-même avec de petites cordes de crin ; c'était toujours ainsi qu'il récitait son bréviaire ; et, pour s'humilier davantage devant la Majesté divine, il ajoutait alors une corde à son cou, comme la porte le criminel condamné par la justice humaine.

Rien n'égalait son angélique patience à supporter tout ce qui lui pouvait être pénible ou désagréable. Quelques jeunes Espagnols, irrités de ses réformes, menacèrent la vie du saint Apôtre ; ils poussèrent la fureur jusqu'à se jeter sur lui le poignard à la main : « Si la volonté de Dieu est que je meure », leur dit-il avec douceur, « voilà ma vie, vous pouvez la prendre ». Ils furent aussitôt désarmés et se convertirent. Un de ses supérieurs ne cessa de l'éprouver pour s'assurer de sa vertu ; il alla jusqu'à lui dire qu'il était un ignorant, qu'il ne savait pas même le latin. Le saint Religieux garda le silence ; et comme on insista, il n'ouvrit la bouche que pour avouer qu'on avait raison, qu'il était un ignorant. Plus tard on lui dit pourquoi il n'avait pas dit un mot pour se justifier, lui dont la capacité était bien connue : « Il importe peu », répondit-il, « de passer pour savant ou pour ignorant ; mais il importe beaucoup d'être humble et obéissant ».

Tout, dans le P. Claver et autour de lui, prouvait combien il aimait la sainte pauvreté qu'il appelait sa mère. Pendant quelques années, il n'eut d'autre chambre qu'un cabinet sombre, étroit, incommode, et dont il était obligé de sortir pour pouvoir écrire. Se conformant sans cesse à son divin Maître, qui n'avait pas même une pierre pour reposer sa tête, il s'arrangeait toujours de manière à s'emparer, pour son usage, de ce qui était regardé comme hors de service. Les vêtements les plus usés, les plus raccommodés, étaient pour lui ; il fallait un ordre de son supérieur pour le déterminer à les renouveler. Il avait de la recherche jusque dans les moindres choses pour satisfaire son amour de la pauvreté.

Il prenait tous les bouts de chandelles, même les plus courts, pour son usage particulier ; jamais il ne voulut une chandelle entière. Il écrivait sur des revers de papiers inutiles et ne se servait que de bouts de plumes déjà usés par les autres Pères. Il ramassait les restes de pain pour s'en nourrir préférablement. Souvent, dans l'après-midi, il rentrait encore à jeun et accablé de fatigue, ne trouvant rien à manger, parce que le cuisinier l'avait oublié. Cet oubli lui paraissait tout naturel, et il excusait le Frère auprès de celui qui le blâmait.

Notre Bienheureux porta la pratique de l'obéissance aussi loin que celle de la pauvreté. Bien certain de faire la volonté de Dieu en faisant celle des supérieurs, il était heureux d'obéir avec le plus complet abandon. Après sa mort, on trouva dans ses papiers toutes ses pensées sur la sainte obéissance, renfermées dans ces quelques lignes : « Dans la vie religieuse, la route la plus courte et la plus sûre pour arriver à la perfection, est celle de l'obéissance aux supérieurs. Je m'en rapporte plus à une seule de leurs paroles qu'à cent révélations particulières ».

Il disait encore : « On ne peut bien décider pour soi-même, on ne peut se bien voir soi-même, on ne peut se bien juger soi-même. On a donc besoin des yeux et du jugement d'un autre ». Un supérieur, pour éprouver son obéissance, bien qu'il fût très-âgé et infirme, le réprimanda sévèrement pour une chose insignifiante, et lui ordonna de demeurer à genoux. Le Saint obéit et attendit plus d'une heure la permission de se relever. Il ne faisait jamais sa volonté, mais toujours celle qu'il pouvait considérer pour la volonté de Dieu. A défaut de véritables supérieurs, il obéissait à des égaux, à des inférieurs même. S'il avait à s'occuper dans la cuisine, il se découvrait devant le cuisinier et lui demandait humblement ses ordres. S'il n'avait qu'un simple nègre pour compagnon, dans ses missions, il lui obéissait en tout. Toutes ces vertus recevaient leur éclat de l'humilité, qui les débarrassait de tout ce qu'elles pouvaient avoir de terrestre. « L'homme humble », dit-il dans quelques mots écrits de sa main et trouvés après sa mort, « désire que ceux qui le font souffrir soient persuadés, non qu'il est humble, mais qu'il est en effet méprisable ».

Il eut, toute sa vie, les plus bas sentiments de lui-même, comme on le vit en mille occasions ; lorsqu'il arrivait qu'on lui demandait conseil sur une affaire importante, il répondait : « Je ne suis pas capable de donner un avis là-dessus ; voyez les Pères du collége, ils ont plus de science et de sagesse que moi. Je ne suis bon que pour les esclaves et pour les pauvres ». Quand on lui demandait de prier pour une affaire, il répondait : « Bon moyen pour la faire manquer ! » Peut-être, dit son historien, l'accuserait-on de manquer de dignité. Cela est vrai, très-vrai, il manquait absolument du sentiment que le monde décore de ce nom, et qui n'est autre chose qu'un des mille déguisements de l'orgueil. Le Père Claver ne connaissait d'autre dignité, pour le chrétien, que sa ressemblance avec le divin Modèle, dont la face adorable fut couverte d'ignominies, dont la couronne fut composée d'épines, dont le sceptre fut un roseau, dont le trône fut une croix.

Tant de vertus, pratiquées pendant quarante années jusqu'à l'héroïsme, avaient attiré à Pierre Claver une vénération qui mettait à ses pieds toute la ville de Carthagène. Sa réputation de sainteté s'étendait au loin dans les Indes, et atteignait aux différentes extrémités du monde par les étrangers qu'il convertissait chaque année ; et la vénération qu'il inspirait s'accroissant chaque jour, tous les Ordres, tous les rangs, tous les âges, s'empressaient de la lui témoigner.

Les évêques, qui venaient dans cette ville, n'auraient pas voulu la quitter sans le voir et lui demander ses prières pour leurs diocèses. Les généraux de l'armée, les commandants des flottes, les personnages les plus marquants, allaient le voir à leur arrivée, n'entreprenaient rien d'important sans lui avoir demandé ses prières, et ne partaient pas sans avoir obtenu sa bénédiction et pris congé de lui.

Les gouverneurs de Carthagène venaient souvent lui recommander le salut de la ville. Tout le monde, en un mot, le consultait dans les cas difficiles, et on recevait ses avis comme si Dieu lui-même eût parlé par son saint Apôtre. Ce qu'on ne croirait peut-être pas, si la chose n'eût été certifiée par des milliers de témoins, c'est qu'aux époques d'armements, et aux arrivées des flottes, où chacun était occupé de ses intérêts avant tout, si on apercevait le Père Claver, tout était oublié pour lui. On quittait ses affaires pour courir au Saint, se jeter à ses pieds, lui demander sa bénédiction, lui baiser les mains. On l'entourait, il ne pouvait plus avancer qu'il n'eût béni tout le monde. Les enfants mêmes se pressaient autour de lui, et criaient tous à la fois : « Saint Père Claver, priez pour moi ! » Telle était la vénération affectueuse qu'il inspirait à tous. Chacun voulait avoir de ses reliques, on allait jusqu'à retenir les cheveux que le barbier lui coupait.

Dans la maladie qu'il subit en 1634, on fut obligé de le saigner : le supérieur ordonna de recueillir son sang, pour le conserver : et tous les Pères du collége voulurent en avoir quelques gouttes ; on imbiba des linges du sang du Bienheureux, on en donna à chaque religieux de la maison, et tous le gardèrent avec le respect dû seulement aux reliques des Saints.

L'Epoux des âmes, quelque sainte que fût celle du Père Claver, voulut la purifier encore par des souffrances toutes particulières avant de l'appeler à lui ; ayant été attaqué de la peste qui ravageait Carthagène, le Bienheureux resta infirme jusqu'à la fin de sa vie terrestre. Sa plus grande souffrance était sans doute de ne pouvoir plus se consumer dans le service du prochain : il était réduit à se voir servi lui-même. Il fallait le faire manger en lui portant les aliments à la bouche ; il fallait le lever, le coucher, l'habiller ; il fallait le soutenir pour le faire marcher. Mais cela ne l'empêchait pas de se faire porter au confessionnal, où il restait jusqu'à ce qu'il tombât épuisé sans connaissance. Il visitait encore les hôpitaux ; quand il sentit que c'était pour la dernière fois, il embrassa ses chers lépreux, leur fit les plus tendres adieux et se recommanda à leurs prières. Le nègre, qu'on lui avait donné pour le soigner, était d'une nature sauvage, presque sans cœur et sans intelligence ; ce fut l'instrument dont Dieu se servit pour éprouver à chaque instant la patience de son serviteur : son humeur, ses brusqueries, devinrent un supplice pour le saint Apôtre, qui ne répondait à ses excès de dureté que par des excès de tendresse. Lorsque le nègre, au lieu de deux chandelles, n'en apportait qu'une pour la nuit, un miracle la faisait durer jusqu'à l'aurore. Car le Saint ne dormait presque plus, et, passant toutes les nuits à s'entretenir avec Dieu, il désirait avoir de la lumière dans sa chambre, pour se donner la douce consolation de voir son crucifix et les objets de piété qui l'entouraient.

Vers le milieu de l'année 1654, le Père Claver dit au frère Gonzalès, qui l'affectionnait beaucoup : « Je mourrai prochainement, et ce sera très-certainement le jour d'une fête de la sainte Vierge ». Il fit demander à dona Isabella d'Urbina, sa fille spirituelle, qu'il associait à toutes ses bonnes œuvres, de lui envoyer sa chaise à porteurs, afin qu'il pût l'aller voir. Arrivé chez elle, il lui dit : « Ma fille, c'est la dernière fois que je viens vous confesser ; je vais mourir prochainement. Notre-Seigneur a eu la bonté de me promettre que je mourrais le jour de la Nativité de la sainte Vierge ».

L'avant-veille de cette belle fête, où notre Bienheureux s'entretenait de sa mort avec le frère Gonzalès, il lui exprima le désir d'être enterré à la porte de l'église devant son confessionnal, afin d'être pour ainsi dire foulé aux pieds après sa mort, comme il aurait voulu l'être pendant sa vie.

Le frère mit son humilité à une rude épreuve en lui demandant combien il avait baptisé de nègres pendant son apostolat ? Le Père Claver réfléchit un instant et ne put s'empêcher de dire avec une sorte d'embarras : « Je crois que j'en ai baptisé plus de trois cent mille ». Le 7 septembre, lorsque l'infirmier entra, il trouva le saint Jésuite sans mouvement. Le calme de son visage, la sérénité du sourire resté sur ses lèvres, l'expression céleste de tout l'ensemble, firent croire d'abord qu'il était plongé dans une douce extase, mais on s'aperçut bientôt qu'il allait quitter la terre. La Communauté se presse autour de lui pour voir comment meurent les Saints : toute la ville de Carthagène demande à être témoin de ce beau spectacle ; on avait d'abord l'intention de ne laisser pénétrer que les principaux personnages, mais la porte est assaillie par la foule qui redoublait ses cris : « Nous voulons voir le Saint ! nous voulons le voir avant qu'il soit mort C'est notre père, il est à nous, nous voulons le voir ! » La chambre fut envahie et pillée, car chacun voulut une relique du Bienheureux. On ne lui laissa que la couverture posée sur lui et le portrait de son saint ami, le frère Rodriguez, qu'un religieux défendit jusqu'au bout. On lui baisait les mains, on l'invoquait tout haut au milieu des larmes et des sanglots. Les nègres découvrirent ses pieds sacrés et, les baisant avec une tendresse inexprimable, ils répétaient qu'ils perdaient tout en perdant « le bon père des nègres, qui s'en allait avec le bon Dieu, et qui ne les emmenait pas ».

Après minuit, le Bienheureux s'affaissa d'une manière sensible. On fit la recommandation de l'âme, et dès qu'elle fut finie, pendant que les assistants en pleurs répétaient les noms de Jésus et de Marie, entre une et deux heures du matin, le mardi 8 septembre, fête de la Nativité de la sainte Vierge, le saint Apôtre partit pour occuper dans le ciel la place qui avait été montrée au Père Rodriguez. Son corps sembla reprendre la couleur de la vie aussitôt après sa mort : il exhalait une odeur si suave et si extraordinaire, qu'elle pénétrait l'âme.

La ville de Carthagène fit les frais des funérailles : il y eut un concours qu'on ne rencontre peut-être dans la vie d'aucun autre Saint. Il fallait avoir recours à la force publique pour empêcher le saint corps d'être mis en lambeaux.

Il opéra deux miracles en faveur de ceux qu'il avait le plus aimés sur la terre. Son cher fils spirituel, le duc d'Estrada, beau-frère de dona Isabella d'Urbina, ayant obtenu la faveur de mettre la palme dans la main du Bienheureux, la main s'ouvrit d'elle-même et la saisit, et, lorsque ses nègres chéris vinrent l'entourer tout en larmes, lui demandant de ne pas les oublier, de les bénir, de prier pour eux, d'être leur bon père toujours, une sueur embaumée se répandit sur son visage : « C'est pour nous », s'écrièrent-ils, « c'est pour nous que le bon Père sue ! il veut que nous ayons des reliques de lui. On ne nous en aurait pas donné ! mais lui nous aime ! merci, bon Père ! » En parlant ainsi, ils recueillaient cette sueur comme une rosée céleste avec des linges qu'ils se partageaient comme le plus grand des trésors.

Le premier mois de l'an 1657, on ouvrit le cercueil, où les restes précieux du Père Claver avaient été enfermés. Malgré l'humidité et la chaux dont on l'avait entouré, on le trouva entièrement sain. La chair avait la fermeté et la fraîcheur de la vie : il fut déclaré vénérable en 1747 par Benoît XIV ; enfin, le 16 juillet 1850, le souverain pontife Pie IX le mit au rang des Bienheureux. La cérémonie de la béatification eut lieu dans l'église de Saint-Pierre du Vatican, le 21 septembre 1851.

On le peint entouré de nègres qu'il baptise, catéchise, dirige, bénit ou administre, parce que sa grande occupation à Carthagène fut d'enseigner les principes et la pratique de la religion aux pauvres esclaves africains.

Nous avons tiré ce récit de l'*Histoire du bienheureux Père Claver*, par M. d'Aurignac.

FÊTE DU SAINT NOM DE LA B. VIERGE MARIE

1683. — Pape : Innocent XI. — Roi de France : Louis XIV.

> Le nom de *Marie*, qui signifie *étoile de la mer*, convient parfaitement à la très-sainte Vierge qui est l'astre glorieux dont la lumière remplit le monde.
> *Bréviaire Romain.*

On célébrait déjà, en plusieurs endroits, la fête du nom de Marie, lorsque le pape Innocent XI ordonna, par un décret du 20 novembre 1683, que cette même fête fût universellement reçue dans toute l'Eglise, en mémoire et en reconnaissance de l'insigne victoire que nous allons raconter.

La ville de Vienne, capitale de l'Autriche, fut assiégée par les Turcs et les Tartares, l'an 1683, avec une armée de près de deux cent mille hommes. Ils espéraient se rendre maîtres de cette ville, qu'ils considéraient comme la clef de l'Allemagne, et pénétrer ensuite jusqu'au cœur du Christianisme. Jamais on ne vit de troupes plus fières ni plus disposées à la victoire. Elles avaient déjà fait de grands ravages et exercé des cruautés inouïes dans les endroits qu'elles avaient traversés : tous les environs de la ville et plus de cinquante lieues de pays alentour étaient complétement ruinés.

A l'approche de cette formidable armée, l'empereur s'enfuit avec l'impératrice sa femme. Les Turcs ouvrirent la tranchée le 14 juillet. Après deux mois de siège, ils avaient tellement avancé leurs ouvrages, que la ville se trouvait enfin réduite à l'extrémité et ne pouvait plus tenir que quatre ou cinq jours, car elle était mal fortifiée.

Pendant que les choses se passaient ainsi du côté de Vienne, on faisait à Rome, en France et dans tout le reste du monde chrétien, des prières publiques pour la prospérité des armes chrétiennes. On fit surtout des vœux particuliers à la sainte Vierge, pour obtenir de sa bonté une protection spéciale. L'espérance et l'attente des fidèles ne furent pas vaines ; tant de prières, faites avec une si parfaite confiance, pour une si juste cause et auprès d'une aussi puissante Protectrice, furent exaucées : lorsque tout paraissait favoriser les desseins des assiégeants, et que la ville était sur le point de se rendre, on vit paraître un prompt secours de la part du ciel. Le roi de Pologne, Jean Sobieski, se présenta sur une hauteur, accompagné d'une armée florissante, composée de troupes choisies, marchant dans un bel ordre, bien disposées ou à donner leur sang et leur vie, ou à procurer la liberté aux chrétiens renfermés dans la ville de Vienne.

Le 12 septembre au matin, Jean Sobieski alla d'abord, avec le prince Charles de Lorraine, à la chapelle de Saint-Léopold, entendre et servir lui-même la messe, pendant laquelle il tenait les bras étendus au ciel ; il y communia, et fit donner par le prêtre la bénédiction à toute l'armée ; et alors, ce héros intrépide, plein de zèle pour la gloire du vrai Dieu, dit tout haut : « Marchons à l'ennemi avec une entière confiance sous la protection du ciel et sous l'assistance de la sainte Vierge ». L'armée descendit des montagnes où elle était, et s'avança vers le camp des Turcs. Elle les attaqua si à propos et avec tant de vigueur, que l'ennemi, après quelque résistance, fut contraint de céder ; les Turcs prirent honteusement la fuite, abandonnèrent leur camp, leurs tentes, leur artillerie et leurs munitions ; Sobieski, étant entré dans Vienne, alla remercier Dieu de la victoire au pied des autels ; et pendant que l'on chantait le *Te Deum*, il marqua autant d'humilité que de reconnaissance et de dévotion. Au milieu des applaudissements qu'il recevait de toutes parts, il n'attribuait qu'à Dieu le succès de ses armes. La ville avait éprouvé pendant le siège des effets de la protection spéciale de la sainte Vierge. Parmi les dangers dont elle fut ainsi sauvée, nous ne parlerons que du suivant : La magnifique église des Ecossais avait été brûlée, et le feu allait prendre à l'arsenal, où étaient la poudre et les autres munitions. Si l'arsenal eût sauté, il se faisait une brèche aux remparts, et c'en était fait de la ville ; mais la flamme s'arrêta tout à coup, et l'on eut le temps d'enlever la poudre et les autres munitions : cet événement arriva le jour de la fête de l'Assomption, jour auquel les fidèles imploraient la protection de la sainte Vierge contre les ennemis du nom chrétien, comme le pape Pie V l'avait fait avant la bataille de Lépante.

Le Pape, ayant appris la nouvelle de cette victoire, en fit rendre de solennelles actions de grâces à Dieu dans toutes les églises du monde chrétien ; et, pour perpétuer le souvenir d'un si grand bienfait, dû à l'intercession de la sainte Vierge, il institua à perpétuité une fête en l'honneur du Nom de Marie : de sorte que cette fête, qui ne se faisait auparavant que dans quelques églises particulières, est maintenant universelle, suivant le décret d'Innocent XI, daté du 20 novembre 1683, et d'un autre du 5 février 1684, qui ordonne de réciter un office propre, composé expressément pour cet effet. On célèbre cette fête le dimanche qui arrive pendant l'octave de la Nativité de la sainte Vierge.

Il est donc bien convenable que, suivant les intentions du souverain Pontife, nous tâchions de contribuer à faire respecter le glorieux Nom de Marie, qui est si favorable à ceux qui l'invoquent avec confiance dans leurs besoins ; pour cet effet, nous consulterons ce que nous disent les saints Evangélistes et les Docteurs de l'Eglise qui ont écrit sur ce sujet.

Le Saint-Esprit nous dit clairement, par la bouche d'un Evangéliste, que le nom de la Vierge est Marie : *Nomen Virginis Maria*. Les Juifs disaient autrefois, en parlant de Jésus : « Sa Mère ne s'appelait-elle pas Marie ? » Il faut donc convenir, avec saint Ambroise, saint Bernard et saint Anselme, que ce nom a été choisi de Dieu, et qu'il vient du ciel. En effet, les parents de la sainte Vierge ne lui donnèrent ce nom qu'après en avoir reçu la révélation ; mais, pour en mieux connaître toutes les significations, examinons l'interprétation que nous en donnent les saints Docteurs, puisque saint Chrysostome, écrivant sur l'Epître aux Romains, assure que les seuls noms, et spécialement ceux qui sont dans les saintes Ecritures, nous cachent de grands trésors, et qu'ils nous découvrent quelquefois la nature et les propriétés des choses.

Le nom de Marie, en langue hébraïque, veut dire *Dame* ou *Maîtresse*, c'est ainsi que l'explique saint Pierre Chrysologue, dans son sermon CXLII[e] sur l'Annonciation : *Maria hebræo sermone, latine Domina nuncupatur*. Saint Jean Damascène, parlant de la naissance de la même sainte Vierge, dit : « La grâce, c'est-à-dire *Anne*, qui veut dire *grâce*, donne au monde une *maîtresse*, c'est-à-dire *Marie*, qui veut dire maîtresse ; car », ajoute ce Père, « elle devient avec grand droit la Souveraine de l'univers, quand elle devient la mère du Créateur du monde ». En effet, elle entre sans doute dans les droits de son Fils, qui assure que tout pouvoir lui a été donné dans le ciel et sur la terre : *Data est mihi omnis potestas in cœlo et in terra*. Le domaine de cette divine Maîtresse est si étendu, que Jésus-Christ, qui est le Seigneur de toutes choses, a voulu se soumettre en quelque façon à son autorité, suivant cette parole de saint Luc : *Erat subditus illis* : « Jésus était soumis à Joseph et à Marie ». Que Calvin ne dise donc plus que l'on a tort de donner le nom de Reine et de Maîtresse à cette sainte Vierge, sous prétexte qu'elle-même ne s'appelle que *la Servante du Seigneur* ; comme si Abigaïl, qui prenait aussi par vertu l'humble qualité de servante des Serviteurs de David, eût moins mérité pour cela la dignité d'épouse de ce grand roi ; et si Esther, qui se disait la vassale du royaume des Perses et des Mèdes, eût été pour cela moins digne d'être reconnue pour la souveraine de ces peuples : c'est donc avec raison que la divine Marie est appelée Reine et Maîtresse, suivant l'interprétation de ce nom.

Saint Bernard, saint Bonaventure, saint Isidore, le vénérable Bède et plusieurs autres saints Docteurs, disent que le nom de Marie signifie être éclairé et éclairer les autres : *Maria idem est quod illuminata et illuminatrix*. En effet, peut-on douter que la sainte Vierge ne soit remplie de lumière, puisque l'ange Gabriel assure qu'elle est pleine de grâce : *Ave Maria, gratia plena*? « Marie », dit Albert le Grand, « a reçu l'abondance de ses lumières dans la lecture continuelle des saintes Ecritures, dans le bon usage qu'elle faisait de son jugement, dans l'exercice de la plus haute contemplation, dans les colloques familiers qu'elle avait avec les esprits célestes, dans les révélations ordinaires qu'elle recevait de la part de Dieu, dans l'expérience et le goût des plus suaves opérations divines et surnaturelles, qui lui ont appris combien il est avantageux d'entretenir un doux commerce avec son Dieu, dans la conversation qu'elle eut avec l'ange Gabriel, qui lui annonça le plus haut des mystères, et surtout dans le moment que le Saint-Esprit vint opérer en elle, pour y former le corps du Sauveur ». Enfin, toutes ces faveurs et toutes ces lumières lui ont été accordées par les libéralités des trois Personnes adorables de la très-sainte Trinité, qui semblent avoir voulu réunir dans la sainte Vierge toutes les grâces que l'on n'accorde aux autres Saints que par mesure ; si le nom de Marie signifie qu'elle est remplie de lumières, il faut encore ajouter qu'elle répand ces lumières sur les autres : *Maria idem est quod illuminatrix*. En effet, on peut dire que si Dieu, au commencement du monde, a créé deux luminaires : l'un, qui est le plus grand, et que nous appelons le soleil, pour présider au jour, et l'autre, qui est moindre, et que nous appelons la lune, pour présider à la nuit ; de même aussi pouvons-nous reconnaître dans l'Eglise deux autres flambeaux mystérieux, savoir : Jésus-Christ, le soleil de justice, qui éclaire par une lumière qui lui est propre tous les hommes qui viennent sur la terre, comme saint Jean nous l'enseigne ; et l'autre est la divine Marie, dont la beauté est comparée à celle de la lune : *Pulchra ut luna*, parce qu'elle emprunte, à la vérité, ses lumières de Jésus-Christ, comme la lune reçoit les siennes du soleil ; mais elle les communique et les répand ensuite avec bonté sur tout le corps mystique de l'Eglise : en effet, ce bel astre est toujours en son plein, et il communique de sa plénitude à tout le monde : *Plena sibi*, dit saint Bernard, *et superplena nobis*. C'est ce qui a fait dire à saint Bonaventure que la vie glorieuse de Marie a apporté la lumière dans tous les siècles, et que c'est un flambeau éclatant que Dieu a mis sur le chandelier, afin que tout le monde en fût éclairé ; aussi chantons-nous dans son office que sa vie, qui est très-admirable, communique un grand éclat à toutes les Eglises : *Cujus vita inclyta cunctas illustrat ecclesias ;* c'est dans cette pensée qu'on lui dit souvent qu'elle a su dissiper elle seule les ténèbres de toutes les hérésies : *Cunctas hæreses sola interemisti in universo mundo*. Saint Bernard en donne une bonne raison, quand il dit qu'elle est un rayon de la divinité : *Radius divinitatis*. Ce n'est donc pas sans raison que le nom de Marie signifie celle qui porte la lumière partout.

C'est encore dans ce même sens que l'Eglise, dans une de ses hymnes, appelle la sainte Vierge, Etoile de la mer : *Maris stella*. Saint Bernard dit que le nom de Marie porte cela dans sa signification : « Elle est vraiment cette Etoile de Jacob, qui avait été prédite, et qui devait servir de guide à tous les hommes ». Aussi lui donne-t-on, dans les Litanies, la qualité d'Etoile du matin : *Stella matutina*, parce qu'elle paraît sans délai, qu'elle prévient et qu'elle apporte une grande joie à tous ceux qui sont exposés dans les dangers et sur les flots de la mer orageuse de ce monde, qui est remplie de ténèbres ; le même saint Bernard dit encore ces paroles pleines de piété et d'onction, dont l'Eglise se sert dans l'office de la fête du saint Nom dont nous parlons : « Si les vents des tentations viennent à s'élever contre vous ; si vous vous trouvez au milieu des écueils et des rochers des tribulations, regardez cette Etoile, implorez le secours de Marie : *Respice stellam, voca Mariam ;* si vous êtes agités des flots de l'orgueil, de l'ambition, de l'envie, de la détraction, tournez-vous vers cette Etoile, invoquez le nom de Marie ; si la colère, l'avarice et l'incontinence ébranlent le vaisseau de votre âme, jetez les yeux sur cette Etoile et recourez à Marie ; si l'énormité de vos péchés et le très-dangereux état de votre conscience vous troublent et vous jettent dans la confusion, et que, pensant aux redoutables jugements de Dieu, vous commenciez à être surmonté par les impressions d'une tristesse qui vous porte au désespoir, pensez aussitôt à Marie : *Cogita Mariam ;* souvenez-vous de Marie, continue ce Père, dans tous les périls où vous vous rencontrez, dans toutes les angoisses qui vous pressent et dans tous les doutes où vous vous trouvez : *In periculis, in angustiis, in rebus dubiis, Mariam cogita, Mariam invoca ;* que ce nom soit toujours en votre bouche, qu'il ne sorte jamais de votre cœur : *Non recedat ab ore, non recedat a corde*, et aussitôt vous éprouverez », conclut ce Père, « avec combien de justice il est dit que le nom de la Vierge est celui de Marie : *Et sic in temetipso experieris quam merito dictum sit : et Nomen Virginis, Maria* ». Saint Bonaventure dit quelque chose de semblable, parlant des fréquents dangers où l'on se trouve dans la mer orageuse de ce monde : « On doit », dit ce Père, « jeter les yeux sur Marie comme sur un astre favorable dont la lumière nous réglera infailliblement dans le vaisseau de l'innocence, ou la pénitence, sur la mer de ce monde, et nous fera arriver au port de la patrie céleste où nous tendons ».

Voici quelques autres significations que nous donnent encore les saints Pères de l'Eglise, mais que nous ne rapporterons que succinctement, pour ne nous pas trop étendre sur ce sujet. Saint Jérôme dit que ce mot de *Maria* porte dans son interprétation : *Mare amarum*, « Mer pleine d'amertume » ; et saint Bonaventure explique cette pensée, quand il dit que « Marie est remplie d'amertume par la compassion qu'elle prend aux douleurs très-aiguës que son cher Fils souffre dans sa passion ». Saint Ambroise dit que ce nom vénérable de Marie renferme cette signification : *Dominus ex genere meo :* « C'est de ma famille que le Seigneur doit prendre naissance » ; on voit assez combien cette interprétation est conforme à la vérité, puisque Marie est la mère de Jésus-Christ, qui est le Seigneur des seigneurs. Un célèbre interprète, Placidus Nigidius, ajoute que ce mot *Maria* veut aussi dire : *Mare amoris :* « Océan d'amour », ce qu'il appuie sur ces paroles de l'Eglise, qui, s'adressant à la sainte Vierge, dans un de ses cantiques, lui dit : *Eia, Mater fons amoris :* « Ayez pitié de nous, très-digne Mère du Sauveur, vous qui êtes une source de l'amour sacré » ; d'où vient qu'elle est aussi appelée « la Mère de la belle dilection » : *Mater pulchræ dilectionis.*

Continuons d'examiner avec les saints docteurs la douceur, l'influence de ce nom sacré : « On ne peut pas même », dit saint Bonaventure, s'adressant à la sainte Vierge, « exprimer les syllabes dont votre nom est composé, sans en recevoir quelque récompense, suivant le témoignage de votre favori saint Bernard, qui vous dit à ce propos : « O très-grande, ô très-pieuse, ô très-louable Vierge Marie, on ne prononce jamais votre nom que vous n'embrasiez les cœurs d'un saint amour, et on ne peut penser à vous, que vous n'inspiriez en même temps les sentiments de joie dans l'âme de ceux qui vous chérissent ! » — « Ce nom est si puissant, si utile et d'une si grande valeur », dit le savant Idiota, « qu'en le prononçant le ciel y trouve de la satisfaction, la terre en ressent de la joie, les anges en reçoivent du plaisir. En voulons-nous savoir les raisons ? ajoute cet auteur ; Marie nous les explique elle-même, quand elle dit, par les paroles du Sage, qu'on lui applique : La douceur du miel n'a rien de comparable à la douceur de mon esprit, et les biens que je possède et que je communique, surpassent tout ce qu'il y a de plus suave et de plus agréable ». L'Eglise, dans les Antiennes et les Hymnes qu'elle lui attribue, lui adresse ces paroles : *O clemens, o pia, o dulcis Virgo Maria !* On lui dit qu'elle est la plus affable de toutes les autres vierges : *Virgo singularis, inter omnes mitis ;* qu'elle est la Mère de la miséricorde, la vie, la douceur et l'espérance de tous les fidèles : *Mater misericordiæ, vita, dulcedo et spes nostra.* « En effet », continue saint Bernard, écrivant sur le *Salve Regina*, « Marie est aimable à tout le monde, elle cause des délices dans tous les cœurs ; c'est le trône de la douceur, c'est un fleuve de bonté, et personne ne se retire d'auprès d'elle qu'il ne soit favorisé de ses bienfaits ».

Il faut donc avouer que la mémoire ou le ressouvenir du nom de Marie, bien plutôt que de celui du roi Josias, est parmi les fidèles comme l'agréable composition d'une douce odeur exhalée par de précieux parfums que l'industrie de l'ouvrier a su mêler ensemble : *Memoria Josiæ* (disons-ici, *Mariæ*), *in compositione odoris facta, opus pigmentarii ; in omni ore quasi mel indulcabitur ejus memoria.* Ce n'est pas sans raison que cette digne Vierge est appelée Rose mystique dans les *Litanies :* Rose que Pierre Damien appelle *Rosam redolentissimam*, et saint Jean Climaque *Odoriferam*, « la plus suave des Roses ». Ses compagnes, dit le *Cantique*, couraient après l'Epouse, attirées par l'odeur de ses précieux parfums ; ces fleurs, ce sont les vertus qui ornent la divine Marie : *Fulcite me floribus ;* aussi l'Eglise assure-t-elle qu'elle a toujours été environnée des roses et des lis : *Circumdabant eam flores rosarum, et lilia convallium.*

Mais si nous reconnaissons tant de douceurs dans le nom de Marie, ce nom ne laisse pourtant pas d'être très-redoutable aux ennemis de la gloire : « Non-seulement tout l'enfer tremble sous le domaine de cette auguste Princesse », dit saint Bernard, « mais son seul nom met en fuite tous les démons » ; et écrivant sur le Cantique des cantiques, il dit que « la seule invocation du nom de Marie dissipe en un moment tous les maléfices des malins esprits : *Ubi nomen Mariæ invocatur, dæmonum nocumentum effugatur, quia Maria terribilis ut castrorum acies ordinata* ». — « Les ennemis visibles », dit saint Bonaventure, « ne craignent pas tant les armées rangées en bataille que les anges révoltés ne souffrent à la seule expression du nom de Marie : ils sont contraints de se retirer, de se voir privés de toutes leurs forces, et de perdre toute consistance comme une cire exposée devant le feu, sitôt ou qu'on se ressouvient de son nom, ou qu'on l'invoque, ou qu'on tâche d'imiter quelque vertu de celle qui le porte ». C'est à ce propos que l'Eglise lui dit qu'elle est terrible comme une armée rangée en bataille : *Terribilis ut castrorum acies ordinata.* En effet, le pouvoir du nom de Marie sur les puissances infernales paraît spécialement dans les exorcismes de l'Eglise, où l'on use très-fréquemment de la force de ce nom, et une infinité d'exemples ont fait connaître, par expérience, combien il est formidable à ces esprits de ténèbres, quand il est prononcé avec piété ; mais si ce nom vénérable cause tant de frayeur aux anges rebelles, il fait naître une joie indicible dans l'esprit des anges fidèles qui le regardent, aussi bien que l'Eglise militante, comme le nom de leur véritable reine et de leur maîtresse : *Regina cœlorum, Domina angelorum.* Aussi l'Eglise, dans l'office de sa glorieuse assomption, publie-t-elle hautement qu'elle a mérité d'être élevée sur un trône qui est au-dessus de tous les chœurs des anges : *Exaltata est sancta Dei Genitrix super choros angelorum.* Quelques Pères de l'Eglise disent que c'est par un motif de respect singulier, que l'archange Gabriel, annonçant à la sainte Vierge le mystère de l'Incarnation, n'osa prononcer son nom, se contentant de dire : *Ave, gratia plena :* « Je vous salue, ô pleine de grâce ! »

Si les anges rebelles et les esprits célestes ont du respect pour le nom de Marie, l'Eglise militante sur la terre est aussi obligée de reconnaître tous les jours l'excellence et le pouvoir de cet auguste nom : car sans parler en détail de tous les secours qu'une infinité de particuliers ont reçus en prononçant ce nom vénérable dans leur besoin, nous n'avons qu'à rappeler au souvenir des fidèles tant de victoires, tant de conquêtes et tant d'autres semblables avantages, remportés par les chrétiens sur les infidèles en invoquant le nom sacré et la puissante protection de Marie.

L'invocation de ce nom vénérable nous procure des secours si prompts et si singuliers, que nous ne devons pas craindre d'avancer, après saint Anselme, que nous sommes quelquefois plutôt secourus en nous souvenant du nom de Marie, qu'en invoquant celui de Jésus, son Fils unique : *Velocior est nonnunquam salus, memorato nomine Mariæ, quam invocato nomine Jesu unici Filii sui;* et il donne aussitôt l'explication de sa pensée : « Ce n'est pas », dit ce Père, « que Marie soit plus puissante et au-dessus de son Fils, puisque ce n'est pas d'elle qu'il tient sa grandeur et son autorité, c'est elle, au contraire, qui emprunte la sienne de lui ; mais cela arrive ainsi, parce que le Fils de Marie étant le maître et étant revêtu de la qualité de juge, il doit peser les mérites ou les démérites de celui qui l'invoque : quand donc on l'invoque en son nom, il n'accorde pas toujours aussitôt ce qu'on lui demande, et c'est avec justice qu'il en agit ainsi ; mais en invoquant le nom de la Mère, si l'indignité et les démérites de celui qui prie empêchent qu'il soit exaucé, les mérites, néanmoins, de cette digne Mère font qu'il est écouté favorablement, parce que, dit ce Père, Dieu a voulu ainsi honorer Marie, afin que tout le monde sût que l'on peut obtenir de lui toutes choses par son moyen ».

C'est encore dans cette pensée que saint Bernard, dans un de ses sermons, s'adressant à la sainte Vierge, lui parle ainsi : « O bienheureuse Marie, celui qui vous aime rend honneur à son Dieu, et celui qui demeure constamment dans votre service n'est jamais abandonné de Dieu ; celui qui invoque de bon cœur votre nom, obtient tout ce qu'il croit sans doute pouvoir obtenir : *Qui nomen tuum puro corde invocat, quidquid postulat, indubitanter consequitur* ».

« Craignez-vous », dit encore ce saint Docteur, « de vous approcher de Dieu le Père dont la seule voix vous étonne ? Souvenez-vous que vous avez un médiateur qui est Jésus ! la majesté de Jésus jette-t-elle encore la terreur dans votre cœur, recourez à Marie, elle deviendra votre avocate auprès de lui ». Hugues de Saint-Victor donne une belle raison de cette parfaite confiance qu'il faut avoir en la protection de la sainte Vierge, lorsqu'il dit que « nous pouvons avoir auprès d'elle un très-facile accès sans rien craindre, parce que nous voyons en sa personne une nature très-semblable à la nôtre : *Respice ad Mariam, non illic invenies quod timeas, genus tuum vides* ».

Nous avons conservé, pour l'historique de cette fête, le récit du P. Giry.

SAINT SERGE Iᵉʳ, PAPE ET CONFESSEUR (701).

Serge, d'une famille syrienne de la province d'Antioche, naquit à Palerme, en Sicile; son père se nommait Tibère. Venu à Rome au temps du pontife Adéodat (672-676), il fut d'abord admis parmi les clercs. Son aptitude pour le chant sacré le fit choisir comme professeur de la première classe de musique. Promu au rang des acolytes, il parcourut successivement les divers degrés de la hiérarchie et fut ordonné prêtre par le pape Léon, qui lui conféra le titre paroissial de Sainte-Suzanne. Durant les sept années de son ministère sacerdotal, Serge, dans sa piété pour le culte des martyrs, n'omit jamais de célébrer la messe aux catacombes, le jour anniversaire des principaux Saints qui y reposent.

A la mort du souverain pontife Conon, le peuple de Rome se divisa en deux factions : l'une choisit l'archiprêtre Théodore, l'autre l'archidiacre Pascal. La lutte se prolongea avec une cruelle obstination; enfin les suffrages se portèrent sur le vénérable prêtre Serge. On le tira du milieu de la foule pour le conduire à l'oratoire du bienheureux martyr Césaire, où il fut proclamé pontife. L'archiprêtre Théodore fit humblement sa soumission; l'archidiacre Pascal résista : il fut déposé et enfermé dans un monastère où il mourut, cinq ans plus tard (692), dans l'impénitence finale.

Au temps de Serge, l'empereur Justinien rassembla à Constantinople un concile où assistèrent les apocrisiaires du siège apostolique; en trompant leur bonne foi, on obtint leur signature. On voulut avoir ensuite celle de Serge; mais il la refusa énergiquement, parce qu'un certain nombre de canons, contraires à toutes les règles ecclésiastiques, avaient été frauduleusement ajoutés. On a appelé ce concile *in Trullo*, parce qu'il avait été tenu sous le dôme du palais de l'empereur; on l'a aussi nommé *Quinisexte*, en ce qu'il devait être comme le supplément des cinquième et sixième conciles généraux.

Sur le trône pontifical, Serge ne demeura pas inactif. Une portion notable du bois de la vraie croix, enfermé dans une châsse d'argent et reléguée jusque-là dans la sacristie de Saint-Pierre, fut par lui déposée dans la basilique Constantinienne, où, chaque année, le jour de l'Exaltation de la Sainte-Croix, elle est offerte à l'adoration et aux baisers du peuple fidèle. Serge fit don à la basilique vaticane de la grande statue d'or du bienheureux apôtre Pierre; la chaire d'argent, du poids de cent vingt livres, qu'on admire à l'abside de l'église, est encore un don de ce pontife, ainsi que les six lampadaires de même métal qui décorent l'entrée de la confession. Le corps du bienheureux pontife Léon Iᵉʳ, resté jusque-là dans sa sépulture primitive, à l'entrée du *Secretarium*, fut transféré par lui à l'intérieur de la basilique, dans un beau mausolée. Il ordonna, par une constitution pontificale, que l'*Agnus Dei* serait chanté alternativement par le clergé et le peuple avant la communion; institua pour les fêtes de l'Annonciation, de la Nativité, de l'Assomption et de la Purification, une litanie qui devait sortir de l'église Saint-Adrien pour se rendre à Sainte-Marie-Majeure.

Après d'autres travaux encore, tous entrepris pour la plus grande gloire de Dieu, Serge s'endormit dans le Seigneur, après un pontificat de treize ans, huit mois et vingt-trois jours, et fut enseveli au Vatican.

Extrait du *Liber Pontificalis*. — Cf. Darras, *Histoire générale de l'Eglise*, t. XVI, p. 414.

SUPPLÉMENT

IIIᵉ JOUR DE SEPTEMBRE

SAINT GODEGRAND OU CHRODEGAND,
ÉVÊQUE DE SÉEZ ET MARTYR (775).

Saint Godegrand [1] naquit dans la ville d'Exmes, au commencement du VIIIᵉ siècle, d'une des plus illustres familles de la Neustrie. Elevé dans la maison paternelle avec sainte Opportune, sa sœur, il apprit, dès sa plus tendre enfance, à aimer ce Dieu infiniment bon qui l'avait régénéré dans le baptême et adopté pour son enfant. Aussi le Seigneur se plut-il à verser sur lui ses plus douces bénédictions. Comme ce saint enfant ne soupirait qu'après la gloire de Jésus-Christ, il eut de bonne heure la pensée de consacrer sa vie à le faire aimer. Ayant obtenu de ses parents la permission d'embrasser l'état ecclésiastique, il dit adieu au monde, foula aux pieds les grandeurs de la terre et se rendit à Séez. Saint Lothaire confia son éducation à saint Frogent, son archidiacre, qui prit soin de l'instruire dans les sciences ecclésiastiques et de développer en lui les vertus dont le Seigneur avait embelli son âme. Hérard de Tours nous apprend qu' « il passait sa vie dans la prière, les veilles et les jeûnes, et s'exerçait continuellement à la pratique des vertus sacerdotales, afin de plaire à Jésus-Christ, le souverain prêtre. Loin de se prévaloir de sa naissance, de ses talents et de l'affection que lui témoignait son évêque, il ne cherchait à surpasser ses compagnons d'étude que par sa douceur et son humilité ». Dieu voulut couronner de si heureuses dispositions : saint Godegrand fut ordonné prêtre par saint Lothaire. Ce saint évêque ayant abdiqué en 752, saint Frogent fut élevé sur le siège épiscopal de Séez. Après la mort de ce dernier, arrivée vers l'an 765, saint Godegrand, que tout le clergé et le peuple vénéraient comme le modèle des prêtres, fut désigné d'une voix unanime pour succéder à son oncle.

Loin de s'enorgueillir de sa nouvelle dignité, il n'en devint que plus humble aux yeux du Seigneur, et plus attentif à invoquer les lumières de l'Esprit-Saint, afin d'être un pasteur selon le cœur de Dieu. « Chaque jour », dit l'auteur de sa Vie, « il formait ses frères à l'amour du Seigneur par de salutaires exhortations. Il parcourait les villes et les campagnes, prêchant le saint Evangile et répandant partout la bonne odeur de Jésus-Christ. Comme le saint homme Job, il était l'œil de l'aveugle, le pied du boiteux, le père des pauvres, le protecteur de la veuve, l'appui de l'orphelin, le soutien de tous les malheureux ; en un mot, il s'appliquait à donner à tous ses frères les secours spirituels ou temporels dont ils avaient besoin ». Le saint Evêque montrait une bonté spéciale pour les âmes consacrées à Dieu par les vœux de la religion. Les religieuses du grand monastère d'Almenêches, gouverné par sainte Lanthilde, sa tante, et celles du petit monastère, gouverné par sainte Opportune, éprouvèrent particulièrement les effets de sa charité. Saint Godegrand se faisait un devoir d'aller les visiter souvent et de les nourrir de la parole de Dieu.

Il y avait déjà plusieurs années que le Saint travaillait avec ce zèle ardent à faire aimer Jésus-Christ, lorsque Dieu lui inspira la pensée d'aller à Rome pour y vénérer les reliques des saints Apôtres. Avant son départ, il voulut donner à son église un protecteur puissant ; il nomma à cet effet le gouverneur de la ville d'Exmes, nommé Grodebert. Mais à peine le saint Evêque eut-il quitté sa ville épiscopale, que cet homme perfide se montra plutôt l'ennemi de cette église que son défenseur. Il ravit audacieusement les biens du clergé, mit à contribution les fidèles eux-mêmes, dispersa le troupeau qui lui avait été confié et mit le comble à ses crimes en se faisant ordonner évêque de Séez, contrairement à toutes les règles de l'Eglise. De retour en son diocèse, après sept années d'absence, le saint Evêque, afin de réparer les scandales causés par l'usurpa-

---

1. En latin : *Godegrandus, Chrodegrangus*.

teur, parcourut son diocèse, appelant les pécheurs à la pénitence et s'efforçant de ramener au bercail ceux qui s'en étaient éloignés. Cependant Grodebert, considérant que, s'il parvenait à se défaire du pasteur, il pourrait ensuite déchirer à son aise tout le troupeau, gagna à prix d'or un misérable qui s'engagea par serment à massacrer le saint Evêque. L'occasion d'accomplir cette horrible promesse ne se fit pas longtemps attendre. Le 3 septembre 775, saint Godegrand tomba sous le fer du meurtrier.

Sainte Opportune transporta dans son abbaye le corps du saint martyr et le fit déposer avec de grands honneurs dans une des cryptes de son église abbatiale. A peine fut-il inhumé qu'il s'établit un pèlerinage à son tombeau; les fidèles venaient de tous côtés se recommander à la protection du Saint, et Dieu récompensait par de nombreux miracles la foi de ses pieux serviteurs. Cette dévotion s'étant refroidie peu à peu, saint Hildebrand, évêque de Séez, envoya les dignitaires de son église avec tout le clergé de sa cathédrale pour retirer le corps du saint Pontife du tombeau où il était déposé. Quand on en fit l'ouverture, le corps du Saint fut trouvé sans la plus légère marque de corruption. Les reliques, ayant été mises dans une châsse, furent transportées à Séez et déposées dans la cathédrale, sous l'autel que saint Hildebrand avait fait préparer (870).

Peu de temps après, par crainte des Barbares, ce précieux trésor fut transporté au monastère de Saint-Céneri, près d'Alençon; puis à Panicières, lieu maintenant inconnu, mais peu éloigné du monastère de Corbion[1]. Peu d'années après cette translation, saint Adelin fit transporter le corps du saint martyr à Moussy-le-Neuf (Seine-et-Marne), où il resta peu de temps, au moins dans son entier. En effet, par crainte des Normands, il fut transféré en grande partie en Auvergne. Les saintes reliques furent déposées dans l'église paroissiale de Beaumont-lez-Randans (Puy-de-Dôme), dont saint Godegrand devint le second patron. Tous les ans, à partir de ce moment, sa fête y fut célébrée, le 3 septembre, avec beaucoup de dévotion, par les habitants de cette paroisse.

Saint Adelin, qui avait envoyé ces reliques à Beaumont-lez-Randans, en avait gardé une partie pour son diocèse. Ce précieux trésor, qui fut déposé dans l'église d'Almenêches, y resta jusqu'au commencement du XIe siècle. Ce saint Evêque a dû cependant laisser quelques reliques du saint martyr à Moussy-le-Neuf; car on y vénère, depuis un temps immémorial, une relique de saint Godegrand.

L'église de l'Isle-Adam possède aujourd'hui, dans une belle châsse, le chef du Saint. Cette relique y est perpétuellement exposée à la vénération des fidèles sur un autel érigé, en 1710, en l'honneur du saint martyr. L'église cathédrale de Séez possède plusieurs reliques de saint Godegrand. La ville d'Exmes, qui a donné naissance à cet illustre martyr, se glorifie aussi d'avoir une de ses reliques.

L'église d'Almenêches conserve avec un respect profond une relique du Saint, qui lui a été donnée par Monseigneur Rousselet, le 5 avril 1847. On voit encore dans cette église le caveau funèbre dans lequel fut déposé le corps de saint Godegrand par sainte Opportune. Sur une des fenêtres du chœur est un beau vitrail composé de sept médaillons. Le premier représente le Père éternel bénissant saint Godegrand; sur le second on voit Jésus-Christ lui montrant sa croix. Le troisième représente le Saint à l'école de saint Lothaire; sur le quatrième, il confie son diocèse à Grodebert. Son martyre est peint sur le cinquième. On voit sur le sixième sainte Opportune qui relève le corps inanimé de son frère. Le septième représente la translation des reliques du Saint, en 1847.

A quelque distance de l'église, on aperçoit les murs de clôture et quelques vieux bâtiments de l'ancienne abbaye où saint Godegrand vint se reposer à son retour de son pèlerinage. Plus loin, au midi, près de l'église du château d'Almenêches, on voit l'emplacement de l'abbaye de Sainte-Lanthilde, où saint Godegrand se rendait, quand il fut assassiné par ordre de Grodebert.

Depuis quelques années, la vénération que l'on avait pour le saint Evêque s'est accrue dans le diocèse de Séez. On attribue cet heureux événement à l'approbation que le Saint-Siége a donnée, en 1857, au culte du saint martyr, et à la distribution de plusieurs parcelles de ses reliques qui a été faite à différentes églises ou communautés du diocèse. On en possède au grand séminaire de Séez, à la Maison-Mère de la Miséricorde, à Alençon, à Mortagne, à Argentan, à Flers, à Sainte-Opportune et à Durcet.

Extrait des *Vies des Saints du diocèse de Séez*, par M. l'abbé Blin, curé de Durcet.

1. Ce monastère, fondé par saint Lomer en 562, était situé dans la paroisse de Moutiers-au-Perche (Orne).

FIN DU TOME DIXIÈME.

TABLE DES MATIÈRES

AOUT

XVIII° JOUR.

	Pages.
Martyrologes Romain, Français, des Ordres religieux. Divers	1
S. Agapet ou Agapit de Rome, martyr à Palestrina, dans les Etats de l'Eglise.	3
S° Hélène, veuve, impératrice d'Occident.	4
S° Claire de Montefalcone, vierge, de l'Ordre des Ermites de Saint-Augustin.	7
Notre-Dame de Liesse, au diocèse de Soissons	16

XIX° JOUR.

Martyrologes Romain, Français, des Ordres religieux. Divers	17
S. Calminius ou Calmine, duc d'Aquitaine et ermite, fondateur de l'abbaye de Saint-Chaffre, au diocèse du Puy	20
S. Donat d'Orléans, prêtre et solitaire aux environs de Sisteron	24
S. Bertulfe ou Bertoul, moine de Luxeuil et troisième abbé de Bobbio, en Italie.	27
C. Louis, évêque de Toulouse, de l'Ordre des Frères Mineurs	30
S. Elaphe, dix-septième évêque de Châlons-sur-Marne et confesseur	35
Le B. Guerric de Tournai, abbé d'Igny, au diocèse de Châlons	35

XX° JOUR.

Martyrologes Romain, Français, des Ordres religieux. Divers	36
S. Samuel, prophète, quatorzième et dernier juge d'Israël	38
S. Maxe ou Maxime, solitaire à Chinon, abbé de l'Ile Barbe, près de Lyon	44
S. Philibert ou Filibert, confesseur, premier abbé de Jumièges et de Noirmoutiers	48
S. Bernard, premier abbé de Clairvaux et docteur de l'Eglise	50
S. Hadouin, évêque du Mans	93

XXI° JOUR.

	Pages.
Martyrologes Romain, Français, des Ordres religieux. Divers	94
S. Privat, évêque de Mende et martyr	97
S° Hombeline ou Embeline, première abbesse de Jully-sur-Sarce	101
S. Léonce I°r, dit l'Ancien, archevêque de Bordeaux	103
S. Avit I°r, dix-huitième évêque de Clermont et confesseur	103
S. Bernard Ptolomée, instituteur des Olivétains	104

XXII° JOUR.

Martyrologes Romain, Français, des Ordres religieux. Divers	105
S. Symphorien, martyr à Autun	107
S. Hippolyte, évêque, docteur de l'Eglise et martyr	131
S. Lambert, fondateur de l'abbaye de Chézery, au diocèse de Belley	132

XXIII° JOUR.

Martyrologes Romain, Français, des Ordres religieux. Divers	133
S. Sidoine Apollinaire, évêque de Clermont, en Auvergne	136
S. Philippe Béniti de Florence, propagateur de l'Ordre des Servites	158
S. Jacques de Bévagna, religieux de l'Ordre de Saint-Dominique	162
S. Timothée et S. Apollinaire, martyrs près de Reims	164

XXIV° JOUR.

Martyrologes Romain, Français, des Ordres religieux. Divers	165
S. Barthélemy, apôtre, martyr dans la Grande-Arménie	168
S. Eptade d'Autun, solitaire à Cervon, au	

diocèse de Nevers	173
S. Ouen, archevêque de Rouen et chancelier de France	179
Le B. Saudrade, abbé de Gladebach, au diocèse de Cologne	186
S. Rigomer et Sᵉ Ténestine, solitaires au diocèse du Mans	188
Le B. Théodoric ou Thierry, abbé de Saint-Hubert, dans le Luxembourg belge	188

XXV° JOUR.

Martyrologes Romain, Français, des Ordres religieux. Divers	189
S. Louis, roi de France, membre et patron principal du Tiers Ordre de Saint-François	192
S. Arède ou Yriez, abbé, fondateur du monastère d'Atane, au diocèse de Limoges	217
Sᵉ Hunégonde, vierge, abbesse d'Homblières, au diocèse de Soissons	218
S. Marcien de Saignon, fondateur et abbé de Saint-Eusèbe, au diocèse d'Avignon	218
Le B. Thomas à Kempis, religieux augustin au monastère du Mont-Sainte-Agnès, près de Zwoll, en Hollande ..	219

XXVI° JOUR.

Martyrologes Romain, Français, des Ordres religieux. Divers	220
S. Zéphirin, pape et martyr	222
S. Victor Iᵉʳ, évêque du Mans et confesseur	224
S. Eulade, évêque de Nevers	226
Le B. Jean Bassand de Besançon, de l'Ordre des Célestins	228
S. Amateur ou Roc-Amadour, solitaire dans le Quercy, au diocèse de Cahors.	235

XXVII° JOUR.

Martyrologes Romain, Français, des Ordres religieux. Divers	236
S. Pémen ou Pasteur, abbé de Scété et de Ténéruth, en Egypte	238
S. Césaire, archevêque d'Arles	240
S. Syagre, évêque d'Autun	248
La Bᵉ Marguerite de Bavière, duchesse de Lorraine	254
S. Joseph Casalanz de Pétralta, fondateur de la Congrégation des Clercs réguliers des Ecoles Pies	264
S. Ebbon ou Ebbes, vingt-neuvième évêque de Sens et confesseur	266

S. Vidian, martyr à Martres, au diocèse de Toulouse	266

XXVIII° JOUR.

Martyrologes Romain, Français, des Ordres religieux. Divers	267
S. Ezéchias, treizième roi de Juda	269
S. Hermès, martyr à Rome	277
S. Augustin, évêque d'Hippone, en Afrique, et docteur de l'Eglise	279
S. Vivien, évêque de Saintes, confesseur ..	315
S. Julien de Brioude, soldat et martyr...	320
S. Moïse l'Ethiopien, solitaire au désert de Scété, en Egypte	320

XXIX° JOUR.

Martyrologes Romain, Français, des Ordres religieux. Divers	321
S. Merry ou Médéric, prêtre et abbé de Saint-Martin d'Autun	323
Sᵉ Sabine, martyre à Rome	329
S. Adelphe, dixième évêque de Metz et confesseur	330

XXX° JOUR.

Martyrologes Romain, Français, des Ordres religieux. Divers	331
S. Fiacre ou Fèvre, confesseur, solitaire au diocèse de Meaux	333
Sᵉ Rose de Sainte-Marie ou de Lima, religieuse du Tiers Ordre de Saint-Dominique	337
S. Félix et S. Adaucte, martyrs à Rome.	345
S. Gaudens, martyr au diocèse de Toulouse	346

XXXI° JOUR.

Martyrologes Romain, Français, des Ordres religieux. Divers	347
S. Agile ou Aile, premier abbé de Rebais, au diocèse de Meaux	350
S. Gauzlin, trente-quatrième évêque de Toul et confesseur	353
S. Raymond Nonnat, cardinal, de l'Ordre de Notre-Dame de la Merci de la Rédemption des Captifs	357
Sᵉ Isabelle ou Elisabeth de France, fondatrice du monastère de Longchamps, au diocèse de Paris	364
S. Paulin, évêque de Trèves et confesseur.	371
S. Victor de Cambon, solitaire au diocèse de Nantes	372
S. Agyle ou Y de Voisinat, vicomte d'Orléans et confesseur	372

SEPTEMBRE

PREMIER JOUR.

	Pages.
Martyrologes Romain, Français, des Ordres religieux. Divers	375
S. Josué, général des Hébreux et conquérant de la Terre promise	379
S. Gédéon ou Jérobaal, juge et général des Hébreux	386
S. Sixte ou Xyste et S. Sinice, premiers évêques de Soissons et de Reims	390
S. Loup ou Leu, archevêque de Sens	397
S. Gilles, abbé du monastère de Saint-Gilles, au diocèse de Nîmes	401
S. Victorius Ier ou Victeur, évêque du Mans et confesseur	406
La B^e Jeanne Soderini de Florence, vierge, du Tiers Ordre des Servites	406

IIe JOUR.

Martyrologes Romain, Français, des Ordres religieux. Divers	407
S. Antonin de Pamiers, martyr	409
S. Just, archevêque de Lyon	411
S. Agricol, évêque d'Avignon	414
S. Etienne, premier roi et apôtre des Hongrois	422
S. Antoine de Liaroles, ermite, martyr à Agen	427
La B^e Marguerite de Louvain, vierge et martyre	428

IIIe JOUR.

Martyrologes Romain, Français, des Ordres religieux. Divers	429
S. Mansuy ou Mansuet, premier évêque de Toul et confesseur	431
S. Rémacle, évêque de Maëstricht, fondateur des abbayes de Malmédy et de Stavelot	435
S. Ayou ou Aigulphe, abbé de Saint-Honorat de Lérins, au diocèse de Fréjus	439
Les BB. Jean de Pérouse et Pierre de Sasso-Ferrato, martyrs à Valence, en Espagne	440
Le B. André Dotti, religieux de l'Ordre des Servites	440

IVe JOUR.

Martyrologes Romain, Français, des Ordres religieux. Divers	441
S. Moïse, prophète, chef et législateur du peuple Hébreu	444
S. Marcel, martyr à Châlon-sur-Saône, au diocèse d'Autun	460

	Pages
S. Marin d'Arbe, tailleur de pierres, diacre de Rimini, en Italie, et solitaire	463
S^e Rose de Viterbe, vierge, du Tiers Ordre de Saint-François	465
S. Sulpice, vingtième évêque de Bayeux et martyr	485
S^e Rosalie de Palerme, vierge et solitaire sur le mont Pellegrino, en Sicile	485

Ve JOUR.

Martyrologes Romain, Français, des Ordres religieux. Divers	486
S. Gennebaud ou Génebaud, premier évêque de Laon et confesseur	489
S. Bertin, fondateur et abbé de Sithiù, au diocèse d'Arras	492
Le B. Gentil de Matelica, Frère Mineur, martyr à Toringie, en Perse	497
S. Laurent Justinien, premier patriarche de Venise et confesseur	500
La B^e Catherine de Racconigi, du Tiers Ordre de la Pénitence de Saint-Dominique	508
S. Taurin, martyr, premier évêque de l'ancien siége d'Eauze, diocèse actuel d'Auch	524
Le V. Alvise, évêque d'Arras et confesseur	526

VIe JOUR.

Martyrologes Romain, Français, des Ordres religieux. Divers	527
S. Cagnoald ou Chagnoald, moine de Luxeuil et sixième évêque de Laon	529
S. Zacharie, le onzième des douze petits prophètes	533

VIIe JOUR.

Martyrologes Romain, Français, des Ordres religieux. Divers	534
S^e Reine, vierge et martyre à Alise, au diocèse de Dijon	536
S. Euvert, évêque d'Orléans	541
S^e Grimonie, vierge et martyre à La Capelle, diocèse de Soissons	543
S. Mesmin ou Mémiers et ses compagnons, martyrs à Brolium, aujourd'hui Saint-Mesmin, au diocèse de Troyes	546
S. Ansery ou Anseric d'Epagny, vingtième évêque de Soissons et confesseur	548
S. Cloud ou Clodoald, fils de France, prêtre et religieux	551
S^e Madelberte ou Amalberte, abbesse du

monastère de Maubeuge, au diocèse de Cambrai.................... 552
S. Etienne de Châtillon, évêque de l'ancien siége de Die, en Dauphiné..... 555
S. Eustache, abbé de Flay, aujourd'hui Saint-Germer, au diocèse de Beauvais. 560
Le B. Dierry ou Thierry Ier, évêque de Metz et confesseur............. 562
S. Jean de Lodi, évêque de Gubbio, en Italie, de l'Ordre des Camaldules...... 563

VIIIe JOUR.

Martyrologes Romain, Français, des Ordres religieux. Divers................ 564
La Nativité de la B^e Vierge Marie à Jérusalem, dans la maison probatique... 569
S. Adrien, martyr à Nicomédie......... 575
Notre-Dame de Bon-Espoir, à Dijon..... 579
Notre-Dame du Valsuzenay, au diocèse de Troyes 582
Notre-Dame des Vertus, près Périgueux.. 583
Notre-Dame de Marceille, près Limoux, au diocèse de Carcassonne............ 586
Le Saint-Suaire de Cadouin, au diocèse de Périgueux.................... 589
Notre-Dame du Château, à Allauch, au diocèse de Marseille.............. 592
Notre-Dame de Benoîte-Vaux, au diocèse de Verdun...................... 593
Notre-Dame de Lure, au diocèse de Digne. 594
Notre-Dame des Lumières, près Apt, au diocèse d'Avignon.................. 594

IXe JOUR.

Martyrologes Romain, Français, des Ordres religieux. Divers................ 595
S. Gorgon et S. Dorothée, martyrs à Nicomédie, en Bithynie.............. 597
S. Omer ou Audmar, moine de Luxeuil, évêque de l'ancien siége de Thérouanne, au diocèse d'Arras........ 600
Le B. Pierre Claver, apôtre des nègres.. 603
Fête du Saint Nom de la B^e Vierge Marie. 621
S. Serge Ier, pape et confesseur........ 628

TABLE ALPHABÉTIQUE

A

	Pages.
S. Adaucte et S. Félix, martyrs à Rome	30 août 345
S. Adelphe, dixième évêque de Metz et confesseur	29 — 330
S. Adrien, martyr à Nicomédie	8 sept. 575
S. Agapet ou Agapit de Rome, martyr à Palestrina, dans les Etats de l'Eglise	18 août 3
S. Agapit ou Agapet de Rome, martyr à Palestrina, dans les Etats de l'Eglise	18 — 3
S. Agile ou Aile, premier abbé de Rebais, au diocèse de Meaux	31 — 350
S. Agricol, évêque d'Avignon	2 sept. 414
S. Agyle ou Y de Voisinat, vicomte d'Orléans et confesseur	31 août 372
S. Aigulphe ou Ayou, abbé de Saint-Honorat de Lérins, au diocèse de Fréjus	3 sept. 439
S. Aile ou Agile, premier abbé de Rebais, au diocèse de Meaux	31 août 350
Le V. Alvise, évêque d'Arras et confesseur	5 sept. 526
Se Amalberte ou Madelberte, abbesse du monastère de Maubeuge, au diocèse de Cambrai	7 — 553
S. Amateur ou Roc-Amadour, solitaire dans le Quercy, au diocèse de Cahors	26 août 235
Le B. André Dotti, religieux de l'Ordre des Servites	3 sept. 440
S. Anseric ou Ansery d'Epagny, vingtième évêque de Soissons et confesseur	7 — 548
S. Ansery ou Anseric d'Epagny, vingtième évêque de Soissons et confesseur	7 — 548
S. Antoine de Liaroles, ermite, martyr à Agen	2 — 427
S. Antonin de Pamiers, martyr	2 — 409
S. Apollinaire et S. Timothée, martyrs près de Reims	23 août 464
S. Arède ou Yriez, abbé, fondateur du monastère d'Atane, au diocèse de Limoges	25 — 217
S. Audmar ou Omer, moine de Luxeuil, évêque de l'ancien siége de Thérouanne, au diocèse d'Arras	9 sept. 600
S. Augustin, évêque d'Hippone, en Afrique, et docteur de l'Eglise	28 août 279
S. Avit 1er, dix-huitième évêque de Clermont et confesseur	21 — 103
S. Ayou ou Aigulphe, abbé de Saint-Honorat de Lérins, au diocèse de Fréjus	3 sept. 439

B

	Pages.
S. Barthélemy, apôtre, martyr dans la Grande-Arménie	24 août 168
S. Bernard, premier abbé de Clairvaux et docteur de l'Eglise	20 — 50
S. Bernard Ptolomée, instituteur des Olivétains	21 — 104
S. Bertin, fondateur et abbé de Sithiü, au diocèse d'Arras	5 sept. 492
S. Bertoul ou Bertulfe, moine de Luxeuil et troisième abbé de Bobbio, en Italie	19 août 27
S. Bertulfe ou Bertoul, moine de Luxeuil et troisième abbé de Bobbio, en Italie	19 — 27

C

S. Cagnoald ou Chagnoald, moine de Luxeuil et sixième évêque de Laon	6 sept. 529
S. Calmine ou Calminius, duc d'Aquitaine et ermite, fondateur de l'abbaye de Saint-Chaffre, au diocèse du Puy	19 août 20
S. Calminius ou Calmine, duc d'Aquitaine et ermite, fondateur de l'abbaye de Saint-Chaffre, au diocèse du Puy	19 — 20
La Be Catherine de Racconigi, du Tiers Ordre de la Pénitence de Saint-Dominique	5 sept. 508
S. Césaire, archevêque d'Arles	27 août 240
S. Chagnoald ou Cagnoald, moine de Luxeuil et sixième évêque de Laon	6 sept. 529
Se Claire de Montefalcone, vierge, de l'Ordre des Ermites de Saint-Augustin	18 août 7

S. Clodoald ou Cloud, fils de France, prêtre et religieux... 7 sept. 551
S. Cloud ou Clodoald, fils de France, prêtre et religieux......... 7 — 551

D

Le B. Dierry ou Thierry Ier, évêque de Metz et confesseur... 7 — 562
S. Donat d'Orléans, prêtre et solitaire aux environs de Sisteron 19 août 24
S. Dorothée et S. Gorgon, martyrs à Nicomédie, en Bithynie... 9 sept. 597

E

S. Ebbes ou Ebbon, vingt-neuvième évêque de Sens et confesseur 27 août 266
S. Ebbon ou Ebbes, vingt-neuvième évêque de Sens et confesseur 27 — 266
S. Elaphe, dix-septième évêque de Châlons-sur-Marne et confesseur............... 19 — 35
S^e Elisabeth ou Isabelle de France, fondatrice du monastère de Longchamps, au diocèse de Paris............... 31 — 364
S^e Embeline ou Hombeline, première abbesse de Jully-sur-Sarce............... 21 — 101
S. Eptade d'Autun, solitaire à Cervon, au diocèse de Nevers 24 — 173
S. Etienne, premier roi et apôtre des Hongrois............... 2 sept. 422
S. Etienne de Châtillon, évêque de l'ancien siége de Die, en Dauphiné............... 7 — 555
S. Eulade, évêque de Nevers.... 26 août 226
S. Eustache, abbé de Flay, aujourd'hui Saint-Germer, au diocèse de Beauvais............... 7 sept. 560
S. Euvert, évêque d'Orléans..... 7 — 541
S. Ezéchias, treizième roi de Juda 28 août 269

F

S. Félix et S. Adaucte, martyrs à Rome............... 30 — 345
S. Fèvre ou Fiacre, confesseur, solitaire au diocèse de Meaux 30 — 333
S. Fiacre ou Fèvre, confesseur, solitaire au diocèse de Meaux 30 — 333
S. Filibert ou Philibert, confesseur, premier abbé de Jumiéges et de Noirmoutiers............ 20 — 48

G

S. Gaudens, martyr au diocèse de Toulouse............... 30 — 346
S. Gauzlin, trente-quatrième évêque de Toul et confesseur.. 31 — 353
S. Gédéon ou Jérobaal, juge et général des Hébreux........ 1er sept. 386

S. Génebaud ou Gennebaud, premier évêque de Laon et confesseur............... 5 sept. 489
S. Gennebaud ou Génebaud, premier évêque de Laon et confesseur............... 5 — 489
Le B. Gentil de Matelica, frère mineur, martyr à Toringie, en Perse............... 5 — 497
S. Gilles, abbé du monastère de Saint-Gilles, au diocèse de Nîmes............... 1er — 401
S. Gorgon et S. Dorothée, martyrs à Nicomédie, en Bithynie... 9 — 597
S^e Grimonie, vierge et martyre à La Capelle, diocèse de Soissons............... 7 — 543
Le B. Guerric de Tournay, abbé d'Igny, au diocèse de Châlons 19 août 35

H

S. Hadouin, évêque du Mans.... 20 — 93
S^e Hélène, veuve, impératrice d'Occident............... 18 — 4
S. Hermès, martyr à Rome...... 28 — 277
S. Hippolyte, évêque, docteur de l'Eglise et martyr........... 22 — 131
S^e Hombeline ou Embeline, première abbesse de Jully-sur-Sarce............... 21 — 101
S^e Hunégonde, vierge, abbesse d'Homblières, au diocèse de Soissons............... 25 — 218

I

S^e Isabelle ou Elisabeth de France, fondatrice du monastère de Longchamps, au diocèse de Paris............... 31 — 364

J

S. Jacques de Bévagna, religieux de l'Ordre de Saint-Dominique 23 — 162
Le B. Jean Bassand de Besançon, de l'Ordre des Célestins..... 26 — 228
S. Jean de Lodi, évêque de Gubbio, en Italie, de l'Ordre des Camaldules............ 7 sept. 563
Les B. Jean de Pérouse et Pierre de Sasso-Ferrato, martyrs à Valence, en Espagne....... 3 — 440
La B^e Jeanne Soderini de Florence, vierge, du Tiers Ordre des Servites............... 1er — 406
S. Jérobaal ou Gédéon, juge et général des Hébreux....... 1er — 386
S. Joseph Casalanz de Pétralta, fondateur de la Congrégation des Clercs Réguliers des Ecoles Pies............... 27 août 264
S. Josué, général des Hébreux et

TABLE ALPHABÉTIQUE.

	Pages.
conquérant de la Terre promise	1er sept. 379
S. Julien de Brioude, soldat et martyr	28 août 320
S. Just, archevêque de Lyon	2 sept. 411

L

S. Lambert, fondateur de l'abbaye de Chézery, au diocèse de Belley	22 août 132
S. Laurent Justinien, premier patriarche de Venise et confesseur	5 sept. 500
S. Léonce Ier, dit l'Ancien, archevêque de Bordeaux	21 août 103
S. Leu ou Loup, archevêque de Sens	1er sept. 397
S. Louis, roi de France, membre et patron principal du Tiers Ordre de Saint-François	25 août 192
S. Louis, évêque de Toulouse, de l'Ordre des Frères Mineurs	19 — 30
S. Loup ou Leu, archevêque de Sens	1er sept. 397

M

Se Madelberte ou Amalberte, abbesse du monastère de Maubeuge, au diocèse de Cambrai	7 — 533
S. Mansuet ou Mansuy, premier évêque de Toul et confesseur	3 — 431
S. Mansuy ou Mansuet, premier évêque de Toul et confesseur	3 — 431
S. Marcel, martyr à Châlon-sur-Saône, au diocèse d'Autun	4 — 460
S. Marcien de Saignon, fondateur et abbé de Saint-Eusèbe, au diocèse d'Avignon	25 août 218
S. Marin d'Arbe, tailleur de pierres, diacre de Rimini, en Italie, et solitaire	4 sept. 463
La Be Marguerite de Bavière, duchesse de Lorraine	27 août 254
La Be Marguerite de Louvain, vierge et martyre	2 sept. 428
S. Maxe ou Maxime, solitaire à Chinon, abbé de l'île Barbe, près de Lyon	20 août 44
S. Maxime ou Maxe, solitaire à Chinon, abbé de l'île Barbe, près de Lyon	20 — 44
S. Médéric ou Merry, prêtre et abbé de Saint-Martin d'Autun	29 — 323
S. Mémiers ou Mesmin et ses compagnons, martyrs à Brolium, aujourd'hui Saint-Mesmin, au diocèse de Troyes	7 sept. 546
S. Merry ou Médéric, prêtre et abbé de Saint-Martin d'Autun	29 août 323
S. Mesmin ou Mémiers et ses compagnons, martyrs à Brolium, aujourd'hui Saint-Mesmin, au	

	Pages.
diocèse de Troyes	7 sept. 546
S. Moïse, prophète, chef et législateur du peuple Hébreu	4 — 444
S. Moïse l'Éthiopien, solitaire au désert de Scété, en Égypte	28 août 320

N

Nativité (la) de la Be Vierge Marie à Jérusalem, dans la maison probatique	8 sept. 569
Nom (fête du saint) de la Be Vierge Marie	9 — 621
Notre-Dame de Benoîte-Vaux, au diocèse de Verdun	8 — 593
Notre-Dame de Bon-Espoir, à Dijon	8 — 579
Notre-Dame de Liesse, au diocèse de Soissons	18 août 16
Notre-Dame des Lumières, près Apt, au diocèse d'Avignon	8 sept. 594
Notre-Dame de Lure, au diocèse de Digne	8 — 594
Notre-Dame de Marceille, près Limoux, au diocèse de Carcassonne	8 — 586
Notre-Dame des Vertus, près Périgueux	8 — 583
Notre-Dame du Château, à Allauch, au diocèse de Marseille	8 — 592
Notre-Dame du Valsuzenay, au diocèse de Troyes	8 — 582

O

S. Omer ou Audmar, moine de Luxeuil, évêque de l'ancien siège de Thérouanne, au diocèse d'Arras	9 — 600
S. Ouen, archevêque de Rouen et chancelier de France	24 août 179

P

S. Pasteur ou Pémen, abbé de Scété et de Ténéruth, en Égypte	27 — 238
S. Paulin, évêque de Trèves et confesseur	31 — 371
S. Pémen ou Pasteur, abbé de Scété et de Ténéruth, en Égypte	27 — 238
S. Philibert ou Filibert, confesseur, premier abbé de Jumièges et de Noirmontiers	20 — 48
S. Philippe Béniti de Florence, propagateur de l'Ordre des Servites	23 — 158
Le B. Pierre Claver, apôtre des nègres	9 sept. 603
S. Privat, évêque de Mende et martyr	21 août 97

TABLE ALPHABÉTIQUE.

R

		Pages.
S. Raymond Nonnat, cardinal, de l'Ordre de Notre-Dame de la Merci de la Rédemption des Captifs..................	31 août	357
Sᵉ Reine, vierge et martyre à Alise, au diocèse de Dijon...	7 sept.	536
S. Rémacle, évêque de Maëstricht, fondateur des abbayes de Malmédy et de Stavelot.....	3 —	435
S. Rigomer et Sᵉ Ténestine, solitaires, au diocèse du Mans.	24 août	188
S. Roc-Amadour, ou Amateur, solitaire dans le Quercy, au diocèse de Cahors..........	26 —	235
Sᵉ Rosalie de Palerme, vierge et solitaire sur le mont Pellegrino, en Sicile............	4 sept.	485
Sᵉ Rose de Sainte-Marie ou de Lima, religieuse du Tiers Ordre de Saint-Dominique..	30 août	337
Sᵉ Rose de Viterbe, vierge, du Tiers Ordre de Saint-François.	4 sept.	465

S

Sᵉ Sabine, martyre à Rome.....	29 août	329
Le Saint-Suaire de Cadouin, au diocèse de Périgueux.......	8 sept.	589
S. Samuel, prophète, quatorzième et dernier juge d'Israël...	20 août	38
Le B. Saudrade, abbé de Gladebach, au diocèse de Cologne.	24 —	186
S. Serge Iᵉʳ, pape et confesseur.	9 sept.	628
S. Sidoine Apollinaire, évêque de Clermont, en Auvergne.....	23 août	136
S. Sinice et S. Sixte ou Xyste, premiers évêques de Soissons et de Reims................	1ᵉʳ sept.	390
S. Sixte ou Xyste et S. Sinice, premiers évêques de Soissons et de Reims............	1ᵉʳ —	390
S. Sulpice, vingtième évêque de Bayeux et martyr..........	4 —	485
S. Syagre, évêque d'Autun......	27 août	248
S. Symphorien, martyr à Autun.	22 —	107

T

S. Taurin, martyr, premier évêque de l'ancien siège d'Eauze, diocèse actuel d'Auch......	5 sept.	524

		Pages.
Sᵉ Ténestine et S. Rigomer, solitaires au diocèse du Mans..	24 août	188
Le B. Théodoric ou Thierry, abbé de Saint-Hubert, dans le Luxembourg belge...........	24 —	188
Le B. Thierry ou Théodoric, abbé de Saint-Hubert, dans le Luxembourg belge...........	24 —	188
Le B. Thierry Iᵉʳ ou Dierry, évêque de Metz et confesseur..	7 sept.	562
Le B. Thomas à Kempis, religieux augustin au monastère du Mont-Sainte-Agnès, près de Zwoll, en Hollande........	25 août	219
S. Timothée et S. Apollinaire, martyrs près de Reims......	23 —	164

V

S. Victeur ou Victorius Iᵉʳ, évêque du Mans et confesseur..	1ᵉʳ sept.	406
S. Victor Iᵉʳ, évêque du Mans et confesseur................	26 août	224
S. Victor de Cambon, solitaire au diocèse de Nantes..........	31 —	372
S. Victorius Iᵉʳ ou Victeur, évêque du Mans et confesseur..	1ᵉʳ sept.	406
S. Vidian, martyr à Martres, au diocèse de Toulouse........	27 août	266
S. Vivien, évêque de Saintes, confesseur..................	28 —	315

X

S. Xyste ou Sixte et S. Sinice, premiers évêques de Soissons et de Reims..............	1ᵉʳ sept.	390

Y

S. Y ou Agyle de Voisinat, vicomte d'Orléans et confesseur.	31 août	372
S. Yriez ou Arède, abbé, fondateur du monastère d'Atane, au diocèse de Limoges.....	25 —	217

Z

S. Zacharie, le onzième des douze petits prophètes..........	6 sept.	533
S. Zéphirin, pape et martyr.....	26 août	222

SUPPLÉMENT.

S. Godegrand ou Chrodegand, évêque de Séez..............................	3 sept.	629

FIN DES TABLES DU TOME DIXIÈME.

Bar-le-Duc. — Typographie des Célestins. — Bertrand.

CHEZ LES MÊMES ÉDITEURS

CONFÉRENCES AUX JEUNES FILLES
Ou Considérations sur certains défauts plus particuliers à leur âge et à leur condition.

Par M. l'abbé F. Méchin, chanoine honoraire, curé de Saint-Urbain de Troyes. — Un joli volume in-18 jésus de 320 pages, sur très-beau papier. — Prix net : **2** fr.; *franco-poste* : 2 fr. 25 c.

LE MIROIR DE LA JEUNE FILLE AU PENSIONNAT. — Méditations pour chaque jour de l'année scolaire, par la Très-Révérende Mère Marie de Sainte-Agnès, prieure des Dominicaines de Mazan (Vaucluse). — 1 fort volume in-8° écu. — Prix net : **3** fr.; *franco-poste* : **3** fr. 50.

LES LOIS DE L'ÉGLISE sur la Nomination, la Mutation, et la Révocation des Curés, par l'abbé J.-F. André. — 1 vol. in-8° de 200 pages. — Prix net : **2** fr. **25** c.; *franco-poste* : 2 fr. 50 c.

MÉDITATIONS pour une retraite spirituelle, suivies de pensées sur le salut, par Bourdaloue. — 1 vol. in-18. — Prix net : **2** fr.; *franco-poste* : 2 fr. 40 c.

SEMAINE EUCHARISTIQUE suivie d'un chemin de la croix, à l'usage des enfants qui n'ont pas encore fait leur première communion, approuvée par l'ordinaire, et honorée de nombreuses approbations épiscopales; par Mme de Chabannes. — Prix net : 90 c.; *franco-poste* : 1 fr.

LA FRANC-MAÇONNERIE, son caractère, son organisation, son extension, ses sources, ses affluents, son but et ses secrets; par Mgr Dechamps, archevêque de Malines, primat de Belgique. — 1 vol. in-18 raisin. — Prix net : **80** cent.; *franco-poste* : 1 fr.

LA QUESTION DU DIMANCHE, dans ses rapports avec la Société, la Famille et la Religion, par M. de Fleury. — 1 vol. in-18 raisin. — Prix net : **1** fr. **20** c.; *franco-poste* : 1 fr. 50 c.

MANUEL PRATIQUE DU JEUNE CURÉ, par J. Frassinetti. — Traduit de l'italien par François-Xavier Marette, prêtre. — 1 vol. in-18 raisin. — Prix net : **3** fr.; *franco-poste* : 3 fr. 50 c.

DÉFENSE DU CHRISTIANISME ou Conférences sur la Religion, par Frayssinous. — Nouv. édition. — 2 vol. in-8° carré, papier vergé. — Prix net : **5** fr.; *franco-poste* : 7 fr.

PETIT TRAITÉ DU SAINT-ESPRIT en forme de catéchisme, par l'abbé Lacoste. — 1 vol. in-18 raisin de 160 pages. — Prix net : **1** fr. **25** c.; *franco-poste* : 1 fr. 40.

Bar-le-Duc. — Typographie des Célestins. — Bertrand.